Comptes nationaux des pays de l'OCDE

COMPTES FINANCIERS

2014

OCDE
DES POLITIQUES MEILLEURES
POUR UNE VIE MEILLEURE

Cet ouvrage est publié sous la responsabilité du Secrétaire général de l'OCDE. Les opinions et les interprétations exprimées ne reflètent pas nécessairement les vues de l'OCDE ou des gouvernements de ses pays membres.

Merci de citer cet ouvrage comme suit :
OCDE (2015), *Comptes nationaux des pays de l'OCDE, Comptes financiers 2014*, Éditions OCDE.
http://dx.doi.org/10.1787/na_fa-2014-fr

ISBN 978-92-64-22833-7 (imprimé)
ISBN 978-92-64-22834-4 (PDF)

Périodique : Comptes nationaux des pays de l'OCDE, Comptes financiers
ISSN 2221-5301 (imprimé)
ISSN 2221-531X (en ligne)

Les corrigenda des publications de l'OCDE sont disponibles sur : *www.oecd.org/editions/corrigenda*.

Table des matières

Chili

République tchèque

Danemark

Estonie

Finlande

France

Slovénie

Espagne

Suède

Suisse

Turquie

Royaume-Uni

États-Unis

Signes conventionnels et abréviations

Signes et abréviations

Les totaux peuvent ne pas correspondre à la somme des sous-totaux en raison des arrondis.

..	Non disponible ou non pertinent
0	Nul ou négligeable
.	Point décimal
ISBLSM	Institutions sans but lucratif au service des ménages

Sources et méthodes

Système de comptabilité nationale 1993 : *http://unstats.un.org/unsd/nationalaccount/sna1993.asp.*
Système de comptabilité nationale 2008 : *http://unstats.un.org/unsd/nationalaccount/sna2008.asp.*

Liste des instruments financiers – SCN 1993

Or monétaire et DTS	**F.1**
Or monétaire	F.11
Droits de tirage spéciaux (DTS)	F.12
Numéraire et dépôts	**F.2**
Numéraire	F.21
Dépôts transférables	F.22
Autres dépôts	F.29
Titres autres qu'actions	**F.3**
Titres autres qu'actions, non compris les produits financiers dérivés	F.33
Titres à court terme	F.331
Titres à long terme	F.332
Produits financiers dérivés	F.34
Crédits	**F.4**
Crédits à court terme	F.41
Crédits à long terme	F.42
Actions et autres participations	**F.5**
Actions et autres participations, non compris les parts d'organismes de lacement collectif	F.51
Actions cotées	F.511
Actions non cotées	F.512
Autres participations	F.513
Parts d'organismes de placement collectif	F.52
Réserves techniques d'assurance	**F.6**
Droits nets des ménages sur les réserves techniques d'assurance vie et sur les fonds de pension	F.61
Droits nets des ménages sur les réserves techniques d'assurance vie	F.611
Droits nets des ménages sur les fonds de pension	F.612
Réserves-primes et réserves-sinistres	F.62
Autres comptes à recevoir/à payer	**F.7**
Crédits commerciaux et avances	F.71
Autres comptes à recevoir/à payer, à l'exclusion des crédits commerciaux et avances	F.79

Liste des secteurs institutionnels – SCN 1993

Économie totale	**S1**
Sociétés non financières	**S11**
Sociétés financières	**S12**
Banque centrale	S121
Autres institutions de dépôts	S122
Autres intermédiaires financiers	S123
Auxiliaires financiers	S124
Sociétés d'assurance et fonds de pension	S125
Administrations publiques	**S13**
Administration centrale	S1311
Administrations d'États fédérés	S1312
Administrations locales	S1313
Administrations de sécurité sociale	S1314
Ménages	**S14**
Institutions sans but lucratif au service des ménages	**S15**
Reste du monde	**S2**

Liste des instruments financiers – SCN 2008

Or monétaire et DTS	**F.1**
Or monétaire	F.11
Droits de tirage spéciaux (DTS)	F.12
Numéraire et dépôts	**F.2**
Numéraire	F.21
Dépôts transférables	F.22
Autres dépôts	F.29
Titres de dette	**F.3**
Titres de dette à court terme	F.3S
Titres de dette à long terme	F.3L
Crédits	**F.4**
Crédits à court terme	F.4S
Crédits à long terme	F.4L
Actions et parts de fonds d'investissement	**F.5**
Actions	F.51
Actions cotées	F.511
Actions non cotées	F.512
Autres participations	F.519
Parts de fonds d'investissement	F.52
Parts de fonds d'investissement monétaires	F.521
Autres parts de fonds d'investissement	F.522
Systèmes d'assurance, de pensions et garanties standard	**F.6**
Réserves techniques d'assurance-dommages	F.61
Droits sur les assurances-vie et rentes	F.62
Droits à pension, gérants de syst. de pension, hors retraite	F.6M
Droits à pension	F.63
Droits des fonds de pension sur gérants des systèmes de pension	F.64
Droits à prestations hors retraite	F.65
Réserves pour appels dans le cadre de garanties standard	F.66
Produits financiers dérivés et options sur titres des salariés	**F.7**
Produits financiers dérivés	F.71
Options sur titres des salariés	F.72
Autres comptes à payer	**F.8**
Crédits commerciaux et avances	F.81
Autres comptes à payer, hors des crédits commerciaux et avances	F.89

Liste des secteurs institutionnels – SCN 2008

Économie totale	**S1**
Sociétés non financières	**S11**
Sociétés non financières publiques	S1101
Sociétés financières	**S12**
Institutions financières monétaires	S121_2_3
Banque centrale	S121
Institutions de dépôts, hors Banque centrale	S122
Fonds d'investissements monétaires	S123
Institutions financières monétaires autres que la Banque centrale	S122_3
Fonds d'investissements non monétaires	S124
Autres institutions financières, hors fonds d'investissements non monétaires	S125_6_7
Autre intermédiaire financier hors sociétés d'assurance et fonds de pension	S125
Auxiliaires financiers	S126
Institutions financières captives et prêteurs non institutionnels	S127
Sociétés d'assurance et fonds de pension	S128_9
Sociétés d'assurance	S128
Fonds de pension	S129
Sociétés financières publiques	S1201
Administrations publiques	**S13**
Administration centrale	S1311
Administrations d'États fédérés	S1312
Administrations locales	S1313
Administrations de sécurité sociale	S1314
Les Ménages et ISBLSM	**S14_S15**
Les ménages	**S14**
Institutions sans but lucratif au service des ménages	**S15**
Le Reste du monde	**S2**

Comptes nationaux des pays de l'OCDE, Comptes financiers 2014

Tableaux par pays

AUSTRALIE

Tableau 1.a. Flux consolidés, par instrument et par secteur, Année 2013

SCN 1993

Millions AUD

		Sociétés financières					
		Total	Banque centrale	Autres institutions de dépôts	Autres intermédiaires financiers	Auxiliaires financiers	Sociétés d'assurance et fonds de pension
		S12	S121	S122	S123	S124	S125
	Acquisition nette d'actifs financiers	**283 457**	**33 310**	**92 738**	**34 012**	**..**	**123 397**
F.1	**Or monétaire et DTS**	**264**	**264**	**..**	**..**	**..**	**..**
F.2	**Numéraire et dépôts**	**41 987**	**-2 667**	**21 248**	**1 850**	**..**	**21 556**
F.21	Numéraire	660	-1	284	75	..	302
F.22	Dépôts transférables	32 730	-477	22 976	1 904	..	8 327
F.29	Autres dépôts	8 597	-2 189	-2 012	-129	..	12 927
F.3	**Titres autres qu'actions**	**-1 645**	**35 605**	**-46 933**	**-18 105**	**..**	**27 788**
F.33	Titres autres qu'actions, non compris produits financiers dérivés	74 881	35 605	21 333	-8 319	..	26 262
F.331	Titres à court terme	-34 663	-2 508	-26 824	-7 006	..	1 675
F.332	Titres à long terme	109 544	38 113	48 157	-1 313	..	24 587
F.34	Produits financiers dérivés	-76 526	0	-68 266	-9 786	..	1 526
F.4	**Crédits**	**143 463**	**-1**	**100 098**	**43 754**	**..**	**-388**
F.41	Crédits à court terme	8 106	0	5 387	2 721	..	-2
F.42	Crédits à long terme	135 357	-1	94 711	41 033	..	-386
F.5	**Actions et autres participations**	**81 577**	**0**	**5 975**	**7 017**	**..**	**68 585**
F.51	Actions et autres participations, non compris parts d'O.P.C.	49 925	..	5 881	7 045	..	36 999
F.511	Actions cotées	11 559	..	-390	-214	..	12 163
F.512	Actions non cotées	38 366	..	6 271	7 259	..	24 836
F.513	Autres participations	0	..	0	0	..	0
F.52	Parts d'organismes de placement collectif	31 652	..	94	-28	..	31 586
F.6	**Réserves techniques d'assurance**	**90**	**0**	**64**	**0**	**..**	**26**
F.61	Droits nets des ménages sur les réserves techniques	26	..	0	..	..	26
F.611	Sur les réserves d'assurance vie	28	..	..	..	..	28
F.612	Sur les fonds de pension	-2	..	..	..	..	-2
F.62	Réserves-primes et réserves-sinistres	64	..	64	..	..	0
F.7	**Autres comptes à recevoir**	**17 721**	**109**	**12 286**	**-504**	**..**	**5 830**
F.71	Crédits commerciaux et avances	..	..	..	..	..	..
F.79	Autres	..	..	..	..	..	..
	Accroissement net des passifs	**275 217**	**33 383**	**48 585**	**55 370**	**..**	**137 879**
F.2	**Numéraire et dépôts**	**121 988**	**29 170**	**92 818**	**0**	**..**	**0**
F.21	Numéraire	3 634	3 634	0	..	..	..
F.22	Dépôts transférables	92 207	25 013	67 194	..	..	..
F.29	Autres dépôts	26 147	523	25 624	..	..	..
F.3	**Titres autres qu'actions**	**-24 024**	**..**	**-61 770**	**36 277**	**..**	**1 469**
F.33	Titres autres qu'actions, non compris produits financiers dérivés	68 112	..	21 526	46 196	..	390
F.331	Titres à court terme	10 459	..	15 563	-5 069	..	-35
F.332	Titres à long terme	57 653	..	5 963	51 265	..	425
F.34	Produits financiers dérivés	-92 136	..	-83 296	-9 919	..	1 079
F.4	**Crédits**	**8 704**	**..**	**10 013**	**-2 378**	**..**	**1 069**
F.41	Crédits à court terme	897	..	3 055	-2 427	..	269
F.42	Crédits à long terme	7 807	..	6 958	49	..	800
F.5	**Actions et autres participations**	**30 749**	**..**	**6 187**	**23 162**	**..**	**1 400**
F.51	Actions et autres participations, non compris parts d'O.P.C.	-1 873 634	..	6 187	-1 881 221	..	1 400
F.511	Actions cotées	-205 018	..	6 775	-212 621	..	828
F.512	Actions non cotées	-1 668 616	..	-588	-1 668 600	..	572
F.513	Autres participations	0	..	0	0	..	0
F.52	Parts d'organismes de placement collectif	1 904 383	..	0	1 904 383	..	0
F.6	**Réserves techniques d'assurance**	**133 531**	**..**	**0**	**0**	**..**	**133 531**
F.61	Droits nets des ménages sur les réserves techniques	131 315	..	..	..	..	131 315
F.611	Sur les réserves d'assurance vie	-4 024	..	..	..	..	-4 024
F.612	Sur les fonds de pension	135 339	..	..	..	..	135 339
F.62	Réserves-primes et réserves-sinistres	2 216	..	..	..	..	2 216
F.7	**Autres comptes à payer**	**4 533**	**4 477**	**1 337**	**-1 691**	**..**	**410**
F.71	Crédits commerciaux et avances	..	..	..	..	..	..
F.79	Autres	..	..	..	..	..	..
	Opérations financières nettes	**8 240**	**-73**	**44 153**	**-21 358**	**..**	**-14 482**

AUSTRALIE

Tableau 1.a. Flux consolidés, par instrument et par secteur, Année 2013 (cont.)

SCN 1993

Millions AUD

		Sociétés non financières	Administrations publiques		Ménages et ISBLSM	Economie totale	Reste du monde
			Total	Administration centrale			
		S11	S13	S1311	S14+S15	S1	S2
	Acquisition nette d'actifs financiers	**-1 238**	**10 678**	**13 547**	**170 544**	**463 441**	**91 749**
F.1	**Or monétaire et DTS**	..	..	..	..	**264**	**-264**
F.2	**Numéraire et dépôts**	**19 890**	**14 837**	**7 734**	**59 242**	**135 956**	**-1 465**
F.21	Numéraire	1 813	-1	-1	1 758	4 230	0
F.22	Dépôts transférables	23 191	10 194	6 162	37 545	103 660	2 824
F.29	Autres dépôts	-5 114	4 644	1 573	19 939	28 066	-4 289
F.3	**Titres autres qu'actions**	**-12 168**	**-13 425**	**-13 576**	**-1 080**	**-28 318**	**13 332**
F.33	Titres autres qu'actions, non compris produits financiers dérivés	-594	-6 641	-6 792	-1 080	66 566	76 778
F.331	Titres à court terme	-2 919	3 591	3 493	-451	-34 442	14 355
F.332	Titres à long terme	2 325	-10 232	-10 285	-629	101 008	62 423
F.34	Produits financiers dérivés	-11 574	-6 784	-6 784	0	-94 884	-63 446
F.4	**Crédits**	**-8 032**	**-1 657**	**2 742**	**46**	**133 820**	**35 316**
F.41	Crédits à court terme	467	-2 866	0	0	5 707	-2 173
F.42	Crédits à long terme	-8 499	1 209	2 742	46	128 113	37 489
F.5	**Actions et autres participations**	**7 536**	**-7 279**	**-2 172**	**-21 567**	**60 267**	**43 984**
F.51	Actions et autres participations, non compris parts d'O.P.C.	8 616	-7 243	-2 141	-15 878	35 420	41 801
F.511	Actions cotées	-60	-343	-323	-5 534	5 622	23 430
F.512	Actions non cotées	8 676	-6 900	-1 818	-10 344	29 798	18 371
F.513	Autres participations	0	0	0	0	0	0
F.52	Parts d'organismes de placement collectif	-1 080	-36	-31	-5 689	24 847	2 183
F.6	**Réserves techniques d'assurance**	**1 208**	**0**	**0**	**148 313**	**149 611**	**349**
F.61	Droits nets des ménages sur les réserves techniques	0	..	..	147 093	147 119	349
F.611	Sur les réserves d'assurance vie	..	..	..	-4 037	-4 009	13
F.612	Sur les fonds de pension	..	..	..	151 130	151 128	336
F.62	Réserves-primes et réserves-sinistres	1 208	..	..	1 220	2 492	0
F.7	**Autres comptes à recevoir**	**-9 672**	**18 202**	**18 819**	**-14 410**	**11 841**	**497**
F.71	Crédits commerciaux et avances	..	..	..	..	..	..
F.79	Autres	..	..	..	..	..	..
	Accroissement net des passifs	**92 926**	**39 736**	**20 323**	**105 883**	**513 762**	**41 498**
F.2	**Numéraire et dépôts**	**0**	**125**	**125**	**0**	**122 113**	**12 378**
F.21	Numéraire	..	125	125	..	3 759	471
F.22	Dépôts transférables	..	0	0	..	92 207	14 277
F.29	Autres dépôts	..	0	0	..	26 147	-2 370
F.3	**Titres autres qu'actions**	**-3 526**	**27 428**	**26 969**	**-2 127**	**-2 249**	**-12 737**
F.33	Titres autres qu'actions, non compris produits financiers dérivés	8 569	38 343	37 884	-2 127	112 897	30 447
F.331	Titres à court terme	-12 972	-12 737	-12 602	-2 127	-17 377	-2 710
F.332	Titres à long terme	21 541	51 080	50 486	0	130 274	33 157
F.34	Produits financiers dérivés	-12 095	-10 915	-10 915	0	-115 146	-43 184
F.4	**Crédits**	**47 243**	**12 937**	**150**	**85 341**	**154 225**	**14 911**
F.41	Crédits à court terme	-4 388	2 522	0	-541	-1 510	5 044
F.42	Crédits à long terme	51 631	10 415	150	85 882	155 735	9 867
F.5	**Actions et autres participations**	**42 853**	**0**	**0**	**0**	**73 602**	**30 649**
F.51	Actions et autres participations, non compris parts d'O.P.C.	-561 550	..	..	..	-2 435 184	30 649
F.511	Actions cotées	-326 677	..	..	..	-531 695	0
F.512	Actions non cotées	-234 873	..	..	..	-1 903 489	30 649
F.513	Autres participations	0	..	..	..	0	0
F.52	Parts d'organismes de placement collectif	604 403	..	..	..	2 508 786	0
F.6	**Réserves techniques d'assurance**	**0**	**14 592**	**8 423**	**0**	**148 123**	**1 837**
F.61	Droits nets des ménages sur les réserves techniques	..	14 592	8 423	..	145 907	1 561
F.611	Sur les réserves d'assurance vie	..	0	0	..	-4 024	28
F.612	Sur les fonds de pension	..	14 592	8 423	..	149 931	1 533
F.62	Réserves-primes et réserves-sinistres	..	0	0	..	2 216	276
F.7	**Autres comptes à payer**	**6 356**	**-15 346**	**-15 344**	**22 669**	**18 212**	**-5 804**
F.71	Crédits commerciaux et avances	..	..	..	..	..	..
F.79	Autres	..	..	..	..	..	..
	Opérations financières nettes	**-94 164**	**-29 058**	**-6 776**	**64 661**	**-50 321**	**50 251**

Note : Les métadonnées détaillées sont disponibles sur :http://metalinks.oecd.org/faiiia/20150126/5704

AUSTRALIE

Tableau 2.1.a. Flux consolidés, Secteur S1 - Économie totale

SCN 1993

Millions AUD

		2006	2007	2008	2009	2010	2011	2012	2013
	Acquisition nette d'actifs financiers	**624 268**	**732 445**	**725 671**	**176 835**	**435 148**	**416 025**	**424 856**	**463 441**
F.1	**Or monétaire et DTS**	**-2**	**-20**	**-15**	**5 501**	**-6**	**-115**	**-113**	**264**
F.2	**Numéraire et dépôts**	**130 929**	**52 415**	**179 879**	**54 006**	**146 389**	**109 536**	**92 020**	**135 956**
F.21	Numéraire	2 483	2 779	7 679	-400	1 820	2 785	3 488	4 230
F.22	Dépôts transférables	59 533	20 673	10 402	-2 764	11 344	5 793	-1 637	103 660
F.29	Autres dépôts	68 913	28 963	161 798	57 170	133 225	100 958	90 169	28 066
F.3	**Titres autres qu'actions**	**46 888**	**130 709**	**84 708**	**-71 712**	**-86 636**	**-71 794**	**10 349**	**-28 318**
F.33	Titres autres qu'actions, non compris produits financiers dérivés	76 486	136 562	92 382	31 827	-30 105	-9 895	81 379	66 566
F.331	Titres à court terme	35 089	131 651	-42 860	-53 572	-53 215	-8 904	7 441	-34 442
F.332	Titres à long terme	41 397	4 911	135 242	85 399	23 110	-991	73 938	101 008
F.34	Produits financiers dérivés	-29 598	-5 853	-7 674	-103 539	-56 531	-61 899	-71 030	-94 884
F.4	**Crédits**	**197 433**	**243 926**	**193 671**	**69 219**	**105 894**	**183 845**	**126 319**	**133 820**
F.41	Crédits à court terme	27 081	17 848	35 667	-16 065	9 072	28 203	6 399	5 707
F.42	Crédits à long terme	170 352	226 078	158 004	85 284	96 822	155 642	119 920	128 113
F.5	**Actions et autres participations**	**119 978**	**122 914**	**78 901**	**36 224**	**113 327**	**54 688**	**32 755**	**60 267**
F.51	Actions et autres participations, non compris parts d'O.P.C.	88 515	111 860	67 992	93 250	67 851	40 867	28 722	35 420
F.511	Actions cotées	33 559	42 391	43 918	43 080	35 326	17 766	9 879	5 622
F.512	Actions non cotées	54 956	69 469	24 074	50 170	32 525	23 101	18 843	29 798
F.513	Autres participations	0	0	0	0	0	0	0	0
F.52	Parts d'organismes de placement collectif	31 463	11 054	10 909	-57 026	45 476	13 821	4 033	24 847
F.6	**Réserves techniques d'assurance**	**98 104**	**135 765**	**109 126**	**105 080**	**126 520**	**122 265**	**123 256**	**149 611**
F.61	Droits nets des ménages sur les réserves techniques	96 898	132 838	103 767	104 697	120 611	113 781	118 234	147 119
F.611	Sur les réserves d'assurance vie	-9 997	372	5 301	-6 045	3 547	369	-4 673	-4 009
F.612	Sur les fonds de pension	106 895	132 466	98 466	110 742	117 064	113 412	122 907	151 128
F.62	Réserves-primes et réserves-sinistres	1 206	2 927	5 359	383	5 909	8 484	5 022	2 492
F.7	**Autres comptes à recevoir**	**30 938**	**46 736**	**79 401**	**-21 483**	**29 660**	**17 600**	**40 270**	**11 841**
F.71	Crédits commerciaux et avances	..	..	..	..	..	..	..	..
F.79	Autres	..	..	..	..	..	..	..	..
	Accroissement net des passifs	**682 238**	**807 135**	**784 261**	**229 793**	**481 595**	**454 776**	**487 466**	**513 762**
F.2	**Numéraire et dépôts**	**127 927**	**96 599**	**207 199**	**23 244**	**133 770**	**129 700**	**138 903**	**122 113**
F.21	Numéraire	2 421	2 915	7 254	65	1 616	2 809	3 670	3 759
F.22	Dépôts transférables	59 531	17 856	8 914	-5 170	8 460	10 800	6 743	92 207
F.29	Autres dépôts	65 975	75 828	191 031	28 349	123 694	116 091	128 490	26 147
F.3	**Titres autres qu'actions**	**149 418**	**167 523**	**99 582**	**32 644**	**15 250**	**-5 605**	**29 608**	**-2 249**
F.33	Titres autres qu'actions, non compris produits financiers dérivés	178 074	185 625	107 027	141 622	72 685	80 548	110 792	112 897
F.331	Titres à court terme	71 815	115 553	-73 328	-46 093	-31 536	574	-3 915	-17 377
F.332	Titres à long terme	106 259	70 072	180 355	187 715	104 221	79 974	114 707	130 274
F.34	Produits financiers dérivés	-28 656	-18 102	-7 445	-108 978	-57 435	-86 153	-81 184	-115 146
F.4	**Crédits**	**186 555**	**273 625**	**198 742**	**18 197**	**68 370**	**146 867**	**115 387**	**154 225**
F.41	Crédits à court terme	17 612	32 701	19 222	-10 967	-9 068	4 818	-1 967	-1 510
F.42	Crédits à long terme	168 943	240 924	179 520	29 164	77 438	142 049	117 354	155 735
F.5	**Actions et autres participations**	**104 137**	**102 317**	**111 968**	**70 148**	**125 107**	**68 836**	**61 179**	**73 602**
F.51	Actions et autres participations, non compris parts d'O.P.C.	-2 059 753	-2 403 694	-2 007 714	-1 837 191	-2 112 448	-2 136 320	-2 187 477	-2 435 184
F.511	Actions cotées	-567 977	-696 393	-440 284	-352 655	-442 585	-407 815	-437 308	-531 695
F.512	Actions non cotées	-1 491 776	-1 707 301	-1 567 430	-1 484 536	-1 669 863	-1 728 505	-1 750 169	-1 903 489
F.513	Autres participations	0	0	0	0	0	0	0	0
F.52	Parts d'organismes de placement collectif	2 163 890	2 506 011	2 119 682	1 907 339	2 237 555	2 205 156	2 248 656	2 508 786
F.6	**Réserves techniques d'assurance**	**96 831**	**135 807**	**108 180**	**105 595**	**127 171**	**122 182**	**122 909**	**148 123**
F.61	Droits nets des ménages sur les réserves techniques	95 674	132 897	102 817	105 117	121 147	113 713	117 920	145 907
F.611	Sur les réserves d'assurance vie	-10 378	639	5 510	-6 136	3 749	573	-4 673	-4 024
F.612	Sur les fonds de pension	106 052	132 258	97 307	111 253	117 398	113 140	122 593	149 931
F.62	Réserves-primes et réserves-sinistres	1 157	2 910	5 363	478	6 024	8 469	4 989	2 216
F.7	**Autres comptes à payer**	**17 366**	**31 244**	**58 575**	**-19 379**	**11 921**	**-7 319**	**19 367**	**18 212**
F.71	Crédits commerciaux et avances	..	..	..	..	..	..	..	..
F.79	Autres	..	..	..	..	..	..	..	..
	Opérations financières nettes	**-57 970**	**-74 690**	**-58 590**	**-52 958**	**-46 447**	**-38 751**	**-62 610**	**-50 321**

Note : Les métadonnées détaillées sont disponibles sur :http://metalinks.oecd.org/faiiia/20150126/5704

AUSTRALIE

Tableau 2.2.a. Flux consolidés, Secteur S11 - Sociétés non financières

SCN 1993

Millions AUD

		2006	2007	2008	2009	2010	2011	2012	2013
	Acquisition nette d'actifs financiers	**102 029**	**71 453**	**126 755**	**-12 542**	**85 298**	**18 781**	**-5 857**	**-1 238**
F.1	**Or monétaire et DTS**	..	..	..	..	..	..	..	..
F.2	**Numéraire et dépôts**	**41 595**	**19 861**	**51 588**	**1 857**	**62 993**	**10 453**	**-14 486**	**19 890**
F.21	Numéraire	1 352	909	2 716	226	858	1 543	1 827	1 813
F.22	Dépôts transférables	14 424	7 780	4 172	-5 813	25 635	5 819	-18 799	23 191
F.29	Autres dépôts	25 819	11 172	44 700	7 444	36 500	3 091	2 486	-5 114
F.3	**Titres autres qu'actions**	**434**	**1 413**	**6 215**	**-33 744**	**-7 395**	**-7 611**	**-16 632**	**-12 168**
F.33	Titres autres qu'actions, non compris produits financiers dérivés	10 120	4 198	6 560	-19 121	-2 996	2 516	-5 912	-594
F.331	Titres à court terme	-274	6 924	-1 952	-19 569	-1 922	2 960	-2 334	-2 919
F.332	Titres à long terme	10 394	-2 726	8 512	448	-1 074	-444	-3 578	2 325
F.34	Produits financiers dérivés	-9 686	-2 785	-345	-14 623	-4 399	-10 127	-10 720	-11 574
F.4	**Crédits**	**2 695**	**9 147**	**-1 077**	**17 293**	**5 566**	**5 903**	**-639**	**-8 032**
F.41	Crédits à court terme	-700	814	703	1 504	2 302	1 076	137	467
F.42	Crédits à long terme	3 395	8 333	-1 780	15 789	3 264	4 827	-776	-8 499
F.5	**Actions et autres participations**	**33 211**	**4 262**	**29 261**	**-23 215**	**14 092**	**-5 504**	**-1 522**	**7 536**
F.51	Actions et autres participations, non compris parts d'O.P.C.	29 830	5 877	27 756	-20 631	13 173	-5 146	-201	8 616
F.511	Actions cotées	19	-46	0	0	45	7	-2	-60
F.512	Actions non cotées	29 811	5 923	27 756	-20 631	13 128	-5 153	-199	8 676
F.513	Autres participations	0	0	0	0	0	0	0	0
F.52	Parts d'organismes de placement collectif	3 381	-1 615	1 505	-2 584	919	-358	-1 321	-1 080
F.6	**Réserves techniques d'assurance**	**537**	**1 239**	**2 248**	**107**	**2 414**	**3 572**	**2 128**	**1 208**
F.61	Droits nets des ménages sur les réserves techniques	0	0	0	0	0	0	0	0
F.611	Sur les réserves d'assurance vie	..	..	..	..	..	..	..	..
F.612	Sur les fonds de pension	..	..	..	..	..	..	..	..
F.62	Réserves-primes et réserves-sinistres	537	1 239	2 248	107	2 414	3 572	2 128	1 208
F.7	**Autres comptes à recevoir**	**23 557**	**35 531**	**38 520**	**25 160**	**7 628**	**11 968**	**25 294**	**-9 672**
F.71	Crédits commerciaux et avances	..	..	..	..	..	..	..	..
F.79	Autres	..	..	..	..	..	..	..	..
	Accroissement net des passifs	**154 100**	**174 631**	**200 578**	**31 926**	**75 885**	**83 757**	**99 699**	**92 926**
F.2	**Numéraire et dépôts**	**0**	**0**	**0**	**0**	**0**	**0**	**0**	**0**
F.21	Numéraire	..	..	..	..	..	..	..	..
F.22	Dépôts transférables	..	..	..	..	..	..	..	..
F.29	Autres dépôts	..	..	..	..	..	..	..	..
F.3	**Titres autres qu'actions**	**30 204**	**8 280**	**21 807**	**13 924**	**-2 821**	**3 685**	**14 121**	**-3 526**
F.33	Titres autres qu'actions, non compris produits financiers dérivés	34 040	8 076	24 212	24 263	4 034	12 127	22 580	8 569
F.331	Titres à court terme	15 319	9 977	5 237	-4 799	-11 971	-6 025	-7 284	-12 972
F.332	Titres à long terme	18 721	-1 901	18 975	29 062	16 005	18 152	29 864	21 541
F.34	Produits financiers dérivés	-3 836	204	-2 405	-10 339	-6 855	-8 442	-8 459	-12 095
F.4	**Crédits**	**65 856**	**124 532**	**86 069**	**-63 038**	**-9 345**	**30 321**	**32 247**	**47 243**
F.41	Crédits à court terme	2 308	15 033	5 588	-5 385	5 190	713	6 280	-4 388
F.42	Crédits à long terme	63 548	109 499	80 481	-57 653	-14 535	29 608	25 967	51 631
F.5	**Actions et autres participations**	**57 339**	**65 447**	**82 807**	**90 458**	**65 681**	**53 434**	**45 442**	**42 853**
F.51	Actions et autres participations, non compris parts d'O.P.C.	-503 778	-579 426	-394 259	-330 191	-372 095	-430 437	-487 267	-561 550
F.511	Actions cotées	-362 715	-435 135	-239 658	-176 214	-221 241	-229 105	-276 495	-326 677
F.512	Actions non cotées	-141 063	-144 291	-154 601	-153 977	-150 854	-201 332	-210 772	-234 873
F.513	Autres participations	0	0	0	0	0	0	0	0
F.52	Parts d'organismes de placement collectif	561 117	644 873	477 066	420 649	437 776	483 871	532 709	604 403
F.6	**Réserves techniques d'assurance**	**0**	**0**	**0**	**0**	**0**	**0**	**0**	**0**
F.61	Droits nets des ménages sur les réserves techniques	..	..	..	..	..	..	..	..
F.611	Sur les réserves d'assurance vie	..	..	..	..	..	..	..	..
F.612	Sur les fonds de pension	..	..	..	..	..	..	..	..
F.62	Réserves-primes et réserves-sinistres	..	..	..	..	..	..	..	..
F.7	**Autres comptes à payer**	**701**	**-23 628**	**9 895**	**-9 418**	**22 370**	**-3 683**	**7 889**	**6 356**
F.71	Crédits commerciaux et avances	..	..	..	..	..	..	..	..
F.79	Autres	..	..	..	..	..	..	..	..
	Opérations financières nettes	**-52 071**	**-103 178**	**-73 823**	**-44 468**	**9 413**	**-64 976**	**-105 556**	**-94 164**

Note : Les métadonnées détaillées sont disponibles sur :http://metalinks.oecd.org/faiiia/20150126/5704

AUSTRALIE

Tableau 2.3.a. Flux consolidés, Secteur S12 - Sociétés financières
SCN 1993

Millions AUD

		2006	2007	2008	2009	2010	2011	2012	2013
	Acquisition nette d'actifs financiers	**371 475**	**471 718**	**419 006**	**38 828**	**182 775**	**242 035**	**258 303**	**283 457**
F.1	**Or monétaire et DTS**	**-2**	**-20**	**-15**	**5 501**	**-6**	**-115**	**-113**	**264**
F.2	**Numéraire et dépôts**	**30 589**	**18 572**	**51 317**	**988**	**24 014**	**32 857**	**40 060**	**41 987**
F.21	Numéraire	-281	715	2 514	-1 270	-91	-253	88	660
F.22	Dépôts transférables	12 001	29 775	5 206	-2 263	-4 431	-2 557	7 218	32 730
F.29	Autres dépôts	18 869	-11 918	43 597	4 521	28 536	35 667	32 754	8 597
F.3	**Titres autres qu'actions**	**47 258**	**90 993**	**82 276**	**-40 609**	**-66 966**	**-42 415**	**36 969**	**-1 645**
F.33	Titres autres qu'actions, non compris produits financiers dérivés	65 809	93 659	88 808	39 671	-23 600	-2 606	89 452	74 881
F.331	Titres à court terme	33 806	85 433	-21 730	-29 966	-41 443	-9 355	8 778	-34 663
F.332	Titres à long terme	32 003	8 226	110 538	69 637	17 843	6 749	80 674	109 544
F.34	Produits financiers dérivés	-18 551	-2 666	-6 532	-80 280	-43 366	-39 809	-52 483	-76 526
F.4	**Crédits**	**194 559**	**233 743**	**171 247**	**52 617**	**93 426**	**168 418**	**121 279**	**143 463**
F.41	Crédits à court terme	26 642	21 623	35 286	-16 905	5 072	23 378	5 650	8 106
F.42	Crédits à long terme	167 917	212 120	135 961	69 522	88 354	145 040	115 629	135 357
F.5	**Actions et autres participations**	**89 358**	**116 985**	**77 548**	**62 474**	**107 242**	**74 420**	**50 497**	**81 577**
F.51	Actions et autres participations, non compris parts d'O.P.C.	79 013	97 483	46 848	112 746	55 629	60 758	41 778	49 925
F.511	Actions cotées	47 430	31 878	51 152	42 132	30 824	24 662	9 865	11 559
F.512	Actions non cotées	31 583	65 605	-4 304	70 614	24 805	36 096	31 913	38 366
F.513	Autres participations	0	0	0	0	0	0	0	0
F.52	Parts d'organismes de placement collectif	10 345	19 502	30 700	-50 272	51 613	13 662	8 719	31 652
F.6	**Réserves techniques d'assurance**	**117**	**19**	**-41**	**126**	**143**	**206**	**115**	**90**
F.61	Droits nets des ménages sur les réserves techniques	86	-69	-201	111	-38	-47	-36	26
F.611	Sur les réserves d'assurance vie	31	-40	-213	113	-33	-46	-31	28
F.612	Sur les fonds de pension	55	-29	12	-2	-5	-1	-5	-2
F.62	Réserves-primes et réserves-sinistres	31	88	160	15	181	253	151	64
F.7	**Autres comptes à recevoir**	**9 596**	**11 426**	**36 674**	**-42 269**	**24 922**	**8 664**	**9 496**	**17 721**
F.71	Crédits commerciaux et avances	..	..	..	..	..	..	..	..
F.79	Autres	..	..	..	..	..	..	..	..
	Accroissement net des passifs	**391 037**	**475 101**	**434 036**	**6 034**	**217 643**	**213 502**	**238 593**	**275 217**
F.2	**Numéraire et dépôts**	**127 859**	**96 599**	**206 775**	**23 051**	**133 651**	**129 620**	**138 797**	**121 988**
F.21	Numéraire	2 353	2 915	6 830	-128	1 497	2 729	3 564	3 634
F.22	Dépôts transférables	59 531	17 856	8 914	-5 170	8 460	10 800	6 743	92 207
F.29	Autres dépôts	65 975	75 828	191 031	28 349	123 694	116 091	128 490	26 147
F.3	**Titres autres qu'actions**	**117 949**	**153 989**	**70 666**	**-39 942**	**-35 048**	**-55 737**	**-25 861**	**-24 024**
F.33	Titres autres qu'actions, non compris produits financiers dérivés	141 643	173 047	72 146	53 410	10 849	15 383	41 843	68 112
F.331	Titres à court terme	52 858	100 946	-83 407	-54 467	-25 048	11 497	-6 432	10 459
F.332	Titres à long terme	88 785	72 101	155 553	107 877	35 897	3 886	48 275	57 653
F.34	Produits financiers dérivés	-23 694	-19 058	-1 480	-93 352	-45 897	-71 120	-67 704	-92 136
F.4	**Crédits**	**17 710**	**29 458**	**39 307**	**-23 196**	**-18 932**	**3 970**	**-2 606**	**8 704**
F.41	Crédits à court terme	10 212	11 172	6 612	-6 081	-18 536	-2 815	-10 118	897
F.42	Crédits à long terme	7 498	18 286	32 695	-17 115	-396	6 785	7 512	7 807
F.5	**Actions et autres participations**	**46 798**	**36 870**	**29 161**	**-20 310**	**59 426**	**15 402**	**15 737**	**30 749**
F.51	Actions et autres participations, non compris parts d'O.P.C.	-1 555 975	-1 824 268	-1 613 455	-1 507 000	-1 740 353	-1 705 883	-1 700 210	-1 873 634
F.511	Actions cotées	-205 262	-261 258	-200 626	-176 441	-221 344	-178 710	-160 813	-205 018
F.512	Actions non cotées	-1 350 713	-1 563 010	-1 412 829	-1 330 559	-1 519 009	-1 527 173	-1 539 397	-1 668 616
F.513	Autres participations	0	0	0	0	0	0	0	0
F.52	Parts d'organismes de placement collectif	1 602 773	1 861 138	1 642 616	1 486 690	1 799 779	1 721 285	1 715 947	1 904 383
F.6	**Réserves techniques d'assurance**	**84 274**	**133 968**	**88 112**	**83 190**	**115 673**	**114 713**	**110 832**	**133 531**
F.61	Droits nets des ménages sur les réserves techniques	83 117	131 058	82 749	82 712	109 649	106 244	105 843	131 315
F.611	Sur les réserves d'assurance vie	-10 378	639	5 510	-6 136	3 749	573	-4 673	-4 024
F.612	Sur les fonds de pension	93 495	130 419	77 239	88 848	105 900	105 671	110 516	135 339
F.62	Réserves-primes et réserves-sinistres	1 157	2 910	5 363	478	6 024	8 469	4 989	2 216
F.7	**Autres comptes à payer**	**-3 555**	**24 197**	**0**	**-11 258**	**-37 133**	**5 419**	**1 581**	**4 533**
F.71	Crédits commerciaux et avances	..	..	..	..	..	..	..	..
F.79	Autres	..	..	..	..	..	..	..	..
	Opérations financières nettes	**-19 562**	**-3 383**	**-15 030**	**32 794**	**-34 868**	**28 533**	**19 710**	**8 240**

Note : Les métadonnées détaillées sont disponibles sur :http://metalinks.oecd.org/faiiia/20150126/5704

AUSTRALIE

Tableau 2.4.a. Flux consolidés, Secteur S13 - Administrations publiques
SCN 1993

Millions AUD

		2006	2007	2008	2009	2010	2011	2012	2013
	Acquisition nette d'actifs financiers	**30 815**	**18 875**	**30 443**	**25 873**	**6 287**	**8 936**	**20 544**	**10 678**
F.1	**Or monétaire et DTS**	..	..	..	..	..	..	..	..
F.2	**Numéraire et dépôts**	**23 031**	**-30 735**	**426**	**11 951**	**-553**	**15 673**	**8 502**	**14 837**
F.21	Numéraire	-5	238	-200	265	289	-28	-296	-1
F.22	Dépôts transférables	22 451	-32 385	2 550	4 991	-5 608	13 516	3 031	10 194
F.29	Autres dépôts	585	1 412	-1 924	6 695	4 766	2 185	5 767	4 644
F.3	**Titres autres qu'actions**	**-1 110**	**34 214**	**-1 030**	**10 245**	**-12 343**	**-22 046**	**-8 164**	**-13 425**
F.33	Titres autres qu'actions, non compris produits financiers dérivés	251	34 616	-233	18 881	-3 577	-10 083	-337	-6 641
F.331	Titres à court terme	251	34 616	-17 071	2 473	-9 975	-2 617	2 503	3 591
F.332	Titres à long terme	0	0	16 838	16 408	6 398	-7 466	-2 840	-10 232
F.34	Produits financiers dérivés	-1 361	-402	-797	-8 636	-8 766	-11 963	-7 827	-6 784
F.4	**Crédits**	**-747**	**72**	**23 475**	**-738**	**6 720**	**9 509**	**5 601**	**-1 657**
F.41	Crédits à court terme	1 139	-4 589	-322	-664	1 698	3 749	612	-2 866
F.42	Crédits à long terme	-1 886	4 661	23 797	-74	5 022	5 760	4 989	1 209
F.5	**Actions et autres participations**	**-5 476**	**10 532**	**-11 094**	**8 295**	**8 226**	**2 839**	**-3 622**	**-7 279**
F.51	Actions et autres participations, non compris parts d'O.P.C.	-9 181	9 705	7 780	8 621	7 347	2 714	-3 922	-7 243
F.511	Actions cotées	-9 185	4 317	-1 227	-889	3 033	727	-1 333	-343
F.512	Actions non cotées	4	5 388	9 007	9 510	4 314	1 987	-2 589	-6 900
F.513	Autres participations	0	0	0	0	0	0	0	0
F.52	Parts d'organismes de placement collectif	3 705	827	-18 874	-326	879	125	300	-36
F.6	**Réserves techniques d'assurance**	**0**	**0**	**0**	**0**	**0**	**0**	**0**	**0**
F.61	Droits nets des ménages sur les réserves techniques	..	..	..	..	..	..	..	..
F.611	Sur les réserves d'assurance vie	..	..	..	..	..	..	..	..
F.612	Sur les fonds de pension	..	..	..	..	..	..	..	..
F.62	Réserves-primes et réserves-sinistres	..	..	..	..	..	..	..	..
F.7	**Autres comptes à recevoir**	**15 117**	**4 792**	**18 666**	**-3 880**	**4 237**	**2 961**	**18 227**	**18 202**
F.71	Crédits commerciaux et avances	..	..	..	..	..	..	..	..
F.79	Autres	..	..	..	..	..	..	..	..
	Accroissement net des passifs	**15 736**	**7 593**	**47 562**	**98 706**	**87 670**	**71 528**	**74 977**	**39 736**
F.2	**Numéraire et dépôts**	**68**	**0**	**424**	**193**	**119**	**80**	**106**	**125**
F.21	Numéraire	68	0	424	193	119	80	106	125
F.22	Dépôts transférables	0	0	0	0	0	0	0	0
F.29	Autres dépôts	0	0	0	0	0	0	0	0
F.3	**Titres autres qu'actions**	**-2 373**	**713**	**2 402**	**56 569**	**54 467**	**46 078**	**40 261**	**27 428**
F.33	Titres autres qu'actions, non compris produits financiers dérivés	-1 247	-39	5 962	61 856	59 150	52 669	45 282	38 343
F.331	Titres à court terme	0	89	135	11 080	6 831	-5 267	8 714	-12 737
F.332	Titres à long terme	-1 247	-128	5 827	50 776	52 319	57 936	36 568	51 080
F.34	Produits financiers dérivés	-1 126	752	-3 560	-5 287	-4 683	-6 591	-5 021	-10 915
F.4	**Crédits**	**-2 279**	**1 767**	**7 145**	**10 864**	**10 986**	**31 268**	**24 763**	**12 937**
F.41	Crédits à court terme	-1 124	-433	6 216	1 189	1 120	7 028	4 618	2 522
F.42	Crédits à long terme	-1 155	2 200	929	9 675	9 866	24 240	20 145	10 415
F.5	**Actions et autres participations**	**0**	**0**	**0**	**0**	**0**	**0**	**0**	**0**
F.51	Actions et autres participations, non compris parts d'O.P.C.	..	..	..	..	..	..	..	..
F.511	Actions cotées	..	..	..	..	..	..	..	..
F.512	Actions non cotées	..	..	..	..	..	..	..	..
F.513	Autres participations	..	..	..	..	..	..	..	..
F.52	Parts d'organismes de placement collectif	..	..	..	..	..	..	..	..
F.6	**Réserves techniques d'assurance**	**12 557**	**1 839**	**20 068**	**22 405**	**11 498**	**7 469**	**12 077**	**14 592**
F.61	Droits nets des ménages sur les réserves techniques	12 557	1 839	20 068	22 405	11 498	7 469	12 077	14 592
F.611	Sur les réserves d'assurance vie	0	0	0	0	0	0	0	0
F.612	Sur les fonds de pension	12 557	1 839	20 068	22 405	11 498	7 469	12 077	14 592
F.62	Réserves-primes et réserves-sinistres	0	0	0	0	0	0	0	0
F.7	**Autres comptes à payer**	**7 761**	**3 274**	**17 523**	**3 830**	**10 600**	**-13 367**	**-2 230**	**-15 346**
F.71	Crédits commerciaux et avances	..	..	..	..	..	..	..	..
F.79	Autres	..	..	..	..	..	..	..	..
	Opérations financières nettes	**15 079**	**11 282**	**-17 119**	**-72 833**	**-81 383**	**-62 592**	**-54 433**	**-29 058**

Note : Les métadonnées détaillées sont disponibles sur :http://metalinks.oecd.org/faiiia/20150126/5704

AUSTRALIE

Tableau 2.5.a. Flux consolidés, Secteur S14-S15 - Ménages et ISBLSM

SCN 1993

Millions AUD

		2006	2007	2008	2009	2010	2011	2012	2013
	Acquisition nette d'actifs financiers	**119 949**	**170 399**	**149 467**	**124 676**	**160 788**	**146 273**	**151 866**	**170 544**
F.1	**Or monétaire et DTS**	..	..	..	..	..	..	..	..
F.2	**Numéraire et dépôts**	**35 714**	**44 717**	**76 548**	**39 210**	**59 935**	**50 553**	**57 944**	**59 242**
F.21	Numéraire	1 417	917	2 649	379	764	1 523	1 869	1 758
F.22	Dépôts transférables	10 657	15 503	-1 526	321	-4 252	-10 985	6 913	37 545
F.29	Autres dépôts	23 640	28 297	75 425	38 510	63 423	60 015	49 162	19 939
F.3	**Titres autres qu'actions**	**306**	**4 089**	**-2 753**	**-7 604**	**68**	**278**	**-1 824**	**-1 080**
F.33	Titres autres qu'actions, non compris produits financiers dérivés	306	4 089	-2 753	-7 604	68	278	-1 824	-1 080
F.331	Titres à court terme	1 306	4 678	-2 107	-6 510	125	108	-1 506	-451
F.332	Titres à long terme	-1 000	-589	-646	-1 094	-57	170	-318	-629
F.34	Produits financiers dérivés	0	0	0	0	0	0	0	0
F.4	**Crédits**	**926**	**964**	**26**	**47**	**182**	**15**	**78**	**46**
F.41	Crédits à court terme	0	0	0	0	0	0	0	0
F.42	Crédits à long terme	926	964	26	47	182	15	78	46
F.5	**Actions et autres participations**	**2 885**	**-8 865**	**-16 814**	**-11 330**	**-16 233**	**-17 067**	**-12 598**	**-21 567**
F.51	Actions et autres participations, non compris parts d'O.P.C.	-11 147	-1 205	-14 392	-7 486	-8 298	-17 459	-8 933	-15 878
F.511	Actions cotées	-4 705	6 242	-6 007	1 837	1 424	-7 630	1 349	-5 534
F.512	Actions non cotées	-6 442	-7 447	-8 385	-9 323	-9 722	-9 829	-10 282	-10 344
F.513	Autres participations	0	0	0	0	0	0	0	0
F.52	Parts d'organismes de placement collectif	14 032	-7 660	-2 422	-3 844	-7 935	392	-3 665	-5 689
F.6	**Réserves techniques d'assurance**	**97 450**	**134 507**	**106 919**	**104 847**	**123 963**	**118 487**	**121 013**	**148 313**
F.61	Droits nets des ménages sur les réserves techniques	96 812	132 907	103 968	104 586	120 649	113 828	118 270	147 093
F.611	Sur les réserves d'assurance vie	-10 028	412	5 514	-6 158	3 580	415	-4 642	-4 037
F.612	Sur les fonds de pension	106 840	132 495	98 454	110 744	117 069	113 413	122 912	151 130
F.62	Réserves-primes et réserves-sinistres	638	1 600	2 951	261	3 314	4 659	2 743	1 220
F.7	**Autres comptes à recevoir**	**-17 332**	**-5 013**	**-14 459**	**-494**	**-7 127**	**-5 993**	**-12 747**	**-14 410**
F.71	Crédits commerciaux et avances	..	..	..	..	..	..	..	..
F.79	Autres	..	..	..	..	..	..	..	..
	Accroissement net des passifs	**121 365**	**149 810**	**102 085**	**93 127**	**100 397**	**85 989**	**74 197**	**105 883**
F.2	**Numéraire et dépôts**	**0**	**0**	**0**	**0**	**0**	**0**	**0**	**0**
F.21	Numéraire	..	..	..	..	..	..	..	..
F.22	Dépôts transférables	..	..	..	..	..	..	..	..
F.29	Autres dépôts	..	..	..	..	..	..	..	..
F.3	**Titres autres qu'actions**	**3 638**	**4 541**	**4 707**	**2 093**	**-1 348**	**369**	**1 087**	**-2 127**
F.33	Titres autres qu'actions, non compris produits financiers dérivés	3 638	4 541	4 707	2 093	-1 348	369	1 087	-2 127
F.331	Titres à court terme	3 638	4 541	4 707	2 093	-1 348	369	1 087	-2 127
F.332	Titres à long terme	0	0	0	0	0	0	0	0
F.34	Produits financiers dérivés	0	0	0	0	0	0	0	0
F.4	**Crédits**	**105 268**	**117 868**	**66 221**	**93 567**	**85 661**	**81 308**	**60 983**	**85 341**
F.41	Crédits à court terme	6 216	6 929	806	-690	3 158	-108	-2 747	-541
F.42	Crédits à long terme	99 052	110 939	65 415	94 257	82 503	81 416	63 730	85 882
F.5	**Actions et autres participations**	**0**	**0**	**0**	**0**	**0**	**0**	**0**	**0**
F.51	Actions et autres participations, non compris parts d'O.P.C.	..	..	..	..	..	..	..	..
F.511	Actions cotées	..	..	..	..	..	..	..	..
F.512	Actions non cotées	..	..	..	..	..	..	..	..
F.513	Autres participations	..	..	..	..	..	..	..	..
F.52	Parts d'organismes de placement collectif	..	..	..	..	..	..	..	..
F.6	**Réserves techniques d'assurance**	**0**	**0**	**0**	**0**	**0**	**0**	**0**	**0**
F.61	Droits nets des ménages sur les réserves techniques	..	..	..	..	..	..	..	..
F.611	Sur les réserves d'assurance vie	..	..	..	..	..	..	..	..
F.612	Sur les fonds de pension	..	..	..	..	..	..	..	..
F.62	Réserves-primes et réserves-sinistres	..	..	..	..	..	..	..	..
F.7	**Autres comptes à payer**	**12 459**	**27 401**	**31 157**	**-2 533**	**16 084**	**4 312**	**12 127**	**22 669**
F.71	Crédits commerciaux et avances	..	..	..	..	..	..	..	..
F.79	Autres	..	..	..	..	..	..	..	..
	Opérations financières nettes	**-1 416**	**20 589**	**47 382**	**31 549**	**60 391**	**60 284**	**77 669**	**64 661**

Note : Les métadonnées détaillées sont disponibles sur :http://metalinks.oecd.org/faiiia/20150126/5704

AUSTRALIE

Tableau 2.6.a. Flux consolidés, Secteur S2 - Reste du monde

SCN 1993

Millions AUD

		2006	2007	2008	2009	2010	2011	2012	2013
	Acquisition nette d'actifs financiers	**178 552**	**156 303**	**132 117**	**124 418**	**98 835**	**88 042**	**90 344**	**91 749**
F.1	**Or monétaire et DTS**	**2**	**20**	**15**	**-5 501**	**6**	**115**	**113**	**-264**
F.2	**Numéraire et dépôts**	**3 546**	**20 986**	**37 983**	**-20 649**	**3 301**	**16 780**	**37 715**	**-1 465**
F.21	Numéraire	0	0	0	0	0	0	0	0
F.22	Dépôts transférables	574	4 455	1 518	-127	-189	-1 029	5 882	2 824
F.29	Autres dépôts	2 972	16 531	36 465	-20 522	3 490	17 809	31 833	-4 289
F.3	**Titres autres qu'actions**	**123 902**	**47 059**	**-5 642**	**90 132**	**83 082**	**28 072**	**-2 701**	**13 332**
F.33	Titres autres qu'actions, non compris produits financiers dérivés	138 186	59 670	-1 006	146 593	113 285	79 592	42 373	76 778
F.331	Titres à court terme	38 376	-16 239	-29 149	8 227	22 779	10 778	-7 907	14 355
F.332	Titres à long terme	99 810	75 909	28 143	138 366	90 506	68 814	50 280	62 423
F.34	Produits financiers dérivés	-14 284	-12 611	-4 636	-56 461	-30 203	-51 520	-45 074	-63 446
F.4	**Crédits**	**13 229**	**31 862**	**37 336**	**-33 237**	**-36 430**	**-1 839**	**3 833**	**35 316**
F.41	Crédits à court terme	4 318	20 431	6 404	1 195	-18 529	-9 180	-5 730	-2 173
F.42	Crédits à long terme	8 911	11 431	30 932	-34 432	-17 901	7 341	9 563	37 489
F.5	**Actions et autres participations**	**37 715**	**52 399**	**57 144**	**84 093**	**50 504**	**44 377**	**48 395**	**43 984**
F.51	Actions et autres participations, non compris parts d'O.P.C.	36 229	40 073	49 853	68 371	39 027	45 999	46 384	41 801
F.511	Actions cotées	24 561	8 419	16 610	31 281	13 528	29 959	28 014	23 430
F.512	Actions non cotées	11 668	31 654	33 243	37 090	25 499	16 040	18 370	18 371
F.513	Autres participations	0	0	0	0	0	0	0	0
F.52	Parts d'organismes de placement collectif	1 486	12 326	7 291	15 722	11 477	-1 622	2 011	2 183
F.6	**Réserves techniques d'assurance**	**382**	**621**	**533**	**399**	**514**	**478**	**282**	**349**
F.61	Droits nets des ménages sur les réserves techniques	382	621	533	399	514	478	282	349
F.611	Sur les réserves d'assurance vie	-350	227	-4	22	169	158	-31	13
F.612	Sur les fonds de pension	732	394	537	377	345	320	313	336
F.62	Réserves-primes et réserves-sinistres	0	0	0	0	0	0	0	0
F.7	**Autres comptes à recevoir**	**-224**	**3 356**	**4 748**	**9 181**	**-2 142**	**59**	**2 707**	**497**
F.71	Crédits commerciaux et avances	..	..	..	..	..	..	..	..
F.79	Autres	..	..	..	..	..	..	..	..
	Accroissement net des passifs	**120 584**	**81 613**	**73 527**	**76 305**	**52 388**	**48 806**	**27 734**	**41 498**
F.2	**Numéraire et dépôts**	**6 548**	**-23 198**	**10 663**	**10 113**	**15 920**	**-3 384**	**-9 168**	**12 378**
F.21	Numéraire	62	-136	425	-465	204	-24	-182	471
F.22	Dépôts transférables	576	7 272	3 006	2 279	2 695	-6 036	-2 498	14 277
F.29	Autres dépôts	5 910	-30 334	7 232	8 299	13 021	2 676	-6 488	-2 370
F.3	**Titres autres qu'actions**	**21 372**	**10 245**	**-20 516**	**-14 224**	**-18 804**	**-38 117**	**-21 960**	**-12 737**
F.33	Titres autres qu'actions, non compris produits financiers dérivés	36 598	10 607	-15 651	36 798	10 495	-10 851	12 960	30 447
F.331	Titres à court terme	1 650	-141	1 319	748	1 100	1 300	3 449	-2 710
F.332	Titres à long terme	34 948	10 748	-16 970	36 050	9 395	-12 151	9 511	33 157
F.34	Produits financiers dérivés	-15 226	-362	-4 865	-51 022	-29 299	-27 266	-34 920	-43 184
F.4	**Crédits**	**24 107**	**2 163**	**32 265**	**17 785**	**1 094**	**35 139**	**14 765**	**14 911**
F.41	Crédits à court terme	13 787	5 578	22 849	-3 903	-389	14 205	2 636	5 044
F.42	Crédits à long terme	10 320	-3 415	9 416	21 688	1 483	20 934	12 129	9 867
F.5	**Actions et autres participations**	**53 556**	**72 996**	**24 077**	**50 169**	**38 724**	**30 229**	**19 971**	**30 649**
F.51	Actions et autres participations, non compris parts d'O.P.C.	53 556	72 996	24 077	50 169	38 724	30 229	19 971	30 649
F.511	Actions cotées	0	0	0	0	0	0	0	0
F.512	Actions non cotées	53 556	72 996	24 077	50 169	38 724	30 229	19 971	30 649
F.513	Autres participations	0	0	0	0	0	0	0	0
F.52	Parts d'organismes de placement collectif	0	0	0	0	0	0	0	0
F.6	**Réserves techniques d'assurance**	**1 655**	**579**	**1 479**	**-116**	**-137**	**561**	**629**	**1 837**
F.61	Droits nets des ménages sur les réserves techniques	1 606	562	1 483	-21	-22	546	596	1 561
F.611	Sur les réserves d'assurance vie	31	-40	-213	113	-33	-46	-31	28
F.612	Sur les fonds de pension	1 575	602	1 696	-134	11	592	627	1 533
F.62	Réserves-primes et réserves-sinistres	49	17	-4	-95	-115	15	33	276
F.7	**Autres comptes à payer**	**13 348**	**18 848**	**25 574**	**7 077**	**15 597**	**24 493**	**23 610**	**-5 804**
F.71	Crédits commerciaux et avances	..	..	..	..	..	..	..	..
F.79	Autres	..	..	..	..	..	..	..	..
	Opérations financières nettes	**57 968**	**74 690**	**58 590**	**48 113**	**46 447**	**39 236**	**62 610**	**50 251**

Note : Les métadonnées détaillées sont disponibles sur :http://metalinks.oecd.org/faiiia/20150126/5704

Tableau 1.a. Flux consolidés, par instrument et par secteur, Année 2013
SCN 2008

Millions EUR (1999 ATS euro)

		Sociétés financières					Sociétés financières publiques
		Total S12	Institutions financières monétaires S121-2-3	Fonds d'investissements non monétaires S124	Autres institutions financières, hors S124 S125-6-7	Sociétés d'assurance et fonds de pension SS128-9	S1201
	Acquisition nette d'actifs financiers	**-4 926**	**-30 899**	**1 172**	**2 895**	**3 077**	..
F.1	**Or monétaire et DTS**	**122**	**122**	..	..	..	..
F.11	Or monétaire	0	0	..	..	..	..
F.12	Droits de tirage spéciaux (DTS)	122	122	..	..	..	..
F.2	**Numéraire et dépôts**	**-8 981**	**-27 022**	**65**	**1 243**	**1 153**	..
F.21	Numéraire	94	-106	0	0	2	..
F.22	Dépôts transférables	4 683	-3 278	358	223	439	..
F.29	Autres dépôts	-13 758	-23 638	-293	1 020	713	..
F.3	**Titres de dette**	**4 385**	**1 055**	**496**	**-1 184**	**2 130**	..
F.3S	Titres de dette à court terme	1 085	690	-215	29	581	..
F.3L	Titres de dette à long terme	3 300	365	712	-1 213	1 549	..
F.4	**Crédits**	**2 770**	**-544**	**1**	**1 748**	**44**	..
F.4S	Crédits à court terme	-1 243	-3 737	0	519	-97	..
F.4L	Crédits à long terme	4 012	3 193	1	1 229	141	..
F.5	**Actions et parts de fonds d'investissement**	**1 881**	**52**	**473**	**1 719**	**-161**	..
F.51	Actions	760	-225	302	533	-344	..
F.511	Actions cotées	-713	89	466	-1 292	-57	..
F.512	Actions non cotées	-669	-2 609	-211	105	-199	..
F.519	Autres participations	2 142	2 296	47	1 719	-88	..
F.52	Parts de fonds d'investissement	1 121	276	171	1 186	183	..
F.521	Parts de fonds d'investissement monétaires	25	-1	-30	16	-24	..
F.522	Autres parts de fonds d'investissement	1 096	277	200	1 169	207	..
F.6	**Systèmes d'assurance, de pensions et garanties standard**	**-208**	**0**	**0**	**0**	**-208**	..
F.61	Réserves techniques d'assurance-dommages	-208	0	0	0	-208	..
F.62	Droits sur les assurances-vie et rentes	0	0	0	0	0	..
F.6M	Dts à pension, gérants, prestations hors retraite	0	0	0	0	0	..
F.63	Droits à pension	0	0	0	0	0	..
F.64	Dts des fonds de pension sur gérants des systèmes de pension	0	0	0	0	0	..
F.65	Droits à prestations hors retraite	..	..	..	..	..	..
F.66	Réserves pour appels dans le cadre de garanties standard	0	0	0	0	0	..
F.7	**Produits financiers dérivés et options sur titres des salariés**	**-3 684**	**-3 791**	**136**	**4**	**-33**	..
F.71	Produits financiers dérivés	..	..	..	..	..	..
F.72	Options sur titres des salariés	..	..	..	..	..	..
F.8	**Autres comptes à recevoir**	**-1 212**	**-770**	**0**	**-635**	**152**	..
F.81	Crédits commerciaux et avances	1	1	0	0	0	..
F.89	Autres comptes à recevoir, hors crédits commerciaux et avances	-1 213	-771	0	-635	152	..
	Accroissement net des passifs	**-4 220**	**-14 221**	**1 161**	**4 826**	**4 014**	..
F.1	**Or monétaire et DTS**	**0**	**0**	..	..	..	..
F.11	Or monétaire	0	0	..	..	..	..
F.12	Droits de tirage spéciaux (DTS)	0	0	..	..	..	..
F.2	**Numéraire et dépôts**	**-6 349**	**-6 349**	**0**	**0**	**0**	..
F.21	Numéraire	1 276	1 276	0	0	0	..
F.22	Dépôts transférables	10 343	10 343	0	0	0	..
F.29	Autres dépôts	-17 968	-17 969	0	0	0	..
F.3	**Titres de dette**	**-4 639**	**-6 708**	**0**	**1 473**	**596**	..
F.3S	Titres de dette à court terme	573	571	0	3	0	..
F.3L	Titres de dette à long terme	-5 212	-7 279	0	1 471	596	..
F.4	**Crédits**	**423**	**0**	**-13**	**619**	**-183**	..
F.4S	Crédits à court terme	444	0	-9	604	-152	..
F.4L	Crédits à long terme	-21	0	-4	15	-31	..
F.5	**Actions et parts de fonds d'investissement**	**3 517**	**-307**	**290**	**2 198**	**1 336**	..
F.51	Actions	3 328	-206	0	2 198	1 336	..
F.511	Actions cotées	1 820	1 110	0	2	708	..
F.512	Actions non cotées	-590	-1 360	0	97	672	..
F.519	Autres participations	2 098	44	0	2 099	-44	..
F.52	Parts de fonds d'investissement	189	-101	290	0	0	..
F.521	Parts de fonds d'investissement monétaires	-101	-101	0	0	0	..
F.522	Autres parts de fonds d'investissement	290	0	290	0	0	..
F.6	**Systèmes d'assurance, de pensions et garanties standard**	**2 538**	**140**	**0**	**0**	**2 398**	..
F.61	Réserves techniques d'assurance-dommages	668	0	0	0	668	..
F.62	Droits sur les assurances-vie et rentes	991	0	0	0	991	..
F.6M	Dts à pension, gérants de syst. de pension, hors retraite	878	140	0	0	739	..
F.63	Droits à pension	878	140	0	0	739	..
F.64	Dts des fonds de pension sur gérants des systèmes de pension	0	0	0	0	0	..
F.65	Droits à prestations hors retraite	..	..	..	..	..	..
F.66	Réserves pour appels dans le cadre de garanties standard	0	0	0	0	0	..
F.7	**Produits financiers dérivés et options sur titres des salariés**	**-647**	**-1 110**	**885**	**-422**	**0**	..
F.71	Produits financiers dérivés	..	..	..	..	..	..
F.72	Options sur titres des salariés	..	..	..	..	..	..
F.8	**Autres comptes à payer**	**938**	**113**	**0**	**957**	**-133**	..
F.81	Crédits commerciaux et avances	-8	-5	0	-2	0	..
F.89	Autres comptes à payer, hors des crédits commerciaux et avances	946	119	0	960	-133	..
	Opérations financières nettes	**-706**	**-16 678**	**10**	**-1 932**	**-937**	..

AUTRICHE

Tableau 1.a. Flux consolidés, par instrument et par secteur, Année 2013 (cont.)

SCN 2008

Millions EUR (1999 ATS euro)

		Sociétés non financières	Administrations publiques		Ménages et ISBLSM	Economie totale	Reste du monde
			Total	Administration centrale			
		S11	S13	S1311	S14+S15	S1	S2
	Acquisition nette d'actifs financiers	**13 178**	**120**	**214**	**7 465**	**15 838**	**2 123**
F.1	**Or monétaire et DTS**	..	**0**	**0**	..	**122**	**0**
F.11	Or monétaire	..	0	0	..	0	0
F.12	Droits de tirage spéciaux (DTS)	..	0	0	..	122	0
F.2	**Numéraire et dépôts**	**1 393**	**2 063**	**758**	**3 041**	**-2 483**	**-12 500**
F.21	Numéraire	63	0	0	1 183	1 340	30
F.22	Dépôts transférables	2 851	1 029	510	7 793	16 356	-824
F.29	Autres dépôts	-1 520	1 035	248	-5 936	-20 179	-11 706
F.3	**Titres de dette**	**-1 270**	**-1 593**	**63**	**-1 838**	**-316**	**3 168**
F.3S	Titres de dette à court terme	-80	-1	0	244	1 248	1 333
F.3L	Titres de dette à long terme	-1 190	-1 592	63	-2 082	-1 564	1 835
F.4	**Crédits**	**4 022**	**1 293**	**85**	**0**	**8 085**	**-189**
F.4S	Crédits à court terme	-131	-178	-972	0	-1 552	-12
F.4L	Crédits à long terme	4 153	1 472	1 056	0	9 637	-177
F.5	**Actions et parts de fonds d'investissement**	**9 490**	**-1 701**	**-996**	**2 614**	**12 284**	**10 496**
F.51	Actions	9 129	-1 078	-833	-78	8 734	11 367
F.511	Actions cotées	210	-208	0	-270	-980	2 722
F.512	Actions non cotées	1 826	-1 307	-1 425	-40	-189	1 028
F.519	Autres participations	7 093	437	593	232	9 903	7 617
F.52	Parts de fonds d'investissement	361	-623	-163	2 692	3 550	-871
F.521	Parts de fonds d'investissement monétaires	43	0	0	-56	12	-37
F.522	Autres parts de fonds d'investissement	317	-623	-163	2 748	3 538	-834
F.6	**Systèmes d'assurance, de pensions et garanties standard**	**229**	**0**	**0**	**2 433**	**2 454**	**138**
F.61	Réserves techniques d'assurance-dommages	229	0	0	439	460	0
F.62	Droits sur les assurances-vie et rentes	0	0	0	1 165	1 165	138
F.6M	Dts à pension, gérants, prestations hors retraite	0	0	0	828	828	0
F.63	Droits à pension	0	0	0	828	828	0
F.64	Dts des fonds de pension sur gérants des systèmes de pension	0	0	0	0	0	0
F.65	Droits à prestations hors retraite	..	..	..	..	..	..
F.66	Réserves pour appels dans le cadre de garanties standard	0	0	0	0	0	0
F.7	**Produits financiers dérivés et options sur titres des salariés**	**-1 068**	**-588**	**-134**	**21**	**-5 319**	**-1 026**
F.71	Produits financiers dérivés	..	..	..	..	..	..
F.72	Options sur titres des salariés	..	..	..	..	..	..
F.8	**Autres comptes à recevoir**	**382**	**646**	**438**	**1 195**	**1 010**	**2 035**
F.81	Crédits commerciaux et avances	324	567	307	4	895	1 288
F.89	Autres comptes à recevoir, hors crédits commerciaux et avances	58	79	131	1 191	115	747
	Accroissement net des passifs	**9 203**	**5 798**	**4 979**	**578**	**11 359**	**6 601**
F.1	**Or monétaire et DTS**	..	..	..	..	**0**	**122**
F.11	Or monétaire	..	..	..	..	0	0
F.12	Droits de tirage spéciaux (DTS)	..	..	..	..	0	122
F.2	**Numéraire et dépôts**	**0**	**0**	**0**	**0**	**-6 349**	**-8 634**
F.21	Numéraire	..	0	0	0	1 276	94
F.22	Dépôts transférables	0	0	0	0	10 343	5 188
F.29	Autres dépôts	0	0	0	0	-17 968	-13 916
F.3	**Titres de dette**	**1 381**	**6 246**	**5 893**	**0**	**2 988**	**-136**
F.3S	Titres de dette à court terme	246	776	776	0	1 595	985
F.3L	Titres de dette à long terme	1 135	5 470	5 117	0	1 393	-1 122
F.4	**Crédits**	**-1 641**	**1 502**	**1 090**	**956**	**1 240**	**6 657**
F.4S	Crédits à court terme	-2 732	-239	-389	-795	-3 323	1 759
F.4L	Crédits à long terme	1 091	1 741	1 479	1 751	4 562	4 898
F.5	**Actions et parts de fonds d'investissement**	**7 431**	**25**	**0**	**10**	**10 983**	**11 798**
F.51	Actions	7 431	25	0	10	10 794	9 308
F.511	Actions cotées	228	0	0	0	2 048	-305
F.512	Actions non cotées	772	0	0	0	182	656
F.519	Autres participations	6 431	24	0	10	8 564	8 957
F.52	Parts de fonds d'investissement	0	0	0	0	189	2 490
F.521	Parts de fonds d'investissement monétaires	0	0	0	0	-101	76
F.522	Autres parts de fonds d'investissement	0	0	0	0	290	2 414
F.6	**Systèmes d'assurance, de pensions et garanties standard**	**-50**	**0**	**0**	**0**	**2 488**	**105**
F.61	Réserves techniques d'assurance-dommages	0	0	0	0	668	-208
F.62	Droits sur les assurances-vie et rentes	0	0	0	0	991	313
F.6M	Dts à pension, gérants de syst. de pension, hors retraite	-50	0	0	0	828	0
F.63	Droits à pension	-50	0	0	0	828	0
F.64	Dts des fonds de pension sur gérants des systèmes de pension	0	0	0	0	0	0
F.65	Droits à prestations hors retraite	..	..	..	..	..	..
F.66	Réserves pour appels dans le cadre de garanties standard	0	0	0	0	0	0
F.7	**Produits financiers dérivés et options sur titres des salariés**	**-119**	**-712**	**-676**	**0**	**-1 478**	**-4 867**
F.71	Produits financiers dérivés	..	..	..	..	..	..
F.72	Options sur titres des salariés	..	..	..	..	..	..
F.8	**Autres comptes à payer**	**2 199**	**-1 262**	**-1 327**	**-388**	**1 488**	**1 557**
F.81	Crédits commerciaux et avances	1 835	-1	-105	0	1 826	356
F.89	Autres comptes à payer, hors des crédits commerciaux et avances	365	-1 261	-1 222	-388	-338	1 201
	Opérations financières nettes	**3 976**	**-5 679**	**-4 765**	**6 887**	**4 478**	**-4 478**

Note : Les métadonnées détaillées sont disponibles sur :http://metalinks.oecd.org/faiiia/20150126/9593

AUTRICHE

Tableau 1.b. Flux non consolidés, par instrument et par secteur, Année 2013
SCN 2008

Millions EUR (1999 ATS euro)

		Sociétés financières					
		Total S12	Institutions financières monétaires S121-2-3	Fonds d'investissements non monétaires S124	Autres institutions financières, hors S124 S125-6-7	Sociétés d'assurance et fonds de pension SS128-9	Sociétés financières publiques S1201
	Acquisition nette d'actifs financiers	**-42 791**	**-48 718**	**953**	**2 752**	**2 222**	..
F.1	**Or monétaire et DTS**	**122**	**122**	..	..	..	..
F.11	Or monétaire	0	0	..	..	..	..
F.12	Droits de tirage spéciaux (DTS)	122	122	..	..	..	..
F.2	**Numéraire et dépôts**	**-37 058**	**-39 519**	**65**	**1 243**	**1 153**	..
F.21	Numéraire	-104	-106	0	0	2	..
F.22	Dépôts transférables	-3 753	-4 772	358	223	439	..
F.29	Autres dépôts	-33 201	-34 640	-293	1 020	713	..
F.3	**Titres de dette**	**-1 551**	**-3 303**	**496**	**-1 161**	**2 417**	..
F.3S	Titres de dette à court terme	1 505	1 111	-215	29	581	..
F.3L	Titres de dette à long terme	-3 057	-4 414	712	-1 190	1 836	..
F.4	**Crédits**	**-70**	**-544**	**1**	**1 566**	**-1 093**	..
F.4S	Crédits à court terme	-4 368	-3 737	0	519	-1 151	..
F.4L	Crédits à long terme	4 298	3 193	1	1 047	57	..
F.5	**Actions et parts de fonds d'investissement**	**901**	**-914**	**254**	**1 735**	**-175**	..
F.51	Actions	-696	-1 190	302	550	-358	..
F.511	Actions cotées	-969	-98	466	-1 287	-49	..
F.512	Actions non cotées	-3 290	-2 959	-211	101	-221	..
F.519	Autres participations	3 562	1 867	47	1 737	-88	..
F.52	Parts de fonds d'investissement	1 597	276	-48	1 186	183	..
F.521	Parts de fonds d'investissement monétaires	-38	-1	-30	16	-24	..
F.522	Autres parts de fonds d'investissement	1 635	277	-19	1 169	207	..
F.6	**Systèmes d'assurance, de pensions et garanties standard**	**-208**	**0**	**0**	**0**	**-208**	..
F.61	Réserves techniques d'assurance-dommages	-208	0	0	0	-208	..
F.62	Droits sur les assurances-vie et rentes	0	0	0	0	0	..
F.6M	Dts à pension, gérants de syst. de pension, hors retraite	0	0	0	0	0	..
F.63	Droits à pension	0	0	0	0	0	..
F.64	Dts des fonds de pension sur gérants des systèmes de pension	0	0	0	0	0	..
F.65	Droits à prestations hors retraite	..	..	..	..	..	..
F.66	Réserves pour appels dans le cadre de garanties standard	0	0	0	0	0	..
F.7	**Produits financiers dérivés et options sur titres des salariés**	**-3 684**	**-3 791**	**136**	**4**	**-33**	..
F.71	Produits financiers dérivés	..	..	..	..	..	..
F.72	Options sur titres des salariés	..	..	..	..	..	..
F.8	**Autres comptes à recevoir**	**-1 244**	**-770**	**0**	**-635**	**162**	..
F.81	Crédits commerciaux et avances	1	1	0	0	0	..
F.89	Autres comptes à recevoir, hors crédits commerciaux et avances	-1 245	-771	0	-635	162	..
	Accroissement net des passifs	**-42 085**	**-50 068**	**1 630**	**3 570**	**2 783**	..
F.1	**Or monétaire et DTS**	**0**	**0**	..	..	..	..
F.11	Or monétaire	0	0	..	..	..	..
F.12	Droits de tirage spéciaux (DTS)	0	0	..	..	..	..
F.2	**Numéraire et dépôts**	**-34 427**	**-34 427**	**0**	**0**	**0**	..
F.21	Numéraire	1 078	1 078	0	0	0	..
F.22	Dépôts transférables	1 908	1 908	0	0	0	..
F.29	Autres dépôts	-37 412	-37 412	0	0	0	..
F.3	**Titres de dette**	**-10 575**	**-12 905**	**0**	**1 577**	**753**	..
F.3S	Titres de dette à court terme	994	990	0	4	0	..
F.3L	Titres de dette à long terme	-11 569	-13 895	0	1 573	753	..
F.4	**Crédits**	**-2 417**	**0**	**-83**	**-1 071**	**-1 263**	..
F.4S	Crédits à court terme	-2 682	0	-79	-1 461	-1 142	..
F.4L	Crédits à long terme	265	0	-4	390	-121	..
F.5	**Actions et parts de fonds d'investissement**	**2 537**	**-1 901**	**829**	**2 590**	**1 019**	..
F.51	Actions	1 871	-1 737	0	2 590	1 019	..
F.511	Actions cotées	1 564	768	0	7	790	..
F.512	Actions non cotées	-3 211	-1 720	0	-2 398	908	..
F.519	Autres participations	3 518	-784	0	4 982	-679	..
F.52	Parts de fonds d'investissement	665	-164	829	0	0	..
F.521	Parts de fonds d'investissement monétaires	-164	-164	0	0	0	..
F.522	Autres parts de fonds d'investissement	829	0	829	0	0	..
F.6	**Systèmes d'assurance, de pensions et garanties standard**	**2 538**	**140**	**0**	**0**	**2 398**	..
F.61	Réserves techniques d'assurance-dommages	668	0	0	0	668	..
F.62	Droits sur les assurances-vie et rentes	991	0	0	0	991	..
F.6M	Dts à pension, gérants de syst. de pension, hors retraite	878	140	0	0	739	..
F.63	Droits à pension	878	140	0	0	739	..
F.64	Dts des fonds de pension sur gérants des systèmes de pension	0	0	0	0	0	..
F.65	Droits à prestations hors retraite	..	..	..	..	..	..
F.66	Réserves pour appels dans le cadre de garanties standard	0	0	0	0	0	..
F.7	**Produits financiers dérivés et options sur titres des salariés**	**-647**	**-1 109**	**885**	**-422**	**0**	..
F.71	Produits financiers dérivés	..	..	..	..	..	..
F.72	Options sur titres des salariés	..	..	..	..	..	..
F.8	**Autres comptes à payer**	**906**	**134**	**0**	**896**	**-123**	..
F.81	Crédits commerciaux et avances	-8	-5	0	-2	0	..
F.89	Autres comptes à payer, hors des crédits commerciaux et avances	914	139	0	898	-123	..
	Opérations financières nettes	**-706**	**1 351**	**-678**	**-818**	**-561**	..

AUTRICHE

Tableau 1.b. Flux non consolidés, par instrument et par secteur, Année 2013 (cont.)

SCN 2008

Millions EUR (1999 ATS euro)

		Sociétés non financières	Administrations publiques		Ménages et ISBLSM	Economie totale	Reste du monde
		S11	Total S13	Administration centrale S1311	S14+S15	S1	S2
	Acquisition nette d'actifs financiers	**12 404**	**1 598**	**1 790**	**7 465**	**-21 325**	**2 123**
F.1	**Or monétaire et DTS**	..	**0**	**0**	..	**122**	**0**
F.11	Or monétaire	..	0	0	..	0	0
F.12	Droits de tirage spéciaux (DTS)	..	0	0	..	122	0
F.2	**Numéraire et dépôts**	**1 393**	**2 063**	**758**	**3 041**	**-30 561**	**-12 500**
F.21	Numéraire	63	0	0	1 183	1 142	30
F.22	Dépôts transférables	2 851	1 029	510	7 793	7 920	-824
F.29	Autres dépôts	-1 520	1 035	248	-5 936	-39 622	-11 706
F.3	**Titres de dette**	**-1 649**	**17**	**1 627**	**-1 838**	**-5 022**	**3 168**
F.3S	Titres de dette à court terme	-299	-1	0	244	1 449	1 333
F.3L	Titres de dette à long terme	-1 350	18	1 627	-2 082	-6 471	1 835
F.4	**Crédits**	**4 043**	**701**	**20**	**0**	**4 674**	**-189**
F.4S	Crédits à court terme	-131	-868	-982	0	-5 367	-12
F.4L	Crédits à long terme	4 174	1 569	1 001	0	10 042	-177
F.5	**Actions et parts de fonds d'investissement**	**8 955**	**-1 751**	**-1 113**	**2 614**	**10 718**	**10 496**
F.51	Actions	8 594	-1 128	-950	-78	6 692	11 367
F.511	Actions cotées	-67	-208	0	-270	-1 513	2 722
F.512	Actions non cotées	2 051	-1 307	-1 425	-40	-2 586	1 028
F.519	Autres participations	6 610	387	475	232	10 791	7 617
F.52	Parts de fonds d'investissement	361	-623	-163	2 692	4 026	-871
F.521	Parts de fonds d'investissement monétaires	43	0	0	-56	-51	-37
F.522	Autres parts de fonds d'investissement	317	-623	-163	2 748	4 077	-834
F.6	**Systèmes d'assurance, de pensions et garanties standard**	**229**	**0**	**0**	**2 433**	**2 454**	**138**
F.61	Réserves techniques d'assurance-dommages	229	0	0	439	460	0
F.62	Droits sur les assurances-vie et rentes	0	0	0	1 165	1 165	138
F.6M	Dts à pension, gérants de syst. de pension, hors retraite	0	0	0	828	828	0
F.63	Droits à pension	0	0	0	828	828	0
F.64	Dts des fonds de pension sur gérants des systèmes de pension	0	0	0	0	0	0
F.65	Droits à prestations hors retraite	..	..	..	..	..	..
F.66	Réserves pour appels dans le cadre de garanties standard	0	0	0	0	0	0
F.7	**Produits financiers dérivés et options sur titres des salariés**	**-1 068**	**-588**	**-134**	**21**	**-5 318**	**-1 026**
F.71	Produits financiers dérivés	..	..	..	..	..	..
F.72	Options sur titres des salariés	..	..	..	..	..	..
F.8	**Autres comptes à recevoir**	**501**	**1 156**	**632**	**1 195**	**1 607**	**2 035**
F.81	Crédits commerciaux et avances	443	487	229	4	934	1 288
F.89	Autres comptes à recevoir, hors crédits commerciaux et avances	58	669	403	1 191	673	747
	Accroissement net des passifs	**8 428**	**7 276**	**6 696**	**578**	**-25 803**	**6 601**
F.1	**Or monétaire et DTS**	..	..	..	..	**0**	**122**
F.11	Or monétaire	..	..	..	..	0	0
F.12	Droits de tirage spéciaux (DTS)	..	..	..	..	0	122
F.2	**Numéraire et dépôts**	**0**	**0**	**0**	**0**	**-34 427**	**-8 634**
F.21	Numéraire	..	0	0	0	1 078	94
F.22	Dépôts transférables	0	0	0	0	1 908	5 188
F.29	Autres dépôts	0	0	0	0	-37 412	-13 916
F.3	**Titres de dette**	**1 002**	**7 856**	**7 502**	**0**	**-1 718**	**-136**
F.3S	Titres de dette à court terme	26	776	776	0	1 796	985
F.3L	Titres de dette à long terme	975	7 080	6 726	0	-3 514	-1 122
F.4	**Crédits**	**-1 619**	**909**	**1 025**	**956**	**-2 171**	**6 657**
F.4S	Crédits à court terme	-2 732	-929	-399	-795	-7 138	1 759
F.4L	Crédits à long terme	1 113	1 838	1 424	1 751	4 967	4 898
F.5	**Actions et parts de fonds d'investissement**	**6 896**	**-25**	**-117**	**10**	**9 417**	**11 798**
F.51	Actions	6 896	-25	-117	10	8 752	9 308
F.511	Actions cotées	-49	0	0	0	1 514	-305
F.512	Actions non cotées	996	0	0	0	-2 214	656
F.519	Autres participations	5 949	-26	-117	10	9 451	8 957
F.52	Parts de fonds d'investissement	0	0	0	0	665	2 490
F.521	Parts de fonds d'investissement monétaires	0	0	0	0	-164	76
F.522	Autres parts de fonds d'investissement	0	0	0	0	829	2 414
F.6	**Systèmes d'assurance, de pensions et garanties standard**	**-50**	**0**	**0**	**0**	**2 488**	**105**
F.61	Réserves techniques d'assurance-dommages	0	0	0	0	668	-208
F.62	Droits sur les assurances-vie et rentes	0	0	0	0	991	313
F.6M	Dts à pension, gérants de syst. de pension, hors retraite	-50	0	0	0	828	0
F.63	Droits à pension	-50	0	0	0	828	0
F.64	Dts des fonds de pension sur gérants des systèmes de pension	0	0	0	0	0	0
F.65	Droits à prestations hors retraite	..	..	..	..	..	..
F.66	Réserves pour appels dans le cadre de garanties standard	0	0	0	0	0	0
F.7	**Produits financiers dérivés et options sur titres des salariés**	**-119**	**-712**	**-676**	**0**	**-1 477**	**-4 867**
F.71	Produits financiers dérivés	..	..	..	..	..	..
F.72	Options sur titres des salariés	..	..	..	..	..	..
F.8	**Autres comptes à payer**	**2 319**	**-752**	**-1 037**	**-388**	**2 085**	**1 557**
F.81	Crédits commerciaux et avances	1 954	-81	-183	0	1 866	356
F.89	Autres comptes à payer, hors des crédits commerciaux et avances	365	-671	-854	-388	220	1 201
	Opérations financières nettes	**3 976**	**-5 679**	**-4 906**	**6 887**	**4 478**	**-4 478**

Note : Les métadonnées détaillées sont disponibles sur :http://metalinks.oecd.org/faiiia/20150126/e75d

AUTRICHE

Tableau 2.1.a. Flux consolidés, Secteur S1 - Économie totale

SCN 2008

Millions EUR (1999 ATS euro)

		2006	2007	2008	2009	2010	2011	2012	2013
	Acquisition nette d'actifs financiers	**142 923**	**161 641**	**97 734**	**20 295**	**3 742**	**68 073**	**18 694**	**15 838**
F.1	**Or monétaire et DTS**	**-148**	**-113**	**57**	**1 695**	**-3**	**-66**	**-18**	**122**
F.11	Or monétaire	-176	-137	0	0	0	0	0	0
F.12	Droits de tirage spéciaux (DTS)	27	24	57	1 695	-3	-66	-18	122
F.2	**Numéraire et dépôts**	**55 708**	**34 973**	**25 627**	**-10 405**	**-12 493**	**23 057**	**4 322**	**-2 483**
F.21	Numéraire	1 036	746	884	1 000	1 315	1 408	651	1 340
F.22	Dépôts transférables	15 142	1 178	8 277	10 582	482	8 285	12 536	16 356
F.29	Autres dépôts	39 530	33 048	16 466	-21 987	-14 290	13 365	-8 864	-20 179
F.3	**Titres de dette**	**20 776**	**15 364**	**4 370**	**6 453**	**5 585**	**-2 784**	**-8 557**	**-316**
F.3S	Titres de dette à court terme	-1 326	3 081	1 440	-2 411	-800	1 060	173	1 248
F.3L	Titres de dette à long terme	22 102	12 283	2 929	8 865	6 385	-3 844	-8 730	-1 564
F.4	**Crédits**	**23 897**	**34 411**	**35 550**	**-3 640**	**4 902**	**21 282**	**1 893**	**8 085**
F.4S	Crédits à court terme	3 300	8 836	2 295	-8 025	3 094	4 801	1 241	-1 552
F.4L	Crédits à long terme	20 598	25 576	33 255	4 384	1 808	16 481	652	9 637
F.5	**Actions et parts de fonds d'investissement**	**24 784**	**56 475**	**10 964**	**19 786**	**-978**	**23 208**	**18 113**	**12 284**
F.51	Actions	17 990	56 226	16 471	17 294	-8 111	25 609	15 203	8 734
F.511	Actions cotées	-1 349	658	-3 649	1 462	2 425	2 541	4 660	-980
F.512	Actions non cotées	4 809	10 285	6 022	4 686	6 993	9 302	4 395	-189
F.519	Autres participations	14 530	45 284	14 099	11 145	-17 528	13 766	6 147	9 903
F.52	Parts de fonds d'investissement	6 794	248	-5 507	2 492	7 132	-2 401	2 911	3 550
F.521	Parts de fonds d'investissement monétaires	-564	-12	-670	-178	157	69	-465	12
F.522	Autres parts de fonds d'investissement	7 358	260	-4 837	2 671	6 976	-2 470	3 376	3 538
F.6	**Systèmes d'assurance, de pensions et garanties standard**	**5 555**	**4 778**	**4 229**	**5 359**	**3 236**	**2 074**	**3 586**	**2 454**
F.61	Réserves techniques d'assurance-dommages	1 099	1 212	1 183	1 422	-468	234	1 362	460
F.62	Droits sur les assurances-vie et rentes	3 408	2 627	1 885	3 037	3 054	1 066	1 419	1 165
F.6M	Dts à pension, gérants, prestations hors retraite	1 048	939	1 162	900	650	774	805	828
F.63	Droits à pension	1 048	939	1 162	900	650	774	805	828
F.64	Dts des fonds de pension sur gérants des systèmes de pension	0	0	0	0	0	0	0	0
F.65	Droits à prestations hors retraite	..	..	..	..	..	..	..	..
F.66	Réserves pour appels dans le cadre de garanties standard	0	0	0	0	0	0	0	0
F.7	**Produits financiers dérivés et options sur titres des salariés**	**9 889**	**11 529**	**11 799**	**1 797**	**-1 709**	**-1 634**	**-2 546**	**-5 319**
F.71	Produits financiers dérivés	..	..	..	..	..	..	..	..
F.72	Options sur titres des salariés	..	..	..	..	..	..	..	..
F.8	**Autres comptes à recevoir**	**2 462**	**4 225**	**5 138**	**-750**	**5 203**	**2 934**	**1 902**	**1 010**
F.81	Crédits commerciaux et avances	2 300	1 265	1 448	-1 117	3 102	1 903	-257	895
F.89	Autres comptes à recevoir, hors crédits commerciaux et avances	162	2 960	3 690	367	2 101	1 031	2 158	115
	Accroissement net des passifs	**131 376**	**148 882**	**88 092**	**11 073**	**261**	**63 376**	**13 570**	**11 359**
F.1	**Or monétaire et DTS**	**0**	**0**	**0**	**1 701**	**0**	**0**	**0**	**0**
F.11	Or monétaire	0	0	0	0	0	0	0	0
F.12	Droits de tirage spéciaux (DTS)	0	0	0	1 701	0	0	0	0
F.2	**Numéraire et dépôts**	**34 897**	**39 948**	**22 979**	**-15 581**	**-2 590**	**20 482**	**-176**	**-6 349**
F.21	Numéraire	1 482	1 340	2 451	525	1 082	929	610	1 276
F.22	Dépôts transférables	14 520	5 137	17 744	56	14 417	11 041	26 238	10 343
F.29	Autres dépôts	18 895	33 471	2 785	-16 162	-18 088	8 512	-27 024	-17 968
F.3	**Titres de dette**	**31 233**	**34 300**	**28 971**	**5 568**	**5 759**	**11 823**	**-1 295**	**2 988**
F.3S	Titres de dette à court terme	6 252	3 682	10 236	-11 440	-1 707	3 648	-2 484	1 595
F.3L	Titres de dette à long terme	24 981	30 618	18 735	17 008	7 466	8 175	1 188	1 393
F.4	**Crédits**	**31 929**	**18 995**	**15 492**	**1 548**	**7 359**	**7 988**	**2 058**	**1 240**
F.4S	Crédits à court terme	8 453	2 328	7 340	-10 447	2 360	2 016	-2 388	-3 323
F.4L	Crédits à long terme	23 476	16 667	8 152	11 995	4 999	5 972	4 446	4 562
F.5	**Actions et parts de fonds d'investissement**	**15 746**	**36 734**	**-358**	**10 846**	**-14 680**	**20 019**	**8 653**	**10 983**
F.51	Actions	13 394	38 711	7 362	11 315	-16 013	21 558	8 188	10 794
F.511	Actions cotées	8 682	-12 866	-1 531	2 013	741	-306	-145	2 048
F.512	Actions non cotées	599	1 683	-67	5 055	3 283	752	877	182
F.519	Autres participations	4 113	49 894	8 959	4 247	-20 037	21 112	7 457	8 564
F.52	Parts de fonds d'investissement	2 352	-1 977	-7 719	-469	1 334	-1 539	465	189
F.521	Parts de fonds d'investissement monétaires	-607	-128	-919	-200	29	-129	-102	-101
F.522	Autres parts de fonds d'investissement	2 959	-1 848	-6 800	-269	1 304	-1 410	567	290
F.6	**Systèmes d'assurance, de pensions et garanties standard**	**5 388**	**4 348**	**4 117**	**4 809**	**3 852**	**2 253**	**2 878**	**2 488**
F.61	Réserves techniques d'assurance-dommages	838	663	1 051	961	-9	470	785	668
F.62	Droits sur les assurances-vie et rentes	3 501	2 747	1 904	2 949	3 211	1 009	1 289	991
F.6M	Dts à pension, gérants de syst. de pension, hors retraite	1 048	939	1 162	900	650	774	805	828
F.63	Droits à pension	1 048	939	1 162	900	650	774	805	828
F.64	Dts des fonds de pension sur gérants des systèmes de pension	0	0	0	0	0	0	0	0
F.65	Droits à prestations hors retraite	..	..	..	..	..	..	..	..
F.66	Réserves pour appels dans le cadre de garanties standard	0	0	0	0	0	0	0	0
F.7	**Produits financiers dérivés et options sur titres des salariés**	**9 027**	**10 803**	**12 225**	**2 350**	**-1 917**	**-887**	**-1 495**	**-1 478**
F.71	Produits financiers dérivés	..	..	..	..	..	..	..	..
F.72	Options sur titres des salariés	..	..	..	..	..	..	..	..
F.8	**Autres comptes à payer**	**3 157**	**3 755**	**4 665**	**-167**	**2 477**	**1 699**	**2 948**	**1 488**
F.81	Crédits commerciaux et avances	2 578	743	1 274	-427	1 982	478	541	1 826
F.89	Autres comptes à payer, hors des crédits commerciaux et avances	578	3 013	3 391	260	495	1 221	2 407	-338
	Opérations financières nettes	**11 547**	**12 759**	**9 641**	**9 222**	**3 481**	**4 697**	**5 125**	**4 478**

Note : Les métadonnées détaillées sont disponibles sur :http://metalinks.oecd.org/faiiia/20150126/9593

Tableau 2.2.a. Flux consolidés, Secteur S11 - Sociétés non financières
SCN 2008

Millions EUR (1999 ATS euro)

		2006	2007	2008	2009	2010	2011	2012	2013
	Acquisition nette d'actifs financiers	**17 872**	**25 300**	**19 779**	**10 333**	**8 770**	**16 920**	**7 786**	**13 178**
F.1	**Or monétaire et DTS**	..	..	..	..	..	..	..	..
F.11	Or monétaire	..	..	..	..	..	..	..	..
F.12	Droits de tirage spéciaux (DTS)	..	..	..	..	..	..	..	..
F.2	**Numéraire et dépôts**	**3 319**	**8 855**	**877**	**3 528**	**-427**	**1 887**	**3 871**	**1 393**
F.21	Numéraire	266	100	118	70	158	138	70	63
F.22	Dépôts transférables	1 017	2 388	2 065	3 496	1 437	832	5 251	2 851
F.29	Autres dépôts	2 037	6 367	-1 306	-38	-2 022	917	-1 450	-1 520
F.3	**Titres de dette**	**706**	**-1 015**	**1 472**	**-1 517**	**98**	**304**	**-565**	**-1 270**
F.3S	Titres de dette à court terme	305	-144	-83	-704	-68	72	59	-80
F.3L	Titres de dette à long terme	402	-871	1 555	-813	166	232	-624	-1 190
F.4	**Crédits**	**2 809**	**3 789**	**4 109**	**1 229**	**3 751**	**1 658**	**2 635**	**4 022**
F.4S	Crédits à court terme	1 885	3 049	1 795	1 232	3 264	-462	1 640	-131
F.4L	Crédits à long terme	925	740	2 315	-2	487	2 120	995	4 153
F.5	**Actions et parts de fonds d'investissement**	**8 272**	**11 162**	**9 756**	**7 524**	**2 712**	**10 678**	**1 938**	**9 490**
F.51	Actions	8 413	12 930	11 076	7 940	2 037	11 188	1 827	9 129
F.511	Actions cotées	-19	1 478	163	-120	139	60	43	210
F.512	Actions non cotées	1 580	3 643	2 711	-885	-155	1 524	2 233	1 826
F.519	Autres participations	6 852	7 809	8 202	8 945	2 052	9 604	-448	7 093
F.52	Parts de fonds d'investissement	-141	-1 767	-1 320	-416	675	-510	111	361
F.521	Parts de fonds d'investissement monétaires	-427	-241	-181	-105	184	-346	30	43
F.522	Autres parts de fonds d'investissement	286	-1 526	-1 139	-312	491	-164	81	317
F.6	**Systèmes d'assurance, de pensions et garanties standard**	**253**	**232**	**368**	**333**	**-3**	**171**	**275**	**229**
F.61	Réserves techniques d'assurance-dommages	253	232	368	333	-3	171	275	229
F.62	Droits sur les assurances-vie et rentes	0	0	0	0	0	0	0	0
F.6M	Dts à pension, gérants, prestations hors retraite	0	0	0	0	0	0	0	0
F.63	Droits à pension	0	0	0	0	0	0	0	0
F.64	Dts des fonds de pension sur gérants des systèmes de pension	0	0	0	0	0	0	0	0
F.65	Droits à prestations hors retraite	..	..	..	..	..	..	..	..
F.66	Réserves pour appels dans le cadre de garanties standard	0	0	0	0	0	0	0	0
F.7	**Produits financiers dérivés et options sur titres des salariés**	**147**	**310**	**790**	**15**	**-71**	**-63**	**-15**	**-1 068**
F.71	Produits financiers dérivés	..	..	..	..	..	..	..	..
F.72	Options sur titres des salariés	..	..	..	..	..	..	..	..
F.8	**Autres comptes à recevoir**	**2 365**	**1 967**	**2 407**	**-777**	**2 711**	**2 285**	**-352**	**382**
F.81	Crédits commerciaux et avances	2 312	1 396	1 607	-822	2 855	1 908	-138	324
F.89	Autres comptes à recevoir, hors crédits commerciaux et avances	54	571	800	45	-144	377	-214	58
	Accroissement net des passifs	**18 186**	**30 430**	**22 358**	**4 111**	**4 679**	**17 728**	**5 738**	**9 203**
F.1	**Or monétaire et DTS**	..	..	..	..	..	..	..	..
F.11	Or monétaire	..	..	..	..	..	..	..	..
F.12	Droits de tirage spéciaux (DTS)	..	..	..	..	..	..	..	..
F.2	**Numéraire et dépôts**	**0**	**0**	**0**	**0**	**0**	**0**	**0**	**0**
F.21	Numéraire	..	..	..	..	..	..	..	..
F.22	Dépôts transférables	0	0	0	0	0	0	0	0
F.29	Autres dépôts	0	0	0	0	0	0	0	0
F.3	**Titres de dette**	**839**	**2 597**	**1 485**	**3 997**	**891**	**4 255**	**2 715**	**1 381**
F.3S	Titres de dette à court terme	101	22	-202	81	90	-163	158	246
F.3L	Titres de dette à long terme	739	2 575	1 687	3 915	801	4 419	2 557	1 135
F.4	**Crédits**	**6 733**	**14 840**	**12 617**	**-1 212**	**1 160**	**2 532**	**-1 566**	**-1 641**
F.4S	Crédits à court terme	1 818	5 638	5 639	-9 421	-1 352	1 398	-2 110	-2 732
F.4L	Crédits à long terme	4 915	9 201	6 978	8 209	2 511	1 134	545	1 091
F.5	**Actions et parts de fonds d'investissement**	**8 557**	**11 172**	**5 775**	**793**	**185**	**10 458**	**3 551**	**7 431**
F.51	Actions	8 557	11 172	5 775	793	185	10 458	3 551	7 431
F.511	Actions cotées	6 102	2 007	-664	-28	353	-301	98	228
F.512	Actions non cotées	-120	638	-1 821	-798	-1 776	708	1 254	772
F.519	Autres participations	2 575	8 527	8 260	1 620	1 608	10 051	2 199	6 431
F.52	Parts de fonds d'investissement	0	0	0	0	0	0	0	0
F.521	Parts de fonds d'investissement monétaires	0	0	0	0	0	0	0	0
F.522	Autres parts de fonds d'investissement	0	0	0	0	0	0	0	0
F.6	**Systèmes d'assurance, de pensions et garanties standard**	**218**	**128**	**-218**	**-44**	**-17**	**-60**	**-108**	**-50**
F.61	Réserves techniques d'assurance-dommages	0	0	0	0	0	0	0	0
F.62	Droits sur les assurances-vie et rentes	0	0	0	0	0	0	0	0
F.6M	Dts à pension, gérants de syst. de pension, hors retraite	218	128	-218	-44	-17	-60	-108	-50
F.63	Droits à pension	218	128	-218	-44	-17	-60	-108	-50
F.64	Dts des fonds de pension sur gérants des systèmes de pension	0	0	0	0	0	0	0	0
F.65	Droits à prestations hors retraite	..	..	..	..	..	..	..	..
F.66	Réserves pour appels dans le cadre de garanties standard	0	0	0	0	0	0	0	0
F.7	**Produits financiers dérivés et options sur titres des salariés**	**336**	**511**	**721**	**4**	**196**	**-190**	**-184**	**-119**
F.71	Produits financiers dérivés	..	..	..	..	..	..	..	..
F.72	Options sur titres des salariés	..	..	..	..	..	..	..	..
F.8	**Autres comptes à payer**	**1 503**	**1 183**	**1 977**	**573**	**2 264**	**732**	**1 330**	**2 199**
F.81	Crédits commerciaux et avances	2 577	475	812	653	1 383	881	227	1 835
F.89	Autres comptes à payer, hors des crédits commerciaux et avances	-1 074	708	1 165	-80	881	-148	1 102	365
	Opérations financières nettes	**-314**	**-5 130**	**-2 579**	**6 222**	**4 091**	**-808**	**2 048**	**3 976**

Note : Les métadonnées détaillées sont disponibles sur :http://metalinks.oecd.org/faiiia/20150126/9593

AUTRICHE

Tableau 2.3.a. Flux consolidés, Secteur S12 - Sociétés financières

SCN 2008

Millions EUR (1999 ATS euro)

		2006	2007	2008	2009	2010	2011	2012	2013
	Acquisition nette d'actifs financiers	**103 601**	**109 011**	**45 644**	**-1 341**	**-21 155**	**37 027**	**-635**	**-4 926**
F.1	**Or monétaire et DTS**	**-148**	**-113**	**57**	**1 695**	**-3**	**-66**	**-18**	**122**
F.11	Or monétaire	-176	-137	0	0	0	0	0	0
F.12	Droits de tirage spéciaux (DTS)	27	24	57	1 695	-3	-66	-18	122
F.2	**Numéraire et dépôts**	**44 950**	**13 153**	**3 219**	**-14 451**	**-14 401**	**12 598**	**-3 160**	**-8 981**
F.21	Numéraire	1	3	30	17	147	147	-36	94
F.22	Dépôts transférables	11 280	-4 774	697	-1 905	-4 524	2 049	-1 387	4 683
F.29	Autres dépôts	33 669	17 924	2 492	-12 563	-10 024	10 402	-1 737	-13 758
F.3	**Titres de dette**	**19 120**	**11 152**	**-2 515**	**8 059**	**4 202**	**-5 255**	**-7 947**	**4 385**
F.3S	Titres de dette à court terme	-1 963	2 044	-325	-247	-497	1 147	144	1 085
F.3L	Titres de dette à long terme	21 083	9 108	-2 190	8 306	4 699	-6 402	-8 090	3 300
F.4	**Crédits**	**20 821**	**32 523**	**30 300**	**-2 802**	**485**	**17 955**	**-3 248**	**2 770**
F.4S	Crédits à court terme	1 478	6 265	393	-7 046	-576	5 097	-840	-1 243
F.4L	Crédits à long terme	19 343	26 258	29 907	4 244	1 061	12 858	-2 408	4 012
F.5	**Actions et parts de fonds d'investissement**	**10 083**	**41 971**	**3 306**	**4 291**	**-9 933**	**13 481**	**14 194**	**1 881**
F.51	Actions	5 327	39 904	3 352	2 764	-13 522	13 559	12 074	760
F.511	Actions cotées	-2 406	-22	-4 420	1 358	407	2 383	4 730	-713
F.512	Actions non cotées	3 220	6 407	2 912	416	6 334	7 717	2 361	-669
F.519	Autres participations	4 513	33 518	4 860	990	-20 263	3 458	4 984	2 142
F.52	Parts de fonds d'investissement	4 756	2 067	-46	1 526	3 589	-78	2 120	1 121
F.521	Parts de fonds d'investissement monétaires	0	0	0	-35	-67	443	-435	25
F.522	Autres parts de fonds d'investissement	4 756	2 067	-46	1 562	3 656	-521	2 555	1 096
F.6	**Systèmes d'assurance, de pensions et garanties standard**	**261**	**549**	**132**	**461**	**-460**	**-236**	**577**	**-208**
F.61	Réserves techniques d'assurance-dommages	261	549	132	461	-460	-236	577	-208
F.62	Droits sur les assurances-vie et rentes	0	0	0	0	0	0	0	0
F.6M	Dts à pension, gérants, prestations hors retraite	0	0	0	0	0	0	0	0
F.63	Droits à pension	0	0	0	0	0	0	0	0
F.64	Dts des fonds de pension sur gérants des systèmes de pension	0	0	0	0	0	0	0	0
F.65	Droits à prestations hors retraite	..	..	..	..	..	..	..	..
F.66	Réserves pour appels dans le cadre de garanties standard	0	0	0	0	0	0	0	0
F.7	**Produits financiers dérivés et options sur titres des salariés**	**9 423**	**9 230**	**10 556**	**1 976**	**-1 345**	**-1 287**	**-1 719**	**-3 684**
F.71	Produits financiers dérivés	..	..	..	..	..	..	..	..
F.72	Options sur titres des salariés	..	..	..	..	..	..	..	..
F.8	**Autres comptes à recevoir**	**-909**	**546**	**590**	**-570**	**300**	**-163**	**686**	**-1 212**
F.81	Crédits commerciaux et avances	-23	57	-126	-1	-63	2	1	1
F.89	Autres comptes à recevoir, hors crédits commerciaux et avances	-887	489	716	-569	363	-165	686	-1 213
	Accroissement net des passifs	**98 072**	**103 895**	**45 813**	**-4 491**	**-21 152**	**30 931**	**-3 153**	**-4 220**
F.1	**Or monétaire et DTS**	**0**	**0**	**0**	**1 701**	**0**	**0**	**0**	**0**
F.11	Or monétaire	0	0	0	0	0	0	0	0
F.12	Droits de tirage spéciaux (DTS)	0	0	0	1 701	0	0	0	0
F.2	**Numéraire et dépôts**	**34 897**	**39 948**	**22 979**	**-15 581**	**-2 590**	**20 482**	**-176**	**-6 349**
F.21	Numéraire	1 482	1 340	2 451	525	1 082	929	610	1 276
F.22	Dépôts transférables	14 520	5 137	17 744	56	14 417	11 041	26 238	10 343
F.29	Autres dépôts	18 895	33 471	2 785	-16 162	-18 088	8 512	-27 024	-17 968
F.3	**Titres de dette**	**22 602**	**24 198**	**12 112**	**-9 060**	**-7 715**	**-1 333**	**-12 856**	**-4 639**
F.3S	Titres de dette à court terme	5 977	2 256	1 989	-8 659	371	4 493	-3 362	573
F.3L	Titres de dette à long terme	16 625	21 942	10 123	-401	-8 086	-5 825	-9 494	-5 212
F.4	**Crédits**	**18 799**	**-248**	**2 138**	**-451**	**2 261**	**-1 108**	**1 322**	**423**
F.4S	Crédits à court terme	7 801	-3 494	3 593	-894	1 446	528	896	444
F.4L	Crédits à long terme	10 998	3 246	-1 455	443	815	-1 636	426	-21
F.5	**Actions et parts de fonds d'investissement**	**7 184**	**25 619**	**-6 143**	**9 795**	**-14 865**	**9 554**	**5 092**	**3 517**
F.51	Actions	4 832	27 596	1 576	10 264	-16 199	11 093	4 627	3 328
F.511	Actions cotées	2 580	-14 873	-867	2 041	387	-5	-244	1 820
F.512	Actions non cotées	734	1 045	1 740	5 853	5 059	37	-377	-590
F.519	Autres participations	1 518	41 424	703	2 369	-21 645	11 061	5 248	2 098
F.52	Parts de fonds d'investissement	2 352	-1 977	-7 719	-469	1 334	-1 539	465	189
F.521	Parts de fonds d'investissement monétaires	-607	-128	-919	-200	29	-129	-102	-101
F.522	Autres parts de fonds d'investissement	2 959	-1 848	-6 800	-269	1 304	-1 410	567	290
F.6	**Systèmes d'assurance, de pensions et garanties standard**	**5 170**	**4 220**	**4 335**	**4 853**	**3 869**	**2 313**	**2 986**	**2 538**
F.61	Réserves techniques d'assurance-dommages	838	663	1 051	961	-9	470	785	668
F.62	Droits sur les assurances-vie et rentes	3 501	2 747	1 904	2 949	3 211	1 009	1 289	991
F.6M	Dts à pension, gérants de syst. de pension, hors retraite	830	811	1 379	943	667	834	913	878
F.63	Droits à pension	830	811	1 379	943	667	834	913	878
F.64	Dts des fonds de pension sur gérants des systèmes de pension	0	0	0	0	0	0	0	0
F.65	Droits à prestations hors retraite	..	..	..	..	..	..	..	..
F.66	Réserves pour appels dans le cadre de garanties standard	0	0	0	0	0	0	0	0
F.7	**Produits financiers dérivés et options sur titres des salariés**	**8 144**	**8 714**	**9 076**	**3 420**	**-1 566**	**2**	**-775**	**-647**
F.71	Produits financiers dérivés	..	..	..	..	..	..	..	..
F.72	Options sur titres des salariés	..	..	..	..	..	..	..	..
F.8	**Autres comptes à payer**	**1 276**	**1 444**	**1 316**	**833**	**-546**	**1 022**	**1 254**	**938**
F.81	Crédits commerciaux et avances	1	10	-26	-27	-24	-6	9	-8
F.89	Autres comptes à payer, hors des crédits commerciaux et avances	1 275	1 435	1 342	860	-522	1 028	1 245	946
	Opérations financières nettes	**5 529**	**5 116**	**-169**	**3 151**	**-3**	**6 096**	**2 518**	**-706**

Note : Les métadonnées détaillées sont disponibles sur :http://metalinks.oecd.org/faiiia/20150126/9593

Tableau 2.4.a. Flux consolidés, Secteur S13 - Administrations publiques
SCN 2008

Millions EUR (1999 ATS euro)

		2006	2007	2008	2009	2010	2011	2012	2013
	Acquisition nette d'actifs financiers	**-268**	**4 500**	**12 778**	**-4 212**	**3 466**	**4 186**	**788**	**120**
F.1	**Or monétaire et DTS**	**0**	**0**	**0**	**0**	**0**	**0**	**0**	**0**
F.11	Or monétaire	0	0	0	0	0	0	0	0
F.12	Droits de tirage spéciaux (DTS)	0	0	0	0	0	0	0	0
F.2	**Numéraire et dépôts**	**-336**	**1 826**	**9 232**	**-8 034**	**-255**	**2 893**	**-787**	**2 063**
F.21	Numéraire	0	0	0	0	0	0	0	0
F.22	Dépôts transférables	-25	2 168	4 360	-4 265	-34	2 850	406	1 029
F.29	Autres dépôts	-311	-342	4 872	-3 768	-221	43	-1 193	1 035
F.3	**Titres de dette**	**-230**	**771**	**534**	**281**	**114**	**417**	**-176**	**-1 593**
F.3S	Titres de dette à court terme	-28	692	21	-7	10	4	-14	-1
F.3L	Titres de dette à long terme	-202	79	513	289	104	413	-162	-1 592
F.4	**Crédits**	**262**	**-2 017**	**1 290**	**-2 077**	**642**	**1 669**	**2 506**	**1 293**
F.4S	Crédits à court terme	-70	-600	259	-2 224	384	166	441	-178
F.4L	Crédits à long terme	332	-1 417	1 031	147	258	1 503	2 066	1 472
F.5	**Actions et parts de fonds d'investissement**	**-212**	**1 435**	**336**	**5 417**	**2 118**	**-251**	**-19**	**-1 701**
F.51	Actions	-270	1 044	460	4 937	1 634	103	189	-1 078
F.511	Actions cotées	102	-10	-23	-102	542	-4	0	-208
F.512	Actions non cotées	-129	207	246	4 804	730	6	-741	-1 307
F.519	Autres participations	-242	847	237	235	362	101	930	437
F.52	Parts de fonds d'investissement	58	391	-125	480	484	-354	-208	-623
F.521	Parts de fonds d'investissement monétaires	-61	37	-106	-9	-7	7	2	0
F.522	Autres parts de fonds d'investissement	119	355	-19	489	490	-361	-210	-623
F.6	**Systèmes d'assurance, de pensions et garanties standard**	**0**	**0**	**0**	**0**	**0**	**0**	**0**	**0**
F.61	Réserves techniques d'assurance-dommages	0	0	0	0	0	0	0	0
F.62	Droits sur les assurances-vie et rentes	0	0	0	0	0	0	0	0
F.6M	Dts à pension, gérants, prestations hors retraite	0	0	0	0	0	0	0	0
F.63	Droits à pension	0	0	0	0	0	0	0	0
F.64	Dts des fonds de pension sur gérants des systèmes de pension	0	0	0	0	0	0	0	0
F.65	Droits à prestations hors retraite	..	..	..	..	..	..	..	..
F.66	Réserves pour appels dans le cadre de garanties standard	0	0	0	0	0	0	0	0
F.7	**Produits financiers dérivés et options sur titres des salariés**	**191**	**1 887**	**531**	**-211**	**-641**	**-287**	**-828**	**-588**
F.71	Produits financiers dérivés	..	..	..	..	..	..	..	..
F.72	Options sur titres des salariés	..	..	..	..	..	..	..	..
F.8	**Autres comptes à recevoir**	**57**	**598**	**856**	**411**	**1 487**	**-254**	**92**	**646**
F.81	Crédits commerciaux et avances	12	-188	-33	-294	310	-7	-120	567
F.89	Autres comptes à recevoir, hors crédits commerciaux et avances	45	786	889	705	1 177	-248	212	79
	Accroissement net des passifs	**8 025**	**8 839**	**16 949**	**10 841**	**15 568**	**12 181**	**10 471**	**5 798**
F.1	**Or monétaire et DTS**	..	..	..	..	..	..	..	..
F.11	Or monétaire	..	..	..	..	..	..	..	..
F.12	Droits de tirage spéciaux (DTS)	..	..	..	..	..	..	..	..
F.2	**Numéraire et dépôts**	**0**	**0**	**0**	**0**	**0**	**0**	**0**	**0**
F.21	Numéraire	0	0	0	0	0	0	0	0
F.22	Dépôts transférables	0	0	0	0	0	0	0	0
F.29	Autres dépôts	0	0	0	0	0	0	0	0
F.3	**Titres de dette**	**7 792**	**7 505**	**15 373**	**10 631**	**12 584**	**8 900**	**8 846**	**6 246**
F.3S	Titres de dette à court terme	174	1 404	8 448	-2 862	-2 168	-681	720	776
F.3L	Titres de dette à long terme	7 617	6 102	6 925	13 494	14 752	9 581	8 126	5 470
F.4	**Crédits**	**-456**	**-1 086**	**-1 945**	**2 273**	**3 004**	**3 932**	**1 852**	**1 502**
F.4S	Crédits à court terme	-1 339	536	-1 542	243	1 803	1 602	-532	-239
F.4L	Crédits à long terme	883	-1 621	-404	2 030	1 201	2 330	2 384	1 741
F.5	**Actions et parts de fonds d'investissement**	**5**	**-57**	**11**	**258**	**0**	**7**	**12**	**25**
F.51	Actions	5	-57	11	258	0	7	12	25
F.511	Actions cotées	0	0	0	0	0	0	0	0
F.512	Actions non cotées	-15	0	14	0	0	7	0	0
F.519	Autres participations	20	-57	-3	258	0	0	12	24
F.52	Parts de fonds d'investissement	0	0	0	0	0	0	0	0
F.521	Parts de fonds d'investissement monétaires	0	0	0	0	0	0	0	0
F.522	Autres parts de fonds d'investissement	0	0	0	0	0	0	0	0
F.6	**Systèmes d'assurance, de pensions et garanties standard**	**0**	**0**	**0**	**0**	**0**	**0**	**0**	**0**
F.61	Réserves techniques d'assurance-dommages	0	0	0	0	0	0	0	0
F.62	Droits sur les assurances-vie et rentes	0	0	0	0	0	0	0	0
F.6M	Dts à pension, gérants de syst. de pension, hors retraite	0	0	0	0	0	0	0	0
F.63	Droits à pension	0	0	0	0	0	0	0	0
F.64	Dts des fonds de pension sur gérants des systèmes de pension	0	0	0	0	0	0	0	0
F.65	Droits à prestations hors retraite	..	..	..	..	..	..	..	..
F.66	Réserves pour appels dans le cadre de garanties standard	0	0	0	0	0	0	0	0
F.7	**Produits financiers dérivés et options sur titres des salariés**	**547**	**1 577**	**2 429**	**-1 074**	**-547**	**-699**	**-537**	**-712**
F.71	Produits financiers dérivés	..	..	..	..	..	..	..	..
F.72	Options sur titres des salariés	..	..	..	..	..	..	..	..
F.8	**Autres comptes à payer**	**138**	**899**	**1 082**	**-1 247**	**527**	**41**	**298**	**-1 262**
F.81	Crédits commerciaux et avances	0	258	487	-1 054	623	-397	302	-1
F.89	Autres comptes à payer, hors des crédits commerciaux et avances	138	641	594	-193	-96	438	-4	-1 261
	Opérations financières nettes	**-8 293**	**-4 339**	**-4 171**	**-15 054**	**-12 102**	**-7 995**	**-9 683**	**-5 679**

Note : Les métadonnées détaillées sont disponibles sur :http://metalinks.oecd.org/faiiia/20150126/9593

AUTRICHE

Tableau 2.5.a. Flux consolidés, Secteur S14-S15 - Ménages et ISBLSM
SCN 2008

Millions EUR (1999 ATS euro)

		2006	2007	2008	2009	2010	2011	2012	2013
	Acquisition nette d'actifs financiers	**21 718**	**22 830**	**19 532**	**15 515**	**12 660**	**9 940**	**10 755**	**7 465**
F.1	**Or monétaire et DTS**	..	..	..	..	..	..	..	..
F.11	Or monétaire	..	..	..	..	..	..	..	..
F.12	Droits de tirage spéciaux (DTS)	..	..	..	..	..	..	..	..
F.2	**Numéraire et dépôts**	**7 775**	**11 139**	**12 299**	**8 552**	**2 589**	**5 680**	**4 399**	**3 041**
F.21	Numéraire	770	643	737	913	1 009	1 123	617	1 183
F.22	Dépôts transférables	2 870	1 397	1 154	13 256	3 603	2 554	8 266	7 793
F.29	Autres dépôts	4 135	9 099	10 408	-5 618	-2 022	2 003	-4 484	-5 936
F.3	**Titres de dette**	**1 179**	**4 455**	**4 879**	**-370**	**1 171**	**1 750**	**130**	**-1 838**
F.3S	Titres de dette à court terme	360	488	1 828	-1 453	-245	-163	-16	244
F.3L	Titres de dette à long terme	819	3 967	3 052	1 082	1 416	1 914	147	-2 082
F.4	**Crédits**	**5**	**116**	**-149**	**10**	**24**	**0**	**0**	**0**
F.4S	Crédits à court terme	7	122	-152	14	22	0	0	0
F.4L	Crédits à long terme	-2	-6	2	-4	1	0	0	0
F.5	**Actions et parts de fonds d'investissement**	**6 642**	**1 906**	**-2 433**	**2 555**	**4 125**	**-699**	**2 000**	**2 614**
F.51	Actions	4 521	2 349	1 583	1 652	1 740	760	1 113	-78
F.511	Actions cotées	975	-788	631	326	1 337	102	-112	-270
F.512	Actions non cotées	139	28	152	351	83	55	543	-40
F.519	Autres participations	3 407	3 110	800	975	320	603	682	232
F.52	Parts de fonds d'investissement	2 121	-443	-4 017	902	2 385	-1 459	887	2 692
F.521	Parts de fonds d'investissement monétaires	-76	193	-383	-29	47	-35	-62	-56
F.522	Autres parts de fonds d'investissement	2 196	-636	-3 633	932	2 338	-1 424	950	2 748
F.6	**Systèmes d'assurance, de pensions et garanties standard**	**5 041**	**3 997**	**3 729**	**4 565**	**3 699**	**2 139**	**2 734**	**2 433**
F.61	Réserves techniques d'assurance-dommages	585	431	683	628	-5	299	510	439
F.62	Droits sur les assurances-vie et rentes	3 408	2 627	1 885	3 037	3 054	1 066	1 419	1 165
F.6M	Dts à pension, gérants, prestations hors retraite	1 048	939	1 162	900	650	774	805	828
F.63	Droits à pension	1 048	939	1 162	900	650	774	805	828
F.64	Dts des fonds de pension sur gérants des systèmes de pension	0	0	0	0	0	0	0	0
F.65	Droits à prestations hors retraite	..	..	..	..	..	..	..	..
F.66	Réserves pour appels dans le cadre de garanties standard	0	0	0	0	0	0	0	0
F.7	**Produits financiers dérivés et options sur titres des salariés**	**128**	**103**	**-78**	**17**	**348**	**4**	**16**	**21**
F.71	Produits financiers dérivés	..	..	..	..	..	..	..	..
F.72	Options sur titres des salariés	..	..	..	..	..	..	..	..
F.8	**Autres comptes à recevoir**	**949**	**1 114**	**1 285**	**187**	**704**	**1 066**	**1 475**	**1 195**
F.81	Crédits commerciaux et avances	0	0	0	0	0	0	1	4
F.89	Autres comptes à recevoir, hors crédits commerciaux et avances	949	1 114	1 285	187	704	1 066	1 475	1 191
	Accroissement net des passifs	**7 093**	**5 718**	**2 972**	**612**	**1 166**	**2 536**	**513**	**578**
F.1	**Or monétaire et DTS**	..	..	..	..	..	..	..	..
F.11	Or monétaire	..	..	..	..	..	..	..	..
F.12	Droits de tirage spéciaux (DTS)	..	..	..	..	..	..	..	..
F.2	**Numéraire et dépôts**	**0**	**0**	**0**	**0**	**0**	**0**	**0**	**0**
F.21	Numéraire	0	0	0	0	0	0	0	0
F.22	Dépôts transférables	0	0	0	0	0	0	0	0
F.29	Autres dépôts	0	0	0	0	0	0	0	0
F.3	**Titres de dette**	**0**	**0**	**0**	**0**	**-1**	**0**	**0**	**0**
F.3S	Titres de dette à court terme	0	0	0	0	0	0	0	0
F.3L	Titres de dette à long terme	0	0	0	0	-1	0	0	0
F.4	**Crédits**	**6 853**	**5 489**	**2 682**	**938**	**935**	**2 632**	**449**	**956**
F.4S	Crédits à court terme	173	-352	-351	-374	463	-1 511	-642	-795
F.4L	Crédits à long terme	6 680	5 841	3 033	1 312	472	4 144	1 091	1 751
F.5	**Actions et parts de fonds d'investissement**	**0**	**0**	**0**	**0**	**0**	**0**	**-2**	**10**
F.51	Actions	0	0	0	0	0	0	-2	10
F.511	Actions cotées	0	0	0	0	0	0	0	0
F.512	Actions non cotées	0	0	0	0	0	0	0	0
F.519	Autres participations	0	0	0	0	0	0	-2	10
F.52	Parts de fonds d'investissement	0	0	0	0	0	0	0	0
F.521	Parts de fonds d'investissement monétaires	0	0	0	0	0	0	0	0
F.522	Autres parts de fonds d'investissement	0	0	0	0	0	0	0	0
F.6	**Systèmes d'assurance, de pensions et garanties standard**	**0**	**0**	**0**	**0**	**0**	**0**	**0**	**0**
F.61	Réserves techniques d'assurance-dommages	0	0	0	0	0	0	0	0
F.62	Droits sur les assurances-vie et rentes	0	0	0	0	0	0	0	0
F.6M	Dts à pension, gérants de syst. de pension, hors retraite	0	0	0	0	0	0	0	0
F.63	Droits à pension	0	0	0	0	0	0	0	0
F.64	Dts des fonds de pension sur gérants des systèmes de pension	0	0	0	0	0	0	0	0
F.65	Droits à prestations hors retraite	..	..	..	..	..	..	..	..
F.66	Réserves pour appels dans le cadre de garanties standard	0	0	0	0	0	0	0	0
F.7	**Produits financiers dérivés et options sur titres des salariés**	**0**	**0**	**0**	**0**	**0**	**0**	**0**	**0**
F.71	Produits financiers dérivés	..	..	..	..	..	..	..	..
F.72	Options sur titres des salariés	..	..	..	..	..	..	..	..
F.8	**Autres comptes à payer**	**240**	**229**	**290**	**-325**	**232**	**-96**	**67**	**-388**
F.81	Crédits commerciaux et avances	0	0	0	0	0	0	4	0
F.89	Autres comptes à payer, hors des crédits commerciaux et avances	240	229	290	-325	232	-96	63	-388
	Opérations financières nettes	**14 625**	**17 112**	**16 560**	**14 903**	**11 495**	**7 404**	**10 241**	**6 887**

Note : Les métadonnées détaillées sont disponibles sur :http://metalinks.oecd.org/faiiia/20150126/9593

AUTRICHE

Tableau 2.6.a. Flux consolidés, Secteur S2 - Reste du monde
SCN 2008

Millions EUR (1999 ATS euro)

		2006	2007	2008	2009	2010	2011	2012	2013
	Acquisition nette d'actifs financiers	**96 937**	**108 145**	**44 382**	**-15 929**	**-24 825**	**37 969**	**-5 090**	**2 123**
F.1	**Or monétaire et DTS**	**0**	**0**	**0**	**1 701**	**0**	**0**	**0**	**0**
F.11	Or monétaire	0	0	0	0	0	0	0	0
F.12	Droits de tirage spéciaux (DTS)	0	0	0	1 701	0	0	0	0
F.2	**Numéraire et dépôts**	**24 694**	**19 001**	**8 056**	**-25 265**	**-5 483**	**13 202**	**-9 397**	**-12 500**
F.21	Numéraire	446	597	1 596	-459	-86	-332	-77	30
F.22	Dépôts transférables	11 124	143	14 338	-16 977	9 047	8 727	9 859	-824
F.29	Autres dépôts	13 124	18 261	-7 878	-7 829	-14 444	4 806	-19 179	-11 706
F.3	**Titres de dette**	**30 308**	**33 435**	**21 168**	**-4 000**	**-269**	**7 940**	**-6 094**	**3 168**
F.3S	Titres de dette à court terme	6 051	3 190	8 158	-9 805	-1 366	3 832	-2 535	1 333
F.3L	Titres de dette à long terme	24 257	30 245	13 010	5 805	1 097	4 108	-3 559	1 835
F.4	**Crédits**	**21 549**	**10 367**	**1 799**	**4 251**	**2 005**	**-1 251**	**3 506**	**-189**
F.4S	Crédits à court terme	9 810	3 071	3 784	-3 914	1 124	1 294	-809	-12
F.4L	Crédits à long terme	11 740	7 295	-1 985	8 165	881	-2 545	4 315	-177
F.5	**Actions et parts de fonds d'investissement**	**8 177**	**33 377**	**-259**	**4 117**	**-18 466**	**17 644**	**7 385**	**10 496**
F.51	Actions	6 815	32 576	1 979	4 987	-18 236	17 258	7 011	11 367
F.511	Actions cotées	7 023	-12 832	-1 888	1 827	276	-459	831	2 722
F.512	Actions non cotées	-56	1 281	-564	420	3 114	206	786	1 028
F.519	Autres participations	-152	44 126	4 431	2 740	-21 627	17 512	5 394	7 617
F.52	Parts de fonds d'investissement	1 362	801	-2 238	-869	-230	386	374	-871
F.521	Parts de fonds d'investissement monétaires	-43	-117	-249	-58	-26	-5	-35	-37
F.522	Autres parts de fonds d'investissement	1 405	918	-1 988	-811	-204	391	408	-834
F.6	**Systèmes d'assurance, de pensions et garanties standard**	**201**	**227**	**130**	**254**	**444**	**256**	**182**	**138**
F.61	Réserves techniques d'assurance-dommages	0	0	0	0	0	0	0	0
F.62	Droits sur les assurances-vie et rentes	201	227	130	254	444	256	182	138
F.6M	Dts à pension, gérants, prestations hors retraite	0	0	0	0	0	0	0	0
F.63	Droits à pension	0	0	0	0	0	0	0	0
F.64	Dts des fonds de pension sur gérants des systèmes de pension	0	0	0	0	0	0	0	0
F.65	Droits à prestations hors retraite	..	..	..	..	..	..	..	..
F.66	Réserves pour appels dans le cadre de garanties standard	0	0	0	0	0	0	0	0
F.7	**Produits financiers dérivés et options sur titres des salariés**	**8 935**	**10 776**	**12 232**	**2 331**	**-2 397**	**-889**	**-1 487**	**-1 026**
F.71	Produits financiers dérivés	..	..	..	..	..	..	..	..
F.72	Options sur titres des salariés	..	..	..	..	..	..	..	..
F.8	**Autres comptes à recevoir**	**3 073**	**963**	**1 255**	**683**	**-659**	**1 068**	**817**	**2 035**
F.81	Crédits commerciaux et avances	2 458	582	815	623	1 054	882	357	1 288
F.89	Autres comptes à recevoir, hors crédits commerciaux et avances	616	380	441	59	-1 713	186	459	747
	Accroissement net des passifs	**108 484**	**120 904**	**54 023**	**-6 706**	**-21 345**	**42 665**	**35**	**6 601**
F.1	**Or monétaire et DTS**	**-148**	**-113**	**57**	**1 695**	**-3**	**-66**	**-18**	**122**
F.11	Or monétaire	-176	-137	0	0	0	0	0	0
F.12	Droits de tirage spéciaux (DTS)	27	24	57	1 695	-3	-66	-18	122
F.2	**Numéraire et dépôts**	**45 505**	**14 026**	**10 704**	**-20 089**	**-15 386**	**15 777**	**-4 899**	**-8 634**
F.21	Numéraire	1	3	30	17	147	147	-36	94
F.22	Dépôts transférables	11 746	-3 816	4 871	-6 451	-4 888	5 971	-3 844	5 188
F.29	Autres dépôts	33 758	17 838	5 803	-13 654	-10 645	9 659	-1 019	-13 916
F.3	**Titres de dette**	**19 851**	**14 499**	**-3 433**	**-3 115**	**-442**	**-6 666**	**-13 356**	**-136**
F.3S	Titres de dette à court terme	-1 527	2 589	-637	-776	-458	1 245	121	985
F.3L	Titres de dette à long terme	21 378	11 910	-2 796	-2 339	16	-7 911	-13 478	-1 122
F.4	**Crédits**	**13 517**	**25 783**	**21 857**	**-937**	**-452**	**12 043**	**3 340**	**6 657**
F.4S	Crédits à court terme	4 656	9 579	-1 261	-1 491	1 858	4 078	2 819	1 759
F.4L	Crédits à long terme	8 861	16 204	23 118	555	-2 310	7 965	521	4 898
F.5	**Actions et parts de fonds d'investissement**	**17 215**	**53 118**	**11 063**	**13 057**	**-4 765**	**20 833**	**16 846**	**11 798**
F.51	Actions	11 411	50 092	11 089	10 965	-10 334	21 309	14 026	9 308
F.511	Actions cotées	-3 008	692	-4 006	1 276	1 960	2 388	5 637	-305
F.512	Actions non cotées	4 154	9 883	5 525	52	6 824	8 756	4 304	656
F.519	Autres participations	10 265	39 516	9 570	9 638	-19 118	10 166	4 085	8 957
F.52	Parts de fonds d'investissement	5 805	3 026	-26	2 093	5 568	-476	2 820	2 490
F.521	Parts de fonds d'investissement monétaires	0	0	0	-36	101	193	-398	76
F.522	Autres parts de fonds d'investissement	5 805	3 026	-26	2 129	5 468	-669	3 217	2 414
F.6	**Systèmes d'assurance, de pensions et garanties standard**	**368**	**658**	**242**	**803**	**-173**	**77**	**890**	**105**
F.61	Réserves techniques d'assurance-dommages	261	549	132	461	-460	-236	577	-208
F.62	Droits sur les assurances-vie et rentes	107	108	111	342	287	313	313	313
F.6M	Dts à pension, gérants de syst. de pension, hors retraite	0	0	0	0	0	0	0	0
F.63	Droits à pension	0	0	0	0	0	0	0	0
F.64	Dts des fonds de pension sur gérants des systèmes de pension	0	0	0	0	0	0	0	0
F.65	Droits à prestations hors retraite	..	..	..	..	..	..	..	..
F.66	Réserves pour appels dans le cadre de garanties standard	0	0	0	0	0	0	0	0
F.7	**Produits financiers dérivés et options sur titres des salariés**	**9 797**	**11 502**	**11 806**	**1 778**	**-2 189**	**-1 636**	**-2 538**	**-4 867**
F.71	Produits financiers dérivés	..	..	..	..	..	..	..	..
F.72	Options sur titres des salariés	..	..	..	..	..	..	..	..
F.8	**Autres comptes à payer**	**2 379**	**1 433**	**1 728**	**100**	**2 066**	**2 303**	**-230**	**1 557**
F.81	Crédits commerciaux et avances	2 180	1 104	988	-66	2 174	2 307	-440	356
F.89	Autres comptes à payer, hors des crédits commerciaux et avances	199	328	740	167	-107	-4	211	1 201
	Opérations financières nettes	**-11 547**	**-12 759**	**-9 641**	**-9 222**	**-3 481**	**-4 697**	**-5 125**	**-4 478**

Note : Les métadonnées détaillées sont disponibles sur :http://metalinks.oecd.org/faiiia/20150126/9593

BELGIQUE

Tableau 1.a. Flux consolidés, par instrument et par secteur, Année 2013

SCN 2008

Millions EUR (1999 BEF euro)

		Sociétés financières					
		Total S12	Institutions financières monétaires S121-2-3	Fonds d'investissements non monétaires S124	Autres institutions financières, hors S124 S125-6-7	Sociétés d'assurance et fonds de pension SS128-9	Sociétés financières publiques S1201
	Acquisition nette d'actifs financiers	**-25 715**	**-1 808**	**9 207**	**-43 938**	**6 317**	..
F.1	**Or monétaire et DTS**	**-320**	**-320**	**0**	**0**	**0**	..
F.11	Or monétaire	0	0	0	0	0	..
F.12	Droits de tirage spéciaux (DTS)	-320	-320	0	0	0	..
F.2	**Numéraire et dépôts**	**-18 841**	**-19 396**	**-1 203**	**2 132**	**-921**	..
F.21	Numéraire	0	0	0	0	0	..
F.22	Dépôts transférables	-5 455	-4 782	69	584	-452	..
F.29	Autres dépôts	-13 386	-14 614	-1 272	1 549	-469	..
F.3	**Titres de dette**	**-19 687**	**-15 425**	**908**	**-11 821**	**-532**	..
F.3S	Titres de dette à court terme	1 183	1 299	95	-659	342	..
F.3L	Titres de dette à long terme	-20 870	-16 724	813	-11 162	-873	..
F.4	**Crédits**	**-11 767**	**21 351**	**0**	**-35 706**	**3 918**	..
F.4S	Crédits à court terme	-20 354	-3 014	0	-17 581	2 917	..
F.4L	Crédits à long terme	8 587	24 366	0	-18 125	1 001	..
F.5	**Actions et parts de fonds d'investissement**	**13 191**	**-1 326**	**9 639**	**1 547**	**3 969**	..
F.51	Actions	4 395	-1 335	1 212	1 547	2 488	..
F.511	Actions cotées	3 215	-1 160	1 200	1 181	2 180	..
F.512	Actions non cotées	1 485	87	12	632	273	..
F.519	Autres participations	-304	-262	0	-266	36	..
F.52	Parts de fonds d'investissement	8 796	8	8 427	0	1 481	..
F.521	Parts de fonds d'investissement monétaires	..	..	..	..	..	..
F.522	Autres parts de fonds d'investissement	..	..	..	..	..	..
F.6	**Systèmes d'assurance, de pensions et garanties standard**	**-85**	**0**	**0**	**0**	**-85**	..
F.61	Réserves techniques d'assurance-dommages	-85	0	0	0	-85	..
F.62	Droits sur les assurances-vie et rentes	0	0	0	0	0	..
F.6M	Dts à pension, gérants, prestations hors retraite	0	0	0	0	0	..
F.63	Droits à pension	..	..	..	..	..	..
F.64	Dts des fonds de pension sur gérants des systèmes de pension	..	..	..	..	..	..
F.65	Droits à prestations hors retraite	..	..	..	..	..	..
F.66	Réserves pour appels dans le cadre de garanties standard	0	0	0	0	0	..
F.7	**Produits financiers dérivés et options sur titres des salariés**	**-780**	**0**	**-553**	**-142**	**-85**	..
F.71	Produits financiers dérivés	..	..	..	..	..	..
F.72	Options sur titres des salariés	..	..	..	..	..	..
F.8	**Autres comptes à recevoir**	**12 573**	**13 308**	**415**	**51**	**51**	..
F.81	Crédits commerciaux et avances	199	-2	0	202	0	..
F.89	Autres comptes à recevoir, hors crédits commerciaux et avances	12 373	13 310	415	-151	51	..
	Accroissement net des passifs	**5 779**	**-6 174**	**9 201**	**-10 081**	**8 325**	..
F.1	**Or monétaire et DTS**	**0**	**0**	**0**	**0**	**0**	..
F.11	Or monétaire	..	..	..	..	..	..
F.12	Droits de tirage spéciaux (DTS)	0	0	0	0	0	..
F.2	**Numéraire et dépôts**	**-9 339**	**-9 886**	**0**	**0**	**0**	..
F.21	Numéraire	1 301	1 301	0	0	0	..
F.22	Dépôts transférables	-17 430	-16 556	0	0	0	..
F.29	Autres dépôts	6 790	5 369	0	0	0	..
F.3	**Titres de dette**	**2 640**	**-1 437**	**0**	**-3 402**	**295**	..
F.3S	Titres de dette à court terme	-437	-1 978	0	1 435	0	..
F.3L	Titres de dette à long terme	3 076	541	0	-4 836	295	..
F.4	**Crédits**	**-8 665**	**740**	**-1**	**-9 942**	**1 869**	..
F.4S	Crédits à court terme	-9 850	0	0	-8 605	1 431	..
F.4L	Crédits à long terme	1 184	740	-1	-1 337	438	..
F.5	**Actions et parts de fonds d'investissement**	**13 605**	**2 840**	**8 448**	**2 857**	**98**	..
F.51	Actions	5 790	2 353	0	2 857	98	..
F.511	Actions cotées	614	-126	0	927	0	..
F.512	Actions non cotées	3 515	2 474	0	464	98	..
F.519	Autres participations	1 661	5	0	1 467	0	..
F.52	Parts de fonds d'investissement	7 815	488	8 448	0	0	..
F.521	Parts de fonds d'investissement monétaires	..	..	..	..	..	..
F.522	Autres parts de fonds d'investissement	..	..	..	..	..	..
F.6	**Systèmes d'assurance, de pensions et garanties standard**	**5 348**	**0**	**0**	**0**	**5 348**	..
F.61	Réserves techniques d'assurance-dommages	664	0	0	0	664	..
F.62	Droits sur les assurances-vie et rentes	2 273	0	0	0	2 273	..
F.6M	Dts à pension, gérants de syst. de pension, hors retraite	2 412	0	0	0	2 412	..
F.63	Droits à pension	..	..	..	..	..	..
F.64	Dts des fonds de pension sur gérants des systèmes de pension	..	..	..	..	..	..
F.65	Droits à prestations hors retraite	..	..	..	..	..	..
F.66	Réserves pour appels dans le cadre de garanties standard	0	0	0	0	0	..
F.7	**Produits financiers dérivés et options sur titres des salariés**	**-756**	**-756**	**2**	**-2**	**0**	..
F.71	Produits financiers dérivés	..	..	..	..	..	..
F.72	Options sur titres des salariés	..	..	..	..	..	..
F.8	**Autres comptes à payer**	**2 946**	**2 324**	**752**	**407**	**715**	..
F.81	Crédits commerciaux et avances	412	-1	0	-253	665	..
F.89	Autres comptes à payer, hors des crédits commerciaux et avances	2 534	2 325	752	659	50	..
	Opérations financières nettes	**-31 494**	**4 366**	**6**	**-33 857**	**-2 008**	..

Tableau 1.a. Flux consolidés, par instrument et par secteur, Année 2013 (cont.)

SCN 2008

Millions EUR (1999 BEF euro)

		Sociétés non financières	Administrations publiques		Ménages et ISBLSM	Economie totale	Reste du monde
		S11	Total S13	Administration centrale S1311	S14+S15	S1	S2
	Acquisition nette d'actifs financiers	**-2 413**	**-3 223**	**-2 031**	**28 993**	**-33 410**	**-33 410**
F.1	**Or monétaire et DTS**	**0**	**0**	**0**	**0**	**-320**	**-320**
F.11	Or monétaire	0	0	0	0	0	..
F.12	Droits de tirage spéciaux (DTS)	0	0	0	0	-320	-320
F.2	**Numéraire et dépôts**	**6 678**	**-707**	**-547**	**19 332**	**-15 655**	**-15 655**
F.21	Numéraire	-8	0	0	1 709	255	255
F.22	Dépôts transférables	1 359	-231	-161	5 524	-5 455	-5 455
F.29	Autres dépôts	5 327	-476	-386	12 099	-10 455	-10 455
F.3	**Titres de dette**	**-3 798**	**-91**	**185**	**-8 974**	**-17 821**	**-17 821**
F.3S	Titres de dette à court terme	-2 107	-112	75	-29	-586	-586
F.3L	Titres de dette à long terme	-1 691	20	110	-8 945	-17 234	-17 234
F.4	**Crédits**	**-28 171**	**2 754**	**1 863**	**64**	**-43 289**	**-43 289**
F.4S	Crédits à court terme	-23 247	185	643	63	-38 620	-38 620
F.4L	Crédits à long terme	-4 924	2 569	1 220	1	-4 669	-4 669
F.5	**Actions et parts de fonds d'investissement**	**20 298**	**-4 304**	**-2 643**	**10 725**	**28 419**	**28 419**
F.51	Actions	20 298	-4 382	-2 643	8 366	17 377	17 377
F.511	Actions cotées	760	1 274	1 276	1 594	2 895	2 895
F.512	Actions non cotées	12 177	-3 931	-3 944	2 412	6 794	6 794
F.519	Autres participations	7 361	-1 725	25	4 360	7 688	7 688
F.52	Parts de fonds d'investissement	0	78	0	2 360	11 042	11 042
F.521	Parts de fonds d'investissement monétaires	..	..	..	..	..	..
F.522	Autres parts de fonds d'investissement	..	..	..	..	..	..
F.6	**Systèmes d'assurance, de pensions et garanties standard**	**207**	**0**	**0**	**6 538**	**1 330**	**1 330**
F.61	Réserves techniques d'assurance-dommages	207	0	0	438	-85	-85
F.62	Droits sur les assurances-vie et rentes	0	0	0	3 640	1 415	1 415
F.6M	Dts à pension, gérants, prestations hors retraite	0	0	0	2 460	0	0
F.63	Droits à pension	..	..	..	..	..	..
F.64	Dts des fonds de pension sur gérants des systèmes de pension	..	..	..	..	..	..
F.65	Droits à prestations hors retraite	..	..	..	..	..	..
F.66	Réserves pour appels dans le cadre de garanties standard	0	0	0	0	0	0
F.7	**Produits financiers dérivés et options sur titres des salariés**	**-2**	**-758**	**-758**	**0**	**-638**	**-638**
F.71	Produits financiers dérivés	..	..	..	..	..	..
F.72	Options sur titres des salariés	..	..	..	..	..	..
F.8	**Autres comptes à recevoir**	**2 374**	**-116**	**-131**	**1 308**	**14 564**	**14 564**
F.81	Crédits commerciaux et avances	-3 797	55	29	891	-3 899	-3 899
F.89	Autres comptes à recevoir, hors crédits commerciaux et avances	6 171	-171	-160	417	18 463	18 463
	Accroissement net des passifs	**-19 180**	**9 284**	**8 370**	**7 771**	**-27 399**	**-27 399**
F.1	**Or monétaire et DTS**	**..**	**0**	**0**	**0**	**0**	**0**
F.11	Or monétaire	..	..	..	..	..	0
F.12	Droits de tirage spéciaux (DTS)	..	0	0	0	0	0
F.2	**Numéraire et dépôts**	**0**	**-52**	**-52**	**0**	**-31 508**	**-31 508**
F.21	Numéraire	0	0	0	0	-145	-145
F.22	Dépôts transférables	0	0	0	0	-24 082	-24 082
F.29	Autres dépôts	0	-52	-52	0	-7 281	-7 281
F.3	**Titres de dette**	**4 028**	**6 154**	**7 270**	**0**	**27 550**	**27 550**
F.3S	Titres de dette à court terme	779	-6 684	-5 791	0	-5 863	-5 863
F.3L	Titres de dette à long terme	3 249	12 838	13 060	0	33 413	33 413
F.4	**Crédits**	**-7 133**	**4 181**	**1 822**	**7 525**	**-10 261**	**-10 261**
F.4S	Crédits à court terme	-5 947	-750	-454	1 499	-10 315	-10 315
F.4L	Crédits à long terme	-1 186	4 932	2 276	6 026	54	54
F.5	**Actions et parts de fonds d'investissement**	**-17 921**	**0**	**0**	**0**	**-15 808**	**-15 808**
F.51	Actions	-17 921	0	0	0	-23 432	-23 432
F.511	Actions cotées	2 927	0	0	0	-407	-407
F.512	Actions non cotées	-902	0	0	0	-2 736	-2 736
F.519	Autres participations	-19 945	0	0	0	-20 289	-20 289
F.52	Parts de fonds d'investissement	0	0	0	0	7 624	7 624
F.521	Parts de fonds d'investissement monétaires	..	..	..	..	..	..
F.522	Autres parts de fonds d'investissement	..	..	..	..	..	..
F.6	**Systèmes d'assurance, de pensions et garanties standard**	**0**	**48**	**0**	**0**	**66**	**66**
F.61	Réserves techniques d'assurance-dommages	0	0	0	0	18	18
F.62	Droits sur les assurances-vie et rentes	0	0	0	0	48	48
F.6M	Dts à pension, gérants de syst. de pension, hors retraite	0	48	0	0	0	0
F.63	Droits à pension	..	..	..	..	..	..
F.64	Dts des fonds de pension sur gérants des systèmes de pension	..	..	..	..	..	..
F.65	Droits à prestations hors retraite	..	..	..	..	..	..
F.66	Réserves pour appels dans le cadre de garanties standard	0	0	0	0	0	0
F.7	**Produits financiers dérivés et options sur titres des salariés**	**2**	**-144**	**-144**	**0**	**4**	**4**
F.71	Produits financiers dérivés	..	..	..	..	..	..
F.72	Options sur titres des salariés	..	..	..	..	..	..
F.8	**Autres comptes à payer**	**1 844**	**-903**	**-525**	**246**	**2 558**	**2 558**
F.81	Crédits commerciaux et avances	2 530	-297	-89	-306	1 092	1 092
F.89	Autres comptes à payer, hors des crédits commerciaux et avances	-686	-606	-436	552	1 466	1 466
	Opérations financières nettes	**16 767**	**-12 507**	**-10 401**	**21 222**	**-6 012**	**6 012**

Note : Les métadonnées détaillées sont disponibles sur :http://metalinks.oecd.org/faiiia/20150126/6e6d

BELGIQUE

Tableau 1.b. Flux non consolidés, par instrument et par secteur, Année 2013
SCN 2008

Millions EUR (1999 BEF euro)

		Sociétés financières					
		Total S12	Institutions financières monétaires S121-2-3	Fonds d'investissements non monétaires S124	Autres institutions financières, hors S124 S125-6-7	Sociétés d'assurance et fonds de pension SS128-9	Sociétés financières publiques S1201
	Acquisition nette d'actifs financiers	**-91 666**	**-73 422**	**10 762**	**-35 413**	**6 407**	..
F.1	**Or monétaire et DTS**	**-320**	**-320**	**0**	**0**	**0**	..
F.11	Or monétaire	0	0	0	0	0	..
F.12	Droits de tirage spéciaux (DTS)	-320	-320	0	0	0	..
F.2	**Numéraire et dépôts**	**-50 418**	**-50 426**	**-1 203**	**2 132**	**-921**	..
F.21	Numéraire	-1	-1	0	0	0	..
F.22	Dépôts transférables	-9 110	-9 311	69	584	-452	..
F.29	Autres dépôts	-41 306	-41 114	-1 272	1 549	-469	..
F.3	**Titres de dette**	**-26 708**	**-15 189**	**908**	**-11 896**	**-532**	..
F.3S	Titres de dette à court terme	1 136	1 367	95	-667	342	..
F.3L	Titres de dette à long terme	-27 844	-16 556	813	-11 229	-873	..
F.4	**Crédits**	**-5 150**	**22 552**	**0**	**-31 613**	**3 911**	..
F.4S	Crédits à court terme	-17 813	-3 014	0	-17 708	2 910	..
F.4L	Crédits à long terme	12 663	25 567	0	-13 905	1 001	..
F.5	**Actions et parts de fonds d'investissement**	**19 354**	**-1 869**	**11 194**	**6 024**	**4 004**	..
F.51	Actions	7 883	-1 877	1 212	6 024	2 524	..
F.511	Actions cotées	2 590	-1 160	1 200	370	2 180	..
F.512	Actions non cotées	-897	-455	12	-763	308	..
F.519	Autres participations	6 190	-262	0	6 417	36	..
F.52	Parts de fonds d'investissement	11 472	8	9 983	0	1 481	..
F.521	Parts de fonds d'investissement monétaires	..	..	..	..	..	..
F.522	Autres parts de fonds d'investissement	..	..	..	..	..	..
F.6	**Systèmes d'assurance, de pensions et garanties standard**	**-49**	**0**	**0**	**0**	**-49**	..
F.61	Réserves techniques d'assurance-dommages	-49	0	0	0	-49	..
F.62	Droits sur les assurances-vie et rentes	0	0	0	0	0	..
F.6M	Dts à pension, gérants de syst. de pension, hors retraite	0	0	0	0	0	..
F.63	Droits à pension	..	..	..	..	..	..
F.64	Dts des fonds de pension sur gérants des systèmes de pension	..	..	..	..	..	..
F.65	Droits à prestations hors retraite	..	..	..	..	..	..
F.66	Réserves pour appels dans le cadre de garanties standard	0	0	0	0	0	..
F.7	**Produits financiers dérivés et options sur titres des salariés**	**-780**	**0**	**-553**	**-142**	**-85**	..
F.71	Produits financiers dérivés	..	..	..	..	..	..
F.72	Options sur titres des salariés	..	..	..	..	..	..
F.8	**Autres comptes à recevoir**	**-27 595**	**-28 170**	**415**	**81**	**79**	..
F.81	Crédits commerciaux et avances	199	-2	0	202	0	..
F.89	Autres comptes à recevoir, hors crédits commerciaux et avances	-27 794	-28 168	415	-121	79	..
	Accroissement net des passifs	**-60 172**	**-77 788**	**10 756**	**-1 556**	**8 416**	..
F.1	**Or monétaire et DTS**	**0**	**0**	**0**	**0**	**0**	..
F.11	Or monétaire	..	..	..	..	..	..
F.12	Droits de tirage spéciaux (DTS)	0	0	0	0	0	..
F.2	**Numéraire et dépôts**	**-40 916**	**-40 916**	**0**	**0**	**0**	..
F.21	Numéraire	1 300	1 300	0	0	0	..
F.22	Dépôts transférables	-21 085	-21 085	0	0	0	..
F.29	Autres dépôts	-21 131	-21 131	0	0	0	..
F.3	**Titres de dette**	**-4 382**	**-1 201**	**0**	**-3 476**	**295**	..
F.3S	Titres de dette à court terme	-483	-1 910	0	1 426	0	..
F.3L	Titres de dette à long terme	-3 899	709	0	-4 903	295	..
F.4	**Crédits**	**-2 048**	**1 940**	**-1**	**-5 849**	**1 861**	..
F.4S	Crédits à court terme	-7 309	0	0	-8 732	1 423	..
F.4L	Crédits à long terme	5 260	1 940	-1	2 883	438	..
F.5	**Actions et parts de fonds d'investissement**	**19 768**	**2 298**	**10 003**	**7 334**	**133**	..
F.51	Actions	9 278	1 811	0	7 334	133	..
F.511	Actions cotées	-11	-126	0	115	0	..
F.512	Actions non cotées	1 133	1 932	0	-931	133	..
F.519	Autres participations	8 155	5	0	8 150	0	..
F.52	Parts de fonds d'investissement	10 490	487	10 003	0	0	..
F.521	Parts de fonds d'investissement monétaires	..	..	..	..	..	..
F.522	Autres parts de fonds d'investissement	..	..	..	..	..	..
F.6	**Systèmes d'assurance, de pensions et garanties standard**	**5 383**	**0**	**0**	**0**	**5 383**	..
F.61	Réserves techniques d'assurance-dommages	699	0	0	0	699	..
F.62	Droits sur les assurances-vie et rentes	2 273	0	0	0	2 273	..
F.6M	Dts à pension, gérants de syst. de pension, hors retraite	2 412	0	0	0	2 412	..
F.63	Droits à pension	..	..	..	..	..	..
F.64	Dts des fonds de pension sur gérants des systèmes de pension	..	..	..	..	..	..
F.65	Droits à prestations hors retraite	..	..	..	..	..	..
F.66	Réserves pour appels dans le cadre de garanties standard	0	0	0	0	0	..
F.7	**Produits financiers dérivés et options sur titres des salariés**	**-756**	**-756**	**2**	**-2**	**0**	..
F.71	Produits financiers dérivés	..	..	..	..	..	..
F.72	Options sur titres des salariés	..	..	..	..	..	..
F.8	**Autres comptes à payer**	**-37 222**	**-39 153**	**752**	**437**	**743**	..
F.81	Crédits commerciaux et avances	412	-1	0	-253	665	..
F.89	Autres comptes à payer, hors des crédits commerciaux et avances	-37 634	-39 152	752	689	78	..
	Opérations financières nettes	**-31 494**	**4 366**	**6**	**-33 857**	**-2 008**	..

BELGIQUE

Tableau 1.b. Flux non consolidés, par instrument et par secteur, Année 2013 (cont.)

SCN 2008

Millions EUR (1999 BEF euro)

		Sociétés non financières	Administrations publiques		Ménages et ISBLSM	Economie totale	Reste du monde
			Total	Administration centrale			
		S11	S13	S1311	S14+S15	S1	S2
	Acquisition nette d'actifs financiers	**-13 087**	**-1 580**	**-1 561**	**29 203**	**-77 130**	**-33 410**
F.1	**Or monétaire et DTS**	**0**	**0**	**0**	**0**	**-320**	**-320**
F.11	Or monétaire	0	0	0	0	0	..
F.12	Droits de tirage spéciaux (DTS)	0	0	0	0	-320	-320
F.2	**Numéraire et dépôts**	**6 678**	**-707**	**-547**	**19 332**	**-25 115**	**-15 655**
F.21	Numéraire	-8	0	0	1 709	1 700	255
F.22	Dépôts transférables	1 359	-231	-161	5 524	-2 458	-5 455
F.29	Autres dépôts	5 327	-476	-386	12 099	-24 357	-10 455
F.3	**Titres de dette**	**-4 485**	**-560**	**-333**	**-8 974**	**-40 727**	**-17 821**
F.3S	Titres de dette à court terme	-2 384	-671	-540	-29	-1 948	-586
F.3L	Titres de dette à long terme	-2 101	111	207	-8 945	-38 778	-17 234
F.4	**Crédits**	**-47 659**	**4 607**	**2 851**	**226**	**-47 976**	**-43 289**
F.4S	Crédits à court terme	-33 836	1 321	842	196	-50 132	-38 620
F.4L	Crédits à long terme	-13 823	3 286	2 009	30	2 156	-4 669
F.5	**Actions et parts de fonds d'investissement**	**22 131**	**-4 304**	**-2 643**	**10 725**	**47 907**	**28 419**
F.51	Actions	22 131	-4 382	-2 643	8 366	33 998	17 377
F.511	Actions cotées	3 748	1 274	1 276	1 594	9 206	2 895
F.512	Actions non cotées	11 020	-3 931	-3 944	2 412	8 603	6 794
F.519	Autres participations	7 364	-1 725	25	4 360	16 189	7 688
F.52	Parts de fonds d'investissement	0	78	0	2 360	13 909	11 042
F.521	Parts de fonds d'investissement monétaires	..	..	..	..	..	..
F.522	Autres parts de fonds d'investissement	..	..	..	..	..	..
F.6	**Systèmes d'assurance, de pensions et garanties standard**	**207**	**0**	**0**	**6 538**	**6 696**	**1 330**
F.61	Réserves techniques d'assurance-dommages	207	0	0	438	596	-85
F.62	Droits sur les assurances-vie et rentes	0	0	0	3 640	3 640	1 415
F.6M	Dts à pension, gérants de syst. de pension, hors retraite	0	0	0	2 460	2 460	0
F.63	Droits à pension	..	..	..	..	..	..
F.64	Dts des fonds de pension sur gérants des systèmes de pension	..	..	..	..	..	..
F.65	Droits à prestations hors retraite	..	..	..	..	..	..
F.66	Réserves pour appels dans le cadre de garanties standard	0	0	0	0	0	0
F.7	**Produits financiers dérivés et options sur titres des salariés**	**-2**	**-758**	**-758**	**0**	**-1 540**	**-638**
F.71	Produits financiers dérivés	..	..	..	..	..	..
F.72	Options sur titres des salariés	..	..	..	..	..	..
F.8	**Autres comptes à recevoir**	**10 042**	**143**	**-131**	**1 355**	**-16 055**	**14 564**
F.81	Crédits commerciaux et avances	2 238	56	29	913	3 406	-3 899
F.89	Autres comptes à recevoir, hors crédits commerciaux et avances	7 804	87	-160	442	-19 461	18 463
	Accroissement net des passifs	**-29 854**	**10 927**	**8 840**	**7 981**	**-71 119**	**-27 399**
F.1	**Or monétaire et DTS**	**0**	**0**	**0**	**0**	**0**	**0**
F.11	Or monétaire	..	..	..	..	..	0
F.12	Droits de tirage spéciaux (DTS)	0	0	0	0	0	0
F.2	**Numéraire et dépôts**	**0**	**-52**	**-52**	**0**	**-40 969**	**-31 508**
F.21	Numéraire	0	0	0	0	1 300	-145
F.22	Dépôts transférables	0	0	0	0	-21 085	-24 082
F.29	Autres dépôts	0	-52	-52	0	-21 183	-7 281
F.3	**Titres de dette**	**3 341**	**5 685**	**6 751**	**0**	**4 644**	**27 550**
F.3S	Titres de dette à court terme	502	-7 243	-6 406	0	-7 225	-5 863
F.3L	Titres de dette à long terme	2 839	12 928	13 157	0	11 869	33 413
F.4	**Crédits**	**-26 622**	**6 035**	**2 810**	**7 687**	**-14 948**	**-10 261**
F.4S	Crédits à court terme	-16 537	386	-255	1 633	-21 827	-10 315
F.4L	Crédits à long terme	-10 085	5 649	3 065	6 055	6 879	54
F.5	**Actions et parts de fonds d'investissement**	**-16 088**	**0**	**0**	**0**	**3 680**	**-15 808**
F.51	Actions	-16 088	0	0	0	-6 810	-23 432
F.511	Actions cotées	5 915	0	0	0	5 904	-407
F.512	Actions non cotées	-2 059	0	0	0	-926	-2 736
F.519	Autres participations	-19 943	0	0	0	-11 788	-20 289
F.52	Parts de fonds d'investissement	0	0	0	0	10 490	7 624
F.521	Parts de fonds d'investissement monétaires	..	..	..	..	..	..
F.522	Autres parts de fonds d'investissement	..	..	..	..	..	..
F.6	**Systèmes d'assurance, de pensions et garanties standard**	**0**	**48**	**0**	**0**	**5 432**	**66**
F.61	Réserves techniques d'assurance-dommages	0	0	0	0	699	18
F.62	Droits sur les assurances-vie et rentes	0	0	0	0	2 273	48
F.6M	Dts à pension, gérants de syst. de pension, hors retraite	0	48	0	0	2 460	0
F.63	Droits à pension	..	..	..	..	..	..
F.64	Dts des fonds de pension sur gérants des systèmes de pension	..	..	..	..	..	..
F.65	Droits à prestations hors retraite	..	..	..	..	..	..
F.66	Réserves pour appels dans le cadre de garanties standard	0	0	0	0	0	0
F.7	**Produits financiers dérivés et options sur titres des salariés**	**2**	**-144**	**-144**	**0**	**-898**	**4**
F.71	Produits financiers dérivés	..	..	..	..	..	..
F.72	Options sur titres des salariés	..	..	..	..	..	..
F.8	**Autres comptes à payer**	**9 513**	**-645**	**-525**	**293**	**-28 061**	**2 558**
F.81	Crédits commerciaux et avances	8 566	-297	-89	-284	8 397	1 092
F.89	Autres comptes à payer, hors des crédits commerciaux et avances	947	-348	-436	578	-36 457	1 466
	Opérations financières nettes	**16 767**	**-12 507**	**-10 401**	**21 222**	**-6 012**	**6 012**

Note : Les métadonnées détaillées sont disponibles sur :http://metalinks.oecd.org/faiiia/20150126/f7e6

BELGIQUE

Tableau 2.1.a. Flux consolidés, Secteur S1 - Économie totale

SCN 2008

Millions EUR (1999 BEF euro)

		2006	2007	2008	2009	2010	2011	2012	2013
	Acquisition nette d'actifs financiers	**132 862**	**249 112**	**90 652**	**-92 666**	**7 757**	**81 337**	**-82 619**	**-33 410**
F.1	**Or monétaire et DTS**	**161**	**0**	**-6**	**4 387**	**305**	**-218**	**63**	**-320**
F.11	Or monétaire	0	-1	-1	0	0	0	0	0
F.12	Droits de tirage spéciaux (DTS)	161	1	-5	4 388	305	-218	63	-320
F.2	**Numéraire et dépôts**	**61 603**	**123 164**	**-90 916**	**-42 743**	**-23 233**	**-4 081**	**-52 359**	**-15 655**
F.21	Numéraire	-248	109	694	-1 031	-200	-121	-5	255
F.22	Dépôts transférables	1 722	15 251	15 094	-13 768	-3 152	4 358	-1 311	-5 455
F.29	Autres dépôts	60 129	107 804	-106 703	-27 945	-19 881	-8 318	-51 043	-10 455
F.3	**Titres de dette**	**13 944**	**47 299**	**18 758**	**-724**	**-6 907**	**-13 052**	**-43 383**	**-17 821**
F.3S	Titres de dette à court terme	-2 211	4 842	2 030	-5 018	948	17 093	-19 180	-586
F.3L	Titres de dette à long terme	16 155	42 457	16 727	4 293	-7 855	-30 145	-24 203	-17 234
F.4	**Crédits**	**22 757**	**5 999**	**138 855**	**-22 609**	**-24 756**	**1 862**	**-25 147**	**-43 289**
F.4S	Crédits à court terme	-533	5 179	81 372	-12 095	-17 443	-8 698	8 940	-38 620
F.4L	Crédits à long terme	23 290	819	57 483	-10 514	-7 313	10 560	-34 087	-4 669
F.5	**Actions et parts de fonds d'investissement**	**30 814**	**47 601**	**6 575**	**19 511**	**18 770**	**58 990**	**31 212**	**28 419**
F.51	Actions	21 737	41 166	22 914	24 266	23 715	56 761	26 115	17 377
F.511	Actions cotées	8 972	5 648	12 970	15 379	4 858	10 543	11 491	2 895
F.512	Actions non cotées	9 006	25 857	8 715	354	10 123	41 435	9 852	6 794
F.519	Autres participations	3 759	9 661	1 229	8 532	8 735	4 783	4 772	7 688
F.52	Parts de fonds d'investissement	9 077	6 435	-16 339	-4 756	-4 945	2 229	5 097	11 042
F.521	Parts de fonds d'investissement monétaires	..	..	..	..	..	..	..	..
F.522	Autres parts de fonds d'investissement	..	..	..	..	..	..	..	..
F.6	**Systèmes d'assurance, de pensions et garanties standard**	**256**	**587**	**735**	**2 694**	**5 820**	**-47**	**2 706**	**1 330**
F.61	Réserves techniques d'assurance-dommages	-114	64	372	340	-1 200	-413	1 444	-85
F.62	Droits sur les assurances-vie et rentes	370	523	362	2 354	7 020	366	1 261	1 415
F.6M	Dts à pension, gérants, prestations hors retraite	0	0	0	0	0	0	0	0
F.63	Droits à pension	..	..	..	..	..	..	..	..
F.64	Dts des fonds de pension sur gérants des systèmes de pension	..	..	..	..	..	..	..	..
F.65	Droits à prestations hors retraite	..	..	..	..	..	..	..	..
F.66	Réserves pour appels dans le cadre de garanties standard	0	0	0	0	0	0	0	0
F.7	**Produits financiers dérivés et options sur titres des salariés**	**1 575**	**608**	**-1 982**	**-651**	**-324**	**-199**	**-541**	**-638**
F.71	Produits financiers dérivés	..	..	..	..	..	..	..	..
F.72	Options sur titres des salariés	..	..	..	..	..	..	..	..
F.8	**Autres comptes à recevoir**	**1 751**	**23 855**	**18 633**	**-52 530**	**38 082**	**38 082**	**4 829**	**14 564**
F.81	Crédits commerciaux et avances	-2 805	59	-1 934	-414	6 842	2 527	2 625	-3 899
F.89	Autres comptes à recevoir, hors crédits commerciaux et avances	4 556	23 796	20 567	-52 116	31 240	35 555	2 204	18 463
	Accroissement net des passifs	**121 850**	**236 639**	**88 686**	**-93 822**	**-624**	**80 496**	**-87 712**	**-27 399**
F.1	**Or monétaire et DTS**	**0**	**0**	**0**	**0**	**0**	**0**	**0**	**0**
F.11	Or monétaire	..	..	..	..	..	..	..	..
F.12	Droits de tirage spéciaux (DTS)	0	0	0	0	0	0	0	0
F.2	**Numéraire et dépôts**	**57 605**	**115 175**	**-107 731**	**-111 943**	**-32 002**	**-4 220**	**-85 982**	**-31 508**
F.21	Numéraire	0	0	0	0	0	226	-81	-145
F.22	Dépôts transférables	-24 120	93 441	27 748	-65 826	-24 984	43 489	-3 165	-24 082
F.29	Autres dépôts	81 725	21 733	-135 479	-46 117	-7 019	-47 935	-82 736	-7 281
F.3	**Titres de dette**	**10 160**	**32 730**	**21 356**	**22 778**	**-12 404**	**-22 452**	**15 109**	**27 550**
F.3S	Titres de dette à court terme	301	8 134	18 030	1 671	-2 213	-9 071	5 901	-5 863
F.3L	Titres de dette à long terme	9 859	24 596	3 326	21 107	-10 191	-13 381	9 208	33 413
F.4	**Crédits**	**-202**	**15 476**	**47 956**	**-13 713**	**-5 296**	**47 585**	**-11 076**	**-10 261**
F.4S	Crédits à court terme	4 846	9 928	29 901	-4 785	-3 619	8 981	-13 323	-10 315
F.4L	Crédits à long terme	-5 048	5 548	18 055	-8 928	-1 677	38 604	2 247	54
F.5	**Actions et parts de fonds d'investissement**	**53 866**	**61 769**	**108 551**	**28 025**	**38 925**	**24 771**	**-16 149**	**-15 808**
F.51	Actions	50 674	57 794	110 480	27 666	39 865	27 274	-16 274	-23 432
F.511	Actions cotées	5 268	1 084	10 834	-3 504	-3 425	-2 921	2 766	-407
F.512	Actions non cotées	53 048	19 775	84 668	19 755	56 239	15 743	-32 991	-2 736
F.519	Autres participations	-7 642	36 935	14 978	11 414	-12 949	14 452	13 952	-20 289
F.52	Parts de fonds d'investissement	3 192	3 975	-1 929	360	-940	-2 503	124	7 624
F.521	Parts de fonds d'investissement monétaires	..	..	..	..	..	..	..	..
F.522	Autres parts de fonds d'investissement	..	..	..	..	..	..	..	..
F.6	**Systèmes d'assurance, de pensions et garanties standard**	**-422**	**-14**	**108**	**-302**	**-199**	**647**	**87**	**66**
F.61	Réserves techniques d'assurance-dommages	145	-55	-11	-461	-41	619	96	18
F.62	Droits sur les assurances-vie et rentes	-567	41	118	159	-159	28	-8	48
F.6M	Dts à pension, gérants de syst. de pension, hors retraite	0	0	0	0	0	0	0	0
F.63	Droits à pension	..	..	..	..	..	..	..	..
F.64	Dts des fonds de pension sur gérants des systèmes de pension	..	..	..	..	..	..	..	..
F.65	Droits à prestations hors retraite	..	..	..	..	..	..	..	..
F.66	Réserves pour appels dans le cadre de garanties standard	0	0	0	0	0	0	0	0
F.7	**Produits financiers dérivés et options sur titres des salariés**	**0**	**0**	**0**	**0**	**-11**	**40**	**-52**	**4**
F.71	Produits financiers dérivés	..	..	..	..	..	..	..	..
F.72	Options sur titres des salariés	..	..	..	..	..	..	..	..
F.8	**Autres comptes à payer**	**843**	**11 504**	**18 446**	**-18 668**	**10 365**	**34 125**	**10 352**	**2 558**
F.81	Crédits commerciaux et avances	1 576	1 802	889	-186	5 223	-996	562	1 092
F.89	Autres comptes à payer, hors des crédits commerciaux et avances	-732	9 702	17 556	-18 482	5 141	35 121	9 790	1 466
	Opérations financières nettes	**11 012**	**12 473**	**1 966**	**1 156**	**8 381**	**841**	**5 093**	**-6 012**

Note : Les métadonnées détaillées sont disponibles sur :http://metalinks.oecd.org/faiiia/20150126/6e6d

BELGIQUE

Tableau 2.2.a. Flux consolidés, Secteur S11 - Sociétés non financières

SCN 2008

Millions EUR (1999 BEF euro)

		2006	2007	2008	2009	2010	2011	2012	2013
	Acquisition nette d'actifs financiers	**50 748**	**82 287**	**114 853**	**-2 587**	**52 576**	**83 994**	**-3 257**	**-2 413**
F.1	**Or monétaire et DTS**	**0**	**0**	**0**	**0**	**0**	**0**	**0**	**0**
F.11	Or monétaire	0	0	0	0	0	0	0	0
F.12	Droits de tirage spéciaux (DTS)	0	0	0	0	0	0	0	0
F.2	**Numéraire et dépôts**	**14 848**	**13 990**	**-7 603**	**12 536**	**4 182**	**1 408**	**-5 089**	**6 678**
F.21	Numéraire	-97	131	120	235	126	-1	57	-8
F.22	Dépôts transférables	3 853	2 483	-3 797	4 475	3 616	12 752	-15 626	1 359
F.29	Autres dépôts	11 093	11 376	-3 927	7 827	440	-11 343	10 479	5 327
F.3	**Titres de dette**	**-2 211**	**2 217**	**4 461**	**2 776**	**-182**	**1 940**	**966**	**-3 798**
F.3S	Titres de dette à court terme	710	146	2 191	-1 494	2 013	-2 240	-2 059	-2 107
F.3L	Titres de dette à long terme	-2 920	2 070	2 270	4 270	-2 196	4 181	3 025	-1 691
F.4	**Crédits**	**5 393**	**7 781**	**72 557**	**4 287**	**-5 840**	**14 854**	**-5 736**	**-28 171**
F.4S	Crédits à court terme	-272	3 198	42 137	9 537	-3 693	10 745	8 785	-23 247
F.4L	Crédits à long terme	5 665	4 583	30 420	-5 250	-2 147	4 109	-14 521	-4 924
F.5	**Actions et parts de fonds d'investissement**	**29 774**	**31 659**	**42 727**	**11 576**	**24 711**	**60 897**	**6 873**	**20 298**
F.51	Actions	29 773	31 659	42 727	11 576	24 711	60 897	6 873	20 298
F.511	Actions cotées	6 019	7 805	12 346	2 933	5 038	15 972	6 144	760
F.512	Actions non cotées	12 795	13 551	26 658	-2 269	12 778	40 361	-782	12 177
F.519	Autres participations	10 958	10 303	3 724	10 913	6 896	4 563	1 511	7 361
F.52	Parts de fonds d'investissement	1	0	0	0	0	0	0	0
F.521	Parts de fonds d'investissement monétaires	..	..	..	..	..	..	..	..
F.522	Autres parts de fonds d'investissement	..	..	..	..	..	..	..	..
F.6	**Systèmes d'assurance, de pensions et garanties standard**	**431**	**146**	**38**	**468**	**346**	**-164**	**472**	**207**
F.61	Réserves techniques d'assurance-dommages	431	146	38	468	346	-164	472	207
F.62	Droits sur les assurances-vie et rentes	0	0	0	0	0	0	0	0
F.6M	Dts à pension, gérants, prestations hors retraite	0	0	0	0	0	0	0	0
F.63	Droits à pension	..	..	..	..	..	..	..	..
F.64	Dts des fonds de pension sur gérants des systèmes de pension	..	..	..	..	..	..	..	..
F.65	Droits à prestations hors retraite	..	..	..	..	..	..	..	..
F.66	Réserves pour appels dans le cadre de garanties standard	0	0	0	0	0	0	0	0
F.7	**Produits financiers dérivés et options sur titres des salariés**	**0**	**0**	**0**	**0**	**47**	**27**	**15**	**-2**
F.71	Produits financiers dérivés	..	..	..	..	..	..	..	..
F.72	Options sur titres des salariés	..	..	..	..	..	..	..	..
F.8	**Autres comptes à recevoir**	**2 513**	**26 494**	**2 673**	**-34 231**	**29 313**	**5 032**	**-758**	**2 374**
F.81	Crédits commerciaux et avances	-2 672	4 741	-2 860	-714	5 075	3 918	2 591	-3 797
F.89	Autres comptes à recevoir, hors crédits commerciaux et avances	5 185	21 753	5 533	-33 517	24 238	1 115	-3 349	6 171
	Accroissement net des passifs	**81 870**	**77 503**	**109 699**	**18 069**	**57 618**	**101 963**	**-24 620**	**-19 180**
F.1	**Or monétaire et DTS**	..	..	..	..	..	..	..	..
F.11	Or monétaire	..	..	..	..	..	..	..	..
F.12	Droits de tirage spéciaux (DTS)	..	..	..	..	..	..	..	..
F.2	**Numéraire et dépôts**	**0**	**0**	**0**	**0**	**0**	**0**	**0**	**0**
F.21	Numéraire	0	0	0	0	0	0	0	0
F.22	Dépôts transférables	0	0	0	0	0	0	0	0
F.29	Autres dépôts	0	0	0	0	0	0	0	0
F.3	**Titres de dette**	**1 770**	**1 992**	**1 137**	**7 940**	**-2 625**	**3 142**	**7 010**	**4 028**
F.3S	Titres de dette à court terme	-1 173	1 369	287	1 656	-4 477	627	1 125	779
F.3L	Titres de dette à long terme	2 943	623	850	6 284	1 852	2 515	5 885	3 249
F.4	**Crédits**	**5 228**	**46 327**	**48 375**	**3 978**	**1 748**	**56 669**	**-8 847**	**-7 133**
F.4S	Crédits à court terme	-263	16 142	18 423	-5 657	-2 115	9 137	-10 242	-5 947
F.4L	Crédits à long terme	5 491	30 185	29 952	9 635	3 863	47 531	1 396	-1 186
F.5	**Actions et parts de fonds d'investissement**	**70 893**	**20 516**	**58 067**	**9 665**	**52 274**	**40 240**	**-22 272**	**-17 921**
F.51	Actions	70 893	20 516	58 067	9 665	52 274	40 240	-22 272	-17 921
F.511	Actions cotées	2 981	-666	8 808	-2 308	-1 796	-4 516	-244	2 927
F.512	Actions non cotées	63 667	2 929	43 323	4 786	30 614	16 755	-4 633	-902
F.519	Autres participations	4 245	18 252	5 936	7 186	23 456	28 001	-17 395	-19 945
F.52	Parts de fonds d'investissement	0	0	0	0	0	0	0	0
F.521	Parts de fonds d'investissement monétaires	..	..	..	..	..	..	..	..
F.522	Autres parts de fonds d'investissement	..	..	..	..	..	..	..	..
F.6	**Systèmes d'assurance, de pensions et garanties standard**	**0**	**0**	**0**	**0**	**0**	**0**	**0**	**0**
F.61	Réserves techniques d'assurance-dommages	0	0	0	0	0	0	0	0
F.62	Droits sur les assurances-vie et rentes	0	0	0	0	0	0	0	0
F.6M	Dts à pension, gérants de syst. de pension, hors retraite	0	0	0	0	0	0	0	0
F.63	Droits à pension	..	..	..	..	..	..	..	..
F.64	Dts des fonds de pension sur gérants des systèmes de pension	..	..	..	..	..	..	..	..
F.65	Droits à prestations hors retraite	..	..	..	..	..	..	..	..
F.66	Réserves pour appels dans le cadre de garanties standard	0	0	0	0	0	0	0	0
F.7	**Produits financiers dérivés et options sur titres des salariés**	**45**	**-50**	**0**	**0**	**41**	**30**	**-28**	**2**
F.71	Produits financiers dérivés	..	..	..	..	..	..	..	..
F.72	Options sur titres des salariés	..	..	..	..	..	..	..	..
F.8	**Autres comptes à payer**	**3 934**	**8 718**	**2 121**	**-3 514**	**6 181**	**1 881**	**-483**	**1 844**
F.81	Crédits commerciaux et avances	1 859	2 923	1 280	-898	6 362	-347	111	2 530
F.89	Autres comptes à payer, hors des crédits commerciaux et avances	2 075	5 794	841	-2 616	-181	2 228	-594	-686
	Opérations financières nettes	**-31 122**	**4 783**	**5 154**	**-20 656**	**-5 042**	**-17 968**	**21 363**	**16 767**

Note : Les métadonnées détaillées sont disponibles sur :http://metalinks.oecd.org/faiiia/20150126/6e6d

BELGIQUE

Tableau 2.3.a. Flux consolidés, Secteur S12 - Sociétés financières

SCN 2008

Millions EUR (1999 BEF euro)

		2006	2007	2008	2009	2010	2011	2012	2013
	Acquisition nette d'actifs financiers	**156 950**	**237 932**	**14 533**	**-62 273**	**8 287**	**84 346**	**-100 250**	**-25 715**
F.1	**Or monétaire et DTS**	**161**	**0**	**-6**	**4 387**	**305**	**-218**	**63**	**-320**
F.11	Or monétaire	0	-1	-1	0	0	0	0	0
F.12	Droits de tirage spéciaux (DTS)	161	1	-5	4 388	305	-218	63	-320
F.2	**Numéraire et dépôts**	**53 007**	**116 924**	**-84 310**	**-54 472**	**-13 478**	**-8 095**	**-45 313**	**-18 841**
F.21	Numéraire	-3	3	-5	-1	0	3	-5	0
F.22	Dépôts transférables	1 722	15 251	15 094	-13 768	-3 152	4 358	-1 311	-5 455
F.29	Autres dépôts	51 289	101 670	-99 399	-40 703	-10 325	-12 456	-43 997	-13 386
F.3	**Titres de dette**	**23 471**	**35 788**	**12 255**	**11 494**	**4 340**	**8 287**	**-25 255**	**-19 687**
F.3S	Titres de dette à court terme	-2 557	3 404	3 312	-2 224	-4 973	19 185	-17 734	1 183
F.3L	Titres de dette à long terme	26 028	32 384	8 943	13 718	9 314	-10 899	-7 521	-20 870
F.4	**Crédits**	**40 926**	**44 959**	**91 770**	**1 522**	**1 243**	**22 907**	**-10 473**	**-11 767**
F.4S	Crédits à court terme	-2 993	7 571	29 551	-10 422	-11 056	-10 513	-581	-20 354
F.4L	Crédits à long terme	43 919	37 389	62 219	11 944	12 299	33 420	-9 892	8 587
F.5	**Actions et parts de fonds d'investissement**	**37 527**	**34 779**	**-19 277**	**-167**	**10 127**	**25 927**	**-23 239**	**13 191**
F.51	Actions	30 324	30 413	-12 100	-133	14 673	27 630	-23 305	4 395
F.511	Actions cotées	-1 044	513	-3 060	3 428	-874	-7 720	4 337	3 215
F.512	Actions non cotées	31 356	29 855	-9 087	-3 598	6 492	13 772	-3 120	1 485
F.519	Autres participations	11	45	48	38	9 056	21 578	-24 523	-304
F.52	Parts de fonds d'investissement	7 204	4 366	-7 178	-35	-4 546	-1 704	66	8 796
F.521	Parts de fonds d'investissement monétaires	..	..	..	..	..	..	..	..
F.522	Autres parts de fonds d'investissement	..	..	..	..	..	..	..	..
F.6	**Systèmes d'assurance, de pensions et garanties standard**	**-114**	**64**	**372**	**340**	**-1 200**	**-413**	**1 444**	**-85**
F.61	Réserves techniques d'assurance-dommages	-114	64	372	340	-1 200	-413	1 444	-85
F.62	Droits sur les assurances-vie et rentes	0	0	0	0	0	0	0	0
F.6M	Dts à pension, gérants, prestations hors retraite	0	0	0	0	0	0	0	0
F.63	Droits à pension	..	..	..	..	..	..	..	..
F.64	Dts des fonds de pension sur gérants des systèmes de pension	..	..	..	..	..	..	..	..
F.65	Droits à prestations hors retraite	..	..	..	..	..	..	..	..
F.66	Réserves pour appels dans le cadre de garanties standard	0	0	0	0	0	0	0	0
F.7	**Produits financiers dérivés et options sur titres des salariés**	**1 620**	**558**	**-1 982**	**-651**	**-283**	**-169**	**-569**	**-780**
F.71	Produits financiers dérivés	..	..	..	..	..	..	..	..
F.72	Options sur titres des salariés	..	..	..	..	..	..	..	..
F.8	**Autres comptes à recevoir**	**350**	**4 860**	**15 710**	**-24 726**	**7 231**	**36 121**	**3 091**	**12 573**
F.81	Crédits commerciaux et avances	608	-398	-240	-773	1 323	-94	-1 027	199
F.89	Autres comptes à recevoir, hors crédits commerciaux et avances	-258	5 259	15 950	-23 954	5 908	36 215	4 119	12 373
	Accroissement net des passifs	**129 394**	**243 194**	**16 624**	**-68 206**	**2 010**	**74 752**	**-82 543**	**5 779**
F.1	**Or monétaire et DTS**	**0**	**0**	**0**	**0**	**0**	**0**	**0**	**0**
F.11	Or monétaire	..	..	..	..	..	..	..	..
F.12	Droits de tirage spéciaux (DTS)	0	0	0	0	0	0	0	0
F.2	**Numéraire et dépôts**	**76 545**	**134 820**	**-100 233**	**-95 553**	**-1 514**	**7 025**	**-64 868**	**-9 339**
F.21	Numéraire	2 145	1 497	2 602	1 032	1 291	1 429	619	1 301
F.22	Dépôts transférables	-21 087	95 236	24 960	-54 691	-19 775	55 428	-12 651	-17 430
F.29	Autres dépôts	95 487	38 087	-127 795	-41 894	16 970	-49 832	-52 836	6 790
F.3	**Titres de dette**	**683**	**14 791**	**5 798**	**20 488**	**-16 488**	**-8 416**	**3 307**	**2 640**
F.3S	Titres de dette à court terme	-96	4 330	1 319	7 237	-3 114	-6 501	9 756	-437
F.3L	Titres de dette à long terme	778	10 462	4 479	13 250	-13 374	-1 915	-6 448	3 076
F.4	**Crédits**	**3 412**	**2 833**	**10 163**	**5 945**	**-1 305**	**10 358**	**-1 323**	**-8 665**
F.4S	Crédits à court terme	2 557	-741	-93	10 958	-144	7 539	-995	-9 850
F.4L	Crédits à long terme	856	3 573	10 255	-5 013	-1 161	2 819	-328	1 184
F.5	**Actions et parts de fonds d'investissement**	**34 901**	**67 654**	**79 059**	**12 518**	**6 919**	**24 309**	**-39 313**	**13 605**
F.51	Actions	26 673	65 398	87 252	18 328	12 368	31 612	-33 234	5 790
F.511	Actions cotées	2 598	6 018	7 188	2 377	860	797	3 118	614
F.512	Actions non cotées	26 748	37 104	62 609	3 965	37 491	17 130	-39 168	3 515
F.519	Autres participations	-2 673	22 276	17 455	11 985	-25 983	13 684	2 816	1 661
F.52	Parts de fonds d'investissement	8 228	2 256	-8 192	-5 809	-5 449	-7 302	-6 079	7 815
F.521	Parts de fonds d'investissement monétaires	..	..	..	..	..	..	..	..
F.522	Autres parts de fonds d'investissement	..	..	..	..	..	..	..	..
F.6	**Systèmes d'assurance, de pensions et garanties standard**	**12 775**	**13 786**	**4 684**	**12 427**	**13 090**	**6 897**	**10 803**	**5 348**
F.61	Réserves techniques d'assurance-dommages	1 741	516	199	1 210	976	210	1 548	664
F.62	Droits sur les assurances-vie et rentes	9 482	8 911	4 261	6 225	7 148	4 699	5 525	2 273
F.6M	Dts à pension, gérants de syst. de pension, hors retraite	1 552	4 359	224	4 991	4 966	1 988	3 730	2 412
F.63	Droits à pension	..	..	..	..	..	..	..	..
F.64	Dts des fonds de pension sur gérants des systèmes de pension	..	..	..	..	..	..	..	..
F.65	Droits à prestations hors retraite	..	..	..	..	..	..	..	..
F.66	Réserves pour appels dans le cadre de garanties standard	0	0	0	0	0	0	0	0
F.7	**Produits financiers dérivés et options sur titres des salariés**	**-252**	**-96**	**-19**	**-278**	**-2 509**	**-292**	**-146**	**-756**
F.71	Produits financiers dérivés	..	..	..	..	..	..	..	..
F.72	Options sur titres des salariés	..	..	..	..	..	..	..	..
F.8	**Autres comptes à payer**	**1 330**	**9 407**	**17 172**	**-23 753**	**3 818**	**34 871**	**8 997**	**2 946**
F.81	Crédits commerciaux et avances	968	2 463	-2 328	-970	-777	-987	-147	412
F.89	Autres comptes à payer, hors des crédits commerciaux et avances	362	6 944	19 500	-22 784	4 595	35 858	9 144	2 534
	Opérations financières nettes	**27 556**	**-5 262**	**-2 091**	**5 933**	**6 277**	**9 593**	**-17 708**	**-31 494**

Note : Les métadonnées détaillées sont disponibles sur :http://metalinks.oecd.org/faiiia/20150126/6e6d

BELGIQUE

Tableau 2.4.a. Flux consolidés, Secteur S13 - Administrations publiques

SCN 2008

Millions EUR (1999 BEF euro)

		2006	2007	2008	2009	2010	2011	2012	2013
	Acquisition nette d'actifs financiers	**2 319**	**2 771**	**18 843**	**6 840**	**1 413**	**8 264**	**2 543**	**-3 223**
F.1	**Or monétaire et DTS**	**0**	**0**	**0**	**0**	**0**	**0**	**0**	**0**
F.11	Or monétaire	0	0	0	0	0	0	0	0
F.12	Droits de tirage spéciaux (DTS)	0	0	0	0	0	0	0	0
F.2	**Numéraire et dépôts**	**-286**	**1 345**	**2 712**	**1 290**	**1 741**	**955**	**-88**	**-707**
F.21	Numéraire	0	0	0	0	0	0	0	0
F.22	Dépôts transférables	-46	228	2 155	1 923	-490	-1 434	967	-231
F.29	Autres dépôts	-240	1 117	556	-633	2 231	2 389	-1 055	-476
F.3	**Titres de dette**	**-164**	**69**	**895**	**-92**	**-642**	**-111**	**-164**	**-91**
F.3S	Titres de dette à court terme	-26	-21	60	-130	12	-85	35	-112
F.3L	Titres de dette à long terme	-138	90	834	38	-654	-26	-199	20
F.4	**Crédits**	**582**	**934**	**1 324**	**2 045**	**1 984**	**2 673**	**5 629**	**2 754**
F.4S	Crédits à court terme	262	-101	-8	231	-328	169	-122	185
F.4L	Crédits à long terme	320	1 035	1 333	1 814	2 312	2 504	5 751	2 569
F.5	**Actions et parts de fonds d'investissement**	**197**	**767**	**13 816**	**4 007**	**456**	**4 072**	**-2 770**	**-4 304**
F.51	Actions	-64	-250	14 507	4 752	469	4 371	-2 664	-4 382
F.511	Actions cotées	6	-12	2 002	7 168	-16	1	35	1 274
F.512	Actions non cotées	-43	-247	8 999	-5 920	480	4 483	1 292	-3 931
F.519	Autres participations	-27	9	3 506	3 505	5	-114	-3 991	-1 725
F.52	Parts de fonds d'investissement	261	1 018	-691	-745	-13	-298	-106	78
F.521	Parts de fonds d'investissement monétaires	..	..	..	..	..	..	..	..
F.522	Autres parts de fonds d'investissement	..	..	..	..	..	..	..	..
F.6	**Systèmes d'assurance, de pensions et garanties standard**	**0**	**0**	**0**	**0**	**0**	**0**	**0**	**0**
F.61	Réserves techniques d'assurance-dommages	0	0	0	0	0	0	0	0
F.62	Droits sur les assurances-vie et rentes	0	0	0	0	0	0	0	0
F.6M	Dts à pension, gérants, prestations hors retraite	0	0	0	0	0	0	0	0
F.63	Droits à pension	..	..	..	..	..	..	..	..
F.64	Dts des fonds de pension sur gérants des systèmes de pension	..	..	..	..	..	..	..	..
F.65	Droits à prestations hors retraite	..	..	..	..	..	..	..	..
F.66	Réserves pour appels dans le cadre de garanties standard	0	0	0	0	0	0	0	0
F.7	**Produits financiers dérivés et options sur titres des salariés**	**-252**	**-96**	**-19**	**-278**	**-2 545**	**-359**	**-109**	**-758**
F.71	Produits financiers dérivés	..	..	..	..	..	..	..	..
F.72	Options sur titres des salariés	..	..	..	..	..	..	..	..
F.8	**Autres comptes à recevoir**	**2 241**	**-250**	**116**	**-133**	**420**	**1 034**	**45**	**-116**
F.81	Crédits commerciaux et avances	37	42	30	-8	28	-24	0	55
F.89	Autres comptes à recevoir, hors crédits commerciaux et avances	2 204	-292	86	-125	392	1 058	46	-171
	Accroissement net des passifs	**1 381**	**3 012**	**25 985**	**20 574**	**17 038**	**24 217**	**19 687**	**9 284**
F.1	**Or monétaire et DTS**	**0**	**0**	**0**	**0**	**0**	**0**	**0**	**0**
F.11	Or monétaire	..	..	..	..	..	..	..	..
F.12	Droits de tirage spéciaux (DTS)	0	0	0	0	0	0	0	0
F.2	**Numéraire et dépôts**	**115**	**107**	**61**	**103**	**114**	**84**	**-29**	**-52**
F.21	Numéraire	0	0	0	0	0	0	0	0
F.22	Dépôts transférables	0	0	0	0	0	0	0	0
F.29	Autres dépôts	115	107	61	103	114	84	-29	-52
F.3	**Titres de dette**	**429**	**1 650**	**25 339**	**16 781**	**12 552**	**16 949**	**14 501**	**6 154**
F.3S	Titres de dette à court terme	2 145	1 861	21 321	-8 100	1 010	-3 486	-5 584	-6 684
F.3L	Titres de dette à long terme	-1 716	-211	4 019	24 880	11 541	20 435	20 085	12 838
F.4	**Crédits**	**1 188**	**138**	**1 856**	**2 737**	**4 759**	**6 300**	**5 049**	**4 181**
F.4S	Crédits à court terme	46	-124	1 479	1 614	1 068	2 205	-3 204	-750
F.4L	Crédits à long terme	1 142	261	377	1 122	3 691	4 095	8 253	4 932
F.5	**Actions et parts de fonds d'investissement**	**0**	**0**	**0**	**0**	**0**	**0**	**0**	**0**
F.51	Actions	0	0	0	0	0	0	0	0
F.511	Actions cotées	0	0	0	0	0	0	0	0
F.512	Actions non cotées	0	0	0	0	0	0	0	0
F.519	Autres participations	0	0	0	0	0	0	0	0
F.52	Parts de fonds d'investissement	0	0	0	0	0	0	0	0
F.521	Parts de fonds d'investissement monétaires	..	..	..	..	..	..	..	..
F.522	Autres parts de fonds d'investissement	..	..	..	..	..	..	..	..
F.6	**Systèmes d'assurance, de pensions et garanties standard**	**29**	**-14**	**0**	**41**	**38**	**34**	**54**	**48**
F.61	Réserves techniques d'assurance-dommages	0	0	0	0	0	0	0	0
F.62	Droits sur les assurances-vie et rentes	0	0	0	0	0	0	0	0
F.6M	Dts à pension, gérants de syst. de pension, hors retraite	29	-14	0	41	38	34	54	48
F.63	Droits à pension	..	..	..	..	..	..	..	..
F.64	Dts des fonds de pension sur gérants des systèmes de pension	..	..	..	..	..	..	..	..
F.65	Droits à prestations hors retraite	..	..	..	..	..	..	..	..
F.66	Réserves pour appels dans le cadre de garanties standard	0	0	0	0	0	0	0	0
F.7	**Produits financiers dérivés et options sur titres des salariés**	**0**	**0**	**0**	**0**	**0**	**0**	**0**	**-144**
F.71	Produits financiers dérivés	..	..	..	..	..	..	..	..
F.72	Options sur titres des salariés	..	..	..	..	..	..	..	..
F.8	**Autres comptes à payer**	**-380**	**1 131**	**-1 272**	**913**	**-425**	**850**	**112**	**-903**
F.81	Crédits commerciaux et avances	6	158	295	-33	-114	532	354	-297
F.89	Autres comptes à payer, hors des crédits commerciaux et avances	-386	974	-1 566	946	-311	318	-242	-606
	Opérations financières nettes	**937**	**-241**	**-7 141**	**-13 735**	**-15 625**	**-15 953**	**-17 144**	**-12 507**

Note : Les métadonnées détaillées sont disponibles sur :http://metalinks.oecd.org/faiiia/20150126/6e6d

BELGIQUE

Tableau 2.5.a. Flux consolidés, Secteur S14-S15 - Ménages et ISBLSM
SCN 2008

Millions EUR (1999 BEF euro)

		2006	2007	2008	2009	2010	2011	2012	2013
	Acquisition nette d'actifs financiers	**28 041**	**28 796**	**20 544**	**32 807**	**34 091**	**39 235**	**27 285**	**28 993**
F.1	**Or monétaire et DTS**	**0**	**0**	**0**	**0**	**0**	**0**	**0**	**0**
F.11	Or monétaire	0	0	0	0	0	0	0	0
F.12	Droits de tirage spéciaux (DTS)	0	0	0	0	0	0	0	0
F.2	**Numéraire et dépôts**	**13 089**	**10 657**	**5 844**	**14 395**	**14 924**	**12 980**	**19 217**	**19 332**
F.21	Numéraire	1 997	1 472	3 180	-232	966	1 081	643	1 709
F.22	Dépôts transférables	-774	-916	-1 147	4 738	2 082	620	5 173	5 524
F.29	Autres dépôts	11 866	10 101	3 811	9 890	11 876	11 279	13 401	12 099
F.3	**Titres de dette**	**-14 430**	**-5 071**	**12 065**	**7 528**	**-4 580**	**10 960**	**-9 221**	**-8 974**
F.3S	Titres de dette à court terme	238	739	1 364	-2 047	-471	-56	-27	-29
F.3L	Titres de dette à long terme	-14 668	-5 810	10 701	9 575	-4 109	11 015	-9 194	-8 945
F.4	**Crédits**	**6**	**56**	**8**	**-11**	**8**	**847**	**159**	**64**
F.4S	Crédits à court terme	3	6	7	-11	-1	854	208	63
F.4L	Crédits à long terme	2	49	1	1	8	-7	-49	1
F.5	**Actions et parts de fonds d'investissement**	**15 243**	**6 795**	**-2 116**	**-1 748**	**3 743**	**7 873**	**4 913**	**10 725**
F.51	Actions	8 596	7 463	12 618	8 397	8 639	8 441	5 979	8 366
F.511	Actions cotées	4 302	1 611	6 845	5 425	3 200	1 490	1 084	1 594
F.512	Actions non cotées	2 264	2 955	3 409	1 138	2 240	962	1 652	2 412
F.519	Autres participations	2 030	2 898	2 364	1 834	3 199	5 990	3 242	4 360
F.52	Parts de fonds d'investissement	6 647	-668	-14 734	-10 145	-4 896	-569	-1 066	2 360
F.521	Parts de fonds d'investissement monétaires	..	..	..	..	..	..	..	..
F.522	Autres parts de fonds d'investissement	..	..	..	..	..	..	..	..
F.6	**Systèmes d'assurance, de pensions et garanties standard**	**13 165**	**14 164**	**4 901**	**14 656**	**20 002**	**6 814**	**11 559**	**6 538**
F.61	Réserves techniques d'assurance-dommages	1 165	425	172	1 204	671	-245	980	438
F.62	Droits sur les assurances-vie et rentes	10 418	9 394	4 506	8 420	14 327	5 037	6 795	3 640
F.6M	Dts à pension, gérants, prestations hors retraite	1 582	4 345	224	5 033	5 004	2 023	3 783	2 460
F.63	Droits à pension	..	..	..	..	..	..	..	..
F.64	Dts des fonds de pension sur gérants des systèmes de pension	..	..	..	..	..	..	..	..
F.65	Droits à prestations hors retraite	..	..	..	..	..	..	..	..
F.66	Réserves pour appels dans le cadre de garanties standard	0	0	0	0	0	0	0	0
F.7	**Produits financiers dérivés et options sur titres des salariés**	**0**	**0**	**0**	**0**	**0**	**0**	**0**	**0**
F.71	Produits financiers dérivés	..	..	..	..	..	..	..	..
F.72	Options sur titres des salariés	..	..	..	..	..	..	..	..
F.8	**Autres comptes à recevoir**	**969**	**2 195**	**-160**	**-2 013**	**-6**	**-238**	**659**	**1 308**
F.81	Crédits commerciaux et avances	311	130	-372	-798	507	-672	732	891
F.89	Autres comptes à recevoir, hors crédits commerciaux et avances	658	2 065	213	-1 215	-514	434	-74	417
	Accroissement net des passifs	**14 400**	**15 603**	**14 499**	**3 193**	**11 320**	**14 066**	**8 703**	**7 771**
F.1	**Or monétaire et DTS**	**0**	**0**	**0**	**0**	**0**	**0**	**0**	**0**
F.11	Or monétaire	..	..	..	..	..	..	..	..
F.12	Droits de tirage spéciaux (DTS)	0	0	0	0	0	0	0	0
F.2	**Numéraire et dépôts**	**0**	**0**	**0**	**0**	**0**	**0**	**0**	**0**
F.21	Numéraire	0	0	0	0	0	0	0	0
F.22	Dépôts transférables	0	0	0	0	0	0	0	0
F.29	Autres dépôts	0	0	0	0	0	0	0	0
F.3	**Titres de dette**	**0**	**0**	**0**	**0**	**0**	**0**	**0**	**0**
F.3S	Titres de dette à court terme	0	0	0	0	0	0	0	0
F.3L	Titres de dette à long terme	0	0	0	0	0	0	0	0
F.4	**Crédits**	**14 119**	**13 910**	**14 368**	**4 080**	**11 653**	**13 677**	**8 770**	**7 525**
F.4S	Crédits à court terme	41	144	407	-271	-61	53	469	1 499
F.4L	Crédits à long terme	14 078	13 766	13 961	4 351	11 714	13 624	8 302	6 026
F.5	**Actions et parts de fonds d'investissement**	**0**	**0**	**0**	**0**	**0**	**0**	**0**	**0**
F.51	Actions	0	0	0	0	0	0	0	0
F.511	Actions cotées	0	0	0	0	0	0	0	0
F.512	Actions non cotées	0	0	0	0	0	0	0	0
F.519	Autres participations	0	0	0	0	0	0	0	0
F.52	Parts de fonds d'investissement	0	0	0	0	0	0	0	0
F.521	Parts de fonds d'investissement monétaires	..	..	..	..	..	..	..	..
F.522	Autres parts de fonds d'investissement	..	..	..	..	..	..	..	..
F.6	**Systèmes d'assurance, de pensions et garanties standard**	**0**	**0**	**0**	**0**	**0**	**0**	**0**	**0**
F.61	Réserves techniques d'assurance-dommages	0	0	0	0	0	0	0	0
F.62	Droits sur les assurances-vie et rentes	0	0	0	0	0	0	0	0
F.6M	Dts à pension, gérants de syst. de pension, hors retraite	0	0	0	0	0	0	0	0
F.63	Droits à pension	..	..	..	..	..	..	..	..
F.64	Dts des fonds de pension sur gérants des systèmes de pension	..	..	..	..	..	..	..	..
F.65	Droits à prestations hors retraite	..	..	..	..	..	..	..	..
F.66	Réserves pour appels dans le cadre de garanties standard	0	0	0	0	0	0	0	0
F.7	**Produits financiers dérivés et options sur titres des salariés**	**0**	**0**	**0**	**0**	**0**	**0**	**0**	**0**
F.71	Produits financiers dérivés	..	..	..	..	..	..	..	..
F.72	Options sur titres des salariés	..	..	..	..	..	..	..	..
F.8	**Autres comptes à payer**	**281**	**1 693**	**131**	**-887**	**-333**	**389**	**-67**	**246**
F.81	Crédits commerciaux et avances	-169	714	135	-164	-157	406	-86	-306
F.89	Autres comptes à payer, hors des crédits commerciaux et avances	450	979	-4	-722	-177	-17	19	552
	Opérations financières nettes	**13 640**	**13 193**	**6 045**	**29 614**	**22 771**	**25 169**	**18 582**	**21 222**

Note : Les métadonnées détaillées sont disponibles sur :http://metalinks.oecd.org/faiiia/20150126/6e6d

BELGIQUE

Tableau 2.6.a. Flux consolidés, Secteur S2 - Reste du monde

SCN 2008

Millions EUR (1999 BEF euro)

		2006	2007	2008	2009	2010	2011	2012	2013
	Acquisition nette d'actifs financiers	**132 862**	**249 113**	**90 653**	**-92 666**	**7 758**	**81 337**	**-82 619**	**-33 410**
F.1	**Or monétaire et DTS**	**161**	**1**	**-5**	**4 388**	**305**	**-218**	**63**	**-320**
F.11	Or monétaire	..	..	..	..	..	..	..	..
F.12	Droits de tirage spéciaux (DTS)	161	1	-5	4 388	305	-218	63	-320
F.2	**Numéraire et dépôts**	**61 603**	**123 164**	**-90 916**	**-42 743**	**-23 233**	**-4 081**	**-52 359**	**-15 655**
F.21	Numéraire	-248	109	694	-1 031	-200	-121	-5	255
F.22	Dépôts transférables	1 722	15 251	15 094	-13 768	-3 152	4 358	-1 311	-5 455
F.29	Autres dépôts	60 129	107 804	-106 703	-27 945	-19 881	-8 318	-51 043	-10 455
F.3	**Titres de dette**	**13 944**	**47 299**	**18 758**	**-724**	**-6 907**	**-13 052**	**-43 383**	**-17 821**
F.3S	Titres de dette à court terme	-2 211	4 842	2 030	-5 018	948	17 093	-19 180	-586
F.3L	Titres de dette à long terme	16 155	42 457	16 727	4 293	-7 855	-30 145	-24 203	-17 234
F.4	**Crédits**	**22 757**	**5 999**	**138 855**	**-22 609**	**-24 756**	**1 862**	**-25 147**	**-43 289**
F.4S	Crédits à court terme	-533	5 179	81 372	-12 095	-17 443	-8 698	8 940	-38 620
F.4L	Crédits à long terme	23 290	819	57 483	-10 514	-7 313	10 560	-34 087	-4 669
F.5	**Actions et parts de fonds d'investissement**	**30 814**	**47 601**	**6 575**	**19 511**	**18 770**	**58 990**	**31 212**	**28 419**
F.51	Actions	21 737	41 166	22 914	24 266	23 715	56 761	26 115	17 377
F.511	Actions cotées	8 972	5 648	12 970	15 379	4 858	10 543	11 491	2 895
F.512	Actions non cotées	9 006	25 857	8 715	354	10 123	41 435	9 852	6 794
F.519	Autres participations	3 759	9 661	1 229	8 532	8 735	4 783	4 772	7 688
F.52	Parts de fonds d'investissement	9 077	6 435	-16 339	-4 756	-4 945	2 229	5 097	11 042
F.521	Parts de fonds d'investissement monétaires	..	..	..	..	..	..	..	..
F.522	Autres parts de fonds d'investissement	..	..	..	..	..	..	..	..
F.6	**Systèmes d'assurance, de pensions et garanties standard**	**256**	**587**	**735**	**2 694**	**5 820**	**-47**	**2 706**	**1 330**
F.61	Réserves techniques d'assurance-dommages	-114	64	372	340	-1 200	-413	1 444	-85
F.62	Droits sur les assurances-vie et rentes	370	523	362	2 354	7 020	366	1 261	1 415
F.6M	Dts à pension, gérants, prestations hors retraite	0	0	0	0	0	0	0	0
F.63	Droits à pension	..	..	..	..	..	..	..	..
F.64	Dts des fonds de pension sur gérants des systèmes de pension	..	..	..	..	..	..	..	..
F.65	Droits à prestations hors retraite	..	..	..	..	..	..	..	..
F.66	Réserves pour appels dans le cadre de garanties standard	0	0	0	0	0	0	0	0
F.7	**Produits financiers dérivés et options sur titres des salariés**	**1 575**	**608**	**-1 982**	**-651**	**-324**	**-199**	**-541**	**-638**
F.71	Produits financiers dérivés	..	..	..	..	..	..	..	..
F.72	Options sur titres des salariés	..	..	..	..	..	..	..	..
F.8	**Autres comptes à recevoir**	**1 751**	**23 855**	**18 633**	**-52 530**	**38 082**	**38 082**	**4 829**	**14 564**
F.81	Crédits commerciaux et avances	-2 805	59	-1 934	-414	6 842	2 527	2 625	-3 899
F.89	Autres comptes à recevoir, hors crédits commerciaux et avances	4 556	23 796	20 567	-52 116	31 240	35 555	2 204	18 463
	Accroissement net des passifs	**121 850**	**236 639**	**88 686**	**-93 822**	**-624**	**80 496**	**-87 712**	**-27 399**
F.1	**Or monétaire et DTS**	**0**	**0**	**0**	**0**	**0**	**0**	**0**	**0**
F.11	Or monétaire	0	0	0	0	0	0	0	0
F.12	Droits de tirage spéciaux (DTS)	0	0	0	0	0	0	0	0
F.2	**Numéraire et dépôts**	**57 605**	**115 175**	**-107 731**	**-111 943**	**-32 002**	**-4 220**	**-85 982**	**-31 508**
F.21	Numéraire	0	0	0	0	0	226	-81	-145
F.22	Dépôts transférables	-24 120	93 441	27 748	-65 826	-24 984	43 489	-3 165	-24 082
F.29	Autres dépôts	81 725	21 733	-135 479	-46 117	-7 019	-47 935	-82 736	-7 281
F.3	**Titres de dette**	**10 160**	**32 730**	**21 356**	**22 778**	**-12 404**	**-22 452**	**15 109**	**27 550**
F.3S	Titres de dette à court terme	301	8 134	18 030	1 671	-2 213	-9 071	5 901	-5 863
F.3L	Titres de dette à long terme	9 859	24 596	3 326	21 107	-10 191	-13 381	9 208	33 413
F.4	**Crédits**	**-202**	**15 476**	**47 956**	**-13 713**	**-5 296**	**47 585**	**-11 076**	**-10 261**
F.4S	Crédits à court terme	4 846	9 928	29 901	-4 785	-3 619	8 981	-13 323	-10 315
F.4L	Crédits à long terme	-5 048	5 548	18 055	-8 928	-1 677	38 604	2 247	54
F.5	**Actions et parts de fonds d'investissement**	**53 866**	**61 769**	**108 551**	**28 025**	**38 925**	**24 771**	**-16 149**	**-15 808**
F.51	Actions	50 674	57 794	110 480	27 666	39 865	27 274	-16 274	-23 432
F.511	Actions cotées	5 268	1 084	10 834	-3 504	-3 425	-2 921	2 766	-407
F.512	Actions non cotées	53 048	19 775	84 668	19 755	56 239	15 743	-32 991	-2 736
F.519	Autres participations	-7 642	36 935	14 978	11 414	-12 949	14 452	13 952	-20 289
F.52	Parts de fonds d'investissement	3 192	3 975	-1 929	360	-940	-2 503	124	7 624
F.521	Parts de fonds d'investissement monétaires	..	..	..	..	..	..	..	..
F.522	Autres parts de fonds d'investissement	..	..	..	..	..	..	..	..
F.6	**Systèmes d'assurance, de pensions et garanties standard**	**-422**	**-14**	**108**	**-302**	**-199**	**647**	**87**	**66**
F.61	Réserves techniques d'assurance-dommages	145	-55	-11	-461	-41	619	96	18
F.62	Droits sur les assurances-vie et rentes	-567	41	118	159	-159	28	-8	48
F.6M	Dts à pension, gérants de syst. de pension, hors retraite	0	0	0	0	0	0	0	0
F.63	Droits à pension	..	..	..	..	..	..	..	..
F.64	Dts des fonds de pension sur gérants des systèmes de pension	..	..	..	..	..	..	..	..
F.65	Droits à prestations hors retraite	..	..	..	..	..	..	..	..
F.66	Réserves pour appels dans le cadre de garanties standard	0	0	0	0	0	0	0	0
F.7	**Produits financiers dérivés et options sur titres des salariés**	**0**	**0**	**0**	**0**	**-11**	**40**	**-52**	**4**
F.71	Produits financiers dérivés	..	..	..	..	..	..	..	..
F.72	Options sur titres des salariés	..	..	..	..	..	..	..	..
F.8	**Autres comptes à payer**	**843**	**11 504**	**18 446**	**-18 668**	**10 365**	**34 125**	**10 352**	**2 558**
F.81	Crédits commerciaux et avances	1 576	1 802	889	-186	5 223	-996	562	1 092
F.89	Autres comptes à payer, hors des crédits commerciaux et avances	-732	9 702	17 556	-18 482	5 141	35 121	9 790	1 466
	Opérations financières nettes	**-11 012**	**-12 473**	**-1 967**	**-1 156**	**-8 382**	**-841**	**-5 093**	**6 012**

Note : Les métadonnées détaillées sont disponibles sur :http://metalinks.oecd.org/faiiia/20150126/6e6d

CANADA

Tableau 1.b. Flux non consolidés, par instrument et par secteur, Année 2013
SCN 1993

Millions CAD

		Sociétés financières					
		Total	Banque centrale	Autres institutions de dépôts	Autres intermédiaires financiers	Auxiliaires financiers	Sociétés d'assurance et fonds de pension
		S12	S121	S122	S123	S124	S125
	Acquisition nette d'actifs financiers	**380 675**	**18 359**	**113 826**	**180 034**	**..**	**68 456**
F.1	**Or monétaire et DTS**	**-98**	**-98**	**..**	**..**	**..**	**..**
F.2	**Numéraire et dépôts**	**-28 469**	**-2**	**-7 900**	**-23 886**	**..**	**3 319**
F.21	Numéraire	..	..	..	..	..	..
F.22	Dépôts transférables	..	..	..	..	..	..
F.29	Autres dépôts	..	..	..	..	..	..
F.3	**Titres autres qu'actions**	**60 258**	**12 976**	**653**	**6 775**	**..**	**39 854**
F.33	Titres autres qu'actions, non compris produits financiers dérivés	60 258	12 976	653	6 775	..	39 854
F.331	Titres à court terme	15 100	2 599	5 719	3 326	..	3 456
F.332	Titres à long terme	45 158	10 377	-5 066	3 449	..	36 398
F.34	Produits financiers dérivés	0	0	0	0	..	0
F.4	**Crédits**	**139 262**	**-62**	**91 999**	**42 491**	**..**	**4 834**
F.41	Crédits à court terme	..	..	..	..	..	..
F.42	Crédits à long terme	..	..	..	..	..	..
F.5	**Actions et autres participations**	**47 799**	**0**	**15 533**	**47 825**	**..**	**-15 559**
F.51	Actions et autres participations, non compris parts d'O.P.C.	10 226	..	15 533	5 010	..	-10 317
F.511	Actions cotées	2 523	..	14 041	-2 373	..	-9 145
F.512	Actions non cotées	7 703	..	1 492	7 383	..	-1 172
F.513	Autres participations	0	..	0	0	..	0
F.52	Parts d'organismes de placement collectif	37 573	..	0	42 815	..	-5 242
F.6	**Réserves techniques d'assurance**	**0**	**0**	**0**	**0**	**..**	**0**
F.61	Droits nets des ménages sur les réserves techniques	..	..	..	..	..	..
F.611	Sur les réserves d'assurance vie	..	..	..	..	..	..
F.612	Sur les fonds de pension	..	..	..	..	..	..
F.62	Réserves-primes et réserves-sinistres	..	..	..	..	..	..
F.7	**Autres comptes à recevoir**	**161 923**	**5 545**	**13 541**	**106 829**	**..**	**36 008**
F.71	Crédits commerciaux et avances	2 864	0	0	1 036	..	1 828
F.79	Autres	159 059	5 545	13 541	105 793	..	34 180
	Accroissement net des passifs	**335 601**	**18 370**	**84 918**	**166 096**	**..**	**66 217**
F.2	**Numéraire et dépôts**	**130 063**	**13 448**	**114 935**	**1 680**	**..**	**0**
F.21	Numéraire	..	..	..	..	..	..
F.22	Dépôts transférables	..	..	..	..	..	..
F.29	Autres dépôts	..	..	..	..	..	..
F.3	**Titres autres qu'actions**	**8 368**	**0**	**-24 857**	**32 940**	**..**	**285**
F.33	Titres autres qu'actions, non compris produits financiers dérivés	8 368	0	-24 857	32 940	..	285
F.331	Titres à court terme	9 530	..	0	9 530	..	0
F.332	Titres à long terme	-1 162	..	-24 857	23 410	..	285
F.34	Produits financiers dérivés	0	0	0	0	..	0
F.4	**Crédits**	**9 998**	**0**	**326**	**9 811**	**..**	**-139**
F.41	Crédits à court terme	..	..	..	..	..	..
F.42	Crédits à long terme	..	..	..	..	..	..
F.5	**Actions et autres participations**	**126 514**	**4 866**	**2 579**	**125 305**	**..**	**-6 236**
F.51	Actions et autres participations, non compris parts d'O.P.C.	34 092	4 866	2 579	32 883	..	-6 236
F.511	Actions cotées	270	0	-200	470	..	0
F.512	Actions non cotées	33 822	4 866	2 779	32 413	..	-6 236
F.513	Autres participations	0	0	0	0	..	0
F.52	Parts d'organismes de placement collectif	92 422	0	0	92 422	..	0
F.6	**Réserves techniques d'assurance**	**46 169**	**0**	**0**	**0**	**..**	**46 169**
F.61	Droits nets des ménages sur les réserves techniques	..	..	..	..	..	..
F.611	Sur les réserves d'assurance vie	..	..	..	..	..	..
F.612	Sur les fonds de pension	..	..	..	..	..	..
F.62	Réserves-primes et réserves-sinistres	..	..	..	..	..	..
F.7	**Autres comptes à payer**	**14 489**	**56**	**-8 065**	**-3 640**	**..**	**26 138**
F.71	Crédits commerciaux et avances	599	0	0	17	..	582
F.79	Autres	13 890	56	-8 065	-3 657	..	25 556
	Opérations financières nettes	**45 074**	**-11**	**28 908**	**13 938**	**..**	**2 239**

CANADA

Tableau 1.b. Flux non consolidés, par instrument et par secteur, Année 2013 (cont.)
SCN 1993

Millions CAD

		Sociétés non financières	Administrations publiques		Ménages et ISBLSM	Economie totale	Reste du monde
			Total	Administration centrale			
		S11	S13	S1311	S14+S15	S1	S2
	Acquisition nette d'actifs financiers	**87 860**	**48 748**	**6 101**	**36 832**	**554 115**	**111 734**
F.1	**Or monétaire et DTS**	..	..	..	..	**-98**	..
F.2	**Numéraire et dépôts**	**76 334**	**9 696**	**10 019**	**65 590**	**123 151**	**15 383**
F.21	Numéraire	..	..	..	..	..	..
F.22	Dépôts transférables	..	..	..	..	..	..
F.29	Autres dépôts	..	..	..	..	..	..
F.3	**Titres autres qu'actions**	**-248**	**28 693**	**-354**	**2 483**	**91 186**	**22 748**
F.33	Titres autres qu'actions, non compris produits financiers dérivés	-248	28 693	-354	2 483	91 186	22 748
F.331	Titres à court terme	-599	4 973	0	9	19 483	-3 692
F.332	Titres à long terme	351	23 720	-354	2 474	71 703	26 440
F.34	Produits financiers dérivés	0	0	0	0	0	0
F.4	**Crédits**	**6 808**	**-10 416**	**-16 344**	**186**	**135 840**	**23 752**
F.41	Crédits à court terme	..	..	..	..	..	..
F.42	Crédits à long terme	..	..	..	..	..	..
F.5	**Actions et autres participations**	**16 172**	**6 218**	**3 863**	**72 344**	**142 533**	**44 712**
F.51	Actions et autres participations, non compris parts d'O.P.C.	16 172	6 218	3 863	17 495	50 111	44 712
F.511	Actions cotées	6 926	-8 873	0	19 616	20 192	18 895
F.512	Actions non cotées	9 246	15 091	3 863	-2 121	29 919	25 817
F.513	Autres participations	0	0	0	0	0	0
F.52	Parts d'organismes de placement collectif	0	0	0	54 849	92 422	0
F.6	**Réserves techniques d'assurance**	**0**	**0**	**0**	**51 002**	**51 002**	**0**
F.61	Droits nets des ménages sur les réserves techniques	..	..	..	..	..	..
F.611	Sur les réserves d'assurance vie	..	..	..	..	..	..
F.612	Sur les fonds de pension	..	..	..	..	..	..
F.62	Réserves-primes et réserves-sinistres	..	..	..	..	..	..
F.7	**Autres comptes à recevoir**	**-11 206**	**14 557**	**8 917**	**-154 773**	**10 501**	**5 139**
F.71	Crédits commerciaux et avances	-2 946	210	0	0	128	11 250
F.79	Autres	-8 260	14 347	8 917	-154 773	10 373	-6 111
	Accroissement net des passifs	**96 401**	**105 906**	**19 486**	**76 292**	**614 200**	**51 649**
F.2	**Numéraire et dépôts**	**0**	**87**	**87**	**0**	**130 150**	**8 384**
F.21	Numéraire	..	..	..	..	..	..
F.22	Dépôts transférables	..	..	..	..	..	..
F.29	Autres dépôts	..	..	..	..	..	..
F.3	**Titres autres qu'actions**	**36 877**	**59 872**	**8 682**	**0**	**105 117**	**8 817**
F.33	Titres autres qu'actions, non compris produits financiers dérivés	36 877	59 872	8 682	0	105 117	8 817
F.331	Titres à court terme	2 235	1 967	-8 881	..	13 732	2 059
F.332	Titres à long terme	34 642	57 905	17 563	..	91 385	6 758
F.34	Produits financiers dérivés	0	0	0	0	0	0
F.4	**Crédits**	**78 072**	**1 803**	**-52**	**73 583**	**163 456**	**-3 864**
F.41	Crédits à court terme	..	..	..	..	..	..
F.42	Crédits à long terme	..	..	..	..	..	..
F.5	**Actions et autres participations**	**24 317**	**0**	**0**	**0**	**150 831**	**36 414**
F.51	Actions et autres participations, non compris parts d'O.P.C.	24 317	..	..	..	58 409	36 414
F.511	Actions cotées	24 889	..	..	..	25 159	13 928
F.512	Actions non cotées	-572	..	..	..	33 250	22 486
F.513	Autres participations	0	..	..	..	0	0
F.52	Parts d'organismes de placement collectif	0	..	..	..	92 422	0
F.6	**Réserves techniques d'assurance**	**0**	**4 833**	**2 228**	**0**	**51 002**	**0**
F.61	Droits nets des ménages sur les réserves techniques	..	..	..	..	..	..
F.611	Sur les réserves d'assurance vie	..	..	..	..	..	..
F.612	Sur les fonds de pension	..	..	..	..	..	..
F.62	Réserves-primes et réserves-sinistres	..	..	..	..	..	..
F.7	**Autres comptes à payer**	**-42 865**	**39 311**	**8 541**	**2 709**	**13 644**	**1 898**
F.71	Crédits commerciaux et avances	5 408	2 692	0	1 025	9 724	1 654
F.79	Autres	-48 273	36 619	8 541	1 684	3 920	244
	Opérations financières nettes	**-8 541**	**-57 158**	**-13 385**	**-39 460**	**-60 085**	**60 085**

Note : Les métadonnées détaillées sont disponibles sur :http://metalinks.oecd.org/faiiia/20150126/a294

CANADA

Tableau 2.1.b. Flux non consolidés, Secteur S1 - Économie totale

SCN 1993

Millions CAD

		2006	2007	2008	2009	2010	2011	2012	2013
	Acquisition nette d'actifs financiers	**772 136**	**956 198**	**1 054 211**	**448 186**	**563 067**	**666 575**	**496 505**	**554 115**
F.1	**Or monétaire et DTS**	**21**	**4**	**2**	**9 038**	**6**	**90**	**-225**	**-98**
F.2	**Numéraire et dépôts**	**126 077**	**194 318**	**128 466**	**58 877**	**124 306**	**151 747**	**106 642**	**123 151**
F.21	Numéraire	..	..	..	..	..	..	..	..
F.22	Dépôts transférables	..	..	..	..	..	..	..	..
F.29	Autres dépôts	..	..	..	..	..	..	..	..
F.3	**Titres autres qu'actions**	**142 434**	**110 878**	**161 139**	**113 185**	**84 888**	**47 188**	**66 451**	**91 186**
F.33	Titres autres qu'actions, non compris produits financiers dérivés	142 434	110 878	161 139	113 185	84 888	47 188	66 451	91 186
F.331	Titres à court terme	35 561	3 054	38 073	-58 997	1 959	-32 037	9 980	19 483
F.332	Titres à long terme	106 873	107 824	123 066	172 182	82 929	79 225	56 471	71 703
F.34	Produits financiers dérivés	0	0	0	0	0	0	0	0
F.4	**Crédits**	**175 074**	**234 908**	**285 746**	**165 246**	**83 636**	**186 517**	**149 487**	**135 840**
F.41	Crédits à court terme	..	..	..	..	..	..	..	..
F.42	Crédits à long terme	..	..	..	..	..	..	..	..
F.5	**Actions et autres participations**	**240 200**	**402 537**	**216 507**	**281 397**	**206 531**	**192 103**	**155 085**	**142 533**
F.51	Actions et autres participations, non compris parts d'O.P.C.	150 357	277 534	186 248	162 940	151 867	112 868	88 728	50 111
F.511	Actions cotées	64 496	102 973	4 673	17 302	34 040	18 863	50 430	20 192
F.512	Actions non cotées	85 861	174 561	181 575	145 638	117 827	94 005	38 298	29 919
F.513	Autres participations	0	0	0	0	0	0	0	0
F.52	Parts d'organismes de placement collectif	89 843	125 003	30 259	118 457	54 664	79 235	66 357	92 422
F.6	**Réserves techniques d'assurance**	**54 423**	**67 811**	**63 633**	**43 273**	**45 838**	**58 130**	**58 450**	**51 002**
F.61	Droits nets des ménages sur les réserves techniques	..	..	..	..	..	..	..	..
F.611	Sur les réserves d'assurance vie	..	..	..	..	..	..	..	..
F.612	Sur les fonds de pension	..	..	..	..	..	..	..	..
F.62	Réserves-primes et réserves-sinistres	..	..	..	..	..	..	..	..
F.7	**Autres comptes à recevoir**	**33 907**	**-54 258**	**198 718**	**-222 830**	**17 862**	**30 800**	**-39 385**	**10 501**
F.71	Crédits commerciaux et avances	10 018	8 195	16 439	-8 220	23 985	16 438	10 541	128
F.79	Autres	23 889	-62 453	182 279	-214 610	-6 123	14 362	-49 926	10 373
	Accroissement net des passifs	**755 606**	**944 626**	**1 056 076**	**502 528**	**628 496**	**731 288**	**570 470**	**614 200**
F.2	**Numéraire et dépôts**	**115 248**	**193 515**	**110 994**	**36 471**	**128 453**	**174 443**	**129 844**	**130 150**
F.21	Numéraire	..	..	..	..	..	..	..	..
F.22	Dépôts transférables	..	..	..	..	..	..	..	..
F.29	Autres dépôts	..	..	..	..	..	..	..	..
F.3	**Titres autres qu'actions**	**128 392**	**97 141**	**196 020**	**194 680**	**166 671**	**121 643**	**132 134**	**105 117**
F.33	Titres autres qu'actions, non compris produits financiers dérivés	128 392	97 141	196 020	194 680	166 671	121 643	132 134	105 117
F.331	Titres à court terme	33 612	-423	48 835	-57 607	4 247	-777	21 737	13 732
F.332	Titres à long terme	94 780	97 564	147 185	252 287	162 424	122 420	110 397	91 385
F.34	Produits financiers dérivés	0	0	0	0	0	0	0	0
F.4	**Crédits**	**202 515**	**271 942**	**283 608**	**164 964**	**60 775**	**149 584**	**168 091**	**163 456**
F.41	Crédits à court terme	..	..	..	..	..	..	..	..
F.42	Crédits à long terme	..	..	..	..	..	..	..	..
F.5	**Actions et autres participations**	**206 075**	**365 295**	**195 232**	**292 463**	**203 375**	**199 686**	**125 013**	**150 831**
F.51	Actions et autres participations, non compris parts d'O.P.C.	116 232	240 292	164 973	174 006	148 711	120 451	58 656	58 409
F.511	Actions cotées	16 849	23 804	18 996	36 478	30 530	31 961	21 666	25 159
F.512	Actions non cotées	99 383	216 488	145 977	137 528	118 181	88 490	36 990	33 250
F.513	Autres participations	0	0	0	0	0	0	0	0
F.52	Parts d'organismes de placement collectif	89 843	125 003	30 259	118 457	54 664	79 235	66 357	92 422
F.6	**Réserves techniques d'assurance**	**54 423**	**67 811**	**63 633**	**43 273**	**45 838**	**58 130**	**58 450**	**51 002**
F.61	Droits nets des ménages sur les réserves techniques	..	..	..	..	..	..	..	..
F.611	Sur les réserves d'assurance vie	..	..	..	..	..	..	..	..
F.612	Sur les fonds de pension	..	..	..	..	..	..	..	..
F.62	Réserves-primes et réserves-sinistres	..	..	..	..	..	..	..	..
F.7	**Autres comptes à payer**	**48 953**	**-51 078**	**206 589**	**-229 323**	**23 384**	**27 802**	**-43 062**	**13 644**
F.71	Crédits commerciaux et avances	11 931	13 913	20 546	-10 425	24 205	17 562	9 455	9 724
F.79	Autres	37 022	-64 991	186 043	-218 898	-821	10 240	-52 517	3 920
	Opérations financières nettes	**16 530**	**11 572**	**-1 865**	**-54 342**	**-65 429**	**-64 713**	**-73 965**	**-60 085**

Note : Les métadonnées détaillées sont disponibles sur :http://metalinks.oecd.org/faiiia/20150126/a294

CANADA

Tableau 2.2.b. Flux non consolidés, Secteur S11 - Sociétés non financières

SCN 1993

Millions CAD

		2006	2007	2008	2009	2010	2011	2012	2013
	Acquisition nette d'actifs financiers	**143 660**	**184 778**	**143 821**	**37 919**	**174 732**	**156 356**	**62 402**	**87 860**
F.1	**Or monétaire et DTS**	..	..	..	..	..	..	..	..
F.2	**Numéraire et dépôts**	**47 351**	**100 345**	**7 052**	**-48 123**	**52 300**	**47 431**	**16 113**	**76 334**
F.21	Numéraire	..	..	..	..	..	..	..	..
F.22	Dépôts transférables	..	..	..	..	..	..	..	..
F.29	Autres dépôts	..	..	..	..	..	..	..	..
F.3	**Titres autres qu'actions**	**2 706**	**-12 083**	**3 923**	**-14 129**	**1 496**	**-2 899**	**637**	**-248**
F.33	Titres autres qu'actions, non compris produits financiers dérivés	2 706	-12 083	3 923	-14 129	1 496	-2 899	637	-248
F.331	Titres à court terme	4 657	-14 371	3 889	-13 613	869	-3 520	-394	-599
F.332	Titres à long terme	-1 951	2 288	34	-516	627	621	1 031	351
F.34	Produits financiers dérivés	0	0	0	0	0	0	0	0
F.4	**Crédits**	**6 387**	**10 360**	**10 997**	**11 949**	**6 967**	**20 958**	**1 237**	**6 808**
F.41	Crédits à court terme	..	..	..	..	..	..	..	..
F.42	Crédits à long terme	..	..	..	..	..	..	..	..
F.5	**Actions et autres participations**	**38 390**	**74 172**	**85 923**	**59 738**	**-7 527**	**43 638**	**9 072**	**16 172**
F.51	Actions et autres participations, non compris parts d'O.P.C.	38 390	74 172	85 923	59 738	-7 527	43 638	9 072	16 172
F.511	Actions cotées	3 759	-6 355	17 790	-8 432	-4 941	-10 365	-3 186	6 926
F.512	Actions non cotées	34 631	80 527	68 133	68 170	-2 586	54 003	12 258	9 246
F.513	Autres participations	0	0	0	0	0	0	0	0
F.52	Parts d'organismes de placement collectif	0	0	0	0	0	0	0	0
F.6	**Réserves techniques d'assurance**	**0**	**0**	**0**	**0**	**0**	**0**	**0**	**0**
F.61	Droits nets des ménages sur les réserves techniques	..	..	..	..	..	..	..	..
F.611	Sur les réserves d'assurance vie	..	..	..	..	..	..	..	..
F.612	Sur les fonds de pension	..	..	..	..	..	..	..	..
F.62	Réserves-primes et réserves-sinistres	..	..	..	..	..	..	..	..
F.7	**Autres comptes à recevoir**	**48 826**	**11 984**	**35 926**	**28 484**	**121 496**	**47 228**	**35 343**	**-11 206**
F.71	Crédits commerciaux et avances	9 751	8 116	16 174	-10 400	22 409	15 943	8 818	-2 946
F.79	Autres	39 075	3 868	19 752	38 884	99 087	31 285	26 525	-8 260
	Accroissement net des passifs	**128 275**	**154 622**	**94 306**	**9 394**	**133 130**	**119 088**	**58 305**	**96 401**
F.2	**Numéraire et dépôts**	**0**	**0**	**0**	**0**	**0**	**0**	**0**	**0**
F.21	Numéraire	..	..	..	..	..	..	..	..
F.22	Dépôts transférables	..	..	..	..	..	..	..	..
F.29	Autres dépôts	..	..	..	..	..	..	..	..
F.3	**Titres autres qu'actions**	**28 242**	**17 989**	**16 030**	**23 591**	**26 258**	**11 643**	**19 256**	**36 877**
F.33	Titres autres qu'actions, non compris produits financiers dérivés	28 242	17 989	16 030	23 591	26 258	11 643	19 256	36 877
F.331	Titres à court terme	14 334	2 949	2 223	-15 102	-1 010	-3 448	5 545	2 235
F.332	Titres à long terme	13 908	15 040	13 807	38 693	27 268	15 091	13 711	34 642
F.34	Produits financiers dérivés	0	0	0	0	0	0	0	0
F.4	**Crédits**	**62 875**	**73 527**	**84 584**	**-29 895**	**-14 428**	**43 980**	**45 797**	**78 072**
F.41	Crédits à court terme	..	..	..	..	..	..	..	..
F.42	Crédits à long terme	..	..	..	..	..	..	..	..
F.5	**Actions et autres participations**	**72 826**	**116 226**	**54 691**	**106 578**	**70 437**	**41 126**	**22 536**	**24 317**
F.51	Actions et autres participations, non compris parts d'O.P.C.	72 826	116 226	54 691	106 578	70 437	41 126	22 536	24 317
F.511	Actions cotées	12 857	21 041	399	24 527	24 408	19 999	16 894	24 889
F.512	Actions non cotées	59 969	95 185	54 292	82 051	46 029	21 127	5 642	-572
F.513	Autres participations	0	0	0	0	0	0	0	0
F.52	Parts d'organismes de placement collectif	0	0	0	0	0	0	0	0
F.6	**Réserves techniques d'assurance**	**0**	**0**	**0**	**0**	**0**	**0**	**0**	**0**
F.61	Droits nets des ménages sur les réserves techniques	..	..	..	..	..	..	..	..
F.611	Sur les réserves d'assurance vie	..	..	..	..	..	..	..	..
F.612	Sur les fonds de pension	..	..	..	..	..	..	..	..
F.62	Réserves-primes et réserves-sinistres	..	..	..	..	..	..	..	..
F.7	**Autres comptes à payer**	**-35 668**	**-53 120**	**-60 999**	**-90 880**	**50 863**	**22 339**	**-29 284**	**-42 865**
F.71	Crédits commerciaux et avances	6 191	3 034	20 003	-14 405	9 808	9 614	4 137	5 408
F.79	Autres	-41 859	-56 154	-81 002	-76 475	41 055	12 725	-33 421	-48 273
	Opérations financières nettes	**15 385**	**30 156**	**49 515**	**28 525**	**41 602**	**37 268**	**4 097**	**-8 541**

Note : Les métadonnées détaillées sont disponibles sur :http://metalinks.oecd.org/faiiia/20150126/a294

CANADA

Tableau 2.3.b. Flux non consolidés, Secteur S12 - Sociétés financières

SCN 1993

Millions CAD

		2006	2007	2008	2009	2010	2011	2012	2013
	Acquisition nette d'actifs financiers	**524 022**	**662 363**	**753 684**	**230 430**	**329 094**	**422 925**	**327 491**	**380 675**
F.1	**Or monétaire et DTS**	**21**	**4**	**2**	**9 038**	**6**	**90**	**-225**	**-98**
F.2	**Numéraire et dépôts**	**14 983**	**18 173**	**18 987**	**51 922**	**7 084**	**32 820**	**6 625**	**-28 469**
F.21	Numéraire	..	..	..	..	..	..	..	..
F.22	Dépôts transférables	..	..	..	..	..	..	..	..
F.29	Autres dépôts	..	..	..	..	..	..	..	..
F.3	**Titres autres qu'actions**	**114 895**	**96 743**	**158 740**	**118 914**	**85 554**	**49 903**	**48 614**	**60 258**
F.33	Titres autres qu'actions, non compris produits financiers dérivés	114 895	96 743	158 740	118 914	85 554	49 903	48 614	60 258
F.331	Titres à court terme	16 404	6 051	30 968	-37 298	-8 561	-33 686	12 249	15 100
F.332	Titres à long terme	98 491	90 692	127 772	156 212	94 115	83 589	36 365	45 158
F.34	Produits financiers dérivés	0	0	0	0	0	0	0	0
F.4	**Crédits**	**163 373**	**217 033**	**223 243**	**89 344**	**71 486**	**163 509**	**142 620**	**139 262**
F.41	Crédits à court terme	..	..	..	..	..	..	..	..
F.42	Crédits à long terme	..	..	..	..	..	..	..	..
F.5	**Actions et autres participations**	**161 402**	**232 627**	**116 195**	**107 282**	**146 459**	**108 515**	**71 482**	**47 799**
F.51	Actions et autres participations, non compris parts d'O.P.C.	128 433	193 122	91 760	69 733	120 476	68 699	43 635	10 226
F.511	Actions cotées	66 272	56 404	-1 428	-20 753	35 909	15 805	29 841	2 523
F.512	Actions non cotées	62 161	136 718	93 188	90 486	84 567	52 894	13 794	7 703
F.513	Autres participations	0	0	0	0	0	0	0	0
F.52	Parts d'organismes de placement collectif	32 969	39 505	24 435	37 549	25 983	39 816	27 847	37 573
F.6	**Réserves techniques d'assurance**	**0**	**0**	**0**	**0**	**0**	**0**	**0**	**0**
F.61	Droits nets des ménages sur les réserves techniques	..	..	..	..	..	..	..	..
F.611	Sur les réserves d'assurance vie	..	..	..	..	..	..	..	..
F.612	Sur les fonds de pension	..	..	..	..	..	..	..	..
F.62	Réserves-primes et réserves-sinistres	..	..	..	..	..	..	..	..
F.7	**Autres comptes à recevoir**	**69 348**	**97 783**	**236 517**	**-146 070**	**18 505**	**68 088**	**58 375**	**161 923**
F.71	Crédits commerciaux et avances	301	-328	-189	209	1 295	330	1 678	2 864
F.79	Autres	69 047	98 111	236 706	-146 279	17 210	67 758	56 697	159 059
	Accroissement net des passifs	**499 078**	**644 096**	**742 941**	**217 995**	**309 794**	**415 955**	**306 645**	**335 601**
F.2	**Numéraire et dépôts**	**115 029**	**193 343**	**110 813**	**36 362**	**128 323**	**174 336**	**129 726**	**130 063**
F.21	Numéraire	..	..	..	..	..	..	..	..
F.22	Dépôts transférables	..	..	..	..	..	..	..	..
F.29	Autres dépôts	..	..	..	..	..	..	..	..
F.3	**Titres autres qu'actions**	**93 844**	**79 599**	**83 998**	**37 913**	**53 210**	**33 281**	**30 233**	**8 368**
F.33	Titres autres qu'actions, non compris produits financiers dérivés	93 844	79 599	83 998	37 913	53 210	33 281	30 233	8 368
F.331	Titres à court terme	21 570	-1 185	-32 512	-52 290	17 164	6 648	-6 956	9 530
F.332	Titres à long terme	72 274	80 784	116 510	90 203	36 046	26 633	37 189	-1 162
F.34	Produits financiers dérivés	0	0	0	0	0	0	0	0
F.4	**Crédits**	**39 447**	**70 044**	**88 142**	**82 982**	**-11 394**	**12 617**	**34 875**	**9 998**
F.41	Crédits à court terme	..	..	..	..	..	..	..	..
F.42	Crédits à long terme	..	..	..	..	..	..	..	..
F.5	**Actions et autres participations**	**133 249**	**249 069**	**140 541**	**185 885**	**132 938**	**158 560**	**102 477**	**126 514**
F.51	Actions et autres participations, non compris parts d'O.P.C.	43 406	124 066	110 282	67 428	78 274	79 325	36 120	34 092
F.511	Actions cotées	3 992	2 763	18 597	11 951	6 122	11 962	4 772	270
F.512	Actions non cotées	39 414	121 303	91 685	55 477	72 152	67 363	31 348	33 822
F.513	Autres participations	0	0	0	0	0	0	0	0
F.52	Parts d'organismes de placement collectif	89 843	125 003	30 259	118 457	54 664	79 235	66 357	92 422
F.6	**Réserves techniques d'assurance**	**46 558**	**60 054**	**56 827**	**37 021**	**39 199**	**53 250**	**52 733**	**46 169**
F.61	Droits nets des ménages sur les réserves techniques	..	..	..	..	..	..	..	..
F.611	Sur les réserves d'assurance vie	..	..	..	..	..	..	..	..
F.612	Sur les fonds de pension	..	..	..	..	..	..	..	..
F.62	Réserves-primes et réserves-sinistres	..	..	..	..	..	..	..	..
F.7	**Autres comptes à payer**	**70 951**	**-8 013**	**262 620**	**-162 168**	**-32 482**	**-16 089**	**-43 399**	**14 489**
F.71	Crédits commerciaux et avances	-37	298	-1 387	4	894	-89	-5	599
F.79	Autres	70 988	-8 311	264 007	-162 172	-33 376	-16 000	-43 394	13 890
	Opérations financières nettes	**24 944**	**18 267**	**10 743**	**12 435**	**19 300**	**6 970**	**20 846**	**45 074**

Note : Les métadonnées détaillées sont disponibles sur :http://metalinks.oecd.org/faiiia/20150126/a294

CANADA

Tableau 2.4.a. Flux consolidés, Secteur S13 - Administrations publiques
SCN 1993

Millions CAD

		2006	2007	2008	2009	2010	2011	2012	2013
	Acquisition nette d'actifs financiers	**49 419**	**28 038**	**95 883**	**74 034**	**21 877**	**21 799**	**43 553**	**31 068**
F.1	**Or monétaire et DTS**	..	..	..	..	..	..	..	..
F.2	**Numéraire et dépôts**	**3 294**	**2 577**	**24 860**	**-11 931**	**-255**	**5 953**	**22 306**	**9 696**
F.21	Numéraire	..	..	..	..	..	..	..	..
F.22	Dépôts transférables	..	..	..	..	..	..	..	..
F.29	Autres dépôts	..	..	..	..	..	..	..	..
F.3	**Titres autres qu'actions**	**17 134**	**12 466**	**-8 474**	**-7 843**	**7 358**	**7 670**	**4 526**	**11 013**
F.33	Titres autres qu'actions, non compris produits financiers dérivés	17 134	12 466	-8 474	-7 843	7 358	7 670	4 526	11 013
F.331	Titres à court terme	12 633	10 096	-4 008	-8 720	9 405	8 004	712	4 646
F.332	Titres à long terme	4 501	2 370	-4 466	877	-2 047	-334	3 814	6 367
F.34	Produits financiers dérivés	0	0	0	0	0	0	0	0
F.4	**Crédits**	**5 004**	**6 253**	**52 683**	**65 787**	**5 408**	**2 050**	**5 858**	**-10 416**
F.41	Crédits à court terme	..	..	..	..	..	..	..	..
F.42	Crédits à long terme	..	..	..	..	..	..	..	..
F.5	**Actions et autres participations**	**18 388**	**11 557**	**17 454**	**8 226**	**-1 694**	**16 142**	**16 696**	**6 218**
F.51	Actions et autres participations, non compris parts d'O.P.C.	18 388	11 557	17 454	8 226	-1 694	16 142	16 696	6 218
F.511	Actions cotées	12 460	1 379	11 705	-11 648	-11 937	788	10 042	-8 873
F.512	Actions non cotées	5 928	10 178	5 749	19 874	10 243	15 354	6 654	15 091
F.513	Autres participations	0	0	0	0	0	0	0	0
F.52	Parts d'organismes de placement collectif	0	0	0	0	0	0	0	0
F.6	**Réserves techniques d'assurance**	**0**	**0**	**0**	**0**	**0**	**0**	**0**	**0**
F.61	Droits nets des ménages sur les réserves techniques	..	..	..	..	..	..	..	..
F.611	Sur les réserves d'assurance vie	..	..	..	..	..	..	..	..
F.612	Sur les fonds de pension	..	..	..	..	..	..	..	..
F.62	Réserves-primes et réserves-sinistres	..	..	..	..	..	..	..	..
F.7	**Autres comptes à recevoir**	**5 599**	**-4 815**	**9 360**	**19 795**	**11 060**	**-10 016**	**-5 833**	**14 557**
F.71	Crédits commerciaux et avances	-34	407	454	1 971	281	165	45	210
F.79	Autres	5 633	-5 222	8 906	17 824	10 779	-10 181	-5 878	14 347
	Accroissement net des passifs	**23 933**	**5 783**	**101 586**	**144 123**	**104 346**	**88 357**	**104 825**	**88 226**
F.2	**Numéraire et dépôts**	**219**	**172**	**181**	**109**	**130**	**107**	**118**	**87**
F.21	Numéraire	..	..	..	..	..	..	..	..
F.22	Dépôts transférables	..	..	..	..	..	..	..	..
F.29	Autres dépôts	..	..	..	..	..	..	..	..
F.3	**Titres autres qu'actions**	**3 770**	**-12 171**	**90 784**	**113 317**	**90 903**	**64 059**	**71 229**	**42 192**
F.33	Titres autres qu'actions, non compris produits financiers dérivés	3 770	-12 171	90 784	113 317	90 903	64 059	71 229	42 192
F.331	Titres à court terme	-1 691	-3 335	74 511	7 009	-13 363	-3 660	25 838	1 640
F.332	Titres à long terme	5 461	-8 836	16 273	106 308	104 266	67 719	45 391	40 552
F.34	Produits financiers dérivés	0	0	0	0	0	0	0	0
F.4	**Crédits**	**562**	**1 451**	**3 164**	**3 785**	**3 637**	**2 582**	**1 664**	**1 803**
F.41	Crédits à court terme	..	..	..	..	..	..	..	..
F.42	Crédits à long terme	..	..	..	..	..	..	..	..
F.5	**Actions et autres participations**	**0**	**0**	**0**	**0**	**0**	**0**	**0**	**0**
F.51	Actions et autres participations, non compris parts d'O.P.C.	..	..	..	..	..	..	..	..
F.511	Actions cotées	..	..	..	..	..	..	..	..
F.512	Actions non cotées	..	..	..	..	..	..	..	..
F.513	Autres participations	..	..	..	..	..	..	..	..
F.52	Parts d'organismes de placement collectif	..	..	..	..	..	..	..	..
F.6	**Réserves techniques d'assurance**	**7 865**	**7 757**	**6 806**	**6 252**	**6 639**	**4 880**	**5 717**	**4 833**
F.61	Droits nets des ménages sur les réserves techniques	..	..	..	..	..	..	..	..
F.611	Sur les réserves d'assurance vie	..	..	..	..	..	..	..	..
F.612	Sur les fonds de pension	..	..	..	..	..	..	..	..
F.62	Réserves-primes et réserves-sinistres	..	..	..	..	..	..	..	..
F.7	**Autres comptes à payer**	**11 517**	**8 574**	**651**	**20 660**	**3 037**	**16 729**	**26 097**	**39 311**
F.71	Crédits commerciaux et avances	6 044	9 552	-891	3 111	12 713	4 462	3 655	2 692
F.79	Autres	5 473	-978	1 542	17 549	-9 676	12 267	22 442	36 619
	Opérations financières nettes	**25 486**	**22 255**	**-5 703**	**-70 089**	**-82 469**	**-66 558**	**-61 272**	**-57 158**

Note : Les métadonnées détaillées sont disponibles sur :http://metalinks.oecd.org/faiiia/20150126/2f52

CANADA

Tableau 2.6.b. Flux non consolidés, Secteur S2 - Reste du monde

SCN 1993

Millions CAD

		2006	2007	2008	2009	2010	2011	2012	2013
	Acquisition nette d'actifs financiers	**132 566**	**144 637**	**100 948**	**136 976**	**142 957**	**143 454**	**172 369**	**111 734**
F.1	**Or monétaire et DTS**	..	..	..	..	..	..	..	..
F.2	**Numéraire et dépôts**	**3 400**	**12 903**	**-15 852**	**-10 412**	**23 540**	**21 774**	**20 134**	**15 383**
F.21	Numéraire	..	..	..	..	..	..	..	..
F.22	Dépôts transférables	..	..	..	..	..	..	..	..
F.29	Autres dépôts	..	..	..	..	..	..	..	..
F.3	**Titres autres qu'actions**	**18 679**	**12 052**	**28 376**	**85 331**	**94 756**	**78 573**	**81 682**	**22 748**
F.33	Titres autres qu'actions, non compris produits financiers dérivés	18 679	12 052	28 376	85 331	94 756	78 573	81 682	22 748
F.331	Titres à court terme	2 370	-332	10 542	1 502	3 149	31 637	12 413	-3 692
F.332	Titres à long terme	16 309	12 384	17 834	83 829	91 607	46 936	69 269	26 440
F.34	Produits financiers dérivés	0	0	0	0	0	0	0	0
F.4	**Crédits**	**34 315**	**83 756**	**49 144**	**23 713**	**-22 093**	**1 304**	**40 709**	**23 752**
F.41	Crédits à court terme	..	..	..	..	..	..	..	..
F.42	Crédits à long terme	..	..	..	..	..	..	..	..
F.5	**Actions et autres participations**	**51 219**	**35 912**	**36 253**	**45 461**	**39 742**	**36 907**	**25 377**	**44 712**
F.51	Actions et autres participations, non compris parts d'O.P.C.	51 219	35 912	36 253	45 461	39 742	36 907	25 377	44 712
F.511	Actions cotées	10 815	-41 993	2 746	26 244	18 197	21 136	967	18 895
F.512	Actions non cotées	40 404	77 905	33 507	19 217	21 545	15 771	24 410	25 817
F.513	Autres participations	0	0	0	0	0	0	0	0
F.52	Parts d'organismes de placement collectif	0	0	0	0	0	0	0	0
F.6	**Réserves techniques d'assurance**	**0**	**0**	**0**	**0**	**0**	**0**	**0**	**0**
F.61	Droits nets des ménages sur les réserves techniques	..	..	..	..	..	..	..	..
F.611	Sur les réserves d'assurance vie	..	..	..	..	..	..	..	..
F.612	Sur les fonds de pension	..	..	..	..	..	..	..	..
F.62	Réserves-primes et réserves-sinistres	..	..	..	..	..	..	..	..
F.7	**Autres comptes à recevoir**	**24 953**	**14**	**3 027**	**-7 117**	**7 012**	**4 896**	**4 467**	**5 139**
F.71	Crédits commerciaux et avances	8 529	7 018	3 351	-7 210	-3 793	2 276	2 266	11 250
F.79	Autres	16 424	-7 004	-324	93	10 805	2 620	2 201	-6 111
	Accroissement net des passifs	**149 096**	**156 209**	**99 083**	**82 634**	**77 528**	**78 741**	**98 404**	**51 649**
F.2	**Numéraire et dépôts**	**14 229**	**13 706**	**1 620**	**11 994**	**19 393**	**-922**	**-3 068**	**8 384**
F.21	Numéraire	..	..	..	..	..	..	..	..
F.22	Dépôts transférables	..	..	..	..	..	..	..	..
F.29	Autres dépôts	..	..	..	..	..	..	..	..
F.3	**Titres autres qu'actions**	**32 721**	**25 789**	**-6 505**	**3 836**	**12 973**	**4 118**	**15 999**	**8 817**
F.33	Titres autres qu'actions, non compris produits financiers dérivés	32 721	25 789	-6 505	3 836	12 973	4 118	15 999	8 817
F.331	Titres à court terme	4 319	3 145	-220	112	861	377	656	2 059
F.332	Titres à long terme	28 402	22 644	-6 285	3 724	12 112	3 741	15 343	6 758
F.34	Produits financiers dérivés	0	0	0	0	0	0	0	0
F.4	**Crédits**	**6 874**	**46 722**	**51 282**	**23 995**	**768**	**38 237**	**22 105**	**-3 864**
F.41	Crédits à court terme	..	..	..	..	..	..	..	..
F.42	Crédits à long terme	..	..	..	..	..	..	..	..
F.5	**Actions et autres participations**	**85 344**	**73 154**	**57 528**	**34 395**	**42 898**	**29 324**	**55 449**	**36 414**
F.51	Actions et autres participations, non compris parts d'O.P.C.	85 344	73 154	57 528	34 395	42 898	29 324	55 449	36 414
F.511	Actions cotées	58 462	37 176	-11 577	7 068	21 707	8 038	29 731	13 928
F.512	Actions non cotées	26 882	35 978	69 105	27 327	21 191	21 286	25 718	22 486
F.513	Autres participations	0	0	0	0	0	0	0	0
F.52	Parts d'organismes de placement collectif	0	0	0	0	0	0	0	0
F.6	**Réserves techniques d'assurance**	**0**	**0**	**0**	**0**	**0**	**0**	**0**	**0**
F.61	Droits nets des ménages sur les réserves techniques	..	..	..	..	..	..	..	..
F.611	Sur les réserves d'assurance vie	..	..	..	..	..	..	..	..
F.612	Sur les fonds de pension	..	..	..	..	..	..	..	..
F.62	Réserves-primes et réserves-sinistres	..	..	..	..	..	..	..	..
F.7	**Autres comptes à payer**	**9 928**	**-3 162**	**-4 842**	**8 414**	**1 496**	**7 984**	**7 919**	**1 898**
F.71	Crédits commerciaux et avances	6 616	1 300	-756	-5 005	-4 013	1 152	3 352	1 654
F.79	Autres	3 312	-4 462	-4 086	13 419	5 509	6 832	4 567	244
	Opérations financières nettes	**-16 530**	**-11 572**	**1 865**	**54 342**	**65 429**	**64 713**	**73 965**	**60 085**

Note : Les métadonnées détaillées sont disponibles sur :http://metalinks.oecd.org/faiiia/20150126/a294

Tableau 1.b. Flux non consolidés, par instrument et par secteur, Année 2013
SCN 1993

Millions CLP

		Sociétés financières					
		Total	Banque centrale	Autres institutions de dépôts	Autres intermédiaires financiers	Auxiliaires financiers	Sociétés d'assurance et fonds de pension
		S12	S121	S122	S123	S124	S125
	Acquisition nette d'actifs financiers	**18 248 106**	**-881 182**	**10 128 320**	**2 439 528**	..	**6 561 440**
F.1	**Or monétaire et DTS**	**-31 166**	**-31 166**	..	..	..	..
F.2	**Numéraire et dépôts**	**1 565 542**	**-75 720**	**-187 250**	**1 184 893**	..	**643 619**
F.21	Numéraire	-1 073 755	-827	-982 405	20 875	..	-111 398
F.22	Dépôts transférables	0	0	0	0	..	0
F.29	Autres dépôts	2 639 297	-74 893	795 155	1 164 018	..	755 017
F.3	**Titres autres qu'actions**	**4 566 152**	**238 618**	**-254 502**	**1 453 389**	..	**3 128 647**
F.33	Titres autres qu'actions, non compris produits financiers dérivés	4 790 330	238 618	-21 176	1 458 086	..	3 114 801
F.331	Titres à court terme	917 460	0	558 565	267 572	..	91 324
F.332	Titres à long terme	3 872 870	238 618	-579 740	1 190 514	..	3 023 477
F.34	Produits financiers dérivés	-224 177	0	-233 326	-4 697	..	13 846
F.4	**Crédits**	**9 611 500**	**-1 117 985**	**9 910 742**	**151 134**	..	**667 609**
F.41	Crédits à court terme	417 518	-1 071 245	1 444 081	44 682	..	0
F.42	Crédits à long terme	9 193 982	-46 740	8 466 661	106 452	..	667 609
F.5	**Actions et autres participations**	**1 852 189**	**-1 198**	**-145 341**	**-332 967**	..	**2 331 695**
F.51	Actions et autres participations, non compris parts d'O.P.C.	-100 380	-1 198	26 795	-536 278	..	410 301
F.511	Actions cotées	..	..	..	..	..	..
F.512	Actions non cotées	..	..	..	..	..	..
F.513	Autres participations	..	..	..	..	..	..
F.52	Parts d'organismes de placement collectif	1 952 568	0	-172 136	203 311	..	1 921 394
F.6	**Réserves techniques d'assurance**	**12 574**	**0**	**12 574**	**0**	..	**0**
F.61	Droits nets des ménages sur les réserves techniques	0	..	0	..	..	..
F.611	Sur les réserves d'assurance vie	..	..	..	..	..	..
F.612	Sur les fonds de pension	..	..	..	..	..	..
F.62	Réserves-primes et réserves-sinistres	12 574	..	12 574	..	..	..
F.7	**Autres comptes à recevoir**	**671 316**	**106 270**	**792 097**	**-16 921**	..	**-210 130**
F.71	Crédits commerciaux et avances	..	..	..	..	..	..
F.79	Autres	..	..	..	..	..	..
	Accroissement net des passifs	**15 211 061**	**-597 319**	**7 210 436**	**1 822 371**	..	**6 775 574**
F.2	**Numéraire et dépôts**	**4 297 888**	**-560 837**	**4 780 656**	**0**	..	**78 069**
F.21	Numéraire	904 580	-582 210	1 486 790	..	..	0
F.22	Dépôts transférables	0	0	0	..	..	0
F.29	Autres dépôts	3 393 308	21 373	3 293 867	..	..	78 069
F.3	**Titres autres qu'actions**	**5 067 285**	**-37 902**	**4 401 098**	**704 088**	..	**0**
F.33	Titres autres qu'actions, non compris produits financiers dérivés	5 067 285	-37 902	4 401 098	704 088	..	0
F.331	Titres à court terme	958 063	926 995	0	31 068	..	..
F.332	Titres à long terme	4 109 222	-964 897	4 401 098	673 020	..	..
F.34	Produits financiers dérivés	0	0	0	0	..	0
F.4	**Crédits**	**-1 893 617**	**-3 522**	**-1 883 960**	**-116 055**	..	**109 919**
F.41	Crédits à court terme	-1 658 478	-8 921	-1 704 225	-24 814	..	79 482
F.42	Crédits à long terme	-235 139	5 400	-179 735	-91 241	..	30 436
F.5	**Actions et autres participations**	**2 107 122**	**-201**	**578 235**	**1 500 201**	..	**28 887**
F.51	Actions et autres participations, non compris parts d'O.P.C.	538 183	-201	578 235	-68 738	..	28 887
F.511	Actions cotées	..	..	..	..	..	..
F.512	Actions non cotées	..	..	..	..	..	..
F.513	Autres participations	..	..	..	..	..	..
F.52	Parts d'organismes de placement collectif	1 568 939	0	0	1 568 939	..	0
F.6	**Réserves techniques d'assurance**	**6 943 151**	**0**	**0**	**0**	..	**6 943 151**
F.61	Droits nets des ménages sur les réserves techniques	6 880 281	..	..	..	..	6 880 281
F.611	Sur les réserves d'assurance vie	1 478 109	..	..	..	..	1 478 109
F.612	Sur les fonds de pension	5 402 172	..	..	..	..	5 402 172
F.62	Réserves-primes et réserves-sinistres	62 870	..	..	..	..	62 870
F.7	**Autres comptes à payer**	**-1 310 768**	**5 142**	**-665 593**	**-265 864**	..	**-384 453**
F.71	Crédits commerciaux et avances	..	..	..	..	..	..
F.79	Autres	..	..	..	..	..	..
	Opérations financières nettes	**3 037 045**	**-283 862**	**2 917 883**	**617 158**	..	**-214 134**

CHILI

Tableau 1.b. Flux non consolidés, par instrument et par secteur, Année 2013 (cont.)
SCN 1993

Millions CLP

		Sociétés non financières	Administrations publiques		Ménages et ISBLSM	Economie totale	Reste du monde
		S11	Total S13	Administration centrale S1311	S14+S15	S1	S2
	Acquisition nette d'actifs financiers	**9 448 180**	**1 150 764**	..	**10 927 908**	**39 774 958**	**15 199 921**
F.1	**Or monétaire et DTS**	..	..	..	..	**-31 166**	**31 166**
F.2	**Numéraire et dépôts**	**304 399**	**402 463**	..	**2 415 187**	**4 687 591**	**-25 452**
F.21	Numéraire	395 353	-964 279	..	1 317 355	-325 327	-26 047
F.22	Dépôts transférables	0	0	..	0	0	0
F.29	Autres dépôts	-90 954	1 366 743	..	1 097 832	5 012 918	596
F.3	**Titres autres qu'actions**	**258 469**	**-971 629**	..	**23 063**	**3 876 055**	**4 439 000**
F.33	Titres autres qu'actions, non compris produits financiers dérivés	-358 539	-971 629	..	23 063	3 483 225	4 831 830
F.331	Titres à court terme	12 576	58 910	..	5 390	994 336	0
F.332	Titres à long terme	-371 114	-1 030 539	..	17 673	2 488 889	4 831 830
F.34	Produits financiers dérivés	617 008	0	..	0	392 830	-392 830
F.4	**Crédits**	**0**	**-73 794**	..	**0**	**9 537 706**	**2 430 889**
F.41	Crédits à court terme	..	0	..	..	417 518	-1 110 056
F.42	Crédits à long terme	..	-73 794	..	..	9 120 188	3 540 945
F.5	**Actions et autres participations**	**7 435 580**	**-241 953**	..	**1 824 678**	**10 870 493**	**9 453 252**
F.51	Actions et autres participations, non compris parts d'O.P.C.	5 427 392	66 186	..	1 032 657	6 425 856	9 368 268
F.511	Actions cotées	..	..	..	..	..	..
F.512	Actions non cotées	..	..	..	..	..	..
F.513	Autres participations	..	..	..	..	..	..
F.52	Parts d'organismes de placement collectif	2 008 187	-308 139	..	792 021	4 444 638	84 985
F.6	**Réserves techniques d'assurance**	**28 292**	**1 257**	..	**6 901 028**	**6 943 151**	**0**
F.61	Droits nets des ménages sur les réserves techniques	0	0	..	6 880 281	6 880 281	..
F.611	Sur les réserves d'assurance vie	..	..	..	1 478 109	1 478 109	..
F.612	Sur les fonds de pension	..	..	..	5 402 172	5 402 172	..
F.62	Réserves-primes et réserves-sinistres	28 292	1 257	..	20 747	62 870	..
F.7	**Autres comptes à recevoir**	**1 421 441**	**2 034 420**	..	**-236 048**	**3 891 129**	**-1 128 934**
F.71	Crédits commerciaux et avances	..	..	..	..	..	..
F.79	Autres	..	..	..	..	..	..
	Accroissement net des passifs	**22 139 505**	**1 443 393**	..	**5 688 487**	**44 482 446**	**10 492 433**
F.2	**Numéraire et dépôts**	**0**	**0**	..	**0**	**4 297 888**	**364 251**
F.21	Numéraire	..	..	..	..	904 580	-1 255 954
F.22	Dépôts transférables	..	..	..	..	0	0
F.29	Autres dépôts	..	..	..	..	3 393 308	1 620 205
F.3	**Titres autres qu'actions**	**3 130 893**	**1 250 548**	..	**0**	**9 448 727**	**-1 133 672**
F.33	Titres autres qu'actions, non compris produits financiers dérivés	3 130 893	1 250 548	..	0	9 448 727	-1 133 672
F.331	Titres à court terme	36 273	0	..	..	994 336	0
F.332	Titres à long terme	3 094 621	1 250 548	..	..	8 454 391	-1 133 672
F.34	Produits financiers dérivés	0	0	..	0	0	0
F.4	**Crédits**	**7 041 677**	**-55 256**	..	**5 631 080**	**10 723 885**	**1 244 709**
F.41	Crédits à court terme	284 515	0	..	625 674	-748 289	55 751
F.42	Crédits à long terme	6 757 163	-55 256	..	5 005 406	11 472 174	1 188 959
F.5	**Actions et autres participations**	**7 544 970**	**0**	..	**0**	**9 652 093**	**10 671 653**
F.51	Actions et autres participations, non compris parts d'O.P.C.	7 544 970	..	..	..	8 083 153	7 710 970
F.511	Actions cotées	..	..	..	..	..	..
F.512	Actions non cotées	..	..	..	..	..	..
F.513	Autres participations	..	..	..	..	..	..
F.52	Parts d'organismes de placement collectif	0	..	..	..	1 568 939	2 960 683
F.6	**Réserves techniques d'assurance**	**0**	**0**	..	**0**	**6 943 151**	**0**
F.61	Droits nets des ménages sur les réserves techniques	..	..	..	..	6 880 281	..
F.611	Sur les réserves d'assurance vie	..	..	..	..	1 478 109	..
F.612	Sur les fonds de pension	..	..	..	..	5 402 172	..
F.62	Réserves-primes et réserves-sinistres	..	..	..	..	62 870	..
F.7	**Autres comptes à payer**	**4 421 964**	**248 101**	..	**57 406**	**3 416 703**	**-654 509**
F.71	Crédits commerciaux et avances	..	..	..	..	..	..
F.79	Autres	..	..	..	..	..	..
	Opérations financières nettes	**-12 691 325**	**-292 629**	..	**5 239 422**	**-4 707 488**	**4 707 488**

Note : Les métadonnées détaillées sont disponibles sur :http://metalinks.oecd.org/faiiia/20150126/c881

Tableau 2.1.b. Flux non consolidés, Secteur S1 - Économie totale

SCN 1993

Millions CLP

		2006	2007	2008	2009	2010	2011	2012	2013
	Acquisition nette d'actifs financiers	**34 244 393**	**45 352 578**	**45 405 852**	**26 217 097**	**42 658 810**	**54 273 527**	**41 757 380**	**39 774 958**
F.1	**Or monétaire et DTS**	**1 570**	**-64**	**1 400**	**592 896**	**39 828**	**-764**	**-1 803**	**-31 166**
F.2	**Numéraire et dépôts**	**9 288 247**	**7 371 387**	**5 778 666**	**559 910**	**7 988 404**	**17 429 402**	**8 449 672**	**4 687 591**
F.21	Numéraire	1 951 925	3 748 553	-43 221	5 324 959	3 781 185	7 128 308	1 554 117	-325 327
F.22	Dépôts transférables	0	0	0	0	0	0	0	0
F.29	Autres dépôts	7 336 322	3 622 834	5 821 887	-4 765 049	4 207 219	10 301 094	6 895 555	5 012 918
F.3	**Titres autres qu'actions**	**2 961 364**	**4 278 000**	**11 742 243**	**1 284 483**	**4 548 709**	**20 989 489**	**5 777 040**	**3 876 055**
F.33	Titres autres qu'actions, non compris produits financiers dérivés	3 120 886	4 511 733	11 185 162	685 851	4 081 610	19 802 498	5 775 250	3 483 225
F.331	Titres à court terme	-402 024	-870 486	642 088	2 333 220	-2 275 292	-694 716	-993 368	994 336
F.332	Titres à long terme	3 522 909	5 382 219	10 543 074	-1 647 369	6 356 902	20 497 215	6 768 618	2 488 889
F.34	Produits financiers dérivés	-159 522	-233 733	557 081	598 632	467 100	1 186 991	1 790	392 830
F.4	**Crédits**	**7 585 162**	**9 798 855**	**11 971 226**	**3 565 888**	**3 933 580**	**13 982 874**	**12 820 091**	**9 537 706**
F.41	Crédits à court terme	1 284 119	3 121 635	3 457 913	-772 999	-1 599 406	3 260 446	1 726 847	417 518
F.42	Crédits à long terme	6 301 043	6 677 220	8 513 313	4 338 887	5 532 986	10 722 427	11 093 244	9 120 188
F.5	**Actions et autres participations**	**4 119 911**	**7 749 234**	**3 995 773**	**17 636 281**	**10 732 814**	**-7 557 790**	**4 754 428**	**10 870 493**
F.51	Actions et autres participations, non compris parts d'O.P.C.	906 927	3 108 550	5 514 094	2 268 961	6 394 658	-1 101 371	2 113 872	6 425 856
F.511	Actions cotées	..	..	..	..	..	..	..	..
F.512	Actions non cotées	..	..	..	..	..	..	..	..
F.513	Autres participations	..	..	..	..	..	..	..	..
F.52	Parts d'organismes de placement collectif	3 212 984	4 640 684	-1 518 321	15 367 320	4 338 156	-6 456 419	2 640 556	4 444 638
F.6	**Réserves techniques d'assurance**	**3 115 762**	**3 686 098**	**5 243 790**	**4 709 406**	**5 687 133**	**5 696 962**	**6 408 926**	**6 943 151**
F.61	Droits nets des ménages sur les réserves techniques	3 081 373	3 632 077	5 201 799	4 695 435	5 415 636	5 754 634	6 345 844	6 880 281
F.611	Sur les réserves d'assurance vie	560 645	752 190	826 395	724 779	862 155	963 384	1 310 617	1 478 109
F.612	Sur les fonds de pension	2 520 729	2 879 886	4 375 404	3 970 656	4 553 482	4 791 250	5 035 226	5 402 172
F.62	Réserves-primes et réserves-sinistres	34 388	54 021	41 991	13 972	271 496	-57 672	63 082	62 870
F.7	**Autres comptes à recevoir**	**7 172 378**	**12 469 069**	**6 672 755**	**-2 131 769**	**9 728 342**	**3 733 354**	**3 549 026**	**3 891 129**
F.71	Crédits commerciaux et avances	..	..	..	..	..	..	..	..
F.79	Autres	..	..	..	..	..	..	..	..
	Accroissement net des passifs	**30 447 708**	**41 414 029**	**48 776 035**	**24 235 135**	**37 583 871**	**55 688 231**	**46 316 928**	**44 482 446**
F.2	**Numéraire et dépôts**	**7 427 025**	**5 572 658**	**8 319 686**	**1 501 661**	**7 688 840**	**15 371 669**	**9 118 415**	**4 297 888**
F.21	Numéraire	1 821 645	2 344 055	1 507 090	4 515 391	2 990 745	5 878 163	3 198 791	904 580
F.22	Dépôts transférables	0	0	0	0	0	0	0	0
F.29	Autres dépôts	5 605 381	3 228 603	6 812 596	-3 013 730	4 698 095	9 493 507	5 919 624	3 393 308
F.3	**Titres autres qu'actions**	**-657 847**	**740 640**	**4 753 481**	**5 219 476**	**4 594 437**	**11 733 967**	**5 333 823**	**9 448 727**
F.33	Titres autres qu'actions, non compris produits financiers dérivés	-657 847	740 640	4 753 481	5 219 476	4 594 437	11 733 967	5 333 823	9 448 727
F.331	Titres à court terme	-402 024	-870 486	642 088	2 333 220	-2 275 292	-694 716	-993 368	994 336
F.332	Titres à long terme	-255 823	1 611 126	4 111 393	2 886 256	6 869 729	12 428 683	6 327 191	8 454 391
F.34	Produits financiers dérivés	0	0	0	0	0	0	0	0
F.4	**Crédits**	**8 680 608**	**12 171 775**	**15 269 465**	**7 635 258**	**4 763 368**	**15 913 656**	**17 386 588**	**10 723 885**
F.41	Crédits à court terme	1 574 532	2 598 342	4 897 414	575 972	-2 982 758	3 703 975	2 455 331	-748 289
F.42	Crédits à long terme	7 106 076	9 573 433	10 372 051	7 059 286	7 746 126	12 209 681	14 931 258	11 472 174
F.5	**Actions et autres participations**	**6 679 093**	**8 338 323**	**6 081 010**	**9 178 283**	**7 862 484**	**2 459 315**	**5 079 639**	**9 652 093**
F.51	Actions et autres participations, non compris parts d'O.P.C.	3 949 583	5 338 728	7 056 140	3 273 845	7 753 310	2 769 383	4 425 512	8 083 153
F.511	Actions cotées	..	..	..	..	..	..	..	..
F.512	Actions non cotées	..	..	..	..	..	..	..	..
F.513	Autres participations	..	..	..	..	..	..	..	..
F.52	Parts d'organismes de placement collectif	2 729 510	2 999 594	-975 130	5 904 438	109 174	-310 068	654 128	1 568 939
F.6	**Réserves techniques d'assurance**	**3 115 762**	**3 686 098**	**5 243 790**	**4 709 406**	**5 687 133**	**5 696 962**	**6 408 926**	**6 943 151**
F.61	Droits nets des ménages sur les réserves techniques	3 081 373	3 632 077	5 201 799	4 695 435	5 415 636	5 754 634	6 345 844	6 880 281
F.611	Sur les réserves d'assurance vie	560 645	752 190	826 395	724 779	862 155	963 384	1 310 617	1 478 109
F.612	Sur les fonds de pension	2 520 729	2 879 886	4 375 404	3 970 656	4 553 482	4 791 250	5 035 226	5 402 172
F.62	Réserves-primes et réserves-sinistres	34 388	54 021	41 991	13 972	271 496	-57 672	63 082	62 870
F.7	**Autres comptes à payer**	**5 203 067**	**10 904 535**	**9 108 603**	**-4 008 950**	**6 987 610**	**4 512 661**	**2 989 537**	**3 416 703**
F.71	Crédits commerciaux et avances	..	..	..	..	..	..	..	..
F.79	Autres	..	..	..	..	..	..	..	..
	Opérations financières nettes	**3 796 685**	**3 938 550**	**-3 370 183**	**1 981 962**	**5 074 939**	**-1 414 704**	**-4 559 549**	**-4 707 488**

Note : Les métadonnées détaillées sont disponibles sur :http://metalinks.oecd.org/faiiia/20150126/c881

CHILI

Tableau 2.2.b. Flux non consolidés, Secteur S11 - Sociétés non financières

SCN 1993

Millions CLP

		2006	2007	2008	2009	2010	2011	2012	2013
	Acquisition nette d'actifs financiers	**8 149 680**	**15 432 098**	**11 847 967**	**4 157 902**	**14 639 702**	**8 234 109**	**6 003 742**	**9 448 180**
F.1	**Or monétaire et DTS**	..	..	..	..	..	..	..	..
F.2	**Numéraire et dépôts**	**2 926 541**	**3 797 334**	**2 610 823**	**861 919**	**7 867 656**	**4 261 564**	**3 798 821**	**304 399**
F.21	Numéraire	1 059 179	1 908 261	-793 556	2 131 784	1 031 887	670 282	569 127	395 353
F.22	Dépôts transférables	0	0	0	0	0	0	0	0
F.29	Autres dépôts	1 867 362	1 889 073	3 404 380	-1 269 865	6 835 770	3 591 282	3 229 694	-90 954
F.3	**Titres autres qu'actions**	**-9 120**	**272 632**	**600 965**	**772 660**	**1 680 402**	**2 616 218**	**1 664 318**	**258 469**
F.33	Titres autres qu'actions, non compris produits financiers dérivés	-163 038	404 252	439 141	258 235	991 989	1 485 828	1 230 753	-358 539
F.331	Titres à court terme	-4 211	-14 155	15 730	13 717	-4 406	-9 600	-6 216	12 576
F.332	Titres à long terme	-158 827	418 407	423 411	244 518	996 394	1 495 428	1 236 968	-371 114
F.34	Produits financiers dérivés	153 918	-131 619	161 824	514 424	688 413	1 130 390	433 566	617 008
F.4	**Crédits**	**0**	**0**	**0**	**0**	**0**	**0**	**0**	**0**
F.41	Crédits à court terme	..	..	..	..	..	..	..	..
F.42	Crédits à long terme	..	..	..	..	..	..	..	..
F.5	**Actions et autres participations**	**-60 391**	**2 180 064**	**6 129 412**	**4 590 619**	**3 022 855**	**-2 429 307**	**-255 627**	**7 435 580**
F.51	Actions et autres participations, non compris parts d'O.P.C.	-1 030 520	1 033 202	5 798 621	1 249 825	3 240 694	-1 766 860	-1 092 790	5 427 392
F.511	Actions cotées	..	..	..	..	..	..	..	..
F.512	Actions non cotées	..	..	..	..	..	..	..	..
F.513	Autres participations	..	..	..	..	..	..	..	..
F.52	Parts d'organismes de placement collectif	970 129	1 146 862	330 791	3 340 793	-217 839	-662 447	837 163	2 008 187
F.6	**Réserves techniques d'assurance**	**15 475**	**24 310**	**18 896**	**6 287**	**122 173**	**-25 952**	**28 387**	**28 292**
F.61	Droits nets des ménages sur les réserves techniques	0	0	0	0	0	0	0	0
F.611	Sur les réserves d'assurance vie	..	..	..	..	..	..	..	..
F.612	Sur les fonds de pension	..	..	..	..	..	..	..	..
F.62	Réserves-primes et réserves-sinistres	15 475	24 310	18 896	6 287	122 173	-25 952	28 387	28 292
F.7	**Autres comptes à recevoir**	**5 277 175**	**9 157 758**	**2 487 870**	**-2 073 582**	**1 946 615**	**3 811 586**	**767 842**	**1 421 441**
F.71	Crédits commerciaux et avances	..	..	..	..	..	..	..	..
F.79	Autres	..	..	..	..	..	..	..	..
	Accroissement net des passifs	**13 406 416**	**21 322 315**	**23 752 812**	**2 765 857**	**16 681 276**	**17 898 510**	**20 276 595**	**22 139 505**
F.2	**Numéraire et dépôts**	**0**	**0**	**0**	**0**	**0**	**0**	**0**	**0**
F.21	Numéraire	..	..	..	..	..	..	..	..
F.22	Dépôts transférables	..	..	..	..	..	..	..	..
F.29	Autres dépôts	..	..	..	..	..	..	..	..
F.3	**Titres autres qu'actions**	**1 238 593**	**540 410**	**1 402 865**	**2 492 581**	**1 421 838**	**2 860 473**	**1 451 081**	**3 130 893**
F.33	Titres autres qu'actions, non compris produits financiers dérivés	1 238 593	540 410	1 402 865	2 492 581	1 421 838	2 860 473	1 451 081	3 130 893
F.331	Titres à court terme	-21 217	-71 326	94 745	106 018	-241 383	-14 194	-38 195	36 273
F.332	Titres à long terme	1 259 810	611 736	1 308 121	2 386 564	1 663 221	2 874 667	1 489 276	3 094 621
F.34	Produits financiers dérivés	0	0	0	0	0	0	0	0
F.4	**Crédits**	**4 868 589**	**7 288 883**	**8 278 937**	**1 240 464**	**3 983 976**	**8 035 196**	**12 956 146**	**7 041 677**
F.41	Crédits à court terme	650 579	3 085 587	3 061 706	-3 703 294	236 200	1 828 073	1 325 743	284 515
F.42	Crédits à long terme	4 218 010	4 203 297	5 217 231	4 943 758	3 747 776	6 207 123	11 630 402	6 757 163
F.5	**Actions et autres participations**	**3 278 724**	**4 344 769**	**6 145 981**	**2 786 942**	**7 566 969**	**2 253 042**	**3 540 510**	**7 544 970**
F.51	Actions et autres participations, non compris parts d'O.P.C.	3 278 724	4 344 769	6 145 981	2 786 942	7 566 969	2 253 042	3 540 510	7 544 970
F.511	Actions cotées	..	..	857 794	1 070 423	3 749 527	1 428 837	2 391 299	..
F.512	Actions non cotées	..	..	5 288 187	1 716 520	3 817 442	824 205	1 149 211	..
F.513	Autres participations	..	..	0	0	0	0	0	..
F.52	Parts d'organismes de placement collectif	0	0	0	0	0	0	0	0
F.6	**Réserves techniques d'assurance**	**0**	**0**	**0**	**0**	**0**	**0**	**0**	**0**
F.61	Droits nets des ménages sur les réserves techniques	..	..	..	..	..	..	..	..
F.611	Sur les réserves d'assurance vie	..	..	..	..	..	..	..	..
F.612	Sur les fonds de pension	..	..	..	..	..	..	..	..
F.62	Réserves-primes et réserves-sinistres	..	..	..	..	..	..	..	..
F.7	**Autres comptes à payer**	**4 020 511**	**9 148 254**	**7 925 029**	**-3 754 131**	**3 708 493**	**4 749 799**	**2 328 859**	**4 421 964**
F.71	Crédits commerciaux et avances	..	..	..	..	..	..	..	..
F.79	Autres	..	..	..	..	..	..	..	..
	Opérations financières nettes	**-5 256 737**	**-5 890 217**	**-11 904 846**	**1 392 045**	**-2 041 575**	**-9 664 402**	**-14 272 854**	**-12 691 325**

Note : Les métadonnées détaillées sont disponibles sur :http://metalinks.oecd.org/faiiia/20150126/c881

Tableau 2.3.b. Flux non consolidés, Secteur S12 - Sociétés financières

SCN 1993

Millions CLP

		2006	2007	2008	2009	2010	2011	2012	2013
	Acquisition nette d'actifs financiers	**14 161 806**	**16 826 230**	**23 003 674**	**17 491 189**	**14 203 063**	**31 598 313**	**22 547 896**	**18 248 106**
F.1	**Or monétaire et DTS**	**1 570**	**-64**	**1 400**	**592 896**	**39 828**	**-764**	**-1 803**	**-31 166**
F.2	**Numéraire et dépôts**	**3 768 460**	**374 285**	**1 751 806**	**213 872**	**-1 437 523**	**8 132 435**	**884 178**	**1 565 542**
F.21	Numéraire	429 835	1 215 146	703 507	2 789 540	-551 357	3 637 945	-56 483	-1 073 755
F.22	Dépôts transférables	0	0	0	0	0	0	0	0
F.29	Autres dépôts	3 338 625	-840 862	1 048 299	-2 575 668	-886 166	4 494 490	940 660	2 639 297
F.3	**Titres autres qu'actions**	**-773 795**	**1 098 305**	**9 042 732**	**4 314 307**	**1 575 459**	**14 737 756**	**3 031 295**	**4 566 152**
F.33	Titres autres qu'actions, non compris produits financiers dérivés	-460 354	1 200 419	8 647 475	4 230 099	1 796 772	14 681 156	3 463 071	4 790 330
F.331	Titres à court terme	-396 008	-850 264	633 036	2 204 979	-2 426 713	-446 872	-944 828	917 460
F.332	Titres à long terme	-64 346	2 050 683	8 014 440	2 025 120	4 223 485	15 128 028	4 407 900	3 872 870
F.34	Produits financiers dérivés	-313 440	-102 114	395 257	84 208	-221 313	56 601	-431 776	-224 177
F.4	**Crédits**	**7 430 630**	**9 508 685**	**11 614 950**	**3 504 544**	**3 875 484**	**13 931 122**	**12 965 236**	**9 611 500**
F.41	Crédits à court terme	1 226 836	3 046 261	3 457 913	-772 999	-1 599 406	3 260 446	1 726 847	417 518
F.42	Crédits à long terme	6 203 794	6 462 424	8 157 038	4 277 543	5 474 890	10 670 675	11 238 388	9 193 982
F.5	**Actions et autres participations**	**2 304 224**	**3 748 928**	**-1 379 593**	**10 213 340**	**5 687 694**	**-5 197 811**	**4 183 236**	**1 852 189**
F.51	Actions et autres participations, non compris parts d'O.P.C.	1 047 379	1 165 871	-160 704	789 972	1 062 239	633 495	2 815 453	-100 380
F.511	Actions cotées	..	..	..	..	..	..	..	..
F.512	Actions non cotées	..	..	..	..	..	..	..	..
F.513	Autres participations	..	..	..	..	..	..	..	..
F.52	Parts d'organismes de placement collectif	1 256 845	2 583 057	-1 218 889	9 423 368	4 625 455	-5 831 306	1 367 784	1 952 568
F.6	**Réserves techniques d'assurance**	**6 878**	**10 804**	**8 398**	**2 794**	**54 299**	**-11 534**	**12 616**	**12 574**
F.61	Droits nets des ménages sur les réserves techniques	0	0	0	0	0	0	0	0
F.611	Sur les réserves d'assurance vie	..	..	..	..	..	..	..	..
F.612	Sur les fonds de pension	..	..	..	..	..	..	..	..
F.62	Réserves-primes et réserves-sinistres	6 878	10 804	8 398	2 794	54 299	-11 534	12 616	12 574
F.7	**Autres comptes à recevoir**	**1 423 838**	**2 085 288**	**1 963 981**	**-1 350 564**	**4 407 822**	**7 109**	**1 473 139**	**671 316**
F.71	Crédits commerciaux et avances	..	..	..	..	..	..	..	..
F.79	Autres	..	..	..	..	..	..	..	..
	Accroissement net des passifs	**14 146 652**	**16 547 631**	**18 653 164**	**17 432 287**	**12 820 230**	**28 624 220**	**18 885 063**	**15 211 061**
F.2	**Numéraire et dépôts**	**7 426 879**	**5 572 525**	**8 319 686**	**1 501 661**	**7 688 840**	**15 371 669**	**9 118 415**	**4 297 888**
F.21	Numéraire	1 821 645	2 344 055	1 507 090	4 515 391	2 990 745	5 878 163	3 198 791	904 580
F.22	Dépôts transférables	0	0	0	0	0	0	0	0
F.29	Autres dépôts	5 605 234	3 228 470	6 812 596	-3 013 730	4 698 095	9 493 507	5 919 624	3 393 308
F.3	**Titres autres qu'actions**	**-788 761**	**909 901**	**3 120 631**	**1 664 203**	**-414 971**	**5 770 720**	**2 198 167**	**5 067 285**
F.33	Titres autres qu'actions, non compris produits financiers dérivés	-788 761	909 901	3 120 631	1 664 203	-414 971	5 770 720	2 198 167	5 067 285
F.331	Titres à court terme	-380 806	-799 160	547 343	2 227 203	-2 033 909	-680 523	-955 173	958 063
F.332	Titres à long terme	-407 955	1 709 060	2 573 288	-563 000	1 618 938	6 451 242	3 153 340	4 109 222
F.34	Produits financiers dérivés	0	0	0	0	0	0	0	0
F.4	**Crédits**	**306 915**	**1 291 883**	**1 720 562**	**3 803 786**	**-3 016 617**	**2 591 137**	**-652 037**	**-1 893 617**
F.41	Crédits à court terme	527 816	-689 513	1 472 917	4 195 235	-3 789 868	1 290 282	588 065	-1 658 478
F.42	Crédits à long terme	-220 901	1 981 396	247 645	-391 448	773 251	1 300 854	-1 240 102	-235 139
F.5	**Actions et autres participations**	**3 400 369**	**3 993 554**	**-64 971**	**6 391 341**	**295 515**	**206 274**	**1 539 129**	**2 107 122**
F.51	Actions et autres participations, non compris parts d'O.P.C.	670 860	993 960	910 159	486 903	186 341	516 342	885 002	538 183
F.511	Actions cotées	..	..	..	..	..	..	..	..
F.512	Actions non cotées	..	..	..	..	..	..	..	..
F.513	Autres participations	..	..	..	..	..	..	..	..
F.52	Parts d'organismes de placement collectif	2 729 510	2 999 594	-975 130	5 904 438	109 174	-310 068	654 128	1 568 939
F.6	**Réserves techniques d'assurance**	**3 115 762**	**3 686 098**	**5 243 790**	**4 709 406**	**5 687 133**	**5 696 962**	**6 408 926**	**6 943 151**
F.61	Droits nets des ménages sur les réserves techniques	3 081 373	3 632 077	5 201 799	4 695 435	5 415 636	5 754 634	6 345 844	6 880 281
F.611	Sur les réserves d'assurance vie	560 645	752 190	826 395	724 779	862 155	963 384	1 310 617	1 478 109
F.612	Sur les fonds de pension	2 520 729	2 879 886	4 375 404	3 970 656	4 553 482	4 791 250	5 035 226	5 402 172
F.62	Réserves-primes et réserves-sinistres	34 388	54 021	41 991	13 972	271 496	-57 672	63 082	62 870
F.7	**Autres comptes à payer**	**685 488**	**1 093 670**	**313 466**	**-638 110**	**2 580 331**	**-1 012 541**	**272 462**	**-1 310 768**
F.71	Crédits commerciaux et avances	..	..	..	..	..	..	..	..
F.79	Autres	..	..	..	..	..	..	..	..
	Opérations financières nettes	**15 154**	**278 599**	**4 350 510**	**58 901**	**1 382 834**	**2 974 093**	**3 662 834**	**3 037 045**

Note : Les métadonnées détaillées sont disponibles sur :http://metalinks.oecd.org/faiiia/20150126/c881

Tableau 2.4.b. Flux non consolidés, Secteur S13 - Administrations publiques

SCN 1993

Millions CLP

		2006	2007	2008	2009	2010	2011	2012	2013
	Acquisition nette d'actifs financiers	**6 126 928**	**7 054 436**	**5 162 308**	**-1 982 429**	**4 061 599**	**5 403 698**	**2 672 834**	**1 150 764**
F.1	**Or monétaire et DTS**	..	..	..	..	..	..	..	..
F.2	**Numéraire et dépôts**	**963 726**	**2 111 794**	**-336 695**	**-215 565**	**531 697**	**1 479 602**	**-58 146**	**402 463**
F.21	Numéraire	-204 789	442 466	-349 706	-227 515	1 899 822	2 498 675	58 597	-964 279
F.22	Dépôts transférables	0	0	0	0	0	0	0	0
F.29	Autres dépôts	1 168 515	1 669 329	13 011	11 950	-1 368 125	-1 019 073	-116 744	1 366 743
F.3	**Titres autres qu'actions**	**3 814 152**	**2 733 812**	**2 095 830**	**-3 840 955**	**1 247 423**	**3 709 868**	**1 095 988**	**-971 629**
F.33	Titres autres qu'actions, non compris produits financiers dérivés	3 814 152	2 733 812	2 095 830	-3 840 955	1 247 423	3 709 868	1 095 988	-971 629
F.331	Titres à court terme	0	0	-13 420	108 645	157 715	-234 130	-39 660	58 910
F.332	Titres à long terme	3 814 152	2 733 812	2 109 250	-3 949 600	1 089 708	3 943 998	1 135 648	-1 030 539
F.34	Produits financiers dérivés	0	0	0	0	0	0	0	0
F.4	**Crédits**	**154 532**	**290 170**	**356 276**	**61 344**	**58 096**	**51 752**	**-145 145**	**-73 794**
F.41	Crédits à court terme	57 283	75 374	0	0	0	0	0	0
F.42	Crédits à long terme	97 249	214 796	356 276	61 344	58 096	51 752	-145 145	-73 794
F.5	**Actions et autres participations**	**771 258**	**689 127**	**863 985**	**761 675**	**-55 396**	**-138 010**	**270 216**	**-241 953**
F.51	Actions et autres participations, non compris parts d'O.P.C.	763 512	683 115	876 807	773 864	-109 009	-447 356	47 988	66 186
F.511	Actions cotées	..	..	..	..	..	..	..	..
F.512	Actions non cotées	..	..	..	..	..	..	..	..
F.513	Autres participations	..	..	..	..	..	..	..	..
F.52	Parts d'organismes de placement collectif	7 746	6 012	-12 822	-12 189	53 612	309 345	222 228	-308 139
F.6	**Réserves techniques d'assurance**	**688**	**1 080**	**840**	**279**	**5 430**	**-1 153**	**1 262**	**1 257**
F.61	Droits nets des ménages sur les réserves techniques	0	0	0	0	0	0	0	0
F.611	Sur les réserves d'assurance vie	..	..	..	..	..	..	..	..
F.612	Sur les fonds de pension	..	..	..	..	..	..	..	..
F.62	Réserves-primes et réserves-sinistres	688	1 080	840	279	5 430	-1 153	1 262	1 257
F.7	**Autres comptes à recevoir**	**422 573**	**1 228 453**	**2 182 072**	**1 250 793**	**2 274 350**	**301 640**	**1 508 659**	**2 034 420**
F.71	Crédits commerciaux et avances	..	..	..	..	..	..	..	..
F.79	Autres	..	..	..	..	..	..	..	..
	Accroissement net des passifs	**-784 081**	**-484 119**	**660 857**	**1 827 553**	**4 072 461**	**3 776 948**	**1 913 705**	**1 443 393**
F.2	**Numéraire et dépôts**	**147**	**133**	**0**	**0**	**0**	**0**	**0**	**0**
F.21	Numéraire	0	0	..	..	..	..	..	..
F.22	Dépôts transférables	0	0	..	..	..	..	..	..
F.29	Autres dépôts	147	133	..	..	..	..	..	..
F.3	**Titres autres qu'actions**	**-1 107 678**	**-709 671**	**229 985**	**1 062 692**	**3 587 570**	**3 102 774**	**1 684 575**	**1 250 548**
F.33	Titres autres qu'actions, non compris produits financiers dérivés	-1 107 678	-709 671	229 985	1 062 692	3 587 570	3 102 774	1 684 575	1 250 548
F.331	Titres à court terme	0	0	0	0	0	0	0	0
F.332	Titres à long terme	-1 107 678	-709 671	229 985	1 062 692	3 587 570	3 102 774	1 684 575	1 250 548
F.34	Produits financiers dérivés	0	0	0	0	0	0	0	0
F.4	**Crédits**	**204 040**	**56 663**	**-16 679**	**60 120**	**24 681**	**-17 426**	**-79 210**	**-55 256**
F.41	Crédits à court terme	99 125	-83 688	0	0	0	0	0	0
F.42	Crédits à long terme	104 915	140 350	-16 679	60 120	24 681	-17 426	-79 210	-55 256
F.5	**Actions et autres participations**	**0**	**0**	**0**	**0**	**0**	**0**	**0**	**0**
F.51	Actions et autres participations, non compris parts d'O.P.C.	..	..	..	..	..	..	..	..
F.511	Actions cotées	..	..	..	..	..	..	..	..
F.512	Actions non cotées	..	..	..	..	..	..	..	..
F.513	Autres participations	..	..	..	..	..	..	..	..
F.52	Parts d'organismes de placement collectif	..	..	..	..	..	..	..	..
F.6	**Réserves techniques d'assurance**	**0**	**0**	**0**	**0**	**0**	**0**	**0**	**0**
F.61	Droits nets des ménages sur les réserves techniques	..	..	..	..	..	..	..	..
F.611	Sur les réserves d'assurance vie	..	..	..	..	..	..	..	..
F.612	Sur les fonds de pension	..	..	..	..	..	..	..	..
F.62	Réserves-primes et réserves-sinistres	..	..	..	..	..	..	..	..
F.7	**Autres comptes à payer**	**119 411**	**168 756**	**447 551**	**704 741**	**460 210**	**691 600**	**308 340**	**248 101**
F.71	Crédits commerciaux et avances	..	..	..	..	..	..	..	..
F.79	Autres	..	..	..	..	..	..	..	..
	Opérations financières nettes	**6 911 010**	**7 538 555**	**4 501 451**	**-3 809 981**	**-10 861**	**1 626 750**	**759 129**	**-292 629**

Note : Les métadonnées détaillées sont disponibles sur :http://metalinks.oecd.org/faiiia/20150126/c881

CHILI

Tableau 2.6.b. Flux non consolidés, Secteur S2 - Reste du monde

SCN 1993

Millions CLP

		2006	2007	2008	2009	2010	2011	2012	2013
	Acquisition nette d'actifs financiers	**5 567 343**	**9 861 592**	**12 802 697**	**10 322 332**	**12 704 651**	**17 919 182**	**20 924 022**	**15 199 921**
F.1	**Or monétaire et DTS**	**-1 570**	**64**	**-1 400**	**-592 896**	**-39 828**	**764**	**1 803**	**31 166**
F.2	**Numéraire et dépôts**	**1 835**	**-5 697**	**30 187**	**122 705**	**165 655**	**-64 834**	**242 011**	**-25 452**
F.21	Numéraire	12 208	-3 808	54 650	129 575	165 404	-66 835	246 877	-26 047
F.22	Dépôts transférables	0	0	0	0	0	0	0	0
F.29	Autres dépôts	-10 373	-1 890	-24 464	-6 870	252	2 001	-4 866	596
F.3	**Titres autres qu'actions**	**675 194**	**-217 204**	**-328 753**	**289 974**	**3 320 592**	**1 859 257**	**2 536 717**	**4 439 000**
F.33	Titres autres qu'actions, non compris produits financiers dérivés	515 672	-450 938	228 328	888 606	3 787 692	3 046 247	2 538 507	4 831 830
F.331	Titres à court terme	0	0	0	0	0	0	0	0
F.332	Titres à long terme	515 672	-450 938	228 328	888 606	3 787 692	3 046 247	2 538 507	4 831 830
F.34	Produits financiers dérivés	159 522	233 733	-557 081	-598 632	-467 100	-1 186 991	-1 790	-392 830
F.4	**Crédits**	**1 225 532**	**2 774 904**	**4 031 928**	**4 326 884**	**1 416 126**	**3 207 819**	**6 384 000**	**2 430 889**
F.41	Crédits à court terme	380 111	-237 628	1 414 579	1 716 872	-1 124 151	541 996	681 115	-1 110 056
F.42	Crédits à long terme	845 421	3 012 532	2 617 349	2 610 012	2 540 277	2 665 823	5 702 885	3 540 945
F.5	**Actions et autres participations**	**4 772 022**	**6 951 726**	**8 451 551**	**7 089 652**	**7 260 006**	**12 155 873**	**12 412 405**	**9 453 252**
F.51	Actions et autres participations, non compris parts d'O.P.C.	4 667 053	6 854 645	8 517 799	6 809 022	7 273 212	12 185 060	12 389 509	9 368 268
F.511	Actions cotées	..	..	..	..	..	..	..	..
F.512	Actions non cotées	..	..	..	..	..	..	..	..
F.513	Autres participations	..	..	..	..	..	..	..	..
F.52	Parts d'organismes de placement collectif	104 969	97 081	-66 248	280 630	-13 206	-29 187	22 896	84 985
F.6	**Réserves techniques d'assurance**	**0**	**0**	**0**	**0**	**0**	**0**	**0**	**0**
F.61	Droits nets des ménages sur les réserves techniques	..	..	..	..	..	..	..	..
F.611	Sur les réserves d'assurance vie	..	..	..	..	..	..	..	..
F.612	Sur les fonds de pension	..	..	..	..	..	..	..	..
F.62	Réserves-primes et réserves-sinistres	..	..	..	..	..	..	..	..
F.7	**Autres comptes à recevoir**	**-1 105 670**	**357 800**	**619 183**	**-913 987**	**582 100**	**760 304**	**-652 914**	**-1 128 934**
F.71	Crédits commerciaux et avances	..	..	..	..	..	..	..	..
F.79	Autres	..	..	..	..	..	..	..	..
	Accroissement net des passifs	**9 364 028**	**13 800 142**	**9 432 513**	**12 304 294**	**17 779 590**	**16 504 478**	**16 364 473**	**10 492 433**
F.2	**Numéraire et dépôts**	**1 863 056**	**1 793 032**	**-2 510 834**	**-819 045**	**465 220**	**1 992 899**	**-426 732**	**364 251**
F.21	Numéraire	142 488	1 400 690	-1 495 661	939 143	955 844	1 183 310	-1 397 796	-1 255 954
F.22	Dépôts transférables	0	0	0	0	0	0	0	0
F.29	Autres dépôts	1 720 568	392 342	-1 015 173	-1 758 188	-490 625	809 588	971 065	1 620 205
F.3	**Titres autres qu'actions**	**4 294 404**	**3 320 155**	**6 660 009**	**-3 645 019**	**3 274 865**	**11 114 779**	**2 979 934**	**-1 133 672**
F.33	Titres autres qu'actions, non compris produits financiers dérivés	4 294 404	3 320 155	6 660 009	-3 645 019	3 274 865	11 114 779	2 979 934	-1 133 672
F.331	Titres à court terme	0	0	0	0	0	0	0	0
F.332	Titres à long terme	4 294 404	3 320 155	6 660 009	-3 645 019	3 274 865	11 114 779	2 979 934	-1 133 672
F.34	Produits financiers dérivés	0	0	0	0	0	0	0	0
F.4	**Crédits**	**130 086**	**401 983**	**733 689**	**257 514**	**586 338**	**1 277 036**	**1 817 502**	**1 244 709**
F.41	Crédits à court terme	89 698	285 664	-24 922	367 901	259 201	98 467	-47 369	55 751
F.42	Crédits à long terme	40 388	116 319	758 611	-110 386	327 137	1 178 569	1 864 871	1 188 959
F.5	**Actions et autres participations**	**2 212 840**	**6 362 638**	**6 366 314**	**15 547 650**	**10 130 336**	**2 138 768**	**12 087 194**	**10 671 653**
F.51	Actions et autres participations, non compris parts d'O.P.C.	1 624 397	4 624 467	6 975 753	5 804 138	5 914 560	8 314 306	10 077 869	7 710 970
F.511	Actions cotées	..	..	..	..	..	..	..	..
F.512	Actions non cotées	..	..	..	..	..	..	..	..
F.513	Autres participations	..	..	..	..	..	..	..	..
F.52	Parts d'organismes de placement collectif	588 443	1 738 171	-609 439	9 743 512	4 215 775	-6 175 538	2 009 325	2 960 683
F.6	**Réserves techniques d'assurance**	**0**	**0**	**0**	**0**	**0**	**0**	**0**	**0**
F.61	Droits nets des ménages sur les réserves techniques	..	..	..	..	..	..	..	..
F.611	Sur les réserves d'assurance vie	..	..	..	..	..	..	..	..
F.612	Sur les fonds de pension	..	..	..	..	..	..	..	..
F.62	Réserves-primes et réserves-sinistres	..	..	..	..	..	..	..	..
F.7	**Autres comptes à payer**	**863 641**	**1 922 334**	**-1 816 665**	**963 194**	**3 322 831**	**-19 004**	**-93 425**	**-654 509**
F.71	Crédits commerciaux et avances	..	..	..	..	..	..	..	..
F.79	Autres	..	..	..	..	..	..	..	..
	Opérations financières nettes	**-3 796 685**	**-3 938 550**	**3 370 183**	**-1 981 962**	**-5 074 939**	**1 414 704**	**4 559 549**	**4 707 488**

Note : Les métadonnées détaillées sont disponibles sur :http://metalinks.oecd.org/faiiia/20150126/c881

RÉPUBLIQUE TCHÈQUE

Tableau 2.1.a. Flux consolidés, Secteur S1 - Économie totale

SCN 1993

Millions CZK

		2006	2007	2008	2009	2010	2011	2012	2013
	Acquisition nette d'actifs financiers	**611 394**	**1 081 843**	**808 961**	**147 357**	**346 032**	**329 298**	**672 255**	..
F.1	**Or monétaire et DTS**	**58**	**27**	**20**	**3**	**4**	**3**	**-1 057**	..
F.2	**Numéraire et dépôts**	**132 748**	**351 849**	**239 530**	**81 672**	**144 369**	**123 426**	**332 709**	..
F.21	Numéraire	31 920	29 696	41 222	-12 095	4 279	20 537	11 732	..
F.22	Dépôts transférables	93 099	231 220	113 140	105 106	144 927	165 347	254 607	..
F.29	Autres dépôts	7 729	90 933	85 168	-11 339	-4 837	-62 458	66 370	..
F.3	**Titres autres qu'actions**	**123 827**	**204 657**	**-28 441**	**-19 227**	**53 303**	**-10 940**	**144 796**	..
F.33	Titres autres qu'actions, non compris produits financiers dérivés	154 406	236 660	20 354	64 992	68 883	-17 542	153 722	..
F.331	Titres à court terme	9 923	32 144	-43 177	104 077	-12 392	-50 260	11 291	..
F.332	Titres à long terme	144 483	204 516	63 531	-39 085	81 275	32 718	142 431	..
F.34	Produits financiers dérivés	-30 579	-32 003	-48 795	-84 219	-15 580	6 602	-8 926	..
F.4	**Crédits**	**223 599**	**396 166**	**301 719**	**-31 319**	**67 362**	**186 513**	**105 742**	..
F.41	Crédits à court terme	34 416	62 586	78 284	-106 235	-24 603	34 399	37 190	..
F.42	Crédits à long terme	189 183	333 580	223 435	74 916	91 965	152 114	68 552	..
F.5	**Actions et autres participations**	**80 810**	**78 958**	**30 224**	**94 474**	**13 861**	**8 116**	**-37 764**	..
F.51	Actions et autres participations, non compris parts d'O.P.C.	38 962	38 114	93 802	108 281	11 392	18 304	-54 273	..
F.511	Actions cotées	10 807	-4 634	-6 804	24 673	26 928	42 103	-11 622	..
F.512	Actions non cotées	50 470	67 647	118 217	41 810	4 545	-11 441	-32 402	..
F.513	Autres participations	-22 315	-24 899	-17 611	41 798	-20 081	-12 358	-10 249	..
F.52	Parts d'organismes de placement collectif	41 848	40 844	-63 578	-13 807	2 469	-10 188	16 509	..
F.6	**Réserves techniques d'assurance**	**42 581**	**47 064**	**39 903**	**42 778**	**45 351**	**27 531**	**38 003**	..
F.61	Droits nets des ménages sur les réserves techniques	41 145	40 515	33 071	34 020	39 166	29 106	34 771	..
F.611	Sur les réserves d'assurance vie	17 961	14 475	8 818	16 783	23 787	13 162	20 204	..
F.612	Sur les fonds de pension	23 184	26 040	24 253	17 237	15 379	15 944	14 567	..
F.62	Réserves-primes et réserves-sinistres	1 436	6 549	6 832	8 758	6 185	-1 575	3 232	..
F.7	**Autres comptes à recevoir**	**7 771**	**3 122**	**226 006**	**-21 024**	**21 782**	**-5 351**	**89 826**	..
F.71	Crédits commerciaux et avances	69 534	-116 030	71 697	6 775	60 006	39 091	3 091	..
F.79	Autres	-61 763	119 152	154 309	-27 799	-38 224	-44 442	86 735	..
	Accroissement net des passifs	**682 881**	**1 247 232**	**885 055**	**192 367**	**456 626**	**390 322**	**726 614**	..
F.2	**Numéraire et dépôts**	**211 510**	**473 168**	**209 128**	**12 707**	**132 098**	**107 823**	**182 790**	..
F.21	Numéraire	31 346	29 227	41 604	-12 293	4 050	20 881	11 521	..
F.22	Dépôts transférables	138 498	246 509	102 242	81 085	134 224	71 900	244 826	..
F.29	Autres dépôts	41 666	197 432	65 282	-56 085	-6 176	15 042	-73 557	..
F.3	**Titres autres qu'actions**	**76 272**	**103 627**	**91 367**	**103 751**	**186 137**	**133 710**	**194 363**	..
F.33	Titres autres qu'actions, non compris produits financiers dérivés	117 103	142 280	86 690	193 113	215 633	113 110	206 441	..
F.331	Titres à court terme	-5 482	339	-4 806	14 510	16 514	32 174	49 198	..
F.332	Titres à long terme	122 585	141 941	91 496	178 603	199 119	80 936	157 243	..
F.34	Produits financiers dérivés	-40 831	-38 653	4 677	-89 362	-29 496	20 600	-12 078	..
F.4	**Crédits**	**273 532**	**364 869**	**348 668**	**-21 488**	**24 704**	**126 443**	**66 513**	..
F.41	Crédits à court terme	29 484	61 730	91 694	-113 213	-26 050	20 189	22 517	..
F.42	Crédits à long terme	244 048	303 139	256 974	91 725	50 754	106 254	43 996	..
F.5	**Actions et autres participations**	**115 781**	**216 004**	**62 390**	**8 362**	**-20 908**	**-97 299**	**84 650**	..
F.51	Actions et autres participations, non compris parts d'O.P.C.	114 710	209 186	92 550	10 521	-20 701	-89 823	73 038	..
F.511	Actions cotées	45 981	110 761	-20 426	-136	11 676	-18 067	2 511	..
F.512	Actions non cotées	81 850	95 854	106 263	12 458	-19 350	-66 629	79 666	..
F.513	Autres participations	-13 121	2 571	6 713	-1 801	-13 027	-5 127	-9 139	..
F.52	Parts d'organismes de placement collectif	1 071	6 818	-30 160	-2 159	-207	-7 476	11 612	..
F.6	**Réserves techniques d'assurance**	**44 795**	**46 858**	**38 327**	**42 658**	**45 525**	**28 759**	**37 895**	..
F.61	Droits nets des ménages sur les réserves techniques	41 145	40 515	33 071	33 999	39 183	28 713	34 360	..
F.611	Sur les réserves d'assurance vie	17 961	14 475	8 818	16 762	23 804	12 769	19 793	..
F.612	Sur les fonds de pension	23 184	26 040	24 253	17 237	15 379	15 944	14 567	..
F.62	Réserves-primes et réserves-sinistres	3 650	6 343	5 256	8 659	6 342	46	3 535	..
F.7	**Autres comptes à payer**	**-39 009**	**42 706**	**135 175**	**46 377**	**89 070**	**90 886**	**160 403**	..
F.71	Crédits commerciaux et avances	-30 784	-5 059	75 931	-29 657	97 395	137 741	43 468	..
F.79	Autres	-8 225	47 765	59 244	76 034	-8 325	-46 855	116 935	..
	Opérations financières nettes	**-71 487**	**-165 389**	**-76 094**	**-45 010**	**-110 594**	**-61 024**	**-54 359**	..

Note : Les métadonnées détaillées sont disponibles sur :http://metalinks.oecd.org/faiiia/20150126/7a1d

RÉPUBLIQUE TCHÈQUE

Tableau 2.2.a. Flux consolidés, Secteur S11 - Sociétés non financières

SCN 1993

Millions CZK

		2006	2007	2008	2009	2010	2011	2012	2013
	Acquisition nette d'actifs financiers	**92 748**	**113 413**	**237 287**	**19 501**	**77 904**	**39 647**	**61 785**	..
F.1	**Or monétaire et DTS**	..	..	..	..	..	..	..	..
F.2	**Numéraire et dépôts**	**79 260**	**105 297**	**3 261**	**38 057**	**45 474**	**38 719**	**45 363**	..
F.21	Numéraire	7 227	3 970	9 448	-3 067	6 346	4 293	-3 269	..
F.22	Dépôts transférables	46 463	90 590	-22 154	72 836	76 720	32 239	76 136	..
F.29	Autres dépôts	25 570	10 737	15 967	-31 712	-37 592	2 187	-27 504	..
F.3	**Titres autres qu'actions**	**818**	**32 504**	**-54 009**	**-51 590**	**-10 333**	**-2 877**	**20 483**	..
F.33	Titres autres qu'actions, non compris produits financiers dérivés	8 933	41 046	-21 318	-27 942	-13 836	9 561	25 218	..
F.331	Titres à court terme	2 276	-3 241	6 734	2 333	-6 435	-831	-1 380	..
F.332	Titres à long terme	6 657	44 287	-28 052	-30 275	-7 401	10 392	26 598	..
F.34	Produits financiers dérivés	-8 115	-8 542	-32 691	-23 648	3 503	-12 438	-4 735	..
F.4	**Crédits**	**-16 271**	**6 176**	**-5 347**	**-19 413**	**-7 740**	**18 719**	**6 587**	..
F.41	Crédits à court terme	3 408	-20 259	22 979	-15 234	-11 430	2 990	14 094	..
F.42	Crédits à long terme	-19 679	26 435	-28 326	-4 179	3 690	15 729	-7 507	..
F.5	**Actions et autres participations**	**36 848**	**56 382**	**44 904**	**119 912**	**15 807**	**-19 121**	**-38 718**	..
F.51	Actions et autres participations, non compris parts d'O.P.C.	23 943	46 011	60 229	135 975	13 914	-16 337	-45 878	..
F.511	Actions cotées	-80	-304	-350	-102	-4	2 089	-1 344	..
F.512	Actions non cotées	27 919	46 780	60 654	70 240	13 865	-22 338	-44 484	..
F.513	Autres participations	-3 896	-465	-75	65 837	53	3 912	-50	..
F.52	Parts d'organismes de placement collectif	12 905	10 371	-15 325	-16 063	1 893	-2 784	7 160	..
F.6	**Réserves techniques d'assurance**	**1 554**	**2 408**	**2 291**	**3 351**	**815**	**16**	**1 280**	..
F.61	Droits nets des ménages sur les réserves techniques	0	0	0	0	0	0	0	..
F.611	Sur les réserves d'assurance vie	..	..	..	..	..	..	..	..
F.612	Sur les fonds de pension	..	..	..	..	..	..	..	..
F.62	Réserves-primes et réserves-sinistres	1 554	2 408	2 291	3 351	815	16	1 280	..
F.7	**Autres comptes à recevoir**	**-9 461**	**-89 354**	**246 187**	**-70 816**	**33 881**	**4 191**	**26 790**	..
F.71	Crédits commerciaux et avances	48 215	-140 733	70 588	-9 727	27 629	70 598	-13 497	..
F.79	Autres	-57 676	51 379	175 599	-61 089	6 252	-66 407	40 287	..
	Accroissement net des passifs	**159 763**	**297 464**	**270 889**	**-62 302**	**98 356**	**85 199**	**90 424**	..
F.2	**Numéraire et dépôts**	**0**	**0**	**0**	**0**	**0**	**0**	**0**	..
F.21	Numéraire	..	..	..	..	..	..	..	..
F.22	Dépôts transférables	..	..	..	..	..	..	..	..
F.29	Autres dépôts	..	..	..	..	..	..	..	..
F.3	**Titres autres qu'actions**	**1 120**	**-9 099**	**35 174**	**11 295**	**28 706**	**-9 392**	**-21 992**	..
F.33	Titres autres qu'actions, non compris produits financiers dérivés	21 254	12 420	33 284	38 539	48 242	-16 885	-45 286	..
F.331	Titres à court terme	420	4 356	5 094	-3 078	-3 595	-7 215	10 562	..
F.332	Titres à long terme	20 834	8 064	28 190	41 617	51 837	-9 670	-55 848	..
F.34	Produits financiers dérivés	-20 134	-21 519	1 890	-27 244	-19 536	7 493	23 294	..
F.4	**Crédits**	**143 008**	**117 458**	**160 713**	**-95 394**	**2 031**	**44 321**	**17 425**	..
F.41	Crédits à court terme	26 580	74 408	58 622	-93 771	-3 470	6 639	23 387	..
F.42	Crédits à long terme	116 428	43 050	102 091	-1 623	5 501	37 682	-5 962	..
F.5	**Actions et autres participations**	**98 472**	**147 897**	**84 917**	**9 682**	**-19 750**	**-86 386**	**32 188**	..
F.51	Actions et autres participations, non compris parts d'O.P.C.	98 472	147 897	84 917	9 682	-19 750	-86 386	32 188	..
F.511	Actions cotées	48 203	53 139	-20 256	-324	11 443	-4 511	2 738	..
F.512	Actions non cotées	60 211	92 351	102 108	13 753	-17 855	-71 497	35 130	..
F.513	Autres participations	-9 942	2 407	3 065	-3 747	-13 338	-10 378	-5 680	..
F.52	Parts d'organismes de placement collectif	0	0	0	0	0	0	0	..
F.6	**Réserves techniques d'assurance**	**0**	**0**	**0**	**0**	**0**	**0**	**0**	..
F.61	Droits nets des ménages sur les réserves techniques	..	..	..	..	..	..	..	..
F.611	Sur les réserves d'assurance vie	..	..	..	..	..	..	..	..
F.612	Sur les fonds de pension	..	..	..	..	..	..	..	..
F.62	Réserves-primes et réserves-sinistres	..	..	..	..	..	..	..	..
F.7	**Autres comptes à payer**	**-82 837**	**41 208**	**-9 915**	**12 115**	**87 369**	**136 656**	**62 803**	..
F.71	Crédits commerciaux et avances	-43 395	21 679	36 899	-28 326	66 108	140 539	37 520	..
F.79	Autres	-39 442	19 529	-46 814	40 441	21 261	-3 883	25 283	..
	Opérations financières nettes	**-67 015**	**-184 051**	**-33 602**	**81 803**	**-20 452**	**-45 552**	**-28 639**	..

Note : Les métadonnées détaillées sont disponibles sur :http://metalinks.oecd.org/faiiia/20150126/7a1d

RÉPUBLIQUE TCHÈQUE

Tableau 2.3.a. Flux consolidés, Secteur S12 - Sociétés financières

SCN 1993

Millions CZK

		2006	2007	2008	2009	2010	2011	2012	2013
	Acquisition nette d'actifs financiers	**330 625**	**639 162**	**321 292**	**-11 192**	**191 440**	**143 009**	**287 872**	..
F.1	**Or monétaire et DTS**	**58**	**27**	**20**	**3**	**4**	**3**	**-1 057**	..
F.2	**Numéraire et dépôts**	**-58 070**	**14 372**	**-28 372**	**7 970**	**38 642**	**14 288**	**85 453**	..
F.21	Numéraire	627	817	776	85	384	218	-919	..
F.22	Dépôts transférables	-34 343	6 946	3 192	1 007	4 225	81 331	41 130	..
F.29	Autres dépôts	-24 354	6 609	-32 340	6 878	34 033	-67 261	45 242	..
F.3	**Titres autres qu'actions**	**122 244**	**165 918**	**10 257**	**20 450**	**65 623**	**-37 061**	**91 334**	..
F.33	Titres autres qu'actions, non compris produits financiers dérivés	147 723	193 139	31 251	84 900	84 986	-54 958	95 340	..
F.331	Titres à court terme	8 914	33 902	-50 909	99 712	733	-49 512	13 199	..
F.332	Titres à long terme	138 809	159 237	82 160	-14 812	84 253	-5 446	82 141	..
F.34	Produits financiers dérivés	-25 479	-27 221	-20 994	-64 450	-19 363	17 897	-4 006	..
F.4	**Crédits**	**246 051**	**398 716**	**307 189**	**-11 394**	**71 862**	**161 093**	**98 811**	..
F.41	Crédits à court terme	35 541	82 040	55 631	-90 902	-12 435	31 424	22 911	..
F.42	Crédits à long terme	210 510	316 676	251 558	79 508	84 297	129 669	75 900	..
F.5	**Actions et autres participations**	**21 620**	**23 863**	**14 936**	**3 612**	**12 370**	**20 680**	**1 264**	..
F.51	Actions et autres participations, non compris parts d'O.P.C.	9 065	12 545	30 105	3 852	3 194	20 581	-266	..
F.511	Actions cotées	8 041	3 119	4 829	28 093	19 171	23 039	-8 520	..
F.512	Actions non cotées	-1 556	13 709	23 669	-18 371	-14 715	-3 528	4 912	..
F.513	Autres participations	2 580	-4 283	1 607	-5 870	-1 262	1 070	3 342	..
F.52	Parts d'organismes de placement collectif	12 555	11 318	-15 169	-240	9 176	99	1 530	..
F.6	**Réserves techniques d'assurance**	**-1 995**	**750**	**1 619**	**1 256**	**4 350**	**-1 221**	**697**	..
F.61	Droits nets des ménages sur les réserves techniques	0	0	0	21	-17	393	411	..
F.611	Sur les réserves d'assurance vie	..	..	..	21	-17	393	411	..
F.612	Sur les fonds de pension	..	..	..	0	0	0	0	..
F.62	Réserves-primes et réserves-sinistres	-1 995	750	1 619	1 235	4 367	-1 614	286	..
F.7	**Autres comptes à recevoir**	**717**	**35 516**	**15 643**	**-33 089**	**-1 411**	**-14 773**	**11 370**	..
F.71	Crédits commerciaux et avances	-3 192	20 036	6 593	-3 369	37 167	-19 051	11 078	..
F.79	Autres	3 909	15 480	9 050	-29 720	-38 578	4 278	292	..
	Accroissement net des passifs	**301 533**	**624 217**	**291 837**	**-35 903**	**145 378**	**84 187**	**280 466**	..
F.2	**Numéraire et dépôts**	**212 101**	**473 191**	**209 128**	**12 707**	**132 098**	**107 823**	**182 790**	..
F.21	Numéraire	31 346	29 227	41 604	-12 293	4 050	20 881	11 521	..
F.22	Dépôts transférables	139 086	246 532	102 242	81 085	134 224	71 900	244 826	..
F.29	Autres dépôts	41 669	197 432	65 282	-56 085	-6 176	15 042	-73 557	..
F.3	**Titres autres qu'actions**	**-18 310**	**26 052**	**-22 282**	**-72 614**	**-5 688**	**12 925**	**9 306**	..
F.33	Titres autres qu'actions, non compris produits financiers dérivés	2 673	43 115	-24 990	-10 518	328	-4 266	40 124	..
F.331	Titres à court terme	-1 461	2 792	2 426	3 709	-4 307	-106	-2 356	..
F.332	Titres à long terme	4 134	40 323	-27 416	-14 227	4 635	-4 160	42 480	..
F.34	Produits financiers dérivés	-20 983	-17 063	2 708	-62 096	-6 016	17 191	-30 818	..
F.4	**Crédits**	**20 985**	**27 314**	**43 630**	**-35 433**	**-16 857**	**4 024**	**-5 405**	..
F.41	Crédits à court terme	-164	-18 657	25 913	-15 939	-18 123	3 429	-4 314	..
F.42	Crédits à long terme	21 149	45 971	17 717	-19 494	1 266	595	-1 091	..
F.5	**Actions et autres participations**	**17 309**	**68 107**	**-22 527**	**-1 320**	**-1 158**	**-10 913**	**52 462**	..
F.51	Actions et autres participations, non compris parts d'O.P.C.	16 238	61 289	7 633	839	-951	-3 437	40 850	..
F.511	Actions cotées	-2 222	57 622	-170	188	233	-13 556	-227	..
F.512	Actions non cotées	21 639	3 503	4 155	-1 295	-1 495	4 868	44 536	..
F.513	Autres participations	-3 179	164	3 648	1 946	311	5 251	-3 459	..
F.52	Parts d'organismes de placement collectif	1 071	6 818	-30 160	-2 159	-207	-7 476	11 612	..
F.6	**Réserves techniques d'assurance**	**44 795**	**46 858**	**38 327**	**42 658**	**45 525**	**28 759**	**37 895**	..
F.61	Droits nets des ménages sur les réserves techniques	41 145	40 515	33 071	33 999	39 183	28 713	34 360	..
F.611	Sur les réserves d'assurance vie	17 961	14 475	8 818	16 762	23 804	12 769	19 793	..
F.612	Sur les fonds de pension	23 184	26 040	24 253	17 237	15 379	15 944	14 567	..
F.62	Réserves-primes et réserves-sinistres	3 650	6 343	5 256	8 659	6 342	46	3 535	..
F.7	**Autres comptes à payer**	**24 653**	**-17 305**	**45 561**	**18 099**	**-8 542**	**-58 431**	**3 418**	..
F.71	Crédits commerciaux et avances	9 930	-20 156	3 863	-13 362	14 434	-8 477	10 327	..
F.79	Autres	14 723	2 851	41 698	31 461	-22 976	-49 954	-6 909	..
	Opérations financières nettes	**29 092**	**14 945**	**29 455**	**24 711**	**46 062**	**58 822**	**7 406**	..

Note : Les métadonnées détaillées sont disponibles sur :http://metalinks.oecd.org/faiiia/20150126/7a1d

RÉPUBLIQUE TCHÈQUE

Tableau 2.4.a. Flux consolidés, Secteur S13 - Administrations publiques
SCN 1993

Millions CZK

		2006	2007	2008	2009	2010	2011	2012	2013
	Acquisition nette d'actifs financiers	**-734**	**70 394**	**41 839**	**90**	**-22 647**	**2 879**	**135 361**	..
F.1	**Or monétaire et DTS**	..	..	..	..	..	..	..	..
F.2	**Numéraire et dépôts**	**-18 899**	**76 068**	**75 322**	**-57 823**	**-12 887**	**-33 278**	**119 635**	..
F.21	Numéraire	36	100	-45	17	17	15	31	..
F.22	Dépôts transférables	4 338	62 925	16 816	-54 370	-29 397	-24 700	59 372	..
F.29	Autres dépôts	-23 273	13 043	58 551	-3 470	16 493	-8 593	60 232	..
F.3	**Titres autres qu'actions**	**341**	**3 584**	**1 897**	**3 811**	**-4 185**	**524**	**-638**	..
F.33	Titres autres qu'actions, non compris produits financiers dérivés	-2 351	1 351	-3 380	46	-5 110	170	-799	..
F.331	Titres à court terme	-1 379	377	-1 857	2 120	-5 710	-1 298	-335	..
F.332	Titres à long terme	-972	974	-1 523	-2 074	600	1 468	-464	..
F.34	Produits financiers dérivés	2 692	2 233	5 277	3 765	925	354	161	..
F.4	**Crédits**	**-7 363**	**-9 678**	**-3 039**	**106**	**2 071**	**563**	**-988**	..
F.41	Crédits à court terme	-4 258	730	-204	-75	-728	-2	95	..
F.42	Crédits à long terme	-3 105	-10 408	-2 835	181	2 799	565	-1 083	..
F.5	**Actions et autres participations**	**-2 163**	**-17 337**	**-23 200**	**-8 832**	**740**	**153**	**2 070**	..
F.51	Actions et autres participations, non compris parts d'O.P.C.	-2 163	-17 337	-23 200	-8 050	2 906	153	1 949	..
F.511	Actions cotées	-179	-11 842	-25 616	-2	0	0	0	..
F.512	Actions non cotées	-62	-5 164	7 094	-10 856	1 460	1 153	632	..
F.513	Autres participations	-1 922	-331	-4 678	2 808	1 446	-1 000	1 317	..
F.52	Parts d'organismes de placement collectif	0	0	0	-782	-2 166	0	121	..
F.6	**Réserves techniques d'assurance**	**91**	**150**	**99**	**116**	**88**	**1**	**44**	..
F.61	Droits nets des ménages sur les réserves techniques	0	0	0	0	0	0	0	..
F.611	Sur les réserves d'assurance vie	..	..	..	..	..	..	..	..
F.612	Sur les fonds de pension	..	..	..	..	..	..	..	..
F.62	Réserves-primes et réserves-sinistres	91	150	99	116	88	1	44	..
F.7	**Autres comptes à recevoir**	**27 259**	**17 607**	**-9 240**	**62 712**	**-8 474**	**34 916**	**15 238**	..
F.71	Crédits commerciaux et avances	18 856	-6 616	6 969	3 966	-4 473	-1 237	4 540	..
F.79	Autres	8 403	24 223	-16 209	58 746	-4 001	36 153	10 698	..
	Accroissement net des passifs	**78 494**	**97 079**	**126 792**	**217 502**	**158 073**	**127 431**	**304 770**	..
F.2	**Numéraire et dépôts**	**-591**	**-23**	**0**	**0**	**0**	**0**	**0**	..
F.21	Numéraire	0	0	..	..	..	..	..	..
F.22	Dépôts transférables	-588	-23	..	..	..	..	..	..
F.29	Autres dépôts	-3	0	..	..	..	..	..	..
F.3	**Titres autres qu'actions**	**93 462**	**86 674**	**78 475**	**165 070**	**163 119**	**130 177**	**207 004**	..
F.33	Titres autres qu'actions, non compris produits financiers dérivés	93 176	86 745	78 396	165 092	167 063	134 261	211 560	..
F.331	Titres à court terme	-4 441	-6 809	-12 326	13 879	24 416	39 495	40 992	..
F.332	Titres à long terme	97 617	93 554	90 722	151 213	142 647	94 766	170 568	..
F.34	Produits financiers dérivés	286	-71	79	-22	-3 944	-4 084	-4 556	..
F.4	**Crédits**	**-24 730**	**-6 678**	**45**	**21 876**	**5 843**	**2 765**	**2 883**	..
F.41	Crédits à court terme	-1 180	-952	-2 192	4 439	-2 181	357	-2 347	..
F.42	Crédits à long terme	-23 550	-5 726	2 237	17 437	8 024	2 408	5 230	..
F.5	**Actions et autres participations**	**0**	**0**	**0**	**0**	**0**	**0**	**0**	..
F.51	Actions et autres participations, non compris parts d'O.P.C.	..	..	..	..	..	..	..	..
F.511	Actions cotées	..	..	..	..	..	..	..	..
F.512	Actions non cotées	..	..	..	..	..	..	..	..
F.513	Autres participations	..	..	..	..	..	..	..	..
F.52	Parts d'organismes de placement collectif	..	..	..	..	..	..	..	..
F.6	**Réserves techniques d'assurance**	**0**	**0**	**0**	**0**	**0**	**0**	**0**	..
F.61	Droits nets des ménages sur les réserves techniques	..	..	..	..	..	..	..	..
F.611	Sur les réserves d'assurance vie	..	..	..	..	..	..	..	..
F.612	Sur les fonds de pension	..	..	..	..	..	..	..	..
F.62	Réserves-primes et réserves-sinistres	..	..	..	..	..	..	..	..
F.7	**Autres comptes à payer**	**10 353**	**17 106**	**48 272**	**30 556**	**-10 889**	**-5 511**	**94 883**	..
F.71	Crédits commerciaux et avances	-2 897	-1 292	12 427	10 761	4 904	-1 546	3 928	..
F.79	Autres	13 250	18 398	35 845	19 795	-15 793	-3 965	90 955	..
	Opérations financières nettes	**-79 228**	**-26 685**	**-84 953**	**-217 412**	**-180 720**	**-124 552**	**-169 409**	..

Note : Les métadonnées détaillées sont disponibles sur :http://metalinks.oecd.org/faiiia/20150126/7a1d

RÉPUBLIQUE TCHÈQUE

Tableau 2.5.a. Flux consolidés, Secteur S14-S15 - Ménages et ISBLSM

SCN 1993

Millions CZK

		2006	2007	2008	2009	2010	2011	2012	2013
	Acquisition nette d'actifs financiers	**188 755**	**258 874**	**208 543**	**138 958**	**99 335**	**143 763**	**187 237**	..
F.1	**Or monétaire et DTS**	..	..	..	..	..	..	..	..
F.2	**Numéraire et dépôts**	**130 457**	**156 112**	**189 319**	**93 468**	**73 140**	**103 697**	**82 258**	..
F.21	Numéraire	24 030	24 809	31 043	-9 130	-2 468	16 011	15 889	..
F.22	Dépôts transférables	76 641	70 759	115 286	85 633	93 379	76 477	77 969	..
F.29	Autres dépôts	29 786	60 544	42 990	16 965	-17 771	11 209	-11 600	..
F.3	**Titres autres qu'actions**	**424**	**2 651**	**13 414**	**8 102**	**2 198**	**28 474**	**33 617**	..
F.33	Titres autres qu'actions, non compris produits financiers dérivés	101	1 124	13 801	7 988	2 843	27 685	33 963	..
F.331	Titres à court terme	112	1 106	2 855	-88	-980	1 381	-193	..
F.332	Titres à long terme	-11	18	10 946	8 076	3 823	26 304	34 156	..
F.34	Produits financiers dérivés	323	1 527	-387	114	-645	789	-346	..
F.4	**Crédits**	**1 182**	**952**	**2 916**	**-618**	**1 169**	**6 138**	**1 332**	..
F.41	Crédits à court terme	-275	75	-122	-24	-10	-13	90	..
F.42	Crédits à long terme	1 457	877	3 038	-594	1 179	6 151	1 242	..
F.5	**Actions et autres participations**	**24 505**	**16 050**	**-6 416**	**-20 218**	**-15 056**	**6 404**	**-2 380**	..
F.51	Actions et autres participations, non compris parts d'O.P.C.	8 117	-3 105	26 668	-23 496	-8 622	13 907	-10 078	..
F.511	Actions cotées	3 025	4 393	14 333	-3 316	7 761	16 975	-1 758	..
F.512	Actions non cotées	24 169	12 322	26 800	797	3 935	13 272	6 538	..
F.513	Autres participations	-19 077	-19 820	-14 465	-20 977	-20 318	-16 340	-14 858	..
F.52	Parts d'organismes de placement collectif	16 388	19 155	-33 084	3 278	-6 434	-7 503	7 698	..
F.6	**Réserves techniques d'assurance**	**42 931**	**43 756**	**35 894**	**38 055**	**40 098**	**28 735**	**35 982**	..
F.61	Droits nets des ménages sur les réserves techniques	41 145	40 515	33 071	33 999	39 183	28 713	34 360	..
F.611	Sur les réserves d'assurance vie	17 961	14 475	8 818	16 762	23 804	12 769	19 793	..
F.612	Sur les fonds de pension	23 184	26 040	24 253	17 237	15 379	15 944	14 567	..
F.62	Réserves-primes et réserves-sinistres	1 786	3 241	2 823	4 056	915	22	1 622	..
F.7	**Autres comptes à recevoir**	**-10 744**	**39 353**	**-26 584**	**20 169**	**-2 214**	**-29 685**	**36 428**	..
F.71	Crédits commerciaux et avances	5 655	11 283	-12 453	15 905	-317	-11 219	970	..
F.79	Autres	-16 399	28 070	-14 131	4 264	-1 897	-18 466	35 458	..
	Accroissement net des passifs	**143 091**	**228 472**	**195 537**	**73 070**	**54 819**	**93 505**	**50 954**	..
F.2	**Numéraire et dépôts**	**0**	**0**	**0**	**0**	**0**	**0**	**0**	..
F.21	Numéraire	..	..	..	..	..	..	..	..
F.22	Dépôts transférables	..	..	..	..	..	..	..	..
F.29	Autres dépôts	..	..	..	..	..	..	..	..
F.3	**Titres autres qu'actions**	**0**	**0**	**0**	**0**	**0**	**0**	**45**	..
F.33	Titres autres qu'actions, non compris produits financiers dérivés	0	0	0	0	0	0	43	..
F.331	Titres à court terme	..	..	..	..	..	..	0	..
F.332	Titres à long terme	..	..	..	..	..	..	43	..
F.34	Produits financiers dérivés	0	0	0	0	0	0	2	..
F.4	**Crédits**	**134 269**	**226 775**	**144 280**	**87 463**	**33 687**	**75 333**	**51 610**	..
F.41	Crédits à court terme	4 248	6 931	9 351	-7 942	-2 276	9 764	5 791	..
F.42	Crédits à long terme	130 021	219 844	134 929	95 405	35 963	65 569	45 819	..
F.5	**Actions et autres participations**	**0**	**0**	**0**	**0**	**0**	**0**	**0**	..
F.51	Actions et autres participations, non compris parts d'O.P.C.	..	..	..	..	..	..	..	..
F.511	Actions cotées	..	..	..	..	..	..	..	..
F.512	Actions non cotées	..	..	..	..	..	..	..	..
F.513	Autres participations	..	..	..	..	..	..	..	..
F.52	Parts d'organismes de placement collectif	..	..	..	..	..	..	..	..
F.6	**Réserves techniques d'assurance**	**0**	**0**	**0**	**0**	**0**	**0**	**0**	..
F.61	Droits nets des ménages sur les réserves techniques	..	..	..	..	..	..	..	..
F.611	Sur les réserves d'assurance vie	..	..	..	..	..	..	..	..
F.612	Sur les fonds de pension	..	..	..	..	..	..	..	..
F.62	Réserves-primes et réserves-sinistres	..	..	..	..	..	..	..	..
F.7	**Autres comptes à payer**	**8 822**	**1 697**	**51 257**	**-14 393**	**21 132**	**18 172**	**-701**	..
F.71	Crédits commerciaux et avances	5 578	-5 290	22 742	1 270	11 949	7 225	-8 307	..
F.79	Autres	3 244	6 987	28 515	-15 663	9 183	10 947	7 606	..
	Opérations financières nettes	**45 664**	**30 402**	**13 006**	**65 888**	**44 516**	**50 258**	**136 283**	..

Note : Les métadonnées détaillées sont disponibles sur :http://metalinks.oecd.org/faiiia/20150126/7a1d

RÉPUBLIQUE TCHÈQUE

Tableau 2.6.b. Flux non consolidés, Secteur S2 - Reste du monde

SCN 1993

Millions CZK

		2006	2007	2008	2009	2010	2011	2012	2013
	Acquisition nette d'actifs financiers	**169 336**	**361 464**	**182 032**	**86 068**	**181 605**	**110 407**	**31 493**	..
F.1	**Or monétaire et DTS**	**-58**	**-27**	**-20**	**-3**	**-4**	**-3**	**1 057**	..
F.2	**Numéraire et dépôts**	**20 692**	**135 691**	**-40 310**	**-44 928**	**35 340**	**12 565**	**-59 277**	..
F.21	Numéraire	53	348	1 158	-113	155	562	-1 130	..
F.22	Dépôts transférables	11 056	22 235	10 758	-6 947	2 491	1 764	36 538	..
F.29	Autres dépôts	9 583	113 108	-52 226	-37 868	32 694	10 239	-94 685	..
F.3	**Titres autres qu'actions**	**9 108**	**18 797**	**44 684**	**54 863**	**92 011**	**61 368**	**-30 663**	..
F.33	Titres autres qu'actions, non compris produits financiers dérivés	31 042	34 444	24 921	106 039	120 854	18 517	13 461	..
F.331	Titres à court terme	-1 675	-1 036	-8 163	1 387	8 972	10 726	-196	..
F.332	Titres à long terme	32 717	35 480	33 084	104 652	111 882	7 791	13 657	..
F.34	Produits financiers dérivés	-21 934	-15 647	19 763	-51 176	-28 843	42 851	-44 124	..
F.4	**Crédits**	**55 202**	**15 261**	**70 123**	**-4 217**	**-19 424**	**-21 577**	**-1 303**	..
F.41	Crédits à court terme	-1 254	7 959	25 468	-9 520	-4 374	-8 078	10 635	..
F.42	Crédits à long terme	56 456	7 302	44 655	5 303	-15 050	-13 499	-11 938	..
F.5	**Actions et autres participations**	**115 067**	**229 311**	**93 066**	**41 908**	**18 149**	**-94 491**	**85 820**	..
F.51	Actions et autres participations, non compris parts d'O.P.C.	114 894	228 802	90 757	40 684	16 010	-94 422	85 893	..
F.511	Actions cotées	51 041	117 491	3 525	-2 362	10 537	-18 415	12 645	..
F.512	Actions non cotées	52 929	88 536	62 197	27 650	-10 193	-81 666	67 319	..
F.513	Autres participations	10 924	22 775	25 035	15 396	15 666	5 659	5 929	..
F.52	Parts d'organismes de placement collectif	173	509	2 309	1 224	2 139	-69	-73	..
F.6	**Réserves techniques d'assurance**	**35**	**49**	**43**	**604**	**4 373**	**4**	**316**	..
F.61	Droits nets des ménages sur les réserves techniques	0	0	0	0	0	0	0	..
F.611	Sur les réserves d'assurance vie	..	..	..	..	..	..	..	..
F.612	Sur les fonds de pension	..	..	..	..	..	..	..	..
F.62	Réserves-primes et réserves-sinistres	35	49	43	604	4 373	4	316	..
F.7	**Autres comptes à recevoir**	**-30 710**	**-37 618**	**14 446**	**37 841**	**51 160**	**152 541**	**35 543**	..
F.71	Crédits commerciaux et avances	-47 354	-184	35 201	-30 486	58 098	152 805	25 509	..
F.79	Autres	16 644	-37 434	-20 755	68 327	-6 938	-264	10 034	..
	Accroissement net des passifs	**97 849**	**196 075**	**105 938**	**41 058**	**71 011**	**49 383**	**-22 866**	..
F.2	**Numéraire et dépôts**	**-58 070**	**14 372**	**-9 908**	**24 037**	**47 611**	**28 168**	**90 642**	..
F.21	Numéraire	627	817	776	85	384	218	-919	..
F.22	Dépôts transférables	-34 343	6 946	21 656	17 074	13 194	95 211	46 319	..
F.29	Autres dépôts	-24 354	6 609	-32 340	6 878	34 033	-67 261	45 242	..
F.3	**Titres autres qu'actions**	**56 663**	**119 827**	**-75 124**	**-68 115**	**-40 823**	**-83 282**	**-80 230**	..
F.33	Titres autres qu'actions, non compris produits financiers dérivés	68 345	128 824	-41 415	-22 082	-25 896	-112 135	-39 258	..
F.331	Titres à court terme	13 730	30 769	-46 534	90 954	-19 934	-71 708	-38 103	..
F.332	Titres à long terme	54 615	98 055	5 119	-113 036	-5 962	-40 427	-1 155	..
F.34	Produits financiers dérivés	-11 682	-8 997	-33 709	-46 033	-14 927	28 853	-40 972	..
F.4	**Crédits**	**5 269**	**46 558**	**23 174**	**-14 048**	**23 234**	**38 493**	**37 926**	..
F.41	Crédits à court terme	3 678	8 815	12 058	-2 542	-2 927	6 132	25 308	..
F.42	Crédits à long terme	1 591	37 743	11 116	-11 506	26 161	32 361	12 618	..
F.5	**Actions et autres participations**	**80 096**	**92 265**	**60 900**	**128 020**	**52 918**	**10 924**	**-36 594**	..
F.51	Actions et autres participations, non compris parts d'O.P.C.	39 146	57 730	92 009	138 444	48 103	13 705	-41 418	..
F.511	Actions cotées	15 867	2 096	17 147	22 447	25 789	41 755	-1 488	..
F.512	Actions non cotées	21 549	60 329	74 151	57 002	13 702	-26 478	-44 749	..
F.513	Autres participations	1 730	-4 695	711	58 995	8 612	-1 572	4 819	..
F.52	Parts d'organismes de placement collectif	40 950	34 535	-31 109	-10 424	4 815	-2 781	4 824	..
F.6	**Réserves techniques d'assurance**	**-2 179**	**255**	**1 619**	**724**	**4 199**	**-1 224**	**424**	..
F.61	Droits nets des ménages sur les réserves techniques	0	0	0	21	-17	393	411	..
F.611	Sur les réserves d'assurance vie	..	..	..	21	-17	393	411	..
F.612	Sur les fonds de pension	..	..	..	0	0	0	0	..
F.62	Réserves-primes et réserves-sinistres	-2 179	255	1 619	703	4 216	-1 617	13	..
F.7	**Autres comptes à payer**	**16 070**	**-77 202**	**105 277**	**-29 560**	**-16 128**	**56 304**	**-35 034**	..
F.71	Crédits commerciaux et avances	52 964	-111 155	30 967	5 946	20 709	54 155	-14 868	..
F.79	Autres	-36 894	33 953	74 310	-35 506	-36 837	2 149	-20 166	..
	Opérations financières nettes	**71 487**	**165 389**	**76 094**	**45 010**	**110 594**	**61 024**	**54 359**	..

Note : Les métadonnées détaillées sont disponibles sur :http://metalinks.oecd.org/faiiia/20150126/6fc3

DANEMARK

Tableau 1.a. Flux consolidés, par instrument et par secteur, Année 2013
SCN 2008

Millions DKK

		Sociétés financières					
		Total S12	Institutions financières monétaires S121-2-3	Fonds d'investissements non monétaires S124	Autres institutions financières, hors S124 S125-6-7	Sociétés d'assurance et fonds de pension SS128-9	Sociétés financières publiques S1201
	Acquisition nette d'actifs financiers	**161 264**	**97 878**	**119 151**	**12 520**	**3 290**	..
F.1	**Or monétaire et DTS**	**-399**	**-399**	..	..	..	..
F.11	Or monétaire	0	0	..	..	..	..
F.12	Droits de tirage spéciaux (DTS)	-399	-399	..	..	..	..
F.2	**Numéraire et dépôts**	**2 539**	**-2 337**	**12 100**	**65 769**	**-3 192**	..
F.21	Numéraire	-1 391	-1 792	0	-161	561	..
F.22	Dépôts transférables	-27 602	-32 566	2 321	45 945	-800	..
F.29	Autres dépôts	31 532	32 020	9 779	19 985	-2 953	..
F.3	**Titres de dette**	**7 833**	**22 567**	**65 734**	**-50 937**	**-86 617**	..
F.3S	Titres de dette à court terme	17 415	8 928	5 126	401	3 123	..
F.3L	Titres de dette à long terme	-9 582	13 640	60 608	-51 338	-89 740	..
F.4	**Crédits**	**8 719**	**23 711**	**0**	**-6 270**	**14 170**	..
F.4S	Crédits à court terme	16 611	67 166	0	-8 140	13 372	..
F.4L	Crédits à long terme	-7 893	-43 454	0	1 870	798	..
F.5	**Actions et parts de fonds d'investissement**	**148 058**	**-5 636**	**63 709**	**-1 412**	**127 708**	..
F.51	Actions	64 313	-8 481	56 000	-19 560	26 147	..
F.511	Actions cotées	14 487	-1 795	56 000	-37 991	-10 222	..
F.512	Actions non cotées	52 102	-6 633	0	18 539	38 516	..
F.519	Autres participations	-2 276	-53	0	-108	-2 147	..
F.52	Parts de fonds d'investissement	83 745	2 845	7 709	18 147	101 561	..
F.521	Parts de fonds d'investissement monétaires	..	..	..	..	..	..
F.522	Autres parts de fonds d'investissement	..	..	..	..	..	..
F.6	**Systèmes d'assurance, de pensions et garanties standard**	**1 162**	**78**	**8**	**31**	**1 162**	..
F.61	Réserves techniques d'assurance-dommages	1 162	78	8	31	1 162	..
F.62	Droits sur les assurances-vie et rentes	..	..	..	..	..	..
F.6M	Dts à pension, gérants, prestations hors retraite	0	0	0	0	0	..
F.63	Droits à pension	..	..	..	..	..	..
F.64	Dts des fonds de pension sur gérants des systèmes de pension	..	..	..	..	..	..
F.65	Droits à prestations hors retraite	..	..	..	..	..	..
F.66	Réserves pour appels dans le cadre de garanties standard	0	0	0	0	0	..
F.7	**Produits financiers dérivés et options sur titres des salariés**	**-72 037**	**-21 949**	**-8 900**	**1 193**	**-42 381**	..
F.71	Produits financiers dérivés	..	..	..	..	..	..
F.72	Options sur titres des salariés	..	..	..	..	..	..
F.8	**Autres comptes à recevoir**	**65 389**	**81 843**	**-13 500**	**4 147**	**-7 561**	..
F.81	Crédits commerciaux et avances	13 064	13 102	0	-31	0	..
F.89	Autres comptes à recevoir, hors crédits commerciaux et avances	52 325	68 741	-13 500	4 178	-7 561	..
	Accroissement net des passifs	**86 245**	**44 209**	**123 525**	**-12 995**	**3 081**	..
F.1	**Or monétaire et DTS**	**-399**	**-399**	..	..	..	..
F.11	Or monétaire	..	..	..	..	..	..
F.12	Droits de tirage spéciaux (DTS)	-399	-399	..	..	..	..
F.2	**Numéraire et dépôts**	**-20 847**	**57 211**	**0**	**-8 257**	**0**	..
F.21	Numéraire	685	685	0	0	0	..
F.22	Dépôts transférables	27 342	69 843	0	0	0	..
F.29	Autres dépôts	-48 875	-13 318	0	-8 257	0	..
F.3	**Titres de dette**	**-58 372**	**-113 027**	**0**	**-2 398**	**-32**	..
F.3S	Titres de dette à court terme	-22 766	-22 231	0	-371	0	..
F.3L	Titres de dette à long terme	-35 606	-90 796	0	-2 027	-32	..
F.4	**Crédits**	**-54 191**	**1**	**42 500**	**-73 074**	**-726**	..
F.4S	Crédits à court terme	-76 197	0	19 125	-23 192	-16 344	..
F.4L	Crédits à long terme	22 006	1	23 375	-49 881	15 619	..
F.5	**Actions et parts de fonds d'investissement**	**138 788**	**6 744**	**74 789**	**96 493**	**-2 928**	..
F.51	Actions	110 773	7 001	0	96 493	-2 928	..
F.511	Actions cotées	8 761	1 841	0	-1 575	0	..
F.512	Actions non cotées	129 099	1 502	0	126 473	-557	..
F.519	Autres participations	-27 086	3 658	0	-28 405	-2 371	..
F.52	Parts de fonds d'investissement	28 015	-257	74 789	0	0	..
F.521	Parts de fonds d'investissement monétaires	..	..	..	..	..	..
F.522	Autres parts de fonds d'investissement	..	..	..	..	..	..
F.6	**Systèmes d'assurance, de pensions et garanties standard**	**12 994**	**0**	**0**	**0**	**13 111**	..
F.61	Réserves techniques d'assurance-dommages	-4 125	..	..	..	-4 009	..
F.62	Droits sur les assurances-vie et rentes	19 114	..	..	..	19 114	..
F.6M	Dts à pension, gérants de syst. de pension, hors retraite	-1 995	..	..	..	-1 995	..
F.63	Droits à pension	..	..	..	..	..	..
F.64	Dts des fonds de pension sur gérants des systèmes de pension	..	..	..	..	..	..
F.65	Droits à prestations hors retraite	..	..	..	..	..	..
F.66	Réserves pour appels dans le cadre de garanties standard	0	0	0	0	0	..
F.7	**Produits financiers dérivés et options sur titres des salariés**	**0**	**0**	**0**	**0**	**0**	..
F.71	Produits financiers dérivés	..	..	..	..	..	..
F.72	Options sur titres des salariés	..	..	..	..	..	..
F.8	**Autres comptes à payer**	**68 272**	**93 680**	**6 236**	**-25 759**	**-6 344**	..
F.81	Crédits commerciaux et avances	30 619	46 698	0	-16 072	0	..
F.89	Autres comptes à payer, hors des crédits commerciaux et avances	37 653	46 982	6 236	-9 688	-6 344	..
	Opérations financières nettes	**75 018**	**53 669**	**-4 375**	**25 515**	**209**	..

DANEMARK

Tableau 1.a. Flux consolidés, par instrument et par secteur, Année 2013 (cont.)

SCN 2008

Millions DKK

		Sociétés non financières	Administrations publiques		Ménages et ISBLSM	Economie totale	Reste du monde
		S11	Total S13	Administration centrale S1311	S14+S15	S1	S2
	Acquisition nette d'actifs financiers	**128 221**	**-3 475**	**-4 904**	**38 481**	**79 671**	**17 043**
F.1	**Or monétaire et DTS**	..	..	..	..	**-399**	**-399**
F.11	Or monétaire	..	..	..	..	0	0
F.12	Droits de tirage spéciaux (DTS)	..	..	..	..	-399	-399
F.2	**Numéraire et dépôts**	**21 634**	**8**	**825**	**27 342**	**23 047**	**-49 408**
F.21	Numéraire	1 295	-3	4	1 618	834	0
F.22	Dépôts transférables	6 642	-709	-30	11 426	-24 774	12 811
F.29	Autres dépôts	13 697	719	850	14 298	46 987	-62 219
F.3	**Titres de dette**	**-88 934**	**-12 416**	**-10 664**	**-23 386**	**-1 633**	**43 612**
F.3S	Titres de dette à court terme	25 750	1	0	-2 185	18 831	-56 780
F.3L	Titres de dette à long terme	-114 684	-12 417	-10 664	-21 202	-20 464	100 392
F.4	**Crédits**	**12 898**	**13 867**	**11 116**	**0**	**18 880**	**-82 345**
F.4S	Crédits à court terme	14 759	1 089	1 089	0	17 109	-79 142
F.4L	Crédits à long terme	-1 861	12 779	10 027	0	1 770	-3 203
F.5	**Actions et parts de fonds d'investissement**	**18 090**	**3 277**	**2 010**	**25 529**	**108 007**	**42 622**
F.51	Actions	79 538	4 568	2 030	7 543	95 059	40 652
F.511	Actions cotées	459	365	338	-8 888	39 774	28 594
F.512	Actions non cotées	108 868	2 285	276	18 794	54 381	11 836
F.519	Autres participations	-29 789	1 918	1 416	-2 362	904	222
F.52	Parts de fonds d'investissement	-61 448	-1 291	-20	17 986	12 948	1 970
F.521	Parts de fonds d'investissement monétaires	..	..	..	..	..	..
F.522	Autres parts de fonds d'investissement	..	..	..	..	..	..
F.6	**Systèmes d'assurance, de pensions et garanties standard**	**1 897**	**124**	**76**	**11 000**	**1 162**	**-27**
F.61	Réserves techniques d'assurance-dommages	1 897	124	76	-6 147	1 162	0
F.62	Droits sur les assurances-vie et rentes	..	..	..	19 114	0	0
F.6M	Dts à pension, gérants, prestations hors retraite	0	0	0	-1 968	0	-27
F.63	Droits à pension	..	..	..	..	..	..
F.64	Dts des fonds de pension sur gérants des systèmes de pension	..	..	..	..	..	..
F.65	Droits à prestations hors retraite	..	..	..	..	..	..
F.66	Réserves pour appels dans le cadre de garanties standard	0	0	0	0	0	0
F.7	**Produits financiers dérivés et options sur titres des salariés**	**7 091**	**-3 519**	**-3 519**	**863**	**-67 603**	**67 603**
F.71	Produits financiers dérivés	..	..	..	..	..	..
F.72	Options sur titres des salariés	..	..	..	..	..	..
F.8	**Autres comptes à recevoir**	**155 545**	**-4 816**	**-4 748**	**-2 866**	**-1 789**	**-4 615**
F.81	Crédits commerciaux et avances	-5 439	616	607	-309	-24 552	197
F.89	Autres comptes à recevoir, hors crédits commerciaux et avances	160 984	-5 432	-5 355	-2 558	22 763	-4 812
	Accroissement net des passifs	**33 048**	**10 563**	**9 966**	**64 402**	**84 645**	**147 275**
F.1	**Or monétaire et DTS**	..	..	..	..	**-399**	**-399**
F.11	Or monétaire	..	..	..	..	..	..
F.12	Droits de tirage spéciaux (DTS)	..	..	..	..	-399	-399
F.2	**Numéraire et dépôts**	**0**	**-85**	**0**	**0**	**-49 408**	**23 047**
F.21	Numéraire	0	0	0	0	0	834
F.22	Dépôts transférables	0	0	0	0	12 811	-24 774
F.29	Autres dépôts	0	-85	0	0	-62 219	46 987
F.3	**Titres de dette**	**-337**	**-10 672**	**-11 627**	**-2 278**	**43 612**	**-1 633**
F.3S	Titres de dette à court terme	108	-11 973	-11 973	0	-56 780	18 831
F.3L	Titres de dette à long terme	-445	1 301	346	-2 278	100 392	-20 464
F.4	**Crédits**	**-22 418**	**11 489**	**4 289**	**-620**	**-82 345**	**18 880**
F.4S	Crédits à court terme	17 445	10 220	4 430	-15 259	-79 142	17 109
F.4L	Crédits à long terme	-39 863	1 269	-141	14 640	-3 203	1 770
F.5	**Actions et parts de fonds d'investissement**	**-9 219**	..	..	..	..	**108 007**
F.51	Actions	-9 219	..	..	..	..	95 059
F.511	Actions cotées	-13 517	..	..	..	..	39 774
F.512	Actions non cotées	10 404	..	..	..	..	54 381
F.519	Autres participations	-6 105	..	..	..	..	904
F.52	Parts de fonds d'investissement	0	..	..	..	..	12 948
F.521	Parts de fonds d'investissement monétaires	..	..	..	..	..	..
F.522	Autres parts de fonds d'investissement	..	..	..	..	..	..
F.6	**Systèmes d'assurance, de pensions et garanties standard**	**0**	**0**	**0**	**0**	**-27**	**1 162**
F.61	Réserves techniques d'assurance-dommages	..	..	..	..	0	1 162
F.62	Droits sur les assurances-vie et rentes	..	..	..	..	0	0
F.6M	Dts à pension, gérants de syst. de pension, hors retraite	..	..	..	..	-27	0
F.63	Droits à pension	..	..	..	..	..	..
F.64	Dts des fonds de pension sur gérants des systèmes de pension	..	..	..	..	..	..
F.65	Droits à prestations hors retraite	..	..	..	..	..	..
F.66	Réserves pour appels dans le cadre de garanties standard	0	0	0	0	0	0
F.7	**Produits financiers dérivés et options sur titres des salariés**	**0**	**0**	**0**	**0**	**0**	**0**
F.71	Produits financiers dérivés	..	..	..	..	..	..
F.72	Options sur titres des salariés	..	..	..	..	..	..
F.8	**Autres comptes à payer**	**65 023**	**9 831**	**17 304**	**67 300**	**-4 615**	**-1 789**
F.81	Crédits commerciaux et avances	-6 095	9 247	9 247	-1 089	197	-24 552
F.89	Autres comptes à payer, hors des crédits commerciaux et avances	71 118	584	8 057	68 389	-4 812	22 763
	Opérations financières nettes	**95 173**	**-14 038**	**-14 871**	**-25 921**	**130 232**	**-130 232**

Note : Les métadonnées détaillées sont disponibles sur :http://metalinks.oecd.org/faiiia/20150126/c3e1

DANEMARK

Tableau 1.b. Flux non consolidés, par instrument et par secteur, Année 2013

SCN 2008

Millions DKK

		Sociétés financières					Sociétés financières publiques
		Total S12	Institutions financières monétaires S121-2-3	Fonds d'investissements non monétaires S124	Autres institutions financières, hors S124 S125-6-7	Sociétés d'assurance et fonds de pension SS128-9	S1201
	Acquisition nette d'actifs financiers	**146 968**	**7 086**	**119 945**	**11 505**	**8 432**	..
F.1	**Or monétaire et DTS**	**-399**	**-399**	..	..	..	..
F.11	Or monétaire	0	0	..	..	..	..
F.12	Droits de tirage spéciaux (DTS)	-399	-399	..	..	..	..
F.2	**Numéraire et dépôts**	**-60 963**	**-135 641**	**12 100**	**65 769**	**-3 192**	..
F.21	Numéraire	-1 391	-1 792	0	-161	561	..
F.22	Dépôts transférables	-48 263	-95 729	2 321	45 945	-800	..
F.29	Autres dépôts	-11 308	-38 120	9 779	19 985	-2 953	..
F.3	**Titres de dette**	**-51 193**	**20 322**	**65 734**	**-50 635**	**-86 614**	..
F.3S	Titres de dette à court terme	5 867	-2 749	5 126	366	3 123	..
F.3L	Titres de dette à long terme	-57 060	23 070	60 608	-51 001	-89 737	..
F.4	**Crédits**	**78 719**	**70 820**	**0**	**-6 270**	**14 170**	..
F.4S	Crédits à court terme	72 397	67 166	0	-8 140	13 372	..
F.4L	Crédits à long terme	6 323	3 654	0	1 870	798	..
F.5	**Actions et parts de fonds d'investissement**	**186 587**	**-7 987**	**64 504**	**-2 772**	**132 842**	..
F.51	Actions	55 529	-10 832	56 000	-20 919	31 281	..
F.511	Actions cotées	4 986	-1 575	56 000	-39 217	-10 222	..
F.512	Actions non cotées	52 992	-9 197	0	18 539	43 649	..
F.519	Autres participations	-2 448	-60	0	-241	-2 147	..
F.52	Parts de fonds d'investissement	131 057	2 845	8 504	18 147	101 561	..
F.521	Parts de fonds d'investissement monétaires	..	..	..	..	..	..
F.522	Autres parts de fonds d'investissement	..	..	..	..	..	..
F.6	**Systèmes d'assurance, de pensions et garanties standard**	**1 284**	**78**	**8**	**31**	**1 167**	..
F.61	Réserves techniques d'assurance-dommages	1 284	78	8	31	1 167	..
F.62	Droits sur les assurances-vie et rentes	..	..	..	..	..	..
F.6M	Dts à pension, gérants de syst. de pension, hors retraite	0	0	0	0	0	..
F.63	Droits à pension	..	..	..	..	..	..
F.64	Dts des fonds de pension sur gérants des systèmes de pension	..	..	..	..	..	..
F.65	Droits à prestations hors retraite	..	..	..	..	..	..
F.66	Réserves pour appels dans le cadre de garanties standard	0	0	0	0	0	..
F.7	**Produits financiers dérivés et options sur titres des salariés**	**-72 037**	**-21 949**	**-8 900**	**1 193**	**-42 381**	..
F.71	Produits financiers dérivés	..	..	..	..	..	..
F.72	Options sur titres des salariés	..	..	..	..	..	..
F.8	**Autres comptes à recevoir**	**64 970**	**81 843**	**-13 500**	**4 188**	**-7 561**	..
F.81	Crédits commerciaux et avances	13 071	13 102	0	-31	0	..
F.89	Autres comptes à recevoir, hors crédits commerciaux et avances	51 899	68 741	-13 500	4 219	-7 561	..
	Accroissement net des passifs	**71 949**	**-46 583**	**124 320**	**-14 010**	**8 222**	..
F.1	**Or monétaire et DTS**	**-399**	**-399**	..	..	..	..
F.11	Or monétaire	..	..	..	..	..	..
F.12	Droits de tirage spéciaux (DTS)	-399	-399	..	..	..	..
F.2	**Numéraire et dépôts**	**-84 349**	**-76 092**	**0**	**-8 257**	**0**	..
F.21	Numéraire	685	685	0	0	0	..
F.22	Dépôts transférables	6 681	6 681	0	0	0	..
F.29	Autres dépôts	-91 715	-83 458	0	-8 257	0	..
F.3	**Titres de dette**	**-117 398**	**-115 273**	**0**	**-2 095**	**-29**	..
F.3S	Titres de dette à court terme	-34 314	-33 908	0	-406	0	..
F.3L	Titres de dette à long terme	-83 084	-81 365	0	-1 690	-29	..
F.4	**Crédits**	**15 810**	**47 109**	**42 500**	**-73 074**	**-726**	..
F.4S	Crédits à court terme	-20 412	0	19 125	-23 192	-16 344	..
F.4L	Crédits à long terme	36 222	47 109	23 375	-49 881	15 619	..
F.5	**Actions et parts de fonds d'investissement**	**177 317**	**4 393**	**75 584**	**95 134**	**2 206**	..
F.51	Actions	101 990	4 650	0	95 134	2 206	..
F.511	Actions cotées	-740	2 061	0	-2 801	0	..
F.512	Actions non cotées	129 989	-1 061	0	126 473	4 577	..
F.519	Autres participations	-27 259	3 650	0	-28 538	-2 371	..
F.52	Parts de fonds d'investissement	75 327	-257	75 584	0	0	..
F.521	Parts de fonds d'investissement monétaires	..	..	..	..	..	..
F.522	Autres parts de fonds d'investissement	..	..	..	..	..	..
F.6	**Systèmes d'assurance, de pensions et garanties standard**	**13 116**	**0**	**0**	**0**	**13 116**	..
F.61	Réserves techniques d'assurance-dommages	-4 004	..	..	..	-4 004	..
F.62	Droits sur les assurances-vie et rentes	19 114	..	..	..	19 114	..
F.6M	Dts à pension, gérants de syst. de pension, hors retraite	-1 995	..	..	..	-1 995	..
F.63	Droits à pension	..	..	..	..	..	..
F.64	Dts des fonds de pension sur gérants des systèmes de pension	..	..	..	..	..	..
F.65	Droits à prestations hors retraite	..	..	..	..	..	..
F.66	Réserves pour appels dans le cadre de garanties standard	0	0	0	0	0	..
F.7	**Produits financiers dérivés et options sur titres des salariés**	**0**	**0**	**0**	**0**	**0**	..
F.71	Produits financiers dérivés	..	..	..	..	..	..
F.72	Options sur titres des salariés	..	..	..	..	..	..
F.8	**Autres comptes à payer**	**67 853**	**93 680**	**6 236**	**-25 718**	**-6 344**	..
F.81	Crédits commerciaux et avances	30 626	46 698	0	-16 072	0	..
F.89	Autres comptes à payer, hors des crédits commerciaux et avances	37 227	46 982	6 236	-9 647	-6 344	..
	Opérations financières nettes	**75 018**	**53 669**	**-4 375**	**25 515**	**209**	..

Tableau 1.b. Flux non consolidés, par instrument et par secteur, Année 2013 (cont.)

SCN 2008

Millions DKK

		Sociétés non financières	Administrations publiques		Ménages et ISBLSM	Economie totale	Reste du monde
		S11	Total S13	Administration centrale S1311	S14+S15	S1	S2
	Acquisition nette d'actifs financiers	**133 611**	**-17 564**	**-17 903**	**38 196**	**301 211**	**17 043**
F.1	**Or monétaire et DTS**	..	..	..	..	**-399**	**-399**
F.11	Or monétaire	..	..	..	..	0	0
F.12	Droits de tirage spéciaux (DTS)	..	..	..	..	-399	-399
F.2	**Numéraire et dépôts**	**21 634**	**8**	**825**	**27 342**	**-11 979**	**-49 408**
F.21	Numéraire	1 295	-3	4	1 618	1 519	0
F.22	Dépôts transférables	6 642	-709	-30	11 426	-30 904	12 811
F.29	Autres dépôts	13 697	719	850	14 298	17 406	-62 219
F.3	**Titres de dette**	**-88 762**	**-21 204**	**-18 497**	**-23 585**	**-184 745**	**43 612**
F.3S	Titres de dette à court terme	25 635	1	0	-2 185	29 318	-56 780
F.3L	Titres de dette à long terme	-114 398	-21 205	-18 497	-21 400	-214 062	100 392
F.4	**Crédits**	**12 898**	**16 209**	**14 071**	**0**	**107 827**	**-82 345**
F.4S	Crédits à court terme	14 759	1 089	1 089	0	88 245	-79 142
F.4L	Crédits à long terme	-1 861	15 120	12 982	0	19 581	-3 203
F.5	**Actions et parts de fonds d'investissement**	**23 309**	**3 277**	**2 010**	**25 529**	**238 702**	**42 622**
F.51	Actions	84 756	4 568	2 030	7 543	152 397	40 652
F.511	Actions cotées	6 822	365	338	-8 888	3 286	28 594
F.512	Actions non cotées	109 109	2 285	276	18 794	183 179	11 836
F.519	Autres participations	-31 175	1 918	1 416	-2 362	-34 068	222
F.52	Parts de fonds d'investissement	-61 448	-1 291	-20	17 986	86 305	1 970
F.521	Parts de fonds d'investissement monétaires	..	..	..	..	..	..
F.522	Autres parts de fonds d'investissement	..	..	..	..	..	..
F.6	**Systèmes d'assurance, de pensions et garanties standard**	**1 897**	**124**	**76**	**11 000**	**14 305**	**-27**
F.61	Réserves techniques d'assurance-dommages	1 897	124	76	-6 147	-2 842	0
F.62	Droits sur les assurances-vie et rentes	..	..	..	19 114	19 114	0
F.6M	Dts à pension, gérants de syst. de pension, hors retraite	0	0	0	-1 968	-1 968	-27
F.63	Droits à pension	..	..	..	..	..	..
F.64	Dts des fonds de pension sur gérants des systèmes de pension	..	..	..	..	..	..
F.65	Droits à prestations hors retraite	..	..	..	..	..	..
F.66	Réserves pour appels dans le cadre de garanties standard	0	0	0	0	0	0
F.7	**Produits financiers dérivés et options sur titres des salariés**	**7 091**	**-3 519**	**-3 519**	**863**	**-67 603**	**67 603**
F.71	Produits financiers dérivés	..	..	..	..	..	..
F.72	Options sur titres des salariés	..	..	..	..	..	..
F.8	**Autres comptes à recevoir**	**155 545**	**-12 459**	**-12 868**	**-2 953**	**205 104**	**-4 615**
F.81	Crédits commerciaux et avances	-5 439	774	764	-339	8 067	197
F.89	Autres comptes à recevoir, hors crédits commerciaux et avances	160 984	-13 232	-13 632	-2 613	197 037	-4 812
	Accroissement net des passifs	**38 439**	**-3 526**	**-3 032**	**64 117**	**170 979**	**147 275**
F.1	**Or monétaire et DTS**	..	..	..	..	**-399**	**-399**
F.11	Or monétaire	..	..	..	..	..	..
F.12	Droits de tirage spéciaux (DTS)	..	..	..	..	-399	-399
F.2	**Numéraire et dépôts**	**0**	**-85**	**0**	**0**	**-84 434**	**23 047**
F.21	Numéraire	0	0	0	0	685	834
F.22	Dépôts transférables	0	0	0	0	6 681	-24 774
F.29	Autres dépôts	0	-85	0	0	-91 800	46 987
F.3	**Titres de dette**	**-165**	**-19 460**	**-19 460**	**-2 477**	**-139 500**	**-1 633**
F.3S	Titres de dette à court terme	-7	-11 973	-11 973	0	-46 293	18 831
F.3L	Titres de dette à long terme	-159	-7 487	-7 487	-2 477	-93 206	-20 464
F.4	**Crédits**	**-22 418**	**13 830**	**7 244**	**-620**	**6 602**	**18 880**
F.4S	Crédits à court terme	17 445	10 220	4 430	-15 259	-8 006	17 109
F.4L	Crédits à long terme	-39 863	3 610	2 813	14 640	14 608	1 770
F.5	**Actions et parts de fonds d'investissement**	**-4 000**	..	..	..	..	**108 007**
F.51	Actions	-4 000	..	..	..	..	95 059
F.511	Actions cotées	-7 154	..	..	..	..	39 774
F.512	Actions non cotées	10 646	..	..	..	..	54 381
F.519	Autres participations	-7 491	..	..	..	..	904
F.52	Parts de fonds d'investissement	0	..	..	..	..	12 948
F.521	Parts de fonds d'investissement monétaires	..	..	..	..	..	..
F.522	Autres parts de fonds d'investissement	..	..	..	..	..	..
F.6	**Systèmes d'assurance, de pensions et garanties standard**	**0**	**0**	**0**	**0**	**13 116**	**1 162**
F.61	Réserves techniques d'assurance-dommages	..	..	..	..	-4 004	1 162
F.62	Droits sur les assurances-vie et rentes	..	..	..	..	19 114	0
F.6M	Dts à pension, gérants de syst. de pension, hors retraite	..	..	..	..	-1 995	0
F.63	Droits à pension	..	..	..	..	..	..
F.64	Dts des fonds de pension sur gérants des systèmes de pension	..	..	..	..	..	..
F.65	Droits à prestations hors retraite	..	..	..	..	..	..
F.66	Réserves pour appels dans le cadre de garanties standard	0	0	0	0	0	0
F.7	**Produits financiers dérivés et options sur titres des salariés**	**0**	**0**	**0**	**0**	**0**	**0**
F.71	Produits financiers dérivés	..	..	..	..	..	..
F.72	Options sur titres des salariés	..	..	..	..	..	..
F.8	**Autres comptes à payer**	**65 023**	**2 189**	**9 183**	**67 213**	**202 278**	**-1 789**
F.81	Crédits commerciaux et avances	-6 095	9 404	9 404	-1 120	32 815	-24 552
F.89	Autres comptes à payer, hors des crédits commerciaux et avances	71 118	-7 216	-221	68 333	169 463	22 763
	Opérations financières nettes	**95 173**	**-14 038**	**-14 871**	**-25 921**	**130 232**	**-130 232**

Note : Les métadonnées détaillées sont disponibles sur :http://metalinks.oecd.org/faiiia/20150126/b6f2

DANEMARK

Tableau 2.1.a. Flux consolidés, Secteur S1 - Économie totale
SCN 2008

Millions DKK

		2006	2007	2008	2009	2010	2011	2012	2013
	Acquisition nette d'actifs financiers	**305 043**	**474 798**	**274 900**	**148 537**	**231 936**	**79 778**	**165 174**	**79 671**
F.1	**Or monétaire et DTS**	**1 260**	**-129**	**-53**	**10 628**	**8**	**-501**	**56**	**-399**
F.11	Or monétaire	0	0	0	0	0	0	0	0
F.12	Droits de tirage spéciaux (DTS)	1 260	-129	-53	10 628	8	-501	56	-399
F.2	**Numéraire et dépôts**	**28 430**	**213 716**	**68 474**	**-150 031**	**-75 278**	**-28 188**	**53 975**	**23 047**
F.21	Numéraire	-106	178	120	-32	15	271	-301	834
F.22	Dépôts transférables	37 845	95 824	22 519	-78 415	-23 488	5 813	54 549	-24 774
F.29	Autres dépôts	-9 309	117 714	45 835	-71 584	-51 805	-34 273	-273	46 987
F.3	**Titres de dette**	**44 230**	**83 896**	**107 711**	**203 674**	**170 488**	**10 303**	**-55 088**	**-1 633**
F.3S	Titres de dette à court terme	21 147	61 912	-13 497	137 855	43 745	-5 120	-60 616	18 831
F.3L	Titres de dette à long terme	23 083	21 984	121 208	65 819	126 743	15 423	5 528	-20 464
F.4	**Crédits**	**38 586**	**55 478**	**153 478**	**23 774**	**114 888**	**55 680**	**32 404**	**18 880**
F.4S	Crédits à court terme	36 309	33 928	122 674	-8 450	98 291	-12 237	1 435	17 109
F.4L	Crédits à long terme	2 277	21 551	30 805	32 224	16 598	67 918	30 969	1 770
F.5	**Actions et parts de fonds d'investissement**	**188 360**	**113 210**	**-46 145**	**87 182**	**30 611**	**41 197**	**170 213**	**108 007**
F.51	Actions	176 601	106 081	-54 366	67 687	1 020	33 338	135 025	95 059
F.511	Actions cotées	111 770	6 419	-64 818	6 895	4 635	-635	30 219	39 774
F.512	Actions non cotées	64 175	98 976	9 568	60 338	-5 498	33 107	104 043	54 381
F.519	Autres participations	656	686	884	454	1 883	866	763	904
F.52	Parts de fonds d'investissement	11 759	7 129	8 221	19 495	29 591	7 859	35 188	12 948
F.521	Parts de fonds d'investissement monétaires	..	..	..	..	..	..	..	..
F.522	Autres parts de fonds d'investissement	..	..	..	..	..	..	..	..
F.6	**Systèmes d'assurance, de pensions et garanties standard**	**-1 985**	**-1 195**	**69**	**-431**	**106**	**2 554**	**315**	**1 162**
F.61	Réserves techniques d'assurance-dommages	-1 985	-1 195	69	-431	106	2 554	315	1 162
F.62	Droits sur les assurances-vie et rentes	0	0	0	0	0	0	0	0
F.6M	Dts à pension, gérants, prestations hors retraite	0	0	0	0	0	0	0	0
F.63	Droits à pension	..	..	..	..	..	..	..	..
F.64	Dts des fonds de pension sur gérants des systèmes de pension	..	..	..	..	..	..	..	..
F.65	Droits à prestations hors retraite	..	..	..	..	..	..	..	..
F.66	Réserves pour appels dans le cadre de garanties standard	0	0	0	0	0	0	0	0
F.7	**Produits financiers dérivés et options sur titres des salariés**	**-10 910**	**393**	**-30 913**	**-13 288**	**-26 328**	**-5 487**	**-42 254**	**-67 603**
F.71	Produits financiers dérivés	..	..	..	..	..	..	..	..
F.72	Options sur titres des salariés	..	..	..	..	..	..	..	..
F.8	**Autres comptes à recevoir**	**17 072**	**9 428**	**22 278**	**-12 972**	**17 441**	**4 220**	**5 554**	**-1 789**
F.81	Crédits commerciaux et avances	4 010	6 435	18 190	-8 809	16 545	3 931	1 968	-24 552
F.89	Autres comptes à recevoir, hors crédits commerciaux et avances	13 062	2 993	4 088	-4 163	896	289	3 585	22 763
	Accroissement net des passifs	**273 754**	**449 524**	**288 330**	**118 486**	**181 089**	**-20 271**	**140 936**	**84 645**
F.1	**Or monétaire et DTS**	**1 260**	**-129**	**-53**	**10 628**	**8**	**-501**	**56**	**-399**
F.11	Or monétaire	..	..	..	..	..	..	..	..
F.12	Droits de tirage spéciaux (DTS)	1 260	-129	-53	10 628	8	-501	56	-399
F.2	**Numéraire et dépôts**	**130 179**	**273 642**	**40 668**	**-142 183**	**76 094**	**-31 252**	**20 890**	**-49 408**
F.21	Numéraire	0	0	0	0	0	0	0	0
F.22	Dépôts transférables	30 958	63 809	90 078	-115 618	17 583	-7 790	4 323	12 811
F.29	Autres dépôts	99 221	209 834	-49 410	-26 565	58 512	-23 462	16 567	-62 219
F.3	**Titres de dette**	**81 492**	**98 349**	**73 292**	**154 948**	**21 364**	**9 352**	**33 501**	**43 612**
F.3S	Titres de dette à court terme	-6 481	-2 851	152 164	-55 508	-30 881	-87 943	-2 676	-56 780
F.3L	Titres de dette à long terme	87 973	101 200	-78 872	210 456	52 245	97 295	36 177	100 392
F.4	**Crédits**	**81 966**	**-281**	**101 521**	**35 233**	**34 490**	**-54 702**	**-33 907**	**-82 345**
F.4S	Crédits à court terme	9 131	14 563	96 094	36 473	63 427	-38 596	-20 759	-79 142
F.4L	Crédits à long terme	72 835	-14 844	5 427	-1 240	-28 937	-16 106	-13 148	-3 203
F.5	**Actions et parts de fonds d'investissement**	**..**	**..**	**..**	**..**	**..**	**..**	**..**	**..**
F.51	Actions	..	..	..	..	..	..	..	..
F.511	Actions cotées	..	..	..	..	..	..	..	..
F.512	Actions non cotées	..	..	..	..	..	..	..	..
F.519	Autres participations	..	..	..	..	..	..	..	..
F.52	Parts de fonds d'investissement	..	..	..	..	..	..	..	..
F.521	Parts de fonds d'investissement monétaires	..	..	..	..	..	..	..	..
F.522	Autres parts de fonds d'investissement	..	..	..	..	..	..	..	..
F.6	**Systèmes d'assurance, de pensions et garanties standard**	**384**	**414**	**221**	**334**	**388**	**224**	**6**	**-27**
F.61	Réserves techniques d'assurance-dommages	0	0	0	0	0	0	0	0
F.62	Droits sur les assurances-vie et rentes	0	0	0	0	0	0	0	0
F.6M	Dts à pension, gérants de syst. de pension, hors retraite	384	414	221	334	388	224	6	-27
F.63	Droits à pension	..	..	..	..	..	..	..	..
F.64	Dts des fonds de pension sur gérants des systèmes de pension	..	..	..	..	..	..	..	..
F.65	Droits à prestations hors retraite	..	..	..	..	..	..	..	..
F.66	Réserves pour appels dans le cadre de garanties standard	0	0	0	0	0	0	0	0
F.7	**Produits financiers dérivés et options sur titres des salariés**	**0**	**0**	**0**	**0**	**0**	**0**	**0**	**0**
F.71	Produits financiers dérivés	..	..	..	..	..	..	..	..
F.72	Options sur titres des salariés	..	..	..	..	..	..	..	..
F.8	**Autres comptes à payer**	**16 620**	**9 909**	**13 050**	**-9 790**	**3 656**	**3 754**	**147**	**-4 615**
F.81	Crédits commerciaux et avances	8 949	6 184	6 419	-6 019	4 055	-555	-3 603	197
F.89	Autres comptes à payer, hors des crédits commerciaux et avances	7 671	3 725	6 631	-3 771	-399	4 309	3 750	-4 812
	Opérations financières nettes	**53 109**	**24 488**	**48 396**	**56 627**	**103 503**	**111 024**	**108 746**	**130 232**

Note : Les métadonnées détaillées sont disponibles sur :http://metalinks.oecd.org/faiiia/20150126/c3e1

Tableau 2.2.a. Flux consolidés, Secteur S11 - Sociétés non financières
SCN 2008

Millions DKK

		2006	2007	2008	2009	2010	2011	2012	2013
	Acquisition nette d'actifs financiers	**258 416**	**115 872**	**58 910**	**-91 887**	**61 368**	**-31 932**	**53 496**	**128 221**
F.1	**Or monétaire et DTS**	..	..	..	..	..	..	..	..
F.11	Or monétaire	..	..	..	..	..	..	..	..
F.12	Droits de tirage spéciaux (DTS)	..	..	..	..	..	..	..	..
F.2	**Numéraire et dépôts**	**-9 323**	**39 105**	**59 250**	**-1 795**	**-3 033**	**-47 997**	**6 832**	**21 634**
F.21	Numéraire	448	-461	-1 015	-1 154	3 314	220	781	1 295
F.22	Dépôts transférables	-20 531	28 795	34 542	29 396	-35 972	-18 394	38 484	6 642
F.29	Autres dépôts	10 760	10 771	25 722	-30 038	29 625	-29 824	-32 433	13 697
F.3	**Titres de dette**	**-56 607**	**-54 523**	**-5 328**	**37 396**	**36 342**	**22 780**	**59 349**	**-88 934**
F.3S	Titres de dette à court terme	-18 243	-11 588	4 096	-6 456	36 697	-8 085	-10 073	25 750
F.3L	Titres de dette à long terme	-38 364	-42 935	-9 424	43 851	-356	30 865	69 422	-114 684
F.4	**Crédits**	**-3 755**	**61 873**	**95 405**	**-41 712**	**118 687**	**-14 076**	**-34 130**	**12 898**
F.4S	Crédits à court terme	14 344	44 904	94 578	-51 135	121 386	-34 493	-61 343	14 759
F.4L	Crédits à long terme	-18 099	16 970	827	9 423	-2 698	20 417	27 214	-1 861
F.5	**Actions et parts de fonds d'investissement**	**231 075**	**-65 518**	**77 236**	**101 044**	**-122 681**	**-10 817**	**23 580**	**18 090**
F.51	Actions	206 316	-80 608	89 220	168 105	-328 316	43 664	41 720	79 538
F.511	Actions cotées	-2 252	-19 037	74 726	-23 006	-61 802	66 477	17 281	459
F.512	Actions non cotées	80 135	-69 537	40 843	159 548	-372 622	29 571	68 835	108 868
F.519	Autres participations	128 433	7 965	-26 349	31 563	106 107	-52 385	-44 396	-29 789
F.52	Parts de fonds d'investissement	24 758	15 091	-11 984	-67 061	205 636	-54 480	-18 140	-61 448
F.521	Parts de fonds d'investissement monétaires	..	..	..	..	..	..	..	..
F.522	Autres parts de fonds d'investissement	..	..	..	..	..	..	..	..
F.6	**Systèmes d'assurance, de pensions et garanties standard**	**-971**	**-3 348**	**-1 378**	**5 379**	**642**	**1 643**	**-368**	**1 897**
F.61	Réserves techniques d'assurance-dommages	-971	-3 348	-1 378	5 379	642	1 643	-368	1 897
F.62	Droits sur les assurances-vie et rentes	..	..	..	..	..	..	..	..
F.6M	Dts à pension, gérants, prestations hors retraite	0	0	0	0	0	0	0	0
F.63	Droits à pension	..	..	..	..	..	..	..	..
F.64	Dts des fonds de pension sur gérants des systèmes de pension	..	..	..	..	..	..	..	..
F.65	Droits à prestations hors retraite	..	..	..	..	..	..	..	..
F.66	Réserves pour appels dans le cadre de garanties standard	0	0	0	0	0	0	0	0
F.7	**Produits financiers dérivés et options sur titres des salariés**	**6 303**	**13 998**	**8 875**	**6 212**	**-32 027**	**1 082**	**34 482**	**7 091**
F.71	Produits financiers dérivés	..	..	..	..	..	..	..	..
F.72	Options sur titres des salariés	..	..	..	..	..	..	..	..
F.8	**Autres comptes à recevoir**	**91 695**	**124 284**	**-175 149**	**-198 411**	**63 437**	**15 454**	**-36 250**	**155 545**
F.81	Crédits commerciaux et avances	237 170	-113 564	-14 897	-36 718	52 185	-7 502	13 633	-5 439
F.89	Autres comptes à recevoir, hors crédits commerciaux et avances	-145 476	237 848	-160 252	-161 693	11 253	22 956	-49 884	160 984
	Accroissement net des passifs	**228 675**	**134 714**	**65 827**	**-119 410**	**11 849**	**-95 828**	**-63 643**	**33 048**
F.1	**Or monétaire et DTS**	..	..	..	..	..	..	..	..
F.11	Or monétaire	..	..	..	..	..	..	..	..
F.12	Droits de tirage spéciaux (DTS)	..	..	..	..	..	..	..	..
F.2	**Numéraire et dépôts**	**0**	**0**	**0**	**0**	**0**	**0**	**0**	**0**
F.21	Numéraire	0	0	0	0	0	0	0	0
F.22	Dépôts transférables	0	0	0	0	0	0	0	0
F.29	Autres dépôts	0	0	0	0	0	0	0	0
F.3	**Titres de dette**	**-5 906**	**-11 988**	**-7 383**	**18 662**	**2 459**	**10 256**	**29 623**	**-337**
F.3S	Titres de dette à court terme	1 378	1 013	-3 590	336	-16	-227	-435	108
F.3L	Titres de dette à long terme	-7 285	-13 001	-3 793	18 326	2 475	10 483	30 059	-445
F.4	**Crédits**	**187 078**	**96 818**	**217 144**	**-126 376**	**-100 943**	**29 490**	**69 539**	**-22 418**
F.4S	Crédits à court terme	51 972	66 599	105 828	-126 353	-22 670	6 055	11 916	17 445
F.4L	Crédits à long terme	135 105	30 218	111 316	-23	-78 273	23 435	57 623	-39 863
F.5	**Actions et parts de fonds d'investissement**	**58 576**	**5 549**	**139 844**	**46 588**	**40 527**	**-90 824**	**-53 480**	**-9 219**
F.51	Actions	58 576	5 549	139 844	46 588	40 527	-90 824	-53 480	-9 219
F.511	Actions cotées	-58 458	3 141	50 690	29 802	14 734	-46 873	13 998	-13 517
F.512	Actions non cotées	2 564	33 613	41 642	9 797	7 348	25 866	-68 874	10 404
F.519	Autres participations	114 470	-31 205	47 512	6 988	18 444	-69 817	1 396	-6 105
F.52	Parts de fonds d'investissement	0	0	0	0	0	0	0	0
F.521	Parts de fonds d'investissement monétaires	..	..	..	..	..	..	..	..
F.522	Autres parts de fonds d'investissement	..	..	..	..	..	..	..	..
F.6	**Systèmes d'assurance, de pensions et garanties standard**	**0**	**0**	**0**	**0**	**0**	**0**	**0**	**0**
F.61	Réserves techniques d'assurance-dommages	..	..	..	..	..	..	..	..
F.62	Droits sur les assurances-vie et rentes	..	..	..	..	..	..	..	..
F.6M	Dts à pension, gérants de syst. de pension, hors retraite	..	..	..	..	..	..	..	..
F.63	Droits à pension	..	..	..	..	..	..	..	..
F.64	Dts des fonds de pension sur gérants des systèmes de pension	..	..	..	..	..	..	..	..
F.65	Droits à prestations hors retraite	..	..	..	..	..	..	..	..
F.66	Réserves pour appels dans le cadre de garanties standard	0	0	0	0	0	0	0	0
F.7	**Produits financiers dérivés et options sur titres des salariés**	**0**	**0**	**0**	**0**	**0**	**0**	**0**	**0**
F.71	Produits financiers dérivés	..	..	..	..	..	..	..	..
F.72	Options sur titres des salariés	..	..	..	..	..	..	..	..
F.8	**Autres comptes à payer**	**-11 072**	**44 335**	**-283 778**	**-58 285**	**69 806**	**-44 750**	**-109 326**	**65 023**
F.81	Crédits commerciaux et avances	145 441	-65 630	-21 272	-20 273	29 210	13 183	7 863	-6 095
F.89	Autres comptes à payer, hors des crédits commerciaux et avances	-156 514	109 965	-262 506	-38 012	40 596	-57 933	-117 189	71 118
	Opérations financières nettes	**29 741**	**-18 842**	**-6 917**	**27 523**	**49 519**	**63 895**	**117 140**	**95 173**

Note : Les métadonnées détaillées sont disponibles sur :http://metalinks.oecd.org/faiiia/20150126/c3e1

DANEMARK

Tableau 2.3.a. Flux consolidés, Secteur S12 - Sociétés financières

SCN 2008

Millions DKK

		2006	2007	2008	2009	2010	2011	2012	2013
	Acquisition nette d'actifs financiers	**500 651**	**774 470**	**609 765**	**228 702**	**244 655**	**116 402**	**287 767**	**161 264**
F.1	**Or monétaire et DTS**	**1 260**	**-129**	**-53**	**10 628**	**8**	**-501**	**56**	**-399**
F.11	Or monétaire	0	0	0	0	0	0	0	0
F.12	Droits de tirage spéciaux (DTS)	1 260	-129	-53	10 628	8	-501	56	-399
F.2	**Numéraire et dépôts**	**7 447**	**224 226**	**58 469**	**-158 175**	**-118 875**	**-9 268**	**66 287**	**2 539**
F.21	Numéraire	960	1 675	5 712	-3 011	-2 976	-665	-94	-1 391
F.22	Dépôts transférables	22 572	85 634	15 188	-82 353	-24 419	2 454	49 044	-27 602
F.29	Autres dépôts	-16 085	136 917	37 569	-72 811	-91 480	-11 057	17 338	31 532
F.3	**Titres de dette**	**25 486**	**44 677**	**234 866**	**270 895**	**151 218**	**-21 063**	**-75 421**	**7 833**
F.3S	Titres de dette à court terme	20 358	46 147	-17 656	135 664	46 265	-3 470	-66 446	17 415
F.3L	Titres de dette à long terme	5 128	-1 470	252 522	135 231	104 952	-17 592	-8 975	-9 582
F.4	**Crédits**	**371 058**	**359 507**	**371 771**	**-15 268**	**68 364**	**82 260**	**151 409**	**8 719**
F.4S	Crédits à court terme	105 593	82 654	98 613	-99 953	59 617	-46 741	41 259	16 611
F.4L	Crédits à long terme	265 465	276 853	273 158	84 685	8 747	129 000	110 150	-7 893
F.5	**Actions et parts de fonds d'investissement**	**153 661**	**100 767**	**-74 315**	**113 947**	**46 987**	**-32 037**	**169 596**	**148 058**
F.51	Actions	154 019	108 879	-88 023	-11 032	188 520	-77 449	92 459	64 313
F.511	Actions cotées	93 441	3 104	-106 733	26 526	22 851	-80 933	26 012	14 487
F.512	Actions non cotées	52 705	107 106	24 335	-31 660	162 077	16 610	68 048	52 102
F.519	Autres participations	7 873	-1 331	-5 625	-5 899	3 592	-13 125	-1 601	-2 276
F.52	Parts de fonds d'investissement	-358	-8 111	13 707	124 979	-141 533	45 412	77 138	83 745
F.521	Parts de fonds d'investissement monétaires	..	..	..	..	..	..	..	..
F.522	Autres parts de fonds d'investissement	..	..	..	..	..	..	..	..
F.6	**Systèmes d'assurance, de pensions et garanties standard**	**-2 010**	**-1 216**	**70**	**-457**	**105**	**2 549**	**315**	**1 162**
F.61	Réserves techniques d'assurance-dommages	-2 010	-1 216	70	-457	105	2 549	315	1 162
F.62	Droits sur les assurances-vie et rentes	..	..	..	..	..	..	..	..
F.6M	Dts à pension, gérants, prestations hors retraite	0	0	0	0	0	0	0	0
F.63	Droits à pension	..	..	..	..	..	..	..	..
F.64	Dts des fonds de pension sur gérants des systèmes de pension	..	..	..	..	..	..	..	..
F.65	Droits à prestations hors retraite	..	..	..	..	..	..	..	..
F.66	Réserves pour appels dans le cadre de garanties standard	0	0	0	0	0	0	0	0
F.7	**Produits financiers dérivés et options sur titres des salariés**	**-17 839**	**-12 661**	**-39 454**	**-20 865**	**9 126**	**-5 283**	**-73 011**	**-72 037**
F.71	Produits financiers dérivés	..	..	..	..	..	..	..	..
F.72	Options sur titres des salariés	..	..	..	..	..	..	..	..
F.8	**Autres comptes à recevoir**	**-38 413**	**59 298**	**58 411**	**27 995**	**87 722**	**99 746**	**48 536**	**65 389**
F.81	Crédits commerciaux et avances	-18 980	9 827	4 845	-5 410	-2 270	2 158	-1 742	13 064
F.89	Autres comptes à recevoir, hors crédits commerciaux et avances	-19 433	49 471	53 566	33 405	89 993	97 587	50 279	52 325
	Accroissement net des passifs	**474 769**	**720 826**	**531 378**	**142 801**	**152 299**	**20 989**	**217 403**	**86 245**
F.1	**Or monétaire et DTS**	**1 260**	**-129**	**-53**	**10 628**	**8**	**-501**	**56**	**-399**
F.11	Or monétaire	..	..	..	..	..	..	..	..
F.12	Droits de tirage spéciaux (DTS)	1 260	-129	-53	10 628	8	-501	56	-399
F.2	**Numéraire et dépôts**	**201 073**	**403 676**	**218 126**	**-197 958**	**56 118**	**-1 354**	**26 424**	**-20 847**
F.21	Numéraire	3 548	1 786	-270	-524	1 780	-136	3 397	685
F.22	Dépôts transférables	78 441	135 934	262 030	-139 511	1 977	29 776	3 979	27 342
F.29	Autres dépôts	119 083	265 956	-43 633	-57 923	52 360	-30 994	19 047	-48 875
F.3	**Titres de dette**	**89 114**	**94 339**	**83 576**	**210 483**	**-31 986**	**-79 799**	**-2 411**	**-58 372**
F.3S	Titres de dette à court terme	-5 016	-6 546	114 019	-11 438	-19 343	-114 397	-21 745	-22 766
F.3L	Titres de dette à long terme	94 129	100 885	-30 443	221 921	-12 644	34 598	19 335	-35 606
F.4	**Crédits**	**6 633**	**44 372**	**91 178**	**31 966**	**150 556**	**-116 313**	**-44 416**	**-54 191**
F.4S	Crédits à court terme	9 153	23 488	66 791	30 573	176 917	-115 736	-45 292	-76 197
F.4L	Crédits à long terme	-2 520	20 884	24 387	1 393	-26 361	-577	876	22 006
F.5	**Actions et parts de fonds d'investissement**	**143 178**	**-18 052**	**-51 683**	**162 031**	**-211 042**	**41 529**	**117 104**	**138 788**
F.51	Actions	104 189	-32 344	-35 090	112 554	-274 460	39 123	58 827	110 773
F.511	Actions cotées	13 950	3 740	4 623	9 246	3 420	23 944	7 130	8 761
F.512	Actions non cotées	67 643	-75 333	19 543	57 936	-349 469	49 128	108 780	129 099
F.519	Autres participations	22 596	39 249	-59 256	45 372	71 588	-33 949	-57 083	-27 086
F.52	Parts de fonds d'investissement	38 988	14 292	-16 593	49 477	63 418	2 407	58 276	28 015
F.521	Parts de fonds d'investissement monétaires	..	..	..	..	..	..	..	..
F.522	Autres parts de fonds d'investissement	..	..	..	..	..	..	..	..
F.6	**Systèmes d'assurance, de pensions et garanties standard**	**66 108**	**65 074**	**73 634**	**68 613**	**71 635**	**53 692**	**32 286**	**12 994**
F.61	Réserves techniques d'assurance-dommages	2 562	-8 437	2 070	1 559	3 547	6 081	2 764	-4 125
F.62	Droits sur les assurances-vie et rentes	35 313	43 039	55 323	42 521	39 551	31 163	29 058	19 114
F.6M	Dts à pension, gérants de syst. de pension, hors retraite	28 234	30 471	16 242	24 532	28 538	16 448	463	-1 995
F.63	Droits à pension	..	..	..	..	..	..	..	..
F.64	Dts des fonds de pension sur gérants des systèmes de pension	..	..	..	..	..	..	..	..
F.65	Droits à prestations hors retraite	..	..	..	..	..	..	..	..
F.66	Réserves pour appels dans le cadre de garanties standard	0	0	0	0	0	0	0	0
F.7	**Produits financiers dérivés et options sur titres des salariés**	**0**	**0**	**0**	**0**	**0**	**0**	**0**	**0**
F.71	Produits financiers dérivés	..	..	..	..	..	..	..	..
F.72	Options sur titres des salariés	..	..	..	..	..	..	..	..
F.8	**Autres comptes à payer**	**-32 596**	**131 545**	**116 600**	**-142 961**	**117 010**	**123 735**	**88 361**	**68 272**
F.81	Crédits commerciaux et avances	-430	2 948	4 583	-12 040	1 574	-16 906	3 112	30 619
F.89	Autres comptes à payer, hors des crédits commerciaux et avances	-32 166	128 597	112 017	-130 922	115 436	140 641	85 249	37 653
	Opérations financières nettes	**25 882**	**53 644**	**78 387**	**85 900**	**92 356**	**95 413**	**70 364**	**75 018**

Note : Les métadonnées détaillées sont disponibles sur :http://metalinks.oecd.org/faiiia/20150126/c3e1

DANEMARK

Tableau 2.4.a. Flux consolidés, Secteur S13 - Administrations publiques

SCN 2008

Millions DKK

		2006	2007	2008	2009	2010	2011	2012	2013
	Acquisition nette d'actifs financiers	**68 698**	**10 043**	**188 580**	**54 786**	**42 921**	**42 123**	**-67 538**	**-3 475**
F.1	**Or monétaire et DTS**	..	..	..	..	..	..	..	..
F.11	Or monétaire	..	..	..	..	..	..	..	..
F.12	Droits de tirage spéciaux (DTS)	..	..	..	..	..	..	..	..
F.2	**Numéraire et dépôts**	**62 952**	**23 192**	**147 468**	**-78 462**	**-14 183**	**61 359**	**-62 871**	**8**
F.21	Numéraire	-90	18	8	-8	3	-6	3	-3
F.22	Dépôts transférables	62 190	22 698	145 271	-77 322	-14 489	62 173	-62 935	-709
F.29	Autres dépôts	851	476	2 189	-1 133	303	-808	62	719
F.3	**Titres de dette**	**-4 379**	**549**	**2 305**	**79 406**	**19 219**	**4 662**	**-19 412**	**-12 416**
F.3S	Titres de dette à court terme	-574	3	29	-29	-12	-10	0	1
F.3L	Titres de dette à long terme	-3 804	546	2 275	79 435	19 231	4 672	-19 412	-12 417
F.4	**Crédits**	**7 409**	**-3 453**	**28 829**	**33 331**	**-916**	**4 725**	**11 455**	**13 867**
F.4S	Crédits à court terme	978	168	492	827	651	-2 011	916	1 089
F.4L	Crédits à long terme	6 431	-3 621	28 337	32 504	-1 567	6 736	10 539	12 779
F.5	**Actions et parts de fonds d'investissement**	**5 455**	**14 912**	**2 280**	**2 741**	**4 572**	**3 403**	**6 622**	**3 277**
F.51	Actions	5 283	4 377	-96	3 326	3 369	1 800	3 874	4 568
F.511	Actions cotées	2	-4	0	599	675	210	-1	365
F.512	Actions non cotées	7 522	7 085	-602	2 223	1 726	951	3 339	2 285
F.519	Autres participations	-2 241	-2 704	506	505	968	638	536	1 918
F.52	Parts de fonds d'investissement	172	10 535	2 376	-585	1 203	1 604	2 747	-1 291
F.521	Parts de fonds d'investissement monétaires	..	..	..	..	..	..	..	..
F.522	Autres parts de fonds d'investissement	..	..	..	..	..	..	..	..
F.6	**Systèmes d'assurance, de pensions et garanties standard**	**-25**	**31**	**11**	**-74**	**-22**	**225**	**11**	**124**
F.61	Réserves techniques d'assurance-dommages	-25	31	11	-74	-22	225	11	124
F.62	Droits sur les assurances-vie et rentes	..	..	..	..	..	..	..	..
F.6M	Dts à pension, gérants, prestations hors retraite	0	0	0	0	0	0	0	0
F.63	Droits à pension	..	..	..	..	..	..	..	..
F.64	Dts des fonds de pension sur gérants des systèmes de pension	..	..	..	..	..	..	..	..
F.65	Droits à prestations hors retraite	..	..	..	..	..	..	..	..
F.66	Réserves pour appels dans le cadre de garanties standard	0	0	0	0	0	0	0	0
F.7	**Produits financiers dérivés et options sur titres des salariés**	**405**	**-1 148**	**-224**	**1 474**	**-3 343**	**-1 795**	**-4 399**	**-3 519**
F.71	Produits financiers dérivés	..	..	..	..	..	..	..	..
F.72	Options sur titres des salariés	..	..	..	..	..	..	..	..
F.8	**Autres comptes à recevoir**	**-3 118**	**-24 039**	**7 912**	**16 371**	**37 593**	**-30 457**	**1 057**	**-4 816**
F.81	Crédits commerciaux et avances	-5 871	1 068	1 335	399	-207	411	465	616
F.89	Autres comptes à recevoir, hors crédits commerciaux et avances	2 752	-25 106	6 577	15 972	37 800	-30 868	592	-5 432
	Accroissement net des passifs	**-15 197**	**-77 255**	**131 404**	**102 974**	**92 001**	**80 769**	**5 476**	**10 563**
F.1	**Or monétaire et DTS**	..	..	..	..	..	..	..	..
F.11	Or monétaire	..	..	..	..	..	..	..	..
F.12	Droits de tirage spéciaux (DTS)	..	..	..	..	..	..	..	..
F.2	**Numéraire et dépôts**	**771**	**209**	**885**	**324**	**274**	**154**	**173**	**-85**
F.21	Numéraire	0	0	0	0	0	0	0	0
F.22	Dépôts transférables	0	0	0	0	0	0	0	0
F.29	Autres dépôts	771	209	885	324	274	154	173	-85
F.3	**Titres de dette**	**-73 918**	**-69 546**	**122 002**	**94 975**	**71 159**	**72 173**	**-263**	**-10 672**
F.3S	Titres de dette à court terme	-18 695	-23 859	40 206	-51 431	24 798	16 696	907	-11 973
F.3L	Titres de dette à long terme	-55 223	-45 687	81 795	146 406	46 361	55 477	-1 170	1 301
F.4	**Crédits**	**6 079**	**9 935**	**7 104**	**4 448**	**9 434**	**4 675**	**4 056**	**11 489**
F.4S	Crédits à court terme	4 363	-2 813	1 542	3 754	-1 268	5 619	1 002	10 220
F.4L	Crédits à long terme	1 716	12 748	5 562	694	10 701	-944	3 053	1 269
F.5	**Actions et parts de fonds d'investissement**	..	..	..	..	..	..	..	..
F.51	Actions	..	..	..	..	..	..	..	..
F.511	Actions cotées	..	..	..	..	..	..	..	..
F.512	Actions non cotées	..	..	..	..	..	..	..	..
F.519	Autres participations	..	..	..	..	..	..	..	..
F.52	Parts de fonds d'investissement	..	..	..	..	..	..	..	..
F.521	Parts de fonds d'investissement monétaires	..	..	..	..	..	..	..	..
F.522	Autres parts de fonds d'investissement	..	..	..	..	..	..	..	..
F.6	**Systèmes d'assurance, de pensions et garanties standard**	**0**	**0**	**0**	**0**	**0**	**0**	**0**	**0**
F.61	Réserves techniques d'assurance-dommages	..	..	..	..	..	..	..	..
F.62	Droits sur les assurances-vie et rentes	..	..	..	..	..	..	..	..
F.6M	Dts à pension, gérants de syst. de pension, hors retraite	..	..	..	..	..	..	..	..
F.63	Droits à pension	..	..	..	..	..	..	..	..
F.64	Dts des fonds de pension sur gérants des systèmes de pension	..	..	..	..	..	..	..	..
F.65	Droits à prestations hors retraite	..	..	..	..	..	..	..	..
F.66	Réserves pour appels dans le cadre de garanties standard	0	0	0	0	0	0	0	0
F.7	**Produits financiers dérivés et options sur titres des salariés**	**0**	**0**	**0**	**0**	**0**	**0**	**0**	**0**
F.71	Produits financiers dérivés	..	..	..	..	..	..	..	..
F.72	Options sur titres des salariés	..	..	..	..	..	..	..	..
F.8	**Autres comptes à payer**	**51 870**	**-17 853**	**1 413**	**3 227**	**11 135**	**3 766**	**1 510**	**9 831**
F.81	Crédits commerciaux et avances	67 482	-38 444	-2 409	-5 979	931	-802	-4 335	9 247
F.89	Autres comptes à payer, hors des crédits commerciaux et avances	-15 612	20 591	3 823	9 206	10 204	4 568	5 845	584
	Opérations financières nettes	**83 896**	**87 298**	**57 177**	**-48 188**	**-49 080**	**-38 646**	**-73 015**	**-14 038**

Note : Les métadonnées détaillées sont disponibles sur :http://metalinks.oecd.org/faiiia/20150126/c3e1

Tableau 2.5.a. Flux consolidés, Secteur S14-S15 - Ménages et ISBLSM
SCN 2008

Millions DKK

		2006	2007	2008	2009	2010	2011	2012	2013
	Acquisition nette d'actifs financiers	**182 707**	**122 810**	**91 076**	**111 449**	**27 668**	**38 140**	**52 645**	**38 481**
F.1	**Or monétaire et DTS**	..	..	..	..	..	..	..	..
F.11	Or monétaire	..	..	..	..	..	..	..	..
F.12	Droits de tirage spéciaux (DTS)	..	..	..	..	..	..	..	..
F.2	**Numéraire et dépôts**	**39 020**	**57 435**	**-18 370**	**32 950**	**41 110**	**-2 230**	**49 434**	**27 342**
F.21	Numéraire	2 125	731	-4 856	3 617	1 454	586	2 407	1 618
F.22	Dépôts transférables	21 096	30 823	-531	27 970	35 787	-2 853	29 614	11 426
F.29	Autres dépôts	15 799	25 881	-12 983	1 363	3 869	38	17 414	14 298
F.3	**Titres de dette**	**8 289**	**9 706**	**1 105**	**-16 995**	**-17 102**	**-5 150**	**-27 664**	**-23 386**
F.3S	Titres de dette à court terme	3 755	809	-1 495	1 650	-2 886	-3 541	-2 695	-2 185
F.3L	Titres de dette à long terme	4 534	8 897	2 600	-18 645	-14 215	-1 610	-24 969	-21 202
F.4	**Crédits**	**0**	**0**	**0**	**0**	**0**	**0**	**0**	**0**
F.4S	Crédits à court terme	0	0	0	0	0	0	0	0
F.4L	Crédits à long terme	0	0	0	0	0	0	0	0
F.5	**Actions et parts de fonds d'investissement**	**59 891**	**-17 859**	**39 010**	**35 330**	**-61 216**	**-10 525**	**-1 697**	**25 529**
F.51	Actions	36 180	-22 501	45 237	25 505	-88 092	-28 861	-29 410	7 543
F.511	Actions cotées	-208	-11 893	7 826	3 709	621	-632	72	-8 888
F.512	Actions non cotées	23 023	-13 764	17 816	-6 908	-70 150	10 042	-19 761	18 794
F.519	Autres participations	13 365	3 156	19 594	28 704	-18 563	-38 272	-9 721	-2 362
F.52	Parts de fonds d'investissement	23 710	4 642	-6 227	9 826	26 876	18 336	27 713	17 986
F.521	Parts de fonds d'investissement monétaires	..	..	..	..	..	..	..	..
F.522	Autres parts de fonds d'investissement	..	..	..	..	..	..	..	..
F.6	**Systèmes d'assurance, de pensions et garanties standard**	**66 746**	**67 997**	**74 779**	**63 000**	**70 628**	**51 606**	**32 637**	**11 000**
F.61	Réserves techniques d'assurance-dommages	3 583	-5 099	3 436	-3 720	2 928	4 219	3 121	-6 147
F.62	Droits sur les assurances-vie et rentes	35 313	43 039	55 323	42 521	39 551	31 163	29 058	19 114
F.6M	Dts à pension, gérants, prestations hors retraite	27 850	30 057	16 021	24 199	28 150	16 225	457	-1 968
F.63	Droits à pension	..	..	..	..	..	..	..	..
F.64	Dts des fonds de pension sur gérants des systèmes de pension	..	..	..	..	..	..	..	..
F.65	Droits à prestations hors retraite	..	..	..	..	..	..	..	..
F.66	Réserves pour appels dans le cadre de garanties standard	0	0	0	0	0	0	0	0
F.7	**Produits financiers dérivés et options sur titres des salariés**	**220**	**204**	**-110**	**-110**	**-83**	**509**	**673**	**863**
F.71	Produits financiers dérivés	..	..	..	..	..	..	..	..
F.72	Options sur titres des salariés	..	..	..	..	..	..	..	..
F.8	**Autres comptes à recevoir**	**8 541**	**5 327**	**-5 338**	**-2 726**	**-5 669**	**3 930**	**-739**	**-2 866**
F.81	Crédits commerciaux et avances	881	-689	-469	-3 116	-258	1 426	-448	-309
F.89	Autres comptes à recevoir, hors crédits commerciaux et avances	7 660	6 016	-4 869	390	-5 411	2 504	-290	-2 558
	Accroissement net des passifs	**269 117**	**220 423**	**171 327**	**120 058**	**16 960**	**47 778**	**58 388**	**64 402**
F.1	**Or monétaire et DTS**	..	..	..	..	..	..	..	..
F.11	Or monétaire	..	..	..	..	..	..	..	..
F.12	Droits de tirage spéciaux (DTS)	..	..	..	..	..	..	..	..
F.2	**Numéraire et dépôts**	**0**	**0**	**0**	**0**	**0**	**0**	**0**	**0**
F.21	Numéraire	0	0	0	0	0	0	0	0
F.22	Dépôts transférables	0	0	0	0	0	0	0	0
F.29	Autres dépôts	0	0	0	0	0	0	0	0
F.3	**Titres de dette**	**763**	**2 057**	**334**	**-2 144**	**-1 079**	**-2 352**	**-1 509**	**-2 278**
F.3S	Titres de dette à court terme	0	0	0	0	0	0	0	0
F.3L	Titres de dette à long terme	763	2 057	334	-2 144	-1 079	-2 352	-1 509	-2 278
F.4	**Crédits**	**218 303**	**211 043**	**128 621**	**77 772**	**46 691**	**44 675**	**33 245**	**-620**
F.4S	Crédits à court terme	28 249	21 086	-7 058	-13 312	-6 190	-5 540	-8 989	-15 259
F.4L	Crédits à long terme	190 054	189 957	135 679	91 084	52 880	50 215	42 233	14 640
F.5	**Actions et parts de fonds d'investissement**	..	..	..	..	..	..	..	..
F.51	Actions	..	..	..	..	..	..	..	..
F.511	Actions cotées	..	..	..	..	..	..	..	..
F.512	Actions non cotées	..	..	..	..	..	..	..	..
F.519	Autres participations	..	..	..	..	..	..	..	..
F.52	Parts de fonds d'investissement	..	..	..	..	..	..	..	..
F.521	Parts de fonds d'investissement monétaires	..	..	..	..	..	..	..	..
F.522	Autres parts de fonds d'investissement	..	..	..	..	..	..	..	..
F.6	**Systèmes d'assurance, de pensions et garanties standard**	**0**	**0**	**0**	**0**	**0**	**0**	**0**	**0**
F.61	Réserves techniques d'assurance-dommages	..	..	..	..	..	..	..	..
F.62	Droits sur les assurances-vie et rentes	..	..	..	..	..	..	..	..
F.6M	Dts à pension, gérants de syst. de pension, hors retraite	..	..	..	..	..	..	..	..
F.63	Droits à pension	..	..	..	..	..	..	..	..
F.64	Dts des fonds de pension sur gérants des systèmes de pension	..	..	..	..	..	..	..	..
F.65	Droits à prestations hors retraite	..	..	..	..	..	..	..	..
F.66	Réserves pour appels dans le cadre de garanties standard	0	0	0	0	0	0	0	0
F.7	**Produits financiers dérivés et options sur titres des salariés**	**0**	**0**	**0**	**0**	**0**	**0**	**0**	**0**
F.71	Produits financiers dérivés	..	..	..	..	..	..	..	..
F.72	Options sur titres des salariés	..	..	..	..	..	..	..	..
F.8	**Autres comptes à payer**	**50 051**	**7 324**	**42 371**	**44 430**	**-28 652**	**5 456**	**26 652**	**67 300**
F.81	Crédits commerciaux et avances	5 647	-2 485	-1 860	-3 763	5 245	-3 467	-304	-1 089
F.89	Autres comptes à payer, hors des crédits commerciaux et avances	44 404	9 808	44 231	48 193	-33 897	8 923	26 956	68 389
	Opérations financières nettes	**-86 410**	**-97 613**	**-80 250**	**-8 609**	**10 709**	**-9 638**	**-5 743**	**-25 921**

Note : Les métadonnées détaillées sont disponibles sur :http://metalinks.oecd.org/faiia/20150126/c3e1

DANEMARK

Tableau 2.6.a. Flux consolidés, Secteur S2 - Reste du monde
SCN 2008

Millions DKK

		2006	2007	2008	2009	2010	2011	2012	2013
	Acquisition nette d'actifs financiers	**262 844**	**449 917**	**257 417**	**105 198**	**154 761**	**-25 758**	**98 682**	**17 043**
F.1	**Or monétaire et DTS**	**1 260**	**-129**	**-53**	**10 628**	**8**	**-501**	**56**	**-399**
F.11	Or monétaire	0	0	0	0	0	0	0	0
F.12	Droits de tirage spéciaux (DTS)	1 260	-129	-53	10 628	8	-501	56	-399
F.2	**Numéraire et dépôts**	**130 179**	**273 642**	**40 668**	**-142 183**	**76 094**	**-31 252**	**20 890**	**-49 408**
F.21	Numéraire	0	0	0	0	0	0	0	0
F.22	Dépôts transférables	30 958	63 809	90 078	-115 618	17 583	-7 790	4 323	12 811
F.29	Autres dépôts	99 221	209 834	-49 410	-26 565	58 512	-23 462	16 567	-62 219
F.3	**Titres de dette**	**81 492**	**98 349**	**73 292**	**154 948**	**21 364**	**9 352**	**33 501**	**43 612**
F.3S	Titres de dette à court terme	-6 481	-2 851	152 164	-55 508	-30 881	-87 943	-2 676	-56 780
F.3L	Titres de dette à long terme	87 973	101 200	-78 872	210 456	52 245	97 295	36 177	100 392
F.4	**Crédits**	**81 966**	**-281**	**101 521**	**35 233**	**34 490**	**-54 702**	**-33 907**	**-82 345**
F.4S	Crédits à court terme	9 131	14 563	96 094	36 473	63 427	-38 596	-20 759	-79 142
F.4L	Crédits à long terme	72 835	-14 844	5 427	-1 240	-28 937	-16 106	-13 148	-3 203
F.5	**Actions et parts de fonds d'investissement**	**-59 967**	**68 405**	**-2 195**	**42 739**	**-7 567**	**41 879**	**35 735**	**42 622**
F.51	Actions	-62 431	69 140	4 050	40 926	-8 394	42 484	31 729	40 652
F.511	Actions cotées	-23 721	41 129	14 675	38 116	60 443	-8 686	7 983	28 594
F.512	Actions non cotées	-29 004	26 367	-11 639	4 868	-68 649	50 926	23 488	11 836
F.519	Autres participations	-9 706	1 644	1 014	-2 058	-188	244	258	222
F.52	Parts de fonds d'investissement	2 464	-735	-6 245	1 813	827	-605	4 006	1 970
F.521	Parts de fonds d'investissement monétaires	..	..	..	..	..	..	..	..
F.522	Autres parts de fonds d'investissement	..	..	..	..	..	..	..	..
F.6	**Systèmes d'assurance, de pensions et garanties standard**	**384**	**414**	**221**	**334**	**388**	**224**	**6**	**-27**
F.61	Réserves techniques d'assurance-dommages	0	0	0	0	0	0	0	0
F.62	Droits sur les assurances-vie et rentes	0	0	0	0	0	0	0	0
F.6M	Dts à pension, gérants, prestations hors retraite	384	414	221	334	388	224	6	-27
F.63	Droits à pension	..	..	..	..	..	..	..	..
F.64	Dts des fonds de pension sur gérants des systèmes de pension	..	..	..	..	..	..	..	..
F.65	Droits à prestations hors retraite	..	..	..	..	..	..	..	..
F.66	Réserves pour appels dans le cadre de garanties standard	0	0	0	0	0	0	0	0
F.7	**Produits financiers dérivés et options sur titres des salariés**	**10 910**	**-393**	**30 913**	**13 288**	**26 328**	**5 487**	**42 254**	**67 603**
F.71	Produits financiers dérivés	..	..	..	..	..	..	..	..
F.72	Options sur titres des salariés	..	..	..	..	..	..	..	..
F.8	**Autres comptes à recevoir**	**16 620**	**9 909**	**13 050**	**-9 790**	**3 656**	**3 754**	**147**	**-4 615**
F.81	Crédits commerciaux et avances	8 949	6 184	6 419	-6 019	4 055	-555	-3 603	197
F.89	Autres comptes à recevoir, hors crédits commerciaux et avances	7 671	3 725	6 631	-3 771	-399	4 309	3 750	-4 812
	Accroissement net des passifs	**315 953**	**474 405**	**305 813**	**161 825**	**258 264**	**85 265**	**207 428**	**147 275**
F.1	**Or monétaire et DTS**	**1 260**	**-129**	**-53**	**10 628**	**8**	**-501**	**56**	**-399**
F.11	Or monétaire	..	..	..	..	..	..	..	..
F.12	Droits de tirage spéciaux (DTS)	1 260	-129	-53	10 628	8	-501	56	-399
F.2	**Numéraire et dépôts**	**28 430**	**213 716**	**68 474**	**-150 031**	**-75 278**	**-28 188**	**53 975**	**23 047**
F.21	Numéraire	-106	178	120	-32	15	271	-301	834
F.22	Dépôts transférables	37 845	95 824	22 519	-78 415	-23 488	5 813	54 549	-24 774
F.29	Autres dépôts	-9 309	117 714	45 835	-71 584	-51 805	-34 273	-273	46 987
F.3	**Titres de dette**	**44 230**	**83 896**	**107 711**	**203 674**	**170 488**	**10 303**	**-55 088**	**-1 633**
F.3S	Titres de dette à court terme	21 147	61 912	-13 497	137 855	43 745	-5 120	-60 616	18 831
F.3L	Titres de dette à long terme	23 083	21 984	121 208	65 819	126 743	15 423	5 528	-20 464
F.4	**Crédits**	**38 586**	**55 478**	**153 478**	**23 774**	**114 888**	**55 680**	**32 404**	**18 880**
F.4S	Crédits à court terme	36 309	33 928	122 674	-8 450	98 291	-12 237	1 435	17 109
F.4L	Crédits à long terme	2 277	21 551	30 805	32 224	16 598	67 918	30 969	1 770
F.5	**Actions et parts de fonds d'investissement**	**188 360**	**113 210**	**-46 145**	**87 182**	**30 611**	**41 197**	**170 213**	**108 007**
F.51	Actions	176 601	106 081	-54 366	67 687	1 020	33 338	135 025	95 059
F.511	Actions cotées	111 770	6 419	-64 818	6 895	4 635	-635	30 219	39 774
F.512	Actions non cotées	64 175	98 976	9 568	60 338	-5 498	33 107	104 043	54 381
F.519	Autres participations	656	686	884	454	1 883	866	763	904
F.52	Parts de fonds d'investissement	11 759	7 129	8 221	19 495	29 591	7 859	35 188	12 948
F.521	Parts de fonds d'investissement monétaires	..	..	..	..	..	..	..	..
F.522	Autres parts de fonds d'investissement	..	..	..	..	..	..	..	..
F.6	**Systèmes d'assurance, de pensions et garanties standard**	**-1 985**	**-1 195**	**69**	**-431**	**106**	**2 554**	**315**	**1 162**
F.61	Réserves techniques d'assurance-dommages	-1 985	-1 195	69	-431	106	2 554	315	1 162
F.62	Droits sur les assurances-vie et rentes	0	0	0	0	0	0	0	0
F.6M	Dts à pension, gérants de syst. de pension, hors retraite	0	0	0	0	0	0	0	0
F.63	Droits à pension	..	..	..	..	..	..	..	..
F.64	Dts des fonds de pension sur gérants des systèmes de pension	..	..	..	..	..	..	..	..
F.65	Droits à prestations hors retraite	..	..	..	..	..	..	..	..
F.66	Réserves pour appels dans le cadre de garanties standard	0	0	0	0	0	0	0	0
F.7	**Produits financiers dérivés et options sur titres des salariés**	**0**	**0**	**0**	**0**	**0**	**0**	**0**	**0**
F.71	Produits financiers dérivés	..	..	..	..	..	..	..	..
F.72	Options sur titres des salariés	..	..	..	..	..	..	..	..
F.8	**Autres comptes à payer**	**17 072**	**9 428**	**22 278**	**-12 972**	**17 441**	**4 220**	**5 554**	**-1 789**
F.81	Crédits commerciaux et avances	4 010	6 435	18 190	-8 809	16 545	3 931	1 968	-24 552
F.89	Autres comptes à payer, hors des crédits commerciaux et avances	13 062	2 993	4 088	-4 163	896	289	3 585	22 763
	Opérations financières nettes	**-53 109**	**-24 488**	**-48 396**	**-56 627**	**-103 503**	**-111 024**	**-108 746**	**-130 232**

Note : Les métadonnées détaillées sont disponibles sur :http://metalinks.oecd.org/faiiia/20150126/c3e1

ESTONIE

Tableau 2.1.a. Flux consolidés, Secteur S1 - Économie totale

SCN 1993

Millions EUR (2011 EEK euro)

		2006	2007	2008	2009	2010	2011	2012	2013
	Acquisition nette d'actifs financiers	**9 215**	**9 495**	**1 392**	**-2 475**	**1 270**	**-670**	**4 023**	..
F.1	**Or monétaire et DTS**	**0**	**0**	**0**	**0**	**0**	**0**	**0**	..
F.2	**Numéraire et dépôts**	**1 036**	**1 686**	**468**	**-116**	**696**	**1 205**	**1 847**	..
F.21	Numéraire	85	-2	46	-142	-258	251	103	..
F.22	Dépôts transférables	969	396	-349	-53	1 902	1 016	2 555	..
F.29	Autres dépôts	-18	1 293	771	79	-948	-62	-811	..
F.3	**Titres autres qu'actions**	**1 220**	**640**	**-456**	**134**	**-581**	**-647**	**-93**	..
F.33	Titres autres qu'actions, non compris produits financiers dérivés	1 192	552	-426	211	-569	-659	13	..
F.331	Titres à court terme	137	111	60	682	279	5 110	-1 057	..
F.332	Titres à long terme	1 055	442	-486	-471	-847	-5 769	1 070	..
F.34	Produits financiers dérivés	28	87	-30	-78	-13	12	-106	..
F.4	**Crédits**	**5 195**	**4 727**	**1 426**	**-2 429**	**-764**	**-664**	**1 189**	..
F.41	Crédits à court terme	415	410	268	-942	111	397	463	..
F.42	Crédits à long terme	4 780	4 317	1 158	-1 487	-875	-1 061	726	..
F.5	**Actions et autres participations**	**777**	**1 027**	**-410**	**-117**	**1 233**	**-1 060**	**-329**	..
F.51	Actions et autres participations, non compris parts d'O.P.C.	633	863	-392	-157	773	-944	-501	..
F.511	Actions cotées	157	-22	-404	-202	-39	120	-198	..
F.512	Actions non cotées	374	708	-51	63	814	-1 168	-395	..
F.513	Autres participations	102	177	63	-18	-1	104	92	..
F.52	Parts d'organismes de placement collectif	144	164	-18	40	460	-116	172	..
F.6	**Réserves techniques d'assurance**	**244**	**431**	**159**	**216**	**134**	**88**	**198**	..
F.61	Droits nets des ménages sur les réserves techniques	228	409	160	220	80	78	186	..
F.611	Sur les réserves d'assurance vie	64	71	-85	106	46	-25	-36	..
F.612	Sur les fonds de pension	164	338	245	115	34	103	221	..
F.62	Réserves-primes et réserves-sinistres	16	22	0	-4	54	11	12	..
F.7	**Autres comptes à recevoir**	**742**	**984**	**205**	**-163**	**551**	**407**	**1 211**	..
F.71	Crédits commerciaux et avances	430	186	227	-188	308	350	572	..
F.79	Autres	313	798	-22	25	243	57	640	..
	Accroissement net des passifs	**11 037**	**11 885**	**2 651**	**-3 394**	**311**	**-1 584**	**3 901**	..
F.2	**Numéraire et dépôts**	**2 322**	**4 708**	**1 335**	**-70**	**-1 449**	**-331**	**365**	..
F.21	Numéraire	84	-13	9	-134	-254	287	100	..
F.22	Dépôts transférables	773	748	-1 044	-23	1 640	-96	2 011	..
F.29	Autres dépôts	1 464	3 973	2 370	86	-2 835	-522	-1 746	..
F.3	**Titres autres qu'actions**	**-144**	**238**	**-330**	**-898**	**178**	**424**	**122**	..
F.33	Titres autres qu'actions, non compris produits financiers dérivés	-177	206	-322	-867	161	451	161	..
F.331	Titres à court terme	-4	31	-60	-49	-4	176	10	..
F.332	Titres à long terme	-173	175	-263	-819	165	275	151	..
F.34	Produits financiers dérivés	33	32	-7	-31	17	-27	-39	..
F.4	**Crédits**	**6 420**	**4 575**	**1 376**	**-2 685**	**-1 198**	**-1 117**	**1 770**	..
F.41	Crédits à court terme	515	550	220	-834	-190	273	322	..
F.42	Crédits à long terme	5 904	4 025	1 156	-1 850	-1 008	-1 390	1 448	..
F.5	**Actions et autres participations**	**1 084**	**1 417**	**414**	**505**	**2 015**	**679**	**631**	..
F.51	Actions et autres participations, non compris parts d'O.P.C.	952	1 380	712	545	1 852	673	624	..
F.511	Actions cotées	152	-102	-114	31	-163	132	-185	..
F.512	Actions non cotées	775	1 364	703	523	1 976	521	624	..
F.513	Autres participations	26	118	123	-9	40	20	185	..
F.52	Parts d'organismes de placement collectif	131	37	-298	-41	162	6	7	..
F.6	**Réserves techniques d'assurance**	**244**	**431**	**159**	**216**	**134**	**88**	**198**	..
F.61	Droits nets des ménages sur les réserves techniques	228	409	160	220	80	78	186	..
F.611	Sur les réserves d'assurance vie	64	71	-85	106	46	-25	-36	..
F.612	Sur les fonds de pension	164	338	245	115	34	103	221	..
F.62	Réserves-primes et réserves-sinistres	17	22	-1	-4	54	11	12	..
F.7	**Autres comptes à payer**	**1 112**	**516**	**-304**	**-461**	**632**	**-1 328**	**816**	..
F.71	Crédits commerciaux et avances	408	89	-189	-414	393	-753	-62	..
F.79	Autres	704	427	-115	-47	239	-575	878	..
	Opérations financières nettes	**-1 822**	**-2 389**	**-1 259**	**919**	**958**	**914**	**122**	..

Note : Les métadonnées détaillées sont disponibles sur :http://metalinks.oecd.org/faiiia/20150126/5999

ESTONIE

Tableau 2.2.a. Flux consolidés, Secteur S11 - Sociétés non financières

SCN 1993

Millions EUR (2011 EEK euro)

		2006	2007	2008	2009	2010	2011	2012	2013
	Acquisition nette d'actifs financiers	**2 605**	**2 241**	**231**	**-1 112**	**1 277**	**575**	**2 168**	..
F.1	**Or monétaire et DTS**	..	..	..	..	..	..	..	..
F.2	**Numéraire et dépôts**	**778**	**470**	**37**	**-57**	**436**	**-697**	**378**	..
F.21	Numéraire	108	-13	264	-370	-138	233	0	..
F.22	Dépôts transférables	523	230	-532	141	851	-1 056	430	..
F.29	Autres dépôts	147	253	305	173	-277	126	-52	..
F.3	**Titres autres qu'actions**	**82**	**136**	**44**	**-34**	**203**	**266**	**-60**	..
F.33	Titres autres qu'actions, non compris produits financiers dérivés	60	96	49	-68	129	173	-2	..
F.331	Titres à court terme	18	25	-20	-39	-155	102	47	..
F.332	Titres à long terme	42	71	70	-29	284	71	-49	..
F.34	Produits financiers dérivés	22	40	-5	34	74	93	-58	..
F.4	**Crédits**	**797**	**832**	**217**	**-806**	**74**	**82**	**630**	..
F.41	Crédits à court terme	39	328	460	-911	179	348	529	..
F.42	Crédits à long terme	759	504	-242	105	-105	-266	101	..
F.5	**Actions et autres participations**	**452**	**285**	**-310**	**-41**	**68**	**546**	**262**	..
F.51	Actions et autres participations, non compris parts d'O.P.C.	426	466	-171	-32	-73	546	227	..
F.511	Actions cotées	0	0	0	0	0	16	-10	..
F.512	Actions non cotées	426	466	-171	-31	-73	518	216	..
F.513	Autres participations	0	0	1	0	0	12	21	..
F.52	Parts d'organismes de placement collectif	26	-181	-139	-10	141	0	35	..
F.6	**Réserves techniques d'assurance**	**9**	**9**	**0**	**-2**	**26**	**5**	**4**	..
F.61	Droits nets des ménages sur les réserves techniques	0	0	0	0	0	0	0	..
F.611	Sur les réserves d'assurance vie	..	..	..	..	..	..	..	..
F.612	Sur les fonds de pension	..	..	..	..	..	..	..	..
F.62	Réserves-primes et réserves-sinistres	9	9	0	-2	26	5	4	..
F.7	**Autres comptes à recevoir**	**487**	**510**	**243**	**-171**	**471**	**374**	**954**	..
F.71	Crédits commerciaux et avances	413	167	214	-128	272	300	605	..
F.79	Autres	74	343	29	-42	199	74	349	..
	Accroissement net des passifs	**3 420**	**3 787**	**292**	**-1 979**	**476**	**23**	**1 804**	..
F.2	**Numéraire et dépôts**	**0**	**0**	**0**	**0**	**0**	**0**	**0**	..
F.21	Numéraire	..	..	..	..	..	..	..	..
F.22	Dépôts transférables	..	..	..	..	..	..	..	..
F.29	Autres dépôts	..	..	..	..	..	..	..	..
F.3	**Titres autres qu'actions**	**92**	**290**	**-192**	**4**	**208**	**466**	**201**	..
F.33	Titres autres qu'actions, non compris produits financiers dérivés	86	290	-199	-67	175	463	204	..
F.331	Titres à court terme	9	7	34	-35	-3	181	9	..
F.332	Titres à long terme	78	283	-233	-31	178	282	196	..
F.34	Produits financiers dérivés	5	0	8	70	33	3	-4	..
F.4	**Crédits**	**2 439**	**2 615**	**803**	**-1 134**	**-534**	**-204**	**1 031**	..
F.41	Crédits à court terme	385	363	-12	-74	-53	63	-217	..
F.42	Crédits à long terme	2 053	2 252	816	-1 060	-480	-267	1 248	..
F.5	**Actions et autres participations**	**384**	**581**	**23**	**-428**	**338**	**871**	**263**	..
F.51	Actions et autres participations, non compris parts d'O.P.C.	384	581	23	-428	338	871	263	..
F.511	Actions cotées	152	-102	-114	31	-163	132	-185	..
F.512	Actions non cotées	232	682	136	-437	501	718	259	..
F.513	Autres participations	0	0	0	-22	0	20	189	..
F.52	Parts d'organismes de placement collectif	0	0	0	0	0	0	0	..
F.6	**Réserves techniques d'assurance**	**0**	**0**	**0**	**0**	**0**	**0**	**0**	..
F.61	Droits nets des ménages sur les réserves techniques	..	..	..	..	..	..	..	..
F.611	Sur les réserves d'assurance vie	..	..	..	..	..	..	..	..
F.612	Sur les fonds de pension	..	..	..	..	..	..	..	..
F.62	Réserves-primes et réserves-sinistres	..	..	..	..	..	..	..	..
F.7	**Autres comptes à payer**	**507**	**301**	**-342**	**-420**	**464**	**-1 110**	**310**	..
F.71	Crédits commerciaux et avances	337	46	-156	-444	413	-788	-89	..
F.79	Autres	170	255	-186	24	50	-322	398	..
	Opérations financières nettes	**-816**	**-1 546**	**-61**	**867**	**801**	**553**	**365**	..

Note : Les métadonnées détaillées sont disponibles sur :http://metalinks.oecd.org/faiiia/20150126/5999

Tableau 2.3.a. Flux consolidés, Secteur S12 - Sociétés financières

SCN 1993

Millions EUR (2011 EEK euro)

		2006	2007	2008	2009	2010	2011	2012	2013
	Acquisition nette d'actifs financiers	**5 271**	**5 841**	**1 342**	**-1 595**	**-54**	**-1 321**	**1 871**	..
F.1	**Or monétaire et DTS**	**0**	**0**	**0**	**0**	**0**	**0**	**0**	..
F.2	**Numéraire et dépôts**	**-423**	**958**	**263**	**-737**	**332**	**1 366**	**879**	..
F.21	Numéraire	1	10	37	-8	-4	-36	3	..
F.22	Dépôts transférables	51	130	596	-176	596	1 755	1 253	..
F.29	Autres dépôts	-474	818	-370	-553	-260	-353	-377	..
F.3	**Titres autres qu'actions**	**725**	**94**	**103**	**264**	**-731**	**-590**	**503**	..
F.33	Titres autres qu'actions, non compris produits financiers dérivés	718	47	126	374	-645	-519	550	..
F.331	Titres à court terme	323	-98	293	621	441	5 196	-1 183	..
F.332	Titres à long terme	396	145	-167	-247	-1 086	-5 715	1 734	..
F.34	Produits financiers dérivés	6	47	-23	-110	-86	-71	-47	..
F.4	**Crédits**	**4 307**	**3 919**	**1 214**	**-1 680**	**-834**	**-728**	**221**	..
F.41	Crédits à court terme	376	89	-195	-30	-64	48	-65	..
F.42	Crédits à long terme	3 931	3 830	1 409	-1 650	-769	-776	286	..
F.5	**Actions et autres participations**	**634**	**739**	**-91**	**623**	**1 082**	**-1 270**	**206**	..
F.51	Actions et autres participations, non compris parts d'O.P.C.	529	402	-284	544	761	-1 148	104	..
F.511	Actions cotées	139	48	-403	29	-67	106	-164	..
F.512	Actions non cotées	390	354	120	515	828	-1 333	265	..
F.513	Autres participations	0	0	0	0	0	79	3	..
F.52	Parts d'organismes de placement collectif	105	337	192	80	321	-121	102	..
F.6	**Réserves techniques d'assurance**	**0**	**0**	**0**	**0**	**0**	**0**	**0**	..
F.61	Droits nets des ménages sur les réserves techniques	..	..	..	..	..	..	..	..
F.611	Sur les réserves d'assurance vie	..	..	..	..	..	..	..	..
F.612	Sur les fonds de pension	..	..	..	..	..	..	..	..
F.62	Réserves-primes et réserves-sinistres	..	..	..	..	..	..	..	..
F.7	**Autres comptes à recevoir**	**27**	**131**	**-147**	**-65**	**97**	**-99**	**61**	..
F.71	Crédits commerciaux et avances	11	12	-19	-33	36	21	-13	..
F.79	Autres	16	119	-127	-32	61	-120	75	..
	Accroissement net des passifs	**5 138**	**5 859**	**1 483**	**-1 534**	**142**	**-1 135**	**1 723**	..
F.2	**Numéraire et dépôts**	**2 322**	**4 708**	**1 335**	**-70**	**-1 449**	**-331**	**365**	..
F.21	Numéraire	84	-13	9	-134	-254	287	100	..
F.22	Dépôts transférables	773	748	-1 044	-23	1 640	-96	2 011	..
F.29	Autres dépôts	1 464	3 973	2 370	86	-2 835	-522	-1 746	..
F.3	**Titres autres qu'actions**	**-292**	**8**	**-192**	**-959**	**-27**	**-56**	**-72**	..
F.33	Titres autres qu'actions, non compris produits financiers dérivés	-318	-14	-172	-867	-16	-25	-37	..
F.331	Titres à court terme	-12	24	-94	-13	-1	-5	1	..
F.332	Titres à long terme	-306	-38	-78	-854	-15	-20	-38	..
F.34	Produits financiers dérivés	26	23	-20	-92	-11	-31	-35	..
F.4	**Crédits**	**1 727**	**-25**	**-156**	**-1 429**	**-267**	**-658**	**422**	..
F.41	Crédits à court terme	96	200	206	-763	-131	249	534	..
F.42	Crédits à long terme	1 632	-225	-362	-666	-136	-907	-111	..
F.5	**Actions et autres participations**	**681**	**762**	**374**	**901**	**1 635**	**-191**	**367**	..
F.51	Actions et autres participations, non compris parts d'O.P.C.	550	725	672	942	1 473	-198	360	..
F.511	Actions cotées	0	0	0	0	0	0	0	..
F.512	Actions non cotées	543	682	567	960	1 475	-198	366	..
F.513	Autres participations	7	44	105	-18	-2	0	-5	..
F.52	Parts d'organismes de placement collectif	131	37	-298	-41	162	6	7	..
F.6	**Réserves techniques d'assurance**	**244**	**431**	**159**	**216**	**134**	**88**	**198**	..
F.61	Droits nets des ménages sur les réserves techniques	228	409	160	220	80	78	186	..
F.611	Sur les réserves d'assurance vie	64	71	-85	106	46	-25	-36	..
F.612	Sur les fonds de pension	164	338	245	115	34	103	221	..
F.62	Réserves-primes et réserves-sinistres	17	22	-1	-4	54	11	12	..
F.7	**Autres comptes à payer**	**455**	**-24**	**-37**	**-194**	**116**	**14**	**442**	..
F.71	Crédits commerciaux et avances	22	-3	-5	19	-32	-6	33	..
F.79	Autres	434	-21	-32	-213	149	20	409	..
	Opérations financières nettes	**133**	**-18**	**-140**	**-60**	**-196**	**-186**	**148**	..

Note : Les métadonnées détaillées sont disponibles sur :http://metalinks.oecd.org/faiiia/20150126/5999

ESTONIE

Tableau 2.4.a. Flux consolidés, Secteur S13 - Administrations publiques
SCN 1993

Millions EUR (2011 EEK euro)

		2006	2007	2008	2009	2010	2011	2012	2013
	Acquisition nette d'actifs financiers	**506**	**458**	**-277**	**98**	**71**	**-69**	**721**	..
F.1	**Or monétaire et DTS**	..	..	..	..	..	..	..	..
F.2	**Numéraire et dépôts**	**72**	**-22**	**13**	**347**	**-138**	**53**	**141**	..
F.21	Numéraire	0	0	0	0	0	0	0	..
F.22	Dépôts transférables	25	50	56	-2	-3	129	461	..
F.29	Autres dépôts	47	-71	-43	350	-135	-76	-320	..
F.3	**Titres autres qu'actions**	**342**	**242**	**-328**	**-140**	**5**	**-204**	**-2**	..
F.33	Titres autres qu'actions, non compris produits financiers dérivés	342	242	-326	-138	6	-204	-1	..
F.331	Titres à court terme	-201	191	-212	100	-6	-188	79	..
F.332	Titres à long terme	543	52	-114	-238	12	-16	-80	..
F.34	Produits financiers dérivés	0	0	-2	-2	-1	-1	-1	..
F.4	**Crédits**	**1**	**-13**	**-6**	**57**	**-6**	**-21**	**341**	..
F.41	Crédits à court terme	0	-1	2	0	-2	0	0	..
F.42	Crédits à long terme	1	-12	-8	57	-4	-21	341	..
F.5	**Actions et autres participations**	**7**	**115**	**4**	**-257**	**176**	**30**	**205**	..
F.51	Actions et autres participations, non compris parts d'O.P.C.	-1	102	19	-230	181	11	209	..
F.511	Actions cotées	0	-33	0	-194	0	0	0	..
F.512	Actions non cotées	-9	145	10	3	178	11	148	..
F.513	Autres participations	7	-10	9	-39	3	0	61	..
F.52	Parts d'organismes de placement collectif	8	13	-14	-27	-4	19	-3	..
F.6	**Réserves techniques d'assurance**	**0**	**0**	**0**	**0**	**1**	**0**	**0**	..
F.61	Droits nets des ménages sur les réserves techniques	0	0	0	..	0	0	0	..
F.611	Sur les réserves d'assurance vie	..	..	..	..	..	..	..	..
F.612	Sur les fonds de pension	..	..	..	..	..	..	..	..
F.62	Réserves-primes et réserves-sinistres	0	0	0	0	1	0	0	..
F.7	**Autres comptes à recevoir**	**85**	**136**	**41**	**92**	**33**	**73**	**37**	..
F.71	Crédits commerciaux et avances	-1	13	25	-16	1	28	-20	..
F.79	Autres	86	123	16	108	32	46	56	..
	Accroissement net des passifs	**158**	**83**	**206**	**377**	**30**	**-234**	**762**	..
F.2	**Numéraire et dépôts**	**0**	**0**	**0**	**0**	**0**	**0**	**0**	..
F.21	Numéraire	..	..	..	..	..	..	..	..
F.22	Dépôts transférables	..	..	..	..	..	..	..	..
F.29	Autres dépôts	..	..	..	..	..	..	..	..
F.3	**Titres autres qu'actions**	**56**	**-70**	**49**	**69**	**1**	**12**	**-7**	..
F.33	Titres autres qu'actions, non compris produits financiers dérivés	55	-70	49	67	2	13	-6	..
F.331	Titres à court terme	0	0	0	0	0	0	0	..
F.332	Titres à long terme	55	-70	49	67	2	13	-6	..
F.34	Produits financiers dérivés	0	0	0	2	0	0	0	..
F.4	**Crédits**	**25**	**70**	**97**	**186**	**-37**	**-8**	**731**	..
F.41	Crédits à court terme	-4	-1	-4	-1	2	1	4	..
F.42	Crédits à long terme	29	70	101	187	-38	-9	727	..
F.5	**Actions et autres participations**	**0**	**0**	**0**	**0**	**0**	**0**	**0**	..
F.51	Actions et autres participations, non compris parts d'O.P.C.	..	..	..	..	..	..	..	..
F.511	Actions cotées	..	..	..	..	..	..	..	..
F.512	Actions non cotées	..	..	..	..	..	..	..	..
F.513	Autres participations	..	..	..	..	..	..	..	..
F.52	Parts d'organismes de placement collectif	..	..	..	..	..	..	..	..
F.6	**Réserves techniques d'assurance**	**0**	**0**	**0**	**0**	**0**	**0**	**0**	..
F.61	Droits nets des ménages sur les réserves techniques	..	..	..	..	..	..	..	..
F.611	Sur les réserves d'assurance vie	..	..	..	..	..	..	..	..
F.612	Sur les fonds de pension	..	..	..	..	..	..	..	..
F.62	Réserves-primes et réserves-sinistres	..	..	..	..	..	..	..	..
F.7	**Autres comptes à payer**	**77**	**83**	**60**	**123**	**66**	**-238**	**38**	..
F.71	Crédits commerciaux et avances	45	32	-29	12	13	31	7	..
F.79	Autres	32	52	89	110	53	-268	31	..
	Opérations financières nettes	**348**	**376**	**-483**	**-279**	**41**	**165**	**-40**	..

Note : Les métadonnées détaillées sont disponibles sur :http://metalinks.oecd.org/faiiia/20150126/5999

ESTONIE

Tableau 2.5.a. Flux consolidés, Secteur S14-S15 - Ménages et ISBLSM

SCN 1993

Millions EUR (2011 EEK euro)

		2006	2007	2008	2009	2010	2011	2012	2013
	Acquisition nette d'actifs financiers	**833**	**955**	**96**	**133**	**-25**	**145**	**-737**	..
F.1	**Or monétaire et DTS**	..	..	..	..	..	..	..	..
F.2	**Numéraire et dépôts**	**610**	**280**	**155**	**330**	**67**	**483**	**449**	..
F.21	Numéraire	-24	0	-255	236	-115	54	100	..
F.22	Dépôts transférables	371	-14	-469	-15	458	187	411	..
F.29	Autres dépôts	263	294	879	109	-276	242	-62	..
F.3	**Titres autres qu'actions**	**72**	**168**	**-275**	**44**	**-59**	**-118**	**-533**	..
F.33	Titres autres qu'actions, non compris produits financiers dérivés	72	168	-275	44	-59	-109	-533	..
F.331	Titres à court terme	-2	-6	-1	0	-1	0	1	..
F.332	Titres à long terme	74	174	-275	44	-58	-109	-534	..
F.34	Produits financiers dérivés	0	1	1	0	0	-9	0	..
F.4	**Crédits**	**90**	**-10**	**1**	**1**	**1**	**4**	**-3**	..
F.41	Crédits à court terme	1	-6	1	0	-2	1	-1	..
F.42	Crédits à long terme	90	-5	0	1	3	2	-2	..
F.5	**Actions et autres participations**	**-316**	**-112**	**-13**	**-441**	**-92**	**-366**	**-1 002**	..
F.51	Actions et autres participations, non compris parts d'O.P.C.	-321	-108	44	-439	-96	-353	-1 040	..
F.511	Actions cotées	18	-37	0	-36	27	-1	-24	..
F.512	Actions non cotées	-433	-257	-9	-423	-119	-363	-1 024	..
F.513	Autres participations	94	187	53	20	-4	12	8	..
F.52	Parts d'organismes de placement collectif	5	-4	-57	-2	3	-13	38	..
F.6	**Réserves techniques d'assurance**	**235**	**421**	**159**	**218**	**108**	**84**	**193**	..
F.61	Droits nets des ménages sur les réserves techniques	228	409	160	220	80	78	186	..
F.611	Sur les réserves d'assurance vie	64	71	-85	106	46	-25	-36	..
F.612	Sur les fonds de pension	164	338	245	115	34	103	221	..
F.62	Réserves-primes et réserves-sinistres	7	13	0	-2	27	6	8	..
F.7	**Autres comptes à recevoir**	**144**	**207**	**69**	**-18**	**-49**	**59**	**159**	..
F.71	Crédits commerciaux et avances	8	-5	8	-11	-1	2	0	..
F.79	Autres	136	213	61	-8	-48	57	160	..
	Accroissement net des passifs	**2 321**	**2 156**	**671**	**-257**	**-337**	**-238**	**-386**	..
F.2	**Numéraire et dépôts**	**0**	**0**	**0**	**0**	**0**	**0**	**0**	..
F.21	Numéraire	..	..	..	..	..	..	..	..
F.22	Dépôts transférables	..	..	..	..	..	..	..	..
F.29	Autres dépôts	..	..	..	..	..	..	..	..
F.3	**Titres autres qu'actions**	**1**	**10**	**5**	**-12**	**-5**	**2**	**0**	..
F.33	Titres autres qu'actions, non compris produits financiers dérivés	0	0	0	0	0	0	0	..
F.331	Titres à court terme	..	..	..	..	..	..	..	..
F.332	Titres à long terme	..	..	..	..	..	..	..	..
F.34	Produits financiers dérivés	1	10	5	-12	-5	2	0	..
F.4	**Crédits**	**2 228**	**1 916**	**632**	**-307**	**-360**	**-246**	**-414**	..
F.41	Crédits à court terme	39	-12	31	4	-7	-39	2	..
F.42	Crédits à long terme	2 190	1 928	601	-310	-353	-206	-415	..
F.5	**Actions et autres participations**	**19**	**74**	**18**	**31**	**41**	**0**	**1**	..
F.51	Actions et autres participations, non compris parts d'O.P.C.	19	74	18	31	41	0	1	..
F.511	Actions cotées	0	0	0	0	0	0	0	..
F.512	Actions non cotées	0	0	0	0	0	0	0	..
F.513	Autres participations	19	74	18	31	41	0	1	..
F.52	Parts d'organismes de placement collectif	0	0	0	0	0	0	0	..
F.6	**Réserves techniques d'assurance**	**0**	**0**	**0**	**0**	**0**	**0**	**0**	..
F.61	Droits nets des ménages sur les réserves techniques	..	..	..	..	..	..	..	..
F.611	Sur les réserves d'assurance vie	..	..	..	..	..	..	..	..
F.612	Sur les fonds de pension	..	..	..	..	..	..	..	..
F.62	Réserves-primes et réserves-sinistres	..	..	..	..	..	..	..	..
F.7	**Autres comptes à payer**	**73**	**156**	**16**	**30**	**-13**	**7**	**27**	..
F.71	Crédits commerciaux et avances	4	14	2	-1	-1	11	-13	..
F.79	Autres	69	142	14	31	-13	-4	40	..
	Opérations financières nettes	**-1 488**	**-1 201**	**-575**	**391**	**313**	**382**	**-351**	..

Note : Les métadonnées détaillées sont disponibles sur :http://metalinks.oecd.org/faiiia/20150126/5999

ESTONIE

Tableau 2.6.b. Flux non consolidés, Secteur S2 - Reste du monde

SCN 1993

Millions EUR (2011 EEK euro)

		2006	2007	2008	2009	2010	2011	2012	2013
	Acquisition nette d'actifs financiers	**4 560**	**6 301**	**2 239**	**-398**	**333**	**-675**	**2 597**	..
F.1	**Or monétaire et DTS**	**0**	**0**	**0**	**0**	**0**	**0**	**0**	..
F.2	**Numéraire et dépôts**	**992**	**4 113**	**1 039**	**-494**	**-1 580**	**121**	**-628**	..
F.21	Numéraire	0	0	0	0	0	0	0	..
F.22	Dépôts transférables	-45	592	-210	38	554	869	737	..
F.29	Autres dépôts	1 037	3 521	1 249	-532	-2 134	-748	-1 365	..
F.3	**Titres autres qu'actions**	**-303**	**-36**	**48**	**-871**	**-141**	**182**	**260**	..
F.33	Titres autres qu'actions, non compris produits financiers dérivés	-320	-42	38	-869	-175	201	285	..
F.331	Titres à court terme	-23	-5	0	2	-3	-2	1	..
F.332	Titres à long terme	-297	-36	39	-870	-172	203	285	..
F.34	Produits financiers dérivés	17	6	10	-2	34	-19	-25	..
F.4	**Crédits**	**1 742**	**675**	**365**	**-63**	**30**	**-325**	**1 311**	..
F.41	Crédits à court terme	137	440	122	21	14	50	-74	..
F.42	Crédits à long terme	1 605	234	243	-83	16	-374	1 385	..
F.5	**Actions et autres participations**	**1 382**	**1 866**	**853**	**1 534**	**1 354**	**599**	**1 418**	..
F.51	Actions et autres participations, non compris parts d'O.P.C.	1 279	1 649	938	1 554	1 337	604	1 444	..
F.511	Actions cotées	126	10	-15	241	-131	12	12	..
F.512	Actions non cotées	1 129	1 538	831	1 285	1 427	571	1 242	..
F.513	Autres participations	25	101	122	27	42	20	189	..
F.52	Parts d'organismes de placement collectif	102	217	-85	-20	17	-5	-26	..
F.6	**Réserves techniques d'assurance**	**0**	**0**	**0**	**0**	**0**	**0**	**0**	..
F.61	Droits nets des ménages sur les réserves techniques	0	0	0	0	0	..	..	..
F.611	Sur les réserves d'assurance vie	..	..	..	..	..	..	..	..
F.612	Sur les fonds de pension	..	..	..	..	..	..	..	..
F.62	Réserves-primes et réserves-sinistres	0	0	0	0	0	..	..	..
F.7	**Autres comptes à recevoir**	**748**	**-317**	**-67**	**-504**	**670**	**-1 251**	**237**	..
F.71	Crédits commerciaux et avances	333	21	-140	-422	407	-825	-36	..
F.79	Autres	415	-337	73	-82	262	-426	273	..
	Accroissement net des passifs	**2 738**	**3 911**	**979**	**521**	**1 291**	**240**	**2 719**	..
F.2	**Numéraire et dépôts**	**-294**	**1 091**	**172**	**-539**	**566**	**1 656**	**854**	..
F.21	Numéraire	1	10	37	-8	-4	-36	3	..
F.22	Dépôts transférables	150	240	485	8	817	1 980	1 281	..
F.29	Autres dépôts	-445	841	-350	-540	-246	-287	-430	..
F.3	**Titres autres qu'actions**	**1 060**	**366**	**-78**	**161**	**-900**	**-889**	**46**	..
F.33	Titres autres qu'actions, non compris produits financiers dérivés	1 049	305	-65	210	-905	-909	138	..
F.331	Titres à court terme	117	74	120	732	280	4 932	-1 066	..
F.332	Titres à long terme	932	231	-185	-522	-1 184	-5 841	1 204	..
F.34	Produits financiers dérivés	11	61	-12	-49	5	20	-92	..
F.4	**Crédits**	**518**	**826**	**415**	**193**	**464**	**128**	**730**	..
F.41	Crédits à court terme	37	300	170	-87	315	174	66	..
F.42	Crédits à long terme	481	526	245	280	149	-46	663	..
F.5	**Actions et autres participations**	**1 075**	**1 477**	**29**	**912**	**573**	**-1 140**	**458**	..
F.51	Actions et autres participations, non compris parts d'O.P.C.	960	1 133	-167	851	258	-1 013	318	..
F.511	Actions cotées	131	90	-305	8	-8	0	-1	..
F.512	Actions non cotées	728	883	76	826	264	-1 117	223	..
F.513	Autres participations	101	161	62	17	1	104	97	..
F.52	Parts d'organismes de placement collectif	115	344	195	61	315	-127	140	..
F.6	**Réserves techniques d'assurance**	**0**	**0**	**0**	**0**	**0**	**0**	**0**	..
F.61	Droits nets des ménages sur les réserves techniques	..	..	..	..	..	..	..	..
F.611	Sur les réserves d'assurance vie	..	..	..	..	..	..	..	..
F.612	Sur les fonds de pension	..	..	..	..	..	..	..	..
F.62	Réserves-primes et réserves-sinistres	..	..	..	..	..	..	..	..
F.7	**Autres comptes à payer**	**378**	**151**	**442**	**-206**	**589**	**484**	**632**	..
F.71	Crédits commerciaux et avances	355	118	276	-196	322	278	597	..
F.79	Autres	23	34	166	-10	267	206	35	..
	Opérations financières nettes	**1 823**	**2 390**	**1 259**	**-919**	**-958**	**-914**	**-122**	..

Note : Les métadonnées détaillées sont disponibles sur :http://metalinks.oecd.org/faiiia/20150126/e88c

FINLANDE

Tableau 1.a. Flux consolidés, par instrument et par secteur, Année 2013
SCN 2008

Millions EUR (1999 FIM euro)

		Sociétés financières					
		Total S12	Institutions financières monétaires S121-2-3	Fonds d'investissements non monétaires S124	Autres institutions financières, hors S124 S125-6-7	Sociétés d'assurance et fonds de pension SS128-9	Sociétés financières publiques S1201
	Acquisition nette d'actifs financiers	**-20 258**	**-23 221**	**4 721**	**1 465**	**1 744**	..
F.1	**Or monétaire et DTS**	**2**	**2**	..	..	..	..
F.11	Or monétaire	0	0	..	..	..	..
F.12	Droits de tirage spéciaux (DTS)	2	2	..	..	..	..
F.2	**Numéraire et dépôts**	**-39 135**	**-40 044**	**1 445**	**-4**	**322**	..
F.21	Numéraire	-1	-1	0	-62	0	..
F.22	Dépôts transférables	-47 857	-48 766	1 406	190	387	..
F.29	Autres dépôts	8 723	8 723	39	-132	-65	..
F.3	**Titres de dette**	**6 131**	**2 253**	**2 325**	**541**	**926**	..
F.3S	Titres de dette à court terme	-568	-695	26	76	-131	..
F.3L	Titres de dette à long terme	6 699	2 948	2 299	465	1 057	..
F.4	**Crédits**	**15 487**	**16 198**	**43**	**271**	**-35**	..
F.4S	Crédits à court terme	9 672	11 004	0	-267	0	..
F.4L	Crédits à long terme	5 815	5 194	43	538	-35	..
F.5	**Actions et parts de fonds d'investissement**	**1 112**	**264**	**965**	**605**	**746**	..
F.51	Actions	2 927	325	2 130	631	-130	..
F.511	Actions cotées	1 539	43	2 133	-97	-596	..
F.512	Actions non cotées	1 347	271	-9	728	466	..
F.519	Autres participations	41	11	6	..	..	..
F.52	Parts de fonds d'investissement	-1 815	-61	-1 165	-26	876	..
F.521	Parts de fonds d'investissement monétaires	319	-10	270	-14	289	..
F.522	Autres parts de fonds d'investissement	-2 134	-51	-1 435	-12	587	..
F.6	**Systèmes d'assurance, de pensions et garanties standard**	..	..	..	..	..	..
F.61	Réserves techniques d'assurance-dommages	0	-1	..	0	0	..
F.62	Droits sur les assurances-vie et rentes	..	..	..	..	..	..
F.6M	Dts à pension, gérants, prestations hors retraite	..	..	..	..	..	..
F.63	Droits à pension	..	..	..	..	..	..
F.64	Dts des fonds de pension sur gérants des systèmes de pension	..	..	..	..	..	..
F.65	Droits à prestations hors retraite	..	..	..	..	..	..
F.66	Réserves pour appels dans le cadre de garanties standard	..	..	..	..	..	..
F.7	**Produits financiers dérivés et options sur titres des salariés**	**-420**	**505**	**-44**	**0**	**14**	..
F.71	Produits financiers dérivés,	..	..	..	..	..	..
F.72	Options sur titres des salariés	..	..	..	..	..	..
F.8	**Autres comptes à recevoir**	**-3 435**	**-2 399**	**-13**	**52**	**-229**	..
F.81	Crédits commerciaux et avances	-331	0	0	1	-332	..
F.89	Autres comptes à recevoir, hors crédits commerciaux et avances	-3 104	-2 399	-13	51	103	..
	Accroissement net des passifs	**-16 483**	**-20 331**	**3 994**	**3 198**	**1 623**	..
F.1	**Or monétaire et DTS**	..	..	..	..	..	..
F.11	Or monétaire	..	..	..	..	..	..
F.12	Droits de tirage spéciaux (DTS)	..	..	..	..	..	..
F.2	**Numéraire et dépôts**	**-23 016**	**-22 162**	..	**0**	**0**	..
F.21	Numéraire	506	444	..	..	..	..
F.22	Dépôts transférables	-30 108	-29 034	..	0	0	..
F.29	Autres dépôts	6 586	6 428	..	0	0	..
F.3	**Titres de dette**	**3 824**	**2 567**	..	**-262**	**1 433**	..
F.3S	Titres de dette à court terme	-427	-294	..	-279	-10	..
F.3L	Titres de dette à long terme	4 251	2 861	..	17	1 443	..
F.4	**Crédits**	**1 728**	**104**	**558**	**2 175**	**-119**	..
F.4S	Crédits à court terme	18	0	0	1 105	-22	..
F.4L	Crédits à long terme	1 710	104	558	1 070	-97	..
F.5	**Actions et parts de fonds d'investissement**	**3 841**	**822**	**3 207**	**974**	**306**	..
F.51	Actions	1 847	596	..	974	306	..
F.511	Actions cotées	52	0	..	-4	0	..
F.512	Actions non cotées	1 795	596	..	993	315	..
F.519	Autres participations	0	0	..	-15	-9	..
F.52	Parts de fonds d'investissement	1 994	226	3 207	..	..	..
F.521	Parts de fonds d'investissement monétaires	10	226	..	..	..	..
F.522	Autres parts de fonds d'investissement	1 984	..	3 207	..	..	..
F.6	**Systèmes d'assurance, de pensions et garanties standard**	..	..	..	..	..	..
F.61	Réserves techniques d'assurance-dommages	220	..	..	..	219	..
F.62	Droits sur les assurances-vie et rentes	..	..	..	..	..	..
F.6M	Dts à pension, gérants de syst. de pension, hors retraite	..	..	..	..	..	..
F.63	Droits à pension	..	..	..	..	..	..
F.64	Dts des fonds de pension sur gérants des systèmes de pension	..	..	..	..	..	..
F.65	Droits à prestations hors retraite	..	..	..	..	..	..
F.66	Réserves pour appels dans le cadre de garanties standard	..	..	..	..	..	..
F.7	**Produits financiers dérivés et options sur titres des salariés**	**-1 329**	**206**	**-615**	**-28**	**3**	..
F.71	Produits financiers dérivés	..	..	..	..	..	..
F.72	Options sur titres des salariés	..	..	..	..	..	..
F.8	**Autres comptes à payer**	**-1 531**	**-1 868**	**844**	**339**	**0**	..
F.81	Crédits commerciaux et avances	0	0	0	0	0	..
F.89	Autres comptes à payer, hors des crédits commerciaux et avances	-1 531	-1 868	844	339	0	..
	Opérations financières nettes	**-3 775**	**-2 890**	**727**	**-1 733**	**121**	..

FINLANDE

Tableau 1.a. Flux consolidés, par instrument et par secteur, Année 2013 (cont.)

SCN 2008

Millions EUR (1999 FIM euro)

		Sociétés non financières	Administrations publiques		Ménages et ISBLSM	Economie totale	Reste du monde
		S11	Total S13	Administration centrale S1311	S14+S15	S1	S2
	Acquisition nette d'actifs financiers	**-70**	**5 240**	**-1 681**	**1 072**	**-18 818**	**-18 818**
F.1	**Or monétaire et DTS**	..	..	..	..	**2**	**2**
F.11	Or monétaire	..	..	..	..	0	0
F.12	Droits de tirage spéciaux (DTS)	..	..	..	..	2	2
F.2	**Numéraire et dépôts**	**433**	**-1 586**	**-2 277**	**-658**	**-41 126**	**-41 126**
F.21	Numéraire	294	0	0	-62	-1	-1
F.22	Dépôts transférables	1 254	361	-527	3 706	-48 192	-48 192
F.29	Autres dépôts	-1 115	-1 947	-1 750	-4 302	7 067	7 067
F.3	**Titres de dette**	**-348**	**2 593**	**-941**	**763**	**7 128**	**7 128**
F.3S	Titres de dette à court terme	255	-1 235	-952	-87	-858	-858
F.3L	Titres de dette à long terme	-603	3 828	11	850	7 986	7 986
F.4	**Crédits**	**-1 379**	**832**	**1 880**	**0**	**11 037**	**11 037**
F.4S	Crédits à court terme	308	0	0	0	10 515	10 515
F.4L	Crédits à long terme	-1 687	832	1 880	0	522	522
F.5	**Actions et parts de fonds d'investissement**	**708**	**5 170**	**335**	**720**	**6 867**	**6 867**
F.51	Actions	509	1 237	111	-604	5 565	5 565
F.511	Actions cotées	-57	373	-314	31	3 408	3 408
F.512	Actions non cotées	566	727	288	-635	1 982	1 982
F.519	Autres participations	..	137	137	..	175	175
F.52	Parts de fonds d'investissement	199	3 933	224	1 324	1 302	1 302
F.521	Parts de fonds d'investissement monétaires	-63	281	1	-144	365	365
F.522	Autres parts de fonds d'investissement	262	3 652	223	1 468	937	937
F.6	**Systèmes d'assurance, de pensions et garanties standard**	..	..	..	..	..	..
F.61	Réserves techniques d'assurance-dommages	-87	0	..	263	0	0
F.62	Droits sur les assurances-vie et rentes	..	..	..	..	..	..
F.6M	Dts à pension, gérants, prestations hors retraite	..	..	..	..	..	..
F.63	Droits à pension	..	..	..	..	..	..
F.64	Dts des fonds de pension sur gérants des systèmes de pension	..	..	..	..	..	..
F.65	Droits à prestations hors retraite	..	..	..	..	..	..
F.66	Réserves pour appels dans le cadre de garanties standard	..	..	..	..	..	..
F.7	**Produits financiers dérivés et options sur titres des salariés**	**-1**	**0**	**0**	..	**-477**	**-477**
F.71	Produits financiers dérivés	..	..	..	..	..	..
F.72	Options sur titres des salariés	..	..	..	..	..	..
F.8	**Autres comptes à recevoir**	**517**	**-1 769**	**-678**	**247**	**-2 249**	**-2 249**
F.81	Crédits commerciaux et avances	641	-639	-588	-13	100	100
F.89	Autres comptes à recevoir, hors crédits commerciaux et avances	-124	-1 130	-90	260	-2 349	-2 349
	Accroissement net des passifs	**-5 464**	**9 912**	**5 521**	**3 190**	**-13 647**	**-13 647**
F.1	**Or monétaire et DTS**	..	..	..	..	..	..
F.11	Or monétaire	..	..	..	..	..	..
F.12	Droits de tirage spéciaux (DTS)	..	..	..	..	..	..
F.2	**Numéraire et dépôts**	..	**59**	**59**	..	**-23 137**	**-23 137**
F.21	Numéraire	..	0	0	..	274	274
F.22	Dépôts transférables	..	39	39	..	-35 725	-35 725
F.29	Autres dépôts	..	20	20	..	12 314	12 314
F.3	**Titres de dette**	**3 234**	**5 758**	**6 068**	**0**	**10 805**	**10 805**
F.3S	Titres de dette à court terme	489	-828	-796	0	11	11
F.3L	Titres de dette à long terme	2 745	6 586	6 864	0	10 794	10 794
F.4	**Crédits**	**-5 287**	**1 384**	**-852**	**3 425**	**-2 653**	**-2 653**
F.4S	Crédits à court terme	246	-1 781	-1 804	-150	-1 132	-1 132
F.4L	Crédits à long terme	-5 533	3 165	952	3 575	-1 521	-1 521
F.5	**Actions et parts de fonds d'investissement**	**-1 479**	**0**	**0**	..	**1 519**	**1 519**
F.51	Actions	-1 479	0	0	..	1 864	1 864
F.511	Actions cotées	1 015	0	..	..	2 589	2 589
F.512	Actions non cotées	-2 497	0	..	..	-725	-725
F.519	Autres participations	3	0	0	..	0	..
F.52	Parts de fonds d'investissement	..	..	..	..	-345	-345
F.521	Parts de fonds d'investissement monétaires	..	..	..	..	-18	-18
F.522	Autres parts de fonds d'investissement	..	..	..	..	-327	-327
F.6	**Systèmes d'assurance, de pensions et garanties standard**	..	..	..	..	..	..
F.61	Réserves techniques d'assurance-dommages	..	0	..	..	44	44
F.62	Droits sur les assurances-vie et rentes	..	..	..	..	..	..
F.6M	Dts à pension, gérants de syst. de pension, hors retraite	..	..	..	..	..	..
F.63	Droits à pension	..	..	..	..	..	..
F.64	Dts des fonds de pension sur gérants des systèmes de pension	..	..	..	..	..	..
F.65	Droits à prestations hors retraite	..	..	..	..	..	..
F.66	Réserves pour appels dans le cadre de garanties standard	..	..	..	..	..	..
F.7	**Produits financiers dérivés et options sur titres des salariés**	**172**	**1 593**	**449**	**0**	**380**	**380**
F.71	Produits financiers dérivés	..	..	..	..	..	..
F.72	Options sur titres des salariés	..	..	..	..	..	..
F.8	**Autres comptes à payer**	**-2 104**	**1 118**	**-203**	**-235**	**-561**	**-561**
F.81	Crédits commerciaux et avances	-182	83	116	-155	188	188
F.89	Autres comptes à payer, hors des crédits commerciaux et avances	-1 922	1 035	-319	-80	-749	-749
	Opérations financières nettes	**5 394**	**-4 672**	**-7 202**	**-2 118**	**-5 171**	**5 171**

Note : Les métadonnées détaillées sont disponibles sur :http://metalinks.oecd.org/faiiia/20150126/023c

FINLANDE

Tableau 1.b. Flux non consolidés, par instrument et par secteur, Année 2013

SCN 2008

Millions EUR (1999 FIM euro)

		Sociétés financières					Sociétés financières publiques
		Total S12	Institutions financières monétaires S121-2-3	Fonds d'investissements non monétaires S124	Autres institutions financières, hors S124 S125-6-7	Sociétés d'assurance et fonds de pension SS128-9	S1201
	Acquisition nette d'actifs financiers	**-65 031**	**-73 700**	**5 495**	**1 479**	**1 695**	..
F.1	**Or monétaire et DTS**	**2**	**2**	..	..	..	..
F.11	Or monétaire	0	0	..	..	..	..
F.12	Droits de tirage spéciaux (DTS)	2	2	..	..	..	..
F.2	**Numéraire et dépôts**	**-88 924**	**-90 687**	**1 445**	**-4**	**322**	..
F.21	Numéraire	-89	-27	0	-62	0	..
F.22	Dépôts transférables	-101 362	-103 345	1 406	190	387	..
F.29	Autres dépôts	12 527	12 685	39	-132	-65	..
F.3	**Titres de dette**	**6 426**	**2 683**	**2 325**	**562**	**856**	..
F.3S	Titres de dette à court terme	-755	-727	26	77	-131	..
F.3L	Titres de dette à long terme	7 181	3 410	2 299	485	987	..
F.4	**Crédits**	**16 519**	**16 195**	**43**	**258**	**23**	..
F.4S	Crédits à court terme	10 734	11 001	0	-267	0	..
F.4L	Crédits à long terme	5 785	5 194	43	525	23	..
F.5	**Actions et parts de fonds d'investissement**	**3 512**	**416**	**1 739**	**611**	**746**	..
F.51	Actions	3 117	480	2 130	637	-130	..
F.511	Actions cotées	1 489	43	2 133	-91	-596	..
F.512	Actions non cotées	1 611	426	-9	728	466	..
F.519	Autres participations	17	11	6	..	..	..
F.52	Parts de fonds d'investissement	395	-64	-391	-26	876	..
F.521	Parts de fonds d'investissement monétaires	532	-13	270	-14	289	..
F.522	Autres parts de fonds d'investissement	-137	-51	-661	-12	587	..
F.6	**Systèmes d'assurance, de pensions et garanties standard**	**-1**	**-1**	..	**0**	**0**	..
F.61	Réserves techniques d'assurance-dommages	-1	-1	..	0	0	..
F.62	Droits sur les assurances-vie et rentes	..	..	..	..	..	..
F.6M	Dts à pension, gérants de syst. de pension, hors retraite	..	..	..	..	..	..
F.63	Droits à pension	..	..	..	..	..	..
F.64	Dts des fonds de pension sur gérants des systèmes de pension	..	..	..	..	..	..
F.65	Droits à prestations hors retraite	..	..	..	..	..	..
F.66	Réserves pour appels dans le cadre de garanties standard	..	..	..	..	..	..
F.7	**Produits financiers dérivés et options sur titres des salariés**	**475**	**505**	**-44**	**0**	**14**	..
F.71	Produits financiers dérivés	..	..	..	..	..	..
F.72	Options sur titres des salariés	..	..	..	..	..	..
F.8	**Autres comptes à recevoir**	**-3 040**	**-2 813**	**-13**	**52**	**-266**	..
F.81	Crédits commerciaux et avances	-370	0	..	1	-371	..
F.89	Autres comptes à recevoir, hors crédits commerciaux et avances	-2 670	-2 813	-13	51	105	..
	Accroissement net des passifs	**-59 897**	**-70 809**	**4 768**	**3 212**	**2 932**	..
F.1	**Or monétaire et DTS**	..	..	..	..	..	..
F.11	Or monétaire	..	..	..	..	..	..
F.12	Droits de tirage spéciaux (DTS)	..	..	..	..	..	..
F.2	**Numéraire et dépôts**	**-72 805**	**-72 805**	..	**0**	**0**	..
F.21	Numéraire	418	418	..	..	..	..
F.22	Dépôts transférables	-83 613	-83 613	..	0	0	..
F.29	Autres dépôts	10 390	10 390	..	0	0	..
F.3	**Titres de dette**	**4 119**	**2 997**	..	**-241**	**1 363**	..
F.3S	Titres de dette à court terme	-614	-326	..	-278	-10	..
F.3L	Titres de dette à long terme	4 733	3 323	..	37	1 373	..
F.4	**Crédits**	**2 760**	**101**	**558**	**2 162**	**-61**	..
F.4S	Crédits à court terme	1 080	-3	0	1 105	-22	..
F.4L	Crédits à long terme	1 680	104	558	1 057	-39	..
F.5	**Actions et parts de fonds d'investissement**	**6 241**	**974**	**3 981**	**980**	**306**	..
F.51	Actions	2 037	751	..	980	306	..
F.511	Actions cotées	2	0	..	2	0	..
F.512	Actions non cotées	2 059	751	..	993	315	..
F.519	Autres participations	-24	0	..	-15	-9	..
F.52	Parts de fonds d'investissement	4 204	223	3 981	..	..	..
F.521	Parts de fonds d'investissement monétaires	223	223	..	..	..	..
F.522	Autres parts de fonds d'investissement	3 981	..	3 981	..	..	..
F.6	**Systèmes d'assurance, de pensions et garanties standard**	**1 358**	..	..	..	**1 358**	..
F.61	Réserves techniques d'assurance-dommages	219	..	..	..	219	..
F.62	Droits sur les assurances-vie et rentes	576	..	..	..	576	..
F.6M	Dts à pension, gérants de syst. de pension, hors retraite	563	..	..	..	563	..
F.63	Droits à pension	563	..	..	..	563	..
F.64	Dts des fonds de pension sur gérants des systèmes de pension	..	..	..	..	..	..
F.65	Droits à prestations hors retraite	..	..	..	..	..	..
F.66	Réserves pour appels dans le cadre de garanties standard	..	..	..	..	..	..
F.7	**Produits financiers dérivés et options sur titres des salariés**	**-434**	**206**	**-615**	**-28**	**3**	..
F.71	Produits financiers dérivés	..	..	..	..	..	..
F.72	Options sur titres des salariés	..	..	..	..	..	..
F.8	**Autres comptes à payer**	**-1 136**	**-2 282**	**844**	**339**	**-37**	..
F.81	Crédits commerciaux et avances	-39	0	0	0	-39	..
F.89	Autres comptes à payer, hors des crédits commerciaux et avances	-1 097	-2 282	844	339	2	..
	Opérations financières nettes	**-5 134**	**-2 891**	**727**	**-1 733**	**-1 237**	..

FINLANDE

Tableau 1.b. Flux non consolidés, par instrument et par secteur, Année 2013 (cont.)

SCN 2008

Millions EUR (1999 FIM euro)

		Sociétés non financières	Administrations publiques		Ménages et ISBLSM	Economie totale	Reste du monde
		S11	Total S13	Administration centrale S1311	S14+S15	S1	S2
	Acquisition nette d'actifs financiers	**7 749**	**5 341**	**-1 681**	**2 475**	**-49 466**	**-18 818**
F.1	**Or monétaire et DTS**	..	..	..	..	**2**	**2**
F.11	Or monétaire	..	..	..	..	0	0
F.12	Droits de tirage spéciaux (DTS)	..	..	..	..	2	2
F.2	**Numéraire et dépôts**	**433**	**-1 586**	**-2 277**	**-658**	**-90 735**	**-41 126**
F.21	Numéraire	294	0	0	-62	143	-1
F.22	Dépôts transférables	1 254	361	-527	3 706	-96 041	-48 192
F.29	Autres dépôts	-1 115	-1 947	-1 750	-4 302	5 163	7 067
F.3	**Titres de dette**	**-897**	**3 120**	**-941**	**763**	**9 412**	**7 128**
F.3S	Titres de dette à court terme	784	-920	-952	-87	-978	-858
F.3L	Titres de dette à long terme	-1 681	4 040	11	850	10 390	7 986
F.4	**Crédits**	**-1 379**	**407**	**1 880**	**0**	**15 547**	**11 037**
F.4S	Crédits à court terme	308	0	0	0	11 042	10 515
F.4L	Crédits à long terme	-1 687	407	1 880	0	4 505	522
F.5	**Actions et parts de fonds d'investissement**	**2 429**	**5 170**	**335**	**720**	**11 831**	**6 867**
F.51	Actions	2 230	1 237	111	-604	5 980	5 565
F.511	Actions cotées	-175	373	-314	31	1 718	3 408
F.512	Actions non cotées	2 405	727	288	-635	4 108	1 982
F.519	Autres participations	..	137	137	..	154	175
F.52	Parts de fonds d'investissement	199	3 933	224	1 324	5 851	1 302
F.521	Parts de fonds d'investissement monétaires	-63	281	1	-144	606	365
F.522	Autres parts de fonds d'investissement	262	3 652	223	1 468	5 245	937
F.6	**Systèmes d'assurance, de pensions et garanties standard**	**-87**	**0**	**..**	**1 403**	**1 315**	**0**
F.61	Réserves techniques d'assurance-dommages	-87	0	..	263	175	0
F.62	Droits sur les assurances-vie et rentes	..	..	..	576	576	..
F.6M	Dts à pension, gérants de syst. de pension, hors retraite	..	..	..	562	562	..
F.63	Droits à pension	..	..	..	562	562	..
F.64	Dts des fonds de pension sur gérants des systèmes de pension	..	..	..	..	..	..
F.65	Droits à prestations hors retraite	..	..	..	..	..	..
F.66	Réserves pour appels dans le cadre de garanties standard	..	..	..	2	2	..
F.7	**Produits financiers dérivés et options sur titres des salariés**	**-1**	**0**	**0**	**..**	**474**	**-477**
F.71	Produits financiers dérivés	..	..	..	..	..	..
F.72	Options sur titres des salariés	..	..	..	..	..	..
F.8	**Autres comptes à recevoir**	**7 251**	**-1 770**	**-678**	**247**	**2 688**	**-2 249**
F.81	Crédits commerciaux et avances	3 385	-639	-588	-13	2 363	100
F.89	Autres comptes à recevoir, hors crédits commerciaux et avances	3 866	-1 131	-90	260	325	-2 349
	Accroissement net des passifs	**2 442**	**10 015**	**5 523**	**3 190**	**-44 250**	**-13 602**
F.1	**Or monétaire et DTS**	..	..	..	..	..	..
F.11	Or monétaire	..	..	..	..	..	..
F.12	Droits de tirage spéciaux (DTS)	..	..	..	..	..	..
F.2	**Numéraire et dépôts**	**..**	**59**	**59**	**..**	**-72 746**	**-23 137**
F.21	Numéraire	..	0	0	..	418	274
F.22	Dépôts transférables	..	39	39	..	-83 574	-35 725
F.29	Autres dépôts	..	20	20	..	10 410	12 314
F.3	**Titres de dette**	**2 685**	**6 285**	**6 068**	**0**	**13 089**	**10 805**
F.3S	Titres de dette à court terme	1 018	-513	-796	0	-109	11
F.3L	Titres de dette à long terme	1 667	6 798	6 864	0	13 198	10 794
F.4	**Crédits**	**-5 287**	**959**	**-852**	**3 425**	**1 857**	**-2 653**
F.4S	Crédits à court terme	246	-1 781	-1 804	-150	-605	-1 132
F.4L	Crédits à long terme	-5 533	2 740	952	3 575	2 462	-1 521
F.5	**Actions et parts de fonds d'investissement**	**242**	**0**	**0**	**..**	**6 483**	**1 519**
F.51	Actions	242	0	0	..	2 279	1 864
F.511	Actions cotées	897	0	..	..	899	2 589
F.512	Actions non cotées	-658	0	..	..	1 401	-725
F.519	Autres participations	3	0	0	..	-21	..
F.52	Parts de fonds d'investissement	..	..	..	..	4 204	-345
F.521	Parts de fonds d'investissement monétaires	..	..	..	..	223	-18
F.522	Autres parts de fonds d'investissement	..	..	..	..	3 981	-327
F.6	**Systèmes d'assurance, de pensions et garanties standard**	**..**	**2**	**2**	**..**	**1 360**	**45**
F.61	Réserves techniques d'assurance-dommages	..	0	..	..	219	44
F.62	Droits sur les assurances-vie et rentes	..	..	..	..	576	0
F.6M	Dts à pension, gérants de syst. de pension, hors retraite	..	0	..	..	563	1
F.63	Droits à pension	..	0	..	..	563	1
F.64	Dts des fonds de pension sur gérants des systèmes de pension	..	..	..	..	..	..
F.65	Droits à prestations hors retraite	..	..	..	..	..	..
F.66	Réserves pour appels dans le cadre de garanties standard	..	2	2	..	2	..
F.7	**Produits financiers dérivés et options sur titres des salariés**	**172**	**1 593**	**449**	**0**	**1 331**	**380**
F.71	Produits financiers dérivés	..	..	..	..	..	..
F.72	Options sur titres des salariés	..	..	..	..	..	..
F.8	**Autres comptes à payer**	**4 630**	**1 117**	**-203**	**-235**	**4 376**	**-561**
F.81	Crédits commerciaux et avances	2 562	83	116	-155	2 451	188
F.89	Autres comptes à payer, hors des crédits commerciaux et avances	2 068	1 034	-319	-80	1 925	-749
	Opérations financières nettes	**5 307**	**-4 674**	**-7 204**	**-715**	**-5 216**	**5 216**

Note : Les métadonnées détaillées sont disponibles sur :http://metalinks.oecd.org/faiiia/20150126/4925

Tableau 2.1.a. Flux consolidés, Secteur S1 - Économie totale

SCN 2008

Millions EUR (1999 FIM euro)

		2006	2007	2008	2009	2010	2011	2012	2013
	Acquisition nette d'actifs financiers	**31 550**	**30 310**	**28 276**	**32 025**	**62 345**	**54 723**	**26 651**	**-18 818**
F.1	**Or monétaire et DTS**	**0**	**0**	**0**	**0**	**0**	**0**	**0**	**2**
F.11	Or monétaire	0	0	0	0	0	0	0	0
F.12	Droits de tirage spéciaux (DTS)	0	0	0	0	0	0	0	2
F.2	**Numéraire et dépôts**	**7 209**	**4 900**	**5 153**	**16 530**	**12 350**	**24 403**	**-10 857**	**-41 126**
F.21	Numéraire	64	-56	-16	1	0	0	-3	-1
F.22	Dépôts transférables	4 880	4 547	8 763	15 211	-7 263	47 803	4 644	-48 192
F.29	Autres dépôts	2 265	409	-3 594	1 318	19 613	-23 400	-15 498	7 067
F.3	**Titres de dette**	**10 711**	**607**	**3 187**	**17 407**	**21 124**	**4 524**	**7 334**	**7 128**
F.3S	Titres de dette à court terme	1 741	365	-1 506	2 509	-1 465	-2 131	1 092	-858
F.3L	Titres de dette à long terme	8 970	242	4 693	14 898	22 589	6 655	6 242	7 986
F.4	**Crédits**	**-4 993**	**4 891**	**3 776**	**-7 903**	**7 373**	**24 411**	**18 021**	**11 037**
F.4S	Crédits à court terme	1 219	1 173	151	-1 118	3 567	22 554	-252	10 515
F.4L	Crédits à long terme	-6 212	3 718	3 625	-6 785	3 806	1 857	18 273	522
F.5	**Actions et parts de fonds d'investissement**	**19 011**	**16 721**	**7 376**	**14 662**	**15 664**	**-1 191**	**12 793**	**6 867**
F.51	Actions	9 505	10 417	7 405	8 091	7 931	-2 601	7 517	5 565
F.511	Actions cotées	1 251	2 733	-5 035	6 076	1 668	-3 761	1 257	3 408
F.512	Actions non cotées	8 254	7 684	12 440	2 015	6 250	1 134	4 788	1 982
F.519	Autres participations	0	0	0	0	13	25	1 472	175
F.52	Parts de fonds d'investissement	9 506	6 304	-30	6 571	7 732	1 410	5 276	1 302
F.521	Parts de fonds d'investissement monétaires	-124	11	107	134	132	1 065	-446	365
F.522	Autres parts de fonds d'investissement	9 630	6 293	-137	6 437	7 601	345	5 722	937
F.6	**Systèmes d'assurance, de pensions et garanties standard**	**..**	**..**	**..**	**..**	**..**	**..**	**..**	**..**
F.61	Réserves techniques d'assurance-dommages	0	0	0	0	0	0	0	0
F.62	Droits sur les assurances-vie et rentes	..	..	..	..	..	..	..	..
F.6M	Dts à pension, gérants, prestations hors retraite	..	..	..	..	..	..	..	..
F.63	Droits à pension	..	..	..	..	..	..	..	..
F.64	Dts des fonds de pension sur gérants des systèmes de pension	..	..	..	..	..	..	..	..
F.65	Droits à prestations hors retraite	..	..	..	..	..	..	..	..
F.66	Réserves pour appels dans le cadre de garanties standard	..	..	..	..	..	..	..	..
F.7	**Produits financiers dérivés et options sur titres des salariés**	**0**	**0**	**0**	**0**	**82**	**426**	**19**	**-477**
F.71	Produits financiers dérivés	..	..	..	..	..	..	..	..
F.72	Options sur titres des salariés	..	..	..	..	..	..	..	..
F.8	**Autres comptes à recevoir**	**-388**	**3 192**	**8 785**	**-8 671**	**5 753**	**2 150**	**-659**	**-2 249**
F.81	Crédits commerciaux et avances	-240	2 938	-1 324	-1 145	773	964	-2 922	100
F.89	Autres comptes à recevoir, hors crédits commerciaux et avances	-148	254	10 109	-7 526	4 980	1 186	2 263	-2 349
	Accroissement net des passifs	**27 476**	**25 135**	**29 051**	**38 672**	**69 656**	**56 290**	**31 495**	**-13 647**
F.1	**Or monétaire et DTS**	**0**	**0**	**0**	**0**	**..**	**..**	**..**	**..**
F.11	Or monétaire	..	..	..	..	..	..	..	..
F.12	Droits de tirage spéciaux (DTS)	..	..	..	..	..	..	..	..
F.2	**Numéraire et dépôts**	**7 480**	**6 652**	**13 358**	**18 482**	**32 424**	**55 630**	**4 795**	**-23 137**
F.21	Numéraire	706	125	991	-238	614	80	-258	274
F.22	Dépôts transférables	6 294	7 525	11 887	18 386	2 557	27 406	17 298	-35 725
F.29	Autres dépôts	480	-998	480	334	29 253	28 144	-12 245	12 314
F.3	**Titres de dette**	**11 519**	**-754**	**2 188**	**20 090**	**12 207**	**12 330**	**19 480**	**10 805**
F.3S	Titres de dette à court terme	1 779	-37	2 664	7 544	-2 549	-4 606	-2 406	11
F.3L	Titres de dette à long terme	9 740	-717	-476	12 546	14 756	16 936	21 886	10 794
F.4	**Crédits**	**-1 626**	**9 289**	**16 205**	**-7 809**	**2 246**	**-1 623**	**743**	**-2 653**
F.4S	Crédits à court terme	-1 501	251	1 031	179	-756	1 052	490	-1 132
F.4L	Crédits à long terme	-125	9 038	15 174	-7 988	3 002	-2 675	253	-1 521
F.5	**Actions et parts de fonds d'investissement**	**8 749**	**7 775**	**-6 850**	**1 338**	**5 427**	**9**	**3 248**	**1 519**
F.51	Actions	6 931	6 717	-6 800	-383	4 806	-1 152	1 469	1 864
F.511	Actions cotées	850	334	-4 999	-2 322	-1 719	-1 722	812	2 589
F.512	Actions non cotées	6 081	6 383	-1 801	1 939	6 525	570	657	-725
F.519	Autres participations	0	0	0	0	0	0	0	0
F.52	Parts de fonds d'investissement	1 818	1 058	-50	1 721	622	1 162	1 779	-345
F.521	Parts de fonds d'investissement monétaires	224	25	1 074	-535	-583	334	-72	-18
F.522	Autres parts de fonds d'investissement	1 594	1 033	-1 124	2 256	1 205	828	1 851	-327
F.6	**Systèmes d'assurance, de pensions et garanties standard**	**..**	**..**	**..**	**..**	**..**	**..**	**..**	**..**
F.61	Réserves techniques d'assurance-dommages	6	3	3	-2	-1	-38	16	44
F.62	Droits sur les assurances-vie et rentes	..	..	..	..	..	..	..	..
F.6M	Dts à pension, gérants de syst. de pension, hors retraite	..	..	..	..	..	..	..	..
F.63	Droits à pension	..	..	..	..	..	..	..	..
F.64	Dts des fonds de pension sur gérants des systèmes de pension	..	..	..	..	..	..	..	..
F.65	Droits à prestations hors retraite	..	..	..	..	..	..	..	..
F.66	Réserves pour appels dans le cadre de garanties standard	..	..	..	..	..	..	..	..
F.7	**Produits financiers dérivés et options sur titres des salariés**	**214**	**450**	**203**	**2 252**	**264**	**1 255**	**2 075**	**380**
F.71	Produits financiers dérivés	..	..	..	..	..	..	..	..
F.72	Options sur titres des salariés	..	..	..	..	..	..	..	..
F.8	**Autres comptes à payer**	**1 140**	**1 723**	**3 947**	**4 319**	**17 088**	**-11 311**	**1 154**	**-561**
F.81	Crédits commerciaux et avances	-368	1 413	2 684	-185	1 011	-728	-2 514	188
F.89	Autres comptes à payer, hors des crédits commerciaux et avances	1 508	310	1 263	4 505	16 077	-10 583	3 668	-749
	Opérations financières nettes	**4 074**	**5 175**	**-775**	**-6 647**	**-7 312**	**-1 568**	**-4 844**	**-5 171**

Note : Les métadonnées détaillées sont disponibles sur :http://metalinks.oecd.org/faiiia/20150126/023c

FINLANDE

Tableau 2.2.a. Flux consolidés, Secteur S11 - Sociétés non financières

SCN 2008

Millions EUR (1999 FIM euro)

		2006	2007	2008	2009	2010	2011	2012	2013
	Acquisition nette d'actifs financiers	**6 415**	**18 780**	**15 902**	**-4 111**	**12 659**	**-1 482**	**7 132**	**-70**
F.1	**Or monétaire et DTS**	..	..	..	..	..	..	..	..
F.11	Or monétaire	..	..	..	..	..	..	..	..
F.12	Droits de tirage spéciaux (DTS)	..	..	..	..	..	..	..	..
F.2	**Numéraire et dépôts**	**1 258**	**4 377**	**2 869**	**1 219**	**1 501**	**-703**	**937**	**433**
F.21	Numéraire	-305	39	112	730	-717	-39	34	294
F.22	Dépôts transférables	1 342	2 211	1 317	2 878	2 019	-387	1 621	1 254
F.29	Autres dépôts	221	2 127	1 440	-2 389	199	-277	-718	-1 115
F.3	**Titres de dette**	**-703**	**-806**	**50**	**1 099**	**1 189**	**-1 506**	**176**	**-348**
F.3S	Titres de dette à court terme	-91	111	590	934	85	-1 019	-839	255
F.3L	Titres de dette à long terme	-612	-917	-540	165	1 104	-487	1 015	-603
F.4	**Crédits**	**-6 363**	**3 648**	**3 127**	**-7 213**	**6 347**	**-4 028**	**5 074**	**-1 379**
F.4S	Crédits à court terme	-5	4	33	20	-52	4	110	308
F.4L	Crédits à long terme	-6 358	3 644	3 094	-7 233	6 399	-4 032	4 964	-1 687
F.5	**Actions et parts de fonds d'investissement**	**9 197**	**8 144**	**8 992**	**1 673**	**4 135**	**-1 037**	**2 940**	**708**
F.51	Actions	7 888	7 894	11 225	1 344	4 260	-941	2 799	509
F.511	Actions cotées	-198	404	764	113	-100	-90	-287	-57
F.512	Actions non cotées	8 086	7 490	10 461	1 231	4 359	-674	3 086	566
F.519	Autres participations	0	0	0	0	1	-177	0	..
F.52	Parts de fonds d'investissement	1 309	250	-2 233	329	-125	-96	141	199
F.521	Parts de fonds d'investissement monétaires	668	-248	-2 109	-74	-609	-313	132	-63
F.522	Autres parts de fonds d'investissement	641	498	-124	403	484	217	9	262
F.6	**Systèmes d'assurance, de pensions et garanties standard**	..	..	..	..	..	..	..	..
F.61	Réserves techniques d'assurance-dommages	158	134	53	-31	42	190	74	-87
F.62	Droits sur les assurances-vie et rentes	..	..	..	..	..	..	..	..
F.6M	Dts à pension, gérants, prestations hors retraite	..	..	..	..	..	..	..	..
F.63	Droits à pension	..	..	..	..	..	..	..	..
F.64	Dts des fonds de pension sur gérants des systèmes de pension	..	..	..	..	..	..	..	..
F.65	Droits à prestations hors retraite	..	..	..	..	..	..	..	..
F.66	Réserves pour appels dans le cadre de garanties standard	..	..	..	..	..	..	..	..
F.7	**Produits financiers dérivés et options sur titres des salariés**	**0**	**0**	**0**	**0**	**1**	**-4**	**0**	**-1**
F.71	Produits financiers dérivés	..	..	..	..	..	..	..	..
F.72	Options sur titres des salariés	..	..	..	..	..	..	..	..
F.8	**Autres comptes à recevoir**	**3 026**	**3 417**	**864**	**-889**	**-514**	**5 796**	**-1 995**	**517**
F.81	Crédits commerciaux et avances	1 776	1 749	861	-744	622	1 077	-2 689	641
F.89	Autres comptes à recevoir, hors crédits commerciaux et avances	1 250	1 668	3	-145	-1 136	4 719	694	-124
	Accroissement net des passifs	**7 184**	**18 001**	**24 446**	**184**	**13 344**	**-2 175**	**7 510**	**-5 464**
F.1	**Or monétaire et DTS**	..	..	..	..	..	..	..	..
F.11	Or monétaire	..	..	..	..	..	..	..	..
F.12	Droits de tirage spéciaux (DTS)	..	..	..	..	..	..	..	..
F.2	**Numéraire et dépôts**	..	..	..	..	..	..	..	..
F.21	Numéraire	..	..	..	..	..	..	..	..
F.22	Dépôts transférables	..	..	..	..	..	..	..	..
F.29	Autres dépôts	..	..	..	..	..	..	..	..
F.3	**Titres de dette**	**2 052**	**1 031**	**-1 851**	**4 579**	**556**	**1 232**	**8 313**	**3 234**
F.3S	Titres de dette à court terme	-284	1 037	-1 251	-378	108	771	87	489
F.3L	Titres de dette à long terme	2 336	-6	-600	4 957	448	461	8 226	2 745
F.4	**Crédits**	**3 497**	**13 834**	**27 009**	**-9 184**	**6 717**	**-753**	**38**	**-5 287**
F.4S	Crédits à court terme	714	1 455	4 997	-5 133	-338	650	315	246
F.4L	Crédits à long terme	2 783	12 379	22 012	-4 051	7 055	-1 403	-277	-5 533
F.5	**Actions et parts de fonds d'investissement**	**306**	**909**	**-5 151**	**2 549**	**2 863**	**1**	**2 251**	**-1 479**
F.51	Actions	306	909	-5 151	2 549	2 863	1	2 251	-1 479
F.511	Actions cotées	-2 144	-2 145	-2 177	741	419	-257	1 417	1 015
F.512	Actions non cotées	2 478	3 157	-3 017	1 915	3 856	346	863	-2 497
F.519	Autres participations	-28	-103	43	-107	-1 412	-88	-29	3
F.52	Parts de fonds d'investissement	..	..	..	..	..	..	..	..
F.521	Parts de fonds d'investissement monétaires	..	..	..	..	..	..	..	..
F.522	Autres parts de fonds d'investissement	..	..	..	..	..	..	..	..
F.6	**Systèmes d'assurance, de pensions et garanties standard**	..	..	..	..	..	..	..	..
F.61	Réserves techniques d'assurance-dommages	..	..	..	..	..	..	..	..
F.62	Droits sur les assurances-vie et rentes	..	..	..	..	..	..	..	..
F.6M	Dts à pension, gérants de syst. de pension, hors retraite	..	..	..	..	..	..	..	..
F.63	Droits à pension	..	..	..	..	..	..	..	..
F.64	Dts des fonds de pension sur gérants des systèmes de pension	..	..	..	..	..	..	..	..
F.65	Droits à prestations hors retraite	..	..	..	..	..	..	..	..
F.66	Réserves pour appels dans le cadre de garanties standard	..	..	..	..	..	..	..	..
F.7	**Produits financiers dérivés et options sur titres des salariés**	**458**	**767**	**1 537**	**2 177**	**-200**	**-625**	**73**	**172**
F.71	Produits financiers dérivés	..	..	..	..	..	..	..	..
F.72	Options sur titres des salariés	..	..	..	..	..	..	..	..
F.8	**Autres comptes à payer**	**871**	**1 460**	**2 902**	**63**	**3 408**	**-2 030**	**-3 165**	**-2 104**
F.81	Crédits commerciaux et avances	-163	1 043	3 064	505	927	-609	-2 690	-182
F.89	Autres comptes à payer, hors des crédits commerciaux et avances	1 034	417	-162	-442	2 481	-1 421	-475	-1 922
	Opérations financières nettes	**-769**	**779**	**-8 544**	**-4 295**	**-685**	**694**	**-379**	**5 394**

Note : Les métadonnées détaillées sont disponibles sur :http://metalinks.oecd.org/faiia/20150126/023c

FINLANDE

Tableau 2.3.a. Flux consolidés, Secteur S12 - Sociétés financières
SCN 2008

Millions EUR (1999 FIM euro)

		2006	2007	2008	2009	2010	2011	2012	2013
	Acquisition nette d'actifs financiers	**30 765**	**28 984**	**31 080**	**31 936**	**59 376**	**72 578**	**25 986**	**-20 258**
F.1	**Or monétaire et DTS**	**0**	**0**	**0**	**0**	**0**	**0**	**0**	**2**
F.11	Or monétaire	0	0	0	0	0	0	0	0
F.12	Droits de tirage spéciaux (DTS)	0	0	0	0	0	0	0	2
F.2	**Numéraire et dépôts**	**4 852**	**4 554**	**8 414**	**15 666**	**8 405**	**24 672**	**-8 525**	**-39 135**
F.21	Numéraire	64	-56	-16	1	0	0	-3	-1
F.22	Dépôts transférables	4 540	4 493	8 356	15 414	-7 568	47 052	4 629	-47 857
F.29	Autres dépôts	248	117	74	251	15 973	-22 380	-13 151	8 723
F.3	**Titres de dette**	**8 513**	**5 269**	**-1 687**	**13 217**	**29 273**	**6 765**	**9 415**	**6 131**
F.3S	Titres de dette à court terme	1 885	496	-2 732	-1 070	1 072	628	984	-568
F.3L	Titres de dette à long terme	6 628	4 773	1 045	14 287	28 201	6 137	8 431	6 699
F.4	**Crédits**	**14 520**	**16 398**	**17 739**	**1 907**	**12 057**	**39 056**	**19 575**	**15 487**
F.4S	Crédits à court terme	2 416	3 032	5 003	-5 528	4 052	24 070	1 036	9 672
F.4L	Crédits à long terme	12 104	13 366	12 736	7 435	8 005	14 986	18 539	5 815
F.5	**Actions et parts de fonds d'investissement**	**2 733**	**1 562**	**-1 517**	**7 739**	**3 458**	**2 015**	**3 150**	**1 112**
F.51	Actions	177	1 047	422	4 186	2 321	666	2 196	2 927
F.511	Actions cotées	865	1 638	-899	3 582	1 131	-798	1 802	1 539
F.512	Actions non cotées	-688	-591	1 321	604	1 169	1 427	376	1 347
F.519	Autres participations	0	0	0	0	21	38	18	41
F.52	Parts de fonds d'investissement	2 556	515	-1 939	3 553	1 137	1 349	954	-1 815
F.521	Parts de fonds d'investissement monétaires	-6	-15	116	134	-204	556	-388	319
F.522	Autres parts de fonds d'investissement	2 562	530	-2 055	3 419	1 341	793	1 342	-2 134
F.6	**Systèmes d'assurance, de pensions et garanties standard**	..	..	..	..	..	..	..	..
F.61	Réserves techniques d'assurance-dommages	0	0	0	0	0	0	0	0
F.62	Droits sur les assurances-vie et rentes	..	..	..	..	..	..	..	..
F.6M	Dts à pension, gérants, prestations hors retraite	..	..	..	..	..	..	..	..
F.63	Droits à pension	..	..	..	..	..	..	..	..
F.64	Dts des fonds de pension sur gérants des systèmes de pension	..	..	..	..	..	..	..	..
F.65	Droits à prestations hors retraite	..	..	..	..	..	..	..	..
F.66	Réserves pour appels dans le cadre de garanties standard	..	..	..	..	..	..	..	..
F.7	**Produits financiers dérivés et options sur titres des salariés**	**0**	**0**	**0**	**0**	**99**	**522**	**122**	**-420**
F.71	Produits financiers dérivés	..	..	..	..	..	..	..	..
F.72	Options sur titres des salariés	..	..	..	..	..	..	..	..
F.8	**Autres comptes à recevoir**	**147**	**1 202**	**8 132**	**-6 593**	**6 084**	**-452**	**2 249**	**-3 435**
F.81	Crédits commerciaux et avances	-338	92	-64	505	24	5	-5	-331
F.89	Autres comptes à recevoir, hors crédits commerciaux et avances	485	1 110	8 196	-7 098	6 060	-457	2 254	-3 104
	Accroissement net des passifs	**27 446**	**29 292**	**27 775**	**31 773**	**57 869**	**69 515**	**20 468**	**-16 483**
F.1	**Or monétaire et DTS**	**0**	**0**	**0**	**0**	..	..	..	..
F.11	Or monétaire	..	..	..	..	..	..	..	..
F.12	Droits de tirage spéciaux (DTS)	..	..	..	..	..	..	..	..
F.2	**Numéraire et dépôts**	**9 759**	**18 940**	**28 995**	**17 938**	**39 307**	**63 444**	**6 288**	**-23 016**
F.21	Numéraire	1 244	665	1 420	891	67	838	264	506
F.22	Dépôts transférables	7 727	9 931	13 382	28 989	8 178	28 968	24 782	-30 108
F.29	Autres dépôts	788	8 344	14 193	-11 942	31 062	33 638	-18 758	6 586
F.3	**Titres de dette**	**7 248**	**3 173**	**5 136**	**6 095**	**2 057**	**9 405**	**6 256**	**3 824**
F.3S	Titres de dette à court terme	-1 686	1 774	3 026	3 262	-2 433	70	-3 077	-427
F.3L	Titres de dette à long terme	8 934	1 399	2 110	2 833	4 490	9 335	9 333	4 251
F.4	**Crédits**	**-144**	**-98**	**1 582**	**287**	**99**	**196**	**1 017**	**1 728**
F.4S	Crédits à court terme	1	-1	12	-14	-13	1	1	18
F.4L	Crédits à long terme	-145	-97	1 570	301	112	195	1 016	1 710
F.5	**Actions et parts de fonds d'investissement**	**9 131**	**5 626**	**-5 989**	**3 208**	**745**	**474**	**436**	**3 841**
F.51	Actions	1 366	2 350	1 099	-53	1 361	833	-2 204	1 847
F.511	Actions cotées	90	593	895	2	74	177	-51	52
F.512	Actions non cotées	1 272	1 757	200	-55	1 287	834	-2 153	1 795
F.519	Autres participations	4	0	4	0	0	-178	0	0
F.52	Parts de fonds d'investissement	7 765	3 276	-7 088	3 261	-616	-359	2 640	1 994
F.521	Parts de fonds d'investissement monétaires	2 402	764	-4 090	-653	-2 073	83	-427	10
F.522	Autres parts de fonds d'investissement	5 363	2 512	-2 998	3 914	1 457	-442	3 067	1 984
F.6	**Systèmes d'assurance, de pensions et garanties standard**	..	..	..	..	..	..	..	..
F.61	Réserves techniques d'assurance-dommages	370	421	119	224	429	170	452	220
F.62	Droits sur les assurances-vie et rentes	..	..	..	..	..	..	..	..
F.6M	Dts à pension, gérants de syst. de pension, hors retraite	..	..	..	..	..	..	..	..
F.63	Droits à pension	..	..	..	..	..	..	..	..
F.64	Dts des fonds de pension sur gérants des systèmes de pension	..	..	..	..	..	..	..	..
F.65	Droits à prestations hors retraite	..	..	..	..	..	..	..	..
F.66	Réserves pour appels dans le cadre de garanties standard	..	..	..	..	..	..	..	..
F.7	**Produits financiers dérivés et options sur titres des salariés**	**-218**	**-77**	**-2 083**	**452**	**1 174**	**2 021**	**1 736**	**-1 329**
F.71	Produits financiers dérivés	..	..	..	..	..	..	..	..
F.72	Options sur titres des salariés	..	..	..	..	..	..	..	..
F.8	**Autres comptes à payer**	**1 670**	**1 728**	**134**	**3 793**	**14 487**	**-6 025**	**4 735**	**-1 531**
F.81	Crédits commerciaux et avances	-213	99	108	129	-370	4	0	0
F.89	Autres comptes à payer, hors des crédits commerciaux et avances	1 883	1 629	26	3 664	14 857	-6 029	4 735	-1 531
	Opérations financières nettes	**3 319**	**-308**	**3 305**	**164**	**1 507**	**3 064**	**5 518**	**-3 775**

Note : Les métadonnées détaillées sont disponibles sur :http://metalinks.oecd.org/faiiia/20150126/023c

FINLANDE

Tableau 2.4.a. Flux consolidés, Secteur S13 - Administrations publiques
SCN 2008

Millions EUR (1999 FIM euro)

		2006	2007	2008	2009	2010	2011	2012	2013
	Acquisition nette d'actifs financiers	**6 785**	**8 644**	**8 463**	**9 493**	**6 511**	**4 100**	**7 156**	**5 240**
F.1	**Or monétaire et DTS**	**0**	**0**	**0**	**0**	**0**	**0**	..	..
F.11	Or monétaire	0	0	0	0	0	0	..	..
F.12	Droits de tirage spéciaux (DTS)	0	0	0	0	0	..	..	..
F.2	**Numéraire et dépôts**	**1 272**	**648**	**754**	**-1 571**	**4 954**	**2 502**	**-2 216**	**-1 586**
F.21	Numéraire	-1	-1	22	-2	-2	0	-16	0
F.22	Dépôts transférables	727	543	741	586	1 405	1 263	1 352	361
F.29	Autres dépôts	546	106	-9	-2 155	3 551	1 239	-3 552	-1 947
F.3	**Titres de dette**	**-94**	**-1 157**	**3 577**	**3 506**	**-7 400**	**1 737**	**-1 006**	**2 593**
F.3S	Titres de dette à court terme	-1 233	2 514	399	2 855	-2 640	427	-1 768	-1 235
F.3L	Titres de dette à long terme	1 139	-3 671	3 178	651	-4 760	1 310	762	3 828
F.4	**Crédits**	**699**	**78**	**3 500**	**2 678**	**894**	**-648**	**3 642**	**832**
F.4S	Crédits à court terme	-20	0	9	-9	0	0	0	0
F.4L	Crédits à long terme	719	78	3 491	2 687	894	-648	3 642	832
F.5	**Actions et parts de fonds d'investissement**	**4 826**	**8 092**	**414**	**6 025**	**6 750**	**255**	**6 513**	**5 170**
F.51	Actions	-2 902	694	-944	3 929	1 545	3	2 142	1 237
F.511	Actions cotées	-1 957	496	-1 832	2 929	2 139	-1 811	-880	373
F.512	Actions non cotées	-793	358	919	1 148	826	1 915	1 597	727
F.519	Autres participations	-152	-160	-31	-148	-1 420	-101	1 425	137
F.52	Parts de fonds d'investissement	7 728	7 398	1 358	2 096	5 205	252	4 371	3 933
F.521	Parts de fonds d'investissement monétaires	36	348	-203	-102	-2	674	-12	281
F.522	Autres parts de fonds d'investissement	7 692	7 050	1 561	2 198	5 208	-422	4 383	3 652
F.6	**Systèmes d'assurance, de pensions et garanties standard**	..	..	..	..	..	..	..	..
F.61	Réserves techniques d'assurance-dommages	-6	26	0	0	0	0	-10	0
F.62	Droits sur les assurances-vie et rentes	..	..	..	..	..	..	..	..
F.6M	Dts à pension, gérants, prestations hors retraite	..	..	..	..	..	..	..	..
F.63	Droits à pension	..	..	..	..	..	..	..	..
F.64	Dts des fonds de pension sur gérants des systèmes de pension	..	..	..	..	..	..	..	..
F.65	Droits à prestations hors retraite	..	..	..	..	..	..	..	..
F.66	Réserves pour appels dans le cadre de garanties standard	..	..	..	..	..	..	..	..
F.7	**Produits financiers dérivés et options sur titres des salariés**	**0**	**0**	**0**	**0**	**0**	**0**	**0**	**0**
F.71	Produits financiers dérivés	..	..	..	..	..	..	..	..
F.72	Options sur titres des salariés	..	..	..	..	..	..	..	..
F.8	**Autres comptes à recevoir**	**82**	**983**	**218**	**-1 145**	**1 313**	**254**	**223**	**-1 769**
F.81	Crédits commerciaux et avances	-253	948	-1 633	0	365	391	-309	-639
F.89	Autres comptes à recevoir, hors crédits commerciaux et avances	335	35	1 851	-1 145	948	-137	532	-1 130
	Accroissement net des passifs	**-1**	**-657**	**338**	**14 305**	**12 027**	**6 418**	**11 318**	**9 912**
F.1	**Or monétaire et DTS**	..	..	..	..	..	..	..	..
F.11	Or monétaire	..	..	..	..	..	..	..	..
F.12	Droits de tirage spéciaux (DTS)	..	..	..	..	..	..	..	..
F.2	**Numéraire et dépôts**	**33**	**30**	**27**	**43**	**-43**	**106**	**-212**	**59**
F.21	Numéraire	0	0	0	0	0	0	0	0
F.22	Dépôts transférables	0	0	0	0	-50	97	-239	39
F.29	Autres dépôts	33	30	27	43	7	9	27	20
F.3	**Titres de dette**	**683**	**-2 462**	**-1 387**	**11 082**	**12 108**	**3 869**	**6 601**	**5 758**
F.3S	Titres de dette à court terme	2 540	150	444	4 961	-262	-3 313	-2 219	-828
F.3L	Titres de dette à long terme	-1 857	-2 612	-1 831	6 121	12 370	7 182	8 820	6 586
F.4	**Crédits**	**-750**	**667**	**1 137**	**1 107**	**691**	**2 484**	**3 761**	**1 384**
F.4S	Crédits à court terme	-1 456	262	576	739	145	1 124	1 143	-1 781
F.4L	Crédits à long terme	706	405	561	368	546	1 360	2 618	3 165
F.5	**Actions et parts de fonds d'investissement**	**0**	**0**	**0**	**0**	**5**	**1**	**0**	**0**
F.51	Actions	0	0	0	0	5	1	0	0
F.511	Actions cotées	0	0	0	0	0	0	0	0
F.512	Actions non cotées	0	0	0	0	4	0	0	0
F.519	Autres participations	0	0	0	0	1	0	0	0
F.52	Parts de fonds d'investissement	..	..	..	..	..	..	..	..
F.521	Parts de fonds d'investissement monétaires	..	..	..	..	..	..	..	..
F.522	Autres parts de fonds d'investissement	..	..	..	..	..	..	..	..
F.6	**Systèmes d'assurance, de pensions et garanties standard**	..	..	..	..	..	..	..	..
F.61	Réserves techniques d'assurance-dommages	0	0	0	0	0	0	0	0
F.62	Droits sur les assurances-vie et rentes	..	..	..	..	..	..	..	..
F.6M	Dts à pension, gérants de syst. de pension, hors retraite	..	..	..	..	..	..	..	..
F.63	Droits à pension	..	..	..	..	..	..	..	..
F.64	Dts des fonds de pension sur gérants des systèmes de pension	..	..	..	..	..	..	..	..
F.65	Droits à prestations hors retraite	..	..	..	..	..	..	..	..
F.66	Réserves pour appels dans le cadre de garanties standard	..	..	..	..	..	..	..	..
F.7	**Produits financiers dérivés et options sur titres des salariés**	**-23**	**-244**	**749**	**-377**	**-692**	**-49**	**369**	**1 593**
F.71	Produits financiers dérivés	..	..	..	..	..	..	..	..
F.72	Options sur titres des salariés	..	..	..	..	..	..	..	..
F.8	**Autres comptes à payer**	**56**	**1 352**	**-188**	**2 450**	**-42**	**7**	**799**	**1 118**
F.81	Crédits commerciaux et avances	-59	260	-446	717	353	266	60	83
F.89	Autres comptes à payer, hors des crédits commerciaux et avances	115	1 092	258	1 733	-395	-259	739	1 035
	Opérations financières nettes	**6 786**	**9 301**	**8 125**	**-4 812**	**-5 516**	**-2 317**	**-4 161**	**-4 672**

Note : Les métadonnées détaillées sont disponibles sur :http://metalinks.oecd.org/faiiia/20150126/023c

FINLANDE

Tableau 2.5.a. Flux consolidés, Secteur S14-S15 - Ménages et ISBLSM

SCN 2008

Millions EUR (1999 FIM euro)

		2006	2007	2008	2009	2010	2011	2012	2013
	Acquisition nette d'actifs financiers	**6 658**	**5 065**	**5 429**	**6 197**	**4 332**	**3 706**	**715**	**1 072**
F.1	**Or monétaire et DTS**	..	..	..	..	..	..	..	..
F.11	Or monétaire	..	..	..	..	..	..	..	..
F.12	Droits de tirage spéciaux (DTS)	..	..	..	..	..	..	..	..
F.2	**Numéraire et dépôts**	**2 139**	**7 639**	**8 780**	**715**	**4 330**	**5 852**	**228**	**-658**
F.21	Numéraire	844	502	295	401	172	797	504	-62
F.22	Dépôts transférables	-296	-294	-156	6 936	2 452	1 534	4 287	3 706
F.29	Autres dépôts	1 591	7 431	8 641	-6 622	1 706	3 521	-4 563	-4 302
F.3	**Titres de dette**	**1 459**	**-203**	**957**	**1 251**	**576**	**-296**	**439**	**763**
F.3S	Titres de dette à court terme	-29	242	-208	91	-20	-33	-88	-87
F.3L	Titres de dette à long terme	1 488	-445	1 165	1 160	596	-263	527	850
F.4	**Crédits**	**13**	**-678**	**12**	**-24**	**0**	**0**	**-2**	**0**
F.4S	Crédits à court terme	0	0	0	0	0	0	0	0
F.4L	Crédits à long terme	13	-678	12	-24	0	0	-2	0
F.5	**Actions et parts de fonds d'investissement**	**2 943**	**-2 317**	**-4 803**	**3 644**	**-494**	**-1 959**	**-371**	**720**
F.51	Actions	-917	-2 676	-550	1 511	-771	-343	-1 042	-604
F.511	Actions cotées	-363	-1 691	649	2 517	711	580	1 176	31
F.512	Actions non cotées	-682	-1 042	-1 277	-1 047	-1 482	-923	-2 218	-635
F.519	Autres participations	128	57	78	41	0	0	0	..
F.52	Parts de fonds d'investissement	3 860	359	-4 253	2 133	277	-1 616	671	1 324
F.521	Parts de fonds d'investissement monétaires	1 356	665	-2 861	58	-543	-103	-533	-144
F.522	Autres parts de fonds d'investissement	2 504	-306	-1 392	2 075	820	-1 513	1 204	1 468
F.6	**Systèmes d'assurance, de pensions et garanties standard**	..	..	..	..	..	..	..	..
F.61	Réserves techniques d'assurance-dommages	212	258	63	257	388	18	372	263
F.62	Droits sur les assurances-vie et rentes	..	..	..	..	..	..	..	..
F.6M	Dts à pension, gérants, prestations hors retraite	..	..	..	..	..	..	..	..
F.63	Droits à pension	..	..	..	..	..	..	..	..
F.64	Dts des fonds de pension sur gérants des systèmes de pension	..	..	..	..	..	..	..	..
F.65	Droits à prestations hors retraite	..	..	..	..	..	..	..	..
F.66	Réserves pour appels dans le cadre de garanties standard	..	..	..	..	..	..	..	..
F.7	**Produits financiers dérivés et options sur titres des salariés**	**0**	**0**	**0**	**0**	**0**	**0**	**0**	..
F.71	Produits financiers dérivés	..	..	..	..	..	..	..	..
F.72	Options sur titres des salariés	..	..	..	..	..	..	..	..
F.8	**Autres comptes à recevoir**	**104**	**624**	**483**	**611**	**-80**	**109**	**421**	**247**
F.81	Crédits commerciaux et avances	-20	0	7	-24	-1	-8	13	-13
F.89	Autres comptes à recevoir, hors crédits commerciaux et avances	124	624	476	635	-79	117	408	260
	Accroissement net des passifs	**11 920**	**9 662**	**9 089**	**3 901**	**6 949**	**6 713**	**6 537**	**3 190**
F.1	**Or monétaire et DTS**	..	..	..	..	..	..	..	..
F.11	Or monétaire	..	..	..	..	..	..	..	..
F.12	Droits de tirage spéciaux (DTS)	..	..	..	..	..	..	..	..
F.2	**Numéraire et dépôts**	..	..	..	..	..	..	..	..
F.21	Numéraire	..	..	..	..	..	..	..	..
F.22	Dépôts transférables	..	..	..	..	..	..	..	..
F.29	Autres dépôts	..	..	..	..	..	..	..	..
F.3	**Titres de dette**	**0**	**0**	**0**	**0**	**0**	**0**	**0**	**0**
F.3S	Titres de dette à court terme	0	0	0	0	0	0	0	0
F.3L	Titres de dette à long terme	0	0	0	0	0	0	0	0
F.4	**Crédits**	**9 633**	**9 441**	**7 079**	**5 232**	**6 664**	**6 419**	**6 195**	**3 425**
F.4S	Crédits à court terme	412	398	340	188	-117	797	429	-150
F.4L	Crédits à long terme	9 221	9 043	6 739	5 044	6 781	5 622	5 766	3 575
F.5	**Actions et parts de fonds d'investissement**	..	..	..	..	..	..	..	..
F.51	Actions	..	..	..	..	..	..	..	..
F.511	Actions cotées	..	..	..	..	..	..	..	..
F.512	Actions non cotées	..	..	..	..	..	..	..	..
F.519	Autres participations	..	..	..	..	..	..	..	..
F.52	Parts de fonds d'investissement	..	..	..	..	..	..	..	..
F.521	Parts de fonds d'investissement monétaires	..	..	..	..	..	..	..	..
F.522	Autres parts de fonds d'investissement	..	..	..	..	..	..	..	..
F.6	**Systèmes d'assurance, de pensions et garanties standard**	..	..	..	..	..	..	..	..
F.61	Réserves techniques d'assurance-dommages	..	..	..	..	..	..	..	..
F.62	Droits sur les assurances-vie et rentes	..	..	..	..	..	..	..	..
F.6M	Dts à pension, gérants de syst. de pension, hors retraite	..	..	..	..	..	..	..	..
F.63	Droits à pension	..	..	..	..	..	..	..	..
F.64	Dts des fonds de pension sur gérants des systèmes de pension	..	..	..	..	..	..	..	..
F.65	Droits à prestations hors retraite	..	..	..	..	..	..	..	..
F.66	Réserves pour appels dans le cadre de garanties standard	..	..	..	..	..	..	..	..
F.7	**Produits financiers dérivés et options sur titres des salariés**	**-3**	**4**	**0**	**0**	**0**	**0**	**0**	**0**
F.71	Produits financiers dérivés	..	..	..	..	..	..	..	..
F.72	Options sur titres des salariés	..	..	..	..	..	..	..	..
F.8	**Autres comptes à payer**	**2 290**	**217**	**2 010**	**-1 331**	**285**	**294**	**342**	**-235**
F.81	Crédits commerciaux et avances	1 472	-138	453	-654	338	112	48	-155
F.89	Autres comptes à payer, hors des crédits commerciaux et avances	818	355	1 557	-677	-53	182	294	-80
	Opérations financières nettes	**-5 262**	**-4 597**	**-3 660**	**2 296**	**-2 617**	**-3 007**	**-5 822**	**-2 118**

Note : Les métadonnées détaillées sont disponibles sur :http://metalinks.oecd.org/faiiia/20150126/023c

FINLANDE

Tableau 2.6.a. Flux consolidés, Secteur S2 - Reste du monde

SCN 2008

Millions EUR (1999 FIM euro)

		2006	2007	2008	2009	2010	2011	2012	2013
	Acquisition nette d'actifs financiers	**31 550**	**30 310**	**28 277**	**32 025**	**62 345**	**54 723**	**26 651**	**-18 818**
F.1	**Or monétaire et DTS**	**0**	**0**	**0**	**0**	**0**	**0**	**0**	**2**
F.11	Or monétaire	0	0	0	0	0	0	0	0
F.12	Droits de tirage spéciaux (DTS)	0	0	0	0	0	0	0	2
F.2	**Numéraire et dépôts**	**7 209**	**4 900**	**5 153**	**16 530**	**12 350**	**24 403**	**-10 857**	**-41 126**
F.21	Numéraire	64	-56	-16	1	0	0	-3	-1
F.22	Dépôts transférables	4 880	4 547	8 763	15 211	-7 263	47 803	4 644	-48 192
F.29	Autres dépôts	2 265	409	-3 594	1 318	19 613	-23 400	-15 498	7 067
F.3	**Titres de dette**	**10 711**	**607**	**3 187**	**17 407**	**21 124**	**4 524**	**7 334**	**7 128**
F.3S	Titres de dette à court terme	1 741	365	-1 506	2 509	-1 465	-2 131	1 092	-858
F.3L	Titres de dette à long terme	8 970	242	4 693	14 898	22 589	6 655	6 242	7 986
F.4	**Crédits**	**-4 993**	**4 891**	**3 776**	**-7 903**	**7 373**	**24 411**	**18 021**	**11 037**
F.4S	Crédits à court terme	1 219	1 173	151	-1 118	3 567	22 554	-252	10 515
F.4L	Crédits à long terme	-6 212	3 718	3 625	-6 785	3 806	1 857	18 273	522
F.5	**Actions et parts de fonds d'investissement**	**19 011**	**16 721**	**7 376**	**14 662**	**15 664**	**-1 191**	**12 793**	**6 867**
F.51	Actions	9 505	10 417	7 405	8 091	7 931	-2 601	7 517	5 565
F.511	Actions cotées	1 251	2 733	-5 035	6 076	1 668	-3 761	1 257	3 408
F.512	Actions non cotées	8 254	7 684	12 440	2 015	6 250	1 135	4 788	1 982
F.519	Autres participations	0	0	0	0	13	25	1 472	175
F.52	Parts de fonds d'investissement	9 506	6 304	-30	6 571	7 733	1 411	5 276	1 302
F.521	Parts de fonds d'investissement monétaires	-124	11	107	134	132	1 065	-446	365
F.522	Autres parts de fonds d'investissement	9 630	6 293	-137	6 437	7 601	345	5 722	937
F.6	**Systèmes d'assurance, de pensions et garanties standard**	..	..	..	..	..	..	..	..
F.61	Réserves techniques d'assurance-dommages	0	0	0	0	0	0	0	0
F.62	Droits sur les assurances-vie et rentes	..	..	..	..	..	..	..	..
F.6M	Dts à pension, gérants, prestations hors retraite	..	..	..	..	..	..	..	..
F.63	Droits à pension	..	..	..	..	..	..	..	..
F.64	Dts des fonds de pension sur gérants des systèmes de pension	..	..	..	..	..	..	..	..
F.65	Droits à prestations hors retraite	..	..	..	..	..	..	..	..
F.66	Réserves pour appels dans le cadre de garanties standard	..	..	..	..	..	..	..	..
F.7	**Produits financiers dérivés et options sur titres des salariés**	**0**	**0**	**0**	**0**	**82**	**426**	**19**	**-477**
F.71	Produits financiers dérivés	..	..	..	..	..	..	..	..
F.72	Options sur titres des salariés	..	..	..	..	..	..	..	..
F.8	**Autres comptes à recevoir**	**-389**	**3 192**	**8 785**	**-8 671**	**5 753**	**2 150**	**-659**	**-2 249**
F.81	Crédits commerciaux et avances	-240	2 938	-1 324	-1 145	773	964	-2 922	100
F.89	Autres comptes à recevoir, hors crédits commerciaux et avances	-149	254	10 109	-7 526	4 980	1 186	2 263	-2 349
	Accroissement net des passifs	**27 476**	**25 135**	**29 051**	**38 672**	**69 656**	**56 291**	**31 495**	**-13 647**
F.1	**Or monétaire et DTS**	**0**	**0**	**0**	**0**	..	..	..	..
F.11	Or monétaire	..	..	..	..	..	..	..	..
F.12	Droits de tirage spéciaux (DTS)	..	..	..	..	..	..	..	..
F.2	**Numéraire et dépôts**	**7 480**	**6 652**	**13 358**	**18 482**	**32 424**	**55 630**	**4 795**	**-23 137**
F.21	Numéraire	706	125	991	-238	614	80	-258	274
F.22	Dépôts transférables	6 294	7 525	11 887	18 386	2 557	27 406	17 298	-35 725
F.29	Autres dépôts	480	-998	480	334	29 253	28 144	-12 245	12 314
F.3	**Titres de dette**	**11 519**	**-754**	**2 188**	**20 090**	**12 207**	**12 330**	**19 480**	**10 805**
F.3S	Titres de dette à court terme	1 779	-37	2 664	7 544	-2 549	-4 606	-2 406	11
F.3L	Titres de dette à long terme	9 740	-717	-476	12 546	14 756	16 936	21 886	10 794
F.4	**Crédits**	**-1 626**	**9 289**	**16 205**	**-7 809**	**2 246**	**-1 623**	**743**	**-2 653**
F.4S	Crédits à court terme	-1 501	251	1 031	179	-756	1 052	490	-1 132
F.4L	Crédits à long terme	-125	9 038	15 174	-7 988	3 002	-2 675	253	-1 521
F.5	**Actions et parts de fonds d'investissement**	**8 749**	**7 775**	**-6 850**	**1 338**	**5 427**	**10**	**3 248**	**1 519**
F.51	Actions	6 931	6 717	-6 800	-383	4 805	-1 152	1 469	1 864
F.511	Actions cotées	850	334	-4 999	-2 322	-1 720	-1 722	812	2 589
F.512	Actions non cotées	6 081	6 383	-1 801	1 939	6 525	570	657	-725
F.519	Autres participations	0	0	0	0	0	0	0	..
F.52	Parts de fonds d'investissement	1 818	1 058	-50	1 721	622	1 162	1 779	-345
F.521	Parts de fonds d'investissement monétaires	224	25	1 074	-535	-583	334	-72	-18
F.522	Autres parts de fonds d'investissement	1 594	1 033	-1 124	2 256	1 205	828	1 851	-327
F.6	**Systèmes d'assurance, de pensions et garanties standard**	..	..	..	..	..	..	..	..
F.61	Réserves techniques d'assurance-dommages	6	3	3	-2	-1	-38	16	44
F.62	Droits sur les assurances-vie et rentes	..	..	..	..	..	..	..	..
F.6M	Dts à pension, gérants de syst. de pension, hors retraite	..	..	..	..	..	..	..	..
F.63	Droits à pension	..	..	..	..	..	..	..	..
F.64	Dts des fonds de pension sur gérants des systèmes de pension	..	..	..	..	..	..	..	..
F.65	Droits à prestations hors retraite	..	..	..	..	..	..	..	..
F.66	Réserves pour appels dans le cadre de garanties standard	..	..	..	..	..	..	..	..
F.7	**Produits financiers dérivés et options sur titres des salariés**	**214**	**450**	**203**	**2 252**	**264**	**1 255**	**2 075**	**380**
F.71	Produits financiers dérivés	..	..	..	..	..	..	..	..
F.72	Options sur titres des salariés	..	..	..	..	..	..	..	..
F.8	**Autres comptes à payer**	**1 140**	**1 723**	**3 947**	**4 319**	**17 088**	**-11 311**	**1 154**	**-561**
F.81	Crédits commerciaux et avances	-368	1 413	2 684	-185	1 011	-728	-2 514	188
F.89	Autres comptes à payer, hors des crédits commerciaux et avances	1 508	310	1 263	4 504	16 077	-10 583	3 668	-749
	Opérations financières nettes	**-4 074**	**-5 175**	**775**	**6 647**	**7 312**	**1 568**	**4 844**	**5 171**

Note : Les métadonnées détaillées sont disponibles sur :http://metalinks.oecd.org/faiiia/20150126/023c

FRANCE

Tableau 1.a. Flux consolidés, par instrument et par secteur, Année 2013
SCN 2008

Millions EUR (1999 FRF euro)

		Sociétés financières					
		Total S12	Institutions financières monétaires S121-2-3	Fonds d'investissements non monétaires S124	Autres institutions financières, hors S124 S125-6-7	Sociétés d'assurance et fonds de pension SS128-9	Sociétés financières publiques S1201
	Acquisition nette d'actifs financiers	**-171 145**	..	**-11 627**	..	..	..
F.1	**Or monétaire et DTS**	**75**	..	..	..	..	..
F.11	Or monétaire	3	..	..	..	..	..
F.12	Droits de tirage spéciaux (DTS)	72	..	..	..	..	..
F.2	**Numéraire et dépôts**	**25 025**	..	**-2 066**	..	..	..
F.21	Numéraire	0	..	..	..	..	..
F.22	Dépôts transférables	-14 165	..	-602	..	..	..
F.29	Autres dépôts	39 190	..	-1 464	..	..	..
F.3	**Titres de dette**	**37 664 e**	..	**-581 e**	..	..	..
F.3S	Titres de dette à court terme	-20 692 e	..	-9 128 e	..	..	..
F.3L	Titres de dette à long terme	58 357 e	..	8 547 e	..	..	..
F.4	**Crédits**	**15 187**	..	**373**	..	..	..
F.4S	Crédits à court terme	-11 264	..	373	..	..	..
F.4L	Crédits à long terme	26 451	..	0	..	..	..
F.5	**Actions et parts de fonds d'investissement**	**24 913 e**	..	**-7 938 e**	..	..	..
F.51	Actions	10 546 e	..	-14 527 e	..	..	..
F.511	Actions cotées	12 975 e	..	-17 642 e	..	..	..
F.512	Actions non cotées	-1 763 e	..	3 115 e	..	..	..
F.519	Autres participations	-665 e	..	0 e	..	..	..
F.52	Parts de fonds d'investissement	14 366 e	..	6 589 e	..	..	..
F.521	Parts de fonds d'investissement monétaires	..	..	..	..	..	..
F.522	Autres parts de fonds d'investissement	..	..	..	..	..	..
F.6	**Systèmes d'assurance, de pensions et garanties standard**	..	..	..	..	..	..
F.61	Réserves techniques d'assurance-dommages	..	..	..	..	..	..
F.62	Droits sur les assurances-vie et rentes	..	..	..	..	..	..
F.6M	Dts à pension, gérants, prestations hors retraite	..	..	..	..	..	..
F.63	Droits à pension	..	..	..	..	..	..
F.64	Dts des fonds de pension sur gérants des systèmes de pension	..	..	..	..	..	..
F.65	Droits à prestations hors retraite	..	..	..	..	..	..
F.66	Réserves pour appels dans le cadre de garanties standard	..	..	..	..	..	..
F.7	**Produits financiers dérivés et options sur titres des salariés**	**-228 556**	..	**361**	..	..	..
F.71	Produits financiers dérivés	..	..	..	..	..	..
F.72	Options sur titres des salariés	..	..	..	..	..	..
F.8	**Autres comptes à recevoir**	**-45 453**	..	**-1 776**	..	..	..
F.81	Crédits commerciaux et avances	1 812	..	0	..	..	..
F.89	Autres comptes à recevoir, hors crédits commerciaux et avances	-47 266	..	-1 776	..	..	..
	Accroissement net des passifs	**-179 500**	..	**-10 733**	..	..	..
F.1	**Or monétaire et DTS**	..	..	..	..	..	..
F.11	Or monétaire	..	..	..	..	..	..
F.12	Droits de tirage spéciaux (DTS)	..	..	..	..	..	..
F.2	**Numéraire et dépôts**	**-4 138**	..	**46**	..	..	..
F.21	Numéraire	7 709	..	..	..	..	..
F.22	Dépôts transférables	13 480	..	..	..	..	..
F.29	Autres dépôts	-25 327	..	46	..	..	..
F.3	**Titres de dette**	**23 550 e**	..	..	..	..	..
F.3S	Titres de dette à court terme	14 770 e	..	..	..	..	..
F.3L	Titres de dette à long terme	8 780 e	..	..	..	..	..
F.4	**Crédits**	**-7 791**	..	**-3 344**	..	..	..
F.4S	Crédits à court terme	-7 724	..	-3 347	..	..	..
F.4L	Crédits à long terme	-67	..	3	..	..	..
F.5	**Actions et parts de fonds d'investissement**	**-16 654 e**	..	**-6 555 e**	..	..	..
F.51	Actions	9 846 e	..	..	..	..	..
F.511	Actions cotées	-318 e	..	..	..	..	..
F.512	Actions non cotées	9 870 e	..	..	..	..	..
F.519	Autres participations	295 e	..	..	..	..	..
F.52	Parts de fonds d'investissement	-26 500 e	..	-6 555 e	..	..	..
F.521	Parts de fonds d'investissement monétaires	..	..	..	..	..	..
F.522	Autres parts de fonds d'investissement	..	..	..	..	..	..
F.6	**Systèmes d'assurance, de pensions et garanties standard**	**28 626**	..	..	..	..	..
F.61	Réserves techniques d'assurance-dommages	-9 679	..	..	..	..	..
F.62	Droits sur les assurances-vie et rentes	38 305	..	..	..	..	..
F.6M	Dts à pension, gérants de syst. de pension, hors retraite	..	..	..	..	..	..
F.63	Droits à pension	..	..	..	..	..	..
F.64	Dts des fonds de pension sur gérants des systèmes de pension	..	..	..	..	..	..
F.65	Droits à prestations hors retraite	..	..	..	..	..	..
F.66	Réserves pour appels dans le cadre de garanties standard	..	..	..	..	..	..
F.7	**Produits financiers dérivés et options sur titres des salariés**	**-205 250**	..	**1 222**	..	..	..
F.71	Produits financiers dérivés	..	..	..	..	..	..
F.72	Options sur titres des salariés	..	..	..	..	..	..
F.8	**Autres comptes à payer**	**2 156**	..	**-2 102**	..	..	..
F.81	Crédits commerciaux et avances	3 671	..	0	..	..	..
F.89	Autres comptes à payer, hors des crédits commerciaux et avances	-1 515	..	-2 102	..	..	..
	Opérations financières nettes	**8 355**	..	**-894**	..	..	..

Tableau 1.a. Flux consolidés, par instrument et par secteur, Année 2013 (cont.)

SCN 2008

Millions EUR (1999 FRF euro)

		Sociétés non financières	Administrations publiques		Ménages et ISBLSM	Economie totale	Reste du monde
		S11	Total S13	Administration centrale S1311	S14+S15	S1	S2
	Acquisition nette d'actifs financiers	**32 125**	**-5 141**	**-940**	**93 515**	**-183 609**	**-183 609**
F.1	**Or monétaire et DTS**	..	..	..	..	**75**	**75**
F.11	Or monétaire	..	..	..	..	3	3
F.12	Droits de tirage spéciaux (DTS)	..	..	..	..	72	72
F.2	**Numéraire et dépôts**	**46 028**	**-11 514**	**-8 585**	**33 155**	**37 036**	**37 036**
F.21	Numéraire	866	5	5	4 791	0	0
F.22	Dépôts transférables	28 739	-2 155	534	16 537	-2 063	-2 063
F.29	Autres dépôts	16 424	-9 364	-9 124	11 826	39 098	39 098
F.3	**Titres de dette**	**-8 952 e**	**-415 e**	**300 e**	**-6 403 e**	**22 564 e**	**22 564 e**
F.3S	Titres de dette à court terme	-6 839 e	-1 433 e	83 e	-528 e	-15 875 e	-15 875 e
F.3L	Titres de dette à long terme	-2 113 e	1 017 e	216 e	-5 875 e	38 439 e	38 439 e
F.4	**Crédits**	**-8 509**	**6 521**	**6 534**	**786**	**-18 445**	**-18 445**
F.4S	Crédits à court terme	-8 267	-21	2	0	-15 249	-15 249
F.4L	Crédits à long terme	-242	6 542	6 532	786	-3 197	-3 197
F.5	**Actions et parts de fonds d'investissement**	**-357 e**	**-2 160 e**	**1 024 e**	**9 626 e**	**61 053 e**	**61 053 e**
F.51	Actions	13 112 e	1 194 e	704 e	19 154 e	43 682 e	43 682 e
F.511	Actions cotées	-259 e	-900 e	-1 202 e	-4 803 e	16 358 e	16 358 e
F.512	Actions non cotées	9 220 e	107 e	107 e	9 480 e	20 063 e	20 063 e
F.519	Autres participations	4 151 e	1 987 e	1 799 e	14 477 e	7 261 e	7 261 e
F.52	Parts de fonds d'investissement	-13 469 e	-3 354 e	320 e	-9 528 e	17 371 e	17 371 e
F.521	Parts de fonds d'investissement monétaires	..	..	..	..	..	..
F.522	Autres parts de fonds d'investissement	..	..	..	..	..	..
F.6	**Systèmes d'assurance, de pensions et garanties standard**	**201**	**13**	..	**39 025**	..	..
F.61	Réserves techniques d'assurance-dommages	201	13	..	715	..	..
F.62	Droits sur les assurances-vie et rentes	..	..	..	38 310	..	..
F.6M	Dts à pension, gérants, prestations hors retraite	..	..	..	..	..	..
F.63	Droits à pension	..	..	..	..	..	..
F.64	Dts des fonds de pension sur gérants des systèmes de pension	..	..	..	..	..	..
F.65	Droits à prestations hors retraite	..	..	..	..	..	..
F.66	Réserves pour appels dans le cadre de garanties standard	..	..	..	..	..	..
F.7	**Produits financiers dérivés et options sur titres des salariés**	**-6 034**	**-692**	**84**	**0**	**-224 107**	**-224 107**
F.71	Produits financiers dérivés	..	..	..	..	..	..
F.72	Options sur titres des salariés	..	..	..	..	..	..
F.8	**Autres comptes à recevoir**	**9 748**	**3 106**	**-297**	**17 327**	**-61 784**	**-61 784**
F.81	Crédits commerciaux et avances	10 661	267	471	2 161	4 444	4 444
F.89	Autres comptes à recevoir, hors crédits commerciaux et avances	-914	2 839	-768	15 166	-66 228	-66 228
	Accroissement net des passifs	**67 028**	**86 841**	**70 673**	**16 859**	**-141 736**	**-141 736**
F.1	**Or monétaire et DTS**	..	..	..	..	..	..
F.11	Or monétaire	..	..	..	..	..	..
F.12	Droits de tirage spéciaux (DTS)	..	..	..	..	..	..
F.2	**Numéraire et dépôts**	**0**	**-1 316**	**-3 411**	..	**-61 113**	**-61 113**
F.21	Numéraire	..	0	0	..	2 047	2 047
F.22	Dépôts transférables	0	-1 978	-3 796	..	-19 518	-19 518
F.29	Autres dépôts	0	663	385	..	-43 642	-43 642
F.3	**Titres de dette**	**17 812 e**	**72 482 e**	**70 652 e**	..	**114 514 e**	**114 514 e**
F.3S	Titres de dette à court terme	-3 062 e	7 143 e	6 745 e	..	32 468 e	32 468 e
F.3L	Titres de dette à long terme	20 874 e	65 339 e	63 907 e	..	82 046 e	82 046 e
F.4	**Crédits**	**-3 430**	**9 809**	**2 118**	**22 849**	**-10 993**	**-10 993**
F.4S	Crédits à court terme	-8 366	-80	4	-1 646	-13 512	-13 512
F.4L	Crédits à long terme	4 936	9 889	2 114	24 495	2 519	2 519
F.5	**Actions et parts de fonds d'investissement**	**31 205 e**	..	..	**0 e**	**43 582 e**	**43 582 e**
F.51	Actions	31 205 e	..	..	0 e	40 727 e	40 727 e
F.511	Actions cotées	11 112 e	..	..	..	20 139 e	20 139 e
F.512	Actions non cotées	2 580 e	..	..	..	15 469 e	15 469 e
F.519	Autres participations	17 513 e	..	..	0 e	5 118 e	5 118 e
F.52	Parts de fonds d'investissement	..	..	..	..	2 855 e	2 855 e
F.521	Parts de fonds d'investissement monétaires	..	..	..	..	..	..
F.522	Autres parts de fonds d'investissement	..	..	..	..	..	..
F.6	**Systèmes d'assurance, de pensions et garanties standard**	..	..	..	..	**-10 613**	**-10 613**
F.61	Réserves techniques d'assurance-dommages	..	..	..	..	-10 608	-10 608
F.62	Droits sur les assurances-vie et rentes	..	..	..	..	-5	-5
F.6M	Dts à pension, gérants de syst. de pension, hors retraite	..	..	..	..	..	..
F.63	Droits à pension	..	..	..	..	..	..
F.64	Dts des fonds de pension sur gérants des systèmes de pension	..	..	..	..	..	..
F.65	Droits à prestations hors retraite	..	..	..	..	..	..
F.66	Réserves pour appels dans le cadre de garanties standard	..	..	..	..	..	..
F.7	**Produits financiers dérivés et options sur titres des salariés**	**-5 343**	**894**	**325**	**0**	**-198 524**	**-198 524**
F.71	Produits financiers dérivés	..	..	..	..	..	..
F.72	Options sur titres des salariés	..	..	..	..	..	..
F.8	**Autres comptes à payer**	**26 783**	**4 972**	**989**	**-5 990**	**-18 589**	**-18 589**
F.81	Crédits commerciaux et avances	8 317	400	936	2 076	4 006	4 006
F.89	Autres comptes à payer, hors des crédits commerciaux et avances	18 466	4 572	53	-8 066	-22 595	-22 595
	Opérations financières nettes	**-34 903**	**-91 981**	**-71 611**	**76 656**	**-41 873**	**41 873**

Note : Les métadonnées détaillées sont disponibles sur :http://metalinks.oecd.org/faiiia/20150126/9df9

FRANCE

Tableau 1.b. Flux non consolidés, par instrument et par secteur, Année 2013

SCN 2008

Millions EUR (1999 FRF euro)

		Sociétés financières					Sociétés financières publiques
		Total S12	Institutions financières monétaires S121-2-3	Fonds d'investissements non monétaires S124	Autres institutions financières, hors S124 S125-6-7	Sociétés d'assurance et fonds de pension SS128-9	S1201
	Acquisition nette d'actifs financiers	**264 928**	**194 345**	**-19 767**	**16 233**	**74 116**	..
F.1	**Or monétaire et DTS**	**75**	**75**	..	..	..	..
F.11	Or monétaire	3	3	..	..	..	..
F.12	Droits de tirage spéciaux (DTS)	72	72	..	..	..	..
F.2	**Numéraire et dépôts**	**-136 835**	**-140 151**	**-2 066**	**1 302**	**4 080**	..
F.21	Numéraire	504	388	..	..	116	..
F.22	Dépôts transférables	-60 015	-58 607	-602	1 128	-1 932	..
F.29	Autres dépôts	-77 324	-81 931	-1 464	174	5 897	..
F.3	**Titres de dette**	**-39 884**	**-107 967**	**-581**	**5 699**	**62 965**	..
F.3S	Titres de dette à court terme	-105 840	-91 255	-9 128	-997	-4 461	..
F.3L	Titres de dette à long terme	65 955	-16 713	8 547	6 696	67 426	..
F.4	**Crédits**	**8 456**	**7 785**	**-554**	**934**	**290**	..
F.4S	Crédits à court terme	-24 294	-21 214	-554	-2 050	-476	..
F.4L	Crédits à long terme	32 750	29 000	0	2 984	766	..
F.5	**Actions et parts de fonds d'investissement**	**-5 311**	**28 220**	**-15 151**	**-14 936**	**-3 444**	..
F.51	Actions	8 578	33 482	-14 527	-18 307	7 929	..
F.511	Actions cotées	14 833	51 954	-17 642	-18 260	-1 219	..
F.512	Actions non cotées	-4 024	-14 711	3 115	-15	7 587	..
F.519	Autres participations	-2 231	-3 761	0	-32	1 562	..
F.52	Parts de fonds d'investissement	-13 888	-5 262	-624	3 371	-11 373	..
F.521	Parts de fonds d'investissement monétaires	..	..	..	..	..	..
F.522	Autres parts de fonds d'investissement	..	..	..	..	..	..
F.6	**Systèmes d'assurance, de pensions et garanties standard**	**21 856**	**3**	..	..	**21 853**	..
F.61	Réserves techniques d'assurance-dommages	21 856	3	..	..	21 853	..
F.62	Droits sur les assurances-vie et rentes	..	..	..	..	..	..
F.6M	Dts à pension, gérants de syst. de pension, hors retraite	..	..	..	..	..	..
F.63	Droits à pension	..	..	..	..	..	..
F.64	Dts des fonds de pension sur gérants des systèmes de pension	..	..	..	..	..	..
F.65	Droits à prestations hors retraite	..	..	..	..	..	..
F.66	Réserves pour appels dans le cadre de garanties standard	..	..	..	..	..	..
F.7	**Produits financiers dérivés et options sur titres des salariés**	**457 884**	**452 863**	**361**	**16 267**	**-11 607**	..
F.71	Produits financiers dérivés	..	..	..	..	..	..
F.72	Options sur titres des salariés	..	..	..	..	..	..
F.8	**Autres comptes à recevoir**	**-41 313**	**-46 482**	**-1 776**	**6 967**	**-22**	..
F.81	Crédits commerciaux et avances	1 812	1	0	1 811	0	..
F.89	Autres comptes à recevoir, hors crédits commerciaux et avances	-43 125	-46 483	-1 776	5 155	-22	..
	Accroissement net des passifs	**256 572**	**188 908**	**-18 873**	**19 056**	**67 480**	..
F.1	**Or monétaire et DTS**	..	..	..	..	..	..
F.11	Or monétaire	..	..	..	..	..	..
F.12	Droits de tirage spéciaux (DTS)	..	..	..	..	..	..
F.2	**Numéraire et dépôts**	**-165 998**	**-165 030**	**46**	**-1 014**	..	..
F.21	Numéraire	8 213	8 213	..	..	..	..
F.22	Dépôts transférables	-32 370	-32 420	..	50	..	..
F.29	Autres dépôts	-141 841	-140 823	46	-1 064	..	..
F.3	**Titres de dette**	**-53 998**	**-60 868**	..	**5 444**	**1 426**	..
F.3S	Titres de dette à court terme	-70 377	-73 146	..	2 769	0	..
F.3L	Titres de dette à long terme	16 379	12 278	..	2 675	1 426	..
F.4	**Crédits**	**-14 522**	**3 663**	**-4 271**	**-25 732**	**11 816**	..
F.4S	Crédits à court terme	-20 755	582	-4 274	-27 209	10 146	..
F.4L	Crédits à long terme	6 232	3 081	3	1 478	1 671	..
F.5	**Actions et parts de fonds d'investissement**	**-46 878**	**-45 408**	**-13 768**	**10 659**	**1 639**	..
F.51	Actions	7 877	-4 421	..	10 659	1 639	..
F.511	Actions cotées	1 540	690	..	411	439	..
F.512	Actions non cotées	7 608	-3 778	..	10 186	1 200	..
F.519	Autres participations	-1 271	-1 333	..	62	0	..
F.52	Parts de fonds d'investissement	-54 755	-40 987	-13 768	..	..	..
F.521	Parts de fonds d'investissement monétaires	..	..	..	..	..	..
F.522	Autres parts de fonds d'investissement	..	..	..	..	..	..
F.6	**Systèmes d'assurance, de pensions et garanties standard**	**50 482**	..	..	..	**50 482**	..
F.61	Réserves techniques d'assurance-dommages	12 177	..	..	..	12 177	..
F.62	Droits sur les assurances-vie et rentes	38 305	..	..	..	38 305	..
F.6M	Dts à pension, gérants de syst. de pension, hors retraite	..	..	..	..	..	..
F.63	Droits à pension	..	..	..	..	..	..
F.64	Dts des fonds de pension sur gérants des systèmes de pension	..	..	..	..	..	..
F.65	Droits à prestations hors retraite	..	..	..	..	..	..
F.66	Réserves pour appels dans le cadre de garanties standard	..	..	..	..	..	..
F.7	**Produits financiers dérivés et options sur titres des salariés**	**481 190**	**451 689**	**1 222**	**27 191**	**1 088**	..
F.71	Produits financiers dérivés	..	..	..	..	..	..
F.72	Options sur titres des salariés	..	..	..	..	..	..
F.8	**Autres comptes à payer**	**6 297**	**4 862**	**-2 102**	**2 507**	**1 029**	..
F.81	Crédits commerciaux et avances	3 671	1 852	0	865	954	..
F.89	Autres comptes à payer, hors des crédits commerciaux et avances	2 626	3 010	-2 102	1 642	75	..
	Opérations financières nettes	**8 355**	**5 437**	**-894**	**-2 825**	**6 636**	..

Tableau 1.b. Flux non consolidés, par instrument et par secteur, Année 2013 (cont.)

SCN 2008

Millions EUR (1999 FRF euro)

		Sociétés non financières	Administrations publiques		Ménages et ISBLSM	Economie totale	Reste du monde
		S11	Total S13	Administration centrale S1311	S14+S15	S1	S2
	Acquisition nette d'actifs financiers	**121 656**	**1 868**	**-2 458**	**93 515**	**481 966**	**-183 609**
F.1	**Or monétaire et DTS**	..	..	..	..	**75**	**75**
F.11	Or monétaire	..	..	..	..	3	3
F.12	Droits de tirage spéciaux (DTS)	..	..	..	..	72	72
F.2	**Numéraire et dépôts**	**46 028**	**-15 239**	**-10 216**	**33 155**	**-72 891**	**37 036**
F.21	Numéraire	866	5	5	4 791	6 166	0
F.22	Dépôts transférables	28 739	-6 571	-2 064	16 537	-21 309	-2 063
F.29	Autres dépôts	16 424	-8 674	-8 157	11 826	-57 748	39 098
F.3	**Titres de dette**	**-9 832**	**3 719**	**1 002**	**-6 403**	**-52 400**	**22 564**
F.3S	Titres de dette à court terme	-6 133	2 013	632	-528	-110 488	-15 875
F.3L	Titres de dette à long terme	-3 698	1 705	369	-5 875	58 088	38 439
F.4	**Crédits**	**19 295**	**5 714**	**5 607**	**786**	**34 250**	**-18 445**
F.4S	Crédits à court terme	908	-150	-102	0	-23 537	-15 249
F.4L	Crédits à long terme	18 387	5 864	5 708	786	57 787	-3 197
F.5	**Actions et parts de fonds d'investissement**	**36 865**	**-2 160**	**1 024**	**9 626**	**39 020**	**61 053**
F.51	Actions	50 334	1 194	704	19 154	79 260	43 682
F.511	Actions cotées	-1 675	-900	-1 202	-4 803	7 455	16 358
F.512	Actions non cotées	41 448	107	107	9 480	47 010	20 063
F.519	Autres participations	10 561	1 987	1 799	14 477	24 794	7 261
F.52	Parts de fonds d'investissement	-13 469	-3 354	320	-9 528	-40 240	17 371
F.521	Parts de fonds d'investissement monétaires	..	..	..	..	..	..
F.522	Autres parts de fonds d'investissement	..	..	..	..	..	..
F.6	**Systèmes d'assurance, de pensions et garanties standard**	**201**	**13**	..	**39 025**	**61 095**	..
F.61	Réserves techniques d'assurance-dommages	201	13	..	715	22 785	..
F.62	Droits sur les assurances-vie et rentes	..	..	..	38 310	38 310	..
F.6M	Dts à pension, gérants de syst. de pension, hors retraite	..	..	..	..	..	..
F.63	Droits à pension	..	..	..	..	..	..
F.64	Dts des fonds de pension sur gérants des systèmes de pension	..	..	..	..	..	..
F.65	Droits à prestations hors retraite	..	..	..	..	..	..
F.66	Réserves pour appels dans le cadre de garanties standard	..	..	..	..	..	..
F.7	**Produits financiers dérivés et options sur titres des salariés**	**-6 034**	**-692**	**84**	**0**	**451 158**	**-224 107**
F.71	Produits financiers dérivés	..	..	..	..	..	..
F.72	Options sur titres des salariés	..	..	..	..	..	..
F.8	**Autres comptes à recevoir**	**35 133**	**10 514**	**42**	**17 327**	**21 661**	**-61 784**
F.81	Crédits commerciaux et avances	36 046	601	471	2 161	40 621	4 444
F.89	Autres comptes à recevoir, hors crédits commerciaux et avances	-914	9 912	-429	15 166	-18 960	-66 228
	Accroissement net des passifs	**156 558**	**93 850**	**69 155**	**16 859**	**523 840**	**-141 736**
F.1	**Or monétaire et DTS**	..	..	..	..	..	..
F.11	Or monétaire	..	..	..	..	..	..
F.12	Droits de tirage spéciaux (DTS)	..	..	..	..	..	..
F.2	**Numéraire et dépôts**	**0**	**-5 042**	**-5 042**	..	**-171 040**	**-61 113**
F.21	Numéraire	..	0	0	..	8 213	2 047
F.22	Dépôts transférables	0	-6 394	-6 394	..	-38 764	-19 518
F.29	Autres dépôts	0	1 352	1 352	..	-140 489	-43 642
F.3	**Titres de dette**	**16 932**	**76 616**	**71 354**	..	**39 550**	**114 514**
F.3S	Titres de dette à court terme	-2 357	10 589	7 294	..	-62 145	32 468
F.3L	Titres de dette à long terme	19 289	66 027	64 060	..	101 695	82 046
F.4	**Crédits**	**24 374**	**9 002**	**1 190**	**22 849**	**41 702**	**-10 993**
F.4S	Crédits à court terme	809	-209	-100	-1 646	-21 800	-13 512
F.4L	Crédits à long terme	23 565	9 210	1 290	24 495	63 502	2 519
F.5	**Actions et parts de fonds d'investissement**	**68 427**	..	..	**0**	**21 549**	**43 582**
F.51	Actions	68 427	..	..	0	76 304	40 727
F.511	Actions cotées	9 697	..	..	..	11 237	20 139
F.512	Actions non cotées	34 807	..	..	..	42 416	15 469
F.519	Autres participations	23 923	..	..	0	22 652	5 118
F.52	Parts de fonds d'investissement	..	..	..	..	-54 755	2 855
F.521	Parts de fonds d'investissement monétaires	..	..	..	..	..	..
F.522	Autres parts de fonds d'investissement	..	..	..	..	..	..
F.6	**Systèmes d'assurance, de pensions et garanties standard**	..	..	..	..	**50 482**	**-10 613**
F.61	Réserves techniques d'assurance-dommages	..	..	..	..	12 177	-10 608
F.62	Droits sur les assurances-vie et rentes	..	..	..	..	38 305	-5
F.6M	Dts à pension, gérants de syst. de pension, hors retraite	..	..	..	..	..	..
F.63	Droits à pension	..	..	..	..	..	..
F.64	Dts des fonds de pension sur gérants des systèmes de pension	..	..	..	..	..	..
F.65	Droits à prestations hors retraite	..	..	..	..	..	..
F.66	Réserves pour appels dans le cadre de garanties standard	..	..	..	..	..	..
F.7	**Produits financiers dérivés et options sur titres des salariés**	**-5 343**	**894**	**325**	**0**	**476 741**	**-198 524**
F.71	Produits financiers dérivés	..	..	..	..	..	..
F.72	Options sur titres des salariés	..	..	..	..	..	..
F.8	**Autres comptes à payer**	**52 168**	**12 380**	**1 328**	**-5 990**	**64 855**	**-18 589**
F.81	Crédits commerciaux et avances	33 702	734	936	2 076	40 183	4 006
F.89	Autres comptes à payer, hors des crédits commerciaux et avances	18 466	11 646	393	-8 066	24 673	-22 595
	Opérations financières nettes	**-34 903**	**-91 981**	**-71 611**	**76 656**	**-41 873**	**41 873**

Note : Les métadonnées détaillées sont disponibles sur :http://metalinks.oecd.org/faiia/20150126/f6d7

FRANCE

Tableau 2.1.a. Flux consolidés, Secteur S1 - Économie totale
SCN 2008

Millions EUR (1999 FRF euro)

		2006	2007	2008	2009	2010	2011	2012	2013
	Acquisition nette d'actifs financiers	**1 090 579**	**1 402 016**	**122 439**	**71 574**	**137 766**	**49 926**	**18 664**	**-183 609**
F.1	**Or monétaire et DTS**	**-1 726**	**-1 667**	**-2 373**	**-1 050**	**48**	**218**	**318**	**75**
F.11	Or monétaire	-1 702	-1 668	-2 392	-1 285	-21	184	-9	3
F.12	Droits de tirage spéciaux (DTS)	-24	1	19	235	69	34	327	72
F.2	**Numéraire et dépôts**	**123 766**	**174 149**	**-79 754**	**-56 979**	**99 189**	**11 319**	**-114 675**	**37 036**
F.21	Numéraire	1	0	-4	0	0	0	0	0
F.22	Dépôts transférables	4 974	27 323	-29 167	17 410	1 983	-2 644	10 520	-2 063
F.29	Autres dépôts	118 791	146 826	-50 582	-74 388	97 206	13 964	-125 195	39 098
F.3	**Titres de dette**	**208 455**	**178 090**	**57 047**	**56 168**	**-40 714**	**-126 472**	**-54 902**	**22 564**
F.3S	Titres de dette à court terme	2 482	-7 298	59 613	35 456	-25 539	-43 551	25 401	-15 875
F.3L	Titres de dette à long terme	205 973	185 388	-2 566	20 712	-15 175	-82 921	-80 304	38 439
F.4	**Crédits**	**38 877**	**64 278**	**36 847**	**10 368**	**26 601**	**42 181**	**13 387**	**-18 445**
F.4S	Crédits à court terme	26 439	37 889	29 626	7 893	-4 400	8 917	-8 796	-15 249
F.4L	Crédits à long terme	12 437	26 389	7 222	2 475	31 001	33 264	22 183	-3 197
F.5	**Actions et parts de fonds d'investissement**	**141 726**	**111 515**	**113 314**	**79 387**	**59 907**	**-1 892**	**117 054**	**61 053**
F.51	Actions	103 212	67 665	113 160	82 467	64 394	3 777	102 612	43 682
F.511	Actions cotées	32 456	-2 867	44 735	47 722	25 587	-28 764	45 953	16 358
F.512	Actions non cotées	67 846	67 241	65 080	30 082	32 357	26 809	35 232	20 063
F.519	Autres participations	2 910	3 291	3 345	4 663	6 451	5 732	21 427	7 261
F.52	Parts de fonds d'investissement	38 514	43 850	154	-3 080	-4 488	-5 669	14 442	17 371
F.521	Parts de fonds d'investissement monétaires	..	..	..	..	..	..	..	..
F.522	Autres parts de fonds d'investissement	..	..	..	..	..	..	..	..
F.6	**Systèmes d'assurance, de pensions et garanties standard**	..	..	..	..	..	..	..	..
F.61	Réserves techniques d'assurance-dommages	..	..	..	..	..	..	..	..
F.62	Droits sur les assurances-vie et rentes	..	..	..	..	..	..	..	..
F.6M	Dts à pension, gérants, prestations hors retraite	..	..	..	..	..	..	..	..
F.63	Droits à pension	..	..	..	..	..	..	..	..
F.64	Dts des fonds de pension sur gérants des systèmes de pension	..	..	..	..	..	..	..	..
F.65	Droits à prestations hors retraite	..	..	..	..	..	..	..	..
F.66	Réserves pour appels dans le cadre de garanties standard	..	..	..	..	..	..	..	..
F.7	**Produits financiers dérivés et options sur titres des salariés**	**572 270**	**857 792**	**1 272**	**-31 851**	**-13 214**	**44 599**	**-104 770**	**-224 107**
F.71	Produits financiers dérivés	..	..	..	..	..	..	..	..
F.72	Options sur titres des salariés	..	..	..	..	..	..	..	..
F.8	**Autres comptes à recevoir**	**7 211**	**17 858**	**-3 915**	**15 531**	**5 949**	**79 974**	**162 252**	**-61 784**
F.81	Crédits commerciaux et avances	-3 202	-1 689	-1 218	-2 767	-3 308	-2 853	-1 518	4 444
F.89	Autres comptes à recevoir, hors crédits commerciaux et avances	10 413	19 547	-2 697	18 298	9 257	82 827	163 771	-66 228
	Accroissement net des passifs	**1 100 584**	**1 420 913**	**149 514**	**103 456**	**172 428**	**94 597**	**72 126**	**-141 736**
F.1	**Or monétaire et DTS**	..	..	..	..	..	..	..	..
F.11	Or monétaire	..	..	..	..	..	..	..	..
F.12	Droits de tirage spéciaux (DTS)	..	..	..	..	..	..	..	..
F.2	**Numéraire et dépôts**	**271 014**	**357 465**	**937**	**-179 437**	**60 583**	**-110 394**	**-53 063**	**-61 113**
F.21	Numéraire	6 473	4 899	10 069	2 375	4 072	995	-2 625	2 047
F.22	Dépôts transférables	19 535	26 657	9 031	1 572	2 541	6 497	43 068	-19 518
F.29	Autres dépôts	245 006	325 909	-18 164	-183 384	53 971	-117 885	-93 506	-43 642
F.3	**Titres de dette**	**77 217**	**92 812**	**134 189**	**276 937**	**90 544**	**67 111**	**-469**	**114 514**
F.3S	Titres de dette à court terme	-13 377	10 552	53 334	77 326	1 480	-22 430	-36 921	32 468
F.3L	Titres de dette à long terme	90 594	82 260	80 855	199 612	89 064	89 541	36 452	82 046
F.4	**Crédits**	**36 731**	**44 439**	**45 065**	**-24 699**	**6 999**	**28 307**	**34 638**	**-10 993**
F.4S	Crédits à court terme	30 986	38 662	36 386	-17 956	11 309	14 308	12 012	-13 512
F.4L	Crédits à long terme	5 745	5 777	8 679	-6 743	-4 310	13 999	22 626	2 519
F.5	**Actions et parts de fonds d'investissement**	**105 866**	**25 816**	**7 071**	**59 389**	**7 745**	**27 811**	**37 665**	**43 582**
F.51	Actions	82 701	21 370	16 050	41 899	4 294	41 472	32 733	40 727
F.511	Actions cotées	56 806	-6 769	2 955	36 045	-6 308	26 650	22 600	20 139
F.512	Actions non cotées	17 016	17 107	8 844	1 595	4 221	8 370	3 078	15 469
F.519	Autres participations	8 879	11 032	4 252	4 259	6 381	6 452	7 055	5 118
F.52	Parts de fonds d'investissement	23 165	4 446	-8 979	17 490	3 450	-13 662	4 932	2 855
F.521	Parts de fonds d'investissement monétaires	..	..	..	..	..	..	..	..
F.522	Autres parts de fonds d'investissement	..	..	..	..	..	..	..	..
F.6	**Systèmes d'assurance, de pensions et garanties standard**	**-715**	**-1 093**	**1 682**	**2 918**	**1 569**	**-4 528**	**-3 070**	**-10 613**
F.61	Réserves techniques d'assurance-dommages	-818	-1 164	1 596	2 548	1 190	-3 784	-3 131	-10 608
F.62	Droits sur les assurances-vie et rentes	103	71	86	370	379	-744	61	-5
F.6M	Dts à pension, gérants de syst. de pension, hors retraite	..	..	..	..	..	..	..	..
F.63	Droits à pension	..	..	..	..	..	..	..	..
F.64	Dts des fonds de pension sur gérants des systèmes de pension	..	..	..	..	..	..	..	..
F.65	Droits à prestations hors retraite	..	..	..	..	..	..	..	..
F.66	Réserves pour appels dans le cadre de garanties standard	..	..	..	..	..	..	..	..
F.7	**Produits financiers dérivés et options sur titres des salariés**	**575 430**	**899 685**	**-25 884**	**-20 718**	**-2 212**	**57 335**	**-95 161**	**-198 524**
F.71	Produits financiers dérivés	..	..	..	..	..	..	..	..
F.72	Options sur titres des salariés	..	..	..	..	..	..	..	..
F.8	**Autres comptes à payer**	**35 042**	**1 790**	**-13 546**	**-10 935**	**7 200**	**28 956**	**151 587**	**-18 589**
F.81	Crédits commerciaux et avances	2 078	-3 122	3 751	-2 364	4 780	3 659	3 224	4 006
F.89	Autres comptes à payer, hors des crédits commerciaux et avances	32 964	4 911	-17 298	-8 571	2 420	25 296	148 363	-22 595
	Opérations financières nettes	**-10 006**	**-18 897**	**-27 075**	**-31 882**	**-34 662**	**-44 671**	**-53 462**	**-41 873**

Note : Les métadonnées détaillées sont disponibles sur :http://metalinks.oecd.org/faiia/20150126/9df9

Tableau 2.2.a. Flux consolidés, Secteur S11 - Sociétés non financières
SCN 2008

Millions EUR (1999 FRF euro)

		2006	2007	2008	2009	2010	2011	2012	2013
	Acquisition nette d'actifs financiers	**119 541**	**135 229**	**72 778**	**64 943**	**96 627**	**57 203**	**1 587**	**32 125**
F.1	**Or monétaire et DTS**	..	..	..	..	..	..	..	..
F.11	Or monétaire	..	..	..	..	..	..	..	..
F.12	Droits de tirage spéciaux (DTS)	..	..	..	..	..	..	..	..
F.2	**Numéraire et dépôts**	**17 589**	**24 629**	**13 602**	**24 795**	**42 335**	**37 365**	**36 186**	**46 028**
F.21	Numéraire	667	579	780	565	536	1 081	1 011	866
F.22	Dépôts transférables	13 185	13 320	-5 204	20 825	16 729	18 141	15 754	28 739
F.29	Autres dépôts	3 738	10 730	18 026	3 405	25 069	18 142	19 421	16 424
F.3	**Titres de dette**	**5 310**	**22 613**	**-6 334**	**-23 953**	**2 268**	**13 444**	**-11 303**	**-8 952**
F.3S	Titres de dette à court terme	1 053	10 516	8 667	-21 713	4 069	2 598	-11 781	-6 839
F.3L	Titres de dette à long terme	4 257	12 097	-15 001	-2 240	-1 801	10 847	478	-2 113
F.4	**Crédits**	**17 180**	**23 938**	**16 302**	**15 209**	**6 816**	**9 767**	**-4 219**	**-8 509**
F.4S	Crédits à court terme	18 925	25 568	19 824	16 141	7 589	9 716	-5 784	-8 267
F.4L	Crédits à long terme	-1 744	-1 631	-3 522	-932	-773	52	1 566	-242
F.5	**Actions et parts de fonds d'investissement**	**73 092**	**49 918**	**110 023**	**39 855**	**11 855**	**-7 782**	**33 819**	**-357**
F.51	Actions	59 715	82 263	91 149	8 185	40 049	25 986	35 955	13 112
F.511	Actions cotées	7 491	11 835	26 432	-7 451	11 132	507	-2 814	-259
F.512	Actions non cotées	48 020	68 462	61 083	11 186	24 033	21 515	34 397	9 220
F.519	Autres participations	4 205	1 965	3 633	4 449	4 885	3 964	4 372	4 151
F.52	Parts de fonds d'investissement	13 377	-32 345	18 874	31 670	-28 195	-33 769	-2 136	-13 469
F.521	Parts de fonds d'investissement monétaires	..	..	..	..	..	..	..	..
F.522	Autres parts de fonds d'investissement	..	..	..	..	..	..	..	..
F.6	**Systèmes d'assurance, de pensions et garanties standard**	**-25**	**284**	**18**	**301**	**-230**	**199**	**625**	**201**
F.61	Réserves techniques d'assurance-dommages	-25	284	18	301	-230	199	625	201
F.62	Droits sur les assurances-vie et rentes	..	..	..	..	..	..	..	..
F.6M	Dts à pension, gérants, prestations hors retraite	..	..	..	..	..	..	..	..
F.63	Droits à pension	..	..	..	..	..	..	..	..
F.64	Dts des fonds de pension sur gérants des systèmes de pension	..	..	..	..	..	..	..	..
F.65	Droits à prestations hors retraite	..	..	..	..	..	..	..	..
F.66	Réserves pour appels dans le cadre de garanties standard	..	..	..	..	..	..	..	..
F.7	**Produits financiers dérivés et options sur titres des salariés**	**-28 712**	**-16 092**	**-36 544**	**-6 177**	**-6 082**	**-6 034**	**-6 035**	**-6 034**
F.71	Produits financiers dérivés	..	..	..	..	..	..	..	..
F.72	Options sur titres des salariés	..	..	..	..	..	..	..	..
F.8	**Autres comptes à recevoir**	**35 106**	**29 939**	**-24 288**	**14 913**	**39 666**	**10 244**	**-47 487**	**9 748**
F.81	Crédits commerciaux et avances	3 833	7 830	2 606	-4 712	-70	-12 546	19 580	10 661
F.89	Autres comptes à recevoir, hors crédits commerciaux et avances	31 272	22 109	-26 893	19 626	39 736	22 790	-67 067	-914
	Accroissement net des passifs	**152 119**	**173 026**	**127 665**	**77 926**	**110 247**	**104 424**	**47 232**	**67 028**
F.1	**Or monétaire et DTS**	..	..	..	..	..	..	..	..
F.11	Or monétaire	..	..	..	..	..	..	..	..
F.12	Droits de tirage spéciaux (DTS)	..	..	..	..	..	..	..	..
F.2	**Numéraire et dépôts**	**0**	**0**	**0**	**0**	**0**	**0**	**0**	**0**
F.21	Numéraire	..	..	..	..	..	..	..	..
F.22	Dépôts transférables	0	0	0	0	0	0	0	0
F.29	Autres dépôts	0	0	0	0	0	0	0	0
F.3	**Titres de dette**	**2 568**	**-1 678**	**25 439**	**49 729**	**23 717**	**26 354**	**51 332**	**17 812**
F.3S	Titres de dette à court terme	-1 596	-5 555	9 153	-14 262	-767	2 609	6 198	-3 062
F.3L	Titres de dette à long terme	4 164	3 877	16 286	63 992	24 484	23 745	45 133	20 874
F.4	**Crédits**	**86 923**	**127 144**	**107 310**	**-20 168**	**11 169**	**54 992**	**13 355**	**-3 430**
F.4S	Crédits à court terme	42 722	51 796	34 389	-30 057	3 241	19 638	15 863	-8 366
F.4L	Crédits à long terme	44 201	75 348	72 922	9 889	7 928	35 354	-2 507	4 936
F.5	**Actions et parts de fonds d'investissement**	**47 258**	**57 239**	**55 687**	**45 605**	**43 831**	**19 779**	**34 005**	**31 205**
F.51	Actions	47 258	57 239	55 687	45 605	43 831	19 779	34 005	31 205
F.511	Actions cotées	22 686	18 835	-2 471	14 519	-831	-15 492	8 251	11 112
F.512	Actions non cotées	10 081	17 504	43 996	21 519	28 966	16 334	8 902	2 580
F.519	Autres participations	14 492	20 901	14 161	9 567	15 696	18 936	16 851	17 513
F.52	Parts de fonds d'investissement	..	..	..	..	..	..	..	..
F.521	Parts de fonds d'investissement monétaires	..	..	..	..	..	..	..	..
F.522	Autres parts de fonds d'investissement	..	..	..	..	..	..	..	..
F.6	**Systèmes d'assurance, de pensions et garanties standard**	..	..	..	..	..	..	..	..
F.61	Réserves techniques d'assurance-dommages	..	..	..	..	..	..	..	..
F.62	Droits sur les assurances-vie et rentes	..	..	..	..	..	..	..	..
F.6M	Dts à pension, gérants de syst. de pension, hors retraite	..	..	..	..	..	..	..	..
F.63	Droits à pension	..	..	..	..	..	..	..	..
F.64	Dts des fonds de pension sur gérants des systèmes de pension	..	..	..	..	..	..	..	..
F.65	Droits à prestations hors retraite	..	..	..	..	..	..	..	..
F.66	Réserves pour appels dans le cadre de garanties standard	..	..	..	..	..	..	..	..
F.7	**Produits financiers dérivés et options sur titres des salariés**	**-26 385**	**-25 846**	**-35 794**	**-2 695**	**-5 596**	**-5 351**	**-5 342**	**-5 343**
F.71	Produits financiers dérivés	..	..	..	..	..	..	..	..
F.72	Options sur titres des salariés	..	..	..	..	..	..	..	..
F.8	**Autres comptes à payer**	**41 755**	**16 167**	**-24 977**	**5 454**	**37 127**	**8 651**	**-46 118**	**26 783**
F.81	Crédits commerciaux et avances	1 791	-491	9 017	6 632	7 741	13 808	8 580	8 317
F.89	Autres comptes à payer, hors des crédits commerciaux et avances	39 964	16 658	-33 994	-1 177	29 386	-5 157	-54 698	18 466
	Opérations financières nettes	**-32 578**	**-37 797**	**-54 887**	**-12 983**	**-13 621**	**-47 221**	**-45 645**	**-34 903**

Note : Les métadonnées détaillées sont disponibles sur :http://metalinks.oecd.org/faiiia/20150126/9df9

FRANCE

Tableau 2.3.a. Flux consolidés, Secteur S12 - Sociétés financières
SCN 2008

Millions EUR (1999 FRF euro)

		2006	2007	2008	2009	2010	2011	2012	2013
	Acquisition nette d'actifs financiers	**1 176 506**	**1 500 689**	**183 794**	**107 822**	**297 281**	**84 409**	**-33 911**	**-171 145**
F.1	**Or monétaire et DTS**	**-1 726**	**-1 667**	**-2 373**	**-1 050**	**48**	**218**	**318**	**75**
F.11	Or monétaire	-1 702	-1 668	-2 392	-1 285	-21	184	-9	3
F.12	Droits de tirage spéciaux (DTS)	-24	1	19	235	69	34	327	72
F.2	**Numéraire et dépôts**	**126 862**	**169 962**	**-80 342**	**-64 867**	**97 310**	**16 374**	**-112 051**	**25 025**
F.21	Numéraire	0	0	0	0	0	0	0	0
F.22	Dépôts transférables	7 883	23 010	-29 859	9 403	-20	2 306	13 043	-14 165
F.29	Autres dépôts	118 979	146 952	-50 483	-74 270	97 330	14 069	-125 093	39 190
F.3	**Titres de dette**	**195 271**	**165 642**	**121 629**	**57 819**	**28 306**	**-57 864**	**60 394**	**37 664**
F.3S	Titres de dette à court terme	-5 270	-4 716	83 405	16 969	-47 228	-27 902	39 498	-20 692
F.3L	Titres de dette à long terme	200 540	170 358	38 224	40 851	75 534	-29 962	20 896	58 357
F.4	**Crédits**	**166 755**	**236 425**	**155 257**	**34 316**	**98 846**	**94 582**	**35 505**	**15 187**
F.4S	Crédits à court terme	22 455	36 460	2 640	-26 206	-11 561	-16 398	4 049	-11 264
F.4L	Crédits à long terme	144 299	199 965	152 617	60 522	110 407	110 980	31 456	26 451
F.5	**Actions et parts de fonds d'investissement**	**81 163**	**69 229**	**63 657**	**77 593**	**45 856**	**-59 908**	**40 471**	**24 913**
F.51	Actions	47 362	29 256	66 273	81 825	51 890	-52 545	38 042	10 546
F.511	Actions cotées	23 347	18 559	30 555	36 996	14 448	-75 332	36 099	12 975
F.512	Actions non cotées	23 035	9 861	27 239	40 538	33 142	18 476	2 424	-1 763
F.519	Autres participations	980	835	8 479	4 291	4 300	4 311	-481	-665
F.52	Parts de fonds d'investissement	33 801	39 974	-2 616	-4 232	-6 034	-7 363	2 429	14 366
F.521	Parts de fonds d'investissement monétaires	..	..	..	..	..	..	..	..
F.522	Autres parts de fonds d'investissement	..	..	..	..	..	..	..	..
F.6	**Systèmes d'assurance, de pensions et garanties standard**	..	..	..	..	..	..	..	..
F.61	Réserves techniques d'assurance-dommages	..	..	..	..	..	..	..	..
F.62	Droits sur les assurances-vie et rentes	..	..	..	..	..	..	..	..
F.6M	Dts à pension, gérants, prestations hors retraite	..	..	..	..	..	..	..	..
F.63	Droits à pension	..	..	..	..	..	..	..	..
F.64	Dts des fonds de pension sur gérants des systèmes de pension	..	..	..	..	..	..	..	..
F.65	Droits à prestations hors retraite	..	..	..	..	..	..	..	..
F.66	Réserves pour appels dans le cadre de garanties standard	..	..	..	..	..	..	..	..
F.7	**Produits financiers dérivés et options sur titres des salariés**	**545 754**	**832 261**	**-34 212**	**-32 779**	**-17 253**	**40 584**	**-109 111**	**-228 556**
F.71	Produits financiers dérivés	..	..	..	..	..	..	..	..
F.72	Options sur titres des salariés	..	..	..	..	..	..	..	..
F.8	**Autres comptes à recevoir**	**62 428**	**28 837**	**-39 822**	**36 790**	**44 167**	**50 423**	**50 563**	**-45 453**
F.81	Crédits commerciaux et avances	433	1 189	626	-36	1 468	1 468	2 331	1 812
F.89	Autres comptes à recevoir, hors crédits commerciaux et avances	61 995	27 648	-40 447	36 825	42 699	48 954	48 232	-47 266
	Accroissement net des passifs	**1 158 233**	**1 485 371**	**143 935**	**75 697**	**268 972**	**59 311**	**-49 367**	**-179 500**
F.1	**Or monétaire et DTS**	..	..	..	..	..	..	..	..
F.11	Or monétaire	..	..	..	..	..	..	..	..
F.12	Droits de tirage spéciaux (DTS)	..	..	..	..	..	..	..	..
F.2	**Numéraire et dépôts**	**278 959**	**416 520**	**72 362**	**-127 684**	**116 258**	**1 411**	**33 942**	**-4 138**
F.21	Numéraire	10 829	8 681	15 178	6 062	7 569	8 053	3 987	7 709
F.22	Dépôts transférables	37 156	41 772	11 533	41 545	19 121	32 971	49 110	13 480
F.29	Autres dépôts	230 974	366 067	45 650	-175 291	89 568	-39 612	-19 155	-25 327
F.3	**Titres de dette**	**81 575**	**79 477**	**84 169**	**44 185**	**40 321**	**-3 376**	**-33 625**	**23 550**
F.3S	Titres de dette à court terme	22 480	20 678	-1 064	-27 018	6 032	-20 494	-7 679	14 770
F.3L	Titres de dette à long terme	59 094	58 799	85 233	71 204	34 289	17 118	-25 946	8 780
F.4	**Crédits**	**7 684**	**3 660**	**14 155**	**-17 893**	**3 039**	**2 059**	**1 681**	**-7 791**
F.4S	Crédits à court terme	1 327	764	4 234	-11 127	2 194	-488	2 929	-7 724
F.4L	Crédits à long terme	6 357	2 896	9 920	-6 766	845	2 548	-1 248	-67
F.5	**Actions et parts de fonds d'investissement**	**81 636**	**-20 146**	**20 999**	**56 539**	**-51 908**	**-49 900**	**-5 428**	**-16 654**
F.51	Actions	31 397	7 809	11 978	12 559	956	4 271	8 806	9 846
F.511	Actions cotées	19 552	-1 227	7 320	9 295	-5 013	-2 268	-957	-318
F.512	Actions non cotées	9 723	11 339	400	2 611	4 241	5 626	7 205	9 870
F.519	Autres participations	2 122	-2 302	4 259	653	1 729	913	2 558	295
F.52	Parts de fonds d'investissement	50 239	-27 955	9 021	43 980	-52 864	-54 171	-14 234	-26 500
F.521	Parts de fonds d'investissement monétaires	..	..	..	..	..	..	..	..
F.522	Autres parts de fonds d'investissement	..	..	..	..	..	..	..	..
F.6	**Systèmes d'assurance, de pensions et garanties standard**	**94 714**	**83 904**	**50 062**	**81 860**	**89 113**	**23 571**	**20 654**	**28 626**
F.61	Réserves techniques d'assurance-dommages	818	3 446	4 771	4 634	3 044	-1 736	-267	-9 679
F.62	Droits sur les assurances-vie et rentes	93 896	80 458	45 291	77 226	86 069	25 307	20 921	38 305
F.6M	Dts à pension, gérants de syst. de pension, hors retraite	..	..	..	..	..	..	..	..
F.63	Droits à pension	..	..	..	..	..	..	..	..
F.64	Dts des fonds de pension sur gérants des systèmes de pension	..	..	..	..	..	..	..	..
F.65	Droits à prestations hors retraite	..	..	..	..	..	..	..	..
F.66	Réserves pour appels dans le cadre de garanties standard	..	..	..	..	..	..	..	..
F.7	**Produits financiers dérivés et options sur titres des salariés**	**546 353**	**882 872**	**-60 372**	**-25 980**	**-6 577**	**52 131**	**-100 278**	**-205 250**
F.71	Produits financiers dérivés	..	..	..	..	..	..	..	..
F.72	Options sur titres des salariés	..	..	..	..	..	..	..	..
F.8	**Autres comptes à payer**	**67 313**	**39 083**	**-37 439**	**64 670**	**78 726**	**33 414**	**33 687**	**2 156**
F.81	Crédits commerciaux et avances	5 450	5 770	1 554	-2 854	280	-13 492	16 249	3 671
F.89	Autres comptes à payer, hors des crédits commerciaux et avances	61 863	33 313	-38 992	67 524	78 446	46 906	17 438	-1 515
	Opérations financières nettes	**18 272**	**15 318**	**39 859**	**32 124**	**28 310**	**25 098**	**15 456**	**8 355**

Note : Les métadonnées détaillées sont disponibles sur :http://metalinks.oecd.org/faiiia/20150126/9df9

FRANCE

Tableau 2.4.a. Flux consolidés, Secteur S13 - Administrations publiques
SCN 2008

Millions EUR (1999 FRF euro)

		2006	2007	2008	2009	2010	2011	2012	2013
	Acquisition nette d'actifs financiers	**-29 075**	**13 323**	**36 442**	**41 717**	**-13 996**	**23 217**	**41 370**	**-5 141**
F.1	**Or monétaire et DTS**	..	..	..	..	..	..	..	..
F.11	Or monétaire	..	..	..	..	..	..	..	..
F.12	Droits de tirage spéciaux (DTS)	..	..	..	..	..	..	..	..
F.2	**Numéraire et dépôts**	**-30 824**	**896**	**16 664**	**16 291**	**-17 936**	**16 575**	**-3 806**	**-11 514**
F.21	Numéraire	5	-5	7	-3	-2	-2	6	5
F.22	Dépôts transférables	-1 714	507	15 349	5 681	-13 431	6 834	-250	-2 155
F.29	Autres dépôts	-29 115	394	1 308	10 612	-4 504	9 743	-3 562	-9 364
F.3	**Titres de dette**	**7 079**	**5 548**	**13 253**	**-6 153**	**968**	**-4 636**	**-7 405**	**-415**
F.3S	Titres de dette à court terme	863	229	-1 896	1 579	251	-445	-1 875	-1 433
F.3L	Titres de dette à long terme	6 216	5 319	15 149	-7 733	717	-4 191	-5 530	1 017
F.4	**Crédits**	**-4 516**	**-2 636**	**-4 253**	**5 801**	**-632**	**5 293**	**25 540**	**6 521**
F.4S	Crédits à court terme	-183	-2	-68	414	-149	-435	117	-21
F.4L	Crédits à long terme	-4 333	-2 634	-4 184	5 387	-484	5 728	25 423	6 542
F.5	**Actions et parts de fonds d'investissement**	**-10 979**	**-525**	**5 510**	**12 487**	**-8 252**	**-4 057**	**18 903**	**-2 160**
F.51	Actions	-15 533	-5 218	715	61	-6 946	-4 974	20 792	1 194
F.511	Actions cotées	-11 297	-4 896	253	4 770	-5 682	-4 575	3 669	-900
F.512	Actions non cotées	111	-4	65	4 793	-1 569	-548	367	107
F.519	Autres participations	-4 347	-318	397	-9 502	305	149	16 756	1 987
F.52	Parts de fonds d'investissement	4 554	4 693	4 796	12 425	-1 306	917	-1 889	-3 354
F.521	Parts de fonds d'investissement monétaires	..	..	..	..	..	..	..	..
F.522	Autres parts de fonds d'investissement	..	..	..	..	..	..	..	..
F.6	**Systèmes d'assurance, de pensions et garanties standard**	**154**	**236**	**169**	**428**	**163**	**-62**	**8**	**13**
F.61	Réserves techniques d'assurance-dommages	154	236	169	428	163	-62	8	13
F.62	Droits sur les assurances-vie et rentes	..	..	..	..	..	..	..	..
F.6M	Dts à pension, gérants, prestations hors retraite	..	..	..	..	..	..	..	..
F.63	Droits à pension	..	..	..	..	..	..	..	..
F.64	Dts des fonds de pension sur gérants des systèmes de pension	..	..	..	..	..	..	..	..
F.65	Droits à prestations hors retraite	..	..	..	..	..	..	..	..
F.66	Réserves pour appels dans le cadre de garanties standard	..	..	..	..	..	..	..	..
F.7	**Produits financiers dérivés et options sur titres des salariés**	**-372**	**-725**	**2 006**	**987**	**1 721**	**830**	**918**	**-692**
F.71	Produits financiers dérivés	..	..	..	..	..	..	..	..
F.72	Options sur titres des salariés	..	..	..	..	..	..	..	..
F.8	**Autres comptes à recevoir**	**10 383**	**10 530**	**3 092**	**11 878**	**9 973**	**9 274**	**7 212**	**3 106**
F.81	Crédits commerciaux et avances	-874	-235	2 306	6 920	-17	6 764	775	267
F.89	Autres comptes à recevoir, hors crédits commerciaux et avances	11 257	10 765	786	4 957	9 989	2 509	6 437	2 839
	Accroissement net des passifs	**17 500**	**66 658**	**104 734**	**180 092**	**120 339**	**127 059**	**142 075**	**86 841**
F.1	**Or monétaire et DTS**	..	..	..	..	..	..	..	..
F.11	Or monétaire	..	..	..	..	..	..	..	..
F.12	Droits de tirage spéciaux (DTS)	..	..	..	..	..	..	..	..
F.2	**Numéraire et dépôts**	**5 530**	**2 285**	**3 529**	**-2 343**	**2 274**	**6 965**	**5 035**	**-1 316**
F.21	Numéraire	0	0	0	0	0	0	0	0
F.22	Dépôts transférables	5 400	1 391	3 783	-2 629	577	6 697	6 895	-1 978
F.29	Autres dépôts	130	894	-254	286	1 697	268	-1 860	663
F.3	**Titres de dette**	**-5 585**	**38 654**	**96 953**	**162 441**	**91 262**	**124 060**	**82 864**	**72 482**
F.3S	Titres de dette à court terme	-39 927	10 405	74 826	80 144	-21 499	14 858	-33 986	7 143
F.3L	Titres de dette à long terme	34 342	28 249	22 127	82 297	112 761	109 202	116 849	65 339
F.4	**Crédits**	**3 995**	**15 060**	**291**	**18 476**	**15 980**	**-9 496**	**36 638**	**9 809**
F.4S	Crédits à court terme	358	7 253	-8 309	6 383	8 592	-20 211	131	-80
F.4L	Crédits à long terme	3 636	7 807	8 599	12 094	7 388	10 715	36 508	9 889
F.5	**Actions et parts de fonds d'investissement**	..	..	..	..	..	..	..	..
F.51	Actions	..	..	..	..	..	..	..	..
F.511	Actions cotées	..	..	..	..	..	..	..	..
F.512	Actions non cotées	..	..	..	..	..	..	..	..
F.519	Autres participations	..	..	..	..	..	..	..	..
F.52	Parts de fonds d'investissement	..	..	..	..	..	..	..	..
F.521	Parts de fonds d'investissement monétaires	..	..	..	..	..	..	..	..
F.522	Autres parts de fonds d'investissement	..	..	..	..	..	..	..	..
F.6	**Systèmes d'assurance, de pensions et garanties standard**	..	..	..	..	..	..	..	..
F.61	Réserves techniques d'assurance-dommages	..	..	..	..	..	..	..	..
F.62	Droits sur les assurances-vie et rentes	..	..	..	..	..	..	..	..
F.6M	Dts à pension, gérants de syst. de pension, hors retraite	..	..	..	..	..	..	..	..
F.63	Droits à pension	..	..	..	..	..	..	..	..
F.64	Dts des fonds de pension sur gérants des systèmes de pension	..	..	..	..	..	..	..	..
F.65	Droits à prestations hors retraite	..	..	..	..	..	..	..	..
F.66	Réserves pour appels dans le cadre de garanties standard	..	..	..	..	..	..	..	..
F.7	**Produits financiers dérivés et options sur titres des salariés**	**-138**	**311**	**338**	**1 772**	**1 560**	**1 337**	**1 001**	**894**
F.71	Produits financiers dérivés	..	..	..	..	..	..	..	..
F.72	Options sur titres des salariés	..	..	..	..	..	..	..	..
F.8	**Autres comptes à payer**	**13 698**	**10 348**	**3 624**	**-254**	**9 263**	**4 193**	**16 537**	**4 972**
F.81	Crédits commerciaux et avances	1 419	1 799	-54	-1 266	812	1 655	2 699	400
F.89	Autres comptes à payer, hors des crédits commerciaux et avances	12 279	8 549	3 678	1 012	8 450	2 537	13 838	4 572
	Opérations financières nettes	**-46 575**	**-53 334**	**-68 291**	**-138 374**	**-134 336**	**-103 841**	**-100 705**	**-91 981**

Note : Les métadonnées détaillées sont disponibles sur :http://metalinks.oecd.org/faiiia/20150126/9df9

Tableau 2.5.a. Flux consolidés, Secteur S14-S15 - Ménages et ISBLSM

SCN 2008

Millions EUR (1999 FRF euro)

		2006	2007	2008	2009	2010	2011	2012	2013
	Acquisition nette d'actifs financiers	**152 157**	**151 692**	**113 649**	**141 521**	**158 433**	**96 650**	**42 850**	**93 515**
F.1	**Or monétaire et DTS**	..	..	..	..	..	..	..	..
F.11	Or monétaire	..	..	..	..	..	..	..	..
F.12	Droits de tirage spéciaux (DTS)	..	..	..	..	..	..	..	..
F.2	**Numéraire et dépôts**	**23 614**	**40 003**	**45 277**	**16 213**	**35 430**	**59 775**	**57 035**	**33 155**
F.21	Numéraire	3 685	3 208	4 318	3 125	2 963	5 979	5 595	4 791
F.22	Dépôts transférables	8 642	6 992	-3 169	18 844	15 861	3 246	-5 090	16 537
F.29	Autres dépôts	11 287	29 803	44 128	-5 756	16 606	50 550	56 530	11 826
F.3	**Titres de dette**	**2 136**	**7 929**	**872**	**7 873**	**-7 499**	**2 510**	**4 452**	**-6 403**
F.3S	Titres de dette à court terme	170	1 650	-982	159	-345	1 602	1 015	-528
F.3L	Titres de dette à long terme	1 966	6 280	1 853	7 714	-7 154	908	3 436	-5 875
F.4	**Crédits**	**2 807**	**-401**	**8 943**	**-6 139**	**914**	**1 277**	**622**	**786**
F.4S	Crédits à court terme	-300	-1 730	0	4	0	304	-308	0
F.4L	Crédits à long terme	3 107	1 329	8 943	-6 143	914	973	930	786
F.5	**Actions et parts de fonds d'investissement**	**21 559**	**4 234**	**3 919**	**-7 693**	**-5 274**	**12 023**	**14 774**	**9 626**
F.51	Actions	7 702	5 107	6 819	8 760	19 994	17 987	17 902	19 154
F.511	Actions cotées	-1 653	-3 989	-10 611	1 175	6 153	6 226	-6 308	-4 803
F.512	Actions non cotées	-531	657	12 245	-3 901	5 737	956	11 075	9 480
F.519	Autres participations	9 887	8 440	5 185	11 486	8 104	10 805	13 134	14 477
F.52	Parts de fonds d'investissement	13 856	-873	-2 900	-16 453	-25 268	-5 964	-3 128	-9 528
F.521	Parts de fonds d'investissement monétaires	..	..	..	..	..	..	..	..
F.522	Autres parts de fonds d'investissement	..	..	..	..	..	..	..	..
F.6	**Systèmes d'assurance, de pensions et garanties standard**	**95 300**	**84 477**	**48 193**	**78 213**	**87 611**	**27 962**	**23 091**	**39 025**
F.61	Réserves techniques d'assurance-dommages	1 507	4 090	2 988	1 357	1 921	1 911	2 231	715
F.62	Droits sur les assurances-vie et rentes	93 793	80 387	45 205	76 856	85 690	26 051	20 860	38 310
F.6M	Dts à pension, gérants, prestations hors retraite	..	..	..	..	..	..	..	..
F.63	Droits à pension	..	..	..	..	..	..	..	..
F.64	Dts des fonds de pension sur gérants des systèmes de pension	..	..	..	..	..	..	..	..
F.65	Droits à prestations hors retraite	..	..	..	..	..	..	..	..
F.66	Réserves pour appels dans le cadre de garanties standard	..	..	..	..	..	..	..	..
F.7	**Produits financiers dérivés et options sur titres des salariés**	**7**	**4**	**50**	**-72**	**-4**	**0**	**0**	**0**
F.71	Produits financiers dérivés	..	..	..	..	..	..	..	..
F.72	Options sur titres des salariés	..	..	..	..	..	..	..	..
F.8	**Autres comptes à recevoir**	**6 734**	**15 445**	**6 395**	**53 125**	**47 256**	**-6 897**	**-57 123**	**17 327**
F.81	Crédits commerciaux et avances	161	1 974	2 238	2 174	2 161	2 161	2 161	2 161
F.89	Autres comptes à recevoir, hors crédits commerciaux et avances	6 573	13 472	4 157	50 951	45 094	-9 059	-59 285	15 166
	Accroissement net des passifs	**101 282**	**94 776**	**57 404**	**54 170**	**73 447**	**15 356**	**-34 582**	**16 859**
F.1	**Or monétaire et DTS**	..	..	..	..	..	..	..	..
F.11	Or monétaire	..	..	..	..	..	..	..	..
F.12	Droits de tirage spéciaux (DTS)	..	..	..	..	..	..	..	..
F.2	**Numéraire et dépôts**	..	..	..	..	..	..	..	..
F.21	Numéraire	..	..	..	..	..	..	..	..
F.22	Dépôts transférables	..	..	..	..	..	..	..	..
F.29	Autres dépôts	..	..	..	..	..	..	..	..
F.3	**Titres de dette**	..	..	..	..	..	..	..	..
F.3S	Titres de dette à court terme	..	..	..	..	..	..	..	..
F.3L	Titres de dette à long terme	..	..	..	..	..	..	..	..
F.4	**Crédits**	**81 480**	**91 623**	**62 713**	**33 705**	**56 152**	**49 489**	**27 025**	**22 849**
F.4S	Crédits à court terme	1 037	1 257	-1 158	-695	-2 440	-361	-41	-1 646
F.4L	Crédits à long terme	80 443	90 365	63 871	34 400	58 592	49 850	27 066	24 495
F.5	**Actions et parts de fonds d'investissement**	**80**	**64**	**180**	**100**	**100**	**100**	**0**	**0**
F.51	Actions	80	64	180	100	100	100	0	0
F.511	Actions cotées	..	..	..	..	..	..	..	..
F.512	Actions non cotées	..	..	..	..	..	..	..	..
F.519	Autres participations	80	64	180	100	100	100	0	0
F.52	Parts de fonds d'investissement	..	..	..	..	..	..	..	..
F.521	Parts de fonds d'investissement monétaires	..	..	..	..	..	..	..	..
F.522	Autres parts de fonds d'investissement	..	..	..	..	..	..	..	..
F.6	**Systèmes d'assurance, de pensions et garanties standard**	..	..	..	..	..	..	..	..
F.61	Réserves techniques d'assurance-dommages	..	..	..	..	..	..	..	..
F.62	Droits sur les assurances-vie et rentes	..	..	..	..	..	..	..	..
F.6M	Dts à pension, gérants de syst. de pension, hors retraite	..	..	..	..	..	..	..	..
F.63	Droits à pension	..	..	..	..	..	..	..	..
F.64	Dts des fonds de pension sur gérants des systèmes de pension	..	..	..	..	..	..	..	..
F.65	Droits à prestations hors retraite	..	..	..	..	..	..	..	..
F.66	Réserves pour appels dans le cadre de garanties standard	..	..	..	..	..	..	..	..
F.7	**Produits financiers dérivés et options sur titres des salariés**	**7**	**4**	**-27**	**-5**	**-2**	**0**	**0**	**0**
F.71	Produits financiers dérivés	..	..	..	..	..	..	..	..
F.72	Options sur titres des salariés	..	..	..	..	..	..	..	..
F.8	**Autres comptes à payer**	**19 715**	**3 085**	**-5 462**	**20 370**	**17 197**	**-34 233**	**-61 607**	**-5 990**
F.81	Crédits commerciaux et avances	173	2 247	2 228	2 238	2 798	2 389	2 062	2 076
F.89	Autres comptes à payer, hors des crédits commerciaux et avances	19 542	838	-7 690	18 132	14 399	-36 622	-63 669	-8 066
	Opérations financières nettes	**50 876**	**56 916**	**56 245**	**87 351**	**84 986**	**81 294**	**77 432**	**76 656**

Note : Les métadonnées détaillées sont disponibles sur :http://metalinks.oecd.org/faiiia/20150126/9df9

FRANCE

Tableau 2.6.a. Flux consolidés, Secteur S2 - Reste du monde

SCN 2008

Millions EUR (1999 FRF euro)

		2006	2007	2008	2009	2010	2011	2012	2013
	Acquisition nette d'actifs financiers	**1 090 579**	**1 402 016**	**122 439**	**71 574**	**137 766**	**49 926**	**18 664**	**-183 609**
F.1	**Or monétaire et DTS**	**-1 726**	**-1 667**	**-2 373**	**-1 050**	**48**	**218**	**318**	**75**
F.11	Or monétaire	-1 702	-1 668	-2 392	-1 285	-21	184	-9	3
F.12	Droits de tirage spéciaux (DTS)	-24	1	19	235	69	34	327	72
F.2	**Numéraire et dépôts**	**123 766**	**174 149**	**-79 754**	**-56 979**	**99 189**	**11 319**	**-114 675**	**37 036**
F.21	Numéraire	1	0	-4	0	0	0	0	0
F.22	Dépôts transférables	4 974	27 323	-29 167	17 410	1 983	-2 644	10 520	-2 063
F.29	Autres dépôts	118 791	146 826	-50 582	-74 388	97 206	13 964	-125 195	39 098
F.3	**Titres de dette**	**208 455**	**178 090**	**57 047**	**56 168**	**-40 714**	**-126 472**	**-54 902**	**22 564**
F.3S	Titres de dette à court terme	2 482	-7 298	59 613	35 456	-25 539	-43 551	25 401	-15 875
F.3L	Titres de dette à long terme	205 973	185 388	-2 566	20 712	-15 175	-82 921	-80 304	38 439
F.4	**Crédits**	**38 877**	**64 278**	**36 847**	**10 368**	**26 601**	**42 181**	**13 387**	**-18 445**
F.4S	Crédits à court terme	26 439	37 889	29 626	7 893	-4 400	8 917	-8 796	-15 249
F.4L	Crédits à long terme	12 437	26 389	7 222	2 475	31 001	33 264	22 183	-3 197
F.5	**Actions et parts de fonds d'investissement**	**141 726**	**111 515**	**113 314**	**79 387**	**59 907**	**-1 892**	**117 054**	**61 053**
F.51	Actions	103 212	67 665	113 160	82 467	64 394	3 777	102 612	43 682
F.511	Actions cotées	32 456	-2 867	44 735	47 722	25 587	-28 764	45 953	16 358
F.512	Actions non cotées	67 846	67 241	65 080	30 082	32 357	26 809	35 232	20 063
F.519	Autres participations	2 910	3 291	3 345	4 663	6 451	5 732	21 427	7 261
F.52	Parts de fonds d'investissement	38 514	43 850	154	-3 080	-4 488	-5 669	14 442	17 371
F.521	Parts de fonds d'investissement monétaires	..	..	..	..	..	..	..	..
F.522	Autres parts de fonds d'investissement	..	..	..	..	..	..	..	..
F.6	**Systèmes d'assurance, de pensions et garanties standard**	..	..	..	..	..	..	..	..
F.61	Réserves techniques d'assurance-dommages	..	..	..	..	..	..	..	..
F.62	Droits sur les assurances-vie et rentes	..	..	..	..	..	..	..	..
F.6M	Dts à pension, gérants, prestations hors retraite	..	..	..	..	..	..	..	..
F.63	Droits à pension	..	..	..	..	..	..	..	..
F.64	Dts des fonds de pension sur gérants des systèmes de pension	..	..	..	..	..	..	..	..
F.65	Droits à prestations hors retraite	..	..	..	..	..	..	..	..
F.66	Réserves pour appels dans le cadre de garanties standard	..	..	..	..	..	..	..	..
F.7	**Produits financiers dérivés et options sur titres des salariés**	**572 270**	**857 792**	**1 272**	**-31 851**	**-13 214**	**44 599**	**-104 770**	**-224 107**
F.71	Produits financiers dérivés	..	..	..	..	..	..	..	..
F.72	Options sur titres des salariés	..	..	..	..	..	..	..	..
F.8	**Autres comptes à recevoir**	**7 211**	**17 858**	**-3 915**	**15 531**	**5 949**	**79 974**	**162 252**	**-61 784**
F.81	Crédits commerciaux et avances	-3 202	-1 689	-1 218	-2 767	-3 308	-2 853	-1 518	4 444
F.89	Autres comptes à recevoir, hors crédits commerciaux et avances	10 413	19 547	-2 697	18 298	9 257	82 827	163 771	-66 228
	Accroissement net des passifs	**1 100 584**	**1 420 913**	**149 514**	**103 456**	**172 428**	**94 597**	**72 126**	**-141 736**
F.1	**Or monétaire et DTS**	..	..	..	..	..	..	..	..
F.11	Or monétaire	..	..	..	..	..	..	..	..
F.12	Droits de tirage spéciaux (DTS)	..	..	..	..	..	..	..	..
F.2	**Numéraire et dépôts**	**271 014**	**357 465**	**937**	**-179 437**	**60 583**	**-110 394**	**-53 063**	**-61 113**
F.21	Numéraire	6 473	4 899	10 069	2 375	4 072	995	-2 625	2 047
F.22	Dépôts transférables	19 535	26 657	9 031	1 572	2 541	6 497	43 068	-19 518
F.29	Autres dépôts	245 006	325 909	-18 164	-183 384	53 971	-117 885	-93 506	-43 642
F.3	**Titres de dette**	**77 217**	**92 812**	**134 189**	**276 937**	**90 544**	**67 111**	**-469**	**114 514**
F.3S	Titres de dette à court terme	-13 377	10 552	53 334	77 326	1 480	-22 430	-36 921	32 468
F.3L	Titres de dette à long terme	90 594	82 260	80 855	199 612	89 064	89 541	36 452	82 046
F.4	**Crédits**	**36 731**	**44 439**	**45 065**	**-24 699**	**6 999**	**28 307**	**34 638**	**-10 993**
F.4S	Crédits à court terme	30 986	38 662	36 386	-17 956	11 309	14 308	12 012	-13 512
F.4L	Crédits à long terme	5 745	5 777	8 679	-6 743	-4 310	13 999	22 626	2 519
F.5	**Actions et parts de fonds d'investissement**	**105 866**	**25 816**	**7 071**	**59 389**	**7 745**	**27 811**	**37 665**	**43 582**
F.51	Actions	82 701	21 370	16 050	41 899	4 294	41 472	32 733	40 727
F.511	Actions cotées	56 806	-6 769	2 955	36 045	-6 308	26 650	22 600	20 139
F.512	Actions non cotées	17 016	17 107	8 844	1 595	4 221	8 370	3 078	15 469
F.519	Autres participations	8 879	11 032	4 252	4 259	6 381	6 452	7 055	5 118
F.52	Parts de fonds d'investissement	23 165	4 446	-8 979	17 490	3 450	-13 662	4 932	2 855
F.521	Parts de fonds d'investissement monétaires	..	..	..	..	..	..	..	..
F.522	Autres parts de fonds d'investissement	..	..	..	..	..	..	..	..
F.6	**Systèmes d'assurance, de pensions et garanties standard**	**-715**	**-1 093**	**1 682**	**2 918**	**1 569**	**-4 528**	**-3 070**	**-10 613**
F.61	Réserves techniques d'assurance-dommages	-818	-1 164	1 596	2 548	1 190	-3 784	-3 131	-10 608
F.62	Droits sur les assurances-vie et rentes	103	71	86	370	379	-744	61	-5
F.6M	Dts à pension, gérants de syst. de pension, hors retraite	..	..	..	..	..	..	..	..
F.63	Droits à pension	..	..	..	..	..	..	..	..
F.64	Dts des fonds de pension sur gérants des systèmes de pension	..	..	..	..	..	..	..	..
F.65	Droits à prestations hors retraite	..	..	..	..	..	..	..	..
F.66	Réserves pour appels dans le cadre de garanties standard	..	..	..	..	..	..	..	..
F.7	**Produits financiers dérivés et options sur titres des salariés**	**575 430**	**899 685**	**-25 884**	**-20 718**	**-2 212**	**57 335**	**-95 161**	**-198 524**
F.71	Produits financiers dérivés	..	..	..	..	..	..	..	..
F.72	Options sur titres des salariés	..	..	..	..	..	..	..	..
F.8	**Autres comptes à payer**	**35 042**	**1 790**	**-13 546**	**-10 935**	**7 200**	**28 956**	**151 587**	**-18 589**
F.81	Crédits commerciaux et avances	2 078	-3 122	3 751	-2 364	4 780	3 659	3 224	4 006
F.89	Autres comptes à payer, hors des crédits commerciaux et avances	32 964	4 911	-17 298	-8 571	2 420	25 296	148 363	-22 595
	Opérations financières nettes	**10 006**	**18 897**	**27 075**	**31 882**	**34 662**	**44 671**	**53 462**	**41 873**

Note : Les métadonnées détaillées sont disponibles sur :http://metalinks.oecd.org/faiiia/20150126/9df9

ALLEMAGNE

Tableau 1.a. Flux consolidés, par instrument et par secteur, Année 2013
SCN 2008

Millions EUR (1999 DEM euro)

		Sociétés financières					Sociétés financières publiques
		Total S12	Institutions financières monétaires S121-2-3	Fonds d'investissements non monétaires S124	Autres institutions financières, hors S124 S125-6-7	Sociétés d'assurance et fonds de pension SS128-9	S1201
	Acquisition nette d'actifs financiers	**-73 756**	**-285 950**	**97 264**	**42 284**	**72 646**	..
F.1	**Or monétaire et DTS**	**370**	**370**	..	..	..	..
F.11	Or monétaire	0	0	..	..	..	..
F.12	Droits de tirage spéciaux (DTS)	370	370	..	..	..	..
F.2	**Numéraire et dépôts**	**-47 456**	**-39 504**	**1 640**	**10 856**	**-20 448**	..
F.21	Numéraire	-529	-522	0	-7	0	..
F.22	Dépôts transférables	19 749	10 047	2 348	10 765	-3 411	..
F.29	Autres dépôts	-66 676	-49 029	-708	98	-17 037	..
F.3	**Titres de dette**	**36 079**	**-38 223**	**44 843**	**1 386**	**28 073**	..
F.3S	Titres de dette à court terme	-131	-411	1 250	-82	-888	..
F.3L	Titres de dette à long terme	36 210	-37 812	43 593	1 468	28 961	..
F.4	**Crédits**	**-162 958**	**-182 164**	**323**	**16 223**	**2 660**	..
F.4S	Crédits à court terme	-162 138	-163 312	0	3 266	-2 092	..
F.4L	Crédits à long terme	-820	-18 852	323	12 957	4 752	..
F.5	**Actions et parts de fonds d'investissement**	**99 541**	**-9 907**	**40 064**	**10 352**	**59 032**	..
F.51	Actions	12 177	-8 131	13 301	10 025	-3 018	..
F.511	Actions cotées	17 656	2 692	13 080	2 852	-968	..
F.512	Actions non cotées	9 412	1 259	..	426	7 727	..
F.519	Autres participations	-14 891	-12 082	221	6 747	-9 777	..
F.52	Parts de fonds d'investissement	87 364	-1 776	26 763	327	62 050	..
F.521	Parts de fonds d'investissement monétaires	-3 064	-2 784	-354	-1	74	..
F.522	Autres parts de fonds d'investissement	90 430	1 009	27 117	328	61 976	..
F.6	**Systèmes d'assurance, de pensions et garanties standard**	**86**	**86**	..	..	..	..
F.61	Réserves techniques d'assurance-dommages	..	..	..	..	..	..
F.62	Droits sur les assurances-vie et rentes	..	..	..	..	..	..
F.6M	Dts à pension, gérants, prestations hors retraite	..	..	..	..	..	..
F.63	Droits à pension	..	..	..	..	..	..
F.64	Dts des fonds de pension sur gérants des systèmes de pension	..	..	..	..	..	..
F.65	Droits à prestations hors retraite	..	..	..	..	..	..
F.66	Réserves pour appels dans le cadre de garanties standard	86	86	..	..	..	..
F.7	**Produits financiers dérivés et options sur titres des salariés**	**17 692**	**9 261**	**2 897**	**2 836**	**2 698**	..
F.71	Produits financiers dérivés	..	..	..	..	..	..
F.72	Options sur titres des salariés	..	..	..	..	..	..
F.8	**Autres comptes à recevoir**	**-17 110**	**-25 869**	**7 497**	**631**	**631**	..
F.81	Crédits commerciaux et avances	-19	..	..	-19	..	..
F.89	Autres comptes à recevoir, hors crédits commerciaux et avances	-17 091	-25 869	7 497	650	631	..
	Accroissement net des passifs	**-81 095**	**-277 329**	**91 108**	**46 962**	**58 164**	..
F.1	**Or monétaire et DTS**	..	..	..	..	..	..
F.11	Or monétaire	..	..	..	..	..	..
F.12	Droits de tirage spéciaux (DTS)	..	..	..	..	..	..
F.2	**Numéraire et dépôts**	**-164 178**	**-164 178**	..	..	..	..
F.21	Numéraire	9 946	9 946	..	..	..	..
F.22	Dépôts transférables	6 096	6 096	..	..	..	..
F.29	Autres dépôts	-180 220	-180 220	..	..	..	..
F.3	**Titres de dette**	**-136 381**	**-123 411**	..	**-7 943**	**-5 027**	..
F.3S	Titres de dette à court terme	-7 420	-7 019	..	405	-806	..
F.3L	Titres de dette à long terme	-128 961	-116 392	..	-8 348	-4 221	..
F.4	**Crédits**	**20 264**	..	**-2 921**	**25 018**	**-1 833**	..
F.4S	Crédits à court terme	22 449	..	0	24 327	-1 878	..
F.4L	Crédits à long terme	-2 183	..	-2 921	693	45	..
F.5	**Actions et parts de fonds d'investissement**	**79 986**	**-10 801**	**92 928**	**-2 120**	**-21**	..
F.51	Actions	-11 351	-9 210	..	-2 120	-21	..
F.511	Actions cotées	213	249	..	23	-59	..
F.512	Actions non cotées	-2 819	-663	..	-2 194	38	..
F.519	Autres participations	-8 745	-8 796	..	51	..	..
F.52	Parts de fonds d'investissement	91 337	-1 591	92 928	..	..	..
F.521	Parts de fonds d'investissement monétaires	-1 591	-1 591	..	..	..	..
F.522	Autres parts de fonds d'investissement	92 928	..	92 928	..	..	..
F.6	**Systèmes d'assurance, de pensions et garanties standard**	**67 369**	**948**	..	**293**	**66 128**	..
F.61	Réserves techniques d'assurance-dommages	13 112	..	..	..	13 112	..
F.62	Droits sur les assurances-vie et rentes	34 282	..	..	..	34 282	..
F.6M	Dts à pension, gérants de syst. de pension, hors retraite	19 975	948	..	293	18 734	..
F.63	Droits à pension	..	..	..	..	..	..
F.64	Dts des fonds de pension sur gérants des systèmes de pension	..	..	..	..	..	..
F.65	Droits à prestations hors retraite	..	..	..	..	..	..
F.66	Réserves pour appels dans le cadre de garanties standard	..	..	..	..	..	..
F.7	**Produits financiers dérivés et options sur titres des salariés**	**1 374**	**-3 572**	**1 932**	**2 478**	**536**	..
F.71	Produits financiers dérivés	..	..	..	..	..	..
F.72	Options sur titres des salariés	..	..	..	..	..	..
F.8	**Autres comptes à payer**	**50 471**	**23 685**	**-831**	**29 236**	**-1 619**	..
F.81	Crédits commerciaux et avances	-7	..	..	-7	..	..
F.89	Autres comptes à payer, hors des crédits commerciaux et avances	50 478	23 685	-831	29 243	-1 619	..
	Opérations financières nettes	**7 339**	**-8 621**	**6 156**	**-4 678**	**14 482**	..

ALLEMAGNE

Tableau 1.a. Flux consolidés, par instrument et par secteur, Année 2013 (cont.)

SCN 2008

Millions EUR (1999 DEM euro)

		Sociétés non financières	Administrations publiques		Ménages et ISBLSM	Economie totale	Reste du monde
		S11	Total S13	Administration centrale S1311	S14+S15	S1	S2
	Acquisition nette d'actifs financiers	**158 035**	**-7 301**	**-334**	**147 611**	**224 876**	**-233 492**
F.1	**Or monétaire et DTS**	..	..	..	..	**370**	**-370**
F.11	Or monétaire	..	..	..	..	0	0
F.12	Droits de tirage spéciaux (DTS)	..	..	..	..	370	-370
F.2	**Numéraire et dépôts**	**-9 110**	**-18 224**	**-13 125**	**66 182**	**-8 608**	**-191 860**
F.21	Numéraire	-144	0	0	10 805	10 132	-316
F.22	Dépôts transférables	11 604	-14 867	327	90 665	107 151	-90 473
F.29	Autres dépôts	-20 570	-3 357	-13 452	-35 288	-125 891	-101 071
F.3	**Titres de dette**	**281**	**-11 138**	**-7 109**	**-18 141**	**7 416**	**-67 066**
F.3S	Titres de dette à court terme	1 561	-81	-331	-631	1 047	-27 895
F.3L	Titres de dette à long terme	-1 280	-11 057	-6 778	-17 510	6 369	-39 171
F.4	**Crédits**	**1 527**	**-1 154**	**7 880**	..	**-162 585**	**48 925**
F.4S	Crédits à court terme	-417	-5 114	-4 836	..	-167 669	1 074
F.4L	Crédits à long terme	1 945	3 959	12 716	..	5 084	47 851
F.5	**Actions et parts de fonds d'investissement**	**28 905**	**16 518**	**6 684**	**10 968**	**155 888**	**12 605**
F.51	Actions	21 254	15 143	6 594	-2 290	46 238	9 272
F.511	Actions cotées	21 706	-680	-748	-4 526	34 156	5 651
F.512	Actions non cotées	-14 684	0	0	-769	-6 041	..
F.519	Autres participations	14 408	15 823	7 342	3 005	18 345	3 454
F.52	Parts de fonds d'investissement	7 651	1 375	90	13 258	109 648	3 333
F.521	Parts de fonds d'investissement monétaires	-149	4	0	-299	-3 509	-2
F.522	Autres parts de fonds d'investissement	7 801	1 370	90	13 557	113 158	3 335
F.6	**Systèmes d'assurance, de pensions et garanties standard**	**-345**	**24**	**8**	**76 153**	**75 918**	**-3 221**
F.61	Réserves techniques d'assurance-dommages	-344	24	8	16 725	16 405	-3 363
F.62	Droits sur les assurances-vie et rentes	..	..	..	33 453	33 452	142
F.6M	Dts à pension, gérants, prestations hors retraite	..	..	..	25 975	25 975	..
F.63	Droits à pension	..	..	..	..	..	..
F.64	Dts des fonds de pension sur gérants des systèmes de pension	..	..	..	..	..	..
F.65	Droits à prestations hors retraite	..	..	..	..	..	..
F.66	Réserves pour appels dans le cadre de garanties standard	..	..	..	..	86	..
F.7	**Produits financiers dérivés et options sur titres des salariés**	**6 436**	**1 274**	**1 196**	**0**	**25 402**	**5 057**
F.71	Produits financiers dérivés	..	..	..	..	..	..
F.72	Options sur titres des salariés	..	..	..	..	..	..
F.8	**Autres comptes à recevoir**	**130 341**	**5 399**	**4 132**	**12 445**	**131 075**	**-37 562**
F.81	Crédits commerciaux et avances	3 188	0	100	..	3 169	-2 493
F.89	Autres comptes à recevoir, hors crédits commerciaux et avances	127 153	5 399	4 032	12 445	127 906	-35 069
	Accroissement net des passifs	**42 639**	**-11 473**	**4 121**	**12 111**	**-37 483**	**28 872**
F.1	**Or monétaire et DTS**	..	..	..	..	..	..
F.11	Or monétaire	..	..	..	..	..	..
F.12	Droits de tirage spéciaux (DTS)	..	..	..	..	..	..
F.2	**Numéraire et dépôts**	..	**927**	**927**	..	**-163 251**	**-37 217**
F.21	Numéraire	..	392	392	..	10 338	..
F.22	Dépôts transférables	..	535	535	..	6 631	..
F.29	Autres dépôts	..	..	..	..	-180 220	..
F.3	**Titres de dette**	**12 777**	**7 715**	**14 895**	..	**-115 557**	**55 907**
F.3S	Titres de dette à court terme	-1 120	-21 109	-9 393	..	-29 316	2 468
F.3L	Titres de dette à long terme	13 897	28 824	24 288	..	-86 241	53 439
F.4	**Crédits**	**12 886**	**-22 421**	**-12 051**	**11 598**	**22 327**	**-135 989**
F.4S	Crédits à court terme	-10 264	-28 368	-23 415	-3 161	-19 344	-147 251
F.4L	Crédits à long terme	23 150	5 947	11 364	14 759	41 673	11 262
F.5	**Actions et parts de fonds d'investissement**	**11 985**	..	..	..	**91 971**	**76 522**
F.51	Actions	11 985	..	..	..	634	54 876
F.511	Actions cotées	3 337	..	..	..	3 550	36 255
F.512	Actions non cotées	-1 887	..	..	..	-4 706	-1 335
F.519	Autres participations	10 535	..	..	..	1 790	20 009
F.52	Parts de fonds d'investissement	..	..	..	..	91 337	21 646
F.521	Parts de fonds d'investissement monétaires	..	..	..	..	-1 591	-1 918
F.522	Autres parts de fonds d'investissement	..	..	..	..	92 928	23 564
F.6	**Systèmes d'assurance, de pensions et garanties standard**	**6 000**	**86**	**83**	..	**73 455**	**-758**
F.61	Réserves techniques d'assurance-dommages	..	..	..	..	13 112	-70
F.62	Droits sur les assurances-vie et rentes	..	..	..	..	34 282	-688
F.6M	Dts à pension, gérants de syst. de pension, hors retraite	6 000	..	..	..	25 975	..
F.63	Droits à pension	..	..	..	..	..	..
F.64	Dts des fonds de pension sur gérants des systèmes de pension	..	..	..	..	..	..
F.65	Droits à prestations hors retraite	..	..	..	..	..	..
F.66	Réserves pour appels dans le cadre de garanties standard	..	86	83	..	86	..
F.7	**Produits financiers dérivés et options sur titres des salariés**	**3 718**	..	..	**189**	**5 284**	**25 175**
F.71	Produits financiers dérivés	..	..	..	..	..	..
F.72	Options sur titres des salariés	..	..	..	..	..	..
F.8	**Autres comptes à payer**	**-4 727**	**2 220**	**267**	**324**	**48 288**	**45 232**
F.81	Crédits commerciaux et avances	-4 727	2 234	281	..	-2 500	3 176
F.89	Autres comptes à payer, hors des crédits commerciaux et avances	..	-14	-14	324	50 788	42 056
	Opérations financières nettes	**115 398**	**4 172**	**-4 455**	**135 500**	**262 359**	**-262 364**

Note : Les métadonnées détaillées sont disponibles sur :http://metalinks.oecd.org/faiiia/20150126/b877

ALLEMAGNE

Tableau 1.b. Flux non consolidés, par instrument et par secteur, Année 2013
SCN 2008

Millions EUR (1999 DEM euro)

		Sociétés financières					
		Total S12	Institutions financières monétaires S121-2-3	Fonds d'investissements non monétaires S124	Autres institutions financières, hors S124 S125-6-7	Sociétés d'assurance et fonds de pension SS128-9	Sociétés financières publiques S1201
	Acquisition nette d'actifs financiers	**-313 583**	**-525 323**	**97 264**	**42 284**	**72 192**	..
F.1	**Or monétaire et DTS**	**370**	**370**	..	..	..	..
F.11	Or monétaire	0	0	..	..	..	..
F.12	Droits de tirage spéciaux (DTS)	370	370	..	..	..	..
F.2	**Numéraire et dépôts**	**-286 829**	**-278 877**	**1 640**	**10 856**	**-20 448**	..
F.21	Numéraire	-448	-441	0	-7	0	..
F.22	Dépôts transférables	-160 982	-170 684	2 348	10 765	-3 411	..
F.29	Autres dépôts	-125 399	-107 752	-708	98	-17 037	..
F.3	**Titres de dette**	**36 079**	**-38 223**	**44 843**	**1 386**	**28 073**	..
F.3S	Titres de dette à court terme	-131	-411	1 250	-82	-888	..
F.3L	Titres de dette à long terme	36 210	-37 812	43 593	1 468	28 961	..
F.4	**Crédits**	**-164 424**	**-182 164**	**323**	**16 223**	**1 194**	..
F.4S	Crédits à court terme	-164 727	-163 312	0	3 266	-4 681	..
F.4L	Crédits à long terme	303	-18 852	323	12 957	5 875	..
F.5	**Actions et parts de fonds d'investissement**	**99 541**	**-9 907**	**40 064**	**10 352**	**59 032**	..
F.51	Actions	12 177	-8 131	13 301	10 025	-3 018	..
F.511	Actions cotées	17 656	2 692	13 080	2 852	-968	..
F.512	Actions non cotées	9 412	1 259	..	426	7 727	..
F.519	Autres participations	-14 891	-12 082	221	6 747	-9 777	..
F.52	Parts de fonds d'investissement	87 364	-1 776	26 763	327	62 050	..
F.521	Parts de fonds d'investissement monétaires	-3 064	-2 784	-354	-1	74	..
F.522	Autres parts de fonds d'investissement	90 430	1 009	27 117	328	61 976	..
F.6	**Systèmes d'assurance, de pensions et garanties standard**	**-748**	**86**	..	..	**-834**	..
F.61	Réserves techniques d'assurance-dommages	-834	..	..	..	-834	..
F.62	Droits sur les assurances-vie et rentes	..	..	..	..	..	..
F.6M	Dts à pension, gérants de syst. de pension, hors retraite	..	..	..	..	..	..
F.63	Droits à pension	..	..	..	..	..	..
F.64	Dts des fonds de pension sur gérants des systèmes de pension	..	..	..	..	..	..
F.65	Droits à prestations hors retraite	..	..	..	..	..	..
F.66	Réserves pour appels dans le cadre de garanties standard	86	86	..	..	..	..
F.7	**Produits financiers dérivés et options sur titres des salariés**	**17 692**	**9 261**	**2 897**	**2 836**	**2 698**	..
F.71	Produits financiers dérivés	..	..	..	..	..	..
F.72	Options sur titres des salariés	..	..	..	..	..	..
F.8	**Autres comptes à recevoir**	**-15 264**	**-25 869**	**7 497**	**631**	**2 477**	..
F.81	Crédits commerciaux et avances	-19	..	..	-19	..	..
F.89	Autres comptes à recevoir, hors crédits commerciaux et avances	-15 245	-25 869	7 497	650	2 477	..
	Accroissement net des passifs	**-320 922**	**-516 702**	**91 108**	**46 962**	**57 710**	..
F.1	**Or monétaire et DTS**	..	..	..	..	..	..
F.11	Or monétaire	..	..	..	..	..	..
F.12	Droits de tirage spéciaux (DTS)	..	..	..	..	..	..
F.2	**Numéraire et dépôts**	**-403 551**	**-403 551**	..	..	..	..
F.21	Numéraire	10 027	10 027	..	..	..	..
F.22	Dépôts transférables	-174 635	-174 635	..	..	..	..
F.29	Autres dépôts	-238 943	-238 943	..	..	..	..
F.3	**Titres de dette**	**-136 381**	**-123 411**	..	**-7 943**	**-5 027**	..
F.3S	Titres de dette à court terme	-7 420	-7 019	..	405	-806	..
F.3L	Titres de dette à long terme	-128 961	-116 392	..	-8 348	-4 221	..
F.4	**Crédits**	**18 798**	..	**-2 921**	**25 018**	**-3 299**	..
F.4S	Crédits à court terme	19 860	..	0	24 327	-4 467	..
F.4L	Crédits à long terme	-1 060	..	-2 921	693	1 168	..
F.5	**Actions et parts de fonds d'investissement**	**79 986**	**-10 801**	**92 928**	**-2 120**	**-21**	..
F.51	Actions	-11 351	-9 210	..	-2 120	-21	..
F.511	Actions cotées	213	249	..	23	-59	..
F.512	Actions non cotées	-2 819	-663	..	-2 194	38	..
F.519	Autres participations	-8 745	-8 796	..	51	..	..
F.52	Parts de fonds d'investissement	91 337	-1 591	92 928	..	..	..
F.521	Parts de fonds d'investissement monétaires	-1 591	-1 591	..	..	..	..
F.522	Autres parts de fonds d'investissement	92 928	..	92 928	..	..	..
F.6	**Systèmes d'assurance, de pensions et garanties standard**	**66 535**	**948**	..	**293**	**65 294**	..
F.61	Réserves techniques d'assurance-dommages	12 278	..	..	..	12 278	..
F.62	Droits sur les assurances-vie et rentes	34 282	..	..	..	34 282	..
F.6M	Dts à pension, gérants de syst. de pension, hors retraite	19 975	948	..	293	18 734	..
F.63	Droits à pension	..	..	..	..	..	..
F.64	Dts des fonds de pension sur gérants des systèmes de pension	..	..	..	..	..	..
F.65	Droits à prestations hors retraite	..	..	..	..	..	..
F.66	Réserves pour appels dans le cadre de garanties standard	..	..	..	..	..	..
F.7	**Produits financiers dérivés et options sur titres des salariés**	**1 374**	**-3 572**	**1 932**	**2 478**	**536**	..
F.71	Produits financiers dérivés	..	..	..	..	..	..
F.72	Options sur titres des salariés	..	..	..	..	..	..
F.8	**Autres comptes à payer**	**52 317**	**23 685**	**-831**	**29 236**	**227**	..
F.81	Crédits commerciaux et avances	-7	..	..	-7	..	..
F.89	Autres comptes à payer, hors des crédits commerciaux et avances	52 324	23 685	-831	29 243	227	..
	Opérations financières nettes	**7 339**	**-8 621**	**6 156**	**-4 678**	**14 482**	..

Tableau 1.b. Flux non consolidés, par instrument et par secteur, Année 2013 (cont.)

SCN 2008

Millions EUR (1999 DEM euro)

		Sociétés non financières	Administrations publiques		Ménages et ISBLSM	Economie totale	Reste du monde
		S11	Total S13	Administration centrale S1311	S14+S15	S1	S2
	Acquisition nette d'actifs financiers	**133 725**	**-5 698**	**-334**	**147 611**	**-37 991**	**-233 492**
F.1	**Or monétaire et DTS**	..	..	..	..	**370**	**-370**
F.11	Or monétaire	..	..	..	..	0	0
F.12	Droits de tirage spéciaux (DTS)	..	..	..	..	370	-370
F.2	**Numéraire et dépôts**	**-9 110**	**-18 224**	**-13 125**	**66 182**	**-247 981**	**-191 860**
F.21	Numéraire	-144	0	0	10 805	10 213	-316
F.22	Dépôts transférables	11 604	-14 867	327	90 665	-73 580	-90 473
F.29	Autres dépôts	-20 570	-3 357	-13 452	-35 288	-184 614	-101 071
F.3	**Titres de dette**	**281**	**-11 315**	**-7 109**	**-18 141**	**6 906**	**-67 066**
F.3S	Titres de dette à court terme	1 561	-321	-331	-631	476	-27 895
F.3L	Titres de dette à long terme	-1 280	-10 994	-6 778	-17 510	6 429	-39 171
F.4	**Crédits**	**-15 025**	**528**	**7 880**	..	**-178 921**	**48 925**
F.4S	Crédits à court terme	7 070	-3 875	-4 836	..	-161 532	1 074
F.4L	Crédits à long terme	-22 094	4 402	12 716	..	-17 389	47 851
F.5	**Actions et parts de fonds d'investissement**	**28 905**	**16 518**	**6 684**	**10 968**	**155 888**	**12 605**
F.51	Actions	21 254	15 143	6 594	-2 290	46 238	9 272
F.511	Actions cotées	21 706	-680	-748	-4 526	34 156	5 651
F.512	Actions non cotées	-14 684	0	0	-769	-6 041	..
F.519	Autres participations	14 408	15 823	7 342	3 005	18 345	3 454
F.52	Parts de fonds d'investissement	7 651	1 375	90	13 258	109 648	3 333
F.521	Parts de fonds d'investissement monétaires	-149	4	0	-299	-3 509	-2
F.522	Autres parts de fonds d'investissement	7 801	1 370	90	13 557	113 158	3 335
F.6	**Systèmes d'assurance, de pensions et garanties standard**	**-345**	**24**	**8**	**76 153**	**75 084**	**-3 221**
F.61	Réserves techniques d'assurance-dommages	-344	24	8	16 725	15 571	-3 363
F.62	Droits sur les assurances-vie et rentes	..	..	..	33 453	33 452	142
F.6M	Dts à pension, gérants de syst. de pension, hors retraite	..	..	..	25 975	25 975	..
F.63	Droits à pension	..	..	..	..	..	..
F.64	Dts des fonds de pension sur gérants des systèmes de pension	..	..	..	..	..	..
F.65	Droits à prestations hors retraite	..	..	..	..	..	..
F.66	Réserves pour appels dans le cadre de garanties standard	..	..	..	..	86	..
F.7	**Produits financiers dérivés et options sur titres des salariés**	**6 436**	**1 274**	**1 196**	**0**	**25 402**	**5 057**
F.71	Produits financiers dérivés	..	..	..	..	..	..
F.72	Options sur titres des salariés	..	..	..	..	..	..
F.8	**Autres comptes à recevoir**	**122 583**	**5 497**	**4 132**	**12 445**	**125 261**	**-37 562**
F.81	Crédits commerciaux et avances	-4 572	100	100		-4 491	-2 493
F.89	Autres comptes à recevoir, hors crédits commerciaux et avances	127 153	5 399	4 032	12 445	129 752	-35 069
	Accroissement net des passifs	**18 327**	**-9 870**	**4 121**	**12 111**	**-300 350**	**28 872**
F.1	**Or monétaire et DTS**	..	..	..	..	..	..
F.11	Or monétaire	..	..	..	..	..	..
F.12	Droits de tirage spéciaux (DTS)	..	..	..	..	..	..
F.2	**Numéraire et dépôts**	..	**927**	**927**	..	**-402 624**	**-37 217**
F.21	Numéraire	..	392	392	..	10 419	..
F.22	Dépôts transférables	..	535	535	..	-174 100	..
F.29	Autres dépôts	..	..	..	..	-238 943	..
F.3	**Titres de dette**	**12 777**	**7 536**	**14 895**	..	**-116 067**	**55 907**
F.3S	Titres de dette à court terme	-1 120	-21 349	-9 393	..	-29 889	2 468
F.3L	Titres de dette à long terme	13 897	28 885	24 288	..	-86 181	53 439
F.4	**Crédits**	**-3 666**	**-20 739**	**-12 051**	**11 598**	**5 991**	**-135 989**
F.4S	Crédits à court terme	-2 777	-27 129	-23 415	-3 161	-13 207	-147 251
F.4L	Crédits à long terme	-889	6 390	11 364	14 759	19 200	11 262
F.5	**Actions et parts de fonds d'investissement**	**11 985**	..	..	..	**91 971**	**76 522**
F.51	Actions	11 985	..	..	..	634	54 876
F.511	Actions cotées	3 337	..	..	..	3 550	36 255
F.512	Actions non cotées	-1 887	..	..	..	-4 706	-1 335
F.519	Autres participations	10 535	..	..	..	1 790	20 009
F.52	Parts de fonds d'investissement	..	..	..	..	91 337	21 646
F.521	Parts de fonds d'investissement monétaires	..	..	..	..	-1 591	-1 918
F.522	Autres parts de fonds d'investissement	..	..	..	..	92 928	23 564
F.6	**Systèmes d'assurance, de pensions et garanties standard**	**6 000**	**86**	**83**	..	**72 621**	**-758**
F.61	Réserves techniques d'assurance-dommages	..	..	..	..	12 278	-70
F.62	Droits sur les assurances-vie et rentes	..	..	..	..	34 282	-688
F.6M	Dts à pension, gérants de syst. de pension, hors retraite	6 000	..	..	..	25 975	..
F.63	Droits à pension	..	..	..	..	..	..
F.64	Dts des fonds de pension sur gérants des systèmes de pension	..	..	..	..	..	..
F.65	Droits à prestations hors retraite	..	..	..	..	..	..
F.66	Réserves pour appels dans le cadre de garanties standard	..	86	83	..	86	..
F.7	**Produits financiers dérivés et options sur titres des salariés**	**3 718**	..	..	**189**	**5 284**	**25 175**
F.71	Produits financiers dérivés	..	..	..	..	..	..
F.72	Options sur titres des salariés	..	..	..	..	..	..
F.8	**Autres comptes à payer**	**-12 487**	**2 320**	**267**	**324**	**42 474**	**45 232**
F.81	Crédits commerciaux et avances	-12 487	2 334	281	..	-10 160	3 176
F.89	Autres comptes à payer, hors des crédits commerciaux et avances	..	-14	-14	324	52 634	42 056
	Opérations financières nettes	**115 398**	**4 172**	**-4 455**	**135 500**	**262 359**	**-262 364**

Note : Les métadonnées détaillées sont disponibles sur :http://metalinks.oecd.org/faiiia/20150126/0a7d

ALLEMAGNE

Tableau 2.1.a. Flux consolidés, Secteur S1 - Économie totale

SCN 2008

Millions EUR (1999 DEM euro)

		2006	2007	2008	2009	2010	2011	2012	2013
	Acquisition nette d'actifs financiers	**1 325 135**	**922 372**	**-192 424**	**372 571**	**566 621**	**291 158**	**648 929**	**224 876**
F.1	**Or monétaire et DTS**	**98**	**118**	**25**	**-11 889**	**-824**	**-687**	**-41**	**370**
F.11	Or monétaire	0	0	0	0	0	0	0	0
F.12	Droits de tirage spéciaux (DTS)	98	118	25	-11 889	-824	-687	-41	370
F.2	**Numéraire et dépôts**	**289 752**	**336 690**	**244 248**	**-76 143**	**3 899**	**85 752**	**-33 597**	**-8 608**
F.21	Numéraire	5 109	-3 721	-1 564	1 663	798	-2 410	1 058	10 132
F.22	Dépôts transférables	78 517	30 318	109 242	192 150	85 128	82 167	201 516	107 151
F.29	Autres dépôts	206 126	310 093	136 570	-269 956	-82 027	5 995	-236 171	-125 891
F.3	**Titres de dette**	**115 214**	**142 463**	**56 974**	**172 829**	**120 040**	**-69 071**	**85 671**	**7 416**
F.3S	Titres de dette à court terme	13 599	47 452	20 683	-38 741	-3 702	-20 708	-11 358	1 047
F.3L	Titres de dette à long terme	101 615	95 011	36 291	211 570	123 742	-48 363	97 029	6 369
F.4	**Crédits**	**21 751**	**207 750**	**162 468**	**31 164**	**299 171**	**143 590**	**301 563**	**-162 585**
F.4S	Crédits à court terme	11 259	163 075	85 424	-10 752	219 968	116 614	241 270	-167 669
F.4L	Crédits à long terme	10 496	44 675	77 044	41 916	79 203	26 976	60 292	5 084
F.5	**Actions et parts de fonds d'investissement**	**268 139**	**32 206**	**-108 131**	**136 503**	**200 109**	**107 118**	**153 334**	**155 888**
F.51	Actions	193 635	69 700	-55 040	114 536	120 243	61 923	71 833	46 238
F.511	Actions cotées	112 668	19 840	-57 136	27 077	32 279	-192	-20 956	34 156
F.512	Actions non cotées	16 581	-4 675	-56 756	27 147	26 502	23 873	31 207	-6 041
F.519	Autres participations	64 386	54 535	58 852	60 312	61 462	38 242	61 582	18 345
F.52	Parts de fonds d'investissement	74 504	-37 494	-53 091	21 967	79 866	45 195	81 501	109 648
F.521	Parts de fonds d'investissement monétaires	3 961	12 930	-20 440	-7 831	-2 598	-161	2 578	-3 509
F.522	Autres parts de fonds d'investissement	70 543	-50 424	-32 651	29 798	82 464	45 356	78 923	113 158
F.6	**Systèmes d'assurance, de pensions et garanties standard**	**77 931**	**75 534**	**32 404**	**66 277**	**77 780**	**56 127**	**76 709**	**75 918**
F.61	Réserves techniques d'assurance-dommages	12 917	14 041	11 082	18 029	11 538	12 900	19 595	16 405
F.62	Droits sur les assurances-vie et rentes	31 536	28 152	2 751	23 551	37 579	13 050	29 655	33 452
F.6M	Dts à pension, gérants, prestations hors retraite	33 335	33 216	18 441	24 544	28 497	30 087	27 369	25 975
F.63	Droits à pension	..	..	..	..	..	..	..	..
F.64	Dts des fonds de pension sur gérants des systèmes de pension	..	..	..	..	..	..	..	..
F.65	Droits à prestations hors retraite	..	..	..	..	..	..	..	..
F.66	Réserves pour appels dans le cadre de garanties standard	144	126	129	152	168	90	90	86
F.7	**Produits financiers dérivés et options sur titres des salariés**	**476 378**	**28 887**	**-719 740**	**22 281**	**-125 269**	**-68 277**	**-55 225**	**25 402**
F.71	Produits financiers dérivés	..	..	..	..	..	..	..	..
F.72	Options sur titres des salariés	..	..	..	..	..	..	..	..
F.8	**Autres comptes à recevoir**	**75 872**	**98 725**	**139 327**	**31 549**	**-8 283**	**36 608**	**120 515**	**131 075**
F.81	Crédits commerciaux et avances	10 264	7 812	2 908	-10 684	13 136	15 755	4 081	3 169
F.89	Autres comptes à recevoir, hors crédits commerciaux et avances	65 608	90 913	136 419	42 233	-21 419	20 853	116 434	127 906
	Accroissement net des passifs	**1 025 671**	**669 845**	**-275 344**	**211 984**	**418 298**	**207 954**	**437 863**	**-37 483**
F.1	**Or monétaire et DTS**	..	..	..	..	..	..	..	..
F.11	Or monétaire	..	..	..	..	..	..	..	..
F.12	Droits de tirage spéciaux (DTS)	..	..	..	..	..	..	..	..
F.2	**Numéraire et dépôts**	**190 890**	**289 103**	**185 931**	**-26 327**	**150 314**	**89 625**	**200 001**	**-163 251**
F.21	Numéraire	16 649	11 928	23 289	-4 354	9 615	12 282	3 648	10 338
F.22	Dépôts transférables	125 863	52 168	142 539	229 708	111 860	121 584	310 768	6 631
F.29	Autres dépôts	48 378	225 007	20 103	-251 681	28 839	-44 241	-114 415	-180 220
F.3	**Titres de dette**	**90 687**	**76 622**	**113 460**	**24 287**	**23 617**	**5 567**	**-37 075**	**-115 557**
F.3S	Titres de dette à court terme	8 668	60 185	65 516	-12 244	-32 396	27 233	-30 165	-29 316
F.3L	Titres de dette à long terme	82 019	16 435	47 944	36 530	56 012	-21 664	-6 902	-86 241
F.4	**Crédits**	**79 088**	**61 462**	**110 267**	**30 566**	**245 110**	**99 531**	**49 691**	**22 327**
F.4S	Crédits à court terme	52 859	79 137	73 579	-37 365	170 817	79 089	-6 096	-19 344
F.4L	Crédits à long terme	26 234	-17 675	36 694	67 927	74 289	20 443	55 787	41 673
F.5	**Actions et parts de fonds d'investissement**	**57 475**	**48 164**	**25 763**	**76 054**	**131 505**	**80 483**	**115 102**	**91 971**
F.51	Actions	37 941	34 729	33 676	32 307	46 599	35 263	25 159	634
F.511	Actions cotées	6 213	7 716	9 092	16 303	18 626	18 173	4 023	3 550
F.512	Actions non cotées	-117	-3 300	-2 637	-2 915	-6 495	-3 083	-3 804	-4 706
F.519	Autres participations	31 845	30 313	27 221	18 919	34 468	20 173	24 940	1 790
F.52	Parts de fonds d'investissement	19 534	13 435	-7 913	43 747	84 906	45 220	89 943	91 337
F.521	Parts de fonds d'investissement monétaires	133	-3 640	-12 151	-5 489	-1 142	-92	1 381	-1 591
F.522	Autres parts de fonds d'investissement	19 401	17 075	4 238	49 236	86 048	45 312	88 562	92 928
F.6	**Systèmes d'assurance, de pensions et garanties standard**	**74 039**	**66 507**	**33 637**	**72 561**	**82 181**	**60 919**	**82 271**	**73 455**
F.61	Réserves techniques d'assurance-dommages	11 636	5 894	10 856	20 514	16 822	20 083	22 719	13 112
F.62	Droits sur les assurances-vie et rentes	28 924	27 271	4 211	27 351	36 694	10 659	32 093	34 282
F.6M	Dts à pension, gérants de syst. de pension, hors retraite	33 335	33 216	18 441	24 544	28 497	30 087	27 369	25 975
F.63	Droits à pension	..	..	..	..	..	..	..	..
F.64	Dts des fonds de pension sur gérants des systèmes de pension	..	..	..	..	..	..	..	..
F.65	Droits à prestations hors retraite	..	..	..	..	..	..	..	..
F.66	Réserves pour appels dans le cadre de garanties standard	144	126	129	152	168	90	90	86
F.7	**Produits financiers dérivés et options sur titres des salariés**	**460 793**	**35 551**	**-708 365**	**16 629**	**-112 148**	**-72 329**	**-94 737**	**5 284**
F.71	Produits financiers dérivés	..	..	..	..	..	..	..	..
F.72	Options sur titres des salariés	..	..	..	..	..	..	..	..
F.8	**Autres comptes à payer**	**72 699**	**92 436**	**-36 037**	**18 214**	**-102 281**	**-55 842**	**122 610**	**48 288**
F.81	Crédits commerciaux et avances	13 534	13 545	1 646	832	9 758	14 714	1 934	-2 500
F.89	Autres comptes à payer, hors des crédits commerciaux et avances	59 165	78 891	-37 683	17 382	-112 039	-70 556	120 676	50 788
	Opérations financières nettes	**299 464**	**252 527**	**82 920**	**160 587**	**148 323**	**83 204**	**211 066**	**262 359**

Note : Les métadonnées détaillées sont disponibles sur :http://metalinks.oecd.org/faiiia/20150126/b877

ALLEMAGNE

Tableau 2.2.a. Flux consolidés, Secteur S11 - Sociétés non financières
SCN 2008

Millions EUR (1999 DEM euro)

		2006	2007	2008	2009	2010	2011	2012	2013
	Acquisition nette d'actifs financiers	**260 097**	**203 291**	**-68 909**	**89 507**	**90 960**	**67 061**	**96 100**	**158 035**
F.1	**Or monétaire et DTS**	..	..	..	..	..	..	..	..
F.11	Or monétaire	..	..	..	..	..	..	..	..
F.12	Droits de tirage spéciaux (DTS)	..	..	..	..	..	..	..	..
F.2	**Numéraire et dépôts**	**22 034**	**31 473**	**-480**	**-3 665**	**13 399**	**-23 781**	**-34 156**	**-9 110**
F.21	Numéraire	370	480	-5	-160	-218	-22	909	-144
F.22	Dépôts transférables	11 493	1 800	10 753	59 241	-3 491	24 321	47 050	11 604
F.29	Autres dépôts	10 171	29 193	-11 228	-62 746	17 107	-48 080	-82 116	-20 570
F.3	**Titres de dette**	**4 808**	**745**	**-336**	**4 838**	**-129**	**4 863**	**-2 647**	**281**
F.3S	Titres de dette à court terme	1 501	185	-484	4 008	-2 994	2 154	-2 614	1 561
F.3L	Titres de dette à long terme	3 307	560	148	830	2 865	2 709	-33	-1 280
F.4	**Crédits**	**16 715**	**28 564**	**4 802**	**2 358**	**21 249**	**9 985**	**13 507**	**1 527**
F.4S	Crédits à court terme	14 143	21 971	4 813	-11 268	15 263	11 824	7 770	-417
F.4L	Crédits à long terme	2 571	6 592	-12	13 626	5 987	-1 842	5 737	1 945
F.5	**Actions et parts de fonds d'investissement**	**108 316**	**45 433**	**-47 360**	**32 274**	**69 244**	**58 206**	**42 041**	**28 905**
F.51	Actions	85 935	48 747	-25 278	34 838	60 448	49 961	42 236	21 254
F.511	Actions cotées	34 153	35 622	-5 171	530	5 127	1 969	-1 501	21 706
F.512	Actions non cotées	16 526	4 809	-21 926	21 985	20 568	17 646	22 157	-14 684
F.519	Autres participations	35 254	8 318	1 818	12 324	34 752	30 348	21 578	14 408
F.52	Parts de fonds d'investissement	22 381	-3 314	-22 082	-2 564	8 796	8 245	-195	7 651
F.521	Parts de fonds d'investissement monétaires	0	0	-3	0	62	289	28	-149
F.522	Autres parts de fonds d'investissement	22 381	-3 314	-22 079	-2 564	8 734	7 956	-223	7 801
F.6	**Systèmes d'assurance, de pensions et garanties standard**	**-432**	**-394**	**-282**	**-565**	**-313**	**-242**	**-302**	**-345**
F.61	Réserves techniques d'assurance-dommages	-431	-397	-278	-567	-310	-247	-302	-344
F.62	Droits sur les assurances-vie et rentes	..	..	..	..	..	..	..	..
F.6M	Dts à pension, gérants, prestations hors retraite	..	..	..	..	..	..	..	..
F.63	Droits à pension	..	..	..	..	..	..	..	..
F.64	Dts des fonds de pension sur gérants des systèmes de pension	..	..	..	..	..	..	..	..
F.65	Droits à prestations hors retraite	..	..	..	..	..	..	..	..
F.66	Réserves pour appels dans le cadre de garanties standard	..	..	..	..	..	..	..	..
F.7	**Produits financiers dérivés et options sur titres des salariés**	**26 680**	**-1 689**	**-45 445**	**1 764**	**462**	**-13 515**	**737**	**6 436**
F.71	Produits financiers dérivés	..	..	..	..	..	..	..	..
F.72	Options sur titres des salariés	..	..	..	..	..	..	..	..
F.8	**Autres comptes à recevoir**	**81 976**	**99 159**	**20 192**	**52 503**	**-12 952**	**31 545**	**76 920**	**130 341**
F.81	Crédits commerciaux et avances	10 060	7 916	3 300	-9 996	13 880	15 631	4 033	3 188
F.89	Autres comptes à recevoir, hors crédits commerciaux et avances	71 916	91 243	16 892	62 499	-26 832	15 914	72 887	127 153
	Accroissement net des passifs	**97 713**	**125 401**	**25 845**	**32 408**	**41 786**	**117 236**	**49 303**	**42 639**
F.1	**Or monétaire et DTS**	..	..	..	..	..	..	..	..
F.11	Or monétaire	..	..	..	..	..	..	..	..
F.12	Droits de tirage spéciaux (DTS)	..	..	..	..	..	..	..	..
F.2	**Numéraire et dépôts**	..	..	..	..	..	..	..	..
F.21	Numéraire	..	..	..	..	..	..	..	..
F.22	Dépôts transférables	..	..	..	..	..	..	..	..
F.29	Autres dépôts	..	..	..	..	..	..	..	..
F.3	**Titres de dette**	**5 320**	**12 828**	**7 155**	**-4 078**	**4 185**	**7 570**	**18 720**	**12 777**
F.3S	Titres de dette à court terme	833	18 598	3 647	-26 698	-310	4 894	-1 577	-1 120
F.3L	Titres de dette à long terme	4 487	-5 770	3 508	22 620	4 495	2 676	20 297	13 897
F.4	**Crédits**	**29 658**	**56 785**	**2 533**	**2 314**	**-5 916**	**47 011**	**-875**	**12 886**
F.4S	Crédits à court terme	22 816	25 324	1 067	-37 587	-10 824	34 663	-7 266	-10 264
F.4L	Crédits à long terme	6 842	31 461	1 466	39 901	4 908	12 348	6 391	23 150
F.5	**Actions et parts de fonds d'investissement**	**37 318**	**41 421**	**25 331**	**17 443**	**25 396**	**26 765**	**12 285**	**11 985**
F.51	Actions	37 318	41 421	25 331	17 443	25 396	26 765	12 285	11 985
F.511	Actions cotées	6 148	7 151	3 095	8 446	8 071	8 301	3 300	3 337
F.512	Actions non cotées	-459	-383	474	-2 964	-873	-855	-357	-1 887
F.519	Autres participations	31 629	34 653	21 762	11 961	18 198	19 319	9 342	10 535
F.52	Parts de fonds d'investissement	..	..	..	..	..	..	..	..
F.521	Parts de fonds d'investissement monétaires	..	..	..	..	..	..	..	..
F.522	Autres parts de fonds d'investissement	..	..	..	..	..	..	..	..
F.6	**Systèmes d'assurance, de pensions et garanties standard**	**8 124**	**1 873**	**1 871**	**7 323**	**4 824**	**6 383**	**7 689**	**6 000**
F.61	Réserves techniques d'assurance-dommages	..	..	..	..	..	..	..	..
F.62	Droits sur les assurances-vie et rentes	..	..	..	..	..	..	..	..
F.6M	Dts à pension, gérants de syst. de pension, hors retraite	8 124	1 873	1 871	7 323	4 824	6 383	7 689	6 000
F.63	Droits à pension	..	..	..	..	..	..	..	..
F.64	Dts des fonds de pension sur gérants des systèmes de pension	..	..	..	..	..	..	..	..
F.65	Droits à prestations hors retraite	..	..	..	..	..	..	..	..
F.66	Réserves pour appels dans le cadre de garanties standard	..	..	..	..	..	..	..	..
F.7	**Produits financiers dérivés et options sur titres des salariés**	**4 643**	**436**	**-7 309**	**143**	**-1 135**	**14 828**	**8 086**	**3 718**
F.71	Produits financiers dérivés	..	..	..	..	..	..	..	..
F.72	Options sur titres des salariés	..	..	..	..	..	..	..	..
F.8	**Autres comptes à payer**	**12 650**	**12 058**	**-3 736**	**9 263**	**14 432**	**14 679**	**3 398**	**-4 727**
F.81	Crédits commerciaux et avances	12 650	12 058	-3 736	9 263	14 432	14 679	3 398	-4 727
F.89	Autres comptes à payer, hors des crédits commerciaux et avances	..	..	..	..	..	..	..	..
	Opérations financières nettes	**162 383**	**77 892**	**-94 756**	**57 096**	**49 174**	**-50 177**	**46 800**	**115 398**

Note : Les métadonnées détaillées sont disponibles sur :http://metalinks.oecd.org/faiiia/20150126/b877

ALLEMAGNE

Tableau 2.3.a. Flux consolidés, Secteur S12 - Sociétés financières

SCN 2008

Millions EUR (1999 DEM euro)

		2006	2007	2008	2009	2010	2011	2012	2013
	Acquisition nette d'actifs financiers	**921 618**	**585 070**	**-317 126**	**102 371**	**140 541**	**75 135**	**327 079**	**-73 756**
F.1	**Or monétaire et DTS**	**98**	**118**	**25**	**-11 889**	**-824**	**-687**	**-41**	**370**
F.11	Or monétaire	0	0	0	0	0	0	0	0
F.12	Droits de tirage spéciaux (DTS)	98	118	25	-11 889	-824	-687	-41	370
F.2	**Numéraire et dépôts**	**206 216**	**228 671**	**140 658**	**-112 982**	**-112 221**	**23 381**	**-89 948**	**-47 456**
F.21	Numéraire	198	-101	-31	-93	265	192	-6	-529
F.22	Dépôts transférables	59 231	5 117	67 915	-38 709	32 713	22 498	44 435	19 749
F.29	Autres dépôts	146 787	223 655	72 774	-74 180	-145 198	691	-134 376	-66 676
F.3	**Titres de dette**	**68 708**	**115 821**	**39 549**	**177 829**	**30 530**	**-62 413**	**116 764**	**36 079**
F.3S	Titres de dette à court terme	7 215	50 308	19 462	-40 126	-490	-23 644	-9 040	-131
F.3L	Titres de dette à long terme	61 493	65 513	20 088	217 956	31 018	-38 771	125 804	36 210
F.4	**Crédits**	**8 699**	**176 884**	**149 332**	**25 683**	**223 210**	**141 316**	**234 073**	**-162 958**
F.4S	Crédits à court terme	-4 496	141 469	67 674	-3 120	199 997	113 030	220 302	-162 138
F.4L	Crédits à long terme	13 199	35 415	81 658	28 803	23 213	28 286	13 770	-820
F.5	**Actions et parts de fonds d'investissement**	**163 014**	**426**	**-32 821**	**52 615**	**96 040**	**46 431**	**91 835**	**99 541**
F.51	Actions	95 549	-2 279	-36 146	25 881	34 585	-4 724	12 044	12 177
F.511	Actions cotées	66 226	-36 119	-58 640	9 796	14 182	-15 848	-15 688	17 656
F.512	Actions non cotées	2 029	-3 775	-19 087	5 508	5 173	3 628	9 548	9 412
F.519	Autres participations	27 295	37 614	41 582	10 576	15 231	7 494	18 186	-14 891
F.52	Parts de fonds d'investissement	67 465	2 705	3 325	26 734	61 455	51 155	79 791	87 364
F.521	Parts de fonds d'investissement monétaires	1 048	3 138	-2 643	-2 158	-1 250	-80	1 905	-3 064
F.522	Autres parts de fonds d'investissement	66 417	-433	5 968	28 892	62 705	51 235	77 886	90 430
F.6	**Systèmes d'assurance, de pensions et garanties standard**	**144**	**126**	**129**	**152**	**168**	**90**	**90**	**86**
F.61	Réserves techniques d'assurance-dommages	..	..	..	..	..	..	..	..
F.62	Droits sur les assurances-vie et rentes	..	..	..	..	..	..	..	..
F.6M	Dts à pension, gérants, prestations hors retraite	..	..	..	..	..	..	..	..
F.63	Droits à pension	..	..	..	..	..	..	..	..
F.64	Dts des fonds de pension sur gérants des systèmes de pension	..	..	..	..	..	..	..	..
F.65	Droits à prestations hors retraite	..	..	..	..	..	..	..	..
F.66	Réserves pour appels dans le cadre de garanties standard	144	126	129	152	168	90	90	86
F.7	**Produits financiers dérivés et options sur titres des salariés**	**450 008**	**30 788**	**-674 426**	**20 724**	**-106 997**	**-53 906**	**-54 984**	**17 692**
F.71	Produits financiers dérivés	..	..	..	..	..	..	..	..
F.72	Options sur titres des salariés	..	..	..	..	..	..	..	..
F.8	**Autres comptes à recevoir**	**24 731**	**32 237**	**60 427**	**-49 761**	**10 637**	**-19 075**	**29 290**	**-17 110**
F.81	Crédits commerciaux et avances	204	-104	-392	-688	-744	124	48	-19
F.89	Autres comptes à recevoir, hors crédits commerciaux et avances	24 527	32 341	60 819	-49 073	11 381	-19 199	29 242	-17 091
	Accroissement net des passifs	**884 313**	**554 417**	**-358 349**	**75 774**	**85 574**	**49 174**	**301 915**	**-81 095**
F.1	**Or monétaire et DTS**	..	..	..	..	..	..	..	..
F.11	Or monétaire	..	..	..	..	..	..	..	..
F.12	Droits de tirage spéciaux (DTS)	..	..	..	..	..	..	..	..
F.2	**Numéraire et dépôts**	**190 391**	**288 592**	**182 339**	**-26 903**	**149 247**	**89 941**	**200 603**	**-164 178**
F.21	Numéraire	16 150	11 417	22 871	-4 843	9 128	11 846	3 220	9 946
F.22	Dépôts transférables	125 863	52 168	139 365	229 621	111 280	122 336	311 798	6 096
F.29	Autres dépôts	48 378	225 007	20 103	-251 681	28 839	-44 241	-114 415	-180 220
F.3	**Titres de dette**	**32 619**	**33 224**	**65 549**	**-89 029**	**-74 315**	**-68 334**	**-142 182**	**-136 381**
F.3S	Titres de dette à court terme	7 177	40 206	56 461	-47 361	-12 555	-7 252	-19 623	-7 420
F.3L	Titres de dette à long terme	25 442	-6 984	9 088	-41 669	-61 761	-61 080	-122 551	-128 961
F.4	**Crédits**	**59 700**	**46 671**	**100 811**	**35 786**	**50 510**	**78 749**	**49 474**	**20 264**
F.4S	Crédits à court terme	29 595	52 436	51 047	15 888	14 224	82 588	47 720	22 449
F.4L	Crédits à long terme	30 110	-5 765	49 770	19 894	36 282	-3 838	1 754	-2 183
F.5	**Actions et parts de fonds d'investissement**	**20 157**	**6 743**	**432**	**58 611**	**106 109**	**53 718**	**102 817**	**79 986**
F.51	Actions	623	-6 692	8 345	14 864	21 203	8 498	12 874	-11 351
F.511	Actions cotées	65	565	5 997	7 857	10 555	9 872	723	213
F.512	Actions non cotées	342	-2 917	-3 111	49	-5 622	-2 228	-3 447	-2 819
F.519	Autres participations	216	-4 340	5 459	6 958	16 270	854	15 598	-8 745
F.52	Parts de fonds d'investissement	19 534	13 435	-7 913	43 747	84 906	45 220	89 943	91 337
F.521	Parts de fonds d'investissement monétaires	133	-3 640	-12 151	-5 489	-1 142	-92	1 381	-1 591
F.522	Autres parts de fonds d'investissement	19 401	17 075	4 238	49 236	86 048	45 312	88 562	92 928
F.6	**Systèmes d'assurance, de pensions et garanties standard**	**65 771**	**64 508**	**31 637**	**65 086**	**77 189**	**54 446**	**74 492**	**67 369**
F.61	Réserves techniques d'assurance-dommages	11 636	5 894	10 856	20 514	16 822	20 083	22 719	13 112
F.62	Droits sur les assurances-vie et rentes	28 924	27 271	4 211	27 351	36 694	10 659	32 093	34 282
F.6M	Dts à pension, gérants de syst. de pension, hors retraite	25 211	31 343	16 570	17 221	23 673	23 704	19 680	19 975
F.63	Droits à pension	..	..	..	..	..	..	..	..
F.64	Dts des fonds de pension sur gérants des systèmes de pension	..	..	..	..	..	..	..	..
F.65	Droits à prestations hors retraite	..	..	..	..	..	..	..	..
F.66	Réserves pour appels dans le cadre de garanties standard	..	..	..	..	..	..	..	..
F.7	**Produits financiers dérivés et options sur titres des salariés**	**456 030**	**35 184**	**-701 232**	**16 334**	**-111 041**	**-87 145**	**-102 650**	**1 374**
F.71	Produits financiers dérivés	..	..	..	..	..	..	..	..
F.72	Options sur titres des salariés	..	..	..	..	..	..	..	..
F.8	**Autres comptes à payer**	**59 645**	**79 495**	**-37 885**	**15 889**	**-112 125**	**-72 201**	**119 361**	**50 471**
F.81	Crédits commerciaux et avances	76	280	416	-520	104	-64	28	-7
F.89	Autres comptes à payer, hors des crédits commerciaux et avances	59 569	79 215	-38 301	16 409	-112 229	-72 137	119 333	50 478
	Opérations financières nettes	**37 305**	**30 653**	**41 223**	**26 597**	**54 967**	**25 961**	**25 164**	**7 339**

Note : Les métadonnées détaillées sont disponibles sur :http://metalinks.oecd.org/faiiia/20150126/b877

ALLEMAGNE

Tableau 2.4.a. Flux consolidés, Secteur S13 - Administrations publiques
SCN 2008

Millions EUR (1999 DEM euro)

		2006	2007	2008	2009	2010	2011	2012	2013
	Acquisition nette d'actifs financiers	**12 272**	**18 792**	**70 990**	**35 776**	**180 789**	**5 134**	**73 015**	**-7 301**
F.1	**Or monétaire et DTS**	..	..	..	..	..	..	..	..
F.11	Or monétaire	..	..	..	..	..	..	..	..
F.12	Droits de tirage spéciaux (DTS)	..	..	..	..	..	..	..	..
F.2	**Numéraire et dépôts**	**31 961**	**10 680**	**6 861**	**-3 870**	**35 997**	**27 474**	**13 724**	**-18 224**
F.21	Numéraire	-54	-52	108	-134	195	-49	40	0
F.22	Dépôts transférables	5 730	1 215	6 342	30 059	-5 732	650	17 257	-14 867
F.29	Autres dépôts	26 285	9 517	411	-33 795	41 534	26 873	-3 573	-3 357
F.3	**Titres de dette**	**-570**	**1 205**	**40 112**	**2 635**	**101 033**	**-9 649**	**-11 401**	**-11 138**
F.3S	Titres de dette à court terme	-55	77	-90	-79	77	448	-314	-81
F.3L	Titres de dette à long terme	-515	1 128	40 202	2 714	100 956	-10 097	-11 087	-11 057
F.4	**Crédits**	**-3 663**	**2 302**	**8 334**	**3 123**	**54 712**	**-7 711**	**53 983**	**-1 154**
F.4S	Crédits à court terme	1 612	-365	12 937	3 636	4 708	-8 240	13 198	-5 114
F.4L	Crédits à long terme	-5 274	2 668	-4 602	-513	50 003	532	40 785	3 959
F.5	**Actions et parts de fonds d'investissement**	**-4 394**	**-2 022**	**12 799**	**33 419**	**8 448**	**-2 161**	**19 612**	**16 518**
F.51	Actions	-1 816	86	12 802	34 573	8 850	-2 465	17 894	15 143
F.511	Actions cotées	-461	-5 579	398	135	350	167	-843	-680
F.512	Actions non cotées	-244	0	0	0	0	0	0	0
F.519	Autres participations	-1 111	5 665	12 404	34 438	8 500	-2 632	18 737	15 823
F.52	Parts de fonds d'investissement	-2 578	-2 108	-3	-1 154	-402	304	1 718	1 375
F.521	Parts de fonds d'investissement monétaires	0	-65	0	0	0	0	0	4
F.522	Autres parts de fonds d'investissement	-2 578	-2 043	-3	-1 154	-402	304	1 718	1 370
F.6	**Systèmes d'assurance, de pensions et garanties standard**	**24**	**24**	**24**	**24**	**24**	**24**	**24**	**24**
F.61	Réserves techniques d'assurance-dommages	24	24	24	24	24	24	24	24
F.62	Droits sur les assurances-vie et rentes	..	..	..	..	..	..	..	..
F.6M	Dts à pension, gérants, prestations hors retraite	..	..	..	..	..	..	..	..
F.63	Droits à pension	..	..	..	..	..	..	..	..
F.64	Dts des fonds de pension sur gérants des systèmes de pension	..	..	..	..	..	..	..	..
F.65	Droits à prestations hors retraite	..	..	..	..	..	..	..	..
F.66	Réserves pour appels dans le cadre de garanties standard	..	..	..	..	..	..	..	..
F.7	**Produits financiers dérivés et options sur titres des salariés**	**-305**	**-214**	**131**	**-206**	**-18 735**	**-856**	**-976**	**1 274**
F.71	Produits financiers dérivés	..	..	..	..	..	..	..	..
F.72	Options sur titres des salariés	..	..	..	..	..	..	..	..
F.8	**Autres comptes à recevoir**	**-10 781**	**6 817**	**2 729**	**651**	**-690**	**-1 987**	**-1 951**	**5 399**
F.81	Crédits commerciaux et avances	0	0	0	0	0	0	0	0
F.89	Autres comptes à recevoir, hors crédits commerciaux et avances	-10 781	6 817	2 729	651	-690	-1 987	-1 951	5 399
	Accroissement net des passifs	**49 290**	**11 014**	**71 531**	**110 294**	**285 611**	**28 406**	**70 409**	**-11 473**
F.1	**Or monétaire et DTS**	..	..	..	..	..	..	..	..
F.11	Or monétaire	..	..	..	..	..	..	..	..
F.12	Droits de tirage spéciaux (DTS)	..	..	..	..	..	..	..	..
F.2	**Numéraire et dépôts**	**499**	**511**	**3 592**	**576**	**1 067**	**-316**	**-602**	**927**
F.21	Numéraire	499	511	418	489	487	436	428	392
F.22	Dépôts transférables	0	0	3 174	87	580	-752	-1 030	535
F.29	Autres dépôts	..	..	..	..	..	..	..	..
F.3	**Titres de dette**	**52 748**	**30 570**	**40 757**	**117 394**	**93 748**	**66 330**	**86 388**	**7 715**
F.3S	Titres de dette à court terme	659	1 381	5 407	61 815	-19 530	29 591	-8 965	-21 109
F.3L	Titres de dette à long terme	52 089	29 189	35 350	55 579	113 278	36 739	95 353	28 824
F.4	**Crédits**	**-4 876**	**-21 366**	**22 119**	**114**	**195 430**	**-37 782**	**-13 961**	**-22 421**
F.4S	Crédits à court terme	5 889	2 590	20 285	-11 377	169 669	-36 067	-45 531	-28 368
F.4L	Crédits à long terme	-10 765	-23 956	1 834	11 491	25 761	-1 715	31 570	5 947
F.5	**Actions et parts de fonds d'investissement**	..	..	..	..	..	..	..	..
F.51	Actions	..	..	..	..	..	..	..	..
F.511	Actions cotées	..	..	..	..	..	..	..	..
F.512	Actions non cotées	..	..	..	..	..	..	..	..
F.519	Autres participations	..	..	..	..	..	..	..	..
F.52	Parts de fonds d'investissement	..	..	..	..	..	..	..	..
F.521	Parts de fonds d'investissement monétaires	..	..	..	..	..	..	..	..
F.522	Autres parts de fonds d'investissement	..	..	..	..	..	..	..	..
F.6	**Systèmes d'assurance, de pensions et garanties standard**	**144**	**126**	**129**	**152**	**168**	**90**	**90**	**86**
F.61	Réserves techniques d'assurance-dommages	..	..	..	..	..	..	..	..
F.62	Droits sur les assurances-vie et rentes	..	..	..	..	..	..	..	..
F.6M	Dts à pension, gérants de syst. de pension, hors retraite	..	..	..	..	..	..	..	..
F.63	Droits à pension	..	..	..	..	..	..	..	..
F.64	Dts des fonds de pension sur gérants des systèmes de pension	..	..	..	..	..	..	..	..
F.65	Droits à prestations hors retraite	..	..	..	..	..	..	..	..
F.66	Réserves pour appels dans le cadre de garanties standard	144	126	129	152	168	90	90	86
F.7	**Produits financiers dérivés et options sur titres des salariés**	..	..	..	..	..	..	..	..
F.71	Produits financiers dérivés	..	..	..	..	..	..	..	..
F.72	Options sur titres des salariés	..	..	..	..	..	..	..	..
F.8	**Autres comptes à payer**	**775**	**1 173**	**4 934**	**-7 942**	**-4 802**	**84**	**-1 506**	**2 220**
F.81	Crédits commerciaux et avances	808	1 207	4 966	-7 911	-4 778	99	-1 492	2 234
F.89	Autres comptes à payer, hors des crédits commerciaux et avances	-33	-34	-32	-31	-24	-15	-14	-14
	Opérations financières nettes	**-37 018**	**7 778**	**-541**	**-74 518**	**-104 822**	**-23 272**	**2 606**	**4 172**

Note : Les métadonnées détaillées sont disponibles sur :http://metalinks.oecd.org/faiiia/20150126/b877

ALLEMAGNE

Tableau 2.5.a. Flux consolidés, Secteur S14-S15 - Ménages et ISBLSM
SCN 2008

Millions EUR (1999 DEM euro)

		2006	2007	2008	2009	2010	2011	2012	2013
	Acquisition nette d'actifs financiers	**131 155**	**115 214**	**122 631**	**144 910**	**154 328**	**143 834**	**152 737**	**147 611**
F.1	**Or monétaire et DTS**	..	..	..	..	..	..	..	..
F.11	Or monétaire	..	..	..	..	..	..	..	..
F.12	Droits de tirage spéciaux (DTS)	..	..	..	..	..	..	..	..
F.2	**Numéraire et dépôts**	**29 541**	**65 866**	**97 209**	**44 374**	**66 724**	**58 678**	**76 783**	**66 182**
F.21	Numéraire	4 595	-4 048	-1 636	2 050	556	-2 531	115	10 805
F.22	Dépôts transférables	2 063	22 186	24 232	141 559	61 638	34 698	92 774	90 665
F.29	Autres dépôts	22 883	47 728	74 613	-99 235	4 530	26 511	-16 106	-35 288
F.3	**Titres de dette**	**42 271**	**24 689**	**-22 341**	**-12 478**	**-11 395**	**-1 866**	**-17 046**	**-18 141**
F.3S	Titres de dette à court terme	4 939	-3 119	1 803	-2 551	-296	336	608	-631
F.3L	Titres de dette à long terme	37 332	27 808	-24 144	-9 927	-11 099	-2 202	-17 654	-17 510
F.4	**Crédits**	..	..	..	..	..	..	..	..
F.4S	Crédits à court terme	..	..	..	..	..	..	..	..
F.4L	Crédits à long terme	..	..	..	..	..	..	..	..
F.5	**Actions et parts de fonds d'investissement**	**1 202**	**-11 631**	**-40 748**	**18 192**	**26 376**	**4 642**	**-154**	**10 968**
F.51	Actions	13 967	23 146	-6 418	19 244	16 360	19 151	-341	-2 290
F.511	Actions cotées	12 749	25 917	6 277	16 616	12 620	13 520	-2 924	-4 526
F.512	Actions non cotées	-1 730	-5 709	-15 743	-346	761	2 599	-498	-769
F.519	Autres participations	2 948	2 938	3 048	2 974	2 979	3 032	3 081	3 005
F.52	Parts de fonds d'investissement	-12 765	-34 777	-34 330	-1 052	10 016	-14 509	187	13 258
F.521	Parts de fonds d'investissement monétaires	2 913	9 857	-17 794	-5 673	-1 410	-370	645	-299
F.522	Autres parts de fonds d'investissement	-15 678	-44 634	-16 536	4 621	11 426	-14 139	-458	13 557
F.6	**Systèmes d'assurance, de pensions et garanties standard**	**78 195**	**75 778**	**32 533**	**66 666**	**77 901**	**56 255**	**76 897**	**76 153**
F.61	Réserves techniques d'assurance-dommages	13 324	14 414	11 336	18 572	11 824	13 123	19 873	16 725
F.62	Droits sur les assurances-vie et rentes	31 536	28 148	2 756	23 550	37 580	13 045	29 655	33 453
F.6M	Dts à pension, gérants, prestations hors retraite	33 335	33 216	18 441	24 544	28 497	30 087	27 369	25 975
F.63	Droits à pension	..	..	..	..	..	..	..	..
F.64	Dts des fonds de pension sur gérants des systèmes de pension	..	..	..	..	..	..	..	..
F.65	Droits à prestations hors retraite	..	..	..	..	..	..	..	..
F.66	Réserves pour appels dans le cadre de garanties standard	..	..	..	..	..	..	..	..
F.7	**Produits financiers dérivés et options sur titres des salariés**	**0**	**0**	**0**	**0**	**0**	**0**	**0**	**0**
F.71	Produits financiers dérivés	..	..	..	..	..	..	..	..
F.72	Options sur titres des salariés	..	..	..	..	..	..	..	..
F.8	**Autres comptes à recevoir**	**-20 054**	**-39 488**	**55 979**	**28 156**	**-5 278**	**26 125**	**16 256**	**12 445**
F.81	Crédits commerciaux et avances	..	..	..	..	..	..	..	..
F.89	Autres comptes à recevoir, hors crédits commerciaux et avances	-20 054	-39 488	55 979	28 156	-5 278	26 125	16 256	12 445
	Accroissement net des passifs	**-5 645**	**-20 986**	**-14 369**	**-6 490**	**5 328**	**13 134**	**16 237**	**12 111**
F.1	**Or monétaire et DTS**	..	..	..	..	..	..	..	..
F.11	Or monétaire	..	..	..	..	..	..	..	..
F.12	Droits de tirage spéciaux (DTS)	..	..	..	..	..	..	..	..
F.2	**Numéraire et dépôts**	..	..	..	..	..	..	..	..
F.21	Numéraire	..	..	..	..	..	..	..	..
F.22	Dépôts transférables	..	..	..	..	..	..	..	..
F.29	Autres dépôts	..	..	..	..	..	..	..	..
F.3	**Titres de dette**	..	..	..	..	..	..	..	..
F.3S	Titres de dette à court terme	..	..	..	..	..	..	..	..
F.3L	Titres de dette à long terme	..	..	..	..	..	..	..	..
F.4	**Crédits**	**-5 394**	**-20 628**	**-15 196**	**-7 648**	**5 086**	**11 553**	**15 053**	**11 598**
F.4S	Crédits à court terme	-5 441	-1 213	1 180	-4 289	-2 252	-2 095	-1 019	-3 161
F.4L	Crédits à long terme	47	-19 415	-16 376	-3 359	7 338	13 648	16 072	14 759
F.5	**Actions et parts de fonds d'investissement**	..	..	..	..	..	..	..	..
F.51	Actions	..	..	..	..	..	..	..	..
F.511	Actions cotées	..	..	..	..	..	..	..	..
F.512	Actions non cotées	..	..	..	..	..	..	..	..
F.519	Autres participations	..	..	..	..	..	..	..	..
F.52	Parts de fonds d'investissement	..	..	..	..	..	..	..	..
F.521	Parts de fonds d'investissement monétaires	..	..	..	..	..	..	..	..
F.522	Autres parts de fonds d'investissement	..	..	..	..	..	..	..	..
F.6	**Systèmes d'assurance, de pensions et garanties standard**	..	..	..	..	..	..	..	..
F.61	Réserves techniques d'assurance-dommages	..	..	..	..	..	..	..	..
F.62	Droits sur les assurances-vie et rentes	..	..	..	..	..	..	..	..
F.6M	Dts à pension, gérants de syst. de pension, hors retraite	..	..	..	..	..	..	..	..
F.63	Droits à pension	..	..	..	..	..	..	..	..
F.64	Dts des fonds de pension sur gérants des systèmes de pension	..	..	..	..	..	..	..	..
F.65	Droits à prestations hors retraite	..	..	..	..	..	..	..	..
F.66	Réserves pour appels dans le cadre de garanties standard	..	..	..	..	..	..	..	..
F.7	**Produits financiers dérivés et options sur titres des salariés**	**120**	**-68**	**177**	**154**	**28**	**-15**	**-173**	**189**
F.71	Produits financiers dérivés	..	..	..	..	..	..	..	..
F.72	Options sur titres des salariés	..	..	..	..	..	..	..	..
F.8	**Autres comptes à payer**	**-371**	**-290**	**650**	**1 004**	**214**	**1 596**	**1 357**	**324**
F.81	Crédits commerciaux et avances	..	..	..	..	..	..	..	..
F.89	Autres comptes à payer, hors des crédits commerciaux et avances	-371	-290	650	1 004	214	1 596	1 357	324
	Opérations financières nettes	**136 800**	**136 200**	**137 000**	**151 400**	**149 000**	**130 700**	**136 500**	**135 500**

Note : Les métadonnées détaillées sont disponibles sur :http://metalinks.oecd.org/faiiia/20150126/b877

ALLEMAGNE

Tableau 2.6.a. Flux consolidés, Secteur S2 - Reste du monde
SCN 2008

Millions EUR (1999 DEM euro)

		2006	2007	2008	2009	2010	2011	2012	2013
	Acquisition nette d'actifs financiers	**549 653**	**330 741**	**-503 602**	**-37 282**	**178 934**	**36 797**	**165 456**	**-233 492**
F.1	**Or monétaire et DTS**	**-98**	**-118**	**-25**	**11 889**	**824**	**687**	**41**	**-370**
F.11	Or monétaire	0	0	0	0	0	0	0	0
F.12	Droits de tirage spéciaux (DTS)	-98	-118	-25	11 889	824	687	41	-370
F.2	**Numéraire et dépôts**	**78 796**	**114 862**	**-21 142**	**-99 286**	**101 749**	**-39 886**	**141 595**	**-191 860**
F.21	Numéraire	11 678	15 616	24 870	-6 033	8 972	14 822	2 726	-316
F.22	Dépôts transférables	97 446	22 537	86 065	7 632	64 967	36 996	156 009	-90 473
F.29	Autres dépôts	-30 328	76 709	-132 077	-100 885	27 810	-91 704	-17 140	-101 071
F.3	**Titres de dette**	**141 412**	**91 288**	**70 584**	**-19 770**	**51 016**	**71 695**	**27 061**	**-67 066**
F.3S	Titres de dette à court terme	2 294	44 216	30 552	10 776	-32 734	52 196	-17 199	-27 895
F.3L	Titres de dette à long terme	139 118	47 072	40 032	-30 546	83 750	19 499	44 260	-39 171
F.4	**Crédits**	**68 503**	**19 900**	**61 304**	**47 757**	**145 817**	**80 405**	**18 157**	**48 925**
F.4S	Crédits à court terme	36 079	32 797	16 531	9 938	112 500	79 985	-31 493	1 074
F.4L	Crédits à long terme	32 424	-12 897	44 773	37 819	33 317	420	49 650	47 851
F.5	**Actions et parts de fonds d'investissement**	**-94 470**	**73 328**	**81 032**	**22 016**	**33 690**	**33 209**	**62 426**	**12 605**
F.51	Actions	-70 572	29 345	78 306	-11 762	3 812	35 825	34 355	9 272
F.511	Actions cotées	-98 369	-3 078	58 682	-15 385	-12 044	17 037	28 110	5 651
F.512	Actions non cotées	..	..	..	..	..	..	..	..
F.519	Autres participations	27 797	32 423	19 624	3 623	15 856	18 788	6 245	3 454
F.52	Parts de fonds d'investissement	-23 898	43 983	2 726	33 778	29 878	-2 616	28 071	3 333
F.521	Parts de fonds d'investissement monétaires	294	-582	209	-2 226	-178	1 323	-838	-2
F.522	Autres parts de fonds d'investissement	-24 192	44 565	2 517	36 004	30 056	-3 939	28 909	3 335
F.6	**Systèmes d'assurance, de pensions et garanties standard**	**-1 025**	**-7 533**	**191**	**2 797**	**5 881**	**7 591**	**3 240**	**-3 221**
F.61	Réserves techniques d'assurance-dommages	-1 209	-8 064	-61	2 533	5 434	7 302	3 098	-3 363
F.62	Droits sur les assurances-vie et rentes	184	531	252	264	447	289	142	142
F.6M	Dts à pension, gérants, prestations hors retraite	..	..	..	..	..	..	..	..
F.63	Droits à pension	..	..	..	..	..	..	..	..
F.64	Dts des fonds de pension sur gérants des systèmes de pension	..	..	..	..	..	..	..	..
F.65	Droits à prestations hors retraite	..	..	..	..	..	..	..	..
F.66	Réserves pour appels dans le cadre de garanties standard	..	..	..	..	..	..	..	..
F.7	**Produits financiers dérivés et options sur titres des salariés**	**336 377**	**31 567**	**-529 516**	**10 354**	**-82 328**	**-41 897**	**-94 761**	**5 057**
F.71	Produits financiers dérivés	..	..	..	..	..	..	..	..
F.72	Options sur titres des salariés	..	..	..	..	..	..	..	..
F.8	**Autres comptes à recevoir**	**20 158**	**7 447**	**-166 030**	**-13 039**	**-77 715**	**-75 007**	**7 697**	**-37 562**
F.81	Crédits commerciaux et avances	13 458	13 265	1 230	1 352	9 654	14 778	1 906	-2 493
F.89	Autres comptes à recevoir, hors crédits commerciaux et avances	6 700	-5 818	-167 260	-14 391	-87 369	-89 785	5 791	-35 069
	Accroissement net des passifs	**849 040**	**582 991**	**-421 105**	**123 830**	**327 160**	**120 064**	**376 485**	**28 872**
F.1	**Or monétaire et DTS**	..	..	..	..	..	..	..	..
F.11	Or monétaire	..	..	..	..	..	..	..	..
F.12	Droits de tirage spéciaux (DTS)	..	..	..	..	..	..	..	..
F.2	**Numéraire et dépôts**	**177 658**	**162 449**	**37 175**	**-149 102**	**-44 666**	**-43 759**	**-92 003**	**-37 217**
F.21	Numéraire	..	..	..	..	..	..	..	..
F.22	Dépôts transférables	..	..	..	..	..	..	..	..
F.29	Autres dépôts	..	..	..	..	..	..	..	..
F.3	**Titres de dette**	**165 939**	**157 131**	**14 098**	**128 773**	**147 440**	**-2 945**	**149 799**	**55 907**
F.3S	Titres de dette à court terme	7 225	31 483	-14 281	-15 721	-4 040	4 255	1 608	2 468
F.3L	Titres de dette à long terme	158 714	125 648	28 379	144 494	151 480	-7 200	148 191	53 439
F.4	**Crédits**	**11 165**	**166 188**	**113 499**	**48 359**	**199 882**	**124 463**	**270 028**	**-135 989**
F.4S	Crédits à court terme	-5 521	116 735	28 376	36 551	161 651	117 510	215 873	-147 251
F.4L	Crédits à long terme	16 686	49 453	85 123	11 808	38 231	6 953	54 155	11 262
F.5	**Actions et parts de fonds d'investissement**	**116 194**	**57 370**	**-52 862**	**82 465**	**102 294**	**59 844**	**100 658**	**76 522**
F.51	Actions	85 122	64 316	-10 410	70 467	77 456	62 485	81 029	54 876
F.511	Actions cotées	8 086	9 046	-7 546	-4 611	1 609	-1 328	3 131	36 255
F.512	Actions non cotées	16 698	-1 375	-54 119	30 062	32 997	26 956	35 011	-1 335
F.519	Autres participations	60 338	56 645	51 255	45 016	42 850	36 857	42 887	20 009
F.52	Parts de fonds d'investissement	31 072	-6 946	-42 452	11 998	24 838	-2 641	19 629	21 646
F.521	Parts de fonds d'investissement monétaires	4 122	15 988	-8 080	-4 568	-1 634	1 254	359	-1 918
F.522	Autres parts de fonds d'investissement	26 950	-22 934	-34 372	16 566	26 472	-3 895	19 270	23 564
F.6	**Systèmes d'assurance, de pensions et garanties standard**	**2 867**	**1 494**	**-1 042**	**-3 487**	**1 480**	**2 799**	**-2 322**	**-758**
F.61	Réserves techniques d'assurance-dommages	72	83	165	48	150	119	-26	-70
F.62	Droits sur les assurances-vie et rentes	2 796	1 412	-1 208	-3 536	1 332	2 680	-2 296	-688
F.6M	Dts à pension, gérants de syst. de pension, hors retraite	..	..	..	..	..	..	..	..
F.63	Droits à pension	..	..	..	..	..	..	..	..
F.64	Dts des fonds de pension sur gérants des systèmes de pension	..	..	..	..	..	..	..	..
F.65	Droits à prestations hors retraite	..	..	..	..	..	..	..	..
F.66	Réserves pour appels dans le cadre de garanties standard	..	..	..	..	..	..	..	..
F.7	**Produits financiers dérivés et options sur titres des salariés**	**351 962**	**24 903**	**-540 891**	**16 006**	**-95 449**	**-37 845**	**-55 249**	**25 175**
F.71	Produits financiers dérivés	..	..	..	..	..	..	..	..
F.72	Options sur titres des salariés	..	..	..	..	..	..	..	..
F.8	**Autres comptes à payer**	**23 255**	**13 456**	**8 918**	**816**	**16 179**	**17 507**	**5 574**	**45 232**
F.81	Crédits commerciaux et avances	10 188	7 532	2 492	-10 164	13 032	15 819	4 053	3 176
F.89	Autres comptes à payer, hors des crédits commerciaux et avances	13 067	5 924	6 426	10 980	3 147	1 688	1 521	42 056
	Opérations financières nettes	**-299 387**	**-252 250**	**-82 497**	**-161 112**	**-148 226**	**-83 267**	**-211 029**	**-262 364**

Note : Les métadonnées détaillées sont disponibles sur :http://metalinks.oecd.org/faiiia/20150126/b877

GRÈCE

Tableau 1.a. Flux consolidés, par instrument et par secteur, Année 2013

SCN 2008

Millions EUR (2001 GRD euro)

		Sociétés financières					
		Total S12	Institutions financières monétaires S121-2-3	Fonds d'investissements non monétaires S124	Autres institutions financières, hors S124 S125-6-7	Sociétés d'assurance et fonds de pension SS128-9	Sociétés financières publiques S1201
	Acquisition nette d'actifs financiers	**-32 842**	**-28 017**	**-476**	**-2 149**	**231**	..
F.1	**Or monétaire et DTS**	**5**	**5**	**0**	**0**	**0**	..
F.11	Or monétaire	3	3	0	0	0	..
F.12	Droits de tirage spéciaux (DTS)	2	2	0	0	0	..
F.2	**Numéraire et dépôts**	**-16 375**	**-16 423**	**-212**	**632**	**669**	..
F.21	Numéraire	-3	-3	0	0	1	..
F.22	Dépôts transférables	-7 310	-7 335	36	362	-21	..
F.29	Autres dépôts	-9 062	-9 085	-248	269	689	..
F.3	**Titres de dette**	**-5 058**	**-5 321**	**-183**	**333**	**17**	..
F.3S	Titres de dette à court terme	-8 868	-9 020	201	333	-380	..
F.3L	Titres de dette à long terme	3 810	3 699	-384	0	398	..
F.4	**Crédits**	**-9 139**	**-5 332**	**0**	**-2 312**	**-15**	..
F.4S	Crédits à court terme	-4 948	-4 189	0	-111	-8	..
F.4L	Crédits à long terme	-4 192	-1 143	0	-2 201	-7	..
F.5	**Actions et parts de fonds d'investissement**	**-1 794**	**-648**	**-76**	**-994**	**-227**	..
F.51	Actions	-1 368	-295	-28	-980	6	..
F.511	Actions cotées	-8 451	-959	-130	-356	4	..
F.512	Actions non cotées	7 083	664	101	-624	2	..
F.519	Autres participations	0	0	0	0	0	..
F.52	Parts de fonds d'investissement	-426	-353	-48	-14	-232	..
F.521	Parts de fonds d'investissement monétaires	-147	-1	-2	-14	-120	..
F.522	Autres parts de fonds d'investissement	-279	-352	-46	1	-112	..
F.6	**Systèmes d'assurance, de pensions et garanties standard**	**-48**	**4**	**0**	**-2**	**-48**	..
F.61	Réserves techniques d'assurance-dommages	-48	4	0	-2	-48	..
F.62	Droits sur les assurances-vie et rentes	0	0	0	0	0	..
F.6M	Dts à pension, gérants, prestations hors retraite	0	0	0	0	0	..
F.63	Droits à pension	0	0	0	0	0	..
F.64	Dts des fonds de pension sur gérants des systèmes de pension	0	0	0	0	0	..
F.65	Droits à prestations hors retraite	0	0	0	0	0	..
F.66	Réserves pour appels dans le cadre de garanties standard	0	0	0	0	0	..
F.7	**Produits financiers dérivés et options sur titres des salariés**	**-879**	**-876**	**-3**	**0**	**2**	..
F.71	Produits financiers dérivés	-879	-876	-3	0	2	..
F.72	Options sur titres des salariés	0	0	0	0	0	..
F.8	**Autres comptes à recevoir**	**447**	**573**	**-1**	**194**	**-168**	..
F.81	Crédits commerciaux et avances	0	0	0	0	0	..
F.89	Autres comptes à recevoir, hors crédits commerciaux et avances	447	573	-1	194	-168	..
	Accroissement net des passifs	**-51 099**	**-48 086**	**570**	**-923**	**-229**	..
F.1	**Or monétaire et DTS**	**0**	**0**	**0**	**0**	**0**	..
F.11	Or monétaire	..	..	..	..	..	..
F.12	Droits de tirage spéciaux (DTS)	0	0	0	0	0	..
F.2	**Numéraire et dépôts**	**-42 029**	**-40 988**	**0**	**0**	**0**	..
F.21	Numéraire	1 582	1 583	0	0	0	..
F.22	Dépôts transférables	-21	332	0	0	0	..
F.29	Autres dépôts	-43 590	-42 902	0	0	0	..
F.3	**Titres de dette**	**27**	**27**	**0**	**-95**	**-2**	..
F.3S	Titres de dette à court terme	-2	-2	0	1	0	..
F.3L	Titres de dette à long terme	29	29	0	-97	-2	..
F.4	**Crédits**	**-1 192**	**-2**	**1 366**	**-1 228**	**153**	..
F.4S	Crédits à court terme	4	0	0	482	163	..
F.4L	Crédits à long terme	-1 196	-2	1 366	-1 710	-9	..
F.5	**Actions et parts de fonds d'investissement**	**-5 401**	**-4 908**	**-416**	**-171**	**-57**	..
F.51	Actions	-5 189	-4 891	0	-171	-57	..
F.511	Actions cotées	14 368	21 368	0	10	0	..
F.512	Actions non cotées	-19 557	-26 259	0	-181	-57	..
F.519	Autres participations	0	0	0	0	0	..
F.52	Parts de fonds d'investissement	-212	-17	-416	0	0	..
F.521	Parts de fonds d'investissement monétaires	-26	-17	0	0	0	..
F.522	Autres parts de fonds d'investissement	-186	0	-416	0	0	..
F.6	**Systèmes d'assurance, de pensions et garanties standard**	**-362**	**0**	**0**	**0**	**-360**	..
F.61	Réserves techniques d'assurance-dommages	-116	0	0	0	-114	..
F.62	Droits sur les assurances-vie et rentes	-112	0	0	0	-112	..
F.6M	Dts à pension, gérants de syst. de pension, hors retraite	-134	0	0	0	-134	..
F.63	Droits à pension	-134	0	0	0	-134	..
F.64	Dts des fonds de pension sur gérants des systèmes de pension	0	0	0	0	0	..
F.65	Droits à prestations hors retraite	0	0	0	0	0	..
F.66	Réserves pour appels dans le cadre de garanties standard	0	0	0	0	0	..
F.7	**Produits financiers dérivés et options sur titres des salariés**	**-1 911**	**-1 909**	**0**	**0**	**0**	..
F.71	Produits financiers dérivés	-1 911	-1 909	0	0	0	..
F.72	Options sur titres des salariés	0	0	0	0	0	..
F.8	**Autres comptes à payer**	**-230**	**-305**	**-380**	**571**	**36**	..
F.81	Crédits commerciaux et avances	0	0	0	0	0	..
F.89	Autres comptes à payer, hors des crédits commerciaux et avances	-230	-305	-380	571	36	..
	Opérations financières nettes	**18 258**	**20 069**	**-1 046**	**-1 226**	**460**	..

Tableau 1.a. Flux consolidés, par instrument et par secteur, Année 2013 (cont.)

SCN 2008

Millions EUR (2001 GRD euro)

		Sociétés non financières	Administrations publiques		Ménages et ISBLSM	Economie totale	Reste du monde
		S11	Total S13	Administration centrale S1311	S14+S15	S1	S2
	Acquisition nette d'actifs financiers	**-8 903**	**-11 950**	**-12 093**	**-7 868**	**-30 197**	**-30 197**
F.1	**Or monétaire et DTS**	**0**	**0**	**0**	**0**	**5**	**5**
F.11	Or monétaire	0	0	0	0	3	3
F.12	Droits de tirage spéciaux (DTS)	0	0	0	0	2	2
F.2	**Numéraire et dépôts**	**1 214**	**975**	**-388**	**-4 746**	**-22 720**	**-22 720**
F.21	Numéraire	38	2	0	-1 976	-3 624	-3 624
F.22	Dépôts transférables	1 819	1 983	514	270	-7 310	-7 310
F.29	Autres dépôts	-643	-1 010	-902	-3 040	-11 786	-11 786
F.3	**Titres de dette**	**22**	**-610**	**597**	**-3 981**	**-3 083**	**-3 083**
F.3S	Titres de dette à court terme	-246	0	0	260	-3 762	-3 762
F.3L	Titres de dette à long terme	268	-610	597	-4 241	679	679
F.4	**Crédits**	**-7**	**-418**	**-400**	**0**	**-108**	**-108**
F.4S	Crédits à court terme	0	0	0	0	234	234
F.4L	Crédits à long terme	-7	-418	-400	0	-342	-342
F.5	**Actions et parts de fonds d'investissement**	**-6 697**	**-11 315**	**-11 490**	**3 658**	**-7 768**	**-7 768**
F.51	Actions	-6 696	-11 334	-11 490	3 872	-7 348	-7 348
F.511	Actions cotées	61	19 090	18 934	-928	-1 436	-1 436
F.512	Actions non cotées	-6 757	-30 424	-30 424	4 800	-5 912	-5 912
F.519	Autres participations	0	0	0	0	0	0
F.52	Parts de fonds d'investissement	0	18	0	-214	-420	-420
F.521	Parts de fonds d'investissement monétaires	-4	7	0	-31	-147	-147
F.522	Autres parts de fonds d'investissement	3	11	0	-183	-273	-273
F.6	**Systèmes d'assurance, de pensions et garanties standard**	**-21**	**-1**	**-1**	**-345**	**-48**	**-48**
F.61	Réserves techniques d'assurance-dommages	-21	-1	-1	-97	-48	-48
F.62	Droits sur les assurances-vie et rentes	0	0	0	-115	0	0
F.6M	Dts à pension, gérants, prestations hors retraite	0	0	0	-134	0	0
F.63	Droits à pension	0	0	0	-134	0	0
F.64	Dts des fonds de pension sur gérants des systèmes de pension	0	0	0	0	0	0
F.65	Droits à prestations hors retraite	0	0	0	0	0	0
F.66	Réserves pour appels dans le cadre de garanties standard	0	0	0	0	0	0
F.7	**Produits financiers dérivés et options sur titres des salariés**	**-496**	**0**	**0**	**0**	**-495**	**-495**
F.71	Produits financiers dérivés	-496	0	0	0	-495	-495
F.72	Options sur titres des salariés	0	0	0	0	0	0
F.8	**Autres comptes à recevoir**	**-2 918**	**-580**	**-411**	**-2 454**	**4 019**	**4 019**
F.81	Crédits commerciaux et avances	-1 880	1 643	1 643	87	1 769	1 769
F.89	Autres comptes à recevoir, hors crédits commerciaux et avances	-1 038	-2 223	-2 054	-2 541	2 250	2 250
	Accroissement net des passifs	**2 615**	**10 783**	**14 663**	**-8 161**	**-14 496**	**-14 496**
F.1	**Or monétaire et DTS**	**0**	**0**	**0**	**0**	**0**	**0**
F.11	Or monétaire	..	..	..	..	..	..
F.12	Droits de tirage spéciaux (DTS)	0	0	0	0	0	0
F.2	**Numéraire et dépôts**	**0**	**45**	**45**	**0**	**-45 772**	**-45 772**
F.21	Numéraire	0	0	0	0	-103	-103
F.22	Dépôts transférables	0	49	49	0	-4 044	-4 044
F.29	Autres dépôts	0	-4	-4	0	-41 625	-41 625
F.3	**Titres de dette**	**787**	**-14 264**	**-13 282**	**0**	**-6 906**	**-6 906**
F.3S	Titres de dette à court terme	0	-4 869	-3 732	0	221	221
F.3L	Titres de dette à long terme	787	-9 395	-9 550	0	-7 127	-7 127
F.4	**Crédits**	**1 151**	**29 678**	**29 681**	**-3 896**	**35 197**	**35 197**
F.4S	Crédits à court terme	-3 771	-301	-295	-1 110	4	4
F.4L	Crédits à long terme	4 922	29 979	29 976	-2 786	35 193	35 193
F.5	**Actions et parts de fonds d'investissement**	**1 139**	**0**	**0**	**0**	**4 118**	**4 118**
F.51	Actions	1 139	0	0	0	4 128	4 128
F.511	Actions cotées	392	0	0	0	3 552	3 552
F.512	Actions non cotées	748	0	0	0	576	576
F.519	Autres participations	0	0	0	0	0	0
F.52	Parts de fonds d'investissement	0	0	0	0	-10	-10
F.521	Parts de fonds d'investissement monétaires	0	0	0	0	2	2
F.522	Autres parts de fonds d'investissement	0	0	0	0	-11	-11
F.6	**Systèmes d'assurance, de pensions et garanties standard**	**0**	**0**	**0**	**0**	**6**	**6**
F.61	Réserves techniques d'assurance-dommages	0	0	0	0	3	3
F.62	Droits sur les assurances-vie et rentes	0	0	0	0	3	3
F.6M	Dts à pension, gérants de syst. de pension, hors retraite	0	0	0	0	0	0
F.63	Droits à pension	0	0	0	0	0	0
F.64	Dts des fonds de pension sur gérants des systèmes de pension	0	0	0	0	0	0
F.65	Droits à prestations hors retraite	0	0	0	0	0	0
F.66	Réserves pour appels dans le cadre de garanties standard	0	0	0	0	0	0
F.7	**Produits financiers dérivés et options sur titres des salariés**	**-385**	**1 171**	**1 171**	**0**	**-243**	**-243**
F.71	Produits financiers dérivés	-385	1 171	1 171	0	-243	-243
F.72	Options sur titres des salariés	0	0	0	0	0	0
F.8	**Autres comptes à payer**	**-77**	**-5 847**	**-2 952**	**-4 265**	**-896**	**-896**
F.81	Crédits commerciaux et avances	-315	-1 921	-266	-159	-476	-476
F.89	Autres comptes à payer, hors des crédits commerciaux et avances	237	-3 926	-2 686	-4 106	-420	-420
	Opérations financières nettes	**-11 518**	**-22 733**	**-26 756**	**293**	**-15 701**	**15 701**

Note : Les métadonnées détaillées sont disponibles sur :http://metalinks.oecd.org/faiiia/20150126/684c

Tableau 1.b. Flux non consolidés, par instrument et par secteur, Année 2013

SCN 2008

Millions EUR (2001 GRD euro)

		Sociétés financières					
		Total S12	Institutions financières monétaires S121-2-3	Fonds d'investissements non monétaires S124	Autres institutions financières, hors S124 S125-6-7	Sociétés d'assurance et fonds de pension SS128-9	Sociétés financières publiques S1201
	Acquisition nette d'actifs financiers	**-77 297**	**-74 952**	**-481**	**-2 126**	**262**	..
F.1	**Or monétaire et DTS**	**5**	**5**	**0**	**0**	**0**	..
F.11	Or monétaire	3	3	0	0	0	..
F.12	Droits de tirage spéciaux (DTS)	2	2	0	0	0	..
F.2	**Numéraire et dépôts**	**30 008**	**28 920**	**-212**	**632**	**669**	..
F.21	Numéraire	-525	-526	0	0	1	..
F.22	Dépôts transférables	-4 978	-5 355	36	362	-21	..
F.29	Autres dépôts	35 511	34 800	-248	269	689	..
F.3	**Titres de dette**	**-5 202**	**-5 384**	**-183**	**333**	**32**	..
F.3S	Titres de dette à court terme	-8 867	-9 020	201	333	-380	..
F.3L	Titres de dette à long terme	3 665	3 636	-384	0	413	..
F.4	**Crédits**	**-99 717**	**-97 391**	**0**	**-2 312**	**-15**	..
F.4S	Crédits à court terme	-4 307	-4 189	0	-111	-8	..
F.4L	Crédits à long terme	-95 410	-93 202	0	-2 201	-7	..
F.5	**Actions et parts de fonds d'investissement**	**-978**	**325**	**-85**	**-992**	**-226**	..
F.51	Actions	-193	807	-28	-979	6	..
F.511	Actions cotées	-2 129	-1 644	-130	-359	4	..
F.512	Actions non cotées	1 936	2 452	101	-619	2	..
F.519	Autres participations	0	0	0	0	0	..
F.52	Parts de fonds d'investissement	-784	-482	-57	-14	-232	..
F.521	Parts de fonds d'investissement monétaires	-267	-130	-2	-14	-120	..
F.522	Autres parts de fonds d'investissement	-518	-352	-54	1	-112	..
F.6	**Systèmes d'assurance, de pensions et garanties standard**	**-29**	**4**	**0**	**-2**	**-31**	..
F.61	Réserves techniques d'assurance-dommages	-29	4	0	-2	-31	..
F.62	Droits sur les assurances-vie et rentes	0	0	0	0	0	..
F.6M	Dts à pension, gérants de syst. de pension, hors retraite	0	0	0	0	0	..
F.63	Droits à pension	0	0	0	0	0	..
F.64	Dts des fonds de pension sur gérants des systèmes de pension	0	0	0	0	0	..
F.65	Droits à prestations hors retraite	0	0	0	0	0	..
F.66	Réserves pour appels dans le cadre de garanties standard	0	0	0	0	0	..
F.7	**Produits financiers dérivés et options sur titres des salariés**	**-878**	**-876**	**-3**	**0**	**2**	..
F.71	Produits financiers dérivés	-878	-876	-3	0	2	..
F.72	Options sur titres des salariés	0	0	0	0	0	..
F.8	**Autres comptes à recevoir**	**-507**	**-556**	**3**	**216**	**-170**	..
F.81	Crédits commerciaux et avances	0	0	0	0	0	..
F.89	Autres comptes à recevoir, hors crédits commerciaux et avances	-507	-556	3	216	-170	..
	Accroissement net des passifs	**-95 555**	**-95 021**	**565**	**-901**	**-199**	..
F.1	**Or monétaire et DTS**	**0**	**0**	**0**	**0**	**0**	..
F.11	Or monétaire	..	..	..	..	..	..
F.12	Droits de tirage spéciaux (DTS)	0	0	0	0	0	..
F.2	**Numéraire et dépôts**	**4 355**	**4 355**	**0**	**0**	**0**	..
F.21	Numéraire	1 060	1 060	0	0	0	..
F.22	Dépôts transférables	2 311	2 311	0	0	0	..
F.29	Autres dépôts	983	983	0	0	0	..
F.3	**Titres de dette**	**-118**	**-36**	**0**	**-96**	**14**	..
F.3S	Titres de dette à court terme	-1	-2	0	1	0	..
F.3L	Titres de dette à long terme	-117	-33	0	-97	14	..
F.4	**Crédits**	**-91 770**	**-92 061**	**1 366**	**-1 228**	**153**	..
F.4S	Crédits à court terme	644	0	0	482	163	..
F.4L	Crédits à long terme	-92 414	-92 061	1 366	-1 710	-9	..
F.5	**Actions et parts de fonds d'investissement**	**-4 585**	**-3 935**	**-425**	**-169**	**-56**	..
F.51	Actions	-4 014	-3 789	0	-169	-56	..
F.511	Actions cotées	20 690	20 683	0	7	0	..
F.512	Actions non cotées	-24 704	-24 472	0	-176	-56	..
F.519	Autres participations	0	0	0	0	0	..
F.52	Parts de fonds d'investissement	-570	-146	-425	0	0	..
F.521	Parts de fonds d'investissement monétaires	-146	-146	0	0	0	..
F.522	Autres parts de fonds d'investissement	-425	0	-425	0	0	..
F.6	**Systèmes d'assurance, de pensions et garanties standard**	**-343**	**0**	**0**	**0**	**-343**	..
F.61	Réserves techniques d'assurance-dommages	-97	0	0	0	-97	..
F.62	Droits sur les assurances-vie et rentes	-112	0	0	0	-112	..
F.6M	Dts à pension, gérants de syst. de pension, hors retraite	-134	0	0	0	-134	..
F.63	Droits à pension	-134	0	0	0	-134	..
F.64	Dts des fonds de pension sur gérants des systèmes de pension	0	0	0	0	0	..
F.65	Droits à prestations hors retraite	0	0	0	0	0	..
F.66	Réserves pour appels dans le cadre de garanties standard	0	0	0	0	0	..
F.7	**Produits financiers dérivés et options sur titres des salariés**	**-1 909**	**-1 909**	**0**	**0**	**0**	..
F.71	Produits financiers dérivés	-1 909	-1 909	0	0	0	..
F.72	Options sur titres des salariés	0	0	0	0	0	..
F.8	**Autres comptes à payer**	**-1 184**	**-1 435**	**-376**	**592**	**34**	..
F.81	Crédits commerciaux et avances	0	0	0	0	0	..
F.89	Autres comptes à payer, hors des crédits commerciaux et avances	-1 184	-1 435	-376	592	34	..
	Opérations financières nettes	**18 258**	**20 069**	**-1 046**	**-1 226**	**460**	..

Tableau 1.b. Flux non consolidés, par instrument et par secteur, Année 2013 (cont.)

SCN 2008

Millions EUR (2001 GRD euro)

		Sociétés non financières	Administrations publiques		Ménages et ISBLSM	Economie totale	Reste du monde
		S11	Total S13	Administration centrale S1311	S14+S15	S1	S2
	Acquisition nette d'actifs financiers	**-9 058**	**-10 967**	**-12 093**	**-7 868**	**-105 191**	**-30 197**
F.1	**Or monétaire et DTS**	**0**	**0**	**0**	**0**	**5**	**5**
F.11	Or monétaire	0	0	0	0	3	3
F.12	Droits de tirage spéciaux (DTS)	0	0	0	0	2	2
F.2	**Numéraire et dépôts**	**1 214**	**975**	**-388**	**-4 746**	**27 451**	**-22 720**
F.21	Numéraire	38	2	0	-1 976	-2 461	-3 624
F.22	Dépôts transférables	1 819	1 983	514	270	-905	-7 310
F.29	Autres dépôts	-643	-1 010	-902	-3 040	30 818	-11 786
F.3	**Titres de dette**	**22**	**372**	**597**	**-3 981**	**-8 789**	**-3 083**
F.3S	Titres de dette à court terme	-246	1 137	0	260	-7 716	-3 762
F.3L	Titres de dette à long terme	268	-765	597	-4 241	-1 073	679
F.4	**Crédits**	**-7**	**-418**	**-400**	**0**	**-100 142**	**-108**
F.4S	Crédits à court terme	0	0	0	0	-4 307	234
F.4L	Crédits à long terme	-7	-418	-400	0	-95 835	-342
F.5	**Actions et parts de fonds d'investissement**	**-6 697**	**-11 315**	**-11 490**	**3 658**	**-15 332**	**-7 768**
F.51	Actions	-6 696	-11 334	-11 490	3 872	-14 351	-7 348
F.511	Actions cotées	-192	19 090	18 934	-928	15 842	-1 436
F.512	Actions non cotées	-6 505	-30 424	-30 424	4 800	-30 193	-5 912
F.519	Autres participations	0	0	0	0	0	0
F.52	Parts de fonds d'investissement	0	18	0	-214	-981	-420
F.521	Parts de fonds d'investissement monétaires	-4	7	0	-31	-295	-147
F.522	Autres parts de fonds d'investissement	3	11	0	-183	-686	-273
F.6	**Systèmes d'assurance, de pensions et garanties standard**	**-21**	**-1**	**-1**	**-345**	**-397**	**-48**
F.61	Réserves techniques d'assurance-dommages	-21	-1	-1	-97	-148	-48
F.62	Droits sur les assurances-vie et rentes	0	0	0	-115	-115	0
F.6M	Dts à pension, gérants de syst. de pension, hors retraite	0	0	0	-134	-134	0
F.63	Droits à pension	0	0	0	-134	-134	0
F.64	Dts des fonds de pension sur gérants des systèmes de pension	0	0	0	0	0	0
F.65	Droits à prestations hors retraite	0	0	0	0	0	0
F.66	Réserves pour appels dans le cadre de garanties standard	0	0	0	0	0	0
F.7	**Produits financiers dérivés et options sur titres des salariés**	**-496**	**0**	**0**	**0**	**-1 374**	**-495**
F.71	Produits financiers dérivés	-496	0	0	0	-1 374	-495
F.72	Options sur titres des salariés	0	0	0	0	0	0
F.8	**Autres comptes à recevoir**	**-3 073**	**-580**	**-411**	**-2 454**	**-6 614**	**4 019**
F.81	Crédits commerciaux et avances	-2 035	1 643	1 643	87	-305	1 769
F.89	Autres comptes à recevoir, hors crédits commerciaux et avances	-1 038	-2 223	-2 054	-2 541	-6 309	2 250
	Accroissement net des passifs	**2 460**	**11 765**	**14 663**	**-8 161**	**-89 491**	**-14 496**
F.1	**Or monétaire et DTS**	**0**	**0**	**0**	**0**	**0**	**0**
F.11	Or monétaire	..	..	..	..	..	..
F.12	Droits de tirage spéciaux (DTS)	0	0	0	0	0	0
F.2	**Numéraire et dépôts**	**0**	**45**	**45**	**0**	**4 400**	**-45 772**
F.21	Numéraire	0	0	0	0	1 060	-103
F.22	Dépôts transférables	0	49	49	0	2 360	-4 044
F.29	Autres dépôts	0	-4	-4	0	979	-41 625
F.3	**Titres de dette**	**787**	**-13 282**	**-13 282**	**0**	**-12 613**	**-6 906**
F.3S	Titres de dette à court terme	0	-3 732	-3 732	0	-3 733	221
F.3L	Titres de dette à long terme	787	-9 550	-9 550	0	-8 880	-7 127
F.4	**Crédits**	**1 151**	**29 678**	**29 681**	**-3 896**	**-64 837**	**35 197**
F.4S	Crédits à court terme	-3 771	-301	-295	-1 110	-4 538	4
F.4L	Crédits à long terme	4 922	29 979	29 976	-2 786	-60 299	35 193
F.5	**Actions et parts de fonds d'investissement**	**1 139**	**0**	**0**	**0**	**-3 446**	**4 118**
F.51	Actions	1 139	0	0	0	-2 875	4 128
F.511	Actions cotées	139	0	0	0	20 829	3 552
F.512	Actions non cotées	1 000	0	0	0	-23 704	576
F.519	Autres participations	0	0	0	0	0	0
F.52	Parts de fonds d'investissement	0	0	0	0	-570	-10
F.521	Parts de fonds d'investissement monétaires	0	0	0	0	-146	2
F.522	Autres parts de fonds d'investissement	0	0	0	0	-425	-11
F.6	**Systèmes d'assurance, de pensions et garanties standard**	**0**	**0**	**0**	**0**	**-343**	**6**
F.61	Réserves techniques d'assurance-dommages	0	0	0	0	-97	3
F.62	Droits sur les assurances-vie et rentes	0	0	0	0	-112	3
F.6M	Dts à pension, gérants de syst. de pension, hors retraite	0	0	0	0	-134	0
F.63	Droits à pension	0	0	0	0	-134	0
F.64	Dts des fonds de pension sur gérants des systèmes de pension	0	0	0	0	0	0
F.65	Droits à prestations hors retraite	0	0	0	0	0	0
F.66	Réserves pour appels dans le cadre de garanties standard	0	0	0	0	0	0
F.7	**Produits financiers dérivés et options sur titres des salariés**	**-385**	**1 171**	**1 171**	**0**	**-1 123**	**-243**
F.71	Produits financiers dérivés	-385	1 171	1 171	0	-1 123	-243
F.72	Options sur titres des salariés	0	0	0	0	0	0
F.8	**Autres comptes à payer**	**-232**	**-5 847**	**-2 952**	**-4 265**	**-11 529**	**-896**
F.81	Crédits commerciaux et avances	-470	-1 921	-266	-159	-2 550	-476
F.89	Autres comptes à payer, hors des crédits commerciaux et avances	237	-3 926	-2 686	-4 106	-8 979	-420
	Opérations financières nettes	**-11 518**	**-22 733**	**-26 756**	**293**	**-15 700**	**15 701**

Note : Les métadonnées détaillées sont disponibles sur :http://metalinks.oecd.org/faiiia/20150126/6de7

GRÈCE

Tableau 2.1.a. Flux consolidés, Secteur S1 - Économie totale

SCN 2008

Millions EUR (2001 GRD euro)

		2006	2007	2008	2009	2010	2011	2012	2013
	Acquisition nette d'actifs financiers	**19 440**	**39 083**	**39 226**	**33 281**	**-10 048**	**-7 521**	**24 655**	**-30 197**
F.1	**Or monétaire et DTS**	**-35**	**-27**	**22**	**73**	**-72**	**10**	**-1**	**5**
F.11	Or monétaire	4	8	-42	0	0	0	-1	3
F.12	Droits de tirage spéciaux (DTS)	-39	-35	64	73	-72	10	0	2
F.2	**Numéraire et dépôts**	**6 029**	**12 069**	**24 138**	**21 206**	**-1 397**	**2 228**	**-19 034**	**-22 720**
F.21	Numéraire	328	831	94	-2 415	7 831	10 510	-3 964	-3 624
F.22	Dépôts transférables	4 718	10 464	23 651	9 611	-24 402	-14 160	-13 295	-7 310
F.29	Autres dépôts	984	774	393	14 009	15 175	5 878	-1 775	-11 786
F.3	**Titres de dette**	**6 642**	**13 817**	**4 292**	**3 865**	**-14 303**	**-6 473**	**48 079**	**-3 083**
F.3S	Titres de dette à court terme	1 198	3 361	-177	-933	-3 043	-1 333	5 076	-3 762
F.3L	Titres de dette à long terme	5 444	10 455	4 469	4 798	-11 260	-5 140	43 003	679
F.4	**Crédits**	**247**	**3 717**	**6 508**	**3 571**	**806**	**-3 958**	**-1 274**	**-108**
F.4S	Crédits à court terme	143	2 220	1 493	76	527	-121	-327	234
F.4L	Crédits à long terme	104	1 497	5 015	3 495	280	-3 836	-947	-342
F.5	**Actions et parts de fonds d'investissement**	**4 824**	**9 114**	**4 283**	**5 767**	**4 331**	**2 297**	**-3 228**	**-7 768**
F.51	Actions	3 008	10 045	4 609	5 812	4 432	1 554	-3 349	-7 348
F.511	Actions cotées	1 933	3 268	-567	2 251	927	-390	-1 979	-1 436
F.512	Actions non cotées	1 075	6 777	5 176	3 561	3 505	1 944	-1 370	-5 912
F.519	Autres participations	0	0	0	0	0	0	0	0
F.52	Parts de fonds d'investissement	1 817	-931	-326	-45	-100	743	121	-420
F.521	Parts de fonds d'investissement monétaires	-24	-7	130	-75	-5	62	262	-147
F.522	Autres parts de fonds d'investissement	1 841	-924	-456	30	-95	680	-141	-273
F.6	**Systèmes d'assurance, de pensions et garanties standard**	**23**	**26**	**42**	**-2**	**8**	**4**	**27**	**-48**
F.61	Réserves techniques d'assurance-dommages	23	26	42	-2	8	4	27	-48
F.62	Droits sur les assurances-vie et rentes	0	0	0	0	0	0	0	0
F.6M	Dts à pension, gérants, prestations hors retraite	0	0	0	0	0	0	0	0
F.63	Droits à pension	0	0	0	0	0	0	0	0
F.64	Dts des fonds de pension sur gérants des systèmes de pension	0	0	0	0	0	0	0	0
F.65	Droits à prestations hors retraite	0	0	0	0	0	0	0	0
F.66	Réserves pour appels dans le cadre de garanties standard	0	0	0	0	0	0	0	0
F.7	**Produits financiers dérivés et options sur titres des salariés**	**436**	**511**	**1 524**	**-1 613**	**416**	**-89**	**-480**	**-495**
F.71	Produits financiers dérivés	436	511	1 524	-1 613	416	-89	-480	-495
F.72	Options sur titres des salariés	0	0	0	0	0	0	0	0
F.8	**Autres comptes à recevoir**	**1 273**	**-145**	**-1 583**	**414**	**163**	**-1 541**	**567**	**4 019**
F.81	Crédits commerciaux et avances	616	-99	-770	-71	109	-767	235	1 769
F.89	Autres comptes à recevoir, hors crédits commerciaux et avances	657	-46	-813	486	54	-774	331	2 250
	Accroissement net des passifs	**36 038**	**59 541**	**69 679**	**57 575**	**26 137**	**5 393**	**42 401**	**-14 496**
F.1	**Or monétaire et DTS**	**0**	**0**	**0**	**0**	**0**	**0**	**0**	**0**
F.11	Or monétaire	..	..	..	..	..	..	..	..
F.12	Droits de tirage spéciaux (DTS)	0	0	0	0	0	0	0	0
F.2	**Numéraire et dépôts**	**16 951**	**32 467**	**37 240**	**14 339**	**49 165**	**3 372**	**-27 146**	**-45 772**
F.21	Numéraire	-253	312	-176	83	159	117	-105	-103
F.22	Dépôts transférables	923	-818	781	-49	3 922	13 232	-1 603	-4 044
F.29	Autres dépôts	16 282	32 974	36 635	14 306	45 084	-9 977	-25 437	-41 625
F.3	**Titres de dette**	**7 464**	**25 133**	**20 946**	**35 133**	**-25 618**	**-24 716**	**-45 698**	**-6 906**
F.3S	Titres de dette à court terme	100	730	3 879	-2 904	-5 561	-253	-949	221
F.3L	Titres de dette à long terme	7 364	24 403	17 067	38 037	-20 057	-24 463	-44 749	-7 127
F.4	**Crédits**	**5 816**	**-5 508**	**15 461**	**15 554**	**986**	**25 737**	**113 455**	**35 197**
F.4S	Crédits à court terme	2 107	2 359	2 570	5 413	-13 057	-65	-199	4
F.4L	Crédits à long terme	3 709	-7 866	12 892	10 141	14 043	25 802	113 654	35 193
F.5	**Actions et parts de fonds d'investissement**	**4 572**	**6 315**	**-7 411**	**-4 108**	**304**	**1 516**	**2 974**	**4 118**
F.51	Actions	4 640	6 376	-7 277	-4 099	313	1 542	3 013	4 128
F.511	Actions cotées	5 093	5 825	-5 755	-3 804	484	447	247	3 552
F.512	Actions non cotées	-453	551	-1 522	-295	-171	1 095	2 766	576
F.519	Autres participations	0	0	0	0	0	0	0	0
F.52	Parts de fonds d'investissement	-68	-61	-134	-9	-8	-26	-39	-10
F.521	Parts de fonds d'investissement monétaires	17	28	-101	-10	-7	-8	-8	2
F.522	Autres parts de fonds d'investissement	-84	-89	-32	2	-2	-18	-30	-11
F.6	**Systèmes d'assurance, de pensions et garanties standard**	**-14**	**-4**	**-10**	**26**	**18**	**-27**	**16**	**6**
F.61	Réserves techniques d'assurance-dommages	-14	-2	-3	14	20	-24	15	3
F.62	Droits sur les assurances-vie et rentes	0	-2	-7	12	-2	-3	2	3
F.6M	Dts à pension, gérants de syst. de pension, hors retraite	0	0	0	0	0	0	0	0
F.63	Droits à pension	0	0	0	0	0	0	0	0
F.64	Dts des fonds de pension sur gérants des systèmes de pension	0	0	0	0	0	0	0	0
F.65	Droits à prestations hors retraite	0	0	0	0	0	0	0	0
F.66	Réserves pour appels dans le cadre de garanties standard	0	0	0	0	0	0	0	0
F.7	**Produits financiers dérivés et options sur titres des salariés**	**1 149**	**1 180**	**2 692**	**-2 432**	**1 934**	**1 022**	**-2 007**	**-243**
F.71	Produits financiers dérivés	1 149	1 180	2 692	-2 432	1 934	1 022	-2 007	-243
F.72	Options sur titres des salariés	0	0	0	0	0	0	0	0
F.8	**Autres comptes à payer**	**99**	**-44**	**761**	**-938**	**-653**	**-1 510**	**806**	**-896**
F.81	Crédits commerciaux et avances	22	157	169	-710	131	-959	545	-476
F.89	Autres comptes à payer, hors des crédits commerciaux et avances	78	-201	592	-227	-784	-551	261	-420
	Opérations financières nettes	**-16 598**	**-20 458**	**-30 453**	**-24 295**	**-36 185**	**-12 915**	**-17 745**	**-15 701**

Note : Les métadonnées détaillées sont disponibles sur :http://metalinks.oecd.org/faiiia/20150126/684c

GRÈCE

Tableau 2.2.a. Flux consolidés, Secteur S11 - Sociétés non financières

SCN 2008

Millions EUR (2001 GRD euro)

		2006	2007	2008	2009	2010	2011	2012	2013
	Acquisition nette d'actifs financiers	**5 165**	**16 596**	**10 763**	**2 621**	**-1 987**	**-11 484**	**-5 032**	**-8 903**
F.1	**Or monétaire et DTS**	**0**	**0**	**0**	**0**	**0**	**0**	**0**	**0**
F.11	Or monétaire	0	0	0	0	0	0	0	0
F.12	Droits de tirage spéciaux (DTS)	0	0	0	0	0	0	0	0
F.2	**Numéraire et dépôts**	**4 635**	**7 135**	**2 435**	**-2 117**	**-8 789**	**-9 442**	**-3 091**	**1 214**
F.21	Numéraire	153	196	172	-9	-784	-852	-266	38
F.22	Dépôts transférables	932	959	-1 908	1 590	-1 764	-1 221	-265	1 819
F.29	Autres dépôts	3 549	5 980	4 171	-3 698	-6 242	-7 368	-2 560	-643
F.3	**Titres de dette**	**673**	**3 257**	**344**	**-1 204**	**804**	**1 598**	**-260**	**22**
F.3S	Titres de dette à court terme	634	3 191	310	-1 129	-265	925	-117	-246
F.3L	Titres de dette à long terme	39	66	34	-75	1 069	673	-142	268
F.4	**Crédits**	**37**	**415**	**2 032**	**3 164**	**681**	**-3 861**	**-97**	**-7**
F.4S	Crédits à court terme	0	0	0	0	0	0	0	0
F.4L	Crédits à long terme	37	415	2 032	3 164	681	-3 861	-97	-7
F.5	**Actions et parts de fonds d'investissement**	**-823**	**4 249**	**3 308**	**3 312**	**1 836**	**1 739**	**-2 907**	**-6 697**
F.51	Actions	-827	4 247	3 729	3 271	1 912	1 862	-2 871	-6 696
F.511	Actions cotées	-287	485	-994	995	421	199	-66	61
F.512	Actions non cotées	-539	3 762	4 723	2 276	1 491	1 664	-2 805	-6 757
F.519	Autres participations	0	0	0	0	0	0	0	0
F.52	Parts de fonds d'investissement	4	2	-422	41	-76	-123	-36	0
F.521	Parts de fonds d'investissement monétaires	9	23	-72	-12	-9	-9	5	-4
F.522	Autres parts de fonds d'investissement	-5	-22	-349	53	-66	-114	-41	3
F.6	**Systèmes d'assurance, de pensions et garanties standard**	**35**	**15**	**21**	**-48**	**16**	**32**	**-4**	**-21**
F.61	Réserves techniques d'assurance-dommages	35	15	21	-48	16	32	-4	-21
F.62	Droits sur les assurances-vie et rentes	0	0	0	0	0	0	0	0
F.6M	Dts à pension, gérants, prestations hors retraite	0	0	0	0	0	0	0	0
F.63	Droits à pension	0	0	0	0	0	0	0	0
F.64	Dts des fonds de pension sur gérants des systèmes de pension	0	0	0	0	0	0	0	0
F.65	Droits à prestations hors retraite	0	0	0	0	0	0	0	0
F.66	Réserves pour appels dans le cadre de garanties standard	0	0	0	0	0	0	0	0
F.7	**Produits financiers dérivés et options sur titres des salariés**	**-646**	**-68**	**369**	**-569**	**-620**	**693**	**-233**	**-496**
F.71	Produits financiers dérivés	-646	-68	369	-569	-620	693	-233	-496
F.72	Options sur titres des salariés	0	0	0	0	0	0	0	0
F.8	**Autres comptes à recevoir**	**1 254**	**1 593**	**2 255**	**85**	**4 086**	**-2 243**	**1 560**	**-2 918**
F.81	Crédits commerciaux et avances	805	971	1 492	2	792	167	1 281	-1 880
F.89	Autres comptes à recevoir, hors crédits commerciaux et avances	449	622	764	82	3 294	-2 410	279	-1 038
	Accroissement net des passifs	**23 204**	**23 543**	**28 863**	**1 495**	**12 632**	**-4 389**	**2 382**	**2 615**
F.1	**Or monétaire et DTS**	**0**	**0**	**0**	**0**	**0**	**0**	**0**	**0**
F.11	Or monétaire	..	..	..	..	..	..	..	..
F.12	Droits de tirage spéciaux (DTS)	0	0	0	0	0	0	0	0
F.2	**Numéraire et dépôts**	**0**	**0**	**0**	**0**	**0**	**0**	**0**	**0**
F.21	Numéraire	0	0	0	0	0	0	0	0
F.22	Dépôts transférables	0	0	0	0	0	0	0	0
F.29	Autres dépôts	0	0	0	0	0	0	0	0
F.3	**Titres de dette**	**3 886**	**4 795**	**8 759**	**-1 426**	**1 165**	**-189**	**-960**	**787**
F.3S	Titres de dette à court terme	-42	65	-17	28	-74	2	-13	0
F.3L	Titres de dette à long terme	3 928	4 730	8 776	-1 454	1 240	-190	-946	787
F.4	**Crédits**	**13 732**	**13 395**	**15 582**	**3 677**	**12 988**	**-7 642**	**-4 989**	**1 151**
F.4S	Crédits à court terme	4 583	4 610	7 544	-3 871	1 303	-2 227	-91	-3 771
F.4L	Crédits à long terme	9 149	8 784	8 038	7 548	11 685	-5 415	-4 898	4 922
F.5	**Actions et parts de fonds d'investissement**	**5 160**	**2 294**	**1 239**	**1 627**	**-426**	**4 354**	**1 561**	**1 139**
F.51	Actions	5 160	2 294	1 239	1 627	-426	4 354	1 561	1 139
F.511	Actions cotées	-1 823	2 534	364	1 562	1 298	408	-317	392
F.512	Actions non cotées	6 983	-240	875	65	-1 724	3 946	1 878	748
F.519	Autres participations	0	0	0	0	0	0	0	0
F.52	Parts de fonds d'investissement	0	0	0	0	0	0	0	0
F.521	Parts de fonds d'investissement monétaires	0	0	0	0	0	0	0	0
F.522	Autres parts de fonds d'investissement	0	0	0	0	0	0	0	0
F.6	**Systèmes d'assurance, de pensions et garanties standard**	**0**	**0**	**0**	**0**	**0**	**0**	**0**	**0**
F.61	Réserves techniques d'assurance-dommages	0	0	0	0	0	0	0	0
F.62	Droits sur les assurances-vie et rentes	0	0	0	0	0	0	0	0
F.6M	Dts à pension, gérants de syst. de pension, hors retraite	0	0	0	0	0	0	0	0
F.63	Droits à pension	0	0	0	0	0	0	0	0
F.64	Dts des fonds de pension sur gérants des systèmes de pension	0	0	0	0	0	0	0	0
F.65	Droits à prestations hors retraite	0	0	0	0	0	0	0	0
F.66	Réserves pour appels dans le cadre de garanties standard	0	0	0	0	0	0	0	0
F.7	**Produits financiers dérivés et options sur titres des salariés**	**-242**	**201**	**77**	**-680**	**1 452**	**672**	**455**	**-385**
F.71	Produits financiers dérivés	-242	201	77	-680	1 452	672	455	-385
F.72	Options sur titres des salariés	0	0	0	0	0	0	0	0
F.8	**Autres comptes à payer**	**667**	**2 858**	**3 206**	**-1 703**	**-2 548**	**-1 584**	**6 314**	**-77**
F.81	Crédits commerciaux et avances	-211	308	-122	-733	458	-659	1 063	-315
F.89	Autres comptes à payer, hors des crédits commerciaux et avances	878	2 550	3 328	-970	-3 006	-925	5 251	237
	Opérations financières nettes	**-18 039**	**-6 947**	**-18 100**	**1 126**	**-14 619**	**-7 096**	**-7 414**	**-11 518**

Note : Les métadonnées détaillées sont disponibles sur :http://metalinks.oecd.org/faiiia/20150126/684c

Tableau 2.3.a. Flux consolidés, Secteur S12 - Sociétés financières
SCN 2008

Millions EUR (2001 GRD euro)

		2006	2007	2008	2009	2010	2011	2012	2013
	Acquisition nette d'actifs financiers	**38 717**	**57 945**	**62 969**	**39 153**	**35 555**	**-23 879**	**-3 127**	**-32 842**
F.1	**Or monétaire et DTS**	**-35**	**-27**	**22**	**73**	**-72**	**10**	**-1**	**5**
F.11	Or monétaire	4	8	-42	0	0	0	-1	3
F.12	Droits de tirage spéciaux (DTS)	-39	-35	64	73	-72	10	0	2
F.2	**Numéraire et dépôts**	**5 639**	**12 698**	**24 747**	**23 031**	**-17 432**	**-15 587**	**-19 283**	**-16 375**
F.21	Numéraire	8	1	8	-16	-5	-5	13	-3
F.22	Dépôts transférables	4 718	10 464	23 651	9 611	-24 402	-14 160	-13 295	-7 310
F.29	Autres dépôts	914	2 234	1 088	13 435	6 975	-1 422	-6 001	-9 062
F.3	**Titres de dette**	**2 123**	**8 218**	**12 389**	**24 037**	**9 573**	**573**	**32 992**	**-5 058**
F.3S	Titres de dette à court terme	293	522	-521	1 354	1 255	895	9 108	-8 868
F.3L	Titres de dette à long terme	1 829	7 696	12 910	22 683	8 318	-322	23 884	3 810
F.4	**Crédits**	**25 471**	**35 352**	**20 821**	**-8 765**	**40 695**	**-12 980**	**-17 022**	**-9 139**
F.4S	Crédits à court terme	5 855	6 260	9 227	-8 950	14 451	-4 774	-2 167	-4 948
F.4L	Crédits à long terme	19 616	29 092	11 593	185	26 244	-8 206	-14 855	-4 192
F.5	**Actions et parts de fonds d'investissement**	**5 534**	**592**	**2 365**	**2 406**	**1 014**	**3 278**	**-708**	**-1 794**
F.51	Actions	3 718	1 524	2 691	2 451	1 114	2 535	-830	-1 368
F.511	Actions cotées	3 435	2 100	2 313	353	-543	-6 171	-9 068	-8 451
F.512	Actions non cotées	283	-576	379	2 098	1 658	8 706	8 238	7 083
F.519	Autres participations	0	0	0	0	0	0	0	0
F.52	Parts de fonds d'investissement	1 817	-931	-326	-45	-100	743	121	-426
F.521	Parts de fonds d'investissement monétaires	-24	-7	130	-75	-5	62	262	-147
F.522	Autres parts de fonds d'investissement	1 841	-924	-456	30	-95	680	-141	-279
F.6	**Systèmes d'assurance, de pensions et garanties standard**	**23**	**26**	**42**	**-2**	**8**	**4**	**27**	**-48**
F.61	Réserves techniques d'assurance-dommages	23	26	42	-2	8	4	27	-48
F.62	Droits sur les assurances-vie et rentes	0	0	0	0	0	0	0	0
F.6M	Dts à pension, gérants, prestations hors retraite	0	0	0	0	0	0	0	0
F.63	Droits à pension	0	0	0	0	0	0	0	0
F.64	Dts des fonds de pension sur gérants des systèmes de pension	0	0	0	0	0	0	0	0
F.65	Droits à prestations hors retraite	0	0	0	0	0	0	0	0
F.66	Réserves pour appels dans le cadre de garanties standard	0	0	0	0	0	0	0	0
F.7	**Produits financiers dérivés et options sur titres des salariés**	**194**	**712**	**1 601**	**-2 293**	**1 867**	**583**	**-24**	**-879**
F.71	Produits financiers dérivés	194	712	1 601	-2 293	1 867	583	-24	-879
F.72	Options sur titres des salariés	0	0	0	0	0	0	0	0
F.8	**Autres comptes à recevoir**	**-232**	**373**	**982**	**667**	**-97**	**241**	**893**	**447**
F.81	Crédits commerciaux et avances	0	0	0	0	0	0	0	0
F.89	Autres comptes à recevoir, hors crédits commerciaux et avances	-232	373	982	667	-97	241	893	447
	Accroissement net des passifs	**35 627**	**63 529**	**68 685**	**37 203**	**31 638**	**-29 599**	**-7 062**	**-51 099**
F.1	**Or monétaire et DTS**	**0**	**0**	**0**	**0**	**0**	**0**	**0**	**0**
F.11	Or monétaire	..	..	..	..	..	..	..	..
F.12	Droits de tirage spéciaux (DTS)	0	0	0	0	0	0	0	0
F.2	**Numéraire et dépôts**	**34 416**	**58 410**	**69 792**	**24 737**	**28 536**	**-32 474**	**-33 024**	**-42 029**
F.21	Numéraire	1 187	883	2 031	2 849	1 167	965	425	1 582
F.22	Dépôts transférables	2 064	1 952	-1 737	3 947	-651	14 240	-1 040	-21
F.29	Autres dépôts	31 165	55 575	69 498	17 941	28 020	-47 679	-32 408	-43 590
F.3	**Titres de dette**	**77**	**222**	**3 455**	**3 002**	**-249**	**-846**	**1 630**	**27**
F.3S	Titres de dette à court terme	68	-262	2 031	-2 257	-12	75	-41	-2
F.3L	Titres de dette à long terme	10	484	1 424	5 259	-236	-921	1 671	29
F.4	**Crédits**	**25**	**-48**	**337**	**4 013**	**9**	**793**	**-5 055**	**-1 192**
F.4S	Crédits à court terme	12	-8	327	19	17	-65	-199	4
F.4L	Crédits à long terme	13	-39	11	3 994	-8	857	-4 856	-1 196
F.5	**Actions et parts de fonds d'investissement**	**-260**	**2 796**	**-9 326**	**7 399**	**1 988**	**1 367**	**30 559**	**-5 401**
F.51	Actions	4 717	5 621	-408	8 106	3 282	2 404	30 810	-5 189
F.511	Actions cotées	5 405	5 122	1 953	4 571	1 172	-6 124	-6 696	14 368
F.512	Actions non cotées	-688	499	-2 361	3 535	2 111	8 528	37 506	-19 557
F.519	Autres participations	0	0	0	0	0	0	0	0
F.52	Parts de fonds d'investissement	-4 977	-2 826	-8 919	-707	-1 295	-1 037	-251	-212
F.521	Parts de fonds d'investissement monétaires	924	1 860	-5 370	-616	-594	-307	9	-26
F.522	Autres parts de fonds d'investissement	-5 902	-4 686	-3 548	-91	-701	-731	-259	-186
F.6	**Systèmes d'assurance, de pensions et garanties standard**	**1 209**	**1 210**	**481**	**256**	**226**	**-189**	**-54**	**-362**
F.61	Réserves techniques d'assurance-dommages	240	345	367	16	114	119	51	-116
F.62	Droits sur les assurances-vie et rentes	844	757	59	-610	-118	-581	-55	-112
F.6M	Dts à pension, gérants de syst. de pension, hors retraite	125	108	55	849	230	273	-50	-134
F.63	Droits à pension	125	108	55	849	230	273	-50	-134
F.64	Dts des fonds de pension sur gérants des systèmes de pension	0	0	0	0	0	0	0	0
F.65	Droits à prestations hors retraite	0	0	0	0	0	0	0	0
F.66	Réserves pour appels dans le cadre de garanties standard	0	0	0	0	0	0	0	0
F.7	**Produits financiers dérivés et options sur titres des salariés**	**-22**	**547**	**2 854**	**-2 478**	**363**	**1 549**	**-741**	**-1 911**
F.71	Produits financiers dérivés	-22	547	2 854	-2 478	363	1 549	-741	-1 911
F.72	Options sur titres des salariés	0	0	0	0	0	0	0	0
F.8	**Autres comptes à payer**	**183**	**391**	**1 093**	**275**	**765**	**202**	**-378**	**-230**
F.81	Crédits commerciaux et avances	0	0	0	0	0	0	0	0
F.89	Autres comptes à payer, hors des crédits commerciaux et avances	183	391	1 093	275	765	202	-378	-230
	Opérations financières nettes	**3 090**	**-5 583**	**-5 716**	**1 951**	**3 917**	**5 720**	**3 935**	**18 258**

Note : Les métadonnées détaillées sont disponibles sur :http://metalinks.oecd.org/faiiia/20150126/684c

GRÈCE

Tableau 2.4.a. Flux consolidés, Secteur S13 - Administrations publiques
SCN 2008

Millions EUR (2001 GRD euro)

		2006	2007	2008	2009	2010	2011	2012	2013
	Acquisition nette d'actifs financiers	**1 911**	**849**	**4 661**	**2 266**	**3 872**	**604**	**42 614**	**-11 950**
F.1	**Or monétaire et DTS**	**0**	**0**	**0**	**0**	**0**	**0**	**0**	**0**
F.11	Or monétaire	0	0	0	0	0	0	0	0
F.12	Droits de tirage spéciaux (DTS)	0	0	0	0	0	0	0	0
F.2	**Numéraire et dépôts**	**1 163**	**441**	**4 093**	**-1 382**	**5 091**	**-2 001**	**6 299**	**975**
F.21	Numéraire	-22	-8	76	-50	0	0	0	2
F.22	Dépôts transférables	-522	812	482	255	-1 672	3 783	2 047	1 983
F.29	Autres dépôts	1 707	-363	3 536	-1 587	6 763	-5 784	4 252	-1 010
F.3	**Titres de dette**	**51**	**153**	**380**	**39**	**0**	**-48**	**12 039**	**-610**
F.3S	Titres de dette à court terme	0	0	0	0	0	0	0	0
F.3L	Titres de dette à long terme	51	153	380	39	0	-48	12 039	-610
F.4	**Crédits**	**941**	**-851**	**-361**	**3 670**	**146**	**831**	**-4 995**	**-418**
F.4S	Crédits à court terme	2	2	2	8	-18	26	0	0
F.4L	Crédits à long terme	939	-853	-363	3 662	164	805	-4 995	-418
F.5	**Actions et parts de fonds d'investissement**	**-2 494**	**-1 627**	**-278**	**-119**	**381**	**652**	**29 607**	**-11 315**
F.51	Actions	-2 431	-1 596	-366	-145	315	694	29 608	-11 334
F.511	Actions cotées	-2 284	-1 571	-329	-290	313	963	29	19 090
F.512	Actions non cotées	-147	-24	-38	145	2	-269	29 579	-30 424
F.519	Autres participations	0	0	0	0	0	0	0	0
F.52	Parts de fonds d'investissement	-62	-31	88	27	66	-42	-1	18
F.521	Parts de fonds d'investissement monétaires	4	7	-44	-10	13	-20	2	7
F.522	Autres parts de fonds d'investissement	-66	-39	132	37	53	-22	-3	11
F.6	**Systèmes d'assurance, de pensions et garanties standard**	**11**	**-4**	**-1**	**5**	**5**	**1**	**1**	**-1**
F.61	Réserves techniques d'assurance-dommages	11	-4	-1	5	5	1	1	-1
F.62	Droits sur les assurances-vie et rentes	0	0	0	0	0	0	0	0
F.6M	Dts à pension, gérants, prestations hors retraite	0	0	0	0	0	0	0	0
F.63	Droits à pension	0	0	0	0	0	0	0	0
F.64	Dts des fonds de pension sur gérants des systèmes de pension	0	0	0	0	0	0	0	0
F.65	Droits à prestations hors retraite	0	0	0	0	0	0	0	0
F.66	Réserves pour appels dans le cadre de garanties standard	0	0	0	0	0	0	0	0
F.7	**Produits financiers dérivés et options sur titres des salariés**	**0**	**0**	**0**	**0**	**0**	**0**	**0**	**0**
F.71	Produits financiers dérivés	0	0	0	0	0	0	0	0
F.72	Options sur titres des salariés	0	0	0	0	0	0	0	0
F.8	**Autres comptes à recevoir**	**2 238**	**2 736**	**828**	**53**	**-1 751**	**1 168**	**-337**	**-580**
F.81	Crédits commerciaux et avances	598	239	-585	339	-178	-709	282	1 643
F.89	Autres comptes à recevoir, hors crédits commerciaux et avances	1 640	2 498	1 413	-285	-1 573	1 877	-619	-2 223
	Accroissement net des passifs	**17 731**	**11 386**	**28 353**	**38 714**	**28 597**	**20 975**	**59 451**	**10 783**
F.1	**Or monétaire et DTS**	**0**	**0**	**0**	**0**	**0**	**0**	**0**	**0**
F.11	Or monétaire	..	..	..	..	..	..	..	..
F.12	Droits de tirage spéciaux (DTS)	0	0	0	0	0	0	0	0
F.2	**Numéraire et dépôts**	**-247**	**-313**	**38**	**722**	**-503**	**-185**	**-46**	**45**
F.21	Numéraire	0	0	0	0	0	0	0	0
F.22	Dépôts transférables	-296	-375	5	683	-526	-186	-30	49
F.29	Autres dépôts	49	62	33	39	23	1	-16	-4
F.3	**Titres de dette**	**10 099**	**15 925**	**21 081**	**37 999**	**-712**	**-2 284**	**-48 644**	**-14 264**
F.3S	Titres de dette à court terme	-213	658	3 846	5 331	-1 736	2 629	4 687	-4 869
F.3L	Titres de dette à long terme	10 312	15 267	17 235	32 668	1 024	-4 913	-53 331	-9 395
F.4	**Crédits**	**305**	**-7 130**	**2 052**	**-1 111**	**30 202**	**26 193**	**107 710**	**29 678**
F.4S	Crédits à court terme	1 424	-956	125	1 171	1 113	-252	-425	-301
F.4L	Crédits à long terme	-1 119	-6 174	1 927	-2 282	29 089	26 445	108 135	29 979
F.5	**Actions et parts de fonds d'investissement**	**0**	**0**	**0**	**0**	**0**	**0**	**0**	**0**
F.51	Actions	0	0	0	0	0	0	0	0
F.511	Actions cotées	0	0	0	0	0	0	0	0
F.512	Actions non cotées	0	0	0	0	0	0	0	0
F.519	Autres participations	0	0	0	0	0	0	0	0
F.52	Parts de fonds d'investissement	0	0	0	0	0	0	0	0
F.521	Parts de fonds d'investissement monétaires	0	0	0	0	0	0	0	0
F.522	Autres parts de fonds d'investissement	0	0	0	0	0	0	0	0
F.6	**Systèmes d'assurance, de pensions et garanties standard**	**0**	**0**	**0**	**0**	**0**	**0**	**0**	**0**
F.61	Réserves techniques d'assurance-dommages	0	0	0	0	0	0	0	0
F.62	Droits sur les assurances-vie et rentes	0	0	0	0	0	0	0	0
F.6M	Dts à pension, gérants de syst. de pension, hors retraite	0	0	0	0	0	0	0	0
F.63	Droits à pension	0	0	0	0	0	0	0	0
F.64	Dts des fonds de pension sur gérants des systèmes de pension	0	0	0	0	0	0	0	0
F.65	Droits à prestations hors retraite	0	0	0	0	0	0	0	0
F.66	Réserves pour appels dans le cadre de garanties standard	0	0	0	0	0	0	0	0
F.7	**Produits financiers dérivés et options sur titres des salariés**	**526**	**565**	**207**	**-522**	**951**	**166**	**-1 499**	**1 171**
F.71	Produits financiers dérivés	526	565	207	-522	951	166	-1 499	1 171
F.72	Options sur titres des salariés	0	0	0	0	0	0	0	0
F.8	**Autres comptes à payer**	**7 049**	**2 339**	**4 975**	**1 626**	**-1 341**	**-2 915**	**1 930**	**-5 847**
F.81	Crédits commerciaux et avances	709	870	1 736	417	542	-123	1 244	-1 921
F.89	Autres comptes à payer, hors des crédits commerciaux et avances	6 340	1 469	3 239	1 209	-1 883	-2 792	686	-3 926
	Opérations financières nettes	**-15 820**	**-10 538**	**-23 692**	**-36 448**	**-24 725**	**-20 371**	**-16 837**	**-22 733**

Note : Les métadonnées détaillées sont disponibles sur :http://metalinks.oecd.org/faiiia/20150126/684c

Tableau 2.5.a. Flux consolidés, Secteur S14-S15 - Ménages et ISBLSM

SCN 2008

Millions EUR (2001 GRD euro)

		2006	2007	2008	2009	2010	2011	2012	2013
	Acquisition nette d'actifs financiers	**31 985**	**22 436**	**30 308**	**13 488**	**-2 227**	**7 276**	**-7 870**	**-7 868**
F.1	**Or monétaire et DTS**	**0**	**0**	**0**	**0**	**0**	**0**	**0**	**0**
F.11	Or monétaire	0	0	0	0	0	0	0	0
F.12	Droits de tirage spéciaux (DTS)	0	0	0	0	0	0	0	0
F.2	**Numéraire et dépôts**	**11 811**	**17 424**	**25 453**	**12 794**	**-1 399**	**-6 773**	**-8 883**	**-4 746**
F.21	Numéraire	1 629	1 213	2 045	426	9 628	12 216	-3 181	-1 976
F.22	Dépôts transférables	435	624	-1 086	2 834	-1 664	-1 740	-1 249	270
F.29	Autres dépôts	9 747	15 586	24 494	9 534	-9 363	-17 249	-4 453	-3 040
F.3	**Titres de dette**	**10 394**	**-2 002**	**3 528**	**-14 565**	**1 142**	**12 801**	**1 032**	**-3 981**
F.3S	Titres de dette à court terme	-16	-620	2 014	4 848	-294	-195	1 667	260
F.3L	Titres de dette à long terme	10 410	-1 382	1 514	-19 412	1 436	12 996	-636	-4 241
F.4	**Crédits**	**0**	**0**	**0**	**0**	**0**	**0**	**0**	**0**
F.4S	Crédits à court terme	0	0	0	0	0	0	0	0
F.4L	Crédits à long terme	0	0	0	0	0	0	0	0
F.5	**Actions et parts de fonds d'investissement**	**2 934**	**4 675**	**-1 788**	**13 302**	**2 358**	**832**	**-73**	**3 658**
F.51	Actions	7 785	7 410	6 664	14 068	3 634	1 679	101	3 872
F.511	Actions cotées	-442	4 086	6 516	11 130	2 723	-1 543	-135	-928
F.512	Actions non cotées	8 228	3 324	148	2 938	912	3 222	236	4 800
F.519	Autres participations	0	0	0	0	0	0	0	0
F.52	Parts de fonds d'investissement	-4 851	-2 735	-8 452	-766	-1 277	-847	-175	-214
F.521	Parts de fonds d'investissement monétaires	895	1 801	-5 153	-583	-591	-270	10	-31
F.522	Autres parts de fonds d'investissement	-5 746	-4 536	-3 299	-183	-685	-577	-185	-183
F.6	**Systèmes d'assurance, de pensions et garanties standard**	**1 177**	**1 202**	**471**	**273**	**188**	**-195**	**-68**	**-345**
F.61	Réserves techniques d'assurance-dommages	209	336	350	46	74	111	38	-97
F.62	Droits sur les assurances-vie et rentes	844	758	66	-622	-116	-579	-57	-115
F.6M	Dts à pension, gérants, prestations hors retraite	125	108	55	849	230	273	-50	-134
F.63	Droits à pension	125	108	55	849	230	273	-50	-134
F.64	Dts des fonds de pension sur gérants des systèmes de pension	0	0	0	0	0	0	0	0
F.65	Droits à prestations hors retraite	0	0	0	0	0	0	0	0
F.66	Réserves pour appels dans le cadre de garanties standard	0	0	0	0	0	0	0	0
F.7	**Produits financiers dérivés et options sur titres des salariés**	**0**	**0**	**0**	**0**	**0**	**0**	**0**	**0**
F.71	Produits financiers dérivés	0	0	0	0	0	0	0	0
F.72	Options sur titres des salariés	0	0	0	0	0	0	0	0
F.8	**Autres comptes à recevoir**	**5 669**	**1 137**	**2 644**	**1 683**	**-4 516**	**610**	**123**	**-2 454**
F.81	Crédits commerciaux et avances	-245	-231	-201	1	36	39	159	87
F.89	Autres comptes à recevoir, hors crédits commerciaux et avances	5 913	1 368	2 845	1 682	-4 552	571	-36	-2 541
	Accroissement net des passifs	**17 813**	**19 826**	**13 252**	**4 412**	**-1 468**	**-1 556**	**-10 441**	**-8 161**
F.1	**Or monétaire et DTS**	**0**	**0**	**0**	**0**	**0**	**0**	**0**	**0**
F.11	Or monétaire	..	..	..	..	..	..	..	..
F.12	Droits de tirage spéciaux (DTS)	0	0	0	0	0	0	0	0
F.2	**Numéraire et dépôts**	**0**	**0**	**0**	**0**	**0**	**0**	**0**	**0**
F.21	Numéraire	0	0	0	0	0	0	0	0
F.22	Dépôts transférables	0	0	0	0	0	0	0	0
F.29	Autres dépôts	0	0	0	0	0	0	0	0
F.3	**Titres de dette**	**0**	**0**	**0**	**0**	**0**	**0**	**0**	**0**
F.3S	Titres de dette à court terme	0	0	0	0	0	0	0	0
F.3L	Titres de dette à long terme	0	0	0	0	0	0	0	0
F.4	**Crédits**	**17 957**	**19 474**	**13 474**	**3 473**	**-1 498**	**-5 659**	**-5 052**	**-3 896**
F.4S	Crédits à court terme	1 802	2 754	2 311	-925	-1 584	-2 147	-1 324	-1 110
F.4L	Crédits à long terme	16 155	16 720	11 163	4 398	86	-3 512	-3 727	-2 786
F.5	**Actions et parts de fonds d'investissement**	**0**	**0**	**0**	**0**	**0**	**0**	**0**	**0**
F.51	Actions	0	0	0	0	0	0	0	0
F.511	Actions cotées	0	0	0	0	0	0	0	0
F.512	Actions non cotées	0	0	0	0	0	0	0	0
F.519	Autres participations	0	0	0	0	0	0	0	0
F.52	Parts de fonds d'investissement	0	0	0	0	0	0	0	0
F.521	Parts de fonds d'investissement monétaires	0	0	0	0	0	0	0	0
F.522	Autres parts de fonds d'investissement	0	0	0	0	0	0	0	0
F.6	**Systèmes d'assurance, de pensions et garanties standard**	**0**	**0**	**0**	**0**	**0**	**0**	**0**	**0**
F.61	Réserves techniques d'assurance-dommages	0	0	0	0	0	0	0	0
F.62	Droits sur les assurances-vie et rentes	0	0	0	0	0	0	0	0
F.6M	Dts à pension, gérants de syst. de pension, hors retraite	0	0	0	0	0	0	0	0
F.63	Droits à pension	0	0	0	0	0	0	0	0
F.64	Dts des fonds de pension sur gérants des systèmes de pension	0	0	0	0	0	0	0	0
F.65	Droits à prestations hors retraite	0	0	0	0	0	0	0	0
F.66	Réserves pour appels dans le cadre de garanties standard	0	0	0	0	0	0	0	0
F.7	**Produits financiers dérivés et options sur titres des salariés**	**0**	**0**	**0**	**0**	**0**	**0**	**0**	**0**
F.71	Produits financiers dérivés	0	0	0	0	0	0	0	0
F.72	Options sur titres des salariés	0	0	0	0	0	0	0	0
F.8	**Autres comptes à payer**	**-144**	**352**	**-221**	**938**	**29**	**4 104**	**-5 389**	**-4 265**
F.81	Crédits commerciaux et avances	66	56	31	19	-329	87	-275	-159
F.89	Autres comptes à payer, hors des crédits commerciaux et avances	-210	296	-252	919	358	4 017	-5 113	-4 106
	Opérations financières nettes	**14 172**	**2 610**	**17 056**	**9 077**	**-759**	**8 832**	**2 571**	**293**

Note : Les métadonnées détaillées sont disponibles sur :http://metalinks.oecd.org/faiiia/20150126/684c

GRÈCE

Tableau 2.6.a. Flux consolidés, Secteur S2 - Reste du monde
SCN 2008

Millions EUR (2001 GRD euro)

		2006	2007	2008	2009	2010	2011	2012	2013
	Acquisition nette d'actifs financiers	**19 440**	**39 083**	**39 226**	**33 281**	**-10 048**	**-7 521**	**24 655**	**-30 197**
F.1	**Or monétaire et DTS**	**-35**	**-27**	**22**	**73**	**-72**	**10**	**-1**	**5**
F.11	Or monétaire	4	8	-42	0	0	0	-1	3
F.12	Droits de tirage spéciaux (DTS)	-39	-35	64	73	-72	10	0	2
F.2	**Numéraire et dépôts**	**6 029**	**12 069**	**24 138**	**21 206**	**-1 397**	**2 228**	**-19 034**	**-22 720**
F.21	Numéraire	328	831	94	-2 415	7 831	10 510	-3 964	-3 624
F.22	Dépôts transférables	4 718	10 464	23 651	9 611	-24 402	-14 160	-13 295	-7 310
F.29	Autres dépôts	984	774	393	14 009	15 175	5 878	-1 775	-11 786
F.3	**Titres de dette**	**6 642**	**13 817**	**4 292**	**3 865**	**-14 303**	**-6 473**	**48 079**	**-3 083**
F.3S	Titres de dette à court terme	1 198	3 361	-177	-933	-3 043	-1 333	5 076	-3 762
F.3L	Titres de dette à long terme	5 444	10 455	4 469	4 798	-11 260	-5 140	43 003	679
F.4	**Crédits**	**247**	**3 717**	**6 508**	**3 571**	**806**	**-3 958**	**-1 274**	**-108**
F.4S	Crédits à court terme	143	2 220	1 493	76	527	-121	-327	234
F.4L	Crédits à long terme	104	1 497	5 015	3 495	280	-3 836	-947	-342
F.5	**Actions et parts de fonds d'investissement**	**4 824**	**9 114**	**4 283**	**5 767**	**4 331**	**2 297**	**-3 228**	**-7 768**
F.51	Actions	3 008	10 045	4 609	5 812	4 432	1 554	-3 349	-7 348
F.511	Actions cotées	1 933	3 268	-567	2 251	927	-390	-1 979	-1 436
F.512	Actions non cotées	1 075	6 777	5 176	3 561	3 505	1 944	-1 370	-5 912
F.519	Autres participations	0	0	0	0	0	0	0	0
F.52	Parts de fonds d'investissement	1 817	-931	-326	-45	-100	743	121	-420
F.521	Parts de fonds d'investissement monétaires	-24	-7	130	-75	-5	62	262	-147
F.522	Autres parts de fonds d'investissement	1 841	-924	-456	30	-95	680	-141	-273
F.6	**Systèmes d'assurance, de pensions et garanties standard**	**23**	**26**	**42**	**-2**	**8**	**4**	**27**	**-48**
F.61	Réserves techniques d'assurance-dommages	23	26	42	-2	8	4	27	-48
F.62	Droits sur les assurances-vie et rentes	0	0	0	0	0	0	0	0
F.6M	Dts à pension, gérants, prestations hors retraite	0	0	0	0	0	0	0	0
F.63	Droits à pension	0	0	0	0	0	0	0	0
F.64	Dts des fonds de pension sur gérants des systèmes de pension	0	0	0	0	0	0	0	0
F.65	Droits à prestations hors retraite	0	0	0	0	0	0	0	0
F.66	Réserves pour appels dans le cadre de garanties standard	0	0	0	0	0	0	0	0
F.7	**Produits financiers dérivés et options sur titres des salariés**	**436**	**511**	**1 524**	**-1 613**	**416**	**-89**	**-480**	**-495**
F.71	Produits financiers dérivés	436	511	1 524	-1 613	416	-89	-480	-495
F.72	Options sur titres des salariés	0	0	0	0	0	0	0	0
F.8	**Autres comptes à recevoir**	**1 273**	**-145**	**-1 583**	**414**	**163**	**-1 541**	**567**	**4 019**
F.81	Crédits commerciaux et avances	616	-99	-770	-71	109	-767	235	1 769
F.89	Autres comptes à recevoir, hors crédits commerciaux et avances	657	-46	-813	486	54	-774	331	2 250
	Accroissement net des passifs	**36 038**	**59 541**	**69 679**	**57 575**	**26 137**	**5 394**	**42 401**	**-14 496**
F.1	**Or monétaire et DTS**	**0**	**0**	**0**	**0**	**0**	**0**	**0**	**0**
F.11	Or monétaire	..	..	..	..	..	..	..	..
F.12	Droits de tirage spéciaux (DTS)	0	0	0	0	0	0	0	0
F.2	**Numéraire et dépôts**	**16 951**	**32 467**	**37 240**	**14 339**	**49 165**	**3 372**	**-27 146**	**-45 772**
F.21	Numéraire	-253	312	-176	83	159	117	-105	-103
F.22	Dépôts transférables	923	-818	781	-49	3 922	13 232	-1 603	-4 044
F.29	Autres dépôts	16 282	32 974	36 635	14 306	45 084	-9 977	-25 437	-41 625
F.3	**Titres de dette**	**7 464**	**25 133**	**20 946**	**35 133**	**-25 618**	**-24 716**	**-45 698**	**-6 906**
F.3S	Titres de dette à court terme	100	730	3 879	-2 904	-5 561	-253	-949	221
F.3L	Titres de dette à long terme	7 364	24 403	17 067	38 037	-20 057	-24 463	-44 749	-7 127
F.4	**Crédits**	**5 816**	**-5 508**	**15 461**	**15 554**	**986**	**25 737**	**113 455**	**35 197**
F.4S	Crédits à court terme	2 107	2 359	2 570	5 413	-13 057	-65	-199	4
F.4L	Crédits à long terme	3 709	-7 866	12 892	10 141	14 043	25 802	113 654	35 193
F.5	**Actions et parts de fonds d'investissement**	**4 572**	**6 315**	**-7 411**	**-4 108**	**304**	**1 516**	**2 974**	**4 118**
F.51	Actions	4 640	6 376	-7 277	-4 099	313	1 542	3 013	4 128
F.511	Actions cotées	5 093	5 825	-5 755	-3 804	484	447	247	3 552
F.512	Actions non cotées	-453	551	-1 522	-295	-171	1 095	2 766	576
F.519	Autres participations	0	0	0	0	0	0	0	0
F.52	Parts de fonds d'investissement	-68	-61	-134	-9	-8	-26	-39	-10
F.521	Parts de fonds d'investissement monétaires	17	28	-101	-10	-7	-8	-8	2
F.522	Autres parts de fonds d'investissement	-84	-89	-32	2	-2	-18	-30	-11
F.6	**Systèmes d'assurance, de pensions et garanties standard**	**-14**	**-4**	**-10**	**26**	**18**	**-27**	**16**	**6**
F.61	Réserves techniques d'assurance-dommages	-14	-2	-3	14	20	-24	15	3
F.62	Droits sur les assurances-vie et rentes	0	-2	-7	12	-2	-3	2	3
F.6M	Dts à pension, gérants de syst. de pension, hors retraite	0	0	0	0	0	0	0	0
F.63	Droits à pension	0	0	0	0	0	0	0	0
F.64	Dts des fonds de pension sur gérants des systèmes de pension	0	0	0	0	0	0	0	0
F.65	Droits à prestations hors retraite	0	0	0	0	0	0	0	0
F.66	Réserves pour appels dans le cadre de garanties standard	0	0	0	0	0	0	0	0
F.7	**Produits financiers dérivés et options sur titres des salariés**	**1 149**	**1 180**	**2 692**	**-2 432**	**1 934**	**1 022**	**-2 007**	**-243**
F.71	Produits financiers dérivés	1 149	1 180	2 692	-2 432	1 934	1 022	-2 007	-243
F.72	Options sur titres des salariés	0	0	0	0	0	0	0	0
F.8	**Autres comptes à payer**	**99**	**-44**	**761**	**-938**	**-653**	**-1 510**	**806**	**-896**
F.81	Crédits commerciaux et avances	22	157	169	-710	131	-959	545	-476
F.89	Autres comptes à payer, hors des crédits commerciaux et avances	78	-201	592	-227	-784	-551	261	-420
	Opérations financières nettes	**16 598**	**20 458**	**30 453**	**24 295**	**36 185**	**12 915**	**17 746**	**15 701**

Note : Les métadonnées détaillées sont disponibles sur :http://metalinks.oecd.org/faiiia/20150126/684c

HONGRIE

Tableau 1.a. Flux consolidés, par instrument et par secteur, Année 2013
SCN 2008

Millions HUF

		Sociétés financières					
		Total S12	Institutions financières monétaires S121-2-3	Fonds d'investissements non monétaires S124	Autres institutions financières, hors S124 S125-6-7	Sociétés d'assurance et fonds de pension SS128-9	Sociétés financières publiques S1201
	Acquisition nette d'actifs financiers	**-2 868 895**	**-1 216 392**	**761 592**	**-2 039 425**	**84 215**	..
F.1	**Or monétaire et DTS**	**-76 138**	**-76 138**	..	..	..	..
F.11	Or monétaire	-2	-2	..	..	..	..
F.12	Droits de tirage spéciaux (DTS)	-76 136	-76 136	..	..	..	..
F.2	**Numéraire et dépôts**	**-425 607**	**-266 248**	**183 836**	**-54 781**	**37 110**	..
F.21	Numéraire	-14 294	-12 707	..	-1 997	-216	..
F.22	Dépôts transférables	-803 078	-643 671	16 546	-110 762	23 981	..
F.29	Autres dépôts	391 765	390 130	167 290	57 978	13 345	..
F.3	**Titres de dette**	**1 320 793**	**1 070 541**	**425 243**	**27 431**	**21 872**	..
F.3S	Titres de dette à court terme	1 017 281	1 024 458	172 626	2 928	-387	..
F.3L	Titres de dette à long terme	303 512	46 083	252 617	24 503	22 259	..
F.4	**Crédits**	**-1 516 992**	**-971 080**	..	**-682 013**	**-2 530**	..
F.4S	Crédits à court terme	-448 320	-602 199	..	138 572	158	..
F.4L	Crédits à long terme	-1 068 672	-368 881	..	-820 585	-2 688	..
F.5	**Actions et parts de fonds d'investissement**	**-855 857**	**72 571**	**38 062**	**-959 291**	**14 676**	..
F.51	Actions	-937 963	61 467	-27 063	-958 633	-9 617	..
F.511	Actions cotées	-31 893	2 052	-27 063	1 670	-9 817	..
F.512	Actions non cotées	683	7 990	..	-5 756	-1 061	..
F.519	Autres participations	-906 753	51 425	..	-954 547	1 261	..
F.52	Parts de fonds d'investissement	82 106	11 104	65 125	-658	24 293	..
F.521	Parts de fonds d'investissement monétaires	3 797	0	21 469	2 720	8 793	..
F.522	Autres parts de fonds d'investissement	78 309	11 104	43 656	-3 378	15 500	..
F.6	**Systèmes d'assurance, de pensions et garanties standard**	**-2 084**	**-7 047**	..	..	**4 963**	..
F.61	Réserves techniques d'assurance-dommages	4 963	..	..	..	4 963	..
F.62	Droits sur les assurances-vie et rentes	..	..	..	..	..	..
F.6M	Dts à pension, gérants, prestations hors retraite	..	..	..	..	..	..
F.63	Droits à pension	..	..	..	..	..	..
F.64	Dts des fonds de pension sur gérants des systèmes de pension	..	..	..	..	..	..
F.65	Droits à prestations hors retraite	..	..	..	..	..	..
F.66	Réserves pour appels dans le cadre de garanties standard	-7 047	-7 047	..	..	..	..
F.7	**Produits financiers dérivés et options sur titres des salariés**	**-1 039 562**	**-1 044 398**	**-19 623**	**-78 370**	**0**	..
F.71	Produits financiers dérivés	-1 039 562	-1 044 398	-19 623	-78 370	0	..
F.72	Options sur titres des salariés	..	..	..	..	..	..
F.8	**Autres comptes à recevoir**	**-273 448**	**5 407**	**134 074**	**-292 401**	**8 124**	..
F.81	Crédits commerciaux et avances	30 958	20 937	-926	-1 699	3 645	..
F.89	Autres comptes à recevoir, hors crédits commerciaux et avances	-304 406	-15 530	135 000	-290 702	4 479	..
	Accroissement net des passifs	**-2 914 146**	**-1 522 539**	**796 467**	**-1 799 587**	**70 398**	..
F.1	**Or monétaire et DTS**	**127**	**127**	..	..	..	..
F.11	Or monétaire	..	..	..	..	..	..
F.12	Droits de tirage spéciaux (DTS)	127	127	..	..	..	..
F.2	**Numéraire et dépôts**	**-911 141**	**-585 617**	..	..	..	..
F.21	Numéraire	447 650	447 024	..	..	..	..
F.22	Dépôts transférables	263 775	352 947	..	..	..	..
F.29	Autres dépôts	-1 622 566	-1 385 588	..	..	..	..
F.3	**Titres de dette**	**223 209**	**413 570**	..	**33 936**	**-3**	..
F.3S	Titres de dette à court terme	185 041	367 385	..	0	0	..
F.3L	Titres de dette à long terme	38 168	46 185	..	33 936	-3	..
F.4	**Crédits**	**-1 105 649**	**-892 988**	**-4 322**	**-345 857**	**-1 113**	..
F.4S	Crédits à court terme	8 650	..	-2 021	-2 357	-2 121	..
F.4L	Crédits à long terme	-1 114 299	-892 988	-2 301	-343 500	1 008	..
F.5	**Actions et parts de fonds d'investissement**	**96 627**	**553 767**	**821 097**	**-1 252 350**	**-4 012**	..
F.51	Actions	-930 043	330 436	..	-1 252 350	-4 012	..
F.511	Actions cotées	-420	2 840	..	-4 352	-173	..
F.512	Actions non cotées	350 873	333 384	..	21 993	-4 014	..
F.519	Autres participations	-1 280 496	-5 788	..	-1 269 991	175	..
F.52	Parts de fonds d'investissement	1 026 670	223 331	821 097	..		..
F.521	Parts de fonds d'investissement monétaires	194 146	223 331	..	..	..	..
F.522	Autres parts de fonds d'investissement	832 524	..	821 097	..	..	..
F.6	**Systèmes d'assurance, de pensions et garanties standard**	**78 115**	..	..	..	**78 115**	..
F.61	Réserves techniques d'assurance-dommages	13 985	..	..	..	13 985	..
F.62	Droits sur les assurances-vie et rentes	9 351	..	..	..	9 351	..
F.6M	Dts à pension, gérants de syst. de pension, hors retraite	54 779	..	..	..	54 779	..
F.63	Droits à pension	54 779	..	..	..	54 779	..
F.64	Dts des fonds de pension sur gérants des systèmes de pension	..	..	..	..	..	..
F.65	Droits à prestations hors retraite	..	..	..	..	..	..
F.66	Réserves pour appels dans le cadre de garanties standard	..	..	..	..	..	..
F.7	**Produits financiers dérivés et options sur titres des salariés**	**-919 211**	**-1 003 654**	**-16 976**	**-1 410**	**0**	..
F.71	Produits financiers dérivés	-919 211	-1 003 654	-16 976	-1 410	0	..
F.72	Options sur titres des salariés	..	..	..	..	..	..
F.8	**Autres comptes à payer**	**-376 223**	**-7 744**	**-3 332**	**-233 906**	**-2 589**	..
F.81	Crédits commerciaux et avances	54 892	56 286	-3 332	2 165	-9 228	..
F.89	Autres comptes à payer, hors des crédits commerciaux et avances	-431 115	-64 030	..	-236 071	6 639	..
	Opérations financières nettes	**45 251**	**306 147**	**-34 875**	**-239 838**	**13 817**	..

HONGRIE

Tableau 1.a. Flux consolidés, par instrument et par secteur, Année 2013 (cont.)

SCN 2008

Millions HUF

		Sociétés non financières	Administrations publiques		Ménages et ISBLSM	Economie totale	Reste du monde
		S11	Total S13	Administration centrale S1311	S14+S15	S1	S2
	Acquisition nette d'actifs financiers	**1 937 702**	**-275 799**	**-546 142**	**1 149 814**	**-2 054 701**	**-4 041 068**
F.1	**Or monétaire et DTS**	..	..	..	..	**-76 138**	**127**
F.11	Or monétaire	..	..	..	..	-2	..
F.12	Droits de tirage spéciaux (DTS)	..	..	..	..	-76 136	127
F.2	**Numéraire et dépôts**	**722 460**	**-429 849**	**-520 687**	**-518 488**	**-362 743**	**-622 335**
F.21	Numéraire	61 087	105	-101	258 923	-141 829	..
F.22	Dépôts transférables	561 110	-719 737	-801 360	388 528	-797 948	39 069
F.29	Autres dépôts	100 263	289 783	280 774	-1 165 939	577 034	-661 404
F.3	**Titres de dette**	**22 460**	**68 438**	**68 245**	**583 615**	**980 040**	**795 985**
F.3S	Titres de dette à court terme	5 625	116 476	115 956	413 504	768 203	26 153
F.3L	Titres de dette à long terme	16 835	-48 038	-47 711	170 111	211 837	769 832
F.4	**Crédits**	**420 825**	**5 430**	**-112 509**	**19 886**	**-663 813**	**-2 123 729**
F.4S	Crédits à court terme	-79 446	0	-111 768	2 504	-131 073	-231 454
F.4L	Crédits à long terme	500 271	5 430	-741	17 382	-532 740	-1 892 275
F.5	**Actions et parts de fonds d'investissement**	**289 828**	**-125 495**	**-135 416**	**928 018**	**-916 480**	**-419 984**
F.51	Actions	142 910	9 076	773	4 815	-969 122	-481 640
F.511	Actions cotées	36 421	-124 577	-124 567	-13 443	-82 249	89 089
F.512	Actions non cotées	101 156	96 315	88 002	12 680	82 341	372 029
F.519	Autres participations	5 333	37 338	37 338	5 578	-969 214	-942 758
F.52	Parts de fonds d'investissement	146 918	-134 571	-136 189	923 203	52 642	61 656
F.521	Parts de fonds d'investissement monétaires	78 182	694	-660	155 998	36 043	-8 482
F.522	Autres parts de fonds d'investissement	68 736	-135 265	-135 529	767 205	16 599	70 138
F.6	**Systèmes d'assurance, de pensions et garanties standard**	**5 244**	**-410**	**-205**	**66 959**	**4 963**	**6 322**
F.61	Réserves techniques d'assurance-dommages	5 244	-410	-205	2 829	4 963	6 322
F.62	Droits sur les assurances-vie et rentes	..	..	..	9 351	..	..
F.6M	Dts à pension, gérants, prestations hors retraite	..	..	..	54 779	..	..
F.63	Droits à pension	..	..	..	54 779	..	..
F.64	Dts des fonds de pension sur gérants des systèmes de pension	..	..	..	..	..	..
F.65	Droits à prestations hors retraite	..	..	..	..	..	..
F.66	Réserves pour appels dans le cadre de garanties standard	..	..	..	..	..	..
F.7	**Produits financiers dérivés et options sur titres des salariés**	**-142 298**	**-114 080**	**-114 080**	**-5 740**	**-1 162 783**	**-987 973**
F.71	Produits financiers dérivés	-142 298	-114 080	-114 080	-5 740	-1 162 783	-987 973
F.72	Options sur titres des salariés	..	..	..	..	..	..
F.8	**Autres comptes à recevoir**	**619 183**	**320 167**	**268 510**	**75 564**	**142 253**	**-689 481**
F.81	Crédits commerciaux et avances	111 441	183 381	168 721	29 516	61 377	-25 798
F.89	Autres comptes à recevoir, hors crédits commerciaux et avances	507 742	136 786	99 789	46 048	80 876	-663 683
	Accroissement net des passifs	**844 302**	**465 972**	**1 107 290**	**-439 673**	**-4 041 068**	**-2 054 699**
F.1	**Or monétaire et DTS**	..	..	..	..	**127**	**-76 136**
F.11	Or monétaire	..	..	..	..	..	..
F.12	Droits de tirage spéciaux (DTS)	..	..	..	..	127	-76 136
F.2	**Numéraire et dépôts**	..	**65**	**-12 302**	..	**-622 335**	**-362 743**
F.21	Numéraire	..	..	..	..	..	-141 829
F.22	Dépôts transférables	..	65	-12 302	..	39 069	-797 948
F.29	Autres dépôts	..	..	..	..	-661 404	577 034
F.3	**Titres de dette**	**11 383**	**1 576 659**	**1 901 974**	..	**795 985**	**980 040**
F.3S	Titres de dette à court terme	891	624 904	621 586	..	26 153	768 203
F.3L	Titres de dette à long terme	10 492	951 755	1 280 388	..	769 832	211 837
F.4	**Crédits**	**146 940**	**-1 110 033**	**-815 889**	**-462 025**	**-2 123 729**	**-663 813**
F.4S	Crédits à court terme	-413 240	-257 379	-188 925	36 326	-231 454	-131 073
F.4L	Crédits à long terme	560 180	-852 654	-626 964	-498 351	-1 892 275	-532 740
F.5	**Actions et parts de fonds d'investissement**	**636 363**	..	..	..	**-419 984**	**-916 480**
F.51	Actions	636 363	..	..	..	-481 640	-969 122
F.511	Actions cotées	38 266	..	..	..	89 089	-82 249
F.512	Actions non cotées	149 649	..	..	..	372 029	82 341
F.519	Autres participations	448 448	..	..	..	-942 758	-969 214
F.52	Parts de fonds d'investissement	..	..	..	..	61 656	52 642
F.521	Parts de fonds d'investissement monétaires	..	..	..	..	-8 482	36 043
F.522	Autres parts de fonds d'investissement	..	..	..	..	70 138	16 599
F.6	**Systèmes d'assurance, de pensions et garanties standard**	..	**-7 047**	**-7 047**	..	**6 322**	**4 963**
F.61	Réserves techniques d'assurance-dommages	..	..	..	..	6 322	4 963
F.62	Droits sur les assurances-vie et rentes	..	..	..	..	..	..
F.6M	Dts à pension, gérants de syst. de pension, hors retraite	..	..	..	..	..	..
F.63	Droits à pension	..	..	..	..	..	..
F.64	Dts des fonds de pension sur gérants des systèmes de pension	..	..	..	..	..	..
F.65	Droits à prestations hors retraite	..	..	..	..	..	..
F.66	Réserves pour appels dans le cadre de garanties standard	..	-7 047	-7 047	..	..	..
F.7	**Produits financiers dérivés et options sur titres des salariés**	**-172 186**	**-32 366**	**-32 366**	**-3 107**	**-987 973**	**-1 162 783**
F.71	Produits financiers dérivés	-172 186	-32 366	-32 366	-3 107	-987 973	-1 162 783
F.72	Options sur titres des salariés	..	..	..	..	..	..
F.8	**Autres comptes à payer**	**221 802**	**38 694**	**72 920**	**25 459**	**-689 481**	**142 253**
F.81	Crédits commerciaux et avances	186 254	35 324	28 728	-8 349	-25 798	61 377
F.89	Autres comptes à payer, hors des crédits commerciaux et avances	35 548	3 370	44 192	33 808	-663 683	80 876
	Opérations financières nettes	**1 093 400**	**-741 771**	**-1 653 432**	**1 589 487**	**1 986 367**	**-1 986 369**

Note : Les métadonnées détaillées sont disponibles sur :http://metalinks.oecd.org/faiiia/20150126/cb16

HONGRIE

Tableau 1.b. Flux non consolidés, par instrument et par secteur, Année 2013
SCN 2008

Millions HUF

		Sociétés financières					Sociétés financières publiques
		Total S12	Institutions financières monétaires S121-2-3	Fonds d'investissements non monétaires S124	Autres institutions financières, hors S124 S125-6-7	Sociétés d'assurance et fonds de pension SS128-9	S1201
	Acquisition nette d'actifs financiers	**-934 916**	**129 320**	**879 401**	**-2 028 144**	**84 507**	..
F.1	**Or monétaire et DTS**	**-76 138**	**-76 138**	..	..	..	..
F.11	Or monétaire	-2	-2	..	..	..	..
F.12	Droits de tirage spéciaux (DTS)	-76 136	-76 136	..	..	..	..
F.2	**Numéraire et dépôts**	**-48 296**	**-214 461**	**183 836**	**-54 781**	**37 110**	..
F.21	Numéraire	3 077	5 290	..	-1 997	-216	..
F.22	Dépôts transférables	-840 225	-769 990	16 546	-110 762	23 981	..
F.29	Autres dépôts	788 852	550 239	167 290	57 978	13 345	..
F.3	**Titres de dette**	**2 359 748**	**1 883 810**	**425 243**	**28 822**	**21 873**	..
F.3S	Titres de dette à court terme	2 259 787	2 084 620	172 626	2 928	-387	..
F.3L	Titres de dette à long terme	99 961	-200 810	252 617	25 894	22 260	..
F.4	**Crédits**	**-1 074 835**	**-395 412**	..	**-676 893**	**-2 530**	..
F.4S	Crédits à court terme	-459 714	-602 199	..	142 327	158	..
F.4L	Crédits à long terme	-615 121	206 787	..	-819 220	-2 688	..
F.5	**Actions et parts de fonds d'investissement**	**-718 876**	**65 209**	**155 871**	**-954 915**	**14 959**	..
F.51	Actions	-934 360	56 294	-27 063	-954 257	-9 334	..
F.511	Actions cotées	-27 645	2 906	-27 063	6 046	-9 534	..
F.512	Actions non cotées	-4 854	1 963	..	-5 756	-1 061	..
F.519	Autres participations	-901 861	51 425	..	-954 547	1 261	..
F.52	Parts de fonds d'investissement	215 484	8 915	182 934	-658	24 293	..
F.521	Parts de fonds d'investissement monétaires	30 793	-2 189	21 469	2 720	8 793	..
F.522	Autres parts de fonds d'investissement	184 691	11 104	161 465	-3 378	15 500	..
F.6	**Systèmes d'assurance, de pensions et garanties standard**	**-2 084**	**-7 047**	..	..	**4 963**	..
F.61	Réserves techniques d'assurance-dommages	4 963	..	..	..	4 963	..
F.62	Droits sur les assurances-vie et rentes	..	..	..	..	..	..
F.6M	Dts à pension, gérants de syst. de pension, hors retraite	..	..	..	..	..	..
F.63	Droits à pension	..	..	..	..	..	..
F.64	Dts des fonds de pension sur gérants des systèmes de pension	..	..	..	..	..	..
F.65	Droits à prestations hors retraite	..	..	..	..	..	..
F.66	Réserves pour appels dans le cadre de garanties standard	-7 047	-7 047	..	..	..	..
F.7	**Produits financiers dérivés et options sur titres des salariés**	**-1 256 643**	**-1 158 650**	**-19 623**	**-78 370**	**0**	..
F.71	Produits financiers dérivés	-1 256 643	-1 158 650	-19 623	-78 370	0	..
F.72	Options sur titres des salariés	..	..	..	..	..	..
F.8	**Autres comptes à recevoir**	**-117 792**	**32 009**	**134 074**	**-292 007**	**8 132**	..
F.81	Crédits commerciaux et avances	39 071	38 051	-926	-1 699	3 645	..
F.89	Autres comptes à recevoir, hors crédits commerciaux et avances	-156 863	-6 042	135 000	-290 308	4 487	..
	Accroissement net des passifs	**-980 167**	**-176 827**	**914 276**	**-1 788 306**	**70 690**	..
F.1	**Or monétaire et DTS**	**127**	**127**	..	..	..	..
F.11	Or monétaire	..	..	..	..	..	..
F.12	Droits de tirage spéciaux (DTS)	127	127	..	..	..	..
F.2	**Numéraire et dépôts**	**-533 830**	**-533 830**	..	..	..	..
F.21	Numéraire	465 021	465 021	..	..	..	..
F.22	Dépôts transférables	226 628	226 628	..	..	..	..
F.29	Autres dépôts	-1 225 479	-1 225 479	..	..	..	..
F.3	**Titres de dette**	**1 262 164**	**1 226 839**	..	**35 327**	**-2**	..
F.3S	Titres de dette à court terme	1 427 547	1 427 547	..	0	0	..
F.3L	Titres de dette à long terme	-165 383	-200 708	..	35 327	-2	..
F.4	**Crédits**	**-663 492**	**-317 320**	**-4 322**	**-340 737**	**-1 113**	..
F.4S	Crédits à court terme	-2 744	..	-2 021	1 398	-2 121	..
F.4L	Crédits à long terme	-660 748	-317 320	-2 301	-342 135	1 008	..
F.5	**Actions et parts de fonds d'investissement**	**233 608**	**546 405**	**938 906**	**-1 247 974**	**-3 729**	..
F.51	Actions	-926 440	325 263	..	-1 247 974	-3 729	..
F.511	Actions cotées	3 828	3 694	..	24	110	..
F.512	Actions non cotées	345 336	327 357	..	21 993	-4 014	..
F.519	Autres participations	-1 275 604	-5 788	..	-1 269 991	175	..
F.52	Parts de fonds d'investissement	1 160 048	221 142	938 906	..	..	..
F.521	Parts de fonds d'investissement monétaires	221 142	221 142	..	..	..	..
F.522	Autres parts de fonds d'investissement	938 906	..	938 906	..	..	..
F.6	**Systèmes d'assurance, de pensions et garanties standard**	**78 115**	..	..	..	**78 115**	..
F.61	Réserves techniques d'assurance-dommages	13 985	..	..	..	13 985	..
F.62	Droits sur les assurances-vie et rentes	9 351	..	..	..	9 351	..
F.6M	Dts à pension, gérants de syst. de pension, hors retraite	54 779	..	..	..	54 779	..
F.63	Droits à pension	54 779	..	..	..	54 779	..
F.64	Dts des fonds de pension sur gérants des systèmes de pension	..	..	..	..	..	..
F.65	Droits à prestations hors retraite	..	..	..	..	..	..
F.66	Réserves pour appels dans le cadre de garanties standard	..	..	..	..	..	..
F.7	**Produits financiers dérivés et options sur titres des salariés**	**-1 136 292**	**-1 117 906**	**-16 976**	**-1 410**	**0**	..
F.71	Produits financiers dérivés	-1 136 292	-1 117 906	-16 976	-1 410	0	..
F.72	Options sur titres des salariés	..	..	..	..	..	..
F.8	**Autres comptes à payer**	**-220 567**	**18 858**	**-3 332**	**-233 512**	**-2 581**	..
F.81	Crédits commerciaux et avances	63 005	73 400	-3 332	2 165	-9 228	..
F.89	Autres comptes à payer, hors des crédits commerciaux et avances	-283 572	-54 542	..	-235 677	6 647	..
	Opérations financières nettes	**45 251**	**306 147**	**-34 875**	**-239 838**	**13 817**	..

HONGRIE

Tableau 1.b. Flux non consolidés, par instrument et par secteur, Année 2013 (cont.)

SCN 2008

Millions HUF

		Sociétés non financières	Administrations publiques		Ménages et ISBLSM	Economie totale	Reste du monde
		S11	Total S13	Administration centrale S1311	S14+S15	S1	S2
	Acquisition nette d'actifs financiers	**2 521 782**	**-378 013**	**-525 769**	**1 149 814**	**2 358 667**	**-4 041 068**
F.1	**Or monétaire et DTS**	..	..	..	..	**-76 138**	**127**
F.11	Or monétaire	..	..	..	..	-2	..
F.12	Droits de tirage spéciaux (DTS)	..	..	..	..	-76 136	127
F.2	**Numéraire et dépôts**	**722 460**	**-442 216**	**-520 687**	**-518 488**	**-286 540**	**-622 335**
F.21	Numéraire	61 087	105	-101	258 923	323 192	..
F.22	Dépôts transférables	561 110	-732 104	-801 360	388 528	-622 691	39 069
F.29	Autres dépôts	100 263	289 783	280 774	-1 165 939	12 959	-661 404
F.3	**Titres de dette**	**5 272**	**63 365**	**60 499**	**583 615**	**3 012 000**	**795 985**
F.3S	Titres de dette à court terme	6 941	104 636	107 434	413 504	2 784 868	26 153
F.3L	Titres de dette à long terme	-1 669	-41 271	-46 935	170 111	227 132	769 832
F.4	**Crédits**	**603 016**	**-77 378**	**-82 573**	**19 886**	**-529 311**	**-2 123 729**
F.4S	Crédits à court terme	-101 303	-73 680	-73 680	2 504	-632 193	-231 454
F.4L	Crédits à long terme	704 319	-3 698	-8 893	17 382	102 882	-1 892 275
F.5	**Actions et parts de fonds d'investissement**	**438 900**	**-125 495**	**-135 416**	**928 018**	**522 547**	**-419 984**
F.51	Actions	291 982	9 076	773	4 815	-628 487	-481 640
F.511	Actions cotées	37 387	-124 577	-124 567	-13 443	-128 278	89 089
F.512	Actions non cotées	210 696	96 315	88 002	12 680	314 837	372 029
F.519	Autres participations	43 899	37 338	37 338	5 578	-815 046	-942 758
F.52	Parts de fonds d'investissement	146 918	-134 571	-136 189	923 203	1 151 034	61 656
F.521	Parts de fonds d'investissement monétaires	78 182	694	-660	155 998	265 667	-8 482
F.522	Autres parts de fonds d'investissement	68 736	-135 265	-135 529	767 205	885 367	70 138
F.6	**Systèmes d'assurance, de pensions et garanties standard**	**5 244**	**-410**	**-205**	**66 959**	**69 709**	**6 322**
F.61	Réserves techniques d'assurance-dommages	5 244	-410	-205	2 829	12 626	6 322
F.62	Droits sur les assurances-vie et rentes	..	..	..	9 351	9 351	..
F.6M	Dts à pension, gérants de syst. de pension, hors retraite	..	..	..	54 779	54 779	..
F.63	Droits à pension	..	..	..	54 779	54 779	..
F.64	Dts des fonds de pension sur gérants des systèmes de pension	..	..	..	..	..	..
F.65	Droits à prestations hors retraite	..	..	..	..	..	..
F.66	Réserves pour appels dans le cadre de garanties standard	..	..	..	..	-7 047	..
F.7	**Produits financiers dérivés et options sur titres des salariés**	**-142 298**	**-114 080**	**-114 080**	**-5 740**	**-1 518 761**	**-987 973**
F.71	Produits financiers dérivés	-142 298	-114 080	-114 080	-5 740	-1 518 761	-987 973
F.72	Options sur titres des salariés	..	..	..	..	..	..
F.8	**Autres comptes à recevoir**	**889 188**	**318 201**	**266 693**	**75 564**	**1 165 161**	**-689 481**
F.81	Crédits commerciaux et avances	288 078	181 415	166 904	29 516	538 080	-25 798
F.89	Autres comptes à recevoir, hors crédits commerciaux et avances	601 110	136 786	99 789	46 048	627 081	-663 683
	Accroissement net des passifs	**1 428 382**	**363 758**	**1 127 663**	**-439 673**	**372 300**	**-2 054 699**
F.1	**Or monétaire et DTS**	..	..	..	..	**127**	**-76 136**
F.11	Or monétaire	..	..	..	..	..	..
F.12	Droits de tirage spéciaux (DTS)	..	..	..	..	127	-76 136
F.2	**Numéraire et dépôts**	..	**-12 302**	**-12 302**	..	**-546 132**	**-362 743**
F.21	Numéraire	..	..	..	..	465 021	-141 829
F.22	Dépôts transférables	..	-12 302	-12 302	..	214 326	-797 948
F.29	Autres dépôts	..	..	..	..	-1 225 479	577 034
F.3	**Titres de dette**	**-5 805**	**1 571 586**	**1 894 228**	..	**2 827 945**	**980 040**
F.3S	Titres de dette à court terme	2 207	613 064	613 064	..	2 042 818	768 203
F.3L	Titres de dette à long terme	-8 012	958 522	1 281 164	..	785 127	211 837
F.4	**Crédits**	**329 131**	**-1 192 841**	**-785 953**	**-462 025**	**-1 989 227**	**-663 813**
F.4S	Crédits à court terme	-435 097	-331 059	-150 837	36 326	-732 574	-131 073
F.4L	Crédits à long terme	764 228	-861 782	-635 116	-498 351	-1 256 653	-532 740
F.5	**Actions et parts de fonds d'investissement**	**785 435**	..	..	..	**1 019 043**	**-916 480**
F.51	Actions	785 435	..	..	..	-141 005	-969 122
F.511	Actions cotées	39 232	..	..	..	43 060	-82 249
F.512	Actions non cotées	259 189	..	..	..	604 525	82 341
F.519	Autres participations	487 014	..	..	..	-788 590	-969 214
F.52	Parts de fonds d'investissement	..	..	..	..	1 160 048	52 642
F.521	Parts de fonds d'investissement monétaires	..	..	..	..	221 142	36 043
F.522	Autres parts de fonds d'investissement	..	..	..	..	938 906	16 599
F.6	**Systèmes d'assurance, de pensions et garanties standard**	..	**-7 047**	**-7 047**	..	**71 068**	**4 963**
F.61	Réserves techniques d'assurance-dommages	..	..	..	..	13 985	4 963
F.62	Droits sur les assurances-vie et rentes	..	..	..	..	9 351	..
F.6M	Dts à pension, gérants de syst. de pension, hors retraite	..	..	..	..	54 779	..
F.63	Droits à pension	..	..	..	..	54 779	..
F.64	Dts des fonds de pension sur gérants des systèmes de pension	..	..	..	..	..	..
F.65	Droits à prestations hors retraite	..	..	..	..	..	..
F.66	Réserves pour appels dans le cadre de garanties standard	..	-7 047	-7 047	..	-7 047	..
F.7	**Produits financiers dérivés et options sur titres des salariés**	**-172 186**	**-32 366**	**-32 366**	**-3 107**	**-1 343 951**	**-1 162 783**
F.71	Produits financiers dérivés	-172 186	-32 366	-32 366	-3 107	-1 343 951	-1 162 783
F.72	Options sur titres des salariés	..	..	..	..	..	..
F.8	**Autres comptes à payer**	**491 807**	**36 728**	**71 103**	**25 459**	**333 427**	**142 253**
F.81	Crédits commerciaux et avances	362 891	33 358	26 911	-8 349	450 905	61 377
F.89	Autres comptes à payer, hors des crédits commerciaux et avances	128 916	3 370	44 192	33 808	-117 478	80 876
	Opérations financières nettes	**1 093 400**	**-741 771**	**-1 653 432**	**1 589 487**	**1 986 367**	**-1 986 369**

Note : Les métadonnées détaillées sont disponibles sur :http://metalinks.oecd.org/faiiia/20150126/d06b

HONGRIE

Tableau 2.1.a. Flux consolidés, Secteur S1 - Économie totale
SCN 2008

Millions HUF

		2006	2007	2008	2009	2010	2011	2012	2013
	Acquisition nette d'actifs financiers	**4 348 115**	**13 166 971**	**13 593 949**	**-118 683**	**-5 428 067**	**944 579**	**-1 360 714**	**-2 054 701**
F.1	**Or monétaire et DTS**	**-11 883**	**-4 472**	**-5 270**	**266 866**	**-61 670**	**-63 786**	**-105 358**	**-76 138**
F.11	Or monétaire	0	0	8	-12	-2	6	-3	-2
F.12	Droits de tirage spéciaux (DTS)	-11 883	-4 472	-5 278	266 878	-61 668	-63 792	-105 355	-76 136
F.2	**Numéraire et dépôts**	**297 761**	**437 748**	**391 614**	**-273 109**	**416 247**	**352 049**	**35 656**	**-362 743**
F.21	Numéraire	79 559	7 728	151 240	69 086	-80 522	-152 993	81 425	-141 829
F.22	Dépôts transférables	-62 084	393 606	62 330	-119 833	137 793	352 659	353 257	-797 948
F.29	Autres dépôts	280 286	36 414	178 044	-222 362	358 976	152 383	-399 026	577 034
F.3	**Titres de dette**	**-1 757 785**	**160 284**	**1 352 128**	**1 890 998**	**769 514**	**66 958**	**-988 821**	**980 040**
F.3S	Titres de dette à court terme	137 717	246 480	1 036 221	-518 882	865 994	-1 080 392	-600 072	768 203
F.3L	Titres de dette à long terme	-1 895 502	-86 196	315 907	2 409 880	-96 480	1 147 350	-388 749	211 837
F.4	**Crédits**	**2 236 211**	**937 583**	**855 835**	**-1 351 848**	**461 099**	**-259 092**	**-1 849 891**	**-663 813**
F.4S	Crédits à court terme	257 641	664 055	-122 184	278 529	123 396	153 761	170 760	-131 073
F.4L	Crédits à long terme	1 978 570	273 528	978 019	-1 630 377	337 703	-412 853	-2 020 651	-532 740
F.5	**Actions et parts de fonds d'investissement**	**4 144 478**	**12 631 527**	**12 884 741**	**1 296 433**	**-8 259 492**	**3 357 650**	**3 767 594**	**-916 480**
F.51	Actions	3 853 476	12 381 566	12 541 205	1 134 221	-8 409 547	3 712 550	3 923 334	-969 122
F.511	Actions cotées	119 402	216 204	410 116	22 408	73 181	15 590	57 848	-82 249
F.512	Actions non cotées	747 146	671 941	-42 457	198 785	-63 175	-33 767	2 143 143	82 341
F.519	Autres participations	2 986 928	11 493 421	12 173 546	913 028	-8 419 553	3 730 727	1 722 343	-969 214
F.52	Parts de fonds d'investissement	291 002	249 961	343 536	162 212	150 055	-354 900	-155 740	52 642
F.521	Parts de fonds d'investissement monétaires	1 806	2 022	10 938	143	-96	28 142	-34 701	36 043
F.522	Autres parts de fonds d'investissement	289 196	247 939	332 598	162 069	150 151	-383 042	-121 039	16 599
F.6	**Systèmes d'assurance, de pensions et garanties standard**	**5 319**	**-537**	**1 806**	**15 455**	**8 814**	**1 450**	**3 976**	**4 963**
F.61	Réserves techniques d'assurance-dommages	5 319	-537	1 806	15 455	8 814	1 450	3 976	4 963
F.62	Droits sur les assurances-vie et rentes	..	..	..	..	..	..	..	..
F.6M	Dts à pension, gérants, prestations hors retraite	..	..	..	..	..	..	..	..
F.63	Droits à pension	..	..	..	..	..	..	..	..
F.64	Dts des fonds de pension sur gérants des systèmes de pension	..	..	..	..	..	..	..	..
F.65	Droits à prestations hors retraite	..	..	..	..	..	..	..	..
F.66	Réserves pour appels dans le cadre de garanties standard	..	..	..	..	..	..	..	..
F.7	**Produits financiers dérivés et options sur titres des salariés**	**-957 657**	**-1 161 760**	**-2 202 501**	**-1 579 871**	**-1 375 384**	**-1 404 268**	**-1 358 018**	**-1 162 783**
F.71	Produits financiers dérivés	-957 657	-1 161 760	-2 202 501	-1 579 871	-1 375 384	-1 404 268	-1 358 018	-1 162 783
F.72	Options sur titres des salariés	..	..	..	..	..	..	..	..
F.8	**Autres comptes à recevoir**	**391 671**	**166 598**	**315 596**	**-383 607**	**2 612 805**	**-1 106 382**	**-865 852**	**142 253**
F.81	Crédits commerciaux et avances	344 302	159 001	-42 586	-90 122	131 969	24 297	60 657	61 377
F.89	Autres comptes à recevoir, hors crédits commerciaux et avances	47 369	7 597	358 182	-293 485	2 480 836	-1 130 679	-926 509	80 876
	Accroissement net des passifs	**6 607 743**	**14 632 514**	**15 746 157**	**-93 873**	**-5 716 958**	**718 291**	**-2 724 223**	**-4 041 068**
F.1	**Or monétaire et DTS**	**0**	**0**	**0**	**292 247**	**0**	**0**	**0**	**127**
F.11	Or monétaire	..	..	..	..	..	..	..	..
F.12	Droits de tirage spéciaux (DTS)	0	0	0	292 247	0	0	0	127
F.2	**Numéraire et dépôts**	**568 532**	**1 043 086**	**1 964 022**	**-21 088**	**252 975**	**-1 083 827**	**-2 098 801**	**-622 335**
F.21	Numéraire	..	..	..	..	..	..	..	..
F.22	Dépôts transférables	52 525	-7 157	180 535	-69 312	-22 143	110 905	-96 398	39 069
F.29	Autres dépôts	516 007	1 050 243	1 783 487	48 224	275 118	-1 194 732	-2 002 403	-661 404
F.3	**Titres de dette**	**1 608 505**	**1 065 951**	**43 402**	**-971 695**	**76 516**	**1 220 681**	**37 113**	**795 985**
F.3S	Titres de dette à court terme	53 834	26 673	-18 767	30 483	176 353	406 802	-251 909	26 153
F.3L	Titres de dette à long terme	1 554 671	1 039 278	62 169	-1 002 178	-99 837	813 879	289 022	769 832
F.4	**Crédits**	**2 079 634**	**3 203 330**	**8 896 742**	**2 734 669**	**-5 461 827**	**3 142 049**	**-1 789 212**	**-2 123 729**
F.4S	Crédits à court terme	187 627	534 540	214 270	125 065	103 977	336 764	-150 133	-231 454
F.4L	Crédits à long terme	1 892 007	2 668 790	8 682 472	2 609 604	-5 565 804	2 805 285	-1 639 079	-1 892 275
F.5	**Actions et parts de fonds d'investissement**	**3 009 037**	**9 956 873**	**7 668 796**	**-1 163 691**	**-47 980**	**-865 496**	**2 700 766**	**-419 984**
F.51	Actions	2 989 488	9 935 643	7 665 480	-1 164 689	-59 248	-867 537	2 667 570	-481 640
F.511	Actions cotées	146 824	-576 791	-88 697	223 199	5 925	-464 454	132 028	89 089
F.512	Actions non cotées	627 104	-197 573	455 262	192 705	80 172	3 369 681	507 428	372 029
F.519	Autres participations	2 215 560	10 710 007	7 298 915	-1 580 593	-145 345	-3 772 764	2 028 114	-942 758
F.52	Parts de fonds d'investissement	19 549	21 230	3 316	998	11 268	2 041	33 196	61 656
F.521	Parts de fonds d'investissement monétaires	3 957	14 048	2 254	1 622	4 053	-30	5 428	-8 482
F.522	Autres parts de fonds d'investissement	15 592	7 182	1 062	-624	7 215	2 071	27 768	70 138
F.6	**Systèmes d'assurance, de pensions et garanties standard**	**595**	**237**	**1 188**	**-399**	**97**	**1 428**	**-358**	**6 322**
F.61	Réserves techniques d'assurance-dommages	595	237	1 188	-399	97	1 428	-358	6 322
F.62	Droits sur les assurances-vie et rentes	..	..	..	..	..	..	..	..
F.6M	Dts à pension, gérants de syst. de pension, hors retraite	..	..	..	..	..	..	..	..
F.63	Droits à pension	..	..	..	..	..	..	..	..
F.64	Dts des fonds de pension sur gérants des systèmes de pension	..	..	..	..	..	..	..	..
F.65	Droits à prestations hors retraite	..	..	..	..	..	..	..	..
F.66	Réserves pour appels dans le cadre de garanties standard	..	..	..	..	..	..	..	..
F.7	**Produits financiers dérivés et options sur titres des salariés**	**-921 891**	**-949 447**	**-2 495 005**	**-1 431 281**	**-1 189 318**	**-1 629 958**	**-1 278 593**	**-987 973**
F.71	Produits financiers dérivés	-921 891	-949 447	-2 495 005	-1 431 281	-1 189 318	-1 629 958	-1 278 593	-987 973
F.72	Options sur titres des salariés	..	..	..	..	..	..	..	..
F.8	**Autres comptes à payer**	**263 331**	**312 484**	**-332 988**	**467 365**	**652 579**	**-66 586**	**-295 138**	**-689 481**
F.81	Crédits commerciaux et avances	277 634	111 671	-199 166	123 135	338 186	-153 731	-149 347	-25 798
F.89	Autres comptes à payer, hors des crédits commerciaux et avances	-14 303	200 813	-133 822	344 230	314 393	87 145	-145 791	-663 683
	Opérations financières nettes	**-2 259 628**	**-1 465 543**	**-2 152 208**	**-24 810**	**288 891**	**226 288**	**1 363 509**	**1 986 367**

Note : Les métadonnées détaillées sont disponibles sur :http://metalinks.oecd.org/faiiia/20150126/cb16

HONGRIE

Tableau 2.2.a. Flux consolidés, Secteur S11 - Sociétés non financières
SCN 2008

Millions HUF

		2006	2007	2008	2009	2010	2011	2012	2013
	Acquisition nette d'actifs financiers	**2 200 822**	**1 753 265**	**833 298**	**1 167 487**	**192 740**	**473 518**	**84 058**	**1 937 702**
F.1	**Or monétaire et DTS**	..	..	..	..	..	..	..	..
F.11	Or monétaire	..	..	..	..	..	..	..	..
F.12	Droits de tirage spéciaux (DTS)	..	..	..	..	..	..	..	..
F.2	**Numéraire et dépôts**	**1 071 023**	**10 850**	**79 739**	**-161 868**	**458 646**	**156 318**	**115 046**	**722 460**
F.21	Numéraire	48 971	-1 223	9 683	-73 006	25 394	41 766	98 440	61 087
F.22	Dépôts transférables	363 106	185 627	-218 678	-75 409	100 731	207 909	-35 571	561 110
F.29	Autres dépôts	658 946	-173 554	288 734	-13 453	332 521	-93 357	52 177	100 263
F.3	**Titres de dette**	**-50 735**	**43 566**	**81 769**	**-199 948**	**-48 205**	**-67 001**	**64 128**	**22 460**
F.3S	Titres de dette à court terme	10 896	-8 264	64 521	-99 794	5 867	-50 038	34 005	5 625
F.3L	Titres de dette à long terme	-61 631	51 830	17 248	-100 154	-54 072	-16 963	30 123	16 835
F.4	**Crédits**	**289 467**	**989 965**	**549 207**	**1 636 128**	**-128 003**	**78 833**	**-2 311 454**	**420 825**
F.4S	Crédits à court terme	86 457	-20 926	224 275	80 061	258 463	-244 783	181 320	-79 446
F.4L	Crédits à long terme	203 010	1 010 891	324 932	1 556 067	-386 466	323 616	-2 492 774	500 271
F.5	**Actions et parts de fonds d'investissement**	**361 018**	**614 580**	**228 342**	**248 852**	**177 949**	**135 548**	**2 180 576**	**289 828**
F.51	Actions	346 268	570 223	223 879	203 144	165 246	121 057	2 190 523	142 910
F.511	Actions cotées	26 892	-4 915	221 902	17 848	88 973	107 892	88 221	36 421
F.512	Actions non cotées	319 376	575 138	-53 909	204 344	-77 191	-42 986	2 082 474	101 156
F.519	Autres participations	0	0	55 886	-19 048	153 464	56 151	19 828	5 333
F.52	Parts de fonds d'investissement	14 750	44 357	4 463	45 708	12 703	14 491	-9 947	146 918
F.521	Parts de fonds d'investissement monétaires	1 504	31 634	-3 276	39 968	10 612	23 054	-13 358	78 182
F.522	Autres parts de fonds d'investissement	13 246	12 723	7 739	5 740	2 091	-8 563	3 411	68 736
F.6	**Systèmes d'assurance, de pensions et garanties standard**	**7 198**	**13 319**	**8 423**	**-661**	**-879**	**-5 289**	**1 289**	**5 244**
F.61	Réserves techniques d'assurance-dommages	7 198	13 319	8 423	-661	-879	-5 289	1 289	5 244
F.62	Droits sur les assurances-vie et rentes	..	..	..	..	..	..	..	..
F.6M	Dts à pension, gérants, prestations hors retraite	..	..	..	..	..	..	..	..
F.63	Droits à pension	..	..	..	..	..	..	..	..
F.64	Dts des fonds de pension sur gérants des systèmes de pension	..	..	..	..	..	..	..	..
F.65	Droits à prestations hors retraite	..	..	..	..	..	..	..	..
F.66	Réserves pour appels dans le cadre de garanties standard	..	..	..	..	..	..	..	..
F.7	**Produits financiers dérivés et options sur titres des salariés**	**-85 618**	**-69 533**	**-151 369**	**-225 409**	**-402 551**	**-165 839**	**-179 420**	**-142 298**
F.71	Produits financiers dérivés	-85 618	-69 533	-151 369	-225 409	-402 551	-165 839	-179 420	-142 298
F.72	Options sur titres des salariés	..	..	..	..	..	..	..	..
F.8	**Autres comptes à recevoir**	**608 469**	**150 518**	**37 187**	**-129 607**	**135 783**	**340 948**	**213 893**	**619 183**
F.81	Crédits commerciaux et avances	421 645	151 811	-65 646	-9 563	123 355	48 838	92 155	111 441
F.89	Autres comptes à recevoir, hors crédits commerciaux et avances	186 824	-1 293	102 833	-120 044	12 428	292 110	121 738	507 742
	Accroissement net des passifs	**2 856 792**	**2 381 858**	**2 189 790**	**902 016**	**-216 807**	**6 903**	**-646 657**	**844 302**
F.1	**Or monétaire et DTS**	..	..	..	..	..	..	..	..
F.11	Or monétaire	..	..	..	..	..	..	..	..
F.12	Droits de tirage spéciaux (DTS)	..	..	..	..	..	..	..	..
F.2	**Numéraire et dépôts**	..	..	..	..	..	..	..	..
F.21	Numéraire	..	..	..	..	..	..	..	..
F.22	Dépôts transférables	..	..	..	..	..	..	..	..
F.29	Autres dépôts	..	..	..	..	..	..	..	..
F.3	**Titres de dette**	**55 413**	**9 247**	**26 928**	**-16 748**	**188 447**	**34 722**	**-10 556**	**11 383**
F.3S	Titres de dette à court terme	-412	-550	-4 649	-4 649	-690	412	743	891
F.3L	Titres de dette à long terme	55 825	9 797	31 577	-12 099	189 137	34 310	-11 299	10 492
F.4	**Crédits**	**2 101 127**	**2 625 040**	**2 053 209**	**1 664 027**	**-1 024 410**	**-329 605**	**-819 592**	**146 940**
F.4S	Crédits à court terme	578 400	425 161	408 067	-136 722	-82 671	251 065	-99 731	-413 240
F.4L	Crédits à long terme	1 522 727	2 199 879	1 645 142	1 800 749	-941 739	-580 670	-719 861	560 180
F.5	**Actions et parts de fonds d'investissement**	**331 093**	**-347 695**	**630 628**	**-794 027**	**599 055**	**676 536**	**653 190**	**636 363**
F.51	Actions	331 093	-347 695	630 628	-794 027	599 055	676 536	653 190	636 363
F.511	Actions cotées	-257 005	-496 363	203 204	100 734	85 485	45 087	69 216	38 266
F.512	Actions non cotées	436 130	-495 147	25 101	-73 621	-18 508	2 974 518	4 905	149 649
F.519	Autres participations	151 968	643 815	402 323	-821 140	532 078	-2 343 069	579 069	448 448
F.52	Parts de fonds d'investissement	..	..	..	..	..	..	..	..
F.521	Parts de fonds d'investissement monétaires	..	..	..	..	..	..	..	..
F.522	Autres parts de fonds d'investissement	..	..	..	..	..	..	..	..
F.6	**Systèmes d'assurance, de pensions et garanties standard**	..	..	..	..	..	..	..	..
F.61	Réserves techniques d'assurance-dommages	..	..	..	..	..	..	..	..
F.62	Droits sur les assurances-vie et rentes	..	..	..	..	..	..	..	..
F.6M	Dts à pension, gérants de syst. de pension, hors retraite	..	..	..	..	..	..	..	..
F.63	Droits à pension	..	..	..	..	..	..	..	..
F.64	Dts des fonds de pension sur gérants des systèmes de pension	..	..	..	..	..	..	..	..
F.65	Droits à prestations hors retraite	..	..	..	..	..	..	..	..
F.66	Réserves pour appels dans le cadre de garanties standard	..	..	..	..	..	..	..	..
F.7	**Produits financiers dérivés et options sur titres des salariés**	**-56 286**	**-93 762**	**-286 638**	**-271 272**	**-340 771**	**-276 500**	**-244 521**	**-172 186**
F.71	Produits financiers dérivés	-56 286	-93 762	-286 638	-271 272	-340 771	-276 500	-244 521	-172 186
F.72	Options sur titres des salariés	..	..	..	..	..	..	..	..
F.8	**Autres comptes à payer**	**425 445**	**189 028**	**-234 337**	**320 036**	**360 872**	**-98 250**	**-225 178**	**221 802**
F.81	Crédits commerciaux et avances	302 497	122 841	-155 909	120 565	343 505	-122 248	-151 352	186 254
F.89	Autres comptes à payer, hors des crédits commerciaux et avances	122 948	66 187	-78 428	199 471	17 367	23 998	-73 826	35 548
	Opérations financières nettes	**-655 970**	**-628 593**	**-1 356 492**	**265 471**	**409 547**	**466 615**	**730 715**	**1 093 400**

Note : Les métadonnées détaillées sont disponibles sur :http://metalinks.oecd.org/faiiia/20150126/cb16

HONGRIE

Tableau 2.3.a. Flux consolidés, Secteur S12 - Sociétés financières

SCN 2008

Millions HUF

		2006	2007	2008	2009	2010	2011	2012	2013
	Acquisition nette d'actifs financiers	**6 182 177**	**14 205 664**	**15 299 371**	**-2 733 789**	**-5 777 120**	**-2 405 894**	**-2 415 313**	**-2 868 895**
F.1	**Or monétaire et DTS**	**-11 883**	**-4 472**	**-5 270**	**266 866**	**-61 670**	**-63 786**	**-105 358**	**-76 138**
F.11	Or monétaire	0	0	8	-12	-2	6	-3	-2
F.12	Droits de tirage spéciaux (DTS)	-11 883	-4 472	-5 278	266 878	-61 668	-63 792	-105 355	-76 136
F.2	**Numéraire et dépôts**	**20 307**	**392 109**	**245 786**	**-344 445**	**325 812**	**605 652**	**-135 169**	**-425 607**
F.21	Numéraire	5 077	6 040	8 133	-12 805	714	6 838	10 504	-14 294
F.22	Dépôts transférables	-120 110	403 650	60 918	-67 852	101 795	290 801	446 195	-803 078
F.29	Autres dépôts	135 340	-17 581	176 735	-263 788	223 303	308 013	-591 868	391 765
F.3	**Titres de dette**	**-1 149 212**	**994 297**	**1 955 683**	**1 999 696**	**981 641**	**-1 704 949**	**-813 127**	**1 320 793**
F.3S	Titres de dette à court terme	308 931	185 963	797 309	-157 110	819 316	-1 338 250	-293 848	1 017 281
F.3L	Titres de dette à long terme	-1 458 143	808 334	1 158 374	2 156 806	162 325	-366 699	-519 279	303 512
F.4	**Crédits**	**4 536 867**	**2 053 299**	**2 358 734**	**-3 689 919**	**-781**	**-1 677 728**	**-905 201**	**-1 516 992**
F.4S	Crédits à court terme	652 005	1 099 309	-154 501	-89 517	-169 703	452 854	-46 863	-448 320
F.4L	Crédits à long terme	3 884 862	953 990	2 513 235	-3 600 402	168 922	-2 130 582	-858 338	-1 068 672
F.5	**Actions et parts de fonds d'investissement**	**3 637 588**	**11 897 897**	**12 683 714**	**1 078 802**	**-8 228 153**	**2 970 304**	**1 737 322**	**-855 857**
F.51	Actions	3 407 486	11 712 836	12 336 415	925 203	-8 358 155	3 382 209	1 842 617	-937 963
F.511	Actions cotées	69 546	248 689	212 530	11 864	27 548	-384 510	161	-31 893
F.512	Actions non cotées	453 856	100 938	16 321	842	15 894	7 547	79 034	683
F.519	Autres participations	2 884 084	11 363 209	12 107 564	912 497	-8 401 597	3 759 172	1 763 422	-906 753
F.52	Parts de fonds d'investissement	230 102	185 061	347 299	153 599	130 002	-411 905	-105 295	82 106
F.521	Parts de fonds d'investissement monétaires	1 197	1 373	2 183	57	379	-295	-3 082	3 797
F.522	Autres parts de fonds d'investissement	228 905	183 688	345 116	153 542	129 623	-411 610	-102 213	78 309
F.6	**Systèmes d'assurance, de pensions et garanties standard**	**21 411**	**8 922**	**2 795**	**15 402**	**2 323**	**439**	**762**	**-2 084**
F.61	Réserves techniques d'assurance-dommages	5 319	-537	1 806	15 455	8 814	1 450	3 976	4 963
F.62	Droits sur les assurances-vie et rentes	..	..	..	..	..	..	..	..
F.6M	Dts à pension, gérants, prestations hors retraite	..	..	..	..	..	..	..	..
F.63	Droits à pension	..	..	..	..	..	..	..	..
F.64	Dts des fonds de pension sur gérants des systèmes de pension	..	..	..	..	..	..	..	..
F.65	Droits à prestations hors retraite	..	..	..	..	..	..	..	..
F.66	Réserves pour appels dans le cadre de garanties standard	16 092	9 459	989	-53	-6 491	-1 011	-3 214	-7 047
F.7	**Produits financiers dérivés et options sur titres des salariés**	**-931 609**	**-1 179 592**	**-2 222 237**	**-1 858 473**	**-1 069 681**	**-1 350 036**	**-1 196 429**	**-1 039 562**
F.71	Produits financiers dérivés	-931 609	-1 179 592	-2 222 237	-1 858 473	-1 069 681	-1 350 036	-1 196 429	-1 039 562
F.72	Options sur titres des salariés	..	..	..	..	..	..	..	..
F.8	**Autres comptes à recevoir**	**58 708**	**43 204**	**280 166**	**-201 718**	**2 273 389**	**-1 185 790**	**-998 113**	**-273 448**
F.81	Crédits commerciaux et avances	8 450	26 299	37 564	-45 629	-8 957	26 905	-2 186	30 958
F.89	Autres comptes à recevoir, hors crédits commerciaux et avances	50 258	16 905	242 602	-156 089	2 282 346	-1 212 695	-995 927	-304 406
	Accroissement net des passifs	**6 407 464**	**14 273 863**	**15 611 312**	**-2 657 306**	**-5 572 050**	**-2 249 941**	**-2 145 103**	**-2 914 146**
F.1	**Or monétaire et DTS**	**0**	**0**	**0**	**292 247**	**0**	**0**	**0**	**127**
F.11	Or monétaire	..	..	..	..	..	..	..	..
F.12	Droits de tirage spéciaux (DTS)	0	0	0	292 247	0	0	0	127
F.2	**Numéraire et dépôts**	**2 167 615**	**1 948 035**	**4 465 197**	**-509 014**	**210 616**	**9 936**	**-1 913 154**	**-911 141**
F.21	Numéraire	238 551	229 386	69 366	-97 695	179 550	332 188	2 824	447 650
F.22	Dépôts transférables	509 888	281 548	-303 396	41 598	342 016	732 764	347 627	263 775
F.29	Autres dépôts	1 419 176	1 437 101	4 699 227	-452 917	-310 950	-1 055 016	-2 263 605	-1 622 566
F.3	**Titres de dette**	**694 546**	**425 486**	**454 383**	**-342 767**	**-189 106**	**-193 010**	**-650 942**	**223 209**
F.3S	Titres de dette à court terme	-42 788	10 062	139 197	92 123	215 253	286 539	-505 087	185 041
F.3L	Titres de dette à long terme	737 334	415 424	315 186	-434 890	-404 359	-479 549	-145 855	38 168
F.4	**Crédits**	**908 854**	**1 257 522**	**5 722 453**	**-878 508**	**-5 264 930**	**3 172 042**	**-517 449**	**-1 105 649**
F.4S	Crédits à court terme	11 436	340 408	8 778	-23 755	-115 814	-30 233	-28 360	8 650
F.4L	Crédits à long terme	897 418	917 114	5 713 675	-854 753	-5 149 116	3 202 275	-489 089	-1 114 299
F.5	**Actions et parts de fonds d'investissement**	**2 783 819**	**10 708 060**	**6 778 903**	**-366 372**	**355**	**-708 063**	**1 996 884**	**96 627**
F.51	Actions	2 378 745	10 183 035	7 110 000	-423 810	-415 421	-939 656	1 932 105	-930 043
F.511	Actions cotées	101 019	-85 082	-83 082	66 576	-21 797	68 168	10 548	-420
F.512	Actions non cotées	208 183	249 608	262 089	268 741	98 131	394 535	486 161	350 873
F.519	Autres participations	2 069 543	10 018 509	6 930 993	-759 127	-491 755	-1 402 359	1 435 396	-1 280 496
F.52	Parts de fonds d'investissement	405 074	525 025	-331 097	57 438	415 776	231 593	64 779	1 026 670
F.521	Parts de fonds d'investissement monétaires	135 994	229 795	-114 177	181 417	209 354	-27 552	45 933	194 146
F.522	Autres parts de fonds d'investissement	269 080	295 230	-216 920	-123 979	206 422	259 145	18 846	832 524
F.6	**Systèmes d'assurance, de pensions et garanties standard**	**710 911**	**734 563**	**606 404**	**567 364**	**389 316**	**-2 894 383**	**-71 498**	**78 115**
F.61	Réserves techniques d'assurance-dommages	34 456	39 609	30 259	1 419	-7 125	-12 386	1 603	13 985
F.62	Droits sur les assurances-vie et rentes	240 190	219 363	77 886	67 584	32 821	-27 689	-46 083	9 351
F.6M	Dts à pension, gérants de syst. de pension, hors retraite	436 265	475 591	498 259	498 361	363 620	-2 854 308	-27 018	54 779
F.63	Droits à pension	436 265	475 591	498 259	498 361	363 620	-2 854 308	-27 018	54 779
F.64	Dts des fonds de pension sur gérants des systèmes de pension	..	..	..	..	..	..	..	..
F.65	Droits à prestations hors retraite	..	..	..	..	..	..	..	..
F.66	Réserves pour appels dans le cadre de garanties standard	..	..	..	..	..	..	..	..
F.7	**Produits financiers dérivés et options sur titres des salariés**	**-913 310**	**-921 757**	**-2 366 090**	**-1 490 141**	**-1 006 598**	**-1 512 832**	**-1 166 248**	**-919 211**
F.71	Produits financiers dérivés	-913 310	-921 757	-2 366 090	-1 490 141	-1 006 598	-1 512 832	-1 166 248	-919 211
F.72	Options sur titres des salariés	..	..	..	..	..	..	..	..
F.8	**Autres comptes à payer**	**55 029**	**121 954**	**-49 938**	**69 885**	**288 297**	**-123 631**	**177 304**	**-376 223**
F.81	Crédits commerciaux et avances	-7 723	47 609	-24 908	-13 608	-21 762	5 179	-1 418	54 892
F.89	Autres comptes à payer, hors des crédits commerciaux et avances	62 752	74 345	-25 030	83 493	310 059	-128 810	178 722	-431 115
	Opérations financières nettes	**-225 287**	**-68 199**	**-311 941**	**-76 483**	**-205 070**	**-155 953**	**-270 210**	**45 251**

Note : Les métadonnées détaillées sont disponibles sur :http://metalinks.oecd.org/faiiia/20150126/cb16

HONGRIE

Tableau 2.4.a. Flux consolidés, Secteur S13 - Administrations publiques

SCN 2008

Millions HUF

		2006	2007	2008	2009	2010	2011	2012	2013
	Acquisition nette d'actifs financiers	**-126 608**	**13 754**	**1 338 196**	**-118 607**	**-417 395**	**1 157 853**	**-347 793**	**-275 799**
F.1	**Or monétaire et DTS**	..	..	..	..	..	..	..	..
F.11	Or monétaire	..	..	..	..	..	..	..	..
F.12	Droits de tirage spéciaux (DTS)	..	..	..	..	..	..	..	..
F.2	**Numéraire et dépôts**	**151 765**	**204 583**	**1 495 212**	**-683 069**	**-203 965**	**130 688**	**102 963**	**-429 849**
F.21	Numéraire	216	127	55	76	-205	-155	1 115	105
F.22	Dépôts transférables	94 931	-32 132	-90 065	138 102	48 832	263 867	471 402	-719 737
F.29	Autres dépôts	56 618	236 588	1 585 222	-821 247	-252 592	-133 024	-369 554	289 783
F.3	**Titres de dette**	**-359**	**1 331**	**-1 201**	**-104**	**9 129**	**48 995**	**32 990**	**68 438**
F.3S	Titres de dette à court terme	0	301	-78	74	200	328	-791	116 476
F.3L	Titres de dette à long terme	-359	1 030	-1 123	-178	8 929	48 667	33 781	-48 038
F.4	**Crédits**	**-36 398**	**-171 960**	**-13 822**	**527 708**	**-190 578**	**-141 019**	**-125 361**	**5 430**
F.4S	Crédits à court terme	0	0	0	0	0	0	0	0
F.4L	Crédits à long terme	-36 398	-171 960	-13 822	527 708	-190 578	-141 019	-125 361	5 430
F.5	**Actions et parts de fonds d'investissement**	**-288 373**	**-74 081**	**-165 781**	**25 308**	**-1 789**	**1 211 450**	**-208 781**	**-125 495**
F.51	Actions	-282 868	-77 461	-161 949	24 290	-248	882 945	-92 247	9 076
F.511	Actions cotées	-283 303	-77 673	-16 782	121	-415	861 422	-75 420	-124 577
F.512	Actions non cotées	14 267	-2 651	-159 695	17 211	-927	20 916	-16 827	96 315
F.519	Autres participations	-13 832	2 863	14 528	6 958	1 094	607	0	37 338
F.52	Parts de fonds d'investissement	-5 505	3 380	-3 832	1 018	-1 541	328 505	-116 534	-134 571
F.521	Parts de fonds d'investissement monétaires	2 655	3 745	-959	884	-1 752	1 216	236	694
F.522	Autres parts de fonds d'investissement	-8 160	-365	-2 873	134	211	327 289	-116 770	-135 265
F.6	**Systèmes d'assurance, de pensions et garanties standard**	**14**	**-180**	**76**	**-14**	**-148**	**-72**	**190**	**-410**
F.61	Réserves techniques d'assurance-dommages	14	-180	76	-14	-148	-72	190	-410
F.62	Droits sur les assurances-vie et rentes	..	..	..	..	..	..	..	..
F.6M	Dts à pension, gérants, prestations hors retraite	..	..	..	..	..	..	..	..
F.63	Droits à pension	..	..	..	..	..	..	..	..
F.64	Dts des fonds de pension sur gérants des systèmes de pension	..	..	..	..	..	..	..	..
F.65	Droits à prestations hors retraite	..	..	..	..	..	..	..	..
F.66	Réserves pour appels dans le cadre de garanties standard	..	..	..	..	..	..	..	..
F.7	**Produits financiers dérivés et options sur titres des salariés**	**-21 035**	**-14 498**	**-10 495**	**-119 468**	**-84 947**	**-74 437**	**-130 548**	**-114 080**
F.71	Produits financiers dérivés	-21 035	-14 498	-10 495	-119 468	-84 947	-74 437	-130 548	-114 080
F.72	Options sur titres des salariés	..	..	..	..	..	..	..	..
F.8	**Autres comptes à recevoir**	**67 778**	**68 559**	**34 207**	**131 032**	**54 903**	**-17 752**	**-19 246**	**320 167**
F.81	Crédits commerciaux et avances	17 473	-9 854	4 458	46 439	14 411	7 318	798	183 381
F.89	Autres comptes à recevoir, hors crédits commerciaux et avances	50 305	78 413	29 749	84 593	40 492	-25 070	-20 044	136 786
	Accroissement net des passifs	**2 121 422**	**1 248 764**	**2 241 478**	**1 092 870**	**818 778**	**2 731 948**	**270 567**	**465 972**
F.1	**Or monétaire et DTS**	..	..	..	..	..	..	..	..
F.11	Or monétaire	..	..	..	..	..	..	..	..
F.12	Droits de tirage spéciaux (DTS)	..	..	..	..	..	..	..	..
F.2	**Numéraire et dépôts**	**3 169**	**3 448**	**3 190**	**6 690**	**3 578**	**3 076**	**10 124**	**65**
F.21	Numéraire	..	..	..	..	..	..	..	..
F.22	Dépôts transférables	3 169	3 448	3 190	6 690	3 578	3 076	10 124	65
F.29	Autres dépôts	..	..	..	..	..	..	..	..
F.3	**Titres de dette**	**1 533 027**	**1 368 917**	**505 750**	**-791 743**	**469 740**	**-257 065**	**1 342 590**	**1 576 659**
F.3S	Titres de dette à court terme	313 900	-226 351	-217 453	80 416	-124 344	-83 913	793 478	624 904
F.3L	Titres de dette à long terme	1 219 127	1 595 268	723 203	-872 159	594 084	-173 152	549 112	951 755
F.4	**Crédits**	**479 382**	**-163 650**	**1 861 662**	**1 886 217**	**390 023**	**-180 279**	**-966 035**	**-1 110 033**
F.4S	Crédits à court terme	21 474	30 971	-13 897	-43 339	267 093	137 743	-75 640	-257 379
F.4L	Crédits à long terme	457 908	-194 621	1 875 559	1 929 556	122 930	-318 022	-890 395	-852 654
F.5	**Actions et parts de fonds d'investissement**	..	..	..	..	..	..	..	..
F.51	Actions	..	..	..	..	..	..	..	..
F.511	Actions cotées	..	..	..	..	..	..	..	..
F.512	Actions non cotées	..	..	..	..	..	..	..	..
F.519	Autres participations	..	..	..	..	..	..	..	..
F.52	Parts de fonds d'investissement	..	..	..	..	..	..	..	..
F.521	Parts de fonds d'investissement monétaires	..	..	..	..	..	..	..	..
F.522	Autres parts de fonds d'investissement	..	..	..	..	..	..	..	..
F.6	**Systèmes d'assurance, de pensions et garanties standard**	**16 092**	**9 459**	**989**	**-53**	**-6 491**	**-1 011**	**-3 214**	**-7 047**
F.61	Réserves techniques d'assurance-dommages	..	..	..	..	..	..	..	..
F.62	Droits sur les assurances-vie et rentes	..	..	..	..	..	..	..	..
F.6M	Dts à pension, gérants de syst. de pension, hors retraite	..	..	..	..	..	..	..	..
F.63	Droits à pension	..	..	..	..	..	..	..	..
F.64	Dts des fonds de pension sur gérants des systèmes de pension	..	..	..	..	..	..	..	..
F.65	Droits à prestations hors retraite	..	..	..	..	..	..	..	..
F.66	Réserves pour appels dans le cadre de garanties standard	16 092	9 459	989	-53	-6 491	-1 011	-3 214	-7 047
F.7	**Produits financiers dérivés et options sur titres des salariés**	**-32 900**	**-34 160**	**-22 999**	**-293 284**	**-25 457**	**-27 850**	**-18 485**	**-32 366**
F.71	Produits financiers dérivés	-32 900	-34 160	-22 999	-293 284	-25 457	-27 850	-18 485	-32 366
F.72	Options sur titres des salariés	..	..	..	..	..	..	..	..
F.8	**Autres comptes à payer**	**122 652**	**64 750**	**-107 114**	**285 043**	**-12 615**	**3 195 077**	**-94 413**	**38 694**
F.81	Crédits commerciaux et avances	63 096	-36 182	-22 966	104 011	10 121	7 735	45 748	35 324
F.89	Autres comptes à payer, hors des crédits commerciaux et avances	59 556	100 932	-84 148	181 032	-22 736	3 187 342	-140 161	3 370
	Opérations financières nettes	**-2 248 030**	**-1 235 010**	**-903 282**	**-1 211 477**	**-1 236 173**	**-1 574 095**	**-618 360**	**-741 771**

Note : Les métadonnées détaillées sont disponibles sur :http://metalinks.oecd.org/faiiia/20150126/cb16

HONGRIE

Tableau 2.5.a. Flux consolidés, Secteur S14-S15 - Ménages et ISBLSM
SCN 2008

Millions HUF

		2006	2007	2008	2009	2010	2011	2012	2013
	Acquisition nette d'actifs financiers	**2 176 832**	**1 951 050**	**1 785 096**	**904 775**	**931 510**	**557 274**	**584 414**	**1 149 814**
F.1	**Or monétaire et DTS**	..	..	..	..	..	..	..	..
F.11	Or monétaire	..	..	..	..	..	..	..	..
F.12	Droits de tirage spéciaux (DTS)	..	..	..	..	..	..	..	..
F.2	**Numéraire et dépôts**	**656 918**	**738 603**	**1 075 242**	**435 037**	**-203 027**	**556 230**	**148 587**	**-518 488**
F.21	Numéraire	263 846	232 170	202 735	57 126	73 125	130 746	-25 810	258 923
F.22	Dépôts transférables	60 521	128 614	-170 586	2 926	254 172	215 017	-74 620	388 528
F.29	Autres dépôts	332 551	377 819	1 043 093	374 985	-530 324	210 467	249 017	-1 165 939
F.3	**Titres de dette**	**117 002**	**-141 211**	**259 536**	**-88 209**	**219 514**	**153 879**	**371 167**	**583 615**
F.3S	Titres de dette à court terme	34 756	-175 032	110 331	-124 645	-45 523	103 804	201 605	413 504
F.3L	Titres de dette à long terme	82 246	33 821	149 205	36 436	265 037	50 075	169 562	170 111
F.4	**Crédits**	**56 546**	**36 897**	**42 025**	**46 115**	**42 594**	**24 211**	**20 706**	**19 886**
F.4S	Crédits à court terme	31 232	16 840	19 574	12 731	19 548	-7 490	3 392	2 504
F.4L	Crédits à long terme	25 314	20 057	22 451	33 384	23 046	31 701	17 314	17 382
F.5	**Actions et parts de fonds d'investissement**	**540 120**	**596 623**	**-120 799**	**-53 237**	**439 891**	**-125 683**	**7 785**	**928 018**
F.51	Actions	102 940	75 665	218 008	-71 564	26 492	-69 244	-99 834	4 815
F.511	Actions cotées	3 457	45 449	201 285	-63 314	14 838	8 495	-7 378	-13 443
F.512	Actions non cotées	-23 144	-49 450	-13 246	-21 197	-1 500	-19 872	-17 900	12 680
F.519	Autres participations	122 627	79 666	29 969	12 947	13 154	-57 867	-74 556	5 578
F.52	Parts de fonds d'investissement	437 180	520 958	-338 807	18 327	413 399	-56 439	107 619	923 203
F.521	Parts de fonds d'investissement monétaires	128 487	181 017	-103 441	139 029	195 966	-23 355	22 008	155 998
F.522	Autres parts de fonds d'investissement	308 693	339 941	-235 366	-120 702	217 433	-33 084	85 611	767 205
F.6	**Systèmes d'assurance, de pensions et garanties standard**	**703 104**	**721 187**	**596 717**	**568 438**	**390 246**	**-2 890 450**	**-72 619**	**66 959**
F.61	Réserves techniques d'assurance-dommages	26 649	26 233	20 572	2 493	-6 195	-8 453	482	2 829
F.62	Droits sur les assurances-vie et rentes	240 190	219 363	77 886	67 584	32 821	-27 689	-46 083	9 351
F.6M	Dts à pension, gérants, prestations hors retraite	436 265	475 591	498 259	498 361	363 620	-2 854 308	-27 018	54 779
F.63	Droits à pension	436 265	475 591	498 259	498 361	363 620	-2 854 308	-27 018	54 779
F.64	Dts des fonds de pension sur gérants des systèmes de pension	..	..	..	..	..	..	..	..
F.65	Droits à prestations hors retraite	..	..	..	..	..	..	..	..
F.66	Réserves pour appels dans le cadre de garanties standard	..	..	..	..	..	..	..	..
F.7	**Produits financiers dérivés et options sur titres des salariés**	**0**	**-1 158**	**-216**	**-42**	**-2 763**	**-3 408**	**-5 177**	**-5 740**
F.71	Produits financiers dérivés	0	-1 158	-216	-42	-2 763	-3 408	-5 177	-5 740
F.72	Options sur titres des salariés	..	..	..	..	..	..	..	..
F.8	**Autres comptes à recevoir**	**103 142**	**109**	**-67 409**	**-3 327**	**45 055**	**2 842 495**	**113 965**	**75 564**
F.81	Crédits commerciaux et avances	-11 255	10 572	-9 814	5 224	-81	4 656	4 305	29 516
F.89	Autres comptes à recevoir, hors crédits commerciaux et avances	114 397	-10 463	-57 595	-8 551	45 136	2 837 839	109 660	46 048
	Accroissement net des passifs	**1 307 173**	**1 484 791**	**1 365 589**	**-92 904**	**-389 077**	**-932 447**	**-936 950**	**-439 673**
F.1	**Or monétaire et DTS**	..	..	..	..	..	..	..	..
F.11	Or monétaire	..	..	..	..	..	..	..	..
F.12	Droits de tirage spéciaux (DTS)	..	..	..	..	..	..	..	..
F.2	**Numéraire et dépôts**	..	..	..	..	..	..	..	..
F.21	Numéraire	..	..	..	..	..	..	..	..
F.22	Dépôts transférables	..	..	..	..	..	..	..	..
F.29	Autres dépôts	..	..	..	..	..	..	..	..
F.3	**Titres de dette**	..	..	..	..	..	..	..	..
F.3S	Titres de dette à court terme	..	..	..	..	..	..	..	..
F.3L	Titres de dette à long terme	..	..	..	..	..	..	..	..
F.4	**Crédits**	**1 200 542**	**1 455 036**	**1 339 727**	**-65 187**	**-300 377**	**-976 720**	**-957 555**	**-462 025**
F.4S	Crédits à court terme	88 370	169 168	22 854	53 627	20 281	25 009	20 687	36 326
F.4L	Crédits à long terme	1 112 172	1 285 868	1 316 873	-118 814	-320 658	-1 001 729	-978 242	-498 351
F.5	**Actions et parts de fonds d'investissement**	..	..	..	..	..	..	..	..
F.51	Actions	..	..	..	..	..	..	..	..
F.511	Actions cotées	..	..	..	..	..	..	..	..
F.512	Actions non cotées	..	..	..	..	..	..	..	..
F.519	Autres participations	..	..	..	..	..	..	..	..
F.52	Parts de fonds d'investissement	..	..	..	..	..	..	..	..
F.521	Parts de fonds d'investissement monétaires	..	..	..	..	..	..	..	..
F.522	Autres parts de fonds d'investissement	..	..	..	..	..	..	..	..
F.6	**Systèmes d'assurance, de pensions et garanties standard**	..	..	..	..	..	..	..	..
F.61	Réserves techniques d'assurance-dommages	..	..	..	..	..	..	..	..
F.62	Droits sur les assurances-vie et rentes	..	..	..	..	..	..	..	..
F.6M	Dts à pension, gérants de syst. de pension, hors retraite	..	..	..	..	..	..	..	..
F.63	Droits à pension	..	..	..	..	..	..	..	..
F.64	Dts des fonds de pension sur gérants des systèmes de pension	..	..	..	..	..	..	..	..
F.65	Droits à prestations hors retraite	..	..	..	..	..	..	..	..
F.66	Réserves pour appels dans le cadre de garanties standard	..	..	..	..	..	..	..	..
F.7	**Produits financiers dérivés et options sur titres des salariés**	**0**	**-2 789**	**-1 094**	**-105**	**-1 050**	**-2 228**	**-2 895**	**-3 107**
F.71	Produits financiers dérivés	0	-2 789	-1 094	-105	-1 050	-2 228	-2 895	-3 107
F.72	Options sur titres des salariés	..	..	..	..	..	..	..	..
F.8	**Autres comptes à payer**	**106 631**	**32 544**	**26 956**	**-27 612**	**-87 650**	**46 501**	**23 500**	**25 459**
F.81	Crédits commerciaux et avances	11 775	-2 770	13 765	-1 240	3 081	19 023	-7 910	-8 349
F.89	Autres comptes à payer, hors des crédits commerciaux et avances	94 856	35 314	13 191	-26 372	-90 731	27 478	31 410	33 808
	Opérations financières nettes	**869 659**	**466 259**	**419 507**	**997 679**	**1 320 587**	**1 489 721**	**1 521 364**	**1 589 487**

Note : Les métadonnées détaillées sont disponibles sur :http://metalinks.oecd.org/faiiia/20150126/cb16

HONGRIE

Tableau 2.6.a. Flux consolidés, Secteur S2 - Reste du monde
SCN 2008

Millions HUF

		2006	2007	2008	2009	2010	2011	2012	2013
	Acquisition nette d'actifs financiers	**6 607 743**	**14 632 514**	**15 746 157**	**-93 873**	**-5 716 958**	**718 291**	**-2 724 223**	**-4 041 068**
F.1	**Or monétaire et DTS**	**0**	**0**	**0**	**292 247**	**0**	**0**	**0**	**127**
F.11	Or monétaire	..	..	..	..	..	..	..	..
F.12	Droits de tirage spéciaux (DTS)	0	0	0	292 247	0	0	0	127
F.2	**Numéraire et dépôts**	**568 532**	**1 043 086**	**1 964 022**	**-21 088**	**252 975**	**-1 083 827**	**-2 098 801**	**-622 335**
F.21	Numéraire	..	..	..	..	..	..	..	..
F.22	Dépôts transférables	52 525	-7 157	180 535	-69 312	-22 143	110 905	-96 398	39 069
F.29	Autres dépôts	516 007	1 050 243	1 783 487	48 224	275 118	-1 194 732	-2 002 403	-661 404
F.3	**Titres de dette**	**1 608 505**	**1 065 951**	**43 402**	**-971 695**	**76 516**	**1 220 681**	**37 113**	**795 985**
F.3S	Titres de dette à court terme	53 834	26 673	-18 767	30 483	176 353	406 802	-251 909	26 153
F.3L	Titres de dette à long terme	1 554 671	1 039 278	62 169	-1 002 178	-99 837	813 879	289 022	769 832
F.4	**Crédits**	**2 079 634**	**3 203 330**	**8 896 742**	**2 734 669**	**-5 461 827**	**3 142 049**	**-1 789 212**	**-2 123 729**
F.4S	Crédits à court terme	187 627	534 540	214 270	125 065	103 977	336 764	-150 133	-231 454
F.4L	Crédits à long terme	1 892 007	2 668 790	8 682 472	2 609 604	-5 565 804	2 805 285	-1 639 079	-1 892 275
F.5	**Actions et parts de fonds d'investissement**	**3 009 037**	**9 956 873**	**7 668 796**	**-1 163 691**	**-47 980**	**-865 496**	**2 700 766**	**-419 984**
F.51	Actions	2 989 488	9 935 643	7 665 480	-1 164 689	-59 248	-867 537	2 667 570	-481 640
F.511	Actions cotées	146 824	-576 791	-88 697	223 199	5 925	-464 454	132 028	89 089
F.512	Actions non cotées	627 104	-197 573	455 262	192 705	80 172	3 369 681	507 428	372 029
F.519	Autres participations	2 215 560	10 710 007	7 298 915	-1 580 593	-145 345	-3 772 764	2 028 114	-942 758
F.52	Parts de fonds d'investissement	19 549	21 230	3 316	998	11 268	2 041	33 196	61 656
F.521	Parts de fonds d'investissement monétaires	3 957	14 048	2 254	1 622	4 053	-30	5 428	-8 482
F.522	Autres parts de fonds d'investissement	15 592	7 182	1 062	-624	7 215	2 071	27 768	70 138
F.6	**Systèmes d'assurance, de pensions et garanties standard**	**595**	**237**	**1 188**	**-399**	**97**	**1 428**	**-358**	**6 322**
F.61	Réserves techniques d'assurance-dommages	595	237	1 188	-399	97	1 428	-358	6 322
F.62	Droits sur les assurances-vie et rentes	..	..	..	..	..	..	..	..
F.6M	Dts à pension, gérants, prestations hors retraite	..	..	..	..	..	..	..	..
F.63	Droits à pension	..	..	..	..	..	..	..	..
F.64	Dts des fonds de pension sur gérants des systèmes de pension	..	..	..	..	..	..	..	..
F.65	Droits à prestations hors retraite	..	..	..	..	..	..	..	..
F.66	Réserves pour appels dans le cadre de garanties standard	..	..	..	..	..	..	..	..
F.7	**Produits financiers dérivés et options sur titres des salariés**	**-921 891**	**-949 447**	**-2 495 005**	**-1 431 281**	**-1 189 318**	**-1 629 958**	**-1 278 593**	**-987 973**
F.71	Produits financiers dérivés	-921 891	-949 447	-2 495 005	-1 431 281	-1 189 318	-1 629 958	-1 278 593	-987 973
F.72	Options sur titres des salariés	..	..	..	..	..	..	..	..
F.8	**Autres comptes à recevoir**	**263 331**	**312 484**	**-332 988**	**467 365**	**652 579**	**-66 586**	**-295 138**	**-689 481**
F.81	Crédits commerciaux et avances	277 634	111 671	-199 166	123 135	338 186	-153 731	-149 347	-25 798
F.89	Autres comptes à recevoir, hors crédits commerciaux et avances	-14 303	200 813	-133 822	344 230	314 393	87 145	-145 791	-663 683
	Accroissement net des passifs	**4 348 115**	**13 166 971**	**13 593 941**	**-118 671**	**-5 428 065**	**944 573**	**-1 360 711**	**-2 054 699**
F.1	**Or monétaire et DTS**	**-11 883**	**-4 472**	**-5 278**	**266 878**	**-61 668**	**-63 792**	**-105 355**	**-76 136**
F.11	Or monétaire	..	..	..	..	..	..	..	..
F.12	Droits de tirage spéciaux (DTS)	-11 883	-4 472	-5 278	266 878	-61 668	-63 792	-105 355	-76 136
F.2	**Numéraire et dépôts**	**297 761**	**437 748**	**391 614**	**-273 109**	**416 247**	**352 049**	**35 656**	**-362 743**
F.21	Numéraire	79 559	7 728	151 240	69 086	-80 522	-152 993	81 425	-141 829
F.22	Dépôts transférables	-62 084	393 606	62 330	-119 833	137 793	352 659	353 257	-797 948
F.29	Autres dépôts	280 286	36 414	178 044	-222 362	358 976	152 383	-399 026	577 034
F.3	**Titres de dette**	**-1 757 785**	**160 284**	**1 352 128**	**1 890 998**	**769 514**	**66 958**	**-988 821**	**980 040**
F.3S	Titres de dette à court terme	137 717	246 480	1 036 221	-518 882	865 994	-1 080 392	-600 072	768 203
F.3L	Titres de dette à long terme	-1 895 502	-86 196	315 907	2 409 880	-96 480	1 147 350	-388 749	211 837
F.4	**Crédits**	**2 236 211**	**937 583**	**855 835**	**-1 351 848**	**461 099**	**-259 092**	**-1 849 891**	**-663 813**
F.4S	Crédits à court terme	257 641	664 055	-122 184	278 529	123 396	153 761	170 760	-131 073
F.4L	Crédits à long terme	1 978 570	273 528	978 019	-1 630 377	337 703	-412 853	-2 020 651	-532 740
F.5	**Actions et parts de fonds d'investissement**	**4 144 478**	**12 631 527**	**12 884 741**	**1 296 433**	**-8 259 492**	**3 357 650**	**3 767 594**	**-916 480**
F.51	Actions	3 853 476	12 381 566	12 541 205	1 134 221	-8 409 547	3 712 550	3 923 334	-969 122
F.511	Actions cotées	119 402	216 204	410 116	22 408	73 181	15 590	57 848	-82 249
F.512	Actions non cotées	747 146	671 941	-42 457	198 785	-63 175	-33 767	2 143 143	82 341
F.519	Autres participations	2 986 928	11 493 421	12 173 546	913 028	-8 419 553	3 730 727	1 722 343	-969 214
F.52	Parts de fonds d'investissement	291 002	249 961	343 536	162 212	150 055	-354 900	-155 740	52 642
F.521	Parts de fonds d'investissement monétaires	1 806	2 022	10 938	143	-96	28 142	-34 701	36 043
F.522	Autres parts de fonds d'investissement	289 196	247 939	332 598	162 069	150 151	-383 042	-121 039	16 599
F.6	**Systèmes d'assurance, de pensions et garanties standard**	**5 319**	**-537**	**1 806**	**15 455**	**8 814**	**1 450**	**3 976**	**4 963**
F.61	Réserves techniques d'assurance-dommages	5 319	-537	1 806	15 455	8 814	1 450	3 976	4 963
F.62	Droits sur les assurances-vie et rentes	..	..	..	..	..	..	..	..
F.6M	Dts à pension, gérants de syst. de pension, hors retraite	..	..	..	..	..	..	..	..
F.63	Droits à pension	..	..	..	..	..	..	..	..
F.64	Dts des fonds de pension sur gérants des systèmes de pension	..	..	..	..	..	..	..	..
F.65	Droits à prestations hors retraite	..	..	..	..	..	..	..	..
F.66	Réserves pour appels dans le cadre de garanties standard	..	..	..	..	..	..	..	..
F.7	**Produits financiers dérivés et options sur titres des salariés**	**-957 657**	**-1 161 760**	**-2 202 501**	**-1 579 871**	**-1 375 384**	**-1 404 268**	**-1 358 018**	**-1 162 783**
F.71	Produits financiers dérivés	-957 657	-1 161 760	-2 202 501	-1 579 871	-1 375 384	-1 404 268	-1 358 018	-1 162 783
F.72	Options sur titres des salariés	..	..	..	..	..	..	..	..
F.8	**Autres comptes à payer**	**391 671**	**166 598**	**315 596**	**-383 607**	**2 612 805**	**-1 106 382**	**-865 852**	**142 253**
F.81	Crédits commerciaux et avances	344 302	159 001	-42 586	-90 122	131 969	24 297	60 657	61 377
F.89	Autres comptes à payer, hors des crédits commerciaux et avances	47 369	7 597	358 182	-293 485	2 480 836	-1 130 679	-926 509	80 876
	Opérations financières nettes	**2 259 628**	**1 465 543**	**2 152 216**	**24 798**	**-288 893**	**-226 282**	**-1 363 512**	**-1 986 369**

Note : Les métadonnées détaillées sont disponibles sur :http://metalinks.oecd.org/faiiia/20150126/cb16

ISLANDE

Tableau 2.4.a. Flux consolidés, Secteur S13 - Administrations publiques
SCN 2008

Millions ISK

		2006	2007	2008	2009	2010	2011	2012	2013
	Acquisition nette d'actifs financiers	171 863	79 609	286 337	88 173	80 529	84 017	-30 859	-15 353
F.1	**Or monétaire et DTS**	0	0	0	0	0	0	0	0
F.11	Or monétaire	..	..	..	..	..	..	..	..
F.12	Droits de tirage spéciaux (DTS)	..	..	..	..	..	..	..	..
F.2	**Numéraire et dépôts**	42 375	34 608	62 337	44 541	110 155	191 859	-76 884	-53 012
F.21	Numéraire	..	..	..	..	..	..	..	..
F.22	Dépôts transférables	..	..	..	..	..	..	..	..
F.29	Autres dépôts	..	..	..	..	..	..	..	..
F.3	**Titres de dette**	0	0	0	0	198	7	-209	0
F.3S	Titres de dette à court terme	..	..	..	..	..	..	..	..
F.3L	Titres de dette à long terme	..	..	..	..	..	..	..	..
F.4	**Crédits**	83 551	12 567	212 797	-115 645	-92 502	-104 755	7 221	-1 257
F.4S	Crédits à court terme	..	..	..	..	..	..	..	..
F.4L	Crédits à long terme	..	..	..	..	..	..	..	..
F.5	**Actions et parts de fonds d'investissement**	17 001	31 392	2 359	139 652	44 468	1 016	5 872	35 899
F.51	Actions	..	..	..	..	..	..	..	..
F.511	Actions cotées	..	..	..	..	..	..	..	..
F.512	Actions non cotées	..	..	..	..	..	..	..	..
F.519	Autres participations	..	..	..	..	..	..	..	..
F.52	Parts de fonds d'investissement	..	..	..	..	..	..	..	..
F.521	Parts de fonds d'investissement monétaires	..	..	..	..	..	..	..	..
F.522	Autres parts de fonds d'investissement	..	..	..	..	..	..	..	..
F.6	**Systèmes d'assurance, de pensions et garanties standard**	0	0	0	0	0	0	0	0
F.61	Réserves techniques d'assurance-dommages	..	..	..	..	..	..	..	..
F.62	Droits sur les assurances-vie et rentes	..	..	..	..	..	..	..	..
F.6M	Dts à pension, gérants, prestations hors retraite	..	..	..	..	..	..	..	..
F.63	Droits à pension	..	..	..	..	..	..	..	..
F.64	Dts des fonds de pension sur gérants des systèmes de pension	..	..	..	..	..	..	..	..
F.65	Droits à prestations hors retraite	..	..	..	..	..	..	..	..
F.66	Réserves pour appels dans le cadre de garanties standard	..	..	..	..	..	..	..	..
F.7	**Produits financiers dérivés et options sur titres des salariés**	..	..	..	..	..	..	..	..
F.71	Produits financiers dérivés	..	..	..	..	..	..	..	..
F.72	Options sur titres des salariés	..	..	..	..	..	..	..	..
F.8	**Autres comptes à recevoir**	28 937	1 043	8 844	19 625	18 210	-4 111	33 142	3 018
F.81	Crédits commerciaux et avances	..	..	..	..	..	..	..	..
F.89	Autres comptes à recevoir, hors crédits commerciaux et avances	..	..	..	..	..	..	..	..
	Accroissement net des passifs	74 793	8 067	539 303	212 030	159 259	154 269	-13 359	-17 051
F.1	**Or monétaire et DTS**	..	..	..	..	..	..	..	..
F.11	Or monétaire	..	..	..	..	..	..	..	..
F.12	Droits de tirage spéciaux (DTS)	..	..	..	..	..	..	..	..
F.2	**Numéraire et dépôts**	0	0	0	0	0	0	0	0
F.21	Numéraire	..	..	..	..	..	..	..	..
F.22	Dépôts transférables	..	..	..	..	..	..	..	..
F.29	Autres dépôts	..	..	..	..	..	..	..	..
F.3	**Titres de dette**	4 959	12 153	180 994	313 218	96 063	63 635	33 055	-4 032
F.3S	Titres de dette à court terme	..	..	..	..	..	..	..	..
F.3L	Titres de dette à long terme	..	..	..	..	..	..	..	..
F.4	**Crédits**	61 730	18 719	317 848	-89 857	60 254	90 400	-59 454	-18 255
F.4S	Crédits à court terme	..	..	..	..	..	..	..	..
F.4L	Crédits à long terme	..	..	..	..	..	..	..	..
F.5	**Actions et parts de fonds d'investissement**	0	0	0	0	0	0	0	0
F.51	Actions	..	..	..	..	..	..	..	..
F.511	Actions cotées	..	..	..	..	..	..	..	..
F.512	Actions non cotées	..	..	..	..	..	..	..	..
F.519	Autres participations	..	..	..	..	..	..	..	..
F.52	Parts de fonds d'investissement	..	..	..	..	..	..	..	..
F.521	Parts de fonds d'investissement monétaires	..	..	..	..	..	..	..	..
F.522	Autres parts de fonds d'investissement	..	..	..	..	..	..	..	..
F.6	**Systèmes d'assurance, de pensions et garanties standard**	1 456	-29 173	26 997	-9 656	-2 422	2 572	1 749	130
F.61	Réserves techniques d'assurance-dommages	..	..	..	..	..	..	..	..
F.62	Droits sur les assurances-vie et rentes	..	..	..	..	..	..	..	..
F.6M	Dts à pension, gérants de syst. de pension, hors retraite	..	..	..	..	..	..	..	..
F.63	Droits à pension	..	..	..	..	..	..	..	..
F.64	Dts des fonds de pension sur gérants des systèmes de pension	..	..	..	..	..	..	..	..
F.65	Droits à prestations hors retraite	..	..	..	..	..	..	..	..
F.66	Réserves pour appels dans le cadre de garanties standard	..	..	..	..	..	..	..	..
F.7	**Produits financiers dérivés et options sur titres des salariés**	..	..	..	..	..	..	..	..
F.71	Produits financiers dérivés	..	..	..	..	..	..	..	..
F.72	Options sur titres des salariés	..	..	..	..	..	..	..	..
F.8	**Autres comptes à payer**	6 649	6 368	13 464	-1 674	5 365	-2 338	11 292	5 106
F.81	Crédits commerciaux et avances	..	..	..	..	..	..	..	..
F.89	Autres comptes à payer, hors des crédits commerciaux et avances	..	..	..	..	..	..	..	..
	Opérations financières nettes	97 070	71 543	-252 966	-123 857	-78 730	-70 252	-17 500	1 698

Note : Les métadonnées détaillées sont disponibles sur :http://metalinks.oecd.org/faiiia/20150126/d5a5

ISLANDE

Tableau 2.5.a. Flux consolidés, Secteur S14-S15 - Ménages et ISBLSM

SCN 2008

Millions ISK

		2006	2007	2008	2009	2010	2011	2012	2013
	Acquisition nette d'actifs financiers	**439 039**	**440 819**	**703 230**	**259 859**	**41 032**	**155 082**	**278 519**	**245 737**
F.1	**Or monétaire et DTS**	..	..	..	..	..	..	..	..
F.11	Or monétaire	..	..	..	..	..	..	..	..
F.12	Droits de tirage spéciaux (DTS)	..	..	..	..	..	..	..	..
F.2	**Numéraire et dépôts**	**65 137**	**135 972**	**669 056**	**37 524**	**-93 268**	**-31 980**	**-17 613**	**6 927**
F.21	Numéraire	..	..	..	..	..	..	..	..
F.22	Dépôts transférables	..	..	..	..	..	..	..	..
F.29	Autres dépôts	..	..	..	..	..	..	..	..
F.3	**Titres de dette**	**21 610**	**32 126**	**28 443**	**83 146**	**-7 327**	**-35 146**	**-14 964**	**33 765**
F.3S	Titres de dette à court terme	..	..	..	..	..	..	..	..
F.3L	Titres de dette à long terme	..	..	..	..	..	..	..	..
F.4	**Crédits**	**-4**	**-1**	**0**	**0**	**0**	**0**	**0**	**0**
F.4S	Crédits à court terme	..	..	..	..	..	..	..	..
F.4L	Crédits à long terme	..	..	..	..	..	..	..	..
F.5	**Actions et parts de fonds d'investissement**	**50 413**	**110 808**	**48 114**	**-14 226**	**6 940**	**29 744**	**11 533**	**-67 983**
F.51	Actions	..	..	..	..	..	..	..	..
F.511	Actions cotées	..	..	..	..	..	..	..	..
F.512	Actions non cotées	..	..	..	..	..	..	..	..
F.519	Autres participations	..	..	..	..	..	..	..	..
F.52	Parts de fonds d'investissement	..	..	..	..	..	..	..	..
F.521	Parts de fonds d'investissement monétaires	..	..	..	..	..	..	..	..
F.522	Autres parts de fonds d'investissement	..	..	..	..	..	..	..	..
F.6	**Systèmes d'assurance, de pensions et garanties standard**	**286 864**	**164 899**	**-54 636**	**164 980**	**135 320**	**192 318**	**298 364**	**277 457**
F.61	Réserves techniques d'assurance-dommages	..	..	..	..	..	..	..	..
F.62	Droits sur les assurances-vie et rentes	..	..	..	..	..	..	..	..
F.6M	Dts à pension, gérants, prestations hors retraite	..	..	..	..	..	..	..	..
F.63	Droits à pension	..	..	..	..	..	..	..	..
F.64	Dts des fonds de pension sur gérants des systèmes de pension	..	..	..	..	..	..	..	..
F.65	Droits à prestations hors retraite	..	..	..	..	..	..	..	..
F.66	Réserves pour appels dans le cadre de garanties standard	..	..	..	..	..	..	..	..
F.7	**Produits financiers dérivés et options sur titres des salariés**	..	..	..	..	..	..	..	..
F.71	Produits financiers dérivés	..	..	..	..	..	..	..	..
F.72	Options sur titres des salariés	..	..	..	..	..	..	..	..
F.8	**Autres comptes à recevoir**	**15 020**	**-2 984**	**12 252**	**-11 565**	**-632**	**147**	**1 199**	**-4 429**
F.81	Crédits commerciaux et avances	..	..	..	..	..	..	..	..
F.89	Autres comptes à recevoir, hors crédits commerciaux et avances	..	..	..	..	..	..	..	..
	Accroissement net des passifs	**227 808**	**226 130**	**-138 514**	**96 425**	**-20 721**	**-7 238**	**55 815**	**61 683**
F.1	**Or monétaire et DTS**	..	..	..	..	..	..	..	..
F.11	Or monétaire	..	..	..	..	..	..	..	..
F.12	Droits de tirage spéciaux (DTS)	..	..	..	..	..	..	..	..
F.2	**Numéraire et dépôts**	**0**	**0**	**0**	**0**	**0**	**0**	**0**	**0**
F.21	Numéraire	..	..	..	..	..	..	..	..
F.22	Dépôts transférables	..	..	..	..	..	..	..	..
F.29	Autres dépôts	..	..	..	..	..	..	..	..
F.3	**Titres de dette**	**0**	**0**	**0**	**0**	**0**	**0**	**0**	**0**
F.3S	Titres de dette à court terme	..	..	..	..	..	..	..	..
F.3L	Titres de dette à long terme	..	..	..	..	..	..	..	..
F.4	**Crédits**	**222 920**	**227 784**	**-148 626**	**96 374**	**-32 604**	**-1 813**	**60 005**	**62 219**
F.4S	Crédits à court terme	..	..	..	..	..	..	..	..
F.4L	Crédits à long terme	..	..	..	..	..	..	..	..
F.5	**Actions et parts de fonds d'investissement**	**0**	**0**	**0**	**0**	**0**	**0**	**0**	**0**
F.51	Actions	..	..	..	..	..	..	..	..
F.511	Actions cotées	..	..	..	..	..	..	..	..
F.512	Actions non cotées	..	..	..	..	..	..	..	..
F.519	Autres participations	..	..	..	..	..	..	..	..
F.52	Parts de fonds d'investissement	..	..	..	..	..	..	..	..
F.521	Parts de fonds d'investissement monétaires	..	..	..	..	..	..	..	..
F.522	Autres parts de fonds d'investissement	..	..	..	..	..	..	..	..
F.6	**Systèmes d'assurance, de pensions et garanties standard**	**0**	**0**	**0**	**0**	**0**	**0**	**0**	**0**
F.61	Réserves techniques d'assurance-dommages	..	..	..	..	..	..	..	..
F.62	Droits sur les assurances-vie et rentes	..	..	..	..	..	..	..	..
F.6M	Dts à pension, gérants de syst. de pension, hors retraite	..	..	..	..	..	..	..	..
F.63	Droits à pension	..	..	..	..	..	..	..	..
F.64	Dts des fonds de pension sur gérants des systèmes de pension	..	..	..	..	..	..	..	..
F.65	Droits à prestations hors retraite	..	..	..	..	..	..	..	..
F.66	Réserves pour appels dans le cadre de garanties standard	..	..	..	..	..	..	..	..
F.7	**Produits financiers dérivés et options sur titres des salariés**	..	..	..	..	..	..	..	..
F.71	Produits financiers dérivés	..	..	..	..	..	..	..	..
F.72	Options sur titres des salariés	..	..	..	..	..	..	..	..
F.8	**Autres comptes à payer**	**4 888**	**-1 654**	**10 112**	**51**	**11 883**	**-5 425**	**-4 190**	**-536**
F.81	Crédits commerciaux et avances	..	..	..	..	..	..	..	..
F.89	Autres comptes à payer, hors des crédits commerciaux et avances	..	..	..	..	..	..	..	..
	Opérations financières nettes	**211 231**	**214 689**	**841 743**	**163 434**	**61 754**	**162 321**	**222 704**	**184 054**

Note : Les métadonnées détaillées sont disponibles sur :http://metalinks.oecd.org/faiiia/20150126/d5a5

ISLANDE

Tableau 2.6.a. Flux consolidés, Secteur S2 - Reste du monde
SCN 2008

Millions ISK

		2006	2007	2008	2009	2010	2011	2012	2013
	Acquisition nette d'actifs financiers	**2 269 787**	**3 425 466**	**14 404 461**	**1 426 269**	**-2 415 302**	**-661 792**	**-996 379**	**-521 629**
F.1	**Or monétaire et DTS**	..	..	..	..	..	..	..	..
F.11	Or monétaire	..	..	..	..	..	..	..	..
F.12	Droits de tirage spéciaux (DTS)	..	..	..	..	..	..	..	..
F.2	**Numéraire et dépôts**	**303 095**	**1 331 940**	**-665 414**	**-195 605**	**19 394**	**-378 186**	**-271 598**	**-23 659**
F.21	Numéraire	..	..	..	..	..	..	..	..
F.22	Dépôts transférables	..	..	..	..	..	..	..	..
F.29	Autres dépôts	..	..	..	..	..	..	..	..
F.3	**Titres de dette**	**742 293**	**522 799**	**10 955 308**	**1 308 921**	**-1 310 260**	**-78 701**	**70 081**	**-655 165**
F.3S	Titres de dette à court terme	..	..	..	..	..	..	..	..
F.3L	Titres de dette à long terme	..	..	..	..	..	..	..	..
F.4	**Crédits**	**961 453**	**1 390 243**	**4 775 617**	**287 607**	**-1 239 965**	**28 886**	**-672 728**	**-309 000**
F.4S	Crédits à court terme	..	..	..	..	..	..	..	..
F.4L	Crédits à long terme	..	..	..	..	..	..	..	..
F.5	**Actions et parts de fonds d'investissement**	**276 617**	**166 388**	**-768 213**	**-86 762**	**48 107**	**41 775**	**-132 543**	**468 709**
F.51	Actions	..	..	..	..	..	..	..	..
F.511	Actions cotées	..	..	..	..	..	..	..	..
F.512	Actions non cotées	..	..	..	..	..	..	..	..
F.519	Autres participations	..	..	..	..	..	..	..	..
F.52	Parts de fonds d'investissement	..	..	..	..	..	..	..	..
F.521	Parts de fonds d'investissement monétaires	..	..	..	..	..	..	..	..
F.522	Autres parts de fonds d'investissement	..	..	..	..	..	..	..	..
F.6	**Systèmes d'assurance, de pensions et garanties standard**	**0**	**0**	**0**	**0**	**0**	**0**	**0**	**0**
F.61	Réserves techniques d'assurance-dommages	..	..	..	..	..	..	..	..
F.62	Droits sur les assurances-vie et rentes	..	..	..	..	..	..	..	..
F.6M	Dts à pension, gérants, prestations hors retraite	..	..	..	..	..	..	..	..
F.63	Droits à pension	..	..	..	..	..	..	..	..
F.64	Dts des fonds de pension sur gérants des systèmes de pension	..	..	..	..	..	..	..	..
F.65	Droits à prestations hors retraite	..	..	..	..	..	..	..	..
F.66	Réserves pour appels dans le cadre de garanties standard	..	..	..	..	..	..	..	..
F.7	**Produits financiers dérivés et options sur titres des salariés**	..	..	..	..	..	..	..	..
F.71	Produits financiers dérivés	..	..	..	..	..	..	..	..
F.72	Options sur titres des salariés	..	..	..	..	..	..	..	..
F.8	**Autres comptes à recevoir**	**-13 671**	**14 096**	**107 162**	**112 108**	**67 422**	**-275 565**	**10 410**	**-2 514**
F.81	Crédits commerciaux et avances	..	..	..	..	..	..	..	..
F.89	Autres comptes à recevoir, hors crédits commerciaux et avances	..	..	..	..	..	..	..	..
	Accroissement net des passifs	**1 593 043**	**2 023 935**	**-5 218 059**	**-370 191**	**87 508**	**4 323**	**-688 833**	**16 491**
F.1	**Or monétaire et DTS**	..	..	..	..	..	..	..	..
F.11	Or monétaire	..	..	..	..	..	..	..	..
F.12	Droits de tirage spéciaux (DTS)	..	..	..	..	..	..	..	..
F.2	**Numéraire et dépôts**	**172 470**	**513 855**	**-1 069 492**	**24 954**	**356 409**	**162 214**	**-78 336**	**37 515**
F.21	Numéraire	..	..	..	..	..	..	..	..
F.22	Dépôts transférables	..	..	..	..	..	..	..	..
F.29	Autres dépôts	..	..	..	..	..	..	..	..
F.3	**Titres de dette**	**263 982**	**564 024**	**-850 601**	**-50 396**	**111 724**	**192 999**	**296 849**	**157 995**
F.3S	Titres de dette à court terme	..	..	..	..	..	..	..	..
F.3L	Titres de dette à long terme	..	..	..	..	..	..	..	..
F.4	**Crédits**	**895 659**	**381 052**	**-2 318 021**	**-155 491**	**-260 915**	**-183 849**	**185 024**	**-228 343**
F.4S	Crédits à court terme	..	..	..	..	..	..	..	..
F.4L	Crédits à long terme	..	..	..	..	..	..	..	..
F.5	**Actions et parts de fonds d'investissement**	**249 158**	**570 980**	**-985 430**	**-212 728**	**-129 164**	**-139 538**	**-1 106 789**	**52 115**
F.51	Actions	..	..	..	..	..	..	..	..
F.511	Actions cotées	..	..	..	..	..	..	..	..
F.512	Actions non cotées	..	..	..	..	..	..	..	..
F.519	Autres participations	..	..	..	..	..	..	..	..
F.52	Parts de fonds d'investissement	..	..	..	..	..	..	..	..
F.521	Parts de fonds d'investissement monétaires	..	..	..	..	..	..	..	..
F.522	Autres parts de fonds d'investissement	..	..	..	..	..	..	..	..
F.6	**Systèmes d'assurance, de pensions et garanties standard**	**0**	**0**	**0**	**0**	**0**	**0**	**0**	**0**
F.61	Réserves techniques d'assurance-dommages	..	..	..	..	..	..	..	..
F.62	Droits sur les assurances-vie et rentes	..	..	..	..	..	..	..	..
F.6M	Dts à pension, gérants de syst. de pension, hors retraite	..	..	..	..	..	..	..	..
F.63	Droits à pension	..	..	..	..	..	..	..	..
F.64	Dts des fonds de pension sur gérants des systèmes de pension	..	..	..	..	..	..	..	..
F.65	Droits à prestations hors retraite	..	..	..	..	..	..	..	..
F.66	Réserves pour appels dans le cadre de garanties standard	..	..	..	..	..	..	..	..
F.7	**Produits financiers dérivés et options sur titres des salariés**	..	..	..	..	..	..	..	..
F.71	Produits financiers dérivés	..	..	..	..	..	..	..	..
F.72	Options sur titres des salariés	..	..	..	..	..	..	..	..
F.8	**Autres comptes à payer**	**11 774**	**-5 976**	**5 485**	**23 470**	**9 453**	**-27 502**	**14 418**	**-2 791**
F.81	Crédits commerciaux et avances	..	..	..	..	..	..	..	..
F.89	Autres comptes à payer, hors des crédits commerciaux et avances	..	..	..	..	..	..	..	..
	Opérations financières nettes	**676 743**	**1 401 532**	**19 622 519**	**1 796 460**	**-2 502 810**	**-666 115**	**-307 546**	**-538 120**

Note : Les métadonnées détaillées sont disponibles sur :http://metalinks.oecd.org/faiiia/20150126/d5a5

IRLANDE

Tableau 1.a. Flux consolidés, par instrument et par secteur, Année 2013
SCN 2008

Millions EUR (1999 IEP euro)

		Sociétés financières					
		Total S12	Institutions financières monétaires S121-2-3	Fonds d'investissements non monétaires S124	Autres institutions financières, hors S124 S125-6-7	Sociétés d'assurance et fonds de pension SS128-9	Sociétés financières publiques S1201
	Acquisition nette d'actifs financiers	**11 135**	**-87 276**	**102 109**	**-11 691**	**7 993**	..
F.1	**Or monétaire et DTS**	**10**	**10**	**0**	**0**	**0**	..
F.11	Or monétaire	0	0	..	..	..	..
F.12	Droits de tirage spéciaux (DTS)	10	10	0	0	0	..
F.2	**Numéraire et dépôts**	**-91 481**	**-87 139**	**245**	**-1 834**	**-2 753**	..
F.21	Numéraire	103	103	0	0	0	..
F.22	Dépôts transférables	-10 664	-11 317	0	1 296	-643	..
F.29	Autres dépôts	-80 918	-75 925	245	-3 129	-2 109	..
F.3	**Titres de dette**	**73 686**	**26 338**	**40 321**	**8 039**	**-1 012**	..
F.3S	Titres de dette à court terme	27 532	10 766	9 261	7 974	-469	..
F.3L	Titres de dette à long terme	46 153	15 572	31 060	64	-543	..
F.4	**Crédits**	**-54 002**	**-21 360**	**-12 921**	**-18 040**	**-1 681**	..
F.4S	Crédits à court terme	-36 297	-3 253	-11 019	-21 673	-352	..
F.4L	Crédits à long terme	-17 705	-18 107	-1 902	3 633	-1 329	..
F.5	**Actions et parts de fonds d'investissement**	**63 444**	**-1 839**	**53 616**	**-3 370**	**15 037**	..
F.51	Actions	33 209	-1 905	32 546	-3 370	5 938	..
F.511	Actions cotées	43 482	1 770	36 257	-12	5 467	..
F.512	Actions non cotées	-10 271	-3 675	-3 710	-3 358	472	..
F.519	Autres participations	..	..	..	..	..	..
F.52	Parts de fonds d'investissement	30 235	66	21 070	0	9 099	..
F.521	Parts de fonds d'investissement monétaires	..	..	..	..	..	..
F.522	Autres parts de fonds d'investissement	..	..	..	..	..	..
F.6	**Systèmes d'assurance, de pensions et garanties standard**	**-1 191**	**0**	**0**	**0**	**-1 191**	..
F.61	Réserves techniques d'assurance-dommages	-1 256	0	0	0	-1 256	..
F.62	Droits sur les assurances-vie et rentes	65	0	0	0	65	..
F.6M	Dts à pension, gérants, prestations hors retraite	0	0	0	0	0	..
F.63	Droits à pension	..	..	..	..	..	..
F.64	Dts des fonds de pension sur gérants des systèmes de pension	..	..	..	..	..	..
F.65	Droits à prestations hors retraite	..	..	..	..	..	..
F.66	Réserves pour appels dans le cadre de garanties standard	0	0	0	0	0	..
F.7	**Produits financiers dérivés et options sur titres des salariés**	**3 982**	**-4 960**	**9 048**	**625**	**-731**	..
F.71	Produits financiers dérivés	3 982	-4 960	9 048	625	-731	..
F.72	Options sur titres des salariés	0	0	0	0	0	..
F.8	**Autres comptes à recevoir**	**16 687**	**1 674**	**11 800**	**2 889**	**324**	..
F.81	Crédits commerciaux et avances	-24	0	1	-56	31	..
F.89	Autres comptes à recevoir, hors crédits commerciaux et avances	16 712	1 674	11 800	2 945	293	..
	Accroissement net des passifs	**3 032**	**-103 248**	**100 852**	**366**	**5 062**	..
F.1	**Or monétaire et DTS**	**0**	**0**	**0**	**0**	**0**	..
F.11	Or monétaire	..	..	..	..	..	..
F.12	Droits de tirage spéciaux (DTS)	0	0	0	0	0	..
F.2	**Numéraire et dépôts**	**-71 532**	**-71 531**	**0**	**-1**	**0**	..
F.21	Numéraire	99	99	0	0	0	..
F.22	Dépôts transférables	16 633	16 634	0	-1	0	..
F.29	Autres dépôts	-88 264	-88 264	0	0	0	..
F.3	**Titres de dette**	**-7 373**	**-8 585**	**0**	**1 212**	**0**	..
F.3S	Titres de dette à court terme	12 550	345	0	12 205	0	..
F.3L	Titres de dette à long terme	-19 923	-8 930	0	-10 993	0	..
F.4	**Crédits**	**8 357**	**0**	**16 515**	**-7 500**	**-658**	..
F.4S	Crédits à court terme	7 746	0	14 738	-6 668	-324	..
F.4L	Crédits à long terme	611	0	1 777	-833	-333	..
F.5	**Actions et parts de fonds d'investissement**	**69 954**	**-11 569**	**71 750**	**8 646**	**1 127**	..
F.51	Actions	5 709	-4 064	0	8 646	1 127	..
F.511	Actions cotées	41	41	0	0	0	..
F.512	Actions non cotées	5 668	-4 105	0	8 646	1 127	..
F.519	Autres participations	..	..	..	..	..	..
F.52	Parts de fonds d'investissement	64 245	-7 505	71 750	0	0	..
F.521	Parts de fonds d'investissement monétaires	..	..	..	..	..	..
F.522	Autres parts de fonds d'investissement	..	..	..	..	..	..
F.6	**Systèmes d'assurance, de pensions et garanties standard**	**3 280**	**0**	**0**	**0**	**3 280**	..
F.61	Réserves techniques d'assurance-dommages	-3 211	0	0	0	-3 211	..
F.62	Droits sur les assurances-vie et rentes	4 181	0	0	0	4 181	..
F.6M	Dts à pension, gérants de syst. de pension, hors retraite	2 310	0	0	0	2 310	..
F.63	Droits à pension	..	..	..	..	..	..
F.64	Dts des fonds de pension sur gérants des systèmes de pension	..	..	..	..	..	..
F.65	Droits à prestations hors retraite	..	..	..	..	..	..
F.66	Réserves pour appels dans le cadre de garanties standard	0	0	0	0	0	..
F.7	**Produits financiers dérivés et options sur titres des salariés**	**-2 568**	**-6 870**	**5 018**	**-716**	**0**	..
F.71	Produits financiers dérivés	-2 568	-6 870	5 018	-716	0	..
F.72	Options sur titres des salariés	0	0	0	0	0	..
F.8	**Autres comptes à payer**	**2 914**	**-4 693**	**7 569**	**-1 275**	**1 313**	..
F.81	Crédits commerciaux et avances	-639	0	0	-1 546	907	..
F.89	Autres comptes à payer, hors des crédits commerciaux et avances	3 553	-4 693	7 569	271	406	..
	Opérations financières nettes	**8 103**	**15 972**	**1 257**	**-12 057**	**2 931**	..

IRLANDE

Tableau 1.a. Flux consolidés, par instrument et par secteur, Année 2013 (cont.)

SCN 2008

Millions EUR (1999 IEP euro)

		Sociétés non financières	Administrations publiques		Ménages et ISBLSM	Economie totale	Reste du monde
		S11	Total S13	Administration centrale S1311	S14+S15	S1	S2
	Acquisition nette d'actifs financiers	**29 797**	**-5 051**	**-5 112**	**-578**	**35 303**	**81 899**
F.1	**Or monétaire et DTS**	**0**	**0**	**0**	**..**	**10**	**0**
F.11	Or monétaire	..	..	..	..	0	0
F.12	Droits de tirage spéciaux (DTS)	0	0	0	..	10	0
F.2	**Numéraire et dépôts**	**15 768**	**-1 249**	**-1 201**	**158**	**-76 804**	**-38 764**
F.21	Numéraire	-77	0	..	77	103	0
F.22	Dépôts transférables	10 171	0	..	3 515	3 022	2 687
F.29	Autres dépôts	5 674	-1 249	..	-3 434	-79 927	-41 452
F.3	**Titres de dette**	**-982**	**-395**	**-395**	**0**	**72 309**	**-20 769**
F.3S	Titres de dette à court terme	-25	2 696	..	0	30 203	-8 764
F.3L	Titres de dette à long terme	-957	-3 091	..	0	42 105	-12 005
F.4	**Crédits**	**-11 726**	**-2 289**	**-2 379**	**0**	**-68 017**	**39 566**
F.4S	Crédits à court terme	-5 668	349	..	0	-41 616	21 473
F.4L	Crédits à long terme	-6 058	-2 639	..	0	-26 402	18 093
F.5	**Actions et parts de fonds d'investissement**	**9 211**	**-1 337**	**-1 337**	**-4 545**	**66 773**	**87 058**
F.51	Actions	9 211	-1 756	..	-4 545	36 119	39 813
F.511	Actions cotées	0	-1 016	..	-1 751	40 715	8 498
F.512	Actions non cotées	9 211	-740	..	-2 794	-4 594	31 314
F.519	Autres participations	..	..	..	..	..	..
F.52	Parts de fonds d'investissement	0	419	..	0	30 654	47 245
F.521	Parts de fonds d'investissement monétaires	..	..	..	..	..	..
F.522	Autres parts de fonds d'investissement	..	..	..	..	..	..
F.6	**Systèmes d'assurance, de pensions et garanties standard**	**-71**	**0**	**0**	**2 849**	**1 587**	**502**
F.61	Réserves techniques d'assurance-dommages	-71	..	..	-243	-1 570	-2 897
F.62	Droits sur les assurances-vie et rentes	0	..	..	782	847	3 399
F.6M	Dts à pension, gérants, prestations hors retraite	0	..	..	2 310	2 310	0
F.63	Droits à pension	..	..	..	..	..	..
F.64	Dts des fonds de pension sur gérants des systèmes de pension	..	..	..	..	..	..
F.65	Droits à prestations hors retraite	..	..	..	..	..	..
F.66	Réserves pour appels dans le cadre de garanties standard	0	..	..	0	0	0
F.7	**Produits financiers dérivés et options sur titres des salariés**	**-83**	**196**	**195**	**0**	**4 095**	**-2 222**
F.71	Produits financiers dérivés	-83	196	..	0	4 095	-2 222
F.72	Options sur titres des salariés	0	0	..	0	0	0
F.8	**Autres comptes à recevoir**	**17 680**	**23**	**5**	**960**	**35 350**	**16 528**
F.81	Crédits commerciaux et avances	12 320	0	..	-69	12 227	4 513
F.89	Autres comptes à recevoir, hors crédits commerciaux et avances	5 360	23	..	1 029	23 124	12 015
	Accroissement net des passifs	**22 576**	**4 939**	**4 936**	**-6 349**	**24 198**	**93 002**
F.1	**Or monétaire et DTS**	**0**	**0**	**0**	**..**	**0**	**10**
F.11	Or monétaire	..	..	..	..	..	..
F.12	Droits de tirage spéciaux (DTS)	0	0	0	..	0	10
F.2	**Numéraire et dépôts**	**0**	**-30 707**	**-30 707**	**..**	**-102 239**	**-13 330**
F.21	Numéraire	0	5	..	..	104	0
F.22	Dépôts transférables	0	0	..	..	16 633	-10 925
F.29	Autres dépôts	0	-30 712	..	..	-118 976	-2 404
F.3	**Titres de dette**	**-337**	**25 760**	**25 789**	**0**	**18 050**	**33 491**
F.3S	Titres de dette à court terme	0	-160	..	0	12 390	9 048
F.3L	Titres de dette à long terme	-337	25 920	..	0	5 660	24 443
F.4	**Crédits**	**-3 260**	**10 654**	**10 732**	**-6 451**	**9 300**	**-37 752**
F.4S	Crédits à court terme	-679	-458	..	1 891	8 500	-28 645
F.4L	Crédits à long terme	-2 581	11 112	..	-8 342	800	-9 108
F.5	**Actions et parts de fonds d'investissement**	**4 349**	**21**	**21**	**0**	**74 324**	**79 507**
F.51	Actions	4 349	21	..	0	10 079	65 855
F.511	Actions cotées	6 906	..	..	..	6 947	42 266
F.512	Actions non cotées	-2 557	21	..	..	3 132	23 589
F.519	Autres participations	..	..	..	..	..	..
F.52	Parts de fonds d'investissement	0	..	..	..	64 245	13 652
F.521	Parts de fonds d'investissement monétaires	..	..	..	..	..	..
F.522	Autres parts de fonds d'investissement	..	..	..	..	..	..
F.6	**Systèmes d'assurance, de pensions et garanties standard**	**0**	**..**	**..**	**..**	**3 280**	**-1 191**
F.61	Réserves techniques d'assurance-dommages	0	..	..	..	-3 211	-1 256
F.62	Droits sur les assurances-vie et rentes	0	..	..	..	4 181	65
F.6M	Dts à pension, gérants de syst. de pension, hors retraite	0	..	..	..	2 310	0
F.63	Droits à pension	..	..	..	..	..	..
F.64	Dts des fonds de pension sur gérants des systèmes de pension	..	..	..	..	..	..
F.65	Droits à prestations hors retraite	..	..	..	..	..	..
F.66	Réserves pour appels dans le cadre de garanties standard	0	..	..	..	0	0
F.7	**Produits financiers dérivés et options sur titres des salariés**	**-8**	**0**	**0**	**0**	**-2 576**	**4 449**
F.71	Produits financiers dérivés	-8	0	..	0	-2 576	4 449
F.72	Options sur titres des salariés	0	0	..	0	0	0
F.8	**Autres comptes à payer**	**21 832**	**-789**	**-899**	**102**	**24 059**	**27 818**
F.81	Crédits commerciaux et avances	7 062	0	..	-22	6 401	10 336
F.89	Autres comptes à payer, hors des crédits commerciaux et avances	14 770	-789	..	124	17 658	17 481
	Opérations financières nettes	**7 221**	**-9 990**	**-10 048**	**5 771**	**11 105**	**-11 103**

Note : Les métadonnées détaillées sont disponibles sur :http://metalinks.oecd.org/faiiia/20150126/9b0b

IRLANDE

Tableau 1.b. Flux non consolidés, par instrument et par secteur, Année 2013
SCN 2008

Millions EUR (1999 IEP euro)

		Sociétés financières					
		Total S12	Institutions financières monétaires S121-2-3	Fonds d'investissements non monétaires S124	Autres institutions financières, hors S124 S125-6-7	Sociétés d'assurance et fonds de pension SS128-9	Sociétés financières publiques S1201
	Acquisition nette d'actifs financiers	**20 973**	**-96 297**	**122 162**	**-12 733**	**7 841**	..
F.1	**Or monétaire et DTS**	**10**	**10**	**0**	**0**	**0**	..
F.11	Or monétaire	0	0	..	..	..	..
F.12	Droits de tirage spéciaux (DTS)	10	10	0	0	0	..
F.2	**Numéraire et dépôts**	**-94 692**	**-90 350**	**245**	**-1 834**	**-2 753**	..
F.21	Numéraire	103	103	0	0	0	..
F.22	Dépôts transférables	-7 835	-8 488	0	1 296	-643	..
F.29	Autres dépôts	-86 958	-81 965	245	-3 129	-2 109	..
F.3	**Titres de dette**	**69 767**	**22 419**	**40 321**	**8 039**	**-1 012**	..
F.3S	Titres de dette à court terme	27 187	10 421	9 261	7 974	-469	..
F.3L	Titres de dette à long terme	42 579	11 998	31 060	64	-543	..
F.4	**Crédits**	**-55 109**	**-21 360**	**-12 921**	**-19 147**	**-1 681**	..
F.4S	Crédits à court terme	-37 409	-3 253	-11 019	-22 785	-352	..
F.4L	Crédits à long terme	-17 701	-18 107	-1 902	3 637	-1 329	..
F.5	**Actions et parts de fonds d'investissement**	**84 745**	**-612**	**73 625**	**-3 305**	**15 037**	..
F.51	Actions	34 702	-477	32 546	-3 305	5 938	..
F.511	Actions cotées	43 481	1 770	36 256	-12	5 467	..
F.512	Actions non cotées	-8 778	-2 247	-3 710	-3 293	472	..
F.519	Autres participations	..	..	..	..	..	..
F.52	Parts de fonds d'investissement	50 043	-135	41 079	0	9 099	..
F.521	Parts de fonds d'investissement monétaires	..	..	..	..	..	..
F.522	Autres parts de fonds d'investissement	..	..	..	..	..	..
F.6	**Systèmes d'assurance, de pensions et garanties standard**	**-1 337**	**0**	**0**	**0**	**-1 337**	..
F.61	Réserves techniques d'assurance-dommages	-1 402	0	0	0	-1 402	..
F.62	Droits sur les assurances-vie et rentes	65	0	0	0	65	..
F.6M	Dts à pension, gérants de syst. de pension, hors retraite	0	0	0	0	0	..
F.63	Droits à pension	..	..	..	..	..	..
F.64	Dts des fonds de pension sur gérants des systèmes de pension	..	..	..	..	..	..
F.65	Droits à prestations hors retraite	..	..	..	..	..	..
F.66	Réserves pour appels dans le cadre de garanties standard	0	0	0	0	0	..
F.7	**Produits financiers dérivés et options sur titres des salariés**	**4 686**	**-4 078**	**9 048**	**447**	**-731**	..
F.71	Produits financiers dérivés	4 686	-4 078	9 048	447	-731	..
F.72	Options sur titres des salariés	0	0	0	0	0	..
F.8	**Autres comptes à recevoir**	**12 903**	**-2 326**	**11 844**	**3 067**	**318**	..
F.81	Crédits commerciaux et avances	108	0	0	124	-16	..
F.89	Autres comptes à recevoir, hors crédits commerciaux et avances	12 795	-2 326	11 844	2 943	334	..
	Accroissement net des passifs	**12 873**	**-112 269**	**120 906**	**-674**	**4 910**	..
F.1	**Or monétaire et DTS**	**0**	**0**	**0**	**0**	**0**	..
F.11	Or monétaire	..	..	..	..	..	..
F.12	Droits de tirage spéciaux (DTS)	0	0	0	0	0	..
F.2	**Numéraire et dépôts**	**-74 742**	**-74 742**	**0**	**0**	**0**	..
F.21	Numéraire	99	99	0	0	0	..
F.22	Dépôts transférables	19 463	19 463	0	0	0	..
F.29	Autres dépôts	-94 304	-94 304	0	0	0	..
F.3	**Titres de dette**	**-11 292**	**-12 504**	**0**	**1 212**	**0**	..
F.3S	Titres de dette à court terme	12 205	0	0	12 205	0	..
F.3L	Titres de dette à long terme	-23 497	-12 504	0	-10 993	0	..
F.4	**Crédits**	**7 250**	**0**	**16 515**	**-8 607**	**-658**	..
F.4S	Crédits à court terme	6 637	0	14 739	-7 778	-324	..
F.4L	Crédits à long terme	615	0	1 777	-829	-333	..
F.5	**Actions et parts de fonds d'investissement**	**91 257**	**-10 342**	**91 760**	**8 712**	**1 127**	..
F.51	Actions	7 203	-2 636	0	8 712	1 127	..
F.511	Actions cotées	41	41	0	0	0	..
F.512	Actions non cotées	7 162	-2 677	0	8 712	1 127	..
F.519	Autres participations	..	..	..	..	..	..
F.52	Parts de fonds d'investissement	84 054	-7 706	91 760	0	0	..
F.521	Parts de fonds d'investissement monétaires	..	..	..	..	..	..
F.522	Autres parts de fonds d'investissement	..	..	..	..	..	..
F.6	**Systèmes d'assurance, de pensions et garanties standard**	**3 134**	**0**	**0**	**0**	**3 134**	..
F.61	Réserves techniques d'assurance-dommages	-3 357	0	0	0	-3 357	..
F.62	Droits sur les assurances-vie et rentes	4 181	0	0	0	4 181	..
F.6M	Dts à pension, gérants de syst. de pension, hors retraite	2 310	0	0	0	2 310	..
F.63	Droits à pension	..	..	..	..	..	..
F.64	Dts des fonds de pension sur gérants des systèmes de pension	..	..	..	..	..	..
F.65	Droits à prestations hors retraite	..	..	..	..	..	..
F.66	Réserves pour appels dans le cadre de garanties standard	0	0	0	0	0	..
F.7	**Produits financiers dérivés et options sur titres des salariés**	**-1 864**	**-5 988**	**5 018**	**-894**	**0**	..
F.71	Produits financiers dérivés	-1 864	-5 988	5 018	-894	0	..
F.72	Options sur titres des salariés	0	0	0	0	0	..
F.8	**Autres comptes à payer**	**-870**	**-8 693**	**7 613**	**-1 097**	**1 307**	..
F.81	Crédits commerciaux et avances	-504	0	0	-1 365	861	..
F.89	Autres comptes à payer, hors des crédits commerciaux et avances	-366	-8 693	7 613	268	446	..
	Opérations financières nettes	**8 100**	**15 972**	**1 256**	**-12 059**	**2 931**	..

IRLANDE

Tableau 1.b. Flux non consolidés, par instrument et par secteur, Année 2013 (cont.)

SCN 2008

Millions EUR (1999 IEP euro)

		Sociétés non financières	Administrations publiques		Ménages et ISBLSM	Economie totale	Reste du monde
		S11	Total S13	Administration centrale S1311	S14+S15	S1	S2
	Acquisition nette d'actifs financiers	**24 686**	**-5 132**	**-5 112**	**-578**	**39 949**	**81 899**
F.1	**Or monétaire et DTS**	**0**	**0**	**0**	..	**10**	**0**
F.11	Or monétaire	..	..	..	..	0	0
F.12	Droits de tirage spéciaux (DTS)	0	0	0	..	10	0
F.2	**Numéraire et dépôts**	**15 768**	**-1 250**	**-1 201**	**158**	**-80 016**	**-38 764**
F.21	Numéraire	-77	0	..	77	103	0
F.22	Dépôts transférables	10 171	0	..	3 515	5 851	2 687
F.29	Autres dépôts	5 674	-1 250	..	-3 434	-85 968	-41 452
F.3	**Titres de dette**	**-1 119**	**-366**	**-395**	**0**	**68 282**	**-20 769**
F.3S	Titres de dette à court terme	-25	2 725	..	0	29 887	-8 764
F.3L	Titres de dette à long terme	-1 094	-3 091	..	0	38 394	-12 005
F.4	**Crédits**	**-14 625**	**-2 398**	**-2 379**	**0**	**-72 132**	**39 566**
F.4S	Crédits à court terme	-7 189	349	..	0	-44 249	21 473
F.4L	Crédits à long terme	-7 436	-2 747	..	0	-27 884	18 093
F.5	**Actions et parts de fonds d'investissement**	**13 788**	**-1 337**	**-1 337**	**-4 545**	**92 651**	**87 058**
F.51	Actions	13 788	-1 755	..	-4 545	42 190	39 813
F.511	Actions cotées	582	-1 016	..	-1 751	41 296	8 498
F.512	Actions non cotées	13 206	-739	..	-2 794	895	31 314
F.519	Autres participations	..	..	..	..	..	..
F.52	Parts de fonds d'investissement	0	419	..	0	50 462	47 245
F.521	Parts de fonds d'investissement monétaires	..	..	..	..	..	..
F.522	Autres parts de fonds d'investissement	..	..	..	..	..	..
F.6	**Systèmes d'assurance, de pensions et garanties standard**	**-71**	**0**	**0**	**2 849**	**1 441**	**502**
F.61	Réserves techniques d'assurance-dommages	-71	0	..	-243	-1 716	-2 897
F.62	Droits sur les assurances-vie et rentes	0	..	..	782	847	3 399
F.6M	Dts à pension, gérants de syst. de pension, hors retraite	0	..	..	2 310	2 310	0
F.63	Droits à pension	..	..	..	..	..	..
F.64	Dts des fonds de pension sur gérants des systèmes de pension	..	..	..	..	..	..
F.65	Droits à prestations hors retraite	..	..	..	..	..	..
F.66	Réserves pour appels dans le cadre de garanties standard	0	..	..	0	0	0
F.7	**Produits financiers dérivés et options sur titres des salariés**	**-6**	**196**	**195**	**0**	**4 876**	**-2 222**
F.71	Produits financiers dérivés	-6	196	..	0	4 876	-2 222
F.72	Options sur titres des salariés	0	0	..	0	0	0
F.8	**Autres comptes à recevoir**	**10 951**	**23**	**5**	**960**	**24 837**	**16 528**
F.81	Crédits commerciaux et avances	8 333	0	..	-69	8 372	4 513
F.89	Autres comptes à recevoir, hors crédits commerciaux et avances	2 618	23	..	1 029	16 465	12 015
	Accroissement net des passifs	**17 465**	**4 859**	**4 936**	**-6 349**	**28 848**	**93 002**
F.1	**Or monétaire et DTS**	**0**	**0**	**0**	..	**0**	**10**
F.11	Or monétaire	..	..	..	..	..	..
F.12	Droits de tirage spéciaux (DTS)	0	0	0	..	0	10
F.2	**Numéraire et dépôts**	**0**	**-30 707**	**-30 707**	..	**-105 449**	**-13 335**
F.21	Numéraire	0	5	..	..	104	0
F.22	Dépôts transférables	0	0	..	..	19 463	-10 930
F.29	Autres dépôts	0	-30 712	..	..	-125 016	-2 404
F.3	**Titres de dette**	**-474**	**25 789**	**25 789**	**0**	**14 023**	**33 491**
F.3S	Titres de dette à court terme	0	-131	..	0	12 074	9 048
F.3L	Titres de dette à long terme	-474	25 920	..	0	1 949	24 443
F.4	**Crédits**	**-6 159**	**10 546**	**10 732**	**-6 451**	**5 186**	**-37 702**
F.4S	Crédits à court terme	-2 200	-458	..	1 891	5 870	-28 624
F.4L	Crédits à long terme	-3 959	11 004	..	-8 342	-682	-9 079
F.5	**Actions et parts de fonds d'investissement**	**8 925**	**20**	**21**	**0**	**100 202**	**79 458**
F.51	Actions	8 925	20	..	0	16 148	65 806
F.511	Actions cotées	7 488	..	..	..	7 529	42 266
F.512	Actions non cotées	1 438	20	..	..	8 620	23 540
F.519	Autres participations	..	..	..	..	..	..
F.52	Parts de fonds d'investissement	0	..	..	..	84 054	13 652
F.521	Parts de fonds d'investissement monétaires	..	..	..	..	..	..
F.522	Autres parts de fonds d'investissement	..	..	..	..	..	..
F.6	**Systèmes d'assurance, de pensions et garanties standard**	**0**	..	..	..	**3 134**	**-1 191**
F.61	Réserves techniques d'assurance-dommages	0	..	..	..	-3 357	-1 256
F.62	Droits sur les assurances-vie et rentes	0	..	..	..	4 181	65
F.6M	Dts à pension, gérants de syst. de pension, hors retraite	0	..	..	..	2 310	0
F.63	Droits à pension	..	..	..	..	..	..
F.64	Dts des fonds de pension sur gérants des systèmes de pension	..	..	..	..	..	..
F.65	Droits à prestations hors retraite	..	..	..	..	..	..
F.66	Réserves pour appels dans le cadre de garanties standard	0	..	..	..	0	0
F.7	**Produits financiers dérivés et options sur titres des salariés**	**69**	**0**	**0**	**0**	**-1 795**	**4 449**
F.71	Produits financiers dérivés	69	0	..	0	-1 795	4 449
F.72	Options sur titres des salariés	0	0	..	0	0	0
F.8	**Autres comptes à payer**	**15 104**	**-789**	**-899**	**102**	**13 547**	**27 822**
F.81	Crédits commerciaux et avances	3 076	0	..	-22	2 550	10 334
F.89	Autres comptes à payer, hors des crédits commerciaux et avances	12 028	-789	..	124	10 997	17 487
	Opérations financières nettes	**7 221**	**-9 991**	**-10 048**	**5 771**	**11 101**	**-11 103**

Note : Les métadonnées détaillées sont disponibles sur :http://metalinks.oecd.org/faiiia/20150126/4af4

Tableau 2.1.a. Flux consolidés, Secteur S1 - Économie totale

SCN 2008

Millions EUR (1999 IEP euro)

		2006	2007	2008	2009	2010	2011	2012	2013
	Acquisition nette d'actifs financiers	**513 614**	**460 591**	**220 984**	**12 675**	**170 977**	**-54 814**	**-25 107**	**35 303**
F.1	**Or monétaire et DTS**	**9**	**4**	**-10**	**-9**	**-40**	**-62**	**8**	**10**
F.11	Or monétaire	17	-4	5	4	1	31	0	0
F.12	Droits de tirage spéciaux (DTS)	-8	8	-15	-13	-41	-93	8	10
F.2	**Numéraire et dépôts**	**104 641**	**82 230**	**89 279**	**-13 806**	**55 223**	**-4 269**	**-65 427**	**-76 804**
F.21	Numéraire	767	1 388	215	3 249	58	706	-109	103
F.22	Dépôts transférables	14 442	41 282	3 219	-32 305	21 540	13 511	-27 592	3 022
F.29	Autres dépôts	89 430	39 560	85 845	15 249	33 625	-18 486	-37 727	-79 927
F.3	**Titres de dette**	**131 933**	**150 779**	**34 628**	**3 263**	**1 191**	**1 852**	**77 605**	**72 309**
F.3S	Titres de dette à court terme	66 129	17 429	-10 538	27 268	26 526	4 286	11 370	30 203
F.3L	Titres de dette à long terme	65 803	133 349	45 164	-24 005	-25 336	-2 435	66 235	42 105
F.4	**Crédits**	**147 948**	**149 151**	**93 570**	**-18 415**	**49 132**	**-43 368**	**-52 648**	**-68 017**
F.4S	Crédits à court terme	25 657	38 995	20 319	11 482	-17 408	40 722	24 964	-41 616
F.4L	Crédits à long terme	122 291	110 156	73 251	-29 896	66 541	-84 090	-77 614	-26 402
F.5	**Actions et parts de fonds d'investissement**	**99 318**	**44 767**	**-15 957**	**55 509**	**49 485**	**-7 296**	**17 731**	**66 773**
F.51	Actions	83 468	30 553	-30 630	57 467	34 881	-13 896	13 123	36 119
F.511	Actions cotées	50 691	-4 681	-26 334	5 979	26 235	-1 538	17 916	40 715
F.512	Actions non cotées	32 775	35 234	-4 296	51 488	8 646	-12 357	-4 792	-4 594
F.519	Autres participations	..	..	..	..	..	..	..	..
F.52	Parts de fonds d'investissement	15 851	14 213	14 672	-1 957	14 604	6 601	4 608	30 654
F.521	Parts de fonds d'investissement monétaires	..	..	..	..	..	..	..	..
F.522	Autres parts de fonds d'investissement	..	..	..	..	..	..	..	..
F.6	**Systèmes d'assurance, de pensions et garanties standard**	**9 197**	**11 767**	**4 245**	**6 575**	**2 235**	**-13 485**	**1 146**	**1 587**
F.61	Réserves techniques d'assurance-dommages	5 633	7 933	2 043	3 475	-850	-16 496	-2 693	-1 570
F.62	Droits sur les assurances-vie et rentes	776	547	-1 149	402	626	580	1 642	847
F.6M	Dts à pension, gérants, prestations hors retraite	2 787	3 286	3 351	2 697	2 459	2 431	2 199	2 310
F.63	Droits à pension	..	..	..	..	..	..	..	..
F.64	Dts des fonds de pension sur gérants des systèmes de pension	..	..	..	..	..	..	..	..
F.65	Droits à prestations hors retraite	..	..	..	..	..	..	..	..
F.66	Réserves pour appels dans le cadre de garanties standard	0	0	0	0	0	0	0	0
F.7	**Produits financiers dérivés et options sur titres des salariés**	**7 676**	**3 925**	**5 498**	**-16 569**	**6 081**	**-2 122**	**-13 689**	**4 095**
F.71	Produits financiers dérivés	7 676	3 925	5 498	-16 569	6 081	-2 122	-13 689	4 095
F.72	Options sur titres des salariés	0	0	0	0	0	0	0	0
F.8	**Autres comptes à recevoir**	**12 892**	**17 968**	**9 731**	**-3 873**	**7 670**	**13 936**	**10 167**	**35 350**
F.81	Crédits commerciaux et avances	8 794	17 456	-3 573	-1 942	-1 619	1 410	10 030	12 227
F.89	Autres comptes à recevoir, hors crédits commerciaux et avances	4 096	513	13 305	-1 928	9 290	12 526	137	23 124
	Accroissement net des passifs	**518 376**	**472 634**	**237 116**	**11 618**	**178 259**	**-44 739**	**-24 992**	**24 198**
F.1	**Or monétaire et DTS**	**0**	**0**	**0**	**0**	**0**	**0**	**0**	**0**
F.11	Or monétaire	..	..	..	..	..	..	..	..
F.12	Droits de tirage spéciaux (DTS)	0	0	0	0	0	0	0	0
F.2	**Numéraire et dépôts**	**141 205**	**146 726**	**198 939**	**-80 501**	**-12 092**	**-130 033**	**-119 554**	**-102 239**
F.21	Numéraire	779	1 387	215	3 249	56	707	-110	104
F.22	Dépôts transférables	28 073	18 164	44	-11 326	774	-16 906	1 904	16 633
F.29	Autres dépôts	112 353	127 175	198 680	-72 424	-12 922	-113 834	-121 348	-118 976
F.3	**Titres de dette**	**86 878**	**71 522**	**-4 643**	**33 954**	**10 896**	**-9 891**	**7 267**	**18 050**
F.3S	Titres de dette à court terme	22 616	-22 029	-33 167	13 719	-28 178	-7 780	-196	12 390
F.3L	Titres de dette à long terme	64 261	93 551	28 526	20 236	39 075	-2 111	7 464	5 660
F.4	**Crédits**	**123 196**	**101 234**	**30 554**	**11 806**	**28 012**	**69 914**	**7 733**	**9 300**
F.4S	Crédits à court terme	26 125	38 079	-4 753	24 535	-20 585	53 762	13 364	8 500
F.4L	Crédits à long terme	97 072	63 156	35 306	-12 728	48 594	16 152	-5 633	800
F.5	**Actions et parts de fonds d'investissement**	**108 982**	**124 805**	**-16 096**	**64 325**	**129 796**	**26 555**	**92 377**	**74 324**
F.51	Actions	-17 110	11 845	-17 066	44 656	16 469	-27 671	18 892	10 079
F.511	Actions cotées	4 277	-1 788	-7 010	2 349	-400	6 851	2 134	6 947
F.512	Actions non cotées	-21 387	13 633	-10 056	42 308	16 869	-34 523	16 758	3 132
F.519	Autres participations	..	..	..	..	..	..	..	..
F.52	Parts de fonds d'investissement	126 092	112 960	969	19 669	113 327	54 226	73 485	64 245
F.521	Parts de fonds d'investissement monétaires	..	..	..	..	..	..	..	..
F.522	Autres parts de fonds d'investissement	..	..	..	..	..	..	..	..
F.6	**Systèmes d'assurance, de pensions et garanties standard**	**26 727**	**22 894**	**-4 624**	**15 265**	**9 108**	**-16 730**	**1 631**	**3 280**
F.61	Réserves techniques d'assurance-dommages	9 946	11 007	-2 121	1 200	1 249	-18 349	-2 118	-3 211
F.62	Droits sur les assurances-vie et rentes	13 994	8 600	-5 853	11 368	5 401	-811	1 551	4 181
F.6M	Dts à pension, gérants de syst. de pension, hors retraite	2 787	3 287	3 351	2 697	2 459	2 431	2 199	2 310
F.63	Droits à pension	..	..	..	..	..	..	..	..
F.64	Dts des fonds de pension sur gérants des systèmes de pension	..	..	..	..	..	..	..	..
F.65	Droits à prestations hors retraite	..	..	..	..	..	..	..	..
F.66	Réserves pour appels dans le cadre de garanties standard	0	0	0	0	0	0	0	0
F.7	**Produits financiers dérivés et options sur titres des salariés**	**11 653**	**1 690**	**4 351**	**-19 063**	**-6 446**	**-1 290**	**-20 468**	**-2 576**
F.71	Produits financiers dérivés	11 653	1 690	4 351	-19 063	-6 446	-1 290	-20 468	-2 576
F.72	Options sur titres des salariés	0	0	0	0	0	0	0	0
F.8	**Autres comptes à payer**	**19 735**	**3 763**	**28 635**	**-14 168**	**18 985**	**16 736**	**6 022**	**24 059**
F.81	Crédits commerciaux et avances	10 551	6 438	7 275	-10 487	3 948	-1 726	1 873	6 401
F.89	Autres comptes à payer, hors des crédits commerciaux et avances	9 184	-2 673	21 359	-3 680	15 036	18 462	4 150	17 658
	Opérations financières nettes	**-4 762**	**-12 043**	**-16 132**	**1 057**	**-7 282**	**-10 075**	**-115**	**11 105**

Note : Les métadonnées détaillées sont disponibles sur :http://metalinks.oecd.org/faiiia/20150126/9b0b

IRLANDE

Tableau 2.2.a. Flux consolidés, Secteur S11 - Sociétés non financières

SCN 2008

Millions EUR (1999 IEP euro)

		2006	2007	2008	2009	2010	2011	2012	2013
	Acquisition nette d'actifs financiers	**37 069**	**35 224**	**40 187**	**10 352**	**20 249**	**-3 968**	**26 990**	**29 797**
F.1	**Or monétaire et DTS**	**0**	**0**	**0**	**0**	**0**	**0**	**0**	**0**
F.11	Or monétaire	..	..	..	..	..	..	..	..
F.12	Droits de tirage spéciaux (DTS)	0	0	0	0	0	0	0	0
F.2	**Numéraire et dépôts**	**16 475**	**4 417**	**-524**	**-1 446**	**-9 263**	**-1 693**	**6 281**	**15 768**
F.21	Numéraire	70	-236	53	166	2	36	83	-77
F.22	Dépôts transférables	4 468	458	-4 727	371	-1 195	-684	2 599	10 171
F.29	Autres dépôts	11 936	4 195	4 150	-1 983	-8 070	-1 045	3 599	5 674
F.3	**Titres de dette**	**408**	**255**	**-967**	**846**	**-503**	**176**	**423**	**-982**
F.3S	Titres de dette à court terme	502	3	-565	753	-511	90	307	-25
F.3L	Titres de dette à long terme	-94	251	-402	93	8	86	116	-957
F.4	**Crédits**	**4 034**	**10 112**	**26 619**	**6 010**	**13 216**	**1 837**	**8 497**	**-11 726**
F.4S	Crédits à court terme	2 476	4 510	8 517	4 407	8 895	27 280	9 013	-5 668
F.4L	Crédits à long terme	1 558	5 602	18 102	1 604	4 321	-25 443	-516	-6 058
F.5	**Actions et parts de fonds d'investissement**	**11 499**	**3 848**	**2 862**	**10 162**	**11 920**	**-13 319**	**8 225**	**9 211**
F.51	Actions	11 499	3 848	2 862	10 162	11 920	-13 319	8 225	9 211
F.511	Actions cotées	2 725	-7 876	4	294	0	0	0	0
F.512	Actions non cotées	8 774	11 724	2 858	9 867	11 920	-13 319	8 225	9 211
F.519	Autres participations	..	..	..	..	..	..	..	..
F.52	Parts de fonds d'investissement	0	0	0	0	0	0	0	0
F.521	Parts de fonds d'investissement monétaires	..	..	..	..	..	..	..	..
F.522	Autres parts de fonds d'investissement	..	..	..	..	..	..	..	..
F.6	**Systèmes d'assurance, de pensions et garanties standard**	**140**	**208**	**261**	**-163**	**2**	**-102**	**-1**	**-71**
F.61	Réserves techniques d'assurance-dommages	140	208	261	-163	2	-102	-1	-71
F.62	Droits sur les assurances-vie et rentes	0	0	0	0	0	0	0	0
F.6M	Dts à pension, gérants, prestations hors retraite	0	0	0	0	0	0	0	0
F.63	Droits à pension	..	..	..	..	..	..	..	..
F.64	Dts des fonds de pension sur gérants des systèmes de pension	..	..	..	..	..	..	..	..
F.65	Droits à prestations hors retraite	..	..	..	..	..	..	..	..
F.66	Réserves pour appels dans le cadre de garanties standard	0	0	0	0	0	0	0	0
F.7	**Produits financiers dérivés et options sur titres des salariés**	**-31**	**1**	**153**	**857**	**-35**	**-365**	**62**	**-83**
F.71	Produits financiers dérivés	-31	1	153	857	-35	-365	62	-83
F.72	Options sur titres des salariés	0	0	0	0	0	0	0	0
F.8	**Autres comptes à recevoir**	**4 544**	**16 383**	**11 783**	**-5 914**	**4 912**	**9 498**	**3 503**	**17 680**
F.81	Crédits commerciaux et avances	7 541	16 318	725	-617	2 381	1 780	9 982	12 320
F.89	Autres comptes à recevoir, hors crédits commerciaux et avances	-2 998	66	11 058	-5 296	2 532	7 718	-6 479	5 360
	Accroissement net des passifs	**33 495**	**33 073**	**42 089**	**8 420**	**15 262**	**-9 159**	**17 935**	**22 576**
F.1	**Or monétaire et DTS**	**0**	**0**	**0**	**0**	**0**	**0**	**0**	**0**
F.11	Or monétaire	..	..	..	..	..	..	..	..
F.12	Droits de tirage spéciaux (DTS)	0	0	0	0	0	0	0	0
F.2	**Numéraire et dépôts**	**0**	**0**	**0**	**0**	**0**	**0**	**0**	**0**
F.21	Numéraire	0	0	0	0	0	0	0	0
F.22	Dépôts transférables	0	0	0	0	0	0	0	0
F.29	Autres dépôts	0	0	0	0	0	0	0	0
F.3	**Titres de dette**	**-115**	**981**	**-1 074**	**1 500**	**687**	**-41**	**-2 613**	**-337**
F.3S	Titres de dette à court terme	0	0	6	0	0	0	0	0
F.3L	Titres de dette à long terme	-116	981	-1 080	1 501	688	-41	-2 612	-337
F.4	**Crédits**	**47 275**	**23 146**	**35 369**	**-7 974**	**13 426**	**36 898**	**6 918**	**-3 260**
F.4S	Crédits à court terme	2 737	9 435	21 160	-4 116	-15 605	18 590	5 903	-679
F.4L	Crédits à long terme	44 538	13 711	14 208	-3 858	29 031	18 308	1 014	-2 581
F.5	**Actions et parts de fonds d'investissement**	**-27 230**	**6 550**	**3 827**	**11 312**	**-1 392**	**-49 001**	**7 922**	**4 349**
F.51	Actions	-27 230	6 550	3 827	11 312	-1 392	-49 001	7 922	4 349
F.511	Actions cotées	3 283	1 042	-2 534	2 469	1 844	-5 415	394	6 906
F.512	Actions non cotées	-30 513	5 508	6 361	8 843	-3 236	-43 587	7 528	-2 557
F.519	Autres participations	..	..	..	..	..	..	..	..
F.52	Parts de fonds d'investissement	0	0	0	0	0	0	0	0
F.521	Parts de fonds d'investissement monétaires	..	..	..	..	..	..	..	..
F.522	Autres parts de fonds d'investissement	..	..	..	..	..	..	..	..
F.6	**Systèmes d'assurance, de pensions et garanties standard**	**0**	**0**	**0**	**0**	**0**	**0**	**0**	**0**
F.61	Réserves techniques d'assurance-dommages	0	0	0	0	0	0	0	0
F.62	Droits sur les assurances-vie et rentes	0	0	0	0	0	0	0	0
F.6M	Dts à pension, gérants de syst. de pension, hors retraite	0	0	0	0	0	0	0	0
F.63	Droits à pension	..	..	..	..	..	..	..	..
F.64	Dts des fonds de pension sur gérants des systèmes de pension	..	..	..	..	..	..	..	..
F.65	Droits à prestations hors retraite	..	..	..	..	..	..	..	..
F.66	Réserves pour appels dans le cadre de garanties standard	0	0	0	0	0	0	0	0
F.7	**Produits financiers dérivés et options sur titres des salariés**	**-18**	**17**	**-15**	**275**	**68**	**100**	**-228**	**-8**
F.71	Produits financiers dérivés	-18	17	-15	275	68	100	-228	-8
F.72	Options sur titres des salariés	0	0	0	0	0	0	0	0
F.8	**Autres comptes à payer**	**13 583**	**2 379**	**3 982**	**3 307**	**2 473**	**2 885**	**5 936**	**21 832**
F.81	Crédits commerciaux et avances	7 377	2 650	572	-2 584	4 653	-3 442	8 390	7 062
F.89	Autres comptes à payer, hors des crédits commerciaux et avances	6 206	-271	3 410	5 891	-2 180	6 327	-2 453	14 770
	Opérations financières nettes	**3 574**	**2 151**	**-1 902**	**1 932**	**4 987**	**5 191**	**9 055**	**7 221**

Note : Les métadonnées détaillées sont disponibles sur :http://metalinks.oecd.org/faiia/20150126/9b0b

IRLANDE

Tableau 2.3.a. Flux consolidés, Secteur S12 - Sociétés financières

SCN 2008

Millions EUR (1999 IEP euro)

		2006	2007	2008	2009	2010	2011	2012	2013
	Acquisition nette d'actifs financiers	**457 228**	**412 909**	**154 369**	**-8 512**	**159 657**	**-56 347**	**-59 664**	**11 135**
F.1	**Or monétaire et DTS**	**9**	**4**	**-10**	**-9**	**-40**	**-62**	**8**	**10**
F.11	Or monétaire	17	-4	5	4	1	31	0	0
F.12	Droits de tirage spéciaux (DTS)	-8	8	-15	-13	-41	-93	8	10
F.2	**Numéraire et dépôts**	**76 302**	**70 004**	**67 952**	**-18 642**	**75 172**	**-546**	**-80 342**	**-91 481**
F.21	Numéraire	97	376	15	-372	-60	699	-110	103
F.22	Dépôts transférables	3 918	36 792	10 836	-32 563	22 683	17 201	-30 294	-10 664
F.29	Autres dépôts	72 287	32 836	57 101	14 292	52 549	-18 446	-49 939	-80 918
F.3	**Titres de dette**	**129 512**	**149 268**	**35 624**	**-1 804**	**-218**	**2 337**	**76 225**	**73 686**
F.3S	Titres de dette à court terme	65 621	17 425	-10 008	26 472	27 074	4 232	10 030	27 532
F.3L	Titres de dette à long terme	63 891	131 842	45 630	-28 276	-27 292	-1 895	66 195	46 153
F.4	**Crédits**	**143 987**	**138 923**	**66 651**	**-24 546**	**35 488**	**-46 432**	**-58 721**	**-54 002**
F.4S	Crédits à court terme	23 298	34 485	11 802	7 075	-26 303	12 557	14 882	-36 297
F.4L	Crédits à long terme	120 688	104 438	54 849	-31 621	61 792	-58 989	-73 605	-17 705
F.5	**Actions et parts de fonds d'investissement**	**86 995**	**41 782**	**-19 491**	**48 379**	**42 138**	**2 660**	**11 844**	**63 444**
F.51	Actions	71 264	28 370	-33 585	50 349	28 186	-5 308	7 158	33 209
F.511	Actions cotées	46 305	3 949	-25 531	7 791	26 353	-5 398	17 525	43 482
F.512	Actions non cotées	24 958	24 421	-8 054	42 558	1 833	91	-10 366	-10 271
F.519	Autres participations	..	..	..	..	..	..	..	..
F.52	Parts de fonds d'investissement	15 731	13 412	14 093	-1 969	13 952	7 968	4 686	30 235
F.521	Parts de fonds d'investissement monétaires	..	..	..	..	..	..	..	..
F.522	Autres parts de fonds d'investissement	..	..	..	..	..	..	..	..
F.6	**Systèmes d'assurance, de pensions et garanties standard**	**5 348**	**7 516**	**1 034**	**3 925**	**-886**	**-16 487**	**-1 810**	**-1 191**
F.61	Réserves techniques d'assurance-dommages	5 164	7 042	971	3 740	-1 057	-16 353	-2 988	-1 256
F.62	Droits sur les assurances-vie et rentes	184	474	63	185	171	-134	1 179	65
F.6M	Dts à pension, gérants, prestations hors retraite	0	0	0	0	0	0	0	0
F.63	Droits à pension	..	..	..	..	..	..	..	..
F.64	Dts des fonds de pension sur gérants des systèmes de pension	..	..	..	..	..	..	..	..
F.65	Droits à prestations hors retraite	..	..	..	..	..	..	..	..
F.66	Réserves pour appels dans le cadre de garanties standard	0	0	0	0	0	0	0	0
F.7	**Produits financiers dérivés et options sur titres des salariés**	**7 792**	**3 878**	**5 472**	**-17 453**	**6 000**	**-1 427**	**-13 587**	**3 982**
F.71	Produits financiers dérivés	7 792	3 878	5 472	-17 453	6 000	-1 427	-13 587	3 982
F.72	Options sur titres des salariés	0	0	0	0	0	0	0	0
F.8	**Autres comptes à recevoir**	**7 283**	**1 534**	**-2 863**	**1 638**	**2 003**	**3 610**	**6 719**	**16 687**
F.81	Crédits commerciaux et avances	1 293	1 121	-4 093	-1 018	-4 341	-520	34	-24
F.89	Autres comptes à recevoir, hors crédits commerciaux et avances	5 990	413	1 230	2 657	6 344	4 130	6 685	16 712
	Accroissement net des passifs	**456 711**	**410 749**	**152 973**	**-20 735**	**130 146**	**-53 903**	**-56 977**	**3 032**
F.1	**Or monétaire et DTS**	**0**	**0**	**0**	**0**	**0**	**0**	**0**	**0**
F.11	Or monétaire	..	..	..	..	..	..	..	..
F.12	Droits de tirage spéciaux (DTS)	0	0	0	0	0	0	0	0
F.2	**Numéraire et dépôts**	**141 452**	**147 122**	**197 770**	**-81 896**	**-15 514**	**-132 926**	**-123 356**	**-71 532**
F.21	Numéraire	731	1 322	171	3 272	74	685	-86	99
F.22	Dépôts transférables	28 073	18 164	44	-11 326	774	-16 906	1 904	16 633
F.29	Autres dépôts	112 648	127 636	197 555	-73 842	-16 362	-116 705	-125 174	-88 264
F.3	**Titres de dette**	**87 467**	**66 760**	**-33 769**	**7 714**	**4 032**	**-985**	**17 525**	**-7 373**
F.3S	Titres de dette à court terme	22 752	-26 068	-52 718	19 057	-15 003	-4 285	1 082	12 550
F.3L	Titres de dette à long terme	64 715	92 828	18 950	-11 343	19 034	3 301	16 443	-19 923
F.4	**Crédits**	**47 677**	**53 109**	**-14 222**	**21 799**	**-6 847**	**10 199**	**-14 830**	**8 357**
F.4S	Crédits à court terme	19 777	28 095	-25 652	27 886	-2 116	36 538	6 659	7 746
F.4L	Crédits à long terme	27 900	25 015	11 430	-6 086	-4 732	-26 340	-21 490	611
F.5	**Actions et parts de fonds d'investissement**	**136 210**	**118 267**	**-19 905**	**52 919**	**131 067**	**75 555**	**84 441**	**69 954**
F.51	Actions	10 118	5 307	-20 875	33 250	17 740	21 329	10 956	5 709
F.511	Actions cotées	994	-2 830	-4 476	-120	-2 244	12 266	1 740	41
F.512	Actions non cotées	9 124	8 137	-16 399	33 371	19 984	9 063	9 216	5 668
F.519	Autres participations	..	..	..	..	..	..	..	..
F.52	Parts de fonds d'investissement	126 092	112 960	969	19 669	113 327	54 226	73 485	64 245
F.521	Parts de fonds d'investissement monétaires	..	..	..	..	..	..	..	..
F.522	Autres parts de fonds d'investissement	..	..	..	..	..	..	..	..
F.6	**Systèmes d'assurance, de pensions et garanties standard**	**26 727**	**22 894**	**-4 624**	**15 265**	**9 108**	**-16 730**	**1 631**	**3 280**
F.61	Réserves techniques d'assurance-dommages	9 946	11 007	-2 121	1 200	1 249	-18 349	-2 118	-3 211
F.62	Droits sur les assurances-vie et rentes	13 994	8 600	-5 853	11 368	5 401	-811	1 551	4 181
F.6M	Dts à pension, gérants de syst. de pension, hors retraite	2 787	3 287	3 351	2 697	2 459	2 431	2 199	2 310
F.63	Droits à pension	..	..	..	..	..	..	..	..
F.64	Dts des fonds de pension sur gérants des systèmes de pension	..	..	..	..	..	..	..	..
F.65	Droits à prestations hors retraite	..	..	..	..	..	..	..	..
F.66	Réserves pour appels dans le cadre de garanties standard	0	0	0	0	0	0	0	0
F.7	**Produits financiers dérivés et options sur titres des salariés**	**11 622**	**1 673**	**4 366**	**-19 338**	**-6 514**	**-1 392**	**-20 240**	**-2 568**
F.71	Produits financiers dérivés	11 622	1 673	4 366	-19 338	-6 514	-1 392	-20 240	-2 568
F.72	Options sur titres des salariés	0	0	0	0	0	0	0	0
F.8	**Autres comptes à payer**	**5 556**	**924**	**23 357**	**-17 198**	**14 814**	**12 376**	**-2 148**	**2 914**
F.81	Crédits commerciaux et avances	3 223	3 834	6 777	-7 299	-130	1 625	-7 067	-639
F.89	Autres comptes à payer, hors des crédits commerciaux et avances	2 334	-2 909	16 579	-9 898	14 943	10 751	4 919	3 553
	Opérations financières nettes	**517**	**2 160**	**1 396**	**12 223**	**29 511**	**-2 444**	**-2 687**	**8 103**

Note : Les métadonnées détaillées sont disponibles sur :http://metalinks.oecd.org/faiiia/20150126/9b0b

IRLANDE

Tableau 2.4.a. Flux consolidés, Secteur S13 - Administrations publiques

SCN 2008

Millions EUR (1999 IEP euro)

		2006	2007	2008	2009	2010	2011	2012	2013
	Acquisition nette d'actifs financiers	**4 043**	**3 829**	**19 261**	**2 997**	**-11 499**	**4 075**	**5 709**	**-5 051**
F.1	**Or monétaire et DTS**	**0**	**0**	**0**	**0**	**0**	**0**	**0**	**0**
F.11	Or monétaire	..	..	..	..	..	..	..	..
F.12	Droits de tirage spéciaux (DTS)	0	0	0	0	0	0	0	0
F.2	**Numéraire et dépôts**	**250**	**1 212**	**18 109**	**1 021**	**-11 221**	**-303**	**5 867**	**-1 249**
F.21	Numéraire	0	0	0	0	0	0	0	0
F.22	Dépôts transférables	0	0	0	0	0	0	0	0
F.29	Autres dépôts	250	1 212	18 109	1 021	-11 221	-303	5 867	-1 249
F.3	**Titres de dette**	**2 014**	**1 256**	**-68**	**4 124**	**1 858**	**-648**	**956**	**-395**
F.3S	Titres de dette à court terme	6	1	35	43	-37	-36	1 033	2 696
F.3L	Titres de dette à long terme	2 007	1 256	-103	4 081	1 894	-613	-77	-3 091
F.4	**Crédits**	**-73**	**116**	**300**	**121**	**428**	**1 227**	**-2 424**	**-2 289**
F.4S	Crédits à court terme	-117	0	0	0	0	885	1 069	349
F.4L	Crédits à long terme	45	116	300	121	428	342	-3 493	-2 639
F.5	**Actions et parts de fonds d'investissement**	**1 096**	**1 169**	**1 402**	**-2 357**	**-2 387**	**3 701**	**1 827**	**-1 337**
F.51	Actions	977	367	823	-2 369	-3 039	5 069	1 905	-1 756
F.511	Actions cotées	790	413	838	-2 426	662	3 660	53	-1 016
F.512	Actions non cotées	186	-46	-15	58	-3 701	1 409	1 852	-740
F.519	Autres participations	..	..	..	..	..	..	..	..
F.52	Parts de fonds d'investissement	120	801	579	12	652	-1 367	-78	419
F.521	Parts de fonds d'investissement monétaires	..	..	..	..	..	..	..	..
F.522	Autres parts de fonds d'investissement	..	..	..	..	..	..	..	..
F.6	**Systèmes d'assurance, de pensions et garanties standard**	**0**	**0**	**0**	**0**	**0**	**0**	**0**	**0**
F.61	Réserves techniques d'assurance-dommages	..	..	..	..	..	..	..	..
F.62	Droits sur les assurances-vie et rentes	..	..	..	..	..	..	..	..
F.6M	Dts à pension, gérants, prestations hors retraite	..	..	..	..	..	..	..	..
F.63	Droits à pension	..	..	..	..	..	..	..	..
F.64	Dts des fonds de pension sur gérants des systèmes de pension	..	..	..	..	..	..	..	..
F.65	Droits à prestations hors retraite	..	..	..	..	..	..	..	..
F.66	Réserves pour appels dans le cadre de garanties standard	..	..	..	..	..	..	..	..
F.7	**Produits financiers dérivés et options sur titres des salariés**	**-44**	**80**	**-160**	**16**	**253**	**-270**	**-75**	**196**
F.71	Produits financiers dérivés	-44	80	-160	16	253	-270	-75	196
F.72	Options sur titres des salariés	0	0	0	0	0	0	0	0
F.8	**Autres comptes à recevoir**	**800**	**-4**	**-322**	**72**	**-430**	**368**	**-442**	**23**
F.81	Crédits commerciaux et avances	0	0	0	0	0	0	0	0
F.89	Autres comptes à recevoir, hors crédits commerciaux et avances	800	-4	-322	72	-430	368	-442	23
	Accroissement net des passifs	**-570**	**3 840**	**33 497**	**26 449**	**42 086**	**25 663**	**19 626**	**4 939**
F.1	**Or monétaire et DTS**	**0**	**0**	**0**	**0**	**0**	**0**	**0**	**0**
F.11	Or monétaire	..	..	..	..	..	..	..	..
F.12	Droits de tirage spéciaux (DTS)	0	0	0	0	0	0	0	0
F.2	**Numéraire et dépôts**	**-247**	**-396**	**1 169**	**1 395**	**3 422**	**2 893**	**3 802**	**-30 707**
F.21	Numéraire	48	65	44	-23	-18	22	-24	5
F.22	Dépôts transférables	0	0	0	0	0	0	0	0
F.29	Autres dépôts	-295	-461	1 125	1 418	3 440	2 871	3 826	-30 712
F.3	**Titres de dette**	**-474**	**3 781**	**30 200**	**24 740**	**6 177**	**-8 865**	**-7 645**	**25 760**
F.3S	Titres de dette à court terme	-136	4 039	19 545	-5 338	-13 175	-3 495	-1 278	-160
F.3L	Titres de dette à long terme	-338	-258	10 656	30 078	19 353	-5 371	-6 367	25 920
F.4	**Crédits**	**49**	**81**	**1 864**	**-5**	**31 251**	**31 719**	**23 142**	**10 654**
F.4S	Crédits à court terme	138	9	38	250	27	-165	1 338	-458
F.4L	Crédits à long terme	-88	72	1 826	-255	31 223	31 885	21 804	11 112
F.5	**Actions et parts de fonds d'investissement**	**2**	**-12**	**-18**	**94**	**121**	**1**	**14**	**21**
F.51	Actions	2	-12	-18	94	121	1	14	21
F.511	Actions cotées	..	..	..	..	..	..	..	..
F.512	Actions non cotées	2	-12	-18	94	121	1	14	21
F.519	Autres participations	..	..	..	..	..	..	..	..
F.52	Parts de fonds d'investissement	..	..	..	..	..	..	..	..
F.521	Parts de fonds d'investissement monétaires	..	..	..	..	..	..	..	..
F.522	Autres parts de fonds d'investissement	..	..	..	..	..	..	..	..
F.6	**Systèmes d'assurance, de pensions et garanties standard**	**..**	**..**	**..**	**..**	**..**	**..**	**..**	**..**
F.61	Réserves techniques d'assurance-dommages	..	..	..	..	..	..	..	..
F.62	Droits sur les assurances-vie et rentes	..	..	..	..	..	..	..	..
F.6M	Dts à pension, gérants de syst. de pension, hors retraite	..	..	..	..	..	..	..	..
F.63	Droits à pension	..	..	..	..	..	..	..	..
F.64	Dts des fonds de pension sur gérants des systèmes de pension	..	..	..	..	..	..	..	..
F.65	Droits à prestations hors retraite	..	..	..	..	..	..	..	..
F.66	Réserves pour appels dans le cadre de garanties standard	..	..	..	..	..	..	..	..
F.7	**Produits financiers dérivés et options sur titres des salariés**	**49**	**0**	**0**	**0**	**0**	**2**	**0**	**0**
F.71	Produits financiers dérivés	49	0	0	0	0	2	0	0
F.72	Options sur titres des salariés	0	0	0	0	0	0	0	0
F.8	**Autres comptes à payer**	**51**	**386**	**282**	**225**	**1 115**	**-87**	**313**	**-789**
F.81	Crédits commerciaux et avances	0	0	0	0	0	0	0	0
F.89	Autres comptes à payer, hors des crédits commerciaux et avances	51	386	282	225	1 115	-87	313	-789
	Opérations financières nettes	**4 613**	**-11**	**-14 236**	**-23 452**	**-53 585**	**-21 588**	**-13 917**	**-9 990**

Note : Les métadonnées détaillées sont disponibles sur :http://metalinks.oecd.org/faiiia/20150126/9b0b

IRLANDE

Tableau 2.5.a. Flux consolidés, Secteur S14-S15 - Ménages et ISBLSM

SCN 2008

Millions EUR (1999 IEP euro)

		2006	2007	2008	2009	2010	2011	2012	2013
	Acquisition nette d'actifs financiers	**15 274**	**8 629**	**7 167**	**7 838**	**2 570**	**1 426**	**1 858**	**-578**
F.1	**Or monétaire et DTS**	..	..	..	..	..	..	..	..
F.11	Or monétaire	..	..	..	..	..	..	..	..
F.12	Droits de tirage spéciaux (DTS)	..	..	..	..	..	..	..	..
F.2	**Numéraire et dépôts**	**11 614**	**6 597**	**3 742**	**5 261**	**535**	**-1 727**	**2 767**	**158**
F.21	Numéraire	600	1 248	147	3 455	116	-29	-82	77
F.22	Dépôts transférables	6 056	4 032	-2 890	-113	52	-3 006	103	3 515
F.29	Autres dépôts	4 957	1 317	6 485	1 919	367	1 308	2 746	-3 434
F.3	**Titres de dette**	**-1**	**0**	**39**	**97**	**54**	**-13**	**1**	**0**
F.3S	Titres de dette à court terme	0	0	0	0	0	0	0	0
F.3L	Titres de dette à long terme	-1	0	39	97	54	-13	1	0
F.4	**Crédits**	**0**	**0**	**0**	**0**	**0**	**0**	**0**	**0**
F.4S	Crédits à court terme	0	0	0	0	0	0	0	0
F.4L	Crédits à long terme	0	0	0	0	0	0	0	0
F.5	**Actions et parts de fonds d'investissement**	**-272**	**-2 032**	**-730**	**-675**	**-2 186**	**-338**	**-4 165**	**-4 545**
F.51	Actions	-272	-2 032	-730	-675	-2 186	-338	-4 165	-4 545
F.511	Actions cotées	871	-1 167	-1 645	320	-780	200	338	-1 751
F.512	Actions non cotées	-1 143	-865	915	-995	-1 406	-538	-4 503	-2 794
F.519	Autres participations	..	..	..	..	..	..	..	..
F.52	Parts de fonds d'investissement	0	0	0	0	0	0	0	0
F.521	Parts de fonds d'investissement monétaires	..	..	..	..	..	..	..	..
F.522	Autres parts de fonds d'investissement	..	..	..	..	..	..	..	..
F.6	**Systèmes d'assurance, de pensions et garanties standard**	**3 709**	**4 043**	**2 950**	**2 813**	**3 119**	**3 104**	**2 957**	**2 849**
F.61	Réserves techniques d'assurance-dommages	329	683	811	-102	205	-41	296	-243
F.62	Droits sur les assurances-vie et rentes	592	73	-1 212	217	455	714	463	782
F.6M	Dts à pension, gérants, prestations hors retraite	2 787	3 286	3 351	2 697	2 459	2 431	2 199	2 310
F.63	Droits à pension	..	..	..	..	..	..	..	..
F.64	Dts des fonds de pension sur gérants des systèmes de pension	..	..	..	..	..	..	..	..
F.65	Droits à prestations hors retraite	..	..	..	..	..	..	..	..
F.66	Réserves pour appels dans le cadre de garanties standard	0	0	0	0	0	0	0	0
F.7	**Produits financiers dérivés et options sur titres des salariés**	**-41**	**-34**	**33**	**11**	**-137**	**-60**	**-89**	**0**
F.71	Produits financiers dérivés	-41	-34	33	11	-137	-60	-89	0
F.72	Options sur titres des salariés	0	0	0	0	0	0	0	0
F.8	**Autres comptes à recevoir**	**265**	**55**	**1 133**	**331**	**1 185**	**460**	**387**	**960**
F.81	Crédits commerciaux et avances	-40	17	-205	-307	341	150	14	-69
F.89	Autres comptes à recevoir, hors crédits commerciaux et avances	304	38	1 339	639	844	310	373	1 029
	Accroissement net des passifs	**28 740**	**24 972**	**8 557**	**-2 516**	**-9 235**	**-7 340**	**-5 576**	**-6 349**
F.1	**Or monétaire et DTS**	..	..	..	..	..	..	..	..
F.11	Or monétaire	..	..	..	..	..	..	..	..
F.12	Droits de tirage spéciaux (DTS)	..	..	..	..	..	..	..	..
F.2	**Numéraire et dépôts**	..	..	..	..	..	..	..	..
F.21	Numéraire	..	..	..	..	..	..	..	..
F.22	Dépôts transférables	..	..	..	..	..	..	..	..
F.29	Autres dépôts	..	..	..	..	..	..	..	..
F.3	**Titres de dette**	**0**	**0**	**0**	**0**	**0**	**0**	**0**	**0**
F.3S	Titres de dette à court terme	0	0	0	0	0	0	0	0
F.3L	Titres de dette à long terme	0	0	0	0	0	0	0	0
F.4	**Crédits**	**28 195**	**24 898**	**7 543**	**-2 014**	**-9 818**	**-8 902**	**-7 497**	**-6 451**
F.4S	Crédits à court terme	3 473	540	-299	515	-2 891	-1 201	-536	1 891
F.4L	Crédits à long terme	24 722	24 358	7 842	-2 529	-6 928	-7 701	-6 961	-8 342
F.5	**Actions et parts de fonds d'investissement**	**0**	**0**	**0**	**0**	**0**	**0**	**0**	**0**
F.51	Actions	0	0	0	0	0	0	0	0
F.511	Actions cotées	..	..	..	..	..	..	..	..
F.512	Actions non cotées	..	..	..	..	..	..	..	..
F.519	Autres participations	..	..	..	..	..	..	..	..
F.52	Parts de fonds d'investissement	..	..	..	..	..	..	..	..
F.521	Parts de fonds d'investissement monétaires	..	..	..	..	..	..	..	..
F.522	Autres parts de fonds d'investissement	..	..	..	..	..	..	..	..
F.6	**Systèmes d'assurance, de pensions et garanties standard**	..	..	..	..	..	..	..	..
F.61	Réserves techniques d'assurance-dommages	..	..	..	..	..	..	..	..
F.62	Droits sur les assurances-vie et rentes	..	..	..	..	..	..	..	..
F.6M	Dts à pension, gérants de syst. de pension, hors retraite	..	..	..	..	..	..	..	..
F.63	Droits à pension	..	..	..	..	..	..	..	..
F.64	Dts des fonds de pension sur gérants des systèmes de pension	..	..	..	..	..	..	..	..
F.65	Droits à prestations hors retraite	..	..	..	..	..	..	..	..
F.66	Réserves pour appels dans le cadre de garanties standard	..	..	..	..	..	..	..	..
F.7	**Produits financiers dérivés et options sur titres des salariés**	**0**	**0**	**0**	**0**	**0**	**0**	**0**	**0**
F.71	Produits financiers dérivés	0	0	0	0	0	0	0	0
F.72	Options sur titres des salariés	0	0	0	0	0	0	0	0
F.8	**Autres comptes à payer**	**545**	**74**	**1 014**	**-502**	**583**	**1 562**	**1 921**	**102**
F.81	Crédits commerciaux et avances	-49	-46	-74	-604	-575	91	550	-22
F.89	Autres comptes à payer, hors des crédits commerciaux et avances	593	121	1 088	102	1 158	1 471	1 371	124
	Opérations financières nettes	**-13 466**	**-16 343**	**-1 390**	**10 354**	**11 805**	**8 766**	**7 434**	**5 771**

Note : Les métadonnées détaillées sont disponibles sur :http://metalinks.oecd.org/faiiia/20150126/9b0b

IRLANDE

Tableau 2.6.a. Flux consolidés, Secteur S2 - Reste du monde
SCN 2008

Millions EUR (1999 IEP euro)

		2006	2007	2008	2009	2010	2011	2012	2013
	Acquisition nette d'actifs financiers	**373 787**	**361 983**	**167 193**	**-29 591**	**52 685**	**18 236**	**16 186**	**81 899**
F.1	**Or monétaire et DTS**	**-17**	**4**	**-5**	**-4**	**-1**	**-31**	**0**	**0**
F.11	Or monétaire	-17	4	-5	-4	-1	-31	0	0
F.12	Droits de tirage spéciaux (DTS)	0	0	0	0	0	0	0	0
F.2	**Numéraire et dépôts**	**90 141**	**133 639**	**126 086**	**-91 360**	**-71 270**	**-80 873**	**-87 393**	**-38 764**
F.21	Numéraire	0	0	0	0	0	0	0	0
F.22	Dépôts transférables	10 623	1 912	6 018	-9 730	2 819	-11 021	-352	2 687
F.29	Autres dépôts	79 518	131 727	120 068	-81 630	-74 090	-69 852	-87 041	-41 452
F.3	**Titres de dette**	**102 338**	**66 996**	**1 932**	**20 467**	**-18 105**	**-3 217**	**-5 828**	**-20 769**
F.3S	Titres de dette à court terme	13 062	-5 861	-31 687	13 558	-17 323	-7 583	-325	-8 764
F.3L	Titres de dette à long terme	89 276	72 857	33 619	6 909	-782	4 366	-5 503	-12 005
F.4	**Crédits**	**18 561**	**38 343**	**13 201**	**19 880**	**-2 038**	**97 765**	**2 750**	**39 566**
F.4S	Crédits à court terme	-132	17 628	587	36 507	-6 466	52 843	2 346	21 473
F.4L	Crédits à long terme	18 694	20 715	12 614	-16 627	4 428	44 922	404	18 093
F.5	**Actions et parts de fonds d'investissement**	**130 935**	**107 385**	**11 633**	**41 394**	**123 860**	**26 039**	**110 689**	**87 058**
F.51	Actions	4 486	9 542	20 207	26 735	24 603	-22 404	38 881	39 813
F.511	Actions cotées	19 191	10 000	-5 923	8 777	836	2 674	1 297	8 498
F.512	Actions non cotées	-14 705	-458	26 131	17 958	23 767	-25 079	37 584	31 314
F.519	Autres participations	..	..	..	..	..	..	..	..
F.52	Parts de fonds d'investissement	126 448	97 843	-8 574	14 659	99 256	48 443	71 808	47 245
F.521	Parts de fonds d'investissement monétaires	..	..	..	..	..	..	..	..
F.522	Autres parts de fonds d'investissement	..	..	..	..	..	..	..	..
F.6	**Systèmes d'assurance, de pensions et garanties standard**	**16 861**	**18 502**	**-7 834**	**12 615**	**5 988**	**-19 731**	**-1 325**	**502**
F.61	Réserves techniques d'assurance-dommages	3 459	9 975	-3 193	1 464	1 042	-18 206	-2 413	-2 897
F.62	Droits sur les assurances-vie et rentes	13 402	8 527	-4 641	11 151	4 946	-1 525	1 088	3 399
F.6M	Dts à pension, gérants, prestations hors retraite	0	0	0	0	0	0	0	0
F.63	Droits à pension	..	..	..	..	..	..	..	..
F.64	Dts des fonds de pension sur gérants des systèmes de pension	..	..	..	..	..	..	..	..
F.65	Droits à prestations hors retraite	..	..	..	..	..	..	..	..
F.66	Réserves pour appels dans le cadre de garanties standard	0	0	0	0	0	0	0	0
F.7	**Produits financiers dérivés et options sur titres des salariés**	**4 052**	**7 600**	**11 832**	**-18 048**	**-5 841**	**-1 034**	**-18 344**	**-2 222**
F.71	Produits financiers dérivés	4 052	7 600	11 832	-18 048	-5 841	-1 034	-18 344	-2 222
F.72	Options sur titres des salariés	0	0	0	0	0	0	0	0
F.8	**Autres comptes à recevoir**	**10 916**	**-10 486**	**10 348**	**-14 535**	**20 092**	**-682**	**15 637**	**16 528**
F.81	Crédits commerciaux et avances	3 914	-6 601	9 882	-13 751	6 038	-1 020	10 379	4 513
F.89	Autres comptes à recevoir, hors crédits commerciaux et avances	7 002	-3 884	466	-784	14 053	339	5 258	12 015
	Accroissement net des passifs	**369 017**	**349 935**	**151 059**	**-28 528**	**45 406**	**8 162**	**16 066**	**93 002**
F.1	**Or monétaire et DTS**	**-8**	**8**	**-15**	**-12**	**-41**	**-93**	**8**	**10**
F.11	Or monétaire	..	..	..	..	..	..	..	..
F.12	Droits de tirage spéciaux (DTS)	-8	8	-15	-12	-41	-93	8	10
F.2	**Numéraire et dépôts**	**53 576**	**69 143**	**16 424**	**-24 664**	**-3 956**	**44 893**	**-33 268**	**-13 330**
F.21	Numéraire	-12	1	0	0	1	0	0	0
F.22	Dépôts transférables	-3 009	25 029	9 193	-30 708	23 585	19 397	-29 848	-10 925
F.29	Autres dépôts	56 597	44 112	7 232	6 044	-27 542	25 496	-3 421	-2 404
F.3	**Titres de dette**	**147 393**	**146 250**	**41 201**	**-10 221**	**-27 810**	**8 527**	**64 510**	**33 491**
F.3S	Titres de dette à court terme	56 574	33 596	-9 057	27 109	37 382	4 482	11 241	9 048
F.3L	Titres de dette à long terme	90 818	112 654	50 258	-37 330	-65 192	4 044	53 269	24 443
F.4	**Crédits**	**43 311**	**86 260**	**76 216**	**-10 342**	**19 084**	**-15 519**	**-57 632**	**-37 752**
F.4S	Crédits à court terme	-600	18 545	25 656	23 453	-3 291	39 802	13 946	-28 645
F.4L	Crédits à long terme	43 911	67 715	50 560	-33 795	22 375	-55 321	-71 578	-9 108
F.5	**Actions et parts de fonds d'investissement**	**121 270**	**27 343**	**11 773**	**32 578**	**43 549**	**-7 812**	**36 042**	**79 507**
F.51	Actions	105 063	28 249	6 643	39 545	43 016	-8 629	33 111	65 855
F.511	Actions cotées	65 605	7 106	-25 248	12 408	27 472	-5 715	17 078	42 266
F.512	Actions non cotées	39 458	21 143	31 891	27 137	15 544	-2 914	16 033	23 589
F.519	Autres participations	..	..	..	..	..	..	..	..
F.52	Parts de fonds d'investissement	16 207	-905	5 130	-6 967	533	817	2 931	13 652
F.521	Parts de fonds d'investissement monétaires	..	..	..	..	..	..	..	..
F.522	Autres parts de fonds d'investissement	..	..	..	..	..	..	..	..
F.6	**Systèmes d'assurance, de pensions et garanties standard**	**-670**	**7 376**	**1 034**	**3 925**	**-886**	**-16 487**	**-1 810**	**-1 191**
F.61	Réserves techniques d'assurance-dommages	-854	6 902	971	3 740	-1 057	-16 353	-2 988	-1 256
F.62	Droits sur les assurances-vie et rentes	184	474	63	185	171	-134	1 179	65
F.6M	Dts à pension, gérants de syst. de pension, hors retraite	0	0	0	0	0	0	0	0
F.63	Droits à pension	..	..	..	..	..	..	..	..
F.64	Dts des fonds de pension sur gérants des systèmes de pension	..	..	..	..	..	..	..	..
F.65	Droits à prestations hors retraite	..	..	..	..	..	..	..	..
F.66	Réserves pour appels dans le cadre de garanties standard	0	0	0	0	0	0	0	0
F.7	**Produits financiers dérivés et options sur titres des salariés**	**74**	**9 835**	**12 980**	**-15 556**	**6 688**	**-1 867**	**-11 566**	**4 449**
F.71	Produits financiers dérivés	74	9 835	12 980	-15 556	6 688	-1 867	-11 566	4 449
F.72	Options sur titres des salariés	0	0	0	0	0	0	0	0
F.8	**Autres comptes à payer**	**4 071**	**3 720**	**-8 554**	**-4 236**	**8 778**	**-3 480**	**19 782**	**27 818**
F.81	Crédits commerciaux et avances	2 158	4 417	-968	-5 204	471	2 115	18 537	10 336
F.89	Autres comptes à payer, hors des crédits commerciaux et avances	1 913	-698	-7 587	968	8 308	-5 596	1 245	17 481
	Opérations financières nettes	**4 770**	**12 048**	**16 134**	**-1 063**	**7 279**	**10 074**	**120**	**-11 103**

Note : Les métadonnées détaillées sont disponibles sur :http://metalinks.oecd.org/faiiia/20150126/9b0b

ITALIE

Tableau 1.a. Flux consolidés, par instrument et par secteur, Année 2013
SCN 2008

Millions EUR (1999 ITL euro)

		Sociétés financières					
		Total S12	Institutions financières monétaires S121-2-3	Fonds d'investissements non monétaires S124	Autres institutions financières, hors S124 S125-6-7	Sociétés d'assurance et fonds de pension SS128-9	Sociétés financières publiques S1201
	Acquisition nette d'actifs financiers	**9 696**	**-57 651**	**18 818**	**23 065**	**50 277**	..
F.1	**Or monétaire et DTS**	**-32**	**-32**	**0**	**0**	**0**	..
F.11	Or monétaire	0	0	0	0	0	..
F.12	Droits de tirage spéciaux (DTS)	-32	-32	0	0	0	..
F.2	**Numéraire et dépôts**	**-14 058**	**-13 965**	**2 440**	**-298**	**-2 842**	..
F.21	Numéraire	32	32	0	0	0	..
F.22	Dépôts transférables	-2 911	-2 818	2 594	170	-1 346	..
F.29	Autres dépôts	-11 179	-11 179	-154	-468	-1 496	..
F.3	**Titres de dette**	**66 288**	**28 519**	**7 233**	**14 988**	**24 598**	..
F.3S	Titres de dette à court terme	-23 488	-24 673	-971	-1 421	3 577	..
F.3L	Titres de dette à long terme	89 776	53 192	8 204	16 409	21 021	..
F.4	**Crédits**	**-92 201**	**-79 002**	**0**	**-13 484**	**193**	..
F.4S	Crédits à court terme	-43 840	-47 992	0	-4 474	343	..
F.4L	Crédits à long terme	-48 360	-31 009	0	-9 010	-150	..
F.5	**Actions et parts de fonds d'investissement**	**46 909**	**3 963**	**8 895**	**21 859**	**28 026**	..
F.51	Actions	17 712	3 270	2 968	2 001	12 841	..
F.511	Actions cotées	-482	1 091	413	-1 251	95	..
F.512	Actions non cotées	14 628	2 178	2 554	8 454	11 517	..
F.519	Autres participations	3 566	0	0	-5 202	1 230	..
F.52	Parts de fonds d'investissement	29 197	694	5 927	19 857	15 185	..
F.521	Parts de fonds d'investissement monétaires	..	..	..	..	..	..
F.522	Autres parts de fonds d'investissement	..	..	..	..	..	..
F.6	**Systèmes d'assurance, de pensions et garanties standard**	**304**	**629**	**0**	**0**	**304**	..
F.61	Réserves techniques d'assurance-dommages	-356	-31	0	0	304	..
F.62	Droits sur les assurances-vie et rentes	0	0	0	0	0	..
F.6M	Dts à pension, gérants, prestations hors retraite	0	0	0	0	0	..
F.63	Droits à pension	..	..	..	..	..	..
F.64	Dts des fonds de pension sur gérants des systèmes de pension	..	..	..	..	..	..
F.65	Droits à prestations hors retraite	..	..	..	..	..	..
F.66	Réserves pour appels dans le cadre de garanties standard	660	660	0	0	0	..
F.7	**Produits financiers dérivés et options sur titres des salariés**	**2 558**	**2 308**	**250**	**0**	**0**	..
F.71	Produits financiers dérivés	..	..	..	..	..	..
F.72	Options sur titres des salariés	..	..	..	..	..	..
F.8	**Autres comptes à recevoir**	**-73**	**-71**	**0**	**0**	**-2**	..
F.81	Crédits commerciaux et avances	0	0	0	0	0	..
F.89	Autres comptes à recevoir, hors crédits commerciaux et avances	-73	-71	0	0	-2	..
	Accroissement net des passifs	**-47 218**	**-53 847**	**14 977**	**-10 816**	**27 282**	..
F.1	**Or monétaire et DTS**	**0**	**0**	**0**	**0**	**0**	..
F.11	Or monétaire	0	0	0	0	0	..
F.12	Droits de tirage spéciaux (DTS)	0	0	0	0	0	..
F.2	**Numéraire et dépôts**	**-25 127**	**-25 734**	**0**	**0**	**0**	..
F.21	Numéraire	7 929	7 929	0	0	0	..
F.22	Dépôts transférables	-8 597	-7 087	0	0	0	..
F.29	Autres dépôts	-24 460	-26 577	0	0	0	..
F.3	**Titres de dette**	**-60 250**	**-51 704**	**0**	**0**	**504**	..
F.3S	Titres de dette à court terme	0	0	0	0	0	..
F.3L	Titres de dette à long terme	-60 250	-51 704	0	0	504	..
F.4	**Crédits**	**-2 432**	**8 842**	**0**	**-10 952**	**-414**	..
F.4S	Crédits à court terme	-4 055	0	0	-12 499	161	..
F.4L	Crédits à long terme	1 623	8 842	0	1 547	-575	..
F.5	**Actions et parts de fonds d'investissement**	**18 303**	**17 652**	**14 977**	**118**	**1 390**	..
F.51	Actions	15 385	17 245	0	118	1 390	..
F.511	Actions cotées	239	704	0	0	366	..
F.512	Actions non cotées	7 647	16 541	0	156	1 025	..
F.519	Autres participations	7 500	0	0	-38	0	..
F.52	Parts de fonds d'investissement	2 917	407	14 977	0	0	..
F.521	Parts de fonds d'investissement monétaires	..	..	..	..	..	..
F.522	Autres parts de fonds d'investissement	..	..	..	..	..	..
F.6	**Systèmes d'assurance, de pensions et garanties standard**	**22 243**	**-2 960**	**0**	**0**	**25 832**	..
F.61	Réserves techniques d'assurance-dommages	-2 004	0	0	0	-1 375	..
F.62	Droits sur les assurances-vie et rentes	18 574	0	0	0	18 574	..
F.6M	Dts à pension, gérants de syst. de pension, hors retraite	5 673	-2 960	0	0	8 633	..
F.63	Droits à pension	..	..	..	..	..	..
F.64	Dts des fonds de pension sur gérants des systèmes de pension	..	..	..	..	..	..
F.65	Droits à prestations hors retraite	..	..	..	..	..	..
F.66	Réserves pour appels dans le cadre de garanties standard	0	0	0	0	0	..
F.7	**Produits financiers dérivés et options sur titres des salariés**	**-22**	**0**	**0**	**18**	**-40**	..
F.71	Produits financiers dérivés	..	..	..	..	..	..
F.72	Options sur titres des salariés	..	..	..	..	..	..
F.8	**Autres comptes à payer**	**67**	**58**	**0**	**0**	**9**	..
F.81	Crédits commerciaux et avances	0	0	0	0	0	..
F.89	Autres comptes à payer, hors des crédits commerciaux et avances	67	58	0	0	9	..
	Opérations financières nettes	..	..	..	..	..	..

ITALIE

Tableau 1.a. Flux consolidés, par instrument et par secteur, Année 2013 (cont.)

SCN 2008

Millions EUR (1999 ITL euro)

		Sociétés non financières	Administrations publiques		Ménages et ISBLSM	Economie totale	Reste du monde
		S11	Total S13	Administration centrale S1311	S14+S15	S1	S2
	Acquisition nette d'actifs financiers	**7 889**	**22 157**	**35 884**	**24 126**	**22 152**	**-21 222**
F.1	**Or monétaire et DTS**	**0**	**0**	**0**	**0**	**-32**	**0**
F.11	Or monétaire	0	0	0	0	0	0
F.12	Droits de tirage spéciaux (DTS)	0	0	0	0	-32	0
F.2	**Numéraire et dépôts**	**15 417**	**725**	**3 012**	**24 394**	**-11 285**	**-63 723**
F.21	Numéraire	2 119	0	0	8 903	3 102	0
F.22	Dépôts transférables	15 360	-1 384	-741	9 924	-3 208	-32 421
F.29	Autres dépôts	-2 062	2 109	3 753	5 568	-11 179	-31 302
F.3	**Titres de dette**	**-6 924**	**1 489**	**91**	**-71 617**	**-29 760**	**23 832**
F.3S	Titres de dette à court terme	312	0	0	-5 627	-1 199	17 240
F.3L	Titres de dette à long terme	-7 236	1 489	91	-65 990	-28 561	6 592
F.4	**Crédits**	**-977**	**7 144**	**19 652**	**385**	**-16 343**	**-2 728**
F.4S	Crédits à court terme	-977	0	0	385	-18 769	-5 620
F.4L	Crédits à long terme	0	7 144	19 652	0	2 426	2 892
F.5	**Actions et parts de fonds d'investissement**	**13 490**	**8 615**	**8 058**	**49 931**	**81 221**	**26 607**
F.51	Actions	11 528	8 615	8 058	29 399	32 000	26 160
F.511	Actions cotées	11 164	162	162	-9 969	1 391	13 021
F.512	Actions non cotées	-17 859	8 453	7 896	14 660	12 765	3 112
F.519	Autres participations	18 224	0	0	24 709	17 844	10 027
F.52	Parts de fonds d'investissement	1 962	0	0	20 532	49 221	447
F.521	Parts de fonds d'investissement monétaires	..	..	..	..	..	..
F.522	Autres parts de fonds d'investissement	..	..	..	..	..	..
F.6	**Systèmes d'assurance, de pensions et garanties standard**	**-467**	**-35**	**-3**	**21 431**	**304**	**-285**
F.61	Réserves techniques d'assurance-dommages	-467	-35	-3	-608	304	-234
F.62	Droits sur les assurances-vie et rentes	0	0	0	18 625	0	-51
F.6M	Dts à pension, gérants, prestations hors retraite	0	0	0	3 414	0	0
F.63	Droits à pension	..	..	..	..	..	..
F.64	Dts des fonds de pension sur gérants des systèmes de pension	..	..	..	..	..	..
F.65	Droits à prestations hors retraite	..	..	..	..	..	..
F.66	Réserves pour appels dans le cadre de garanties standard	0	0	0	0	0	0
F.7	**Produits financiers dérivés et options sur titres des salariés**	**0**	**2 669**	**2 828**	**0**	**0**	**-6 173**
F.71	Produits financiers dérivés	..	..	..	..	..	..
F.72	Options sur titres des salariés	..	..	..	..	..	..
F.8	**Autres comptes à recevoir**	**-12 649**	**1 550**	**2 246**	**-398**	**-1 953**	**1 247**
F.81	Crédits commerciaux et avances	-8 442	0	0	48	-656	1 273
F.89	Autres comptes à recevoir, hors crédits commerciaux et avances	-4 207	1 550	2 246	-446	-1 297	-26
	Accroissement net des passifs	**8 971**	**69 189**	**83 451**	**-10 447**	**-21 222**	**22 152**
F.1	**Or monétaire et DTS**	**0**	**0**	**0**	**0**	**0**	**-32**
F.11	Or monétaire	0	0	0	0	0	0
F.12	Droits de tirage spéciaux (DTS)	0	0	0	0	0	-32
F.2	**Numéraire et dépôts**	**976**	**-1 808**	**-1 808**	**0**	**-63 723**	**-11 285**
F.21	Numéraire	0	22	22	0	0	3 102
F.22	Dépôts transférables	976	-602	-602	0	-32 421	-3 208
F.29	Autres dépôts	0	-1 228	-1 228	0	-31 302	-11 179
F.3	**Titres de dette**	**20 494**	**82 584**	**85 905**	**0**	**23 832**	**-29 760**
F.3S	Titres de dette à court terme	0	-10 363	-10 033	0	17 240	-1 199
F.3L	Titres de dette à long terme	20 494	92 947	95 939	0	6 592	-28 561
F.4	**Crédits**	**-58 644**	**199**	**5 047**	**-11 157**	**-2 728**	**-16 343**
F.4S	Crédits à court terme	-24 144	-2 556	194	-529	-5 620	-18 769
F.4L	Crédits à long terme	-34 500	2 755	4 853	-10 629	2 892	2 426
F.5	**Actions et parts de fonds d'investissement**	**46 028**	**0**	**0**	**0**	**26 607**	**81 221**
F.51	Actions	46 028	0	0	0	26 160	32 000
F.511	Actions cotées	12 266	0	0	0	13 021	1 391
F.512	Actions non cotées	2 581	0	0	0	3 112	12 765
F.519	Autres participations	31 181	0	0	0	10 027	17 844
F.52	Parts de fonds d'investissement	0	0	0	0	447	49 221
F.521	Parts de fonds d'investissement monétaires	..	..	..	..	..	..
F.522	Autres parts de fonds d'investissement	..	..	..	..	..	..
F.6	**Systèmes d'assurance, de pensions et garanties standard**	**-2 259**	**660**	**660**	**0**	**-285**	**304**
F.61	Réserves techniques d'assurance-dommages	0	0	0	0	-234	304
F.62	Droits sur les assurances-vie et rentes	0	0	0	0	-51	0
F.6M	Dts à pension, gérants de syst. de pension, hors retraite	-2 259	0	0	0	0	0
F.63	Droits à pension	..	..	..	..	..	..
F.64	Dts des fonds de pension sur gérants des systèmes de pension	..	..	..	..	..	..
F.65	Droits à prestations hors retraite	..	..	..	..	..	..
F.66	Réserves pour appels dans le cadre de garanties standard	0	660	660	0	0	0
F.7	**Produits financiers dérivés et options sur titres des salariés**	**-124**	**-800**	**-800**	**0**	**-6 173**	**0**
F.71	Produits financiers dérivés	..	..	..	..	..	..
F.72	Options sur titres des salariés	..	..	..	..	..	..
F.8	**Autres comptes à payer**	**2 500**	**-11 647**	**-5 554**	**710**	**1 247**	**-1 953**
F.81	Crédits commerciaux et avances	1 321	-7 786	-1 978	0	1 273	-656
F.89	Autres comptes à payer, hors des crédits commerciaux et avances	1 179	-3 861	-3 576	710	-26	-1 297
	Opérations financières nettes	..	..	..	..	..	..

Note : Les métadonnées détaillées sont disponibles sur :http://metalinks.oecd.org/faiia/20150126/8e14

ITALIE

Tableau 1.b. Flux non consolidés, par instrument et par secteur, Année 2013
SCN 2008

Millions EUR (1999 ITL euro)

		Sociétés financières					
		Total S12	Institutions financières monétaires S121-2-3	Fonds d'investissements non monétaires S124	Autres institutions financières, hors S124 S125-6-7	Sociétés d'assurance et fonds de pension SS128-9	Sociétés financières publiques S1201
	Acquisition nette d'actifs financiers	**-47 607**	**-121 203**	**18 818**	**5 891**	**48 887**	..
F.1	**Or monétaire et DTS**	**-32**	**-32**	**0**	**0**	**0**	..
F.11	Or monétaire	0	0	0	0	0	..
F.12	Droits de tirage spéciaux (DTS)	-32	-32	0	0	0	..
F.2	**Numéraire et dépôts**	**-47 468**	**-46 768**	**2 440**	**-298**	**-2 842**	..
F.21	Numéraire	-304	-304	0	0	0	..
F.22	Dépôts transférables	-6 876	-8 293	2 594	170	-1 346	..
F.29	Autres dépôts	-40 288	-38 170	-154	-468	-1 496	..
F.3	**Titres de dette**	**25 706**	**-3 954**	**7 233**	**-2 172**	**24 598**	..
F.3S	Titres de dette à court terme	-23 488	-24 673	-971	-1 421	3 577	..
F.3L	Titres de dette à long terme	49 194	20 720	8 204	-751	21 021	..
F.4	**Crédits**	**-92 345**	**-79 002**	**0**	**-13 536**	**193**	..
F.4S	Crédits à court terme	-52 123	-47 992	0	-4 474	343	..
F.4L	Crédits à long terme	-40 221	-31 009	0	-9 062	-150	..
F.5	**Actions et parts de fonds d'investissement**	**63 114**	**5 686**	**8 895**	**21 897**	**26 636**	..
F.51	Actions	21 446	4 987	2 968	2 039	11 451	..
F.511	Actions cotées	-595	513	413	-1 251	-271	..
F.512	Actions non cotées	18 475	-3 026	2 554	8 454	10 492	..
F.519	Autres participations	3 566	7 500	0	-5 164	1 230	..
F.52	Parts de fonds d'investissement	41 668	698	5 927	19 857	15 185	..
F.521	Parts de fonds d'investissement monétaires	..	..	..	..	..	..
F.522	Autres parts de fonds d'investissement	..	..	..	..	..	..
F.6	**Systèmes d'assurance, de pensions et garanties standard**	**933**	**629**	**0**	**0**	**304**	..
F.61	Réserves techniques d'assurance-dommages	273	-31	0	0	304	..
F.62	Droits sur les assurances-vie et rentes	0	0	0	0	0	..
F.6M	Dts à pension, gérants de syst. de pension, hors retraite	0	0	0	0	0	..
F.63	Droits à pension	..	..	..	..	..	..
F.64	Dts des fonds de pension sur gérants des systèmes de pension	..	..	..	..	..	..
F.65	Droits à prestations hors retraite	..	..	..	..	..	..
F.66	Réserves pour appels dans le cadre de garanties standard	660	660	0	0	0	..
F.7	**Produits financiers dérivés et options sur titres des salariés**	**2 558**	**2 308**	**250**	**0**	**0**	..
F.71	Produits financiers dérivés	..	..	..	..	..	..
F.72	Options sur titres des salariés	..	..	..	..	..	..
F.8	**Autres comptes à recevoir**	**-73**	**-71**	**0**	**0**	**-2**	..
F.81	Crédits commerciaux et avances	0	0	0	0	0	..
F.89	Autres comptes à recevoir, hors crédits commerciaux et avances	-73	-71	0	0	-2	..
	Accroissement net des passifs	**-104 521**	**-117 399**	**14 977**	**-27 990**	**25 891**	..
F.1	**Or monétaire et DTS**	**0**	**0**	**0**	**0**	**0**	..
F.11	Or monétaire	0	0	0	0	0	..
F.12	Droits de tirage spéciaux (DTS)	0	0	0	0	0	..
F.2	**Numéraire et dépôts**	**-58 537**	**-58 537**	**0**	**0**	**0**	..
F.21	Numéraire	7 593	7 593	0	0	0	..
F.22	Dépôts transférables	-12 562	-12 562	0	0	0	..
F.29	Autres dépôts	-53 568	-53 568	0	0	0	..
F.3	**Titres de dette**	**-100 832**	**-84 177**	**0**	**-17 160**	**504**	..
F.3S	Titres de dette à court terme	0	0	0	0	0	..
F.3L	Titres de dette à long terme	-100 832	-84 177	0	-17 160	504	..
F.4	**Crédits**	**-2 576**	**8 842**	**0**	**-11 004**	**-414**	..
F.4S	Crédits à court terme	-12 338	0	0	-12 499	161	..
F.4L	Crédits à long terme	9 762	8 842	0	1 495	-575	..
F.5	**Actions et parts de fonds d'investissement**	**34 507**	**19 374**	**14 977**	**156**	**0**	..
F.51	Actions	19 119	18 963	0	156	0	..
F.511	Actions cotées	126	126	0	0	0	..
F.512	Actions non cotées	11 493	11 337	0	156	0	..
F.519	Autres participations	7 500	7 500	0	0	0	..
F.52	Parts de fonds d'investissement	15 388	411	14 977	0	0	..
F.521	Parts de fonds d'investissement monétaires	..	..	..	..	..	..
F.522	Autres parts de fonds d'investissement	..	..	..	..	..	..
F.6	**Systèmes d'assurance, de pensions et garanties standard**	**22 872**	**-2 960**	**0**	**0**	**25 832**	..
F.61	Réserves techniques d'assurance-dommages	-1 375	0	0	0	-1 375	..
F.62	Droits sur les assurances-vie et rentes	18 574	0	0	0	18 574	..
F.6M	Dts à pension, gérants de syst. de pension, hors retraite	5 673	-2 960	0	0	8 633	..
F.63	Droits à pension	..	..	..	..	..	..
F.64	Dts des fonds de pension sur gérants des systèmes de pension	..	..	..	..	..	..
F.65	Droits à prestations hors retraite	..	..	..	..	..	..
F.66	Réserves pour appels dans le cadre de garanties standard	0	0	0	0	0	..
F.7	**Produits financiers dérivés et options sur titres des salariés**	**-22**	**0**	**0**	**18**	**-40**	..
F.71	Produits financiers dérivés	..	..	..	..	..	..
F.72	Options sur titres des salariés	..	..	..	..	..	..
F.8	**Autres comptes à payer**	**67**	**58**	**0**	**0**	**9**	..
F.81	Crédits commerciaux et avances	0	0	0	0	0	..
F.89	Autres comptes à payer, hors des crédits commerciaux et avances	67	58	0	0	9	..
	Opérations financières nettes	**56 914**	**-3 804**	**3 841**	**33 881**	**22 995**	..

ITALIE

Tableau 1.b. Flux non consolidés, par instrument et par secteur, Année 2013 (cont.)
SCN 2008

Millions EUR (1999 ITL euro)

		Sociétés non financières	Administrations publiques		Ménages et ISBLSM	Economie totale	Reste du monde
		S11	Total S13	Administration centrale S1311	S14+S15	S1	S2
	Acquisition nette d'actifs financiers	**1 721**	**36 218**	**35 326**	**24 612**	**14 945**	**-21 222**
F.1	**Or monétaire et DTS**	**0**	**0**	**0**	**0**	**-32**	**0**
F.11	Or monétaire	0	0	0	0	0	0
F.12	Droits de tirage spéciaux (DTS)	0	0	0	0	-32	0
F.2	**Numéraire et dépôts**	**16 175**	**425**	**2 712**	**24 394**	**-6 474**	**-63 723**
F.21	Numéraire	2 119	0	0	8 903	10 717	0
F.22	Dépôts transférables	16 118	-1 684	-1 041	9 924	17 482	-32 421
F.29	Autres dépôts	-2 062	2 109	3 753	5 568	-34 673	-31 302
F.3	**Titres de dette**	**-5 000**	**3 659**	**358**	**-71 617**	**-47 252**	**23 832**
F.3S	Titres de dette à court terme	312	253	-76	-5 627	-28 549	17 240
F.3L	Titres de dette à long terme	-5 312	3 406	434	-65 990	-18 702	6 592
F.4	**Crédits**	**-977**	**19 336**	**19 128**	**385**	**-73 601**	**-2 728**
F.4S	Crédits à court terme	-977	0	0	385	-52 716	-5 620
F.4L	Crédits à long terme	0	19 336	19 128	0	-20 885	2 892
F.5	**Actions et parts de fonds d'investissement**	**2 290**	**8 615**	**8 058**	**49 931**	**123 950**	**26 607**
F.51	Actions	329	8 615	8 058	29 399	59 788	26 160
F.511	Actions cotées	-151	162	162	-9 969	-10 554	13 021
F.512	Actions non cotées	-17 889	8 453	7 896	14 660	23 698	3 112
F.519	Autres participations	18 369	0	0	24 709	46 643	10 027
F.52	Parts de fonds d'investissement	1 962	0	0	20 532	64 162	447
F.521	Parts de fonds d'investissement monétaires	..	..	..	..	..	..
F.522	Autres parts de fonds d'investissement	..	..	..	..	..	..
F.6	**Systèmes d'assurance, de pensions et garanties standard**	**-467**	**-35**	**-3**	**22 047**	**22 478**	**-285**
F.61	Réserves techniques d'assurance-dommages	-467	-35	-3	-608	-837	-234
F.62	Droits sur les assurances-vie et rentes	0	0	0	18 625	18 625	-51
F.6M	Dts à pension, gérants de syst. de pension, hors retraite	0	0	0	4 030	4 030	0
F.63	Droits à pension	..	..	..	..	..	..
F.64	Dts des fonds de pension sur gérants des systèmes de pension	..	..	..	..	..	..
F.65	Droits à prestations hors retraite	..	..	..	..	..	..
F.66	Réserves pour appels dans le cadre de garanties standard	0	0	0	0	660	0
F.7	**Produits financiers dérivés et options sur titres des salariés**	**0**	**2 669**	**2 831**	**0**	**5 227**	**-6 173**
F.71	Produits financiers dérivés	..	..	..	..	..	..
F.72	Options sur titres des salariés	..	..	..	..	..	..
F.8	**Autres comptes à recevoir**	**-10 300**	**1 550**	**2 246**	**-528**	**-9 351**	**1 247**
F.81	Crédits commerciaux et avances	-6 093	0	0	-82	-6 175	1 273
F.89	Autres comptes à recevoir, hors crédits commerciaux et avances	-4 207	1 550	2 246	-446	-3 176	-26
	Accroissement net des passifs	**2 802**	**83 250**	**82 892**	**-9 961**	**-28 430**	**22 152**
F.1	**Or monétaire et DTS**	**0**	**0**	**0**	**0**	**0**	**-32**
F.11	Or monétaire	0	0	0	0	0	0
F.12	Droits de tirage spéciaux (DTS)	0	0	0	0	0	-32
F.2	**Numéraire et dépôts**	**1 733**	**-2 108**	**-2 108**	**0**	**-58 911**	**-11 285**
F.21	Numéraire	0	22	22	0	7 615	3 102
F.22	Dépôts transférables	1 733	-901	-901	0	-11 730	-3 208
F.29	Autres dépôts	0	-1 228	-1 228	0	-54 796	-11 179
F.3	**Titres de dette**	**22 419**	**84 754**	**86 172**	**0**	**6 341**	**-29 760**
F.3S	Titres de dette à court terme	0	-10 110	-10 110	0	-10 110	-1 199
F.3L	Titres de dette à long terme	22 419	94 864	96 281	0	16 450	-28 561
F.4	**Crédits**	**-58 644**	**12 391**	**4 522**	**-11 157**	**-59 986**	**-16 343**
F.4S	Crédits à court terme	-24 144	-2 556	194	-529	-39 567	-18 769
F.4L	Crédits à long terme	-34 500	14 947	4 328	-10 629	-20 419	2 426
F.5	**Actions et parts de fonds d'investissement**	**34 829**	**0**	**0**	**0**	**69 336**	**81 221**
F.51	Actions	34 829	0	0	0	53 948	32 000
F.511	Actions cotées	951	0	0	0	1 076	1 391
F.512	Actions non cotées	2 552	0	0	0	14 045	12 765
F.519	Autres participations	31 326	0	0	0	38 826	17 844
F.52	Parts de fonds d'investissement	0	0	0	0	15 388	49 221
F.521	Parts de fonds d'investissement monétaires	..	..	..	..	..	..
F.522	Autres parts de fonds d'investissement	..	..	..	..	..	..
F.6	**Systèmes d'assurance, de pensions et garanties standard**	**-2 259**	**660**	**660**	**616**	**21 889**	**304**
F.61	Réserves techniques d'assurance-dommages	0	0	0	0	-1 375	304
F.62	Droits sur les assurances-vie et rentes	0	0	0	0	18 574	0
F.6M	Dts à pension, gérants de syst. de pension, hors retraite	-2 259	0	0	616	4 030	0
F.63	Droits à pension	..	..	..	..	..	..
F.64	Dts des fonds de pension sur gérants des systèmes de pension	..	..	..	..	..	..
F.65	Droits à prestations hors retraite	..	..	..	..	..	..
F.66	Réserves pour appels dans le cadre de garanties standard	0	660	660	0	660	0
F.7	**Produits financiers dérivés et options sur titres des salariés**	**-124**	**-800**	**-800**	**0**	**-946**	**0**
F.71	Produits financiers dérivés	..	..	..	..	..	..
F.72	Options sur titres des salariés	..	..	..	..	..	..
F.8	**Autres comptes à payer**	**4 848**	**-11 647**	**-5 554**	**580**	**-6 152**	**-1 953**
F.81	Crédits commerciaux et avances	3 669	-7 786	-1 978	-130	-4 247	-656
F.89	Autres comptes à payer, hors des crédits commerciaux et avances	1 179	-3 861	-3 576	710	-1 905	-1 297
	Opérations financières nettes	**-1 081**	**-47 032**	**-47 566**	**34 573**	**43 374**	**-43 374**

Note : Les métadonnées détaillées sont disponibles sur :http://metalinks.oecd.org/faiia/20150126/3359

ITALIE

Tableau 2.1.a. Flux consolidés, Secteur S1 - Économie totale

SCN 2008

Millions EUR (1999 ITL euro)

		2006	2007	2008	2009	2010	2011	2012	2013
	Acquisition nette d'actifs financiers	**201 615**	**160 148**	**12 436**	**25 563**	**-35 669**	**24 856**	**-16 401**	**22 152**
F.1	**Or monétaire et DTS**	**25**	**32**	**-40**	**-17**	**227**	**-246**	**209**	**-32**
F.11	Or monétaire	0	0	0	0	0	0	0	0
F.12	Droits de tirage spéciaux (DTS)	25	32	-40	-17	227	-246	209	-32
F.2	**Numéraire et dépôts**	**89 500**	**52 965**	**-15 770**	**-10 470**	**-52 154**	**13 403**	**3 674**	**-11 285**
F.21	Numéraire	673	758	2 469	-466	3 216	-517	40	3 102
F.22	Dépôts transférables	88 169	22 773	-2 042	-708	-57 499	5 217	2 082	-3 208
F.29	Autres dépôts	657	29 434	-16 198	-9 296	2 129	8 702	1 552	-11 179
F.3	**Titres de dette**	**13 332**	**7 847**	**72 269**	**19 231**	**-35 415**	**-37 671**	**-75 858**	**-29 760**
F.3S	Titres de dette à court terme	3 323	4 531	-1 332	-6 288	-409	8 364	-1 655	-1 199
F.3L	Titres de dette à long terme	10 009	3 317	73 601	25 519	-35 006	-46 035	-74 202	-28 561
F.4	**Crédits**	**67 383**	**58 785**	**-13 141**	**-11 862**	**5 189**	**38 745**	**25 968**	**-16 343**
F.4S	Crédits à court terme	63 134	53 415	-12 768	-5 110	12	17 852	1 975	-18 769
F.4L	Crédits à long terme	4 249	5 370	-373	-6 752	5 177	20 893	23 993	2 426
F.5	**Actions et parts de fonds d'investissement**	**26 890**	**34 208**	**-29 302**	**22 099**	**47 391**	**7 846**	**27 031**	**81 221**
F.51	Actions	12 185	43 803	30 540	7 130	-2 806	10 161	7 692	32 000
F.511	Actions cotées	-2 932	9 203	-25 236	-3 363	-2 750	-2 680	-7 748	1 391
F.512	Actions non cotées	-1 597	14 175	33 627	-12 485	-16 510	-6 480	-10 583	12 765
F.519	Autres participations	16 714	20 424	22 149	22 978	16 454	19 321	26 024	17 844
F.52	Parts de fonds d'investissement	14 705	-9 595	-59 842	14 969	50 197	-2 315	19 339	49 221
F.521	Parts de fonds d'investissement monétaires	..	..	..	..	..	..	..	..
F.522	Autres parts de fonds d'investissement	..	..	..	..	..	..	..	..
F.6	**Systèmes d'assurance, de pensions et garanties standard**	**4 802**	**6 299**	**0**	**0**	**-59**	**92**	**-27**	**304**
F.61	Réserves techniques d'assurance-dommages	4 802	6 299	0	0	-59	92	-27	304
F.62	Droits sur les assurances-vie et rentes	0	0	0	0	0	0	0	0
F.6M	Dts à pension, gérants, prestations hors retraite	0	0	0	0	0	0	0	0
F.63	Droits à pension	..	..	..	..	..	..	..	..
F.64	Dts des fonds de pension sur gérants des systèmes de pension	..	..	..	..	..	..	..	..
F.65	Droits à prestations hors retraite	..	..	..	..	..	..	..	..
F.66	Réserves pour appels dans le cadre de garanties standard	0	0	0	0	0	0	0	0
F.7	**Produits financiers dérivés et options sur titres des salariés**	**0**	**0**	**0**	**0**	**0**	**0**	**0**	**0**
F.71	Produits financiers dérivés	..	..	..	..	..	..	..	..
F.72	Options sur titres des salariés	..	..	..	..	..	..	..	..
F.8	**Autres comptes à recevoir**	**-317**	**12**	**-1 579**	**6 581**	**-847**	**2 687**	**2 602**	**-1 953**
F.81	Crédits commerciaux et avances	-577	-296	-2 793	4 300	225	3 033	1 980	-656
F.89	Autres comptes à recevoir, hors crédits commerciaux et avances	260	308	1 213	2 281	-1 072	-346	622	-1 297
	Accroissement net des passifs	**217 831**	**161 181**	**-26 044**	**98 932**	**66 099**	**61 661**	**596**	**-21 222**
F.1	**Or monétaire et DTS**	**0**	**0**	**0**	**0**	**0**	**0**	**0**	**0**
F.11	Or monétaire	0	0	0	0	0	0	0	0
F.12	Droits de tirage spéciaux (DTS)	0	0	0	0	0	0	0	0
F.2	**Numéraire et dépôts**	**82 471**	**98 308**	**-30 063**	**-9 001**	**2 383**	**106 956**	**23 265**	**-63 723**
F.21	Numéraire	0	0	0	0	0	0	0	0
F.22	Dépôts transférables	12 836	4 182	9 621	-2 975	10 209	136 884	68 048	-32 421
F.29	Autres dépôts	69 635	94 126	-39 684	-6 026	-7 826	-29 928	-44 784	-31 302
F.3	**Titres de dette**	**93 205**	**37 682**	**29 644**	**55 069**	**-6 425**	**-51 305**	**-54 032**	**23 832**
F.3S	Titres de dette à court terme	-15 073	4 570	15 479	37 108	-3 124	-22 149	13 475	17 240
F.3L	Titres de dette à long terme	108 277	33 112	14 165	17 962	-3 302	-29 155	-67 508	6 592
F.4	**Crédits**	**14 281**	**19 382**	**-12 006**	**12 305**	**94 695**	**-24 497**	**14 643**	**-2 728**
F.4S	Crédits à court terme	4 187	9 497	-13 194	-27 444	85 199	-30 525	11 112	-5 620
F.4L	Crédits à long terme	10 094	9 885	1 188	39 749	9 496	6 028	3 531	2 892
F.5	**Actions et parts de fonds d'investissement**	**24 885**	**5 387**	**-15 493**	**42 907**	**-29 618**	**25 671**	**22 639**	**26 607**
F.51	Actions	24 924	5 379	-15 388	42 862	-29 629	24 730	22 481	26 160
F.511	Actions cotées	10 520	-11 353	-19 597	26 680	2 654	4 649	16 124	13 021
F.512	Actions non cotées	-1 039	3 200	-2 435	10 112	-30 236	3 533	2 550	3 112
F.519	Autres participations	15 443	13 532	6 644	6 070	-2 047	16 548	3 807	10 027
F.52	Parts de fonds d'investissement	-39	8	-105	46	11	942	159	447
F.521	Parts de fonds d'investissement monétaires	..	..	..	..	..	..	..	..
F.522	Autres parts de fonds d'investissement	..	..	..	..	..	..	..	..
F.6	**Systèmes d'assurance, de pensions et garanties standard**	**874**	**526**	**-610**	**130**	**-314**	**140**	**-130**	**-285**
F.61	Réserves techniques d'assurance-dommages	356	-32	-578	69	-391	123	-98	-234
F.62	Droits sur les assurances-vie et rentes	518	558	-32	61	77	17	-32	-51
F.6M	Dts à pension, gérants de syst. de pension, hors retraite	0	0	0	0	0	0	0	0
F.63	Droits à pension	..	..	..	..	..	..	..	..
F.64	Dts des fonds de pension sur gérants des systèmes de pension	..	..	..	..	..	..	..	..
F.65	Droits à prestations hors retraite	..	..	..	..	..	..	..	..
F.66	Réserves pour appels dans le cadre de garanties standard	0	0	0	0	0	0	0	0
F.7	**Produits financiers dérivés et options sur titres des salariés**	**-434**	**162**	**1 316**	**1 166**	**-4 989**	**5 292**	**-5 719**	**-6 173**
F.71	Produits financiers dérivés	..	..	..	..	..	..	..	..
F.72	Options sur titres des salariés	..	..	..	..	..	..	..	..
F.8	**Autres comptes à payer**	**2 550**	**-264**	**1 167**	**-3 645**	**10 368**	**-597**	**-69**	**1 247**
F.81	Crédits commerciaux et avances	1 155	-718	221	-4 360	10 368	-597	-69	1 273
F.89	Autres comptes à payer, hors des crédits commerciaux et avances	1 395	454	946	715	0	0	0	-26
	Opérations financières nettes	..	..	..	..	..	..	..	..

Note : Les métadonnées détaillées sont disponibles sur :http://metalinks.oecd.org/faiiia/20150126/8e14

ITALIE

Tableau 2.2.a. Flux consolidés, Secteur S11 - Sociétés non financières

SCN 2008

Millions EUR (1999 ITL euro)

		2006	2007	2008	2009	2010	2011	2012	2013
	Acquisition nette d'actifs financiers	**76 989**	**100 938**	**15 450**	**9 457**	**86 477**	**13 623**	**-3 590**	**7 889**
F.1	**Or monétaire et DTS**	**0**	**0**	**0**	**0**	**0**	**0**	**0**	**0**
F.11	Or monétaire	0	0	0	0	0	0	0	0
F.12	Droits de tirage spéciaux (DTS)	0	0	0	0	0	0	0	0
F.2	**Numéraire et dépôts**	**34 750**	**-3 017**	**-1 345**	**14 000**	**4 647**	**-4 038**	**16 461**	**15 417**
F.21	Numéraire	1 563	1 082	2 575	1 096	1 870	948	318	2 119
F.22	Dépôts transférables	33 628	-5 632	-9 125	14 380	-320	-6 785	7 051	15 360
F.29	Autres dépôts	-442	1 533	5 205	-1 476	3 097	1 799	9 092	-2 062
F.3	**Titres de dette**	**3 268**	**25 762**	**8 385**	**7 653**	**28 302**	**-21 355**	**-10 073**	**-6 924**
F.3S	Titres de dette à court terme	2 264	1 273	2 057	-1 369	-610	402	-620	312
F.3L	Titres de dette à long terme	1 004	24 489	6 328	9 022	28 912	-21 758	-9 452	-7 236
F.4	**Crédits**	**32 874**	**40 727**	**8 503**	**12 667**	**-1 940**	**1 660**	**-431**	**-977**
F.4S	Crédits à court terme	32 874	40 727	8 503	12 667	-1 940	1 660	-431	-977
F.4L	Crédits à long terme	0	0	0	0	0	0	0	0
F.5	**Actions et parts de fonds d'investissement**	**1 356**	**32 794**	**6 740**	**-33 256**	**50 981**	**28 238**	**-7 880**	**13 490**
F.51	Actions	1 337	33 867	14 895	-34 110	50 819	28 247	-7 965	11 528
F.511	Actions cotées	8 987	46 085	-20 831	-16 974	48 137	-8 219	10 500	11 164
F.512	Actions non cotées	-22 921	-42 857	30 101	-48 300	-11 349	8 214	-22 034	-17 859
F.519	Autres participations	15 271	30 639	5 626	31 164	14 030	28 252	3 569	18 224
F.52	Parts de fonds d'investissement	19	-1 073	-8 155	854	162	-8	84	1 962
F.521	Parts de fonds d'investissement monétaires	..	..	..	..	..	..	..	..
F.522	Autres parts de fonds d'investissement	..	..	..	..	..	..	..	..
F.6	**Systèmes d'assurance, de pensions et garanties standard**	**717**	**-65**	**-1 163**	**139**	**-787**	**394**	**-456**	**-467**
F.61	Réserves techniques d'assurance-dommages	717	-65	-1 163	139	-787	394	-456	-467
F.62	Droits sur les assurances-vie et rentes	0	0	0	0	0	0	0	0
F.6M	Dts à pension, gérants, prestations hors retraite	0	0	0	0	0	0	0	0
F.63	Droits à pension	..	..	..	..	..	..	..	..
F.64	Dts des fonds de pension sur gérants des systèmes de pension	..	..	..	..	..	..	..	..
F.65	Droits à prestations hors retraite	..	..	..	..	..	..	..	..
F.66	Réserves pour appels dans le cadre de garanties standard	0	0	0	0	0	0	0	0
F.7	**Produits financiers dérivés et options sur titres des salariés**	**0**	**0**	**0**	**0**	**0**	**0**	**0**	**0**
F.71	Produits financiers dérivés	..	..	..	..	..	..	..	..
F.72	Options sur titres des salariés	..	..	..	..	..	..	..	..
F.8	**Autres comptes à recevoir**	**4 024**	**4 738**	**-5 670**	**8 253**	**5 274**	**8 724**	**-1 210**	**-12 649**
F.81	Crédits commerciaux et avances	133	4 218	-3 832	6 037	6 065	7 129	-3 987	-8 442
F.89	Autres comptes à recevoir, hors crédits commerciaux et avances	3 891	520	-1 839	2 216	-791	1 595	2 777	-4 207
	Accroissement net des passifs	**125 113**	**139 082**	**92 758**	**36 012**	**102 269**	**41 544**	**2 953**	**8 971**
F.1	**Or monétaire et DTS**	**0**	**0**	**0**	**0**	**0**	**0**	**0**	**0**
F.11	Or monétaire	0	0	0	0	0	0	0	0
F.12	Droits de tirage spéciaux (DTS)	0	0	0	0	0	0	0	0
F.2	**Numéraire et dépôts**	**0**	**-141**	**1 465**	**1 406**	**393**	**-438**	**2 671**	**976**
F.21	Numéraire	0	0	0	0	0	0	0	0
F.22	Dépôts transférables	0	-141	1 465	1 406	393	-438	2 671	976
F.29	Autres dépôts	0	0	0	0	0	0	0	0
F.3	**Titres de dette**	**10 281**	**7 737**	**-3 831**	**11 463**	**21 475**	**9 185**	**13 325**	**20 494**
F.3S	Titres de dette à court terme	1 652	-5 096	-3 001	-218	0	0	0	0
F.3L	Titres de dette à long terme	8 629	12 834	-831	11 681	21 475	9 185	13 325	20 494
F.4	**Crédits**	**85 596**	**119 967**	**78 921**	**-13 436**	**16 056**	**19 107**	**-20 987**	**-58 644**
F.4S	Crédits à court terme	30 867	40 806	13 004	-60 223	5 261	14 375	-747	-24 144
F.4L	Crédits à long terme	54 729	79 161	65 917	46 787	10 795	4 731	-20 239	-34 500
F.5	**Actions et parts de fonds d'investissement**	**15 018**	**14 680**	**14 587**	**42 286**	**57 869**	**11 018**	**11 822**	**46 028**
F.51	Actions	15 018	14 680	14 587	42 286	57 869	11 018	11 822	46 028
F.511	Actions cotées	-3 076	-3 911	997	14 448	27 340	-12 145	12 048	12 266
F.512	Actions non cotées	-15 058	-13 601	47 602	-67 555	12 472	9 624	7 518	2 581
F.519	Autres participations	33 152	32 192	-34 012	95 393	18 057	13 538	-7 744	31 181
F.52	Parts de fonds d'investissement	0	0	0	0	0	0	0	0
F.521	Parts de fonds d'investissement monétaires	..	..	..	..	..	..	..	..
F.522	Autres parts de fonds d'investissement	..	..	..	..	..	..	..	..
F.6	**Systèmes d'assurance, de pensions et garanties standard**	**6 793**	**-154**	**-784**	**-2 009**	**-1 724**	**-1 572**	**-1 894**	**-2 259**
F.61	Réserves techniques d'assurance-dommages	0	0	0	0	0	0	0	0
F.62	Droits sur les assurances-vie et rentes	0	0	0	0	0	0	0	0
F.6M	Dts à pension, gérants de syst. de pension, hors retraite	6 793	-154	-784	-2 009	-1 724	-1 572	-1 894	-2 259
F.63	Droits à pension	..	..	..	..	..	..	..	..
F.64	Dts des fonds de pension sur gérants des systèmes de pension	..	..	..	..	..	..	..	..
F.65	Droits à prestations hors retraite	..	..	..	..	..	..	..	..
F.66	Réserves pour appels dans le cadre de garanties standard	0	0	0	0	0	0	0	0
F.7	**Produits financiers dérivés et options sur titres des salariés**	**-1 725**	**-568**	**2 091**	**1 590**	**-2 481**	**2 513**	**560**	**-124**
F.71	Produits financiers dérivés	..	..	..	..	..	..	..	..
F.72	Options sur titres des salariés	..	..	..	..	..	..	..	..
F.8	**Autres comptes à payer**	**9 152**	**-2 440**	**311**	**-5 287**	**10 681**	**1 731**	**-2 544**	**2 500**
F.81	Crédits commerciaux et avances	2 394	-1 344	227	-4 994	11 416	-139	-979	1 321
F.89	Autres comptes à payer, hors des crédits commerciaux et avances	6 758	-1 095	84	-293	-735	1 870	-1 565	1 179
	Opérations financières nettes	..	..	..	..	..	..	..	..

Note : Les métadonnées détaillées sont disponibles sur :http://metalinks.oecd.org/faiiia/20150126/8e14

ITALIE

Tableau 2.3.a. Flux consolidés, Secteur S12 - Sociétés financières
SCN 2008

Millions EUR (1999 ITL euro)

		2006	2007	2008	2009	2010	2011	2012	2013
	Acquisition nette d'actifs financiers	**294 261**	**230 545**	**142 773**	**157 800**	**92 584**	**101 620**	**61 849**	**9 696**
F.1	**Or monétaire et DTS**	**25**	**32**	**-40**	**-17**	**227**	**-246**	**209**	**-32**
F.11	Or monétaire	0	0	0	0	0	0	0	0
F.12	Droits de tirage spéciaux (DTS)	25	32	-40	-17	227	-246	209	-32
F.2	**Numéraire et dépôts**	**71 404**	**54 971**	**-10 954**	**27 713**	**-42 125**	**8 213**	**9 482**	**-14 058**
F.21	Numéraire	-7	-2	7	-7	-8	10	32	32
F.22	Dépôts transférables	70 716	25 572	5 800	37 016	-44 246	-499	7 898	-2 911
F.29	Autres dépôts	694	29 400	-16 762	-9 296	2 129	8 702	1 552	-11 179
F.3	**Titres de dette**	**972**	**-15 608**	**101 641**	**124 143**	**46 215**	**40 437**	**81 449**	**66 288**
F.3S	Titres de dette à court terme	-4 987	-11 038	-15 372	16 768	1 995	16 633	21 586	-23 488
F.3L	Titres de dette à long terme	5 959	-4 570	117 013	107 375	44 220	23 803	59 864	89 776
F.4	**Crédits**	**211 172**	**184 091**	**84 403**	**-684**	**63 524**	**71 915**	**-25 386**	**-92 201**
F.4S	Crédits à court terme	61 897	49 989	966	-59 934	2 885	33 504	3 242	-43 840
F.4L	Crédits à long terme	149 275	134 103	83 437	59 250	60 638	38 412	-28 628	-48 360
F.5	**Actions et parts de fonds d'investissement**	**-44**	**-3 879**	**-29 711**	**8 539**	**26 542**	**-14 959**	**-4 279**	**46 909**
F.51	Actions	-4 444	1 669	5 913	3 116	-5 960	-8 597	-611	17 712
F.511	Actions cotées	-99 981	-1 001	-38 152	-2 956	-8 722	6 209	-2 605	-482
F.512	Actions non cotées	89 199	2 475	49 734	-4 029	8 627	-11 546	2 194	14 628
F.519	Autres participations	6 338	195	-5 669	10 101	-5 865	-3 259	-201	3 566
F.52	Parts de fonds d'investissement	4 400	-5 547	-35 624	5 424	32 503	-6 362	-3 667	29 197
F.521	Parts de fonds d'investissement monétaires	..	..	..	..	..	..	..	..
F.522	Autres parts de fonds d'investissement	..	..	..	..	..	..	..	..
F.6	**Systèmes d'assurance, de pensions et garanties standard**	**4 802**	**6 299**	**0**	**0**	**-59**	**92**	**-27**	**304**
F.61	Réserves techniques d'assurance-dommages	4 734	6 196	-104	-247	-528	-307	-398	-356
F.62	Droits sur les assurances-vie et rentes	0	0	0	0	0	0	0	0
F.6M	Dts à pension, gérants, prestations hors retraite	0	0	0	0	0	0	0	0
F.63	Droits à pension	..	..	..	..	..	..	..	..
F.64	Dts des fonds de pension sur gérants des systèmes de pension	..	..	..	..	..	..	..	..
F.65	Droits à prestations hors retraite	..	..	..	..	..	..	..	..
F.66	Réserves pour appels dans le cadre de garanties standard	68	103	104	247	469	399	371	660
F.7	**Produits financiers dérivés et options sur titres des salariés**	**4 909**	**4 582**	**-2 162**	**-693**	**-1 583**	**-3 805**	**462**	**2 558**
F.71	Produits financiers dérivés	..	..	..	..	..	..	..	..
F.72	Options sur titres des salariés	..	..	..	..	..	..	..	..
F.8	**Autres comptes à recevoir**	**1 022**	**57**	**-403**	**-1 203**	**-158**	**-28**	**-62**	**-73**
F.81	Crédits commerciaux et avances	0	0	0	0	0	0	0	0
F.89	Autres comptes à recevoir, hors crédits commerciaux et avances	1 022	57	-403	-1 203	-158	-28	-62	-73
	Accroissement net des passifs	**242 838**	**164 900**	**40 234**	**150 991**	**100 385**	**77 177**	**52 874**	**-47 218**
F.1	**Or monétaire et DTS**	**0**	**0**	**0**	**0**	**0**	**0**	**0**	**0**
F.11	Or monétaire	0	0	0	0	0	0	0	0
F.12	Droits de tirage spéciaux (DTS)	0	0	0	0	0	0	0	0
F.2	**Numéraire et dépôts**	**176 421**	**137 454**	**51 467**	**60 352**	**26 525**	**89 432**	**98 252**	**-25 127**
F.21	Numéraire	9 001	5 652	12 157	8 170	5 976	7 324	2 092	7 929
F.22	Dépôts transférables	60 626	1 427	25 956	40 024	14 340	73 403	57 847	-8 597
F.29	Autres dépôts	106 793	130 375	13 353	12 159	6 209	8 705	38 313	-24 460
F.3	**Titres de dette**	**65 054**	**70 469**	**68 111**	**24 677**	**-44 607**	**2 349**	**-30 118**	**-60 250**
F.3S	Titres de dette à court terme	60	106	9	-113	0	0	0	0
F.3L	Titres de dette à long terme	64 995	70 363	68 102	24 790	-44 607	2 349	-30 118	-60 250
F.4	**Crédits**	**6 844**	**5 825**	**-10 486**	**22 250**	**102 945**	**-24 987**	**-11 044**	**-2 432**
F.4S	Crédits à court terme	4 227	4 650	-6 445	-10 712	79 889	-30 286	10 071	-4 055
F.4L	Crédits à long terme	2 617	1 175	-4 041	32 962	23 056	5 299	-21 115	1 623
F.5	**Actions et parts de fonds d'investissement**	**-38 840**	**-49 917**	**-60 318**	**13 543**	**-9 748**	**5 630**	**-7 520**	**18 303**
F.51	Actions	-1 732	-9 283	-26 939	10 554	12 450	27 586	-4 974	15 385
F.511	Actions cotées	-77 405	22 238	-14 181	7 189	10 222	18 815	11 353	239
F.512	Actions non cotées	74 306	-31 317	-12 120	5 795	2 266	9 156	-16 353	7 647
F.519	Autres participations	1 367	-204	-638	-2 430	-38	-385	26	7 500
F.52	Parts de fonds d'investissement	-37 108	-40 634	-33 378	2 989	-22 198	-21 957	-2 546	2 917
F.521	Parts de fonds d'investissement monétaires	..	..	..	..	..	..	..	..
F.522	Autres parts de fonds d'investissement	..	..	..	..	..	..	..	..
F.6	**Systèmes d'assurance, de pensions et garanties standard**	**26 942**	**-4 378**	**-6 523**	**30 615**	**27 347**	**3 361**	**3 554**	**22 243**
F.61	Réserves techniques d'assurance-dommages	2 717	758	-601	697	-1 553	-390	-884	-2 004
F.62	Droits sur les assurances-vie et rentes	21 350	-8 533	-10 580	24 404	23 914	-314	-5 258	18 574
F.6M	Dts à pension, gérants de syst. de pension, hors retraite	2 875	3 397	4 658	5 514	4 986	4 065	9 696	5 673
F.63	Droits à pension	..	..	..	..	..	..	..	..
F.64	Dts des fonds de pension sur gérants des systèmes de pension	..	..	..	..	..	..	..	..
F.65	Droits à prestations hors retraite	..	..	..	..	..	..	..	..
F.66	Réserves pour appels dans le cadre de garanties standard	0	0	0	0	0	0	0	0
F.7	**Produits financiers dérivés et options sur titres des salariés**	**6 341**	**5 456**	**-2 069**	**-354**	**-2 062**	**1 388**	**-253**	**-22**
F.71	Produits financiers dérivés	..	..	..	..	..	..	..	..
F.72	Options sur titres des salariés	..	..	..	..	..	..	..	..
F.8	**Autres comptes à payer**	**77**	**-8**	**52**	**-94**	**-15**	**4**	**3**	**67**
F.81	Crédits commerciaux et avances	0	0	0	0	0	0	0	0
F.89	Autres comptes à payer, hors des crédits commerciaux et avances	77	-8	52	-94	-15	4	3	67
	Opérations financières nettes	..	..	..	..	..	..	..	..

Note : Les métadonnées détaillées sont disponibles sur :http://metalinks.oecd.org/faiiia/20150126/8e14

ITALIE

Tableau 2.4.a. Flux consolidés, Secteur S13 - Administrations publiques
SCN 2008

Millions EUR (1999 ITL euro)

		2006	2007	2008	2009	2010	2011	2012	2013
	Acquisition nette d'actifs financiers	**17 891**	**-4 917**	**14 748**	**20 474**	**19 967**	**-6 005**	**34 346**	**22 157**
F.1	**Or monétaire et DTS**	**0**	**0**	**0**	**0**	**0**	**0**	**0**	**0**
F.11	Or monétaire	0	0	0	0	0	0	0	0
F.12	Droits de tirage spéciaux (DTS)	0	0	0	0	0	0	0	0
F.2	**Numéraire et dépôts**	**11 329**	**-11 055**	**7 688**	**11 783**	**11 147**	**-19 136**	**1 538**	**725**
F.21	Numéraire	0	0	0	0	0	0	0	0
F.22	Dépôts transférables	10 958	-11 268	7 742	13 030	11 972	-35 275	-6 424	-1 384
F.29	Autres dépôts	372	213	-55	-1 246	-825	16 139	7 962	2 109
F.3	**Titres de dette**	**1 046**	**3 034**	**1 667**	**2 493**	**2 693**	**2 874**	**3 226**	**1 489**
F.3S	Titres de dette à court terme	0	0	0	0	0	0	0	0
F.3L	Titres de dette à long terme	1 046	3 034	1 667	2 493	2 693	2 874	3 226	1 489
F.4	**Crédits**	**-10 288**	**1 837**	**2 175**	**1 119**	**3 271**	**7 750**	**24 741**	**7 144**
F.4S	Crédits à court terme	0	0	0	0	0	0	0	0
F.4L	Crédits à long terme	-10 288	1 837	2 175	1 119	3 271	7 750	24 741	7 144
F.5	**Actions et parts de fonds d'investissement**	**1 210**	**-2 786**	**643**	**4 021**	**383**	**-1 494**	**-1 934**	**8 615**
F.51	Actions	1 210	-2 786	643	4 021	383	-1 494	-1 934	8 615
F.511	Actions cotées	-176	-642	-139	176	-5 194	-4 038	89	162
F.512	Actions non cotées	1 386	-2 144	782	3 845	5 577	2 545	-2 023	8 453
F.519	Autres participations	0	0	0	0	0	0	0	0
F.52	Parts de fonds d'investissement	0	0	0	0	0	0	0	0
F.521	Parts de fonds d'investissement monétaires	..	..	..	..	..	..	..	..
F.522	Autres parts de fonds d'investissement	..	..	..	..	..	..	..	..
F.6	**Systèmes d'assurance, de pensions et garanties standard**	**58**	**-5**	**-94**	**11**	**-63**	**32**	**-124**	**-35**
F.61	Réserves techniques d'assurance-dommages	58	-5	-94	11	-63	32	-124	-35
F.62	Droits sur les assurances-vie et rentes	0	0	0	0	0	0	0	0
F.6M	Dts à pension, gérants, prestations hors retraite	0	0	0	0	0	0	0	0
F.63	Droits à pension	..	..	..	..	..	..	..	..
F.64	Dts des fonds de pension sur gérants des systèmes de pension	..	..	..	..	..	..	..	..
F.65	Droits à prestations hors retraite	..	..	..	..	..	..	..	..
F.66	Réserves pour appels dans le cadre de garanties standard	0	0	0	0	0	0	0	0
F.7	**Produits financiers dérivés et options sur titres des salariés**	**165**	**182**	**868**	**763**	**2 029**	**2 193**	**3 876**	**2 669**
F.71	Produits financiers dérivés	..	..	..	..	..	..	..	..
F.72	Options sur titres des salariés	..	..	..	..	..	..	..	..
F.8	**Autres comptes à recevoir**	**14 372**	**3 876**	**1 801**	**283**	**508**	**1 777**	**3 023**	**1 550**
F.81	Crédits commerciaux et avances	0	0	0	0	0	0	0	0
F.89	Autres comptes à recevoir, hors crédits commerciaux et avances	14 372	3 876	1 801	283	508	1 777	3 023	1 550
	Accroissement net des passifs	**68 969**	**24 539**	**56 415**	**101 312**	**86 080**	**50 613**	**79 995**	**69 189**
F.1	**Or monétaire et DTS**	**0**	**0**	**0**	**0**	**0**	**0**	**0**	**0**
F.11	Or monétaire	0	0	0	0	0	0	0	0
F.12	Droits de tirage spéciaux (DTS)	0	0	0	0	0	0	0	0
F.2	**Numéraire et dépôts**	**3 462**	**-11 196**	**-821**	**9 576**	**1 070**	**-6 164**	**6 012**	**-1 808**
F.21	Numéraire	258	230	227	126	231	143	61	22
F.22	Dépôts transférables	13 520	-11 390	10 312	10 163	5 094	-560	8 933	-602
F.29	Autres dépôts	-10 316	-37	-11 360	-713	-4 256	-5 747	-2 981	-1 228
F.3	**Titres de dette**	**38 233**	**29 898**	**64 564**	**87 081**	**79 881**	**47 818**	**51 494**	**82 584**
F.3S	Titres de dette à court terme	4 246	5 248	19 589	-6 152	-10 266	-66	21 856	-10 363
F.3L	Titres de dette à long terme	33 987	24 650	44 975	93 233	90 146	47 884	29 638	92 947
F.4	**Crédits**	**23 949**	**-1 737**	**-3 479**	**2 606**	**2 148**	**5 851**	**27 088**	**199**
F.4S	Crédits à court terme	419	-186	1 265	1 517	368	1 482	2 407	-2 556
F.4L	Crédits à long terme	23 529	-1 551	-4 744	1 089	1 780	4 369	24 681	2 755
F.5	**Actions et parts de fonds d'investissement**	**0**	**0**	**0**	**0**	**0**	**0**	**0**	**0**
F.51	Actions	0	0	0	0	0	0	0	0
F.511	Actions cotées	0	0	0	0	0	0	0	0
F.512	Actions non cotées	0	0	0	0	0	0	0	0
F.519	Autres participations	0	0	0	0	0	0	0	0
F.52	Parts de fonds d'investissement	0	0	0	0	0	0	0	0
F.521	Parts de fonds d'investissement monétaires	..	..	..	..	..	..	..	..
F.522	Autres parts de fonds d'investissement	..	..	..	..	..	..	..	..
F.6	**Systèmes d'assurance, de pensions et garanties standard**	**68**	**103**	**104**	**247**	**469**	**399**	**371**	**660**
F.61	Réserves techniques d'assurance-dommages	0	0	0	0	0	0	0	0
F.62	Droits sur les assurances-vie et rentes	0	0	0	0	0	0	0	0
F.6M	Dts à pension, gérants de syst. de pension, hors retraite	0	0	0	0	0	0	0	0
F.63	Droits à pension	..	..	..	..	..	..	..	..
F.64	Dts des fonds de pension sur gérants des systèmes de pension	..	..	..	..	..	..	..	..
F.65	Droits à prestations hors retraite	..	..	..	..	..	..	..	..
F.66	Réserves pour appels dans le cadre de garanties standard	68	103	104	247	469	399	371	660
F.7	**Produits financiers dérivés et options sur titres des salariés**	**25**	**38**	**0**	**0**	**0**	**-221**	**-1 688**	**-800**
F.71	Produits financiers dérivés	..	..	..	..	..	..	..	..
F.72	Options sur titres des salariés	..	..	..	..	..	..	..	..
F.8	**Autres comptes à payer**	**3 232**	**7 433**	**-3 953**	**1 802**	**2 512**	**2 931**	**-3 282**	**-11 647**
F.81	Crédits commerciaux et avances	710	4 514	-1 039	1 737	5 840	4 096	-5 967	-7 786
F.89	Autres comptes à payer, hors des crédits commerciaux et avances	2 522	2 919	-2 914	65	-3 328	-1 165	2 685	-3 861
	Opérations financières nettes	..	..	..	..	..	..	..	..

Note : Les métadonnées détaillées sont disponibles sur :http://metalinks.oecd.org/faiiia/20150126/8e14

ITALIE

Tableau 2.5.a. Flux consolidés, Secteur S14-S15 - Ménages et ISBLSM

SCN 2008

Millions EUR (1999 ITL euro)

		2006	2007	2008	2009	2010	2011	2012	2013
	Acquisition nette d'actifs financiers	**103 533**	**69 022**	**86 867**	**51 497**	**23 001**	**41 948**	**23 492**	**24 126**
F.1	**Or monétaire et DTS**	**0**	**0**	**0**	**0**	**0**	**0**	**0**	**0**
F.11	Or monétaire	0	0	0	0	0	0	0	0
F.12	Droits de tirage spéciaux (DTS)	0	0	0	0	0	0	0	0
F.2	**Numéraire et dépôts**	**69 429**	**39 877**	**71 015**	**16 369**	**-218**	**4 237**	**59 864**	**24 394**
F.21	Numéraire	8 376	5 560	12 271	6 741	7 561	5 992	1 843	8 903
F.22	Dépôts transférables	34 178	-184	21 653	-10 566	-15 287	-16 703	-5 040	9 924
F.29	Autres dépôts	26 876	34 500	37 091	20 194	7 507	14 949	63 061	5 568
F.3	**Titres de dette**	**28 410**	**65 082**	**59 776**	**-46 907**	**-49 450**	**51 030**	**-61 728**	**-71 617**
F.3S	Titres de dette à court terme	27 076	9 983	13 101	-65 277	-8 936	13 411	-14 240	-5 627
F.3L	Titres de dette à long terme	1 334	55 098	46 675	18 371	-40 515	37 618	-47 487	-65 990
F.4	**Crédits**	**427**	**240**	**240**	**238**	**237**	**214**	**639**	**385**
F.4S	Crédits à court terme	427	240	240	238	237	214	639	385
F.4L	Crédits à long terme	0	0	0	0	0	0	0	0
F.5	**Actions et parts de fonds d'investissement**	**-24 339**	**-32 546**	**-37 211**	**55 716**	**47 224**	**-12 964**	**22 787**	**49 931**
F.51	Actions	2 444	11 072	12 124	44 082	51 900	5 879	2 569	29 399
F.511	Actions cotées	-2 761	-5 558	40 299	11 349	-2 064	5 390	-8 456	-9 969
F.512	Actions non cotées	-8 974	8 584	-9 073	-35 873	25 608	9 555	-106	14 660
F.519	Autres participations	14 180	8 046	-19 102	68 606	28 355	-9 066	11 130	24 709
F.52	Parts de fonds d'investissement	-26 783	-43 617	-49 335	11 634	-4 676	-18 843	20 217	20 532
F.521	Parts de fonds d'investissement monétaires	..	..	..	..	..	..	..	..
F.522	Autres parts de fonds d'investissement	..	..	..	..	..	..	..	..
F.6	**Systèmes d'assurance, de pensions et garanties standard**	**32 154**	**-4 885**	**-5 337**	**28 572**	**27 256**	**1 622**	**2 741**	**21 431**
F.61	Réserves techniques d'assurance-dommages	1 655	963	1 337	724	157	-540	165	-608
F.62	Droits sur les assurances-vie et rentes	20 832	-9 091	-10 548	24 343	23 837	-331	-5 226	18 625
F.6M	Dts à pension, gérants, prestations hors retraite	9 667	3 243	3 874	3 505	3 262	2 493	7 802	3 414
F.63	Droits à pension	..	..	..	..	..	..	..	..
F.64	Dts des fonds de pension sur gérants des systèmes de pension	..	..	..	..	..	..	..	..
F.65	Droits à prestations hors retraite	..	..	..	..	..	..	..	..
F.66	Réserves pour appels dans le cadre de garanties standard	0	0	0	0	0	0	0	0
F.7	**Produits financiers dérivés et options sur titres des salariés**	**0**	**0**	**0**	**0**	**0**	**0**	**0**	**0**
F.71	Produits financiers dérivés	..	..	..	..	..	..	..	..
F.72	Options sur titres des salariés	..	..	..	..	..	..	..	..
F.8	**Autres comptes à recevoir**	**-2 549**	**1 254**	**-1 615**	**-2 492**	**-2 047**	**-2 191**	**-811**	**-398**
F.81	Crédits commerciaux et avances	1 239	-626	5	-635	1 049	459	-910	48
F.89	Autres comptes à recevoir, hors crédits commerciaux et avances	-3 788	1 880	-1 621	-1 857	-3 096	-2 649	99	-446
	Accroissement net des passifs	**71 967**	**68 100**	**31 950**	**24 279**	**35 063**	**18 657**	**-2 727**	**-10 447**
F.1	**Or monétaire et DTS**	**0**	**0**	**0**	**0**	**0**	**0**	**0**	**0**
F.11	Or monétaire	0	0	0	0	0	0	0	0
F.12	Droits de tirage spéciaux (DTS)	0	0	0	0	0	0	0	0
F.2	**Numéraire et dépôts**	**0**	**0**	**0**	**0**	**0**	**0**	**0**	**0**
F.21	Numéraire	0	0	0	0	0	0	0	0
F.22	Dépôts transférables	0	0	0	0	0	0	0	0
F.29	Autres dépôts	0	0	0	0	0	0	0	0
F.3	**Titres de dette**	**0**	**0**	**0**	**0**	**0**	**0**	**0**	**0**
F.3S	Titres de dette à court terme	0	0	0	0	0	0	0	0
F.3L	Titres de dette à long terme	0	0	0	0	0	0	0	0
F.4	**Crédits**	**64 695**	**63 437**	**31 501**	**26 087**	**33 449**	**18 326**	**-6 820**	**-11 157**
F.4S	Crédits à court terme	738	1 767	1 459	55	852	1 429	857	-529
F.4L	Crédits à long terme	63 957	61 670	30 042	26 032	32 598	16 897	-7 677	-10 629
F.5	**Actions et parts de fonds d'investissement**	**0**	**0**	**0**	**0**	**0**	**0**	**0**	**0**
F.51	Actions	0	0	0	0	0	0	0	0
F.511	Actions cotées	0	0	0	0	0	0	0	0
F.512	Actions non cotées	0	0	0	0	0	0	0	0
F.519	Autres participations	0	0	0	0	0	0	0	0
F.52	Parts de fonds d'investissement	0	0	0	0	0	0	0	0
F.521	Parts de fonds d'investissement monétaires	..	..	..	..	..	..	..	..
F.522	Autres parts de fonds d'investissement	..	..	..	..	..	..	..	..
F.6	**Systèmes d'assurance, de pensions et garanties standard**	**0**	**0**	**0**	**0**	**0**	**0**	**0**	**0**
F.61	Réserves techniques d'assurance-dommages	0	0	0	0	0	0	0	0
F.62	Droits sur les assurances-vie et rentes	0	0	0	0	0	0	0	0
F.6M	Dts à pension, gérants de syst. de pension, hors retraite	0	0	0	0	0	0	0	0
F.63	Droits à pension	..	..	..	..	..	..	..	..
F.64	Dts des fonds de pension sur gérants des systèmes de pension	..	..	..	..	..	..	..	..
F.65	Droits à prestations hors retraite	..	..	..	..	..	..	..	..
F.66	Réserves pour appels dans le cadre de garanties standard	0	0	0	0	0	0	0	0
F.7	**Produits financiers dérivés et options sur titres des salariés**	**0**	**0**	**0**	**0**	**0**	**0**	**0**	**0**
F.71	Produits financiers dérivés	..	..	..	..	..	..	..	..
F.72	Options sur titres des salariés	..	..	..	..	..	..	..	..
F.8	**Autres comptes à payer**	**7 272**	**4 663**	**449**	**-1 808**	**1 614**	**331**	**4 093**	**710**
F.81	Crédits commerciaux et avances	0	0	0	0	0	0	0	0
F.89	Autres comptes à payer, hors des crédits commerciaux et avances	7 272	4 663	449	-1 808	1 614	331	4 093	710
	Opérations financières nettes	**..**	**..**	**..**	**..**	**..**	**..**	**..**	**..**

Note : Les métadonnées détaillées sont disponibles sur :http://metalinks.oecd.org/faiiia/20150126/8e14

ITALIE

Tableau 2.6.a. Flux consolidés, Secteur S2 - Reste du monde
SCN 2008

Millions EUR (1999 ITL euro)

		2006	2007	2008	2009	2010	2011	2012	2013
	Acquisition nette d'actifs financiers	**217 831**	**161 181**	**-26 044**	**98 932**	**66 099**	**61 661**	**596**	**-21 222**
F.1	**Or monétaire et DTS**	**0**	**0**	**0**	**0**	**0**	**0**	**0**	**0**
F.11	Or monétaire	0	0	0	0	0	0	0	0
F.12	Droits de tirage spéciaux (DTS)	0	0	0	0	0	0	0	0
F.2	**Numéraire et dépôts**	**82 471**	**98 308**	**-30 063**	**-9 001**	**2 383**	**106 956**	**23 265**	**-63 723**
F.21	Numéraire	0	0	0	0	0	0	0	0
F.22	Dépôts transférables	12 836	4 182	9 621	-2 975	10 209	136 884	68 048	-32 421
F.29	Autres dépôts	69 635	94 126	-39 684	-6 026	-7 826	-29 928	-44 784	-31 302
F.3	**Titres de dette**	**93 205**	**37 682**	**29 644**	**55 069**	**-6 425**	**-51 305**	**-54 032**	**23 832**
F.3S	Titres de dette à court terme	-15 073	4 570	15 479	37 108	-3 124	-22 149	13 475	17 240
F.3L	Titres de dette à long terme	108 277	33 112	14 165	17 962	-3 302	-29 155	-67 508	6 592
F.4	**Crédits**	**14 281**	**19 382**	**-12 006**	**12 305**	**94 695**	**-24 497**	**14 643**	**-2 728**
F.4S	Crédits à court terme	4 187	9 497	-13 194	-27 444	85 199	-30 525	11 112	-5 620
F.4L	Crédits à long terme	10 094	9 885	1 188	39 749	9 496	6 028	3 531	2 892
F.5	**Actions et parts de fonds d'investissement**	**24 885**	**5 387**	**-15 493**	**42 907**	**-29 618**	**25 671**	**22 639**	**26 607**
F.51	Actions	24 924	5 379	-15 388	42 862	-29 629	24 730	22 481	26 160
F.511	Actions cotées	10 520	-11 353	-19 597	26 680	2 654	4 649	16 124	13 021
F.512	Actions non cotées	-1 039	3 200	-2 435	10 112	-30 236	3 533	2 550	3 112
F.519	Autres participations	15 443	13 532	6 644	6 070	-2 047	16 548	3 807	10 027
F.52	Parts de fonds d'investissement	-39	8	-105	46	11	942	159	447
F.521	Parts de fonds d'investissement monétaires	..	..	..	..	..	..	..	..
F.522	Autres parts de fonds d'investissement	..	..	..	..	..	..	..	..
F.6	**Systèmes d'assurance, de pensions et garanties standard**	**874**	**526**	**-610**	**130**	**-314**	**140**	**-130**	**-285**
F.61	Réserves techniques d'assurance-dommages	356	-32	-578	69	-391	123	-98	-234
F.62	Droits sur les assurances-vie et rentes	518	558	-32	61	77	17	-32	-51
F.6M	Dts à pension, gérants, prestations hors retraite	0	0	0	0	0	0	0	0
F.63	Droits à pension	..	..	..	..	..	..	..	..
F.64	Dts des fonds de pension sur gérants des systèmes de pension	..	..	..	..	..	..	..	..
F.65	Droits à prestations hors retraite	..	..	..	..	..	..	..	..
F.66	Réserves pour appels dans le cadre de garanties standard	0	0	0	0	0	0	0	0
F.7	**Produits financiers dérivés et options sur titres des salariés**	**-434**	**162**	**1 316**	**1 166**	**-4 989**	**5 292**	**-5 719**	**-6 173**
F.71	Produits financiers dérivés	..	..	..	..	..	..	..	..
F.72	Options sur titres des salariés	..	..	..	..	..	..	..	..
F.8	**Autres comptes à recevoir**	**2 550**	**-264**	**1 167**	**-3 645**	**10 368**	**-597**	**-69**	**1 247**
F.81	Crédits commerciaux et avances	1 155	-718	221	-4 360	10 368	-597	-69	1 273
F.89	Autres comptes à recevoir, hors crédits commerciaux et avances	1 395	454	946	715	0	0	0	-26
	Accroissement net des passifs	**201 615**	**160 148**	**12 436**	**25 563**	**-35 669**	**24 856**	**-16 401**	**22 152**
F.1	**Or monétaire et DTS**	**25**	**32**	**-40**	**-17**	**227**	**-246**	**209**	**-32**
F.11	Or monétaire	0	0	0	0	0	0	0	0
F.12	Droits de tirage spéciaux (DTS)	25	32	-40	-17	227	-246	209	-32
F.2	**Numéraire et dépôts**	**89 500**	**52 965**	**-15 770**	**-10 470**	**-52 154**	**13 403**	**3 674**	**-11 285**
F.21	Numéraire	673	758	2 469	-466	3 216	-517	40	3 102
F.22	Dépôts transférables	88 169	22 773	-2 042	-708	-57 499	5 217	2 082	-3 208
F.29	Autres dépôts	657	29 434	-16 198	-9 296	2 129	8 702	1 552	-11 179
F.3	**Titres de dette**	**13 332**	**7 847**	**72 269**	**19 231**	**-35 415**	**-37 671**	**-75 858**	**-29 760**
F.3S	Titres de dette à court terme	3 323	4 531	-1 332	-6 288	-409	8 364	-1 655	-1 199
F.3L	Titres de dette à long terme	10 009	3 317	73 601	25 519	-35 006	-46 035	-74 202	-28 561
F.4	**Crédits**	**67 383**	**58 785**	**-13 141**	**-11 862**	**5 189**	**38 745**	**25 968**	**-16 343**
F.4S	Crédits à court terme	63 134	53 415	-12 768	-5 110	12	17 852	1 975	-18 769
F.4L	Crédits à long terme	4 249	5 370	-373	-6 752	5 177	20 893	23 993	2 426
F.5	**Actions et parts de fonds d'investissement**	**26 890**	**34 208**	**-29 302**	**22 099**	**47 391**	**7 846**	**27 031**	**81 221**
F.51	Actions	12 185	43 803	30 540	7 130	-2 806	10 161	7 692	32 000
F.511	Actions cotées	-2 932	9 203	-25 236	-3 363	-2 750	-2 680	-7 748	1 391
F.512	Actions non cotées	-1 597	14 175	33 627	-12 485	-16 510	-6 480	-10 583	12 765
F.519	Autres participations	16 714	20 424	22 149	22 978	16 454	19 321	26 024	17 844
F.52	Parts de fonds d'investissement	14 705	-9 595	-59 842	14 969	50 197	-2 315	19 339	49 221
F.521	Parts de fonds d'investissement monétaires	..	..	..	..	..	..	..	..
F.522	Autres parts de fonds d'investissement	..	..	..	..	..	..	..	..
F.6	**Systèmes d'assurance, de pensions et garanties standard**	**4 802**	**6 299**	**0**	**0**	**-59**	**92**	**-27**	**304**
F.61	Réserves techniques d'assurance-dommages	4 802	6 299	0	0	-59	92	-27	304
F.62	Droits sur les assurances-vie et rentes	0	0	0	0	0	0	0	0
F.6M	Dts à pension, gérants de syst. de pension, hors retraite	0	0	0	0	0	0	0	0
F.63	Droits à pension	..	..	..	..	..	..	..	..
F.64	Dts des fonds de pension sur gérants des systèmes de pension	..	..	..	..	..	..	..	..
F.65	Droits à prestations hors retraite	..	..	..	..	..	..	..	..
F.66	Réserves pour appels dans le cadre de garanties standard	0	0	0	0	0	0	0	0
F.7	**Produits financiers dérivés et options sur titres des salariés**	**0**	**0**	**0**	**0**	**0**	**0**	**0**	**0**
F.71	Produits financiers dérivés	..	..	..	..	..	..	..	..
F.72	Options sur titres des salariés	..	..	..	..	..	..	..	..
F.8	**Autres comptes à payer**	**-317**	**12**	**-1 579**	**6 581**	**-847**	**2 687**	**2 602**	**-1 953**
F.81	Crédits commerciaux et avances	-577	-296	-2 793	4 300	225	3 033	1 980	-656
F.89	Autres comptes à payer, hors des crédits commerciaux et avances	260	308	1 213	2 281	-1 072	-346	622	-1 297
	Opérations financières nettes	**..**	**..**	**..**	**..**	**..**	**..**	**..**	**..**

Note : Les métadonnées détaillées sont disponibles sur :http://metalinks.oecd.org/faiiia/20150126/8e14

JAPON

Tableau 2.1.b. Flux non consolidés, Secteur S1 - Économie totale

SCN 1993

Millions JPY

		2006	2007	2008	2009	2010	2011	2012	2013
	Acquisition nette d'actifs financiers	**-44 854 200**	**26 358 100**	**-114 073 800**	**80 366 800**	**100 505 300**	**76 949 700**	**136 068 700**	..
F.1	**Or monétaire et DTS**	**0**	**0**	**0**	**0**	**0**	**0**	**0**	..
F.2	**Numéraire et dépôts**	**-59 844 200**	**-25 072 600**	**-10 358 000**	**10 255 900**	**46 297 000**	**15 757 300**	**61 588 900**	..
F.21	Numéraire	953 300	612 600	427 400	430 800	3 574 200	-81 300	2 566 800	..
F.22	Dépôts transférables	-1 903 600	-3 290 500	2 517 400	7 777 700	24 176 800	15 866 900	19 242 500	..
F.29	Autres dépôts	-58 893 900	-22 394 700	-13 302 800	2 047 400	18 546 000	-28 300	39 779 600	..
F.3	**Titres autres qu'actions**	**-10 056 100**	**-3 008 500**	**-6 586 700**	**44 552 500**	**28 287 900**	**17 377 300**	**24 723 500**	..
F.33	Titres autres qu'actions, non compris produits financiers dérivés	-10 056 100	-3 008 500	-6 586 700	44 552 500	28 287 900	17 377 300	24 723 500	..
F.331	Titres à court terme	..	..	..	..	..	..	..	..
F.332	Titres à long terme	..	..	..	..	..	..	..	..
F.34	Produits financiers dérivés	0	0	0	0	0	0	0	..
F.4	**Crédits**	**-31 874 600**	**-2 822 000**	**-70 662 200**	**-30 322 900**	**-8 940 900**	**-4 705 800**	**9 186 100**	..
F.41	Crédits à court terme	..	..	..	..	..	..	..	..
F.42	Crédits à long terme	..	..	..	..	..	..	..	..
F.5	**Actions et autres participations**	**9 713 500**	**18 693 800**	**21 080 500**	**14 210 200**	**778 800**	**1 069 900**	**-388 300**	..
F.51	Actions et autres participations, non compris parts d'O.P.C.	-6 775 600	5 986 100	19 968 500	10 319 000	-6 162 500	-594 300	-6 341 700	..
F.511	Actions cotées	..	..	..	..	..	..	..	..
F.512	Actions non cotées	..	..	..	..	..	..	..	..
F.513	Autres participations	..	..	..	..	..	..	..	..
F.52	Parts d'organismes de placement collectif	16 489 100	12 707 700	1 112 000	3 891 200	6 941 300	1 664 200	5 953 400	..
F.6	**Réserves techniques d'assurance**	**10 074 400**	**2 638 700**	**-8 765 900**	**-3 077 600**	**1 092 200**	**3 814 500**	**10 251 100**	..
F.61	Droits nets des ménages sur les réserves techniques	10 074 400	2 638 700	-8 765 900	-3 077 600	1 092 200	3 814 500	10 251 100	..
F.611	Sur les réserves d'assurance vie	-2 147 500	-3 217 900	-5 331 000	-4 101 900	2 570 600	5 090 600	8 661 500	..
F.612	Sur les fonds de pension	12 221 900	5 856 600	-3 434 900	1 024 300	-1 478 400	-1 276 100	1 589 600	..
F.62	Réserves-primes et réserves-sinistres	0	0	0	0	0	0	0	..
F.7	**Autres comptes à recevoir**	**37 132 800**	**35 928 700**	**-38 781 500**	**44 748 700**	**32 990 300**	**43 636 500**	**30 707 400**	..
F.71	Crédits commerciaux et avances	11 203 300	-6 575 700	-39 359 300	3 762 100	2 370 100	14 295 700	-6 900 600	..
F.79	Autres	25 929 500	42 504 400	577 800	40 986 600	30 620 200	29 340 800	37 608 000	..
	Accroissement net des passifs	**-65 584 700**	**2 021 700**	**-126 186 700**	**64 517 000**	**84 333 100**	**69 068 900**	**132 085 600**	..
F.2	**Numéraire et dépôts**	**-60 310 900**	**-36 025 400**	**-5 304 100**	**9 775 800**	**46 470 300**	**18 510 900**	**63 087 900**	..
F.21	Numéraire	953 300	612 600	427 400	430 800	3 574 200	-81 300	2 566 800	..
F.22	Dépôts transférables	-2 334 500	-3 076 800	2 383 500	7 759 900	24 300 200	15 863 900	19 159 700	..
F.29	Autres dépôts	-58 929 700	-33 561 200	-8 115 000	1 585 100	18 595 900	2 728 300	41 361 400	..
F.3	**Titres autres qu'actions**	**3 497 900**	**14 191 500**	**-9 554 500**	**34 820 500**	**43 298 500**	**29 876 400**	**30 454 300**	..
F.33	Titres autres qu'actions, non compris produits financiers dérivés	3 497 900	14 191 500	-9 554 500	34 820 500	43 298 500	29 876 400	30 454 300	..
F.331	Titres à court terme	..	..	..	..	..	..	..	..
F.332	Titres à long terme	..	..	..	..	..	..	..	..
F.34	Produits financiers dérivés	0	0	0	0	0	0	0	..
F.4	**Crédits**	**-48 832 500**	**-1 059 500**	**-66 930 500**	**-15 039 400**	**-6 573 600**	**-1 572 700**	**11 430 200**	..
F.41	Crédits à court terme	..	..	..	..	..	..	..	..
F.42	Crédits à long terme	..	..	..	..	..	..	..	..
F.5	**Actions et autres participations**	**16 892 800**	**19 823 800**	**16 649 600**	**23 750 000**	**5 752 300**	**1 889 300**	**6 372 800**	..
F.51	Actions et autres participations, non compris parts d'O.P.C.	403 700	7 116 100	15 537 600	19 858 800	-1 189 000	156 300	295 000	..
F.511	Actions cotées	..	..	..	..	..	..	..	..
F.512	Actions non cotées	..	..	..	..	..	..	..	..
F.513	Autres participations	..	..	..	..	..	..	..	..
F.52	Parts d'organismes de placement collectif	16 489 100	12 707 700	1 112 000	3 891 200	6 941 300	1 733 000	6 077 800	..
F.6	**Réserves techniques d'assurance**	**10 074 400**	**2 638 700**	**-8 765 900**	**-3 077 600**	**1 092 200**	**3 814 500**	**10 251 100**	..
F.61	Droits nets des ménages sur les réserves techniques	10 074 400	2 638 700	-8 765 900	-3 077 600	1 092 200	3 814 500	10 251 100	..
F.611	Sur les réserves d'assurance vie	-2 147 500	-3 217 900	-5 331 000	-4 101 900	2 570 600	5 090 600	8 661 500	..
F.612	Sur les fonds de pension	12 221 900	5 856 600	-3 434 900	1 024 300	-1 478 400	-1 276 100	1 589 600	..
F.62	Réserves-primes et réserves-sinistres	0	0	0	0	0	0	0	..
F.7	**Autres comptes à payer**	**13 093 600**	**2 452 600**	**-52 281 300**	**14 287 700**	**-5 706 600**	**16 550 500**	**10 489 300**	..
F.71	Crédits commerciaux et avances	11 233 000	-6 512 100	-38 277 100	3 344 000	2 288 900	14 126 700	-6 955 200	..
F.79	Autres	1 860 600	8 964 700	-14 004 200	10 943 700	-7 995 500	2 423 800	17 444 500	..
	Opérations financières nettes	**20 730 500**	**24 336 400**	**12 112 900**	**15 849 800**	**16 172 200**	**7 880 800**	**3 983 100**	..

Note : Les métadonnées détaillées sont disponibles sur :http://metalinks.oecd.org/faiiia/20150126/c136

JAPON

Tableau 2.2.b. Flux non consolidés, Secteur S11 - Sociétés non financières

SCN 1993

Millions JPY

		2006	2007	2008	2009	2010	2011	2012	2013
	Acquisition nette d'actifs financiers	**23 446 400**	**18 799 500**	**-18 792 800**	**18 726 700**	**23 807 400**	**29 875 900**	**25 078 700**	..
F.1	**Or monétaire et DTS**	**0**	**0**	**0**	**0**	**0**	**0**	**0**	..
F.2	**Numéraire et dépôts**	**-3 347 500**	**345 200**	**4 746 700**	**5 893 500**	**12 574 500**	**4 965 800**	**11 668 200**	..
F.21	Numéraire	272 300	1 686 200	137 800	428 900	624 500	421 500	595 300	..
F.22	Dépôts transférables	-4 726 900	-3 468 000	2 599 600	451 100	11 023 900	2 980 900	4 617 800	..
F.29	Autres dépôts	1 107 100	2 127 000	2 009 300	5 013 500	926 100	1 563 400	6 455 100	..
F.3	**Titres autres qu'actions**	**-1 333 700**	**-3 137 600**	**3 696 700**	**-1 009 100**	**-239 400**	**-357 200**	**-6 811 600**	..
F.33	Titres autres qu'actions, non compris produits financiers dérivés	-1 333 700	-3 137 600	3 696 700	-1 009 100	-239 400	-357 200	-6 811 600	..
F.331	Titres à court terme	..	..	..	..	..	..	..	..
F.332	Titres à long terme	..	..	..	..	..	..	..	..
F.34	Produits financiers dérivés	0	0	0	0	0	0	0	..
F.4	**Crédits**	**3 091 800**	**2 501 300**	**-1 214 800**	**928 500**	**-759 000**	**-1 128 000**	**2 225 500**	..
F.41	Crédits à court terme	..	..	..	..	..	..	..	..
F.42	Crédits à long terme	..	..	..	..	..	..	..	..
F.5	**Actions et autres participations**	**5 855 600**	**7 482 800**	**7 474 900**	**4 059 400**	**897 600**	**-1 787 200**	**-756 600**	..
F.51	Actions et autres participations, non compris parts d'O.P.C.	3 112 800	4 385 100	5 857 300	2 220 600	-855 300	-1 237 800	48 900	..
F.511	Actions cotées	..	..	..	..	..	..	..	..
F.512	Actions non cotées	..	..	..	..	..	..	..	..
F.513	Autres participations	..	..	..	..	..	..	..	..
F.52	Parts d'organismes de placement collectif	2 742 800	3 097 700	1 617 600	1 838 800	1 752 900	-549 400	-805 500	..
F.6	**Réserves techniques d'assurance**	**0**	**0**	**0**	**0**	**0**	**0**	**0**	..
F.61	Droits nets des ménages sur les réserves techniques	..	..	..	..	..	..	..	..
F.611	Sur les réserves d'assurance vie	..	..	..	..	..	..	..	..
F.612	Sur les fonds de pension	..	..	..	..	..	..	..	..
F.62	Réserves-primes et réserves-sinistres	..	..	..	..	..	..	..	..
F.7	**Autres comptes à recevoir**	**19 180 200**	**11 607 800**	**-33 496 300**	**8 854 400**	**11 333 700**	**28 182 500**	**18 753 200**	..
F.71	Crédits commerciaux et avances	10 118 100	-6 477 000	-37 524 100	4 492 600	2 193 800	14 004 200	-6 051 900	..
F.79	Autres	9 062 100	18 084 800	4 027 800	4 361 800	9 139 900	14 178 300	24 805 100	..
	Accroissement net des passifs	**24 500 600**	**4 813 300**	**-26 800 700**	**-199 900**	**-6 064 300**	**11 878 200**	**5 934 800**	..
F.2	**Numéraire et dépôts**	**0**	**0**	**0**	**0**	**0**	**0**	**0**	..
F.21	Numéraire	..	..	..	..	..	..	..	..
F.22	Dépôts transférables	..	..	..	..	..	..	..	..
F.29	Autres dépôts	..	..	..	..	..	..	..	..
F.3	**Titres autres qu'actions**	**1 961 000**	**496 400**	**1 981 400**	**632 400**	**2 011 200**	**-3 189 300**	**-431 400**	..
F.33	Titres autres qu'actions, non compris produits financiers dérivés	1 961 000	496 400	1 981 400	632 400	2 011 200	-3 189 300	-431 400	..
F.331	Titres à court terme	..	..	..	..	..	..	..	..
F.332	Titres à long terme	..	..	..	..	..	..	..	..
F.34	Produits financiers dérivés	0	0	0	0	0	0	0	..
F.4	**Crédits**	**6 453 000**	**-520 100**	**13 541 400**	**-14 183 000**	**-7 219 900**	**617 000**	**305 900**	..
F.41	Crédits à court terme	..	..	..	..	..	..	..	..
F.42	Crédits à long terme	..	..	..	..	..	..	..	..
F.5	**Actions et autres participations**	**7 628 200**	**1 169 500**	**9 432 300**	**6 253 200**	**-2 368 600**	**-1 871 000**	**1 430 400**	..
F.51	Actions et autres participations, non compris parts d'O.P.C.	6 931 200	780 200	9 250 000	6 166 800	-2 547 300	-2 079 500	930 900	..
F.511	Actions cotées	..	..	..	..	..	..	..	..
F.512	Actions non cotées	..	..	..	..	..	..	..	..
F.513	Autres participations	..	..	..	..	..	..	..	..
F.52	Parts d'organismes de placement collectif	697 000	389 300	182 300	86 400	178 700	208 500	499 500	..
F.6	**Réserves techniques d'assurance**	**0**	**0**	**0**	**0**	**0**	**0**	**0**	..
F.61	Droits nets des ménages sur les réserves techniques	..	..	..	..	..	..	..	..
F.611	Sur les réserves d'assurance vie	..	..	..	..	..	..	..	..
F.612	Sur les fonds de pension	..	..	..	..	..	..	..	..
F.62	Réserves-primes et réserves-sinistres	..	..	..	..	..	..	..	..
F.7	**Autres comptes à payer**	**8 458 400**	**3 667 500**	**-51 755 800**	**7 097 500**	**1 513 000**	**16 321 500**	**4 629 900**	..
F.71	Crédits commerciaux et avances	10 372 900	-8 540 900	-38 059 500	3 698 500	-1 180 900	15 250 600	-7 247 700	..
F.79	Autres	-1 914 500	12 208 400	-13 696 300	3 399 000	2 693 900	1 070 900	11 877 600	..
	Opérations financières nettes	**-1 054 200**	**13 986 200**	**8 007 900**	**18 926 600**	**29 871 700**	**17 997 700**	**19 143 900**	..

Note : Les métadonnées détaillées sont disponibles sur :http://metalinks.oecd.org/faiiia/20150126/c136

JAPON

Tableau 2.3.b. Flux non consolidés, Secteur S12 - Sociétés financières

SCN 1993

Millions JPY

		2006	2007	2008	2009	2010	2011	2012	2013
	Acquisition nette d'actifs financiers	**-86 943 600**	**-2 150 700**	**-95 826 900**	**25 442 300**	**64 230 800**	**29 386 000**	**86 652 300**	..
F.1	**Or monétaire et DTS**	**0**	**0**	**0**	**0**	**0**	**0**	**0**	..
F.2	**Numéraire et dépôts**	**-43 403 900**	**-12 107 500**	**-14 247 900**	**-2 742 500**	**22 404 100**	**-8 685 100**	**31 878 200**	..
F.21	Numéraire	-10 800	-1 563 200	-518 700	-670 900	1 357 100	-1 634 900	424 500	..
F.22	Dépôts transférables	-3 119 500	2 471 800	475 200	2 709 400	-574 200	-5 315 500	16 100	..
F.29	Autres dépôts	-40 273 600	-13 016 100	-14 204 400	-4 781 000	21 621 200	-1 734 700	31 437 600	..
F.3	**Titres autres qu'actions**	**-26 523 800**	**-8 569 900**	**867 000**	**52 136 300**	**24 465 600**	**37 884 100**	**35 099 500**	..
F.33	Titres autres qu'actions, non compris produits financiers dérivés	-26 523 800	-8 569 900	867 000	52 136 300	24 465 600	37 884 100	35 099 500	..
F.331	Titres à court terme	..	..	..	..	..	..	..	..
F.332	Titres à long terme	..	..	..	..	..	..	..	..
F.34	Produits financiers dérivés	0	0	0	0	0	0	0	..
F.4	**Crédits**	**-27 433 200**	**-4 003 600**	**-68 762 200**	**-39 296 500**	**-7 141 300**	**-4 864 700**	**6 485 900**	..
F.41	Crédits à court terme	..	..	..	..	..	..	..	..
F.42	Crédits à long terme	..	..	..	..	..	..	..	..
F.5	**Actions et autres participations**	**-4 459 500**	**-2 275 500**	**-3 959 800**	**4 020 200**	**-1 539 700**	**541 100**	**29 900**	..
F.51	Actions et autres participations, non compris parts d'O.P.C.	-8 443 200	-1 206 600	-1 195 400	3 312 200	-1 352 300	299 200	-2 618 600	..
F.511	Actions cotées	..	..	..	..	..	..	..	..
F.512	Actions non cotées	..	..	..	..	..	..	..	..
F.513	Autres participations	..	..	..	..	..	..	..	..
F.52	Parts d'organismes de placement collectif	3 983 700	-1 068 900	-2 764 400	708 000	-187 400	241 900	2 648 500	..
F.6	**Réserves techniques d'assurance**	**0**	**0**	**0**	**0**	**0**	**0**	**0**	..
F.61	Droits nets des ménages sur les réserves techniques	..	..	..	..	..	..	..	..
F.611	Sur les réserves d'assurance vie	..	..	..	..	..	..	..	..
F.612	Sur les fonds de pension	..	..	..	..	..	..	..	..
F.62	Réserves-primes et réserves-sinistres	..	..	..	..	..	..	..	..
F.7	**Autres comptes à recevoir**	**14 876 800**	**24 805 800**	**-9 724 000**	**11 324 800**	**26 042 100**	**4 510 600**	**13 158 800**	..
F.71	Crédits commerciaux et avances	1 271 400	-28 300	-1 628 800	-751 800	211 300	301 100	-830 500	..
F.79	Autres	13 605 400	24 834 100	-8 095 200	12 076 600	25 830 800	4 209 500	13 989 300	..
	Accroissement net des passifs	**-91 251 000**	**-608 800**	**-90 917 400**	**11 584 000**	**55 077 800**	**20 797 400**	**86 784 000**	..
F.2	**Numéraire et dépôts**	**-60 310 900**	**-36 025 400**	**-5 304 100**	**9 775 800**	**46 470 300**	**18 510 900**	**63 087 900**	..
F.21	Numéraire	953 300	612 600	427 400	430 800	3 574 200	-81 300	2 566 800	..
F.22	Dépôts transférables	-2 334 500	-3 076 800	2 383 500	7 759 900	24 300 200	15 863 900	19 159 700	..
F.29	Autres dépôts	-58 929 700	-33 561 200	-8 115 000	1 585 100	18 595 900	2 728 300	41 361 400	..
F.3	**Titres autres qu'actions**	**-6 467 000**	**-4 670 300**	**-16 964 200**	**-13 366 400**	**-8 024 000**	**-7 778 400**	**-4 263 600**	..
F.33	Titres autres qu'actions, non compris produits financiers dérivés	-6 467 000	-4 670 300	-16 964 200	-13 366 400	-8 024 000	-7 778 400	-4 263 600	..
F.331	Titres à court terme	..	..	..	..	..	..	..	..
F.332	Titres à long terme	..	..	..	..	..	..	..	..
F.34	Produits financiers dérivés	0	0	0	0	0	0	0	..
F.4	**Crédits**	**-45 411 500**	**15 225 900**	**-69 417 200**	**9 618 100**	**7 399 400**	**3 520 400**	**9 327 300**	..
F.41	Crédits à court terme	..	..	..	..	..	..	..	..
F.42	Crédits à long terme	..	..	..	..	..	..	..	..
F.5	**Actions et autres participations**	**9 275 500**	**18 823 500**	**7 141 400**	**17 220 700**	**7 382 000**	**3 704 400**	**4 607 100**	..
F.51	Actions et autres participations, non compris parts d'O.P.C.	-6 516 600	6 505 100	6 211 700	13 415 900	619 400	2 179 900	-971 200	..
F.511	Actions cotées	..	..	..	..	..	..	..	..
F.512	Actions non cotées	..	..	..	..	..	..	..	..
F.513	Autres participations	..	..	..	..	..	..	..	..
F.52	Parts d'organismes de placement collectif	15 792 100	12 318 400	929 700	3 804 800	6 762 600	1 524 500	5 578 300	..
F.6	**Réserves techniques d'assurance**	**10 074 400**	**2 638 700**	**-8 765 900**	**-3 077 600**	**1 092 200**	**3 814 500**	**10 251 100**	..
F.61	Droits nets des ménages sur les réserves techniques	10 074 400	2 638 700	-8 765 900	-3 077 600	1 092 200	3 814 500	10 251 100	..
F.611	Sur les réserves d'assurance vie	-2 147 500	-3 217 900	-5 331 000	-4 101 900	2 570 600	5 090 600	8 661 500	..
F.612	Sur les fonds de pension	12 221 900	5 856 600	-3 434 900	1 024 300	-1 478 400	-1 276 100	1 589 600	..
F.62	Réserves-primes et réserves-sinistres	0	0	0	0	0	0	0	..
F.7	**Autres comptes à payer**	**1 588 500**	**3 398 800**	**2 392 600**	**-8 586 600**	**757 900**	**-974 400**	**3 774 200**	..
F.71	Crédits commerciaux et avances	0	0	0	0	0	0	0	..
F.79	Autres	1 588 500	3 398 800	2 392 600	-8 586 600	757 900	-974 400	3 774 200	..
	Opérations financières nettes	**4 307 400**	**-1 541 900**	**-4 909 500**	**13 858 300**	**9 153 000**	**8 588 600**	**-131 700**	..

Note : Les métadonnées détaillées sont disponibles sur :http://metalinks.oecd.org/faiiia/20150126/c136

Tableau 2.4.b. Flux non consolidés, Secteur S13 - Administrations publiques

SCN 1993

Millions JPY

		2006	2007	2008	2009	2010	2011	2012	2013
	Acquisition nette d'actifs financiers	**-1 317 900**	**-5 946 200**	**-12 252 900**	**25 619 600**	**1 168 700**	**-2 324 400**	**-1 807 800**	..
F.1	**Or monétaire et DTS**	**0**	**0**	**0**	**0**	**0**	**0**	**0**	..
F.2	**Numéraire et dépôts**	**-13 332 300**	**-18 943 600**	**-13 939 300**	**-4 432 800**	**-703 800**	**-191 400**	**1 769 700**	..
F.21	Numéraire	53 500	-54 000	300	15 200	-9 800	600	-3 500	..
F.22	Dépôts transférables	1 400 700	-2 459 700	805 800	1 692 300	828 600	2 621 400	1 586 500	..
F.29	Autres dépôts	-14 786 500	-16 429 900	-14 745 400	-6 140 300	-1 522 600	-2 813 400	186 700	..
F.3	**Titres autres qu'actions**	**12 952 900**	**7 341 900**	**-9 164 300**	**-7 063 900**	**8 001 700**	**-16 406 800**	**30 500**	..
F.33	Titres autres qu'actions, non compris produits financiers dérivés	12 952 900	7 341 900	-9 164 300	-7 063 900	8 001 700	-16 406 800	30 500	..
F.331	Titres à court terme	..	..	..	..	..	..	..	..
F.332	Titres à long terme	..	..	..	..	..	..	..	..
F.34	Produits financiers dérivés	0	0	0	0	0	0	0	..
F.4	**Crédits**	**-7 553 300**	**-2 310 100**	**-942 400**	**8 161 300**	**-958 200**	**1 056 900**	**714 200**	..
F.41	Crédits à court terme	..	..	..	..	..	..	..	..
F.42	Crédits à long terme	..	..	..	..	..	..	..	..
F.5	**Actions et autres participations**	**232 000**	**8 683 400**	**9 580 100**	**3 258 700**	**135 100**	**2 327 300**	**-1 264 600**	..
F.51	Actions et autres participations, non compris parts d'O.P.C.	207 000	8 611 400	9 422 300	3 342 700	19 300	2 358 700	-1 264 500	..
F.511	Actions cotées	..	..	..	..	..	..	..	..
F.512	Actions non cotées	..	..	..	..	..	..	..	..
F.513	Autres participations	..	..	..	..	..	..	..	..
F.52	Parts d'organismes de placement collectif	25 000	72 000	157 800	-84 000	115 800	-31 400	-100	..
F.6	**Réserves techniques d'assurance**	**0**	**0**	**0**	**0**	**0**	**0**	**0**	..
F.61	Droits nets des ménages sur les réserves techniques	..	..	..	..	..	..	..	..
F.611	Sur les réserves d'assurance vie	..	..	..	..	..	..	..	..
F.612	Sur les fonds de pension	..	..	..	..	..	..	..	..
F.62	Réserves-primes et réserves-sinistres	..	..	..	..	..	..	..	..
F.7	**Autres comptes à recevoir**	**6 382 800**	**-717 800**	**2 213 000**	**25 696 300**	**-5 306 100**	**10 889 600**	**-3 057 600**	..
F.71	Crédits commerciaux et avances	-186 200	-70 400	-206 400	21 300	-35 000	-9 600	-18 200	..
F.79	Autres	6 569 000	-647 400	2 419 400	25 675 000	-5 271 100	10 899 200	-3 039 400	..
	Accroissement net des passifs	**2 320 000**	**1 402 900**	**-449 900**	**55 576 100**	**36 302 000**	**39 153 200**	**34 513 400**	..
F.2	**Numéraire et dépôts**	**0**	**0**	**0**	**0**	**0**	**0**	**0**	..
F.21	Numéraire	..	..	..	..	..	..	..	..
F.22	Dépôts transférables	..	..	..	..	..	..	..	..
F.29	Autres dépôts	..	..	..	..	..	..	..	..
F.3	**Titres autres qu'actions**	**8 003 900**	**18 365 400**	**5 428 300**	**47 554 500**	**49 311 300**	**40 844 100**	**35 149 300**	..
F.33	Titres autres qu'actions, non compris produits financiers dérivés	8 003 900	18 365 400	5 428 300	47 554 500	49 311 300	40 844 100	35 149 300	..
F.331	Titres à court terme	..	..	..	..	..	..	..	..
F.332	Titres à long terme	..	..	..	..	..	..	..	..
F.34	Produits financiers dérivés	0	0	0	0	0	0	0	..
F.4	**Crédits**	**-7 238 100**	**-10 235 100**	**-5 204 900**	**-3 106 200**	**-1 777 700**	**-3 206 800**	**92 500**	..
F.41	Crédits à court terme	..	..	..	..	..	..	..	..
F.42	Crédits à long terme	..	..	..	..	..	..	..	..
F.5	**Actions et autres participations**	**-10 900**	**-169 200**	**75 900**	**276 100**	**738 900**	**55 900**	**335 300**	..
F.51	Actions et autres participations, non compris parts d'O.P.C.	-10 900	-169 200	75 900	276 100	738 900	55 900	335 300	..
F.511	Actions cotées	..	..	..	..	..	..	..	..
F.512	Actions non cotées	..	..	..	..	..	..	..	..
F.513	Autres participations	..	..	..	..	..	..	..	..
F.52	Parts d'organismes de placement collectif	0	0	0	0	0	0	0	..
F.6	**Réserves techniques d'assurance**	**0**	**0**	**0**	**0**	**0**	**0**	**0**	..
F.61	Droits nets des ménages sur les réserves techniques	..	..	..	..	..	..	..	..
F.611	Sur les réserves d'assurance vie	..	..	..	..	..	..	..	..
F.612	Sur les fonds de pension	..	..	..	..	..	..	..	..
F.62	Réserves-primes et réserves-sinistres	..	..	..	..	..	..	..	..
F.7	**Autres comptes à payer**	**1 565 100**	**-6 558 200**	**-749 200**	**10 851 700**	**-11 970 500**	**1 460 000**	**-1 063 700**	..
F.71	Crédits commerciaux et avances	0	0	0	0	0	0	0	..
F.79	Autres	1 565 100	-6 558 200	-749 200	10 851 700	-11 970 500	1 460 000	-1 063 700	..
	Opérations financières nettes	**-3 637 900**	**-7 349 100**	**-11 803 000**	**-29 956 500**	**-35 133 300**	**-41 477 600**	**-36 321 200**	..

Note : Les métadonnées détaillées sont disponibles sur :http://metalinks.oecd.org/faiiia/20150126/c136

Tableau 2.5.b. Flux non consolidés, Secteur S14-S15 - Ménages et ISBLSM

SCN 1993

Millions JPY

		2006	2007	2008	2009	2010	2011	2012	2013
	Acquisition nette d'actifs financiers	**19 960 900**	**15 655 500**	**12 798 800**	**10 578 200**	**11 298 400**	**20 012 200**	**26 145 500**	..
F.1	**Or monétaire et DTS**	**0**	**0**	**0**	**0**	**0**	**0**	**0**	..
F.2	**Numéraire et dépôts**	**239 500**	**5 633 300**	**13 082 500**	**11 537 700**	**12 022 200**	**19 668 000**	**16 272 800**	..
F.21	Numéraire	638 300	543 600	808 000	657 600	1 602 400	1 131 500	1 550 500	..
F.22	Dépôts transférables	4 542 100	165 400	-1 363 200	2 924 900	12 898 500	15 580 100	13 022 100	..
F.29	Autres dépôts	-4 940 900	4 924 300	13 637 700	7 955 200	-2 478 700	2 956 400	1 700 200	..
F.3	**Titres autres qu'actions**	**4 848 500**	**1 357 100**	**-1 986 100**	**489 200**	**-3 940 000**	**-3 742 800**	**-3 594 900**	..
F.33	Titres autres qu'actions, non compris produits financiers dérivés	4 848 500	1 357 100	-1 986 100	489 200	-3 940 000	-3 742 800	-3 594 900	..
F.331	Titres à court terme	..	..	..	..	..	..	..	..
F.332	Titres à long terme	..	..	..	..	..	..	..	..
F.34	Produits financiers dérivés	0	0	0	0	0	0	0	..
F.4	**Crédits**	**20 100**	**990 400**	**257 200**	**-116 200**	**-82 400**	**230 000**	**-239 500**	..
F.41	Crédits à court terme	..	..	..	..	..	..	..	..
F.42	Crédits à long terme	..	..	..	..	..	..	..	..
F.5	**Actions et autres participations**	**8 085 400**	**4 803 100**	**7 985 300**	**2 871 900**	**1 285 800**	**-11 300**	**1 603 000**	..
F.51	Actions et autres participations, non compris parts d'O.P.C.	-1 652 200	-5 803 800	5 884 300	1 443 500	-3 974 200	-2 014 400	-2 507 500	..
F.511	Actions cotées	..	..	..	..	..	..	..	..
F.512	Actions non cotées	..	..	..	..	..	..	..	..
F.513	Autres participations	..	..	..	..	..	..	..	..
F.52	Parts d'organismes de placement collectif	9 737 600	10 606 900	2 101 000	1 428 400	5 260 000	2 003 100	4 110 500	..
F.6	**Réserves techniques d'assurance**	**10 074 400**	**2 638 700**	**-8 765 900**	**-3 077 600**	**1 092 200**	**3 814 500**	**10 251 100**	..
F.61	Droits nets des ménages sur les réserves techniques	10 074 400	2 638 700	-8 765 900	-3 077 600	1 092 200	3 814 500	10 251 100	..
F.611	Sur les réserves d'assurance vie	-2 147 500	-3 217 900	-5 331 000	-4 101 900	2 570 600	5 090 600	8 661 500	..
F.612	Sur les fonds de pension	12 221 900	5 856 600	-3 434 900	1 024 300	-1 478 400	-1 276 100	1 589 600	..
F.62	Réserves-primes et réserves-sinistres	0	0	0	0	0	0	0	..
F.7	**Autres comptes à recevoir**	**-3 307 000**	**232 900**	**2 225 800**	**-1 126 800**	**920 600**	**53 800**	**1 853 000**	..
F.71	Crédits commerciaux et avances	0	0	0	0	0	0	0	..
F.79	Autres	-3 307 000	232 900	2 225 800	-1 126 800	920 600	53 800	1 853 000	..
	Accroissement net des passifs	**-1 154 300**	**-3 585 700**	**-8 018 700**	**-2 443 200**	**-982 400**	**-2 759 900**	**4 853 400**	..
F.2	**Numéraire et dépôts**	**0**	**0**	**0**	**0**	**0**	**0**	**0**	..
F.21	Numéraire	..	..	..	..	..	..	..	..
F.22	Dépôts transférables	..	..	..	..	..	..	..	..
F.29	Autres dépôts	..	..	..	..	..	..	..	..
F.3	**Titres autres qu'actions**	**0**	**0**	**0**	**0**	**0**	**0**	**0**	..
F.33	Titres autres qu'actions, non compris produits financiers dérivés	0	0	0	0	0	0	0	..
F.331	Titres à court terme	..	..	..	..	..	..	..	..
F.332	Titres à long terme	..	..	..	..	..	..	..	..
F.34	Produits financiers dérivés	0	0	0	0	0	0	0	..
F.4	**Crédits**	**-2 635 900**	**-5 530 200**	**-5 849 800**	**-7 368 300**	**-4 975 400**	**-2 503 300**	**1 704 500**	..
F.41	Crédits à court terme	..	..	..	..	..	..	..	..
F.42	Crédits à long terme	..	..	..	..	..	..	..	..
F.5	**Actions et autres participations**	**0**	**0**	**0**	**0**	**0**	**0**	**0**	..
F.51	Actions et autres participations, non compris parts d'O.P.C.	..	..	..	..	..	..	..	..
F.511	Actions cotées	..	..	..	..	..	..	..	..
F.512	Actions non cotées	..	..	..	..	..	..	..	..
F.513	Autres participations	..	..	..	..	..	..	..	..
F.52	Parts d'organismes de placement collectif	..	..	..	..	..	..	..	..
F.6	**Réserves techniques d'assurance**	**0**	**0**	**0**	**0**	**0**	**0**	**0**	..
F.61	Droits nets des ménages sur les réserves techniques	..	..	..	..	..	..	..	..
F.611	Sur les réserves d'assurance vie	..	..	..	..	..	..	..	..
F.612	Sur les fonds de pension	..	..	..	..	..	..	..	..
F.62	Réserves-primes et réserves-sinistres	..	..	..	..	..	..	..	..
F.7	**Autres comptes à payer**	**1 481 600**	**1 944 500**	**-2 168 900**	**4 925 100**	**3 993 000**	**-256 600**	**3 148 900**	..
F.71	Crédits commerciaux et avances	860 100	2 028 800	-217 600	-354 500	3 469 800	-1 123 900	292 500	..
F.79	Autres	621 500	-84 300	-1 951 300	5 279 600	523 200	867 300	2 856 400	..
	Opérations financières nettes	**21 115 200**	**19 241 200**	**20 817 500**	**13 021 400**	**12 280 800**	**22 772 100**	**21 292 100**	..

Note : Les métadonnées détaillées sont disponibles sur :http://metalinks.oecd.org/faiiia/20150126/c136

JAPON

Tableau 2.6.b. Flux non consolidés, Secteur S2 - Reste du monde

SCN 1993

Millions JPY

		2006	2007	2008	2009	2010	2011	2012	2013
	Acquisition nette d'actifs financiers	**15 547 300**	**35 033 900**	**-17 238 700**	**1 262 200**	**35 514 300**	**22 320 000**	**24 766 200**	..
F.1	**Or monétaire et DTS**	**0**	**0**	**0**	**0**	**0**	**0**	**0**	..
F.2	**Numéraire et dépôts**	**97 400**	**-83 400**	**1 300**	**-1 832 400**	**349 100**	**929 200**	**472 700**	..
F.21	Numéraire	0	0	0	0	0	0	0	..
F.22	Dépôts transférables	-430 900	213 700	-133 900	-17 800	123 400	-3 000	-82 800	..
F.29	Autres dépôts	528 300	-297 100	135 200	-1 814 600	225 700	932 200	555 500	..
F.3	**Titres autres qu'actions**	**13 554 000**	**17 200 000**	**-2 967 800**	**-9 732 000**	**15 010 600**	**12 499 100**	**5 730 800**	..
F.33	Titres autres qu'actions, non compris produits financiers dérivés	13 554 000	17 200 000	-2 967 800	-9 732 000	15 010 600	12 499 100	5 730 800	..
F.331	Titres à court terme	..	..	..	..	..	..	..	..
F.332	Titres à long terme	..	..	..	..	..	..	..	..
F.34	Produits financiers dérivés	0	0	0	0	0	0	0	..
F.4	**Crédits**	**-5 502 400**	**13 380 700**	**-14 419 100**	**7 406 300**	**12 595 100**	**7 179 000**	**11 245 400**	..
F.41	Crédits à court terme	..	..	..	..	..	..	..	..
F.42	Crédits à long terme	..	..	..	..	..	..	..	..
F.5	**Actions et autres participations**	**7 179 300**	**1 130 000**	**-4 430 900**	**9 539 800**	**4 973 500**	**819 400**	**6 761 100**	..
F.51	Actions et autres participations, non compris parts d'O.P.C.	7 179 300	1 130 000	-4 430 900	9 539 800	4 973 500	750 600	6 636 700	..
F.511	Actions cotées	..	..	..	..	..	..	..	..
F.512	Actions non cotées	..	..	..	..	..	..	..	..
F.513	Autres participations	..	..	..	..	..	..	..	..
F.52	Parts d'organismes de placement collectif	0	0	0	0	0	68 800	124 400	..
F.6	**Réserves techniques d'assurance**	**0**	**0**	**0**	**0**	**0**	**0**	**0**	..
F.61	Droits nets des ménages sur les réserves techniques	..	..	..	..	..	..	..	..
F.611	Sur les réserves d'assurance vie	..	..	..	..	..	..	..	..
F.612	Sur les fonds de pension	..	..	..	..	..	..	..	..
F.62	Réserves-primes et réserves-sinistres	..	..	..	..	..	..	..	..
F.7	**Autres comptes à recevoir**	**219 000**	**3 406 600**	**4 577 800**	**-4 119 500**	**2 586 000**	**893 300**	**556 200**	..
F.71	Crédits commerciaux et avances	247 700	576 900	-302 400	459 800	-12 200	131 900	-483 500	..
F.79	Autres	-28 700	2 829 700	4 880 200	-4 579 300	2 598 200	761 400	1 039 700	..
	Accroissement net des passifs	**36 277 800**	**59 370 300**	**-5 125 800**	**17 112 000**	**51 686 500**	**30 200 800**	**28 749 300**	..
F.2	**Numéraire et dépôts**	**564 100**	**10 869 400**	**-5 052 600**	**-1 352 300**	**175 800**	**-1 824 400**	**-1 026 300**	..
F.21	Numéraire	0	0	0	0	0	0	0	..
F.22	Dépôts transférables	0	0	0	0	0	0	0	..
F.29	Autres dépôts	564 100	10 869 400	-5 052 600	-1 352 300	175 800	-1 824 400	-1 026 300	..
F.3	**Titres autres qu'actions**	**0**	**0**	**0**	**0**	**0**	**0**	**0**	..
F.33	Titres autres qu'actions, non compris produits financiers dérivés	0	0	0	0	0	0	0	..
F.331	Titres à court terme	..	..	..	..	..	..	..	..
F.332	Titres à long terme	..	..	..	..	..	..	..	..
F.34	Produits financiers dérivés	0	0	0	0	0	0	0	..
F.4	**Crédits**	**11 455 500**	**11 618 200**	**-18 150 800**	**-7 877 200**	**10 227 800**	**4 045 900**	**9 001 300**	..
F.41	Crédits à court terme	..	..	..	..	..	..	..	..
F.42	Crédits à long terme	..	..	..	..	..	..	..	..
F.5	**Actions et autres participations**	**0**	**0**	**0**	**0**	**0**	**0**	**0**	..
F.51	Actions et autres participations, non compris parts d'O.P.C.	..	..	..	..	..	..	..	..
F.511	Actions cotées	..	..	..	..	..	..	..	..
F.512	Actions non cotées	..	..	..	..	..	..	..	..
F.513	Autres participations	..	..	..	..	..	..	..	..
F.52	Parts d'organismes de placement collectif	..	..	..	..	..	..	..	..
F.6	**Réserves techniques d'assurance**	**0**	**0**	**0**	**0**	**0**	**0**	**0**	..
F.61	Droits nets des ménages sur les réserves techniques	..	..	..	..	..	..	..	..
F.611	Sur les réserves d'assurance vie	..	..	..	..	..	..	..	..
F.612	Sur les fonds de pension	..	..	..	..	..	..	..	..
F.62	Réserves-primes et réserves-sinistres	..	..	..	..	..	..	..	..
F.7	**Autres comptes à payer**	**24 258 200**	**36 882 700**	**18 077 600**	**26 341 500**	**41 282 900**	**27 979 300**	**20 774 300**	..
F.71	Crédits commerciaux et avances	218 000	513 300	-1 384 600	877 900	69 000	300 900	-428 900	..
F.79	Autres	24 040 200	36 369 400	19 462 200	25 463 600	41 213 900	27 678 400	21 203 200	..
	Opérations financières nettes	**-20 730 500**	**-24 336 400**	**-12 112 900**	**-15 849 800**	**-16 172 200**	**-7 880 800**	**-3 983 100**	..

Note : Les métadonnées détaillées sont disponibles sur :http://metalinks.oecd.org/faiiia/20150126/c136

Tableau 2.1.b. Flux non consolidés, Secteur S1 - Économie totale

SCN 1993

Millions KRW

		2006	2007	2008	2009	2010	2011	2012	2013
	Acquisition nette d'actifs financiers	**652 467 137**	**687 303 803**	**549 282 869**	**466 402 088**	**474 204 533**	**564 830 509**	**539 852 394**	..
F.1	**Or monétaire et DTS**	**10 416**	**13 574**	**18 662**	**4 530 922**	**-217 617**	**2 213 168**	**1 862 618**	..
F.2	**Numéraire et dépôts**	**132 182 996**	**111 680 618**	**189 096 677**	**129 091 603**	**154 130 680**	**140 167 445**	**128 769 039**	..
F.21	Numéraire	1 704 373	1 477 086	1 433 396	6 586 789	5 957 935	5 346 206	5 672 727	..
F.22	Dépôts transférables	32 924 769	23 288 562	57 297 566	69 555 592	89 124 093	18 184 468	39 167 017	..
F.29	Autres dépôts	97 553 853	86 914 970	130 365 715	52 949 221	59 048 652	116 636 770	83 929 295	..
F.3	**Titres autres qu'actions**	**167 152 781**	**163 685 945**	**102 739 223**	**105 656 961**	**60 236 090**	**85 309 595**	**171 598 701**	..
F.33	Titres autres qu'actions, non compris produits financiers dérivés	167 152 781	163 685 945	102 739 223	105 656 961	60 236 090	85 309 595	171 598 701	..
F.331	Titres à court terme	..	..	..	..	..	..	..	..
F.332	Titres à long terme	..	..	..	..	..	..	..	..
F.34	Produits financiers dérivés	0	0	0	0	0	0	0	..
F.4	**Crédits**	**153 475 634**	**181 116 624**	**210 753 340**	**57 612 659**	**105 419 087**	**146 860 816**	**60 332 100**	..
F.41	Crédits à court terme	..	..	..	..	..	..	..	..
F.42	Crédits à long terme	..	..	..	..	..	..	..	..
F.5	**Actions et autres participations**	**48 158 208**	**71 832 585**	**72 152 393**	**43 573 212**	**12 613 021**	**43 176 379**	**40 355 648**	..
F.51	Actions et autres participations, non compris parts d'O.P.C.	47 225 440	71 140 988	72 173 974	44 366 026	13 625 816	42 808 142	40 084 194	..
F.511	Actions cotées	..	..	..	..	..	..	..	..
F.512	Actions non cotées	..	..	..	..	..	..	..	..
F.513	Autres participations	..	..	..	..	..	..	..	..
F.52	Parts d'organismes de placement collectif	932 768	691 597	-21 581	-792 814	-1 012 795	368 237	271 454	..
F.6	**Réserves techniques d'assurance**	**33 405 367**	**39 456 231**	**24 442 475**	**43 922 859**	**44 634 698**	**39 464 223**	**65 707 060**	..
F.61	Droits nets des ménages sur les réserves techniques	33 405 367	39 456 231	24 442 475	43 922 859	44 634 698	39 464 223	65 707 060	..
F.611	Sur les réserves d'assurance vie	32 488 364	37 237 463	21 885 387	40 448 301	39 973 005	37 296 762	60 844 356	..
F.612	Sur les fonds de pension	917 003	2 218 768	2 557 088	3 474 558	4 661 693	2 167 461	4 862 704	..
F.62	Réserves-primes et réserves-sinistres	0	0	0	0	0	0	0	..
F.7	**Autres comptes à recevoir**	**118 081 736**	**119 518 226**	**-49 919 900**	**82 013 873**	**97 388 574**	**107 638 885**	**71 227 228**	..
F.71	Crédits commerciaux et avances	8 039 409	10 927 843	17 365 083	28 154 318	25 038 148	10 972 758	14 547 540	..
F.79	Autres	110 042 327	108 590 383	-67 284 984	53 859 554	72 350 426	96 666 127	56 679 688	..
	Accroissement net des passifs	**642 050 159**	**667 412 132**	**545 436 846**	**422 344 925**	**442 583 301**	**535 038 786**	**486 144 038**	..
F.2	**Numéraire et dépôts**	**132 060 448**	**117 302 416**	**207 734 930**	**113 887 101**	**153 113 822**	**148 909 930**	**129 321 221**	..
F.21	Numéraire	1 704 373	1 477 086	1 433 396	6 586 789	5 957 935	5 346 206	5 672 727	..
F.22	Dépôts transférables	33 228 419	24 443 135	59 139 199	70 020 650	90 172 207	24 468 558	39 143 759	..
F.29	Autres dépôts	97 127 656	91 382 195	147 162 334	37 279 662	56 983 680	119 095 166	84 504 734	..
F.3	**Titres autres qu'actions**	**157 122 516**	**165 962 270**	**136 426 378**	**136 878 498**	**82 376 323**	**107 263 331**	**164 150 589**	..
F.33	Titres autres qu'actions, non compris produits financiers dérivés	157 122 516	165 962 270	136 426 378	136 878 498	82 376 323	107 263 331	164 150 589	..
F.331	Titres à court terme	..	..	..	..	..	..	..	..
F.332	Titres à long terme	..	..	..	..	..	..	..	..
F.34	Produits financiers dérivés	0	0	0	0	0	0	0	..
F.4	**Crédits**	**151 484 442**	**176 912 107**	**206 400 125**	**55 473 156**	**103 355 881**	**144 333 184**	**58 870 484**	..
F.41	Crédits à court terme	..	..	..	..	..	..	..	..
F.42	Crédits à long terme	..	..	..	..	..	..	..	..
F.5	**Actions et autres participations**	**40 317 670**	**45 247 833**	**36 913 328**	**74 597 332**	**39 773 590**	**35 480 456**	**59 365 587**	..
F.51	Actions et autres participations, non compris parts d'O.P.C.	39 384 902	44 556 236	36 934 909	75 390 146	40 786 385	35 112 219	59 094 133	..
F.511	Actions cotées	..	..	..	..	..	..	..	..
F.512	Actions non cotées	..	..	..	..	..	..	..	..
F.513	Autres participations	..	..	..	..	..	..	..	..
F.52	Parts d'organismes de placement collectif	932 768	691 597	-21 581	-792 814	-1 012 795	368 237	271 454	..
F.6	**Réserves techniques d'assurance**	**33 405 367**	**39 456 231**	**24 442 475**	**43 922 859**	**44 634 698**	**39 464 223**	**65 707 060**	..
F.61	Droits nets des ménages sur les réserves techniques	33 405 367	39 456 231	24 442 475	43 922 859	44 634 698	39 464 223	65 707 060	..
F.611	Sur les réserves d'assurance vie	32 488 364	37 237 463	21 885 387	40 448 301	39 973 005	37 296 762	60 844 356	..
F.612	Sur les fonds de pension	917 003	2 218 768	2 557 088	3 474 558	4 661 693	2 167 461	4 862 704	..
F.62	Réserves-primes et réserves-sinistres	0	0	0	0	0	0	0	..
F.7	**Autres comptes à payer**	**127 659 715**	**122 531 275**	**-66 480 390**	**-2 414 022**	**19 328 986**	**59 587 662**	**8 729 097**	..
F.71	Crédits commerciaux et avances	12 338 316	9 934 838	17 628 788	26 840 541	24 624 562	2 228 465	8 739 408	..
F.79	Autres	115 321 398	112 596 437	-84 109 178	-29 254 563	-5 295 576	57 359 197	-10 310	..
	Opérations financières nettes	**10 416 979**	**19 891 671**	**3 846 023**	**44 057 164**	**31 621 232**	**29 791 723**	**53 708 356**	..

Note : Les métadonnées détaillées sont disponibles sur :http://metalinks.oecd.org/faiiia/20150126/b9ae

CORÉE

Tableau 2.2.b. Flux non consolidés, Secteur S11 - Sociétés non financières

SCN 1993

Millions KRW

		2006	2007	2008	2009	2010	2011	2012	2013
	Acquisition nette d'actifs financiers	**108 485 890**	**111 381 664**	**130 428 768**	**95 527 602**	**60 633 982**	**74 348 407**	**68 048 026**	..
F.1	**Or monétaire et DTS**	..	..	..	..	..	..	..	..
F.2	**Numéraire et dépôts**	**46 891 083**	**29 757 764**	**48 481 006**	**57 394 091**	**6 851 378**	**29 231 504**	**32 342 001**	..
F.21	Numéraire	333 313	231 608	304 074	1 524 485	1 519 918	1 347 721	2 129 873	..
F.22	Dépôts transférables	12 504 046	4 213 793	12 230 433	18 813 426	27 000 040	9 744 818	10 292 063	..
F.29	Autres dépôts	34 053 725	25 312 364	35 946 499	37 056 181	-21 668 580	18 138 965	19 920 065	..
F.3	**Titres autres qu'actions**	**-3 143 952**	**12 492 501**	**2 801 792**	**-4 491 076**	**2 947 156**	**-7 820 948**	**-1 963 196**	..
F.33	Titres autres qu'actions, non compris produits financiers dérivés	-3 143 952	12 492 501	2 801 792	-4 491 076	2 947 156	-7 820 948	-1 963 196	..
F.331	Titres à court terme	..	..	..	..	..	..	..	..
F.332	Titres à long terme	..	..	..	..	..	..	..	..
F.34	Produits financiers dérivés	0	0	0	0	0	0	0	..
F.4	**Crédits**	**0**	**0**	**0**	**0**	**0**	**0**	**0**	..
F.41	Crédits à court terme	..	..	..	..	..	..	..	..
F.42	Crédits à long terme	..	..	..	..	..	..	..	..
F.5	**Actions et autres participations**	**15 221 497**	**9 488 125**	**10 558 926**	**11 175 098**	**4 897 053**	**8 565 457**	**14 236 212**	..
F.51	Actions et autres participations, non compris parts d'O.P.C.	15 061 358	9 377 465	10 298 584	11 655 226	5 117 696	8 562 550	13 400 487	..
F.511	Actions cotées	..	..	..	..	..	..	..	..
F.512	Actions non cotées	..	..	..	..	..	..	..	..
F.513	Autres participations	..	..	..	..	..	..	..	..
F.52	Parts d'organismes de placement collectif	160 139	110 660	260 342	-480 128	-220 643	2 907	835 724	..
F.6	**Réserves techniques d'assurance**	**0**	**0**	**0**	**0**	**0**	**0**	**0**	..
F.61	Droits nets des ménages sur les réserves techniques	..	..	..	..	..	..	..	..
F.611	Sur les réserves d'assurance vie	..	..	..	..	..	..	..	..
F.612	Sur les fonds de pension	..	..	..	..	..	..	..	..
F.62	Réserves-primes et réserves-sinistres	..	..	..	..	..	..	..	..
F.7	**Autres comptes à recevoir**	**49 517 261**	**59 643 274**	**68 587 044**	**31 449 488**	**45 938 396**	**44 372 394**	**23 433 010**	..
F.71	Crédits commerciaux et avances	8 039 409	10 927 843	17 365 083	28 154 318	25 038 148	10 972 758	14 547 540	..
F.79	Autres	41 477 852	48 715 431	51 221 960	3 295 170	20 900 247	33 399 636	8 885 470	..
	Accroissement net des passifs	**182 034 938**	**184 321 697**	**230 372 814**	**152 302 391**	**117 124 103**	**151 282 685**	**127 901 296**	..
F.2	**Numéraire et dépôts**	**0**	**0**	**0**	**0**	**0**	**0**	**0**	..
F.21	Numéraire	..	..	..	..	..	..	..	..
F.22	Dépôts transférables	..	..	..	..	..	..	..	..
F.29	Autres dépôts	..	..	..	..	..	..	..	..
F.3	**Titres autres qu'actions**	**45 822 576**	**23 275 878**	**42 331 505**	**65 180 982**	**33 975 174**	**44 224 364**	**57 998 176**	..
F.33	Titres autres qu'actions, non compris produits financiers dérivés	45 822 576	23 275 878	42 331 505	65 180 982	33 975 174	44 224 364	57 998 176	..
F.331	Titres à court terme	..	..	..	..	..	..	..	..
F.332	Titres à long terme	..	..	..	..	..	..	..	..
F.34	Produits financiers dérivés	0	0	0	0	0	0	0	..
F.4	**Crédits**	**66 009 024**	**98 615 671**	**115 032 626**	**19 383 929**	**23 407 647**	**48 094 097**	**17 327 011**	..
F.41	Crédits à court terme	..	..	..	..	..	..	..	..
F.42	Crédits à long terme	..	..	..	..	..	..	..	..
F.5	**Actions et autres participations**	**38 888 285**	**33 644 886**	**28 409 837**	**33 085 174**	**29 581 931**	**27 033 996**	**18 468 194**	..
F.51	Actions et autres participations, non compris parts d'O.P.C.	38 888 285	33 644 886	28 409 837	33 085 174	29 581 931	27 033 996	18 468 194	..
F.511	Actions cotées	..	..	..	..	..	..	..	..
F.512	Actions non cotées	..	..	..	..	..	..	..	..
F.513	Autres participations	..	..	..	..	..	..	..	..
F.52	Parts d'organismes de placement collectif	0	0	0	0	0	0	0	..
F.6	**Réserves techniques d'assurance**	**0**	**0**	**0**	**0**	**0**	**0**	**0**	..
F.61	Droits nets des ménages sur les réserves techniques	..	..	..	..	..	..	..	..
F.611	Sur les réserves d'assurance vie	..	..	..	..	..	..	..	..
F.612	Sur les fonds de pension	..	..	..	..	..	..	..	..
F.62	Réserves-primes et réserves-sinistres	..	..	..	..	..	..	..	..
F.7	**Autres comptes à payer**	**31 315 053**	**28 785 262**	**44 598 845**	**34 652 306**	**30 159 351**	**31 930 227**	**34 107 914**	..
F.71	Crédits commerciaux et avances	11 774 857	6 396 713	14 139 323	24 820 310	24 192 863	3 084 398	8 439 964	..
F.79	Autres	19 540 197	22 388 549	30 459 522	9 831 996	5 966 488	28 845 830	25 667 950	..
	Opérations financières nettes	**-73 549 049**	**-72 940 032**	**-99 944 045**	**-56 774 790**	**-56 490 121**	**-76 934 277**	**-59 853 270**	..

Note : Les métadonnées détaillées sont disponibles sur :http://metalinks.oecd.org/faiiia/20150126/b9ae

Tableau 2.3.b. Flux non consolidés, Secteur S12 - Sociétés financières
SCN 1993

Millions KRW

		2006	2007	2008	2009	2010	2011	2012	2013
	Acquisition nette d'actifs financiers	**356 000 836**	**386 017 546**	**254 970 516**	**177 343 409**	**219 431 152**	**293 277 706**	**280 264 377**	..
F.1	**Or monétaire et DTS**	**10 416**	**13 574**	**18 662**	**4 530 922**	**-217 617**	**2 213 168**	**1 862 618**	..
F.2	**Numéraire et dépôts**	**35 227 295**	**42 197 301**	**90 964 329**	**-19 158 166**	**40 179 153**	**25 572 209**	**41 748 689**	..
F.21	Numéraire	507 850	987 426	21 669	1 103 716	-80 190	686 699	1 106 770	..
F.22	Dépôts transférables	12 045 113	22 919 339	60 015 786	-2 783 314	19 400 767	-451 918	7 484 086	..
F.29	Autres dépôts	22 674 332	18 290 536	30 926 874	-17 478 568	20 858 576	25 337 427	33 157 833	..
F.3	**Titres autres qu'actions**	**120 052 897**	**90 190 543**	**52 795 893**	**93 281 903**	**70 752 000**	**80 468 478**	**151 185 433**	..
F.33	Titres autres qu'actions, non compris produits financiers dérivés	120 052 897	90 190 543	52 795 893	93 281 903	70 752 000	80 468 478	151 185 433	..
F.331	Titres à court terme	..	..	..	..	..	..	..	..
F.332	Titres à long terme	..	..	..	..	..	..	..	..
F.34	Produits financiers dérivés	0	0	0	0	0	0	0	..
F.4	**Crédits**	**153 475 634**	**181 116 624**	**210 753 340**	**57 612 659**	**105 419 087**	**146 860 816**	**60 332 100**	..
F.41	Crédits à court terme	..	..	..	..	..	..	..	..
F.42	Crédits à long terme	..	..	..	..	..	..	..	..
F.5	**Actions et autres participations**	**12 345 788**	**34 131 756**	**35 913 360**	**24 073 858**	**-12 176 320**	**9 191 847**	**25 706 557**	..
F.51	Actions et autres participations, non compris parts d'O.P.C.	12 925 900	33 893 612	35 611 756	22 897 752	-11 865 540	9 331 047	25 332 362	..
F.511	Actions cotées	..	..	..	..	..	..	..	..
F.512	Actions non cotées	..	..	..	..	..	..	..	..
F.513	Autres participations	..	..	..	..	..	..	..	..
F.52	Parts d'organismes de placement collectif	-580 112	238 144	301 604	1 176 106	-310 781	-139 200	374 195	..
F.6	**Réserves techniques d'assurance**	**0**	**0**	**0**	**0**	**0**	**0**	**0**	..
F.61	Droits nets des ménages sur les réserves techniques	..	..	..	..	..	..	..	..
F.611	Sur les réserves d'assurance vie	..	..	..	..	..	..	..	..
F.612	Sur les fonds de pension	..	..	..	..	..	..	..	..
F.62	Réserves-primes et réserves-sinistres	..	..	..	..	..	..	..	..
F.7	**Autres comptes à recevoir**	**34 888 807**	**38 367 747**	**-135 475 068**	**17 002 233**	**15 474 850**	**28 971 189**	**-571 019**	..
F.71	Crédits commerciaux et avances	0	0	0	0	0	0	0	..
F.79	Autres	34 888 807	38 367 747	-135 475 068	17 002 233	15 474 850	28 971 189	-571 019	..
	Accroissement net des passifs	**346 241 579**	**380 149 503**	**238 885 641**	**150 365 561**	**204 231 688**	**264 745 004**	**275 332 495**	..
F.2	**Numéraire et dépôts**	**132 060 448**	**117 302 416**	**207 734 930**	**113 887 101**	**153 113 822**	**148 909 930**	**129 321 221**	..
F.21	Numéraire	1 704 373	1 477 086	1 433 396	6 586 789	5 957 935	5 346 206	5 672 727	..
F.22	Dépôts transférables	33 228 419	24 443 135	59 139 199	70 020 650	90 172 207	24 468 558	39 143 759	..
F.29	Autres dépôts	97 127 656	91 382 195	147 162 334	37 279 662	56 983 680	119 095 166	84 504 734	..
F.3	**Titres autres qu'actions**	**72 965 615**	**120 602 575**	**79 927 272**	**22 793 485**	**12 887 760**	**28 570 085**	**77 087 718**	..
F.33	Titres autres qu'actions, non compris produits financiers dérivés	72 965 615	120 602 575	79 927 272	22 793 485	12 887 760	28 570 085	77 087 718	..
F.331	Titres à court terme	..	..	..	..	..	..	..	..
F.332	Titres à long terme	..	..	..	..	..	..	..	..
F.34	Produits financiers dérivés	0	0	0	0	0	0	0	..
F.4	**Crédits**	**8 864 629**	**7 151 562**	**28 685 513**	**-23 419 014**	**1 246 206**	**14 377 242**	**-13 717 337**	..
F.41	Crédits à court terme	..	..	..	..	..	..	..	..
F.42	Crédits à long terme	..	..	..	..	..	..	..	..
F.5	**Actions et autres participations**	**1 429 385**	**11 602 947**	**8 503 491**	**41 512 158**	**10 191 660**	**8 446 460**	**40 897 393**	..
F.51	Actions et autres participations, non compris parts d'O.P.C.	496 617	10 911 350	8 525 072	42 304 972	11 204 455	8 078 223	40 625 939	..
F.511	Actions cotées	..	..	..	..	..	..	..	..
F.512	Actions non cotées	..	..	..	..	..	..	..	..
F.513	Autres participations	..	..	..	..	..	..	..	..
F.52	Parts d'organismes de placement collectif	932 768	691 597	-21 581	-792 814	-1 012 795	368 237	271 454	..
F.6	**Réserves techniques d'assurance**	**33 405 367**	**39 456 231**	**24 442 475**	**43 922 859**	**44 634 698**	**39 464 223**	**65 707 060**	..
F.61	Droits nets des ménages sur les réserves techniques	33 405 367	39 456 231	24 442 475	43 922 859	44 634 698	39 464 223	65 707 060	..
F.611	Sur les réserves d'assurance vie	32 488 364	37 237 463	21 885 387	40 448 301	39 973 005	37 296 762	60 844 356	..
F.612	Sur les fonds de pension	917 003	2 218 768	2 557 088	3 474 558	4 661 693	2 167 461	4 862 704	..
F.62	Réserves-primes et réserves-sinistres	0	0	0	0	0	0	0	..
F.7	**Autres comptes à payer**	**97 516 135**	**84 033 772**	**-110 408 039**	**-48 331 028**	**-17 842 457**	**24 977 064**	**-23 963 560**	..
F.71	Crédits commerciaux et avances	0	0	0	0	0	0	0	..
F.79	Autres	97 516 135	84 033 772	-110 408 039	-48 331 028	-17 842 457	24 977 064	-23 963 560	..
	Opérations financières nettes	**9 759 256**	**5 868 043**	**16 084 874**	**26 977 848**	**15 199 463**	**28 532 702**	**4 931 882**	..

Note : Les métadonnées détaillées sont disponibles sur :http://metalinks.oecd.org/faiiia/20150126/b9ae

Tableau 2.4.b. Flux non consolidés, Secteur S13 - Administrations publiques
SCN 1993

Millions KRW

		2006	2007	2008	2009	2010	2011	2012	2013
	Acquisition nette d'actifs financiers	**65 859 489**	**69 907 918**	**37 967 755**	**48 150 908**	**52 331 650**	**58 525 541**	**52 210 905**	..
F.1	**Or monétaire et DTS**	..	..	..	..	..	..	..	..
F.2	**Numéraire et dépôts**	**4 695 101**	**24 247 888**	**-7 219 758**	**-4 940 471**	**6 961 160**	**1 981 516**	**-4 911 847**	..
F.21	Numéraire	-420	-675	-293	2	-21	109	14	..
F.22	Dépôts transférables	3 042 484	20 150 202	-4 444 915	-2 032 168	8 902 587	-3 759 225	5 981 405	..
F.29	Autres dépôts	1 653 037	4 098 360	-2 774 551	-2 908 305	-1 941 406	5 740 632	-10 893 266	..
F.3	**Titres autres qu'actions**	**17 930 000**	**14 029 941**	**20 014 490**	**26 848 633**	**6 742 573**	**17 711 961**	**23 605 422**	..
F.33	Titres autres qu'actions, non compris produits financiers dérivés	17 930 000	14 029 941	20 014 490	26 848 633	6 742 573	17 711 961	23 605 422	..
F.331	Titres à court terme	..	..	..	..	..	..	..	..
F.332	Titres à long terme	..	..	..	..	..	..	..	..
F.34	Produits financiers dérivés	0	0	0	0	0	0	0	..
F.4	**Crédits**	**0**	**0**	**0**	**0**	**0**	**0**	**0**	..
F.41	Crédits à court terme	..	..	..	..	..	..	..	..
F.42	Crédits à long terme	..	..	..	..	..	..	..	..
F.5	**Actions et autres participations**	**12 915 394**	**15 264 029**	**16 718 177**	**1 676 352**	**16 129 987**	**19 990 319**	**8 461 228**	..
F.51	Actions et autres participations, non compris parts d'O.P.C.	12 907 701	15 271 722	16 660 493	1 676 352	16 187 670	19 983 051	8 423 000	..
F.511	Actions cotées	..	..	..	..	..	..	..	..
F.512	Actions non cotées	..	..	..	..	..	..	..	..
F.513	Autres participations	..	..	..	..	..	..	..	..
F.52	Parts d'organismes de placement collectif	7 693	-7 693	57 683	0	-57 683	7 268	38 228	..
F.6	**Réserves techniques d'assurance**	**0**	**0**	**0**	**0**	**0**	**0**	**0**	..
F.61	Droits nets des ménages sur les réserves techniques	..	..	..	..	..	..	..	..
F.611	Sur les réserves d'assurance vie	..	..	..	..	..	..	..	..
F.612	Sur les fonds de pension	..	..	..	..	..	..	..	..
F.62	Réserves-primes et réserves-sinistres	..	..	..	..	..	..	..	..
F.7	**Autres comptes à recevoir**	**30 318 994**	**16 366 060**	**8 454 846**	**24 566 393**	**22 497 931**	**18 841 745**	**25 056 101**	..
F.71	Crédits commerciaux et avances	0	0	0	0	0	0	0	..
F.79	Autres	30 318 994	16 366 060	8 454 846	24 566 393	22 497 931	18 841 745	25 056 101	..
	Accroissement net des passifs	**35 768 515**	**26 455 091**	**7 339 212**	**57 919 467**	**39 706 309**	**35 235 758**	**30 130 532**	..
F.2	**Numéraire et dépôts**	**0**	**0**	**0**	**0**	**0**	**0**	**0**	..
F.21	Numéraire	..	..	..	..	..	..	..	..
F.22	Dépôts transférables	..	..	..	..	..	..	..	..
F.29	Autres dépôts	..	..	..	..	..	..	..	..
F.3	**Titres autres qu'actions**	**38 334 325**	**22 083 816**	**14 167 601**	**48 904 031**	**35 513 389**	**34 468 881**	**29 064 695**	..
F.33	Titres autres qu'actions, non compris produits financiers dérivés	38 334 325	22 083 816	14 167 601	48 904 031	35 513 389	34 468 881	29 064 695	..
F.331	Titres à court terme	..	..	..	..	..	..	..	..
F.332	Titres à long terme	..	..	..	..	..	..	..	..
F.34	Produits financiers dérivés	0	0	0	0	0	0	0	..
F.4	**Crédits**	**-373 012**	**-332 504**	**-734 151**	**654 573**	**782 727**	**-605 743**	**3 756 789**	..
F.41	Crédits à court terme	..	..	..	..	..	..	..	..
F.42	Crédits à long terme	..	..	..	..	..	..	..	..
F.5	**Actions et autres participations**	**0**	**0**	**0**	**0**	**0**	**0**	**0**	..
F.51	Actions et autres participations, non compris parts d'O.P.C.	..	..	..	..	..	..	..	..
F.511	Actions cotées	..	..	..	..	..	..	..	..
F.512	Actions non cotées	..	..	..	..	..	..	..	..
F.513	Autres participations	..	..	..	..	..	..	..	..
F.52	Parts d'organismes de placement collectif	..	..	..	..	..	..	..	..
F.6	**Réserves techniques d'assurance**	**0**	**0**	**0**	**0**	**0**	**0**	**0**	..
F.61	Droits nets des ménages sur les réserves techniques	..	..	..	..	..	..	..	..
F.611	Sur les réserves d'assurance vie	..	..	..	..	..	..	..	..
F.612	Sur les fonds de pension	..	..	..	..	..	..	..	..
F.62	Réserves-primes et réserves-sinistres	..	..	..	..	..	..	..	..
F.7	**Autres comptes à payer**	**-2 192 798**	**4 703 779**	**-6 094 238**	**8 360 863**	**3 410 194**	**1 372 619**	**-2 690 952**	..
F.71	Crédits commerciaux et avances	0	0	0	0	0	0	0	..
F.79	Autres	-2 192 798	4 703 779	-6 094 238	8 360 863	3 410 194	1 372 619	-2 690 952	..
	Opérations financières nettes	**30 090 974**	**43 452 827**	**30 628 543**	**-9 768 559**	**12 625 341**	**23 289 783**	**22 080 373**	..

Note : Les métadonnées détaillées sont disponibles sur :http://metalinks.oecd.org/faiiia/20150126/b9ae

Tableau 2.5.b. Flux non consolidés, Secteur S14-S15 - Ménages et ISBLSM
SCN 1993

Millions KRW

		2006	2007	2008	2009	2010	2011	2012	2013
	Acquisition nette d'actifs financiers	**122 120 923**	**119 996 675**	**125 915 830**	**145 380 169**	**141 807 749**	**138 678 855**	**139 329 087**	..
F.1	**Or monétaire et DTS**	..	..	..	..	..	..	..	..
F.2	**Numéraire et dépôts**	**45 369 517**	**15 477 665**	**56 871 100**	**95 796 148**	**100 138 989**	**83 382 216**	**59 590 196**	..
F.21	Numéraire	863 630	258 727	1 107 946	3 958 586	4 518 228	3 311 677	2 436 070	..
F.22	Dépôts transférables	5 333 126	-23 994 772	-10 503 738	55 557 649	33 820 699	12 650 794	15 409 463	..
F.29	Autres dépôts	39 172 760	39 213 710	66 266 892	36 279 913	61 800 062	67 419 746	41 744 663	..
F.3	**Titres autres qu'actions**	**32 313 836**	**46 972 960**	**27 127 047**	**-9 982 500**	**-20 205 638**	**-5 049 896**	**-1 228 957**	..
F.33	Titres autres qu'actions, non compris produits financiers dérivés	32 313 836	46 972 960	27 127 047	-9 982 500	-20 205 638	-5 049 896	-1 228 957	..
F.331	Titres à court terme	..	..	..	..	..	..	..	..
F.332	Titres à long terme	..	..	..	..	..	..	..	..
F.34	Produits financiers dérivés	0	0	0	0	0	0	0	..
F.4	**Crédits**	**0**	**0**	**0**	**0**	**0**	**0**	**0**	..
F.41	Crédits à court terme	..	..	..	..	..	..	..	..
F.42	Crédits à long terme	..	..	..	..	..	..	..	..
F.5	**Actions et autres participations**	**7 675 529**	**12 948 674**	**8 961 931**	**6 647 903**	**3 762 302**	**5 428 755**	**-8 048 349**	..
F.51	Actions et autres participations, non compris parts d'O.P.C.	6 330 481	12 598 188	9 603 141	8 136 696	4 185 990	4 931 493	-7 071 655	..
F.511	Actions cotées	..	..	..	..	..	..	..	..
F.512	Actions non cotées	..	..	..	..	..	..	..	..
F.513	Autres participations	..	..	..	..	..	..	..	..
F.52	Parts d'organismes de placement collectif	1 345 048	350 486	-641 210	-1 488 792	-423 688	497 262	-976 693	..
F.6	**Réserves techniques d'assurance**	**33 405 367**	**39 456 231**	**24 442 475**	**43 922 859**	**44 634 698**	**39 464 223**	**65 707 060**	..
F.61	Droits nets des ménages sur les réserves techniques	33 405 367	39 456 231	24 442 475	43 922 859	44 634 698	39 464 223	65 707 060	..
F.611	Sur les réserves d'assurance vie	32 488 364	37 237 463	21 885 387	40 448 301	39 973 005	37 296 762	60 844 356	..
F.612	Sur les fonds de pension	917 003	2 218 768	2 557 088	3 474 558	4 661 693	2 167 461	4 862 704	..
F.62	Réserves-primes et réserves-sinistres	0	0	0	0	0	0	0	..
F.7	**Autres comptes à recevoir**	**3 356 674**	**5 141 144**	**8 513 278**	**8 995 759**	**13 477 398**	**15 453 557**	**23 309 136**	..
F.71	Crédits commerciaux et avances	0	0	0	0	0	0	0	..
F.79	Autres	3 356 674	5 141 144	8 513 278	8 995 759	13 477 398	15 453 557	23 309 136	..
	Accroissement net des passifs	**78 005 126**	**76 485 841**	**68 839 179**	**61 757 505**	**81 521 200**	**83 775 340**	**52 779 715**	..
F.2	**Numéraire et dépôts**	**0**	**0**	**0**	**0**	**0**	**0**	**0**	..
F.21	Numéraire	..	..	..	..	..	..	..	..
F.22	Dépôts transférables	..	..	..	..	..	..	..	..
F.29	Autres dépôts	..	..	..	..	..	..	..	..
F.3	**Titres autres qu'actions**	**0**	**0**	**0**	**0**	**0**	**0**	**0**	..
F.33	Titres autres qu'actions, non compris produits financiers dérivés	0	0	0	0	0	0	0	..
F.331	Titres à court terme	..	..	..	..	..	..	..	..
F.332	Titres à long terme	..	..	..	..	..	..	..	..
F.34	Produits financiers dérivés	0	0	0	0	0	0	0	..
F.4	**Crédits**	**76 983 802**	**71 477 379**	**63 416 136**	**58 853 668**	**77 919 302**	**82 467 589**	**51 504 020**	..
F.41	Crédits à court terme	..	..	..	..	..	..	..	..
F.42	Crédits à long terme	..	..	..	..	..	..	..	..
F.5	**Actions et autres participations**	**0**	**0**	**0**	**0**	**0**	**0**	**0**	..
F.51	Actions et autres participations, non compris parts d'O.P.C.	..	..	..	..	..	..	..	..
F.511	Actions cotées	..	..	..	..	..	..	..	..
F.512	Actions non cotées	..	..	..	..	..	..	..	..
F.513	Autres participations	..	..	..	..	..	..	..	..
F.52	Parts d'organismes de placement collectif	..	..	..	..	..	..	..	..
F.6	**Réserves techniques d'assurance**	**0**	**0**	**0**	**0**	**0**	**0**	**0**	..
F.61	Droits nets des ménages sur les réserves techniques	..	..	..	..	..	..	..	..
F.611	Sur les réserves d'assurance vie	..	..	..	..	..	..	..	..
F.612	Sur les fonds de pension	..	..	..	..	..	..	..	..
F.62	Réserves-primes et réserves-sinistres	..	..	..	..	..	..	..	..
F.7	**Autres comptes à payer**	**1 021 325**	**5 008 462**	**5 423 043**	**2 903 837**	**3 601 898**	**1 307 752**	**1 275 695**	..
F.71	Crédits commerciaux et avances	563 460	3 538 125	3 489 465	2 020 231	431 698	-855 932	299 443	..
F.79	Autres	457 865	1 470 337	1 933 578	883 606	3 170 200	2 163 684	976 252	..
	Opérations financières nettes	**44 115 797**	**43 510 834**	**57 076 651**	**83 622 664**	**60 286 549**	**54 903 515**	**86 549 371**	..

Note : Les métadonnées détaillées sont disponibles sur :http://metalinks.oecd.org/faiiia/20150126/b9ae

CORÉE

Tableau 2.6.b. Flux non consolidés, Secteur S2 - Reste du monde

SCN 1993

Millions KRW

		2006	2007	2008	2009	2010	2011	2012	2013
	Acquisition nette d'actifs financiers	**50 227 505**	**67 406 047**	**-133 408 294**	**-37 788 359**	**-10 719 955**	**-6 458 513**	**-4 290 588**	..
F.1	**Or monétaire et DTS**	**-10 416**	**-13 574**	**-1 666**	**4 509 228**	**-830**	**-2 312 499**	**-1 774 432**	..
F.2	**Numéraire et dépôts**	**-122 548**	**5 621 798**	**18 638 253**	**-15 204 502**	**-1 016 858**	**8 742 486**	**552 182**	..
F.21	Numéraire	0	0	0	0	0	0	0	..
F.22	Dépôts transférables	303 650	1 154 573	1 841 633	465 058	1 048 114	6 284 090	-23 258	..
F.29	Autres dépôts	-426 198	4 467 225	16 796 620	-15 669 560	-2 064 972	2 458 396	575 439	..
F.3	**Titres autres qu'actions**	**15 652 464**	**54 748 391**	**3 316 917**	**29 131 513**	**23 440 567**	**26 521 836**	**21 208 698**	..
F.33	Titres autres qu'actions, non compris produits financiers dérivés	15 652 464	54 748 391	3 316 917	29 131 513	23 440 567	26 521 836	21 208 698	..
F.331	Titres à court terme	..	..	..	..	..	..	..	..
F.332	Titres à long terme	..	..	..	..	..	..	..	..
F.34	Produits financiers dérivés	0	0	0	0	0	0	0	..
F.4	**Crédits**	**0**	**0**	**0**	**0**	**0**	**0**	**0**	..
F.41	Crédits à court terme	..	..	..	..	..	..	..	..
F.42	Crédits à long terme	..	..	..	..	..	..	..	..
F.5	**Actions et autres participations**	**-7 840 538**	**-26 584 752**	**-35 239 065**	**31 024 120**	**27 160 569**	**-7 695 923**	**19 009 939**	..
F.51	Actions et autres participations, non compris parts d'O.P.C.	-7 840 538	-26 584 752	-35 239 065	31 024 120	27 160 569	-7 695 923	19 009 939	..
F.511	Actions cotées	..	..	..	..	..	..	..	..
F.512	Actions non cotées	..	..	..	..	..	..	..	..
F.513	Autres participations	..	..	..	..	..	..	..	..
F.52	Parts d'organismes de placement collectif	0	0	0	0	0	0	0	..
F.6	**Réserves techniques d'assurance**	**0**	**0**	**0**	**0**	**0**	**0**	**0**	..
F.61	Droits nets des ménages sur les réserves techniques	..	..	..	..	..	..	..	..
F.611	Sur les réserves d'assurance vie	..	..	..	..	..	..	..	..
F.612	Sur les fonds de pension	..	..	..	..	..	..	..	..
F.62	Réserves-primes et réserves-sinistres	..	..	..	..	..	..	..	..
F.7	**Autres comptes à recevoir**	**42 548 542**	**33 634 184**	**-120 122 733**	**-87 248 717**	**-60 303 404**	**-31 714 413**	**-43 286 975**	..
F.71	Crédits commerciaux et avances	5 837 823	-130 090	163 362	1 995 947	6 172 619	-2 707 720	315 640	..
F.79	Autres	36 710 720	33 764 274	-120 286 096	-89 244 664	-66 476 023	-29 006 693	-43 602 614	..
	Accroissement net des passifs	**60 644 484**	**87 297 718**	**-129 562 272**	**6 268 805**	**20 901 278**	**23 333 209**	**49 417 768**	..
F.2	**Numéraire et dépôts**	**0**	**0**	**0**	**0**	**0**	**0**	**0**	..
F.21	Numéraire	..	..	..	..	..	..	..	..
F.22	Dépôts transférables	..	..	..	..	..	..	..	..
F.29	Autres dépôts	..	..	..	..	..	..	..	..
F.3	**Titres autres qu'actions**	**25 682 729**	**52 472 066**	**-30 370 239**	**-2 090 024**	**1 300 335**	**4 568 100**	**28 656 810**	..
F.33	Titres autres qu'actions, non compris produits financiers dérivés	25 682 729	52 472 066	-30 370 239	-2 090 024	1 300 335	4 568 100	28 656 810	..
F.331	Titres à court terme	..	..	..	..	..	..	..	..
F.332	Titres à long terme	..	..	..	..	..	..	..	..
F.34	Produits financiers dérivés	0	0	0	0	0	0	0	..
F.4	**Crédits**	**1 991 191**	**4 204 517**	**4 353 214**	**2 139 502**	**2 063 206**	**2 527 631**	**1 461 617**	..
F.41	Crédits à court terme	..	..	..	..	..	..	..	..
F.42	Crédits à long terme	..	..	..	..	..	..	..	..
F.5	**Actions et autres participations**	**0**	**0**	**0**	**0**	**0**	**0**	**0**	..
F.51	Actions et autres participations, non compris parts d'O.P.C.	..	..	..	..	..	..	..	..
F.511	Actions cotées	..	..	..	..	..	..	..	..
F.512	Actions non cotées	..	..	..	..	..	..	..	..
F.513	Autres participations	..	..	..	..	..	..	..	..
F.52	Parts d'organismes de placement collectif	..	..	..	..	..	..	..	..
F.6	**Réserves techniques d'assurance**	**0**	**0**	**0**	**0**	**0**	**0**	**0**	..
F.61	Droits nets des ménages sur les réserves techniques	..	..	..	..	..	..	..	..
F.611	Sur les réserves d'assurance vie	..	..	..	..	..	..	..	..
F.612	Sur les fonds de pension	..	..	..	..	..	..	..	..
F.62	Réserves-primes et réserves-sinistres	..	..	..	..	..	..	..	..
F.7	**Autres comptes à payer**	**32 970 564**	**30 621 135**	**-103 545 248**	**6 219 327**	**17 537 737**	**16 237 478**	**19 299 341**	..
F.71	Crédits commerciaux et avances	1 538 915	862 914	-100 342	3 309 724	6 586 206	6 036 573	6 123 772	..
F.79	Autres	31 431 648	29 758 221	-103 444 905	2 909 603	10 951 531	10 200 906	13 175 569	..
	Opérations financières nettes	**-10 416 979**	**-19 891 671**	**-3 846 022**	**-44 057 164**	**-31 621 233**	**-29 791 722**	**-53 708 356**	..

Note : Les métadonnées détaillées sont disponibles sur :http://metalinks.oecd.org/faiiia/20150126/b9ae

Tableau 1.a. Flux consolidés, par instrument et par secteur, Année 2013
SCN 2008

Millions EUR (1999 LUF euro)

		Sociétés financières					
		Total S12	Institutions financières monétaires S121-2-3	Fonds d'investissements non monétaires S124	Autres institutions financières, hors S124 S125-6-7	Sociétés d'assurance et fonds de pension SS128-9	Sociétés financières publiques S1201
	Acquisition nette d'actifs financiers	**514 600**	**-23 206**	**238 501**	**319 944**	**7 759**	**0**
F.1	**Or monétaire et DTS**	**-25**	**-25**	**0**	**0**	**0**	**0**
F.11	Or monétaire	4	4	0	0	0	0
F.12	Droits de tirage spéciaux (DTS)	-28	-28	0	0	0	0
F.2	**Numéraire et dépôts**	**30 551**	**17 509**	**46 386**	**-18 671**	**440**	**0**
F.21	Numéraire	10	10	0	0	0	0
F.22	Dépôts transférables	37 596	23 759	22 949	3 222	0	0
F.29	Autres dépôts	-7 055	-6 260	23 437	-21 893	440	0
F.3	**Titres de dette**	**68 518**	**-23 362**	**85 936**	**12 397**	**806**	**0**
F.3S	Titres de dette à court terme	-1 030	-8 997	8 057	726	-838	0
F.3L	Titres de dette à long terme	69 549	-14 365	77 879	11 670	1 644	0
F.4	**Crédits**	**109 750**	**-8 158**	**7 656**	**112 697**	**-421**	**0**
F.4S	Crédits à court terme	-3 813	-5 305	765	182	-436	0
F.4L	Crédits à long terme	113 563	-2 854	6 891	112 515	16	0
F.5	**Actions et parts de fonds d'investissement**	**282 405**	**-615**	**76 409**	**208 095**	**3 369**	**0**
F.51	Actions	278 110	217	72 265	206 809	340	0
F.511	Actions cotées	64 278	-220	62 967	2 047	539	0
F.512	Actions non cotées	209 941	437	3 894	204 772	-198	0
F.519	Autres participations	3 891	0	5 404	-10	0	0
F.52	Parts de fonds d'investissement	4 296	-832	4 143	1 286	3 029	0
F.521	Parts de fonds d'investissement monétaires	14	-853	1 606	-558	-182	0
F.522	Autres parts de fonds d'investissement	4 282	21	2 537	1 845	3 211	0
F.6	**Systèmes d'assurance, de pensions et garanties standard**	**3 537**	**5**	**0**	**2**	**3 537**	**0**
F.61	Réserves techniques d'assurance-dommages	3 537	5	0	2	3 537	0
F.62	Droits sur les assurances-vie et rentes	0	0	0	0	0	0
F.6M	Dts à pension, gérants, prestations hors retraite	0	0	0	0	0	0
F.63	Droits à pension	0	0	0	0	0	0
F.64	Dts des fonds de pension sur gérants des systèmes de pension	0	0	0	0	0	0
F.65	Droits à prestations hors retraite	0	0	0	0	0	0
F.66	Réserves pour appels dans le cadre de garanties standard	0	0	0	0	0	0
F.7	**Produits financiers dérivés et options sur titres des salariés**	**-7 935**	**-7 494**	**2 369**	**-3 669**	**0**	**0**
F.71	Produits financiers dérivés	-7 935	-7 494	2 369	-3 669	0	0
F.72	Options sur titres des salariés	..	..	..	..	..	..
F.8	**Autres comptes à recevoir**	**27 798**	**-1 066**	**19 745**	**9 094**	**27**	**0**
F.81	Crédits commerciaux et avances	0	0	0	0	0	0
F.89	Autres comptes à recevoir, hors crédits commerciaux et avances	27 798	-1 066	19 745	9 094	27	0
	Accroissement net des passifs	**512 328**	**-23 982**	**239 568**	**317 446**	**7 693**	**0**
F.1	**Or monétaire et DTS**	**0**	**0**	**0**	**0**	**0**	**0**
F.11	Or monétaire	0	0	0	0	0	0
F.12	Droits de tirage spéciaux (DTS)	0	0	0	0	0	0
F.2	**Numéraire et dépôts**	**-4 954**	**10 159**	**0**	**0**	**0**	**0**
F.21	Numéraire	-1	-1	0	0	0	0
F.22	Dépôts transférables	7 160	19 494	0	0	0	0
F.29	Autres dépôts	-12 114	-9 334	0	0	0	0
F.3	**Titres de dette**	**54 718**	**-2 490**	**310**	**64 213**	**-57**	**0**
F.3S	Titres de dette à court terme	-3 647	3 612	346	-7 626	0	0
F.3L	Titres de dette à long terme	58 364	-6 102	-36	71 839	-57	0
F.4	**Crédits**	**14 479**	**-1 447**	**18 425**	**-541**	**65**	**0**
F.4S	Crédits à court terme	14 430	0	7 770	5 614	64	0
F.4L	Crédits à long terme	50	-1 447	10 655	-6 154	1	0
F.5	**Actions et parts de fonds d'investissement**	**426 709**	**-23 260**	**201 208**	**254 499**	**-885**	**0**
F.51	Actions	250 133	-1 960	0	254 499	-885	0
F.511	Actions cotées	-18	0	0	1 036	0	0
F.512	Actions non cotées	249 843	-1 960	0	251 652	-885	0
F.519	Autres participations	308	0	0	1 811	0	0
F.52	Parts de fonds d'investissement	176 576	-21 300	201 208	0	0	0
F.521	Parts de fonds d'investissement monétaires	-21 300	-21 300	0	0	0	0
F.522	Autres parts de fonds d'investissement	197 876	0	201 208	0	0	0
F.6	**Systèmes d'assurance, de pensions et garanties standard**	**8 650**	**82**	**0**	**5**	**8 571**	**0**
F.61	Réserves techniques d'assurance-dommages	573	0	0	0	581	0
F.62	Droits sur les assurances-vie et rentes	7 896	0	0	0	7 896	0
F.6M	Dts à pension, gérants de syst. de pension, hors retraite	182	82	0	5	94	0
F.63	Droits à pension	182	82	0	5	94	0
F.64	Dts des fonds de pension sur gérants des systèmes de pension	0	0	0	0	0	0
F.65	Droits à prestations hors retraite	0	0	0	0	0	0
F.66	Réserves pour appels dans le cadre de garanties standard	0	0	0	0	0	0
F.7	**Produits financiers dérivés et options sur titres des salariés**	**5 340**	**-6 033**	**12 914**	**-2 399**	**0**	**0**
F.71	Produits financiers dérivés	5 340	-6 033	12 914	-2 399	0	0
F.72	Options sur titres des salariés	..	..	..	..	..	..
F.8	**Autres comptes à payer**	**7 385**	**-993**	**6 712**	**1 669**	**-1**	**0**
F.81	Crédits commerciaux et avances	0	0	0	0	0	0
F.89	Autres comptes à payer, hors des crédits commerciaux et avances	7 385	-993	6 712	1 669	-1	0
	Opérations financières nettes	**2 272**	**776**	**-1 067**	**2 498**	**65**	**0**

Tableau 1.a. Flux consolidés, par instrument et par secteur, Année 2013 (cont.)

SCN 2008

Millions EUR (1999 LUF euro)

		Sociétés non financières	Administrations publiques		Ménages et ISBLSM	Economie totale	Reste du monde
		S11	Total S13	Administration centrale S1311	S14+S15	S1	S2
	Acquisition nette d'actifs financiers	**12 870**	**1 049**	**598**	**3 950**	**532 470**	**517 746**
F.1	**Or monétaire et DTS**	**0**	**0**	**0**	**0**	**-25**	**0**
F.11	Or monétaire	0	0	0	0	4	0
F.12	Droits de tirage spéciaux (DTS)	0	0	0	0	-28	0
F.2	**Numéraire et dépôts**	**2 116**	**916**	**331**	**1 907**	**35 490**	**-10 529**
F.21	Numéraire	120	0	0	-20	110	0
F.22	Dépôts transférables	832	34	-4	2 551	41 014	3 004
F.29	Autres dépôts	1 164	882	335	-624	-5 634	-13 533
F.3	**Titres de dette**	**573**	**348**	**-62**	**-111**	**69 328**	**54 557**
F.3S	Titres de dette à court terme	35	-145	0	63	-1 078	-3 800
F.3L	Titres de dette à long terme	538	493	-62	-174	70 406	58 357
F.4	**Crédits**	**3 302**	**126**	**154**	**13**	**113 192**	**23 287**
F.4S	Crédits à court terme	1 017	56	56	13	-2 728	14 455
F.4L	Crédits à long terme	2 286	71	98	0	115 920	8 832
F.5	**Actions et parts de fonds d'investissement**	**4 576**	**968**	**79**	**1 467**	**289 416**	**429 563**
F.51	Actions	5 199	1 010	79	508	284 827	253 485
F.511	Actions cotées	-390	931	0	324	65 142	5 517
F.512	Actions non cotées	5 589	-3	-3	144	215 671	247 661
F.519	Autres participations	0	82	82	40	4 014	307
F.52	Parts de fonds d'investissement	-624	-41	0	958	4 589	176 078
F.521	Parts de fonds d'investissement monétaires	-219	1	0	3	-202	-21 301
F.522	Autres parts de fonds d'investissement	-404	-42	0	956	4 791	197 379
F.6	**Systèmes d'assurance, de pensions et garanties standard**	**30**	**0**	**0**	**675**	**4 242**	**7 939**
F.61	Réserves techniques d'assurance-dommages	30	0	0	55	3 622	488
F.62	Droits sur les assurances-vie et rentes	0	0	0	477	477	7 418
F.6M	Dts à pension, gérants, prestations hors retraite	0	0	0	142	142	33
F.63	Droits à pension	0	0	0	142	142	33
F.64	Dts des fonds de pension sur gérants des systèmes de pension	0	0	0	0	0	0
F.65	Droits à prestations hors retraite	0	0	0	0	0	0
F.66	Réserves pour appels dans le cadre de garanties standard	0	0	0	0	0	0
F.7	**Produits financiers dérivés et options sur titres des salariés**	**84**	**1**	**1**	**0**	**-7 850**	**5 339**
F.71	Produits financiers dérivés	84	1	1	0	-7 850	5 339
F.72	Options sur titres des salariés	..	..	..	..	..	..
F.8	**Autres comptes à recevoir**	**2 189**	**-1 311**	**94**	**0**	**28 676**	**7 590**
F.81	Crédits commerciaux et avances	2 208	10	12	0	2 218	-211
F.89	Autres comptes à recevoir, hors crédits commerciaux et avances	-19	-1 321	83	0	26 458	7 801
	Accroissement net des passifs	**18 585**	**761**	**1 102**	**2 570**	**534 245**	**515 971**
F.1	**Or monétaire et DTS**	**0**	**0**	**0**	**0**	**0**	**-25**
F.11	Or monétaire	0	0	0	0	0	4
F.12	Droits de tirage spéciaux (DTS)	0	0	0	0	0	-28
F.2	**Numéraire et dépôts**	**0**	**12**	**12**	**0**	**-4 942**	**29 903**
F.21	Numéraire	0	12	12	0	12	98
F.22	Dépôts transférables	0	0	0	0	7 160	36 857
F.29	Autres dépôts	0	0	0	0	-12 114	-7 052
F.3	**Titres de dette**	**852**	**1 050**	**1 050**	**0**	**56 619**	**67 266**
F.3S	Titres de dette à court terme	-162	0	0	0	-3 808	-1 070
F.3L	Titres de dette à long terme	1 013	1 050	1 050	0	60 428	68 335
F.4	**Crédits**	**9 136**	**226**	**213**	**2 570**	**26 411**	**110 067**
F.4S	Crédits à court terme	-276	-16	4	24	14 162	-2 435
F.4L	Crédits à long terme	9 411	242	208	2 546	12 249	112 502
F.5	**Actions et parts de fonds d'investissement**	**9 256**	**0**	**0**	**0**	**435 965**	**283 015**
F.51	Actions	9 256	0	0	0	259 389	278 923
F.511	Actions cotées	5 719	0	0	0	5 701	64 958
F.512	Actions non cotées	3 427	0	0	0	253 269	210 063
F.519	Autres participations	110	0	0	0	418	3 902
F.52	Parts de fonds d'investissement	0	0	0	0	176 576	4 092
F.521	Parts de fonds d'investissement monétaires	0	0	0	0	-21 300	-203
F.522	Autres parts de fonds d'investissement	0	0	0	0	197 876	4 294
F.6	**Systèmes d'assurance, de pensions et garanties standard**	**-7**	**0**	**0**	**0**	**8 644**	**3 537**
F.61	Réserves techniques d'assurance-dommages	0	0	0	0	573	3 537
F.62	Droits sur les assurances-vie et rentes	0	0	0	0	7 896	0
F.6M	Dts à pension, gérants de syst. de pension, hors retraite	-7	0	0	0	175	0
F.63	Droits à pension	-7	0	0	0	175	0
F.64	Dts des fonds de pension sur gérants des systèmes de pension	0	0	0	0	0	0
F.65	Droits à prestations hors retraite	0	0	0	0	0	0
F.66	Réserves pour appels dans le cadre de garanties standard	0	0	0	0	0	0
F.7	**Produits financiers dérivés et options sur titres des salariés**	**0**	**0**	**0**	**0**	**5 340**	**-7 852**
F.71	Produits financiers dérivés	0	0	0	0	5 340	-7 852
F.72	Options sur titres des salariés	..	..	..	..	..	..
F.8	**Autres comptes à payer**	**-651**	**-527**	**-173**	**0**	**6 207**	**30 059**
F.81	Crédits commerciaux et avances	-201	-26	6	0	-227	2 234
F.89	Autres comptes à payer, hors des crédits commerciaux et avances	-450	-501	-179	0	6 434	27 825
	Opérations financières nettes	**-5 715**	**288**	**-504**	**1 380**	**-1 775**	**1 775**

Note : Les métadonnées détaillées sont disponibles sur :http://metalinks.oecd.org/faiiia/20150126/355c

LUXEMBOURG

Tableau 1.b. Flux non consolidés, par instrument et par secteur, Année 2013
SCN 2008

Millions EUR (1999 LUF euro)

		Sociétés financières					
		Total S12	Institutions financières monétaires S121-2-3	Fonds d'investissements non monétaires S124	Autres institutions financières, hors S124 S125-6-7	Sociétés d'assurance et fonds de pension SS128-9	Sociétés financières publiques S1201
	Acquisition nette d'actifs financiers	**538 323**	**-33 571**	**241 784**	**322 142**	**7 968**	**0**
F.1	**Or monétaire et DTS**	**-25**	**-25**	**0**	**0**	**0**	**0**
F.11	Or monétaire	4	4	0	0	0	0
F.12	Droits de tirage spéciaux (DTS)	-28	-28	0	0	0	0
F.2	**Numéraire et dépôts**	**32 915**	**4 760**	**46 386**	**-18 671**	**440**	**0**
F.21	Numéraire	115	115	0	0	0	0
F.22	Dépôts transférables	37 200	11 030	22 949	3 222	0	0
F.29	Autres dépôts	-4 401	-6 385	23 437	-21 893	440	0
F.3	**Titres de dette**	**75 445**	**-23 974**	**85 474**	**13 161**	**784**	**0**
F.3S	Titres de dette à court terme	-1 526	-9 548	8 018	841	-838	0
F.3L	Titres de dette à long terme	76 972	-14 426	77 455	12 320	1 622	0
F.4	**Crédits**	**112 570**	**-8 309**	**7 717**	**113 565**	**-403**	**0**
F.4S	Crédits à court terme	-4 747	-5 305	795	182	-419	0
F.4L	Crédits à long terme	117 317	-3 004	6 922	113 384	16	0
F.5	**Actions et parts de fonds d'investissement**	**314 343**	**2 531**	**99 768**	**208 661**	**3 383**	**0**
F.51	Actions	284 793	236	76 828	207 374	354	0
F.511	Actions cotées	65 897	-220	62 967	2 612	539	0
F.512	Actions non cotées	213 502	457	8 457	204 772	-184	0
F.519	Autres participations	5 394	0	5 404	-10	0	0
F.52	Parts de fonds d'investissement	29 550	2 294	22 940	1 286	3 029	0
F.521	Parts de fonds d'investissement monétaires	3 140	2 273	1 606	-558	-182	0
F.522	Autres parts de fonds d'investissement	26 410	21	21 334	1 845	3 211	0
F.6	**Systèmes d'assurance, de pensions et garanties standard**	**3 744**	**5**	**0**	**2**	**3 737**	**0**
F.61	Réserves techniques d'assurance-dommages	3 744	5	0	2	3 737	0
F.62	Droits sur les assurances-vie et rentes	0	0	0	0	0	0
F.6M	Dts à pension, gérants de syst. de pension, hors retraite	0	0	0	0	0	0
F.63	Droits à pension	0	0	0	0	0	0
F.64	Dts des fonds de pension sur gérants des systèmes de pension	0	0	0	0	0	0
F.65	Droits à prestations hors retraite	0	0	0	0	0	0
F.66	Réserves pour appels dans le cadre de garanties standard	0	0	0	0	0	0
F.7	**Produits financiers dérivés et options sur titres des salariés**	**-14 278**	**-7 494**	**-3 115**	**-3 669**	**0**	**0**
F.71	Produits financiers dérivés	-14 278	-7 494	-3 115	-3 669	0	0
F.72	Options sur titres des salariés	..	..	..	..	..	..
F.8	**Autres comptes à recevoir**	**13 608**	**-1 066**	**5 554**	**9 094**	**27**	**0**
F.81	Crédits commerciaux et avances	0	0	0	0	0	0
F.89	Autres comptes à recevoir, hors crédits commerciaux et avances	13 608	-1 066	5 554	9 094	27	0
	Accroissement net des passifs	**536 051**	**-34 347**	**242 851**	**319 645**	**7 903**	**0**
F.1	**Or monétaire et DTS**	**0**	**0**	**0**	**0**	**0**	**0**
F.11	Or monétaire	0	0	0	0	0	0
F.12	Droits de tirage spéciaux (DTS)	0	0	0	0	0	0
F.2	**Numéraire et dépôts**	**-2 591**	**-2 591**	**0**	**0**	**0**	**0**
F.21	Numéraire	105	105	0	0	0	0
F.22	Dépôts transférables	6 764	6 764	0	0	0	0
F.29	Autres dépôts	-9 460	-9 460	0	0	0	0
F.3	**Titres de dette**	**61 645**	**-3 102**	**-152**	**64 977**	**-78**	**0**
F.3S	Titres de dette à court terme	-4 143	3 061	307	-7 511	0	0
F.3L	Titres de dette à long terme	65 787	-6 163	-460	72 488	-78	0
F.4	**Crédits**	**17 299**	**-1 597**	**18 485**	**328**	**83**	**0**
F.4S	Crédits à court terme	13 496	0	7 800	5 614	82	0
F.4L	Crédits à long terme	3 803	-1 597	10 686	-5 286	1	0
F.5	**Actions et parts de fonds d'investissement**	**458 646**	**-20 114**	**224 567**	**255 065**	**-871**	**0**
F.51	Actions	256 816	-1 940	4 563	255 065	-871	0
F.511	Actions cotées	1 602	0	0	1 602	0	0
F.512	Actions non cotées	253 403	-1 940	4 563	251 652	-871	0
F.519	Autres participations	1 811	0	0	1 811	0	0
F.52	Parts de fonds d'investissement	201 830	-18 174	220 004	0	0	0
F.521	Parts de fonds d'investissement monétaires	-18 174	-18 174	0	0	0	0
F.522	Autres parts de fonds d'investissement	220 004	0	220 004	0	0	0
F.6	**Systèmes d'assurance, de pensions et garanties standard**	**8 858**	**82**	**0**	**5**	**8 770**	**0**
F.61	Réserves techniques d'assurance-dommages	780	0	0	0	780	0
F.62	Droits sur les assurances-vie et rentes	7 896	0	0	0	7 896	0
F.6M	Dts à pension, gérants de syst. de pension, hors retraite	182	82	0	5	94	0
F.63	Droits à pension	182	82	0	5	94	0
F.64	Dts des fonds de pension sur gérants des systèmes de pension	0	0	0	0	0	0
F.65	Droits à prestations hors retraite	0	0	0	0	0	0
F.66	Réserves pour appels dans le cadre de garanties standard	0	0	0	0	0	0
F.7	**Produits financiers dérivés et options sur titres des salariés**	**-1 002**	**-6 033**	**7 430**	**-2 399**	**0**	**0**
F.71	Produits financiers dérivés	-1 002	-6 033	7 430	-2 399	0	0
F.72	Options sur titres des salariés	..	..	..	..	..	..
F.8	**Autres comptes à payer**	**-6 804**	**-993**	**-7 479**	**1 669**	**-1**	**0**
F.81	Crédits commerciaux et avances	0	0	0	0	0	0
F.89	Autres comptes à payer, hors des crédits commerciaux et avances	-6 804	-993	-7 479	1 669	-1	0
	Opérations financières nettes	**2 272**	**776**	**-1 067**	**2 498**	**65**	**0**

Tableau 1.b. Flux non consolidés, par instrument et par secteur, Année 2013 (cont.)

SCN 2008

Millions EUR (1999 LUF euro)

		Sociétés non financières	Administrations publiques		Ménages et ISBLSM	Economie totale	Reste du monde
		S11	Total S13	Administration centrale S1311	S14+S15	S1	S2
	Acquisition nette d'actifs financiers	**14 135**	**1 439**	**598**	**3 950**	**557 846**	**517 746**
F.1	**Or monétaire et DTS**	**0**	**0**	**0**	**0**	**-25**	**0**
F.11	Or monétaire	0	0	0	0	4	0
F.12	Droits de tirage spéciaux (DTS)	0	0	0	0	-28	0
F.2	**Numéraire et dépôts**	**2 116**	**916**	**331**	**1 907**	**37 854**	**-10 529**
F.21	Numéraire	120	0	0	-20	215	0
F.22	Dépôts transférables	832	34	-4	2 551	40 617	3 004
F.29	Autres dépôts	1 164	882	335	-624	-2 979	-13 533
F.3	**Titres de dette**	**511**	**348**	**-62**	**-111**	**76 193**	**54 557**
F.3S	Titres de dette à court terme	35	-145	0	63	-1 574	-3 800
F.3L	Titres de dette à long terme	477	493	-62	-174	77 767	58 357
F.4	**Crédits**	**3 800**	**111**	**154**	**13**	**116 494**	**23 287**
F.4S	Crédits à court terme	1 017	56	56	13	-3 662	14 455
F.4L	Crédits à long terme	2 784	55	98	0	120 156	8 832
F.5	**Actions et parts de fonds d'investissement**	**4 512**	**968**	**79**	**1 467**	**321 290**	**429 563**
F.51	Actions	5 136	1 010	79	508	291 446	253 485
F.511	Actions cotées	-454	931	0	324	66 698	5 517
F.512	Actions non cotées	5 589	-3	-3	144	219 232	247 661
F.519	Autres participations	0	82	82	40	5 517	307
F.52	Parts de fonds d'investissement	-624	-41	0	958	29 843	176 078
F.521	Parts de fonds d'investissement monétaires	-219	1	0	3	2 924	-21 301
F.522	Autres parts de fonds d'investissement	-404	-42	0	956	26 920	197 379
F.6	**Systèmes d'assurance, de pensions et garanties standard**	**30**	**0**	**0**	**675**	**4 449**	**7 939**
F.61	Réserves techniques d'assurance-dommages	30	0	0	55	3 829	488
F.62	Droits sur les assurances-vie et rentes	0	0	0	477	477	7 418
F.6M	Dts à pension, gérants de syst. de pension, hors retraite	0	0	0	142	142	33
F.63	Droits à pension	0	0	0	142	142	33
F.64	Dts des fonds de pension sur gérants des systèmes de pension	0	0	0	0	0	0
F.65	Droits à prestations hors retraite	0	0	0	0	0	0
F.66	Réserves pour appels dans le cadre de garanties standard	0	0	0	0	0	0
F.7	**Produits financiers dérivés et options sur titres des salariés**	**84**	**1**	**1**	**0**	**-14 192**	**5 339**
F.71	Produits financiers dérivés	84	1	1	0	-14 192	5 339
F.72	Options sur titres des salariés	..	..	..	..	..	..
F.8	**Autres comptes à recevoir**	**3 081**	**-906**	**94**	**0**	**15 783**	**7 590**
F.81	Crédits commerciaux et avances	2 203	10	12	0	2 213	-211
F.89	Autres comptes à recevoir, hors crédits commerciaux et avances	878	-916	83	0	13 570	7 801
	Accroissement net des passifs	**19 849**	**1 151**	**1 102**	**2 570**	**559 621**	**515 971**
F.1	**Or monétaire et DTS**	**0**	**0**	**0**	**0**	**0**	**-25**
F.11	Or monétaire	0	0	0	0	0	4
F.12	Droits de tirage spéciaux (DTS)	0	0	0	0	0	-28
F.2	**Numéraire et dépôts**	**0**	**12**	**12**	**0**	**-2 578**	**29 903**
F.21	Numéraire	0	12	12	0	117	98
F.22	Dépôts transférables	0	0	0	0	6 764	36 857
F.29	Autres dépôts	0	0	0	0	-9 460	-7 052
F.3	**Titres de dette**	**790**	**1 050**	**1 050**	**0**	**63 485**	**67 266**
F.3S	Titres de dette à court terme	-162	0	0	0	-4 304	-1 070
F.3L	Titres de dette à long terme	952	1 050	1 050	0	67 789	68 335
F.4	**Crédits**	**9 633**	**211**	**213**	**2 570**	**29 714**	**110 067**
F.4S	Crédits à court terme	-276	-16	4	24	13 228	-2 435
F.4L	Crédits à long terme	9 909	227	208	2 546	16 485	112 502
F.5	**Actions et parts de fonds d'investissement**	**9 192**	**0**	**0**	**0**	**467 839**	**283 015**
F.51	Actions	9 192	0	0	0	266 008	278 923
F.511	Actions cotées	5 655	0	0	0	7 257	64 958
F.512	Actions non cotées	3 427	0	0	0	256 830	210 063
F.519	Autres participations	110	0	0	0	1 922	3 902
F.52	Parts de fonds d'investissement	0	0	0	0	201 830	4 092
F.521	Parts de fonds d'investissement monétaires	0	0	0	0	-18 174	-203
F.522	Autres parts de fonds d'investissement	0	0	0	0	220 004	4 294
F.6	**Systèmes d'assurance, de pensions et garanties standard**	**-7**	**0**	**0**	**0**	**8 851**	**3 537**
F.61	Réserves techniques d'assurance-dommages	0	0	0	0	780	3 537
F.62	Droits sur les assurances-vie et rentes	0	0	0	0	7 896	0
F.6M	Dts à pension, gérants de syst. de pension, hors retraite	-7	0	0	0	175	0
F.63	Droits à pension	-7	0	0	0	175	0
F.64	Dts des fonds de pension sur gérants des systèmes de pension	0	0	0	0	0	0
F.65	Droits à prestations hors retraite	0	0	0	0	0	0
F.66	Réserves pour appels dans le cadre de garanties standard	0	0	0	0	0	0
F.7	**Produits financiers dérivés et options sur titres des salariés**	**0**	**0**	**0**	**0**	**-1 002**	**-7 852**
F.71	Produits financiers dérivés	0	0	0	0	-1 002	-7 852
F.72	Options sur titres des salariés	..	..	..	..	..	..
F.8	**Autres comptes à payer**	**241**	**-122**	**-173**	**0**	**-6 686**	**30 059**
F.81	Crédits commerciaux et avances	-206	-26	6	0	-232	2 234
F.89	Autres comptes à payer, hors des crédits commerciaux et avances	447	-96	-179	0	-6 454	27 825
	Opérations financières nettes	**-5 715**	**288**	**-504**	**1 380**	**-1 775**	**1 775**

Note : Les métadonnées détaillées sont disponibles sur :http://metalinks.oecd.org/faiiia/20150126/4b08

Tableau 2.1.a. Flux consolidés, Secteur S1 - Économie totale

SCN 2008

Millions EUR (1999 LUF euro)

		2006	2007	2008	2009	2010	2011	2012	2013
	Acquisition nette d'actifs financiers	..	..	**98 673**	**241 596**	**373 846**	**458 975**	**540 722**	**532 470**
F.1	**Or monétaire et DTS**	..	..	**20**	**21**	**17**	**186**	**-1**	**-25**
F.11	Or monétaire	..	..	-1	0	0	0	0	4
F.12	Droits de tirage spéciaux (DTS)	..	..	20	21	16	186	-1	-28
F.2	**Numéraire et dépôts**	..	..	**-14 304**	**-44 321**	**54 590**	**109 892**	**6 832**	**35 490**
F.21	Numéraire	..	..	138	298	200	98	-197	110
F.22	Dépôts transférables	..	..	-5 648	-39 834	23 457	26 305	-8 118	41 014
F.29	Autres dépôts	..	..	-8 793	-4 784	30 933	83 489	15 147	-5 634
F.3	**Titres de dette**	..	..	**1 949**	**116 299**	**49 226**	**-2 908**	**102 204**	**69 328**
F.3S	Titres de dette à court terme	..	..	17 374	55 888	-34 559	-6 077	-15 600	-1 078
F.3L	Titres de dette à long terme	..	..	-15 425	60 411	83 784	3 169	117 803	70 406
F.4	**Crédits**	..	..	**76 135**	**49 847**	**39 868**	**89 547**	**222 058**	**113 192**
F.4S	Crédits à court terme	..	..	-104 488	-10 369	-6 203	8 029	-7 364	-2 728
F.4L	Crédits à long terme	..	..	180 623	60 216	46 071	81 518	229 422	115 920
F.5	**Actions et parts de fonds d'investissement**	..	..	**11 808**	**132 263**	**194 905**	**230 930**	**202 403**	**289 416**
F.51	Actions	..	..	17 136	148 459	190 315	230 173	201 984	284 827
F.511	Actions cotées	..	..	-94 212	38 167	37 751	-22 029	5 542	65 142
F.512	Actions non cotées	..	..	112 741	111 013	155 679	252 608	195 723	215 671
F.519	Autres participations	..	..	-1 393	-721	-3 115	-406	719	4 014
F.52	Parts de fonds d'investissement	..	..	-5 328	-16 196	4 590	757	419	4 589
F.521	Parts de fonds d'investissement monétaires	..	..	2 947	-7 572	-2 299	9 397	-6 379	-202
F.522	Autres parts de fonds d'investissement	..	..	-8 275	-8 624	6 889	-8 639	6 798	4 791
F.6	**Systèmes d'assurance, de pensions et garanties standard**	..	..	**537**	**4 748**	**5 433**	**-563**	**1 707**	**4 242**
F.61	Réserves techniques d'assurance-dommages	..	..	-780	3 997	4 300	-847	1 324	3 622
F.62	Droits sur les assurances-vie et rentes	..	..	1 273	889	1 110	245	230	477
F.6M	Dts à pension, gérants, prestations hors retraite	..	..	44	-138	24	39	153	142
F.63	Droits à pension	..	..	44	-138	24	39	153	142
F.64	Dts des fonds de pension sur gérants des systèmes de pension	..	..	0	0	0	0	0	0
F.65	Droits à prestations hors retraite	..	..	0	0	0	0	0	0
F.66	Réserves pour appels dans le cadre de garanties standard	..	..	0	0	0	0	0	0
F.7	**Produits financiers dérivés et options sur titres des salariés**	..	..	**19 185**	**3 113**	**12 838**	**2 778**	**-25 694**	**-7 850**
F.71	Produits financiers dérivés	..	..	19 185	3 113	12 838	2 778	-25 694	-7 850
F.72	Options sur titres des salariés	..	..	..	..	..	..	..	..
F.8	**Autres comptes à recevoir**	..	..	**3 342**	**-20 373**	**16 969**	**29 113**	**31 214**	**28 676**
F.81	Crédits commerciaux et avances	..	..	-639	531	929	5 292	771	2 218
F.89	Autres comptes à recevoir, hors crédits commerciaux et avances	..	..	3 981	-20 904	16 040	23 821	30 443	26 458
	Accroissement net des passifs	..	..	**97 372**	**244 596**	**374 863**	**461 328**	**543 635**	**534 245**
F.1	**Or monétaire et DTS**	..	..	**0**	**-250**	**0**	**0**	**0**	**0**
F.11	Or monétaire	..	..	0	0	0	0	0	0
F.12	Droits de tirage spéciaux (DTS)	..	..	0	-250	0	0	0	0
F.2	**Numéraire et dépôts**	..	..	**-20 520**	**-49 290**	**-4 423**	**34 198**	**-40 176**	**-4 942**
F.21	Numéraire	..	..	179	269	63	180	78	12
F.22	Dépôts transférables	..	..	-19 304	6 481	8 990	17 487	10 674	7 160
F.29	Autres dépôts	..	..	-1 395	-56 041	-13 476	16 532	-50 928	-12 114
F.3	**Titres de dette**	..	..	**8 672**	**37 332**	**-17 211**	**14 519**	**165 147**	**56 619**
F.3S	Titres de dette à court terme	..	..	-7 591	1 837	-864	-2 179	15 776	-3 808
F.3L	Titres de dette à long terme	..	..	16 264	35 495	-16 347	16 699	149 371	60 428
F.4	**Crédits**	..	..	**58 655**	**-20 813**	**-56 514**	**42 196**	**120 025**	**26 411**
F.4S	Crédits à court terme	..	..	-72 682	-63 620	-20 332	98 962	4 364	14 162
F.4L	Crédits à long terme	..	..	131 337	42 807	-36 182	-56 766	115 660	12 249
F.5	**Actions et parts de fonds d'investissement**	..	..	**17 718**	**275 180**	**409 808**	**315 333**	**309 212**	**435 965**
F.51	Actions	..	..	105 756	176 696	264 196	297 543	182 715	259 389
F.511	Actions cotées	..	..	9 595	4 007	1 460	40	133	5 701
F.512	Actions non cotées	..	..	96 174	172 593	262 996	297 059	181 753	253 269
F.519	Autres participations	..	..	-13	96	-260	444	829	418
F.52	Parts de fonds d'investissement	..	..	-88 038	98 484	145 612	17 790	126 497	176 576
F.521	Parts de fonds d'investissement monétaires	..	..	70 424	-4 370	-38 576	8 449	-36 679	-21 300
F.522	Autres parts de fonds d'investissement	..	..	-158 462	102 854	184 188	9 341	163 176	197 876
F.6	**Systèmes d'assurance, de pensions et garanties standard**	..	..	**1 118**	**8 573**	**15 962**	**5 728**	**11 351**	**8 644**
F.61	Réserves techniques d'assurance-dommages	..	..	-1 255	-899	890	-496	-80	573
F.62	Droits sur les assurances-vie et rentes	..	..	2 038	9 886	15 035	6 186	11 162	7 896
F.6M	Dts à pension, gérants de syst. de pension, hors retraite	..	..	335	-414	37	39	269	175
F.63	Droits à pension	..	..	335	-414	37	39	269	175
F.64	Dts des fonds de pension sur gérants des systèmes de pension	..	..	0	0	0	0	0	0
F.65	Droits à prestations hors retraite	..	..	0	0	0	0	0	0
F.66	Réserves pour appels dans le cadre de garanties standard	..	..	0	0	0	0	0	0
F.7	**Produits financiers dérivés et options sur titres des salariés**	..	..	**0**	**-17 959**	**31 929**	**26 381**	**-19 944**	**5 340**
F.71	Produits financiers dérivés	..	..	0	-17 959	31 929	26 381	-19 944	5 340
F.72	Options sur titres des salariés	..	..	..	..	..	..	..	..
F.8	**Autres comptes à payer**	..	..	**31 727**	**11 822**	**-4 687**	**22 972**	**-1 980**	**6 207**
F.81	Crédits commerciaux et avances	..	..	-214	-355	557	6 565	1 117	-227
F.89	Autres comptes à payer, hors des crédits commerciaux et avances	..	..	31 942	12 177	-5 244	16 407	-3 098	6 434
	Opérations financières nettes	..	..	**1 301**	**-3 000**	**-1 017**	**-2 353**	**-2 913**	**-1 775**

Note : Les métadonnées détaillées sont disponibles sur :http://metalinks.oecd.org/faiiia/20150126/355c

LUXEMBOURG

Tableau 2.2.a. Flux consolidés, Secteur S11 - Sociétés non financières

SCN 2008

Millions EUR (1999 LUF euro)

		2006	2007	2008	2009	2010	2011	2012	2013
	Acquisition nette d'actifs financiers	..	..	**14 449**	**-3 750**	**755**	**-1 501**	**-7 086**	**12 870**
F.1	**Or monétaire et DTS**	..	..	**0**	**0**	**0**	**0**	**0**	**0**
F.11	Or monétaire	..	..	0	0	0	0	0	0
F.12	Droits de tirage spéciaux (DTS)	..	..	0	0	0	0	0	0
F.2	**Numéraire et dépôts**	..	..	**4 603**	**-5 927**	**-3 828**	**3 819**	**-1 345**	**2 116**
F.21	Numéraire	..	..	21	24	5	155	208	120
F.22	Dépôts transférables	..	..	8 537	-6 257	-963	5 182	933	832
F.29	Autres dépôts	..	..	-3 955	307	-2 870	-1 519	-2 486	1 164
F.3	**Titres de dette**	..	..	**-3 382**	**471**	**-4 636**	**834**	**-419**	**573**
F.3S	Titres de dette à court terme	..	..	-131	-23	-53	47	-69	35
F.3L	Titres de dette à long terme	..	..	-3 250	494	-4 583	787	-350	538
F.4	**Crédits**	..	..	**-2 059**	**9 277**	**-4 894**	**-4 642**	**-4 707**	**3 302**
F.4S	Crédits à court terme	..	..	2 837	4 351	-883	-1 092	23	1 017
F.4L	Crédits à long terme	..	..	-4 896	4 926	-4 012	-3 551	-4 729	2 286
F.5	**Actions et parts de fonds d'investissement**	..	..	**16 067**	**-8 087**	**11 778**	**-7 053**	**-1 480**	**4 576**
F.51	Actions	..	..	16 067	-8 809	12 560	-6 482	-1 551	5 199
F.511	Actions cotées	..	..	300	207	-1 791	-814	-257	-390
F.512	Actions non cotées	..	..	15 767	-9 016	14 352	-5 668	-1 293	5 589
F.519	Autres participations	..	..	0	0	0	0	0	0
F.52	Parts de fonds d'investissement	..	..	0	721	-782	-571	71	-624
F.521	Parts de fonds d'investissement monétaires	..	..	0	622	-679	-425	-97	-219
F.522	Autres parts de fonds d'investissement	..	..	0	100	-103	-146	168	-404
F.6	**Systèmes d'assurance, de pensions et garanties standard**	..	..	**-132**	**-37**	**9**	**-21**	**26**	**30**
F.61	Réserves techniques d'assurance-dommages	..	..	-132	-37	9	-21	26	30
F.62	Droits sur les assurances-vie et rentes	..	..	0	0	0	0	0	0
F.6M	Dts à pension, gérants, prestations hors retraite	..	..	0	0	0	0	0	0
F.63	Droits à pension	..	..	0	0	0	0	0	0
F.64	Dts des fonds de pension sur gérants des systèmes de pension	..	..	0	0	0	0	0	0
F.65	Droits à prestations hors retraite	..	..	0	0	0	0	0	0
F.66	Réserves pour appels dans le cadre de garanties standard	..	..	0	0	0	0	0	0
F.7	**Produits financiers dérivés et options sur titres des salariés**	..	..	**27**	**40**	**4**	**37**	**206**	**84**
F.71	Produits financiers dérivés	..	..	27	40	4	37	206	84
F.72	Options sur titres des salariés	..	..	..	..	..	..	..	..
F.8	**Autres comptes à recevoir**	..	..	**-675**	**514**	**2 323**	**5 527**	**633**	**2 189**
F.81	Crédits commerciaux et avances	..	..	-660	801	1 267	5 351	756	2 208
F.89	Autres comptes à recevoir, hors crédits commerciaux et avances	..	..	-14	-287	1 056	176	-123	-19
	Accroissement net des passifs	..	..	**16 206**	**-340**	**3 178**	**4 543**	**1 593**	**18 585**
F.1	**Or monétaire et DTS**	..	..	**0**	**0**	**0**	**0**	**0**	**0**
F.11	Or monétaire	..	..	0	0	0	0	0	0
F.12	Droits de tirage spéciaux (DTS)	..	..	0	0	0	0	0	0
F.2	**Numéraire et dépôts**	..	..	**0**	**0**	**0**	**0**	**0**	**0**
F.21	Numéraire	..	..	0	0	0	0	0	0
F.22	Dépôts transférables	..	..	0	0	0	0	0	0
F.29	Autres dépôts	..	..	0	0	0	0	0	0
F.3	**Titres de dette**	..	..	**17**	**6 346**	**3 134**	**962**	**4 473**	**852**
F.3S	Titres de dette à court terme	..	..	91	-641	854	-1 275	-252	-162
F.3L	Titres de dette à long terme	..	..	-74	6 987	2 280	2 237	4 725	1 013
F.4	**Crédits**	..	..	**3 886**	**-8 157**	**-25 624**	**9 230**	**-4 232**	**9 136**
F.4S	Crédits à court terme	..	..	334	135	-2 309	44	121	-276
F.4L	Crédits à long terme	..	..	3 552	-8 292	-23 314	9 186	-4 352	9 411
F.5	**Actions et parts de fonds d'investissement**	..	..	**12 352**	**2 079**	**22 331**	**-11 978**	**807**	**9 256**
F.51	Actions	..	..	12 352	2 079	22 331	-11 978	807	9 256
F.511	Actions cotées	..	..	9 563	4 009	1 459	55	132	5 719
F.512	Actions non cotées	..	..	2 802	-1 919	21 132	-12 276	662	3 427
F.519	Autres participations	..	..	-13	-12	-260	243	13	110
F.52	Parts de fonds d'investissement	..	..	0	0	0	0	0	0
F.521	Parts de fonds d'investissement monétaires	..	..	0	0	0	0	0	0
F.522	Autres parts de fonds d'investissement	..	..	0	0	0	0	0	0
F.6	**Systèmes d'assurance, de pensions et garanties standard**	..	..	**265**	**-178**	**0**	**-9**	**52**	**-7**
F.61	Réserves techniques d'assurance-dommages	..	..	0	0	0	0	0	0
F.62	Droits sur les assurances-vie et rentes	..	..	0	0	0	0	0	0
F.6M	Dts à pension, gérants de syst. de pension, hors retraite	..	..	265	-178	0	-9	52	-7
F.63	Droits à pension	..	..	265	-178	0	-9	52	-7
F.64	Dts des fonds de pension sur gérants des systèmes de pension	..	..	0	0	0	0	0	0
F.65	Droits à prestations hors retraite	..	..	0	0	0	0	0	0
F.66	Réserves pour appels dans le cadre de garanties standard	..	..	0	0	0	0	0	0
F.7	**Produits financiers dérivés et options sur titres des salariés**	..	..	**0**	**0**	**0**	**0**	**0**	**0**
F.71	Produits financiers dérivés	..	..	0	0	0	0	0	0
F.72	Options sur titres des salariés	..	..	..	..	..	..	..	..
F.8	**Autres comptes à payer**	..	..	**-315**	**-429**	**3 337**	**6 338**	**492**	**-651**
F.81	Crédits commerciaux et avances	..	..	-250	-263	559	6 538	1 095	-201
F.89	Autres comptes à payer, hors des crédits commerciaux et avances	..	..	-65	-166	2 777	-200	-602	-450
	Opérations financières nettes	..	..	**-1 757**	**-3 410**	**-2 423**	**-6 044**	**-8 679**	**-5 715**

Note : Les métadonnées détaillées sont disponibles sur :http://metalinks.oecd.org/faiia/20150126/355c

LUXEMBOURG

Tableau 2.3.a. Flux consolidés, Secteur S12 - Sociétés financières
SCN 2008

Millions EUR (1999 LUF euro)

		2006	2007	2008	2009	2010	2011	2012	2013
	Acquisition nette d'actifs financiers	..	..	**76 796**	**245 762**	**366 870**	**460 315**	**544 567**	**514 600**
F.1	**Or monétaire et DTS**	..	..	**20**	**21**	**17**	**186**	**-1**	**-25**
F.11	Or monétaire	..	..	-1	0	0	0	0	4
F.12	Droits de tirage spéciaux (DTS)	..	..	20	21	16	186	-1	-28
F.2	**Numéraire et dépôts**	..	..	**-22 548**	**-36 004**	**55 665**	**104 641**	**7 050**	**30 551**
F.21	Numéraire	..	..	12	-2	0	-2	3	10
F.22	Dépôts transférables	..	..	-14 266	-41 057	22 000	21 384	-11 577	37 596
F.29	Autres dépôts	..	..	-8 293	5 056	33 665	83 260	18 624	-7 055
F.3	**Titres de dette**	..	..	**4 797**	**114 880**	**55 329**	**-2 072**	**102 316**	**68 518**
F.3S	Titres de dette à court terme	..	..	18 560	54 173	-32 848	-6 176	-15 139	-1 030
F.3L	Titres de dette à long terme	..	..	-13 763	60 708	88 176	4 103	117 455	69 549
F.4	**Crédits**	..	..	**78 287**	**40 329**	**44 744**	**94 373**	**226 543**	**109 750**
F.4S	Crédits à court terme	..	..	-107 176	-14 985	-5 385	9 380	-7 309	-3 813
F.4L	Crédits à long terme	..	..	185 463	55 314	50 129	84 993	233 852	113 563
F.5	**Actions et parts de fonds d'investissement**	..	..	**-6 654**	**139 670**	**180 634**	**237 838**	**202 515**	**282 405**
F.51	Actions	..	..	-1 361	156 235	175 392	236 263	202 585	278 110
F.511	Actions cotées	..	..	-94 455	36 735	37 642	-21 675	5 102	64 278
F.512	Actions non cotées	..	..	94 486	120 221	140 865	258 350	196 858	209 941
F.519	Autres participations	..	..	-1 393	-721	-3 115	-412	625	3 891
F.52	Parts de fonds d'investissement	..	..	-5 293	-16 565	5 242	1 576	-70	4 296
F.521	Parts de fonds d'investissement monétaires	..	..	2 947	-8 184	-1 609	9 824	-6 277	14
F.522	Autres parts de fonds d'investissement	..	..	-8 240	-8 381	6 851	-8 248	6 207	4 282
F.6	**Systèmes d'assurance, de pensions et garanties standard**	..	..	**-189**	**4 202**	**4 293**	**-770**	**1 231**	**3 537**
F.61	Réserves techniques d'assurance-dommages	..	..	-189	4 202	4 293	-770	1 231	3 537
F.62	Droits sur les assurances-vie et rentes	..	..	0	0	0	0	0	0
F.6M	Dts à pension, gérants, prestations hors retraite	..	..	0	0	0	0	0	0
F.63	Droits à pension	..	..	0	0	0	0	0	0
F.64	Dts des fonds de pension sur gérants des systèmes de pension	..	..	0	0	0	0	0	0
F.65	Droits à prestations hors retraite	..	..	0	0	0	0	0	0
F.66	Réserves pour appels dans le cadre de garanties standard	..	..	0	0	0	0	0	0
F.7	**Produits financiers dérivés et options sur titres des salariés**	..	..	**19 159**	**3 072**	**12 834**	**2 740**	**-25 902**	**-7 935**
F.71	Produits financiers dérivés	..	..	19 159	3 072	12 834	2 740	-25 902	-7 935
F.72	Options sur titres des salariés	..	..	..	..	..	..	..	..
F.8	**Autres comptes à recevoir**	..	..	**3 925**	**-20 408**	**13 354**	**23 379**	**30 816**	**27 798**
F.81	Crédits commerciaux et avances	..	..	5	-280	0	0	0	0
F.89	Autres comptes à recevoir, hors crédits commerciaux et avances	..	..	3 920	-20 128	13 354	23 379	30 816	27 798
	Accroissement net des passifs	..	..	**75 247**	**245 918**	**366 731**	**457 930**	**540 277**	**512 328**
F.1	**Or monétaire et DTS**	..	..	**0**	**-250**	**0**	**0**	**0**	**0**
F.11	Or monétaire	..	..	0	0	0	0	0	0
F.12	Droits de tirage spéciaux (DTS)	..	..	0	-250	0	0	0	0
F.2	**Numéraire et dépôts**	..	..	**-20 535**	**-49 307**	**-4 437**	**34 184**	**-40 192**	**-4 954**
F.21	Numéraire	..	..	164	252	49	166	63	-1
F.22	Dépôts transférables	..	..	-19 304	6 481	8 990	17 487	10 674	7 160
F.29	Autres dépôts	..	..	-1 395	-56 041	-13 476	16 532	-50 928	-12 114
F.3	**Titres de dette**	..	..	**6 655**	**30 987**	**-22 345**	**13 558**	**159 674**	**54 718**
F.3S	Titres de dette à court terme	..	..	-7 682	2 478	-1 718	-904	16 028	-3 647
F.3L	Titres de dette à long terme	..	..	14 337	28 508	-20 627	14 461	143 646	58 364
F.4	**Crédits**	..	..	**50 942**	**-12 243**	**-32 506**	**34 487**	**123 755**	**14 479**
F.4S	Crédits à court terme	..	..	-73 038	-64 008	-18 026	99 190	4 217	14 430
F.4L	Crédits à long terme	..	..	123 980	51 764	-14 480	-64 703	119 538	50
F.5	**Actions et parts de fonds d'investissement**	..	..	**5 366**	**273 101**	**387 477**	**327 311**	**308 405**	**426 709**
F.51	Actions	..	..	93 404	174 617	241 865	309 522	181 908	250 133
F.511	Actions cotées	..	..	32	-3	1	-15	1	-18
F.512	Actions non cotées	..	..	93 372	174 512	241 865	309 335	181 091	249 843
F.519	Autres participations	..	..	0	108	0	201	817	308
F.52	Parts de fonds d'investissement	..	..	-88 038	98 484	145 612	17 790	126 497	176 576
F.521	Parts de fonds d'investissement monétaires	..	..	70 424	-4 370	-38 576	8 449	-36 679	-21 300
F.522	Autres parts de fonds d'investissement	..	..	-158 462	102 854	184 188	9 341	163 176	197 876
F.6	**Systèmes d'assurance, de pensions et garanties standard**	..	..	**853**	**8 751**	**15 962**	**5 737**	**11 299**	**8 650**
F.61	Réserves techniques d'assurance-dommages	..	..	-1 255	-899	890	-496	-80	573
F.62	Droits sur les assurances-vie et rentes	..	..	2 038	9 886	15 035	6 186	11 162	7 896
F.6M	Dts à pension, gérants de syst. de pension, hors retraite	..	..	70	-236	37	47	217	182
F.63	Droits à pension	..	..	70	-236	37	47	217	182
F.64	Dts des fonds de pension sur gérants des systèmes de pension	..	..	0	0	0	0	0	0
F.65	Droits à prestations hors retraite	..	..	0	0	0	0	0	0
F.66	Réserves pour appels dans le cadre de garanties standard	..	..	0	0	0	0	0	0
F.7	**Produits financiers dérivés et options sur titres des salariés**	..	..	**0**	**-17 959**	**31 929**	**26 381**	**-19 944**	**5 340**
F.71	Produits financiers dérivés	..	..	0	-17 959	31 929	26 381	-19 944	5 340
F.72	Options sur titres des salariés	..	..	..	..	..	..	..	..
F.8	**Autres comptes à payer**	..	..	**31 967**	**12 838**	**-9 350**	**16 272**	**-2 721**	**7 385**
F.81	Crédits commerciaux et avances	..	..	12	-109	0	0	0	0
F.89	Autres comptes à payer, hors des crédits commerciaux et avances	..	..	31 955	12 947	-9 350	16 272	-2 721	7 385
	Opérations financières nettes	..	..	**1 549**	**-156**	**140**	**2 385**	**4 290**	**2 272**

Note : Les métadonnées détaillées sont disponibles sur :http://metalinks.oecd.org/faiiia/20150126/355c

Tableau 2.4.a. Flux consolidés, Secteur S13 - Administrations publiques
SCN 2008

Millions EUR (1999 LUF euro)

		2006	2007	2008	2009	2010	2011	2012	2013
	Acquisition nette d'actifs financiers	..	..	**4 147**	**-601**	**3 219**	**623**	**1 795**	**1 049**
F.1	**Or monétaire et DTS**	..	..	**0**	**0**	**0**	**0**	**0**	**0**
F.11	Or monétaire	..	..	0	0	0	0	0	0
F.12	Droits de tirage spéciaux (DTS)	..	..	0	0	0	0	0	0
F.2	**Numéraire et dépôts**	..	..	**1 400**	**-2 218**	**1 396**	**123**	**148**	**916**
F.21	Numéraire	..	..	2	-2	0	2	-2	0
F.22	Dépôts transférables	..	..	240	-226	88	417	324	34
F.29	Autres dépôts	..	..	1 158	-1 989	1 307	-295	-174	882
F.3	**Titres de dette**	..	..	**434**	**747**	**-1 142**	**7**	**760**	**348**
F.3S	Titres de dette à court terme	..	..	-1 055	1 804	-1 708	129	-399	-145
F.3L	Titres de dette à long terme	..	..	1 489	-1 057	566	-122	1 159	493
F.4	**Crédits**	..	..	**-101**	**197**	**21**	**-173**	**229**	**126**
F.4S	Crédits à court terme	..	..	-157	222	67	-248	-71	56
F.4L	Crédits à long terme	..	..	56	-24	-46	75	300	71
F.5	**Actions et parts de fonds d'investissement**	..	..	**2 322**	**1 150**	**1 652**	**458**	**891**	**968**
F.51	Actions	..	..	2 328	1 062	1 718	460	872	1 010
F.511	Actions cotées	..	..	-90	1 169	1 705	284	583	931
F.512	Actions non cotées	..	..	2 418	-107	12	171	195	-3
F.519	Autres participations	..	..	0	0	1	5	94	82
F.52	Parts de fonds d'investissement	..	..	-6	88	-66	-2	19	-41
F.521	Parts de fonds d'investissement monétaires	..	..	0	4	4	-6	0	1
F.522	Autres parts de fonds d'investissement	..	..	-5	84	-70	4	19	-42
F.6	**Systèmes d'assurance, de pensions et garanties standard**	..	..	**0**	**0**	**0**	**0**	**0**	**0**
F.61	Réserves techniques d'assurance-dommages	..	..	0	0	0	0	0	0
F.62	Droits sur les assurances-vie et rentes	..	..	0	0	0	0	0	0
F.6M	Dts à pension, gérants, prestations hors retraite	..	..	0	0	0	0	0	0
F.63	Droits à pension	..	..	0	0	0	0	0	0
F.64	Dts des fonds de pension sur gérants des systèmes de pension	..	..	0	0	0	0	0	0
F.65	Droits à prestations hors retraite	..	..	0	0	0	0	0	0
F.66	Réserves pour appels dans le cadre de garanties standard	..	..	0	0	0	0	0	0
F.7	**Produits financiers dérivés et options sur titres des salariés**	..	..	**0**	**0**	**0**	**1**	**2**	**1**
F.71	Produits financiers dérivés	..	..	0	0	0	1	2	1
F.72	Options sur titres des salariés	..	..	..	..	..	..	..	..
F.8	**Autres comptes à recevoir**	..	..	**92**	**-479**	**1 292**	**207**	**-235**	**-1 311**
F.81	Crédits commerciaux et avances	..	..	16	10	-337	-59	16	10
F.89	Autres comptes à recevoir, hors crédits commerciaux et avances	..	..	75	-488	1 630	267	-250	-1 321
	Accroissement net des passifs	..	..	**2 922**	**-420**	**3 472**	**494**	**1 765**	**761**
F.1	**Or monétaire et DTS**	..	..	**0**	**0**	**0**	**0**	**0**	**0**
F.11	Or monétaire	..	..	0	0	0	0	0	0
F.12	Droits de tirage spéciaux (DTS)	..	..	0	0	0	0	0	0
F.2	**Numéraire et dépôts**	..	..	**16**	**17**	**13**	**14**	**16**	**12**
F.21	Numéraire	..	..	16	17	13	14	16	12
F.22	Dépôts transférables	..	..	0	0	0	0	0	0
F.29	Autres dépôts	..	..	0	0	0	0	0	0
F.3	**Titres de dette**	..	..	**2 000**	**0**	**2 000**	**0**	**1 000**	**1 050**
F.3S	Titres de dette à court terme	..	..	0	0	0	0	0	0
F.3L	Titres de dette à long terme	..	..	2 000	0	2 000	0	1 000	1 050
F.4	**Crédits**	..	..	**830**	**149**	**132**	**118**	**501**	**226**
F.4S	Crédits à court terme	..	..	38	25	74	-9	-47	-16
F.4L	Crédits à long terme	..	..	792	124	58	128	548	242
F.5	**Actions et parts de fonds d'investissement**	..	..	**0**	**0**	**0**	**0**	**0**	**0**
F.51	Actions	..	..	0	0	0	0	0	0
F.511	Actions cotées	..	..	0	0	0	0	0	0
F.512	Actions non cotées	..	..	0	0	0	0	0	0
F.519	Autres participations	..	..	0	0	0	0	0	0
F.52	Parts de fonds d'investissement	..	..	0	0	0	0	0	0
F.521	Parts de fonds d'investissement monétaires	..	..	0	0	0	0	0	0
F.522	Autres parts de fonds d'investissement	..	..	0	0	0	0	0	0
F.6	**Systèmes d'assurance, de pensions et garanties standard**	..	..	**0**	**0**	**0**	**0**	**0**	**0**
F.61	Réserves techniques d'assurance-dommages	..	..	0	0	0	0	0	0
F.62	Droits sur les assurances-vie et rentes	..	..	0	0	0	0	0	0
F.6M	Dts à pension, gérants de syst. de pension, hors retraite	..	..	0	0	0	0	0	0
F.63	Droits à pension	..	..	0	0	0	0	0	0
F.64	Dts des fonds de pension sur gérants des systèmes de pension	..	..	0	0	0	0	0	0
F.65	Droits à prestations hors retraite	..	..	0	0	0	0	0	0
F.66	Réserves pour appels dans le cadre de garanties standard	..	..	0	0	0	0	0	0
F.7	**Produits financiers dérivés et options sur titres des salariés**	..	..	**0**	**0**	**0**	**0**	**0**	**0**
F.71	Produits financiers dérivés	..	..	0	0	0	0	0	0
F.72	Options sur titres des salariés	..	..	..	..	..	..	..	..
F.8	**Autres comptes à payer**	..	..	**76**	**-587**	**1 326**	**362**	**248**	**-527**
F.81	Crédits commerciaux et avances	..	..	24	18	-2	26	23	-26
F.89	Autres comptes à payer, hors des crédits commerciaux et avances	..	..	52	-604	1 328	335	225	-501
	Opérations financières nettes	..	..	**1 225**	**-181**	**-253**	**129**	**30**	**288**

Note : Les métadonnées détaillées sont disponibles sur :http://metalinks.oecd.org/faiiia/20150126/355c

LUXEMBOURG

Tableau 2.5.a. Flux consolidés, Secteur S14-S15 - Ménages et ISBLSM

SCN 2008

Millions EUR (1999 LUF euro)

		2006	2007	2008	2009	2010	2011	2012	2013
	Acquisition nette d'actifs financiers	..	..	**3 281**	**185**	**3 002**	**-462**	**1 446**	**3 950**
F.1	**Or monétaire et DTS**	..	..	**0**	**0**	**0**	**0**	**0**	**0**
F.11	Or monétaire	..	..	0	0	0	0	0	0
F.12	Droits de tirage spéciaux (DTS)	..	..	0	0	0	0	0	0
F.2	**Numéraire et dépôts**	..	..	**2 241**	**-173**	**1 357**	**1 309**	**979**	**1 907**
F.21	Numéraire	..	..	103	278	195	-57	-406	-20
F.22	Dépôts transférables	..	..	-159	7 707	2 331	-678	2 203	2 551
F.29	Autres dépôts	..	..	2 297	-8 158	-1 169	2 044	-818	-624
F.3	**Titres de dette**	..	..	**100**	**200**	**-325**	**-1 676**	**-453**	**-111**
F.3S	Titres de dette à court terme	..	..	0	-66	50	-77	8	63
F.3L	Titres de dette à long terme	..	..	100	266	-375	-1 598	-461	-174
F.4	**Crédits**	..	..	**8**	**44**	**-2**	**-11**	**-7**	**13**
F.4S	Crédits à court terme	..	..	8	44	-2	-11	-7	13
F.4L	Crédits à long terme	..	..	0	0	0	0	0	0
F.5	**Actions et parts de fonds d'investissement**	..	..	**74**	**-470**	**841**	**-313**	**477**	**1 467**
F.51	Actions	..	..	103	-29	645	-67	77	508
F.511	Actions cotées	..	..	32	57	195	176	115	324
F.512	Actions non cotées	..	..	71	-86	451	-244	-37	144
F.519	Autres participations	..	..	0	1	0	1	0	40
F.52	Parts de fonds d'investissement	..	..	-29	-441	196	-246	399	958
F.521	Parts de fonds d'investissement monétaires	..	..	0	-15	-15	4	-5	3
F.522	Autres parts de fonds d'investissement	..	..	-29	-426	211	-250	405	956
F.6	**Systèmes d'assurance, de pensions et garanties standard**	..	..	**857**	**584**	**1 131**	**228**	**450**	**675**
F.61	Réserves techniques d'assurance-dommages	..	..	-459	-168	-3	-55	68	55
F.62	Droits sur les assurances-vie et rentes	..	..	1 273	889	1 110	245	230	477
F.6M	Dts à pension, gérants, prestations hors retraite	..	..	44	-138	24	39	153	142
F.63	Droits à pension	..	..	44	-138	24	39	153	142
F.64	Dts des fonds de pension sur gérants des systèmes de pension	..	..	0	0	0	0	0	0
F.65	Droits à prestations hors retraite	..	..	0	0	0	0	0	0
F.66	Réserves pour appels dans le cadre de garanties standard	..	..	0	0	0	0	0	0
F.7	**Produits financiers dérivés et options sur titres des salariés**	..	..	**0**	**0**	**0**	**0**	**0**	**0**
F.71	Produits financiers dérivés	..	..	0	0	0	0	0	0
F.72	Options sur titres des salariés	..	..	..	..	..	..	..	..
F.8	**Autres comptes à recevoir**	..	..	**0**	**0**	**0**	**0**	**0**	**0**
F.81	Crédits commerciaux et avances	..	..	0	0	0	0	0	0
F.89	Autres comptes à recevoir, hors crédits commerciaux et avances	..	..	0	0	0	0	0	0
	Accroissement net des passifs	..	..	**2 997**	**-562**	**1 483**	**-1 639**	**0**	**2 570**
F.1	**Or monétaire et DTS**	..	..	**0**	**0**	**0**	**0**	**0**	**0**
F.11	Or monétaire	..	..	0	0	0	0	0	0
F.12	Droits de tirage spéciaux (DTS)	..	..	0	0	0	0	0	0
F.2	**Numéraire et dépôts**	..	..	**0**	**0**	**0**	**0**	**0**	**0**
F.21	Numéraire	..	..	0	0	0	0	0	0
F.22	Dépôts transférables	..	..	0	0	0	0	0	0
F.29	Autres dépôts	..	..	0	0	0	0	0	0
F.3	**Titres de dette**	..	..	**0**	**0**	**0**	**0**	**0**	**0**
F.3S	Titres de dette à court terme	..	..	0	0	0	0	0	0
F.3L	Titres de dette à long terme	..	..	0	0	0	0	0	0
F.4	**Crédits**	..	..	**2 997**	**-562**	**1 483**	**-1 639**	**0**	**2 570**
F.4S	Crédits à court terme	..	..	-16	228	-71	-263	73	24
F.4L	Crédits à long terme	..	..	3 013	-789	1 554	-1 376	-73	2 546
F.5	**Actions et parts de fonds d'investissement**	..	..	**0**	**0**	**0**	**0**	**0**	**0**
F.51	Actions	..	..	0	0	0	0	0	0
F.511	Actions cotées	..	..	0	0	0	0	0	0
F.512	Actions non cotées	..	..	0	0	0	0	0	0
F.519	Autres participations	..	..	0	0	0	0	0	0
F.52	Parts de fonds d'investissement	..	..	0	0	0	0	0	0
F.521	Parts de fonds d'investissement monétaires	..	..	0	0	0	0	0	0
F.522	Autres parts de fonds d'investissement	..	..	0	0	0	0	0	0
F.6	**Systèmes d'assurance, de pensions et garanties standard**	..	..	**0**	**0**	**0**	**0**	**0**	**0**
F.61	Réserves techniques d'assurance-dommages	..	..	0	0	0	0	0	0
F.62	Droits sur les assurances-vie et rentes	..	..	0	0	0	0	0	0
F.6M	Dts à pension, gérants de syst. de pension, hors retraite	..	..	0	0	0	0	0	0
F.63	Droits à pension	..	..	0	0	0	0	0	0
F.64	Dts des fonds de pension sur gérants des systèmes de pension	..	..	0	0	0	0	0	0
F.65	Droits à prestations hors retraite	..	..	0	0	0	0	0	0
F.66	Réserves pour appels dans le cadre de garanties standard	..	..	0	0	0	0	0	0
F.7	**Produits financiers dérivés et options sur titres des salariés**	..	..	**0**	**0**	**0**	**0**	**0**	**0**
F.71	Produits financiers dérivés	..	..	0	0	0	0	0	0
F.72	Options sur titres des salariés	..	..	..	..	..	..	..	..
F.8	**Autres comptes à payer**	..	..	**0**	**0**	**0**	**0**	**0**	**0**
F.81	Crédits commerciaux et avances	..	..	0	0	0	0	0	0
F.89	Autres comptes à payer, hors des crédits commerciaux et avances	..	..	0	0	0	0	0	0
	Opérations financières nettes	..	..	**284**	**747**	**1 519**	**1 177**	**1 446**	**1 380**

Note : Les métadonnées détaillées sont disponibles sur :http://metalinks.oecd.org/faiiia/20150126/355c

LUXEMBOURG

Tableau 2.6.a. Flux consolidés, Secteur S2 - Reste du monde
SCN 2008

Millions EUR (1999 LUF euro)

		2006	2007	2008	2009	2010	2011	2012	2013
	Acquisition nette d'actifs financiers	..	..	**83 644**	**250 655**	**360 759**	**462 288**	**537 880**	**517 746**
F.1	**Or monétaire et DTS**	..	..	**0**	**-250**	**0**	**0**	**0**	**0**
F.11	Or monétaire	..	..	0	0	0	0	0	0
F.12	Droits de tirage spéciaux (DTS)	..	..	0	-250	0	0	0	0
F.2	**Numéraire et dépôts**	..	..	**-21 030**	**-49 497**	**-2 301**	**34 516**	**-42 343**	**-10 529**
F.21	Numéraire	..	..	0	0	0	0	0	0
F.22	Dépôts transférables	..	..	-19 714	-2 750	8 647	17 757	6 970	3 004
F.29	Autres dépôts	..	..	-1 316	-46 747	-10 947	16 759	-49 313	-13 533
F.3	**Titres de dette**	..	..	**7 070**	**35 833**	**-16 553**	**15 045**	**163 316**	**54 557**
F.3S	Titres de dette à court terme	..	..	-6 668	1 988	-675	-2 187	15 790	-3 800
F.3L	Titres de dette à long terme	..	..	13 739	33 846	-15 877	17 232	147 525	58 357
F.4	**Crédits**	..	..	**52 175**	**-20 677**	**-58 068**	**39 562**	**118 726**	**23 287**
F.4S	Crédits à court terme	..	..	-73 033	-64 023	-18 018	99 168	4 219	14 455
F.4L	Crédits à long terme	..	..	125 207	43 346	-40 050	-59 606	114 507	8 832
F.5	**Actions et parts de fonds d'investissement**	..	..	**13 478**	**282 491**	**397 512**	**318 844**	**308 790**	**429 563**
F.51	Actions	..	..	101 482	183 682	252 087	300 800	182 716	253 485
F.511	Actions cotées	..	..	8 764	4 705	1 553	127	173	5 517
F.512	Actions non cotées	..	..	92 718	178 869	250 534	300 473	181 729	247 661
F.519	Autres participations	..	..	0	108	0	200	815	307
F.52	Parts de fonds d'investissement	..	..	-88 003	98 809	145 425	18 044	126 074	176 078
F.521	Parts de fonds d'investissement monétaires	..	..	70 425	-4 375	-38 579	8 455	-36 679	-21 301
F.522	Autres parts de fonds d'investissement	..	..	-158 428	103 183	184 005	9 589	162 753	197 379
F.6	**Systèmes d'assurance, de pensions et garanties standard**	..	..	**393**	**8 026**	**14 822**	**5 521**	**10 876**	**7 939**
F.61	Réserves techniques d'assurance-dommages	..	..	-664	-694	883	-420	-173	488
F.62	Droits sur les assurances-vie et rentes	..	..	765	8 997	13 925	5 941	10 932	7 418
F.6M	Dts à pension, gérants, prestations hors retraite	..	..	292	-276	13	0	116	33
F.63	Droits à pension	..	..	292	-276	13	0	116	33
F.64	Dts des fonds de pension sur gérants des systèmes de pension	..	..	0	0	0	0	0	0
F.65	Droits à prestations hors retraite	..	..	0	0	0	0	0	0
F.66	Réserves pour appels dans le cadre de garanties standard	..	..	0	0	0	0	0	0
F.7	**Produits financiers dérivés et options sur titres des salariés**	..	..	**0**	**-17 959**	**31 929**	**26 380**	**-19 946**	**5 339**
F.71	Produits financiers dérivés	..	..	0	-17 959	31 929	26 380	-19 946	5 339
F.72	Options sur titres des salariés	..	..	..	..	..	..	..	..
F.8	**Autres comptes à recevoir**	..	..	**31 557**	**12 687**	**-6 582**	**22 420**	**-1 539**	**7 590**
F.81	Crédits commerciaux et avances	..	..	-254	-382	897	6 597	1 079	-211
F.89	Autres comptes à recevoir, hors crédits commerciaux et avances	..	..	31 811	13 069	-7 479	15 823	-2 618	7 801
	Accroissement net des passifs	..	..	**84 945**	**247 655**	**359 743**	**459 935**	**534 967**	**515 971**
F.1	**Or monétaire et DTS**	..	..	**20**	**21**	**17**	**186**	**-1**	**-25**
F.11	Or monétaire	..	..	-1	0	0	0	0	4
F.12	Droits de tirage spéciaux (DTS)	..	..	20	21	16	186	-1	-28
F.2	**Numéraire et dépôts**	..	..	**-14 814**	**-44 528**	**56 713**	**110 209**	**4 665**	**29 903**
F.21	Numéraire	..	..	-41	28	137	-82	-275	98
F.22	Dépôts transférables	..	..	-6 058	-49 066	23 114	26 575	-11 822	36 857
F.29	Autres dépôts	..	..	-8 714	4 510	33 462	83 716	16 762	-7 052
F.3	**Titres de dette**	..	..	**348**	**114 800**	**49 885**	**-2 382**	**100 372**	**67 266**
F.3S	Titres de dette à court terme	..	..	18 297	56 038	-34 370	-6 085	-15 585	-1 070
F.3L	Titres de dette à long terme	..	..	-17 950	58 762	84 254	3 703	115 957	68 335
F.4	**Crédits**	..	..	**69 655**	**49 983**	**38 314**	**86 913**	**220 759**	**110 067**
F.4S	Crédits à court terme	..	..	-104 839	-10 771	-3 889	8 235	-7 509	-2 435
F.4L	Crédits à long terme	..	..	174 493	60 754	42 203	78 678	228 268	112 502
F.5	**Actions et parts de fonds d'investissement**	..	..	**7 568**	**139 573**	**182 608**	**234 441**	**201 981**	**283 015**
F.51	Actions	..	..	12 861	155 445	178 205	233 429	201 986	278 923
F.511	Actions cotées	..	..	-95 044	38 865	37 845	-21 943	5 582	64 958
F.512	Actions non cotées	..	..	109 286	117 288	143 216	256 022	195 699	210 063
F.519	Autres participations	..	..	-1 381	-709	-2 855	-650	704	3 902
F.52	Parts de fonds d'investissement	..	..	-5 293	-15 872	4 403	1 011	-4	4 092
F.521	Parts de fonds d'investissement monétaires	..	..	2 947	-7 576	-2 303	9 403	-6 379	-203
F.522	Autres parts de fonds d'investissement	..	..	-8 240	-8 295	6 706	-8 391	6 375	4 294
F.6	**Systèmes d'assurance, de pensions et garanties standard**	..	..	**-189**	**4 202**	**4 293**	**-770**	**1 231**	**3 537**
F.61	Réserves techniques d'assurance-dommages	..	..	-189	4 202	4 293	-770	1 231	3 537
F.62	Droits sur les assurances-vie et rentes	..	..	0	0	0	0	0	0
F.6M	Dts à pension, gérants de syst. de pension, hors retraite	..	..	0	0	0	0	0	0
F.63	Droits à pension	..	..	0	0	0	0	0	0
F.64	Dts des fonds de pension sur gérants des systèmes de pension	..	..	0	0	0	0	0	0
F.65	Droits à prestations hors retraite	..	..	0	0	0	0	0	0
F.66	Réserves pour appels dans le cadre de garanties standard	..	..	0	0	0	0	0	0
F.7	**Produits financiers dérivés et options sur titres des salariés**	..	..	**19 185**	**3 113**	**12 838**	**2 777**	**-25 696**	**-7 852**
F.71	Produits financiers dérivés	..	..	19 185	3 113	12 838	2 777	-25 696	-7 852
F.72	Options sur titres des salariés	..	..	..	..	..	..	..	..
F.8	**Autres comptes à payer**	..	..	**3 171**	**-19 509**	**15 075**	**28 561**	**31 656**	**30 059**
F.81	Crédits commerciaux et avances	..	..	-679	503	1 269	5 324	733	2 234
F.89	Autres comptes à payer, hors des crédits commerciaux et avances	..	..	3 850	-20 012	13 806	23 236	30 923	27 825
	Opérations financières nettes	..	..	**-1 301**	**3 000**	**1 017**	**2 353**	**2 913**	**1 775**

Note : Les métadonnées détaillées sont disponibles sur :http://metalinks.oecd.org/faiia/20150126/355c

MEXIQUE

Tableau 2.1.a. Flux consolidés, Secteur S1 - Économie totale

SCN 1993

Millions MXN

		2006	2007	2008	2009	2010	2011	2012	2013
	Acquisition nette d'actifs financiers	**2 951 185**	**2 387 295**	**684 504**	**3 407 566**	..	..	..	..
F.1	**Or monétaire et DTS**	**518**	**313**	**3 395**	**53 524**	..	..	..	..
F.2	**Numéraire et dépôts**	**534 987**	**712 573**	**815 398**	**351 661**	..	..	..	..
F.21	Numéraire	70 966	45 626	87 600	51 419	..	..	..	..
F.22	Dépôts transférables	130 596	101 907	63 653	380 306	..	..	..	..
F.29	Autres dépôts	333 424	565 039	664 145	-80 064	..	..	..	..
F.3	**Titres autres qu'actions**	**681 373**	**536 351**	**754 234**	**1 220 624**	..	..	..	..
F.33	Titres autres qu'actions, non compris produits financiers dérivés	681 373	536 351	754 234	1 220 585	..	..	..	..
F.331	Titres à court terme	..	..	..	..	..	..	..	..
F.332	Titres à long terme	..	..	..	..	..	..	..	..
F.34	Produits financiers dérivés	0	0	0	39	..	..	..	..
F.4	**Crédits**	**221 898**	**316 480**	**76 301**	**122 295**	..	..	..	..
F.41	Crédits à court terme	..	..	..	..	..	..	..	..
F.42	Crédits à long terme	..	..	..	..	..	..	..	..
F.5	**Actions et autres participations**	**1 447 603**	**753 314**	**-1 194 905**	**1 562 106**	..	..	..	..
F.51	Actions et autres participations, non compris parts d'O.P.C.	1 261 891	593 263	-1 131 548	1 403 285	..	..	..	..
F.511	Actions cotées	..	..	..	..	..	..	..	..
F.512	Actions non cotées	..	..	..	..	..	..	..	..
F.513	Autres participations	..	..	..	..	..	..	..	..
F.52	Parts d'organismes de placement collectif	185 712	160 051	-63 358	158 821	..	..	..	..
F.6	**Réserves techniques d'assurance**	**31 601**	**44 278**	**76 780**	**37 548**	..	..	..	..
F.61	Droits nets des ménages sur les réserves techniques	36 170	35 460	68 517	37 122	..	..	..	..
F.611	Sur les réserves d'assurance vie	30 117	28 305	57 830	26 904	..	..	..	..
F.612	Sur les fonds de pension	6 053	7 155	10 687	10 218	..	..	..	..
F.62	Réserves-primes et réserves-sinistres	-4 569	8 818	8 263	426	..	..	..	..
F.7	**Autres comptes à recevoir**	**33 204**	**23 987**	**153 301**	**59 808**	..	..	..	..
F.71	Crédits commerciaux et avances	10 364	50 018	81 540	-43 385	..	..	..	..
F.79	Autres	22 840	-26 031	71 761	103 193	..	..	..	..
	Accroissement net des passifs	**2 495 690**	**2 032 654**	**213 999**	**3 076 890**	..	..	..	..
F.2	**Numéraire et dépôts**	**383 274**	**485 363**	**345 821**	**473 893**	..	..	..	..
F.21	Numéraire	0	0	0	0	..	..	..	..
F.22	Dépôts transférables	166 135	153 596	74 331	379 375	..	..	..	..
F.29	Autres dépôts	217 139	331 767	271 490	94 518	..	..	..	..
F.3	**Titres autres qu'actions**	**163 711**	**121 413**	**422 292**	**810 242**	..	..	..	..
F.33	Titres autres qu'actions, non compris produits financiers dérivés	163 711	121 413	422 292	810 242	..	..	..	..
F.331	Titres à court terme	..	..	..	..	..	..	..	..
F.332	Titres à long terme	..	..	..	..	..	..	..	..
F.34	Produits financiers dérivés	0	0	0	0	..	..	..	..
F.4	**Crédits**	**205 703**	**352 416**	**170 060**	**-108 137**	..	..	..	..
F.41	Crédits à court terme	..	..	..	..	..	..	..	..
F.42	Crédits à long terme	..	..	..	..	..	..	..	..
F.5	**Actions et autres participations**	**1 651 042**	**948 568**	**-817 277**	**1 707 292**	..	..	..	..
F.51	Actions et autres participations, non compris parts d'O.P.C.	1 465 329	788 517	-753 919	1 548 471	..	..	..	..
F.511	Actions cotées	..	..	..	..	..	..	..	..
F.512	Actions non cotées	..	..	..	..	..	..	..	..
F.513	Autres participations	..	..	..	..	..	..	..	..
F.52	Parts d'organismes de placement collectif	185 712	160 051	-63 358	158 821	..	..	..	..
F.6	**Réserves techniques d'assurance**	**-489**	**76 873**	**78 658**	**37 961**	..	..	..	..
F.61	Droits nets des ménages sur les réserves techniques	14 509	57 626	70 395	37 535	..	..	..	..
F.611	Sur les réserves d'assurance vie	8 456	50 471	59 708	27 317	..	..	..	..
F.612	Sur les fonds de pension	6 053	7 155	10 687	10 218	..	..	..	..
F.62	Réserves-primes et réserves-sinistres	-14 998	19 247	8 263	426	..	..	..	..
F.7	**Autres comptes à payer**	**92 450**	**48 020**	**14 444**	**155 639**	..	..	..	..
F.71	Crédits commerciaux et avances	83 799	42 629	16 813	-7 536	..	..	..	..
F.79	Autres	8 651	5 391	-2 369	163 175	..	..	..	..
	Opérations financières nettes	**455 495**	**354 642**	**470 505**	**330 676**	..	..	..	..

Note : Les métadonnées détaillées sont disponibles sur :http://metalinks.oecd.org/faiiia/20150126/dd30

MEXIQUE

Tableau 2.2.a. Flux consolidés, Secteur S11 - Sociétés non financières
SCN 1993

Millions MXN

		2006	2007	2008	2009	2010	2011	2012	2013
	Acquisition nette d'actifs financiers	**267 177**	**322 691**	**-4 561**	**307 334**	..	..	..	..
F.1	**Or monétaire et DTS**	..	..	..	..	..	..	..	..
F.2	**Numéraire et dépôts**	**193 800**	**234 770**	**77 039**	**222 760**	..	..	..	..
F.21	Numéraire	0	0	0	0	..	..	..	..
F.22	Dépôts transférables	29 835	44 467	16 700	24 921	..	..	..	..
F.29	Autres dépôts	163 965	190 303	60 339	197 839	..	..	..	..
F.3	**Titres autres qu'actions**	**0**	**0**	**0**	**0**	..	..	..	..
F.33	Titres autres qu'actions, non compris produits financiers dérivés	0	0	0	0	..	..	..	..
F.331	Titres à court terme	..	..	..	..	..	..	..	..
F.332	Titres à long terme	..	..	..	..	..	..	..	..
F.34	Produits financiers dérivés	0	0	0	0	..	..	..	..
F.4	**Crédits**	**0**	**0**	**0**	**0**	..	..	..	..
F.41	Crédits à court terme	..	..	..	..	..	..	..	..
F.42	Crédits à long terme	..	..	..	..	..	..	..	..
F.5	**Actions et autres participations**	**73 057**	**64 267**	**-68 297**	**52 504**	..	..	..	..
F.51	Actions et autres participations, non compris parts d'O.P.C.	0	0	0	0	..	..	..	..
F.511	Actions cotées	..	..	..	..	..	..	..	..
F.512	Actions non cotées	..	..	..	..	..	..	..	..
F.513	Autres participations	..	..	..	..	..	..	..	..
F.52	Parts d'organismes de placement collectif	73 057	64 267	-68 297	52 504	..	..	..	..
F.6	**Réserves techniques d'assurance**	**0**	**0**	**0**	**0**	..	..	..	..
F.61	Droits nets des ménages sur les réserves techniques	..	..	..	..	..	..	..	..
F.611	Sur les réserves d'assurance vie	..	..	..	..	..	..	..	..
F.612	Sur les fonds de pension	..	..	..	..	..	..	..	..
F.62	Réserves-primes et réserves-sinistres	..	..	..	..	..	..	..	..
F.7	**Autres comptes à recevoir**	**319**	**23 655**	**-13 303**	**32 070**	..	..	..	..
F.71	Crédits commerciaux et avances	319	23 655	-13 303	32 070	..	..	..	..
F.79	Autres	0	0	0	0	..	..	..	..
	Accroissement net des passifs	**1 349 385**	**776 954**	**-909 711**	**1 399 429**	..	..	..	..
F.2	**Numéraire et dépôts**	**0**	**0**	**0**	**0**	..	..	..	..
F.21	Numéraire	..	..	..	..	..	..	..	..
F.22	Dépôts transférables	..	..	..	..	..	..	..	..
F.29	Autres dépôts	..	..	..	..	..	..	..	..
F.3	**Titres autres qu'actions**	**14 273**	**49 452**	**63 078**	**40 937**	..	..	..	..
F.33	Titres autres qu'actions, non compris produits financiers dérivés	14 273	49 452	63 078	40 937	..	..	..	..
F.331	Titres à court terme	..	..	..	..	..	..	..	..
F.332	Titres à long terme	..	..	..	..	..	..	..	..
F.34	Produits financiers dérivés	0	0	0	0	..	..	..	..
F.4	**Crédits**	**107 386**	**158 114**	**147 197**	**-16 702**	..	..	..	..
F.41	Crédits à court terme	..	..	..	..	..	..	..	..
F.42	Crédits à long terme	..	..	..	..	..	..	..	..
F.5	**Actions et autres participations**	**1 227 726**	**569 388**	**-1 119 986**	**1 375 194**	..	..	..	..
F.51	Actions et autres participations, non compris parts d'O.P.C.	1 227 726	569 388	-1 119 986	1 375 194	..	..	..	..
F.511	Actions cotées	..	..	..	..	..	..	..	..
F.512	Actions non cotées	..	..	..	..	..	..	..	..
F.513	Autres participations	..	..	..	..	..	..	..	..
F.52	Parts d'organismes de placement collectif	0	0	0	0	..	..	..	..
F.6	**Réserves techniques d'assurance**	**0**	**0**	**0**	**0**	..	..	..	..
F.61	Droits nets des ménages sur les réserves techniques	..	..	..	..	..	..	..	..
F.611	Sur les réserves d'assurance vie	..	..	..	..	..	..	..	..
F.612	Sur les fonds de pension	..	..	..	..	..	..	..	..
F.62	Réserves-primes et réserves-sinistres	..	..	..	..	..	..	..	..
F.7	**Autres comptes à payer**	**0**	**0**	**0**	**0**	..	..	..	..
F.71	Crédits commerciaux et avances	..	..	..	..	..	..	..	..
F.79	Autres	..	..	..	..	..	..	..	..
	Opérations financières nettes	**-1 082 209**	**-454 262**	**905 150**	**-1 092 096**	..	..	..	..

Note : Les métadonnées détaillées sont disponibles sur :http://metalinks.oecd.org/faiiia/20150126/dd30

MEXIQUE

Tableau 2.3.a. Flux consolidés, Secteur S12 - Sociétés financières

SCN 1993

Millions MXN

		2006	2007	2008	2009	2010	2011	2012	2013
	Acquisition nette d'actifs financiers	**878 948**	**950 504**	**991 710**	**556 837**	..	..	..	..
F.1	**Or monétaire et DTS**	**518**	**313**	**3 395**	**53 524**	..	..	..	..
F.2	**Numéraire et dépôts**	**71 820**	**194 566**	**425 031**	**-85 194**	..	..	..	..
F.21	Numéraire	17 539	5 141	23 284	8 747	..	..	..	..
F.22	Dépôts transférables	-33 331	-36 607	-227	5 644	..	..	..	..
F.29	Autres dépôts	87 612	226 032	401 973	-99 584	..	..	..	..
F.3	**Titres autres qu'actions**	**517 663**	**414 938**	**331 942**	**410 382**	..	..	..	..
F.33	Titres autres qu'actions, non compris produits financiers dérivés	517 663	414 938	331 942	410 343	..	..	..	..
F.331	Titres à court terme	..	..	..	..	..	..	..	..
F.332	Titres à long terme	..	..	..	..	..	..	..	..
F.34	Produits financiers dérivés	0	0	0	39	..	..	..	..
F.4	**Crédits**	**221 898**	**316 480**	**76 301**	**122 295**	..	..	..	..
F.41	Crédits à court terme	..	..	..	..	..	..	..	..
F.42	Crédits à long terme	..	..	..	..	..	..	..	..
F.5	**Actions et autres participations**	**34 165**	**23 875**	**-11 562**	**28 091**	..	..	..	..
F.51	Actions et autres participations, non compris parts d'O.P.C.	34 165	23 875	-11 562	28 091	..	..	..	..
F.511	Actions cotées	..	..	..	..	..	..	..	..
F.512	Actions non cotées	..	..	..	..	..	..	..	..
F.513	Autres participations	..	..	..	..	..	..	..	..
F.52	Parts d'organismes de placement collectif	0	0	0	0	..	..	..	..
F.6	**Réserves techniques d'assurance**	**0**	**0**	**0**	**0**	..	..	..	..
F.61	Droits nets des ménages sur les réserves techniques	..	..	..	..	..	..	..	..
F.611	Sur les réserves d'assurance vie	..	..	..	..	..	..	..	..
F.612	Sur les fonds de pension	..	..	..	..	..	..	..	..
F.62	Réserves-primes et réserves-sinistres	..	..	..	..	..	..	..	..
F.7	**Autres comptes à recevoir**	**32 885**	**332**	**166 604**	**27 738**	..	..	..	..
F.71	Crédits commerciaux et avances	10 045	26 363	94 843	-75 454	..	..	..	..
F.79	Autres	22 840	-26 031	71 761	103 193	..	..	..	..
	Accroissement net des passifs	**831 080**	**919 682**	**754 166**	**857 462**	..	..	..	..
F.2	**Numéraire et dépôts**	**383 274**	**485 363**	**345 821**	**473 893**	..	..	..	..
F.21	Numéraire	0	0	0	0	..	..	..	..
F.22	Dépôts transférables	166 135	153 596	74 331	379 375	..	..	..	..
F.29	Autres dépôts	217 139	331 767	271 490	94 518	..	..	..	..
F.3	**Titres autres qu'actions**	**-142 676**	**-109 508**	**-34 870**	**315**	..	..	..	..
F.33	Titres autres qu'actions, non compris produits financiers dérivés	-142 676	-109 508	-34 870	315	..	..	..	..
F.331	Titres à court terme	..	..	..	..	..	..	..	..
F.332	Titres à long terme	..	..	..	..	..	..	..	..
F.34	Produits financiers dérivés	0	0	0	0	..	..	..	..
F.4	**Crédits**	**75 206**	**39 754**	**47 404**	**-142 444**	..	..	..	..
F.41	Crédits à court terme	..	..	..	..	..	..	..	..
F.42	Crédits à long terme	..	..	..	..	..	..	..	..
F.5	**Actions et autres participations**	**423 315**	**379 180**	**302 709**	**332 098**	..	..	..	..
F.51	Actions et autres participations, non compris parts d'O.P.C.	237 603	219 129	366 067	173 276	..	..	..	..
F.511	Actions cotées	..	..	..	..	..	..	..	..
F.512	Actions non cotées	..	..	..	..	..	..	..	..
F.513	Autres participations	..	..	..	..	..	..	..	..
F.52	Parts d'organismes de placement collectif	185 712	160 051	-63 358	158 821	..	..	..	..
F.6	**Réserves techniques d'assurance**	**-489**	**76 873**	**78 658**	**37 961**	..	..	..	..
F.61	Droits nets des ménages sur les réserves techniques	14 509	57 626	70 395	37 535	..	..	..	..
F.611	Sur les réserves d'assurance vie	8 456	50 471	59 708	27 317	..	..	..	..
F.612	Sur les fonds de pension	6 053	7 155	10 687	10 218	..	..	..	..
F.62	Réserves-primes et réserves-sinistres	-14 998	19 247	8 263	426	..	..	..	..
F.7	**Autres comptes à payer**	**92 450**	**48 020**	**14 444**	**155 639**	..	..	..	..
F.71	Crédits commerciaux et avances	83 799	42 629	16 813	-7 536	..	..	..	..
F.79	Autres	8 651	5 391	-2 369	163 175	..	..	..	..
	Opérations financières nettes	**47 869**	**30 821**	**237 544**	**-300 626**	..	..	..	..

Note : Les métadonnées détaillées sont disponibles sur :http://metalinks.oecd.org/faiiia/20150126/dd30

Tableau 2.4.a. Flux consolidés, Secteur S13 - Administrations publiques
SCN 1993

Millions MXN

		2006	2007	2008	2009	2010	2011	2012	2013
	Acquisition nette d'actifs financiers	**183 097**	**259 742**	**132 768**	**38 705**	..	..	..	..
F.1	**Or monétaire et DTS**	..	..	..	..	..	..	..	..
F.2	**Numéraire et dépôts**	**163 636**	**173 956**	**138 964**	**70 516**	..	..	..	..
F.21	Numéraire	0	0	0	0	..	..	..	..
F.22	Dépôts transférables	103 128	66 387	42 893	53 730	..	..	..	..
F.29	Autres dépôts	60 509	107 569	96 070	16 786	..	..	..	..
F.3	**Titres autres qu'actions**	**19 460**	**85 786**	**-6 196**	**-31 811**	..	..	..	..
F.33	Titres autres qu'actions, non compris produits financiers dérivés	19 460	85 786	-6 196	-31 811	..	..	..	..
F.331	Titres à court terme	..	..	..	..	..	..	..	..
F.332	Titres à long terme	..	..	..	..	..	..	..	..
F.34	Produits financiers dérivés	0	0	0	0	..	..	..	..
F.4	**Crédits**	**0**	**0**	**0**	**0**	..	..	..	..
F.41	Crédits à court terme	..	..	..	..	..	..	..	..
F.42	Crédits à long terme	..	..	..	..	..	..	..	..
F.5	**Actions et autres participations**	**0**	**0**	**0**	**0**	..	..	..	..
F.51	Actions et autres participations, non compris parts d'O.P.C.	..	..	..	..	..	..	..	..
F.511	Actions cotées	..	..	..	..	..	..	..	..
F.512	Actions non cotées	..	..	..	..	..	..	..	..
F.513	Autres participations	..	..	..	..	..	..	..	..
F.52	Parts d'organismes de placement collectif	..	..	..	..	..	..	..	..
F.6	**Réserves techniques d'assurance**	**0**	**0**	**0**	**0**	..	..	..	..
F.61	Droits nets des ménages sur les réserves techniques	..	..	..	..	..	..	..	..
F.611	Sur les réserves d'assurance vie	..	..	..	..	..	..	..	..
F.612	Sur les fonds de pension	..	..	..	..	..	..	..	..
F.62	Réserves-primes et réserves-sinistres	..	..	..	..	..	..	..	..
F.7	**Autres comptes à recevoir**	**0**	**0**	**0**	**0**	..	..	..	..
F.71	Crédits commerciaux et avances	..	..	..	..	..	..	..	..
F.79	Autres	..	..	..	..	..	..	..	..
	Accroissement net des passifs	**115 157**	**192 561**	**476 959**	**825 640**	..	..	..	..
F.2	**Numéraire et dépôts**	**0**	**0**	**0**	**0**	..	..	..	..
F.21	Numéraire	..	..	..	..	..	..	..	..
F.22	Dépôts transférables	..	..	..	..	..	..	..	..
F.29	Autres dépôts	..	..	..	..	..	..	..	..
F.3	**Titres autres qu'actions**	**292 114**	**181 470**	**394 084**	**768 989**	..	..	..	..
F.33	Titres autres qu'actions, non compris produits financiers dérivés	292 114	181 470	394 084	768 989	..	..	..	..
F.331	Titres à court terme	..	..	..	..	..	..	..	..
F.332	Titres à long terme	..	..	..	..	..	..	..	..
F.34	Produits financiers dérivés	0	0	0	0	..	..	..	..
F.4	**Crédits**	**-176 956**	**11 091**	**82 875**	**56 651**	..	..	..	..
F.41	Crédits à court terme	..	..	..	..	..	..	..	..
F.42	Crédits à long terme	..	..	..	..	..	..	..	..
F.5	**Actions et autres participations**	**0**	**0**	**0**	**0**	..	..	..	..
F.51	Actions et autres participations, non compris parts d'O.P.C.	..	..	..	..	..	..	..	..
F.511	Actions cotées	..	..	..	..	..	..	..	..
F.512	Actions non cotées	..	..	..	..	..	..	..	..
F.513	Autres participations	..	..	..	..	..	..	..	..
F.52	Parts d'organismes de placement collectif	..	..	..	..	..	..	..	..
F.6	**Réserves techniques d'assurance**	**0**	**0**	**0**	**0**	..	..	..	..
F.61	Droits nets des ménages sur les réserves techniques	..	..	..	..	..	..	..	..
F.611	Sur les réserves d'assurance vie	..	..	..	..	..	..	..	..
F.612	Sur les fonds de pension	..	..	..	..	..	..	..	..
F.62	Réserves-primes et réserves-sinistres	..	..	..	..	..	..	..	..
F.7	**Autres comptes à payer**	**0**	**0**	**0**	**0**	..	..	..	..
F.71	Crédits commerciaux et avances	..	..	..	..	..	..	..	..
F.79	Autres	..	..	..	..	..	..	..	..
	Opérations financières nettes	**67 939**	**67 181**	**-344 191**	**-786 935**	..	..	..	..

Note : Les métadonnées détaillées sont disponibles sur :http://metalinks.oecd.org/faiiia/20150126/dd30

MEXIQUE

Tableau 2.5.a. Flux consolidés, Secteur S14-S15 - Ménages et ISBLSM

SCN 1993

Millions MXN

		2006	2007	2008	2009	2010	2011	2012	2013
	Acquisition nette d'actifs financiers	**1 621 963**	**854 358**	**-435 413**	**2 504 691**	..	..	..	..
F.1	**Or monétaire et DTS**	..	..	..	..	..	..	..	..
F.2	**Numéraire et dépôts**	**105 730**	**109 281**	**174 365**	**143 579**	..	..	..	..
F.21	Numéraire	53 427	40 486	64 316	42 672	..	..	..	..
F.22	Dépôts transférables	30 964	27 660	4 287	296 012	..	..	..	..
F.29	Autres dépôts	21 339	41 135	105 762	-195 105	..	..	..	..
F.3	**Titres autres qu'actions**	**144 250**	**35 627**	**428 488**	**842 052**	..	..	..	..
F.33	Titres autres qu'actions, non compris produits financiers dérivés	144 250	35 627	428 488	842 052	..	..	..	..
F.331	Titres à court terme	..	..	..	..	..	..	..	..
F.332	Titres à long terme	..	..	..	..	..	..	..	..
F.34	Produits financiers dérivés	0	0	0	0	..	..	..	..
F.4	**Crédits**	**0**	**0**	**0**	**0**	..	..	..	..
F.41	Crédits à court terme	..	..	..	..	..	..	..	..
F.42	Crédits à long terme	..	..	..	..	..	..	..	..
F.5	**Actions et autres participations**	**1 340 381**	**665 172**	**-1 115 047**	**1 481 512**	..	..	..	..
F.51	Actions et autres participations, non compris parts d'O.P.C.	1 227 726	569 388	-1 119 986	1 375 194	..	..	..	..
F.511	Actions cotées	0	0	0	0	..	..	..	..
F.512	Actions non cotées	0	0	0	0	..	..	..	..
F.513	Autres participations	1 227 726	569 388	-1 119 986	1 375 194	..	..	..	..
F.52	Parts d'organismes de placement collectif	112 655	95 784	4 939	106 318	..	..	..	..
F.6	**Réserves techniques d'assurance**	**31 601**	**44 278**	**76 780**	**37 548**	..	..	..	..
F.61	Droits nets des ménages sur les réserves techniques	36 170	35 460	68 517	37 122	..	..	..	..
F.611	Sur les réserves d'assurance vie	30 117	28 305	57 830	26 904	..	..	..	..
F.612	Sur les fonds de pension	6 053	7 155	10 687	10 218	..	..	..	..
F.62	Réserves-primes et réserves-sinistres	-4 569	8 818	8 263	426	..	..	..	..
F.7	**Autres comptes à recevoir**	**0**	**0**	**0**	**0**	..	..	..	..
F.71	Crédits commerciaux et avances	..	..	..	..	..	..	..	..
F.79	Autres	..	..	..	..	..	..	..	..
	Accroissement net des passifs	**200 067**	**143 457**	**-107 415**	**-5 642**	..	..	..	..
F.2	**Numéraire et dépôts**	**0**	**0**	**0**	**0**	..	..	..	..
F.21	Numéraire	..	..	..	..	..	..	..	..
F.22	Dépôts transférables	..	..	..	..	..	..	..	..
F.29	Autres dépôts	..	..	..	..	..	..	..	..
F.3	**Titres autres qu'actions**	**0**	**0**	**0**	**0**	..	..	..	..
F.33	Titres autres qu'actions, non compris produits financiers dérivés	0	0	0	0	..	..	..	..
F.331	Titres à court terme	..	..	..	..	..	..	..	..
F.332	Titres à long terme	..	..	..	..	..	..	..	..
F.34	Produits financiers dérivés	0	0	0	0	..	..	..	..
F.4	**Crédits**	**200 067**	**143 457**	**-107 415**	**-5 642**	..	..	..	..
F.41	Crédits à court terme	..	..	..	..	..	..	..	..
F.42	Crédits à long terme	..	..	..	..	..	..	..	..
F.5	**Actions et autres participations**	**0**	**0**	**0**	**0**	..	..	..	..
F.51	Actions et autres participations, non compris parts d'O.P.C.	..	..	..	..	..	..	..	..
F.511	Actions cotées	..	..	..	..	..	..	..	..
F.512	Actions non cotées	..	..	..	..	..	..	..	..
F.513	Autres participations	..	..	..	..	..	..	..	..
F.52	Parts d'organismes de placement collectif	..	..	..	..	..	..	..	..
F.6	**Réserves techniques d'assurance**	**0**	**0**	**0**	**0**	..	..	..	..
F.61	Droits nets des ménages sur les réserves techniques	..	..	..	..	..	..	..	..
F.611	Sur les réserves d'assurance vie	..	..	..	..	..	..	..	..
F.612	Sur les fonds de pension	..	..	..	..	..	..	..	..
F.62	Réserves-primes et réserves-sinistres	..	..	..	..	..	..	..	..
F.7	**Autres comptes à payer**	**0**	**0**	**0**	**0**	..	..	..	..
F.71	Crédits commerciaux et avances	..	..	..	..	..	..	..	..
F.79	Autres	..	..	..	..	..	..	..	..
	Opérations financières nettes	**1 421 896**	**710 901**	**-327 998**	**2 510 333**	..	..	..	..

Note : Les métadonnées détaillées sont disponibles sur :http://metalinks.oecd.org/faiiia/20150126/dd30

MEXIQUE

Tableau 2.6.b. Flux non consolidés, Secteur S2 - Reste du monde
SCN 1993

Millions MXN

		2006	2007	2008	2009	2010	2011	2012	2013
	Acquisition nette d'actifs financiers	**-16 743**	**147 983**	**477 176**	**467 006**	..	..	..	..
F.1	**Or monétaire et DTS**	..	..	..	..	..	..	..	..
F.2	**Numéraire et dépôts**	**-522**	**7 216**	**12 283**	**43 549**	..	..	..	..
F.21	Numéraire	0	0	0	0	..	..	..	..
F.22	Dépôts transférables	0	7 242	6 489	-3 857	..	..	..	..
F.29	Autres dépôts	-523	-26	5 794	47 406	..	..	..	..
F.3	**Titres autres qu'actions**	**-42 027**	**123 800**	**204 880**	**553 773**	..	..	..	..
F.33	Titres autres qu'actions, non compris produits financiers dérivés	-42 027	123 800	204 880	553 773	..	..	..	..
F.331	Titres à court terme	..	..	..	..	..	..	..	..
F.332	Titres à long terme	..	..	..	..	..	..	..	..
F.34	Produits financiers dérivés	0	0	0	0	..	..	..	..
F.4	**Crédits**	**25 806**	**16 966**	**260 013**	**-130 316**	..	..	..	..
F.41	Crédits à court terme	..	..	..	..	..	..	..	..
F.42	Crédits à long terme	..	..	..	..	..	..	..	..
F.5	**Actions et autres participations**	**0**	**0**	**0**	**0**	..	..	..	..
F.51	Actions et autres participations, non compris parts d'O.P.C.	..	..	..	..	..	..	..	..
F.511	Actions cotées	..	..	..	..	..	..	..	..
F.512	Actions non cotées	..	..	..	..	..	..	..	..
F.513	Autres participations	..	..	..	..	..	..	..	..
F.52	Parts d'organismes de placement collectif	..	..	..	..	..	..	..	..
F.6	**Réserves techniques d'assurance**	**0**	**0**	**0**	**0**	..	..	..	..
F.61	Droits nets des ménages sur les réserves techniques	..	..	..	..	..	..	..	..
F.611	Sur les réserves d'assurance vie	..	..	..	..	..	..	..	..
F.612	Sur les fonds de pension	..	..	..	..	..	..	..	..
F.62	Réserves-primes et réserves-sinistres	..	..	..	..	..	..	..	..
F.7	**Autres comptes à recevoir**	**0**	**0**	**0**	**0**	..	..	..	..
F.71	Crédits commerciaux et avances	..	..	..	..	..	..	..	..
F.79	Autres	..	..	..	..	..	..	..	..
	Accroissement net des passifs	**-700**	**11 981**	**6 356**	**14 430**	..	..	..	..
F.2	**Numéraire et dépôts**	**0**	**0**	**0**	**0**	..	..	..	..
F.21	Numéraire	..	..	..	..	..	..	..	..
F.22	Dépôts transférables	..	..	..	..	..	..	..	..
F.29	Autres dépôts	..	..	..	..	..	..	..	..
F.3	**Titres autres qu'actions**	**0**	**0**	**0**	**0**	..	..	..	..
F.33	Titres autres qu'actions, non compris produits financiers dérivés	0	0	0	0	..	..	..	..
F.331	Titres à court terme	..	..	..	..	..	..	..	..
F.332	Titres à long terme	..	..	..	..	..	..	..	..
F.34	Produits financiers dérivés	0	0	0	0	..	..	..	..
F.4	**Crédits**	**-700**	**11 981**	**6 356**	**14 430**	..	..	..	..
F.41	Crédits à court terme	..	..	..	..	..	..	..	..
F.42	Crédits à long terme	..	..	..	..	..	..	..	..
F.5	**Actions et autres participations**	**0**	**0**	**0**	**0**	..	..	..	..
F.51	Actions et autres participations, non compris parts d'O.P.C.	..	..	..	..	..	..	..	..
F.511	Actions cotées	..	..	..	..	..	..	..	..
F.512	Actions non cotées	..	..	..	..	..	..	..	..
F.513	Autres participations	..	..	..	..	..	..	..	..
F.52	Parts d'organismes de placement collectif	..	..	..	..	..	..	..	..
F.6	**Réserves techniques d'assurance**	**0**	**0**	**0**	**0**	..	..	..	..
F.61	Droits nets des ménages sur les réserves techniques	..	..	..	..	..	..	..	..
F.611	Sur les réserves d'assurance vie	..	..	..	..	..	..	..	..
F.612	Sur les fonds de pension	..	..	..	..	..	..	..	..
F.62	Réserves-primes et réserves-sinistres	..	..	..	..	..	..	..	..
F.7	**Autres comptes à payer**	**0**	**0**	**0**	**0**	..	..	..	..
F.71	Crédits commerciaux et avances	..	..	..	..	..	..	..	..
F.79	Autres	..	..	..	..	..	..	..	..
	Opérations financières nettes	**-16 044**	**136 001**	**470 819**	**452 576**	..	..	..	..

Note : Les métadonnées détaillées sont disponibles sur :http://metalinks.oecd.org/faiiia/20150126/5bd6

Tableau 1.a. Flux consolidés, par instrument et par secteur, Année 2013
SCN 2008

Millions EUR (1999 NLG euro)

		Sociétés financières					
		Total S12	Institutions financières monétaires S121-2-3	Fonds d'investissements non monétaires S124	Autres institutions financières, hors S124 S125-6-7	Sociétés d'assurance et fonds de pension SS128-9	Sociétés financières publiques S1201
	Acquisition nette d'actifs financiers	**-25 210**	**-100 020**	**41 905**	**-23 172**	**8 052**	..
F.1	**Or monétaire et DTS**	**-116**	**-116**	**0**	**0**	**0**	..
F.11	Or monétaire	0	0	0	0	0	..
F.12	Droits de tirage spéciaux (DTS)	-116	-116	0	0	0	..
F.2	**Numéraire et dépôts**	**-57 810**	**-67 521**	**-129**	**1 384**	**-4 533**	..
F.21	Numéraire	207	207	0	0	0	..
F.22	Dépôts transférables	10 638	-2 635	-858	8 934	-577	..
F.29	Autres dépôts	-68 655	-65 093	729	-7 550	-3 956	..
F.3	**Titres de dette**	**29 437**	**-10 073**	**22 538**	**-10 787**	**7 812**	..
F.3S	Titres de dette à court terme	-8 587	1 494	-798	-5 534	-3 854	..
F.3L	Titres de dette à long terme	38 024	-11 567	23 336	-5 253	11 666	..
F.4	**Crédits**	**15 999**	**-24 515**	**9 614**	**5 671**	**2 369**	..
F.4S	Crédits à court terme	37 594	-12 097	7 435	29 043	-5 164	..
F.4L	Crédits à long terme	-21 595	-12 418	2 179	-23 372	7 533	..
F.5	**Actions et parts de fonds d'investissement**	**-9 083**	**749**	**1 762**	**-4 447**	**26 036**	..
F.51	Actions	951	1 371	-238	-2 286	-3 458	..
F.511	Actions cotées	-293	1 853	-449	-203	-2 091	..
F.512	Actions non cotées	2 078	-484	426	-1 462	-1 367	..
F.519	Autres participations	-834	2	-215	-621	0	..
F.52	Parts de fonds d'investissement	-10 034	-622	2 000	-2 161	29 494	..
F.521	Parts de fonds d'investissement monétaires	-5 795	-678	11	-3 860	-1 315	..
F.522	Autres parts de fonds d'investissement	-4 239	56	1 989	1 699	30 809	..
F.6	**Systèmes d'assurance, de pensions et garanties standard**	**875**	**201**	**0**	**-3**	**875**	..
F.61	Réserves techniques d'assurance-dommages	795	0	0	-6	795	..
F.62	Droits sur les assurances-vie et rentes	0	0	0	0	0	..
F.6M	Dts à pension, gérants, prestations hors retraite	80	201	0	3	80	..
F.63	Droits à pension	..	..	..	..	..	..
F.64	Dts des fonds de pension sur gérants des systèmes de pension	..	..	..	..	..	..
F.65	Droits à prestations hors retraite	..	..	..	..	..	..
F.66	Réserves pour appels dans le cadre de garanties standard	0	0	0	0	0	..
F.7	**Produits financiers dérivés et options sur titres des salariés**	**-7 495**	**1 657**	**-2 563**	**-4 447**	**-18 009**	..
F.71	Produits financiers dérivés	-7 495	1 657	-2 563	-4 447	-18 009	..
F.72	Options sur titres des salariés	0	0	0	0	0	..
F.8	**Autres comptes à recevoir**	**2 983**	**-402**	**10 683**	**-10 543**	**-6 498**	..
F.81	Crédits commerciaux et avances	6	80	5	99	-178	..
F.89	Autres comptes à recevoir, hors crédits commerciaux et avances	2 977	-482	10 678	-10 642	-6 320	..
	Accroissement net des passifs	**-28 420**	**-94 356**	**42 273**	**-27 803**	**3 441**	..
F.1	**Or monétaire et DTS**	**0**	**0**	**0**	**0**	**0**	..
F.11	Or monétaire	0	0	0	0	0	..
F.12	Droits de tirage spéciaux (DTS)	0	0	0	0	0	..
F.2	**Numéraire et dépôts**	**-42 993**	**-55 982**	**0**	**0**	**0**	..
F.21	Numéraire	2 128	2 128	0	0	0	..
F.22	Dépôts transférables	3 418	-2 356	0	0	0	..
F.29	Autres dépôts	-48 539	-55 754	0	0	0	..
F.3	**Titres de dette**	**-29 178**	**-35 826**	**677**	**-14 036**	**60**	..
F.3S	Titres de dette à court terme	-18 152	-18 881	120	504	0	..
F.3L	Titres de dette à long terme	-11 026	-16 945	557	-14 540	60	..
F.4	**Crédits**	**23 083**	**-2 445**	**-3 759**	**14 690**	**-8 263**	..
F.4S	Crédits à court terme	-15 915	0	-3 361	-24 238	-6 693	..
F.4L	Crédits à long terme	38 998	-2 445	-398	38 928	-1 570	..
F.5	**Actions et parts de fonds d'investissement**	**2 014**	**2 688**	**35 654**	**-5 556**	**2 411**	..
F.51	Actions	5 149	2 732	0	-5 556	2 411	..
F.511	Actions cotées	-309	-1	0	-905	0	..
F.512	Actions non cotées	5 458	2 733	0	-4 651	2 411	..
F.519	Autres participations	0	0	0	0	0	..
F.52	Parts de fonds d'investissement	-3 135	-44	35 654	0	0	..
F.521	Parts de fonds d'investissement monétaires	3	-44	0	0	0	..
F.522	Autres parts de fonds d'investissement	-3 138	0	35 654	0	0	..
F.6	**Systèmes d'assurance, de pensions et garanties standard**	**20 562**	**0**	**0**	**0**	**20 760**	..
F.61	Réserves techniques d'assurance-dommages	-103	0	0	0	-109	..
F.62	Droits sur les assurances-vie et rentes	-3 014	0	0	0	-3 014	..
F.6M	Dts à pension, gérants de syst. de pension, hors retraite	23 679	0	0	0	23 883	..
F.63	Droits à pension	..	..	..	..	..	..
F.64	Dts des fonds de pension sur gérants des systèmes de pension	..	..	..	..	..	..
F.65	Droits à prestations hors retraite	..	..	..	..	..	..
F.66	Réserves pour appels dans le cadre de garanties standard	0	0	0	0	0	..
F.7	**Produits financiers dérivés et options sur titres des salariés**	**3 094**	**-2 247**	**-60**	**-10 440**	**-26**	..
F.71	Produits financiers dérivés	3 149	-2 234	-60	-10 398	-26	..
F.72	Options sur titres des salariés	-55	-13	0	-42	0	..
F.8	**Autres comptes à payer**	**-5 002**	**-544**	**9 761**	**-12 461**	**-11 501**	..
F.81	Crédits commerciaux et avances	294	-46	72	361	-93	..
F.89	Autres comptes à payer, hors des crédits commerciaux et avances	-5 296	-498	9 689	-12 822	-11 408	..
	Opérations financières nettes	**3 210**	**-5 664**	**-368**	**4 631**	**4 611**	..

PAYS-BAS

Tableau 1.a. Flux consolidés, par instrument et par secteur, Année 2013 (cont.)

SCN 2008

Millions EUR (1999 NLG euro)

		Sociétés non financières	Administrations publiques		Ménages et ISBLSM	Economie totale	Reste du monde
		S11	Total S13	Administration centrale S1311	S14+S15	S1	S2
	Acquisition nette d'actifs financiers	**58 504**	**-6 195**	**9 195**	**20 304**	**31 245**	**-7 996**
F.1	**Or monétaire et DTS**	**0**	**0**	**0**	**0**	**-116**	**0**
F.11	Or monétaire	0	0	0	0	0	0
F.12	Droits de tirage spéciaux (DTS)	0	0	0	0	-116	0
F.2	**Numéraire et dépôts**	**7 509**	**-2 967**	**93**	**3 374**	**-55 381**	**-48 556**
F.21	Numéraire	57	2	1	-243	207	2 312
F.22	Dépôts transférables	4 849	-2 490	371	1 212	9 433	-1 443
F.29	Autres dépôts	2 603	-479	-279	2 405	-65 021	-49 425
F.3	**Titres de dette**	**-224**	**-6 198**	**-4 467**	**-4 951**	**10 290**	**-11 383**
F.3S	Titres de dette à court terme	-83	-472	0	-13	-6 930	-19 327
F.3L	Titres de dette à long terme	-141	-5 726	-4 467	-4 938	17 220	7 944
F.4	**Crédits**	**5 446**	**3 550**	**10 103**	**-196**	**49 344**	**47 219**
F.4S	Crédits à court terme	1 886	1 309	6 396	-59	48 938	-6 185
F.4L	Crédits à long terme	3 560	2 241	3 707	-137	406	53 404
F.5	**Actions et parts de fonds d'investissement**	**31 914**	**1 263**	**1 673**	**3 226**	**30 944**	**3 440**
F.51	Actions	30 007	1 921	1 673	1 568	34 798	3 302
F.511	Actions cotées	61	1	0	-549	1 360	-1 768
F.512	Actions non cotées	30 021	-390	-637	2 053	31 973	4 607
F.519	Autres participations	-75	2 310	2 310	64	1 465	463
F.52	Parts de fonds d'investissement	1 907	-658	0	1 658	-3 854	138
F.521	Parts de fonds d'investissement monétaires	2 385	0	0	-30	-3 440	3
F.522	Autres parts de fonds d'investissement	-478	-658	0	1 688	-414	135
F.6	**Systèmes d'assurance, de pensions et garanties standard**	**566**	**0**	**0**	**19 769**	**795**	**227**
F.61	Réserves techniques d'assurance-dommages	-49	0	0	-56	795	2
F.62	Droits sur les assurances-vie et rentes	0	0	0	-2 882	0	-132
F.6M	Dts à pension, gérants, prestations hors retraite	615	0	0	22 707	0	357
F.63	Droits à pension	..	..	..	..	..	..
F.64	Dts des fonds de pension sur gérants des systèmes de pension	..	..	..	..	..	..
F.65	Droits à prestations hors retraite	..	..	..	..	..	..
F.66	Réserves pour appels dans le cadre de garanties standard	0	0	0	0	0	0
F.7	**Produits financiers dérivés et options sur titres des salariés**	**100**	**1 536**	**1 536**	**-21**	**-5 851**	**18 083**
F.71	Produits financiers dérivés	100	1 536	1 536	8	-5 851	18 083
F.72	Options sur titres des salariés	0	0	0	-29	0	0
F.8	**Autres comptes à recevoir**	**13 193**	**-3 379**	**257**	**-897**	**1 220**	**-17 026**
F.81	Crédits commerciaux et avances	1 081	-93	-49	-279	332	400
F.89	Autres comptes à recevoir, hors crédits commerciaux et avances	12 112	-3 286	306	-618	888	-17 426
	Accroissement net des passifs	**18 700**	**8 221**	**13 889**	**-5 297**	**-22 954**	**46 203**
F.1	**Or monétaire et DTS**	**0**	**0**	**0**	**0**	**0**	**-116**
F.11	Or monétaire	0	0	0	0	0	0
F.12	Droits de tirage spéciaux (DTS)	0	0	0	0	0	-116
F.2	**Numéraire et dépôts**	**0**	**-76**	**4 356**	**0**	**-48 556**	**-55 381**
F.21	Numéraire	0	0	0	0	2 312	207
F.22	Dépôts transférables	0	-85	2 544	0	-1 443	9 433
F.29	Autres dépôts	0	9	1 812	0	-49 425	-65 021
F.3	**Titres de dette**	**8 164**	**17 405**	**17 235**	**0**	**-11 383**	**10 290**
F.3S	Titres de dette à court terme	2 363	-5 763	-5 763	0	-19 327	-6 930
F.3L	Titres de dette à long terme	5 801	23 168	22 998	0	7 944	17 220
F.4	**Crédits**	**14 139**	**-6 045**	**-7 889**	**-8 503**	**47 219**	**49 344**
F.4S	Crédits à court terme	7 497	-4 710	-5 102	-1 265	-6 185	48 938
F.4L	Crédits à long terme	6 642	-1 335	-2 787	-7 238	53 404	406
F.5	**Actions et parts de fonds d'investissement**	**-2 198**	**0**	**0**	**0**	**3 440**	**30 944**
F.51	Actions	-2 198	0	0	0	3 302	34 798
F.511	Actions cotées	-3 599	0	0	0	-1 768	1 360
F.512	Actions non cotées	938	0	0	0	4 607	31 973
F.519	Autres participations	463	0	0	0	463	1 465
F.52	Parts de fonds d'investissement	0	0	0	0	138	-3 854
F.521	Parts de fonds d'investissement monétaires	0	0	0	0	3	-3 440
F.522	Autres parts de fonds d'investissement	0	0	0	0	135	-414
F.6	**Systèmes d'assurance, de pensions et garanties standard**	**80**	**0**	**0**	**0**	**227**	**795**
F.61	Réserves techniques d'assurance-dommages	0	0	0	0	2	795
F.62	Droits sur les assurances-vie et rentes	0	0	0	0	-132	0
F.6M	Dts à pension, gérants de syst. de pension, hors retraite	80	0	0	0	357	0
F.63	Droits à pension	..	..	..	..	..	..
F.64	Dts des fonds de pension sur gérants des systèmes de pension	..	..	..	..	..	..
F.65	Droits à prestations hors retraite	..	..	..	..	..	..
F.66	Réserves pour appels dans le cadre de garanties standard	0	0	0	0	0	0
F.7	**Produits financiers dérivés et options sur titres des salariés**	**12**	**0**	**0**	**-10**	**3 125**	**9 107**
F.71	Produits financiers dérivés	-14	0	0	-10	3 125	9 107
F.72	Options sur titres des salariés	26	0	0	0	0	0
F.8	**Autres comptes à payer**	**-1 497**	**-3 063**	**187**	**3 216**	**-17 026**	**1 220**
F.81	Crédits commerciaux et avances	45	-15	87	459	400	332
F.89	Autres comptes à payer, hors des crédits commerciaux et avances	-1 542	-3 048	100	2 757	-17 426	888
	Opérations financières nettes	**39 804**	**-14 416**	**-4 694**	**25 601**	**54 199**	**-54 199**

Note : Les métadonnées détaillées sont disponibles sur :http://metalinks.oecd.org/faiia/20150126/5c78

Tableau 1.b. Flux non consolidés, par instrument et par secteur, Année 2013
SCN 2008

Millions EUR (1999 NLG euro)

		Sociétés financières					
		Total S12	Institutions financières monétaires S121-2-3	Fonds d'investissements non monétaires S124	Autres institutions financières, hors S124 S125-6-7	Sociétés d'assurance et fonds de pension SS128-9	Sociétés financières publiques S1201
	Acquisition nette d'actifs financiers	**-171 921**	**-212 116**	**40 898**	**-6 877**	**6 174**	..
F.1	**Or monétaire et DTS**	**-116**	**-116**	**0**	**0**	**0**	..
F.11	Or monétaire	0	0	0	0	0	..
F.12	Droits de tirage spéciaux (DTS)	-116	-116	0	0	0	..
F.2	**Numéraire et dépôts**	**-171 919**	**-168 641**	**-129**	**1 384**	**-4 533**	..
F.21	Numéraire	369	369	0	0	0	..
F.22	Dépôts transférables	-48 619	-56 118	-858	8 934	-577	..
F.29	Autres dépôts	-123 669	-112 892	729	-7 550	-3 956	..
F.3	**Titres de dette**	**8 509**	**-11 163**	**22 538**	**-10 678**	**7 812**	..
F.3S	Titres de dette à court terme	-8 112	1 502	-798	-4 962	-3 854	..
F.3L	Titres de dette à long terme	16 621	-12 665	23 336	-5 716	11 666	..
F.4	**Crédits**	**-7 745**	**-23 982**	**9 614**	**5 477**	**1 146**	..
F.4S	Crédits à court terme	18 085	-12 136	7 435	28 941	-6 155	..
F.4L	Crédits à long terme	-25 830	-11 846	2 179	-23 464	7 301	..
F.5	**Actions et parts de fonds d'investissement**	**22 364**	**688**	**637**	**-4 448**	**25 487**	..
F.51	Actions	-5 222	1 310	-238	-2 287	-4 007	..
F.511	Actions cotées	-877	1 867	-449	-204	-2 091	..
F.512	Actions non cotées	-3 511	-559	426	-1 462	-1 916	..
F.519	Autres participations	-834	2	-215	-621	0	..
F.52	Parts de fonds d'investissement	27 586	-622	875	-2 161	29 494	..
F.521	Parts de fonds d'investissement monétaires	-5 842	-678	11	-3 860	-1 315	..
F.522	Autres parts de fonds d'investissement	33 428	56	864	1 699	30 809	..
F.6	**Systèmes d'assurance, de pensions et garanties standard**	**1 157**	**201**	**0**	**-3**	**959**	..
F.61	Réserves techniques d'assurance-dommages	863	0	0	-6	869	..
F.62	Droits sur les assurances-vie et rentes	0	0	0	0	0	..
F.6M	Dts à pension, gérants de syst. de pension, hors retraite	294	201	0	3	90	..
F.63	Droits à pension	..	..	..	..	..	..
F.64	Dts des fonds de pension sur gérants des systèmes de pension	..	..	..	..	..	..
F.65	Droits à prestations hors retraite	..	..	..	..	..	..
F.66	Réserves pour appels dans le cadre de garanties standard	0	0	0	0	0	..
F.7	**Produits financiers dérivés et options sur titres des salariés**	**-6 923**	**1 657**	**-2 563**	**11 992**	**-18 009**	..
F.71	Produits financiers dérivés	-6 923	1 657	-2 563	11 992	-18 009	..
F.72	Options sur titres des salariés	0	0	0	0	0	..
F.8	**Autres comptes à recevoir**	**-17 248**	**-10 760**	**10 801**	**-10 601**	**-6 688**	..
F.81	Crédits commerciaux et avances	6	80	5	99	-178	..
F.89	Autres comptes à recevoir, hors crédits commerciaux et avances	-17 254	-10 840	10 796	-10 700	-6 510	..
	Accroissement net des passifs	**-175 131**	**-206 452**	**41 266**	**-11 508**	**1 563**	..
F.1	**Or monétaire et DTS**	**0**	**0**	**0**	**0**	**0**	..
F.11	Or monétaire	0	0	0	0	0	..
F.12	Droits de tirage spéciaux (DTS)	0	0	0	0	0	..
F.2	**Numéraire et dépôts**	**-157 102**	**-157 102**	**0**	**0**	**0**	..
F.21	Numéraire	2 290	2 290	0	0	0	..
F.22	Dépôts transférables	-55 839	-55 839	0	0	0	..
F.29	Autres dépôts	-103 553	-103 553	0	0	0	..
F.3	**Titres de dette**	**-50 106**	**-36 916**	**677**	**-13 927**	**60**	..
F.3S	Titres de dette à court terme	-17 677	-18 873	120	1 076	0	..
F.3L	Titres de dette à long terme	-32 429	-18 043	557	-15 003	60	..
F.4	**Crédits**	**-661**	**-1 912**	**-3 759**	**14 496**	**-9 486**	..
F.4S	Crédits à court terme	-35 424	-39	-3 361	-24 340	-7 684	..
F.4L	Crédits à long terme	34 763	-1 873	-398	38 836	-1 802	..
F.5	**Actions et parts de fonds d'investissement**	**33 461**	**2 627**	**34 529**	**-5 557**	**1 862**	..
F.51	Actions	-1 024	2 671	0	-5 557	1 862	..
F.511	Actions cotées	-893	13	0	-906	0	..
F.512	Actions non cotées	-131	2 658	0	-4 651	1 862	..
F.519	Autres participations	0	0	0	0	0	..
F.52	Parts de fonds d'investissement	34 485	-44	34 529	0	0	..
F.521	Parts de fonds d'investissement monétaires	-44	-44	0	0	0	..
F.522	Autres parts de fonds d'investissement	34 529	0	34 529	0	0	..
F.6	**Systèmes d'assurance, de pensions et garanties standard**	**20 844**	**0**	**0**	**0**	**20 844**	..
F.61	Réserves techniques d'assurance-dommages	-35	0	0	0	-35	..
F.62	Droits sur les assurances-vie et rentes	-3 014	0	0	0	-3 014	..
F.6M	Dts à pension, gérants de syst. de pension, hors retraite	23 893	0	0	0	23 893	..
F.63	Droits à pension	..	..	..	..	..	..
F.64	Dts des fonds de pension sur gérants des systèmes de pension	..	..	..	..	..	..
F.65	Droits à prestations hors retraite	..	..	..	..	..	..
F.66	Réserves pour appels dans le cadre de garanties standard	0	0	0	0	0	..
F.7	**Produits financiers dérivés et options sur titres des salariés**	**3 666**	**-2 247**	**-60**	**5 999**	**-26**	..
F.71	Produits financiers dérivés	3 721	-2 234	-60	6 041	-26	..
F.72	Options sur titres des salariés	-55	-13	0	-42	0	..
F.8	**Autres comptes à payer**	**-25 233**	**-10 902**	**9 879**	**-12 519**	**-11 691**	..
F.81	Crédits commerciaux et avances	294	-46	72	361	-93	..
F.89	Autres comptes à payer, hors des crédits commerciaux et avances	-25 527	-10 856	9 807	-12 880	-11 598	..
	Opérations financières nettes	**3 210**	**-5 664**	**-368**	**4 631**	**4 611**	..

PAYS-BAS

Tableau 1.b. Flux non consolidés, par instrument et par secteur, Année 2013 (cont.)

SCN 2008

Millions EUR (1999 NLG euro)

		Sociétés non financières	Administrations publiques		Ménages et ISBLSM	Economie totale	Reste du monde
		S11	Total S13	Administration centrale S1311	S14+S15	S1	S2
	Acquisition nette d'actifs financiers	**66 246**	**2 161**	**9 221**	**20 257**	**-83 257**	**-7 996**
F.1	**Or monétaire et DTS**	**0**	**0**	**0**	**0**	**-116**	**0**
F.11	Or monétaire	0	0	0	0	0	0
F.12	Droits de tirage spéciaux (DTS)	0	0	0	0	-116	0
F.2	**Numéraire et dépôts**	**7 509**	**1 470**	**98**	**3 374**	**-159 566**	**-48 556**
F.21	Numéraire	57	2	1	-243	185	2 312
F.22	Dépôts transférables	4 849	-252	-20	1 212	-42 810	-1 443
F.29	Autres dépôts	2 603	1 720	117	2 405	-116 941	-49 425
F.3	**Titres de dette**	**-224**	**-6 360**	**-4 472**	**-4 951**	**-3 026**	**-11 383**
F.3S	Titres de dette à court terme	-83	-472	0	-13	-8 680	-19 327
F.3L	Titres de dette à long terme	-141	-5 888	-4 472	-4 938	5 654	7 944
F.4	**Crédits**	**-1 561**	**8 678**	**10 093**	**-196**	**-824**	**47 219**
F.4S	Crédits à court terme	-6 600	6 590	6 385	-59	18 016	-6 185
F.4L	Crédits à long terme	5 039	2 088	3 708	-137	-18 840	53 404
F.5	**Actions et parts de fonds d'investissement**	**42 826**	**1 263**	**1 673**	**3 226**	**69 679**	**3 440**
F.51	Actions	40 919	1 921	1 673	1 568	39 186	3 302
F.511	Actions cotées	0	1	0	-549	-1 425	-1 768
F.512	Actions non cotées	40 994	-390	-637	2 053	39 146	4 607
F.519	Autres participations	-75	2 310	2 310	64	1 465	463
F.52	Parts de fonds d'investissement	1 907	-658	0	1 658	30 493	138
F.521	Parts de fonds d'investissement monétaires	2 385	0	0	-30	-3 487	3
F.522	Autres parts de fonds d'investissement	-478	-658	0	1 688	33 980	135
F.6	**Systèmes d'assurance, de pensions et garanties standard**	**566**	**0**	**0**	**19 769**	**21 492**	**227**
F.61	Réserves techniques d'assurance-dommages	-49	0	0	-56	758	2
F.62	Droits sur les assurances-vie et rentes	0	0	0	-2 882	-2 882	-132
F.6M	Dts à pension, gérants de syst. de pension, hors retraite	615	0	0	22 707	23 616	357
F.63	Droits à pension	..	..	..	..	..	..
F.64	Dts des fonds de pension sur gérants des systèmes de pension	..	..	..	..	..	..
F.65	Droits à prestations hors retraite	..	..	..	..	..	..
F.66	Réserves pour appels dans le cadre de garanties standard	0	0	0	0	0	0
F.7	**Produits financiers dérivés et options sur titres des salariés**	**100**	**1 536**	**1 536**	**-21**	**-5 308**	**18 083**
F.71	Produits financiers dérivés	100	1 536	1 536	8	-5 279	18 083
F.72	Options sur titres des salariés	0	0	0	-29	-29	0
F.8	**Autres comptes à recevoir**	**17 030**	**-4 426**	**293**	**-944**	**-5 588**	**-17 026**
F.81	Crédits commerciaux et avances	343	-93	-49	-217	39	400
F.89	Autres comptes à recevoir, hors crédits commerciaux et avances	16 687	-4 333	342	-727	-5 627	-17 426
	Accroissement net des passifs	**26 442**	**16 577**	**13 915**	**-5 344**	**-137 456**	**46 203**
F.1	**Or monétaire et DTS**	**0**	**0**	**0**	**0**	**0**	**-116**
F.11	Or monétaire	0	0	0	0	0	0
F.12	Droits de tirage spéciaux (DTS)	0	0	0	0	0	-116
F.2	**Numéraire et dépôts**	**0**	**4 361**	**4 361**	**0**	**-152 741**	**-55 381**
F.21	Numéraire	0	0	0	0	2 290	207
F.22	Dépôts transférables	0	2 153	2 153	0	-53 686	9 433
F.29	Autres dépôts	0	2 208	2 208	0	-101 345	-65 021
F.3	**Titres de dette**	**8 164**	**17 243**	**17 230**	**0**	**-24 699**	**10 290**
F.3S	Titres de dette à court terme	2 363	-5 763	-5 763	0	-21 077	-6 930
F.3L	Titres de dette à long terme	5 801	23 006	22 993	0	-3 622	17 220
F.4	**Crédits**	**7 132**	**-917**	**-7 899**	**-8 503**	**-2 949**	**49 344**
F.4S	Crédits à court terme	-989	571	-5 113	-1 265	-37 107	48 938
F.4L	Crédits à long terme	8 121	-1 488	-2 786	-7 238	34 158	406
F.5	**Actions et parts de fonds d'investissement**	**8 714**	**0**	**0**	**0**	**42 175**	**30 944**
F.51	Actions	8 714	0	0	0	7 690	34 798
F.511	Actions cotées	-3 660	0	0	0	-4 553	1 360
F.512	Actions non cotées	11 911	0	0	0	11 780	31 973
F.519	Autres participations	463	0	0	0	463	1 465
F.52	Parts de fonds d'investissement	0	0	0	0	34 485	-3 854
F.521	Parts de fonds d'investissement monétaires	0	0	0	0	-44	-3 440
F.522	Autres parts de fonds d'investissement	0	0	0	0	34 529	-414
F.6	**Systèmes d'assurance, de pensions et garanties standard**	**80**	**0**	**0**	**0**	**20 924**	**795**
F.61	Réserves techniques d'assurance-dommages	0	0	0	0	-35	795
F.62	Droits sur les assurances-vie et rentes	0	0	0	0	-3 014	0
F.6M	Dts à pension, gérants de syst. de pension, hors retraite	80	0	0	0	23 973	0
F.63	Droits à pension	..	..	..	..	..	..
F.64	Dts des fonds de pension sur gérants des systèmes de pension	..	..	..	..	..	..
F.65	Droits à prestations hors retraite	..	..	..	..	..	..
F.66	Réserves pour appels dans le cadre de garanties standard	0	0	0	0	0	0
F.7	**Produits financiers dérivés et options sur titres des salariés**	**12**	**0**	**0**	**-10**	**3 668**	**9 107**
F.71	Produits financiers dérivés	-14	0	0	-10	3 697	9 107
F.72	Options sur titres des salariés	26	0	0	0	-29	0
F.8	**Autres comptes à payer**	**2 340**	**-4 110**	**223**	**3 169**	**-23 834**	**1 220**
F.81	Crédits commerciaux et avances	-693	-15	87	521	107	332
F.89	Autres comptes à payer, hors des crédits commerciaux et avances	3 033	-4 095	136	2 648	-23 941	888
	Opérations financières nettes	**39 804**	**-14 416**	**-4 694**	**25 601**	**54 199**	**-54 199**

Note : Les métadonnées détaillées sont disponibles sur :http://metalinks.oecd.org/faiiia/20150126/a8d8

Tableau 2.1.a. Flux consolidés, Secteur S1 - Économie totale

SCN 2008

Millions EUR (1999 NLG euro)

		2006	2007	2008	2009	2010	2011	2012	2013
	Acquisition nette d'actifs financiers	**546 346**	**530 804**	**44 978**	**97 524**	**204 305**	**397 321**	**42 233**	**31 245**
F.1	**Or monétaire et DTS**	**-769**	**-112**	**-90**	**4 621**	**51**	**-218**	**-154**	**-116**
F.11	Or monétaire	-815	-332	-172	0	0	0	0	0
F.12	Droits de tirage spéciaux (DTS)	46	220	82	4 621	51	-218	-154	-116
F.2	**Numéraire et dépôts**	**118 014**	**126 468**	**-115 574**	**-52 049**	**21 527**	**36 920**	**-56 983**	**-55 381**
F.21	Numéraire	5	0	-7	16	-12	585	-552	207
F.22	Dépôts transférables	32 321	20 717	-20 801	-17 586	-9 462	2 376	-91	9 433
F.29	Autres dépôts	85 688	105 751	-94 766	-34 479	31 001	33 959	-56 340	-65 021
F.3	**Titres de dette**	**24 365**	**13 018**	**-27 466**	**34 316**	**-18 548**	**-3 328**	**33 605**	**10 290**
F.3S	Titres de dette à court terme	-4 579	4 739	-11 993	-1 813	-10 454	-6 438	6 174	-6 930
F.3L	Titres de dette à long terme	28 944	8 279	-15 473	36 129	-8 094	3 110	27 431	17 220
F.4	**Crédits**	**153 748**	**267 065**	**54 973**	**-49 311**	**69 632**	**86 491**	**56 891**	**49 344**
F.4S	Crédits à court terme	91 859	47 867	9 827	17 023	58 841	90 322	21 884	48 938
F.4L	Crédits à long terme	61 889	219 198	45 146	-66 334	10 791	-3 831	35 007	406
F.5	**Actions et parts de fonds d'investissement**	**227 180**	**95 552**	**107 794**	**177 478**	**106 870**	**260 053**	**16 890**	**30 944**
F.51	Actions	215 500	87 408	99 656	163 571	100 105	264 151	12 312	34 798
F.511	Actions cotées	43	6 371	-6 946	14 371	-817	13 349	8 810	1 360
F.512	Actions non cotées	214 499	79 860	105 453	149 894	100 744	251 075	1 294	31 973
F.519	Autres participations	958	1 177	1 149	-694	178	-273	2 208	1 465
F.52	Parts de fonds d'investissement	11 680	8 144	8 138	13 907	6 765	-4 098	4 578	-3 854
F.521	Parts de fonds d'investissement monétaires	-536	921	-281	7 038	-504	-2 318	5 527	-3 440
F.522	Autres parts de fonds d'investissement	12 216	7 223	8 419	6 869	7 269	-1 780	-949	-414
F.6	**Systèmes d'assurance, de pensions et garanties standard**	**84**	**884**	**-193**	**-8**	**-201**	**3 087**	**-440**	**795**
F.61	Réserves techniques d'assurance-dommages	84	884	-193	-8	-201	3 087	-440	795
F.62	Droits sur les assurances-vie et rentes	0	0	0	0	0	0	0	0
F.6M	Dts à pension, gérants, prestations hors retraite	0	0	0	0	0	0	0	0
F.63	Droits à pension	..	..	..	..	..	..	..	..
F.64	Dts des fonds de pension sur gérants des systèmes de pension	..	..	..	..	..	..	..	..
F.65	Droits à prestations hors retraite	..	..	..	..	..	..	..	..
F.66	Réserves pour appels dans le cadre de garanties standard	0	0	0	0	0	0	0	0
F.7	**Produits financiers dérivés et options sur titres des salariés**	**14 371**	**7 368**	**18 461**	**-21 605**	**6 065**	**14 862**	**-4 112**	**-5 851**
F.71	Produits financiers dérivés	14 371	7 368	18 461	-21 605	6 065	14 862	-4 112	-5 851
F.72	Options sur titres des salariés	0	0	0	0	0	0	0	0
F.8	**Autres comptes à recevoir**	**9 353**	**20 561**	**7 073**	**4 082**	**18 909**	**-546**	**-3 464**	**1 220**
F.81	Crédits commerciaux et avances	2 546	12 652	-4 669	8 856	6 805	3 638	1 487	332
F.89	Autres comptes à recevoir, hors crédits commerciaux et avances	6 807	7 909	11 742	-4 774	12 104	-4 184	-4 951	888
	Accroissement net des passifs	**506 565**	**498 252**	**12 964**	**65 059**	**162 306**	**353 273**	**-7 835**	**-22 954**
F.1	**Or monétaire et DTS**	**0**	**0**	**0**	**4 711**	**0**	**0**	**0**	**0**
F.11	Or monétaire	0	0	0	0	0	0	0	0
F.12	Droits de tirage spéciaux (DTS)	0	0	0	4 711	0	0	0	0
F.2	**Numéraire et dépôts**	**135 359**	**145 367**	**-122 378**	**-48 880**	**9 173**	**34 377**	**-65 783**	**-48 556**
F.21	Numéraire	2 584	1 750	2 944	4 085	1 837	1 305	1 431	2 312
F.22	Dépôts transférables	51 902	13 653	-41 278	30 221	28 092	41 564	4 509	-1 443
F.29	Autres dépôts	80 873	129 964	-84 044	-83 186	-20 756	-8 492	-71 723	-49 425
F.3	**Titres de dette**	**84 414**	**84 028**	**81 245**	**81 804**	**44 372**	**5 912**	**21 717**	**-11 383**
F.3S	Titres de dette à court terme	-7 081	10 222	72 840	-2 081	6 652	4 239	-17 656	-19 327
F.3L	Titres de dette à long terme	91 495	73 806	8 405	83 885	37 720	1 673	39 373	7 944
F.4	**Crédits**	**47 139**	**204 148**	**-27 931**	**-60 821**	**25 447**	**11 758**	**10 014**	**47 219**
F.4S	Crédits à court terme	58 175	74 807	219	18 204	-12 863	11 643	7 019	-6 185
F.4L	Crédits à long terme	-11 036	129 341	-28 150	-79 025	38 310	115	2 995	53 404
F.5	**Actions et parts de fonds d'investissement**	**209 376**	**106 408**	**57 003**	**119 690**	**87 178**	**275 758**	**11 659**	**3 440**
F.51	Actions	208 328	107 391	58 962	118 159	86 391	275 438	12 174	3 302
F.511	Actions cotées	11 321	-99 024	-14 119	13 080	10 449	3 050	5 860	-1 768
F.512	Actions non cotées	199 802	207 198	72 894	103 977	75 443	271 611	5 458	4 607
F.519	Autres participations	-2 795	-783	187	1 102	499	777	856	463
F.52	Parts de fonds d'investissement	1 048	-983	-1 959	1 531	787	320	-515	138
F.521	Parts de fonds d'investissement monétaires	520	140	-768	-725	-2	-3	-354	3
F.522	Autres parts de fonds d'investissement	528	-1 123	-1 191	2 256	789	323	-161	135
F.6	**Systèmes d'assurance, de pensions et garanties standard**	**125**	**594**	**2 772**	**1 377**	**2 351**	**1 449**	**-247**	**227**
F.61	Réserves techniques d'assurance-dommages	-59	-94	-53	-4	61	0	-25	2
F.62	Droits sur les assurances-vie et rentes	34	531	2 391	774	1 995	1 178	-534	-132
F.6M	Dts à pension, gérants de syst. de pension, hors retraite	150	157	434	607	295	271	312	357
F.63	Droits à pension	..	..	..	..	..	..	..	..
F.64	Dts des fonds de pension sur gérants des systèmes de pension	..	..	..	..	..	..	..	..
F.65	Droits à prestations hors retraite	..	..	..	..	..	..	..	..
F.66	Réserves pour appels dans le cadre de garanties standard	0	0	0	0	0	0	0	0
F.7	**Produits financiers dérivés et options sur titres des salariés**	**4 982**	**-10 345**	**11 513**	**6 698**	**-6 694**	**5 865**	**941**	**3 125**
F.71	Produits financiers dérivés	4 982	-10 345	11 513	6 698	-6 694	5 865	941	3 125
F.72	Options sur titres des salariés	0	0	0	0	0	0	0	0
F.8	**Autres comptes à payer**	**25 170**	**-31 948**	**10 740**	**-39 520**	**479**	**18 154**	**13 864**	**-17 026**
F.81	Crédits commerciaux et avances	1 170	-13 692	-4 529	-3 443	3 963	-3 103	1 163	400
F.89	Autres comptes à payer, hors des crédits commerciaux et avances	24 000	-18 256	15 269	-36 077	-3 484	21 257	12 701	-17 426
	Opérations financières nettes	**39 781**	**32 552**	**32 014**	**32 465**	**41 999**	**44 048**	**50 068**	**54 199**

Note : Les métadonnées détaillées sont disponibles sur :http://metalinks.oecd.org/faiiia/20150126/5c78

PAYS-BAS

Tableau 2.2.a. Flux consolidés, Secteur S11 - Sociétés non financières
SCN 2008

Millions EUR (1999 NLG euro)

		2006	2007	2008	2009	2010	2011	2012	2013
	Acquisition nette d'actifs financiers	**58 996**	**62 411**	**51 946**	**58 762**	**65 600**	**51 663**	**52 948**	**58 504**
F.1	**Or monétaire et DTS**	**0**	**0**	**0**	**0**	**0**	**0**	**0**	**0**
F.11	Or monétaire	0	0	0	0	0	0	0	0
F.12	Droits de tirage spéciaux (DTS)	0	0	0	0	0	0	0	0
F.2	**Numéraire et dépôts**	**29 989**	**15 599**	**9 543**	**10 898**	**2 749**	**-1 771**	**681**	**7 509**
F.21	Numéraire	200	202	247	-39	-96	194	780	57
F.22	Dépôts transférables	9 308	956	596	13 720	6 542	83	5 035	4 849
F.29	Autres dépôts	20 481	14 441	8 700	-2 783	-3 697	-2 048	-5 134	2 603
F.3	**Titres de dette**	**-436**	**1 942**	**-2 223**	**174**	**-1 274**	**1 070**	**606**	**-224**
F.3S	Titres de dette à court terme	-18	-208	-1 339	119	-232	1 026	289	-83
F.3L	Titres de dette à long terme	-418	2 150	-884	55	-1 042	44	317	-141
F.4	**Crédits**	**12 377**	**17 312**	**19 409**	**9 637**	**-6 680**	**-1 592**	**9 785**	**5 446**
F.4S	Crédits à court terme	3 910	6 566	4 354	-5 843	6 010	5 065	8 582	1 886
F.4L	Crédits à long terme	8 467	10 746	15 055	15 480	-12 690	-6 657	1 203	3 560
F.5	**Actions et parts de fonds d'investissement**	**10 230**	**16 159**	**33 468**	**25 999**	**57 484**	**38 902**	**30 187**	**31 914**
F.51	Actions	10 273	15 576	34 288	23 868	57 445	40 563	28 058	30 007
F.511	Actions cotées	-136	-69	-107	23	165	-2	-21	61
F.512	Actions non cotées	10 511	15 690	34 414	23 851	57 237	40 617	28 090	30 021
F.519	Autres participations	-102	-45	-19	-6	43	-52	-11	-75
F.52	Parts de fonds d'investissement	-43	583	-820	2 131	39	-1 661	2 129	1 907
F.521	Parts de fonds d'investissement monétaires	-66	546	-593	1 349	0	-613	1 755	2 385
F.522	Autres parts de fonds d'investissement	23	37	-227	782	39	-1 048	374	-478
F.6	**Systèmes d'assurance, de pensions et garanties standard**	**2 093**	**318**	**359**	**1 139**	**241**	**1 244**	**1 973**	**566**
F.61	Réserves techniques d'assurance-dommages	21	-76	159	712	-184	829	1 356	-49
F.62	Droits sur les assurances-vie et rentes	0	0	0	0	0	0	0	0
F.6M	Dts à pension, gérants, prestations hors retraite	2 072	394	200	427	425	415	617	615
F.63	Droits à pension	..	..	..	..	..	..	..	..
F.64	Dts des fonds de pension sur gérants des systèmes de pension	..	..	..	..	..	..	..	..
F.65	Droits à prestations hors retraite	..	..	..	..	..	..	..	..
F.66	Réserves pour appels dans le cadre de garanties standard	0	0	0	0	0	0	0	0
F.7	**Produits financiers dérivés et options sur titres des salariés**	**65**	**-311**	**-2 610**	**179**	**1 830**	**248**	**93**	**100**
F.71	Produits financiers dérivés	65	-311	-2 610	179	1 830	248	93	100
F.72	Options sur titres des salariés	0	0	0	0	0	0	0	0
F.8	**Autres comptes à recevoir**	**4 678**	**11 392**	**-6 000**	**10 736**	**11 250**	**13 562**	**9 623**	**13 193**
F.81	Crédits commerciaux et avances	2 501	12 338	-4 323	8 546	7 675	4 211	1 038	1 081
F.89	Autres comptes à recevoir, hors crédits commerciaux et avances	2 177	-946	-1 677	2 190	3 575	9 351	8 585	12 112
	Accroissement net des passifs	**20 107**	**21 024**	**11 870**	**8 636**	**15 733**	**6 558**	**7 338**	**18 700**
F.1	**Or monétaire et DTS**	**0**	**0**	**0**	**0**	**0**	**0**	**0**	**0**
F.11	Or monétaire	0	0	0	0	0	0	0	0
F.12	Droits de tirage spéciaux (DTS)	0	0	0	0	0	0	0	0
F.2	**Numéraire et dépôts**	**0**	**0**	**0**	**0**	**0**	**0**	**0**	**0**
F.21	Numéraire	0	0	0	0	0	0	0	0
F.22	Dépôts transférables	0	0	0	0	0	0	0	0
F.29	Autres dépôts	0	0	0	0	0	0	0	0
F.3	**Titres de dette**	**1 000**	**3 097**	**3 084**	**12 498**	**6 260**	**-1 171**	**8 985**	**8 164**
F.3S	Titres de dette à court terme	-4 066	-1 351	1 108	-6 520	667	-248	3 441	2 363
F.3L	Titres de dette à long terme	5 066	4 448	1 976	19 018	5 593	-923	5 544	5 801
F.4	**Crédits**	**32 967**	**38 557**	**26 284**	**15 069**	**-8 230**	**12 502**	**-1 957**	**14 139**
F.4S	Crédits à court terme	31 144	11 959	-1 498	3 004	-3 906	21 194	8 688	7 497
F.4L	Crédits à long terme	1 823	26 598	27 782	12 065	-4 324	-8 692	-10 645	6 642
F.5	**Actions et parts de fonds d'investissement**	**-9 961**	**2 120**	**-1 261**	**-4 178**	**14 551**	**8 483**	**-3 830**	**-2 198**
F.51	Actions	-9 961	2 120	-1 261	-4 178	14 551	8 483	-3 830	-2 198
F.511	Actions cotées	-12 704	-21 836	-11 198	2 700	4 085	-4 918	4 613	-3 599
F.512	Actions non cotées	5 537	24 739	9 750	-7 976	9 617	12 624	-9 299	938
F.519	Autres participations	-2 794	-783	187	1 098	849	777	856	463
F.52	Parts de fonds d'investissement	0	0	0	0	0	0	0	0
F.521	Parts de fonds d'investissement monétaires	0	0	0	0	0	0	0	0
F.522	Autres parts de fonds d'investissement	0	0	0	0	0	0	0	0
F.6	**Systèmes d'assurance, de pensions et garanties standard**	**0**	**0**	**0**	**96**	**91**	**86**	**79**	**80**
F.61	Réserves techniques d'assurance-dommages	0	0	0	0	0	0	0	0
F.62	Droits sur les assurances-vie et rentes	0	0	0	0	0	0	0	0
F.6M	Dts à pension, gérants de syst. de pension, hors retraite	0	0	0	96	91	86	79	80
F.63	Droits à pension	..	..	..	..	..	..	..	..
F.64	Dts des fonds de pension sur gérants des systèmes de pension	..	..	..	..	..	..	..	..
F.65	Droits à prestations hors retraite	..	..	..	..	..	..	..	..
F.66	Réserves pour appels dans le cadre de garanties standard	0	0	0	0	0	0	0	0
F.7	**Produits financiers dérivés et options sur titres des salariés**	**13**	**3**	**-25**	**-214**	**51**	**-122**	**-18**	**12**
F.71	Produits financiers dérivés	13	3	-25	-214	45	-111	-20	-14
F.72	Options sur titres des salariés	0	0	0	0	6	-11	2	26
F.8	**Autres comptes à payer**	**-3 912**	**-22 753**	**-16 212**	**-14 635**	**3 010**	**-13 220**	**4 079**	**-1 497**
F.81	Crédits commerciaux et avances	1 823	-13 078	-3 990	-4 948	4 474	-3 835	1 537	45
F.89	Autres comptes à payer, hors des crédits commerciaux et avances	-5 735	-9 675	-12 222	-9 687	-1 464	-9 385	2 542	-1 542
	Opérations financières nettes	**38 889**	**41 387**	**40 076**	**50 126**	**49 867**	**45 105**	**45 610**	**39 804**

Note : Les métadonnées détaillées sont disponibles sur :http://metalinks.oecd.org/faiiia/20150126/5c78

PAYS-BAS

Tableau 2.3.a. Flux consolidés, Secteur S12 - Sociétés financières
SCN 2008

Millions EUR (1999 NLG euro)

		2006	2007	2008	2009	2010	2011	2012	2013
	Acquisition nette d'actifs financiers	**583 990**	**545 564**	**50 901**	**54 194**	**187 068**	**400 414**	**20 873**	**-25 210**
F.1	**Or monétaire et DTS**	**-769**	**-112**	**-90**	**4 621**	**51**	**-218**	**-154**	**-116**
F.11	Or monétaire	-815	-332	-172	0	0	0	0	0
F.12	Droits de tirage spéciaux (DTS)	46	220	82	4 621	51	-218	-154	-116
F.2	**Numéraire et dépôts**	**120 132**	**124 367**	**-114 595**	**-55 714**	**21 874**	**36 654**	**-55 076**	**-57 810**
F.21	Numéraire	5	0	-7	16	-12	585	-552	207
F.22	Dépôts transférables	32 186	20 671	-20 016	-18 395	-10 482	2 070	-1 597	10 638
F.29	Autres dépôts	87 941	103 696	-94 572	-37 335	32 368	33 999	-52 927	-68 655
F.3	**Titres de dette**	**18 755**	**7 178**	**-25 155**	**19 674**	**8 454**	**24 503**	**47 184**	**29 437**
F.3S	Titres de dette à court terme	-4 578	2 122	-5 517	-6 225	-8 108	-7 033	7 621	-8 587
F.3L	Titres de dette à long terme	23 333	5 056	-19 638	25 899	16 562	31 536	39 563	38 024
F.4	**Crédits**	**220 372**	**311 758**	**94 313**	**-28 501**	**95 062**	**118 343**	**54 144**	**15 999**
F.4S	Crédits à court terme	104 237	53 740	10 241	16 864	54 714	106 366	25 022	37 594
F.4L	Crédits à long terme	116 135	258 018	84 072	-45 365	40 348	11 977	29 122	-21 595
F.5	**Actions et parts de fonds d'investissement**	**213 699**	**82 077**	**72 338**	**146 331**	**46 152**	**221 328**	**-17 517**	**-9 083**
F.51	Actions	207 142	73 706	61 500	136 743	41 704	224 013	-17 466	951
F.511	Actions cotées	919	4 011	-8 421	11 742	-2 320	12 706	9 022	-293
F.512	Actions non cotées	205 168	68 642	68 911	125 686	43 937	211 608	-26 764	2 078
F.519	Autres participations	1 055	1 053	1 010	-685	87	-301	276	-834
F.52	Parts de fonds d'investissement	6 557	8 371	10 838	9 588	4 448	-2 685	-51	-10 034
F.521	Parts de fonds d'investissement monétaires	-460	364	310	5 704	-509	-1 747	3 824	-5 795
F.522	Autres parts de fonds d'investissement	7 017	8 007	10 528	3 884	4 957	-938	-3 875	-4 239
F.6	**Systèmes d'assurance, de pensions et garanties standard**	**84**	**884**	**-193**	**88**	**-110**	**3 173**	**-361**	**875**
F.61	Réserves techniques d'assurance-dommages	84	884	-193	-8	-201	3 087	-440	795
F.62	Droits sur les assurances-vie et rentes	0	0	0	0	0	0	0	0
F.6M	Dts à pension, gérants, prestations hors retraite	0	0	0	96	91	86	79	80
F.63	Droits à pension	..	..	..	..	..	..	..	..
F.64	Dts des fonds de pension sur gérants des systèmes de pension	..	..	..	..	..	..	..	..
F.65	Droits à prestations hors retraite	..	..	..	..	..	..	..	..
F.66	Réserves pour appels dans le cadre de garanties standard	0	0	0	0	0	0	0	0
F.7	**Produits financiers dérivés et options sur titres des salariés**	**14 413**	**7 778**	**22 474**	**-22 720**	**4 038**	**13 952**	**-4 453**	**-7 495**
F.71	Produits financiers dérivés	14 413	7 778	22 474	-22 720	4 038	13 952	-4 453	-7 495
F.72	Options sur titres des salariés	0	0	0	0	0	0	0	0
F.8	**Autres comptes à recevoir**	**-2 696**	**11 634**	**1 809**	**-9 585**	**11 547**	**-17 321**	**-2 894**	**2 983**
F.81	Crédits commerciaux et avances	192	95	41	-1 308	292	118	-183	6
F.89	Autres comptes à recevoir, hors crédits commerciaux et avances	-2 888	11 539	1 768	-8 277	11 255	-17 439	-2 711	2 977
	Accroissement net des passifs	**573 583**	**545 008**	**57 293**	**52 950**	**170 275**	**386 462**	**10 945**	**-28 420**
F.1	**Or monétaire et DTS**	**0**	**0**	**0**	**4 711**	**0**	**0**	**0**	**0**
F.11	Or monétaire	0	0	0	0	0	0	0	0
F.12	Droits de tirage spéciaux (DTS)	0	0	0	4 711	0	0	0	0
F.2	**Numéraire et dépôts**	**176 464**	**184 125**	**-92 619**	**-26 039**	**19 430**	**47 450**	**-48 991**	**-42 993**
F.21	Numéraire	3 557	2 973	3 872	3 618	1 935	1 916	1 842	2 128
F.22	Dépôts transférables	63 282	15 586	-41 551	44 757	32 815	41 925	5 792	3 418
F.29	Autres dépôts	109 625	165 566	-54 940	-74 414	-15 320	3 609	-56 625	-48 539
F.3	**Titres de dette**	**88 115**	**82 926**	**7 467**	**87 415**	**33 065**	**15 976**	**-3 222**	**-29 178**
F.3S	Titres de dette à court terme	1 072	6 461	10 973	25 194	12 560	15 171	-9 003	-18 152
F.3L	Titres de dette à long terme	87 043	76 465	-3 506	62 221	20 505	805	5 781	-11 026
F.4	**Crédits**	**48 799**	**187 632**	**3 557**	**-115 683**	**34 095**	**12 783**	**13 197**	**23 083**
F.4S	Crédits à court terme	42 849	73 013	38 960	-22 792	-9 245	7 231	3 060	-15 915
F.4L	Crédits à long terme	5 950	114 619	-35 403	-92 891	43 340	5 552	10 137	38 998
F.5	**Actions et parts de fonds d'investissement**	**209 154**	**94 712**	**89 421**	**95 455**	**72 248**	**256 271**	**6 376**	**2 014**
F.51	Actions	208 469	98 608	93 586	93 317	71 053	265 137	8 477	5 149
F.511	Actions cotées	17 710	-86 302	-3 317	8 381	4 628	6 208	633	-309
F.512	Actions non cotées	190 759	184 910	96 903	84 936	66 425	258 929	7 844	5 458
F.519	Autres participations	0	0	0	0	0	0	0	0
F.52	Parts de fonds d'investissement	685	-3 896	-4 165	2 138	1 195	-8 866	-2 101	-3 135
F.521	Parts de fonds d'investissement monétaires	659	-128	-773	-709	-2	3	-354	3
F.522	Autres parts de fonds d'investissement	26	-3 768	-3 392	2 847	1 197	-8 869	-1 747	-3 138
F.6	**Systèmes d'assurance, de pensions et garanties standard**	**20 297**	**17 445**	**26 737**	**27 132**	**14 653**	**19 321**	**22 223**	**20 562**
F.61	Réserves techniques d'assurance-dommages	234	-106	2 698	975	-617	1 898	2 304	-103
F.62	Droits sur les assurances-vie et rentes	3 414	2 312	3 736	4 727	-1 446	-336	-1 128	-3 014
F.6M	Dts à pension, gérants de syst. de pension, hors retraite	16 651	15 247	20 241	21 340	16 576	17 604	21 047	23 679
F.63	Droits à pension	..	..	..	..	..	..	..	..
F.64	Dts des fonds de pension sur gérants des systèmes de pension	..	..	..	..	..	..	..	..
F.65	Droits à prestations hors retraite	..	..	..	..	..	..	..	..
F.66	Réserves pour appels dans le cadre de garanties standard	-2	-8	62	90	140	155	0	0
F.7	**Produits financiers dérivés et options sur titres des salariés**	**4 929**	**-10 341**	**11 545**	**6 929**	**-6 666**	**5 900**	**993**	**3 094**
F.71	Produits financiers dérivés	4 929	-10 341	11 545	6 929	-6 743	5 862	976	3 149
F.72	Options sur titres des salariés	0	0	0	0	77	38	17	-55
F.8	**Autres comptes à payer**	**25 825**	**-11 491**	**11 185**	**-26 970**	**3 450**	**28 761**	**20 369**	**-5 002**
F.81	Crédits commerciaux et avances	131	-343	23	-8	269	75	-238	294
F.89	Autres comptes à payer, hors des crédits commerciaux et avances	25 694	-11 148	11 162	-26 962	3 181	28 686	20 607	-5 296
	Opérations financières nettes	**10 407**	**556**	**-6 392**	**1 244**	**16 793**	**13 952**	**9 928**	**3 210**

Note : Les métadonnées détaillées sont disponibles sur :http://metalinks.oecd.org/faiiia/20150126/5c78

PAYS-BAS

Tableau 2.4.a. Flux consolidés, Secteur S13 - Administrations publiques
SCN 2008

Millions EUR (1999 NLG euro)

		2006	2007	2008	2009	2010	2011	2012	2013
	Acquisition nette d'actifs financiers	**-6 635**	**6 480**	**84 986**	**-27 338**	**-3 998**	**-9 463**	**8 095**	**-6 195**
F.1	**Or monétaire et DTS**	**0**	**0**	**0**	**0**	**0**	**0**	**0**	**0**
F.11	Or monétaire	0	0	0	0	0	0	0	0
F.12	Droits de tirage spéciaux (DTS)	0	0	0	0	0	0	0	0
F.2	**Numéraire et dépôts**	**-5 015**	**4 623**	**238**	**-1 071**	**-3 840**	**39**	**722**	**-2 967**
F.21	Numéraire	11	5	5	-46	-6	17	1	2
F.22	Dépôts transférables	667	754	34	2 791	-564	-192	566	-2 490
F.29	Autres dépôts	-5 693	3 864	199	-3 816	-3 270	214	155	-479
F.3	**Titres de dette**	**-29**	**393**	**34**	**22 619**	**-1 662**	**-1 323**	**-2 295**	**-6 198**
F.3S	Titres de dette à court terme	-25	404	66	-300	-316	510	-206	-472
F.3L	Titres de dette à long terme	-4	-11	-32	22 919	-1 346	-1 833	-2 089	-5 726
F.4	**Crédits**	**-397**	**2 863**	**44 842**	**-27 906**	**-1 043**	**959**	**8 862**	**3 550**
F.4S	Crédits à court terme	-50	211	34 013	-34 030	-217	14	22	1 309
F.4L	Crédits à long terme	-347	2 652	10 829	6 124	-826	945	8 840	2 241
F.5	**Actions et parts de fonds d'investissement**	**-4 265**	**-1 687**	**36 952**	**-25 387**	**-1 554**	**-6 899**	**759**	**1 263**
F.51	Actions	-4 961	-2 078	37 015	-25 423	-1 423	-6 573	1 058	1 921
F.511	Actions cotées	-3 123	21	5	3	29	-5	1	1
F.512	Actions non cotées	-1 843	-2 043	37 026	-25 415	-1 444	-6 587	-822	-390
F.519	Autres participations	5	-56	-16	-11	-8	19	1 879	2 310
F.52	Parts de fonds d'investissement	696	391	-63	36	-131	-326	-299	-658
F.521	Parts de fonds d'investissement monétaires	-13	0	0	0	0	0	0	0
F.522	Autres parts de fonds d'investissement	709	391	-63	36	-131	-326	-299	-658
F.6	**Systèmes d'assurance, de pensions et garanties standard**	**0**	**0**	**0**	**0**	**0**	**0**	**0**	**0**
F.61	Réserves techniques d'assurance-dommages	0	0	0	0	0	0	0	0
F.62	Droits sur les assurances-vie et rentes	0	0	0	0	0	0	0	0
F.6M	Dts à pension, gérants, prestations hors retraite	0	0	0	0	0	0	0	0
F.63	Droits à pension	..	..	..	..	..	..	..	..
F.64	Dts des fonds de pension sur gérants des systèmes de pension	..	..	..	..	..	..	..	..
F.65	Droits à prestations hors retraite	..	..	..	..	..	..	..	..
F.66	Réserves pour appels dans le cadre de garanties standard	0	0	0	0	0	0	0	0
F.7	**Produits financiers dérivés et options sur titres des salariés**	**-127**	**-111**	**-1 393**	**932**	**194**	**511**	**214**	**1 536**
F.71	Produits financiers dérivés	-127	-111	-1 393	932	194	511	214	1 536
F.72	Options sur titres des salariés	0	0	0	0	0	0	0	0
F.8	**Autres comptes à recevoir**	**3 198**	**399**	**4 313**	**3 475**	**3 907**	**-2 750**	**-167**	**-3 379**
F.81	Crédits commerciaux et avances	310	103	159	-71	49	-311	273	-93
F.89	Autres comptes à recevoir, hors crédits commerciaux et avances	2 888	296	4 154	3 546	3 858	-2 439	-440	-3 286
	Accroissement net des passifs	**-5 809**	**4 429**	**82 482**	**6 249**	**27 517**	**19 087**	**33 048**	**8 221**
F.1	**Or monétaire et DTS**	**0**	**0**	**0**	**0**	**0**	**0**	**0**	**0**
F.11	Or monétaire	0	0	0	0	0	0	0	0
F.12	Droits de tirage spéciaux (DTS)	0	0	0	0	0	0	0	0
F.2	**Numéraire et dépôts**	**-486**	**-14**	**-241**	**-477**	**-33**	**121**	**-10**	**-76**
F.21	Numéraire	0	0	0	0	0	0	0	0
F.22	Dépôts transférables	251	27	300	-536	63	35	40	-85
F.29	Autres dépôts	-737	-41	-541	59	-96	86	-50	9
F.3	**Titres de dette**	**-10 062**	**-3 143**	**73 827**	**-11 510**	**26 279**	**15 702**	**23 929**	**17 405**
F.3S	Titres de dette à court terme	-4 111	2 777	65 925	-25 318	-4 717	-9 729	-10 578	-5 763
F.3L	Titres de dette à long terme	-5 951	-5 920	7 902	13 808	30 996	25 431	34 507	23 168
F.4	**Crédits**	**131**	**5 147**	**13 300**	**17 186**	**-2 076**	**5 785**	**10 638**	**-6 045**
F.4S	Crédits à court terme	-312	5 434	1 760	-1 049	2 276	5 435	8 725	-4 710
F.4L	Crédits à long terme	443	-287	11 540	18 235	-4 352	350	1 913	-1 335
F.5	**Actions et parts de fonds d'investissement**	**0**	**0**	**0**	**0**	**0**	**0**	**0**	**0**
F.51	Actions	0	0	0	0	0	0	0	0
F.511	Actions cotées	0	0	0	0	0	0	0	0
F.512	Actions non cotées	0	0	0	0	0	0	0	0
F.519	Autres participations	0	0	0	0	0	0	0	0
F.52	Parts de fonds d'investissement	0	0	0	0	0	0	0	0
F.521	Parts de fonds d'investissement monétaires	0	0	0	0	0	0	0	0
F.522	Autres parts de fonds d'investissement	0	0	0	0	0	0	0	0
F.6	**Systèmes d'assurance, de pensions et garanties standard**	**0**	**0**	**0**	**0**	**0**	**0**	**0**	**0**
F.61	Réserves techniques d'assurance-dommages	0	0	0	0	0	0	0	0
F.62	Droits sur les assurances-vie et rentes	0	0	0	0	0	0	0	0
F.6M	Dts à pension, gérants de syst. de pension, hors retraite	0	0	0	0	0	0	0	0
F.63	Droits à pension	..	..	..	..	..	..	..	..
F.64	Dts des fonds de pension sur gérants des systèmes de pension	..	..	..	..	..	..	..	..
F.65	Droits à prestations hors retraite	..	..	..	..	..	..	..	..
F.66	Réserves pour appels dans le cadre de garanties standard	0	0	0	0	0	0	0	0
F.7	**Produits financiers dérivés et options sur titres des salariés**	**0**	**0**	**0**	**0**	**0**	**0**	**0**	**0**
F.71	Produits financiers dérivés	0	0	0	0	0	0	0	0
F.72	Options sur titres des salariés	0	0	0	0	0	0	0	0
F.8	**Autres comptes à payer**	**4 608**	**2 439**	**-4 404**	**1 050**	**3 347**	**-2 521**	**-1 509**	**-3 063**
F.81	Crédits commerciaux et avances	229	293	404	37	-115	-127	-448	-15
F.89	Autres comptes à payer, hors des crédits commerciaux et avances	4 379	2 146	-4 808	1 013	3 462	-2 394	-1 061	-3 048
	Opérations financières nettes	**-826**	**2 051**	**2 504**	**-33 587**	**-31 515**	**-28 550**	**-24 953**	**-14 416**

Note : Les métadonnées détaillées sont disponibles sur :http://metalinks.oecd.org/faiia/20150126/5c78

Tableau 2.5.a. Flux consolidés, Secteur S14-S15 - Ménages et ISBLSM

SCN 2008

Millions EUR (1999 NLG euro)

		2006	2007	2008	2009	2010	2011	2012	2013
	Acquisition nette d'actifs financiers	**26 901**	**29 270**	**38 711**	**46 011**	**29 797**	**21 088**	**23 600**	**20 304**
F.1	**Or monétaire et DTS**	**0**	**0**	**0**	**0**	**0**	**0**	**0**	**0**
F.11	Or monétaire	0	0	0	0	0	0	0	0
F.12	Droits de tirage spéciaux (DTS)	0	0	0	0	0	0	0	0
F.2	**Numéraire et dépôts**	**13 527**	**20 623**	**18 758**	**16 202**	**10 968**	**15 192**	**13 472**	**3 374**
F.21	Numéraire	762	1 016	676	-382	200	400	-370	-243
F.22	Dépôts transférables	1 791	296	-1 388	-1 702	-172	811	-2 772	1 212
F.29	Autres dépôts	10 974	19 311	19 470	18 286	10 940	13 981	16 614	2 405
F.3	**Titres de dette**	**714**	**2 357**	**3 011**	**-1 552**	**-2 834**	**-2 983**	**-3 915**	**-4 951**
F.3S	Titres de dette à court terme	18	86	-37	30	60	14	-14	-13
F.3L	Titres de dette à long terme	696	2 271	3 048	-1 582	-2 894	-2 997	-3 901	-4 938
F.4	**Crédits**	**360**	**257**	**-97**	**126**	**11**	**-294**	**406**	**-196**
F.4S	Crédits à court terme	8	258	-190	36	113	-251	591	-59
F.4L	Crédits à long terme	352	-1	93	90	-102	-43	-185	-137
F.5	**Actions et parts de fonds d'investissement**	**-2 667**	**-10 573**	**-3 807**	**2 122**	**4 409**	**-4 282**	**-5 652**	**3 226**
F.51	Actions	-6 774	-6 459	216	-637	1 592	4 330	-6 865	1 568
F.511	Actions cotées	-3 932	-6 706	1 181	604	-427	-1 110	-806	-549
F.512	Actions non cotées	-2 843	22	-1 139	-1 245	1 613	5 379	-6 123	2 053
F.519	Autres participations	1	225	174	4	406	61	64	64
F.52	Parts de fonds d'investissement	4 107	-4 114	-4 023	2 759	2 817	-8 612	1 213	1 658
F.521	Parts de fonds d'investissement monétaires	142	-257	-3	1	5	48	-52	-30
F.522	Autres parts de fonds d'investissement	3 965	-3 857	-4 020	2 758	2 812	-8 660	1 265	1 688
F.6	**Systèmes d'assurance, de pensions et garanties standard**	**18 079**	**16 533**	**23 606**	**24 616**	**12 061**	**16 628**	**20 497**	**19 769**
F.61	Réserves techniques d'assurance-dommages	272	64	2 592	267	-494	1 069	973	-56
F.62	Droits sur les assurances-vie et rentes	3 380	1 781	1 345	3 953	-3 441	-1 514	-594	-2 882
F.6M	Dts à pension, gérants, prestations hors retraite	14 429	14 696	19 607	20 306	15 856	16 918	20 118	22 707
F.63	Droits à pension	..	..	..	..	..	..	..	..
F.64	Dts des fonds de pension sur gérants des systèmes de pension	..	..	..	..	..	..	..	..
F.65	Droits à prestations hors retraite	..	..	..	..	..	..	..	..
F.66	Réserves pour appels dans le cadre de garanties standard	-2	-8	62	90	140	155	0	0
F.7	**Produits financiers dérivés et options sur titres des salariés**	**19**	**11**	**-2**	**1**	**86**	**46**	**53**	**-21**
F.71	Produits financiers dérivés	19	11	-2	1	3	19	34	8
F.72	Options sur titres des salariés	0	0	0	0	83	27	19	-29
F.8	**Autres comptes à recevoir**	**-3 131**	**62**	**-2 758**	**4 496**	**5 096**	**-3 219**	**-1 261**	**-897**
F.81	Crédits commerciaux et avances	487	496	299	-437	236	-825	514	-279
F.89	Autres comptes à recevoir, hors crédits commerciaux et avances	-3 618	-434	-3 057	4 933	4 860	-2 394	-1 775	-618
	Accroissement net des passifs	**35 590**	**40 712**	**42 885**	**31 329**	**22 943**	**7 547**	**4 117**	**-5 297**
F.1	**Or monétaire et DTS**	**0**	**0**	**0**	**0**	**0**	**0**	**0**	**0**
F.11	Or monétaire	0	0	0	0	0	0	0	0
F.12	Droits de tirage spéciaux (DTS)	0	0	0	0	0	0	0	0
F.2	**Numéraire et dépôts**	**0**	**0**	**0**	**0**	**0**	**0**	**0**	**0**
F.21	Numéraire	0	0	0	0	0	0	0	0
F.22	Dépôts transférables	0	0	0	0	0	0	0	0
F.29	Autres dépôts	0	0	0	0	0	0	0	0
F.3	**Titres de dette**	**0**	**0**	**0**	**0**	**0**	**0**	**0**	**0**
F.3S	Titres de dette à court terme	0	0	0	0	0	0	0	0
F.3L	Titres de dette à long terme	0	0	0	0	0	0	0	0
F.4	**Crédits**	**44 206**	**37 937**	**32 422**	**25 274**	**19 376**	**11 613**	**4 442**	**-8 503**
F.4S	Crédits à court terme	740	-2 691	-412	-955	-209	-1 345	-1 121	-1 265
F.4L	Crédits à long terme	43 466	40 628	32 834	26 229	19 585	12 958	5 563	-7 238
F.5	**Actions et parts de fonds d'investissement**	**0**	**0**	**0**	**0**	**0**	**0**	**0**	**0**
F.51	Actions	0	0	0	0	0	0	0	0
F.511	Actions cotées	0	0	0	0	0	0	0	0
F.512	Actions non cotées	0	0	0	0	0	0	0	0
F.519	Autres participations	0	0	0	0	0	0	0	0
F.52	Parts de fonds d'investissement	0	0	0	0	0	0	0	0
F.521	Parts de fonds d'investissement monétaires	0	0	0	0	0	0	0	0
F.522	Autres parts de fonds d'investissement	0	0	0	0	0	0	0	0
F.6	**Systèmes d'assurance, de pensions et garanties standard**	**0**	**0**	**0**	**0**	**0**	**0**	**0**	**0**
F.61	Réserves techniques d'assurance-dommages	0	0	0	0	0	0	0	0
F.62	Droits sur les assurances-vie et rentes	0	0	0	0	0	0	0	0
F.6M	Dts à pension, gérants de syst. de pension, hors retraite	0	0	0	0	0	0	0	0
F.63	Droits à pension	..	..	..	..	..	..	..	..
F.64	Dts des fonds de pension sur gérants des systèmes de pension	..	..	..	..	..	..	..	..
F.65	Droits à prestations hors retraite	..	..	..	..	..	..	..	..
F.66	Réserves pour appels dans le cadre de garanties standard	0	0	0	0	0	0	0	0
F.7	**Produits financiers dérivés et options sur titres des salariés**	**39**	**-8**	**1**	**-20**	**4**	**-18**	**-15**	**-10**
F.71	Produits financiers dérivés	39	-8	1	-20	4	-18	-15	-10
F.72	Options sur titres des salariés	0	0	0	0	0	0	0	0
F.8	**Autres comptes à payer**	**-8 655**	**2 783**	**10 462**	**6 075**	**3 563**	**-4 048**	**-310**	**3 216**
F.81	Crédits commerciaux et avances	-69	-184	-121	-650	782	339	467	459
F.89	Autres comptes à payer, hors des crédits commerciaux et avances	-8 586	2 967	10 583	6 725	2 781	-4 387	-777	2 757
	Opérations financières nettes	**-8 689**	**-11 442**	**-4 174**	**14 682**	**6 854**	**13 541**	**19 483**	**25 601**

Note : Les métadonnées détaillées sont disponibles sur :http://metalinks.oecd.org/faiiia/20150126/5c78

Tableau 2.6.a. Flux consolidés, Secteur S2 - Reste du monde

SCN 2008

Millions EUR (1999 NLG euro)

		2006	2007	2008	2009	2010	2011	2012	2013
	Acquisition nette d'actifs financiers	**500 301**	**501 395**	**-7 211**	**82 107**	**149 994**	**342 739**	**-5 990**	**-7 996**
F.1	**Or monétaire et DTS**	**815**	**332**	**172**	**4 711**	**0**	**0**	**0**	**0**
F.11	Or monétaire	815	332	172	0	0	0	0	0
F.12	Droits de tirage spéciaux (DTS)	0	0	0	4 711	0	0	0	0
F.2	**Numéraire et dépôts**	**135 359**	**145 367**	**-122 378**	**-48 880**	**9 173**	**34 377**	**-65 783**	**-48 556**
F.21	Numéraire	2 584	1 750	2 944	4 085	1 837	1 305	1 431	2 312
F.22	Dépôts transférables	51 902	13 653	-41 278	30 221	28 092	41 564	4 509	-1 443
F.29	Autres dépôts	80 873	129 964	-84 044	-83 186	-20 756	-8 492	-71 723	-49 425
F.3	**Titres de dette**	**84 414**	**84 028**	**81 245**	**81 804**	**44 372**	**5 912**	**21 717**	**-11 383**
F.3S	Titres de dette à court terme	-7 081	10 222	72 840	-2 081	6 652	4 239	-17 656	-19 327
F.3L	Titres de dette à long terme	91 495	73 806	8 405	83 885	37 720	1 673	39 373	7 944
F.4	**Crédits**	**47 139**	**204 148**	**-27 931**	**-60 821**	**25 447**	**11 758**	**10 014**	**47 219**
F.4S	Crédits à court terme	58 175	74 807	219	18 204	-12 863	11 643	7 019	-6 185
F.4L	Crédits à long terme	-11 036	129 341	-28 150	-79 025	38 310	115	2 995	53 404
F.5	**Actions et parts de fonds d'investissement**	**209 376**	**106 408**	**57 003**	**119 690**	**87 178**	**275 758**	**11 659**	**3 440**
F.51	Actions	208 328	107 391	58 962	118 159	86 391	275 438	12 174	3 302
F.511	Actions cotées	11 321	-99 024	-14 119	13 080	10 449	3 050	5 860	-1 768
F.512	Actions non cotées	199 802	207 198	72 894	103 977	75 443	271 611	5 458	4 607
F.519	Autres participations	-2 795	-783	187	1 102	499	777	856	463
F.52	Parts de fonds d'investissement	1 048	-983	-1 959	1 531	787	320	-515	138
F.521	Parts de fonds d'investissement monétaires	520	140	-768	-725	-2	-3	-354	3
F.522	Autres parts de fonds d'investissement	528	-1 123	-1 191	2 256	789	323	-161	135
F.6	**Systèmes d'assurance, de pensions et garanties standard**	**125**	**594**	**2 772**	**1 377**	**2 351**	**1 449**	**-247**	**227**
F.61	Réserves techniques d'assurance-dommages	-59	-94	-53	-4	61	0	-25	2
F.62	Droits sur les assurances-vie et rentes	34	531	2 391	774	1 995	1 178	-534	-132
F.6M	Dts à pension, gérants, prestations hors retraite	150	157	434	607	295	271	312	357
F.63	Droits à pension	..	..	..	..	..	..	..	..
F.64	Dts des fonds de pension sur gérants des systèmes de pension	..	..	..	..	..	..	..	..
F.65	Droits à prestations hors retraite	..	..	..	..	..	..	..	..
F.66	Réserves pour appels dans le cadre de garanties standard	0	0	0	0	0	0	0	0
F.7	**Produits financiers dérivés et options sur titres des salariés**	**-2 097**	**-7 534**	**-8 834**	**23 746**	**-19 006**	**-4 669**	**2 786**	**18 083**
F.71	Produits financiers dérivés	-2 097	-7 534	-8 834	23 746	-19 006	-4 669	2 786	18 083
F.72	Options sur titres des salariés	0	0	0	0	0	0	0	0
F.8	**Autres comptes à recevoir**	**25 170**	**-31 948**	**10 740**	**-39 520**	**479**	**18 154**	**13 864**	**-17 026**
F.81	Crédits commerciaux et avances	1 170	-13 692	-4 529	-3 443	3 963	-3 103	1 163	400
F.89	Autres comptes à recevoir, hors crédits commerciaux et avances	24 000	-18 256	15 269	-36 077	-3 484	21 257	12 701	-17 426
	Accroissement net des passifs	**540 082**	**533 947**	**24 803**	**114 572**	**191 993**	**386 787**	**44 078**	**46 203**
F.1	**Or monétaire et DTS**	**46**	**220**	**82**	**4 621**	**51**	**-218**	**-154**	**-116**
F.11	Or monétaire	0	0	0	0	0	0	0	0
F.12	Droits de tirage spéciaux (DTS)	46	220	82	4 621	51	-218	-154	-116
F.2	**Numéraire et dépôts**	**118 014**	**126 468**	**-115 574**	**-52 049**	**21 527**	**36 920**	**-56 983**	**-55 381**
F.21	Numéraire	5	0	-7	16	-12	585	-552	207
F.22	Dépôts transférables	32 321	20 717	-20 801	-17 586	-9 462	2 376	-91	9 433
F.29	Autres dépôts	85 688	105 751	-94 766	-34 479	31 001	33 959	-56 340	-65 021
F.3	**Titres de dette**	**24 365**	**13 018**	**-27 466**	**34 316**	**-18 548**	**-3 328**	**33 605**	**10 290**
F.3S	Titres de dette à court terme	-4 579	4 739	-11 993	-1 813	-10 454	-6 438	6 174	-6 930
F.3L	Titres de dette à long terme	28 944	8 279	-15 473	36 129	-8 094	3 110	27 431	17 220
F.4	**Crédits**	**153 748**	**267 065**	**54 973**	**-49 311**	**69 632**	**86 491**	**56 891**	**49 344**
F.4S	Crédits à court terme	91 859	47 867	9 827	17 023	58 841	90 322	21 884	48 938
F.4L	Crédits à long terme	61 889	219 198	45 146	-66 334	10 791	-3 831	35 007	406
F.5	**Actions et parts de fonds d'investissement**	**227 180**	**95 552**	**107 794**	**177 478**	**106 870**	**260 053**	**16 890**	**30 944**
F.51	Actions	215 500	87 408	99 656	163 571	100 105	264 151	12 312	34 798
F.511	Actions cotées	43	6 371	-6 946	14 371	-817	13 349	8 810	1 360
F.512	Actions non cotées	214 499	79 860	105 453	149 894	100 744	251 075	1 294	31 973
F.519	Autres participations	958	1 177	1 149	-694	178	-273	2 208	1 465
F.52	Parts de fonds d'investissement	11 680	8 144	8 138	13 907	6 765	-4 098	4 578	-3 854
F.521	Parts de fonds d'investissement monétaires	-536	921	-281	7 038	-504	-2 318	5 527	-3 440
F.522	Autres parts de fonds d'investissement	12 216	7 223	8 419	6 869	7 269	-1 780	-949	-414
F.6	**Systèmes d'assurance, de pensions et garanties standard**	**84**	**884**	**-193**	**-8**	**-201**	**3 087**	**-440**	**795**
F.61	Réserves techniques d'assurance-dommages	84	884	-193	-8	-201	3 087	-440	795
F.62	Droits sur les assurances-vie et rentes	0	0	0	0	0	0	0	0
F.6M	Dts à pension, gérants de syst. de pension, hors retraite	0	0	0	0	0	0	0	0
F.63	Droits à pension	..	..	..	..	..	..	..	..
F.64	Dts des fonds de pension sur gérants des systèmes de pension	..	..	..	..	..	..	..	..
F.65	Droits à prestations hors retraite	..	..	..	..	..	..	..	..
F.66	Réserves pour appels dans le cadre de garanties standard	0	0	0	0	0	0	0	0
F.7	**Produits financiers dérivés et options sur titres des salariés**	**7 292**	**10 179**	**-1 886**	**-4 557**	**-6 247**	**4 328**	**-2 267**	**9 107**
F.71	Produits financiers dérivés	7 292	10 179	-1 886	-4 557	-6 247	4 328	-2 267	9 107
F.72	Options sur titres des salariés	0	0	0	0	0	0	0	0
F.8	**Autres comptes à payer**	**9 353**	**20 561**	**7 073**	**4 082**	**18 909**	**-546**	**-3 464**	**1 220**
F.81	Crédits commerciaux et avances	2 546	12 652	-4 669	8 856	6 805	3 638	1 487	332
F.89	Autres comptes à payer, hors des crédits commerciaux et avances	6 807	7 909	11 742	-4 774	12 104	-4 184	-4 951	888
	Opérations financières nettes	**-39 781**	**-32 552**	**-32 014**	**-32 465**	**-41 999**	**-44 048**	**-50 068**	**-54 199**

Note : Les métadonnées détaillées sont disponibles sur :http://metalinks.oecd.org/faiiia/20150126/5c78

Tableau 2.6.a. Flux consolidés, Secteur S2 - Reste du monde
SCN 1993

Millions NZD

		2006	2007	2008	2009	2010	2011	2012	2013
	Acquisition nette d'actifs financiers	..	**11 119**	**13 237**	**-16 595**	**11 758**	..	..	..
F.1	**Or monétaire et DTS**	..	**-6**	**-9**	**-6**	**1 904**	..	..	..
F.2	**Numéraire et dépôts**	..	**-1 962**	**-623**	**325**	**1 315**	..	..	..
F.21	Numéraire	..	..	..	..	..	..	..	..
F.22	Dépôts transférables	..	..	..	..	..	..	..	..
F.29	Autres dépôts	..	..	..	..	..	..	..	..
F.3	**Titres autres qu'actions**	..	**9 777**	**7 365**	**-10 795**	**8 944**	..	..	..
F.33	Titres autres qu'actions, non compris produits financiers dérivés	..	..	7 365	-10 795	8 944	..	..	..
F.331	Titres à court terme	..	..	..	..	..	..	..	..
F.332	Titres à long terme	..	..	..	..	..	..	..	..
F.34	Produits financiers dérivés	..	..	0	0	0	..	..	..
F.4	**Crédits**	..	**-365**	**1 254**	**-3 593**	**-1 418**	..	..	..
F.41	Crédits à court terme	..	..	..	..	..	..	..	..
F.42	Crédits à long terme	..	..	..	..	..	..	..	..
F.5	**Actions et autres participations**	..	**4 535**	**5 655**	**82**	**3 403**	..	..	..
F.51	Actions et autres participations, non compris parts d'O.P.C.	..	..	..	..	..	..	..	..
F.511	Actions cotées	..	..	..	..	..	..	..	..
F.512	Actions non cotées	..	..	..	..	..	..	..	..
F.513	Autres participations	..	..	..	..	..	..	..	..
F.52	Parts d'organismes de placement collectif	..	..	..	..	..	..	..	..
F.6	**Réserves techniques d'assurance**	..	**0**	**0**	**0**	**0**	..	..	..
F.61	Droits nets des ménages sur les réserves techniques	..	..	..	..	..	..	..	..
F.611	Sur les réserves d'assurance vie	..	..	..	..	..	..	..	..
F.612	Sur les fonds de pension	..	..	..	..	..	..	..	..
F.62	Réserves-primes et réserves-sinistres	..	..	..	..	..	..	..	..
F.7	**Autres comptes à recevoir**	..	**-859**	**-406**	**-2 608**	**-2 389**	..	..	..
F.71	Crédits commerciaux et avances	..	910	22	-261	399	..	..	..
F.79	Autres	..	-1 769	-428	-2 347	-2 788	..	..	..
	Accroissement net des passifs	..	**23 370**	**26 416**	**-14 993**	**13 138**	..	..	..
F.2	**Numéraire et dépôts**	..	**2 762**	**-612**	**-610**	**2 977**	..	..	..
F.21	Numéraire	..	..	..	..	..	..	..	..
F.22	Dépôts transférables	..	..	..	..	..	..	..	..
F.29	Autres dépôts	..	..	..	..	..	..	..	..
F.3	**Titres autres qu'actions**	..	**5 096**	**14 412**	**-19 155**	**11 993**	..	..	..
F.33	Titres autres qu'actions, non compris produits financiers dérivés	..	..	14 412	-19 155	11 993	..	..	..
F.331	Titres à court terme	..	..	..	..	..	..	..	..
F.332	Titres à long terme	..	..	..	..	..	..	..	..
F.34	Produits financiers dérivés	..	..	0	0	0	..	..	..
F.4	**Crédits**	..	**6 603**	**8 901**	**-144**	**-2 656**	..	..	..
F.41	Crédits à court terme	..	..	..	..	..	..	..	..
F.42	Crédits à long terme	..	..	..	..	..	..	..	..
F.5	**Actions et autres participations**	..	**4 237**	**1 609**	**2 253**	**1 463**	..	..	..
F.51	Actions et autres participations, non compris parts d'O.P.C.	..	..	..	..	..	..	..	..
F.511	Actions cotées	..	..	..	..	..	..	..	..
F.512	Actions non cotées	..	..	..	..	..	..	..	..
F.513	Autres participations	..	..	..	..	..	..	..	..
F.52	Parts d'organismes de placement collectif	..	..	..	..	..	..	..	..
F.6	**Réserves techniques d'assurance**	..	**0**	**0**	**0**	**0**	..	..	..
F.61	Droits nets des ménages sur les réserves techniques	..	..	..	..	..	..	..	..
F.611	Sur les réserves d'assurance vie	..	..	..	..	..	..	..	..
F.612	Sur les fonds de pension	..	..	..	..	..	..	..	..
F.62	Réserves-primes et réserves-sinistres	..	..	..	..	..	..	..	..
F.7	**Autres comptes à payer**	..	**4 671**	**2 107**	**2 663**	**-640**	..	..	..
F.71	Crédits commerciaux et avances	..	28	130	-360	46	..	..	..
F.79	Autres	..	4 643	1 977	3 023	-686	..	..	..
	Opérations financières nettes	..	**-12 251**	**-13 179**	**-1 602**	**-1 380**	..	..	..

Note : Les métadonnées détaillées sont disponibles sur :http://metalinks.oecd.org/faiiia/20150126/a24d

NORVÈGE

Tableau 1.a. Flux consolidés, par instrument et par secteur, Année 2013
SCN 1993

Millions NOK

		Sociétés financières					
		Total S12	Banque centrale S121	Autres institutions de dépôts S122	Autres intermédiaires financiers S123	Auxiliaires financiers S124	Sociétés d'assurance et fonds de pension S125
	Acquisition nette d'actifs financiers	**211 337**	**7 360**	**128 617**	**21 274**	**-15 769**	**76 250**
F.1	**Or monétaire et DTS**	**1 054**	**1 054**	..	..	..	..
F.2	**Numéraire et dépôts**	**-140 894**	**1 276**	**-99 295**	**-5 975**	**2 716**	**10 445**
F.21	Numéraire	-4	0	255	-23	7	0
F.22	Dépôts transférables	8 604	548	8 194	10 347	2 492	15 561
F.29	Autres dépôts	-149 494	728	-107 744	-16 299	217	-5 116
F.3	**Titres autres qu'actions**	**89 610**	**24 674**	**13 084**	**-14 922**	**7 259**	**64 459**
F.33	Titres autres qu'actions, non compris produits financiers dérivés	89 610	24 674	13 084	-14 922	7 259	64 459
F.331	Titres à court terme	-20 614	-472	-31 157	8 477	330	1 153
F.332	Titres à long terme	110 224	25 146	44 241	-23 399	6 929	63 306
F.34	Produits financiers dérivés	0	0	0	0	0	0
F.4	**Crédits**	**299 398**	**-7 309**	**191 380**	**64 608**	**-952**	**10 629**
F.41	Crédits à court terme	144 859	-8 627	134 293	953	-1 012	-233
F.42	Crédits à long terme	154 539	1 318	57 087	63 655	60	10 862
F.5	**Actions et autres participations**	**-9 453**	**-14 431**	**20 178**	**10 584**	**-9 696**	**-8 487**
F.51	Actions et autres participations, non compris parts d'O.P.C.	-15 597	-14 431	19 979	15 717	-11 864	-20 884
F.511	Actions cotées	-12 531	-14 431	2 074	16 020	-3 630	-14 516
F.512	Actions non cotées	-3 494	0	17 909	-1 234	-8 358	-6 896
F.513	Autres participations	428	0	-4	931	124	528
F.52	Parts d'organismes de placement collectif	6 144	0	199	-5 133	2 168	12 397
F.6	**Réserves techniques d'assurance**	**-816**	**0**	**0**	**0**	**0**	**-816**
F.61	Droits nets des ménages sur les réserves techniques	0	..	..	..	..	0
F.611	Sur les réserves d'assurance vie	..	..	..	..	..	..
F.612	Sur les fonds de pension	..	..	..	..	..	..
F.62	Réserves-primes et réserves-sinistres	-816	..	..	..	..	-816
F.7	**Autres comptes à recevoir**	**-27 563**	**2 097**	**3 271**	**-33 021**	**-15 096**	**21**
F.71	Crédits commerciaux et avances	873	0	0	0	873	0
F.79	Autres	-28 436	2 097	3 271	-33 021	-15 969	21
	Accroissement net des passifs	**168 047**	**1 315**	**119 571**	**-2 346**	**-26 897**	**82 800**
F.2	**Numéraire et dépôts**	**49 835**	**-1 696**	**101 589**	**0**	**0**	**0**
F.21	Numéraire	59	302	0	..	..	..
F.22	Dépôts transférables	-12 244	-39 298	55 591	..	..	..
F.29	Autres dépôts	62 018	37 300	45 998	..	..	..
F.3	**Titres autres qu'actions**	**-24 182**	**0**	**-5 702**	**-13 214**	**13**	**-336**
F.33	Titres autres qu'actions, non compris produits financiers dérivés	-24 182	0	-5 702	-13 214	13	-336
F.331	Titres à court terme	-37 259	..	-36 575	-1 739	0	0
F.332	Titres à long terme	13 077	..	30 873	-11 475	13	-336
F.34	Produits financiers dérivés	0	0	0	0	0	0
F.4	**Crédits**	**2 643**	**3**	**-41 745**	**4 331**	**156**	**-1 145**
F.41	Crédits à court terme	12 623	-202	596	-6 074	-1 180	-2
F.42	Crédits à long terme	-9 980	206	-42 341	10 405	1 336	-1 143
F.5	**Actions et autres participations**	**25 897**	**0**	**4 048**	**28 564**	**-291**	**1 177**
F.51	Actions et autres participations, non compris parts d'O.P.C.	10 577	..	8 792	5 013	-291	1 177
F.511	Actions cotées	62	..	-1 022	356	-205	-1 019
F.512	Actions non cotées	9 053	..	8 747	3 908	-173	1 486
F.513	Autres participations	1 462	..	1 067	749	87	710
F.52	Parts d'organismes de placement collectif	15 320	..	-4 744	23 551	0	0
F.6	**Réserves techniques d'assurance**	**80 234**	**0**	**..**	**0**	**0**	**80 234**
F.61	Droits nets des ménages sur les réserves techniques	76 182	..	..	..	..	76 182
F.611	Sur les réserves d'assurance vie	8 340	..	..	..	..	8 340
F.612	Sur les fonds de pension	67 842	..	..	..	..	67 842
F.62	Réserves-primes et réserves-sinistres	4 052	..	..	..	..	4 052
F.7	**Autres comptes à payer**	**33 622**	**3 007**	**61 379**	**-22 027**	**-26 775**	**2 871**
F.71	Crédits commerciaux et avances	2 610	-32	456	2 215	-29	0
F.79	Autres	31 011	3 040	60 923	-24 243	-26 746	2 871
	Opérations financières nettes	**43 289**	**6 045**	**9 046**	**23 620**	**11 128**	**-6 551**

NORVÈGE

Tableau 1.a. Flux consolidés, par instrument et par secteur, Année 2013 (cont.)

SCN 1993

Millions NOK

		Sociétés non financières	Administrations publiques		Ménages et ISBLSM	Economie totale	Reste du monde
			Total	Administration centrale			
		S11	S13	S1311	S14+S15	S1	S2
	Acquisition nette d'actifs financiers	**46 532**	**414 589**	**396 144**	**149 386**	**559 771**	**240 674**
F.1	**Or monétaire et DTS**	..	..	..	..	**1 054**	**-1 054**
F.2	**Numéraire et dépôts**	**21 096**	**-45 600**	**-47 629**	**54 714**	**-145 555**	**14 964**
F.21	Numéraire	22	2	0	35	-4	0
F.22	Dépôts transférables	5 500	-43 605	-45 369	2 012	4 617	19 863
F.29	Autres dépôts	15 574	-1 997	-2 260	52 667	-150 168	-4 899
F.3	**Titres autres qu'actions**	**-31 715**	**346 799**	**349 698**	**-1 317**	**416 738**	**104 584**
F.33	Titres autres qu'actions, non compris produits financiers dérivés	-31 715	346 799	349 698	-1 317	416 738	104 584
F.331	Titres à court terme	-4 931	728	1 786	-239	2 164	-40 045
F.332	Titres à long terme	-26 784	346 071	347 912	-1 078	414 574	144 629
F.34	Produits financiers dérivés	0	0	0	0	0	0
F.4	**Crédits**	**4 781**	**79 130**	**66 210**	**1 532**	**178 243**	**49 495**
F.41	Crédits à court terme	64	22 797	22 797	-4	170 361	56 070
F.42	Crédits à long terme	4 717	56 333	43 413	1 536	7 882	-6 575
F.5	**Actions et autres participations**	**87 362**	**52 862**	**48 341**	**-17 861**	**112 205**	**36 861**
F.51	Actions et autres participations, non compris parts d'O.P.C.	77 894	52 897	48 336	-20 608	105 313	32 973
F.511	Actions cotées	-1 446	33 429	33 596	-3 116	21 805	6 730
F.512	Actions non cotées	66 240	4 299	0	-17 668	70 173	26 243
F.513	Autres participations	13 100	15 169	14 740	176	13 335	0
F.52	Parts d'organismes de placement collectif	9 468	-35	5	2 747	6 892	3 888
F.6	**Réserves techniques d'assurance**	**864**	**0**	**0**	**78 133**	**-816**	**1 237**
F.61	Droits nets des ménages sur les réserves techniques	0	..	..	76 194	0	-12
F.611	Sur les réserves d'assurance vie	..	..	..	8 352	..	-12
F.612	Sur les fonds de pension	..	..	..	67 842	..	0
F.62	Réserves-primes et réserves-sinistres	864	..	..	1 939	-816	1 249
F.7	**Autres comptes à recevoir**	**-35 854**	**-18 602**	**-20 476**	**34 185**	**-2 098**	**34 587**
F.71	Crédits commerciaux et avances	-40 247	0	0	0	-42 013	-8 402
F.79	Autres	4 392	-18 602	-20 476	34 185	39 915	42 989
	Accroissement net des passifs	**95 784**	**66 437**	**31 150**	**173 532**	**241 728**	**558 717**
F.2	**Numéraire et dépôts**	**0**	**0**	**0**	**0**	**14 964**	**-145 555**
F.21	Numéraire	..	..	..	..	0	-4
F.22	Dépôts transférables	..	..	..	..	19 863	4 617
F.29	Autres dépôts	..	..	..	..	-4 899	-150 168
F.3	**Titres autres qu'actions**	**124 622**	**-9 217**	**-35 401**	**0**	**104 584**	**416 738**
F.33	Titres autres qu'actions, non compris produits financiers dérivés	124 622	-9 217	-35 401	0	104 584	416 738
F.331	Titres à court terme	-2 856	-27 150	-36 397	..	-40 045	2 164
F.332	Titres à long terme	127 478	17 933	996	..	144 629	414 574
F.34	Produits financiers dérivés	0	0	0	0	0	0
F.4	**Crédits**	**21 320**	**61 362**	**57 626**	**170 768**	**49 495**	**178 243**
F.41	Crédits à court terme	-6 061	43 084	44 128	3 778	56 070	170 361
F.42	Crédits à long terme	27 381	18 277	13 498	166 989	-6 575	7 882
F.5	**Actions et autres participations**	**11 669**	**0**	**0**	**0**	**36 861**	**112 205**
F.51	Actions et autres participations, non compris parts d'O.P.C.	11 669	..	..	..	32 973	105 313
F.511	Actions cotées	1 199	..	..	..	6 730	21 805
F.512	Actions non cotées	-3 606	..	..	..	26 243	70 173
F.513	Autres participations	14 076	..	..	..	0	13 335
F.52	Parts d'organismes de placement collectif	0	..	..	..	3 888	6 892
F.6	**Réserves techniques d'assurance**	**0**	**0**	**0**	**0**	**1 237**	**-816**
F.61	Droits nets des ménages sur les réserves techniques	..	..	..	..	-12	0
F.611	Sur les réserves d'assurance vie	..	..	..	..	-12	..
F.612	Sur les fonds de pension	..	..	..	..	0	..
F.62	Réserves-primes et réserves-sinistres	..	..	..	..	1 249	-816
F.7	**Autres comptes à payer**	**-61 827**	**14 292**	**8 924**	**2 765**	**34 587**	**-2 098**
F.71	Crédits commerciaux et avances	-8 373	0	0	0	-8 402	-42 013
F.79	Autres	-53 454	14 292	8 924	2 765	42 989	39 915
	Opérations financières nettes	**-49 252**	**348 152**	**364 995**	**-24 146**	**318 043**	**-318 043**

Note : Les métadonnées détaillées sont disponibles sur :http://metalinks.oecd.org/faiiia/20150126/9c8a

NORVÈGE

Tableau 1.b. Flux non consolidés, par instrument et par secteur, Année 2013
SCN 1993

Millions NOK

		Sociétés financières					
		Total S12	Banque centrale S121	Autres institutions de dépôts S122	Autres intermédiaires financiers S123	Auxiliaires financiers S124	Sociétés d'assurance et fonds de pension S125
	Acquisition nette d'actifs financiers	**252 293**	**7 360**	**137 847**	**43 913**	**-15 274**	**78 446**
F.1	**Or monétaire et DTS**	**1 054**	**1 054**	**..**	**..**	**..**	**..**
F.2	**Numéraire et dépôts**	**-87 190**	**1 276**	**-95 650**	**-5 975**	**2 716**	**10 445**
F.21	Numéraire	239	0	255	-23	7	0
F.22	Dépôts transférables	41 835	548	12 888	10 347	2 492	15 561
F.29	Autres dépôts	-129 263	728	-108 793	-16 299	217	-5 116
F.3	**Titres autres qu'actions**	**107 793**	**24 674**	**12 522**	**-1 145**	**7 259**	**64 483**
F.33	Titres autres qu'actions, non compris produits financiers dérivés	107 793	24 674	12 522	-1 145	7 259	64 483
F.331	Titres à court terme	-25 140	-472	-34 023	7 872	330	1 153
F.332	Titres à long terme	132 933	25 146	46 545	-9 017	6 929	63 330
F.34	Produits financiers dérivés	0	0	0	0	0	0
F.4	**Crédits**	**256 365**	**-7 309**	**188 786**	**65 204**	**-952**	**10 636**
F.41	Crédits à court terme	123 383	-8 627	132 389	866	-1 012	-233
F.42	Crédits à long terme	132 982	1 318	56 397	64 338	60	10 869
F.5	**Actions et autres participations**	**6 917**	**-14 431**	**20 073**	**18 855**	**-9 201**	**-8 380**
F.51	Actions et autres participations, non compris parts d'O.P.C.	-10 831	-14 431	19 952	15 793	-11 369	-20 777
F.511	Actions cotées	-14 598	-14 431	2 007	15 668	-3 478	-14 364
F.512	Actions non cotées	2 300	0	18 062	-806	-8 015	-6 941
F.513	Autres participations	1 467	0	-117	931	124	528
F.52	Parts d'organismes de placement collectif	17 748	0	121	3 062	2 168	12 397
F.6	**Réserves techniques d'assurance**	**968**	**0**	**0**	**0**	**0**	**968**
F.61	Droits nets des ménages sur les réserves techniques	0	..	..	..	..	0
F.611	Sur les réserves d'assurance vie	..	..	..	..	..	..
F.612	Sur les fonds de pension	..	..	..	..	..	..
F.62	Réserves-primes et réserves-sinistres	968	..	..	..	..	968
F.7	**Autres comptes à recevoir**	**-33 615**	**2 097**	**12 117**	**-33 026**	**-15 096**	**294**
F.71	Crédits commerciaux et avances	873	0	0	0	873	0
F.79	Autres	-34 488	2 097	12 117	-33 026	-15 969	294
	Accroissement net des passifs	**209 003**	**1 315**	**128 801**	**20 293**	**-26 402**	**84 996**
F.2	**Numéraire et dépôts**	**103 539**	**-1 696**	**105 234**	**0**	**0**	**0**
F.21	Numéraire	302	302	0	..	..	..
F.22	Dépôts transférables	20 987	-39 298	60 285	..	..	..
F.29	Autres dépôts	82 249	37 300	44 949	..	..	..
F.3	**Titres autres qu'actions**	**-5 999**	**0**	**-6 264**	**563**	**13**	**-312**
F.33	Titres autres qu'actions, non compris produits financiers dérivés	-5 999	0	-6 264	563	13	-312
F.331	Titres à court terme	-41 785	..	-39 441	-2 344	0	0
F.332	Titres à long terme	35 786	..	33 177	2 907	13	-312
F.34	Produits financiers dérivés	0	0	0	0	0	0
F.4	**Crédits**	**-40 390**	**3**	**-44 339**	**4 927**	**156**	**-1 138**
F.41	Crédits à court terme	-8 853	-202	-1 308	-6 161	-1 180	-2
F.42	Crédits à long terme	-31 537	206	-43 031	11 088	1 336	-1 136
F.5	**Actions et autres participations**	**42 267**	**0**	**3 943**	**36 835**	**204**	**1 284**
F.51	Actions et autres participations, non compris parts d'O.P.C.	15 343	..	8 765	5 089	204	1 284
F.511	Actions cotées	-2 005	..	-1 089	4	-53	-867
F.512	Actions non cotées	14 847	..	8 900	4 336	170	1 441
F.513	Autres participations	2 501	..	954	749	87	710
F.52	Parts d'organismes de placement collectif	26 924	..	-4 822	31 746	0	0
F.6	**Réserves techniques d'assurance**	**82 018**	**0**	**..**	**0**	**0**	**82 018**
F.61	Droits nets des ménages sur les réserves techniques	76 182	..	..	..	..	76 182
F.611	Sur les réserves d'assurance vie	8 340	..	..	..	..	8 340
F.612	Sur les fonds de pension	67 842	..	..	..	..	67 842
F.62	Réserves-primes et réserves-sinistres	5 836	..	..	..	..	5 836
F.7	**Autres comptes à payer**	**27 570**	**3 007**	**70 225**	**-22 032**	**-26 775**	**3 144**
F.71	Crédits commerciaux et avances	2 610	-32	456	2 215	-29	0
F.79	Autres	24 959	3 040	69 769	-24 248	-26 746	3 144
	Opérations financières nettes	**43 289**	**6 045**	**9 046**	**23 620**	**11 128**	**-6 551**

NORVÈGE

Tableau 1.b. Flux non consolidés, par instrument et par secteur, Année 2013 (cont.)

SCN 1993

Millions NOK

		Sociétés non financières	Administrations publiques		Ménages et ISBLSM	Economie totale	Reste du monde
		S11	Total S13	Administration centrale S1311	S14+S15	S1	S2
	Acquisition nette d'actifs financiers	**64 258**	**433 182**	**412 515**	**149 416**	**899 149**	**240 674**
F.1	**Or monétaire et DTS**	..	..	..	..	**1 054**	**-1 054**
F.2	**Numéraire et dépôts**	**21 096**	**-45 600**	**-47 629**	**54 714**	**-56 980**	**14 964**
F.21	Numéraire	22	2	0	35	298	0
F.22	Dépôts transférables	5 500	-43 605	-45 369	2 012	5 741	19 863
F.29	Autres dépôts	15 574	-1 997	-2 260	52 667	-63 020	-4 899
F.3	**Titres autres qu'actions**	**-29 081**	**364 028**	**366 069**	**-1 317**	**441 423**	**104 584**
F.33	Titres autres qu'actions, non compris produits financiers dérivés	-29 081	364 028	366 069	-1 317	441 423	104 584
F.331	Titres à court terme	-5 417	4 381	4 581	-239	-26 415	-40 045
F.332	Titres à long terme	-23 664	359 647	361 488	-1 078	467 837	144 629
F.34	Produits financiers dérivés	0	0	0	0	0	0
F.4	**Crédits**	**4 881**	**79 130**	**66 210**	**1 532**	**341 907**	**49 495**
F.41	Crédits à court terme	64	22 797	22 797	-4	146 240	56 070
F.42	Crédits à long terme	4 817	56 333	43 413	1 536	195 667	-6 575
F.5	**Actions et autres participations**	**95 909**	**52 862**	**48 341**	**-17 861**	**137 827**	**36 861**
F.51	Actions et autres participations, non compris parts d'O.P.C.	86 441	52 897	48 336	-20 608	107 899	32 973
F.511	Actions cotées	600	33 429	33 596	-3 116	16 315	6 730
F.512	Actions non cotées	72 741	4 299	0	-17 668	61 672	26 243
F.513	Autres participations	13 100	15 169	14 740	176	29 912	0
F.52	Parts d'organismes de placement collectif	9 468	-35	5	2 747	29 928	3 888
F.6	**Réserves techniques d'assurance**	**864**	**0**	**0**	**78 133**	**79 965**	**1 237**
F.61	Droits nets des ménages sur les réserves techniques	0	..	..	76 194	76 194	-12
F.611	Sur les réserves d'assurance vie	..	..	..	8 352	8 352	-12
F.612	Sur les fonds de pension	..	..	..	67 842	67 842	0
F.62	Réserves-primes et réserves-sinistres	864	..	..	1 939	3 771	1 249
F.7	**Autres comptes à recevoir**	**-29 409**	**-17 238**	**-20 476**	**34 215**	**-46 047**	**34 587**
F.71	Crédits commerciaux et avances	-40 247	0	0	0	-39 374	-8 402
F.79	Autres	10 837	-17 238	-20 476	34 215	-6 673	42 989
	Accroissement net des passifs	**113 510**	**85 030**	**47 521**	**173 562**	**581 106**	**558 717**
F.2	**Numéraire et dépôts**	**0**	**0**	**0**	**0**	**103 539**	**-145 555**
F.21	Numéraire	..	..	..	..	302	-4
F.22	Dépôts transférables	..	..	..	..	20 987	4 617
F.29	Autres dépôts	..	..	..	..	82 249	-150 168
F.3	**Titres autres qu'actions**	**127 256**	**8 012**	**-19 030**	**0**	**129 269**	**416 738**
F.33	Titres autres qu'actions, non compris produits financiers dérivés	127 256	8 012	-19 030	0	129 269	416 738
F.331	Titres à court terme	-3 342	-23 497	-33 602	..	-68 624	2 164
F.332	Titres à long terme	130 598	31 509	14 572	..	197 892	414 574
F.34	Produits financiers dérivés	0	0	0	0	0	0
F.4	**Crédits**	**21 420**	**61 362**	**57 626**	**170 768**	**213 159**	**178 243**
F.41	Crédits à court terme	-6 061	43 084	44 128	3 778	31 949	170 361
F.42	Crédits à long terme	27 481	18 277	13 498	166 989	181 210	7 882
F.5	**Actions et autres participations**	**20 216**	**0**	**0**	**0**	**62 483**	**112 205**
F.51	Actions et autres participations, non compris parts d'O.P.C.	20 216	..	..	..	35 559	105 313
F.511	Actions cotées	3 245	..	..	..	1 240	21 805
F.512	Actions non cotées	2 895	..	..	..	17 742	70 173
F.513	Autres participations	14 076	..	..	..	16 577	13 335
F.52	Parts d'organismes de placement collectif	0	..	..	..	26 924	6 892
F.6	**Réserves techniques d'assurance**	**0**	**0**	**0**	**0**	**82 018**	**-816**
F.61	Droits nets des ménages sur les réserves techniques	..	..	..	..	76 182	0
F.611	Sur les réserves d'assurance vie	..	..	..	..	8 340	..
F.612	Sur les fonds de pension	..	..	..	..	67 842	..
F.62	Réserves-primes et réserves-sinistres	..	..	..	..	5 836	-816
F.7	**Autres comptes à payer**	**-55 382**	**15 656**	**8 924**	**2 795**	**-9 362**	**-2 098**
F.71	Crédits commerciaux et avances	-8 373	0	0	0	-5 763	-42 013
F.79	Autres	-47 009	15 656	8 924	2 795	-3 599	39 915
	Opérations financières nettes	**-49 252**	**348 152**	**364 995**	**-24 146**	**318 043**	**-318 043**

Note : Les métadonnées détaillées sont disponibles sur :http://metalinks.oecd.org/faiiia/20150126/6cb3

NORVÈGE

Tableau 2.1.a. Flux consolidés, Secteur S1 - Économie totale

SCN 1993

Millions NOK

		2006	2007	2008	2009	2010	2011	2012	2013
	Acquisition nette d'actifs financiers	**1 141 727**	**932 088**	**814 326**	**-216 983**	**655 197**	**475 219**	**680 488**	**559 771**
F.1	**Or monétaire et DTS**	**752**	**-827**	**1 060**	**-1 214**	**-31**	**-470**	**-1 136**	**1 054**
F.2	**Numéraire et dépôts**	**72 160**	**69 745**	**151 559**	**-96 386**	**-19 959**	**201 644**	**63 815**	**-145 555**
F.21	Numéraire	9	-13	111	-122	4	19	10	-4
F.22	Dépôts transférables	-9 756	23 287	6 495	-32 654	2 655	17 675	-641	4 617
F.29	Autres dépôts	81 907	46 471	144 952	-63 611	-22 618	183 950	64 446	-150 168
F.3	**Titres autres qu'actions**	**633 329**	**99 976**	**260 767**	**-390 016**	**215 704**	**76 554**	**216 747**	**416 738**
F.33	Titres autres qu'actions, non compris produits financiers dérivés	633 329	99 976	260 767	-390 016	215 704	76 554	216 747	416 738
F.331	Titres à court terme	423	9 552	19 196	-18 117	4 204	-5 279	-10 190	2 164
F.332	Titres à long terme	632 906	90 424	241 571	-371 898	211 500	81 833	226 937	414 574
F.34	Produits financiers dérivés	0	0	0	0	0	0	0	0
F.4	**Crédits**	**97 764**	**177 369**	**-519 289**	**-91 609**	**97 991**	**-195 271**	**-5 276**	**178 243**
F.41	Crédits à court terme	71 281	153 604	-640 213	-80 468	82 610	-210 287	-6 820	170 361
F.42	Crédits à long terme	26 483	23 765	120 924	-11 141	15 381	15 016	1 544	7 882
F.5	**Actions et autres participations**	**257 055**	**392 801**	**639 032**	**420 679**	**250 927**	**318 394**	**322 624**	**112 205**
F.51	Actions et autres participations, non compris parts d'O.P.C.	248 706	398 684	647 870	424 981	249 168	317 291	325 983	105 313
F.511	Actions cotées	125 321	299 560	504 095	391 151	107 820	238 925	237 594	21 805
F.512	Actions non cotées	113 640	95 512	135 963	28 992	127 573	68 524	73 450	70 173
F.513	Autres participations	9 745	3 611	7 812	4 838	13 775	9 842	14 939	13 335
F.52	Parts d'organismes de placement collectif	8 349	-5 882	-8 838	-4 302	1 759	1 103	-3 359	6 892
F.6	**Réserves techniques d'assurance**	**0**	**5 641**	**3 408**	**-1 245**	**-32**	**-687**	**739**	**-816**
F.61	Droits nets des ménages sur les réserves techniques	0	0	0	0	0	0	0	0
F.611	Sur les réserves d'assurance vie	..	..	..	..	..	..	..	..
F.612	Sur les fonds de pension	..	..	..	..	..	..	..	..
F.62	Réserves-primes et réserves-sinistres	0	5 641	3 408	-1 245	-32	-687	739	-816
F.7	**Autres comptes à recevoir**	**80 666**	**187 384**	**277 790**	**-57 193**	**110 597**	**75 054**	**82 974**	**-2 098**
F.71	Crédits commerciaux et avances	-793	40 149	46 761	6 427	53 017	-30 981	37 778	-42 013
F.79	Autres	81 460	147 235	231 028	-63 620	57 580	106 036	45 196	39 915
	Accroissement net des passifs	**784 822**	**645 596**	**407 153**	**-494 925**	**353 580**	**104 829**	**264 842**	**241 728**
F.2	**Numéraire et dépôts**	**110 157**	**137 625**	**228 349**	**49 924**	**-71 965**	**198 064**	**4 424**	**14 964**
F.21	Numéraire	0	0	0	0	0	0	0	0
F.22	Dépôts transférables	36 278	25 665	118 377	-58 999	3 831	13 644	-708	19 863
F.29	Autres dépôts	73 879	111 960	109 972	108 923	-75 796	184 420	5 132	-4 899
F.3	**Titres autres qu'actions**	**200 511**	**216 624**	**168 852**	**24 814**	**204 320**	**106 180**	**124 298**	**104 584**
F.33	Titres autres qu'actions, non compris produits financiers dérivés	200 511	216 624	168 852	24 814	204 320	106 180	124 298	104 584
F.331	Titres à court terme	4 651	64 878	35 114	-14 930	21 844	3 898	16 661	-40 045
F.332	Titres à long terme	195 860	151 747	133 739	39 744	182 476	102 282	107 637	144 629
F.34	Produits financiers dérivés	0	0	0	0	0	0	0	0
F.4	**Crédits**	**395 908**	**188 966**	**-127 744**	**-528 491**	**208 973**	**-311 698**	**111 697**	**49 495**
F.41	Crédits à court terme	333 292	45 678	-346 888	-375 294	33 731	-122 216	-1 767	56 070
F.42	Crédits à long terme	62 616	143 288	219 144	-153 196	175 242	-189 482	113 464	-6 575
F.5	**Actions et autres participations**	**54 351**	**27 385**	**-46 857**	**40 947**	**45 450**	**75 791**	**34 965**	**36 861**
F.51	Actions et autres participations, non compris parts d'O.P.C.	47 628	15 180	-49 611	24 592	41 933	73 409	27 421	32 973
F.511	Actions cotées	23 883	9 417	-56 473	4 657	19 225	33 748	-866	6 730
F.512	Actions non cotées	23 745	5 763	6 862	19 935	22 708	39 661	28 287	26 243
F.513	Autres participations	0	0	0	0	0	0	0	0
F.52	Parts d'organismes de placement collectif	6 723	12 205	2 754	16 355	3 517	2 382	7 544	3 888
F.6	**Réserves techniques d'assurance**	**1 363**	**7 251**	**2 338**	**-1 815**	**-2 180**	**-358**	**1 943**	**1 237**
F.61	Droits nets des ménages sur les réserves techniques	0	-68	487	252	39	-69	-20	-12
F.611	Sur les réserves d'assurance vie	0	-68	487	252	39	-69	-20	-12
F.612	Sur les fonds de pension	0	0	0	0	0	0	0	0
F.62	Réserves-primes et réserves-sinistres	1 363	7 319	1 851	-2 067	-2 219	-289	1 963	1 249
F.7	**Autres comptes à payer**	**22 532**	**67 745**	**182 214**	**-80 306**	**-31 017**	**36 849**	**-12 486**	**34 587**
F.71	Crédits commerciaux et avances	10 975	2 992	-3 970	80 177	-27 547	-26 112	1 396	-8 402
F.79	Autres	11 557	64 753	186 183	-160 483	-3 471	62 962	-13 881	42 989
	Opérations financières nettes	**356 905**	**286 492**	**407 173**	**277 942**	**301 617**	**370 390**	**415 646**	**318 043**

Note : Les métadonnées détaillées sont disponibles sur :http://metalinks.oecd.org/faiiia/20150126/9c8a

NORVÈGE

Tableau 2.2.a. Flux consolidés, Secteur S11 - Sociétés non financières
SCN 1993

Millions NOK

		2006	2007	2008	2009	2010	2011	2012	2013
	Acquisition nette d'actifs financiers	**302 920**	**385 850**	**79 862**	**161 544**	**329 892**	**62 643**	**259 469**	**46 532**
F.1	**Or monétaire et DTS**	..	..	..	..	..	..	..	..
F.2	**Numéraire et dépôts**	**96 196**	**90 745**	**-29 683**	**13 980**	**42 421**	**18 935**	**20 539**	**21 096**
F.21	Numéraire	447	64	52	-328	76	798	-24	22
F.22	Dépôts transférables	80 421	56 913	-35 139	-18 226	43 509	12 398	17 832	5 500
F.29	Autres dépôts	15 328	33 768	5 404	32 534	-1 164	5 738	2 731	15 574
F.3	**Titres autres qu'actions**	**-8 732**	**5 641**	**-10 355**	**318**	**15 511**	**9 836**	**33 832**	**-31 715**
F.33	Titres autres qu'actions, non compris produits financiers dérivés	-8 732	5 641	-10 355	318	15 511	9 836	33 832	-31 715
F.331	Titres à court terme	-267	2 399	197	-1 229	545	7 155	10 379	-4 931
F.332	Titres à long terme	-8 465	3 242	-10 552	1 547	14 966	2 681	23 453	-26 784
F.34	Produits financiers dérivés	0	0	0	0	0	0	0	0
F.4	**Crédits**	**14 123**	**-4 126**	**36 365**	**32 969**	**-6 900**	**-31 731**	**3 275**	**4 781**
F.41	Crédits à court terme	153	382	-544	-61	-5	141	-161	64
F.42	Crédits à long terme	13 971	-4 508	36 910	33 030	-6 896	-31 873	3 436	4 717
F.5	**Actions et autres participations**	**140 045**	**93 179**	**134 801**	**41 671**	**144 981**	**62 828**	**90 039**	**87 362**
F.51	Actions et autres participations, non compris parts d'O.P.C.	125 632	85 670	144 428	37 463	141 056	62 736	88 434	77 894
F.511	Actions cotées	-2 178	587	1 008	-69	580	-519	-364	-1 446
F.512	Actions non cotées	113 173	80 151	133 144	31 389	124 935	52 578	73 573	66 240
F.513	Autres participations	14 637	4 932	10 276	6 143	15 541	10 677	15 225	13 100
F.52	Parts d'organismes de placement collectif	14 413	7 509	-9 627	4 208	3 925	92	1 605	9 468
F.6	**Réserves techniques d'assurance**	**2 051**	**2 233**	**1 501**	**895**	**2 261**	**1 941**	**374**	**864**
F.61	Droits nets des ménages sur les réserves techniques	0	0	0	0	0	0	0	0
F.611	Sur les réserves d'assurance vie	..	..	..	..	..	..	..	..
F.612	Sur les fonds de pension	..	..	..	..	..	..	..	..
F.62	Réserves-primes et réserves-sinistres	2 051	2 233	1 501	895	2 261	1 941	374	864
F.7	**Autres comptes à recevoir**	**59 236**	**198 178**	**-52 766**	**71 711**	**131 618**	**834**	**111 410**	**-35 854**
F.71	Crédits commerciaux et avances	-944	40 947	47 016	6 844	53 677	-30 235	37 230	-40 247
F.79	Autres	60 180	157 231	-99 782	64 868	77 941	31 070	74 180	4 392
	Accroissement net des passifs	**305 951**	**480 781**	**173 968**	**131 841**	**372 170**	**112 099**	**255 440**	**95 784**
F.2	**Numéraire et dépôts**	**0**	**0**	**0**	**0**	**0**	**0**	**0**	**0**
F.21	Numéraire	..	..	..	..	..	..	..	..
F.22	Dépôts transférables	..	..	..	..	..	..	..	..
F.29	Autres dépôts	..	..	..	..	..	..	..	..
F.3	**Titres autres qu'actions**	**26 958**	**28 018**	**11 611**	**50 916**	**5 251**	**12 059**	**37 362**	**124 622**
F.33	Titres autres qu'actions, non compris produits financiers dérivés	26 958	28 018	11 611	50 916	5 251	12 059	37 362	124 622
F.331	Titres à court terme	-3 975	-98	5 791	94	-3 479	3 184	-1 429	-2 856
F.332	Titres à long terme	30 933	28 116	5 820	50 822	8 730	8 875	38 791	127 478
F.34	Produits financiers dérivés	0	0	0	0	0	0	0	0
F.4	**Crédits**	**154 168**	**310 176**	**323 072**	**-78 886**	**218 369**	**33 906**	**157 877**	**21 320**
F.41	Crédits à court terme	24 686	47 413	35 300	-40 889	-1 615	10 304	17 576	-6 061
F.42	Crédits à long terme	129 482	262 762	287 772	-37 997	219 985	23 603	140 302	27 381
F.5	**Actions et autres participations**	**42 564**	**-4 351**	**-4 246**	**39 986**	**78 291**	**71 719**	**18 751**	**11 669**
F.51	Actions et autres participations, non compris parts d'O.P.C.	42 564	-4 351	-4 246	39 986	78 291	71 719	18 751	11 669
F.511	Actions cotées	321	-18 804	-26 394	17 539	32 349	23 144	-4 468	1 199
F.512	Actions non cotées	32 934	9 931	10 483	8 848	36 224	40 140	21 604	-3 606
F.513	Autres participations	9 309	4 521	11 665	13 599	9 718	8 435	1 615	14 076
F.52	Parts d'organismes de placement collectif	0	0	0	0	0	0	0	0
F.6	**Réserves techniques d'assurance**	**0**	**0**	**0**	**0**	**0**	**0**	**0**	**0**
F.61	Droits nets des ménages sur les réserves techniques	..	..	..	..	..	..	..	..
F.611	Sur les réserves d'assurance vie	..	..	..	..	..	..	..	..
F.612	Sur les fonds de pension	..	..	..	..	..	..	..	..
F.62	Réserves-primes et réserves-sinistres	..	..	..	..	..	..	..	..
F.7	**Autres comptes à payer**	**82 262**	**146 939**	**-156 468**	**119 825**	**70 258**	**-5 586**	**41 449**	**-61 827**
F.71	Crédits commerciaux et avances	11 033	2 990	-3 771	80 176	-27 552	-26 130	1 319	-8 373
F.79	Autres	71 229	143 949	-152 697	39 649	97 810	20 544	40 130	-53 454
	Opérations financières nettes	**-3 031**	**-94 931**	**-94 106**	**29 704**	**-42 278**	**-49 456**	**4 029**	**-49 252**

Note : Les métadonnées détaillées sont disponibles sur :http://metalinks.oecd.org/faiiia/20150126/9c8a

NORVÈGE

Tableau 2.3.a. Flux consolidés, Secteur S12 - Sociétés financières
SCN 1993

Millions NOK

		2006	2007	2008	2009	2010	2011	2012	2013
	Acquisition nette d'actifs financiers	**654 560**	**679 912**	**617 852**	**183 188**	**322 764**	**484 991**	**368 458**	**211 337**
F.1	**Or monétaire et DTS**	**752**	**-827**	**1 060**	**-1 214**	**-31**	**-470**	**-1 136**	**1 054**
F.2	**Numéraire et dépôts**	**87 431**	**58 550**	**183 533**	**-92 411**	**-29 994**	**197 382**	**57 207**	**-140 894**
F.21	Numéraire	9	-13	111	-122	4	19	10	-4
F.22	Dépôts transférables	4 567	12 070	41 192	-34 697	-6 911	14 113	-9 678	8 604
F.29	Autres dépôts	82 856	46 492	142 230	-57 592	-23 088	183 249	66 875	-149 494
F.3	**Titres autres qu'actions**	**110 454**	**5 827**	**109 873**	**184 519**	**-6 311**	**-2 519**	**77 631**	**89 610**
F.33	Titres autres qu'actions, non compris produits financiers dérivés	110 454	5 827	109 873	184 519	-6 311	-2 519	77 631	89 610
F.331	Titres à court terme	-14 345	2 713	69 926	163 433	-36 289	-53 311	-19 378	-20 614
F.332	Titres à long terme	124 799	3 115	39 946	21 086	29 978	50 792	97 008	110 224
F.34	Produits financiers dérivés	0	0	0	0	0	0	0	0
F.4	**Crédits**	**338 774**	**423 970**	**320 423**	**49 743**	**234 246**	**216 097**	**197 142**	**299 398**
F.41	Crédits à court terme	43 820	78 313	-41 971	-44 735	15 269	-21 258	31 203	144 859
F.42	Crédits à long terme	294 953	345 657	362 394	94 479	218 976	237 356	165 939	154 539
F.5	**Actions et autres participations**	**60 646**	**52 921**	**-18 860**	**68 421**	**70 980**	**14 648**	**6 884**	**-9 453**
F.51	Actions et autres participations, non compris parts d'O.P.C.	51 894	58 918	-11 359	72 418	68 910	12 811	9 540	-15 597
F.511	Actions cotées	43 172	28 924	-29 953	81 099	37 201	-12 478	7 496	-12 531
F.512	Actions non cotées	12 802	29 899	10 940	-4 733	34 834	25 266	1 001	-3 494
F.513	Autres participations	-4 080	95	7 655	-3 949	-3 124	23	1 043	428
F.52	Parts d'organismes de placement collectif	8 752	-5 997	-7 501	-3 997	2 070	1 837	-2 656	6 144
F.6	**Réserves techniques d'assurance**	**0**	**5 641**	**3 408**	**-1 245**	**-32**	**-687**	**739**	**-816**
F.61	Droits nets des ménages sur les réserves techniques	..	0	0	0	0	0	0	0
F.611	Sur les réserves d'assurance vie	..	..	..	..	..	..	..	..
F.612	Sur les fonds de pension	..	..	..	..	..	..	..	..
F.62	Réserves-primes et réserves-sinistres	..	5 641	3 408	-1 245	-32	-687	739	-816
F.7	**Autres comptes à recevoir**	**56 503**	**133 831**	**18 416**	**-24 624**	**53 906**	**60 541**	**29 992**	**-27 563**
F.71	Crédits commerciaux et avances	490	-458	57	43	-503	-52	966	873
F.79	Autres	56 013	134 289	18 359	-24 667	54 409	60 593	29 026	-28 436
	Accroissement net des passifs	**627 781**	**641 440**	**577 377**	**191 613**	**254 594**	**413 762**	**343 320**	**168 047**
F.2	**Numéraire et dépôts**	**334 688**	**281 343**	**277 778**	**75 513**	**12 492**	**230 184**	**149 795**	**49 835**
F.21	Numéraire	1 706	1 255	-299	-824	315	183	-584	59
F.22	Dépôts transférables	211 614	84 904	90 857	-67 819	51 654	-7 305	60 747	-12 244
F.29	Autres dépôts	121 369	195 183	187 222	144 157	-39 478	237 306	89 633	62 018
F.3	**Titres autres qu'actions**	**151 669**	**166 553**	**121 575**	**4 916**	**147 535**	**118 786**	**81 750**	**-24 182**
F.33	Titres autres qu'actions, non compris produits financiers dérivés	151 669	166 553	121 575	4 916	147 535	118 786	81 750	-24 182
F.331	Titres à court terme	-2 371	61 876	29 656	-28 856	-17 957	20 703	29 636	-37 259
F.332	Titres à long terme	154 040	104 678	91 919	33 772	165 492	98 083	52 114	13 077
F.34	Produits financiers dérivés	0	0	0	0	0	0	0	0
F.4	**Crédits**	**55 296**	**9 563**	**61 294**	**71 020**	**1 084**	**-84 251**	**-7 650**	**2 643**
F.41	Crédits à court terme	35 882	2 901	-63 133	-14 269	7 147	-11 310	-3 890	12 623
F.42	Crédits à long terme	19 414	6 662	124 427	85 290	-6 064	-72 940	-3 760	-9 980
F.5	**Actions et autres participations**	**21 009**	**56 265**	**-21 499**	**54 633**	**32 293**	**4 158**	**17 477**	**25 897**
F.51	Actions et autres participations, non compris parts d'O.P.C.	13 274	38 294	376	21 279	25 483	5 656	10 595	10 577
F.511	Actions cotées	-1 585	7 614	-303	13 612	3 197	372	2 192	62
F.512	Actions non cotées	14 943	26 050	-866	4 793	15 485	2 134	5 021	9 053
F.513	Autres participations	-84	4 630	1 546	2 874	6 801	3 150	3 382	1 462
F.52	Parts d'organismes de placement collectif	7 735	17 971	-21 875	33 354	6 810	-1 498	6 882	15 320
F.6	**Réserves techniques d'assurance**	**59 344**	**53 138**	**50 650**	**62 695**	**62 962**	**61 101**	**66 765**	**80 234**
F.61	Droits nets des ménages sur les réserves techniques	52 069	39 384	47 744	62 055	58 590	55 645	63 629	76 182
F.611	Sur les réserves d'assurance vie	1 257	132	-20 877	4 073	-2 890	-2 753	-3 524	8 340
F.612	Sur les fonds de pension	50 812	39 252	68 621	57 982	61 479	58 398	67 153	67 842
F.62	Réserves-primes et réserves-sinistres	7 274	13 754	2 906	640	4 373	5 456	3 136	4 052
F.7	**Autres comptes à payer**	**5 775**	**74 578**	**87 578**	**-77 163**	**-1 772**	**83 785**	**35 185**	**33 622**
F.71	Crédits commerciaux et avances	256	301	77	458	162	712	495	2 610
F.79	Autres	5 518	74 276	87 501	-77 621	-1 933	83 073	34 690	31 011
	Opérations financières nettes	**26 779**	**38 472**	**40 475**	**-8 425**	**68 170**	**71 229**	**25 137**	**43 289**

Note : Les métadonnées détaillées sont disponibles sur :http://metalinks.oecd.org/faiiia/20150126/9c8a

NORVÈGE

Tableau 2.4.a. Flux consolidés, Secteur S13 - Administrations publiques
SCN 1993

Millions NOK

		2006	2007	2008	2009	2010	2011	2012	2013
	Acquisition nette d'actifs financiers	**749 387**	**482 448**	**299 035**	**60 043**	**378 849**	**38 921**	**496 561**	**414 589**
F.1	**Or monétaire et DTS**	..	..	..	..	..	..	..	..
F.2	**Numéraire et dépôts**	**56 598**	**360**	**-15 992**	**-15 254**	**9 925**	**-50 067**	**67 595**	**-45 600**
F.21	Numéraire	89	33	-24	302	-302	184	-42	2
F.22	Dépôts transférables	57 092	-1 512	-21 387	-9 464	5 563	-49 122	64 902	-43 605
F.29	Autres dépôts	-583	1 840	5 419	-6 093	4 664	-1 130	2 736	-1 997
F.3	**Titres autres qu'actions**	**533 178**	**58 195**	**200 668**	**-333 496**	**179 660**	**13 778**	**155 683**	**346 799**
F.33	Titres autres qu'actions, non compris produits financiers dérivés	533 178	58 195	200 668	-333 496	179 660	13 778	155 683	346 799
F.331	Titres à court terme	740	-3 774	-9 255	-1 372	-144	-284	47	728
F.332	Titres à long terme	532 438	61 969	209 923	-332 124	179 804	14 062	155 636	346 071
F.34	Produits financiers dérivés	0	0	0	0	0	0	0	0
F.4	**Crédits**	**65 259**	**139 943**	**-514 616**	**107 809**	**65 821**	**-196 284**	**32 569**	**79 130**
F.41	Crédits à court terme	65 525	131 505	-571 746	-72 783	63 326	-176 481	-17 389	22 797
F.42	Crédits à long terme	-266	8 438	57 130	180 592	2 495	-19 803	49 958	56 333
F.5	**Actions et autres participations**	**75 259**	**266 729**	**553 580**	**343 922**	**89 312**	**248 048**	**229 654**	**52 862**
F.51	Actions et autres participations, non compris parts d'O.P.C.	74 637	266 958	555 188	343 347	90 754	248 898	230 815	52 897
F.511	Actions cotées	65 851	255 000	554 628	325 563	79 728	243 637	228 263	33 429
F.512	Actions non cotées	2 060	7 019	-681	1 675	-1 242	-3 525	-74	4 299
F.513	Autres participations	6 726	4 939	1 241	16 109	12 268	8 786	2 626	15 169
F.52	Parts d'organismes de placement collectif	622	-229	-1 608	575	-1 442	-850	-1 161	-35
F.6	**Réserves techniques d'assurance**	**0**	**0**	**0**	**0**	**0**	**0**	**0**	**0**
F.61	Droits nets des ménages sur les réserves techniques	..	..	..	..	..	..	..	..
F.611	Sur les réserves d'assurance vie	..	..	..	..	..	..	..	..
F.612	Sur les fonds de pension	..	..	..	..	..	..	..	..
F.62	Réserves-primes et réserves-sinistres	..	..	..	..	..	..	..	..
F.7	**Autres comptes à recevoir**	**19 093**	**17 220**	**75 395**	**-42 937**	**34 131**	**23 446**	**11 060**	**-18 602**
F.71	Crédits commerciaux et avances	0	0	0	0	0	0	0	0
F.79	Autres	19 093	17 220	75 395	-42 937	34 131	23 446	11 060	-18 602
	Accroissement net des passifs	**360 359**	**84 050**	**-185 738**	**-186 687**	**92 090**	**-331 573**	**80 793**	**66 437**
F.2	**Numéraire et dépôts**	**0**	**0**	**0**	**0**	**0**	**0**	**0**	**0**
F.21	Numéraire	..	..	..	..	..	..	..	..
F.22	Dépôts transférables	..	..	..	..	..	..	..	..
F.29	Autres dépôts	..	..	..	..	..	..	..	..
F.3	**Titres autres qu'actions**	**21 342**	**-14 732**	**68 711**	**208 549**	**22 841**	**-81 178**	**56 100**	**-9 217**
F.33	Titres autres qu'actions, non compris produits financiers dérivés	21 342	-14 732	68 711	208 549	22 841	-81 178	56 100	-9 217
F.331	Titres à court terme	-3 277	-7 240	41 930	194 118	2 819	-60 861	-10 753	-27 150
F.332	Titres à long terme	24 619	-7 492	26 781	14 431	20 022	-20 317	66 853	17 933
F.34	Produits financiers dérivés	0	0	0	0	0	0	0	0
F.4	**Crédits**	**318 589**	**67 279**	**-281 743**	**-364 304**	**45 253**	**-234 498**	**20 072**	**61 362**
F.41	Crédits à court terme	303 297	47 022	-298 099	-359 037	21 113	-109 723	-204	43 084
F.42	Crédits à long terme	15 292	20 257	16 355	-5 266	24 140	-124 775	20 276	18 277
F.5	**Actions et autres participations**	**0**	**0**	**0**	**0**	**0**	**0**	**0**	**0**
F.51	Actions et autres participations, non compris parts d'O.P.C.	..	..	..	..	..	..	..	..
F.511	Actions cotées	..	..	..	..	..	..	..	..
F.512	Actions non cotées	..	..	..	..	..	..	..	..
F.513	Autres participations	..	..	..	..	..	..	..	..
F.52	Parts d'organismes de placement collectif	..	..	..	..	..	..	..	..
F.6	**Réserves techniques d'assurance**	**0**	**0**	**0**	**0**	**0**	**0**	**0**	**0**
F.61	Droits nets des ménages sur les réserves techniques	..	..	..	..	..	..	..	..
F.611	Sur les réserves d'assurance vie	..	..	..	..	..	..	..	..
F.612	Sur les fonds de pension	..	..	..	..	..	..	..	..
F.62	Réserves-primes et réserves-sinistres	..	..	..	..	..	..	..	..
F.7	**Autres comptes à payer**	**20 428**	**31 502**	**27 294**	**-30 933**	**23 995**	**-15 898**	**4 621**	**14 292**
F.71	Crédits commerciaux et avances	0	0	0	0	0	0	0	0
F.79	Autres	20 428	31 502	27 294	-30 933	23 995	-15 898	4 621	14 292
	Opérations financières nettes	**389 028**	**398 398**	**484 773**	**246 730**	**286 760**	**370 494**	**415 768**	**348 152**

Note : Les métadonnées détaillées sont disponibles sur :http://metalinks.oecd.org/faiiia/20150126/9c8a

Tableau 2.5.a. Flux consolidés, Secteur S14-S15 - Ménages et ISBLSM
SCN 1993

Millions NOK

		2006	2007	2008	2009	2010	2011	2012	2013
	Acquisition nette d'actifs financiers	**135 943**	**145 170**	**101 530**	**124 960**	**135 006**	**143 974**	**158 915**	**149 386**
F.1	**Or monétaire et DTS**	..	..	..	..	..	..	..	..
F.2	**Numéraire et dépôts**	**56 466**	**63 807**	**63 130**	**22 887**	**42 146**	**67 515**	**63 845**	**54 714**
F.21	Numéraire	1 170	1 159	-327	-798	541	-800	-518	35
F.22	Dépôts transférables	23 500	15 055	-5 691	20 912	8 317	19 336	-12 242	2 012
F.29	Autres dépôts	31 796	47 593	69 148	2 774	33 289	48 978	76 605	52 667
F.3	**Titres autres qu'actions**	**-2 110**	**-5 964**	**-6 193**	**-1 840**	**-1 849**	**-1 054**	**515**	**-1 317**
F.33	Titres autres qu'actions, non compris produits financiers dérivés	-2 110	-5 964	-6 193	-1 840	-1 849	-1 054	515	-1 317
F.331	Titres à court terme	33	-1 950	770	1 321	-369	289	-445	-239
F.332	Titres à long terme	-2 143	-4 014	-6 963	-3 161	-1 480	-1 343	960	-1 078
F.34	Produits financiers dérivés	0	0	0	0	0	0	0	0
F.4	**Crédits**	**-4 394**	**-1 112**	**-2 853**	**-3 759**	**-3 026**	**-1 438**	**3 132**	**1 532**
F.41	Crédits à court terme	-15	-73	244	-229	-53	-6	4	-4
F.42	Crédits à long terme	-4 379	-1 039	-3 097	-3 531	-2 974	-1 432	3 128	1 536
F.5	**Actions et autres participations**	**-9 673**	**4 501**	**-9 377**	**20 337**	**10 788**	**-7 044**	**-2 690**	**-17 861**
F.51	Actions et autres participations, non compris parts d'O.P.C.	4 753	5 900	5 354	8 426	10 289	-3 188	-881	-20 608
F.511	Actions cotées	-6 671	-5 558	8 188	11 052	6 632	-1 947	789	-3 116
F.512	Actions non cotées	9 737	8 661	-4 685	-5 633	-1 953	-3 182	-2 712	-17 668
F.513	Autres participations	1 687	2 797	1 851	3 007	5 610	1 941	1 042	176
F.52	Parts d'organismes de placement collectif	-14 426	-1 399	-14 731	11 911	499	-3 856	-1 809	2 747
F.6	**Réserves techniques d'assurance**	**55 929**	**43 654**	**46 812**	**63 614**	**62 881**	**59 518**	**64 449**	**78 133**
F.61	Droits nets des ménages sur les réserves techniques	52 069	39 452	47 257	61 803	58 551	55 714	63 649	76 194
F.611	Sur les réserves d'assurance vie	1 257	200	-21 364	3 821	-2 929	-2 684	-3 504	8 352
F.612	Sur les fonds de pension	50 812	39 252	68 621	57 982	61 479	58 398	67 153	67 842
F.62	Réserves-primes et réserves-sinistres	3 860	4 202	-446	1 811	4 330	3 804	799	1 939
F.7	**Autres comptes à recevoir**	**39 724**	**40 284**	**10 012**	**23 721**	**24 066**	**26 477**	**29 664**	**34 185**
F.71	Crédits commerciaux et avances	-38	-41	-37	-3	0	0	0	0
F.79	Autres	39 762	40 325	10 049	23 724	24 066	26 477	29 664	34 185
	Accroissement net des passifs	**191 814**	**200 617**	**125 499**	**115 027**	**146 040**	**165 852**	**188 203**	**173 532**
F.2	**Numéraire et dépôts**	**0**	**0**	**0**	**0**	**0**	**0**	**0**	**0**
F.21	Numéraire	..	..	..	..	..	..	..	..
F.22	Dépôts transférables	..	..	..	..	..	..	..	..
F.29	Autres dépôts	..	..	..	..	..	..	..	..
F.3	**Titres autres qu'actions**	**3**	**508**	**181**	**-51**	**0**	**0**	**0**	**0**
F.33	Titres autres qu'actions, non compris produits financiers dérivés	3	508	181	-51	0	0	0	0
F.331	Titres à court terme	12	176	179	-16	..	..	..	..
F.332	Titres à long terme	-9	332	2	-35	0	0	0	0
F.34	Produits financiers dérivés	0	0	0	0	0	0	0	0
F.4	**Crédits**	**183 854**	**183 254**	**128 241**	**122 050**	**136 415**	**155 060**	**182 791**	**170 768**
F.41	Crédits à court terme	7 630	4 865	5 239	1 562	3 014	1 197	5 229	3 778
F.42	Crédits à long terme	176 224	178 390	123 002	120 488	133 401	153 863	177 562	166 989
F.5	**Actions et autres participations**	**0**	**0**	**0**	**0**	**0**	**0**	**0**	**0**
F.51	Actions et autres participations, non compris parts d'O.P.C.	..	..	..	..	..	..	..	..
F.511	Actions cotées	..	..	..	..	..	..	..	..
F.512	Actions non cotées	..	..	..	..	..	..	..	..
F.513	Autres participations	..	..	..	..	..	..	..	..
F.52	Parts d'organismes de placement collectif	..	..	..	..	..	..	..	..
F.6	**Réserves techniques d'assurance**	**0**	**0**	**0**	**0**	**0**	**0**	**0**	**0**
F.61	Droits nets des ménages sur les réserves techniques	..	..	..	..	..	..	..	..
F.611	Sur les réserves d'assurance vie	..	..	..	..	..	..	..	..
F.612	Sur les fonds de pension	..	..	..	..	..	..	..	..
F.62	Réserves-primes et réserves-sinistres	..	..	..	..	..	..	..	..
F.7	**Autres comptes à payer**	**7 958**	**16 854**	**-2 923**	**-6 972**	**9 625**	**10 792**	**5 412**	**2 765**
F.71	Crédits commerciaux et avances	-13	0	-1	0	0	0	0	0
F.79	Autres	7 971	16 854	-2 922	-6 972	9 625	10 792	5 412	2 765
	Opérations financières nettes	**-55 872**	**-55 447**	**-23 969**	**9 933**	**-11 034**	**-21 878**	**-29 289**	**-24 146**

Note : Les métadonnées détaillées sont disponibles sur :http://metalinks.oecd.org/faiiia/20150126/9c8a

NORVÈGE

Tableau 2.6.b. Flux non consolidés, Secteur S2 - Reste du monde

SCN 1993

Millions NOK

		2006	2007	2008	2009	2010	2011	2012	2013
	Acquisition nette d'actifs financiers	**784 070**	**646 424**	**406 092**	**-493 711**	**353 612**	**105 299**	**265 978**	**240 674**
F.1	**Or monétaire et DTS**	**-752**	**827**	**-1 060**	**1 214**	**31**	**470**	**1 136**	**-1 054**
F.2	**Numéraire et dépôts**	**110 157**	**137 625**	**228 349**	**49 924**	**-71 965**	**198 064**	**4 424**	**14 964**
F.21	Numéraire	0	0	0	0	0	0	0	0
F.22	Dépôts transférables	36 278	25 665	118 377	-58 999	3 831	13 644	-708	19 863
F.29	Autres dépôts	73 879	111 960	109 972	108 923	-75 796	184 420	5 132	-4 899
F.3	**Titres autres qu'actions**	**200 511**	**216 625**	**168 853**	**24 814**	**204 320**	**106 180**	**124 298**	**104 584**
F.33	Titres autres qu'actions, non compris produits financiers dérivés	200 511	216 625	168 853	24 814	204 320	106 180	124 298	104 584
F.331	Titres à court terme	4 651	64 878	35 114	-14 930	21 844	3 898	16 661	-40 045
F.332	Titres à long terme	195 860	151 747	133 739	39 744	182 476	102 282	107 637	144 629
F.34	Produits financiers dérivés	0	0	0	0	0	0	0	0
F.4	**Crédits**	**395 908**	**188 966**	**-127 744**	**-528 490**	**208 973**	**-311 698**	**111 697**	**49 495**
F.41	Crédits à court terme	333 292	45 678	-346 888	-375 294	33 731	-122 216	-1 767	56 070
F.42	Crédits à long terme	62 616	143 288	219 144	-153 196	175 242	-189 482	113 464	-6 575
F.5	**Actions et autres participations**	**54 351**	**27 385**	**-46 857**	**40 947**	**45 450**	**75 791**	**34 965**	**36 861**
F.51	Actions et autres participations, non compris parts d'O.P.C.	47 628	15 180	-49 611	24 592	41 933	73 409	27 421	32 973
F.511	Actions cotées	23 883	9 417	-56 473	4 657	19 225	33 748	-866	6 730
F.512	Actions non cotées	23 745	5 763	6 862	19 935	22 708	39 661	28 287	26 243
F.513	Autres participations	0	0	0	0	0	0	0	0
F.52	Parts d'organismes de placement collectif	6 723	12 205	2 754	16 355	3 517	2 382	7 544	3 888
F.6	**Réserves techniques d'assurance**	**1 363**	**7 251**	**2 338**	**-1 815**	**-2 180**	**-358**	**1 943**	**1 237**
F.61	Droits nets des ménages sur les réserves techniques	0	-68	487	252	39	-69	-20	-12
F.611	Sur les réserves d'assurance vie	0	-68	487	252	39	-69	-20	-12
F.612	Sur les fonds de pension	0	0	0	0	0	0	0	0
F.62	Réserves-primes et réserves-sinistres	1 363	7 319	1 851	-2 067	-2 219	-289	1 963	1 249
F.7	**Autres comptes à recevoir**	**22 532**	**67 745**	**182 214**	**-80 306**	**-31 017**	**36 850**	**-12 485**	**34 587**
F.71	Crédits commerciaux et avances	10 975	2 992	-3 970	80 177	-27 547	-26 112	1 396	-8 402
F.79	Autres	11 557	64 753	186 184	-160 483	-3 470	62 962	-13 881	42 989
	Accroissement net des passifs	**1 140 975**	**932 916**	**813 265**	**-215 769**	**655 229**	**475 689**	**681 624**	**558 717**
F.2	**Numéraire et dépôts**	**72 160**	**69 745**	**151 558**	**-96 387**	**-19 958**	**201 644**	**63 815**	**-145 555**
F.21	Numéraire	9	-13	111	-122	4	19	10	-4
F.22	Dépôts transférables	-9 756	23 287	6 495	-32 654	2 656	17 675	-641	4 617
F.29	Autres dépôts	81 907	46 471	144 952	-63 611	-22 618	183 950	64 446	-150 168
F.3	**Titres autres qu'actions**	**633 329**	**99 976**	**260 767**	**-390 015**	**215 704**	**76 554**	**216 747**	**416 738**
F.33	Titres autres qu'actions, non compris produits financiers dérivés	633 329	99 976	260 767	-390 015	215 704	76 554	216 747	416 738
F.331	Titres à court terme	423	9 552	19 196	-18 117	4 204	-5 279	-10 190	2 164
F.332	Titres à long terme	632 906	90 424	241 571	-371 898	211 500	81 833	226 937	414 574
F.34	Produits financiers dérivés	0	0	0	0	0	0	0	0
F.4	**Crédits**	**97 764**	**177 369**	**-519 289**	**-91 609**	**97 991**	**-195 271**	**-5 276**	**178 243**
F.41	Crédits à court terme	71 281	153 604	-640 213	-80 468	82 610	-210 287	-6 820	170 361
F.42	Crédits à long terme	26 483	23 765	120 924	-11 141	15 381	15 016	1 544	7 882
F.5	**Actions et autres participations**	**257 055**	**392 801**	**639 032**	**420 679**	**250 927**	**318 394**	**322 624**	**112 205**
F.51	Actions et autres participations, non compris parts d'O.P.C.	248 706	398 683	647 870	424 981	249 168	317 291	325 983	105 313
F.511	Actions cotées	125 321	299 560	504 095	391 151	107 820	238 925	237 594	21 805
F.512	Actions non cotées	113 640	95 512	135 963	28 992	127 573	68 524	73 450	70 173
F.513	Autres participations	9 745	3 611	7 812	4 838	13 775	9 842	14 939	13 335
F.52	Parts d'organismes de placement collectif	8 349	-5 882	-8 838	-4 302	1 759	1 103	-3 359	6 892
F.6	**Réserves techniques d'assurance**	**0**	**5 641**	**3 408**	**-1 245**	**-32**	**-687**	**739**	**-816**
F.61	Droits nets des ménages sur les réserves techniques	0	0	0	0	0	0	0	0
F.611	Sur les réserves d'assurance vie	..	..	..	..	..	..	..	..
F.612	Sur les fonds de pension	..	..	..	..	..	..	..	..
F.62	Réserves-primes et réserves-sinistres	0	5 641	3 408	-1 245	-32	-687	739	-816
F.7	**Autres comptes à payer**	**80 667**	**187 384**	**277 789**	**-57 193**	**110 597**	**75 055**	**82 974**	**-2 098**
F.71	Crédits commerciaux et avances	-793	40 149	46 761	6 427	53 017	-30 981	37 778	-42 013
F.79	Autres	81 460	147 235	231 028	-63 620	57 580	106 036	45 196	39 915
	Opérations financières nettes	**-356 905**	**-286 492**	**-407 173**	**-277 942**	**-301 617**	**-370 390**	**-415 646**	**-318 043**

Note : Les métadonnées détaillées sont disponibles sur :http://metalinks.oecd.org/faiiia/20150126/6cb3

POLOGNE

Tableau 1.a. Flux consolidés, par instrument et par secteur, Année 2013
SCN 2008

Millions PLN

		Sociétés financières					
		Total S12	Institutions financières monétaires S121-2-3	Fonds d'investissements non monétaires S124	Autres institutions financières, hors S124 S125-6-7	Sociétés d'assurance et fonds de pension SS128-9	Sociétés financières publiques S1201
	Acquisition nette d'actifs financiers	**69 304**	**45 034**	**35 107**	**-6 918**	**24 339**	..
F.1	**Or monétaire et DTS**	**-304**	**-304**	**0**	**0**	**0**	..
F.11	Or monétaire	0	0	0	0	0	..
F.12	Droits de tirage spéciaux (DTS)	-304	-304	0	0	0	..
F.2	**Numéraire et dépôts**	**1 308**	**902**	**6 522**	**-2 559**	**-3 703**	..
F.21	Numéraire	-264	-251	0	-7	0	..
F.22	Dépôts transférables	-2 751	-3 172	2 162	-251	215	..
F.29	Autres dépôts	4 322	4 325	4 360	-2 302	-3 918	..
F.3	**Titres de dette**	**17 064**	**9 250**	**10 722**	**-61**	**-811**	..
F.3S	Titres de dette à court terme	-17 279	-14 882	-82	-1 104	-1 857	..
F.3L	Titres de dette à long terme	34 343	24 132	10 804	1 043	1 046	..
F.4	**Crédits**	**33 849**	**39 016**	**533**	**1 020**	**1 692**	..
F.4S	Crédits à court terme	2 218	5 904	41	-338	1 213	..
F.4L	Crédits à long terme	31 632	33 112	493	1 358	479	..
F.5	**Actions et parts de fonds d'investissement**	**17 990**	**-3 071**	**15 990**	**-2 787**	**25 435**	..
F.51	Actions	16 436	-3 545	14 840	-3 788	18 158	..
F.511	Actions cotées	17 375	-500	6 563	229	20 962	..
F.512	Actions non cotées	-3 222	-3 096	5 951	-3 958	-2 804	..
F.519	Autres participations	2 283	51	2 326	-59	0	..
F.52	Parts de fonds d'investissement	1 554	474	1 149	1 001	7 277	..
F.521	Parts de fonds d'investissement monétaires	..	..	..	..	..	..
F.522	Autres parts de fonds d'investissement	..	..	..	..	..	..
F.6	**Systèmes d'assurance, de pensions et garanties standard**	**-753**	**11**	**0**	**-24**	**-753**	..
F.61	Réserves techniques d'assurance-dommages	-753	11	0	-24	-753	..
F.62	Droits sur les assurances-vie et rentes	0	0	0	0	0	..
F.6M	Dts à pension, gérants, prestations hors retraite	0	0	0	0	0	..
F.63	Droits à pension	..	..	..	..	..	..
F.64	Dts des fonds de pension sur gérants des systèmes de pension	..	..	..	..	..	..
F.65	Droits à prestations hors retraite	..	..	..	..	..	..
F.66	Réserves pour appels dans le cadre de garanties standard	0	0	0	0	0	..
F.7	**Produits financiers dérivés et options sur titres des salariés**	**-2 950**	**-1 432**	**-1 313**	**68**	**-61**	..
F.71	Produits financiers dérivés	..	..	..	..	..	..
F.72	Options sur titres des salariés	..	..	..	..	..	..
F.8	**Autres comptes à recevoir**	**3 099**	**662**	**2 654**	**-2 576**	**2 540**	..
F.81	Crédits commerciaux et avances	-1 162	0	0	-1 326	164	..
F.89	Autres comptes à recevoir, hors crédits commerciaux et avances	4 261	662	2 654	-1 250	2 376	..
	Accroissement net des passifs	**95 348**	**55 703**	**38 963**	**4 390**	**24 549**	..
F.1	**Or monétaire et DTS**	**-4**	**-4**	**0**	**0**	**0**	..
F.11	Or monétaire	..	..	..	..	..	..
F.12	Droits de tirage spéciaux (DTS)	-4	-4	0	0	0	..
F.2	**Numéraire et dépôts**	**53 023**	**52 876**	**0**	**0**	**0**	..
F.21	Numéraire	11 913	11 919	0	0	0	..
F.22	Dépôts transférables	61 361	63 066	0	0	0	..
F.29	Autres dépôts	-20 251	-22 109	0	0	0	..
F.3	**Titres de dette**	**387**	**2 177**	**0**	**245**	**0**	..
F.3S	Titres de dette à court terme	934	593	0	-304	0	..
F.3L	Titres de dette à long terme	-547	1 584	0	549	0	..
F.4	**Crédits**	**-5 764**	**-4 048**	**2 549**	**4 800**	**-652**	..
F.4S	Crédits à court terme	-1 064	0	2 524	960	54	..
F.4L	Crédits à long terme	-4 701	-4 048	25	3 839	-707	..
F.5	**Actions et parts de fonds d'investissement**	**20 496**	**7 071**	**29 440**	**1 450**	**111**	..
F.51	Actions	-596	7 071	0	1 450	111	..
F.511	Actions cotées	-3 909	5 852	0	409	-291	..
F.512	Actions non cotées	2 137	1 227	0	-173	398	..
F.519	Autres participations	1 176	-8	0	1 214	4	..
F.52	Parts de fonds d'investissement	21 092	0	29 440	0	0	..
F.521	Parts de fonds d'investissement monétaires	..	..	..	..	..	..
F.522	Autres parts de fonds d'investissement	..	..	..	..	..	..
F.6	**Systèmes d'assurance, de pensions et garanties standard**	**27 493**	**120**	**258**	**141**	**26 962**	..
F.61	Réserves techniques d'assurance-dommages	3 378	0	0	0	3 365	..
F.62	Droits sur les assurances-vie et rentes	1 949	0	0	0	1 949	..
F.6M	Dts à pension, gérants de syst. de pension, hors retraite	22 166	120	258	141	21 648	..
F.63	Droits à pension	..	..	..	..	..	..
F.64	Dts des fonds de pension sur gérants des systèmes de pension	..	..	..	..	..	..
F.65	Droits à prestations hors retraite	..	..	..	..	..	..
F.66	Réserves pour appels dans le cadre de garanties standard	0	0	0	0	0	..
F.7	**Produits financiers dérivés et options sur titres des salariés**	**-842**	**-118**	**-512**	**0**	**0**	..
F.71	Produits financiers dérivés	..	..	..	..	..	..
F.72	Options sur titres des salariés	..	..	..	..	..	..
F.8	**Autres comptes à payer**	**558**	**-2 371**	**7 228**	**-2 245**	**-1 872**	..
F.81	Crédits commerciaux et avances	-1 183	0	0	-817	-366	..
F.89	Autres comptes à payer, hors des crédits commerciaux et avances	1 741	-2 371	7 228	-1 429	-1 506	..
	Opérations financières nettes	**-26 044**	**-10 669**	**-3 856**	**-11 308**	**-210**	..

Tableau 1.a. Flux consolidés, par instrument et par secteur, Année 2013 (cont.)

SCN 2008

Millions PLN

		Sociétés non financières	Administrations publiques		Ménages et ISBLSM	Economie totale	Reste du monde
			Total	Administration centrale			
		S11	S13	S1311	S14+S15	S1	S2
	Acquisition nette d'actifs financiers	**10 739**	**-18 531**	**-11 811**	**105 932**	**167 444**	**53 139**
F.1	**Or monétaire et DTS**	**0**	**0**	**0**	**0**	**-304**	**-4**
F.11	Or monétaire	0	0	0	0	0	0
F.12	Droits de tirage spéciaux (DTS)	0	0	0	0	-304	-4
F.2	**Numéraire et dépôts**	**17 584**	**-17 196**	**-16 298**	**45 239**	**46 934**	**6 665**
F.21	Numéraire	374	0	6	11 568	11 678	0
F.22	Dépôts transférables	12 689	4 427	4 572	42 774	57 140	772
F.29	Autres dépôts	4 521	-21 624	-20 876	-9 104	-21 885	5 892
F.3	**Titres de dette**	**2 498**	**881**	**2 007**	**-4 726**	**15 717**	**28 985**
F.3S	Titres de dette à court terme	253	925	2 068	6	-16 095	-2 046
F.3L	Titres de dette à long terme	2 245	-44	-61	-4 732	31 812	31 031
F.4	**Crédits**	**-12 838**	**-12**	**11 729**	**823**	**21 823**	**13 974**
F.4S	Crédits à court terme	-291	-72	-62	-127	1 728	-715
F.4L	Crédits à long terme	-12 547	60	11 791	950	20 095	14 689
F.5	**Actions et parts de fonds d'investissement**	**-5 042**	**-9 603**	**-9 225**	**38 993**	**42 338**	**5 051**
F.51	Actions	-8 876	-9 603	-9 225	26 594	24 552	-58
F.511	Actions cotées	-8 852	-18 117	-20 195	3 353	-6 240	-113
F.512	Actions non cotées	574	10 835	12 761	-12 144	-3 958	6 803
F.519	Autres participations	-598	-2 321	-1 791	35 385	34 750	-6 748
F.52	Parts de fonds d'investissement	3 834	0	0	12 399	17 786	5 109
F.521	Parts de fonds d'investissement monétaires	..	..	..	..	..	..
F.522	Autres parts de fonds d'investissement	..	..	..	..	..	..
F.6	**Systèmes d'assurance, de pensions et garanties standard**	**2 215**	**44**	**37**	**25 260**	**26 766**	**0**
F.61	Réserves techniques d'assurance-dommages	2 189	44	37	1 145	2 625	0
F.62	Droits sur les assurances-vie et rentes	0	0	0	1 949	1 949	0
F.6M	Dts à pension, gérants, prestations hors retraite	0	0	0	22 166	22 166	0
F.63	Droits à pension	..	..	..	..	..	..
F.64	Dts des fonds de pension sur gérants des systèmes de pension	..	..	..	..	..	..
F.65	Droits à prestations hors retraite	..	..	..	..	..	..
F.66	Réserves pour appels dans le cadre de garanties standard	26	0	0	0	26	0
F.7	**Produits financiers dérivés et options sur titres des salariés**	**-51**	**-16**	**-16**	**0**	**-3 017**	**-1 155**
F.71	Produits financiers dérivés	..	..	..	..	..	..
F.72	Options sur titres des salariés	..	..	..	..	..	..
F.8	**Autres comptes à recevoir**	**6 374**	**7 371**	**-45**	**343**	**17 187**	**-377**
F.81	Crédits commerciaux et avances	2 436	2 334	-2	6	3 614	-157
F.89	Autres comptes à recevoir, hors crédits commerciaux et avances	3 938	5 037	-43	337	13 573	-220
	Accroissement net des passifs	**56 464**	**48 867**	**47 038**	**25 765**	**226 443**	**-5 861**
F.1	**Or monétaire et DTS**	**0**	**0**	**0**	**0**	**-4**	**-304**
F.11	Or monétaire	..	..	..	..	..	..
F.12	Droits de tirage spéciaux (DTS)	0	0	0	0	-4	-304
F.2	**Numéraire et dépôts**	**0**	**0**	**-30**	**0**	**53 023**	**575**
F.21	Numéraire	0	0	0	0	11 913	-235
F.22	Dépôts transférables	0	0	0	0	61 361	-3 449
F.29	Autres dépôts	0	0	-30	0	-20 251	4 259
F.3	**Titres de dette**	**10 248**	**34 546**	**35 251**	**0**	**45 181**	**-479**
F.3S	Titres de dette à court terme	-6 451	-5 245	-5 454	0	-10 761	-7 380
F.3L	Titres de dette à long terme	16 699	39 791	40 705	0	55 942	6 901
F.4	**Crédits**	**12 300**	**12 337**	**12 040**	**25 906**	**44 778**	**-8 981**
F.4S	Crédits à court terme	-2 666	-105	83	933	-2 902	3 915
F.4L	Crédits à long terme	14 966	12 442	11 957	24 973	47 680	-12 896
F.5	**Actions et parts de fonds d'investissement**	**21 324**	**0**	**0**	**0**	**41 819**	**5 570**
F.51	Actions	21 324	0	0	0	20 727	3 766
F.511	Actions cotées	-114	0	0	0	-4 024	-2 330
F.512	Actions non cotées	-4 138	0	0	0	-2 001	4 847
F.519	Autres participations	25 576	0	0	0	26 752	1 250
F.52	Parts de fonds d'investissement	0	0	0	0	21 092	1 803
F.521	Parts de fonds d'investissement monétaires	..	..	..	..	..	..
F.522	Autres parts de fonds d'investissement	..	..	..	..	..	..
F.6	**Systèmes d'assurance, de pensions et garanties standard**	**0**	**26**	**26**	**0**	**27 519**	**-753**
F.61	Réserves techniques d'assurance-dommages	0	0	0	0	3 378	-753
F.62	Droits sur les assurances-vie et rentes	0	0	0	0	1 949	0
F.6M	Dts à pension, gérants de syst. de pension, hors retraite	0	0	0	0	22 166	0
F.63	Droits à pension	..	..	..	..	..	..
F.64	Dts des fonds de pension sur gérants des systèmes de pension	..	..	..	..	..	..
F.65	Droits à prestations hors retraite	..	..	..	..	..	..
F.66	Réserves pour appels dans le cadre de garanties standard	0	26	26	0	26	0
F.7	**Produits financiers dérivés et options sur titres des salariés**	**67**	**-5**	**-5**	**1**	**-779**	**-3 393**
F.71	Produits financiers dérivés	..	..	..	..	..	..
F.72	Options sur titres des salariés	..	..	..	..	..	..
F.8	**Autres comptes à payer**	**12 525**	**1 963**	**-244**	**-141**	**14 906**	**1 904**
F.81	Crédits commerciaux et avances	1 220	907	-9	1	946	2 511
F.89	Autres comptes à payer, hors des crédits commerciaux et avances	11 305	1 056	-235	-142	13 960	-607
	Opérations financières nettes	**-45 725**	**-67 398**	**-58 849**	**80 167**	**-59 000**	**59 000**

Note : Les métadonnées détaillées sont disponibles sur :http://metalinks.oecd.org/faiiia/20150126/4fb7

Tableau 1.b. Flux non consolidés, par instrument et par secteur, Année 2013
SCN 2008

Millions PLN

		Sociétés financières					
		Total S12	Institutions financières monétaires S121-2-3	Fonds d'investissements non monétaires S124	Autres institutions financières, hors S124 S125-6-7	Sociétés d'assurance et fonds de pension SS128-9	Sociétés financières publiques S1201
	Acquisition nette d'actifs financiers	**95 978**	**43 476**	**35 157**	**-7 137**	**24 484**	..
F.1	**Or monétaire et DTS**	**-304**	**-304**	**0**	**0**	**0**	..
F.11	Or monétaire	0	0	0	0	0	..
F.12	Droits de tirage spéciaux (DTS)	-304	-304	0	0	0	..
F.2	**Numéraire et dépôts**	**-7 523**	**-7 782**	**6 522**	**-2 559**	**-3 703**	..
F.21	Numéraire	292	299	0	-7	0	..
F.22	Dépôts transférables	-11 999	-14 125	2 162	-251	215	..
F.29	Autres dépôts	4 184	6 044	4 360	-2 302	-3 918	..
F.3	**Titres de dette**	**33 489**	**23 641**	**10 722**	**-63**	**-811**	..
F.3S	Titres de dette à court terme	-3 140	-98	-82	-1 103	-1 857	..
F.3L	Titres de dette à long terme	36 629	23 738	10 804	1 041	1 046	..
F.4	**Crédits**	**43 541**	**39 953**	**533**	**1 362**	**1 692**	..
F.4S	Crédits à court terme	6 991	5 904	41	-168	1 213	..
F.4L	Crédits à long terme	36 551	34 049	493	1 530	479	..
F.5	**Actions et parts de fonds d'investissement**	**30 066**	**-8 285**	**15 898**	**-3 138**	**25 591**	..
F.51	Actions	20 256	-8 759	14 840	-4 139	18 314	..
F.511	Actions cotées	22 424	-5 635	6 563	242	21 254	..
F.512	Actions non cotées	-4 497	-3 174	5 951	-4 333	-2 940	..
F.519	Autres participations	2 329	51	2 326	-48	0	..
F.52	Parts de fonds d'investissement	9 810	474	1 058	1 001	7 277	..
F.521	Parts de fonds d'investissement monétaires	..	..	..	..	..	..
F.522	Autres parts de fonds d'investissement	..	..	..	..	..	..
F.6	**Systèmes d'assurance, de pensions et garanties standard**	**-765**	**11**	**0**	**-24**	**-752**	..
F.61	Réserves techniques d'assurance-dommages	-765	11	0	-24	-752	..
F.62	Droits sur les assurances-vie et rentes	0	0	0	0	0	..
F.6M	Dts à pension, gérants de syst. de pension, hors retraite	0	0	0	0	0	..
F.63	Droits à pension	..	..	..	..	..	..
F.64	Dts des fonds de pension sur gérants des systèmes de pension	..	..	..	..	..	..
F.65	Droits à prestations hors retraite	..	..	..	..	..	..
F.66	Réserves pour appels dans le cadre de garanties standard	0	0	0	0	0	..
F.7	**Produits financiers dérivés et options sur titres des salariés**	**-5 667**	**-4 361**	**-1 313**	**68**	**-61**	..
F.71	Produits financiers dérivés	..	..	..	..	..	..
F.72	Options sur titres des salariés	..	..	..	..	..	..
F.8	**Autres comptes à recevoir**	**3 141**	**601**	**2 795**	**-2 784**	**2 528**	..
F.81	Crédits commerciaux et avances	-1 193	0	0	-1 357	164	..
F.89	Autres comptes à recevoir, hors crédits commerciaux et avances	4 334	601	2 795	-1 427	2 364	..
	Accroissement net des passifs	**122 022**	**54 145**	**39 013**	**4 170**	**24 694**	..
F.1	**Or monétaire et DTS**	**-4**	**-4**	**0**	**0**	**0**	..
F.11	Or monétaire	..	..	..	..	..	..
F.12	Droits de tirage spéciaux (DTS)	-4	-4	0	0	0	..
F.2	**Numéraire et dépôts**	**44 192**	**44 192**	**0**	**0**	**0**	..
F.21	Numéraire	12 469	12 469	0	0	0	..
F.22	Dépôts transférables	52 112	52 112	0	0	0	..
F.29	Autres dépôts	-20 389	-20 389	0	0	0	..
F.3	**Titres de dette**	**16 812**	**16 568**	**0**	**244**	**0**	..
F.3S	Titres de dette à court terme	15 074	15 378	0	-304	0	..
F.3L	Titres de dette à long terme	1 738	1 191	0	547	0	..
F.4	**Crédits**	**3 927**	**-3 111**	**2 549**	**5 141**	**-652**	..
F.4S	Crédits à court terme	3 709	0	2 524	1 131	54	..
F.4L	Crédits à long terme	218	-3 111	25	4 011	-707	..
F.5	**Actions et parts de fonds d'investissement**	**32 572**	**1 857**	**29 349**	**1 098**	**267**	..
F.51	Actions	3 223	1 857	0	1 098	267	..
F.511	Actions cotées	1 139	717	0	421	1	..
F.512	Actions non cotées	863	1 148	0	-548	262	..
F.519	Autres participations	1 221	-8	0	1 225	4	..
F.52	Parts de fonds d'investissement	29 349	0	29 349	0	0	..
F.521	Parts de fonds d'investissement monétaires	..	..	..	..	..	..
F.522	Autres parts de fonds d'investissement	..	..	..	..	..	..
F.6	**Systèmes d'assurance, de pensions et garanties standard**	**27 481**	**120**	**258**	**141**	**26 962**	..
F.61	Réserves techniques d'assurance-dommages	3 366	0	0	0	3 366	..
F.62	Droits sur les assurances-vie et rentes	1 949	0	0	0	1 949	..
F.6M	Dts à pension, gérants de syst. de pension, hors retraite	22 166	120	258	141	21 648	..
F.63	Droits à pension	..	..	..	..	..	..
F.64	Dts des fonds de pension sur gérants des systèmes de pension	..	..	..	..	..	..
F.65	Droits à prestations hors retraite	..	..	..	..	..	..
F.66	Réserves pour appels dans le cadre de garanties standard	0	0	0	0	0	..
F.7	**Produits financiers dérivés et options sur titres des salariés**	**-3 559**	**-3 046**	**-512**	**0**	**0**	..
F.71	Produits financiers dérivés	..	..	..	..	..	..
F.72	Options sur titres des salariés	..	..	..	..	..	..
F.8	**Autres comptes à payer**	**601**	**-2 431**	**7 369**	**-2 453**	**-1 884**	..
F.81	Crédits commerciaux et avances	-1 213	0	0	-847	-366	..
F.89	Autres comptes à payer, hors des crédits commerciaux et avances	1 814	-2 431	7 369	-1 606	-1 517	..
	Opérations financières nettes	**-26 044**	**-10 669**	**-3 856**	**-11 308**	**-210**	..

Tableau 1.b. Flux non consolidés, par instrument et par secteur, Année 2013 (cont.)

SCN 2008

Millions PLN

		Sociétés non financières	Administrations publiques		Ménages et ISBLSM	Economie totale	Reste du monde
		S11	Total S13	Administration centrale S1311	S14+S15	S1	S2
	Acquisition nette d'actifs financiers	**38 789**	**-7 339**	**-14 355**	**105 932**	**233 361**	**53 139**
F.1	**Or monétaire et DTS**	**0**	**0**	**0**	**0**	**-304**	**-4**
F.11	Or monétaire	0	0	0	0	0	0
F.12	Droits de tirage spéciaux (DTS)	0	0	0	0	-304	-4
F.2	**Numéraire et dépôts**	**17 584**	**-17 553**	**-16 625**	**45 239**	**37 746**	**6 665**
F.21	Numéraire	374	0	6	11 568	12 234	0
F.22	Dépôts transférables	12 689	4 427	4 572	42 774	47 891	772
F.29	Autres dépôts	4 521	-21 981	-21 203	-9 104	-22 380	5 892
F.3	**Titres de dette**	**3 389**	**-320**	**-215**	**-4 726**	**31 832**	**28 985**
F.3S	Titres de dette à court terme	-3 381	6	1 359	6	-6 509	-2 046
F.3L	Titres de dette à long terme	6 769	-326	-1 574	-4 732	38 340	31 031
F.4	**Crédits**	**-11 242**	**12 226**	**11 764**	**823**	**45 349**	**13 974**
F.4S	Crédits à court terme	-378	-69	-54	-127	6 417	-715
F.4L	Crédits à long terme	-10 864	12 295	11 818	950	38 932	14 689
F.5	**Actions et parts de fonds d'investissement**	**-7 305**	**-9 603**	**-9 225**	**38 993**	**52 151**	**5 051**
F.51	Actions	-11 139	-9 603	-9 225	26 594	26 108	-58
F.511	Actions cotées	-2 416	-18 117	-20 195	3 353	5 244	-113
F.512	Actions non cotées	-7 083	10 835	12 761	-12 144	-12 889	6 803
F.519	Autres participations	-1 640	-2 321	-1 791	35 385	33 753	-6 748
F.52	Parts de fonds d'investissement	3 834	0	0	12 399	26 043	5 109
F.521	Parts de fonds d'investissement monétaires	..	..	..	..	..	..
F.522	Autres parts de fonds d'investissement	..	..	..	..	..	..
F.6	**Systèmes d'assurance, de pensions et garanties standard**	**2 215**	**44**	**37**	**25 260**	**26 754**	**0**
F.61	Réserves techniques d'assurance-dommages	2 189	44	37	1 145	2 613	0
F.62	Droits sur les assurances-vie et rentes	0	0	0	1 949	1 949	0
F.6M	Dts à pension, gérants de syst. de pension, hors retraite	0	0	0	22 166	22 166	0
F.63	Droits à pension	..	..	..	..	..	..
F.64	Dts des fonds de pension sur gérants des systèmes de pension	..	..	..	..	..	..
F.65	Droits à prestations hors retraite	..	..	..	..	..	..
F.66	Réserves pour appels dans le cadre de garanties standard	26	0	0	0	26	0
F.7	**Produits financiers dérivés et options sur titres des salariés**	**-248**	**-16**	**-16**	**0**	**-5 931**	**-1 155**
F.71	Produits financiers dérivés	..	..	..	..	..	..
F.72	Options sur titres des salariés	..	..	..	..	..	..
F.8	**Autres comptes à recevoir**	**34 397**	**7 883**	**-75**	**343**	**45 765**	**-377**
F.81	Crédits commerciaux et avances	9 939	2 257	-2	6	11 010	-157
F.89	Autres comptes à recevoir, hors crédits commerciaux et avances	24 458	5 626	-73	337	34 754	-220
	Accroissement net des passifs	**84 514**	**60 059**	**44 494**	**25 765**	**292 360**	**-5 861**
F.1	**Or monétaire et DTS**	**0**	**0**	**0**	**0**	**-4**	**-304**
F.11	Or monétaire	..	..	..	..	..	..
F.12	Droits de tirage spéciaux (DTS)	0	0	0	0	-4	-304
F.2	**Numéraire et dépôts**	**0**	**-357**	**-357**	**0**	**43 835**	**575**
F.21	Numéraire	0	0	0	0	12 469	-235
F.22	Dépôts transférables	0	0	0	0	52 112	-3 449
F.29	Autres dépôts	0	-357	-357	0	-20 746	4 259
F.3	**Titres de dette**	**11 139**	**33 345**	**33 029**	**0**	**61 296**	**-479**
F.3S	Titres de dette à court terme	-10 084	-6 164	-6 163	0	-1 175	-7 380
F.3L	Titres de dette à long terme	21 223	39 509	39 192	0	62 470	6 901
F.4	**Crédits**	**13 895**	**24 575**	**12 075**	**25 906**	**68 303**	**-8 981**
F.4S	Crédits à court terme	-2 754	-102	91	933	1 787	3 915
F.4L	Crédits à long terme	16 648	24 677	11 984	24 973	66 517	-12 896
F.5	**Actions et parts de fonds d'investissement**	**19 060**	**0**	**0**	**0**	**51 632**	**5 570**
F.51	Actions	19 060	0	0	0	22 283	3 766
F.511	Actions cotées	6 321	0	0	0	7 461	-2 330
F.512	Actions non cotées	-11 795	0	0	0	-10 932	4 847
F.519	Autres participations	24 534	0	0	0	25 755	1 250
F.52	Parts de fonds d'investissement	0	0	0	0	29 349	1 803
F.521	Parts de fonds d'investissement monétaires	..	..	..	..	..	..
F.522	Autres parts de fonds d'investissement	..	..	..	..	..	..
F.6	**Systèmes d'assurance, de pensions et garanties standard**	**0**	**26**	**26**	**0**	**27 507**	**-753**
F.61	Réserves techniques d'assurance-dommages	0	0	0	0	3 366	-753
F.62	Droits sur les assurances-vie et rentes	0	0	0	0	1 949	0
F.6M	Dts à pension, gérants de syst. de pension, hors retraite	0	0	0	0	22 166	0
F.63	Droits à pension	..	..	..	..	..	..
F.64	Dts des fonds de pension sur gérants des systèmes de pension	..	..	..	..	..	..
F.65	Droits à prestations hors retraite	..	..	..	..	..	..
F.66	Réserves pour appels dans le cadre de garanties standard	0	26	26	0	26	0
F.7	**Produits financiers dérivés et options sur titres des salariés**	**-129**	**-5**	**-5**	**1**	**-3 693**	**-3 393**
F.71	Produits financiers dérivés	..	..	..	..	..	..
F.72	Options sur titres des salariés	..	..	..	..	..	..
F.8	**Autres comptes à payer**	**40 549**	**2 475**	**-274**	**-141**	**43 483**	**1 904**
F.81	Crédits commerciaux et avances	8 724	830	-9	1	8 342	2 511
F.89	Autres comptes à payer, hors des crédits commerciaux et avances	31 825	1 645	-266	-142	35 141	-607
	Opérations financières nettes	**-45 725**	**-67 398**	**-58 849**	**80 167**	**-59 000**	**59 000**

Note : Les métadonnées détaillées sont disponibles sur :http://metalinks.oecd.org/faiiia/20150126/bd05

POLOGNE

Tableau 2.1.a. Flux consolidés, Secteur S1 - Économie totale
SCN 2008

Millions PLN

		2006	2007	2008	2009	2010	2011	2012	2013
	Acquisition nette d'actifs financiers	**287 985**	**353 628**	**312 335**	**163 317**	**311 837**	**222 520**	**255 855**	**167 444**
F.1	**Or monétaire et DTS**	**0**	**0**	**-220**	**5 743**	**-101**	**-127**	**-168**	**-304**
F.11	Or monétaire	0	0	-234	0	1	0	0	0
F.12	Droits de tirage spéciaux (DTS)	0	0	15	5 743	-101	-127	-168	-304
F.2	**Numéraire et dépôts**	**67 924**	**77 371**	**22 837**	**55 340**	**69 709**	**75 470**	**47 234**	**46 934**
F.21	Numéraire	11 500	9 267	12 572	-1 068	3 206	8 702	1 323	11 678
F.22	Dépôts transférables	40 229	47 622	773	46 382	73 916	981	25 525	57 140
F.29	Autres dépôts	16 195	20 482	9 492	10 026	-7 414	65 787	20 386	-21 885
F.3	**Titres de dette**	**52 583**	**25 927**	**120 070**	**21 161**	**57 241**	**10 885**	**83 831**	**15 717**
F.3S	Titres de dette à court terme	12 114	5 440	12 692	5 516	7 124	-7 712	-11 781	-16 095
F.3L	Titres de dette à long terme	40 469	20 487	107 378	15 645	50 117	18 597	95 612	31 812
F.4	**Crédits**	**78 512**	**114 451**	**174 935**	**54 863**	**94 868**	**106 688**	**33 056**	**21 823**
F.4S	Crédits à court terme	6 740	13 850	17 458	-83	9 620	6 740	8 956	1 728
F.4L	Crédits à long terme	71 771	100 600	157 477	54 946	85 248	99 948	24 100	20 095
F.5	**Actions et parts de fonds d'investissement**	**41 087**	**57 426**	**-70 883**	**23 816**	**-6 789**	**-20 358**	**47 057**	**42 338**
F.51	Actions	20 679	30 164	-37 234	24 330	-10 618	-15 990	40 856	24 552
F.511	Actions cotées	28 452	38 879	-9 947	33 262	-10 652	-299	9 612	-6 240
F.512	Actions non cotées	-262	-6 298	-10 581	-16 986	4 808	-12 233	691	-3 958
F.519	Autres participations	-7 512	-2 418	-16 706	8 054	-4 774	-3 458	30 553	34 750
F.52	Parts de fonds d'investissement	20 409	27 262	-33 649	-514	3 830	-4 368	6 202	17 786
F.521	Parts de fonds d'investissement monétaires	..	..	..	..	..	..	..	..
F.522	Autres parts de fonds d'investissement	..	..	..	..	..	..	..	..
F.6	**Systèmes d'assurance, de pensions et garanties standard**	**28 509**	**33 416**	**35 421**	**30 756**	**41 090**	**23 899**	**33 966**	**26 766**
F.61	Réserves techniques d'assurance-dommages	1 253	1 894	3 993	2 241	4 310	3 846	5 303	2 625
F.62	Droits sur les assurances-vie et rentes	10 550	9 406	4 987	-556	5 951	-4 189	6 957	1 949
F.6M	Dts à pension, gérants, prestations hors retraite	16 705	22 115	26 441	29 072	30 829	24 242	21 706	22 166
F.63	Droits à pension	..	..	..	..	..	..	..	..
F.64	Dts des fonds de pension sur gérants des systèmes de pension	..	..	..	..	..	..	..	..
F.65	Droits à prestations hors retraite	..	..	..	..	..	..	..	..
F.66	Réserves pour appels dans le cadre de garanties standard	0	0	0	0	0	0	0	26
F.7	**Produits financiers dérivés et options sur titres des salariés**	**-672**	**5 277**	**13 991**	**-13 614**	**12 630**	**-1 089**	**-5 076**	**-3 017**
F.71	Produits financiers dérivés	..	..	..	..	..	..	..	..
F.72	Options sur titres des salariés	..	..	..	..	..	..	..	..
F.8	**Autres comptes à recevoir**	**20 043**	**39 760**	**16 184**	**-14 748**	**43 188**	**27 152**	**15 955**	**17 187**
F.81	Crédits commerciaux et avances	4 972	15 613	3 888	-395	16 931	4 568	2 194	3 614
F.89	Autres comptes à recevoir, hors crédits commerciaux et avances	15 071	24 148	12 296	-14 353	26 258	22 584	13 761	13 573
	Accroissement net des passifs	**348 109**	**457 068**	**475 984**	**231 236**	**333 403**	**307 152**	**232 853**	**226 443**
F.1	**Or monétaire et DTS**	**0**	**0**	**0**	**0**	**56**	**499**	**51**	**-4**
F.11	Or monétaire	..	..	..	..	..	..	..	..
F.12	Droits de tirage spéciaux (DTS)	0	0	0	0	56	499	51	-4
F.2	**Numéraire et dépôts**	**70 504**	**106 655**	**114 007**	**75 919**	**71 632**	**65 645**	**21 997**	**53 023**
F.21	Numéraire	11 652	8 411	13 556	-1 024	2 856	9 131	782	11 913
F.22	Dépôts transférables	41 449	49 448	178	46 476	69 851	-12 377	25 975	61 361
F.29	Autres dépôts	17 402	48 795	100 273	30 468	-1 076	68 891	-4 760	-20 251
F.3	**Titres de dette**	**49 828**	**47 531**	**27 394**	**58 609**	**84 061**	**41 318**	**54 035**	**45 181**
F.3S	Titres de dette à court terme	2 739	4 955	23 245	-9 659	-17 157	-8 275	-1 808	-10 761
F.3L	Titres de dette à long terme	47 090	42 576	4 149	68 269	101 218	49 593	55 843	55 942
F.4	**Crédits**	**114 962**	**138 354**	**276 111**	**77 647**	**83 766**	**134 923**	**63 789**	**44 778**
F.4S	Crédits à court terme	8 949	15 188	17 393	2 459	25 232	7 919	12 713	-2 902
F.4L	Crédits à long terme	106 012	123 166	258 718	75 188	58 535	127 004	51 075	47 680
F.5	**Actions et parts de fonds d'investissement**	**64 688**	**86 699**	**-32 588**	**30 045**	**16 413**	**9 696**	**49 497**	**41 819**
F.51	Actions	46 710	62 802	-3 283	31 737	4 421	9 410	38 857	20 727
F.511	Actions cotées	14 324	24 960	12 640	21 169	17 744	14 385	2 655	-4 024
F.512	Actions non cotées	14 061	9 604	-6 785	-8 889	1 886	-3 235	20 348	-2 001
F.519	Autres participations	18 325	28 238	-9 138	19 457	-15 209	-1 740	15 854	26 752
F.52	Parts de fonds d'investissement	17 978	23 896	-29 305	-1 692	11 991	286	10 640	21 092
F.521	Parts de fonds d'investissement monétaires	..	..	..	..	..	..	..	..
F.522	Autres parts de fonds d'investissement	..	..	..	..	..	..	..	..
F.6	**Systèmes d'assurance, de pensions et garanties standard**	**28 606**	**33 679**	**34 540**	**30 585**	**40 232**	**23 760**	**32 582**	**27 519**
F.61	Réserves techniques d'assurance-dommages	1 351	2 157	3 112	2 069	3 452	3 708	3 918	3 378
F.62	Droits sur les assurances-vie et rentes	10 550	9 406	4 987	-556	5 951	-4 189	6 957	1 949
F.6M	Dts à pension, gérants de syst. de pension, hors retraite	16 705	22 115	26 441	29 072	30 829	24 242	21 706	22 166
F.63	Droits à pension	..	..	..	..	..	..	..	..
F.64	Dts des fonds de pension sur gérants des systèmes de pension	..	..	..	..	..	..	..	..
F.65	Droits à prestations hors retraite	..	..	..	..	..	..	..	..
F.66	Réserves pour appels dans le cadre de garanties standard	0	0	0	0	0	0	0	26
F.7	**Produits financiers dérivés et options sur titres des salariés**	**-773**	**4 725**	**30 053**	**-26 168**	**6 926**	**-1 617**	**5 229**	**-779**
F.71	Produits financiers dérivés	..	..	..	..	..	..	..	..
F.72	Options sur titres des salariés	..	..	..	..	..	..	..	..
F.8	**Autres comptes à payer**	**20 294**	**39 426**	**26 468**	**-15 402**	**30 317**	**32 929**	**5 674**	**14 906**
F.81	Crédits commerciaux et avances	5 754	16 087	13 637	-822	7 244	7 167	-9 404	946
F.89	Autres comptes à payer, hors des crédits commerciaux et avances	14 539	23 339	12 832	-14 579	23 073	25 762	15 079	13 960
	Opérations financières nettes	**-60 123**	**-103 441**	**-163 648**	**-67 920**	**-21 566**	**-84 632**	**23 002**	**-59 000**

Note : Les métadonnées détaillées sont disponibles sur :http://metalinks.oecd.org/faiiia/20150126/4fb7

Tableau 2.2.a. Flux consolidés, Secteur S11 - Sociétés non financières

SCN 2008

Millions PLN

		2006	2007	2008	2009	2010	2011	2012	2013
	Acquisition nette d'actifs financiers	**69 435**	**39 589**	**36 376**	**19 562**	**88 992**	**45 801**	**4 380**	**10 739**
F.1	**Or monétaire et DTS**	**0**	**0**	**0**	**0**	**0**	**0**	**0**	**0**
F.11	Or monétaire	0	0	0	0	0	0	0	0
F.12	Droits de tirage spéciaux (DTS)	0	0	0	0	0	0	0	0
F.2	**Numéraire et dépôts**	**25 960**	**20 376**	**2 407**	**14 900**	**17 073**	**16 993**	**-11 735**	**17 584**
F.21	Numéraire	-328	1 031	-191	-595	-626	-1 154	-36	374
F.22	Dépôts transférables	11 760	12 536	-7 738	4 336	12 879	-58	11 315	12 689
F.29	Autres dépôts	14 528	6 810	10 336	11 159	4 820	18 205	-23 014	4 521
F.3	**Titres de dette**	**3 115**	**369**	**-1 677**	**-1 578**	**13 674**	**-6 931**	**-742**	**2 498**
F.3S	Titres de dette à court terme	5 596	678	-3 368	-1 598	12 274	-7 663	211	253
F.3L	Titres de dette à long terme	-2 481	-309	1 692	20	1 399	731	-953	2 245
F.4	**Crédits**	**2 999**	**4 029**	**8 581**	**2 498**	**24 675**	**4 225**	**4 655**	**-12 838**
F.4S	Crédits à court terme	-158	650	1 717	-2 039	9 822	-2 731	1 825	-291
F.4L	Crédits à long terme	3 157	3 379	6 864	4 537	14 853	6 956	2 830	-12 547
F.5	**Actions et parts de fonds d'investissement**	**14 255**	**5 175**	**14 983**	**11 518**	**-493**	**18 692**	**-2 432**	**-5 042**
F.51	Actions	14 347	5 349	15 048	11 342	-4 287	17 394	-4 071	-8 876
F.511	Actions cotées	-1 634	-214	3 706	-428	2 105	1 615	-1 305	-8 852
F.512	Actions non cotées	4 463	1 499	2 889	3 332	-2 004	380	-1 266	574
F.519	Autres participations	11 519	4 064	8 454	8 438	-4 388	15 399	-1 499	-598
F.52	Parts de fonds d'investissement	-92	-174	-65	176	3 794	1 298	1 639	3 834
F.521	Parts de fonds d'investissement monétaires	..	..	..	..	..	..	..	..
F.522	Autres parts de fonds d'investissement	..	..	..	..	..	..	..	..
F.6	**Systèmes d'assurance, de pensions et garanties standard**	**1 199**	**792**	**1 242**	**1 101**	**1 872**	**2 268**	**2 397**	**2 215**
F.61	Réserves techniques d'assurance-dommages	1 199	792	1 242	1 101	1 872	2 268	2 397	2 189
F.62	Droits sur les assurances-vie et rentes	0	0	0	0	0	0	0	0
F.6M	Dts à pension, gérants, prestations hors retraite	0	0	0	0	0	0	0	0
F.63	Droits à pension	..	..	..	..	..	..	..	..
F.64	Dts des fonds de pension sur gérants des systèmes de pension	..	..	..	..	..	..	..	..
F.65	Droits à prestations hors retraite	..	..	..	..	..	..	..	..
F.66	Réserves pour appels dans le cadre de garanties standard	0	0	0	0	0	0	0	26
F.7	**Produits financiers dérivés et options sur titres des salariés**	**-127**	**164**	**1 112**	**-850**	**5 457**	**-2 681**	**-191**	**-51**
F.71	Produits financiers dérivés	..	..	..	..	..	..	..	..
F.72	Options sur titres des salariés	..	..	..	..	..	..	..	..
F.8	**Autres comptes à recevoir**	**22 035**	**8 684**	**9 727**	**-8 027**	**26 734**	**13 235**	**12 428**	**6 374**
F.81	Crédits commerciaux et avances	8 072	9 130	4 455	-1 327	17 616	4 283	3 247	2 436
F.89	Autres comptes à recevoir, hors crédits commerciaux et avances	13 964	-447	5 271	-6 699	9 117	8 953	9 181	3 938
	Accroissement net des passifs	**97 217**	**168 309**	**111 635**	**18 881**	**36 562**	**99 941**	**85 314**	**56 464**
F.1	**Or monétaire et DTS**	**0**	**0**	**0**	**0**	**0**	**0**	**0**	**0**
F.11	Or monétaire	..	..	..	..	..	..	..	..
F.12	Droits de tirage spéciaux (DTS)	0	0	0	0	0	0	0	0
F.2	**Numéraire et dépôts**	**0**	**0**	**0**	**0**	**0**	**0**	**0**	**0**
F.21	Numéraire	0	0	0	0	0	0	0	0
F.22	Dépôts transférables	0	0	0	0	0	0	0	0
F.29	Autres dépôts	0	0	0	0	0	0	0	0
F.3	**Titres de dette**	**-4 396**	**11 149**	**-8 019**	**-574**	**15 723**	**10 254**	**12 155**	**10 248**
F.3S	Titres de dette à court terme	651	5 779	-4 074	-2 772	1 752	3 641	4 396	-6 451
F.3L	Titres de dette à long terme	-5 047	5 369	-3 945	2 198	13 971	6 613	7 759	16 699
F.4	**Crédits**	**52 221**	**57 010**	**103 097**	**9 581**	**9 934**	**55 975**	**41 158**	**12 300**
F.4S	Crédits à court terme	8 282	11 318	13 029	-4 034	25 881	9 852	13 229	-2 666
F.4L	Crédits à long terme	43 939	45 692	90 067	13 615	-15 947	46 123	27 928	14 966
F.5	**Actions et parts de fonds d'investissement**	**43 890**	**64 194**	**-6 113**	**21 900**	**-13 200**	**5 973**	**38 297**	**21 324**
F.51	Actions	43 890	64 194	-6 113	21 900	-13 200	5 973	38 297	21 324
F.511	Actions cotées	13 895	26 830	12 465	19 835	3 727	13 110	1 379	-114
F.512	Actions non cotées	12 810	9 641	-8 765	-18 297	-1 808	-5 347	21 631	-4 138
F.519	Autres participations	17 186	27 724	-9 813	20 362	-15 119	-1 791	15 287	25 576
F.52	Parts de fonds d'investissement	0	0	0	0	0	0	0	0
F.521	Parts de fonds d'investissement monétaires	..	..	..	..	..	..	..	..
F.522	Autres parts de fonds d'investissement	..	..	..	..	..	..	..	..
F.6	**Systèmes d'assurance, de pensions et garanties standard**	**0**	**0**	**0**	**0**	**0**	**0**	**0**	**0**
F.61	Réserves techniques d'assurance-dommages	0	0	0	0	0	0	0	0
F.62	Droits sur les assurances-vie et rentes	0	0	0	0	0	0	0	0
F.6M	Dts à pension, gérants de syst. de pension, hors retraite	0	0	0	0	0	0	0	0
F.63	Droits à pension	..	..	..	..	..	..	..	..
F.64	Dts des fonds de pension sur gérants des systèmes de pension	..	..	..	..	..	..	..	..
F.65	Droits à prestations hors retraite	..	..	..	..	..	..	..	..
F.66	Réserves pour appels dans le cadre de garanties standard	0	0	0	0	0	0	0	0
F.7	**Produits financiers dérivés et options sur titres des salariés**	**183**	**1 110**	**5 707**	**-3 714**	**-602**	**2 596**	**2 718**	**67**
F.71	Produits financiers dérivés	..	..	..	..	..	..	..	..
F.72	Options sur titres des salariés	..	..	..	..	..	..	..	..
F.8	**Autres comptes à payer**	**5 320**	**34 846**	**16 963**	**-8 312**	**24 707**	**25 144**	**-9 013**	**12 525**
F.81	Crédits commerciaux et avances	6 902	14 974	12 655	839	6 447	5 521	-9 911	1 220
F.89	Autres comptes à payer, hors des crédits commerciaux et avances	-1 582	19 873	4 308	-9 150	18 260	19 623	898	11 305
	Opérations financières nettes	**-27 782**	**-128 719**	**-75 259**	**680**	**52 430**	**-54 140**	**-80 934**	**-45 725**

Note : Les métadonnées détaillées sont disponibles sur :http://metalinks.oecd.org/faiiia/20150126/4fb7

POLOGNE

Tableau 2.3.a. Flux consolidés, Secteur S12 - Sociétés financières
SCN 2008

Millions PLN

		2006	2007	2008	2009	2010	2011	2012	2013
	Acquisition nette d'actifs financiers	**146 323**	**201 284**	**227 178**	**68 439**	**145 154**	**135 934**	**127 277**	**69 304**
F.1	**Or monétaire et DTS**	**0**	**0**	**-220**	**5 743**	**-101**	**-127**	**-168**	**-304**
F.11	Or monétaire	0	0	-234	0	1	0	0	0
F.12	Droits de tirage spéciaux (DTS)	0	0	15	5 743	-101	-127	-168	-304
F.2	**Numéraire et dépôts**	**1 245**	**8 341**	**-66 601**	**-12 039**	**14 169**	**6 616**	**2 441**	**1 308**
F.21	Numéraire	1	-2	0	18	595	-18	545	-264
F.22	Dépôts transférables	550	1 577	-301	1 111	-1 561	8 367	1 543	-2 751
F.29	Autres dépôts	695	6 767	-66 300	-13 169	15 135	-1 733	353	4 322
F.3	**Titres de dette**	**50 201**	**26 931**	**120 431**	**25 261**	**42 803**	**17 154**	**83 237**	**17 064**
F.3S	Titres de dette à court terme	6 932	5 817	15 131	7 750	-4 426	251	-12 740	-17 279
F.3L	Titres de dette à long terme	43 269	21 114	105 300	17 511	47 229	16 903	95 977	34 343
F.4	**Crédits**	**75 510**	**108 268**	**165 329**	**52 231**	**68 527**	**101 993**	**27 826**	**33 849**
F.4S	Crédits à court terme	5 565	12 604	15 267	1 872	-585	10 046	7 743	2 218
F.4L	Crédits à long terme	69 945	95 664	150 062	50 358	69 111	91 947	20 083	31 632
F.5	**Actions et parts de fonds d'investissement**	**26 754**	**31 480**	**-7 227**	**6 577**	**4 396**	**1 837**	**16 872**	**17 990**
F.51	Actions	24 500	27 050	-3 725	5 205	11 094	2 779	16 763	16 436
F.511	Actions cotées	21 281	25 333	-17 848	4 447	-8 111	-8 030	12 516	17 375
F.512	Actions non cotées	402	3 836	9 432	-477	22 909	7 803	5 720	-3 222
F.519	Autres participations	2 816	-2 118	4 691	1 234	-3 703	3 006	-1 472	2 283
F.52	Parts de fonds d'investissement	2 254	4 430	-3 501	1 373	-6 699	-943	109	1 554
F.521	Parts de fonds d'investissement monétaires	..	..	..	..	..	..	..	..
F.522	Autres parts de fonds d'investissement	..	..	..	..	..	..	..	..
F.6	**Systèmes d'assurance, de pensions et garanties standard**	**-97**	**-263**	**882**	**171**	**858**	**139**	**1 385**	**-753**
F.61	Réserves techniques d'assurance-dommages	-97	-263	882	171	858	139	1 385	-753
F.62	Droits sur les assurances-vie et rentes	0	0	0	0	0	0	0	0
F.6M	Dts à pension, gérants, prestations hors retraite	0	0	0	0	0	0	0	0
F.63	Droits à pension	..	..	..	..	..	..	..	..
F.64	Dts des fonds de pension sur gérants des systèmes de pension	..	..	..	..	..	..	..	..
F.65	Droits à prestations hors retraite	..	..	..	..	..	..	..	..
F.66	Réserves pour appels dans le cadre de garanties standard	0	0	0	0	0	0	0	0
F.7	**Produits financiers dérivés et options sur titres des salariés**	**-551**	**5 137**	**12 913**	**-12 760**	**7 283**	**1 817**	**-4 920**	**-2 950**
F.71	Produits financiers dérivés	..	..	..	..	..	..	..	..
F.72	Options sur titres des salariés	..	..	..	..	..	..	..	..
F.8	**Autres comptes à recevoir**	**-6 738**	**21 390**	**1 670**	**3 256**	**7 220**	**6 506**	**604**	**3 099**
F.81	Crédits commerciaux et avances	-3 267	5 856	-1 644	1 592	-1 036	-483	-1 383	-1 162
F.89	Autres comptes à recevoir, hors crédits commerciaux et avances	-3 471	15 534	3 314	1 665	8 256	6 988	1 987	4 261
	Accroissement net des passifs	**150 360**	**175 244**	**200 151**	**80 560**	**145 839**	**96 885**	**85 657**	**95 348**
F.1	**Or monétaire et DTS**	**0**	**0**	**0**	**0**	**56**	**499**	**51**	**-4**
F.11	Or monétaire	..	..	..	..	..	..	..	..
F.12	Droits de tirage spéciaux (DTS)	0	0	0	0	56	499	51	-4
F.2	**Numéraire et dépôts**	**70 506**	**106 659**	**114 006**	**75 919**	**71 632**	**65 645**	**21 997**	**53 023**
F.21	Numéraire	11 652	8 411	13 556	-1 024	2 856	9 131	782	11 913
F.22	Dépôts transférables	41 449	49 448	178	46 476	69 851	-12 377	25 975	61 361
F.29	Autres dépôts	17 404	48 799	100 272	30 468	-1 076	68 891	-4 760	-20 251
F.3	**Titres de dette**	**5 349**	**-6 512**	**-1 132**	**-703**	**361**	**856**	**2 601**	**387**
F.3S	Titres de dette à court terme	1 629	-1 297	-576	-9	-568	-108	571	934
F.3L	Titres de dette à long terme	3 719	-5 215	-556	-693	929	964	2 030	-547
F.4	**Crédits**	**15 230**	**15 775**	**52 722**	**-4 694**	**-5 919**	**1 083**	**5 269**	**-5 764**
F.4S	Crédits à court terme	2 247	-62	1 672	-2 578	2 435	1 032	938	-1 064
F.4L	Crédits à long terme	12 984	15 837	51 050	-2 116	-8 354	51	4 331	-4 701
F.5	**Actions et parts de fonds d'investissement**	**20 797**	**22 504**	**-26 475**	**8 145**	**29 614**	**3 723**	**11 200**	**20 496**
F.51	Actions	2 819	-1 392	2 830	9 836	17 623	3 437	560	-596
F.511	Actions cotées	429	-1 869	175	1 333	14 017	1 275	1 276	-3 909
F.512	Actions non cotées	1 252	-37	1 980	9 408	3 694	2 112	-1 283	2 137
F.519	Autres participations	1 138	514	675	-905	-88	51	567	1 176
F.52	Parts de fonds d'investissement	17 978	23 896	-29 305	-1 692	11 991	286	10 640	21 092
F.521	Parts de fonds d'investissement monétaires	..	..	..	..	..	..	..	..
F.522	Autres parts de fonds d'investissement	..	..	..	..	..	..	..	..
F.6	**Systèmes d'assurance, de pensions et garanties standard**	**28 606**	**33 679**	**34 540**	**30 585**	**40 232**	**23 760**	**32 582**	**27 493**
F.61	Réserves techniques d'assurance-dommages	1 351	2 157	3 112	2 069	3 452	3 708	3 918	3 378
F.62	Droits sur les assurances-vie et rentes	10 550	9 406	4 987	-556	5 951	-4 189	6 957	1 949
F.6M	Dts à pension, gérants de syst. de pension, hors retraite	16 705	22 115	26 441	29 072	30 829	24 242	21 706	22 166
F.63	Droits à pension	..	..	..	..	..	..	..	..
F.64	Dts des fonds de pension sur gérants des systèmes de pension	..	..	..	..	..	..	..	..
F.65	Droits à prestations hors retraite	..	..	..	..	..	..	..	..
F.66	Réserves pour appels dans le cadre de garanties standard	0	0	0	0	0	0	0	0
F.7	**Produits financiers dérivés et options sur titres des salariés**	**-956**	**3 616**	**24 346**	**-22 454**	**7 545**	**-4 158**	**2 530**	**-842**
F.71	Produits financiers dérivés	..	..	..	..	..	..	..	..
F.72	Options sur titres des salariés	..	..	..	..	..	..	..	..
F.8	**Autres comptes à payer**	**10 828**	**-476**	**2 145**	**-6 238**	**2 319**	**5 477**	**9 429**	**558**
F.81	Crédits commerciaux et avances	375	1 021	715	-1 941	163	1 248	-5	-1 183
F.89	Autres comptes à payer, hors des crédits commerciaux et avances	10 453	-1 497	1 430	-4 298	2 156	4 229	9 434	1 741
	Opérations financières nettes	**-4 037**	**26 040**	**27 027**	**-12 121**	**-685**	**39 049**	**41 620**	**-26 044**

Note : Les métadonnées détaillées sont disponibles sur :http://metalinks.oecd.org/faiiia/20150126/4fb7

Tableau 2.4.a. Flux consolidés, Secteur S13 - Administrations publiques
SCN 2008

Millions PLN

		2006	2007	2008	2009	2010	2011	2012	2013
	Acquisition nette d'actifs financiers	**13 742**	**17 953**	**4 715**	**-14 447**	**-22 898**	**-21 681**	**-3 354**	**-18 531**
F.1	**Or monétaire et DTS**	**0**	**0**	**0**	**0**	**0**	**0**	**0**	**0**
F.11	Or monétaire	0	0	0	0	0	0	0	0
F.12	Droits de tirage spéciaux (DTS)	0	0	0	0	0	0	0	0
F.2	**Numéraire et dépôts**	**6 831**	**11 373**	**6 064**	**1 103**	**-4 110**	**-10 336**	**12 011**	**-17 196**
F.21	Numéraire	-231	338	-114	-243	-675	-4	2	0
F.22	Dépôts transférables	1 047	4 651	1 338	222	21 066	-15 137	8 483	4 427
F.29	Autres dépôts	6 015	6 384	4 839	1 124	-24 501	4 805	3 526	-21 624
F.3	**Titres de dette**	**282**	**-181**	**-109**	**305**	**-313**	**191**	**-187**	**881**
F.3S	Titres de dette à court terme	292	-134	-29	439	-486	-14	714	925
F.3L	Titres de dette à long terme	-10	-47	-80	-134	173	206	-900	-44
F.4	**Crédits**	**-630**	**4 287**	**-1 114**	**-482**	**2 600**	**909**	**-344**	**-12**
F.4S	Crédits à court terme	-516	1 258	283	611	-144	-715	-500	-72
F.4L	Crédits à long terme	-114	3 029	-1 397	-1 093	2 744	1 624	156	60
F.5	**Actions et parts de fonds d'investissement**	**850**	**-1 306**	**-2 148**	**-5 702**	**-28 927**	**-19 818**	**-16 825**	**-9 603**
F.51	Actions	850	-1 306	-2 148	-5 702	-28 927	-19 818	-16 825	-9 603
F.511	Actions cotées	-6 287	7 789	5 460	32 078	-4 947	9 326	5 974	-18 117
F.512	Actions non cotées	7 055	-12 812	-7 445	-36 467	-18 827	-25 559	-20 427	10 835
F.519	Autres participations	82	3 717	-164	-1 313	-5 154	-3 585	-2 372	-2 321
F.52	Parts de fonds d'investissement	0	0	0	0	0	0	0	0
F.521	Parts de fonds d'investissement monétaires	..	..	..	..	..	..	..	..
F.522	Autres parts de fonds d'investissement	..	..	..	..	..	..	..	..
F.6	**Systèmes d'assurance, de pensions et garanties standard**	**-88**	**100**	**16**	**110**	**281**	**0**	**19**	**44**
F.61	Réserves techniques d'assurance-dommages	-88	100	16	110	281	0	19	44
F.62	Droits sur les assurances-vie et rentes	0	0	0	0	0	0	0	0
F.6M	Dts à pension, gérants, prestations hors retraite	0	0	0	0	0	0	0	0
F.63	Droits à pension	..	..	..	..	..	..	..	..
F.64	Dts des fonds de pension sur gérants des systèmes de pension	..	..	..	..	..	..	..	..
F.65	Droits à prestations hors retraite	..	..	..	..	..	..	..	..
F.66	Réserves pour appels dans le cadre de garanties standard	0	0	0	0	0	0	0	0
F.7	**Produits financiers dérivés et options sur titres des salariés**	**6**	**-24**	**-35**	**-3**	**-110**	**-225**	**35**	**-16**
F.71	Produits financiers dérivés	..	..	..	..	..	..	..	..
F.72	Options sur titres des salariés	..	..	..	..	..	..	..	..
F.8	**Autres comptes à recevoir**	**6 492**	**3 705**	**2 041**	**-9 778**	**7 682**	**7 598**	**1 936**	**7 371**
F.81	Crédits commerciaux et avances	167	626	1 077	-660	351	768	329	2 334
F.89	Autres comptes à recevoir, hors crédits commerciaux et avances	6 325	3 078	964	-9 118	7 331	6 830	1 607	5 037
	Accroissement net des passifs	**52 288**	**39 441**	**50 790**	**84 067**	**93 136**	**53 670**	**56 923**	**48 867**
F.1	**Or monétaire et DTS**	**0**	**0**	**0**	**0**	**0**	**0**	**0**	**0**
F.11	Or monétaire	..	..	..	..	..	..	..	..
F.12	Droits de tirage spéciaux (DTS)	0	0	0	0	0	0	0	0
F.2	**Numéraire et dépôts**	**-2**	**-4**	**1**	**0**	**0**	**0**	**0**	**0**
F.21	Numéraire	0	0	0	0	0	0	0	0
F.22	Dépôts transférables	0	0	0	0	0	0	0	0
F.29	Autres dépôts	-2	-4	1	0	0	0	0	0
F.3	**Titres de dette**	**48 876**	**42 894**	**36 544**	**59 886**	**67 978**	**30 208**	**39 280**	**34 546**
F.3S	Titres de dette à court terme	459	473	27 894	-6 878	-18 340	-11 808	-6 775	-5 245
F.3L	Titres de dette à long terme	48 417	42 421	8 650	66 764	86 318	42 016	46 055	39 791
F.4	**Crédits**	**-722**	**-8 495**	**6 901**	**25 032**	**21 897**	**21 238**	**12 411**	**12 337**
F.4S	Crédits à court terme	-4 935	-4 136	288	4 019	-4 061	105	202	-105
F.4L	Crédits à long terme	4 213	-4 359	6 613	21 013	25 958	21 133	12 209	12 442
F.5	**Actions et parts de fonds d'investissement**	**0**	**0**	**0**	**0**	**0**	**0**	**0**	**0**
F.51	Actions	0	0	0	0	0	0	0	0
F.511	Actions cotées	0	0	0	0	0	0	0	0
F.512	Actions non cotées	0	0	0	0	0	0	0	0
F.519	Autres participations	0	0	0	0	0	0	0	0
F.52	Parts de fonds d'investissement	0	0	0	0	0	0	0	0
F.521	Parts de fonds d'investissement monétaires	..	..	..	..	..	..	..	..
F.522	Autres parts de fonds d'investissement	..	..	..	..	..	..	..	..
F.6	**Systèmes d'assurance, de pensions et garanties standard**	**0**	**0**	**0**	**0**	**0**	**0**	**0**	**26**
F.61	Réserves techniques d'assurance-dommages	0	0	0	0	0	0	0	0
F.62	Droits sur les assurances-vie et rentes	0	0	0	0	0	0	0	0
F.6M	Dts à pension, gérants de syst. de pension, hors retraite	0	0	0	0	0	0	0	0
F.63	Droits à pension	..	..	..	..	..	..	..	..
F.64	Dts des fonds de pension sur gérants des systèmes de pension	..	..	..	..	..	..	..	..
F.65	Droits à prestations hors retraite	..	..	..	..	..	..	..	..
F.66	Réserves pour appels dans le cadre de garanties standard	0	0	0	0	0	0	0	26
F.7	**Produits financiers dérivés et options sur titres des salariés**	**0**	**0**	**0**	**0**	**-16**	**-55**	**-19**	**-5**
F.71	Produits financiers dérivés	..	..	..	..	..	..	..	..
F.72	Options sur titres des salariés	..	..	..	..	..	..	..	..
F.8	**Autres comptes à payer**	**4 136**	**5 046**	**7 344**	**-852**	**3 277**	**2 279**	**5 251**	**1 963**
F.81	Crédits commerciaux et avances	-1 522	93	267	280	634	396	514	907
F.89	Autres comptes à payer, hors des crédits commerciaux et avances	5 658	4 953	7 077	-1 131	2 643	1 883	4 737	1 056
	Opérations financières nettes	**-38 545**	**-21 487**	**-46 075**	**-98 513**	**-116 034**	**-75 351**	**-60 277**	**-67 398**

Note : Les métadonnées détaillées sont disponibles sur :http://metalinks.oecd.org/faiiia/20150126/4fb7

Tableau 2.5.a. Flux consolidés, Secteur S14-S15 - Ménages et ISBLSM
SCN 2008

Millions PLN

		2006	2007	2008	2009	2010	2011	2012	2013
	Acquisition nette d'actifs financiers	**58 485**	**94 801**	**44 067**	**89 762**	**100 590**	**62 466**	**127 551**	**105 932**
F.1	**Or monétaire et DTS**	**0**	**0**	**0**	**0**	**0**	**0**	**0**	**0**
F.11	Or monétaire	0	0	0	0	0	0	0	0
F.12	Droits de tirage spéciaux (DTS)	0	0	0	0	0	0	0	0
F.2	**Numéraire et dépôts**	**33 888**	**37 280**	**80 966**	**51 376**	**42 577**	**62 197**	**44 517**	**45 239**
F.21	Numéraire	12 058	7 900	12 877	-248	3 912	9 879	812	11 568
F.22	Dépôts transférables	26 872	28 858	7 474	40 713	41 532	7 809	4 183	42 774
F.29	Autres dépôts	-5 042	521	60 616	10 911	-2 867	44 509	39 522	-9 104
F.3	**Titres de dette**	**-1 014**	**-1 191**	**1 425**	**-2 827**	**1 078**	**471**	**1 521**	**-4 726**
F.3S	Titres de dette à court terme	-705	-921	958	-1 074	-238	-286	34	6
F.3L	Titres de dette à long terme	-309	-271	466	-1 753	1 316	757	1 488	-4 732
F.4	**Crédits**	**633**	**-2 134**	**2 138**	**617**	**-933**	**-439**	**918**	**823**
F.4S	Crédits à court terme	1 850	-662	191	-527	527	140	-112	-127
F.4L	Crédits à long terme	-1 217	-1 472	1 947	1 144	-1 460	-579	1 031	950
F.5	**Actions et parts de fonds d'investissement**	**-771**	**22 077**	**-76 491**	**11 423**	**18 235**	**-21 069**	**49 442**	**38 993**
F.51	Actions	-19 018	-929	-46 409	13 485	11 501	-16 345	44 988	26 594
F.511	Actions cotées	15 092	5 972	-1 265	-2 835	300	-3 210	-7 573	3 353
F.512	Actions non cotées	-12 182	1 180	-15 457	16 625	2 729	5 143	16 664	-12 144
F.519	Autres participations	-21 928	-8 081	-29 686	-305	8 472	-18 279	35 897	35 385
F.52	Parts de fonds d'investissement	18 247	23 006	-30 082	-2 062	6 734	-4 723	4 454	12 399
F.521	Parts de fonds d'investissement monétaires	..	..	..	..	..	..	..	..
F.522	Autres parts de fonds d'investissement	..	..	..	..	..	..	..	..
F.6	**Systèmes d'assurance, de pensions et garanties standard**	**27 495**	**32 787**	**33 282**	**29 374**	**38 079**	**21 492**	**30 165**	**25 260**
F.61	Réserves techniques d'assurance-dommages	239	1 265	1 854	859	1 299	1 440	1 502	1 145
F.62	Droits sur les assurances-vie et rentes	10 550	9 406	4 987	-556	5 951	-4 189	6 957	1 949
F.6M	Dts à pension, gérants, prestations hors retraite	16 705	22 115	26 441	29 072	30 829	24 242	21 706	22 166
F.63	Droits à pension	..	..	..	..	..	..	..	..
F.64	Dts des fonds de pension sur gérants des systèmes de pension	..	..	..	..	..	..	..	..
F.65	Droits à prestations hors retraite	..	..	..	..	..	..	..	..
F.66	Réserves pour appels dans le cadre de garanties standard	0	0	0	0	0	0	0	0
F.7	**Produits financiers dérivés et options sur titres des salariés**	**0**	**0**	**0**	**0**	**0**	**0**	**0**	**0**
F.71	Produits financiers dérivés	..	..	..	..	..	..	..	..
F.72	Options sur titres des salariés	..	..	..	..	..	..	..	..
F.8	**Autres comptes à recevoir**	**-1 746**	**5 982**	**2 747**	**-201**	**1 553**	**-187**	**987**	**343**
F.81	Crédits commerciaux et avances	0	0	0	0	1	0	1	6
F.89	Autres comptes à recevoir, hors crédits commerciaux et avances	-1 746	5 982	2 747	-201	1 553	-187	986	337
	Accroissement net des passifs	**48 244**	**74 075**	**113 408**	**47 728**	**57 867**	**56 657**	**4 959**	**25 765**
F.1	**Or monétaire et DTS**	**0**	**0**	**0**	**0**	**0**	**0**	**0**	**0**
F.11	Or monétaire	..	..	..	..	..	..	..	..
F.12	Droits de tirage spéciaux (DTS)	0	0	0	0	0	0	0	0
F.2	**Numéraire et dépôts**	**0**	**0**	**0**	**0**	**0**	**0**	**0**	**0**
F.21	Numéraire	0	0	0	0	0	0	0	0
F.22	Dépôts transférables	0	0	0	0	0	0	0	0
F.29	Autres dépôts	0	0	0	0	0	0	0	0
F.3	**Titres de dette**	**0**	**0**	**0**	**0**	**0**	**0**	**0**	**0**
F.3S	Titres de dette à court terme	0	0	0	0	0	0	0	0
F.3L	Titres de dette à long terme	0	0	0	0	0	0	0	0
F.4	**Crédits**	**48 233**	**74 064**	**113 391**	**47 728**	**57 855**	**56 627**	**4 951**	**25 906**
F.4S	Crédits à court terme	3 356	8 068	2 404	5 051	976	-3 070	-1 656	933
F.4L	Crédits à long terme	44 876	65 996	110 987	42 677	56 878	59 697	6 607	24 973
F.5	**Actions et parts de fonds d'investissement**	**1**	**0**	**0**	**0**	**-2**	**0**	**0**	**0**
F.51	Actions	1	0	0	0	-2	0	0	0
F.511	Actions cotées	0	0	0	0	0	0	0	0
F.512	Actions non cotées	0	0	0	0	0	0	0	0
F.519	Autres participations	1	0	0	0	-2	0	0	0
F.52	Parts de fonds d'investissement	0	0	0	0	0	0	0	0
F.521	Parts de fonds d'investissement monétaires	..	..	..	..	..	..	..	..
F.522	Autres parts de fonds d'investissement	..	..	..	..	..	..	..	..
F.6	**Systèmes d'assurance, de pensions et garanties standard**	**0**	**0**	**0**	**0**	**0**	**0**	**0**	**0**
F.61	Réserves techniques d'assurance-dommages	0	0	0	0	0	0	0	0
F.62	Droits sur les assurances-vie et rentes	0	0	0	0	0	0	0	0
F.6M	Dts à pension, gérants de syst. de pension, hors retraite	0	0	0	0	0	0	0	0
F.63	Droits à pension	..	..	..	..	..	..	..	..
F.64	Dts des fonds de pension sur gérants des systèmes de pension	..	..	..	..	..	..	..	..
F.65	Droits à prestations hors retraite	..	..	..	..	..	..	..	..
F.66	Réserves pour appels dans le cadre de garanties standard	0	0	0	0	0	0	0	0
F.7	**Produits financiers dérivés et options sur titres des salariés**	**0**	**0**	**0**	**0**	**0**	**0**	**0**	**1**
F.71	Produits financiers dérivés	..	..	..	..	..	..	..	..
F.72	Options sur titres des salariés	..	..	..	..	..	..	..	..
F.8	**Autres comptes à payer**	**11**	**11**	**17**	**0**	**14**	**30**	**8**	**-141**
F.81	Crédits commerciaux et avances	0	0	0	0	1	3	-3	1
F.89	Autres comptes à payer, hors des crédits commerciaux et avances	11	10	16	0	13	27	11	-142
	Opérations financières nettes	**10 241**	**20 726**	**-69 341**	**42 034**	**42 723**	**5 809**	**122 593**	**80 167**

Note : Les métadonnées détaillées sont disponibles sur :http://metalinks.oecd.org/faiiia/20150126/4fb7

POLOGNE

Tableau 2.6.a. Flux consolidés, Secteur S2 - Reste du monde

SCN 2008

Millions PLN

		2006	2007	2008	2009	2010	2011	2012	2013
	Acquisition nette d'actifs financiers	**107 741**	**155 321**	**162 779**	**96 188**	**121 209**	**123 586**	**17 507**	**53 139**
F.1	**Or monétaire et DTS**	**0**	**0**	**234**	**0**	**55**	**499**	**51**	**-4**
F.11	Or monétaire	0	0	234	0	-1	0	0	0
F.12	Droits de tirage spéciaux (DTS)	0	0	0	0	56	499	51	-4
F.2	**Numéraire et dépôts**	**3 672**	**38 483**	**23 585**	**8 478**	**16 393**	**-5 511**	**-20 585**	**6 665**
F.21	Numéraire	0	0	0	0	0	0	0	0
F.22	Dépôts transférables	1 770	3 403	-897	1 205	-5 091	-6 068	4 157	772
F.29	Autres dépôts	1 902	35 080	24 482	7 273	21 484	557	-24 742	5 892
F.3	**Titres de dette**	**3 828**	**21 396**	**-47 062**	**60 992**	**69 923**	**40 280**	**7 827**	**28 985**
F.3S	Titres de dette à court terme	-703	873	793	1 565	-66	-1 351	-1 897	-2 046
F.3L	Titres de dette à long terme	4 531	20 523	-47 855	59 427	69 990	41 632	9 725	31 031
F.4	**Crédits**	**38 601**	**32 611**	**110 036**	**21 641**	**9 622**	**32 423**	**32 587**	**13 974**
F.4S	Crédits à court terme	1 374	1 356	1 009	1 724	25 820	974	2 621	-715
F.4L	Crédits à long terme	37 228	31 255	109 027	19 917	-16 198	31 449	29 967	14 689
F.5	**Actions et parts de fonds d'investissement**	**52 637**	**49 305**	**35 410**	**28 200**	**-68**	**46 983**	**2 066**	**5 051**
F.51	Actions	52 768	48 182	34 621	28 024	-1 747	43 236	-2 487	-58
F.511	Actions cotées	-6 834	-4 450	10 175	-6 041	16 514	13 730	-4 922	-113
F.512	Actions non cotées	18 902	17 567	6 782	11 584	-4 392	9 566	18 425	6 803
F.519	Autres participations	40 701	35 064	17 665	22 481	-13 870	19 940	-15 990	-6 748
F.52	Parts de fonds d'investissement	-132	1 124	789	176	1 679	3 747	4 553	5 109
F.521	Parts de fonds d'investissement monétaires	..	..	..	..	..	..	..	..
F.522	Autres parts de fonds d'investissement	..	..	..	..	..	..	..	..
F.6	**Systèmes d'assurance, de pensions et garanties standard**	**0**	**0**	**0**	**0**	**0**	**0**	**0**	**0**
F.61	Réserves techniques d'assurance-dommages	0	0	0	0	0	0	0	0
F.62	Droits sur les assurances-vie et rentes	0	0	0	0	0	0	0	0
F.6M	Dts à pension, gérants, prestations hors retraite	0	0	0	0	0	0	0	0
F.63	Droits à pension	..	..	..	..	..	..	..	..
F.64	Dts des fonds de pension sur gérants des systèmes de pension	..	..	..	..	..	..	..	..
F.65	Droits à prestations hors retraite	..	..	..	..	..	..	..	..
F.66	Réserves pour appels dans le cadre de garanties standard	0	0	0	0	0	0	0	0
F.7	**Produits financiers dérivés et options sur titres des salariés**	**-954**	**3 908**	**25 578**	**-23 342**	**8 015**	**-1 259**	**2 890**	**-1 155**
F.71	Produits financiers dérivés	..	..	..	..	..	..	..	..
F.72	Options sur titres des salariés	..	..	..	..	..	..	..	..
F.8	**Autres comptes à recevoir**	**9 956**	**9 618**	**14 997**	**219**	**17 268**	**10 171**	**-7 330**	**-377**
F.81	Crédits commerciaux et avances	8 815	8 509	13 271	2	7 851	5 105	-8 052	-157
F.89	Autres comptes à recevoir, hors crédits commerciaux et avances	1 141	1 109	1 726	217	9 416	5 066	721	-220
	Accroissement net des passifs	**47 617**	**51 880**	**-870**	**28 268**	**99 643**	**38 954**	**40 508**	**-5 861**
F.1	**Or monétaire et DTS**	**0**	**0**	**15**	**5 743**	**-101**	**-127**	**-168**	**-304**
F.11	Or monétaire	..	..	..	..	..	..	..	..
F.12	Droits de tirage spéciaux (DTS)	0	0	15	5 743	-101	-127	-168	-304
F.2	**Numéraire et dépôts**	**1 092**	**9 199**	**-67 585**	**-12 102**	**14 470**	**4 314**	**4 652**	**575**
F.21	Numéraire	-152	855	-985	-44	349	-429	541	-235
F.22	Dépôts transférables	550	1 577	-301	1 111	-1 026	7 289	3 707	-3 449
F.29	Autres dépôts	695	6 767	-66 300	-13 169	15 147	-2 547	404	4 259
F.3	**Titres de dette**	**6 582**	**-208**	**45 615**	**23 543**	**43 103**	**9 848**	**37 623**	**-479**
F.3S	Titres de dette à court terme	8 672	1 358	-9 760	16 741	24 214	-788	-11 871	-7 380
F.3L	Titres de dette à long terme	-2 090	-1 565	55 375	6 803	18 889	10 636	49 494	6 901
F.4	**Crédits**	**2 152**	**8 707**	**8 860**	**-1 143**	**20 724**	**4 189**	**1 855**	**-8 981**
F.4S	Crédits à court terme	-836	18	1 074	-818	10 208	-205	-1 137	3 915
F.4L	Crédits à long terme	2 987	8 690	7 785	-325	10 516	4 393	2 991	-12 896
F.5	**Actions et parts de fonds d'investissement**	**29 036**	**20 033**	**-2 884**	**21 971**	**-23 269**	**16 929**	**-374**	**5 570**
F.51	Actions	26 738	15 543	670	20 617	-16 787	17 836	-489	3 766
F.511	Actions cotées	7 295	9 470	-12 412	6 052	-11 883	-954	2 034	-2 330
F.512	Actions non cotées	4 579	1 666	2 985	3 487	-1 470	568	-1 232	4 847
F.519	Autres participations	14 864	4 408	10 097	11 078	-3 435	18 222	-1 291	1 250
F.52	Parts de fonds d'investissement	2 298	4 490	-3 555	1 354	-6 482	-907	115	1 803
F.521	Parts de fonds d'investissement monétaires	..	..	..	..	..	..	..	..
F.522	Autres parts de fonds d'investissement	..	..	..	..	..	..	..	..
F.6	**Systèmes d'assurance, de pensions et garanties standard**	**-97**	**-263**	**882**	**171**	**858**	**139**	**1 385**	**-753**
F.61	Réserves techniques d'assurance-dommages	-97	-263	882	171	858	139	1 385	-753
F.62	Droits sur les assurances-vie et rentes	0	0	0	0	0	0	0	0
F.6M	Dts à pension, gérants de syst. de pension, hors retraite	0	0	0	0	0	0	0	0
F.63	Droits à pension	..	..	..	..	..	..	..	..
F.64	Dts des fonds de pension sur gérants des systèmes de pension	..	..	..	..	..	..	..	..
F.65	Droits à prestations hors retraite	..	..	..	..	..	..	..	..
F.66	Réserves pour appels dans le cadre de garanties standard	0	0	0	0	0	0	0	0
F.7	**Produits financiers dérivés et options sur titres des salariés**	**-853**	**4 460**	**9 516**	**-10 787**	**13 719**	**-731**	**-7 415**	**-3 393**
F.71	Produits financiers dérivés	..	..	..	..	..	..	..	..
F.72	Options sur titres des salariés	..	..	..	..	..	..	..	..
F.8	**Autres comptes à payer**	**9 705**	**9 952**	**4 713**	**872**	**30 140**	**4 394**	**2 950**	**1 904**
F.81	Crédits commerciaux et avances	8 033	8 034	3 522	429	17 539	2 506	3 547	2 511
F.89	Autres comptes à payer, hors des crédits commerciaux et avances	1 672	1 918	1 191	443	12 601	1 888	-597	-607
	Opérations financières nettes	**60 123**	**103 441**	**163 648**	**67 920**	**21 566**	**84 632**	**-23 002**	**59 000**

Note : Les métadonnées détaillées sont disponibles sur :http://metalinks.oecd.org/faiiia/20150126/4fb7

PORTUGAL

Tableau 1.a. Flux consolidés, par instrument et par secteur, Année 2013
SCN 2008

Millions EUR (1999 PTE euro)

		Sociétés financières					Sociétés financières publiques
		Total S12	Institutions financières monétaires S121-2-3	Fonds d'investissements non monétaires S124	Autres institutions financières, hors S124 S125-6-7	Sociétés d'assurance et fonds de pension SS128-9	S1201
	Acquisition nette d'actifs financiers	**-17 151**	**-25 002**	**-165**	**2 642**	**1 647**	..
F.1	**Or monétaire et DTS**	**-1**	**-1**	..	..	..	..
F.11	Or monétaire	0	0	..	..	..	..
F.12	Droits de tirage spéciaux (DTS)	-1	-1	..	..	..	..
F.2	**Numéraire et dépôts**	**-9 284**	**-10 094**	**799**	**313**	**-841**	..
F.21	Numéraire	0	0	0	0	0	..
F.22	Dépôts transférables	-12 400	-13 100	267	308	-702	..
F.29	Autres dépôts	3 116	3 006	532	5	-138	..
F.3	**Titres de dette**	**-4 473**	**-4 029**	**-1 227**	**583**	**-889**	..
F.3S	Titres de dette à court terme	-9 009	-8 451	-577	589	-607	..
F.3L	Titres de dette à long terme	4 535	4 422	-650	-6	-281	..
F.4	**Crédits**	**-13 042**	**-15 996**	**45**	**-2 108**	**122**	..
F.4S	Crédits à court terme	-4 806	-7 013	0	610	112	..
F.4L	Crédits à long terme	-8 237	-8 983	45	-2 718	10	..
F.5	**Actions et parts de fonds d'investissement**	**2 104**	**2 351**	**166**	**-22**	**1 778**	..
F.51	Actions	567	-73	-59	11	588	..
F.511	Actions cotées	-1 346	-275	-316	-731	234	..
F.512	Actions non cotées	1 520	99	232	722	-14	..
F.519	Autres participations	393	102	25	21	368	..
F.52	Parts de fonds d'investissement	1 537	2 424	225	-33	1 190	..
F.521	Parts de fonds d'investissement monétaires	..	..	..	..	..	..
F.522	Autres parts de fonds d'investissement	..	..	..	..	..	..
F.6	**Systèmes d'assurance, de pensions et garanties standard**	**1**	**524**	**0**	**-15**	**-5**	..
F.61	Réserves techniques d'assurance-dommages	-53	697	0	-2	-50	..
F.62	Droits sur les assurances-vie et rentes	9	5	0	4	0	..
F.6M	Dts à pension, gérants, prestations hors retraite	45	-178	0	-17	45	..
F.63	Droits à pension	..	..	..	..	..	..
F.64	Dts des fonds de pension sur gérants des systèmes de pension	..	..	..	..	..	..
F.65	Droits à prestations hors retraite	..	..	..	..	..	..
F.66	Réserves pour appels dans le cadre de garanties standard	0	0	0	0	0	..
F.7	**Produits financiers dérivés et options sur titres des salariés**	**679**	**825**	**0**	**10**	**-1**	..
F.71	Produits financiers dérivés	..	..	..	..	..	..
F.72	Options sur titres des salariés	..	..	..	..	..	..
F.8	**Autres comptes à recevoir**	**6 867**	**1 418**	**51**	**3 880**	**1 483**	..
F.81	Crédits commerciaux et avances	-73	0	0	-73	0	..
F.89	Autres comptes à recevoir, hors crédits commerciaux et avances	6 940	1 418	51	3 953	1 483	..
	Accroissement net des passifs	**-22 000**	**-27 342**	**309**	**430**	**874**	..
F.1	**Or monétaire et DTS**	**0**	**0**	..	..	..	..
F.11	Or monétaire	..	..	..	..	..	..
F.12	Droits de tirage spéciaux (DTS)	0	0	..	..	..	..
F.2	**Numéraire et dépôts**	**-18 258**	**-18 795**	**0**	**0**	**0**	..
F.21	Numéraire	1 293	1 292	0	0	0	..
F.22	Dépôts transférables	-18 978	-19 805	0	0	0	..
F.29	Autres dépôts	-572	-283	0	0	0	..
F.3	**Titres de dette**	**-6 825**	**-9 027**	**0**	**1 121**	**-7**	..
F.3S	Titres de dette à court terme	-1 245	-1 466	0	183	0	..
F.3L	Titres de dette à long terme	-5 579	-7 561	0	938	-7	..
F.4	**Crédits**	**-33**	**-2 466**	**-449**	**-754**	**-1 258**	..
F.4S	Crédits à court terme	-20	0	-207	-53	-1 245	..
F.4L	Crédits à long terme	-13	-2 466	-243	-701	-12	..
F.5	**Actions et parts de fonds d'investissement**	**-2 226**	**1 295**	**906**	**-1 948**	**-310**	..
F.51	Actions	-1 131	1 027	0	-1 948	-310	..
F.511	Actions cotées	33	310	0	-20	0	..
F.512	Actions non cotées	1 822	305	0	1 346	-310	..
F.519	Autres participations	-2 986	412	0	-3 274	0	..
F.52	Parts de fonds d'investissement	-1 095	268	906	0	0	..
F.521	Parts de fonds d'investissement monétaires	..	..	..	..	..	..
F.522	Autres parts de fonds d'investissement	..	..	..	..	..	..
F.6	**Systèmes d'assurance, de pensions et garanties standard**	**341**	**0**	**0**	**149**	**695**	..
F.61	Réserves techniques d'assurance-dommages	-30	0	0	11	656	..
F.62	Droits sur les assurances-vie et rentes	-269	0	0	0	-269	..
F.6M	Dts à pension, gérants de syst. de pension, hors retraite	648	0	0	138	316	..
F.63	Droits à pension	..	..	..	..	..	..
F.64	Dts des fonds de pension sur gérants des systèmes de pension	..	..	..	..	..	..
F.65	Droits à prestations hors retraite	..	..	..	..	..	..
F.66	Réserves pour appels dans le cadre de garanties standard	-8	0	0	0	-8	..
F.7	**Produits financiers dérivés et options sur titres des salariés**	**0**	**1**	**-1**	**157**	**-2**	..
F.71	Produits financiers dérivés	..	..	..	..	..	..
F.72	Options sur titres des salariés	..	..	..	..	..	..
F.8	**Autres comptes à payer**	**5 000**	**1 650**	**-146**	**1 705**	**1 755**	..
F.81	Crédits commerciaux et avances	14	0	0	14	0	..
F.89	Autres comptes à payer, hors des crédits commerciaux et avances	4 986	1 650	-146	1 691	1 755	..
	Opérations financières nettes	**4 849**	**2 339**	**-474**	**2 211**	**773**	..

PORTUGAL

Tableau 1.a. Flux consolidés, par instrument et par secteur, Année 2013 (cont.)

SCN 2008

Millions EUR (1999 PTE euro)

		Sociétés non financières	Administrations publiques		Ménages et ISBLSM	Economie totale	Reste du monde
		S11	Total S13	Administration centrale S1311	S14+S15	S1	S2
	Acquisition nette d'actifs financiers	**5 923**	**-2 081**	**-1 694**	**-1 306**	**-4 386**	**-8 321**
F.1	**Or monétaire et DTS**	..	..	..	..	**-1**	**0**
F.11	Or monétaire	..	..	..	..	0	0
F.12	Droits de tirage spéciaux (DTS)	..	..	..	..	-1	0
F.2	**Numéraire et dépôts**	**2 133**	**1 446**	**559**	**2 941**	**-9 354**	**-23 696**
F.21	Numéraire	231	-4	-4	-436	0	1 501
F.22	Dépôts transférables	2 025	2 635	2 420	1 598	-12 346	-25 187
F.29	Autres dépôts	-123	-1 185	-1 857	1 779	2 993	-10
F.3	**Titres de dette**	**851**	**-958**	**-461**	**-5 401**	**-2 728**	**527**
F.3S	Titres de dette à court terme	314	-383	-383	-438	-1 409	-2 755
F.3L	Titres de dette à long terme	537	-574	-78	-4 963	-1 319	3 282
F.4	**Crédits**	**5 124**	**-173**	**751**	**1 334**	**1 858**	**11 842**
F.4S	Crédits à court terme	4 497	-5	-5	-74	3 535	1 461
F.4L	Crédits à long terme	627	-169	756	1 407	-1 677	10 381
F.5	**Actions et parts de fonds d'investissement**	**-542**	**-420**	**-677**	**-823**	**3 807**	**3 593**
F.51	Actions	-742	-876	-707	-422	884	3 557
F.511	Actions cotées	-155	-149	-69	-1 197	-726	2 631
F.512	Actions non cotées	-370	-1 569	-1 490	461	-120	3 223
F.519	Autres participations	-216	843	853	314	1 729	-2 297
F.52	Parts de fonds d'investissement	200	456	30	-401	2 923	36
F.521	Parts de fonds d'investissement monétaires	..	..	..	..	..	..
F.522	Autres parts de fonds d'investissement	..	..	..	..	..	..
F.6	**Systèmes d'assurance, de pensions et garanties standard**	**127**	**0**	**0**	**356**	**-42**	**-2**
F.61	Réserves techniques d'assurance-dommages	-16	0	0	-16	-57	-2
F.62	Droits sur les assurances-vie et rentes	6	0	0	-269	15	0
F.6M	Dts à pension, gérants, prestations hors retraite	145	0	0	642	0	0
F.63	Droits à pension	..	..	..	..	..	..
F.64	Dts des fonds de pension sur gérants des systèmes de pension	..	..	..	..	..	..
F.65	Droits à prestations hors retraite	..	..	..	..	..	..
F.66	Réserves pour appels dans le cadre de garanties standard	-8	0	0	0	0	0
F.7	**Produits financiers dérivés et options sur titres des salariés**	**269**	**-23**	**56**	**-24**	**1 017**	**0**
F.71	Produits financiers dérivés	..	..	..	..	..	..
F.72	Options sur titres des salariés	..	..	..	..	..	..
F.8	**Autres comptes à recevoir**	**-2 037**	**-1 953**	**-1 922**	**311**	**1 057**	**-586**
F.81	Crédits commerciaux et avances	2 626	-27	-27	1 273	174	-1 160
F.89	Autres comptes à recevoir, hors crédits commerciaux et avances	-4 663	-1 926	-1 895	-962	883	574
	Accroissement net des passifs	**7 475**	**6 228**	**7 416**	**-10 253**	**-8 321**	**-4 386**
F.1	**Or monétaire et DTS**	..	..	..	..	**0**	**-1**
F.11	Or monétaire	..	..	..	..	..	..
F.12	Droits de tirage spéciaux (DTS)	..	..	..	..	0	-1
F.2	**Numéraire et dépôts**	**0**	**1 150**	**799**	**0**	**-23 696**	**-9 354**
F.21	Numéraire	0	0	0	0	1 501	0
F.22	Dépôts transférables	0	-6	-70	0	-25 187	-12 346
F.29	Autres dépôts	0	1 156	869	0	-10	2 993
F.3	**Titres de dette**	**2 401**	**-2 303**	**-1 570**	**0**	**527**	**-2 728**
F.3S	Titres de dette à court terme	-4 422	-5 195	-5 757	0	-2 755	-1 409
F.3L	Titres de dette à long terme	6 824	2 892	4 186	0	3 282	-1 319
F.4	**Crédits**	**-1 548**	**9 791**	**10 325**	**-4 984**	**11 842**	**1 858**
F.4S	Crédits à court terme	-1 367	-557	71	-517	1 461	3 535
F.4L	Crédits à long terme	-180	10 348	10 254	-4 467	10 381	-1 677
F.5	**Actions et parts de fonds d'investissement**	**2 331**	**0**	**0**	**0**	**3 593**	**3 807**
F.51	Actions	2 331	0	0	0	3 557	884
F.511	Actions cotées	477	0	0	0	2 631	-726
F.512	Actions non cotées	1 562	0	0	0	3 223	-120
F.519	Autres participations	293	0	0	0	-2 297	1 729
F.52	Parts de fonds d'investissement	0	0	0	0	36	2 923
F.521	Parts de fonds d'investissement monétaires	..	..	..	..	..	..
F.522	Autres parts de fonds d'investissement	..	..	..	..	..	..
F.6	**Systèmes d'assurance, de pensions et garanties standard**	**121**	**0**	**0**	**62**	**-2**	**-42**
F.61	Réserves techniques d'assurance-dommages	0	0	0	0	-2	-57
F.62	Droits sur les assurances-vie et rentes	0	0	0	0	0	15
F.6M	Dts à pension, gérants de syst. de pension, hors retraite	121	0	0	62	0	0
F.63	Droits à pension	..	..	..	..	..	..
F.64	Dts des fonds de pension sur gérants des systèmes de pension	..	..	..	..	..	..
F.65	Droits à prestations hors retraite	..	..	..	..	..	..
F.66	Réserves pour appels dans le cadre de garanties standard	0	0	0	0	0	0
F.7	**Produits financiers dérivés et options sur titres des salariés**	**-136**	**18**	**18**	**0**	**0**	**1 017**
F.71	Produits financiers dérivés	..	..	..	..	..	..
F.72	Options sur titres des salariés	..	..	..	..	..	..
F.8	**Autres comptes à payer**	**4 305**	**-2 428**	**-2 157**	**-5 331**	**-586**	**1 057**
F.81	Crédits commerciaux et avances	14	-883	-34	3 322	-1 160	174
F.89	Autres comptes à payer, hors des crédits commerciaux et avances	4 291	-1 545	-2 123	-8 653	574	883
	Opérations financières nettes	**-1 552**	**-8 309**	**-9 110**	**8 947**	**3 935**	**-3 935**

Note : Les métadonnées détaillées sont disponibles sur :http://metalinks.oecd.org/faiiia/20150126/ab57

PORTUGAL

Tableau 1.b. Flux non consolidés, par instrument et par secteur, Année 2013
SCN 2008

Millions EUR (1999 PTE euro)

		Sociétés financières					
		Total S12	Institutions financières monétaires S121-2-3	Fonds d'investissements non monétaires S124	Autres institutions financières, hors S124 S125-6-7	Sociétés d'assurance et fonds de pension SS128-9	Sociétés financières publiques S1201
	Acquisition nette d'actifs financiers	**-35 064**	**-38 369**	**-153**	**1 857**	**1 602**	..
F.1	**Or monétaire et DTS**	**-1**	**-1**	..	..	..	..
F.11	Or monétaire	0	0	..	..	..	..
F.12	Droits de tirage spéciaux (DTS)	-1	-1	..	..	..	..
F.2	**Numéraire et dépôts**	**-17 910**	**-18 181**	**799**	**313**	**-841**	..
F.21	Numéraire	21	21	0	0	0	..
F.22	Dépôts transférables	-12 545	-12 418	267	308	-702	..
F.29	Autres dépôts	-5 385	-5 784	532	5	-138	..
F.3	**Titres de dette**	**-11 605**	**-9 282**	**-1 227**	**-211**	**-886**	..
F.3S	Titres de dette à court terme	-10 433	-9 078	-577	-171	-607	..
F.3L	Titres de dette à long terme	-1 171	-204	-650	-39	-279	..
F.4	**Crédits**	**-18 002**	**-15 996**	**45**	**-2 173**	**122**	..
F.4S	Crédits à court terme	-6 292	-7 013	0	609	112	..
F.4L	Crédits à long terme	-11 710	-8 983	45	-2 782	10	..
F.5	**Actions et parts de fonds d'investissement**	**4 163**	**2 156**	**178**	**53**	**1 776**	..
F.51	Actions	445	-168	-59	86	586	..
F.511	Actions cotées	-1 066	-273	-316	-711	234	..
F.512	Actions non cotées	-911	10	232	-1 137	-16	..
F.519	Autres participations	2 422	95	25	1 934	368	..
F.52	Parts de fonds d'investissement	3 718	2 324	237	-33	1 190	..
F.521	Parts de fonds d'investissement monétaires	..	..	..	..	..	..
F.522	Autres parts de fonds d'investissement	..	..	..	..	..	..
F.6	**Systèmes d'assurance, de pensions et garanties standard**	**458**	**524**	**0**	**-15**	**-51**	..
F.61	Réserves techniques d'assurance-dommages	607	697	0	-2	-87	..
F.62	Droits sur les assurances-vie et rentes	9	5	0	4	0	..
F.6M	Dts à pension, gérants de syst. de pension, hors retraite	-159	-178	0	-17	35	..
F.63	Droits à pension	..	..	..	..	..	..
F.64	Dts des fonds de pension sur gérants des systèmes de pension	..	..	..	..	..	..
F.65	Droits à prestations hors retraite	..	..	..	..	..	..
F.66	Réserves pour appels dans le cadre de garanties standard	0	0	0	0	0	..
F.7	**Produits financiers dérivés et options sur titres des salariés**	**834**	**825**	**0**	**10**	**-1**	..
F.71	Produits financiers dérivés	..	..	..	..	..	..
F.72	Options sur titres des salariés	..	..	..	..	..	..
F.8	**Autres comptes à recevoir**	**7 000**	**1 586**	**51**	**3 880**	**1 483**	..
F.81	Crédits commerciaux et avances	-73	0	0	-73	0	..
F.89	Autres comptes à recevoir, hors crédits commerciaux et avances	7 073	1 586	51	3 953	1 483	..
	Accroissement net des passifs	**-39 914**	**-40 708**	**321**	**-355**	**829**	..
F.1	**Or monétaire et DTS**	**0**	**0**	..	..	..	..
F.11	Or monétaire	..	..	..	..	..	..
F.12	Droits de tirage spéciaux (DTS)	0	0	..	..	..	..
F.2	**Numéraire et dépôts**	**-26 883**	**-26 883**	**0**	**0**	**0**	..
F.21	Numéraire	1 313	1 313	0	0	0	..
F.22	Dépôts transférables	-19 123	-19 123	0	0	0	..
F.29	Autres dépôts	-9 073	-9 073	0	0	0	..
F.3	**Titres de dette**	**-13 956**	**-14 279**	**0**	**327**	**-4**	..
F.3S	Titres de dette à court terme	-2 670	-2 093	0	-577	0	..
F.3L	Titres de dette à long terme	-11 286	-12 187	0	905	-4	..
F.4	**Crédits**	**-4 993**	**-2 466**	**-449**	**-820**	**-1 258**	..
F.4S	Crédits à court terme	-1 506	0	-207	-54	-1 245	..
F.4L	Crédits à long terme	-3 486	-2 466	-243	-765	-12	..
F.5	**Actions et parts de fonds d'investissement**	**-167**	**1 101**	**918**	**-1 874**	**-311**	..
F.51	Actions	-1 252	933	0	-1 874	-311	..
F.511	Actions cotées	312	312	0	0	0	..
F.512	Actions non cotées	-609	216	0	-513	-311	..
F.519	Autres participations	-956	405	0	-1 361	0	..
F.52	Parts de fonds d'investissement	1 086	168	918	0	0	..
F.521	Parts de fonds d'investissement monétaires	..	..	..	..	..	..
F.522	Autres parts de fonds d'investissement	..	..	..	..	..	..
F.6	**Systèmes d'assurance, de pensions et garanties standard**	**797**	**0**	**0**	**149**	**648**	..
F.61	Réserves techniques d'assurance-dommages	630	0	0	11	619	..
F.62	Droits sur les assurances-vie et rentes	-269	0	0	0	-269	..
F.6M	Dts à pension, gérants de syst. de pension, hors retraite	444	0	0	138	306	..
F.63	Droits à pension	..	..	..	..	..	..
F.64	Dts des fonds de pension sur gérants des systèmes de pension	..	..	..	..	..	..
F.65	Droits à prestations hors retraite	..	..	..	..	..	..
F.66	Réserves pour appels dans le cadre de garanties standard	-8	0	0	0	-8	..
F.7	**Produits financiers dérivés et options sur titres des salariés**	**155**	**1**	**-1**	**157**	**-2**	..
F.71	Produits financiers dérivés	..	..	..	..	..	..
F.72	Options sur titres des salariés	..	..	..	..	..	..
F.8	**Autres comptes à payer**	**5 133**	**1 818**	**-146**	**1 705**	**1 755**	..
F.81	Crédits commerciaux et avances	14	0	0	14	0	..
F.89	Autres comptes à payer, hors des crédits commerciaux et avances	5 119	1 818	-146	1 691	1 755	..
	Opérations financières nettes	**4 849**	**2 339**	**-474**	**2 211**	**773**	..

PORTUGAL

Tableau 1.b. Flux non consolidés, par instrument et par secteur, Année 2013 (cont.)

SCN 2008

Millions EUR (1999 PTE euro)

		Sociétés non financières	Administrations publiques		Ménages et ISBLSM	Economie totale	Reste du monde
		S11	Total S13	Administration centrale S1311	S14+S15	S1	S2
	Acquisition nette d'actifs financiers	**1 162**	**2 787**	**2 058**	**-1 306**	**-32 422**	**-8 321**
F.1	**Or monétaire et DTS**	..	..	..	..	**-1**	**0**
F.11	Or monétaire	..	..	..	..	0	0
F.12	Droits de tirage spéciaux (DTS)	..	..	..	..	-1	0
F.2	**Numéraire et dépôts**	**2 133**	**865**	**329**	**2 941**	**-11 972**	**-23 696**
F.21	Numéraire	231	-4	-4	-436	-188	1 501
F.22	Dépôts transférables	2 025	1 986	1 835	1 598	-6 937	-25 187
F.29	Autres dépôts	-123	-1 117	-1 502	1 779	-4 846	-10
F.3	**Titres de dette**	**1 985**	**-162**	**-208**	**-5 401**	**-15 183**	**527**
F.3S	Titres de dette à court terme	1 432	-1 658	-1 097	-438	-11 097	-2 755
F.3L	Titres de dette à long terme	552	1 496	889	-4 963	-4 086	3 282
F.4	**Crédits**	**-715**	**4 480**	**4 480**	**1 334**	**-12 904**	**11 842**
F.4S	Crédits à court terme	4 497	-2	-2	-74	-1 871	1 461
F.4L	Crédits à long terme	-5 212	4 482	4 482	1 407	-11 033	10 381
F.5	**Actions et parts de fonds d'investissement**	**1 417**	**-420**	**-677**	**-823**	**4 337**	**3 593**
F.51	Actions	1 217	-876	-707	-422	364	3 557
F.511	Actions cotées	-629	-149	-69	-1 197	-3 042	2 631
F.512	Actions non cotées	736	-1 569	-1 490	461	-1 284	3 223
F.519	Autres participations	1 110	843	853	314	4 690	-2 297
F.52	Parts de fonds d'investissement	200	456	30	-401	3 973	36
F.521	Parts de fonds d'investissement monétaires	..	..	..	..	..	..
F.522	Autres parts de fonds d'investissement	..	..	..	..	..	..
F.6	**Systèmes d'assurance, de pensions et garanties standard**	**127**	**0**	**0**	**356**	**940**	**-2**
F.61	Réserves techniques d'assurance-dommages	-16	0	0	-16	575	-2
F.62	Droits sur les assurances-vie et rentes	6	0	0	-269	-254	0
F.6M	Dts à pension, gérants de syst. de pension, hors retraite	145	0	0	642	627	0
F.63	Droits à pension	..	..	..	..	..	..
F.64	Dts des fonds de pension sur gérants des systèmes de pension	..	..	..	..	..	..
F.65	Droits à prestations hors retraite	..	..	..	..	..	..
F.66	Réserves pour appels dans le cadre de garanties standard	-8	0	0	0	-8	0
F.7	**Produits financiers dérivés et options sur titres des salariés**	**269**	**-23**	**56**	**-24**	**1 055**	**0**
F.71	Produits financiers dérivés	..	..	..	..	..	..
F.72	Options sur titres des salariés	..	..	..	..	..	..
F.8	**Autres comptes à recevoir**	**-4 052**	**-1 953**	**-1 922**	**311**	**1 306**	**-586**
F.81	Crédits commerciaux et avances	1 615	-27	-27	1 273	2 789	-1 160
F.89	Autres comptes à recevoir, hors crédits commerciaux et avances	-5 667	-1 926	-1 895	-962	-1 483	574
	Accroissement net des passifs	**2 714**	**11 096**	**11 168**	**-10 253**	**-36 357**	**-4 386**
F.1	**Or monétaire et DTS**	..	..	..	..	**0**	**-1**
F.11	Or monétaire	..	..	..	..	..	..
F.12	Droits de tirage spéciaux (DTS)	..	..	..	..	0	-1
F.2	**Numéraire et dépôts**	**0**	**569**	**569**	**0**	**-26 314**	**-9 354**
F.21	Numéraire	0	0	0	0	1 313	0
F.22	Dépôts transférables	0	-655	-655	0	-19 778	-12 346
F.29	Autres dépôts	0	1 224	1 224	0	-7 849	2 993
F.3	**Titres de dette**	**3 536**	**-1 508**	**-1 317**	**0**	**-11 928**	**-2 728**
F.3S	Titres de dette à court terme	-3 304	-6 470	-6 470	0	-12 443	-1 409
F.3L	Titres de dette à long terme	6 839	4 962	5 153	0	515	-1 319
F.4	**Crédits**	**-7 387**	**14 444**	**14 054**	**-4 984**	**-2 919**	**1 858**
F.4S	Crédits à court terme	-1 367	-554	74	-517	-3 945	3 535
F.4L	Crédits à long terme	-6 019	14 998	13 980	-4 467	1 026	-1 677
F.5	**Actions et parts de fonds d'investissement**	**4 290**	**0**	**0**	**0**	**4 123**	**3 807**
F.51	Actions	4 290	0	0	0	3 037	884
F.511	Actions cotées	3	0	0	0	315	-726
F.512	Actions non cotées	2 668	0	0	0	2 059	-120
F.519	Autres participations	1 619	0	0	0	663	1 729
F.52	Parts de fonds d'investissement	0	0	0	0	1 086	2 923
F.521	Parts de fonds d'investissement monétaires	..	..	..	..	..	..
F.522	Autres parts de fonds d'investissement	..	..	..	..	..	..
F.6	**Systèmes d'assurance, de pensions et garanties standard**	**121**	**0**	**0**	**62**	**981**	**-42**
F.61	Réserves techniques d'assurance-dommages	0	0	0	0	630	-57
F.62	Droits sur les assurances-vie et rentes	0	0	0	0	-269	15
F.6M	Dts à pension, gérants de syst. de pension, hors retraite	121	0	0	62	627	0
F.63	Droits à pension	..	..	..	..	..	..
F.64	Dts des fonds de pension sur gérants des systèmes de pension	..	..	..	..	..	..
F.65	Droits à prestations hors retraite	..	..	..	..	..	..
F.66	Réserves pour appels dans le cadre de garanties standard	0	0	0	0	-8	0
F.7	**Produits financiers dérivés et options sur titres des salariés**	**-136**	**18**	**18**	**0**	**38**	**1 017**
F.71	Produits financiers dérivés	..	..	..	..	..	..
F.72	Options sur titres des salariés	..	..	..	..	..	..
F.8	**Autres comptes à payer**	**2 290**	**-2 428**	**-2 157**	**-5 331**	**-336**	**1 057**
F.81	Crédits commerciaux et avances	-997	-883	-34	3 322	1 455	174
F.89	Autres comptes à payer, hors des crédits commerciaux et avances	3 288	-1 545	-2 123	-8 653	-1 791	883
	Opérations financières nettes	**-1 552**	**-8 309**	**-9 110**	**8 947**	**3 935**	**-3 935**

Note : Les métadonnées détaillées sont disponibles sur :http://metalinks.oecd.org/faiiia/20150126/92ca

Tableau 2.1.a. Flux consolidés, Secteur S1 - Économie totale

SCN 2008

Millions EUR (1999 PTE euro)

		2006	2007	2008	2009	2010	2011	2012	2013
	Acquisition nette d'actifs financiers	**26 559**	**26 159**	**7 046**	**22 601**	**7 777**	**-15 567**	**-4 249**	**-4 386**
F.1	**Or monétaire et DTS**	**-558**	**-3**	**13**	**797**	**24**	**-91**	**2**	**-1**
F.11	Or monétaire	-564	0	0	0	0	0	0	0
F.12	Droits de tirage spéciaux (DTS)	7	-3	13	797	24	-91	2	-1
F.2	**Numéraire et dépôts**	**13 187**	**11 617**	**-9 017**	**2 569**	**4 307**	**-1 921**	**2 223**	**-9 354**
F.21	Numéraire	0	0	0	0	0	0	0	0
F.22	Dépôts transférables	11 462	9 081	-12 192	183	3 142	-4 549	-988	-12 346
F.29	Autres dépôts	1 725	2 536	3 175	2 386	1 165	2 628	3 211	2 993
F.3	**Titres de dette**	**2 034**	**5 623**	**13 212**	**15 775**	**1 994**	**-22 400**	**-9 377**	**-2 728**
F.3S	Titres de dette à court terme	-3 242	-2 667	-327	-1 602	3 334	3 572	-2 394	-1 409
F.3L	Titres de dette à long terme	5 276	8 290	13 540	17 377	-1 340	-25 971	-6 983	-1 319
F.4	**Crédits**	**1 753**	**3 192**	**1 377**	**2 077**	**6 137**	**2 504**	**-798**	**1 858**
F.4S	Crédits à court terme	1 048	306	1 358	-515	2 546	-564	1 699	3 535
F.4L	Crédits à long terme	705	2 886	20	2 592	3 591	3 068	-2 496	-1 677
F.5	**Actions et parts de fonds d'investissement**	**8 404**	**5 091**	**1 647**	**1 192**	**-6 181**	**2 799**	**4 224**	**3 807**
F.51	Actions	5 620	4 370	3 145	990	-6 098	4 129	4 460	884
F.511	Actions cotées	991	874	798	719	-107	-2 925	3 755	-726
F.512	Actions non cotées	4 184	2 977	1 909	-842	-6 977	6 410	-218	-120
F.519	Autres participations	446	519	438	1 113	986	645	923	1 729
F.52	Parts de fonds d'investissement	2 784	721	-1 498	202	-83	-1 330	-236	2 923
F.521	Parts de fonds d'investissement monétaires	..	..	..	..	..	..	..	..
F.522	Autres parts de fonds d'investissement	..	..	..	..	..	..	..	..
F.6	**Systèmes d'assurance, de pensions et garanties standard**	**23**	**1**	**2**	**78**	**38**	**-30**	**26**	**-42**
F.61	Réserves techniques d'assurance-dommages	21	-3	-6	65	25	-35	18	-57
F.62	Droits sur les assurances-vie et rentes	2	3	8	12	13	4	9	15
F.6M	Dts à pension, gérants, prestations hors retraite	0	0	0	0	0	0	0	0
F.63	Droits à pension	..	..	..	..	..	..	..	..
F.64	Dts des fonds de pension sur gérants des systèmes de pension	..	..	..	..	..	..	..	..
F.65	Droits à prestations hors retraite	..	..	..	..	..	..	..	..
F.66	Réserves pour appels dans le cadre de garanties standard	0	0	0	0	0	0	0	0
F.7	**Produits financiers dérivés et options sur titres des salariés**	**181**	**-175**	**-243**	**-160**	**-352**	**-450**	**-64**	**1 017**
F.71	Produits financiers dérivés	..	..	..	..	..	..	..	..
F.72	Options sur titres des salariés	..	..	..	..	..	..	..	..
F.8	**Autres comptes à recevoir**	**1 535**	**814**	**56**	**272**	**1 810**	**4 022**	**-486**	**1 057**
F.81	Crédits commerciaux et avances	1 441	353	589	1 068	88	36	87	174
F.89	Autres comptes à recevoir, hors crédits commerciaux et avances	94	461	-534	-796	1 722	3 986	-573	883
	Accroissement net des passifs	**41 761**	**41 244**	**26 580**	**38 841**	**23 540**	**-7 397**	**-4 359**	**-8 321**
F.1	**Or monétaire et DTS**	**0**	**-1**	**-2**	**831**	**0**	**0**	**0**	**0**
F.11	Or monétaire	..	..	..	..	..	..	..	..
F.12	Droits de tirage spéciaux (DTS)	0	-1	-2	831	0	0	0	0
F.2	**Numéraire et dépôts**	**20 095**	**15 155**	**-3 951**	**1 775**	**23 489**	**-22 108**	**-8 058**	**-23 696**
F.21	Numéraire	1 025	1 464	2 287	1 309	44	1 632	2 515	1 501
F.22	Dépôts transférables	18 810	13 796	-6 351	521	23 522	-23 675	-10 490	-25 187
F.29	Autres dépôts	260	-105	114	-55	-77	-65	-82	-10
F.3	**Titres de dette**	**7 533**	**17 792**	**21 464**	**28 529**	**-5 864**	**-21 012**	**-25 195**	**527**
F.3S	Titres de dette à court terme	-4 380	1 104	6 499	4 084	-6 166	-6 534	1 366	-2 755
F.3L	Titres de dette à long terme	11 912	16 687	14 965	24 445	302	-14 477	-26 561	3 282
F.4	**Crédits**	**3 573**	**4 707**	**712**	**3 214**	**2 048**	**37 971**	**29 115**	**11 842**
F.4S	Crédits à court terme	875	1 369	-1 913	788	810	2 309	104	1 461
F.4L	Crédits à long terme	2 698	3 338	2 625	2 426	1 238	35 662	29 012	10 381
F.5	**Actions et parts de fonds d'investissement**	**10 700**	**3 018**	**9 527**	**4 203**	**2 192**	**-2 406**	**715**	**3 593**
F.51	Actions	10 503	3 208	10 351	4 325	2 357	-2 290	620	3 557
F.511	Actions cotées	1 532	-1 499	-819	-281	2 094	5 646	6 466	2 631
F.512	Actions non cotées	5 068	261	2 253	1 391	3 539	164	1 740	3 223
F.519	Autres participations	3 903	4 446	8 917	3 215	-3 276	-8 099	-7 586	-2 297
F.52	Parts de fonds d'investissement	197	-190	-824	-122	-165	-116	96	36
F.521	Parts de fonds d'investissement monétaires	..	..	..	..	..	..	..	..
F.522	Autres parts de fonds d'investissement	..	..	..	..	..	..	..	..
F.6	**Systèmes d'assurance, de pensions et garanties standard**	**9**	**10**	**-3**	**5**	**-18**	**8**	**-7**	**-2**
F.61	Réserves techniques d'assurance-dommages	9	10	-3	5	-18	8	-7	-2
F.62	Droits sur les assurances-vie et rentes	0	0	0	0	0	0	0	0
F.6M	Dts à pension, gérants de syst. de pension, hors retraite	0	0	0	0	0	0	0	0
F.63	Droits à pension	..	..	..	..	..	..	..	..
F.64	Dts des fonds de pension sur gérants des systèmes de pension	..	..	..	..	..	..	..	..
F.65	Droits à prestations hors retraite	..	..	..	..	..	..	..	..
F.66	Réserves pour appels dans le cadre de garanties standard	0	0	0	0	0	0	0	0
F.7	**Produits financiers dérivés et options sur titres des salariés**	**0**	**0**	**0**	**0**	**0**	**0**	**0**	**0**
F.71	Produits financiers dérivés	..	..	..	..	..	..	..	..
F.72	Options sur titres des salariés	..	..	..	..	..	..	..	..
F.8	**Autres comptes à payer**	**-150**	**563**	**-1 166**	**284**	**1 693**	**149**	**-930**	**-586**
F.81	Crédits commerciaux et avances	415	564	-1 199	296	1 677	-486	-325	-1 160
F.89	Autres comptes à payer, hors des crédits commerciaux et avances	-565	-1	33	-12	16	635	-605	574
	Opérations financières nettes	**-15 202**	**-15 086**	**-19 534**	**-16 239**	**-15 762**	**-8 170**	**110**	**3 935**

Note : Les métadonnées détaillées sont disponibles sur :http://metalinks.oecd.org/faiiia/20150126/ab57

Tableau 2.2.a. Flux consolidés, Secteur S11 - Sociétés non financières

SCN 2008

Millions EUR (1999 PTE euro)

		2006	2007	2008	2009	2010	2011	2012	2013
	Acquisition nette d'actifs financiers	**5 716**	**7 648**	**10 866**	**-7 582**	**10 507**	**6 296**	**-6 954**	**5 923**
F.1	**Or monétaire et DTS**	..	..	..	..	..	..	..	..
F.11	Or monétaire	..	..	..	..	..	..	..	..
F.12	Droits de tirage spéciaux (DTS)	..	..	..	..	..	..	..	..
F.2	**Numéraire et dépôts**	**1 997**	**-198**	**-2 173**	**309**	**4 037**	**-6 008**	**-1 868**	**2 133**
F.21	Numéraire	74	-227	-161	-131	230	-188	-797	231
F.22	Dépôts transférables	93	-680	-2 094	-1 423	-2 046	-3 963	3 981	2 025
F.29	Autres dépôts	1 830	709	81	1 864	5 854	-1 857	-5 052	-123
F.3	**Titres de dette**	**78**	**994**	**1 586**	**-681**	**-1 864**	**-864**	**903**	**851**
F.3S	Titres de dette à court terme	-175	965	187	-976	409	180	651	314
F.3L	Titres de dette à long terme	254	29	1 399	295	-2 274	-1 044	253	537
F.4	**Crédits**	**3 827**	**7 097**	**6 979**	**2 647**	**1 220**	**1 583**	**1 447**	**5 124**
F.4S	Crédits à court terme	594	-57	4 495	474	1 762	1 078	1 600	4 497
F.4L	Crédits à long terme	3 233	7 155	2 483	2 173	-542	505	-153	627
F.5	**Actions et parts de fonds d'investissement**	**7 310**	**7 249**	**5 480**	**2 283**	**-375**	**6 454**	**3 838**	**-542**
F.51	Actions	5 991	7 177	5 901	2 229	301	4 556	4 193	-742
F.511	Actions cotées	243	479	657	-94	891	-858	-299	-155
F.512	Actions non cotées	4 864	6 102	5 285	2 097	-958	5 170	4 746	-370
F.519	Autres participations	884	596	-40	226	368	245	-255	-216
F.52	Parts de fonds d'investissement	1 319	73	-422	54	-676	1 898	-355	200
F.521	Parts de fonds d'investissement monétaires	..	..	..	..	..	..	..	..
F.522	Autres parts de fonds d'investissement	..	..	..	..	..	..	..	..
F.6	**Systèmes d'assurance, de pensions et garanties standard**	**179**	**136**	**-46**	**66**	**-232**	**109**	**-92**	**127**
F.61	Réserves techniques d'assurance-dommages	177	128	-72	73	-217	99	-95	-16
F.62	Droits sur les assurances-vie et rentes	2	2	-1	4	1	4	2	6
F.6M	Dts à pension, gérants, prestations hors retraite	0	0	0	0	0	0	0	145
F.63	Droits à pension	..	..	..	..	..	..	..	..
F.64	Dts des fonds de pension sur gérants des systèmes de pension	..	..	..	..	..	..	..	..
F.65	Droits à prestations hors retraite	..	..	..	..	..	..	..	..
F.66	Réserves pour appels dans le cadre de garanties standard	0	7	28	-11	-17	7	1	-8
F.7	**Produits financiers dérivés et options sur titres des salariés**	**-78**	**-108**	**64**	**-50**	**-122**	**6**	**104**	**269**
F.71	Produits financiers dérivés	..	..	..	..	..	..	..	..
F.72	Options sur titres des salariés	..	..	..	..	..	..	..	..
F.8	**Autres comptes à recevoir**	**-7 598**	**-7 523**	**-1 023**	**-12 156**	**7 843**	**5 016**	**-11 286**	**-2 037**
F.81	Crédits commerciaux et avances	3 533	601	-643	2 039	1 689	-607	126	2 626
F.89	Autres comptes à recevoir, hors crédits commerciaux et avances	-11 131	-8 124	-380	-14 195	6 154	5 623	-11 411	-4 663
	Accroissement net des passifs	**16 388**	**21 244**	**29 128**	**3 098**	**17 984**	**13 226**	**-3 068**	**7 475**
F.1	**Or monétaire et DTS**	..	..	..	..	..	..	..	..
F.11	Or monétaire	..	..	..	..	..	..	..	..
F.12	Droits de tirage spéciaux (DTS)	..	..	..	..	..	..	..	..
F.2	**Numéraire et dépôts**	**0**	**0**	**0**	**0**	**0**	**0**	**0**	**0**
F.21	Numéraire	0	0	0	0	0	0	0	0
F.22	Dépôts transférables	0	0	0	0	0	0	0	0
F.29	Autres dépôts	0	0	0	0	0	0	0	0
F.3	**Titres de dette**	**1 474**	**4 187**	**4 380**	**1 987**	**1 673**	**2 126**	**3 016**	**2 401**
F.3S	Titres de dette à court terme	973	2 298	2 650	349	596	1 973	573	-4 422
F.3L	Titres de dette à long terme	501	1 888	1 730	1 638	1 077	153	2 443	6 824
F.4	**Crédits**	**6 839**	**14 305**	**17 664**	**4 766**	**6 046**	**2 218**	**-1 232**	**-1 548**
F.4S	Crédits à court terme	-792	2 109	3 369	-3 090	-1 444	-48	-2 173	-1 367
F.4L	Crédits à long terme	7 632	12 195	14 295	7 855	7 490	2 267	941	-180
F.5	**Actions et parts de fonds d'investissement**	**5 248**	**-2 331**	**-807**	**1 137**	**4 252**	**7 244**	**-698**	**2 331**
F.51	Actions	5 248	-2 331	-807	1 137	4 252	7 244	-698	2 331
F.511	Actions cotées	3 130	-1 435	-3 120	-783	-1 214	3 567	515	477
F.512	Actions non cotées	2 256	-2 560	1 391	917	4 302	2 019	-442	1 562
F.519	Autres participations	-138	1 663	922	1 003	1 163	1 658	-771	293
F.52	Parts de fonds d'investissement	0	0	0	0	0	0	0	0
F.521	Parts de fonds d'investissement monétaires	..	..	..	..	..	..	..	..
F.522	Autres parts de fonds d'investissement	..	..	..	..	..	..	..	..
F.6	**Systèmes d'assurance, de pensions et garanties standard**	**-495**	**-170**	**710**	**-260**	**-3 144**	**-139**	**-215**	**121**
F.61	Réserves techniques d'assurance-dommages	0	0	0	0	0	0	0	0
F.62	Droits sur les assurances-vie et rentes	0	0	0	0	0	0	0	0
F.6M	Dts à pension, gérants de syst. de pension, hors retraite	-495	-170	710	-260	-3 144	-139	-215	121
F.63	Droits à pension	..	..	..	..	..	..	..	..
F.64	Dts des fonds de pension sur gérants des systèmes de pension	..	..	..	..	..	..	..	..
F.65	Droits à prestations hors retraite	..	..	..	..	..	..	..	..
F.66	Réserves pour appels dans le cadre de garanties standard	0	0	0	0	0	0	0	0
F.7	**Produits financiers dérivés et options sur titres des salariés**	**-153**	**-184**	**921**	**272**	**39**	**642**	**-71**	**-136**
F.71	Produits financiers dérivés	..	..	..	..	..	..	..	..
F.72	Options sur titres des salariés	..	..	..	..	..	..	..	..
F.8	**Autres comptes à payer**	**3 476**	**5 438**	**6 261**	**-4 803**	**9 118**	**1 135**	**-3 868**	**4 305**
F.81	Crédits commerciaux et avances	1 062	897	-261	-535	1 366	-1 002	-173	14
F.89	Autres comptes à payer, hors des crédits commerciaux et avances	2 413	4 541	6 522	-4 268	7 751	2 136	-3 694	4 291
	Opérations financières nettes	**-10 673**	**-13 596**	**-18 261**	**-10 680**	**-7 477**	**-6 930**	**-3 886**	**-1 552**

Note : Les métadonnées détaillées sont disponibles sur :http://metalinks.oecd.org/faiiia/20150126/ab57

Tableau 2.3.a. Flux consolidés, Secteur S12 - Sociétés financières
SCN 2008

Millions EUR (1999 PTE euro)

		2006	2007	2008	2009	2010	2011	2012	2013
	Acquisition nette d'actifs financiers	**50 439**	**47 571**	**33 261**	**33 620**	**31 560**	**-27 713**	**-24 539**	**-17 151**
F.1	**Or monétaire et DTS**	**-558**	**-3**	**13**	**797**	**24**	**-91**	**2**	**-1**
F.11	Or monétaire	-564	0	0	0	0	0	0	0
F.12	Droits de tirage spéciaux (DTS)	7	-3	13	797	24	-91	2	-1
F.2	**Numéraire et dépôts**	**11 748**	**10 409**	**-7 173**	**4 109**	**4 615**	**-2 209**	**5 154**	**-9 284**
F.21	Numéraire	0	0	0	0	0	0	0	0
F.22	Dépôts transférables	9 989	7 827	-10 442	1 598	3 362	-4 971	1 959	-12 400
F.29	Autres dépôts	1 759	2 583	3 269	2 511	1 253	2 762	3 194	3 116
F.3	**Titres de dette**	**4 185**	**8 861**	**18 061**	**22 071**	**22 256**	**-18 804**	**-9 272**	**-4 473**
F.3S	Titres de dette à court terme	-224	-543	4 286	-1 671	10 535	2 338	-3 278	-9 009
F.3L	Titres de dette à long terme	4 410	9 404	13 775	23 742	11 721	-21 142	-5 995	4 535
F.4	**Crédits**	**19 577**	**25 548**	**18 158**	**8 141**	**6 013**	**-6 339**	**-19 352**	**-13 042**
F.4S	Crédits à court terme	-27	2 387	1 592	-6 141	-2 285	-4 962	-4 975	-4 806
F.4L	Crédits à long terme	19 605	23 162	16 566	14 282	8 298	-1 377	-14 377	-8 237
F.5	**Actions et parts de fonds d'investissement**	**13 897**	**-188**	**-5 170**	**4 425**	**-8 760**	**-4 955**	**2 611**	**2 104**
F.51	Actions	11 737	-613	-3 855	4 512	-8 737	-4 153	2 029	567
F.511	Actions cotées	8 581	-90	-5 488	2 080	-3 392	-7 482	712	-1 346
F.512	Actions non cotées	3 319	-830	1 023	315	-6 744	3 617	985	1 520
F.519	Autres participations	-164	307	610	2 117	1 400	-289	332	393
F.52	Parts de fonds d'investissement	2 160	425	-1 316	-87	-23	-802	582	1 537
F.521	Parts de fonds d'investissement monétaires	..	..	..	..	..	..	..	..
F.522	Autres parts de fonds d'investissement	..	..	..	..	..	..	..	..
F.6	**Systèmes d'assurance, de pensions et garanties standard**	**-360**	**-516**	**619**	**-47**	**-710**	**-36**	**-55**	**1**
F.61	Réserves techniques d'assurance-dommages	9	-5	-2	66	22	-31	18	-53
F.62	Droits sur les assurances-vie et rentes	2	3	11	8	13	1	8	9
F.6M	Dts à pension, gérants, prestations hors retraite	-372	-514	610	-121	-745	-5	-81	45
F.63	Droits à pension	..	..	..	..	..	..	..	..
F.64	Dts des fonds de pension sur gérants des systèmes de pension	..	..	..	..	..	..	..	..
F.65	Droits à prestations hors retraite	..	..	..	..	..	..	..	..
F.66	Réserves pour appels dans le cadre de garanties standard	0	0	0	0	0	0	0	0
F.7	**Produits financiers dérivés et options sur titres des salariés**	**-65**	**-61**	**1 168**	**208**	**236**	**427**	**-30**	**679**
F.71	Produits financiers dérivés	..	..	..	..	..	..	..	..
F.72	Options sur titres des salariés	..	..	..	..	..	..	..	..
F.8	**Autres comptes à recevoir**	**2 015**	**3 520**	**7 585**	**-6 084**	**7 885**	**4 295**	**-3 597**	**6 867**
F.81	Crédits commerciaux et avances	66	299	158	-18	2	84	-170	-73
F.89	Autres comptes à recevoir, hors crédits commerciaux et avances	1 949	3 221	7 427	-6 066	7 883	4 211	-3 427	6 940
	Accroissement net des passifs	**50 313**	**44 958**	**30 632**	**29 724**	**25 846**	**-34 776**	**-30 035**	**-22 000**
F.1	**Or monétaire et DTS**	**0**	**-1**	**-2**	**831**	**0**	**0**	**0**	**0**
F.11	Or monétaire	..	..	..	..	..	..	..	..
F.12	Droits de tirage spéciaux (DTS)	0	-1	-2	831	0	0	0	0
F.2	**Numéraire et dépôts**	**25 565**	**21 741**	**9 864**	**4 375**	**31 917**	**-6 653**	**-8 355**	**-18 258**
F.21	Numéraire	1 194	1 014	1 924	1 313	899	1 170	348	1 293
F.22	Dépôts transférables	18 879	13 160	-9 880	2 121	21 869	-23 905	-6 385	-18 978
F.29	Autres dépôts	5 492	7 567	17 820	941	9 150	16 083	-2 318	-572
F.3	**Titres de dette**	**4 075**	**17 011**	**12 772**	**17 378**	**-4 214**	**-9 623**	**-9 877**	**-6 825**
F.3S	Titres de dette à court terme	402	1 092	1 548	-372	-606	1 101	-195	-1 245
F.3L	Titres de dette à long terme	3 673	15 919	11 224	17 749	-3 608	-10 724	-9 681	-5 579
F.4	**Crédits**	**3 055**	**3 981**	**2 297**	**2 687**	**-3 227**	**-1 088**	**-135**	**-33**
F.4S	Crédits à court terme	601	-131	623	-100	-1 127	234	46	-20
F.4L	Crédits à long terme	2 454	4 112	1 674	2 787	-2 100	-1 322	-181	-13
F.5	**Actions et parts de fonds d'investissement**	**13 864**	**5 103**	**8 411**	**10 225**	**-769**	**-9 503**	**-4 190**	**-2 226**
F.51	Actions	11 859	8 323	17 574	7 317	865	-6 934	-3 751	-1 131
F.511	Actions cotées	125	-161	1 415	-645	309	1 929	1 599	33
F.512	Actions non cotées	8 666	4 888	7 958	5 383	2 897	1 448	2 884	1 822
F.519	Autres participations	3 068	3 596	8 202	2 579	-2 341	-10 311	-8 234	-2 986
F.52	Parts de fonds d'investissement	2 006	-3 221	-9 163	2 908	-1 634	-2 569	-439	-1 095
F.521	Parts de fonds d'investissement monétaires	..	..	..	..	..	..	..	..
F.522	Autres parts de fonds d'investissement	..	..	..	..	..	..	..	..
F.6	**Systèmes d'assurance, de pensions et garanties standard**	**7 374**	**4 077**	**557**	**6 632**	**4 593**	**-11 816**	**-1 381**	**341**
F.61	Réserves techniques d'assurance-dommages	447	326	-132	155	-578	257	-219	-30
F.62	Droits sur les assurances-vie et rentes	4 843	3 144	-413	4 736	4 908	-4 859	-2 268	-269
F.6M	Dts à pension, gérants de syst. de pension, hors retraite	2 084	600	1 075	1 752	281	-7 221	1 104	648
F.63	Droits à pension	..	..	..	..	..	..	..	..
F.64	Dts des fonds de pension sur gérants des systèmes de pension	..	..	..	..	..	..	..	..
F.65	Droits à prestations hors retraite	..	..	..	..	..	..	..	..
F.66	Réserves pour appels dans le cadre de garanties standard	0	7	28	-11	-17	7	1	-8
F.7	**Produits financiers dérivés et options sur titres des salariés**	**0**	**0**	**-2**	**0**	**0**	**0**	**0**	**0**
F.71	Produits financiers dérivés	..	..	..	..	..	..	..	..
F.72	Options sur titres des salariés	..	..	..	..	..	..	..	..
F.8	**Autres comptes à payer**	**-3 620**	**-6 955**	**-3 264**	**-12 404**	**-2 454**	**3 906**	**-6 097**	**5 000**
F.81	Crédits commerciaux et avances	23	36	-77	6	21	-37	-18	14
F.89	Autres comptes à payer, hors des crédits commerciaux et avances	-3 643	-6 991	-3 187	-12 410	-2 475	3 943	-6 079	4 986
	Opérations financières nettes	**126**	**2 613**	**2 629**	**3 896**	**5 714**	**7 063**	**5 495**	**4 849**

Note : Les métadonnées détaillées sont disponibles sur :http://metalinks.oecd.org/faiiia/20150126/ab57

PORTUGAL

Tableau 2.4.a. Flux consolidés, Secteur S13 - Administrations publiques

SCN 2008

Millions EUR (1999 PTE euro)

		2006	2007	2008	2009	2010	2011	2012	2013
	Acquisition nette d'actifs financiers	**488**	**-1 064**	**979**	**2 091**	**5 658**	**14 641**	**2 011**	**-2 081**
F.1	**Or monétaire et DTS**	..	..	..	..	..	..	..	..
F.11	Or monétaire	..	..	..	..	..	..	..	..
F.12	Droits de tirage spéciaux (DTS)	..	..	..	..	..	..	..	..
F.2	**Numéraire et dépôts**	**1 285**	**-786**	**50**	**-491**	**483**	**10 075**	**1 446**	**1 446**
F.21	Numéraire	26	28	-12	-62	28	-4	8	-4
F.22	Dépôts transférables	-123	404	-894	-783	-657	4 696	188	2 635
F.29	Autres dépôts	1 382	-1 219	955	354	1 113	5 382	1 251	-1 185
F.3	**Titres de dette**	**183**	**108**	**-590**	**552**	**30**	**283**	**6 518**	**-958**
F.3S	Titres de dette à court terme	336	2	-197	-440	-27	217	211	-383
F.3L	Titres de dette à long terme	-153	106	-394	992	57	66	6 307	-574
F.4	**Crédits**	**63**	**-1 885**	**50**	**33**	**1 256**	**740**	**1 229**	**-173**
F.4S	Crédits à court terme	2	18	20	-7	291	-30	83	-5
F.4L	Crédits à long terme	61	-1 904	31	40	965	769	1 146	-169
F.5	**Actions et parts de fonds d'investissement**	**-1 505**	**1 096**	**2 153**	**1 135**	**2 106**	**-285**	**-3 690**	**-420**
F.51	Actions	-1 523	1 155	1 459	832	1 616	20	-2 877	-876
F.511	Actions cotées	3	31	980	-120	494	-29	36	-149
F.512	Actions non cotées	-1 846	1 626	573	948	1 077	1	-3 809	-1 569
F.519	Autres participations	320	-502	-93	4	45	48	896	843
F.52	Parts de fonds d'investissement	18	-59	694	303	490	-305	-813	456
F.521	Parts de fonds d'investissement monétaires	..	..	..	..	..	..	..	..
F.522	Autres parts de fonds d'investissement	..	..	..	..	..	..	..	..
F.6	**Systèmes d'assurance, de pensions et garanties standard**	**2**	**1**	**0**	**0**	**-2**	**1**	**-1**	**0**
F.61	Réserves techniques d'assurance-dommages	2	1	0	0	-2	1	-1	0
F.62	Droits sur les assurances-vie et rentes	0	0	0	0	0	0	0	0
F.6M	Dts à pension, gérants, prestations hors retraite	0	0	0	0	0	0	0	0
F.63	Droits à pension	..	..	..	..	..	..	..	..
F.64	Dts des fonds de pension sur gérants des systèmes de pension	..	..	..	..	..	..	..	..
F.65	Droits à prestations hors retraite	..	..	..	..	..	..	..	..
F.66	Réserves pour appels dans le cadre de garanties standard	0	0	0	0	0	0	0	0
F.7	**Produits financiers dérivés et options sur titres des salariés**	**118**	**-219**	**-333**	**-93**	**-428**	**-217**	**-188**	**-23**
F.71	Produits financiers dérivés	..	..	..	..	..	..	..	..
F.72	Options sur titres des salariés	..	..	..	..	..	..	..	..
F.8	**Autres comptes à recevoir**	**342**	**623**	**-350**	**954**	**2 211**	**4 043**	**-3 303**	**-1 953**
F.81	Crédits commerciaux et avances	181	181	114	78	-825	12	18	-27
F.89	Autres comptes à recevoir, hors crédits commerciaux et avances	162	442	-465	876	3 037	4 031	-3 321	-1 926
	Accroissement net des passifs	**7 683**	**4 216**	**7 714**	**19 295**	**25 757**	**27 608**	**11 320**	**6 228**
F.1	**Or monétaire et DTS**	..	..	..	..	..	..	..	..
F.11	Or monétaire	..	..	..	..	..	..	..	..
F.12	Droits de tirage spéciaux (DTS)	..	..	..	..	..	..	..	..
F.2	**Numéraire et dépôts**	**2 052**	**930**	**-1 094**	**-368**	**-527**	**-3 077**	**-1 418**	**1 150**
F.21	Numéraire	0	0	0	0	0	0	0	0
F.22	Dépôts transférables	113	120	100	-91	140	169	170	-6
F.29	Autres dépôts	1 938	811	-1 194	-277	-667	-3 246	-1 588	1 156
F.3	**Titres de dette**	**5 319**	**3 674**	**10 803**	**17 256**	**19 167**	**-10 506**	**-7 394**	**-2 303**
F.3S	Titres de dette à court terme	-2 862	496	7 237	3 841	992	-9 045	1 406	-5 195
F.3L	Titres de dette à long terme	8 181	3 178	3 565	13 414	18 176	-1 461	-8 800	2 892
F.4	**Crédits**	**57**	**1 268**	**-677**	**2 489**	**3 639**	**35 147**	**24 411**	**9 791**
F.4S	Crédits à court terme	363	530	-1 444	-389	1 218	-511	-1 635	-557
F.4L	Crédits à long terme	-306	739	767	2 877	2 421	35 658	26 045	10 348
F.5	**Actions et parts de fonds d'investissement**	**0**	**0**	**0**	**0**	**0**	**0**	**0**	**0**
F.51	Actions	0	0	0	0	0	0	0	0
F.511	Actions cotées	0	0	0	0	0	0	0	0
F.512	Actions non cotées	0	0	0	0	0	0	0	0
F.519	Autres participations	0	0	0	0	0	0	0	0
F.52	Parts de fonds d'investissement	0	0	0	0	0	0	0	0
F.521	Parts de fonds d'investissement monétaires	..	..	..	..	..	..	..	..
F.522	Autres parts de fonds d'investissement	..	..	..	..	..	..	..	..
F.6	**Systèmes d'assurance, de pensions et garanties standard**	**0**	**0**	**0**	**0**	**0**	**0**	**0**	**0**
F.61	Réserves techniques d'assurance-dommages	0	0	0	0	0	0	0	0
F.62	Droits sur les assurances-vie et rentes	0	0	0	0	0	0	0	0
F.6M	Dts à pension, gérants de syst. de pension, hors retraite	0	0	0	0	0	0	0	0
F.63	Droits à pension	..	..	..	..	..	..	..	..
F.64	Dts des fonds de pension sur gérants des systèmes de pension	..	..	..	..	..	..	..	..
F.65	Droits à prestations hors retraite	..	..	..	..	..	..	..	..
F.66	Réserves pour appels dans le cadre de garanties standard	0	0	0	0	0	0	0	0
F.7	**Produits financiers dérivés et options sur titres des salariés**	**5**	**-24**	**26**	**16**	**8**	**40**	**32**	**18**
F.71	Produits financiers dérivés	..	..	..	..	..	..	..	..
F.72	Options sur titres des salariés	..	..	..	..	..	..	..	..
F.8	**Autres comptes à payer**	**250**	**-1 633**	**-1 342**	**-98**	**3 470**	**6 004**	**-4 311**	**-2 428**
F.81	Crédits commerciaux et avances	798	25	-233	1 576	1 247	-167	-610	-883
F.89	Autres comptes à payer, hors des crédits commerciaux et avances	-548	-1 658	-1 109	-1 675	2 223	6 171	-3 702	-1 545
	Opérations financières nettes	**-7 194**	**-5 279**	**-6 736**	**-17 204**	**-20 099**	**-12 967**	**-9 309**	**-8 309**

Note : Les métadonnées détaillées sont disponibles sur :http://metalinks.oecd.org/faiiia/20150126/ab57

PORTUGAL

Tableau 2.5.a. Flux consolidés, Secteur S14-S15 - Ménages et ISBLSM

SCN 2008

Millions EUR (1999 PTE euro)

		2006	2007	2008	2009	2010	2011	2012	2013
	Acquisition nette d'actifs financiers	**9 635**	**14 834**	**12 501**	**10 098**	**14 959**	**5 045**	**-2 997**	**-1 306**
F.1	**Or monétaire et DTS**	..	..	..	..	..	..	..	..
F.11	Or monétaire	..	..	..	..	..	..	..	..
F.12	Droits de tirage spéciaux (DTS)	..	..	..	..	..	..	..	..
F.2	**Numéraire et dépôts**	**5 679**	**9 707**	**13 000**	**874**	**3 073**	**8 599**	**-4 224**	**2 941**
F.21	Numéraire	69	-252	-191	197	598	-270	-1 378	-436
F.22	Dépôts transférables	1 687	1 014	-2 191	2 300	970	-373	-2 840	1 598
F.29	Autres dépôts	3 923	8 945	15 382	-1 623	1 506	9 242	-5	1 779
F.3	**Titres de dette**	**923**	**2 740**	**646**	**1 923**	**4 062**	**-6**	**3 415**	**-5 401**
F.3S	Titres de dette à court terme	-285	-310	332	1 219	-436	1 401	440	-438
F.3L	Titres de dette à long terme	1 208	3 050	314	704	4 498	-1 406	2 974	-4 963
F.4	**Crédits**	**-2 731**	**687**	**1 168**	**542**	**3 921**	**1 118**	**3 360**	**1 334**
F.4S	Crédits à court terme	0	0	0	0	-69	15	3	-74
F.4L	Crédits à long terme	-2 731	687	1 168	542	3 990	1 103	3 357	1 407
F.5	**Actions et parts de fonds d'investissement**	**-2 886**	**-3 313**	**-2 739**	**508**	**2 138**	**1 732**	**-4 139**	**-823**
F.51	Actions	-3 982	-564	6 055	-2 454	3 482	6 305	-3 955	-422
F.511	Actions cotées	-6 114	358	3 763	-2 295	-1 097	5 294	-1 048	-1 197
F.512	Actions non cotées	3 701	-1 853	2 125	709	3 308	925	-1 437	461
F.519	Autres participations	-1 569	931	167	-867	1 272	87	-1 470	314
F.52	Parts de fonds d'investissement	1 096	-2 749	-8 794	2 961	-1 345	-4 573	-184	-401
F.521	Parts de fonds d'investissement monétaires	..	..	..	..	..	..	..	..
F.522	Autres parts de fonds d'investissement	..	..	..	..	..	..	..	..
F.6	**Systèmes d'assurance, de pensions et garanties standard**	**7 072**	**4 275**	**688**	**6 423**	**2 441**	**-12 059**	**-1 464**	**356**
F.61	Réserves techniques d'assurance-dommages	270	190	-60	77	-339	146	-116	-16
F.62	Droits sur les assurances-vie et rentes	4 841	3 143	-415	4 736	4 907	-4 859	-2 269	-269
F.6M	Dts à pension, gérants, prestations hors retraite	1 961	942	1 164	1 610	-2 126	-7 346	920	642
F.63	Droits à pension	..	..	..	..	..	..	..	..
F.64	Dts des fonds de pension sur gérants des systèmes de pension	..	..	..	..	..	..	..	..
F.65	Droits à prestations hors retraite	..	..	..	..	..	..	..	..
F.66	Réserves pour appels dans le cadre de garanties standard	0	0	0	0	0	0	0	0
F.7	**Produits financiers dérivés et options sur titres des salariés**	**2**	**0**	**-99**	**65**	**10**	**33**	**7**	**-24**
F.71	Produits financiers dérivés	..	..	..	..	..	..	..	..
F.72	Options sur titres des salariés	..	..	..	..	..	..	..	..
F.8	**Autres comptes à recevoir**	**1 576**	**736**	**-163**	**-236**	**-686**	**5 627**	**48**	**311**
F.81	Crédits commerciaux et avances	585	27	719	-858	-314	-611	303	1 273
F.89	Autres comptes à recevoir, hors crédits commerciaux et avances	991	709	-881	623	-372	6 239	-255	-962
	Accroissement net des passifs	**7 095**	**13 657**	**9 667**	**2 350**	**8 859**	**381**	**-10 806**	**-10 253**
F.1	**Or monétaire et DTS**	..	..	..	..	..	..	..	..
F.11	Or monétaire	..	..	..	..	..	..	..	..
F.12	Droits de tirage spéciaux (DTS)	..	..	..	..	..	..	..	..
F.2	**Numéraire et dépôts**	**0**	**0**	**0**	**0**	**0**	**0**	**0**	**0**
F.21	Numéraire	0	0	0	0	0	0	0	0
F.22	Dépôts transférables	0	0	0	0	0	0	0	0
F.29	Autres dépôts	0	0	0	0	0	0	0	0
F.3	**Titres de dette**	**0**	**0**	**0**	**0**	**0**	**0**	**0**	**0**
F.3S	Titres de dette à court terme	0	0	0	0	0	0	0	0
F.3L	Titres de dette à long terme	0	0	0	0	0	0	0	0
F.4	**Crédits**	**12 606**	**13 408**	**6 407**	**2 558**	**1 864**	**-3 709**	**-6 446**	**-4 984**
F.4S	Crédits à court terme	224	903	290	-792	-684	-700	-1 122	-517
F.4L	Crédits à long terme	12 381	12 505	6 117	3 350	2 548	-3 009	-5 324	-4 467
F.5	**Actions et parts de fonds d'investissement**	**0**	**0**	**0**	**0**	**0**	**0**	**0**	**0**
F.51	Actions	0	0	0	0	0	0	0	0
F.511	Actions cotées	0	0	0	0	0	0	0	0
F.512	Actions non cotées	0	0	0	0	0	0	0	0
F.519	Autres participations	0	0	0	0	0	0	0	0
F.52	Parts de fonds d'investissement	0	0	0	0	0	0	0	0
F.521	Parts de fonds d'investissement monétaires	..	..	..	..	..	..	..	..
F.522	Autres parts de fonds d'investissement	..	..	..	..	..	..	..	..
F.6	**Systèmes d'assurance, de pensions et garanties standard**	**0**	**-2**	**-11**	**-4**	**-8**	**8**	**-49**	**62**
F.61	Réserves techniques d'assurance-dommages	0	0	0	0	0	0	0	0
F.62	Droits sur les assurances-vie et rentes	0	0	0	0	0	0	0	0
F.6M	Dts à pension, gérants de syst. de pension, hors retraite	0	-2	-11	-4	-8	8	-49	62
F.63	Droits à pension	..	..	..	..	..	..	..	..
F.64	Dts des fonds de pension sur gérants des systèmes de pension	..	..	..	..	..	..	..	..
F.65	Droits à prestations hors retraite	..	..	..	..	..	..	..	..
F.66	Réserves pour appels dans le cadre de garanties standard	0	0	0	0	0	0	0	0
F.7	**Produits financiers dérivés et options sur titres des salariés**	**-56**	**-5**	**98**	**1**	**1**	**18**	**-5**	**0**
F.71	Produits financiers dérivés	..	..	..	..	..	..	..	..
F.72	Options sur titres des salariés	..	..	..	..	..	..	..	..
F.8	**Autres comptes à payer**	**-5 455**	**256**	**3 173**	**-205**	**7 002**	**4 064**	**-4 307**	**-5 331**
F.81	Crédits commerciaux et avances	1 455	360	-868	-579	-493	-440	666	3 322
F.89	Autres comptes à payer, hors des crédits commerciaux et avances	-6 910	-104	4 041	374	7 495	4 504	-4 973	-8 653
	Opérations financières nettes	**2 540**	**1 177**	**2 834**	**7 748**	**6 100**	**4 663**	**7 809**	**8 947**

Note : Les métadonnées détaillées sont disponibles sur :http://metalinks.oecd.org/faiiia/20150126/ab57

Tableau 2.6.a. Flux consolidés, Secteur S2 - Reste du monde
SCN 2008

Millions EUR (1999 PTE euro)

		2006	2007	2008	2009	2010	2011	2012	2013
	Acquisition nette d'actifs financiers	**42 325**	**41 245**	**26 581**	**38 841**	**23 540**	**-7 397**	**-4 359**	**-8 321**
F.1	**Or monétaire et DTS**	**0**	**-1**	**-2**	**831**	**0**	**0**	**0**	**0**
F.11	Or monétaire	0	0	0	0	0	0	0	0
F.12	Droits de tirage spéciaux (DTS)	0	-1	-2	831	0	0	0	0
F.2	**Numéraire et dépôts**	**20 095**	**15 155**	**-3 951**	**1 775**	**23 489**	**-22 108**	**-8 058**	**-23 696**
F.21	Numéraire	1 025	1 464	2 287	1 309	44	1 632	2 515	1 501
F.22	Dépôts transférables	18 810	13 796	-6 351	521	23 522	-23 675	-10 490	-25 187
F.29	Autres dépôts	260	-105	114	-55	-77	-65	-82	-10
F.3	**Titres de dette**	**7 533**	**17 792**	**21 464**	**28 529**	**-5 864**	**-21 012**	**-25 195**	**527**
F.3S	Titres de dette à court terme	-4 380	1 104	6 499	4 084	-6 166	-6 534	1 366	-2 755
F.3L	Titres de dette à long terme	11 912	16 687	14 965	24 445	302	-14 477	-26 561	3 282
F.4	**Crédits**	**3 573**	**4 707**	**712**	**3 214**	**2 048**	**37 971**	**29 115**	**11 842**
F.4S	Crédits à court terme	875	1 369	-1 913	788	810	2 309	104	1 461
F.4L	Crédits à long terme	2 698	3 338	2 625	2 426	1 238	35 662	29 012	10 381
F.5	**Actions et parts de fonds d'investissement**	**10 700**	**3 018**	**9 527**	**4 203**	**2 192**	**-2 406**	**715**	**3 593**
F.51	Actions	10 503	3 208	10 351	4 325	2 357	-2 290	620	3 557
F.511	Actions cotées	1 532	-1 499	-819	-281	2 094	5 646	6 466	2 631
F.512	Actions non cotées	5 068	261	2 253	1 391	3 539	164	1 740	3 223
F.519	Autres participations	3 903	4 446	8 917	3 215	-3 276	-8 099	-7 586	-2 297
F.52	Parts de fonds d'investissement	197	-190	-824	-122	-165	-116	96	36
F.521	Parts de fonds d'investissement monétaires	..	..	..	..	..	..	..	..
F.522	Autres parts de fonds d'investissement	..	..	..	..	..	..	..	..
F.6	**Systèmes d'assurance, de pensions et garanties standard**	**9**	**10**	**-3**	**5**	**-18**	**8**	**-7**	**-2**
F.61	Réserves techniques d'assurance-dommages	9	10	-3	5	-18	8	-7	-2
F.62	Droits sur les assurances-vie et rentes	0	0	0	0	0	0	0	0
F.6M	Dts à pension, gérants, prestations hors retraite	0	0	0	0	0	0	0	0
F.63	Droits à pension	..	..	..	..	..	..	..	..
F.64	Dts des fonds de pension sur gérants des systèmes de pension	..	..	..	..	..	..	..	..
F.65	Droits à prestations hors retraite	..	..	..	..	..	..	..	..
F.66	Réserves pour appels dans le cadre de garanties standard	0	0	0	0	0	0	0	0
F.7	**Produits financiers dérivés et options sur titres des salariés**	**0**	**0**	**0**	**0**	**0**	**0**	**0**	**0**
F.71	Produits financiers dérivés	..	..	..	..	..	..	..	..
F.72	Options sur titres des salariés	..	..	..	..	..	..	..	..
F.8	**Autres comptes à recevoir**	**415**	**563**	**-1 166**	**284**	**1 693**	**149**	**-930**	**-586**
F.81	Crédits commerciaux et avances	415	564	-1 199	296	1 677	-486	-325	-1 160
F.89	Autres comptes à recevoir, hors crédits commerciaux et avances	0	-1	33	-12	16	635	-605	574
	Accroissement net des passifs	**27 124**	**26 159**	**7 047**	**22 601**	**7 777**	**-15 567**	**-4 249**	**-4 386**
F.1	**Or monétaire et DTS**	**7**	**-3**	**13**	**797**	**24**	**-91**	**2**	**-1**
F.11	Or monétaire	..	..	..	..	..	..	..	..
F.12	Droits de tirage spéciaux (DTS)	7	-3	13	797	24	-91	2	-1
F.2	**Numéraire et dépôts**	**13 187**	**11 617**	**-9 017**	**2 569**	**4 307**	**-1 921**	**2 223**	**-9 354**
F.21	Numéraire	0	0	0	0	0	0	0	0
F.22	Dépôts transférables	11 462	9 081	-12 192	183	3 142	-4 549	-988	-12 346
F.29	Autres dépôts	1 725	2 536	3 175	2 386	1 165	2 628	3 211	2 993
F.3	**Titres de dette**	**2 034**	**5 623**	**13 212**	**15 775**	**1 994**	**-22 400**	**-9 377**	**-2 728**
F.3S	Titres de dette à court terme	-3 242	-2 667	-327	-1 602	3 334	3 572	-2 394	-1 409
F.3L	Titres de dette à long terme	5 276	8 290	13 540	17 377	-1 340	-25 971	-6 983	-1 319
F.4	**Crédits**	**1 753**	**3 192**	**1 377**	**2 077**	**6 137**	**2 504**	**-798**	**1 858**
F.4S	Crédits à court terme	1 048	306	1 358	-515	2 546	-564	1 699	3 535
F.4L	Crédits à long terme	705	2 886	20	2 592	3 591	3 068	-2 496	-1 677
F.5	**Actions et parts de fonds d'investissement**	**8 404**	**5 091**	**1 647**	**1 192**	**-6 181**	**2 799**	**4 224**	**3 807**
F.51	Actions	5 620	4 370	3 145	990	-6 098	4 129	4 460	884
F.511	Actions cotées	991	874	798	719	-107	-2 925	3 755	-726
F.512	Actions non cotées	4 184	2 977	1 909	-842	-6 977	6 410	-218	-120
F.519	Autres participations	446	519	438	1 113	986	645	923	1 729
F.52	Parts de fonds d'investissement	2 784	721	-1 498	202	-83	-1 330	-236	2 923
F.521	Parts de fonds d'investissement monétaires	..	..	..	..	..	..	..	..
F.522	Autres parts de fonds d'investissement	..	..	..	..	..	..	..	..
F.6	**Systèmes d'assurance, de pensions et garanties standard**	**23**	**1**	**2**	**78**	**38**	**-30**	**26**	**-42**
F.61	Réserves techniques d'assurance-dommages	21	-3	-6	65	25	-35	18	-57
F.62	Droits sur les assurances-vie et rentes	2	3	8	12	13	4	9	15
F.6M	Dts à pension, gérants de syst. de pension, hors retraite	0	0	0	0	0	0	0	0
F.63	Droits à pension	..	..	..	..	..	..	..	..
F.64	Dts des fonds de pension sur gérants des systèmes de pension	..	..	..	..	..	..	..	..
F.65	Droits à prestations hors retraite	..	..	..	..	..	..	..	..
F.66	Réserves pour appels dans le cadre de garanties standard	0	0	0	0	0	0	0	0
F.7	**Produits financiers dérivés et options sur titres des salariés**	**181**	**-175**	**-243**	**-160**	**-352**	**-450**	**-64**	**1 017**
F.71	Produits financiers dérivés	..	..	..	..	..	..	..	..
F.72	Options sur titres des salariés	..	..	..	..	..	..	..	..
F.8	**Autres comptes à payer**	**1 535**	**814**	**56**	**272**	**1 810**	**4 022**	**-486**	**1 057**
F.81	Crédits commerciaux et avances	1 441	353	589	1 068	88	36	87	174
F.89	Autres comptes à payer, hors des crédits commerciaux et avances	94	461	-534	-796	1 722	3 986	-573	883
	Opérations financières nettes	**15 202**	**15 086**	**19 534**	**16 240**	**15 762**	**8 170**	**-110**	**-3 935**

Note : Les métadonnées détaillées sont disponibles sur :http://metalinks.oecd.org/faiiia/20150126/ab57

RÉPUBLIQUE SLOVAQUE

Tableau 1.a. Flux consolidés, par instrument et par secteur, Année 2013

SCN 2008

Millions EUR (2009 SKK euro)

		Sociétés financières					
		Total S12	Institutions financières monétaires S121-2-3	Fonds d'investissements non monétaires S124	Autres institutions financières, hors S124 S125-6-7	Sociétés d'assurance et fonds de pension SS128-9	Sociétés financières publiques S1201
	Acquisition nette d'actifs financiers	**1 951**	**386**	**902**	**264**	**400**	..
F.1	**Or monétaire et DTS**	**-381**	**-381**	..	..	..	..
F.11	Or monétaire	-397	-397	..	..	..	..
F.12	Droits de tirage spéciaux (DTS)	16	16	..	..	..	..
F.2	**Numéraire et dépôts**	**1 173**	**943**	**378**	**17**	**-164**	..
F.21	Numéraire	-21	-22	0	1	0	..
F.22	Dépôts transférables	413	300	0	17	96	..
F.29	Autres dépôts	780	664	378	-1	-260	..
F.3	**Titres de dette**	**-2 156**	**-2 314**	**14**	**-18**	**162**	..
F.3S	Titres de dette à court terme	-899	-504	-64	-16	-316	..
F.3L	Titres de dette à long terme	-1 256	-1 810	78	-2	477	..
F.4	**Crédits**	**2 391**	**2 106**	**94**	**191**	**1**	..
F.4S	Crédits à court terme	405	205	0	201	0	..
F.4L	Crédits à long terme	1 986	1 901	94	-10	0	..
F.5	**Actions et parts de fonds d'investissement**	**834**	**85**	**404**	**-47**	**392**	..
F.51	Actions	18	3	0	-45	60	..
F.511	Actions cotées	41	-15	0	0	56	..
F.512	Actions non cotées	-7	19	0	-43	17	..
F.519	Autres participations	-16	-1	0	-2	-13	..
F.52	Parts de fonds d'investissement	816	82	403	-2	333	..
F.521	Parts de fonds d'investissement monétaires	..	..	..	..	..	..
F.522	Autres parts de fonds d'investissement	..	..	..	..	..	..
F.6	**Systèmes d'assurance, de pensions et garanties standard**	**-4**	**0**	**0**	**0**	**-4**	..
F.61	Réserves techniques d'assurance-dommages	-4	0	0	0	-4	..
F.62	Droits sur les assurances-vie et rentes	0	0	0	0	0	..
F.6M	Dts à pension, gérants, prestations hors retraite	0	0	0	0	0	..
F.63	Droits à pension	0	0	0	0	0	..
F.64	Dts des fonds de pension sur gérants des systèmes de pension	..	..	..	..	..	..
F.65	Droits à prestations hors retraite	..	..	..	..	..	..
F.66	Réserves pour appels dans le cadre de garanties standard	..	..	..	..	..	..
F.7	**Produits financiers dérivés et options sur titres des salariés**	**248**	**233**	**6**	**4**	**4**	..
F.71	Produits financiers dérivés	248	233	6	4	4	..
F.72	Options sur titres des salariés	..	..	..	..	..	..
F.8	**Autres comptes à recevoir**	**-154**	**-286**	**6**	**117**	**9**	..
F.81	Crédits commerciaux et avances	-25	-3	12	-32	-1	..
F.89	Autres comptes à recevoir, hors crédits commerciaux et avances	-129	-282	-6	149	10	..
	Accroissement net des passifs	**1 503**	**-56**	**890**	**347**	**321**	..
F.1	**Or monétaire et DTS**	..	..	..	..	..	..
F.11	Or monétaire	..	..	..	..	..	..
F.12	Droits de tirage spéciaux (DTS)	..	..	..	..	..	..
F.2	**Numéraire et dépôts**	**-452**	**-452**	**0**	**0**	**0**	..
F.21	Numéraire	389	389	0	0	0	..
F.22	Dépôts transférables	3 047	3 047	0	0	0	..
F.29	Autres dépôts	-3 888	-3 888	0	0	0	..
F.3	**Titres de dette**	**300**	**211**	**0**	**89**	**0**	..
F.3S	Titres de dette à court terme	-91	-81	0	-11	0	..
F.3L	Titres de dette à long terme	392	292	0	100	0	..
F.4	**Crédits**	**123**	**-12**	**0**	**77**	**58**	..
F.4S	Crédits à court terme	162	0	0	162	0	..
F.4L	Crédits à long terme	-39	-12	0	-85	58	..
F.5	**Actions et parts de fonds d'investissement**	**1 326**	**483**	**838**	**-8**	**13**	..
F.51	Actions	557	552	0	-8	13	..
F.511	Actions cotées	-1	-1	0	0	0	..
F.512	Actions non cotées	-121	-124	0	-10	13	..
F.519	Autres participations	679	677	0	2	0	..
F.52	Parts de fonds d'investissement	769	-69	838	0	0	..
F.521	Parts de fonds d'investissement monétaires	..	..	..	..	..	..
F.522	Autres parts de fonds d'investissement	..	..	..	..	..	..
F.6	**Systèmes d'assurance, de pensions et garanties standard**	**441**	**3**	**0**	**0**	**438**	..
F.61	Réserves techniques d'assurance-dommages	-13	3	0	0	-15	..
F.62	Droits sur les assurances-vie et rentes	142	0	0	0	142	..
F.6M	Dts à pension, gérants de syst. de pension, hors retraite	311	0	0	0	311	..
F.63	Droits à pension	311	0	0	0	311	..
F.64	Dts des fonds de pension sur gérants des systèmes de pension	..	..	..	..	..	..
F.65	Droits à prestations hors retraite	..	..	..	..	..	..
F.66	Réserves pour appels dans le cadre de garanties standard	..	..	..	..	..	..
F.7	**Produits financiers dérivés et options sur titres des salariés**	**0**	**0**	**0**	**0**	**0**	..
F.71	Produits financiers dérivés	0	0	0	0	0	..
F.72	Options sur titres des salariés	..	..	..	..	..	..
F.8	**Autres comptes à payer**	**-236**	**-289**	**52**	**188**	**-187**	..
F.81	Crédits commerciaux et avances	-6	-3	0	-3	0	..
F.89	Autres comptes à payer, hors des crédits commerciaux et avances	-230	-286	52	191	-187	..
	Opérations financières nettes	**448**	**442**	**12**	**-83**	**79**	..

RÉPUBLIQUE SLOVAQUE

Tableau 1.a. Flux consolidés, par instrument et par secteur, Année 2013 (cont.)

SCN 2008

Millions EUR (2009 SKK euro)

		Sociétés non financières	Administrations publiques		Ménages et ISBLSM	Economie totale	Reste du monde
		S11	Total S13	Administration centrale S1311	S14+S15	S1	S2
	Acquisition nette d'actifs financiers	**7 237**	**1 328**	**1 194**	**2 340**	**12 857**	**3 710**
F.1	**Or monétaire et DTS**	..	..	..	..	**-381**	..
F.11	Or monétaire	..	..	..	..	-397	..
F.12	Droits de tirage spéciaux (DTS)	..	..	..	..	16	..
F.2	**Numéraire et dépôts**	**945**	**436**	**372**	**1 094**	**3 648**	**-2 862**
F.21	Numéraire	197	1	1	369	547	-161
F.22	Dépôts transférables	828	435	371	676	2 352	571
F.29	Autres dépôts	-80	0	0	49	749	-3 272
F.3	**Titres de dette**	**1 243**	**0**	**0**	**193**	**-720**	**4 767**
F.3S	Titres de dette à court terme	-83	0	0	0	-982	-257
F.3L	Titres de dette à long terme	1 326	0	0	193	262	5 025
F.4	**Crédits**	**1 404**	**581**	**587**	**56**	**4 432**	**414**
F.4S	Crédits à court terme	812	0	0	2	1 220	-325
F.4L	Crédits à long terme	592	581	587	54	3 212	738
F.5	**Actions et parts de fonds d'investissement**	**611**	**-23**	**-29**	**482**	**1 905**	**1 384**
F.51	Actions	624	-23	-29	3	622	1 368
F.511	Actions cotées	428	0	0	2	471	2
F.512	Actions non cotées	294	-23	-29	1	265	690
F.519	Autres participations	-98	0	0	0	-114	677
F.52	Parts de fonds d'investissement	-13	0	0	480	1 282	16
F.521	Parts de fonds d'investissement monétaires	..	..	..	..	..	..
F.522	Autres parts de fonds d'investissement	..	..	..	..	..	..
F.6	**Systèmes d'assurance, de pensions et garanties standard**	**-12**	**0**	**0**	**456**	**440**	**10**
F.61	Réserves techniques d'assurance-dommages	-12	0	0	-7	-23	10
F.62	Droits sur les assurances-vie et rentes	0	0	0	151	151	0
F.6M	Dts à pension, gérants, prestations hors retraite	0	0	0	313	313	0
F.63	Droits à pension	0	0	0	313	313	0
F.64	Dts des fonds de pension sur gérants des systèmes de pension	..	..	..	..	..	..
F.65	Droits à prestations hors retraite	..	..	..	..	..	..
F.66	Réserves pour appels dans le cadre de garanties standard	..	..	..	..	..	..
F.7	**Produits financiers dérivés et options sur titres des salariés**	**-105**	**0**	**0**	**-3**	**140**	**-140**
F.71	Produits financiers dérivés	-105	0	0	-3	140	-140
F.72	Options sur titres des salariés	..	..	..	..	..	..
F.8	**Autres comptes à recevoir**	**3 152**	**334**	**265**	**61**	**3 393**	**137**
F.81	Crédits commerciaux et avances	723	168	162	27	893	464
F.89	Autres comptes à recevoir, hors crédits commerciaux et avances	2 429	166	103	34	2 500	-327
	Accroissement net des passifs	**4 712**	**3 223**	**3 059**	**1 778**	**11 216**	**5 351**
F.1	**Or monétaire et DTS**	..	..	..	..	..	**-381**
F.11	Or monétaire	..	..	..	..	..	-397
F.12	Droits de tirage spéciaux (DTS)	..	..	..	..	..	16
F.2	**Numéraire et dépôts**	**0**	**17**	**20**	**0**	**-435**	**1 221**
F.21	Numéraire	0	0	0	0	389	-4
F.22	Dépôts transférables	0	17	20	0	3 064	-141
F.29	Autres dépôts	0	0	0	0	-3 888	1 366
F.3	**Titres de dette**	**2 135**	**1 788**	**1 788**	**0**	**4 223**	**-176**
F.3S	Titres de dette à court terme	11	-1 304	-1 304	0	-1 385	145
F.3L	Titres de dette à long terme	2 124	3 092	3 092	0	5 608	-321
F.4	**Crédits**	**33**	**1 073**	**1 123**	**1 779**	**3 009**	**1 837**
F.4S	Crédits à court terme	44	514	520	-29	690	205
F.4L	Crédits à long terme	-10	559	603	1 809	2 318	1 632
F.5	**Actions et parts de fonds d'investissement**	**1 420**	**0**	**0**	**0**	**2 746**	**542**
F.51	Actions	1 420	0	0	0	1 977	13
F.511	Actions cotées	476	0	0	0	475	-3
F.512	Actions non cotées	1 059	0	0	0	938	17
F.519	Autres participations	-115	0	0	0	564	-1
F.52	Parts de fonds d'investissement	0	0	0	0	769	529
F.521	Parts de fonds d'investissement monétaires	..	..	..	..	..	..
F.522	Autres parts de fonds d'investissement	..	..	..	..	..	..
F.6	**Systèmes d'assurance, de pensions et garanties standard**	**0**	**0**	**0**	**0**	**441**	**10**
F.61	Réserves techniques d'assurance-dommages	0	0	0	0	-13	-1
F.62	Droits sur les assurances-vie et rentes	0	0	0	0	142	8
F.6M	Dts à pension, gérants de syst. de pension, hors retraite	0	0	0	0	311	2
F.63	Droits à pension	0	0	0	0	311	2
F.64	Dts des fonds de pension sur gérants des systèmes de pension	..	..	..	..	..	..
F.65	Droits à prestations hors retraite	..	..	..	..	..	..
F.66	Réserves pour appels dans le cadre de garanties standard	..	..	..	..	..	..
F.7	**Produits financiers dérivés et options sur titres des salariés**	**0**	**0**	**0**	**0**	**0**	**0**
F.71	Produits financiers dérivés	0	0	0	0	0	0
F.72	Options sur titres des salariés	..	..	..	..	..	..
F.8	**Autres comptes à payer**	**1 124**	**346**	**127**	**-2**	**1 232**	**2 298**
F.81	Crédits commerciaux et avances	711	66	100	-158	613	745
F.89	Autres comptes à payer, hors des crédits commerciaux et avances	413	280	27	157	619	1 553
	Opérations financières nettes	**2 525**	**-1 895**	**-1 864**	**562**	**1 641**	**-1 641**

Note : Les métadonnées détaillées sont disponibles sur :http://metalinks.oecd.org/faiiia/20150126/0ace

RÉPUBLIQUE SLOVAQUE

Tableau 1.b. Flux non consolidés, par instrument et par secteur, Année 2013

SCN 2008

Millions EUR (2009 SKK euro)

		Sociétés financières					
		Total S12	Institutions financières monétaires S121-2-3	Fonds d'investissements non monétaires S124	Autres institutions financières, hors S124 S125-6-7	Sociétés d'assurance et fonds de pension SS128-9	Sociétés financières publiques S1201
	Acquisition nette d'actifs financiers	**908**	**-657**	**902**	**264**	**400**	..
F.1	**Or monétaire et DTS**	**-381**	**-381**	..	..	..	..
F.11	Or monétaire	-397	-397	..	..	..	..
F.12	Droits de tirage spéciaux (DTS)	16	16	..	..	..	..
F.2	**Numéraire et dépôts**	**1 749**	**1 519**	**378**	**17**	**-164**	..
F.21	Numéraire	-21	-22	0	1	0	..
F.22	Dépôts transférables	409	296	0	17	96	..
F.29	Autres dépôts	1 361	1 244	378	-1	-260	..
F.3	**Titres de dette**	**-2 156**	**-2 314**	**14**	**-18**	**162**	..
F.3S	Titres de dette à court terme	-899	-504	-64	-16	-316	..
F.3L	Titres de dette à long terme	-1 256	-1 810	78	-2	477	..
F.4	**Crédits**	**772**	**486**	**94**	**191**	**1**	..
F.4S	Crédits à court terme	405	205	0	201	0	..
F.4L	Crédits à long terme	367	282	94	-10	0	..
F.5	**Actions et parts de fonds d'investissement**	**834**	**85**	**404**	**-47**	**392**	..
F.51	Actions	18	3	0	-45	60	..
F.511	Actions cotées	41	-15	0	0	56	..
F.512	Actions non cotées	-7	19	0	-43	17	..
F.519	Autres participations	-16	-1	0	-2	-13	..
F.52	Parts de fonds d'investissement	816	82	403	-2	333	..
F.521	Parts de fonds d'investissement monétaires	..	..	..	..	..	..
F.522	Autres parts de fonds d'investissement	..	..	..	..	..	..
F.6	**Systèmes d'assurance, de pensions et garanties standard**	**-4**	**0**	**0**	**0**	**-4**	..
F.61	Réserves techniques d'assurance-dommages	-4	0	0	0	-4	..
F.62	Droits sur les assurances-vie et rentes	0	0	0	0	0	..
F.6M	Dts à pension, gérants de syst. de pension, hors retraite	0	0	0	0	0	..
F.63	Droits à pension	0	0	0	0	0	..
F.64	Dts des fonds de pension sur gérants des systèmes de pension	..	..	..	..	..	..
F.65	Droits à prestations hors retraite	..	..	..	..	..	..
F.66	Réserves pour appels dans le cadre de garanties standard	..	..	..	..	..	..
F.7	**Produits financiers dérivés et options sur titres des salariés**	**248**	**233**	**6**	**4**	**4**	..
F.71	Produits financiers dérivés	248	233	6	4	4	..
F.72	Options sur titres des salariés	..	..	..	..	..	..
F.8	**Autres comptes à recevoir**	**-154**	**-286**	**6**	**117**	**9**	..
F.81	Crédits commerciaux et avances	-25	-3	12	-32	-1	..
F.89	Autres comptes à recevoir, hors crédits commerciaux et avances	-129	-282	-6	149	10	..
	Accroissement net des passifs	**460**	**-1 099**	**890**	**347**	**321**	..
F.1	**Or monétaire et DTS**	..	..	..	..	..	..
F.11	Or monétaire	..	..	..	..	..	..
F.12	Droits de tirage spéciaux (DTS)	..	..	..	..	..	..
F.2	**Numéraire et dépôts**	**124**	**124**	**0**	**0**	**0**	..
F.21	Numéraire	389	389	0	0	0	..
F.22	Dépôts transférables	3 043	3 043	0	0	0	..
F.29	Autres dépôts	-3 308	-3 308	0	0	0	..
F.3	**Titres de dette**	**300**	**211**	**0**	**89**	**0**	..
F.3S	Titres de dette à court terme	-91	-81	0	-11	0	..
F.3L	Titres de dette à long terme	392	292	0	100	0	..
F.4	**Crédits**	**-1 496**	**-1 631**	**0**	**77**	**58**	..
F.4S	Crédits à court terme	162	0	0	162	0	..
F.4L	Crédits à long terme	-1 658	-1 631	0	-85	58	..
F.5	**Actions et parts de fonds d'investissement**	**1 326**	**483**	**838**	**-8**	**13**	..
F.51	Actions	557	552	0	-8	13	..
F.511	Actions cotées	-1	-1	0	0	0	..
F.512	Actions non cotées	-121	-124	0	-10	13	..
F.519	Autres participations	679	677	0	2	0	..
F.52	Parts de fonds d'investissement	769	-69	838	0	0	..
F.521	Parts de fonds d'investissement monétaires	..	..	..	..	..	..
F.522	Autres parts de fonds d'investissement	..	..	..	..	..	..
F.6	**Systèmes d'assurance, de pensions et garanties standard**	**441**	**3**	**0**	**0**	**438**	..
F.61	Réserves techniques d'assurance-dommages	-13	3	0	0	-15	..
F.62	Droits sur les assurances-vie et rentes	142	0	0	0	142	..
F.6M	Dts à pension, gérants de syst. de pension, hors retraite	311	0	0	0	311	..
F.63	Droits à pension	311	0	0	0	311	..
F.64	Dts des fonds de pension sur gérants des systèmes de pension	..	..	..	..	..	..
F.65	Droits à prestations hors retraite	..	..	..	..	..	..
F.66	Réserves pour appels dans le cadre de garanties standard	..	..	..	..	..	..
F.7	**Produits financiers dérivés et options sur titres des salariés**	**0**	**0**	**0**	**0**	**0**	..
F.71	Produits financiers dérivés	0	0	0	0	0	..
F.72	Options sur titres des salariés	..	..	..	..	..	..
F.8	**Autres comptes à payer**	**-236**	**-289**	**52**	**188**	**-187**	..
F.81	Crédits commerciaux et avances	-6	-3	0	-3	0	..
F.89	Autres comptes à payer, hors des crédits commerciaux et avances	-230	-286	52	191	-187	..
	Opérations financières nettes	**448**	**442**	**12**	**-83**	**79**	..

RÉPUBLIQUE SLOVAQUE

Tableau 1.b. Flux non consolidés, par instrument et par secteur, Année 2013 (cont.)

SCN 2008

Millions EUR (2009 SKK euro)

	Sociétés non financières S11	Administrations publiques Total S13	Administrations publiques Administration centrale S1311	Ménages et ISBLSM S14+S15	Economie totale S1	Reste du monde S2
Acquisition nette d'actifs financiers	**7 247**	**3 252**	**3 103**	**2 340**	**13 747**	**3 710**
F.1 Or monétaire et DTS	..	..	..	..	**-381**	..
F.11 Or monétaire	..	..	..	..	-397	..
F.12 Droits de tirage spéciaux (DTS)	..	..	..	..	16	..
F.2 Numéraire et dépôts	**945**	**1 571**	**1 503**	**1 094**	**5 358**	**-2 862**
F.21 Numéraire	197	1	1	369	547	-161
F.22 Dépôts transférables	828	1 570	1 502	676	3 482	571
F.29 Autres dépôts	-80	0	0	49	1 329	-3 272
F.3 Titres de dette	**1 243**	**0**	**0**	**193**	**-720**	**4 767**
F.3S Titres de dette à court terme	-83	0	0	0	-982	-257
F.3L Titres de dette à long terme	1 326	0	0	193	262	5 025
F.4 Crédits	**1 414**	**1 370**	**1 365**	**56**	**3 612**	**414**
F.4S Crédits à court terme	322	778	778	2	1 508	-325
F.4L Crédits à long terme	1 091	592	587	54	2 103	738
F.5 Actions et parts de fonds d'investissement	**611**	**-23**	**-29**	**482**	**1 905**	**1 384**
F.51 Actions	624	-23	-29	3	622	1 368
F.511 Actions cotées	428	0	0	2	471	2
F.512 Actions non cotées	294	-23	-29	1	265	690
F.519 Autres participations	-98	0	0	0	-114	677
F.52 Parts de fonds d'investissement	-13	0	0	480	1 282	16
F.521 Parts de fonds d'investissement monétaires	..	..	..	..	..	..
F.522 Autres parts de fonds d'investissement	..	..	..	..	..	..
F.6 Systèmes d'assurance, de pensions et garanties standard	**-12**	**0**	**0**	**456**	**440**	**10**
F.61 Réserves techniques d'assurance-dommages	-12	0	0	-7	-23	10
F.62 Droits sur les assurances-vie et rentes	0	0	0	151	151	0
F.6M Dts à pension, gérants de syst. de pension, hors retraite	0	0	0	313	313	0
F.63 Droits à pension	0	0	0	313	313	0
F.64 Dts des fonds de pension sur gérants des systèmes de pension	..	..	..	..	..	..
F.65 Droits à prestations hors retraite	..	..	..	..	..	..
F.66 Réserves pour appels dans le cadre de garanties standard	..	..	..	..	..	..
F.7 Produits financiers dérivés et options sur titres des salariés	**-105**	**0**	**0**	**-3**	**140**	**-140**
F.71 Produits financiers dérivés	-105	0	0	-3	140	-140
F.72 Options sur titres des salariés	..	..	..	..	..	..
F.8 Autres comptes à recevoir	**3 152**	**334**	**265**	**61**	**3 393**	**137**
F.81 Crédits commerciaux et avances	723	168	162	27	893	464
F.89 Autres comptes à recevoir, hors crédits commerciaux et avances	2 429	166	103	34	2 500	-327
Accroissement net des passifs	**4 722**	**5 147**	**4 968**	**1 778**	**12 106**	**5 351**
F.1 Or monétaire et DTS	..	..	..	..	..	**-381**
F.11 Or monétaire	..	..	..	..	..	-397
F.12 Droits de tirage spéciaux (DTS)	..	..	..	..	..	16
F.2 Numéraire et dépôts	**0**	**1 151**	**1 151**	**0**	**1 276**	**1 221**
F.21 Numéraire	0	0	0	0	389	-4
F.22 Dépôts transférables	0	1 151	1 151	0	4 194	-141
F.29 Autres dépôts	0	0	0	0	-3 308	1 366
F.3 Titres de dette	**2 135**	**1 788**	**1 788**	**0**	**4 223**	**-176**
F.3S Titres de dette à court terme	11	-1 304	-1 304	0	-1 385	145
F.3L Titres de dette à long terme	2 124	3 092	3 092	0	5 608	-321
F.4 Crédits	**43**	**1 862**	**1 901**	**1 779**	**2 188**	**1 837**
F.4S Crédits à court terme	-446	1 292	1 298	-29	979	205
F.4L Crédits à long terme	489	570	603	1 809	1 210	1 632
F.5 Actions et parts de fonds d'investissement	**1 420**	**0**	**0**	**0**	**2 746**	**542**
F.51 Actions	1 420	0	0	0	1 977	13
F.511 Actions cotées	476	0	0	0	475	-3
F.512 Actions non cotées	1 059	0	0	0	938	17
F.519 Autres participations	-115	0	0	0	564	-1
F.52 Parts de fonds d'investissement	0	0	0	0	769	529
F.521 Parts de fonds d'investissement monétaires	..	..	..	..	..	..
F.522 Autres parts de fonds d'investissement	..	..	..	..	..	..
F.6 Systèmes d'assurance, de pensions et garanties standard	**0**	**0**	**0**	**0**	**441**	**10**
F.61 Réserves techniques d'assurance-dommages	0	0	0	0	-13	-1
F.62 Droits sur les assurances-vie et rentes	0	0	0	0	142	8
F.6M Dts à pension, gérants de syst. de pension, hors retraite	0	0	0	0	311	2
F.63 Droits à pension	0	0	0	0	311	2
F.64 Dts des fonds de pension sur gérants des systèmes de pension	..	..	..	..	..	..
F.65 Droits à prestations hors retraite	..	..	..	..	..	..
F.66 Réserves pour appels dans le cadre de garanties standard	..	..	..	..	..	..
F.7 Produits financiers dérivés et options sur titres des salariés	**0**	**0**	**0**	**0**	**0**	**0**
F.71 Produits financiers dérivés	0	0	0	0	0	0
F.72 Options sur titres des salariés	..	..	..	..	..	..
F.8 Autres comptes à payer	**1 124**	**346**	**127**	**-2**	**1 232**	**2 298**
F.81 Crédits commerciaux et avances	711	66	100	-158	613	745
F.89 Autres comptes à payer, hors des crédits commerciaux et avances	413	280	27	157	619	1 553
Opérations financières nettes	**2 525**	**-1 895**	**-1 864**	**562**	**1 641**	**-1 641**

Note : Les métadonnées détaillées sont disponibles sur :http://metalinks.oecd.org/faiiia/20150126/c9fe

RÉPUBLIQUE SLOVAQUE

Tableau 2.1.a. Flux consolidés, Secteur S1 - Économie totale

SCN 2008

Millions EUR (2009 SKK euro)

		2006	2007	2008	2009	2010	2011	2012	2013
	Acquisition nette d'actifs financiers	**9 753**	**20 213**	**7 554**	**14 178**	**11 649**	**9 075**	**13 416**	**12 857**
F.1	**Or monétaire et DTS**	**-6**	**85**	**-96**	**500**	**244**	**154**	**40**	**-381**
F.11	Or monétaire	11	91	-24	90	295	164	45	-397
F.12	Droits de tirage spéciaux (DTS)	-18	-6	-72	411	-50	-10	-5	16
F.2	**Numéraire et dépôts**	**-2 346**	**6 120**	**1 254**	**3 277**	**1 986**	**1 471**	**7 758**	**3 648**
F.21	Numéraire	463	392	-2 576	4 170	1 177	948	1 031	547
F.22	Dépôts transférables	1 665	2 725	526	-124	998	-811	4 023	2 352
F.29	Autres dépôts	-4 473	3 002	3 303	-769	-189	1 334	2 704	749
F.3	**Titres de dette**	**-18**	**2 916**	**1 301**	**3 599**	**5 051**	**1 763**	**-2 528**	**-720**
F.3S	Titres de dette à court terme	692	2 053	-5 858	-995	198	-759	-328	-982
F.3L	Titres de dette à long terme	-710	863	7 159	4 594	4 853	2 521	-2 201	262
F.4	**Crédits**	**7 226**	**4 881**	**7 462**	**287**	**-435**	**3 093**	**4 073**	**4 432**
F.4S	Crédits à court terme	1 634	3 038	2 245	-678	-1 481	665	417	1 220
F.4L	Crédits à long terme	5 592	1 843	5 217	965	1 046	2 428	3 656	3 212
F.5	**Actions et parts de fonds d'investissement**	**-298**	**749**	**-123**	**1 230**	**789**	**648**	**2 094**	**1 905**
F.51	Actions	-281	-179	1 308	1 171	380	1 041	1 193	622
F.511	Actions cotées	64	92	-245	73	81	22	51	471
F.512	Actions non cotées	-358	-92	1 442	719	272	495	1 084	265
F.519	Autres participations	12	-179	112	379	26	524	58	-114
F.52	Parts de fonds d'investissement	-17	928	-1 431	59	409	-393	900	1 282
F.521	Parts de fonds d'investissement monétaires	..	..	..	..	..	..	..	..
F.522	Autres parts de fonds d'investissement	..	..	..	..	..	..	..	..
F.6	**Systèmes d'assurance, de pensions et garanties standard**	**1 213**	**1 161**	**1 272**	**1 082**	**1 258**	**967**	**1 269**	**440**
F.61	Réserves techniques d'assurance-dommages	67	14	-42	33	98	52	-10	-23
F.62	Droits sur les assurances-vie et rentes	273	208	326	172	257	29	255	151
F.6M	Dts à pension, gérants, prestations hors retraite	873	938	988	878	904	887	1 024	313
F.63	Droits à pension	873	938	988	878	904	887	1 024	313
F.64	Dts des fonds de pension sur gérants des systèmes de pension	..	..	..	..	..	..	..	..
F.65	Droits à prestations hors retraite	..	..	..	..	..	..	..	..
F.66	Réserves pour appels dans le cadre de garanties standard	..	..	..	..	..	..	..	..
F.7	**Produits financiers dérivés et options sur titres des salariés**	**9**	**-89**	**35**	**412**	**-54**	**153**	**-30**	**140**
F.71	Produits financiers dérivés	9	-89	35	412	-54	153	-30	140
F.72	Options sur titres des salariés	..	..	..	..	..	..	..	..
F.8	**Autres comptes à recevoir**	**3 973**	**4 390**	**-3 550**	**3 790**	**2 809**	**825**	**741**	**3 393**
F.81	Crédits commerciaux et avances	2 702	3 232	-1 886	799	1 535	152	-132	893
F.89	Autres comptes à recevoir, hors crédits commerciaux et avances	1 271	1 158	-1 665	2 991	1 274	673	873	2 500
	Accroissement net des passifs	**14 007**	**23 304**	**11 454**	**15 763**	**13 722**	**10 606**	**12 123**	**11 216**
F.1	**Or monétaire et DTS**	..	..	..	..	..	..	..	..
F.11	Or monétaire	..	..	..	..	..	..	..	..
F.12	Droits de tirage spéciaux (DTS)	..	..	..	..	..	..	..	..
F.2	**Numéraire et dépôts**	**-2 564**	**4 325**	**3 540**	**9 684**	**1 610**	**1 130**	**-2 723**	**-435**
F.21	Numéraire	445	386	-2 594	4 998	292	430	218	389
F.22	Dépôts transférables	2 144	2 838	2 715	13 087	-31	34	-9 639	3 064
F.29	Autres dépôts	-5 153	1 101	3 419	-8 401	1 349	666	6 698	-3 888
F.3	**Titres de dette**	**2 281**	**2 653**	**258**	**2 391**	**4 873**	**2 059**	**6 019**	**4 223**
F.3S	Titres de dette à court terme	564	1 023	-495	-747	646	-97	273	-1 385
F.3L	Titres de dette à long terme	1 717	1 630	753	3 137	4 227	2 156	5 746	5 608
F.4	**Crédits**	**2 499**	**6 204**	**8 696**	**613**	**1 372**	**2 959**	**3 992**	**3 009**
F.4S	Crédits à court terme	138	2 288	2 313	-853	48	51	619	690
F.4L	Crédits à long terme	2 361	3 916	6 383	1 465	1 324	2 907	3 373	2 318
F.5	**Actions et parts de fonds d'investissement**	**4 901**	**4 221**	**833**	**1 105**	**1 268**	**1 440**	**1 229**	**2 746**
F.51	Actions	4 751	3 390	2 140	867	842	1 775	841	1 977
F.511	Actions cotées	1 981	1 076	771	54	72	21	28	475
F.512	Actions non cotées	2 612	1 509	895	556	771	1 200	553	938
F.519	Autres participations	158	805	475	257	-2	554	259	564
F.52	Parts de fonds d'investissement	150	831	-1 307	238	426	-334	388	769
F.521	Parts de fonds d'investissement monétaires	..	..	..	..	..	..	..	..
F.522	Autres parts de fonds d'investissement	..	..	..	..	..	..	..	..
F.6	**Systèmes d'assurance, de pensions et garanties standard**	**1 214**	**1 160**	**1 264**	**1 092**	**1 235**	**960**	**1 281**	**441**
F.61	Réserves techniques d'assurance-dommages	68	14	-42	43	76	49	12	-13
F.62	Droits sur les assurances-vie et rentes	273	208	325	171	255	26	247	142
F.6M	Dts à pension, gérants de syst. de pension, hors retraite	873	938	981	878	904	885	1 022	311
F.63	Droits à pension	873	938	981	878	904	885	1 022	311
F.64	Dts des fonds de pension sur gérants des systèmes de pension	..	..	..	..	..	..	..	..
F.65	Droits à prestations hors retraite	..	..	..	..	..	..	..	..
F.66	Réserves pour appels dans le cadre de garanties standard	..	..	..	..	..	..	..	..
F.7	**Produits financiers dérivés et options sur titres des salariés**	**0**	**0**	**0**	**0**	**0**	**0**	**0**	**0**
F.71	Produits financiers dérivés	0	0	0	0	0	0	0	0
F.72	Options sur titres des salariés	..	..	..	..	..	..	..	..
F.8	**Autres comptes à payer**	**5 677**	**4 741**	**-3 137**	**880**	**3 363**	**2 057**	**2 324**	**1 232**
F.81	Crédits commerciaux et avances	4 476	3 797	-2 467	809	1 496	565	776	613
F.89	Autres comptes à payer, hors des crédits commerciaux et avances	1 201	944	-670	71	1 867	1 492	1 549	619
	Opérations financières nettes	**-4 254**	**-3 090**	**-3 899**	**-1 586**	**-2 073**	**-1 531**	**1 293**	**1 641**

Note : Les métadonnées détaillées sont disponibles sur :http://metalinks.oecd.org/faiia/20150126/0ace

RÉPUBLIQUE SLOVAQUE

Tableau 2.2.a. Flux consolidés, Secteur S11 - Sociétés non financières

SCN 2008

Millions EUR (2009 SKK euro)

		2006	2007	2008	2009	2010	2011	2012	2013
	Acquisition nette d'actifs financiers	**7 991**	**6 328**	**448**	**1 692**	**3 400**	**2 647**	**4 825**	**7 237**
F.1	**Or monétaire et DTS**	..	..	..	..	..	..	..	..
F.11	Or monétaire	..	..	..	..	..	..	..	..
F.12	Droits de tirage spéciaux (DTS)	..	..	..	..	..	..	..	..
F.2	**Numéraire et dépôts**	**1 427**	**1 035**	**-1 956**	**408**	**1 063**	**-287**	**2 757**	**945**
F.21	Numéraire	85	221	-871	1 969	626	203	462	197
F.22	Dépôts transférables	955	793	387	-575	170	-24	1 010	828
F.29	Autres dépôts	387	22	-1 471	-986	266	-465	1 285	-80
F.3	**Titres de dette**	**4 207**	**-15**	**1 663**	**-13**	**1 268**	**117**	**47**	**1 243**
F.3S	Titres de dette à court terme	1 014	-21	25	-14	48	35	44	-83
F.3L	Titres de dette à long terme	3 193	6	1 638	1	1 220	83	3	1 326
F.4	**Crédits**	**-76**	**994**	**2 190**	**-26**	**-1 700**	**950**	**30**	**1 404**
F.4S	Crédits à court terme	-2	550	1 760	61	-1 342	222	-162	812
F.4L	Crédits à long terme	-74	444	429	-87	-358	728	191	592
F.5	**Actions et parts de fonds d'investissement**	**4**	**-185**	**1 741**	**386**	**367**	**1 384**	**1 034**	**611**
F.51	Actions	-1	-204	1 756	326	310	1 369	960	624
F.511	Actions cotées	0	-22	106	15	-1	42	29	428
F.512	Actions non cotées	-1	79	1 630	108	222	772	903	294
F.519	Autres participations	0	-261	21	203	89	555	28	-98
F.52	Parts de fonds d'investissement	5	19	-15	60	57	15	74	-13
F.521	Parts de fonds d'investissement monétaires	..	..	..	..	..	..	..	..
F.522	Autres parts de fonds d'investissement	..	..	..	..	..	..	..	..
F.6	**Systèmes d'assurance, de pensions et garanties standard**	**0**	**14**	**22**	**4**	**97**	**66**	**-13**	**-12**
F.61	Réserves techniques d'assurance-dommages	0	14	22	4	97	66	-13	-12
F.62	Droits sur les assurances-vie et rentes	0	0	0	0	0	0	0	0
F.6M	Dts à pension, gérants, prestations hors retraite	0	0	0	0	0	0	0	0
F.63	Droits à pension	0	0	0	0	0	0	0	0
F.64	Dts des fonds de pension sur gérants des systèmes de pension	..	..	..	..	..	..	..	..
F.65	Droits à prestations hors retraite	..	..	..	..	..	..	..	..
F.66	Réserves pour appels dans le cadre de garanties standard	..	..	..	..	..	..	..	..
F.7	**Produits financiers dérivés et options sur titres des salariés**	**0**	**-28**	**76**	**501**	**186**	**111**	**38**	**-105**
F.71	Produits financiers dérivés	0	-28	76	501	186	111	38	-105
F.72	Options sur titres des salariés	..	..	..	..	..	..	..	..
F.8	**Autres comptes à recevoir**	**2 430**	**4 512**	**-3 287**	**432**	**2 119**	**304**	**933**	**3 152**
F.81	Crédits commerciaux et avances	1 851	3 199	-1 889	739	1 528	339	-123	723
F.89	Autres comptes à recevoir, hors crédits commerciaux et avances	579	1 313	-1 399	-307	591	-35	1 056	2 429
	Accroissement net des passifs	**9 548**	**7 794**	**1 591**	**-916**	**2 756**	**2 634**	**1 491**	**4 712**
F.1	**Or monétaire et DTS**	..	..	..	..	..	..	..	..
F.11	Or monétaire	..	..	..	..	..	..	..	..
F.12	Droits de tirage spéciaux (DTS)	..	..	..	..	..	..	..	..
F.2	**Numéraire et dépôts**	**0**	**0**	**0**	**0**	**0**	**0**	**0**	**0**
F.21	Numéraire	0	0	0	0	0	0	0	0
F.22	Dépôts transférables	0	0	0	0	0	0	0	0
F.29	Autres dépôts	0	0	0	0	0	0	0	0
F.3	**Titres de dette**	**-39**	**13**	**14**	**-158**	**472**	**-199**	**70**	**2 135**
F.3S	Titres de dette à court terme	-71	18	17	293	428	-17	62	11
F.3L	Titres de dette à long terme	32	-5	-3	-451	44	-183	7	2 124
F.4	**Crédits**	**1 454**	**2 202**	**3 641**	**-910**	**-33**	**324**	**636**	**33**
F.4S	Crédits à court terme	354	1 124	755	-1 339	-37	-87	638	44
F.4L	Crédits à long terme	1 100	1 078	2 886	429	4	411	-2	-10
F.5	**Actions et parts de fonds d'investissement**	**4 716**	**1 999**	**1 606**	**510**	**484**	**1 421**	**566**	**1 420**
F.51	Actions	4 716	1 999	1 606	510	484	1 421	566	1 420
F.511	Actions cotées	1 977	928	772	54	34	5	18	476
F.512	Actions non cotées	2 597	932	729	449	445	1 085	531	1 059
F.519	Autres participations	142	139	105	7	5	332	16	-115
F.52	Parts de fonds d'investissement	0	0	0	0	0	0	0	0
F.521	Parts de fonds d'investissement monétaires	..	..	..	..	..	..	..	..
F.522	Autres parts de fonds d'investissement	..	..	..	..	..	..	..	..
F.6	**Systèmes d'assurance, de pensions et garanties standard**	**0**	**0**	**0**	**0**	**0**	**0**	**0**	**0**
F.61	Réserves techniques d'assurance-dommages	0	0	0	0	0	0	0	0
F.62	Droits sur les assurances-vie et rentes	0	0	0	0	0	0	0	0
F.6M	Dts à pension, gérants de syst. de pension, hors retraite	0	0	0	0	0	0	0	0
F.63	Droits à pension	0	0	0	0	0	0	0	0
F.64	Dts des fonds de pension sur gérants des systèmes de pension	..	..	..	..	..	..	..	..
F.65	Droits à prestations hors retraite	..	..	..	..	..	..	..	..
F.66	Réserves pour appels dans le cadre de garanties standard	..	..	..	..	..	..	..	..
F.7	**Produits financiers dérivés et options sur titres des salariés**	**0**	**0**	**0**	**0**	**0**	**0**	**0**	**0**
F.71	Produits financiers dérivés	0	0	0	0	0	0	0	0
F.72	Options sur titres des salariés	..	..	..	..	..	..	..	..
F.8	**Autres comptes à payer**	**3 416**	**3 580**	**-3 671**	**-358**	**1 833**	**1 088**	**220**	**1 124**
F.81	Crédits commerciaux et avances	2 634	3 752	-2 556	-251	874	577	697	711
F.89	Autres comptes à payer, hors des crédits commerciaux et avances	782	-172	-1 114	-107	959	511	-477	413
	Opérations financières nettes	**-1 557**	**-1 466**	**-1 143**	**2 607**	**644**	**12**	**3 334**	**2 525**

Note : Les métadonnées détaillées sont disponibles sur :http://metalinks.oecd.org/faiiia/20150126/0ace

RÉPUBLIQUE SLOVAQUE

Tableau 2.3.a. Flux consolidés, Secteur S12 - Sociétés financières
SCN 2008

Millions EUR (2009 SKK euro)

		2006	2007	2008	2009	2010	2011	2012	2013
	Acquisition nette d'actifs financiers	**-1 148**	**9 371**	**3 920**	**8 986**	**4 319**	**3 628**	**918**	**1 951**
F.1	**Or monétaire et DTS**	**-6**	**85**	**-96**	**500**	**244**	**154**	**40**	**-381**
F.11	Or monétaire	11	91	-24	90	295	164	45	-397
F.12	Droits de tirage spéciaux (DTS)	-18	-6	-72	411	-50	-10	-5	16
F.2	**Numéraire et dépôts**	**-6 272**	**1 904**	**23**	**1 448**	**-645**	**429**	**722**	**1 173**
F.21	Numéraire	105	44	571	-975	37	116	27	-21
F.22	Dépôts transférables	-87	-81	-1 289	1 262	60	453	-110	413
F.29	Autres dépôts	-6 290	1 941	742	1 160	-741	-140	805	780
F.3	**Titres de dette**	**-4 218**	**2 965**	**-374**	**3 576**	**2 998**	**1 390**	**-2 579**	**-2 156**
F.3S	Titres de dette à court terme	-283	2 084	-5 882	-962	161	-793	-368	-899
F.3L	Titres de dette à long terme	-3 934	882	5 509	4 538	2 836	2 183	-2 210	-1 256
F.4	**Crédits**	**7 420**	**3 996**	**5 185**	**228**	**1 219**	**1 859**	**2 647**	**2 391**
F.4S	Crédits à court terme	1 636	2 487	457	-738	-139	443	577	405
F.4L	Crédits à long terme	5 783	1 508	4 728	967	1 359	1 416	2 070	1 986
F.5	**Actions et parts de fonds d'investissement**	**585**	**521**	**-587**	**364**	**562**	**27**	**455**	**834**
F.51	Actions	595	253	-334	365	210	-42	48	18
F.511	Actions cotées	64	114	-351	58	82	-20	22	41
F.512	Actions non cotées	530	66	-67	411	192	8	-5	-7
F.519	Autres participations	1	73	84	-105	-65	-31	30	-16
F.52	Parts de fonds d'investissement	-10	269	-253	-1	352	69	408	816
F.521	Parts de fonds d'investissement monétaires	..	..	..	..	..	..	..	..
F.522	Autres parts de fonds d'investissement	..	..	..	..	..	..	..	..
F.6	**Systèmes d'assurance, de pensions et garanties standard**	**0**	**0**	**-64**	**29**	**1**	**-16**	**6**	**-4**
F.61	Réserves techniques d'assurance-dommages	0	0	-64	29	1	-16	6	-4
F.62	Droits sur les assurances-vie et rentes	0	0	0	0	0	0	0	0
F.6M	Dts à pension, gérants, prestations hors retraite	0	0	0	0	0	0	0	0
F.63	Droits à pension	0	0	0	0	0	0	0	0
F.64	Dts des fonds de pension sur gérants des systèmes de pension	..	..	..	..	..	..	..	..
F.65	Droits à prestations hors retraite	..	..	..	..	..	..	..	..
F.66	Réserves pour appels dans le cadre de garanties standard	..	..	..	..	..	..	..	..
F.7	**Produits financiers dérivés et options sur titres des salariés**	**50**	**-61**	**10**	**-305**	**-238**	**44**	**-65**	**248**
F.71	Produits financiers dérivés	50	-61	10	-305	-238	44	-65	248
F.72	Options sur titres des salariés	..	..	..	..	..	..	..	..
F.8	**Autres comptes à recevoir**	**1 295**	**-39**	**-178**	**3 144**	**177**	**-259**	**-309**	**-154**
F.81	Crédits commerciaux et avances	927	-2	-3	19	-51	-117	45	-25
F.89	Autres comptes à recevoir, hors crédits commerciaux et avances	367	-37	-175	3 125	228	-141	-354	-129
	Accroissement net des passifs	**-1 546**	**9 257**	**4 136**	**8 084**	**3 263**	**2 433**	**-52**	**1 503**
F.1	**Or monétaire et DTS**	..	..	..	..	..	..	..	..
F.11	Or monétaire	..	..	..	..	..	..	..	..
F.12	Droits de tirage spéciaux (DTS)	..	..	..	..	..	..	..	..
F.2	**Numéraire et dépôts**	**-2 633**	**4 278**	**3 549**	**9 708**	**1 622**	**1 100**	**-2 714**	**-452**
F.21	Numéraire	445	386	-2 594	4 998	292	430	218	389
F.22	Dépôts transférables	2 075	2 790	2 724	13 111	-18	5	-9 631	3 047
F.29	Autres dépôts	-5 153	1 101	3 419	-8 401	1 349	666	6 698	-3 888
F.3	**Titres de dette**	**1 310**	**1 424**	**-623**	**-1 230**	**-150**	**62**	**-32**	**300**
F.3S	Titres de dette à court terme	729	1 005	-1 369	-1 221	-104	59	48	-91
F.3L	Titres de dette à long terme	581	419	746	-9	-46	3	-80	392
F.4	**Crédits**	**-1 868**	**143**	**1 155**	**-1 515**	**-189**	**107**	**225**	**123**
F.4S	Crédits à court terme	-317	134	751	-372	4	136	-67	162
F.4L	Crédits à long terme	-1 551	8	403	-1 144	-193	-29	292	-39
F.5	**Actions et parts de fonds d'investissement**	**185**	**2 222**	**-772**	**595**	**784**	**19**	**663**	**1 326**
F.51	Actions	35	1 391	535	357	358	353	275	557
F.511	Actions cotées	4	148	-1	0	38	17	10	-1
F.512	Actions non cotées	15	577	166	106	326	114	22	-121
F.519	Autres participations	17	666	370	250	-6	222	243	679
F.52	Parts de fonds d'investissement	150	831	-1 307	238	426	-334	388	769
F.521	Parts de fonds d'investissement monétaires	..	..	..	..	..	..	..	..
F.522	Autres parts de fonds d'investissement	..	..	..	..	..	..	..	..
F.6	**Systèmes d'assurance, de pensions et garanties standard**	**1 214**	**1 160**	**1 264**	**1 092**	**1 235**	**960**	**1 281**	**441**
F.61	Réserves techniques d'assurance-dommages	68	14	-42	43	76	49	12	-13
F.62	Droits sur les assurances-vie et rentes	273	208	325	171	255	26	247	142
F.6M	Dts à pension, gérants de syst. de pension, hors retraite	873	938	981	878	904	885	1 022	311
F.63	Droits à pension	873	938	981	878	904	885	1 022	311
F.64	Dts des fonds de pension sur gérants des systèmes de pension	..	..	..	..	..	..	..	..
F.65	Droits à prestations hors retraite	..	..	..	..	..	..	..	..
F.66	Réserves pour appels dans le cadre de garanties standard	..	..	..	..	..	..	..	..
F.7	**Produits financiers dérivés et options sur titres des salariés**	**0**	**0**	**0**	**0**	**0**	**0**	**0**	**0**
F.71	Produits financiers dérivés	0	0	0	0	0	0	0	0
F.72	Options sur titres des salariés	..	..	..	..	..	..	..	..
F.8	**Autres comptes à payer**	**246**	**31**	**-437**	**-565**	**-40**	**184**	**524**	**-236**
F.81	Crédits commerciaux et avances	138	36	-33	470	51	9	51	-6
F.89	Autres comptes à payer, hors des crédits commerciaux et avances	109	-4	-404	-1 035	-90	175	474	-230
	Opérations financières nettes	**399**	**114**	**-216**	**902**	**1 056**	**1 195**	**970**	**448**

Note : Les métadonnées détaillées sont disponibles sur :http://metalinks.oecd.org/faiia/20150126/0ace

Tableau 2.4.a. Flux consolidés, Secteur S13 - Administrations publiques

SCN 2008

Millions EUR (2009 SKK euro)

		2006	2007	2008	2009	2010	2011	2012	2013
	Acquisition nette d'actifs financiers	**-1 316**	**495**	**-262**	**-956**	**-45**	**-297**	**4 184**	**1 328**
F.1	**Or monétaire et DTS**	..	..	..	..	..	..	..	..
F.11	Or monétaire	..	..	..	..	..	..	..	..
F.12	Droits de tirage spéciaux (DTS)	..	..	..	..	..	..	..	..
F.2	**Numéraire et dépôts**	**54**	**931**	**66**	**-1 281**	**-201**	**-873**	**2 698**	**436**
F.21	Numéraire	6	-1	-1	1	0	0	3	1
F.22	Dépôts transférables	48	932	67	-1 282	-201	-873	2 695	435
F.29	Autres dépôts	0	0	0	0	0	0	0	0
F.3	**Titres de dette**	**-36**	**-8**	**-1**	**-5**	**-1**	**-1**	**-3**	**0**
F.3S	Titres de dette à court terme	-43	-8	-1	-5	-1	0	-3	0
F.3L	Titres de dette à long terme	7	0	0	0	0	-1	0	0
F.4	**Crédits**	**-117**	**-110**	**30**	**85**	**46**	**262**	**1 420**	**581**
F.4S	Crédits à court terme	0	0	0	0	0	0	0	0
F.4L	Crédits à long terme	-117	-110	30	85	46	262	1 420	581
F.5	**Actions et parts de fonds d'investissement**	**-989**	**-232**	**-125**	**203**	**-140**	**-280**	**186**	**-23**
F.51	Actions	-987	-232	-126	204	-140	-280	186	-23
F.511	Actions cotées	0	0	0	0	0	0	0	0
F.512	Actions non cotées	-987	-236	-128	200	-142	-280	186	-23
F.519	Autres participations	0	4	1	4	2	0	0	0
F.52	Parts de fonds d'investissement	-2	0	1	-1	0	0	0	0
F.521	Parts de fonds d'investissement monétaires	..	..	..	..	..	..	..	..
F.522	Autres parts de fonds d'investissement	..	..	..	..	..	..	..	..
F.6	**Systèmes d'assurance, de pensions et garanties standard**	**0**	**0**	**0**	**0**	**0**	**0**	**0**	**0**
F.61	Réserves techniques d'assurance-dommages	0	0	0	0	0	0	0	0
F.62	Droits sur les assurances-vie et rentes	0	0	0	0	0	0	0	0
F.6M	Dts à pension, gérants, prestations hors retraite	0	0	0	0	0	0	0	0
F.63	Droits à pension	0	0	0	0	0	0	0	0
F.64	Dts des fonds de pension sur gérants des systèmes de pension	..	..	..	..	..	..	..	..
F.65	Droits à prestations hors retraite	..	..	..	..	..	..	..	..
F.66	Réserves pour appels dans le cadre de garanties standard	..	..	..	..	..	..	..	..
F.7	**Produits financiers dérivés et options sur titres des salariés**	**-40**	**0**	**0**	**0**	**0**	**0**	**0**	**0**
F.71	Produits financiers dérivés	-40	0	0	0	0	0	0	0
F.72	Options sur titres des salariés	..	..	..	..	..	..	..	..
F.8	**Autres comptes à recevoir**	**-187**	**-86**	**-232**	**42**	**252**	**594**	**-117**	**334**
F.81	Crédits commerciaux et avances	-71	24	-37	24	41	-77	-61	168
F.89	Autres comptes à recevoir, hors crédits commerciaux et avances	-116	-110	-195	18	211	671	-56	166
	Accroissement net des passifs	**649**	**1 620**	**1 291**	**4 093**	**4 895**	**2 946**	**7 383**	**3 223**
F.1	**Or monétaire et DTS**	..	..	..	..	..	..	..	..
F.11	Or monétaire	..	..	..	..	..	..	..	..
F.12	Droits de tirage spéciaux (DTS)	..	..	..	..	..	..	..	..
F.2	**Numéraire et dépôts**	**69**	**48**	**-9**	**-24**	**-12**	**30**	**-8**	**17**
F.21	Numéraire	0	0	0	0	0	0	0	0
F.22	Dépôts transférables	69	48	-9	-24	-12	30	-8	17
F.29	Autres dépôts	0	0	0	0	0	0	0	0
F.3	**Titres de dette**	**992**	**1 216**	**867**	**3 779**	**4 551**	**2 196**	**5 981**	**1 788**
F.3S	Titres de dette à court terme	-111	0	857	182	322	-140	162	-1 304
F.3L	Titres de dette à long terme	1 103	1 216	10	3 597	4 228	2 336	5 819	3 092
F.4	**Crédits**	**-425**	**-3**	**23**	**-33**	**-38**	**731**	**1 623**	**1 073**
F.4S	Crédits à court terme	-38	-42	11	26	88	-30	-5	514
F.4L	Crédits à long terme	-387	39	12	-59	-126	761	1 628	559
F.5	**Actions et parts de fonds d'investissement**	**0**	**0**	**0**	**0**	**0**	**0**	**0**	**0**
F.51	Actions	0	0	0	0	0	0	0	0
F.511	Actions cotées	0	0	0	0	0	0	0	0
F.512	Actions non cotées	0	0	0	0	0	0	0	0
F.519	Autres participations	0	0	0	0	0	0	0	0
F.52	Parts de fonds d'investissement	0	0	0	0	0	0	0	0
F.521	Parts de fonds d'investissement monétaires	..	..	..	..	..	..	..	..
F.522	Autres parts de fonds d'investissement	..	..	..	..	..	..	..	..
F.6	**Systèmes d'assurance, de pensions et garanties standard**	**0**	**0**	**0**	**0**	**0**	**0**	**0**	**0**
F.61	Réserves techniques d'assurance-dommages	0	0	0	0	0	0	0	0
F.62	Droits sur les assurances-vie et rentes	0	0	0	0	0	0	0	0
F.6M	Dts à pension, gérants de syst. de pension, hors retraite	0	0	0	0	0	0	0	0
F.63	Droits à pension	0	0	0	0	0	0	0	0
F.64	Dts des fonds de pension sur gérants des systèmes de pension	..	..	..	..	..	..	..	..
F.65	Droits à prestations hors retraite	..	..	..	..	..	..	..	..
F.66	Réserves pour appels dans le cadre de garanties standard	..	..	..	..	..	..	..	..
F.7	**Produits financiers dérivés et options sur titres des salariés**	**0**	**0**	**0**	**0**	**0**	**0**	**0**	**0**
F.71	Produits financiers dérivés	0	0	0	0	0	0	0	0
F.72	Options sur titres des salariés	..	..	..	..	..	..	..	..
F.8	**Autres comptes à payer**	**13**	**359**	**411**	**372**	**395**	**-10**	**-211**	**346**
F.81	Crédits commerciaux et avances	30	9	19	182	155	-109	-63	66
F.89	Autres comptes à payer, hors des crédits commerciaux et avances	-17	350	392	189	240	99	-148	280
	Opérations financières nettes	**-1 964**	**-1 124**	**-1 554**	**-5 050**	**-4 940**	**-3 244**	**-3 199**	**-1 895**

Note : Les métadonnées détaillées sont disponibles sur :http://metalinks.oecd.org/faiiia/20150126/0ace

RÉPUBLIQUE SLOVAQUE

Tableau 2.5.a. Flux consolidés, Secteur S14-S15 - Ménages et ISBLSM
SCN 2008

Millions EUR (2009 SKK euro)

		2006	2007	2008	2009	2010	2011	2012	2013
	Acquisition nette d'actifs financiers	**4 226**	**4 019**	**3 449**	**4 457**	**3 976**	**3 097**	**3 489**	**2 340**
F.1	**Or monétaire et DTS**	..	..	..	..	..	..	..	..
F.11	Or monétaire	..	..	..	..	..	..	..	..
F.12	Droits de tirage spéciaux (DTS)	..	..	..	..	..	..	..	..
F.2	**Numéraire et dépôts**	**2 446**	**2 249**	**3 121**	**2 702**	**1 769**	**2 201**	**1 581**	**1 094**
F.21	Numéraire	267	129	-2 275	3 174	513	630	538	369
F.22	Dépôts transférables	748	1 080	1 362	471	969	-367	429	676
F.29	Autres dépôts	1 431	1 040	4 033	-943	286	1 939	614	49
F.3	**Titres de dette**	**29**	**-26**	**14**	**41**	**786**	**256**	**7**	**193**
F.3S	Titres de dette à court terme	5	-1	1	-13	-11	0	0	0
F.3L	Titres de dette à long terme	24	-25	13	55	797	256	7	193
F.4	**Crédits**	**0**	**0**	**57**	**0**	**0**	**22**	**-24**	**56**
F.4S	Crédits à court terme	0	0	27	0	0	1	1	2
F.4L	Crédits à long terme	0	0	30	0	0	21	-25	54
F.5	**Actions et parts de fonds d'investissement**	**102**	**645**	**-1 151**	**277**	**0**	**-484**	**419**	**482**
F.51	Actions	112	5	12	277	0	-6	0	3
F.511	Actions cotées	0	0	0	0	0	0	0	2
F.512	Actions non cotées	101	0	6	0	0	-6	0	1
F.519	Autres participations	11	5	6	277	0	0	0	0
F.52	Parts de fonds d'investissement	-10	640	-1 163	0	0	-478	419	480
F.521	Parts de fonds d'investissement monétaires	..	..	..	..	..	..	..	..
F.522	Autres parts de fonds d'investissement	..	..	..	..	..	..	..	..
F.6	**Systèmes d'assurance, de pensions et garanties standard**	**1 214**	**1 147**	**1 314**	**1 049**	**1 161**	**917**	**1 276**	**456**
F.61	Réserves techniques d'assurance-dommages	68	0	0	0	0	2	-3	-7
F.62	Droits sur les assurances-vie et rentes	273	208	326	172	257	29	255	151
F.6M	Dts à pension, gérants, prestations hors retraite	873	938	988	878	904	887	1 024	313
F.63	Droits à pension	873	938	988	878	904	887	1 024	313
F.64	Dts des fonds de pension sur gérants des systèmes de pension	..	..	..	..	..	..	..	..
F.65	Droits à prestations hors retraite	..	..	..	..	..	..	..	..
F.66	Réserves pour appels dans le cadre de garanties standard	..	..	..	..	..	..	..	..
F.7	**Produits financiers dérivés et options sur titres des salariés**	**0**	**1**	**-52**	**217**	**-2**	**-2**	**-3**	**-3**
F.71	Produits financiers dérivés	0	1	-52	217	-2	-2	-3	-3
F.72	Options sur titres des salariés	..	..	..	..	..	..	..	..
F.8	**Autres comptes à recevoir**	**436**	**4**	**147**	**171**	**262**	**186**	**233**	**61**
F.81	Crédits commerciaux et avances	-5	11	43	16	18	7	7	27
F.89	Autres comptes à recevoir, hors crédits commerciaux et avances	440	-7	104	155	244	179	226	34
	Accroissement net des passifs	**5 357**	**4 633**	**4 436**	**4 502**	**2 807**	**2 592**	**3 301**	**1 778**
F.1	**Or monétaire et DTS**	..	..	..	..	..	..	..	..
F.11	Or monétaire	..	..	..	..	..	..	..	..
F.12	Droits de tirage spéciaux (DTS)	..	..	..	..	..	..	..	..
F.2	**Numéraire et dépôts**	**0**	**0**	**0**	**0**	**0**	**0**	**0**	**0**
F.21	Numéraire	0	0	0	0	0	0	0	0
F.22	Dépôts transférables	0	0	0	0	0	0	0	0
F.29	Autres dépôts	0	0	0	0	0	0	0	0
F.3	**Titres de dette**	**18**	**0**	**0**	**0**	**0**	**0**	**0**	**0**
F.3S	Titres de dette à court terme	18	0	0	0	0	0	0	0
F.3L	Titres de dette à long terme	0	0	0	0	0	0	0	0
F.4	**Crédits**	**3 338**	**3 863**	**3 877**	**3 071**	**1 632**	**1 796**	**1 509**	**1 779**
F.4S	Crédits à court terme	140	1 072	795	832	-8	32	54	-29
F.4L	Crédits à long terme	3 198	2 791	3 082	2 239	1 640	1 765	1 455	1 809
F.5	**Actions et parts de fonds d'investissement**	**0**	**0**	**0**	**0**	**0**	**0**	**0**	**0**
F.51	Actions	0	0	0	0	0	0	0	0
F.511	Actions cotées	0	0	0	0	0	0	0	0
F.512	Actions non cotées	0	0	0	0	0	0	0	0
F.519	Autres participations	0	0	0	0	0	0	0	0
F.52	Parts de fonds d'investissement	0	0	0	0	0	0	0	0
F.521	Parts de fonds d'investissement monétaires	..	..	..	..	..	..	..	..
F.522	Autres parts de fonds d'investissement	..	..	..	..	..	..	..	..
F.6	**Systèmes d'assurance, de pensions et garanties standard**	**0**	**0**	**0**	**0**	**0**	**0**	**0**	**0**
F.61	Réserves techniques d'assurance-dommages	0	0	0	0	0	0	0	0
F.62	Droits sur les assurances-vie et rentes	0	0	0	0	0	0	0	0
F.6M	Dts à pension, gérants de syst. de pension, hors retraite	0	0	0	0	0	0	0	0
F.63	Droits à pension	0	0	0	0	0	0	0	0
F.64	Dts des fonds de pension sur gérants des systèmes de pension	..	..	..	..	..	..	..	..
F.65	Droits à prestations hors retraite	..	..	..	..	..	..	..	..
F.66	Réserves pour appels dans le cadre de garanties standard	..	..	..	..	..	..	..	..
F.7	**Produits financiers dérivés et options sur titres des salariés**	**0**	**0**	**0**	**0**	**0**	**0**	**0**	**0**
F.71	Produits financiers dérivés	0	0	0	0	0	0	0	0
F.72	Options sur titres des salariés	..	..	..	..	..	..	..	..
F.8	**Autres comptes à payer**	**2 001**	**770**	**560**	**1 431**	**1 175**	**796**	**1 792**	**-2**
F.81	Crédits commerciaux et avances	1 674	0	102	407	417	88	92	-158
F.89	Autres comptes à payer, hors des crédits commerciaux et avances	327	770	457	1 023	758	707	1 700	157
	Opérations financières nettes	**-1 131**	**-614**	**-988**	**-45**	**1 169**	**505**	**189**	**562**

Note : Les métadonnées détaillées sont disponibles sur :http://metalinks.oecd.org/faiiia/20150126/0ace

RÉPUBLIQUE SLOVAQUE

Tableau 2.6.a. Flux consolidés, Secteur S2 - Reste du monde

SCN 2008

Millions EUR (2009 SKK euro)

		2006	2007	2008	2009	2010	2011	2012	2013
	Acquisition nette d'actifs financiers	**7 906**	**3 835**	**5 211**	**9 246**	**5 229**	**1 823**	**-947**	**3 710**
F.1	**Or monétaire et DTS**	..	..	..	..	..	..	..	..
F.11	Or monétaire	..	..	..	..	..	..	..	..
F.12	Droits de tirage spéciaux (DTS)	..	..	..	..	..	..	..	..
F.2	**Numéraire et dépôts**	**-570**	**14**	**1 990**	**8 939**	**-524**	**-52**	**-8 325**	**-2 862**
F.21	Numéraire	-18	-6	79	828	-94	-407	-709	-161
F.22	Dépôts transférables	0	20	951	15 743	-1 123	1 618	-13 446	571
F.29	Autres dépôts	-553	0	960	-7 632	692	-1 264	5 831	-3 272
F.3	**Titres de dette**	**2 427**	**-85**	**815**	**224**	**2 422**	**594**	**5 100**	**4 767**
F.3S	Titres de dette à court terme	0	-85	-252	4	177	746	303	-257
F.3L	Titres de dette à long terme	2 427	0	1 067	220	2 245	-152	4 797	5 025
F.4	**Crédits**	**354**	**310**	**1 662**	**595**	**1 764**	**1 107**	**852**	**414**
F.4S	Crédits à court terme	197	-764	245	-175	1 499	484	336	-325
F.4L	Crédits à long terme	157	1 074	1 417	770	265	623	516	738
F.5	**Actions et parts de fonds d'investissement**	**4 521**	**2 825**	**1 225**	**-98**	**1 151**	**648**	**663**	**1 384**
F.51	Actions	4 520	2 793	1 441	-113	1 139	649	629	1 368
F.511	Actions cotées	1 682	740	1 228	-33	1	0	11	2
F.512	Actions non cotées	2 724	1 250	-280	127	1 203	607	375	690
F.519	Autres participations	113	802	493	-206	-65	41	243	677
F.52	Parts de fonds d'investissement	1	32	-216	15	12	-1	34	16
F.521	Parts de fonds d'investissement monétaires	..	..	..	..	..	..	..	..
F.522	Autres parts de fonds d'investissement	..	..	..	..	..	..	..	..
F.6	**Systèmes d'assurance, de pensions et garanties standard**	**0**	**1**	**1**	**10**	**-6**	**-9**	**23**	**10**
F.61	Réserves techniques d'assurance-dommages	0	0	0	10	-8	-10	23	10
F.62	Droits sur les assurances-vie et rentes	0	1	1	0	2	1	1	0
F.6M	Dts à pension, gérants, prestations hors retraite	0	0	0	0	0	0	0	0
F.63	Droits à pension	0	0	0	0	0	0	0	0
F.64	Dts des fonds de pension sur gérants des systèmes de pension	..	..	..	..	..	..	..	..
F.65	Droits à prestations hors retraite	..	..	..	..	..	..	..	..
F.66	Réserves pour appels dans le cadre de garanties standard	..	..	..	..	..	..	..	..
F.7	**Produits financiers dérivés et options sur titres des salariés**	**-9**	**89**	**-35**	**-412**	**54**	**-153**	**30**	**-140**
F.71	Produits financiers dérivés	-9	89	-35	-412	54	-153	30	-140
F.72	Options sur titres des salariés	..	..	..	..	..	..	..	..
F.8	**Autres comptes à recevoir**	**1 184**	**682**	**-447**	**-12**	**369**	**-311**	**709**	**137**
F.81	Crédits commerciaux et avances	1 264	419	-804	0	393	-222	596	464
F.89	Autres comptes à recevoir, hors crédits commerciaux et avances	-80	263	357	-12	-24	-89	113	-327
	Accroissement net des passifs	**3 652**	**745**	**1 312**	**7 661**	**3 157**	**292**	**346**	**5 351**
F.1	**Or monétaire et DTS**	**-6**	**85**	**-96**	**500**	**244**	**154**	**40**	**-381**
F.11	Or monétaire	11	91	-24	90	295	164	45	-397
F.12	Droits de tirage spéciaux (DTS)	-18	-6	-72	411	-50	-10	-5	16
F.2	**Numéraire et dépôts**	**-352**	**1 808**	**-296**	**2 532**	**-148**	**288**	**2 156**	**1 221**
F.21	Numéraire	0	0	97	0	791	111	103	-4
F.22	Dépôts transférables	-479	-93	-1 238	2 532	-93	772	215	-141
F.29	Autres dépôts	128	1 902	845	0	-845	-595	1 837	1 366
F.3	**Titres de dette**	**128**	**178**	**1 859**	**1 433**	**2 600**	**297**	**-3 447**	**-176**
F.3S	Titres de dette à court terme	128	945	-5 615	-244	-271	84	-298	145
F.3L	Titres de dette à long terme	0	-766	7 473	1 677	2 871	213	-3 149	-321
F.4	**Crédits**	**5 081**	**-1 013**	**428**	**270**	**-44**	**1 241**	**933**	**1 837**
F.4S	Crédits à court terme	1 693	-14	177	0	-31	1 098	134	205
F.4L	Crédits à long terme	3 388	-999	251	270	-13	143	800	1 632
F.5	**Actions et parts de fonds d'investissement**	**-679**	**-647**	**269**	**27**	**672**	**-145**	**1 528**	**542**
F.51	Actions	-513	-776	609	191	677	-85	982	13
F.511	Actions cotées	-234	-244	212	-14	10	0	33	-3
F.512	Actions non cotées	-245	-350	267	290	705	-97	906	17
F.519	Autres participations	-33	-182	130	-85	-37	12	42	-1
F.52	Parts de fonds d'investissement	-165	129	-340	-164	-4	-60	546	529
F.521	Parts de fonds d'investissement monétaires	..	..	..	..	..	..	..	..
F.522	Autres parts de fonds d'investissement	..	..	..	..	..	..	..	..
F.6	**Systèmes d'assurance, de pensions et garanties standard**	**0**	**2**	**8**	**0**	**17**	**-2**	**11**	**10**
F.61	Réserves techniques d'assurance-dommages	0	0	0	0	14	-8	0	-1
F.62	Droits sur les assurances-vie et rentes	0	1	2	0	3	4	9	8
F.6M	Dts à pension, gérants de syst. de pension, hors retraite	0	1	6	0	0	2	2	2
F.63	Droits à pension	0	1	6	0	0	2	2	2
F.64	Dts des fonds de pension sur gérants des systèmes de pension	..	..	..	..	..	..	..	..
F.65	Droits à prestations hors retraite	..	..	..	..	..	..	..	..
F.66	Réserves pour appels dans le cadre de garanties standard	..	..	..	..	..	..	..	..
F.7	**Produits financiers dérivés et options sur titres des salariés**	**0**	**0**	**0**	**0**	**0**	**0**	**0**	**0**
F.71	Produits financiers dérivés	0	0	0	0	0	0	0	0
F.72	Options sur titres des salariés	..	..	..	..	..	..	..	..
F.8	**Autres comptes à payer**	**-520**	**331**	**-861**	**2 898**	**-185**	**-1 543**	**-874**	**2 298**
F.81	Crédits commerciaux et avances	-510	-147	-222	-10	432	-635	-312	745
F.89	Autres comptes à payer, hors des crédits commerciaux et avances	-10	478	-639	2 908	-618	-908	-563	1 553
	Opérations financières nettes	**4 254**	**3 090**	**3 899**	**1 586**	**2 073**	**1 531**	**-1 293**	**-1 641**

Note : Les métadonnées détaillées sont disponibles sur :http://metalinks.oecd.org/faiiia/20150126/0ace

SLOVÉNIE

Tableau 1.a. Flux consolidés, par instrument et par secteur, Année 2013

SCN 2008

Millions EUR (2007 SIT euro)

		Sociétés financières					Sociétés financières publiques
		Total	Institutions financières monétaires	Fonds d'investissements non monétaires	Autres institutions financières, hors S124	Sociétés d'assurance et fonds de pension	
		S12	S121-2-3	S124	S125-6-7	SS128-9	S1201
	Acquisition nette d'actifs financiers	**-2 135**	**-2 744**	**-36**	**-51**	**177**	..
F.1	**Or monétaire et DTS**	**-12**	**-12**	**0**	**0**	**0**	..
F.11	Or monétaire	0	0	..	..	..	..
F.12	Droits de tirage spéciaux (DTS)	-12	-12	0	0	0	..
F.2	**Numéraire et dépôts**	**-193**	**-201**	**-33**	**31**	**-269**	..
F.21	Numéraire	1	2	0	1	0	..
F.22	Dépôts transférables	312	300	-9	17	37	..
F.29	Autres dépôts	-506	-502	-24	14	-305	..
F.3	**Titres de dette**	**1 179**	**775**	**-16**	**-7**	**327**	..
F.3S	Titres de dette à court terme	-43	-109	-5	-6	72	..
F.3L	Titres de dette à long terme	1 222	885	-10	0	255	..
F.4	**Crédits**	**-3 197**	**-3 342**	**-8**	**-40**	**-1**	..
F.4S	Crédits à court terme	-1 463	-1 528	-9	-37	9	..
F.4L	Crédits à long terme	-1 734	-1 814	0	-3	-9	..
F.5	**Actions et parts de fonds d'investissement**	**245**	**210**	**21**	**-15**	**87**	..
F.51	Actions	178	223	3	-9	15	..
F.511	Actions cotées	70	46	4	-7	11	..
F.512	Actions non cotées	51	-3	-2	-10	1	..
F.519	Autres participations	58	179	1	8	3	..
F.52	Parts de fonds d'investissement	67	-13	..	-7	71	..
F.521	Parts de fonds d'investissement monétaires	..	..	..	..	..	..
F.522	Autres parts de fonds d'investissement	..	..	..	..	..	..
F.6	**Systèmes d'assurance, de pensions et garanties standard**	**-13**	**-1**	**0**	**0**	**-13**	..
F.61	Réserves techniques d'assurance-dommages	-13	-1	0	0	-13	..
F.62	Droits sur les assurances-vie et rentes	0	0	0	0	0	..
F.6M	Dts à pension, gérants, prestations hors retraite	0	0	0	0	0	..
F.63	Droits à pension	..	..	..	..	..	..
F.64	Dts des fonds de pension sur gérants des systèmes de pension	..	..	..	..	..	..
F.65	Droits à prestations hors retraite	..	..	..	..	..	..
F.66	Réserves pour appels dans le cadre de garanties standard	0	0	0	0	0	..
F.7	**Produits financiers dérivés et options sur titres des salariés**	**-95**	**-92**	**0**	**-2**	**-2**	..
F.71	Produits financiers dérivés	..	..	..	..	..	..
F.72	Options sur titres des salariés	..	..	..	..	..	..
F.8	**Autres comptes à recevoir**	**-49**	**-80**	**-1**	**-20**	**48**	..
F.81	Crédits commerciaux et avances	18	2	0	-20	36	..
F.89	Autres comptes à recevoir, hors crédits commerciaux et avances	-68	-81	-1	0	11	..
	Accroissement net des passifs	**-6 354**	**-6 705**	**-48**	**-167**	**47**	..
F.1	**Or monétaire et DTS**	**0**	**0**	**0**	**0**	**0**	..
F.11	Or monétaire	..	..	..	..	..	..
F.12	Droits de tirage spéciaux (DTS)	0	0	0	0	0	..
F.2	**Numéraire et dépôts**	**-4 756**	**-5 035**	**0**	**0**	**0**	..
F.21	Numéraire	170	171	0	0	0	..
F.22	Dépôts transférables	-2 963	-2 931	0	0	0	..
F.29	Autres dépôts	-1 963	-2 275	0	0	0	..
F.3	**Titres de dette**	**-276**	**-364**	**0**	**-1**	**-9**	..
F.3S	Titres de dette à court terme	-90	-96	0	-1	0	..
F.3L	Titres de dette à long terme	-185	-268	0	-1	-9	..
F.4	**Crédits**	**-1 431**	**-1 319**	**-13**	**-288**	**-5**	..
F.4S	Crédits à court terme	0	0	-10	-94	2	..
F.4L	Crédits à long terme	-1 431	-1 319	-2	-195	-8	..
F.5	**Actions et parts de fonds d'investissement**	**153**	**133**	**-42**	**138**	**-19**	..
F.51	Actions	185	121	0	138	-19	..
F.511	Actions cotées	61	0	0	0	46	..
F.512	Actions non cotées	118	121	0	-2	-65	..
F.519	Autres participations	6	0	0	140	0	..
F.52	Parts de fonds d'investissement	-33	12	..	0	0	..
F.521	Parts de fonds d'investissement monétaires	..	..	..	..	..	..
F.522	Autres parts de fonds d'investissement	..	..	..	..	..	..
F.6	**Systèmes d'assurance, de pensions et garanties standard**	**39**	**0**	**0**	**0**	**38**	..
F.61	Réserves techniques d'assurance-dommages	-24	0	0	0	-25	..
F.62	Droits sur les assurances-vie et rentes	49	0	0	0	49	..
F.6M	Dts à pension, gérants de syst. de pension, hors retraite	14	0	0	0	14	..
F.63	Droits à pension	..	..	..	..	..	..
F.64	Dts des fonds de pension sur gérants des systèmes de pension	..	..	..	..	..	..
F.65	Droits à prestations hors retraite	..	..	..	..	..	..
F.66	Réserves pour appels dans le cadre de garanties standard	0	0	0	0	0	..
F.7	**Produits financiers dérivés et options sur titres des salariés**	**-75**	**-75**	**0**	**0**	**0**	..
F.71	Produits financiers dérivés	..	..	..	..	..	..
F.72	Options sur titres des salariés	..	..	..	..	..	..
F.8	**Autres comptes à payer**	**-7**	**-46**	**7**	**-14**	**43**	..
F.81	Crédits commerciaux et avances	48	0	0	3	44	..
F.89	Autres comptes à payer, hors des crédits commerciaux et avances	-55	-46	7	-18	-1	..
	Opérations financières nettes	**4 218**	**3 961**	**12**	**115**	**130**	..

SLOVÉNIE

Tableau 1.a. Flux consolidés, par instrument et par secteur, Année 2013 (cont.)
SCN 2008

Millions EUR (2007 SIT euro)

		Sociétés non financières	Administrations publiques		Ménages et ISBLSM	Economie totale	Reste du monde
		S11	Total S13	Administration centrale S1311	S14+S15	S1	S2
	Acquisition nette d'actifs financiers	**619**	**1 148**	**1 160**	**2 660**	**2 292**	**2 729**
F.1	**Or monétaire et DTS**	**0**	**0**	**0**	**0**	**-12**	**-12**
F.11	Or monétaire	..	..	..	..	0	0
F.12	Droits de tirage spéciaux (DTS)	0	0	0	0	-12	-12
F.2	**Numéraire et dépôts**	**547**	**-265**	**-207**	**2 414**	**2 504**	**2 774**
F.21	Numéraire	5	0	0	2 162	2 168	1 772
F.22	Dépôts transférables	367	159	156	10	848	414
F.29	Autres dépôts	176	-424	-363	242	-512	587
F.3	**Titres de dette**	**-24**	**-3**	**24**	**0**	**1 152**	**-561**
F.3S	Titres de dette à court terme	-1	0	5	4	-40	-87
F.3L	Titres de dette à long terme	-23	-3	18	-3	1 192	-474
F.4	**Crédits**	**6**	**855**	**863**	**-23**	**-2 359**	**7**
F.4S	Crédits à court terme	-33	332	332	0	-1 163	-255
F.4L	Crédits à long terme	38	522	531	-22	-1 195	262
F.5	**Actions et parts de fonds d'investissement**	**-47**	**218**	**208**	**-61**	**355**	**418**
F.51	Actions	-27	214	208	-42	323	352
F.511	Actions cotées	-12	19	17	-29	47	97
F.512	Actions non cotées	-19	47	47	-25	54	63
F.519	Autres participations	5	148	143	13	222	192
F.52	Parts de fonds d'investissement	-20	4	1	-19	32	67
F.521	Parts de fonds d'investissement monétaires	..	..	..	..	..	..
F.522	Autres parts de fonds d'investissement	..	..	..	..	..	..
F.6	**Systèmes d'assurance, de pensions et garanties standard**	**-41**	**0**	**1**	**43**	**-10**	**-10**
F.61	Réserves techniques d'assurance-dommages	-41	0	1	-23	-77	-13
F.62	Droits sur les assurances-vie et rentes	0	0	0	53	53	3
F.6M	Dts à pension, gérants, prestations hors retraite	0	0	0	14	14	0
F.63	Droits à pension	..	..	..	..	..	..
F.64	Dts des fonds de pension sur gérants des systèmes de pension	..	..	..	..	..	..
F.65	Droits à prestations hors retraite	..	..	..	..	..	..
F.66	Réserves pour appels dans le cadre de garanties standard	0	0	0	0	0	0
F.7	**Produits financiers dérivés et options sur titres des salariés**	**-16**	**-1**	**-1**	**-1**	**-114**	**-33**
F.71	Produits financiers dérivés	..	..	..	..	..	..
F.72	Options sur titres des salariés	..	..	..	..	..	..
F.8	**Autres comptes à recevoir**	**194**	**343**	**273**	**287**	**774**	**145**
F.81	Crédits commerciaux et avances	173	33	19	-35	189	163
F.89	Autres comptes à recevoir, hors crédits commerciaux et avances	21	310	254	322	585	-18
	Accroissement net des passifs	**-1 076**	**6 373**	**6 340**	**-254**	**-1 310**	**-873**
F.1	**Or monétaire et DTS**	**0**	**0**	**0**	**0**	**0**	**0**
F.11	Or monétaire	..	..	..	..	..	..
F.12	Droits de tirage spéciaux (DTS)	0	0	0	0	0	0
F.2	**Numéraire et dépôts**	**0**	**-3**	**-3**	**0**	**-4 759**	**-4 489**
F.21	Numéraire	0	0	0	0	170	-226
F.22	Dépôts transférables	0	0	0	0	-2 963	-3 397
F.29	Autres dépôts	0	-3	-3	0	-1 966	-867
F.3	**Titres de dette**	**11**	**5 762**	**5 756**	**0**	**5 497**	**3 784**
F.3S	Titres de dette à court terme	13	-119	-119	0	-197	-244
F.3L	Titres de dette à long terme	-1	5 881	5 875	0	5 694	4 028
F.4	**Crédits**	**-1 151**	**338**	**380**	**-317**	**-2 562**	**-196**
F.4S	Crédits à court terme	-813	10	8	-62	-865	44
F.4L	Crédits à long terme	-338	327	371	-255	-1 697	-239
F.5	**Actions et parts de fonds d'investissement**	**17**	**0**	**0**	**2**	**172**	**235**
F.51	Actions	17	0	0	2	205	233
F.511	Actions cotées	23	0	0	0	84	134
F.512	Actions non cotées	-16	0	0	1	103	112
F.519	Autres participations	11	0	0	1	18	-12
F.52	Parts de fonds d'investissement	0	0	0	0	-33	2
F.521	Parts de fonds d'investissement monétaires	..	..	..	..	..	..
F.522	Autres parts de fonds d'investissement	..	..	..	..	..	..
F.6	**Systèmes d'assurance, de pensions et garanties standard**	**0**	**0**	**0**	**0**	**39**	**39**
F.61	Réserves techniques d'assurance-dommages	0	0	0	0	-24	40
F.62	Droits sur les assurances-vie et rentes	0	0	0	0	49	0
F.6M	Dts à pension, gérants de syst. de pension, hors retraite	0	0	0	0	14	0
F.63	Droits à pension	..	..	..	..	..	..
F.64	Dts des fonds de pension sur gérants des systèmes de pension	..	..	..	..	..	..
F.65	Droits à prestations hors retraite	..	..	..	..	..	..
F.66	Réserves pour appels dans le cadre de garanties standard	0	0	0	0	0	0
F.7	**Produits financiers dérivés et options sur titres des salariés**	**-66**	**-1**	**-1**	**0**	**-142**	**-62**
F.71	Produits financiers dérivés	..	..	..	..	..	..
F.72	Options sur titres des salariés	..	..	..	..	..	..
F.8	**Autres comptes à payer**	**112**	**277**	**207**	**62**	**444**	**-185**
F.81	Crédits commerciaux et avances	-100	-14	-50	-55	-121	-147
F.89	Autres comptes à payer, hors des crédits commerciaux et avances	212	290	257	117	565	-38
	Opérations financières nettes	**1 695**	**-5 225**	**-5 179**	**2 914**	**3 602**	**-3 602**

Note : Les métadonnées détaillées sont disponibles sur :http://metalinks.oecd.org/faiiia/20150126/79d6

SLOVÉNIE

Tableau 1.b. Flux non consolidés, par instrument et par secteur, Année 2013
SCN 2008

Millions EUR (2007 SIT euro)

		Sociétés financières					
		Total S12	Institutions financières monétaires S121-2-3	Fonds d'investissements non monétaires S124	Autres institutions financières, hors S124 S125-6-7	Sociétés d'assurance et fonds de pension SS128-9	Sociétés financières publiques S1201
	Acquisition nette d'actifs financiers	**-3 053**	**-3 149**	**-45**	**-104**	**244**	..
F.1	**Or monétaire et DTS**	**-12**	**-12**	**0**	**0**	**0**	..
F.11	Or monétaire	0	0	..	..	..	..
F.12	Droits de tirage spéciaux (DTS)	-12	-12	0	0	0	..
F.2	**Numéraire et dépôts**	**343**	**613**	**-33**	**31**	**-269**	..
F.21	Numéraire	23	22	0	1	0	..
F.22	Dépôts transférables	515	470	-9	17	37	..
F.29	Autres dépôts	-195	120	-24	14	-305	..
F.3	**Titres de dette**	**818**	**512**	**-16**	**-7**	**328**	..
F.3S	Titres de dette à court terme	-81	-142	-5	-6	72	..
F.3L	Titres de dette à long terme	899	654	-10	0	256	..
F.4	**Crédits**	**-4 436**	**-4 344**	**-8**	**-83**	**0**	..
F.4S	Crédits à court terme	-1 604	-1 528	-9	-76	9	..
F.4L	Crédits à long terme	-2 832	-2 815	0	-7	-9	..
F.5	**Actions et parts de fonds d'investissement**	**419**	**257**	**12**	**-12**	**162**	..
F.51	Actions	358	270	3	-5	90	..
F.511	Actions cotées	64	46	4	-7	21	..
F.512	Actions non cotées	102	45	-2	-7	66	..
F.519	Autres participations	192	179	1	9	3	..
F.52	Parts de fonds d'investissement	62	-13	..	-7	71	..
F.521	Parts de fonds d'investissement monétaires	..	..	..	..	..	..
F.522	Autres parts de fonds d'investissement	..	..	..	..	..	..
F.6	**Systèmes d'assurance, de pensions et garanties standard**	**-25**	**-1**	**0**	**0**	**-24**	..
F.61	Réserves techniques d'assurance-dommages	-25	-1	0	0	-24	..
F.62	Droits sur les assurances-vie et rentes	0	0	0	0	0	..
F.6M	Dts à pension, gérants de syst. de pension, hors retraite	0	0	0	0	0	..
F.63	Droits à pension	..	..	..	..	..	..
F.64	Dts des fonds de pension sur gérants des systèmes de pension	..	..	..	..	..	..
F.65	Droits à prestations hors retraite	..	..	..	..	..	..
F.66	Réserves pour appels dans le cadre de garanties standard	0	0	0	0	0	..
F.7	**Produits financiers dérivés et options sur titres des salariés**	**-100**	**-96**	**0**	**-2**	**-2**	..
F.71	Produits financiers dérivés	..	..	..	..	..	..
F.72	Options sur titres des salariés	..	..	..	..	..	..
F.8	**Autres comptes à recevoir**	**-60**	**-78**	**-1**	**-32**	**50**	..
F.81	Crédits commerciaux et avances	7	2	0	-28	33	..
F.89	Autres comptes à recevoir, hors crédits commerciaux et avances	-66	-79	-1	-4	17	..
	Accroissement net des passifs	**-7 271**	**-7 110**	**-57**	**-219**	**114**	..
F.1	**Or monétaire et DTS**	**0**	**0**	**0**	**0**	**0**	..
F.11	Or monétaire	..	..	..	..	..	..
F.12	Droits de tirage spéciaux (DTS)	0	0	0	0	0	..
F.2	**Numéraire et dépôts**	**-4 221**	**-4 221**	**0**	**0**	**0**	..
F.21	Numéraire	192	192	0	0	0	..
F.22	Dépôts transférables	-2 760	-2 760	0	0	0	..
F.29	Autres dépôts	-1 652	-1 652	0	0	0	..
F.3	**Titres de dette**	**-637**	**-627**	**0**	**-1**	**-9**	..
F.3S	Titres de dette à court terme	-129	-128	0	-1	0	..
F.3L	Titres de dette à long terme	-509	-499	0	-1	-9	..
F.4	**Crédits**	**-2 670**	**-2 320**	**-13**	**-332**	**-5**	..
F.4S	Crédits à court terme	-141	0	-10	-133	2	..
F.4L	Crédits à long terme	-2 529	-2 320	-2	-199	-8	..
F.5	**Actions et parts de fonds d'investissement**	**327**	**180**	**-51**	**141**	**56**	..
F.51	Actions	366	169	0	141	56	..
F.511	Actions cotées	55	0	0	0	55	..
F.512	Actions non cotées	170	169	0	0	1	..
F.519	Autres participations	141	0	0	141	0	..
F.52	Parts de fonds d'investissement	-38	12	..	0	0	..
F.521	Parts de fonds d'investissement monétaires	..	..	..	..	..	..
F.522	Autres parts de fonds d'investissement	..	..	..	..	..	..
F.6	**Systèmes d'assurance, de pensions et garanties standard**	**27**	**0**	**0**	**0**	**27**	..
F.61	Réserves techniques d'assurance-dommages	-36	0	0	0	-36	..
F.62	Droits sur les assurances-vie et rentes	49	0	0	0	49	..
F.6M	Dts à pension, gérants de syst. de pension, hors retraite	14	0	0	0	14	..
F.63	Droits à pension	..	..	..	..	..	..
F.64	Dts des fonds de pension sur gérants des systèmes de pension	..	..	..	..	..	..
F.65	Droits à prestations hors retraite	..	..	..	..	..	..
F.66	Réserves pour appels dans le cadre de garanties standard	0	0	0	0	0	..
F.7	**Produits financiers dérivés et options sur titres des salariés**	**-79**	**-79**	**0**	**0**	**0**	..
F.71	Produits financiers dérivés	..	..	..	..	..	..
F.72	Options sur titres des salariés	..	..	..	..	..	..
F.8	**Autres comptes à payer**	**-18**	**-44**	**7**	**-27**	**46**	..
F.81	Crédits commerciaux et avances	36	1	0	-5	40	..
F.89	Autres comptes à payer, hors des crédits commerciaux et avances	-53	-44	7	-22	5	..
	Opérations financières nettes	**4 218**	**3 961**	**12**	**115**	**130**	..

SLOVÉNIE

Tableau 1.b. Flux non consolidés, par instrument et par secteur, Année 2013 (cont.)

SCN 2008

Millions EUR (2007 SIT euro)

		Sociétés non financières	Administrations publiques		Ménages et ISBLSM	Economie totale	Reste du monde
		S11	Total S13	Administration centrale S1311	S14+S15	S1	S2
	Acquisition nette d'actifs financiers	**91**	**1 764**	**1 708**	**2 660**	**1 462**	**2 729**
F.1	**Or monétaire et DTS**	**0**	**0**	**0**	**0**	**-12**	**-12**
F.11	Or monétaire	..	..	..	..	0	0
F.12	Droits de tirage spéciaux (DTS)	0	0	0	0	-12	-12
F.2	**Numéraire et dépôts**	**547**	**-39**	**18**	**2 414**	**3 265**	**2 774**
F.21	Numéraire	5	0	0	2 162	2 190	1 772
F.22	Dépôts transférables	367	159	156	10	1 051	414
F.29	Autres dépôts	176	-198	-138	242	24	587
F.3	**Titres de dette**	**-16**	**191**	**223**	**0**	**993**	**-561**
F.3S	Titres de dette à court terme	1	11	16	4	-66	-87
F.3L	Titres de dette à long terme	-17	180	207	-3	1 059	-474
F.4	**Crédits**	**-236**	**869**	**870**	**-23**	**-3 825**	**7**
F.4S	Crédits à court terme	-456	338	339	0	-1 721	-255
F.4L	Crédits à long terme	220	531	531	-22	-2 103	262
F.5	**Actions et parts de fonds d'investissement**	**94**	**423**	**413**	**-61**	**875**	**418**
F.51	Actions	114	419	413	-42	849	352
F.511	Actions cotées	-8	19	17	-29	46	97
F.512	Actions non cotées	3	252	252	-25	331	63
F.519	Autres participations	120	148	143	13	472	192
F.52	Parts de fonds d'investissement	-20	4	1	-19	27	67
F.521	Parts de fonds d'investissement monétaires	..	..	..	..	..	..
F.522	Autres parts de fonds d'investissement	..	..	..	..	..	..
F.6	**Systèmes d'assurance, de pensions et garanties standard**	**-41**	**0**	**1**	**43**	**-23**	**-10**
F.61	Réserves techniques d'assurance-dommages	-41	0	1	-23	-89	-13
F.62	Droits sur les assurances-vie et rentes	0	0	0	53	53	3
F.6M	Dts à pension, gérants de syst. de pension, hors retraite	0	0	0	14	14	0
F.63	Droits à pension	..	..	..	..	..	..
F.64	Dts des fonds de pension sur gérants des systèmes de pension	..	..	..	..	..	..
F.65	Droits à prestations hors retraite	..	..	..	..	..	..
F.66	Réserves pour appels dans le cadre de garanties standard	0	0	0	0	0	0
F.7	**Produits financiers dérivés et options sur titres des salariés**	**-19**	**-1**	**-1**	**-1**	**-121**	**-33**
F.71	Produits financiers dérivés	..	..	..	..	..	..
F.72	Options sur titres des salariés	..	..	..	..	..	..
F.8	**Autres comptes à recevoir**	**-239**	**321**	**184**	**287**	**309**	**145**
F.81	Crédits commerciaux et avances	-237	33	19	-35	-233	163
F.89	Autres comptes à recevoir, hors crédits commerciaux et avances	-2	288	165	322	542	-18
	Accroissement net des passifs	**-1 604**	**6 989**	**6 887**	**-254**	**-2 140**	**-873**
F.1	**Or monétaire et DTS**	**0**	**0**	**0**	**0**	**0**	**0**
F.11	Or monétaire	..	..	..	..	..	..
F.12	Droits de tirage spéciaux (DTS)	0	0	0	0	0	0
F.2	**Numéraire et dépôts**	**0**	**222**	**222**	**0**	**-3 999**	**-4 489**
F.21	Numéraire	0	0	0	0	192	-226
F.22	Dépôts transférables	0	0	0	0	-2 760	-3 397
F.29	Autres dépôts	0	222	222	0	-1 430	-867
F.3	**Titres de dette**	**20**	**5 956**	**5 956**	**0**	**5 338**	**3 784**
F.3S	Titres de dette à court terme	14	-108	-108	0	-222	-244
F.3L	Titres de dette à long terme	5	6 064	6 064	0	5 561	4 028
F.4	**Crédits**	**-1 392**	**352**	**387**	**-317**	**-4 028**	**-196**
F.4S	Crédits à court terme	-1 237	17	15	-62	-1 423	44
F.4L	Crédits à long terme	-155	336	372	-255	-2 605	-239
F.5	**Actions et parts de fonds d'investissement**	**158**	**205**	**205**	**2**	**692**	**235**
F.51	Actions	158	205	205	2	730	233
F.511	Actions cotées	27	0	0	0	82	134
F.512	Actions non cotées	5	205	205	1	380	112
F.519	Autres participations	126	0	0	1	268	-12
F.52	Parts de fonds d'investissement	0	0	0	0	-38	2
F.521	Parts de fonds d'investissement monétaires	..	..	..	..	..	..
F.522	Autres parts de fonds d'investissement	..	..	..	..	..	..
F.6	**Systèmes d'assurance, de pensions et garanties standard**	**0**	**0**	**0**	**0**	**27**	**39**
F.61	Réserves techniques d'assurance-dommages	0	0	0	0	-36	40
F.62	Droits sur les assurances-vie et rentes	0	0	0	0	49	0
F.6M	Dts à pension, gérants de syst. de pension, hors retraite	0	0	0	0	14	0
F.63	Droits à pension	..	..	..	..	..	..
F.64	Dts des fonds de pension sur gérants des systèmes de pension	..	..	..	..	..	..
F.65	Droits à prestations hors retraite	..	..	..	..	..	..
F.66	Réserves pour appels dans le cadre de garanties standard	0	0	0	0	0	0
F.7	**Produits financiers dérivés et options sur titres des salariés**	**-69**	**-1**	**-1**	**0**	**-150**	**-62**
F.71	Produits financiers dérivés	..	..	..	..	..	..
F.72	Options sur titres des salariés	..	..	..	..	..	..
F.8	**Autres comptes à payer**	**-320**	**255**	**118**	**62**	**-21**	**-185**
F.81	Crédits commerciaux et avances	-510	-14	-50	-55	-543	-147
F.89	Autres comptes à payer, hors des crédits commerciaux et avances	189	268	168	117	522	-38
	Opérations financières nettes	**1 695**	**-5 225**	**-5 179**	**2 914**	**3 602**	**-3 602**

Note : Les métadonnées détaillées sont disponibles sur :http://metalinks.oecd.org/faiiia/20150126/4a54

SLOVÉNIE

Tableau 2.1.a. Flux consolidés, Secteur S1 - Économie totale

SCN 2008

Millions EUR (2007 SIT euro)

		2006	2007	2008	2009	2010	2011	2012	2013
	Acquisition nette d'actifs financiers	**9 904**	**17 556**	**8 304**	**6 831**	**437**	**2 569**	**196**	**2 292**
F.1	**Or monétaire et DTS**	**0**	**-29**	**-9**	**209**	**0**	**11**	**-1**	**-12**
F.11	Or monétaire	0	-29	-9	0	0	0	0	0
F.12	Droits de tirage spéciaux (DTS)	0	0	0	209	0	11	-1	-12
F.2	**Numéraire et dépôts**	**1 506**	**4 624**	**1 374**	**3 272**	**-569**	**2 428**	**922**	**2 504**
F.21	Numéraire	537	479	955	965	1 157	1 252	1 219	2 168
F.22	Dépôts transférables	785	-254	-345	485	807	426	125	848
F.29	Autres dépôts	185	4 398	764	1 822	-2 533	751	-423	-512
F.3	**Titres de dette**	**550**	**1 369**	**-325**	**1 139**	**-514**	**1 033**	**155**	**1 152**
F.3S	Titres de dette à court terme	330	666	-97	830	-1 178	-388	302	-40
F.3L	Titres de dette à long terme	220	703	-228	309	664	1 421	-147	1 192
F.4	**Crédits**	**4 744**	**8 979**	**5 932**	**1 586**	**1 055**	**-807**	**-274**	**-2 359**
F.4S	Crédits à court terme	1 524	3 243	2 392	-1 410	-743	-682	-118	-1 163
F.4L	Crédits à long terme	3 220	5 736	3 540	2 996	1 798	-125	-156	-1 195
F.5	**Actions et parts de fonds d'investissement**	**986**	**315**	**844**	**472**	**-118**	**17**	**90**	**355**
F.51	Actions	647	-125	1 128	507	-178	90	59	323
F.511	Actions cotées	440	-305	-40	213	4	-195	-73	47
F.512	Actions non cotées	-73	-381	473	94	-12	272	125	54
F.519	Autres participations	280	560	695	200	-169	13	7	222
F.52	Parts de fonds d'investissement	338	440	-284	-35	60	-73	32	32
F.521	Parts de fonds d'investissement monétaires	..	..	..	..	..	..	..	..
F.522	Autres parts de fonds d'investissement	..	..	..	..	..	..	..	..
F.6	**Systèmes d'assurance, de pensions et garanties standard**	**591**	**436**	**472**	**538**	**432**	**180**	**6**	**-10**
F.61	Réserves techniques d'assurance-dommages	98	12	77	67	2	-8	-24	-77
F.62	Droits sur les assurances-vie et rentes	253	166	158	193	175	109	103	53
F.6M	Dts à pension, gérants, prestations hors retraite	240	258	238	277	255	79	-73	14
F.63	Droits à pension	..	..	..	..	..	..	..	..
F.64	Dts des fonds de pension sur gérants des systèmes de pension	..	..	..	..	..	..	..	..
F.65	Droits à prestations hors retraite	..	..	..	..	..	..	..	..
F.66	Réserves pour appels dans le cadre de garanties standard	0	0	0	0	0	0	0	0
F.7	**Produits financiers dérivés et options sur titres des salariés**	**59**	**80**	**31**	**-117**	**-257**	**-258**	**-195**	**-114**
F.71	Produits financiers dérivés	..	..	..	..	..	..	..	..
F.72	Options sur titres des salariés	..	..	..	..	..	..	..	..
F.8	**Autres comptes à recevoir**	**1 467**	**1 783**	**-16**	**-267**	**408**	**-37**	**-508**	**774**
F.81	Crédits commerciaux et avances	681	920	261	-371	288	-93	-281	189
F.89	Autres comptes à recevoir, hors crédits commerciaux et avances	787	863	-277	104	120	56	-227	585
	Accroissement net des passifs	**11 102**	**19 541**	**11 159**	**7 540**	**707**	**2 382**	**-1 086**	**-1 310**
F.1	**Or monétaire et DTS**	**0**	**0**	**0**	**209**	**0**	**0**	**0**	**0**
F.11	Or monétaire	..	..	..	..	..	..	..	..
F.12	Droits de tirage spéciaux (DTS)	0	0	0	209	0	0	0	0
F.2	**Numéraire et dépôts**	**2 008**	**7 764**	**2 178**	**1 366**	**-2 016**	**693**	**687**	**-4 759**
F.21	Numéraire	-295	-97	350	290	166	208	83	170
F.22	Dépôts transférables	672	3 440	-237	378	-419	901	1 966	-2 963
F.29	Autres dépôts	1 631	4 420	2 065	698	-1 762	-416	-1 363	-1 966
F.3	**Titres de dette**	**563**	**-180**	**422**	**6 118**	**1 576**	**2 880**	**-148**	**5 497**
F.3S	Titres de dette à court terme	27	-161	58	564	-729	163	720	-197
F.3L	Titres de dette à long terme	536	-18	365	5 555	2 305	2 717	-868	5 694
F.4	**Crédits**	**6 256**	**10 380**	**7 786**	**-685**	**293**	**-1 210**	**-1 095**	**-2 562**
F.4S	Crédits à court terme	1 384	2 826	2 430	-1 730	-951	-373	-20	-865
F.4L	Crédits à long terme	4 872	7 554	5 355	1 045	1 244	-837	-1 076	-1 697
F.5	**Actions et parts de fonds d'investissement**	**372**	**-676**	**272**	**379**	**165**	**152**	**-95**	**172**
F.51	Actions	323	-996	608	445	223	268	-4	205
F.511	Actions cotées	-23	-1 199	77	162	60	79	27	84
F.512	Actions non cotées	68	-71	288	146	41	206	50	103
F.519	Autres participations	277	275	243	137	122	-17	-81	18
F.52	Parts de fonds d'investissement	49	320	-336	-66	-58	-116	-92	-33
F.521	Parts de fonds d'investissement monétaires	..	..	..	..	..	..	..	..
F.522	Autres parts de fonds d'investissement	..	..	..	..	..	..	..	..
F.6	**Systèmes d'assurance, de pensions et garanties standard**	**573**	**435**	**469**	**576**	**461**	**209**	**19**	**39**
F.61	Réserves techniques d'assurance-dommages	95	20	75	98	34	19	-8	-24
F.62	Droits sur les assurances-vie et rentes	238	156	157	201	172	111	99	49
F.6M	Dts à pension, gérants de syst. de pension, hors retraite	240	259	238	277	255	79	-73	14
F.63	Droits à pension	..	..	..	..	..	..	..	..
F.64	Dts des fonds de pension sur gérants des systèmes de pension	..	..	..	..	..	..	..	..
F.65	Droits à prestations hors retraite	..	..	..	..	..	..	..	..
F.66	Réserves pour appels dans le cadre de garanties standard	0	0	0	0	0	0	0	0
F.7	**Produits financiers dérivés et options sur titres des salariés**	**50**	**65**	**79**	**-129**	**-383**	**-383**	**-280**	**-142**
F.71	Produits financiers dérivés	..	..	..	..	..	..	..	..
F.72	Options sur titres des salariés	..	..	..	..	..	..	..	..
F.8	**Autres comptes à payer**	**1 279**	**1 754**	**-47**	**-294**	**611**	**42**	**-173**	**444**
F.81	Crédits commerciaux et avances	599	1 043	60	-343	420	-177	152	-121
F.89	Autres comptes à payer, hors des crédits commerciaux et avances	680	710	-107	49	192	219	-325	565
	Opérations financières nettes	**-1 198**	**-1 985**	**-2 855**	**-709**	**-270**	**187**	**1 281**	**3 602**

Note : Les métadonnées détaillées sont disponibles sur :http://metalinks.oecd.org/faiiia/20150126/79d6

SLOVÉNIE

Tableau 2.2.a. Flux consolidés, Secteur S11 - Sociétés non financières

SCN 2008

Millions EUR (2007 SIT euro)

		2006	2007	2008	2009	2010	2011	2012	2013
	Acquisition nette d'actifs financiers	**1 719**	**2 501**	**1 531**	**10**	**500**	**-32**	**-743**	**619**
F.1	**Or monétaire et DTS**	**0**	**0**	**0**	**0**	**0**	**0**	**0**	**0**
F.11	Or monétaire	..	..	..	..	..	..	..	..
F.12	Droits de tirage spéciaux (DTS)	0	0	0	0	0	0	0	0
F.2	**Numéraire et dépôts**	**261**	**434**	**34**	**113**	**172**	**-8**	**-128**	**547**
F.21	Numéraire	18	4	-7	3	10	17	-15	5
F.22	Dépôts transférables	140	73	-62	138	283	-28	63	367
F.29	Autres dépôts	103	358	103	-28	-121	3	-176	176
F.3	**Titres de dette**	**-21**	**-118**	**-28**	**-17**	**-24**	**-7**	**-8**	**-24**
F.3S	Titres de dette à court terme	12	-62	4	0	-7	6	0	-1
F.3L	Titres de dette à long terme	-34	-57	-32	-17	-17	-13	-8	-23
F.4	**Crédits**	**190**	**657**	**294**	**221**	**208**	**-75**	**-188**	**6**
F.4S	Crédits à court terme	192	492	237	44	164	18	-180	-33
F.4L	Crédits à long terme	-2	165	56	177	44	-93	-8	38
F.5	**Actions et parts de fonds d'investissement**	**395**	**546**	**859**	**-19**	**-257**	**28**	**-93**	**-47**
F.51	Actions	366	544	897	29	-226	49	-71	-27
F.511	Actions cotées	85	137	-20	-79	5	89	-19	-12
F.512	Actions non cotées	80	58	314	-1	-74	-19	-19	-19
F.519	Autres participations	202	349	603	110	-158	-22	-33	5
F.52	Parts de fonds d'investissement	29	3	-38	-48	-31	-21	-22	-20
F.521	Parts de fonds d'investissement monétaires	..	..	..	..	..	..	..	..
F.522	Autres parts de fonds d'investissement	..	..	..	..	..	..	..	..
F.6	**Systèmes d'assurance, de pensions et garanties standard**	**27**	**47**	**12**	**47**	**-13**	**0**	**-11**	**-41**
F.61	Réserves techniques d'assurance-dommages	27	47	12	47	-13	0	-11	-41
F.62	Droits sur les assurances-vie et rentes	0	0	0	0	0	0	0	0
F.6M	Dts à pension, gérants, prestations hors retraite	0	0	0	0	0	0	0	0
F.63	Droits à pension	..	..	..	..	..	..	..	..
F.64	Dts des fonds de pension sur gérants des systèmes de pension	..	..	..	..	..	..	..	..
F.65	Droits à prestations hors retraite	..	..	..	..	..	..	..	..
F.66	Réserves pour appels dans le cadre de garanties standard	0	0	0	0	0	0	0	0
F.7	**Produits financiers dérivés et options sur titres des salariés**	**38**	**40**	**-4**	**-8**	**-35**	**-94**	**-37**	**-16**
F.71	Produits financiers dérivés	..	..	..	..	..	..	..	..
F.72	Options sur titres des salariés	..	..	..	..	..	..	..	..
F.8	**Autres comptes à recevoir**	**829**	**896**	**365**	**-327**	**448**	**124**	**-278**	**194**
F.81	Crédits commerciaux et avances	581	731	268	-438	345	-15	-177	173
F.89	Autres comptes à recevoir, hors crédits commerciaux et avances	248	165	96	112	103	139	-102	21
	Accroissement net des passifs	**3 786**	**5 831**	**5 090**	**524**	**805**	**-91**	**-1 043**	**-1 076**
F.1	**Or monétaire et DTS**	**0**	**0**	**0**	**0**	**0**	**0**	**0**	**0**
F.11	Or monétaire	..	..	..	..	..	..	..	..
F.12	Droits de tirage spéciaux (DTS)	0	0	0	0	0	0	0	0
F.2	**Numéraire et dépôts**	**0**	**0**	**0**	**0**	**0**	**0**	**0**	**0**
F.21	Numéraire	0	0	0	0	0	0	0	0
F.22	Dépôts transférables	0	0	0	0	0	0	0	0
F.29	Autres dépôts	0	0	0	0	0	0	0	0
F.3	**Titres de dette**	**-6**	**27**	**-9**	**352**	**-17**	**-13**	**56**	**11**
F.3S	Titres de dette à court terme	2	6	-2	-7	2	11	39	13
F.3L	Titres de dette à long terme	-7	21	-7	359	-19	-24	17	-1
F.4	**Crédits**	**2 982**	**5 684**	**4 878**	**43**	**101**	**95**	**-807**	**-1 151**
F.4S	Crédits à court terme	1 135	2 184	2 193	-1 650	-885	-356	123	-813
F.4L	Crédits à long terme	1 847	3 500	2 685	1 693	986	451	-930	-338
F.5	**Actions et parts de fonds d'investissement**	**119**	**-1 041**	**232**	**364**	**253**	**-40**	**-8**	**17**
F.51	Actions	119	-1 041	232	364	253	-40	-8	17
F.511	Actions cotées	-30	-1 157	42	219	49	-15	25	23
F.512	Actions non cotées	-115	-102	-62	-31	35	2	16	-16
F.519	Autres participations	264	218	253	176	169	-27	-50	11
F.52	Parts de fonds d'investissement	0	0	0	0	0	0	0	0
F.521	Parts de fonds d'investissement monétaires	..	..	..	..	..	..	..	..
F.522	Autres parts de fonds d'investissement	..	..	..	..	..	..	..	..
F.6	**Systèmes d'assurance, de pensions et garanties standard**	**0**	**0**	**0**	**0**	**0**	**0**	**0**	**0**
F.61	Réserves techniques d'assurance-dommages	0	0	0	0	0	0	0	0
F.62	Droits sur les assurances-vie et rentes	0	0	0	0	0	0	0	0
F.6M	Dts à pension, gérants de syst. de pension, hors retraite	0	0	0	0	0	0	0	0
F.63	Droits à pension	..	..	..	..	..	..	..	..
F.64	Dts des fonds de pension sur gérants des systèmes de pension	..	..	..	..	..	..	..	..
F.65	Droits à prestations hors retraite	..	..	..	..	..	..	..	..
F.66	Réserves pour appels dans le cadre de garanties standard	0	0	0	0	0	0	0	0
F.7	**Produits financiers dérivés et options sur titres des salariés**	**4**	**20**	**55**	**-32**	**-164**	**-122**	**-105**	**-66**
F.71	Produits financiers dérivés	..	..	..	..	..	..	..	..
F.72	Options sur titres des salariés	..	..	..	..	..	..	..	..
F.8	**Autres comptes à payer**	**687**	**1 140**	**-66**	**-203**	**632**	**-12**	**-179**	**112**
F.81	Crédits commerciaux et avances	506	749	-109	-361	393	-98	184	-100
F.89	Autres comptes à payer, hors des crédits commerciaux et avances	182	391	43	158	239	87	-364	212
	Opérations financières nettes	**-2 067**	**-3 330**	**-3 560**	**-514**	**-305**	**60**	**301**	**1 695**

Note : Les métadonnées détaillées sont disponibles sur :http://metalinks.oecd.org/faiiia/20150126/79d6

SLOVÉNIE

Tableau 2.3.a. Flux consolidés, Secteur S12 - Sociétés financières

SCN 2008

Millions EUR (2007 SIT euro)

		2006	2007	2008	2009	2010	2011	2012	2013
	Acquisition nette d'actifs financiers	**5 601**	**12 182**	**4 495**	**2 842**	**-1 436**	**322**	**-761**	**-2 135**
F.1	**Or monétaire et DTS**	**0**	**-29**	**-9**	**209**	**0**	**11**	**-1**	**-12**
F.11	Or monétaire	0	-29	-9	0	0	0	0	0
F.12	Droits de tirage spéciaux (DTS)	0	0	0	209	0	11	-1	-12
F.2	**Numéraire et dépôts**	**-316**	**2 135**	**-1 094**	**-178**	**-1 461**	**184**	**13**	**-193**
F.21	Numéraire	20	-7	-1	5	-3	2	1	1
F.22	Dépôts transférables	113	-154	-67	-122	-11	177	-62	312
F.29	Autres dépôts	-449	2 297	-1 026	-60	-1 447	5	74	-506
F.3	**Titres de dette**	**659**	**1 420**	**-255**	**1 182**	**-505**	**1 118**	**199**	**1 179**
F.3S	Titres de dette à court terme	319	729	-106	839	-1 168	-395	281	-43
F.3L	Titres de dette à long terme	340	691	-149	342	664	1 513	-81	1 222
F.4	**Crédits**	**4 577**	**8 282**	**5 575**	**1 326**	**717**	**-892**	**-1 091**	**-3 197**
F.4S	Crédits à court terme	1 348	2 686	2 126	-1 491	-914	-643	64	-1 463
F.4L	Crédits à long terme	3 229	5 597	3 449	2 817	1 631	-249	-1 155	-1 734
F.5	**Actions et parts de fonds d'investissement**	**459**	**9**	**426**	**286**	**232**	**94**	**211**	**245**
F.51	Actions	351	-78	350	254	132	21	98	178
F.511	Actions cotées	374	-189	153	291	47	-106	21	70
F.512	Actions non cotées	-12	82	162	-61	76	120	-1	51
F.519	Autres participations	-10	29	35	24	9	7	78	58
F.52	Parts de fonds d'investissement	108	87	76	32	100	73	113	67
F.521	Parts de fonds d'investissement monétaires	..	..	..	..	..	..	..	..
F.522	Autres parts de fonds d'investissement	..	..	..	..	..	..	..	..
F.6	**Systèmes d'assurance, de pensions et garanties standard**	**11**	**-4**	**15**	**-6**	**-13**	**1**	**24**	**-13**
F.61	Réserves techniques d'assurance-dommages	11	-4	15	-6	-13	1	24	-13
F.62	Droits sur les assurances-vie et rentes	0	0	0	0	0	0	0	0
F.6M	Dts à pension, gérants, prestations hors retraite	0	0	0	0	0	0	0	0
F.63	Droits à pension	..	..	..	..	..	..	..	..
F.64	Dts des fonds de pension sur gérants des systèmes de pension	..	..	..	..	..	..	..	..
F.65	Droits à prestations hors retraite	..	..	..	..	..	..	..	..
F.66	Réserves pour appels dans le cadre de garanties standard	0	0	0	0	0	0	0	0
F.7	**Produits financiers dérivés et options sur titres des salariés**	**3**	**8**	**46**	**-88**	**-219**	**-172**	**-156**	**-95**
F.71	Produits financiers dérivés	..	..	..	..	..	..	..	..
F.72	Options sur titres des salariés	..	..	..	..	..	..	..	..
F.8	**Autres comptes à recevoir**	**208**	**361**	**-210**	**112**	**-188**	**-21**	**39**	**-49**
F.81	Crédits commerciaux et avances	70	102	-18	36	-68	-56	-52	18
F.89	Autres comptes à recevoir, hors crédits commerciaux et avances	138	259	-192	76	-119	35	91	-68
	Accroissement net des passifs	**5 082**	**11 638**	**4 362**	**2 098**	**-2 138**	**-809**	**-1 942**	**-6 354**
F.1	**Or monétaire et DTS**	**0**	**0**	**0**	**209**	**0**	**0**	**0**	**0**
F.11	Or monétaire	..	..	..	..	..	..	..	..
F.12	Droits de tirage spéciaux (DTS)	0	0	0	209	0	0	0	0
F.2	**Numéraire et dépôts**	**2 013**	**7 645**	**2 176**	**1 360**	**-2 023**	**685**	**696**	**-4 756**
F.21	Numéraire	-295	-97	350	290	166	208	83	170
F.22	Dépôts transférables	672	3 440	-237	378	-419	901	1 965	-2 963
F.29	Autres dépôts	1 636	4 301	2 064	692	-1 770	-424	-1 353	-1 963
F.3	**Titres de dette**	**-109**	**-14**	**52**	**1 640**	**717**	**-145**	**-1 328**	**-276**
F.3S	Titres de dette à court terme	-11	-8	104	-92	-7	148	0	-90
F.3L	Titres de dette à long terme	-98	-5	-52	1 732	724	-294	-1 328	-185
F.4	**Crédits**	**2 092**	**3 005**	**1 833**	**-1 588**	**-856**	**-1 499**	**-1 088**	**-1 431**
F.4S	Crédits à court terme	-41	440	97	-119	-53	37	-72	0
F.4L	Crédits à long terme	2 133	2 565	1 736	-1 468	-803	-1 536	-1 016	-1 431
F.5	**Actions et parts de fonds d'investissement**	**253**	**365**	**40**	**15**	**-88**	**192**	**-87**	**153**
F.51	Actions	204	45	376	81	-30	308	4	185
F.511	Actions cotées	8	-42	35	-58	11	94	2	61
F.512	Actions non cotées	183	31	350	177	6	204	33	118
F.519	Autres participations	14	56	-10	-38	-48	10	-31	6
F.52	Parts de fonds d'investissement	49	320	-336	-66	-58	-116	-92	-33
F.521	Parts de fonds d'investissement monétaires	..	..	..	..	..	..	..	..
F.522	Autres parts de fonds d'investissement	..	..	..	..	..	..	..	..
F.6	**Systèmes d'assurance, de pensions et garanties standard**	**573**	**435**	**469**	**576**	**461**	**209**	**19**	**39**
F.61	Réserves techniques d'assurance-dommages	95	20	75	98	34	19	-8	-24
F.62	Droits sur les assurances-vie et rentes	238	156	157	201	172	111	99	49
F.6M	Dts à pension, gérants de syst. de pension, hors retraite	240	259	238	277	255	79	-73	14
F.63	Droits à pension	..	..	..	..	..	..	..	..
F.64	Dts des fonds de pension sur gérants des systèmes de pension	..	..	..	..	..	..	..	..
F.65	Droits à prestations hors retraite	..	..	..	..	..	..	..	..
F.66	Réserves pour appels dans le cadre de garanties standard	0	0	0	0	0	0	0	0
F.7	**Produits financiers dérivés et options sur titres des salariés**	**47**	**44**	**22**	**-97**	**-218**	**-260**	**-175**	**-75**
F.71	Produits financiers dérivés	..	..	..	..	..	..	..	..
F.72	Options sur titres des salariés	..	..	..	..	..	..	..	..
F.8	**Autres comptes à payer**	**213**	**158**	**-230**	**-17**	**-131**	**9**	**21**	**-7**
F.81	Crédits commerciaux et avances	-5	102	-47	-1	-20	15	14	48
F.89	Autres comptes à payer, hors des crédits commerciaux et avances	218	55	-184	-16	-111	-6	7	-55
	Opérations financières nettes	**519**	**544**	**133**	**744**	**702**	**1 131**	**1 181**	**4 218**

Note : Les métadonnées détaillées sont disponibles sur :http://metalinks.oecd.org/faiiia/20150126/79d6

SLOVÉNIE

Tableau 2.4.a. Flux consolidés, Secteur S13 - Administrations publiques
SCN 2008

Millions EUR (2007 SIT euro)

		2006	2007	2008	2009	2010	2011	2012	2013
	Acquisition nette d'actifs financiers	**525**	**85**	**-4**	**2 167**	**-709**	**1 022**	**835**	**1 148**
F.1	**Or monétaire et DTS**	**0**	**0**	**0**	**0**	**0**	**0**	**0**	**0**
F.11	Or monétaire	..	..	..	..	..	..	..	..
F.12	Droits de tirage spéciaux (DTS)	0	0	0	0	0	0	0	0
F.2	**Numéraire et dépôts**	**351**	**412**	**244**	**2 062**	**-977**	**755**	**-72**	**-265**
F.21	Numéraire	0	4	-2	0	-2	-1	0	0
F.22	Dépôts transférables	-53	-55	-32	64	50	66	58	159
F.29	Autres dépôts	404	463	278	1 998	-1 025	690	-130	-424
F.3	**Titres de dette**	**-14**	**97**	**-51**	**-44**	**23**	**-92**	**2**	**-3**
F.3S	Titres de dette à court terme	4	0	2	-7	0	0	7	0
F.3L	Titres de dette à long terme	-18	97	-53	-37	23	-91	-5	-3
F.4	**Crédits**	**12**	**8**	**0**	**2**	**100**	**263**	**981**	**855**
F.4S	Crédits à court terme	0	0	0	2	0	-2	1	332
F.4L	Crédits à long terme	12	9	-1	0	100	265	980	522
F.5	**Actions et parts de fonds d'investissement**	**-98**	**-806**	**-8**	**154**	**-1**	**80**	**64**	**218**
F.51	Actions	-123	-849	-19	155	-28	83	54	214
F.511	Actions cotées	-100	-263	-32	-23	-15	-83	-13	19
F.512	Actions non cotées	-44	-557	-9	159	2	158	137	47
F.519	Autres participations	21	-28	22	19	-15	8	-70	148
F.52	Parts de fonds d'investissement	25	42	12	-1	27	-3	9	4
F.521	Parts de fonds d'investissement monétaires	..	..	..	..	..	..	..	..
F.522	Autres parts de fonds d'investissement	..	..	..	..	..	..	..	..
F.6	**Systèmes d'assurance, de pensions et garanties standard**	**15**	**7**	**-4**	**-4**	**-1**	**0**	**-5**	**0**
F.61	Réserves techniques d'assurance-dommages	15	7	-4	-4	-1	0	-5	0
F.62	Droits sur les assurances-vie et rentes	0	0	0	0	0	0	0	0
F.6M	Dts à pension, gérants, prestations hors retraite	0	0	0	0	0	0	0	0
F.63	Droits à pension	..	..	..	..	..	..	..	..
F.64	Dts des fonds de pension sur gérants des systèmes de pension	..	..	..	..	..	..	..	..
F.65	Droits à prestations hors retraite	..	..	..	..	..	..	..	..
F.66	Réserves pour appels dans le cadre de garanties standard	0	0	0	0	0	0	0	0
F.7	**Produits financiers dérivés et options sur titres des salariés**	**4**	**6**	**13**	**-3**	**0**	**8**	**-1**	**-1**
F.71	Produits financiers dérivés	..	..	..	..	..	..	..	..
F.72	Options sur titres des salariés	..	..	..	..	..	..	..	..
F.8	**Autres comptes à recevoir**	**255**	**361**	**-198**	**1**	**147**	**7**	**-134**	**343**
F.81	Crédits commerciaux et avances	-42	10	19	53	26	50	7	33
F.89	Autres comptes à recevoir, hors crédits commerciaux et avances	296	351	-217	-52	121	-43	-141	310
	Accroissement net des passifs	**930**	**125**	**622**	**4 353**	**1 388**	**3 241**	**2 240**	**6 373**
F.1	**Or monétaire et DTS**	**0**	**0**	**0**	**0**	**0**	**0**	**0**	**0**
F.11	Or monétaire	..	..	..	..	..	..	..	..
F.12	Droits de tirage spéciaux (DTS)	0	0	0	0	0	0	0	0
F.2	**Numéraire et dépôts**	**-5**	**119**	**1**	**6**	**8**	**7**	**-10**	**-3**
F.21	Numéraire	0	0	0	0	0	0	0	0
F.22	Dépôts transférables	0	0	0	0	0	0	0	0
F.29	Autres dépôts	-5	119	1	6	8	7	-10	-3
F.3	**Titres de dette**	**678**	**-194**	**379**	**4 126**	**875**	**3 038**	**1 121**	**5 762**
F.3S	Titres de dette à court terme	36	-160	-45	662	-724	3	678	-119
F.3L	Titres de dette à long terme	642	-34	423	3 464	1 600	3 035	443	5 881
F.4	**Crédits**	**-118**	**-145**	**44**	**212**	**443**	**115**	**1 100**	**338**
F.4S	Crédits à court terme	31	-66	50	-42	15	-6	-6	10
F.4L	Crédits à long terme	-149	-79	-5	254	428	121	1 106	327
F.5	**Actions et parts de fonds d'investissement**	**0**	**0**	**0**	**0**	**0**	**0**	**0**	**0**
F.51	Actions	0	0	0	0	0	0	0	0
F.511	Actions cotées	0	0	0	0	0	0	0	0
F.512	Actions non cotées	0	0	0	0	0	0	0	0
F.519	Autres participations	0	0	0	0	0	0	0	0
F.52	Parts de fonds d'investissement	0	0	0	0	0	0	0	0
F.521	Parts de fonds d'investissement monétaires	..	..	..	..	..	..	..	..
F.522	Autres parts de fonds d'investissement	..	..	..	..	..	..	..	..
F.6	**Systèmes d'assurance, de pensions et garanties standard**	**0**	**0**	**0**	**0**	**0**	**0**	**0**	**0**
F.61	Réserves techniques d'assurance-dommages	0	0	0	0	0	0	0	0
F.62	Droits sur les assurances-vie et rentes	0	0	0	0	0	0	0	0
F.6M	Dts à pension, gérants de syst. de pension, hors retraite	0	0	0	0	0	0	0	0
F.63	Droits à pension	..	..	..	..	..	..	..	..
F.64	Dts des fonds de pension sur gérants des systèmes de pension	..	..	..	..	..	..	..	..
F.65	Droits à prestations hors retraite	..	..	..	..	..	..	..	..
F.66	Réserves pour appels dans le cadre de garanties standard	0	0	0	0	0	0	0	0
F.7	**Produits financiers dérivés et options sur titres des salariés**	**0**	**0**	**0**	**0**	**0**	**0**	**0**	**-1**
F.71	Produits financiers dérivés	..	..	..	..	..	..	..	..
F.72	Options sur titres des salariés	..	..	..	..	..	..	..	..
F.8	**Autres comptes à payer**	**375**	**345**	**197**	**10**	**62**	**80**	**28**	**277**
F.81	Crédits commerciaux et avances	19	97	163	46	-1	-55	20	-14
F.89	Autres comptes à payer, hors des crédits commerciaux et avances	355	248	34	-36	63	135	8	290
	Opérations financières nettes	**-405**	**-40**	**-626**	**-2 186**	**-2 097**	**-2 219**	**-1 405**	**-5 225**

Note : Les métadonnées détaillées sont disponibles sur :http://metalinks.oecd.org/faiiia/20150126/79d6

SLOVÉNIE

Tableau 2.5.a. Flux consolidés, Secteur S14-S15 - Ménages et ISBLSM

SCN 2008

Millions EUR (2007 SIT euro)

		2006	2007	2008	2009	2010	2011	2012	2013
	Acquisition nette d'actifs financiers	**2 059**	**2 787**	**2 282**	**1 812**	**2 082**	**1 257**	**864**	**2 660**
F.1	**Or monétaire et DTS**	**0**	**0**	**0**	**0**	**0**	**0**	**0**	**0**
F.11	Or monétaire	..	..	..	..	..	..	..	..
F.12	Droits de tirage spéciaux (DTS)	0	0	0	0	0	0	0	0
F.2	**Numéraire et dépôts**	**1 211**	**1 643**	**2 190**	**1 275**	**1 697**	**1 497**	**1 109**	**2 414**
F.21	Numéraire	500	479	964	957	1 152	1 234	1 233	2 162
F.22	Dépôts transférables	585	-117	-184	406	485	210	67	10
F.29	Autres dépôts	127	1 281	1 410	-88	60	52	-191	242
F.3	**Titres de dette**	**-74**	**-30**	**8**	**19**	**-9**	**14**	**-38**	**0**
F.3S	Titres de dette à court terme	-5	-1	3	-3	-4	2	14	4
F.3L	Titres de dette à long terme	-68	-29	6	21	-5	12	-53	-3
F.4	**Crédits**	**-35**	**31**	**64**	**37**	**30**	**-103**	**24**	**-23**
F.4S	Crédits à court terme	-15	66	28	34	7	-55	-2	0
F.4L	Crédits à long terme	-20	-34	36	3	23	-48	26	-22
F.5	**Actions et parts de fonds d'investissement**	**229**	**566**	**-434**	**51**	**-93**	**-184**	**-92**	**-61**
F.51	Actions	52	258	-100	68	-56	-62	-23	-42
F.511	Actions cotées	82	10	-141	23	-34	-96	-62	-29
F.512	Actions non cotées	-96	37	6	-3	-17	13	8	-25
F.519	Autres participations	67	211	35	48	-5	20	31	13
F.52	Parts de fonds d'investissement	177	308	-334	-18	-36	-122	-69	-19
F.521	Parts de fonds d'investissement monétaires	..	..	..	..	..	..	..	..
F.522	Autres parts de fonds d'investissement	..	..	..	..	..	..	..	..
F.6	**Systèmes d'assurance, de pensions et garanties standard**	**538**	**385**	**450**	**501**	**458**	**180**	**-3**	**43**
F.61	Réserves techniques d'assurance-dommages	44	-39	55	31	28	-9	-33	-23
F.62	Droits sur les assurances-vie et rentes	253	166	158	193	175	109	103	53
F.6M	Dts à pension, gérants, prestations hors retraite	240	258	238	277	255	79	-73	14
F.63	Droits à pension	..	..	..	..	..	..	..	..
F.64	Dts des fonds de pension sur gérants des systèmes de pension	..	..	..	..	..	..	..	..
F.65	Droits à prestations hors retraite	..	..	..	..	..	..	..	..
F.66	Réserves pour appels dans le cadre de garanties standard	0	0	0	0	0	0	0	0
F.7	**Produits financiers dérivés et options sur titres des salariés**	**14**	**26**	**-23**	**-18**	**-2**	**0**	**-1**	**-1**
F.71	Produits financiers dérivés	..	..	..	..	..	..	..	..
F.72	Options sur titres des salariés	..	..	..	..	..	..	..	..
F.8	**Autres comptes à recevoir**	**176**	**165**	**28**	**-53**	**1**	**-147**	**-135**	**287**
F.81	Crédits commerciaux et avances	72	77	-8	-22	-14	-73	-60	-35
F.89	Autres comptes à recevoir, hors crédits commerciaux et avances	104	88	36	-31	15	-74	-74	322
	Accroissement net des passifs	**1 304**	**1 946**	**1 084**	**564**	**652**	**41**	**-341**	**-254**
F.1	**Or monétaire et DTS**	**0**	**0**	**0**	**0**	**0**	**0**	**0**	**0**
F.11	Or monétaire	..	..	..	..	..	..	..	..
F.12	Droits de tirage spéciaux (DTS)	0	0	0	0	0	0	0	0
F.2	**Numéraire et dépôts**	**0**	**0**	**0**	**0**	**0**	**0**	**0**	**0**
F.21	Numéraire	0	0	0	0	0	0	0	0
F.22	Dépôts transférables	0	0	0	0	0	0	0	0
F.29	Autres dépôts	0	0	0	0	0	0	0	0
F.3	**Titres de dette**	**0**	**0**	**0**	**0**	**0**	**0**	**3**	**0**
F.3S	Titres de dette à court terme	0	0	0	0	0	0	2	0
F.3L	Titres de dette à long terme	0	0	0	0	0	0	0	0
F.4	**Crédits**	**1 300**	**1 836**	**1 031**	**648**	**604**	**78**	**-301**	**-317**
F.4S	Crédits à court terme	259	268	91	81	-28	-48	-65	-62
F.4L	Crédits à long terme	1 041	1 568	940	567	632	126	-236	-255
F.5	**Actions et parts de fonds d'investissement**	**0**	**0**	**0**	**0**	**0**	**0**	**0**	**2**
F.51	Actions	0	0	0	0	0	0	0	2
F.511	Actions cotées	0	0	0	0	0	0	0	0
F.512	Actions non cotées	0	0	0	0	0	0	0	1
F.519	Autres participations	0	0	0	0	0	0	0	1
F.52	Parts de fonds d'investissement	0	0	0	0	0	0	0	0
F.521	Parts de fonds d'investissement monétaires	..	..	..	..	..	..	..	..
F.522	Autres parts de fonds d'investissement	..	..	..	..	..	..	..	..
F.6	**Systèmes d'assurance, de pensions et garanties standard**	**0**	**0**	**0**	**0**	**0**	**0**	**0**	**0**
F.61	Réserves techniques d'assurance-dommages	0	0	0	0	0	0	0	0
F.62	Droits sur les assurances-vie et rentes	0	0	0	0	0	0	0	0
F.6M	Dts à pension, gérants de syst. de pension, hors retraite	0	0	0	0	0	0	0	0
F.63	Droits à pension	..	..	..	..	..	..	..	..
F.64	Dts des fonds de pension sur gérants des systèmes de pension	..	..	..	..	..	..	..	..
F.65	Droits à prestations hors retraite	..	..	..	..	..	..	..	..
F.66	Réserves pour appels dans le cadre de garanties standard	0	0	0	0	0	0	0	0
F.7	**Produits financiers dérivés et options sur titres des salariés**	**0**	**0**	**2**	**0**	**0**	**-1**	**0**	**0**
F.71	Produits financiers dérivés	..	..	..	..	..	..	..	..
F.72	Options sur titres des salariés	..	..	..	..	..	..	..	..
F.8	**Autres comptes à payer**	**5**	**110**	**52**	**-84**	**48**	**-36**	**-43**	**62**
F.81	Crédits commerciaux et avances	79	95	52	-27	48	-39	-66	-55
F.89	Autres comptes à payer, hors des crédits commerciaux et avances	-75	15	0	-57	0	3	23	117
	Opérations financières nettes	**755**	**841**	**1 198**	**1 248**	**1 430**	**1 216**	**1 205**	**2 914**

Note : Les métadonnées détaillées sont disponibles sur :http://metalinks.oecd.org/faiiia/20150126/79d6

SLOVÉNIE

Tableau 2.6.a. Flux consolidés, Secteur S2 - Reste du monde

SCN 2008

Millions EUR (2007 SIT euro)

		2006	2007	2008	2009	2010	2011	2012	2013
	Acquisition nette d'actifs financiers	**3 469**	**9 551**	**1 233**	**411**	**-20**	**1 325**	**1 365**	**2 729**
F.1	**Or monétaire et DTS**	**0**	**-29**	**-9**	**209**	**0**	**11**	**-1**	**-12**
F.11	Or monétaire	0	-29	-9	0	0	0	0	0
F.12	Droits de tirage spéciaux (DTS)	0	0	0	209	0	11	-1	-12
F.2	**Numéraire et dépôts**	**474**	**2 765**	**-386**	**320**	**-442**	**1 239**	**1 306**	**2 774**
F.21	Numéraire	831	576	639	778	950	1 053	1 257	1 772
F.22	Dépôts transférables	122	-156	-74	-99	-14	166	-30	414
F.29	Autres dépôts	-479	2 345	-950	-360	-1 378	19	79	587
F.3	**Titres de dette**	**412**	**2 394**	**71**	**-220**	**97**	**82**	**-232**	**-561**
F.3S	Titres de dette à court terme	305	804	-54	173	-450	-400	-137	-87
F.3L	Titres de dette à long terme	107	1 591	125	-392	547	482	-95	-474
F.4	**Crédits**	**671**	**1 957**	**810**	**296**	**139**	**43**	**171**	**7**
F.4S	Crédits à court terme	261	871	337	-6	95	-127	46	-255
F.4L	Crédits à long terme	410	1 086	472	302	44	170	124	262
F.5	**Actions et parts de fonds d'investissement**	**1 207**	**1 738**	**736**	**236**	**52**	**-53**	**350**	**418**
F.51	Actions	925	1 614	689	206	-64	-98	222	352
F.511	Actions cotées	628	927	-140	60	115	-114	57	97
F.512	Actions non cotées	78	258	212	0	-35	11	133	63
F.519	Autres participations	219	430	617	146	-144	4	32	192
F.52	Parts de fonds d'investissement	282	124	47	30	116	45	128	67
F.521	Parts de fonds d'investissement monétaires	..	..	..	..	..	..	..	..
F.522	Autres parts de fonds d'investissement	..	..	..	..	..	..	..	..
F.6	**Systèmes d'assurance, de pensions et garanties standard**	**28**	**6**	**17**	**-13**	**-11**	**-2**	**28**	**-10**
F.61	Réserves techniques d'assurance-dommages	13	-4	15	-6	-13	1	24	-13
F.62	Droits sur les assurances-vie et rentes	16	10	2	-7	1	-2	4	3
F.6M	Dts à pension, gérants, prestations hors retraite	0	0	0	0	0	0	0	0
F.63	Droits à pension	..	..	..	..	..	..	..	..
F.64	Dts des fonds de pension sur gérants des systèmes de pension	..	..	..	..	..	..	..	..
F.65	Droits à prestations hors retraite	..	..	..	..	..	..	..	..
F.66	Réserves pour appels dans le cadre de garanties standard	0	0	0	0	0	0	0	0
F.7	**Produits financiers dérivés et options sur titres des salariés**	**21**	**33**	**-38**	**-64**	**-62**	**-48**	**-54**	**-33**
F.71	Produits financiers dérivés	..	..	..	..	..	..	..	..
F.72	Options sur titres des salariés	..	..	..	..	..	..	..	..
F.8	**Autres comptes à recevoir**	**656**	**687**	**33**	**-354**	**207**	**53**	**-202**	**145**
F.81	Crédits commerciaux et avances	572	539	191	-459	311	44	-108	163
F.89	Autres comptes à recevoir, hors crédits commerciaux et avances	84	147	-158	105	-104	10	-95	-18
	Accroissement net des passifs	**4 667**	**11 536**	**4 088**	**1 120**	**250**	**1 138**	**84**	**-873**
F.1	**Or monétaire et DTS**	**0**	**0**	**0**	**209**	**0**	**0**	**0**	**0**
F.11	Or monétaire								
F.12	Droits de tirage spéciaux (DTS)	0	0	0	209	0	0	0	0
F.2	**Numéraire et dépôts**	**976**	**5 905**	**418**	**-1 586**	**-1 888**	**-497**	**1 071**	**-4 489**
F.21	Numéraire	0	0	33	103	-41	9	121	-226
F.22	Dépôts transférables	9	3 538	33	-206	-1 240	642	1 811	-3 397
F.29	Autres dépôts	968	2 367	351	-1 484	-608	-1 148	-861	-867
F.3	**Titres de dette**	**425**	**845**	**818**	**4 760**	**2 188**	**1 929**	**-535**	**3 784**
F.3S	Titres de dette à court terme	2	-24	100	-93	0	150	280	-244
F.3L	Titres de dette à long terme	422	869	718	4 853	2 188	1 779	-816	4 028
F.4	**Crédits**	**2 183**	**3 358**	**2 663**	**-1 975**	**-623**	**-360**	**-650**	**-196**
F.4S	Crédits à court terme	120	454	376	-326	-113	182	144	44
F.4L	Crédits à long terme	2 062	2 903	2 287	-1 649	-510	-542	-795	-239
F.5	**Actions et parts de fonds d'investissement**	**593**	**747**	**164**	**143**	**335**	**82**	**164**	**235**
F.51	Actions	601	744	169	144	336	80	160	233
F.511	Actions cotées	166	32	-24	10	171	160	157	134
F.512	Actions non cotées	218	567	28	52	18	-54	58	112
F.519	Autres participations	216	144	165	83	148	-26	-56	-12
F.52	Parts de fonds d'investissement	-7	3	-5	-1	-2	2	4	2
F.521	Parts de fonds d'investissement monétaires	..	..	..	..	..	..	..	..
F.522	Autres parts de fonds d'investissement	..	..	..	..	..	..	..	..
F.6	**Systèmes d'assurance, de pensions et garanties standard**	**10**	**5**	**14**	**25**	**17**	**27**	**41**	**39**
F.61	Réserves techniques d'assurance-dommages	10	4	13	24	19	27	41	40
F.62	Droits sur les assurances-vie et rentes	0	0	1	1	-2	0	0	0
F.6M	Dts à pension, gérants de syst. de pension, hors retraite	0	1	0	0	0	0	0	0
F.63	Droits à pension	..	..	..	..	..	..	..	..
F.64	Dts des fonds de pension sur gérants des systèmes de pension	..	..	..	..	..	..	..	..
F.65	Droits à prestations hors retraite	..	..	..	..	..	..	..	..
F.66	Réserves pour appels dans le cadre de garanties standard	0	0	0	0	0	0	0	0
F.7	**Produits financiers dérivés et options sur titres des salariés**	**12**	**18**	**9**	**-76**	**-188**	**-174**	**-139**	**-62**
F.71	Produits financiers dérivés	..	..	..	..	..	..	..	..
F.72	Options sur titres des salariés	..	..	..	..	..	..	..	..
F.8	**Autres comptes à payer**	**468**	**658**	**2**	**-380**	**410**	**132**	**133**	**-185**
F.81	Crédits commerciaux et avances	491	663	-11	-430	442	-41	326	-147
F.89	Autres comptes à payer, hors des crédits commerciaux et avances	-22	-5	12	50	-32	173	-193	-38
	Opérations financières nettes	**1 198**	**1 985**	**2 855**	**709**	**270**	**-187**	**-1 281**	**-3 602**

Note : Les métadonnées détaillées sont disponibles sur :http://metalinks.oecd.org/faiiia/20150126/79d6

ESPAGNE

Tableau 1.a. Flux consolidés, par instrument et par secteur, Année 2013

SCN 2008

Millions EUR (1999 ESP euro)

		Sociétés financières					
		Total S12	Institutions financières monétaires S121-2-3	Fonds d'investissements non monétaires S124	Autres institutions financières, hors S124 S125-6-7	Sociétés d'assurance et fonds de pension SS128-9	Sociétés financières publiques S1201
	Acquisition nette d'actifs financiers	**-165 985**	**-238 392**	**20 847**	**-79 111**	**9 131**	..
F.1	**Or monétaire et DTS**	**117**	**117**	**0**	**0**	**0**	..
F.11	Or monétaire	0	0	0	0	0	..
F.12	Droits de tirage spéciaux (DTS)	117	117	0	0	0	..
F.2	**Numéraire et dépôts**	**-44 170**	**-43 897**	**11 242**	**-83 151**	**-236**	..
F.21	Numéraire	-9	-10	0	0	0	..
F.22	Dépôts transférables	0	0	1 070	-10 942	310	..
F.29	Autres dépôts	-44 160	-43 887	10 172	-72 209	-546	..
F.3	**Titres de dette**	**12 934**	**-26 968**	**5 475**	**-2 035**	**7 807**	..
F.3S	Titres de dette à court terme	-11 819	-8 325	772	0	-3 263	..
F.3L	Titres de dette à long terme	24 754	-18 643	4 703	-2 035	11 070	..
F.4	**Crédits**	**-142 405**	**-167 782**	**-15**	**6 673**	**-1 396**	..
F.4S	Crédits à court terme	-29 763	-31 637	-15	-354	31	..
F.4L	Crédits à long terme	-112 642	-136 144	0	7 026	-1 427	..
F.5	**Actions et parts de fonds d'investissement**	**14 867**	**9 575**	**5 414**	**-1 438**	**2 512**	..
F.51	Actions	14 085	10 203	5 434	-1 438	520	..
F.511	Actions cotées	-6 587	-9 210	5 485	-2 937	938	..
F.512	Actions non cotées	15 616	15 819	-51	31	-422	..
F.519	Autres participations	5 056	3 594	0	1 468	3	..
F.52	Parts de fonds d'investissement	782	-628	-20	0	1 993	..
F.521	Parts de fonds d'investissement monétaires	..	..	..	..	..	..
F.522	Autres parts de fonds d'investissement	..	..	..	..	..	..
F.6	**Systèmes d'assurance, de pensions et garanties standard**	**640**	**0**	**0**	**0**	**195**	..
F.61	Réserves techniques d'assurance-dommages	616	0	0	0	171	..
F.62	Droits sur les assurances-vie et rentes	0	0	0	0	0	..
F.6M	Dts à pension, gérants, prestations hors retraite	24	0	0	0	24	..
F.63	Droits à pension	..	..	..	..	..	..
F.64	Dts des fonds de pension sur gérants des systèmes de pension	..	..	..	..	..	..
F.65	Droits à prestations hors retraite	..	..	..	..	..	..
F.66	Réserves pour appels dans le cadre de garanties standard	..	..	..	..	..	..
F.7	**Produits financiers dérivés et options sur titres des salariés**	**1 589**	**2 109**	**-1 791**	**0**	**-730**	..
F.71	Produits financiers dérivés	..	..	..	..	..	..
F.72	Options sur titres des salariés	..	..	..	..	..	..
F.8	**Autres comptes à recevoir**	**-9 558**	**-11 548**	**522**	**840**	**979**	..
F.81	Crédits commerciaux et avances	0	0	0	0	0	..
F.89	Autres comptes à recevoir, hors crédits commerciaux et avances	-9 558	-11 548	522	840	979	..
	Accroissement net des passifs	**-187 729**	**-256 134**	**20 951**	**-81 057**	**6 971**	..
F.1	**Or monétaire et DTS**	**0**	**0**	**0**	**0**	**0**	..
F.11	Or monétaire	..	..	..	..	..	..
F.12	Droits de tirage spéciaux (DTS)	0	0	0	0	0	..
F.2	**Numéraire et dépôts**	**-133 542**	**-205 413**	**0**	**0**	**0**	..
F.21	Numéraire	4 964	4 964	0	0	0	..
F.22	Dépôts transférables	36 717	27 154	0	0	0	..
F.29	Autres dépôts	-175 222	-237 531	0	0	0	..
F.3	**Titres de dette**	**-89 395**	**-59 405**	**0**	**-58 645**	**0**	..
F.3S	Titres de dette à court terme	-20 786	-22 033	0	2 250	0	..
F.3L	Titres de dette à long terme	-68 609	-37 372	0	-60 896	0	..
F.4	**Crédits**	**-226**	**-127**	**0**	**-19 913**	**-301**	..
F.4S	Crédits à court terme	-5	0	0	-1 767	-450	..
F.4L	Crédits à long terme	-221	-127	0	-18 146	149	..
F.5	**Actions et parts de fonds d'investissement**	**30 660**	**10 359**	**20 747**	**-132**	**884**	..
F.51	Actions	9 031	8 914	0	-132	884	..
F.511	Actions cotées	8 092	9 222	0	-267	0	..
F.512	Actions non cotées	2 312	1 124	0	66	884	..
F.519	Autres participations	-1 373	-1 433	0	70	0	..
F.52	Parts de fonds d'investissement	21 629	1 445	20 747	0	0	..
F.521	Parts de fonds d'investissement monétaires	..	..	..	..	..	..
F.522	Autres parts de fonds d'investissement	..	..	..	..	..	..
F.6	**Systèmes d'assurance, de pensions et garanties standard**	**7 690**	**170**	**0**	**0**	**7 076**	..
F.61	Réserves techniques d'assurance-dommages	-508	0	0	0	-952	..
F.62	Droits sur les assurances-vie et rentes	7 128	0	0	0	7 128	..
F.6M	Dts à pension, gérants de syst. de pension, hors retraite	1 069	170	0	0	899	..
F.63	Droits à pension	..	..	..	..	..	..
F.64	Dts des fonds de pension sur gérants des systèmes de pension	..	..	..	..	..	..
F.65	Droits à prestations hors retraite	..	..	..	..	..	..
F.66	Réserves pour appels dans le cadre de garanties standard	..	..	..	..	..	..
F.7	**Produits financiers dérivés et options sur titres des salariés**	**9 459**	**7 457**	**0**	**0**	**0**	..
F.71	Produits financiers dérivés	..	..	..	..	..	..
F.72	Options sur titres des salariés	..	..	..	..	..	..
F.8	**Autres comptes à payer**	**-12 376**	**-9 174**	**204**	**-2 368**	**-687**	..
F.81	Crédits commerciaux et avances	0	0	0	0	0	..
F.89	Autres comptes à payer, hors des crédits commerciaux et avances	-12 376	-9 174	204	-2 368	-687	..
	Opérations financières nettes	**21 744**	**17 742**	**-104**	**1 946**	**2 160**	..

ESPAGNE

Tableau 1.a. Flux consolidés, par instrument et par secteur, Année 2013 (cont.)

SCN 2008

Millions EUR (1999 ESP euro)

		Sociétés non financières	Administrations publiques		Ménages et ISBLSM	Economie totale	Reste du monde
		S11	Total S13	Administration centrale S1311	S14+S15	S1	S2
	Acquisition nette d'actifs financiers	**27 097**	**2 914**	**28 740**	**4 152**	**-64 121**	**-84 619**
F.1	**Or monétaire et DTS**	**0**	**0**	**0**	**0**	**117**	**0**
F.11	Or monétaire	0	0	0	0	0	0
F.12	Droits de tirage spéciaux (DTS)	0	0	0	0	117	0
F.2	**Numéraire et dépôts**	**14 996**	**-13 276**	**-14 495**	**23 050**	**-43 499**	**-157 626**
F.21	Numéraire	-520	0	0	-4 346	-9	9 830
F.22	Dépôts transférables	9 365	-2 294	-1 304	27 187	0	2 459
F.29	Autres dépôts	6 151	-10 982	-13 191	209	-43 490	-169 914
F.3	**Titres de dette**	**-17 191**	**-250**	**-289**	**-42 503**	**-35 055**	**25 479**
F.3S	Titres de dette à court terme	-10 383	0	0	-15 463	0	23 806
F.3L	Titres de dette à long terme	-6 808	-250	-289	-27 040	-35 055	1 673
F.4	**Crédits**	**3 677**	**3 726**	**32 827**	**0**	**2 628**	**679**
F.4S	Crédits à court terme	-96	0	0	0	2 883	-646
F.4L	Crédits à long terme	3 773	3 726	32 827	0	-256	1 326
F.5	**Actions et parts de fonds d'investissement**	**25 765**	**1 840**	**1 787**	**24 653**	**31 676**	**39 082**
F.51	Actions	20 514	1 806	1 787	8 270	30 894	39 120
F.511	Actions cotées	4 945	0	0	9 481	4 299	8 416
F.512	Actions non cotées	11 688	-951	-962	-531	14 166	8 828
F.519	Autres participations	3 881	2 758	2 749	-679	12 429	21 876
F.52	Parts de fonds d'investissement	5 251	34	0	16 382	782	-38
F.521	Parts de fonds d'investissement monétaires	..	..	..	..	..	..
F.522	Autres parts de fonds d'investissement	..	..	..	..	..	..
F.6	**Systèmes d'assurance, de pensions et garanties standard**	**-60**	**0**	**0**	**8 169**	**616**	**-402**
F.61	Réserves techniques d'assurance-dommages	-60	0	0	-46	616	-402
F.62	Droits sur les assurances-vie et rentes	0	0	0	7 128	0	0
F.6M	Dts à pension, gérants, prestations hors retraite	0	0	0	1 086	0	0
F.63	Droits à pension	..	..	..	..	..	..
F.64	Dts des fonds de pension sur gérants des systèmes de pension	..	..	..	..	..	..
F.65	Droits à prestations hors retraite	..	..	..	..	..	..
F.66	Réserves pour appels dans le cadre de garanties standard	..	..	..	..	..	..
F.7	**Produits financiers dérivés et options sur titres des salariés**	**4 640**	**177**	**-48**	**5**	**4 034**	**8 079**
F.71	Produits financiers dérivés	..	..	..	..	..	..
F.72	Options sur titres des salariés	..	..	..	..	..	..
F.8	**Autres comptes à recevoir**	**-4 730**	**10 697**	**8 958**	**-9 221**	**-24 638**	**89**
F.81	Crédits commerciaux et avances	-277	0	0	-5 190	264	535
F.89	Autres comptes à recevoir, hors crédits commerciaux et avances	-4 453	10 697	8 958	-4 032	-24 902	-445
	Accroissement net des passifs	**-3 855**	**74 205**	**77 930**	**-34 941**	**-84 619**	**-64 121**
F.1	**Or monétaire et DTS**	**0**	**0**	**0**	**0**	**0**	**117**
F.11	Or monétaire						
F.12	Droits de tirage spéciaux (DTS)	0	0	0	0	0	117
F.2	**Numéraire et dépôts**	**0**	**15**	**15**	**0**	**-157 626**	**-43 499**
F.21	Numéraire	0	0	0	0	9 830	-9
F.22	Dépôts transférables	0	0	0	0	2 459	0
F.29	Autres dépôts	0	15	15	0	-169 914	-43 490
F.3	**Titres de dette**	**3 597**	**99 321**	**96 188**	**0**	**25 479**	**-35 055**
F.3S	Titres de dette à court terme	675	6 252	8 307	0	23 806	0
F.3L	Titres de dette à long terme	2 922	93 070	87 881	0	1 673	-35 055
F.4	**Crédits**	**-73 471**	**-20 512**	**-16 894**	**-42 742**	**679**	**2 628**
F.4S	Crédits à court terme	-27 573	-3 064	-1 867	-2 747	-646	2 883
F.4L	Crédits à long terme	-45 899	-17 448	-15 026	-39 995	1 326	-256
F.5	**Actions et parts de fonds d'investissement**	**43 870**	**0**	**0**	**0**	**39 082**	**31 676**
F.51	Actions	43 870	0	0	0	39 120	30 894
F.511	Actions cotées	3 865	0	0	0	8 416	4 299
F.512	Actions non cotées	18 171	0	0	0	8 828	14 166
F.519	Autres participations	21 835	0	0	0	21 876	12 429
F.52	Parts de fonds d'investissement	0	0	0	0	-38	782
F.521	Parts de fonds d'investissement monétaires	..	..	..	..	..	..
F.522	Autres parts de fonds d'investissement	..	..	..	..	..	..
F.6	**Systèmes d'assurance, de pensions et garanties standard**	**42**	**0**	**0**	**0**	**-402**	**616**
F.61	Réserves techniques d'assurance-dommages	0	0	0	0	-402	616
F.62	Droits sur les assurances-vie et rentes	0	0	0	0	0	0
F.6M	Dts à pension, gérants de syst. de pension, hors retraite	42	0	0	0	0	0
F.63	Droits à pension	..	..	..	..	..	..
F.64	Dts des fonds de pension sur gérants des systèmes de pension	..	..	..	..	..	..
F.65	Droits à prestations hors retraite	..	..	..	..	..	..
F.66	Réserves pour appels dans le cadre de garanties standard	..	..	..	..	..	..
F.7	**Produits financiers dérivés et options sur titres des salariés**	**996**	**0**	**0**	**0**	**8 079**	**4 034**
F.71	Produits financiers dérivés	..	..	..	..	..	..
F.72	Options sur titres des salariés	..	..	..	..	..	..
F.8	**Autres comptes à payer**	**21 110**	**-4 620**	**-1 380**	**7 801**	**89**	**-24 638**
F.81	Crédits commerciaux et avances	-4 655	578	-484	-1 119	535	264
F.89	Autres comptes à payer, hors des crédits commerciaux et avances	25 765	-5 198	-896	8 920	-445	-24 902
	Opérations financières nettes	**30 952**	**-71 291**	**-49 190**	**39 093**	**20 498**	**-20 498**

Note : Les métadonnées détaillées sont disponibles sur :http://metalinks.oecd.org/faiiia/20150126/fc4b

ESPAGNE

Tableau 1.b. Flux non consolidés, par instrument et par secteur, Année 2013

SCN 2008

Millions EUR (1999 ESP euro)

		Sociétés financières					Sociétés financières publiques
		Total	Institutions financières monétaires	Fonds d'investissements non monétaires	Autres institutions financières, hors S124	Sociétés d'assurance et fonds de pension	
		S12	S121-2-3	S124	S125-6-7	SS128-9	S1201
	Acquisition nette d'actifs financiers	**-575 783**	**-528 683**	**22 298**	**-79 248**	**9 850**	..
F.1	**Or monétaire et DTS**	**117**	**117**	**0**	**0**	**0**	..
F.11	Or monétaire	0	0	0	0	0	..
F.12	Droits de tirage spéciaux (DTS)	117	117	0	0	0	..
F.2	**Numéraire et dépôts**	**-348 143**	**-275 999**	**11 242**	**-83 151**	**-236**	..
F.21	Numéraire	-169	-170	0	0	0	..
F.22	Dépôts transférables	-9 562	0	1 070	-10 942	310	..
F.29	Autres dépôts	-338 412	-275 829	10 172	-72 209	-546	..
F.3	**Titres de dette**	**-85 092**	**-96 338**	**5 475**	**-2 035**	**7 807**	..
F.3S	Titres de dette à court terme	-16 414	-13 922	772	0	-3 263	..
F.3L	Titres de dette à long terme	-68 678	-82 416	4 703	-2 035	11 070	..
F.4	**Crédits**	**-162 492**	**-167 782**	**-15**	**6 673**	**-1 368**	..
F.4S	Crédits à court terme	-31 947	-31 637	-15	-354	59	..
F.4L	Crédits à long terme	-130 545	-136 144	0	7 026	-1 427	..
F.5	**Actions et parts de fonds d'investissement**	**29 822**	**21 134**	**6 865**	**-1 475**	**3 298**	..
F.51	Actions	27 031	21 767	5 434	-1 475	1 306	..
F.511	Actions cotées	5 973	2 487	5 485	-2 937	938	..
F.512	Actions non cotées	15 993	15 686	-51	-7	364	..
F.519	Autres participations	5 065	3 594	0	1 468	3	..
F.52	Parts de fonds d'investissement	2 791	-633	1 431	0	1 993	..
F.521	Parts de fonds d'investissement monétaires	..	..	..	..	..	..
F.522	Autres parts de fonds d'investissement	..	..	..	..	..	..
F.6	**Systèmes d'assurance, de pensions et garanties standard**	**100**	**0**	**0**	**0**	**100**	..
F.61	Réserves techniques d'assurance-dommages	75	0	0	0	75	..
F.62	Droits sur les assurances-vie et rentes	0	0	0	0	0	..
F.6M	Dts à pension, gérants de syst. de pension, hors retraite	24	0	0	0	24	..
F.63	Droits à pension	..	..	..	..	..	..
F.64	Dts des fonds de pension sur gérants des systèmes de pension	..	..	..	..	..	..
F.65	Droits à prestations hors retraite	..	..	..	..	..	..
F.66	Réserves pour appels dans le cadre de garanties standard	..	..	..	..	..	..
F.7	**Produits financiers dérivés et options sur titres des salariés**	**-508**	**2 014**	**-1 791**	**0**	**-730**	..
F.71	Produits financiers dérivés	..	..	..	..	..	..
F.72	Options sur titres des salariés	..	..	..	..	..	..
F.8	**Autres comptes à recevoir**	**-9 587**	**-11 830**	**522**	**741**	**979**	..
F.81	Crédits commerciaux et avances	0	0	0	0	0	..
F.89	Autres comptes à recevoir, hors crédits commerciaux et avances	-9 587	-11 830	522	741	979	..
	Accroissement net des passifs	**-597 527**	**-546 425**	**22 402**	**-81 194**	**7 690**	..
F.1	**Or monétaire et DTS**	**0**	**0**	**0**	**0**	**0**	..
F.11	Or monétaire	..	..	..	..	..	..
F.12	Droits de tirage spéciaux (DTS)	0	0	0	0	0	..
F.2	**Numéraire et dépôts**	**-437 515**	**-437 515**	**0**	**0**	**0**	..
F.21	Numéraire	4 804	4 804	0	0	0	..
F.22	Dépôts transférables	27 154	27 154	0	0	0	..
F.29	Autres dépôts	-469 473	-469 473	0	0	0	..
F.3	**Titres de dette**	**-187 421**	**-128 776**	**0**	**-58 645**	**0**	..
F.3S	Titres de dette à court terme	-25 380	-27 631	0	2 250	0	..
F.3L	Titres de dette à long terme	-162 041	-101 145	0	-60 896	0	..
F.4	**Crédits**	**-20 313**	**-127**	**0**	**-19 913**	**-273**	..
F.4S	Crédits à court terme	-2 189	0	0	-1 767	-422	..
F.4L	Crédits à long terme	-18 124	-127	0	-18 146	149	..
F.5	**Actions et parts de fonds d'investissement**	**45 615**	**21 918**	**22 198**	**-169**	**1 670**	..
F.51	Actions	21 978	20 477	0	-169	1 670	..
F.511	Actions cotées	20 652	20 920	0	-267	0	..
F.512	Actions non cotées	2 689	991	0	28	1 670	..
F.519	Autres participations	-1 364	-1 433	0	70	0	..
F.52	Parts de fonds d'investissement	23 638	1 440	22 198	0	0	..
F.521	Parts de fonds d'investissement monétaires	..	..	..	..	..	..
F.522	Autres parts de fonds d'investissement	..	..	..	..	..	..
F.6	**Systèmes d'assurance, de pensions et garanties standard**	**7 150**	**170**	**0**	**0**	**6 980**	..
F.61	Réserves techniques d'assurance-dommages	-1 048	0	0	0	-1 048	..
F.62	Droits sur les assurances-vie et rentes	7 128	0	0	0	7 128	..
F.6M	Dts à pension, gérants de syst. de pension, hors retraite	1 069	170	0	0	899	..
F.63	Droits à pension	..	..	..	..	..	..
F.64	Dts des fonds de pension sur gérants des systèmes de pension	..	..	..	..	..	..
F.65	Droits à prestations hors retraite	..	..	..	..	..	..
F.66	Réserves pour appels dans le cadre de garanties standard	..	..	..	..	..	..
F.7	**Produits financiers dérivés et options sur titres des salariés**	**7 362**	**7 362**	**0**	**0**	**0**	..
F.71	Produits financiers dérivés	..	..	..	..	..	..
F.72	Options sur titres des salariés	..	..	..	..	..	..
F.8	**Autres comptes à payer**	**-12 405**	**-9 456**	**204**	**-2 466**	**-687**	..
F.81	Crédits commerciaux et avances	0	0	0	0	0	..
F.89	Autres comptes à payer, hors des crédits commerciaux et avances	-12 405	-9 456	204	-2 466	-687	..
	Opérations financières nettes	**21 744**	**17 742**	**-104**	**1 946**	**2 160**	..

ESPAGNE

Tableau 1.b. Flux non consolidés, par instrument et par secteur, Année 2013 (cont.)

SCN 2008

Millions EUR (1999 ESP euro)

		Sociétés non financières	Administrations publiques		Ménages et ISBLSM	Economie totale	Reste du monde
		S11	Total S13	Administration centrale S1311	S14+S15	S1	S2
	Acquisition nette d'actifs financiers	**-61 736**	**61 007**	**69 383**	**4 152**	**-572 361**	**-84 619**
F.1	**Or monétaire et DTS**	**0**	**0**	**0**	**0**	**117**	**0**
F.11	Or monétaire	0	0	0	0	0	0
F.12	Droits de tirage spéciaux (DTS)	0	0	0	0	117	0
F.2	**Numéraire et dépôts**	**14 996**	**-13 276**	**-14 495**	**23 050**	**-323 373**	**-157 626**
F.21	Numéraire	-520	0	0	-4 346	-5 035	9 830
F.22	Dépôts transférables	9 365	-2 294	-1 304	27 187	24 696	2 459
F.29	Autres dépôts	6 151	-10 982	-13 191	209	-343 034	-169 914
F.3	**Titres de dette**	**-16 355**	**-9 897**	**-1 494**	**-42 503**	**-153 848**	**25 479**
F.3S	Titres de dette à court terme	-10 343	-3 370	-2 931	-15 463	-45 590	23 806
F.3L	Titres de dette à long terme	-6 012	-6 527	1 438	-27 040	-108 258	1 673
F.4	**Crédits**	**-34 729**	**74 493**	**74 957**	**0**	**-122 728**	**679**
F.4S	Crédits à court terme	-96	0	0	0	-32 043	-646
F.4L	Crédits à long terme	-34 633	74 493	74 957	0	-90 685	1 326
F.5	**Actions et parts de fonds d'investissement**	**17 787**	**1 840**	**1 787**	**24 653**	**74 102**	**39 082**
F.51	Actions	12 537	1 806	1 787	8 270	49 645	39 120
F.511	Actions cotées	337	0	0	9 481	15 792	8 416
F.512	Actions non cotées	8 595	-951	-962	-531	23 105	8 828
F.519	Autres participations	3 604	2 758	2 749	-679	10 748	21 876
F.52	Parts de fonds d'investissement	5 251	34	0	16 382	24 458	-38
F.521	Parts de fonds d'investissement monétaires	..	..	..	..	..	..
F.522	Autres parts de fonds d'investissement	..	..	..	..	..	..
F.6	**Systèmes d'assurance, de pensions et garanties standard**	**-60**	**0**	**0**	**8 169**	**8 209**	**-402**
F.61	Réserves techniques d'assurance-dommages	-60	0	0	-46	-30	-402
F.62	Droits sur les assurances-vie et rentes	0	0	0	7 128	7 128	0
F.6M	Dts à pension, gérants de syst. de pension, hors retraite	0	0	0	1 086	1 111	0
F.63	Droits à pension	..	..	..	..	..	..
F.64	Dts des fonds de pension sur gérants des systèmes de pension	..	..	..	..	..	..
F.65	Droits à prestations hors retraite	..	..	..	..	..	..
F.66	Réserves pour appels dans le cadre de garanties standard	..	..	..	..	..	..
F.7	**Produits financiers dérivés et options sur titres des salariés**	**4 640**	**177**	**-48**	**5**	**4 314**	**8 079**
F.71	Produits financiers dérivés	..	..	..	..	..	..
F.72	Options sur titres des salariés	..	..	..	..	..	..
F.8	**Autres comptes à recevoir**	**-48 015**	**7 669**	**8 676**	**-9 221**	**-59 154**	**89**
F.81	Crédits commerciaux et avances	-43 562	0	0	-5 190	-48 752	535
F.89	Autres comptes à recevoir, hors crédits commerciaux et avances	-4 453	7 669	8 676	-4 032	-10 403	-445
	Accroissement net des passifs	**-92 688**	**132 298**	**118 573**	**-34 941**	**-592 859**	**-64 121**
F.1	**Or monétaire et DTS**	**0**	**0**	**0**	**0**	**0**	**117**
F.11	Or monétaire	..	..	..	..	..	..
F.12	Droits de tirage spéciaux (DTS)	0	0	0	0	0	117
F.2	**Numéraire et dépôts**	**0**	**15**	**15**	**0**	**-437 500**	**-43 499**
F.21	Numéraire	0	0	0	0	4 804	-9
F.22	Dépôts transférables	0	0	0	0	27 154	0
F.29	Autres dépôts	0	15	15	0	-469 458	-43 490
F.3	**Titres de dette**	**4 433**	**89 674**	**94 984**	**0**	**-93 314**	**-35 055**
F.3S	Titres de dette à court terme	715	2 881	5 376	0	-21 784	0
F.3L	Titres de dette à long terme	3 718	86 793	89 608	0	-71 530	-35 055
F.4	**Crédits**	**-111 877**	**50 256**	**25 237**	**-42 742**	**-124 676**	**2 628**
F.4S	Crédits à court terme	-27 573	-3 064	-1 867	-2 747	-35 573	2 883
F.4L	Crédits à long terme	-84 304	53 320	27 104	-39 995	-89 103	-256
F.5	**Actions et parts de fonds d'investissement**	**35 893**	**0**	**0**	**0**	**81 508**	**31 676**
F.51	Actions	35 893	0	0	0	57 871	30 894
F.511	Actions cotées	-743	0	0	0	19 909	4 299
F.512	Actions non cotées	15 077	0	0	0	17 766	14 166
F.519	Autres participations	21 558	0	0	0	20 195	12 429
F.52	Parts de fonds d'investissement	0	0	0	0	23 638	782
F.521	Parts de fonds d'investissement monétaires	..	..	..	..	..	..
F.522	Autres parts de fonds d'investissement	..	..	..	..	..	..
F.6	**Systèmes d'assurance, de pensions et garanties standard**	**42**	**0**	**0**	**0**	**7 192**	**616**
F.61	Réserves techniques d'assurance-dommages	0	0	0	0	-1 048	616
F.62	Droits sur les assurances-vie et rentes	0	0	0	0	7 128	0
F.6M	Dts à pension, gérants de syst. de pension, hors retraite	42	0	0	0	1 111	0
F.63	Droits à pension	..	..	..	..	..	..
F.64	Dts des fonds de pension sur gérants des systèmes de pension	..	..	..	..	..	..
F.65	Droits à prestations hors retraite	..	..	..	..	..	..
F.66	Réserves pour appels dans le cadre de garanties standard	..	..	..	..	..	..
F.7	**Produits financiers dérivés et options sur titres des salariés**	**996**	**0**	**0**	**0**	**8 358**	**4 034**
F.71	Produits financiers dérivés	..	..	..	..	..	..
F.72	Options sur titres des salariés	..	..	..	..	..	..
F.8	**Autres comptes à payer**	**-22 175**	**-7 648**	**-1 662**	**7 801**	**-34 427**	**-24 638**
F.81	Crédits commerciaux et avances	-47 940	578	-484	-1 119	-48 481	264
F.89	Autres comptes à payer, hors des crédits commerciaux et avances	25 765	-8 226	-1 178	8 920	14 054	-24 902
	Opérations financières nettes	**30 952**	**-71 291**	**-49 190**	**39 093**	**20 498**	**-20 498**

Note : Les métadonnées détaillées sont disponibles sur :http://metalinks.oecd.org/faiiia/20150126/5b11

ESPAGNE

Tableau 2.1.a. Flux consolidés, Secteur S1 - Économie totale

SCN 2008

Millions EUR (1999 ESP euro)

		2006	2007	2008	2009	2010	2011	2012	2013
	Acquisition nette d'actifs financiers	**179 554**	**139 504**	**20 260**	**-5 229**	**-34 758**	**33 518**	**19 073**	**-64 121**
F.1	**Or monétaire et DTS**	**-12**	**11**	**-93**	**310**	**-31**	**-304**	**27**	**117**
F.11	Or monétaire	0	0	0	0	0	0	0	0
F.12	Droits de tirage spéciaux (DTS)	-12	11	-93	310	-31	-304	27	117
F.2	**Numéraire et dépôts**	**46 750**	**13 832**	**-15 175**	**-32 321**	**-19 385**	**-4 819**	**491**	**-43 499**
F.21	Numéraire	2 001	-3 882	-7 540	-12 235	-4 728	-7 526	-2 686	-9
F.22	Dépôts transférables	0	0	0	0	0	0	0	0
F.29	Autres dépôts	44 749	17 714	-7 635	-20 087	-14 657	2 707	3 177	-43 490
F.3	**Titres de dette**	**-10 262**	**12 729**	**6 772**	**-9 111**	**-79 872**	**-18 805**	**-14 364**	**-35 055**
F.3S	Titres de dette à court terme	0	0	0	0	0	0	0	0
F.3L	Titres de dette à long terme	-10 262	12 729	6 772	-9 111	-79 872	-18 805	-14 364	-35 055
F.4	**Crédits**	**25 129**	**14 197**	**10 079**	**1 688**	**15 296**	**22 755**	**19 315**	**2 628**
F.4S	Crédits à court terme	11 669	2 791	-503	-1 912	409	529	2 727	2 883
F.4L	Crédits à long terme	13 460	11 405	10 583	3 600	14 886	22 227	16 588	-256
F.5	**Actions et parts de fonds d'investissement**	**105 923**	**92 859**	**18 556**	**17 309**	**32 748**	**9 446**	**6 337**	**31 676**
F.51	Actions	105 090	88 432	19 390	15 872	27 176	9 152	8 738	30 894
F.511	Actions cotées	20 487	-11 167	-27 219	6 460	9 364	2 408	9 183	4 299
F.512	Actions non cotées	63 927	91 235	35 926	3 052	9 444	6 129	-5 288	14 166
F.519	Autres participations	20 675	8 364	10 682	6 359	8 368	615	4 842	12 429
F.52	Parts de fonds d'investissement	833	4 427	-834	1 437	5 572	293	-2 401	782
F.521	Parts de fonds d'investissement monétaires	..	..	..	..	..	..	..	..
F.522	Autres parts de fonds d'investissement	..	..	..	..	..	..	..	..
F.6	**Systèmes d'assurance, de pensions et garanties standard**	**232**	**1 187**	**505**	**-925**	**-170**	**-437**	**1 063**	**616**
F.61	Réserves techniques d'assurance-dommages	232	1 187	505	-925	-170	-437	1 063	616
F.62	Droits sur les assurances-vie et rentes	0	0	0	0	0	0	0	0
F.6M	Dts à pension, gérants, prestations hors retraite	0	0	0	0	0	0	0	0
F.63	Droits à pension	..	..	..	..	..	..	..	..
F.64	Dts des fonds de pension sur gérants des systèmes de pension	..	..	..	..	..	..	..	..
F.65	Droits à prestations hors retraite	..	..	..	..	..	..	..	..
F.66	Réserves pour appels dans le cadre de garanties standard	..	..	..	..	..	..	..	..
F.7	**Produits financiers dérivés et options sur titres des salariés**	**-1 989**	**3 801**	**7 125**	**9 043**	**3 571**	**7 071**	**1 507**	**4 034**
F.71	Produits financiers dérivés	..	..	..	..	..	..	..	..
F.72	Options sur titres des salariés	..	..	..	..	..	..	..	..
F.8	**Autres comptes à recevoir**	**13 784**	**888**	**-7 509**	**8 778**	**13 085**	**18 612**	**4 697**	**-24 638**
F.81	Crédits commerciaux et avances	9 460	-4 102	-3 487	-2 918	-44	3 279	1 960	264
F.89	Autres comptes à recevoir, hors crédits commerciaux et avances	4 323	4 990	-4 023	11 696	13 129	15 334	2 737	-24 902
	Accroissement net des passifs	**262 105**	**240 369**	**121 238**	**39 437**	**3 237**	**66 460**	**19 253**	**-84 619**
F.1	**Or monétaire et DTS**	**0**	**0**	**0**	**0**	**0**	**0**	**0**	**0**
F.11	Or monétaire	..	..	..	..	..	..	..	..
F.12	Droits de tirage spéciaux (DTS)	0	0	0	0	0	0	0	0
F.2	**Numéraire et dépôts**	**3 715**	**70 273**	**87 075**	**-5 645**	**-4 865**	**93 705**	**5 074**	**-157 626**
F.21	Numéraire	0	0	0	0	0	0	3 005	9 830
F.22	Dépôts transférables	345	-948	-584	949	1 254	-599	-1 511	2 459
F.29	Autres dépôts	3 370	71 220	87 660	-6 594	-6 119	94 303	3 580	-169 914
F.3	**Titres de dette**	**209 460**	**88 173**	**-26 159**	**32 158**	**-40 008**	**-77 420**	**-67 601**	**25 479**
F.3S	Titres de dette à court terme	10 819	8 382	3 185	39 612	-21 403	-18 964	3 912	23 806
F.3L	Titres de dette à long terme	198 642	79 791	-29 344	-7 454	-18 605	-58 457	-71 513	1 673
F.4	**Crédits**	**35 536**	**32 989**	**32 186**	**1 765**	**14 653**	**13 851**	**40 098**	**679**
F.4S	Crédits à court terme	4 448	-1 604	1 471	-10 846	2 802	2 350	-3 891	-646
F.4L	Crédits à long terme	31 088	34 593	30 715	12 611	11 852	11 501	43 990	1 326
F.5	**Actions et parts de fonds d'investissement**	**4 637**	**48 353**	**35 238**	**10 686**	**22 258**	**29 172**	**33 773**	**39 082**
F.51	Actions	3 985	48 773	33 002	13 539	22 835	29 752	33 732	39 120
F.511	Actions cotées	-19 674	29 911	12 147	6 811	772	7 568	7 415	8 416
F.512	Actions non cotées	12 292	8 313	3 230	2 067	8 433	3 510	1 512	8 828
F.519	Autres participations	11 367	10 550	17 625	4 661	13 630	18 673	24 804	21 876
F.52	Parts de fonds d'investissement	652	-421	2 236	-2 853	-577	-580	41	-38
F.521	Parts de fonds d'investissement monétaires	..	..	..	..	..	..	..	..
F.522	Autres parts de fonds d'investissement	..	..	..	..	..	..	..	..
F.6	**Systèmes d'assurance, de pensions et garanties standard**	**-62**	**793**	**314**	**262**	**1 797**	**255**	**913**	**-402**
F.61	Réserves techniques d'assurance-dommages	-62	793	314	262	1 797	255	913	-402
F.62	Droits sur les assurances-vie et rentes	0	0	0	0	0	0	0	0
F.6M	Dts à pension, gérants de syst. de pension, hors retraite	0	0	0	0	0	0	0	0
F.63	Droits à pension	..	..	..	..	..	..	..	..
F.64	Dts des fonds de pension sur gérants des systèmes de pension	..	..	..	..	..	..	..	..
F.65	Droits à prestations hors retraite	..	..	..	..	..	..	..	..
F.66	Réserves pour appels dans le cadre de garanties standard	..	..	..	..	..	..	..	..
F.7	**Produits financiers dérivés et options sur titres des salariés**	**212**	**-3 169**	**-3 514**	**4 695**	**11 493**	**6 077**	**10 458**	**8 079**
F.71	Produits financiers dérivés	..	..	..	..	..	..	..	..
F.72	Options sur titres des salariés	..	..	..	..	..	..	..	..
F.8	**Autres comptes à payer**	**8 606**	**2 957**	**-3 903**	**-4 484**	**-2 092**	**822**	**-3 463**	**89**
F.81	Crédits commerciaux et avances	8 277	2 222	-4 048	-2 634	-1 981	586	-3 144	535
F.89	Autres comptes à payer, hors des crédits commerciaux et avances	330	735	145	-1 850	-111	236	-319	-445
	Opérations financières nettes	**-82 551**	**-100 865**	**-100 978**	**-44 666**	**-37 995**	**-32 942**	**-180**	**20 498**

Note : Les métadonnées détaillées sont disponibles sur :http://metalinks.oecd.org/faiiia/20150126/fc4b

ESPAGNE

Tableau 2.2.a. Flux consolidés, Secteur S11 - Sociétés non financières

SCN 2008

Millions EUR (1999 ESP euro)

		2006	2007	2008	2009	2010	2011	2012	2013
	Acquisition nette d'actifs financiers	**145 577**	**100 047**	**35 817**	**-14 609**	**70 553**	**17 520**	**-26 336**	**27 097**
F.1	**Or monétaire et DTS**	**0**	**0**	**0**	**0**	**0**	**0**	**0**	**0**
F.11	Or monétaire	0	0	0	0	0	0	0	0
F.12	Droits de tirage spéciaux (DTS)	0	0	0	0	0	0	0	0
F.2	**Numéraire et dépôts**	**32 474**	**15 451**	**6 861**	**-538**	**644**	**-21 353**	**-6 898**	**14 996**
F.21	Numéraire	1 855	-1 045	-2 131	-2 449	662	-1 180	-984	-520
F.22	Dépôts transférables	21 249	-3 710	-9 893	-990	-456	-6 513	-686	9 365
F.29	Autres dépôts	9 370	20 207	18 886	2 901	439	-13 659	-5 227	6 151
F.3	**Titres de dette**	**6 343**	**1 165**	**4 344**	**-10 730**	**17 353**	**14 206**	**-2 989**	**-17 191**
F.3S	Titres de dette à court terme	1 610	5 842	4 301	-11 290	1 239	8 779	-1 053	-10 383
F.3L	Titres de dette à long terme	4 733	-4 677	43	561	16 115	5 427	-1 936	-6 808
F.4	**Crédits**	**7 563**	**7 527**	**6 103**	**-2 183**	**8 442**	**13 308**	**3 148**	**3 677**
F.4S	Crédits à court terme	473	47	827	-595	-741	3 222	7 909	-96
F.4L	Crédits à long terme	7 090	7 480	5 275	-1 588	9 182	10 086	-4 761	3 773
F.5	**Actions et parts de fonds d'investissement**	**73 649**	**75 847**	**30 977**	**-2 340**	**33 906**	**-8 374**	**-3 421**	**25 765**
F.51	Actions	78 628	78 501	43 461	-5 442	35 642	-4 093	-1 654	20 514
F.511	Actions cotées	9 401	15 728	-2 505	-2 650	594	-3 330	1 942	4 945
F.512	Actions non cotées	52 163	54 563	31 644	-5 367	26 328	-4 693	-6 849	11 688
F.519	Autres participations	17 063	8 210	14 322	2 575	8 720	3 930	3 253	3 881
F.52	Parts de fonds d'investissement	-4 979	-2 654	-12 485	3 102	-1 736	-4 280	-1 768	5 251
F.521	Parts de fonds d'investissement monétaires	..	..	..	..	..	..	..	..
F.522	Autres parts de fonds d'investissement	..	..	..	..	..	..	..	..
F.6	**Systèmes d'assurance, de pensions et garanties standard**	**1 511**	**2 362**	**-3 451**	**-411**	**-1 791**	**5 564**	**186**	**-60**
F.61	Réserves techniques d'assurance-dommages	1 511	2 362	-3 451	-411	-1 791	5 564	186	-60
F.62	Droits sur les assurances-vie et rentes	0	0	0	0	0	0	0	0
F.6M	Dts à pension, gérants, prestations hors retraite	0	0	0	0	0	0	0	0
F.63	Droits à pension	..	..	..	..	..	..	..	..
F.64	Dts des fonds de pension sur gérants des systèmes de pension	..	..	..	..	..	..	..	..
F.65	Droits à prestations hors retraite	..	..	..	..	..	..	..	..
F.66	Réserves pour appels dans le cadre de garanties standard	..	..	..	..	..	..	..	..
F.7	**Produits financiers dérivés et options sur titres des salariés**	**5 374**	**2 294**	**-48**	**5 505**	**4 882**	**-434**	**3 091**	**4 640**
F.71	Produits financiers dérivés	..	..	..	..	..	..	..	..
F.72	Options sur titres des salariés	..	..	..	..	..	..	..	..
F.8	**Autres comptes à recevoir**	**18 663**	**-4 599**	**-8 969**	**-3 913**	**7 116**	**14 601**	**-19 452**	**-4 730**
F.81	Crédits commerciaux et avances	13 200	-8 707	-9 533	-7 335	2 328	7 896	-12 312	-277
F.89	Autres comptes à recevoir, hors crédits commerciaux et avances	5 463	4 108	564	3 422	4 788	6 705	-7 140	-4 453
	Accroissement net des passifs	**236 594**	**226 443**	**96 180**	**-20 811**	**55 582**	**5 630**	**-32 900**	**-3 855**
F.1	**Or monétaire et DTS**	**0**	**0**	**0**	**0**	**0**	**0**	**0**	**0**
F.11	Or monétaire	..	..	..	..	..	..	..	..
F.12	Droits de tirage spéciaux (DTS)	0	0	0	0	0	0	0	0
F.2	**Numéraire et dépôts**	**0**	**0**	**0**	**0**	**0**	**0**	**0**	**0**
F.21	Numéraire	0	0	0	0	0	0	0	0
F.22	Dépôts transférables	0	0	0	0	0	0	0	0
F.29	Autres dépôts	0	0	0	0	0	0	0	0
F.3	**Titres de dette**	**1 666**	**1 390**	**1 580**	**872**	**-399**	**566**	**2 455**	**3 597**
F.3S	Titres de dette à court terme	1 658	-143	119	-1 306	-1 225	145	-251	675
F.3L	Titres de dette à long terme	9	1 532	1 461	2 178	826	420	2 706	2 922
F.4	**Crédits**	**225 171**	**182 242**	**93 776**	**-13 275**	**7 933**	**-23 549**	**-72 236**	**-73 471**
F.4S	Crédits à court terme	38 082	15 407	1 339	-52 841	-11 368	-15 296	-14 459	-27 573
F.4L	Crédits à long terme	187 089	166 834	92 437	39 566	19 301	-8 253	-57 777	-45 899
F.5	**Actions et parts de fonds d'investissement**	**-8 782**	**38 707**	**14 717**	**10 050**	**34 621**	**27 694**	**38 003**	**43 870**
F.51	Actions	-8 782	38 707	14 717	10 050	34 621	27 694	38 003	43 870
F.511	Actions cotées	-19 538	29 133	-14 710	3 856	8 381	-1 566	1 596	3 865
F.512	Actions non cotées	-178	1 202	11 081	3 057	13 268	11 285	13 253	18 171
F.519	Autres participations	10 934	8 371	18 346	3 137	12 972	17 975	23 154	21 835
F.52	Parts de fonds d'investissement	0	0	0	0	0	0	0	0
F.521	Parts de fonds d'investissement monétaires	..	..	..	..	..	..	..	..
F.522	Autres parts de fonds d'investissement	..	..	..	..	..	..	..	..
F.6	**Systèmes d'assurance, de pensions et garanties standard**	**0**	**4**	**173**	**-1**	**11**	**-73**	**15**	**42**
F.61	Réserves techniques d'assurance-dommages	0	0	0	0	0	0	0	0
F.62	Droits sur les assurances-vie et rentes	0	0	0	0	0	0	0	0
F.6M	Dts à pension, gérants de syst. de pension, hors retraite	0	4	173	-1	11	-73	15	42
F.63	Droits à pension	..	..	..	..	..	..	..	..
F.64	Dts des fonds de pension sur gérants des systèmes de pension	..	..	..	..	..	..	..	..
F.65	Droits à prestations hors retraite	..	..	..	..	..	..	..	..
F.66	Réserves pour appels dans le cadre de garanties standard	..	..	..	..	..	..	..	..
F.7	**Produits financiers dérivés et options sur titres des salariés**	**330**	**-106**	**-1 161**	**-1 099**	**-512**	**934**	**-655**	**996**
F.71	Produits financiers dérivés	..	..	..	..	..	..	..	..
F.72	Options sur titres des salariés	..	..	..	..	..	..	..	..
F.8	**Autres comptes à payer**	**18 209**	**4 208**	**-12 905**	**-17 358**	**13 929**	**59**	**-482**	**21 110**
F.81	Crédits commerciaux et avances	12 292	-1 692	-10 817	-9 329	6 034	-2 066	-4 268	-4 655
F.89	Autres comptes à payer, hors des crédits commerciaux et avances	5 917	5 900	-2 088	-8 029	7 895	2 125	3 786	25 765
	Opérations financières nettes	**-91 018**	**-126 396**	**-60 363**	**6 202**	**14 970**	**11 890**	**6 565**	**30 952**

Note : Les métadonnées détaillées sont disponibles sur :http://metalinks.oecd.org/faiiia/20150126/fc4b

ESPAGNE

Tableau 2.3.a. Flux consolidés, Secteur S12 - Sociétés financières
SCN 2008

Millions EUR (1999 ESP euro)

		2006	2007	2008	2009	2010	2011	2012	2013
	Acquisition nette d'actifs financiers	**376 531**	**308 702**	**125 513**	**68 668**	**-19 825**	**34 134**	**-3 866**	**-165 985**
F.1	**Or monétaire et DTS**	**-12**	**11**	**-93**	**310**	**-31**	**-304**	**27**	**117**
F.11	Or monétaire	0	0	0	0	0	0	0	0
F.12	Droits de tirage spéciaux (DTS)	-12	11	-93	310	-31	-304	27	117
F.2	**Numéraire et dépôts**	**44 358**	**18 161**	**-7 415**	**-18 946**	**-15 328**	**855**	**1 278**	**-44 170**
F.21	Numéraire	-11	40	-21	-7	10	6	-6	-9
F.22	Dépôts transférables	0	0	0	0	0	0	0	0
F.29	Autres dépôts	44 369	18 121	-7 394	-18 940	-15 338	849	1 284	-44 160
F.3	**Titres de dette**	**-36 283**	**13 665**	**38 696**	**73 315**	**-48 582**	**55 938**	**58 717**	**12 934**
F.3S	Titres de dette à court terme	-2 723	132	13 404	2 685	1 283	7 693	-10 990	-11 819
F.3L	Titres de dette à long terme	-33 559	13 534	25 292	70 629	-49 865	48 246	69 707	24 754
F.4	**Crédits**	**336 447**	**251 357**	**110 364**	**-12 253**	**13 008**	**-37 235**	**-64 545**	**-142 405**
F.4S	Crédits à court terme	50 824	22 774	3 610	-46 454	-19 532	-16 165	-15 731	-29 763
F.4L	Crédits à long terme	285 622	228 583	106 755	34 201	32 541	-21 070	-48 814	-112 642
F.5	**Actions et parts de fonds d'investissement**	**25 661**	**15 468**	**-23 968**	**22 682**	**11 394**	**11 992**	**-947**	**14 867**
F.51	Actions	24 828	11 041	-23 135	21 245	5 822	11 699	1 453	14 085
F.511	Actions cotées	17 576	-22 791	-41 494	7 572	13 081	-539	-4 125	-6 587
F.512	Actions non cotées	3 132	35 609	17 487	9 824	-8 115	12 499	8 505	15 616
F.519	Autres participations	4 121	-1 777	873	3 849	857	-261	-2 927	5 056
F.52	Parts de fonds d'investissement	833	4 427	-834	1 437	5 572	293	-2 401	782
F.521	Parts de fonds d'investissement monétaires	..	..	..	..	..	..	..	..
F.522	Autres parts de fonds d'investissement	..	..	..	..	..	..	..	..
F.6	**Systèmes d'assurance, de pensions et garanties standard**	**228**	**1 192**	**570**	**-972**	**-48**	**-569**	**1 047**	**640**
F.61	Réserves techniques d'assurance-dommages	232	1 187	505	-925	-170	-437	1 063	616
F.62	Droits sur les assurances-vie et rentes	0	0	0	0	0	0	0	0
F.6M	Dts à pension, gérants, prestations hors retraite	-4	5	65	-47	122	-132	-16	24
F.63	Droits à pension	..	..	..	..	..	..	..	..
F.64	Dts des fonds de pension sur gérants des systèmes de pension	..	..	..	..	..	..	..	..
F.65	Droits à prestations hors retraite	..	..	..	..	..	..	..	..
F.66	Réserves pour appels dans le cadre de garanties standard	..	..	..	..	..	..	..	..
F.7	**Produits financiers dérivés et options sur titres des salariés**	**-3 697**	**3 664**	**3 417**	**7 091**	**3 517**	**5 874**	**-654**	**1 589**
F.71	Produits financiers dérivés	..	..	..	..	..	..	..	..
F.72	Options sur titres des salariés	..	..	..	..	..	..	..	..
F.8	**Autres comptes à recevoir**	**9 828**	**5 183**	**3 941**	**-2 558**	**16 244**	**-2 417**	**1 212**	**-9 558**
F.81	Crédits commerciaux et avances	0	0	0	0	0	0	0	0
F.89	Autres comptes à recevoir, hors crédits commerciaux et avances	9 828	5 183	3 941	-2 558	16 244	-2 417	1 212	-9 558
	Accroissement net des passifs	**368 695**	**287 198**	**102 118**	**49 200**	**-31 265**	**12 370**	**-74 451**	**-187 729**
F.1	**Or monétaire et DTS**	**0**	**0**	**0**	**0**	**0**	**0**	**0**	**0**
F.11	Or monétaire	..	..	..	..	..	..	..	..
F.12	Droits de tirage spéciaux (DTS)	0	0	0	0	0	0	0	0
F.2	**Numéraire et dépôts**	**126 968**	**160 884**	**176 627**	**51 880**	**-2 212**	**60 153**	**10 093**	**-133 542**
F.21	Numéraire	5 698	4 700	8 056	13 047	4 423	5 596	2 715	4 964
F.22	Dépôts transférables	54 890	-10 134	-22 968	49 987	-26 910	-19 136	3 291	36 717
F.29	Autres dépôts	66 380	166 317	191 539	-11 154	20 276	73 693	4 087	-175 222
F.3	**Titres de dette**	**210 172**	**113 381**	**-39 432**	**-16 343**	**-42 278**	**-52 812**	**-90 971**	**-89 395**
F.3S	Titres de dette à court terme	10 587	17 171	443	-5 863	-19 005	585	8 905	-20 786
F.3L	Titres de dette à long terme	199 586	96 210	-39 876	-10 480	-23 272	-53 397	-99 876	-68 609
F.4	**Crédits**	**3 359**	**2 079**	**-3 200**	**-2 201**	**-1 774**	**7 567**	**-11 076**	**-226**
F.4S	Crédits à court terme	514	521	396	-887	-698	-334	260	-5
F.4L	Crédits à long terme	2 845	1 558	-3 596	-1 313	-1 076	7 902	-11 336	-221
F.5	**Actions et parts de fonds d'investissement**	**-1 716**	**-4 682**	**-33 321**	**3 089**	**-1 589**	**-3 106**	**6 644**	**30 660**
F.51	Actions	52	9 103	17 192	5 822	15 411	6 325	17 207	9 031
F.511	Actions cotées	1 921	10 423	11 955	4 170	3 871	3 749	16 727	8 092
F.512	Actions non cotées	-3 408	-2 916	4 392	958	3 140	-4 322	4 423	2 312
F.519	Autres participations	1 540	1 597	845	693	8 400	6 898	-3 942	-1 373
F.52	Parts de fonds d'investissement	-1 768	-13 785	-50 512	-2 733	-17 000	-9 431	-10 563	21 629
F.521	Parts de fonds d'investissement monétaires	..	..	..	..	..	..	..	..
F.522	Autres parts de fonds d'investissement	..	..	..	..	..	..	..	..
F.6	**Systèmes d'assurance, de pensions et garanties standard**	**18 896**	**12 330**	**9 673**	**7 672**	**6 021**	**5 749**	**3 809**	**7 690**
F.61	Réserves techniques d'assurance-dommages	3 533	5 827	-7 039	-612	1 170	-236	1 241	-508
F.62	Droits sur les assurances-vie et rentes	5 510	2 988	7 678	7 048	2 132	7 996	1 848	7 128
F.6M	Dts à pension, gérants de syst. de pension, hors retraite	9 854	3 515	9 033	1 236	2 719	-2 011	720	1 069
F.63	Droits à pension	..	..	..	..	..	..	..	..
F.64	Dts des fonds de pension sur gérants des systèmes de pension	..	..	..	..	..	..	..	..
F.65	Droits à prestations hors retraite	..	..	..	..	..	..	..	..
F.66	Réserves pour appels dans le cadre de garanties standard	..	..	..	..	..	..	..	..
F.7	**Produits financiers dérivés et options sur titres des salariés**	**3 619**	**-877**	**-6 228**	**9 430**	**16 844**	**3 511**	**12 163**	**9 459**
F.71	Produits financiers dérivés	..	..	..	..	..	..	..	..
F.72	Options sur titres des salariés	..	..	..	..	..	..	..	..
F.8	**Autres comptes à payer**	**7 395**	**4 083**	**-2 000**	**-4 327**	**-6 279**	**-8 692**	**-5 112**	**-12 376**
F.81	Crédits commerciaux et avances	0	0	0	0	0	0	0	0
F.89	Autres comptes à payer, hors des crédits commerciaux et avances	7 395	4 083	-2 000	-4 327	-6 279	-8 692	-5 112	-12 376
	Opérations financières nettes	**7 836**	**21 504**	**23 395**	**19 468**	**11 440**	**21 764**	**70 585**	**21 744**

Note : Les métadonnées détaillées sont disponibles sur :http://metalinks.oecd.org/faiia/20150126/fc4b

ESPAGNE

Tableau 2.4.a. Flux consolidés, Secteur S13 - Administrations publiques

SCN 2008

Millions EUR (1999 ESP euro)

		2006	2007	2008	2009	2010	2011	2012	2013
	Acquisition nette d'actifs financiers	**31 483**	**22 032**	**13 938**	**24 964**	**-15 390**	**-1 349**	**16 461**	**2 914**
F.1	**Or monétaire et DTS**	**0**	**0**	**0**	**0**	**0**	**0**	**0**	**0**
F.11	Or monétaire	0	0	0	0	0	0	0	0
F.12	Droits de tirage spéciaux (DTS)	0	0	0	0	0	0	0	0
F.2	**Numéraire et dépôts**	**13 343**	**12 168**	**819**	**17 814**	**-24 635**	**-17 606**	**7 170**	**-13 276**
F.21	Numéraire	0	0	0	0	0	0	0	0
F.22	Dépôts transférables	10 041	7 882	-5 024	8 959	-26 009	-12 360	5 603	-2 294
F.29	Autres dépôts	3 301	4 286	5 843	8 855	1 374	-5 245	1 568	-10 982
F.3	**Titres de dette**	**10 496**	**6 162**	**10 219**	**-5 413**	**-5 449**	**-8 072**	**-8 991**	**-250**
F.3S	Titres de dette à court terme	0	0	0	0	0	0	0	0
F.3L	Titres de dette à long terme	10 496	6 162	10 219	-5 413	-5 449	-8 072	-8 991	-250
F.4	**Crédits**	**2 150**	**3 540**	**3 479**	**8 742**	**6 278**	**11 520**	**10 645**	**3 726**
F.4S	Crédits à court terme	0	0	0	0	0	0	0	0
F.4L	Crédits à long terme	2 150	3 540	3 479	8 742	6 278	11 520	10 645	3 726
F.5	**Actions et parts de fonds d'investissement**	**258**	**504**	**838**	**344**	**8 251**	**-478**	**3 489**	**1 840**
F.51	Actions	258	504	838	116	8 336	-401	3 530	1 806
F.511	Actions cotées	0	0	0	0	0	0	-1	0
F.512	Actions non cotées	353	131	429	150	37	-1 225	6 208	-951
F.519	Autres participations	-95	373	409	-34	8 299	824	-2 677	2 758
F.52	Parts de fonds d'investissement	0	0	0	228	-85	-77	-42	34
F.521	Parts de fonds d'investissement monétaires	..	..	..	..	..	..	..	..
F.522	Autres parts de fonds d'investissement	..	..	..	..	..	..	..	..
F.6	**Systèmes d'assurance, de pensions et garanties standard**	**0**	**0**	**0**	**0**	**0**	**0**	**0**	**0**
F.61	Réserves techniques d'assurance-dommages	0	0	0	0	0	0	0	0
F.62	Droits sur les assurances-vie et rentes	0	0	0	0	0	0	0	0
F.6M	Dts à pension, gérants, prestations hors retraite	0	0	0	0	0	0	0	0
F.63	Droits à pension	..	..	..	..	..	..	..	..
F.64	Dts des fonds de pension sur gérants des systèmes de pension	..	..	..	..	..	..	..	..
F.65	Droits à prestations hors retraite	..	..	..	..	..	..	..	..
F.66	Réserves pour appels dans le cadre de garanties standard	..	..	..	..	..	..	..	..
F.7	**Produits financiers dérivés et options sur titres des salariés**	**-3**	**-9**	**27**	**45**	**-31**	**37**	**165**	**177**
F.71	Produits financiers dérivés	..	..	..	..	..	..	..	..
F.72	Options sur titres des salariés	..	..	..	..	..	..	..	..
F.8	**Autres comptes à recevoir**	**5 240**	**-332**	**-1 444**	**3 432**	**197**	**13 249**	**3 984**	**10 697**
F.81	Crédits commerciaux et avances	0	0	0	0	0	0	0	0
F.89	Autres comptes à recevoir, hors crédits commerciaux et avances	5 240	-332	-1 444	3 432	197	13 249	3 984	10 697
	Accroissement net des passifs	**9 339**	**412**	**63 323**	**143 201**	**86 055**	**99 916**	**125 364**	**74 205**
F.1	**Or monétaire et DTS**	**0**	**0**	**0**	**0**	**0**	**0**	**0**	**0**
F.11	Or monétaire								
F.12	Droits de tirage spéciaux (DTS)	0	0	0	0	0	0	0	0
F.2	**Numéraire et dépôts**	**266**	**243**	**113**	**48**	**116**	**101**	**-4**	**15**
F.21	Numéraire	0	0	0	0	0	0	0	0
F.22	Dépôts transférables	0	0	0	0	0	0	0	0
F.29	Autres dépôts	266	243	113	48	116	101	-4	15
F.3	**Titres de dette**	**-2 941**	**-8 286**	**43 163**	**121 334**	**60 781**	**73 915**	**62 510**	**99 321**
F.3S	Titres de dette à court terme	-967	963	19 275	33 913	1 176	7 384	-12 665	6 252
F.3L	Titres de dette à long terme	-1 974	-9 249	23 888	87 422	59 605	66 532	75 175	93 070
F.4	**Crédits**	**420**	**-136**	**13 156**	**12 635**	**18 925**	**16 839**	**88 319**	**-20 512**
F.4S	Crédits à court terme	292	69	3 161	1 686	-1 337	6 794	-96	-3 064
F.4L	Crédits à long terme	128	-205	9 995	10 949	20 262	10 045	88 416	-17 448
F.5	**Actions et parts de fonds d'investissement**	**0**	**0**	**0**	**2 250**	**0**	**0**	**0**	**0**
F.51	Actions	0	0	0	2 250	0	0	0	0
F.511	Actions cotées	0	0	0	0	0	0	0	0
F.512	Actions non cotées	0	0	0	0	0	0	0	0
F.519	Autres participations	0	0	0	2 250	0	0	0	0
F.52	Parts de fonds d'investissement	0	0	0	0	0	0	0	0
F.521	Parts de fonds d'investissement monétaires	..	..	..	..	..	..	..	..
F.522	Autres parts de fonds d'investissement	..	..	..	..	..	..	..	..
F.6	**Systèmes d'assurance, de pensions et garanties standard**	**0**	**0**	**0**	**0**	**0**	**0**	**0**	**0**
F.61	Réserves techniques d'assurance-dommages	0	0	0	0	0	0	0	0
F.62	Droits sur les assurances-vie et rentes	0	0	0	0	0	0	0	0
F.6M	Dts à pension, gérants de syst. de pension, hors retraite	0	0	0	0	0	0	0	0
F.63	Droits à pension	..	..	..	..	..	..	..	..
F.64	Dts des fonds de pension sur gérants des systèmes de pension	..	..	..	..	..	..	..	..
F.65	Droits à prestations hors retraite	..	..	..	..	..	..	..	..
F.66	Réserves pour appels dans le cadre de garanties standard	..	..	..	..	..	..	..	..
F.7	**Produits financiers dérivés et options sur titres des salariés**	**0**	**0**	**0**	**0**	**0**	**0**	**0**	**0**
F.71	Produits financiers dérivés	..	..	..	..	..	..	..	..
F.72	Options sur titres des salariés	..	..	..	..	..	..	..	..
F.8	**Autres comptes à payer**	**11 594**	**8 592**	**6 891**	**6 934**	**6 234**	**9 060**	**-25 461**	**-4 620**
F.81	Crédits commerciaux et avances	5 976	1 829	3 604	-820	-1 845	3 994	-13 516	578
F.89	Autres comptes à payer, hors des crédits commerciaux et avances	5 618	6 762	3 287	7 754	8 079	5 066	-11 945	-5 198
	Opérations financières nettes	**22 144**	**21 620**	**-49 385**	**-118 237**	**-101 445**	**-101 265**	**-108 903**	**-71 291**

Note : Les métadonnées détaillées sont disponibles sur :http://metalinks.oecd.org/faiiia/20150126/fc4b

ESPAGNE

Tableau 2.5.a. Flux consolidés, Secteur S14-S15 - Ménages et ISBLSM
SCN 2008

Millions EUR (1999 ESP euro)

		2006	2007	2008	2009	2010	2011	2012	2013
	Acquisition nette d'actifs financiers	**107 150**	**67 424**	**18 881**	**36 521**	**43 575**	**20 837**	**881**	**4 152**
F.1	**Or monétaire et DTS**	**0**	**0**	**0**	**0**	**0**	**0**	**0**	**0**
F.11	Or monétaire	0	0	0	0	0	0	0	0
F.12	Droits de tirage spéciaux (DTS)	0	0	0	0	0	0	0	0
F.2	**Numéraire et dépôts**	**80 094**	**58 906**	**74 224**	**26 923**	**22 703**	**-166**	**3 956**	**23 050**
F.21	Numéraire	5 856	1 823	2 667	3 268	-976	-756	-1 986	-4 346
F.22	Dépôts transférables	23 255	-13 357	-7 466	41 069	-1 699	337	-114	27 187
F.29	Autres dépôts	50 984	70 440	79 023	-17 415	25 379	254	6 056	209
F.3	**Titres de dette**	**8 619**	**10 048**	**-15 018**	**7 423**	**14 918**	**18 212**	**-19 506**	**-42 503**
F.3S	Titres de dette à court terme	1 573	3 635	-1 053	-4 263	-174	10 606	4 120	-15 463
F.3L	Titres de dette à long terme	7 046	6 412	-13 964	11 686	15 091	7 606	-23 626	-27 040
F.4	**Crédits**	**0**	**0**	**0**	**0**	**0**	**0**	**0**	**0**
F.4S	Crédits à court terme	0	0	0	0	0	0	0	0
F.4L	Crédits à long terme	0	0	0	0	0	0	0	0
F.5	**Actions et parts de fonds d'investissement**	**-8 780**	**-13 287**	**-43 132**	**1 326**	**-10 029**	**1 721**	**18 092**	**24 653**
F.51	Actions	-11 339	-2 577	-2 868	4 536	4 573	6 215	26 886	8 270
F.511	Actions cotées	-4 433	5 541	1 878	2 754	7 169	892	22 273	9 481
F.512	Actions non cotées	-7 598	-9 095	-1 391	394	-830	3 000	3 013	-531
F.519	Autres participations	692	977	-3 355	1 388	-1 766	2 323	1 600	-679
F.52	Parts de fonds d'investissement	2 559	-10 710	-40 264	-3 210	-14 603	-4 494	-8 794	16 382
F.521	Parts de fonds d'investissement monétaires	..	..	..	..	..	..	..	..
F.522	Autres parts de fonds d'investissement	..	..	..	..	..	..	..	..
F.6	**Systèmes d'assurance, de pensions et garanties standard**	**17 451**	**9 174**	**12 917**	**7 866**	**5 904**	**-11**	**2 741**	**8 169**
F.61	Réserves techniques d'assurance-dommages	2 084	2 671	-3 902	-464	1 164	-6 055	142	-46
F.62	Droits sur les assurances-vie et rentes	5 510	2 988	7 678	7 048	2 132	7 996	1 848	7 128
F.6M	Dts à pension, gérants, prestations hors retraite	9 858	3 515	9 141	1 282	2 608	-1 952	751	1 086
F.63	Droits à pension	..	..	..	..	..	..	..	..
F.64	Dts des fonds de pension sur gérants des systèmes de pension	..	..	..	..	..	..	..	..
F.65	Droits à prestations hors retraite	..	..	..	..	..	..	..	..
F.66	Réserves pour appels dans le cadre de garanties standard	..	..	..	..	..	..	..	..
F.7	**Produits financiers dérivés et options sur titres des salariés**	**75**	**38**	**-146**	**37**	**42**	**-38**	**-45**	**5**
F.71	Produits financiers dérivés	..	..	..	..	..	..	..	..
F.72	Options sur titres des salariés	..	..	..	..	..	..	..	..
F.8	**Autres comptes à recevoir**	**9 691**	**2 546**	**-9 964**	**-7 054**	**10 038**	**1 120**	**-4 356**	**-9 221**
F.81	Crédits commerciaux et avances	4 015	-3 914	-6 769	-6 694	8 014	-2 652	-1 124	-5 190
F.89	Autres comptes à recevoir, hors crédits commerciaux et avances	5 676	6 460	-3 195	-360	2 023	3 772	-3 233	-4 032
	Accroissement net des passifs	**128 663**	**85 017**	**33 507**	**-11 381**	**6 535**	**-13 832**	**-30 692**	**-34 941**
F.1	**Or monétaire et DTS**	**0**	**0**	**0**	**0**	**0**	**0**	**0**	**0**
F.11	Or monétaire	..	..	..	..	..	..	..	..
F.12	Droits de tirage spéciaux (DTS)	0	0	0	0	0	0	0	0
F.2	**Numéraire et dépôts**	**0**	**0**	**0**	**0**	**0**	**0**	**0**	**0**
F.21	Numéraire	0	0	0	0	0	0	0	0
F.22	Dépôts transférables	0	0	0	0	0	0	0	0
F.29	Autres dépôts	0	0	0	0	0	0	0	0
F.3	**Titres de dette**	**0**	**0**	**0**	**0**	**0**	**0**	**0**	**0**
F.3S	Titres de dette à court terme	0	0	0	0	0	0	0	0
F.3L	Titres de dette à long terme	0	0	0	0	0	0	0	0
F.4	**Crédits**	**127 617**	**97 032**	**38 321**	**-2 776**	**2 001**	**-22 168**	**-34 976**	**-42 742**
F.4S	Crédits à court terme	5 188	2 430	1 516	-3 942	-4 478	-2 285	-145	-2 747
F.4L	Crédits à long terme	122 429	94 603	36 805	1 165	6 479	-19 883	-34 831	-39 995
F.5	**Actions et parts de fonds d'investissement**	**0**	**0**	**0**	**0**	**0**	**0**	**0**	**0**
F.51	Actions	0	0	0	0	0	0	0	0
F.511	Actions cotées	0	0	0	0	0	0	0	0
F.512	Actions non cotées	0	0	0	0	0	0	0	0
F.519	Autres participations	0	0	0	0	0	0	0	0
F.52	Parts de fonds d'investissement	0	0	0	0	0	0	0	0
F.521	Parts de fonds d'investissement monétaires	..	..	..	..	..	..	..	..
F.522	Autres parts de fonds d'investissement	..	..	..	..	..	..	..	..
F.6	**Systèmes d'assurance, de pensions et garanties standard**	**0**	**0**	**0**	**0**	**0**	**0**	**0**	**0**
F.61	Réserves techniques d'assurance-dommages	0	0	0	0	0	0	0	0
F.62	Droits sur les assurances-vie et rentes	0	0	0	0	0	0	0	0
F.6M	Dts à pension, gérants de syst. de pension, hors retraite	0	0	0	0	0	0	0	0
F.63	Droits à pension	..	..	..	..	..	..	..	..
F.64	Dts des fonds de pension sur gérants des systèmes de pension	..	..	..	..	..	..	..	..
F.65	Droits à prestations hors retraite	..	..	..	..	..	..	..	..
F.66	Réserves pour appels dans le cadre de garanties standard	..	..	..	..	..	..	..	..
F.7	**Produits financiers dérivés et options sur titres des salariés**	**0**	**0**	**0**	**0**	**0**	**0**	**0**	**0**
F.71	Produits financiers dérivés	..	..	..	..	..	..	..	..
F.72	Options sur titres des salariés	..	..	..	..	..	..	..	..
F.8	**Autres comptes à payer**	**1 046**	**-12 015**	**-4 815**	**-8 604**	**4 534**	**8 336**	**4 284**	**7 801**
F.81	Crédits commerciaux et avances	-2 236	-6 434	-9 650	-3 596	4 217	624	-756	-1 119
F.89	Autres comptes à payer, hors des crédits commerciaux et avances	3 283	-5 581	4 835	-5 008	317	7 712	5 040	8 920
	Opérations financières nettes	**-21 513**	**-17 593**	**-14 625**	**47 901**	**37 040**	**34 669**	**31 573**	**39 093**

Note : Les métadonnées détaillées sont disponibles sur :http://metalinks.oecd.org/faiiia/20150126/fc4b

ESPAGNE

Tableau 2.6.a. Flux consolidés, Secteur S2 - Reste du monde

SCN 2008

Millions EUR (1999 ESP euro)

		2006	2007	2008	2009	2010	2011	2012	2013
	Acquisition nette d'actifs financiers	**262 105**	**240 369**	**121 238**	**39 437**	**3 237**	**66 460**	**19 253**	**-84 619**
F.1	**Or monétaire et DTS**	**0**	**0**	**0**	**0**	**0**	**0**	**0**	**0**
F.11	Or monétaire	0	0	0	0	0	0	0	0
F.12	Droits de tirage spéciaux (DTS)	0	0	0	0	0	0	0	0
F.2	**Numéraire et dépôts**	**3 715**	**70 273**	**87 075**	**-5 645**	**-4 865**	**93 705**	**5 074**	**-157 626**
F.21	Numéraire	0	0	0	0	0	0	3 005	9 830
F.22	Dépôts transférables	345	-948	-584	949	1 254	-599	-1 511	2 459
F.29	Autres dépôts	3 370	71 220	87 660	-6 594	-6 119	94 303	3 580	-169 914
F.3	**Titres de dette**	**209 460**	**88 173**	**-26 159**	**32 158**	**-40 008**	**-77 420**	**-67 601**	**25 479**
F.3S	Titres de dette à court terme	10 819	8 382	3 185	39 612	-21 403	-18 964	3 912	23 806
F.3L	Titres de dette à long terme	198 642	79 791	-29 344	-7 454	-18 605	-58 457	-71 513	1 673
F.4	**Crédits**	**35 536**	**32 989**	**32 186**	**1 765**	**14 653**	**13 851**	**40 098**	**679**
F.4S	Crédits à court terme	4 448	-1 604	1 471	-10 846	2 802	2 350	-3 891	-646
F.4L	Crédits à long terme	31 088	34 593	30 715	12 611	11 852	11 501	43 990	1 326
F.5	**Actions et parts de fonds d'investissement**	**4 637**	**48 353**	**35 238**	**10 686**	**22 258**	**29 172**	**33 773**	**39 082**
F.51	Actions	3 985	48 773	33 002	13 539	22 835	29 752	33 732	39 120
F.511	Actions cotées	-19 674	29 911	12 147	6 811	772	7 568	7 415	8 416
F.512	Actions non cotées	12 292	8 313	3 230	2 067	8 433	3 510	1 512	8 828
F.519	Autres participations	11 367	10 550	17 625	4 661	13 630	18 673	24 804	21 876
F.52	Parts de fonds d'investissement	652	-421	2 236	-2 853	-577	-580	41	-38
F.521	Parts de fonds d'investissement monétaires	..	..	..	..	..	..	..	..
F.522	Autres parts de fonds d'investissement	..	..	..	..	..	..	..	..
F.6	**Systèmes d'assurance, de pensions et garanties standard**	**-62**	**793**	**314**	**262**	**1 797**	**255**	**913**	**-402**
F.61	Réserves techniques d'assurance-dommages	-62	793	314	262	1 797	255	913	-402
F.62	Droits sur les assurances-vie et rentes	0	0	0	0	0	0	0	0
F.6M	Dts à pension, gérants, prestations hors retraite	0	0	0	0	0	0	0	0
F.63	Droits à pension	..	..	..	..	..	..	..	..
F.64	Dts des fonds de pension sur gérants des systèmes de pension	..	..	..	..	..	..	..	..
F.65	Droits à prestations hors retraite	..	..	..	..	..	..	..	..
F.66	Réserves pour appels dans le cadre de garanties standard	..	..	..	..	..	..	..	..
F.7	**Produits financiers dérivés et options sur titres des salariés**	**212**	**-3 169**	**-3 514**	**4 695**	**11 493**	**6 077**	**10 458**	**8 079**
F.71	Produits financiers dérivés	..	..	..	..	..	..	..	..
F.72	Options sur titres des salariés	..	..	..	..	..	..	..	..
F.8	**Autres comptes à recevoir**	**8 606**	**2 957**	**-3 903**	**-4 484**	**-2 092**	**822**	**-3 463**	**89**
F.81	Crédits commerciaux et avances	8 277	2 222	-4 048	-2 634	-1 981	586	-3 144	535
F.89	Autres comptes à recevoir, hors crédits commerciaux et avances	330	735	145	-1 850	-111	236	-319	-445
	Accroissement net des passifs	**179 554**	**139 504**	**20 260**	**-5 229**	**-34 758**	**33 518**	**19 073**	**-64 121**
F.1	**Or monétaire et DTS**	**-12**	**11**	**-93**	**310**	**-31**	**-304**	**27**	**117**
F.11	Or monétaire	..	..	..	..	..	..	..	..
F.12	Droits de tirage spéciaux (DTS)	-12	11	-93	310	-31	-304	27	117
F.2	**Numéraire et dépôts**	**46 750**	**13 832**	**-15 175**	**-32 321**	**-19 385**	**-4 819**	**491**	**-43 499**
F.21	Numéraire	2 001	-3 882	-7 540	-12 235	-4 728	-7 526	-2 686	-9
F.22	Dépôts transférables	0	0	0	0	0	0	0	0
F.29	Autres dépôts	44 749	17 714	-7 635	-20 087	-14 657	2 707	3 177	-43 490
F.3	**Titres de dette**	**-10 262**	**12 729**	**6 772**	**-9 111**	**-79 872**	**-18 805**	**-14 364**	**-35 055**
F.3S	Titres de dette à court terme	0	0	0	0	0	0	0	0
F.3L	Titres de dette à long terme	-10 262	12 729	6 772	-9 111	-79 872	-18 805	-14 364	-35 055
F.4	**Crédits**	**25 129**	**14 197**	**10 079**	**1 688**	**15 296**	**22 755**	**19 315**	**2 628**
F.4S	Crédits à court terme	11 669	2 791	-503	-1 912	409	529	2 727	2 883
F.4L	Crédits à long terme	13 460	11 405	10 583	3 600	14 886	22 227	16 588	-256
F.5	**Actions et parts de fonds d'investissement**	**105 923**	**92 859**	**18 556**	**17 309**	**32 748**	**9 446**	**6 337**	**31 676**
F.51	Actions	105 090	88 432	19 390	15 872	27 176	9 152	8 738	30 894
F.511	Actions cotées	20 487	-11 167	-27 219	6 460	9 364	2 408	9 183	4 299
F.512	Actions non cotées	63 927	91 235	35 926	3 052	9 444	6 129	-5 288	14 166
F.519	Autres participations	20 675	8 364	10 682	6 359	8 368	615	4 842	12 429
F.52	Parts de fonds d'investissement	833	4 427	-834	1 437	5 572	293	-2 401	782
F.521	Parts de fonds d'investissement monétaires	..	..	..	..	..	..	..	..
F.522	Autres parts de fonds d'investissement	..	..	..	..	..	..	..	..
F.6	**Systèmes d'assurance, de pensions et garanties standard**	**232**	**1 187**	**505**	**-925**	**-170**	**-437**	**1 063**	**616**
F.61	Réserves techniques d'assurance-dommages	232	1 187	505	-925	-170	-437	1 063	616
F.62	Droits sur les assurances-vie et rentes	0	0	0	0	0	0	0	0
F.6M	Dts à pension, gérants de syst. de pension, hors retraite	0	0	0	0	0	0	0	0
F.63	Droits à pension	..	..	..	..	..	..	..	..
F.64	Dts des fonds de pension sur gérants des systèmes de pension	..	..	..	..	..	..	..	..
F.65	Droits à prestations hors retraite	..	..	..	..	..	..	..	..
F.66	Réserves pour appels dans le cadre de garanties standard	..	..	..	..	..	..	..	..
F.7	**Produits financiers dérivés et options sur titres des salariés**	**-1 989**	**3 801**	**7 125**	**9 043**	**3 571**	**7 071**	**1 507**	**4 034**
F.71	Produits financiers dérivés	..	..	..	..	..	..	..	..
F.72	Options sur titres des salariés	..	..	..	..	..	..	..	..
F.8	**Autres comptes à payer**	**13 784**	**888**	**-7 509**	**8 778**	**13 085**	**18 612**	**4 697**	**-24 638**
F.81	Crédits commerciaux et avances	9 460	-4 102	-3 487	-2 918	-44	3 279	1 960	264
F.89	Autres comptes à payer, hors des crédits commerciaux et avances	4 323	4 990	-4 023	11 696	13 129	15 334	2 737	-24 902
	Opérations financières nettes	**82 551**	**100 865**	**100 978**	**44 666**	**37 995**	**32 942**	**180**	**-20 498**

Note : Les métadonnées détaillées sont disponibles sur :http://metalinks.oecd.org/faiiia/20150126/fc4b

SUÈDE

Tableau 1.a. Flux consolidés, par instrument et par secteur, Année 2013
SCN 1993

Millions SEK

		Sociétés financières					
		Total	Banque centrale	Autres institutions de dépôts	Autres intermédiaires financiers	Auxiliaires financiers	Sociétés d'assurance et fonds de pension
		S12	S121	S122	S123	S124	S125
	Acquisition nette d'actifs financiers	**140 911**	**103 896**	**-229 981**	**158 749**	**8 510**	**72 913**
F.1	**Or monétaire et DTS**	**-36**	**-36**	**0**	**..**	**..**	**..**
F.2	**Numéraire et dépôts**	**90 008**	**17 161**	**62 452**	**4 629**	**14 120**	**-748**
F.21	Numéraire	42	0	-5 059	0	0	0
F.22	Dépôts transférables	98 783	17 161	73 390	4 629	14 120	2 190
F.29	Autres dépôts	-8 817	0	-5 879	0	0	-2 938
F.3	**Titres autres qu'actions**	**-402 543**	**86 442**	**-528 540**	**71 812**	**-503**	**-83 540**
F.33	Titres autres qu'actions, non compris produits financiers dérivés	142 126	86 434	4 418	71 812	-11	-38 244
F.331	Titres à court terme	48 930	35 735	41 059	-2 556	7	-10 065
F.332	Titres à long terme	93 196	50 699	-36 641	74 368	-18	-28 179
F.34	Produits financiers dérivés	-544 669	8	-532 958	0	-492	-45 296
F.4	**Crédits**	**230 430**	**20**	**190 662**	**12 829**	**-35**	**14 697**
F.41	Crédits à court terme	72 482	0	59 676	-126	-35	0
F.42	Crédits à long terme	157 948	20	130 986	12 955	0	14 697
F.5	**Actions et autres participations**	**191 350**	**-1 687**	**58 117**	**99 224**	**-5 045**	**108 647**
F.51	Actions et autres participations, non compris parts d'O.P.C.	74 046	-1 687	17 757	59 523	-1 125	-906
F.511	Actions cotées	54 536	0	17 757	51 648	-1 125	-13 744
F.512	Actions non cotées	18 111	0	0	7 875	0	10 236
F.513	Autres participations	1 399	-1 687	0	0	0	2 602
F.52	Parts d'organismes de placement collectif	117 304	0	40 360	39 701	-3 920	109 553
F.6	**Réserves techniques d'assurance**	**-1 505**	**0**	**0**	**0**	**0**	**-1 505**
F.61	Droits nets des ménages sur les réserves techniques	0	..	..	..	..	0
F.611	Sur les réserves d'assurance vie	..	..	..	..	..	..
F.612	Sur les fonds de pension	..	..	..	..	..	..
F.62	Réserves-primes et réserves-sinistres	-1 505	..	..	..	..	-1 505
F.7	**Autres comptes à recevoir**	**33 207**	**1 996**	**-12 672**	**-29 745**	**-27**	**35 362**
F.71	Crédits commerciaux et avances	0	0	0	0	0	0
F.79	Autres	33 207	1 996	-12 672	-29 745	-27	35 362
	Accroissement net des passifs	**81 256**	**109 037**	**-279 438**	**137 030**	**8 534**	**79 269**
F.2	**Numéraire et dépôts**	**19 149**	**-14 435**	**41 190**	**0**	**0**	**0**
F.21	Numéraire	-5 640	-10 741	0	..	..	..
F.22	Dépôts transférables	37 941	-3 694	54 342	..	..	..
F.29	Autres dépôts	-13 152	0	-13 152	..	..	..
F.3	**Titres autres qu'actions**	**-254 286**	**21 997**	**-294 651**	**-2 591**	**-43**	**-30 784**
F.33	Titres autres qu'actions, non compris produits financiers dérivés	286 400	21 997	249 203	-2 591	0	74
F.331	Titres à court terme	75 858	21 997	69 911	-800	..	0
F.332	Titres à long terme	210 542	0	179 292	-1 791	..	74
F.34	Produits financiers dérivés	-540 686	0	-543 854	0	-43	-30 858
F.4	**Crédits**	**97 863**	**103 541**	**402**	**-7 108**	**6 794**	**-18 023**
F.41	Crédits à court terme	-75	0	0	-1 864	6 796	-17 974
F.42	Crédits à long terme	97 938	103 541	402	-5 244	-2	-49
F.5	**Actions et autres participations**	**33 041**	**0**	**30 683**	**70 264**	**0**	**0**
F.51	Actions et autres participations, non compris parts d'O.P.C.	20 097	..	19 913	-300	..	..
F.511	Actions cotées	0	..	0	0	..	..
F.512	Actions non cotées	20 097	..	19 913	184	..	..
F.513	Autres participations	0	..	0	-484	..	..
F.52	Parts d'organismes de placement collectif	12 944	..	10 770	70 564	..	..
F.6	**Réserves techniques d'assurance**	**127 749**	**-7**	**0**	**0**	**0**	**127 756**
F.61	Droits nets des ménages sur les réserves techniques	139 894	-7	..	..	..	139 901
F.611	Sur les réserves d'assurance vie	17 476	0	..	..	..	17 476
F.612	Sur les fonds de pension	122 418	-7	..	..	..	122 425
F.62	Réserves-primes et réserves-sinistres	-12 145	0	..	..	..	-12 145
F.7	**Autres comptes à payer**	**57 740**	**-2 059**	**-57 062**	**76 465**	**1 783**	**320**
F.71	Crédits commerciaux et avances	0	0	0	0	0	0
F.79	Autres	57 740	-2 059	-57 062	76 465	1 783	320
	Opérations financières nettes	**59 655**	**-5 141**	**49 457**	**21 719**	**-24**	**-6 356**

Tableau 1.a. Flux consolidés, par instrument et par secteur, Année 2013 (cont.)

SCN 1993

Millions SEK

		Sociétés non financières	Administrations publiques		Ménages et ISBLSM	Economie totale	Reste du monde
			Total	Administration centrale			
		S11	S13	S1311	S14+S15	S1	S2
	Acquisition nette d'actifs financiers	**84 254**	**41 118**	**58 614**	**272 932**	**539 215**	**-99 402**
F.1	**Or monétaire et DTS**	**..**	**0**	**0**	**..**	**-36**	**36**
F.2	**Numéraire et dépôts**	**59 679**	**-5 936**	**-8 922**	**65 952**	**209 703**	**-93 337**
F.21	Numéraire	-1 159	157	0	-4 638	-5 598	0
F.22	Dépôts transférables	60 838	7 041	-1 000	73 857	240 519	-85 617
F.29	Autres dépôts	0	-13 134	-7 922	-3 267	-25 218	-7 720
F.3	**Titres autres qu'actions**	**-30 139**	**-72 921**	**-25 406**	**-1 844**	**-507 447**	**-124 189**
F.33	Titres autres qu'actions, non compris produits financiers dérivés	-22 224	5 668	1 435	-1 844	123 726	421 079
F.331	Titres à court terme	-1 645	1 283	0	0	48 568	40 263
F.332	Titres à long terme	-20 579	4 385	1 435	-1 844	75 158	380 816
F.34	Produits financiers dérivés	-7 915	-78 589	-26 841	0	-631 173	-545 268
F.4	**Crédits**	**3 452**	**116 530**	**110 893**	**1 150**	**351 562**	**-118 236**
F.41	Crédits à court terme	-6 171	2 988	-88	818	70 117	-19 047
F.42	Crédits à long terme	9 623	113 542	110 981	332	281 445	-99 189
F.5	**Actions et autres participations**	**40 022**	**-23 964**	**-40 703**	**54 262**	**261 670**	**176 839**
F.51	Actions et autres participations, non compris parts d'O.P.C.	42 770	-23 037	-40 703	22 783	116 562	177 091
F.511	Actions cotées	-69 323	-47 215	-42 842	-5 078	-67 080	74 149
F.512	Actions non cotées	109 424	7 358	2 139	0	134 893	102 942
F.513	Autres participations	2 669	16 820	0	27 861	48 749	0
F.52	Parts d'organismes de placement collectif	-2 748	-927	0	31 479	145 108	-252
F.6	**Réserves techniques d'assurance**	**-10 440**	**0**	**0**	**151 170**	**139 225**	**-2 254**
F.61	Droits nets des ménages sur les réserves techniques	0	..	..	150 621	150 621	0
F.611	Sur les réserves d'assurance vie	..	..	..	17 313	17 313	..
F.612	Sur les fonds de pension	..	..	..	133 308	133 308	..
F.62	Réserves-primes et réserves-sinistres	-10 440	..	..	549	-11 396	-2 254
F.7	**Autres comptes à recevoir**	**21 680**	**27 409**	**22 752**	**2 242**	**84 538**	**61 739**
F.71	Crédits commerciaux et avances	25 247	-1 720	-1 145	0	23 527	2 164
F.79	Autres	-3 567	29 129	23 897	2 242	61 011	59 575
	Accroissement net des passifs	**133 733**	**73 674**	**91 174**	**152 089**	**440 752**	**-939**
F.2	**Numéraire et dépôts**	**0**	**-19 786**	**-19 786**	**0**	**-637**	**117 003**
F.21	Numéraire	..	0	0	..	-5 640	42
F.22	Dépôts transférables	..	0	0	..	37 941	116 961
F.29	Autres dépôts	..	-19 786	-19 786	..	-32 938	0
F.3	**Titres autres qu'actions**	**33 842**	**69 926**	**97 536**	**0**	**-150 518**	**-481 118**
F.33	Titres autres qu'actions, non compris produits financiers dérivés	39 046	107 100	108 534	0	432 546	112 259
F.331	Titres à court terme	10 448	-50 226	-47 100	..	36 080	52 751
F.332	Titres à long terme	28 598	157 326	155 634	..	396 466	59 508
F.34	Produits financiers dérivés	-5 204	-37 174	-10 998	0	-583 064	-593 377
F.4	**Crédits**	**-57 756**	**1 054**	**11 473**	**136 919**	**178 080**	**55 246**
F.41	Crédits à court terme	39 425	-1 061	11 646	17 273	55 562	-4 492
F.42	Crédits à long terme	-97 181	2 115	-173	119 646	122 518	59 738
F.5	**Actions et autres participations**	**145 517**	**0**	**0**	**0**	**178 558**	**259 951**
F.51	Actions et autres participations, non compris parts d'O.P.C.	145 517	..	..	..	165 614	128 039
F.511	Actions cotées	7 069	..	..	..	7 069	0
F.512	Actions non cotées	101 966	..	..	..	122 063	115 772
F.513	Autres participations	36 482	..	..	..	36 482	12 267
F.52	Parts d'organismes de placement collectif	0	..	..	..	12 944	131 912
F.6	**Réserves techniques d'assurance**	**3 709**	**7 181**	**0**	**0**	**138 639**	**-1 668**
F.61	Droits nets des ménages sur les réserves techniques	3 709	7 181	..	..	150 784	-163
F.611	Sur les réserves d'assurance vie	0	0	..	..	17 476	-163
F.612	Sur les fonds de pension	3 709	7 181	..	..	133 308	0
F.62	Réserves-primes et réserves-sinistres	0	0	..	..	-12 145	-1 505
F.7	**Autres comptes à payer**	**8 421**	**15 299**	**1 951**	**15 170**	**96 630**	**49 647**
F.71	Crédits commerciaux et avances	573	-1 750	700	0	-1 177	26 868
F.79	Autres	7 848	17 049	1 251	15 170	97 807	22 779
	Opérations financières nettes	**-49 479**	**-32 556**	**-32 560**	**120 843**	**98 463**	**-98 463**

Note : Les métadonnées détaillées sont disponibles sur :http://metalinks.oecd.org/faiiia/20150126/feec

SUÈDE

Tableau 1.b. Flux non consolidés, par instrument et par secteur, Année 2013

SCN 1993

Millions SEK

		Sociétés financières					
		Total S12	Banque centrale S121	Autres institutions de dépôts S122	Autres intermédiaires financiers S123	Auxiliaires financiers S124	Sociétés d'assurance et fonds de pension S125
	Acquisition nette d'actifs financiers	**285 784**	**103 896**	**-63 423**	**165 798**	**8 510**	**71 003**
F.1	**Or monétaire et DTS**	**-36**	**-36**	**0**	..	..	..
F.2	**Numéraire et dépôts**	**209 622**	**17 161**	**174 460**	**4 629**	**14 120**	**-748**
F.21	Numéraire	-5 059	0	-5 059	0	0	0
F.22	Dépôts transférables	223 498	17 161	185 398	4 629	14 120	2 190
F.29	Autres dépôts	-8 817	0	-5 879	0	0	-2 938
F.3	**Titres autres qu'actions**	**-406 219**	**86 442**	**-481 038**	**72 420**	**-503**	**-83 540**
F.33	Titres autres qu'actions, non compris produits financiers dérivés	172 519	86 434	51 920	72 420	-11	-38 244
F.331	Titres à court terme	83 551	35 735	60 430	-2 556	7	-10 065
F.332	Titres à long terme	88 968	50 699	-8 510	74 976	-18	-28 179
F.34	Produits financiers dérivés	-578 738	8	-532 958	0	-492	-45 296
F.4	**Crédits**	**218 173**	**20**	**190 662**	**12 829**	**-35**	**14 697**
F.41	Crédits à court terme	59 515	0	59 676	-126	-35	0
F.42	Crédits à long terme	158 658	20	130 986	12 955	0	14 697
F.5	**Actions et autres participations**	**272 379**	**-1 687**	**65 200**	**105 264**	**-5 045**	**108 647**
F.51	Actions et autres participations, non compris parts d'O.P.C.	75 953	-1 687	20 149	59 522	-1 125	-906
F.511	Actions cotées	56 928	0	20 149	51 648	-1 125	-13 744
F.512	Actions non cotées	18 110	0	0	7 874	0	10 236
F.513	Autres participations	915	-1 687	0	0	0	2 602
F.52	Parts d'organismes de placement collectif	196 426	0	45 051	45 742	-3 920	109 553
F.6	**Réserves techniques d'assurance**	**-3 415**	**0**	**0**	**0**	**0**	**-3 415**
F.61	Droits nets des ménages sur les réserves techniques	0	..	..	..	..	0
F.611	Sur les réserves d'assurance vie	..	..	..	..	..	..
F.612	Sur les fonds de pension	..	..	..	..	..	..
F.62	Réserves-primes et réserves-sinistres	-3 415	..	..	..	..	-3 415
F.7	**Autres comptes à recevoir**	**-4 720**	**1 996**	**-12 707**	**-29 344**	**-27**	**35 362**
F.71	Crédits commerciaux et avances	0	0	0	0	0	0
F.79	Autres	-4 720	1 996	-12 707	-29 344	-27	35 362
	Accroissement net des passifs	**226 129**	**109 037**	**-112 880**	**144 079**	**8 534**	**77 359**
F.2	**Numéraire et dépôts**	**138 763**	**-14 435**	**153 198**	**0**	**0**	**0**
F.21	Numéraire	-10 741	-10 741	0	..	..	..
F.22	Dépôts transférables	162 656	-3 694	166 350	..	..	..
F.29	Autres dépôts	-13 152	0	-13 152	..	..	..
F.3	**Titres autres qu'actions**	**-257 962**	**21 997**	**-247 149**	**-1 983**	**-43**	**-30 784**
F.33	Titres autres qu'actions, non compris produits financiers dérivés	316 793	21 997	296 705	-1 983	0	74
F.331	Titres à court terme	110 479	21 997	89 282	-800	..	0
F.332	Titres à long terme	206 314	0	207 423	-1 183	..	74
F.34	Produits financiers dérivés	-574 755	0	-543 854	0	-43	-30 858
F.4	**Crédits**	**85 606**	**103 541**	**402**	**-7 108**	**6 794**	**-18 023**
F.41	Crédits à court terme	-13 042	0	0	-1 864	6 796	-17 974
F.42	Crédits à long terme	98 648	103 541	402	-5 244	-2	-49
F.5	**Actions et autres participations**	**114 070**	**0**	**37 766**	**76 304**	**0**	**0**
F.51	Actions et autres participations, non compris parts d'O.P.C.	22 004	..	22 305	-301	..	..
F.511	Actions cotées	2 392	..	2 392	0	..	..
F.512	Actions non cotées	20 096	..	19 913	183	..	..
F.513	Autres participations	-484	..	0	-484	..	..
F.52	Parts d'organismes de placement collectif	92 066	..	15 461	76 605	..	..
F.6	**Réserves techniques d'assurance**	**125 839**	**-7**	**0**	**0**	**0**	**125 846**
F.61	Droits nets des ménages sur les réserves techniques	139 894	-7	..	..	..	139 901
F.611	Sur les réserves d'assurance vie	17 476	0	..	..	..	17 476
F.612	Sur les fonds de pension	122 418	-7	..	..	..	122 425
F.62	Réserves-primes et réserves-sinistres	-14 055	0	..	..	..	-14 055
F.7	**Autres comptes à payer**	**19 813**	**-2 059**	**-57 097**	**76 866**	**1 783**	**320**
F.71	Crédits commerciaux et avances	0	0	0	0	0	0
F.79	Autres	19 813	-2 059	-57 097	76 866	1 783	320
	Opérations financières nettes	**59 655**	**-5 141**	**49 457**	**21 719**	**-24**	**-6 356**

Tableau 1.b. Flux non consolidés, par instrument et par secteur, Année 2013 (cont.)

SCN 1993

Millions SEK

		Sociétés non financières	Administrations publiques		Ménages et ISBLSM	Economie totale	Reste du monde
		S11	Total S13	Administration centrale S1311	S14+S15	S1	S2
	Acquisition nette d'actifs financiers	**-5 373**	**45 196**	**65 578**	**272 746**	**598 353**	**-99 402**
F.1	**Or monétaire et DTS**	..	**0**	**0**	..	**-36**	**36**
F.2	**Numéraire et dépôts**	**59 679**	**-5 936**	**-8 922**	**65 952**	**329 317**	**-93 337**
F.21	Numéraire	-1 159	157	0	-4 638	-10 699	0
F.22	Dépôts transférables	60 838	7 041	-1 000	73 857	365 234	-85 617
F.29	Autres dépôts	0	-13 134	-7 922	-3 267	-25 218	-7 720
F.3	**Titres autres qu'actions**	**-10 517**	**-56 386**	**-18 442**	**-1 844**	**-474 966**	**-124 189**
F.33	Titres autres qu'actions, non compris produits financiers dérivés	-2 602	22 203	8 399	-1 844	190 276	421 079
F.331	Titres à court terme	7 745	457	0	0	91 753	40 263
F.332	Titres à long terme	-10 347	21 746	8 399	-1 844	98 523	380 816
F.34	Produits financiers dérivés	-7 915	-78 589	-26 841	0	-665 242	-545 268
F.4	**Crédits**	**-114 275**	**117 174**	**110 893**	**1 150**	**222 222**	**-118 236**
F.41	Crédits à court terme	-6 171	3 170	-88	818	57 332	-19 047
F.42	Crédits à long terme	-108 104	114 004	110 981	332	164 890	-99 189
F.5	**Actions et autres participations**	**48 500**	**-23 964**	**-40 703**	**54 262**	**351 177**	**176 839**
F.51	Actions et autres participations, non compris parts d'O.P.C.	51 248	-23 037	-40 703	22 783	126 947	177 091
F.511	Actions cotées	-64 836	-47 215	-42 842	-5 078	-60 201	74 149
F.512	Actions non cotées	109 424	7 358	2 139	0	134 892	102 942
F.513	Autres participations	6 660	16 820	0	27 861	52 256	0
F.52	Parts d'organismes de placement collectif	-2 748	-927	0	31 479	224 230	-252
F.6	**Réserves techniques d'assurance**	**-10 440**	**0**	**0**	**151 170**	**137 315**	**-2 254**
F.61	Droits nets des ménages sur les réserves techniques	0	..	..	150 621	150 621	0
F.611	Sur les réserves d'assurance vie	..	..	..	17 313	17 313	..
F.612	Sur les fonds de pension	..	..	..	133 308	133 308	..
F.62	Réserves-primes et réserves-sinistres	-10 440	..	..	549	-13 306	-2 254
F.7	**Autres comptes à recevoir**	**21 680**	**14 308**	**22 752**	**2 056**	**33 324**	**61 739**
F.71	Crédits commerciaux et avances	25 247	-1 720	-1 145	0	23 527	2 164
F.79	Autres	-3 567	16 028	23 897	2 056	9 797	59 575
	Accroissement net des passifs	**44 106**	**77 752**	**98 138**	**151 903**	**499 890**	**-939**
F.2	**Numéraire et dépôts**	**0**	**-19 786**	**-19 786**	**0**	**118 977**	**117 003**
F.21	Numéraire	..	0	0	..	-10 741	42
F.22	Dépôts transférables	..	0	0	..	162 656	116 961
F.29	Autres dépôts	..	-19 786	-19 786	..	-32 938	0
F.3	**Titres autres qu'actions**	**53 464**	**86 461**	**104 500**	**0**	**-118 037**	**-481 118**
F.33	Titres autres qu'actions, non compris produits financiers dérivés	58 668	123 635	115 498	0	499 096	112 259
F.331	Titres à court terme	19 838	-51 052	-47 100	..	79 265	52 751
F.332	Titres à long terme	38 830	174 687	162 598	..	419 831	59 508
F.34	Produits financiers dérivés	-5 204	-37 174	-10 998	0	-617 133	-593 377
F.4	**Crédits**	**-175 483**	**1 698**	**11 473**	**136 919**	**48 740**	**55 246**
F.41	Crédits à court terme	39 425	-879	11 646	17 273	42 777	-4 492
F.42	Crédits à long terme	-214 908	2 577	-173	119 646	5 963	59 738
F.5	**Actions et autres participations**	**153 995**	**0**	**0**	**0**	**268 065**	**259 951**
F.51	Actions et autres participations, non compris parts d'O.P.C.	153 995	..	..	..	175 999	128 039
F.511	Actions cotées	11 556	..	..	..	13 948	0
F.512	Actions non cotées	101 966	..	..	..	122 062	115 772
F.513	Autres participations	40 473	..	..	..	39 989	12 267
F.52	Parts d'organismes de placement collectif	0	..	..	..	92 066	131 912
F.6	**Réserves techniques d'assurance**	**3 709**	**7 181**	**0**	**0**	**136 729**	**-1 668**
F.61	Droits nets des ménages sur les réserves techniques	3 709	7 181	..	..	150 784	-163
F.611	Sur les réserves d'assurance vie	0	0	..	..	17 476	-163
F.612	Sur les fonds de pension	3 709	7 181	..	..	133 308	0
F.62	Réserves-primes et réserves-sinistres	0	0	..	..	-14 055	-1 505
F.7	**Autres comptes à payer**	**8 421**	**2 198**	**1 951**	**14 984**	**45 416**	**49 647**
F.71	Crédits commerciaux et avances	573	-1 750	700	0	-1 177	26 868
F.79	Autres	7 848	3 948	1 251	14 984	46 593	22 779
	Opérations financières nettes	**-49 479**	**-32 556**	**-32 560**	**120 843**	**98 463**	**-98 463**

Note : Les métadonnées détaillées sont disponibles sur :http://metalinks.oecd.org/faiiia/20150126/094e

SUÈDE

Tableau 2.1.a. Flux consolidés, Secteur S1 - Économie totale

SCN 1993

Millions SEK

		2006	2007	2008	2009	2010	2011	2012	2013
	Acquisition nette d'actifs financiers	**1 140 837**	**1 388 942**	**210 275**	**6 646**	**309 197**	**-28 789**	**-101 542**	**539 215**
F.1	**Or monétaire et DTS**	**628**	**-937**	**1 518**	**-1 689**	**-3 498**	**-799**	**-1 300**	**-36**
F.2	**Numéraire et dépôts**	**343 208**	**340 207**	**188 211**	**540**	**251 746**	**507 087**	**194 053**	**209 703**
F.21	Numéraire	502	-399	-883	515	-3 704	-4 243	-4 235	-5 598
F.22	Dépôts transférables	362 435	330 764	114 916	58 199	254 874	470 284	207 671	240 519
F.29	Autres dépôts	-19 729	9 842	74 178	-58 174	576	41 046	-9 383	-25 218
F.3	**Titres autres qu'actions**	**-114 499**	**-118 173**	**-623 356**	**-666 035**	**-681 295**	**-1 064 220**	**-879 582**	**-507 447**
F.33	Titres autres qu'actions, non compris produits financiers dérivés	85 267	115 153	-177 438	111 234	-3 617	-202 637	-67 182	123 726
F.331	Titres à court terme	-37 599	-89 269	-86 805	15 284	-42 264	-31 832	31 713	48 568
F.332	Titres à long terme	122 866	204 422	-90 633	95 950	38 647	-170 805	-98 895	75 158
F.34	Produits financiers dérivés	-199 766	-233 326	-445 918	-777 269	-677 678	-861 583	-812 400	-631 173
F.4	**Crédits**	**383 958**	**546 285**	**478 935**	**163 476**	**194 263**	**371 953**	**118 852**	**351 562**
F.41	Crédits à court terme	183 371	269 049	190 313	41 153	2 440	118 746	-33 267	70 117
F.42	Crédits à long terme	200 587	277 236	288 622	122 323	191 823	253 207	152 119	281 445
F.5	**Actions et autres participations**	**190 007**	**301 340**	**137 331**	**448 245**	**189 820**	**189 133**	**400 396**	**261 670**
F.51	Actions et autres participations, non compris parts d'O.P.C.	149 628	296 675	237 078	285 256	111 795	214 948	242 312	116 562
F.511	Actions cotées	13 984	-26 068	125 232	4 078	-66 332	20 974	29 284	-67 080
F.512	Actions non cotées	119 055	303 523	86 593	255 498	144 623	167 621	162 758	134 893
F.513	Autres participations	16 589	19 220	25 253	25 680	33 504	26 353	50 270	48 749
F.52	Parts d'organismes de placement collectif	40 379	4 665	-99 747	162 989	78 025	-25 815	158 084	145 108
F.6	**Réserves techniques d'assurance**	**148 906**	**157 746**	**147 683**	**149 510**	**150 465**	**147 090**	**136 549**	**139 225**
F.61	Droits nets des ménages sur les réserves techniques	141 839	149 304	153 981	167 443	162 059	147 903	154 282	150 621
F.611	Sur les réserves d'assurance vie	49 260	38 183	42 625	50 862	53 085	21 342	18 794	17 313
F.612	Sur les fonds de pension	92 579	111 121	111 356	116 581	108 974	126 561	135 488	133 308
F.62	Réserves-primes et réserves-sinistres	7 067	8 442	-6 298	-17 933	-11 594	-813	-17 733	-11 396
F.7	**Autres comptes à recevoir**	**188 629**	**162 474**	**-120 047**	**-87 401**	**207 696**	**-179 033**	**-70 510**	**84 538**
F.71	Crédits commerciaux et avances	36 740	32 584	-10 354	-37 611	32 985	130	-8 095	23 527
F.79	Autres	151 889	129 890	-109 693	-49 790	174 711	-179 163	-62 415	61 011
	Accroissement net des passifs	**997 377**	**1 250 182**	**329 592**	**-206 901**	**227 908**	**-257 175**	**-286 156**	**440 752**
F.2	**Numéraire et dépôts**	**373 483**	**244 047**	**519 327**	**-378 930**	**83 509**	**261 287**	**124 896**	**-637**
F.21	Numéraire	388	-440	-965	656	-3 639	-4 289	-4 096	-5 640
F.22	Dépôts transférables	392 824	239 550	446 339	-325 949	83 351	219 755	132 687	37 941
F.29	Autres dépôts	-19 729	4 937	73 953	-53 637	3 797	45 821	-3 695	-32 938
F.3	**Titres autres qu'actions**	**-13 940**	**25 087**	**-711 266**	**-392 263**	**-404 815**	**-805 770**	**-690 228**	**-150 518**
F.33	Titres autres qu'actions, non compris produits financiers dérivés	170 774	265 586	-239 977	437 887	259 988	50 983	99 130	432 546
F.331	Titres à court terme	47 699	140 255	-271 656	-50 591	-26 876	101 445	33 997	36 080
F.332	Titres à long terme	123 075	125 331	31 679	488 478	286 864	-50 462	65 133	396 466
F.34	Produits financiers dérivés	-184 714	-240 499	-471 289	-830 150	-664 803	-856 753	-789 358	-583 064
F.4	**Crédits**	**330 435**	**682 659**	**604 245**	**210 731**	**122 262**	**262 492**	**-41 714**	**178 080**
F.41	Crédits à court terme	168 436	257 020	220 278	32 940	5 806	111 238	-17 572	55 562
F.42	Crédits à long terme	161 999	425 639	383 967	177 791	116 456	151 254	-24 142	122 518
F.5	**Actions et autres participations**	**55 975**	**74 060**	**-59 137**	**238 933**	**86 955**	**48 781**	**268 418**	**178 558**
F.51	Actions et autres participations, non compris parts d'O.P.C.	59 957	96 846	-14 186	203 928	63 242	72 649	246 738	165 614
F.511	Actions cotées	-4 295	-6 444	7 969	55 402	8 179	5 292	1 740	7 069
F.512	Actions non cotées	47 663	84 070	-47 408	125 626	35 530	49 222	218 656	122 063
F.513	Autres participations	16 589	19 220	25 253	22 900	19 533	18 135	26 342	36 482
F.52	Parts d'organismes de placement collectif	-3 982	-22 786	-44 951	35 005	23 713	-23 868	21 680	12 944
F.6	**Réserves techniques d'assurance**	**149 876**	**161 169**	**151 364**	**154 377**	**148 381**	**146 817**	**134 347**	**138 639**
F.61	Droits nets des ménages sur les réserves techniques	142 406	149 659	154 301	167 822	162 105	148 072	154 445	150 784
F.611	Sur les réserves d'assurance vie	49 827	38 538	42 945	51 241	53 131	21 511	18 957	17 476
F.612	Sur les fonds de pension	92 579	111 121	111 356	116 581	108 974	126 561	135 488	133 308
F.62	Réserves-primes et réserves-sinistres	7 470	11 510	-2 937	-13 445	-13 724	-1 255	-20 098	-12 145
F.7	**Autres comptes à payer**	**101 548**	**63 160**	**-174 941**	**-39 749**	**191 616**	**-170 782**	**-81 875**	**96 630**
F.71	Crédits commerciaux et avances	4 835	33 104	-16 114	-6 244	2 849	-1 590	-7 185	-1 177
F.79	Autres	96 713	30 056	-158 827	-33 505	188 767	-169 192	-74 690	97 807
	Opérations financières nettes	**143 460**	**138 760**	**-119 317**	**213 547**	**81 289**	**228 386**	**184 614**	**98 463**

Note : Les métadonnées détaillées sont disponibles sur :http://metalinks.oecd.org/faiiia/20150126/feec

SUÈDE

Tableau 2.2.a. Flux consolidés, Secteur S11 - Sociétés non financières
SCN 1993

Millions SEK

		2006	2007	2008	2009	2010	2011	2012	2013
	Acquisition nette d'actifs financiers	**240 742**	**350 565**	**115 400**	**88 959**	**172 072**	**119 243**	**65 760**	**84 254**
F.1	**Or monétaire et DTS**	..	..	..	..	..	..	..	..
F.2	**Numéraire et dépôts**	**28 998**	**-18 600**	**69 236**	**21 423**	**26 687**	**13 918**	**36 908**	**59 679**
F.21	Numéraire	77	-59	-219	140	-725	-857	-816	-1 159
F.22	Dépôts transférables	28 921	-18 541	69 455	21 283	27 412	14 775	37 724	60 838
F.29	Autres dépôts	0	0	0	0	0	0	0	0
F.3	**Titres autres qu'actions**	**-46 942**	**-13 564**	**-76 556**	**16 194**	**-20 682**	**-32 654**	**-20 922**	**-30 139**
F.33	Titres autres qu'actions, non compris produits financiers dérivés	-29 021	6 243	-39 457	48 857	-6 527	-17 140	-10 607	-22 224
F.331	Titres à court terme	-11 575	6 748	-30 238	19 845	-24 442	5 006	-4 574	-1 645
F.332	Titres à long terme	-17 446	-505	-9 219	29 012	17 915	-22 146	-6 033	-20 579
F.34	Produits financiers dérivés	-17 921	-19 807	-37 099	-32 663	-14 155	-15 514	-10 315	-7 915
F.4	**Crédits**	**-73 085**	**54 740**	**32 654**	**-48 178**	**-18 051**	**8 316**	**-38 649**	**3 452**
F.41	Crédits à court terme	3 494	1 489	-8 093	-12 828	5 454	-3 980	-3 336	-6 171
F.42	Crédits à long terme	-76 579	53 251	40 747	-35 350	-23 505	12 296	-35 313	9 623
F.5	**Actions et autres participations**	**208 022**	**327 860**	**181 394**	**151 029**	**66 197**	**237 438**	**120 911**	**40 022**
F.51	Actions et autres participations, non compris parts d'O.P.C.	194 060	333 916	207 839	140 356	59 972	250 899	119 911	42 770
F.511	Actions cotées	74 501	21 788	83 853	-103 928	-77 733	93 794	1 042	-69 323
F.512	Actions non cotées	119 559	312 128	123 986	244 284	136 292	158 561	116 064	109 424
F.513	Autres participations	0	0	0	0	1 413	-1 456	2 805	2 669
F.52	Parts d'organismes de placement collectif	13 962	-6 056	-26 445	10 673	6 225	-13 461	1 000	-2 748
F.6	**Réserves techniques d'assurance**	**-2 569**	**2 781**	**1 021**	**-2 114**	**865**	**2 513**	**664**	**-10 440**
F.61	Droits nets des ménages sur les réserves techniques	0	0	0	0	0	0	0	0
F.611	Sur les réserves d'assurance vie	..	..	..	..	..	..	..	..
F.612	Sur les fonds de pension	..	..	..	..	..	..	..	..
F.62	Réserves-primes et réserves-sinistres	-2 569	2 781	1 021	-2 114	865	2 513	664	-10 440
F.7	**Autres comptes à recevoir**	**126 318**	**-2 652**	**-92 349**	**-49 395**	**117 056**	**-110 288**	**-33 152**	**21 680**
F.71	Crédits commerciaux et avances	39 816	30 845	-8 388	-36 479	29 574	-874	-8 105	25 247
F.79	Autres	86 502	-33 497	-83 961	-12 916	87 482	-109 414	-25 047	-3 567
	Accroissement net des passifs	**207 061**	**630 828**	**442 944**	**59 129**	**21 310**	**104 312**	**175 997**	**133 733**
F.2	**Numéraire et dépôts**	**0**	**0**	**0**	**0**	**0**	**0**	**0**	**0**
F.21	Numéraire	..	..	..	..	..	..	..	..
F.22	Dépôts transférables	..	..	..	..	..	..	..	..
F.29	Autres dépôts	..	..	..	..	..	..	..	..
F.3	**Titres autres qu'actions**	**-35 407**	**47 917**	**12 860**	**59 356**	**-39 964**	**-722**	**55 401**	**33 842**
F.33	Titres autres qu'actions, non compris produits financiers dérivés	-14 639	65 786	39 588	85 623	-27 837	10 098	64 174	39 046
F.331	Titres à court terme	4 478	389	7 254	-22 817	-1 833	7 853	3 135	10 448
F.332	Titres à long terme	-19 117	65 397	32 334	108 440	-26 004	2 245	61 039	28 598
F.34	Produits financiers dérivés	-20 768	-17 869	-26 728	-26 267	-12 127	-10 820	-8 773	-5 204
F.4	**Crédits**	**132 707**	**454 136**	**431 084**	**-127 965**	**-21 405**	**48 708**	**-134 814**	**-57 756**
F.41	Crédits à court terme	113 102	217 826	183 523	-62 749	26 158	55 414	-21 989	39 425
F.42	Crédits à long terme	19 605	236 310	247 561	-65 216	-47 563	-6 706	-112 825	-97 181
F.5	**Actions et autres participations**	**62 848**	**105 799**	**-27 518**	**140 731**	**48 398**	**52 122**	**262 401**	**145 517**
F.51	Actions et autres participations, non compris parts d'O.P.C.	62 848	105 799	-27 518	140 731	48 398	52 122	262 401	145 517
F.511	Actions cotées	-4 295	-6 444	1 212	13 543	8 179	5 292	1 763	7 069
F.512	Actions non cotées	50 554	93 023	-53 983	104 288	20 686	28 695	234 296	101 966
F.513	Autres participations	16 589	19 220	25 253	22 900	19 533	18 135	26 342	36 482
F.52	Parts d'organismes de placement collectif	0	0	0	0	0	0	0	0
F.6	**Réserves techniques d'assurance**	**4 830**	**5 185**	**4 989**	**3 925**	**3 568**	**3 852**	**4 102**	**3 709**
F.61	Droits nets des ménages sur les réserves techniques	4 830	5 185	4 989	3 925	3 568	3 852	4 102	3 709
F.611	Sur les réserves d'assurance vie	0	0	0	0	0	0	0	0
F.612	Sur les fonds de pension	4 830	5 185	4 989	3 925	3 568	3 852	4 102	3 709
F.62	Réserves-primes et réserves-sinistres	0	0	0	0	0	0	0	0
F.7	**Autres comptes à payer**	**42 083**	**17 791**	**21 529**	**-16 918**	**30 713**	**352**	**-11 093**	**8 421**
F.71	Crédits commerciaux et avances	-3 775	31 437	-12 492	-7 460	-6 504	-2 075	-11 565	573
F.79	Autres	45 858	-13 646	34 021	-9 458	37 217	2 427	472	7 848
	Opérations financières nettes	**33 681**	**-280 263**	**-327 544**	**29 830**	**150 762**	**14 931**	**-110 237**	**-49 479**

Note : Les métadonnées détaillées sont disponibles sur :http://metalinks.oecd.org/faiiia/20150126/feec

Tableau 2.3.a. Flux consolidés, Secteur S12 - Sociétés financières

SCN 1993

Millions SEK

		2006	2007	2008	2009	2010	2011	2012	2013
	Acquisition nette d'actifs financiers	**657 012**	**746 347**	**-85 110**	**-313 228**	**-85 983**	**-275 267**	**-408 038**	**140 911**
F.1	**Or monétaire et DTS**	**628**	**-937**	**1 518**	**-1 689**	**-3 498**	**-799**	**-1 300**	**-36**
F.2	**Numéraire et dépôts**	**192 667**	**204 330**	**-24 400**	**-20 515**	**152 825**	**367 324**	**66 094**	**90 008**
F.21	Numéraire	114	41	82	-141	-65	46	-139	42
F.22	Dépôts transférables	214 330	202 945	-24 936	-20 470	146 530	358 473	61 255	98 783
F.29	Autres dépôts	-21 777	1 344	454	96	6 360	8 805	4 978	-8 817
F.3	**Titres autres qu'actions**	**-72 282**	**-117 707**	**-440 483**	**-604 025**	**-611 727**	**-914 527**	**-781 777**	**-402 543**
F.33	Titres autres qu'actions, non compris produits financiers dérivés	71 647	32 458	-98 863	61 209	-829	-160 445	-43 852	142 126
F.331	Titres à court terme	-22 647	-98 691	-65 163	8 195	-11 083	-32 529	28 245	48 930
F.332	Titres à long terme	94 294	131 149	-33 700	53 014	10 254	-127 916	-72 097	93 196
F.34	Produits financiers dérivés	-143 929	-150 165	-341 620	-665 234	-610 898	-754 082	-737 925	-544 669
F.4	**Crédits**	**436 851**	**482 706**	**422 836**	**110 656**	**197 301**	**335 732**	**141 758**	**230 430**
F.41	Crédits à court terme	186 442	262 480	197 347	53 810	-4 286	121 765	-35 796	72 482
F.42	Crédits à long terme	250 409	220 226	225 489	56 846	201 587	213 967	177 554	157 948
F.5	**Actions et autres participations**	**36 722**	**44 723**	**-37 612**	**245 108**	**130 029**	**-23 690**	**211 343**	**191 350**
F.51	Actions et autres participations, non compris parts d'O.P.C.	487	11 579	-15 807	131 911	63 403	-18 006	110 978	74 046
F.511	Actions cotées	-8 590	7 610	-32 049	122 212	50 792	-32 450	65 936	54 536
F.512	Actions non cotées	9 077	3 969	16 242	8 958	6 684	9 485	41 570	18 111
F.513	Autres participations	0	0	0	741	5 927	4 959	3 472	1 399
F.52	Parts d'organismes de placement collectif	36 235	33 144	-21 805	113 197	66 626	-5 684	100 365	117 304
F.6	**Réserves techniques d'assurance**	**-583**	**460**	**2 890**	**-1 826**	**283**	**2 522**	**-2 056**	**-1 505**
F.61	Droits nets des ménages sur les réserves techniques	0	0	0	0	0	0	0	0
F.611	Sur les réserves d'assurance vie	..	..	..	..	..	..	..	..
F.612	Sur les fonds de pension	..	..	..	..	..	..	..	..
F.62	Réserves-primes et réserves-sinistres	-583	460	2 890	-1 826	283	2 522	-2 056	-1 505
F.7	**Autres comptes à recevoir**	**63 009**	**132 772**	**-9 859**	**-40 937**	**48 804**	**-41 829**	**-42 100**	**33 207**
F.71	Crédits commerciaux et avances	0	0	0	0	0	0	0	0
F.79	Autres	63 009	132 772	-9 859	-40 937	48 804	-41 829	-42 100	33 207
	Accroissement net des passifs	**640 090**	**542 652**	**-122 566**	**-481 229**	**-13 739**	**-424 895**	**-578 041**	**81 256**
F.2	**Numéraire et dépôts**	**393 965**	**244 697**	**499 326**	**-371 135**	**78 629**	**251 016**	**118 022**	**19 149**
F.21	Numéraire	388	-440	-965	656	-3 639	-4 289	-4 096	-5 640
F.22	Dépôts transférables	392 824	239 550	446 339	-325 949	83 351	219 755	132 687	37 941
F.29	Autres dépôts	753	5 587	53 952	-45 842	-1 083	35 550	-10 569	-13 152
F.3	**Titres autres qu'actions**	**81 182**	**134 615**	**-540 994**	**-424 769**	**-383 920**	**-680 115**	**-724 760**	**-254 286**
F.33	Titres autres qu'actions, non compris produits financiers dérivés	230 438	311 634	-212 630	291 645	237 328	92 695	8 455	286 400
F.331	Titres à court terme	77 678	205 522	-229 002	-24 453	-34 635	112 253	-30 852	75 858
F.332	Titres à long terme	152 760	106 112	16 372	316 098	271 963	-19 558	39 307	210 542
F.34	Produits financiers dérivés	-149 256	-177 019	-328 364	-716 414	-621 248	-772 810	-733 215	-540 686
F.4	**Crédits**	**-4 538**	**26 926**	**-9 030**	**82 490**	**-4 036**	**21 644**	**-6 033**	**97 863**
F.41	Crédits à court terme	0	1 360	-1 601	-241	-5	73	75	-75
F.42	Crédits à long terme	-4 538	25 566	-7 429	82 731	-4 031	21 571	-6 108	97 938
F.5	**Actions et autres participations**	**-6 873**	**-31 739**	**-31 619**	**98 202**	**38 557**	**-3 341**	**6 017**	**33 041**
F.51	Actions et autres participations, non compris parts d'O.P.C.	-2 891	-8 953	13 332	63 197	14 844	20 527	-15 663	20 097
F.511	Actions cotées	0	0	6 757	41 859	0	0	-23	0
F.512	Actions non cotées	-2 891	-8 953	6 575	21 338	14 844	20 527	-15 640	20 097
F.513	Autres participations	0	0	0	0	0	0	0	0
F.52	Parts d'organismes de placement collectif	-3 982	-22 786	-44 951	35 005	23 713	-23 868	21 680	12 944
F.6	**Réserves techniques d'assurance**	**140 636**	**149 200**	**139 447**	**143 043**	**139 498**	**134 856**	**122 744**	**127 749**
F.61	Droits nets des ménages sur les réserves techniques	133 166	137 690	142 384	156 488	153 222	136 111	142 842	139 894
F.611	Sur les réserves d'assurance vie	49 827	38 538	42 945	51 241	53 131	21 511	18 957	17 476
F.612	Sur les fonds de pension	83 339	99 152	99 439	105 247	100 091	114 600	123 885	122 418
F.62	Réserves-primes et réserves-sinistres	7 470	11 510	-2 937	-13 445	-13 724	-1 255	-20 098	-12 145
F.7	**Autres comptes à payer**	**35 718**	**18 953**	**-179 696**	**-9 060**	**117 533**	**-148 955**	**-94 031**	**57 740**
F.71	Crédits commerciaux et avances	0	0	0	0	0	0	0	0
F.79	Autres	35 718	18 953	-179 696	-9 060	117 533	-148 955	-94 031	57 740
	Opérations financières nettes	**16 922**	**203 695**	**37 456**	**168 001**	**-72 244**	**149 628**	**170 003**	**59 655**

Note : Les métadonnées détaillées sont disponibles sur :http://metalinks.oecd.org/faiiia/20150126/feec

Tableau 2.4.a. Flux consolidés, Secteur S13 - Administrations publiques
SCN 1993

Millions SEK

		2006	2007	2008	2009	2010	2011	2012	2013
	Acquisition nette d'actifs financiers	**26 554**	**1 829**	**-73 169**	**1 232**	**11 418**	**-73 054**	**-28 230**	**41 118**
F.1	**Or monétaire et DTS**	**0**	**0**	**0**	**0**	**0**	**0**	**0**	**0**
F.2	**Numéraire et dépôts**	**24 622**	**-5 034**	**49 495**	**-38 994**	**-12 061**	**34 041**	**-4 949**	**-5 936**
F.21	Numéraire	7	-20	48	-33	-55	-4	1	157
F.22	Dépôts transférables	24 615	-9 660	-5 079	8 768	-11 743	-1 163	6 446	7 041
F.29	Autres dépôts	0	4 646	54 526	-47 729	-263	35 208	-11 396	-13 134
F.3	**Titres autres qu'actions**	**410**	**-13 221**	**-122 037**	**-78 064**	**-19 961**	**-99 306**	**-66 062**	**-72 921**
F.33	Titres autres qu'actions, non compris produits financiers dérivés	38 326	50 133	-54 838	1 308	32 664	-7 319	-1 902	5 668
F.331	Titres à court terme	-3 377	2 674	8 596	-12 756	-6 739	-4 309	8 042	1 283
F.332	Titres à long terme	41 703	47 459	-63 434	14 064	39 403	-3 010	-9 944	4 385
F.34	Produits financiers dérivés	-37 916	-63 354	-67 199	-79 372	-52 625	-91 987	-64 160	-78 589
F.4	**Crédits**	**20 157**	**8 646**	**22 604**	**101 174**	**14 423**	**27 533**	**15 694**	**116 530**
F.41	Crédits à court terme	-6 586	5 066	725	475	1 045	749	6 137	2 988
F.42	Crédits à long terme	26 743	3 580	21 879	100 699	13 378	26 784	9 557	113 542
F.5	**Actions et autres participations**	**-16 660**	**-15 794**	**-5 327**	**5 503**	**-8 473**	**-4 238**	**25 875**	**-23 964**
F.51	Actions et autres participations, non compris parts d'O.P.C.	-19 997	-28 797	10 971	-8 948	-9 515	-18 074	517	-23 037
F.511	Actions cotées	-10 416	-16 223	64 606	-12 022	-19 259	-22 360	-25 784	-47 215
F.512	Actions non cotées	-9 581	-12 574	-53 635	2 256	1 647	-425	5 124	7 358
F.513	Autres participations	0	0	0	818	8 097	4 711	21 177	16 820
F.52	Parts d'organismes de placement collectif	3 337	13 003	-16 298	14 451	1 042	13 836	25 358	-927
F.6	**Réserves techniques d'assurance**	**0**	**0**	**0**	**0**	**0**	**0**	**0**	**0**
F.61	Droits nets des ménages sur les réserves techniques	..	..	..	..	..	..	..	..
F.611	Sur les réserves d'assurance vie	..	..	..	..	..	..	..	..
F.612	Sur les fonds de pension	..	..	..	..	..	..	..	..
F.62	Réserves-primes et réserves-sinistres	..	..	..	..	..	..	..	..
F.7	**Autres comptes à recevoir**	**-1 975**	**27 232**	**-17 904**	**11 613**	**37 490**	**-31 084**	**1 212**	**27 409**
F.71	Crédits commerciaux et avances	-3 066	1 811	-1 521	-250	2 258	470	10	-1 720
F.79	Autres	1 091	25 421	-16 383	11 863	35 232	-31 554	1 202	29 129
	Accroissement net des passifs	**-44 126**	**-125 015**	**-144 180**	**25 100**	**10 489**	**-67 591**	**-2 906**	**73 674**
F.2	**Numéraire et dépôts**	**-20 482**	**-650**	**20 001**	**-7 795**	**4 880**	**10 271**	**6 874**	**-19 786**
F.21	Numéraire	0	0	0	0	0	0	0	0
F.22	Dépôts transférables	0	0	0	0	0	0	0	0
F.29	Autres dépôts	-20 482	-650	20 001	-7 795	4 880	10 271	6 874	-19 786
F.3	**Titres autres qu'actions**	**-59 715**	**-157 445**	**-183 132**	**-26 850**	**19 069**	**-124 933**	**-20 869**	**69 926**
F.33	Titres autres qu'actions, non compris produits financiers dérivés	-45 025	-111 834	-66 935	60 619	50 497	-51 810	26 501	107 100
F.331	Titres à court terme	-34 457	-65 656	-49 908	-3 321	9 592	-18 661	61 714	-50 226
F.332	Titres à long terme	-10 568	-46 178	-17 027	63 940	40 905	-33 149	-35 213	157 326
F.34	Produits financiers dérivés	-14 690	-45 611	-116 197	-87 469	-31 428	-73 123	-47 370	-37 174
F.4	**Crédits**	**18 997**	**19 981**	**3 961**	**58 145**	**-41 695**	**51 770**	**-18 072**	**1 054**
F.41	Crédits à court terme	21 958	7 295	-4 070	63 207	-52 217	33 156	-26 297	-1 061
F.42	Crédits à long terme	-2 961	12 686	8 031	-5 062	10 522	18 614	8 225	2 115
F.5	**Actions et autres participations**	**0**	**0**	**0**	**0**	**0**	**0**	**0**	**0**
F.51	Actions et autres participations, non compris parts d'O.P.C.	..	..	..	..	..	..	..	..
F.511	Actions cotées	..	..	..	..	..	..	..	..
F.512	Actions non cotées	..	..	..	..	..	..	..	..
F.513	Autres participations	..	..	..	..	..	..	..	..
F.52	Parts d'organismes de placement collectif	..	..	..	..	..	..	..	..
F.6	**Réserves techniques d'assurance**	**4 410**	**6 784**	**6 928**	**7 409**	**5 315**	**8 109**	**7 501**	**7 181**
F.61	Droits nets des ménages sur les réserves techniques	4 410	6 784	6 928	7 409	5 315	8 109	7 501	7 181
F.611	Sur les réserves d'assurance vie	0	0	0	0	0	0	0	0
F.612	Sur les fonds de pension	4 410	6 784	6 928	7 409	5 315	8 109	7 501	7 181
F.62	Réserves-primes et réserves-sinistres	0	0	0	0	0	0	0	0
F.7	**Autres comptes à payer**	**12 664**	**6 315**	**8 062**	**-5 809**	**22 920**	**-12 808**	**21 660**	**15 299**
F.71	Crédits commerciaux et avances	5 941	2 399	-2 449	3 710	7 037	-397	4 380	-1 750
F.79	Autres	6 723	3 916	10 511	-9 519	15 883	-12 411	17 280	17 049
	Opérations financières nettes	**70 680**	**126 844**	**71 011**	**-23 868**	**929**	**-5 463**	**-25 324**	**-32 556**

Note : Les métadonnées détaillées sont disponibles sur :http://metalinks.oecd.org/faiiia/20150126/feec

SUÈDE

Tableau 2.5.a. Flux consolidés, Secteur S14-S15 - Ménages et ISBLSM

SCN 1993

Millions SEK

		2006	2007	2008	2009	2010	2011	2012	2013
	Acquisition nette d'actifs financiers	**216 529**	**290 201**	**253 154**	**229 683**	**211 690**	**200 289**	**268 966**	**272 932**
F.1	**Or monétaire et DTS**	..	..	..	..	..	..	..	..
F.2	**Numéraire et dépôts**	**96 921**	**159 511**	**93 880**	**38 626**	**84 295**	**91 804**	**96 000**	**65 952**
F.21	Numéraire	304	-361	-794	549	-2 859	-3 428	-3 281	-4 638
F.22	Dépôts transférables	94 569	156 020	75 476	48 618	92 675	98 199	102 246	73 857
F.29	Autres dépôts	2 048	3 852	19 198	-10 541	-5 521	-2 967	-2 965	-3 267
F.3	**Titres autres qu'actions**	**4 315**	**26 319**	**15 720**	**-140**	**-28 925**	**-17 733**	**-10 821**	**-1 844**
F.33	Titres autres qu'actions, non compris produits financiers dérivés	4 315	26 319	15 720	-140	-28 925	-17 733	-10 821	-1 844
F.331	Titres à court terme	0	0	0	0	0	0	0	0
F.332	Titres à long terme	4 315	26 319	15 720	-140	-28 925	-17 733	-10 821	-1 844
F.34	Produits financiers dérivés	0	0	0	0	0	0	0	0
F.4	**Crédits**	**35**	**193**	**841**	**-176**	**590**	**372**	**49**	**1 150**
F.41	Crédits à court terme	21	14	334	-304	227	212	-272	818
F.42	Crédits à long terme	14	179	507	128	363	160	321	332
F.5	**Actions et autres participations**	**-38 077**	**-55 449**	**-1 124**	**46 605**	**2 067**	**-20 377**	**42 267**	**54 262**
F.51	Actions et autres participations, non compris parts d'O.P.C.	-24 922	-20 023	34 075	21 937	-2 065	129	10 906	22 783
F.511	Actions cotées	-41 511	-39 243	8 822	-2 184	-20 132	-18 010	-11 910	-5 078
F.512	Actions non cotées	0	0	0	0	0	0	0	0
F.513	Autres participations	16 589	19 220	25 253	24 121	18 067	18 139	22 816	27 861
F.52	Parts d'organismes de placement collectif	-13 155	-35 426	-35 199	24 668	4 132	-20 506	31 361	31 479
F.6	**Réserves techniques d'assurance**	**152 058**	**154 505**	**143 772**	**153 450**	**149 317**	**142 055**	**137 941**	**151 170**
F.61	Droits nets des ménages sur les réserves techniques	141 839	149 304	153 981	167 443	162 059	147 903	154 282	150 621
F.611	Sur les réserves d'assurance vie	49 260	38 183	42 625	50 862	53 085	21 342	18 794	17 313
F.612	Sur les fonds de pension	92 579	111 121	111 356	116 581	108 974	126 561	135 488	133 308
F.62	Réserves-primes et réserves-sinistres	10 219	5 201	-10 209	-13 993	-12 742	-5 848	-16 341	549
F.7	**Autres comptes à recevoir**	**1 277**	**5 122**	**65**	**-8 682**	**4 346**	**4 168**	**3 530**	**2 242**
F.71	Crédits commerciaux et avances	-10	-72	-445	-882	1 153	534	0	0
F.79	Autres	1 287	5 194	510	-7 800	3 193	3 634	3 530	2 242
	Accroissement net des passifs	**194 352**	**201 717**	**153 394**	**190 099**	**209 848**	**130 999**	**118 794**	**152 089**
F.2	**Numéraire et dépôts**	**0**	**0**	**0**	**0**	**0**	**0**	**0**	**0**
F.21	Numéraire	..	..	..	..	..	..	..	..
F.22	Dépôts transférables	..	..	..	..	..	..	..	..
F.29	Autres dépôts	..	..	..	..	..	..	..	..
F.3	**Titres autres qu'actions**	**0**	**0**	**0**	**0**	**0**	**0**	**0**	**0**
F.33	Titres autres qu'actions, non compris produits financiers dérivés	0	0	0	0	0	0	0	0
F.331	Titres à court terme	..	..	..	..	..	..	..	..
F.332	Titres à long terme	..	..	..	..	..	..	..	..
F.34	Produits financiers dérivés	0	0	0	0	0	0	0	0
F.4	**Crédits**	**183 269**	**181 616**	**178 230**	**198 061**	**189 398**	**140 370**	**117 205**	**136 919**
F.41	Crédits à court terme	33 376	30 539	42 426	32 723	31 870	22 595	30 639	17 273
F.42	Crédits à long terme	149 893	151 077	135 804	165 338	157 528	117 775	86 566	119 646
F.5	**Actions et autres participations**	**0**	**0**	**0**	**0**	**0**	**0**	**0**	**0**
F.51	Actions et autres participations, non compris parts d'O.P.C.	..	..	..	..	..	..	..	..
F.511	Actions cotées	..	..	..	..	..	..	..	..
F.512	Actions non cotées	..	..	..	..	..	..	..	..
F.513	Autres participations	..	..	..	..	..	..	..	..
F.52	Parts d'organismes de placement collectif	..	..	..	..	..	..	..	..
F.6	**Réserves techniques d'assurance**	**0**	**0**	**0**	**0**	**0**	**0**	**0**	**0**
F.61	Droits nets des ménages sur les réserves techniques	..	..	..	..	..	..	..	..
F.611	Sur les réserves d'assurance vie	..	..	..	..	..	..	..	..
F.612	Sur les fonds de pension	..	..	..	..	..	..	..	..
F.62	Réserves-primes et réserves-sinistres	..	..	..	..	..	..	..	..
F.7	**Autres comptes à payer**	**11 083**	**20 101**	**-24 836**	**-7 962**	**20 450**	**-9 371**	**1 589**	**15 170**
F.71	Crédits commerciaux et avances	2 669	-732	-1 173	-2 494	2 316	882	0	0
F.79	Autres	8 414	20 833	-23 663	-5 468	18 134	-10 253	1 589	15 170
	Opérations financières nettes	**22 177**	**88 484**	**99 760**	**39 584**	**1 842**	**69 290**	**150 172**	**120 843**

Note : Les métadonnées détaillées sont disponibles sur :http://metalinks.oecd.org/faiiia/20150126/feec

SUÈDE

Tableau 2.6.b. Flux non consolidés, Secteur S2 - Reste du monde

SCN 1993

Millions SEK

		2006	2007	2008	2009	2010	2011	2012	2013
	Acquisition nette d'actifs financiers	**322 118**	**568 318**	**-185 194**	**-679 907**	**-273 543**	**-616 921**	**-676 813**	**-99 402**
F.1	**Or monétaire et DTS**	**-628**	**937**	**-1 518**	**1 689**	**3 498**	**799**	**1 300**	**36**
F.2	**Numéraire et dépôts**	**270 666**	**96 929**	**291 928**	**-414 112**	**-311**	**109 580**	**-2 158**	**-93 337**
F.21	Numéraire	0	0	0	0	0	0	0	0
F.22	Dépôts transférables	270 666	101 590	291 028	-416 263	-4 493	104 495	-7 259	-85 617
F.29	Autres dépôts	0	-4 661	900	2 151	4 182	5 085	5 101	-7 720
F.3	**Titres autres qu'actions**	**-47 778**	**116 239**	**-559 078**	**-370 014**	**-368 470**	**-690 741**	**-621 323**	**-124 189**
F.33	Titres autres qu'actions, non compris produits financiers dérivés	123 528	324 650	-139 357	400 778	271 613	121 510	127 962	421 079
F.331	Titres à court terme	66 809	210 976	-214 463	-36 064	6 864	104 514	8 185	40 263
F.332	Titres à long terme	56 719	113 674	75 106	436 842	264 749	16 996	119 777	380 816
F.34	Produits financiers dérivés	-171 306	-208 411	-419 721	-770 792	-640 083	-812 251	-749 285	-545 268
F.4	**Crédits**	**-395**	**206 622**	**229 943**	**-63 808**	**-28 686**	**-88 840**	**-199 658**	**-118 236**
F.41	Crédits à court terme	-16 368	-6 708	21 717	-21 821	9 815	-13 348	8 972	-19 047
F.42	Crédits à long terme	15 973	213 330	208 226	-41 987	-38 501	-75 492	-208 630	-99 189
F.5	**Actions et autres participations**	**95 467**	**132 387**	**-78 446**	**187 995**	**112 166**	**19 756**	**208 645**	**176 839**
F.51	Actions et autres participations, non compris parts d'O.P.C.	93 012	131 040	-62 158	181 847	100 088	21 599	199 789	177 091
F.511	Actions cotées	-18 818	20 679	-117 033	51 397	74 511	-15 682	-27 223	74 149
F.512	Actions non cotées	111 830	110 361	54 875	130 450	25 577	37 281	227 012	102 942
F.513	Autres participations	0	0	0	0	0	0	0	0
F.52	Parts d'organismes de placement collectif	2 455	1 347	-16 288	6 148	12 078	-1 843	8 856	-252
F.6	**Réserves techniques d'assurance**	**-180**	**3 528**	**6 251**	**2 662**	**-1 847**	**2 080**	**-4 421**	**-2 254**
F.61	Droits nets des ménages sur les réserves techniques	0	0	0	0	0	0	0	0
F.611	Sur les réserves d'assurance vie	..	..	..	..	..	..	..	..
F.612	Sur les fonds de pension	..	..	..	..	..	..	..	..
F.62	Réserves-primes et réserves-sinistres	-180	3 528	6 251	2 662	-1 847	2 080	-4 421	-2 254
F.7	**Autres comptes à recevoir**	**4 966**	**11 676**	**-74 274**	**-24 319**	**10 107**	**30 445**	**-59 198**	**61 739**
F.71	Crédits commerciaux et avances	-704	29 493	-10 438	-6 208	-9 622	-818	-12 334	2 164
F.79	Autres	5 670	-17 817	-63 836	-18 111	19 729	31 263	-46 864	59 575
	Accroissement net des passifs	**465 578**	**707 078**	**-304 511**	**-466 360**	**-192 254**	**-388 535**	**-492 199**	**-939**
F.2	**Numéraire et dépôts**	**240 391**	**193 089**	**-39 188**	**-34 642**	**167 926**	**355 380**	**66 999**	**117 003**
F.21	Numéraire	114	41	82	-141	-65	46	-139	42
F.22	Dépôts transférables	240 277	192 804	-40 395	-32 115	167 030	355 024	67 725	116 961
F.29	Autres dépôts	0	244	1 125	-2 386	961	310	-587	0
F.3	**Titres autres qu'actions**	**-148 337**	**-27 021**	**-471 168**	**-643 786**	**-644 950**	**-949 191**	**-810 677**	**-481 118**
F.33	Titres autres qu'actions, non compris produits financiers dérivés	38 021	174 217	-76 818	74 125	8 008	-132 110	-38 350	112 259
F.331	Titres à court terme	-18 489	-18 548	-29 612	29 811	-8 524	-28 763	5 901	52 751
F.332	Titres à long terme	56 510	192 765	-47 206	44 314	16 532	-103 347	-44 251	59 508
F.34	Produits financiers dérivés	-186 358	-201 238	-394 350	-717 911	-652 958	-817 081	-772 327	-593 377
F.4	**Crédits**	**53 128**	**70 248**	**104 633**	**-111 063**	**43 315**	**20 621**	**-39 092**	**55 246**
F.41	Crédits à court terme	-1 433	5 321	-8 248	-13 608	6 449	-5 840	-6 723	-4 492
F.42	Crédits à long terme	54 561	64 927	112 881	-97 455	36 866	26 461	-32 369	59 738
F.5	**Actions et autres participations**	**229 499**	**359 667**	**118 022**	**397 307**	**215 031**	**160 108**	**340 623**	**259 951**
F.51	Actions et autres participations, non compris parts d'O.P.C.	182 683	330 869	189 106	263 175	148 641	163 898	195 363	128 039
F.511	Actions cotées	-539	1 055	230	73	0	0	321	0
F.512	Actions non cotées	183 222	329 814	188 876	260 322	134 670	155 680	171 114	115 772
F.513	Autres participations	0	0	0	2 780	13 971	8 218	23 928	12 267
F.52	Parts d'organismes de placement collectif	46 816	28 798	-71 084	134 132	66 390	-3 790	145 260	131 912
F.6	**Réserves techniques d'assurance**	**-1 150**	**105**	**2 570**	**-2 205**	**237**	**2 353**	**-2 219**	**-1 668**
F.61	Droits nets des ménages sur les réserves techniques	-567	-355	-320	-379	-46	-169	-163	-163
F.611	Sur les réserves d'assurance vie	-567	-355	-320	-379	-46	-169	-163	-163
F.612	Sur les fonds de pension	0	0	0	0	0	0	0	0
F.62	Réserves-primes et réserves-sinistres	-583	460	2 890	-1 826	283	2 522	-2 056	-1 505
F.7	**Autres comptes à payer**	**92 047**	**110 990**	**-19 380**	**-71 971**	**26 187**	**22 194**	**-47 833**	**49 647**
F.71	Crédits commerciaux et avances	31 201	28 973	-4 678	-37 575	20 514	902	-13 244	26 868
F.79	Autres	60 846	82 017	-14 702	-34 396	5 673	21 292	-34 589	22 779
	Opérations financières nettes	**-143 460**	**-138 760**	**119 317**	**-213 547**	**-81 289**	**-228 386**	**-184 614**	**-98 463**

Note : Les métadonnées détaillées sont disponibles sur :http://metalinks.oecd.org/faiiia/20150126/094e

SUISSE

Tableau 2.1.b. Flux non consolidés, Secteur S1 - Économie totale

SCN 1993

Millions CHF

		2006	2007	2008	2009	2010	2011	2012	2013
	Acquisition nette d'actifs financiers	..	..	..	..	..	..	..	..
F.1	**Or monétaire et DTS**	**249**	**-36**	**-22**	**-1**	**-301**	**-44**	..	..
F.2	**Numéraire et dépôts**	**52 408**	**303 913**	**-226 355**	**-70 060**	**-17 065**	**286 079**	..	..
F.21	Numéraire	1 492	1 032	3 570	1 101	906	3 247	..	..
F.22	Dépôts transférables	-10 702	33 418	85 446	93 322	18 689	268 367	..	..
F.29	Autres dépôts	61 618	269 463	-315 371	-164 483	-36 660	14 465	..	..
F.3	**Titres autres qu'actions**	..	..	..	..	..	..	..	..
F.33	Titres autres qu'actions, non compris produits financiers dérivés	..	..	..	..	..	..	..	..
F.331	Titres à court terme	..	..	..	..	..	..	..	..
F.332	Titres à long terme	..	..	..	..	..	..	..	..
F.34	Produits financiers dérivés	..	..	..	..	..	..	..	..
F.4	**Crédits**	**62 686**	**174 517**	**13 208**	**49 057**	**67 579**	**62 935**	..	..
F.41	Crédits à court terme	..	..	..	..	..	..	..	..
F.42	Crédits à long terme	..	..	..	..	..	..	..	..
F.5	**Actions et autres participations**	..	..	..	..	..	..	..	..
F.51	Actions et autres participations, non compris parts d'O.P.C.	..	..	..	..	..	..	..	..
F.511	Actions cotées	..	..	..	..	..	..	..	..
F.512	Actions non cotées	..	..	..	..	..	..	..	..
F.513	Autres participations	..	..	..	..	..	..	..	..
F.52	Parts d'organismes de placement collectif	..	..	..	..	..	..	..	..
F.6	**Réserves techniques d'assurance**	**27 570**	**26 225**	**23 386**	**27 803**	**27 040**	**25 952**	..	..
F.61	Droits nets des ménages sur les réserves techniques	24 321	23 516	20 849	26 600	25 496	24 941	..	..
F.611	Sur les réserves d'assurance vie	401	-1 785	-6 442	1 870	-188	-1 243	..	..
F.612	Sur les fonds de pension	23 920	25 301	27 291	24 730	25 684	26 184	..	..
F.62	Réserves-primes et réserves-sinistres	3 249	2 709	2 537	1 203	1 544	1 011	..	..
F.7	**Autres comptes à recevoir**	**-644**	**5 920**	**-11 572**	**-2 212**	**1 845**	**609**	..	..
F.71	Crédits commerciaux et avances	..	..	..	..	..	..	..	..
F.79	Autres	..	..	..	..	..	..	..	..
	Accroissement net des passifs	..	..	..	..	..	..	..	..
F.2	**Numéraire et dépôts**	**73 166**	**346 742**	**-185 260**	**-2 941**	**47 166**	**298 043**	..	..
F.21	Numéraire	1 871	1 146	4 973	854	1 583	4 299	..	..
F.22	Dépôts transférables	1 880	37 130	119 080	216 706	39 209	258 915	..	..
F.29	Autres dépôts	69 415	308 466	-309 313	-220 501	6 374	34 829	..	..
F.3	**Titres autres qu'actions**	..	..	..	..	..	..	..	..
F.33	Titres autres qu'actions, non compris produits financiers dérivés	..	..	..	..	..	..	..	..
F.331	Titres à court terme	..	..	..	..	..	..	..	..
F.332	Titres à long terme	..	..	..	..	..	..	..	..
F.34	Produits financiers dérivés	..	..	..	..	..	..	..	..
F.4	**Crédits**	**66 913**	**107 481**	**32 111**	**53 868**	**40 110**	**37 617**	..	..
F.41	Crédits à court terme	..	..	..	..	..	..	..	..
F.42	Crédits à long terme	..	..	..	..	..	..	..	..
F.5	**Actions et autres participations**	..	..	..	..	..	..	..	..
F.51	Actions et autres participations, non compris parts d'O.P.C.	..	..	..	..	..	..	..	..
F.511	Actions cotées	..	..	..	..	..	..	..	..
F.512	Actions non cotées	..	..	..	..	..	..	..	..
F.513	Autres participations	..	..	..	..	..	..	..	..
F.52	Parts d'organismes de placement collectif	..	..	..	..	..	..	..	..
F.6	**Réserves techniques d'assurance**	**22 521**	**28 621**	**4 953**	**25 817**	**21 061**	**24 456**	..	..
F.61	Droits nets des ménages sur les réserves techniques	21 955	20 890	18 131	23 643	22 449	21 908	..	..
F.611	Sur les réserves d'assurance vie	401	-1 785	-6 442	1 870	-188	-1 243	..	..
F.612	Sur les fonds de pension	21 554	22 675	24 573	21 773	22 637	23 151	..	..
F.62	Réserves-primes et réserves-sinistres	566	7 731	-13 178	2 174	-1 388	2 548	..	..
F.7	**Autres comptes à payer**	**-644**	**5 920**	**-11 572**	**-2 212**	**1 845**	**609**	..	..
F.71	Crédits commerciaux et avances	..	..	..	..	..	..	..	..
F.79	Autres	..	..	..	..	..	..	..	..
	Opérations financières nettes	..	..	..	..	..	..	..	..

Note : Les métadonnées détaillées sont disponibles sur :http://metalinks.oecd.org/faiiia/20150126/e94b

SUISSE

Tableau 2.2.b. Flux non consolidés, Secteur S11 - Sociétés non financières

SCN 1993

Millions CHF

		2006	2007	2008	2009	2010	2011	2012	2013
	Acquisition nette d'actifs financiers	**79 015**	**104 166**	**13 243**	**60 015**	**51 002**	**38 972**	..	..
F.1	**Or monétaire et DTS**	..	..	..	..	..	..	..	..
F.2	**Numéraire et dépôts**	**6 490**	**15 070**	**-1 089**	**10 264**	**5 722**	**30 187**	..	..
F.21	Numéraire	624	86	-249	-339	-216	597	..	..
F.22	Dépôts transférables	-5 355	4 531	24 210	34 171	8 748	30 489	..	..
F.29	Autres dépôts	11 221	10 453	-25 050	-23 568	-2 810	-899	..	..
F.3	**Titres autres qu'actions**	**7 699**	**10 210**	**-1 781**	**16 570**	**19 718**	**-18 889**	..	..
F.33	Titres autres qu'actions, non compris produits financiers dérivés	7 699	10 210	-1 781	16 570	19 718	-18 889	..	..
F.331	Titres à court terme	-776	331	-2 009	2 751	13 543	-12 215	..	..
F.332	Titres à long terme	8 475	9 879	228	13 819	6 175	-6 674	..	..
F.34	Produits financiers dérivés	0	0	0	0	0	0	..	..
F.4	**Crédits**	**12 476**	**26 543**	**5 729**	**14 490**	**1 952**	**25 792**	..	..
F.41	Crédits à court terme	..	..	..	..	..	..	..	..
F.42	Crédits à long terme	..	..	..	..	..	..	..	..
F.5	**Actions et autres participations**	**52 002**	**52 070**	**9 716**	**18 590**	**23 520**	**1 935**	..	..
F.51	Actions et autres participations, non compris parts d'O.P.C.	51 176	48 538	17 975	20 187	22 995	4 193	..	..
F.511	Actions cotées	..	..	..	..	..	..	..	..
F.512	Actions non cotées	..	..	..	..	..	..	..	..
F.513	Autres participations	..	..	..	..	..	..	..	..
F.52	Parts d'organismes de placement collectif	826	3 532	-8 259	-1 597	525	-2 258	..	..
F.6	**Réserves techniques d'assurance**	**348**	**273**	**668**	**101**	**90**	**-53**	..	..
F.61	Droits nets des ménages sur les réserves techniques	0	0	0	0	0	0	..	..
F.611	Sur les réserves d'assurance vie	..	..	..	..	..	..	..	..
F.612	Sur les fonds de pension	..	..	..	..	..	..	..	..
F.62	Réserves-primes et réserves-sinistres	348	273	668	101	90	-53	..	..
F.7	**Autres comptes à recevoir**	**0**	**0**	**0**	**0**	**0**	**0**	..	..
F.71	Crédits commerciaux et avances	..	..	..	..	..	..	..	..
F.79	Autres	..	..	..	..	..	..	..	..
	Accroissement net des passifs	**35 224**	**85 017**	**16 840**	**59 288**	**24 367**	**51 582**	..	..
F.2	**Numéraire et dépôts**	**4 734**	**3 098**	**12 742**	**13 068**	**8 453**	**14 982**	..	..
F.21	Numéraire	0	0	0	0	0	0	..	..
F.22	Dépôts transférables	2 811	1 477	9 731	6 916	3 030	10 119	..	..
F.29	Autres dépôts	1 923	1 621	3 011	6 152	5 423	4 863	..	..
F.3	**Titres autres qu'actions**	**-370**	**1 530**	**833**	**8 363**	**5 528**	**4 251**	..	..
F.33	Titres autres qu'actions, non compris produits financiers dérivés	-370	1 530	833	8 363	5 528	4 251	..	..
F.331	Titres à court terme	-58	-55	531	-135	-155	-289	..	..
F.332	Titres à long terme	-312	1 585	302	8 498	5 683	4 540	..	..
F.34	Produits financiers dérivés	0	0	0	0	0	0	..	..
F.4	**Crédits**	**19 084**	**59 666**	**-1 935**	**25 684**	**6 090**	**30 567**	..	..
F.41	Crédits à court terme	..	..	..	..	..	..	..	..
F.42	Crédits à long terme	..	..	..	..	..	..	..	..
F.5	**Actions et autres participations**	**11 991**	**22 124**	**4 960**	**12 969**	**4 221**	**1 770**	..	..
F.51	Actions et autres participations, non compris parts d'O.P.C.	11 991	22 124	4 960	12 969	4 221	1 770	..	..
F.511	Actions cotées	..	..	..	..	..	..	..	..
F.512	Actions non cotées	..	..	..	..	..	..	..	..
F.513	Autres participations	..	..	..	..	..	..	..	..
F.52	Parts d'organismes de placement collectif	0	0	0	0	0	0	..	..
F.6	**Réserves techniques d'assurance**	**0**	**0**	**0**	**0**	**0**	**0**	..	..
F.61	Droits nets des ménages sur les réserves techniques	..	..	..	..	..	..	..	..
F.611	Sur les réserves d'assurance vie	..	..	..	..	..	..	..	..
F.612	Sur les fonds de pension	..	..	..	..	..	..	..	..
F.62	Réserves-primes et réserves-sinistres	..	..	..	..	..	..	..	..
F.7	**Autres comptes à payer**	**-215**	**-1 401**	**240**	**-796**	**75**	**12**	..	..
F.71	Crédits commerciaux et avances	..	..	..	..	..	..	..	..
F.79	Autres	..	..	..	..	..	..	..	..
	Opérations financières nettes	**43 791**	**19 149**	**-3 597**	**727**	**26 635**	**-12 610**	..	..

Note : Les métadonnées détaillées sont disponibles sur :http://metalinks.oecd.org/faiiia/20150126/e94b

Tableau 2.3.b. Flux non consolidés, Secteur S12 - Sociétés financières
SCN 1993

Millions CHF

		2006	2007	2008	2009	2010	2011	2012	2013
	Acquisition nette d'actifs financiers	..	..	..	..	..	..	..	..
F.1	**Or monétaire et DTS**	**249**	**-36**	**-22**	**-1**	**-301**	**-44**	..	..
F.2	**Numéraire et dépôts**	**16 977**	**269 426**	**-225 789**	**-109 082**	**-62 280**	**212 556**	..	..
F.21	Numéraire	516	474	1 669	301	-1 336	-182	..	..
F.22	Dépôts transférables	-7 739	30 289	48 826	24 576	-8 277	213 751	..	..
F.29	Autres dépôts	24 200	238 663	-276 284	-133 959	-52 667	-1 013	..	..
F.3	**Titres autres qu'actions**	..	..	..	..	..	..	..	..
F.33	Titres autres qu'actions, non compris produits financiers dérivés	..	..	..	..	..	..	..	..
F.331	Titres à court terme	..	..	..	..	..	..	..	..
F.332	Titres à long terme	..	..	..	..	..	..	..	..
F.34	Produits financiers dérivés	..	..	..	..	..	..	..	..
F.4	**Crédits**	**50 031**	**148 007**	**5 533**	**30 216**	**63 054**	**37 063**	..	..
F.41	Crédits à court terme	..	..	..	..	..	..	..	..
F.42	Crédits à long terme	..	..	..	..	..	..	..	..
F.5	**Actions et autres participations**	..	..	..	..	..	..	..	..
F.51	Actions et autres participations, non compris parts d'O.P.C.	..	..	..	..	..	..	..	..
F.511	Actions cotées	..	..	..	..	..	..	..	..
F.512	Actions non cotées	..	..	..	..	..	..	..	..
F.513	Autres participations	..	..	..	..	..	..	..	..
F.52	Parts d'organismes de placement collectif	..	..	..	..	..	..	..	..
F.6	**Réserves techniques d'assurance**	..	..	..	..	..	..	..	..
F.61	Droits nets des ménages sur les réserves techniques	..	..	..	..	..	..	..	..
F.611	Sur les réserves d'assurance vie	..	..	..	..	..	..	..	..
F.612	Sur les fonds de pension	..	..	..	..	..	..	..	..
F.62	Réserves-primes et réserves-sinistres	..	..	..	..	..	..	..	..
F.7	**Autres comptes à recevoir**	..	..	..	..	..	..	..	..
F.71	Crédits commerciaux et avances	..	..	..	..	..	..	..	..
F.79	Autres	..	..	..	..	..	..	..	..
	Accroissement net des passifs	..	..	..	..	..	..	..	..
F.2	**Numéraire et dépôts**	**68 982**	**343 171**	**-198 898**	**-15 428**	**38 411**	**282 658**	..	..
F.21	Numéraire	1 815	1 077	4 902	805	1 532	4 231	..	..
F.22	Dépôts transférables	-331	35 515	109 012	209 176	36 079	248 510	..	..
F.29	Autres dépôts	67 498	306 579	-312 812	-225 409	800	29 917	..	..
F.3	**Titres autres qu'actions**	..	..	..	..	..	..	..	..
F.33	Titres autres qu'actions, non compris produits financiers dérivés	..	..	..	..	..	..	..	..
F.331	Titres à court terme	..	..	..	..	..	..	..	..
F.332	Titres à long terme	..	..	..	..	..	..	..	..
F.34	Produits financiers dérivés	..	..	..	..	..	..	..	..
F.4	**Crédits**	**27 625**	**32 554**	**22 979**	**6 429**	**-50**	**-19 918**	..	..
F.41	Crédits à court terme	..	..	..	..	..	..	..	..
F.42	Crédits à long terme	..	..	..	..	..	..	..	..
F.5	**Actions et autres participations**	..	..	..	..	..	..	..	..
F.51	Actions et autres participations, non compris parts d'O.P.C.	..	..	..	..	..	..	..	..
F.511	Actions cotées	..	..	..	..	..	..	..	..
F.512	Actions non cotées	..	..	..	..	..	..	..	..
F.513	Autres participations	..	..	..	..	..	..	..	..
F.52	Parts d'organismes de placement collectif	..	..	..	..	..	..	..	..
F.6	**Réserves techniques d'assurance**	**22 521**	**28 621**	**4 953**	**25 817**	**21 061**	**24 456**	..	..
F.61	Droits nets des ménages sur les réserves techniques	21 955	20 890	18 131	23 643	22 449	21 908	..	..
F.611	Sur les réserves d'assurance vie	401	-1 785	-6 442	1 870	-188	-1 243	..	..
F.612	Sur les fonds de pension	21 554	22 675	24 573	21 773	22 637	23 151	..	..
F.62	Réserves-primes et réserves-sinistres	566	7 731	-13 178	2 174	-1 388	2 548	..	..
F.7	**Autres comptes à payer**	..	..	..	..	..	..	..	..
F.71	Crédits commerciaux et avances	..	..	..	..	..	..	..	..
F.79	Autres	..	..	..	..	..	..	..	..
	Opérations financières nettes	..	..	..	..	..	..	..	..

Note : Les métadonnées détaillées sont disponibles sur :http://metalinks.oecd.org/faiiia/20150126/e94b

Tableau 2.4.a. Flux consolidés, Secteur S13 - Administrations publiques
SCN 1993

Millions CHF

		2006	2007	2008	2009	2010	2011	2012	2013
	Acquisition nette d'actifs financiers	**-4 374**	**11 393**	**-4 047**	**-3 864**	**1 632**	**3 374**	..	..
F.1	**Or monétaire et DTS**	..	..	..	..	..	..	..	..
F.2	**Numéraire et dépôts**	**-597**	**-507**	**-850**	**1 811**	**-1 101**	**423**	..	..
F.21	Numéraire	-23	11	76	-7	158	-200	..	..
F.22	Dépôts transférables	-405	2 062	4 024	5 117	-1 161	4 351	..	..
F.29	Autres dépôts	-169	-2 580	-4 950	-3 299	-98	-3 728	..	..
F.3	**Titres autres qu'actions**	**984**	**1 421**	**8 656**	**-6 516**	**1 462**	**1 234**	..	..
F.33	Titres autres qu'actions, non compris produits financiers dérivés	984	1 421	8 656	-6 516	1 462	1 234	..	..
F.331	Titres à court terme	0	0	0	0	0	0	..	..
F.332	Titres à long terme	984	1 421	8 656	-6 516	1 462	1 234	..	..
F.34	Produits financiers dérivés	0	0	0	0	0	0	..	..
F.4	**Crédits**	**9**	**240**	**927**	**2 396**	**517**	**1 033**	..	..
F.41	Crédits à court terme	..	..	..	..	..	..	..	..
F.42	Crédits à long terme	..	..	..	..	..	..	..	..
F.5	**Actions et autres participations**	**-4 126**	**4 319**	**-1 208**	**657**	**-1 091**	**75**	..	..
F.51	Actions et autres participations, non compris parts d'O.P.C.	-4 127	2 654	-508	347	-1 146	-182	..	..
F.511	Actions cotées	..	..	..	..	..	..	..	..
F.512	Actions non cotées	..	..	..	..	..	..	..	..
F.513	Autres participations	..	..	..	..	..	..	..	..
F.52	Parts d'organismes de placement collectif	1	1 665	-700	310	55	257	..	..
F.6	**Réserves techniques d'assurance**	**0**	**0**	**0**	**0**	**0**	**0**	..	..
F.61	Droits nets des ménages sur les réserves techniques	..	..	..	..	..	..	..	..
F.611	Sur les réserves d'assurance vie	..	..	..	..	..	..	..	..
F.612	Sur les fonds de pension	..	..	..	..	..	..	..	..
F.62	Réserves-primes et réserves-sinistres	..	..	..	..	..	..	..	..
F.7	**Autres comptes à recevoir**	**-644**	**5 920**	**-11 572**	**-2 212**	**1 845**	**609**	..	..
F.71	Crédits commerciaux et avances	..	..	..	..	..	..	..	..
F.79	Autres	..	..	..	..	..	..	..	..
	Accroissement net des passifs	**-10 289**	**5 229**	**-17 655**	**-11 953**	**290**	**592**	..	..
F.2	**Numéraire et dépôts**	**-12**	**473**	**896**	**-581**	**302**	**403**	..	..
F.21	Numéraire	56	69	71	49	51	68	..	..
F.22	Dépôts transférables	-62	138	337	614	100	286	..	..
F.29	Autres dépôts	-6	266	488	-1 244	151	49	..	..
F.3	**Titres autres qu'actions**	**-5 651**	**-5 636**	**-4 444**	**-10 509**	**-3 151**	**676**	..	..
F.33	Titres autres qu'actions, non compris produits financiers dérivés	-5 651	-5 636	-4 444	-10 509	-3 151	676	..	..
F.331	Titres à court terme	-2 822	-3 531	1 614	-3 723	2 234	1 429	..	..
F.332	Titres à long terme	-2 829	-2 105	-6 058	-6 786	-5 385	-753	..	..
F.34	Produits financiers dérivés	0	0	0	0	0	0	..	..
F.4	**Crédits**	**-5 055**	**-2 531**	**-1 336**	**-2 632**	**1 667**	**-1 034**	..	..
F.41	Crédits à court terme	..	..	..	..	..	..	..	..
F.42	Crédits à long terme	..	..	..	..	..	..	..	..
F.5	**Actions et autres participations**	**0**	**0**	**0**	**0**	**0**	**0**	..	..
F.51	Actions et autres participations, non compris parts d'O.P.C.	..	..	..	..	..	..	..	..
F.511	Actions cotées	..	..	..	..	..	..	..	..
F.512	Actions non cotées	..	..	..	..	..	..	..	..
F.513	Autres participations	..	..	..	..	..	..	..	..
F.52	Parts d'organismes de placement collectif	..	..	..	..	..	..	..	..
F.6	**Réserves techniques d'assurance**	**0**	**0**	**0**	**0**	**0**	**0**	..	..
F.61	Droits nets des ménages sur les réserves techniques	..	..	..	..	..	..	..	..
F.611	Sur les réserves d'assurance vie	..	..	..	..	..	..	..	..
F.612	Sur les fonds de pension	..	..	..	..	..	..	..	..
F.62	Réserves-primes et réserves-sinistres	..	..	..	..	..	..	..	..
F.7	**Autres comptes à payer**	**429**	**12 923**	**-12 771**	**1 769**	**1 472**	**547**	..	..
F.71	Crédits commerciaux et avances	..	..	..	..	..	..	..	..
F.79	Autres	..	..	..	..	..	..	..	..
	Opérations financières nettes	**5 915**	**6 164**	**13 608**	**8 089**	**1 342**	**2 782**	..	..

Note : Les métadonnées détaillées sont disponibles sur :http://metalinks.oecd.org/faiiia/20150126/960c

SUISSE

Tableau 2.6.b. Flux non consolidés, Secteur S2 - Reste du monde
SCN 1993

Millions CHF

		2006	2007	2008	2009	2010	2011	2012	2013
	Acquisition nette d'actifs financiers	..	..	..	..	..	..	..	..
F.1	**Or monétaire et DTS**	**-249**	**36**	**22**	**1**	**301**	**44**	..	..
F.2	**Numéraire et dépôts**	**56 637**	**302 707**	**-251 614**	**-46 072**	**-6 458**	**58 211**	..	..
F.21	Numéraire	366	166	1 389	297	416	1 076	..	..
F.22	Dépôts transférables	11 099	30 533	32 941	117 986	13 947	33 603	..	..
F.29	Autres dépôts	45 172	272 008	-285 944	-164 355	-20 821	23 532	..	..
F.3	**Titres autres qu'actions**	..	..	..	..	..	..	..	..
F.33	Titres autres qu'actions, non compris produits financiers dérivés	..	..	..	..	..	..	..	..
F.331	Titres à court terme	..	..	..	..	..	..	..	..
F.332	Titres à long terme	..	..	..	..	..	..	..	..
F.34	Produits financiers dérivés	..	..	..	..	..	..	..	..
F.4	**Crédits**	**31 346**	**50 189**	**1 364**	**7 006**	**13 584**	**-3 163**	..	..
F.41	Crédits à court terme	..	..	..	..	..	..	..	..
F.42	Crédits à long terme	..	..	..	..	..	..	..	..
F.5	**Actions et autres participations**	..	..	..	..	..	..	..	..
F.51	Actions et autres participations, non compris parts d'O.P.C.	..	..	..	..	..	..	..	..
F.511	Actions cotées	..	..	..	..	..	..	..	..
F.512	Actions non cotées	..	..	..	..	..	..	..	..
F.513	Autres participations	..	..	..	..	..	..	..	..
F.52	Parts d'organismes de placement collectif	..	..	..	..	..	..	..	..
F.6	**Réserves techniques d'assurance**	**-5 049**	**2 396**	**-18 433**	**-1 986**	**-5 979**	**-1 496**	..	..
F.61	Droits nets des ménages sur les réserves techniques	-2 366	-2 626	-2 718	-2 957	-3 047	-3 033	..	..
F.611	Sur les réserves d'assurance vie	0	0	0	0	0	0	..	..
F.612	Sur les fonds de pension	-2 366	-2 626	-2 718	-2 957	-3 047	-3 033	..	..
F.62	Réserves-primes et réserves-sinistres	-2 683	5 022	-15 715	971	-2 932	1 537	..	..
F.7	**Autres comptes à recevoir**	..	..	..	..	..	..	..	..
F.71	Crédits commerciaux et avances	..	..	..	..	..	..	..	..
F.79	Autres	..	..	..	..	..	..	..	..
	Accroissement net des passifs	..	..	..	..	..	..	..	..
F.2	**Numéraire et dépôts**	**35 879**	**259 878**	**-292 709**	**-113 191**	**-70 689**	**46 247**	..	..
F.21	Numéraire	-13	52	-14	544	-261	24	..	..
F.22	Dépôts transférables	-1 483	26 821	-693	-5 398	-6 573	43 055	..	..
F.29	Autres dépôts	37 375	233 005	-292 002	-108 337	-63 855	3 168	..	..
F.3	**Titres autres qu'actions**	..	..	..	..	..	..	..	..
F.33	Titres autres qu'actions, non compris produits financiers dérivés	..	..	..	..	..	..	..	..
F.331	Titres à court terme	..	..	..	..	..	..	..	..
F.332	Titres à long terme	..	..	..	..	..	..	..	..
F.34	Produits financiers dérivés	..	..	..	..	..	..	..	..
F.4	**Crédits**	**27 119**	**117 225**	**-17 539**	**2 195**	**41 053**	**22 155**	..	..
F.41	Crédits à court terme	..	..	..	..	..	..	..	..
F.42	Crédits à long terme	..	..	..	..	..	..	..	..
F.5	**Actions et autres participations**	..	..	..	..	..	..	..	..
F.51	Actions et autres participations, non compris parts d'O.P.C.	..	..	..	..	..	..	..	..
F.511	Actions cotées	..	..	..	..	..	..	..	..
F.512	Actions non cotées	..	..	..	..	..	..	..	..
F.513	Autres participations	..	..	..	..	..	..	..	..
F.52	Parts d'organismes de placement collectif	..	..	..	..	..	..	..	..
F.6	**Réserves techniques d'assurance**	..	..	..	..	..	..	..	..
F.61	Droits nets des ménages sur les réserves techniques	..	..	..	..	..	..	..	..
F.611	Sur les réserves d'assurance vie	..	..	..	..	..	..	..	..
F.612	Sur les fonds de pension	..	..	..	..	..	..	..	..
F.62	Réserves-primes et réserves-sinistres	..	..	..	..	..	..	..	..
F.7	**Autres comptes à payer**	..	..	..	..	..	..	..	..
F.71	Crédits commerciaux et avances	..	..	..	..	..	..	..	..
F.79	Autres	..	..	..	..	..	..	..	..
	Opérations financières nettes	..	..	..	..	..	..	..	..

Note : Les métadonnées détaillées sont disponibles sur :http://metalinks.oecd.org/faiiia/20150126/e94b

TURQUIE

Tableau 2.3.b. Flux non consolidés, Secteur S12 - Sociétés financières

SCN 1993

Millions TRY

		2006	2007	2008	2009	2010	2011	2012	2013
	Acquisition nette d'actifs financiers	..	..	..	..	**64 900**	**167 579**	**199 744**	**328 006**
F.1	**Or monétaire et DTS**	..	..	..	..	**0**	**1**	**-5**	**26**
F.2	**Numéraire et dépôts**	..	..	..	..	**5 469**	**36 361**	**27 223**	**50 617**
F.21	Numéraire	..	..	..	..	1 629	804	3 524	3 604
F.22	Dépôts transférables	..	..	..	..	8 950	35 286	41 551	30 319
F.29	Autres dépôts	..	..	..	..	-5 111	271	-17 853	16 694
F.3	**Titres autres qu'actions**	..	..	..	..	**13 287**	**-34 950**	**41 628**	**10 058**
F.33	Titres autres qu'actions, non compris produits financiers dérivés	..	..	..	..	13 648	-35 900	43 806	3 136
F.331	Titres à court terme	..	..	..	..	..	..	..	..
F.332	Titres à long terme	..	..	..	..	..	..	..	..
F.34	Produits financiers dérivés	..	..	..	..	-362	950	-2 177	6 922
F.4	**Crédits**	..	..	..	..	**47 794**	**165 859**	**124 095**	**264 032**
F.41	Crédits à court terme	..	..	..	..	..	..	..	97 213
F.42	Crédits à long terme	..	..	..	..	..	..	..	166 820
F.5	**Actions et autres participations**	..	..	..	..	**165**	**559**	**618**	**1 612**
F.51	Actions et autres participations, non compris parts d'O.P.C.	..	..	..	..	165	559	618	1 612
F.511	Actions cotées	..	..	..	..	..	..	..	0
F.512	Actions non cotées	..	..	..	..	..	..	..	0
F.513	Autres participations	..	..	..	..	..	..	..	0
F.52	Parts d'organismes de placement collectif	..	..	..	..	0	0	0	0
F.6	**Réserves techniques d'assurance**	..	..	..	..	**0**	**0**	**0**	**0**
F.61	Droits nets des ménages sur les réserves techniques	..	..	..	..	..	..	..	0
F.611	Sur les réserves d'assurance vie	..	..	..	..	..	..	..	0
F.612	Sur les fonds de pension	..	..	..	..	..	..	..	0
F.62	Réserves-primes et réserves-sinistres	..	..	..	..	..	..	..	0
F.7	**Autres comptes à recevoir**	..	..	..	..	**-1 814**	**-250**	**6 185**	**1 661**
F.71	Crédits commerciaux et avances	..	..	..	..	0	0	0	0
F.79	Autres	..	..	..	..	-1 814	-250	6 185	1 661
	Accroissement net des passifs	..	..	..	..	**57 166**	**155 210**	**185 526**	**325 492**
F.2	**Numéraire et dépôts**	..	..	..	..	**39 522**	**81 238**	**140 428**	**191 809**
F.21	Numéraire	..	..	..	..	3 930	6 166	5 422	14 289
F.22	Dépôts transférables	..	..	..	..	9 675	42 075	56 079	62 054
F.29	Autres dépôts	..	..	..	..	25 917	32 997	78 926	115 466
F.3	**Titres autres qu'actions**	..	..	..	..	**316**	**15 704**	**25 940**	**26 183**
F.33	Titres autres qu'actions, non compris produits financiers dérivés	..	..	..	..	1 478	15 158	25 797	23 202
F.331	Titres à court terme	..	..	..	..	..	..	..	..
F.332	Titres à long terme	..	..	..	..	..	..	..	..
F.34	Produits financiers dérivés	..	..	..	..	-1 162	546	143	2 981
F.4	**Crédits**	..	..	..	..	**16 870**	**50 611**	**3 221**	**89 479**
F.41	Crédits à court terme	..	..	..	..	..	..	..	..
F.42	Crédits à long terme	..	..	..	..	..	..	..	..
F.5	**Actions et autres participations**	..	..	..	..	**1 084**	**1 994**	**2 327**	**9 004**
F.51	Actions et autres participations, non compris parts d'O.P.C.	..	..	..	..	1 084	1 994	2 049	7 774
F.511	Actions cotées	..	..	..	..	551	200	0	-97
F.512	Actions non cotées	..	..	..	..	3	1 132	1 558	7 168
F.513	Autres participations	..	..	..	..	530	662	491	702
F.52	Parts d'organismes de placement collectif	..	..	..	..	0	0	279	1 230
F.6	**Réserves techniques d'assurance**	..	..	..	..	**0**	**0**	**0**	**0**
F.61	Droits nets des ménages sur les réserves techniques	..	..	..	..	..	..	..	0
F.611	Sur les réserves d'assurance vie	..	..	..	..	..	..	..	0
F.612	Sur les fonds de pension	..	..	..	..	..	..	..	0
F.62	Réserves-primes et réserves-sinistres	..	..	..	..	..	..	..	0
F.7	**Autres comptes à payer**	..	..	..	..	**-626**	**5 662**	**13 610**	**9 017**
F.71	Crédits commerciaux et avances	..	..	..	..	0	0	0	0
F.79	Autres	..	..	..	..	-626	5 662	13 610	9 017
	Opérations financières nettes	..	..	..	..	**7 733**	**12 369**	**14 219**	**2 514**

Note : Les métadonnées détaillées sont disponibles sur :http://metalinks.oecd.org/faiiia/20150126/f8d2

ROYAUME-UNI

Tableau 1.a. Flux consolidés, par instrument et par secteur, Année 2013

SCN 1993

Millions GBP

		Sociétés financières					
		Total S12	Banque centrale S121	Autres institutions de dépôts S122	Autres intermédiaires financiers S123	Auxiliaires financiers S124	Sociétés d'assurance et fonds de pension S125
	Acquisition nette d'actifs financiers	**-262 137**	..	..	**87 029**	..	**188 163**
F.1	**Or monétaire et DTS**	**0**	..	..	..	..	..
F.2	**Numéraire et dépôts**	**-145 360**	..	..	**5 010**	..	**3 566**
F.21	Numéraire	-209	..	..	0	..	0
F.22	Dépôts transférables	-140 352	..	..	12 597	..	3 566
F.29	Autres dépôts	-4 799	..	..	-7 587	..	0
F.3	**Titres autres qu'actions**	**-6 138**	..	..	**91 756**	..	**124 503**
F.33	Titres autres qu'actions, non compris produits financiers dérivés	173 418	..	..	93 735	..	125 085
F.331	Titres à court terme	-22 599	..	..	-6 920	..	-2 374
F.332	Titres à long terme	196 017	..	..	100 655	..	127 459
F.34	Produits financiers dérivés	-179 556	..	..	-1 979	..	-582
F.4	**Crédits**	**-121 496**	..	..	**-36 851**	..	**92 111**
F.41	Crédits à court terme	-67 613	..	..	0	..	0
F.42	Crédits à long terme	-53 883	..	..	-36 851	..	92 111
F.5	**Actions et autres participations**	**9 063**	..	..	**24 799**	..	**-33 023**
F.51	Actions et autres participations, non compris parts d'O.P.C.	-10 636	..	..	24 630	..	-48 183
F.511	Actions cotées	32 188	..	..	19 545	..	-30 450
F.512	Actions non cotées	-9 267	..	..	3 242	..	453
F.513	Autres participations	-33 557	..	..	1 843	..	-18 186
F.52	Parts d'organismes de placement collectif	19 699	..	..	169	..	15 160
F.6	**Réserves techniques d'assurance**	**-19**	..	..	**-10**	..	**-10**
F.61	Droits nets des ménages sur les réserves techniques	0	..	..	0	..	0
F.611	Sur les réserves d'assurance vie	..	..	..	..	..	..
F.612	Sur les fonds de pension	..	..	..	..	..	..
F.62	Réserves-primes et réserves-sinistres	-19	..	..	-10	..	-10
F.7	**Autres comptes à recevoir**	**1 813**	..	..	**2 325**	..	**1 016**
F.71	Crédits commerciaux et avances	1 766	..	..	2 306	..	1 016
F.79	Autres	47	..	..	19	..	0
	Accroissement net des passifs	**-259 546**	..	..	**99 525**	..	**166 234**
F.2	**Numéraire et dépôts**	**-160 926**	..	..	**7 911**	..	**0**
F.21	Numéraire	2 465	..	..	0	..	..
F.22	Dépôts transférables	-174 090	..	..	0	..	..
F.29	Autres dépôts	10 699	..	..	7 911	..	..
F.3	**Titres autres qu'actions**	**-135 606**	..	..	**19 954**	..	**95 738**
F.33	Titres autres qu'actions, non compris produits financiers dérivés	54 397	..	..	19 954	..	95 738
F.331	Titres à court terme	-11 830	..	..	-1 406	..	0
F.332	Titres à long terme	66 227	..	..	21 360	..	95 738
F.34	Produits financiers dérivés	-190 003	..	..	0	..	0
F.4	**Crédits**	**-17 874**	..	..	**40 548**	..	**82 408**
F.41	Crédits à court terme	67 544	..	..	83 441	..	1 711
F.42	Crédits à long terme	-85 418	..	..	-42 893	..	80 697
F.5	**Actions et autres participations**	**54 883**	..	..	**29 414**	..	**-11 598**
F.51	Actions et autres participations, non compris parts d'O.P.C.	33 826	..	..	12 701	..	-11 598
F.511	Actions cotées	38 443	..	..	14 184	..	-12 959
F.512	Actions non cotées	-4 617	..	..	-1 483	..	1 361
F.513	Autres participations	0	..	..	0	..	0
F.52	Parts d'organismes de placement collectif	21 057	..	..	16 713	..	0
F.6	**Réserves techniques d'assurance**	**-9 194**	..	..	**0**	..	**-9 195**
F.61	Droits nets des ménages sur les réserves techniques	-8 080	..	..	..	..	-8 080
F.611	Sur les réserves d'assurance vie	-48 079	..	..	..	..	-48 079
F.612	Sur les fonds de pension	39 999	..	..	..	..	39 999
F.62	Réserves-primes et réserves-sinistres	-1 114	..	..	..	..	-1 115
F.7	**Autres comptes à payer**	**9 171**	..	..	**1 698**	..	**8 881**
F.71	Crédits commerciaux et avances	10 981	..	..	1 653	..	10 884
F.79	Autres	-1 810	..	..	45	..	-2 003
	Opérations financières nettes	**-2 591**	..	..	**-12 496**	..	**21 929**

ROYAUME-UNI

Tableau 1.a. Flux consolidés, par instrument et par secteur, Année 2013 (cont.)

SCN 1993

Millions GBP

		Sociétés non financières	Administrations publiques		Ménages et ISBLSM	Economie totale	Reste du monde
			Total	Administration centrale			
		S11	S13	S1311	S14+S15	S1	S2
	Acquisition nette d'actifs financiers	**44 051**	**-3 358**	**-2 831**	**33 920**	**-176 720**	**-104 889**
F.1	**Or monétaire et DTS**	..	**43**	**43**	..	**43**	**-43**
F.2	**Numéraire et dépôts**	**22 630**	**5 451**	**8 804**	**54 434**	**-172 826**	**-278 098**
F.21	Numéraire	311	0	0	2 531	41	70
F.22	Dépôts transférables	22 758	-506	-1 059	48 476	-172 867	-277 333
F.29	Autres dépôts	-439	5 957	9 863	3 427	0	-835
F.3	**Titres autres qu'actions**	**10 015**	**5 583**	**2 850**	**-12 523**	**34 613**	**10 753**
F.33	Titres autres qu'actions, non compris produits financiers dérivés	7 644	4 934	2 850	-13 497	19 759	10 753
F.331	Titres à court terme	-25	159	-855	873	-14 063	-16 169
F.332	Titres à long terme	7 669	4 775	3 705	-14 370	33 822	26 922
F.34	Produits financiers dérivés	2 371	649	0	974	14 854	0
F.4	**Crédits**	**1 450**	**9 407**	**8 490**	**-9 406**	**1 101**	**113 442**
F.41	Crédits à court terme	0	0	0	0	-14 960	111 322
F.42	Crédits à long terme	1 450	9 407	8 490	-9 406	16 061	2 120
F.5	**Actions et autres participations**	**6 466**	**-27 121**	**-27 714**	**1 886**	**-39 532**	**48 148**
F.51	Actions et autres participations, non compris parts d'O.P.C.	6 457	-27 121	-27 714	586	-39 509	48 122
F.511	Actions cotées	2 243	-4 298	-5 622	1 298	0	15 186
F.512	Actions non cotées	6 249	-22 229	-22 229	-3 626	0	32 140
F.513	Autres participations	-2 035	-594	137	2 914	-39 509	796
F.52	Parts d'organismes de placement collectif	9	0	0	1 300	-23	26
F.6	**Réserves techniques d'assurance**	**-202**	**-13**	**0**	**-8 701**	**0**	**-259**
F.61	Droits nets des ménages sur les réserves techniques	0	0	..	-7 982	..	-98
F.611	Sur les réserves d'assurance vie	..	..	..	-48 079	..	0
F.612	Sur les fonds de pension	..	..	..	40 097	..	-98
F.62	Réserves-primes et réserves-sinistres	-202	-13	..	-719	..	-161
F.7	**Autres comptes à recevoir**	**3 692**	**3 292**	**4 696**	**8 230**	**-119**	**1 168**
F.71	Crédits commerciaux et avances	157	0	0	8 690	161	0
F.79	Autres	3 535	3 292	4 696	-460	-280	1 168
	Accroissement net des passifs	**24 063**	**92 168**	**90 765**	**27 665**	**-104 846**	**-176 763**
F.2	**Numéraire et dépôts**	**0**	**-7 191**	**-6 052**	**0**	**-278 098**	**-172 826**
F.21	Numéraire	..	197	197	..	70	41
F.22	Dépôts transférables	..	0	0	..	-277 333	-172 867
F.29	Autres dépôts	..	-7 388	-6 249	..	-835	0
F.3	**Titres autres qu'actions**	**18 059**	**90 272**	**88 621**	**352**	**10 753**	**34 613**
F.33	Titres autres qu'actions, non compris produits financiers dérivés	19 121	89 623	88 621	352	10 753	19 759
F.331	Titres à court terme	1 885	-14 061	-14 491	308	-16 169	-14 063
F.332	Titres à long terme	17 236	103 684	103 112	44	26 922	33 822
F.34	Produits financiers dérivés	-1 062	649	0	0	0	14 854
F.4	**Crédits**	**-18 158**	**1 320**	**1 313**	**27 008**	**113 442**	**1 101**
F.41	Crédits à court terme	-11 207	860	846	1 472	111 322	-14 960
F.42	Crédits à long terme	-6 951	460	467	25 536	2 120	16 061
F.5	**Actions et autres participations**	**23 091**	**0**	**0**	**0**	**48 148**	**-39 532**
F.51	Actions et autres participations, non compris parts d'O.P.C.	23 091	..	..	..	48 122	-39 509
F.511	Actions cotées	8 174	..	..	..	15 186	0
F.512	Actions non cotées	7 884	..	..	..	32 140	0
F.513	Autres participations	7 033	..	..	..	796	-39 509
F.52	Parts d'organismes de placement collectif	0	..	..	..	26	-23
F.6	**Réserves techniques d'assurance**	**0**	**0**	**0**	**0**	**-259**	**0**
F.61	Droits nets des ménages sur les réserves techniques	..	..	..	..	-98	..
F.611	Sur les réserves d'assurance vie	..	..	..	..	0	..
F.612	Sur les fonds de pension	..	..	..	..	-98	..
F.62	Réserves-primes et réserves-sinistres	..	..	..	..	-161	..
F.7	**Autres comptes à payer**	**1 071**	**7 767**	**6 883**	**305**	**1 168**	**-119**
F.71	Crédits commerciaux et avances	-940	0	0	411	0	161
F.79	Autres	2 011	7 767	6 883	-106	1 168	-280
	Opérations financières nettes	**19 988**	**-95 526**	**-93 596**	**6 255**	**-71 874**	**71 874**

Note : Les métadonnées détaillées sont disponibles sur :http://metalinks.oecd.org/faiiia/20150126/8dfb

ROYAUME-UNI

Tableau 1.b. Flux non consolidés, par instrument et par secteur, Année 2013
SCN 1993

Millions GBP

		Sociétés financières					
		Total	Banque centrale	Autres institutions de dépôts	Autres intermédiaires financiers	Auxiliaires financiers	Sociétés d'assurance et fonds de pension
		S12	S121	S122	S123	S124	S125
	Acquisition nette d'actifs financiers	**-203 266**	..	..	**87 219**	..	**31 866**
F.1	**Or monétaire et DTS**	**0**	..	..	..	..	..
F.2	**Numéraire et dépôts**	**-212 069**	..	..	**5 010**	..	**3 566**
F.21	Numéraire	-438	..	..	0	..	0
F.22	Dépôts transférables	-204 044	..	..	12 597	..	3 566
F.29	Autres dépôts	-7 587	..	..	-7 587	..	0
F.3	**Titres autres qu'actions**	**77 586**	..	..	**83 264**	..	**30 188**
F.33	Titres autres qu'actions, non compris produits financiers dérivés	67 139	..	..	85 243	..	30 770
F.331	Titres à court terme	-20 620	..	..	-5 180	..	-2 374
F.332	Titres à long terme	87 759	..	..	90 423	..	33 144
F.34	Produits financiers dérivés	10 447	..	..	-1 979	..	-582
F.4	**Crédits**	**-37 195**	..	..	**-18 625**	..	**17 272**
F.41	Crédits à court terme	-50 005	..	..	0	..	0
F.42	Crédits à long terme	12 810	..	..	-18 625	..	17 272
F.5	**Actions et autres participations**	**-32 834**	..	..	**16 936**	..	**-19 790**
F.51	Actions et autres participations, non compris parts d'O.P.C.	-48 095	..	..	16 861	..	-34 950
F.511	Actions cotées	7 257	..	..	17 874	..	-16 492
F.512	Actions non cotées	-21 795	..	..	-2 856	..	-272
F.513	Autres participations	-33 557	..	..	1 843	..	-18 186
F.52	Parts d'organismes de placement collectif	15 261	..	..	75	..	15 160
F.6	**Réserves techniques d'assurance**	**-21**	..	..	**-10**	..	**-11**
F.61	Droits nets des ménages sur les réserves techniques	0	..	..	0	..	0
F.611	Sur les réserves d'assurance vie	..	..	..	..	..	..
F.612	Sur les fonds de pension	..	..	..	..	..	..
F.62	Réserves-primes et réserves-sinistres	-21	..	..	-10	..	-11
F.7	**Autres comptes à recevoir**	**1 267**	..	..	**644**	..	**641**
F.71	Crédits commerciaux et avances	1 285	..	..	644	..	641
F.79	Autres	-18	..	..	0	..	0
	Accroissement net des passifs	**-200 675**	..	..	**99 715**	..	**9 937**
F.2	**Numéraire et dépôts**	**-227 635**	..	..	**7 911**	..	**0**
F.21	Numéraire	2 236	..	..	0	..	..
F.22	Dépôts transférables	-237 782	..	..	0	..	..
F.29	Autres dépôts	7 911	..	..	7 911	..	..
F.3	**Titres autres qu'actions**	**-51 882**	..	..	**11 462**	..	**1 423**
F.33	Titres autres qu'actions, non compris produits financiers dérivés	-51 882	..	..	11 462	..	1 423
F.331	Titres à court terme	-9 851	..	..	334	..	0
F.332	Titres à long terme	-42 031	..	..	11 128	..	1 423
F.34	Produits financiers dérivés	0	..	..	0	..	0
F.4	**Crédits**	**66 427**	..	..	**58 774**	..	**7 569**
F.41	Crédits à court terme	85 152	..	..	83 441	..	1 711
F.42	Crédits à long terme	-18 725	..	..	-24 667	..	5 858
F.5	**Actions et autres participations**	**12 986**	..	..	**21 551**	..	**1 635**
F.51	Actions et autres participations, non compris parts d'O.P.C.	-3 633	..	..	4 932	..	1 635
F.511	Actions cotées	13 512	..	..	12 513	..	999
F.512	Actions non cotées	-17 145	..	..	-7 581	..	636
F.513	Autres participations	0	..	..	0	..	0
F.52	Parts d'organismes de placement collectif	16 619	..	..	16 619	..	0
F.6	**Réserves techniques d'assurance**	**-9 196**	..	..	**0**	..	**-9 196**
F.61	Droits nets des ménages sur les réserves techniques	-8 080	..	..	..	..	-8 080
F.611	Sur les réserves d'assurance vie	-48 079	..	..	..	..	-48 079
F.612	Sur les fonds de pension	39 999	..	..	..	..	39 999
F.62	Réserves-primes et réserves-sinistres	-1 116	..	..	..	..	-1 116
F.7	**Autres comptes à payer**	**8 625**	..	..	**17**	..	**8 506**
F.71	Crédits commerciaux et avances	10 500	..	..	-9	..	10 509
F.79	Autres	-1 875	..	..	26	..	-2 003
	Opérations financières nettes	**-2 591**	..	..	**-12 496**	..	**21 929**

Tableau 1.b. Flux non consolidés, par instrument et par secteur, Année 2013 (cont.)

SCN 1993

Millions GBP

		Sociétés non financières	Administrations publiques		Ménages et ISBLSM	Economie totale	Reste du monde
		S11	Total S13	Administration centrale S1311	S14+S15	S1	S2
	Acquisition nette d'actifs financiers	**45 374**	**-1 580**	**-2 831**	**33 920**	**-125 553**	**-104 889**
F.1	**Or monétaire et DTS**	..	**43**	**43**	**0**	**43**	**-43**
F.2	**Numéraire et dépôts**	**22 630**	**6 590**	**8 804**	**54 434**	**-128 415**	**-278 098**
F.21	Numéraire	311	0	0	2 531	2 404	70
F.22	Dépôts transférables	22 758	-506	-1 059	48 476	-133 316	-277 333
F.29	Autres dépôts	-439	7 096	9 863	3 427	2 497	-835
F.3	**Titres autres qu'actions**	**10 701**	**4 713**	**2 850**	**-12 523**	**80 477**	**10 753**
F.33	Titres autres qu'actions, non compris produits financiers dérivés	7 268	4 713	2 850	-13 497	65 623	10 753
F.331	Titres à court terme	41	-271	-855	873	-19 977	-16 169
F.332	Titres à long terme	7 227	4 984	3 705	-14 370	85 600	26 922
F.34	Produits financiers dérivés	3 433	0	0	974	14 854	0
F.4	**Crédits**	**3 424**	**10 326**	**8 490**	**-9 406**	**-32 851**	**113 442**
F.41	Crédits à court terme	0	0	0	0	-50 005	111 322
F.42	Crédits à long terme	3 424	10 326	8 490	-9 406	17 154	2 120
F.5	**Actions et autres participations**	**948**	**-27 121**	**-27 714**	**1 886**	**-57 121**	**48 148**
F.51	Actions et autres participations, non compris parts d'O.P.C.	940	-27 121	-27 714	586	-73 691	48 122
F.511	Actions cotées	-82	-4 298	-5 622	1 298	4 175	15 186
F.512	Actions non cotées	10 034	-22 229	-22 229	-3 626	-37 616	32 140
F.513	Autres participations	-9 013	-594	137	2 914	-40 250	796
F.52	Parts d'organismes de placement collectif	9	0	0	1 300	16 570	26
F.6	**Réserves techniques d'assurance**	**-202**	**-13**	**0**	**-8 701**	**-8 937**	**-259**
F.61	Droits nets des ménages sur les réserves techniques	0	0	..	-7 982	-7 982	-98
F.611	Sur les réserves d'assurance vie	..	..	..	-48 079	-48 079	0
F.612	Sur les fonds de pension	..	..	..	40 097	40 097	-98
F.62	Réserves-primes et réserves-sinistres	-202	-13	..	-719	-955	-161
F.7	**Autres comptes à recevoir**	**7 872**	**3 882**	**4 696**	**8 230**	**21 251**	**1 168**
F.71	Crédits commerciaux et avances	1 468	0	0	8 690	11 443	0
F.79	Autres	6 404	3 882	4 696	-460	9 808	1 168
	Accroissement net des passifs	**25 385**	**93 946**	**90 765**	**27 665**	**-53 679**	**-176 763**
F.2	**Numéraire et dépôts**	**0**	**-6 052**	**-6 052**	**0**	**-233 687**	**-172 826**
F.21	Numéraire	..	197	197	..	2 433	41
F.22	Dépôts transférables	..	0	0	..	-237 782	-172 867
F.29	Autres dépôts	..	-6 249	-6 249	..	1 662	0
F.3	**Titres autres qu'actions**	**18 745**	**89 402**	**88 621**	**352**	**56 617**	**34 613**
F.33	Titres autres qu'actions, non compris produits financiers dérivés	18 745	89 402	88 621	352	56 617	19 759
F.331	Titres à court terme	1 951	-14 491	-14 491	308	-22 083	-14 063
F.332	Titres à long terme	16 794	103 893	103 112	44	78 700	33 822
F.34	Produits financiers dérivés	0	0	0	0	0	14 854
F.4	**Crédits**	**-16 184**	**2 239**	**1 313**	**27 008**	**79 490**	**1 101**
F.41	Crédits à court terme	-11 207	860	846	1 472	76 277	-14 960
F.42	Crédits à long terme	-4 977	1 379	467	25 536	3 213	16 061
F.5	**Actions et autres participations**	**17 573**	**0**	**0**	**0**	**30 559**	**-39 532**
F.51	Actions et autres participations, non compris parts d'O.P.C.	17 573	..	..	..	13 940	-39 509
F.511	Actions cotées	5 849	..	..	..	19 361	0
F.512	Actions non cotées	11 669	..	..	..	-5 476	0
F.513	Autres participations	55	..	..	..	55	-39 509
F.52	Parts d'organismes de placement collectif	0	..	..	..	16 619	-23
F.6	**Réserves techniques d'assurance**	**0**	**0**	**0**	**0**	**-9 196**	**0**
F.61	Droits nets des ménages sur les réserves techniques	..	..	..	..	-8 080	..
F.611	Sur les réserves d'assurance vie	..	..	..	..	-48 079	..
F.612	Sur les fonds de pension	..	..	..	..	39 999	..
F.62	Réserves-primes et réserves-sinistres	..	..	..	..	-1 116	..
F.7	**Autres comptes à payer**	**5 251**	**8 357**	**6 883**	**305**	**22 538**	**-119**
F.71	Crédits commerciaux et avances	371	0	0	411	11 282	161
F.79	Autres	4 880	8 357	6 883	-106	11 256	-280
	Opérations financières nettes	**19 988**	**-95 526**	**-93 596**	**6 254**	**-71 874**	**71 874**

Note : Les métadonnées détaillées sont disponibles sur :http://metalinks.oecd.org/faiiia/20150126/3d95

Tableau 2.1.a. Flux consolidés, Secteur S1 - Économie totale

SCN 1993

Millions GBP

		2006	2007	2008	2009	2010	2011	2012	2013
	Acquisition nette d'actifs financiers	**593 862**	**966 653**	**-451 558**	**-249 160**	**320 863**	**177 208**	**-116 976**	**-176 720**
F.1	**Or monétaire et DTS**	**47**	**-50**	**-24**	**-132**	**18**	**333**	**111**	**43**
F.2	**Numéraire et dépôts**	**278 713**	**438 429**	**-519 740**	**-239 824**	**224 233**	**93 400**	**-209 051**	**-172 826**
F.21	Numéraire	124	34	-81	-61	-139	-84	13	41
F.22	Dépôts transférables	278 589	438 395	-519 659	-239 763	224 372	93 484	-209 064	-172 867
F.29	Autres dépôts	0	0	0	0	0	0	0	0
F.3	**Titres autres qu'actions**	**96 261**	**92 417**	**55 215**	**132 852**	**45 890**	**36 824**	**58 433**	**34 613**
F.33	Titres autres qu'actions, non compris produits financiers dérivés	117 172	65 448	-66 276	162 046	78 785	34 049	88 468	19 759
F.331	Titres à court terme	14 806	-2 625	-22 891	14 204	-1 875	910	-4 124	-14 063
F.332	Titres à long terme	102 366	68 073	-43 385	147 842	80 660	33 139	92 592	33 822
F.34	Produits financiers dérivés	-20 911	26 969	121 491	-29 194	-32 895	2 775	-30 035	14 854
F.4	**Crédits**	**122 127**	**282 507**	**-4 454**	**-172 844**	**2 339**	**6 372**	**-21 294**	**1 101**
F.41	Crédits à court terme	119 836	226 527	-122 658	-117 400	17 089	14 055	-34 008	-14 960
F.42	Crédits à long terme	2 291	55 980	118 204	-55 444	-14 750	-7 683	12 714	16 061
F.5	**Actions et autres participations**	**95 074**	**152 844**	**16 913**	**30 333**	**48 267**	**39 575**	**55 006**	**-39 532**
F.51	Actions et autres participations, non compris parts d'O.P.C.	94 291	152 954	17 289	31 877	48 452	39 633	55 124	-39 509
F.511	Actions cotées	0	0	0	0	0	0	0	0
F.512	Actions non cotées	0	0	0	0	0	0	0	0
F.513	Autres participations	94 291	152 954	17 289	31 877	48 452	39 633	55 124	-39 509
F.52	Parts d'organismes de placement collectif	783	-110	-376	-1 544	-185	-58	-118	-23
F.6	**Réserves techniques d'assurance**	**0**	**0**	**0**	**0**	**0**	**0**	**0**	**0**
F.61	Droits nets des ménages sur les réserves techniques	..	..	..	..	..	..	..	..
F.611	Sur les réserves d'assurance vie	..	..	..	..	..	..	..	..
F.612	Sur les fonds de pension	..	..	..	..	..	..	..	..
F.62	Réserves-primes et réserves-sinistres	..	..	..	..	..	..	..	..
F.7	**Autres comptes à recevoir**	**1 640**	**506**	**532**	**455**	**116**	**704**	**-181**	**-119**
F.71	Crédits commerciaux et avances	1 361	120	40	-28	-78	235	-14	161
F.79	Autres	279	386	492	483	194	469	-167	-280
	Accroissement net des passifs	**630 828**	**1 009 956**	**-441 415**	**-237 862**	**352 887**	**188 685**	**-52 394**	**-104 846**
F.2	**Numéraire et dépôts**	**334 462**	**680 795**	**-459 402**	**-373 951**	**62 497**	**75 543**	**-119 613**	**-278 098**
F.21	Numéraire	73	45	-25	-133	51	17	113	70
F.22	Dépôts transférables	333 915	681 049	-459 095	-374 019	62 153	74 960	-119 207	-277 333
F.29	Autres dépôts	474	-299	-282	201	293	566	-519	-835
F.3	**Titres autres qu'actions**	**210 646**	**218 702**	**95 098**	**162 129**	**101 816**	**-8 442**	**-69 659**	**10 753**
F.33	Titres autres qu'actions, non compris produits financiers dérivés	210 646	218 702	95 098	162 129	101 816	-8 442	-69 659	10 753
F.331	Titres à court terme	41 903	20 669	-18 848	81 157	-55 927	-70 650	-2 222	-16 169
F.332	Titres à long terme	168 743	198 033	113 946	80 972	157 743	62 208	-67 437	26 922
F.34	Produits financiers dérivés	0	0	0	0	0	0	0	0
F.4	**Crédits**	**14 185**	**19 232**	**-166 302**	**-110 666**	**150 338**	**103 762**	**114 316**	**113 442**
F.41	Crédits à court terme	-23 380	10 561	-253 464	-65 589	157 917	111 775	95 721	111 322
F.42	Crédits à long terme	37 565	8 671	87 162	-45 077	-7 579	-8 013	18 595	2 120
F.5	**Actions et autres participations**	**67 064**	**95 242**	**92 932**	**86 281**	**37 785**	**17 686**	**21 785**	**48 148**
F.51	Actions et autres participations, non compris parts d'O.P.C.	67 014	95 221	92 921	86 246	37 741	17 677	21 774	48 122
F.511	Actions cotées	25 418	26 858	54 935	40 422	16 230	-1 315	3 327	15 186
F.512	Actions non cotées	41 129	66 005	36 493	45 292	20 979	18 460	17 727	32 140
F.513	Autres participations	467	2 358	1 493	532	532	532	720	796
F.52	Parts d'organismes de placement collectif	50	21	11	35	44	9	11	26
F.6	**Réserves techniques d'assurance**	**4 414**	**-4 260**	**-3 916**	**-1 763**	**-363**	**-169**	**404**	**-259**
F.61	Droits nets des ménages sur les réserves techniques	-9	-37	-2	-41	-9	-33	-205	-98
F.611	Sur les réserves d'assurance vie	0	0	0	0	0	0	0	0
F.612	Sur les fonds de pension	-9	-37	-2	-41	-9	-33	-205	-98
F.62	Réserves-primes et réserves-sinistres	4 423	-4 223	-3 914	-1 722	-354	-136	609	-161
F.7	**Autres comptes à payer**	**57**	**245**	**175**	**108**	**814**	**305**	**373**	**1 168**
F.71	Crédits commerciaux et avances	0	0	0	0	0	0	0	0
F.79	Autres	57	245	175	108	814	305	373	1 168
	Opérations financières nettes	**-36 966**	**-43 303**	**-10 143**	**-11 298**	**-32 024**	**-11 477**	**-64 582**	**-71 874**

Note : Les métadonnées détaillées sont disponibles sur :http://metalinks.oecd.org/faiiia/20150126/8dfb

ROYAUME-UNI

Tableau 2.2.a. Flux consolidés, Secteur S11 - Sociétés non financières
SCN 1993

Millions GBP

		2006	2007	2008	2009	2010	2011	2012	2013
	Acquisition nette d'actifs financiers	**104 057**	**114 446**	**141 653**	**-55 920**	**40 460**	**7 959**	**52 160**	**44 051**
F.1	**Or monétaire et DTS**	..	..	..	..	..	..	..	..
F.2	**Numéraire et dépôts**	**34 081**	**25 887**	**-36 078**	**21 760**	**13 710**	**-4 578**	**16 637**	**22 630**
F.21	Numéraire	260	277	-40	524	224	236	164	311
F.22	Dépôts transférables	33 059	25 484	-35 751	21 480	15 638	-5 097	16 926	22 758
F.29	Autres dépôts	762	126	-287	-244	-2 152	283	-453	-439
F.3	**Titres autres qu'actions**	**7 826**	**-3 652**	**7 917**	**-6 469**	**7 325**	**-4 330**	**-3 391**	**10 015**
F.33	Titres autres qu'actions, non compris produits financiers dérivés	7 944	-1 696	3 537	-2 475	9 054	2 066	-7 256	7 644
F.331	Titres à court terme	10 740	-6 796	-4 625	62	2 119	-1 198	-2 739	-25
F.332	Titres à long terme	-2 796	5 100	8 162	-2 537	6 935	3 264	-4 517	7 669
F.34	Produits financiers dérivés	-118	-1 956	4 380	-3 994	-1 729	-6 396	3 865	2 371
F.4	**Crédits**	**14 500**	**28 734**	**64 309**	**-53 117**	**-5 937**	**-29 195**	**-4 138**	**1 450**
F.41	Crédits à court terme	0	0	0	0	0	0	0	0
F.42	Crédits à long terme	14 500	28 734	64 309	-53 117	-5 937	-29 195	-4 138	1 450
F.5	**Actions et autres participations**	**41 860**	**64 637**	**107 098**	**-16 460**	**25 988**	**42 186**	**38 787**	**6 466**
F.51	Actions et autres participations, non compris parts d'O.P.C.	41 843	64 630	107 095	-16 471	25 974	42 183	38 784	6 457
F.511	Actions cotées	452	6 693	-3 307	13 322	-13 278	1 314	33	2 243
F.512	Actions non cotées	2 774	5 100	20 145	11 255	-3 598	1 274	3 391	6 249
F.513	Autres participations	38 617	52 837	90 257	-41 048	42 849	39 595	35 360	-2 035
F.52	Parts d'organismes de placement collectif	17	7	3	11	14	3	3	9
F.6	**Réserves techniques d'assurance**	**-856**	**-3 571**	**318**	**-2 164**	**-445**	**-171**	**766**	**-202**
F.61	Droits nets des ménages sur les réserves techniques	0	0	0	0	0	0	0	0
F.611	Sur les réserves d'assurance vie	..	..	..	..	..	..	..	..
F.612	Sur les fonds de pension	..	..	..	..	..	..	..	..
F.62	Réserves-primes et réserves-sinistres	-856	-3 571	318	-2 164	-445	-171	766	-202
F.7	**Autres comptes à recevoir**	**6 646**	**2 411**	**-1 911**	**530**	**-181**	**4 047**	**3 499**	**3 692**
F.71	Crédits commerciaux et avances	3 046	1 453	-1 596	-2 696	332	152	645	157
F.79	Autres	3 600	958	-315	3 226	-513	3 895	2 854	3 535
	Accroissement net des passifs	**78 545**	**95 082**	**109 188**	**-122 579**	**-20 080**	**-60 448**	**21 914**	**24 063**
F.2	**Numéraire et dépôts**	**0**	**0**	**0**	**0**	**0**	**0**	**0**	**0**
F.21	Numéraire	..	..	..	..	..	..	..	..
F.22	Dépôts transférables	..	..	..	..	..	..	..	..
F.29	Autres dépôts	..	..	..	..	..	..	..	..
F.3	**Titres autres qu'actions**	**14 222**	**11 269**	**24 835**	**21 895**	**14 346**	**26 534**	**6 441**	**18 059**
F.33	Titres autres qu'actions, non compris produits financiers dérivés	14 052	11 355	21 185	22 641	14 492	24 510	7 605	19 121
F.331	Titres à court terme	1 862	386	-1 683	-5 344	3 356	8 071	-6 163	1 885
F.332	Titres à long terme	12 190	10 969	22 868	27 985	11 136	16 439	13 768	17 236
F.34	Produits financiers dérivés	170	-86	3 650	-746	-146	2 024	-1 164	-1 062
F.4	**Crédits**	**85 201**	**83 768**	**70 191**	**-141 890**	**-50 824**	**-75 212**	**-1 430**	**-18 158**
F.41	Crédits à court terme	62 600	99 238	46 289	-55 788	-27 971	-24 820	-18 229	-11 207
F.42	Crédits à long terme	22 601	-15 470	23 902	-86 102	-22 853	-50 392	16 799	-6 951
F.5	**Actions et autres participations**	**-22 886**	**857**	**17 284**	**1 920**	**14 193**	**-16 802**	**19 227**	**23 091**
F.51	Actions et autres participations, non compris parts d'O.P.C.	-22 886	857	17 284	1 920	14 193	-16 802	19 227	23 091
F.511	Actions cotées	-21 071	241	-18 491	39 616	-1 422	-5 088	431	8 174
F.512	Actions non cotées	12 647	25 823	9 533	14 225	8 087	801	3 891	7 884
F.513	Autres participations	-14 462	-25 207	26 242	-51 921	7 527	-12 515	14 905	7 033
F.52	Parts d'organismes de placement collectif	0	0	0	0	0	0	0	0
F.6	**Réserves techniques d'assurance**	**0**	**0**	**0**	**0**	**0**	**0**	**0**	**0**
F.61	Droits nets des ménages sur les réserves techniques	..	..	..	..	..	..	..	..
F.611	Sur les réserves d'assurance vie	..	..	..	..	..	..	..	..
F.612	Sur les fonds de pension	..	..	..	..	..	..	..	..
F.62	Réserves-primes et réserves-sinistres	..	..	..	..	..	..	..	..
F.7	**Autres comptes à payer**	**2 008**	**-812**	**-3 122**	**-4 504**	**2 205**	**5 032**	**-2 324**	**1 071**
F.71	Crédits commerciaux et avances	3 316	2 326	-3 660	-4 188	128	1 252	530	-940
F.79	Autres	-1 308	-3 138	538	-316	2 077	3 780	-2 854	2 011
	Opérations financières nettes	**25 512**	**19 364**	**32 465**	**66 659**	**60 540**	**68 407**	**30 246**	**19 988**

Note : Les métadonnées détaillées sont disponibles sur :http://metalinks.oecd.org/faiiia/20150126/8dfb

Tableau 2.3.a. Flux consolidés, Secteur S12 - Sociétés financières
SCN 1993

Millions GBP

		2006	2007	2008	2009	2010	2011	2012	2013
	Acquisition nette d'actifs financiers	**975 913**	**1 494 233**	**139 904**	**881 895**	**217 393**	**189 010**	**-167 049**	**-262 137**
F.1	**Or monétaire et DTS**	**0**	**0**	**0**	**0**	**0**	**0**	**0**	**0**
F.2	**Numéraire et dépôts**	**289 606**	**446 427**	**-329 401**	**387 614**	**85 767**	**42 994**	**-6 940**	**-145 360**
F.21	Numéraire	-22	-672	-206	1 669	-523	288	258	-209
F.22	Dépôts transférables	290 768	445 753	-333 728	382 373	94 605	39 857	-6 826	-140 352
F.29	Autres dépôts	-1 140	1 346	4 533	3 572	-8 314	2 849	-372	-4 799
F.3	**Titres autres qu'actions**	**247 275**	**324 020**	**495 605**	**578 693**	**386 460**	**98 119**	**-112 962**	**-6 138**
F.33	Titres autres qu'actions, non compris produits financiers dérivés	280 355	209 399	260 697	425 778	202 807	190 216	58 067	173 418
F.331	Titres à court terme	12 138	9 187	-17 969	20 388	-20 945	9 446	-13 171	-22 599
F.332	Titres à long terme	268 217	200 212	278 666	405 390	223 753	180 770	71 238	196 017
F.34	Produits financiers dérivés	-33 080	114 621	234 908	152 915	183 653	-92 097	-171 029	-179 556
F.4	**Crédits**	**400 082**	**539 739**	**-55 683**	**-84 545**	**-399 906**	**98 137**	**-40 040**	**-121 496**
F.41	Crédits à court terme	288 310	492 642	28 054	-139 175	22 432	-15 452	-73 529	-67 613
F.42	Crédits à long terme	111 772	47 097	-83 737	54 630	-422 338	113 589	33 489	-53 883
F.5	**Actions et autres participations**	**-2 109**	**188 393**	**39 902**	**98**	**143 633**	**-39 772**	**-14 725**	**9 063**
F.51	Actions et autres participations, non compris parts d'O.P.C.	-12 989	172 579	15 838	-14 311	119 162	-66 506	-39 256	-10 636
F.511	Actions cotées	-84 752	86 765	33 419	-27 666	98 138	-68 617	-25 442	32 188
F.512	Actions non cotées	30 037	12 838	32 695	-8 690	11 428	18 370	-44 371	-9 267
F.513	Autres participations	41 726	72 976	-50 276	22 045	9 596	-16 259	30 557	-33 557
F.52	Parts d'organismes de placement collectif	10 880	15 814	24 064	14 409	24 471	26 734	24 531	19 699
F.6	**Réserves techniques d'assurance**	**-114**	**-371**	**37**	**-184**	**-42**	**-15**	**72**	**-19**
F.61	Droits nets des ménages sur les réserves techniques	0	0	0	0	0	0	0	0
F.611	Sur les réserves d'assurance vie	..	..	..	..	..	..	..	..
F.612	Sur les fonds de pension	..	..	..	..	..	..	..	..
F.62	Réserves-primes et réserves-sinistres	-114	-371	37	-184	-42	-15	72	-19
F.7	**Autres comptes à recevoir**	**41 173**	**-3 975**	**-10 556**	**219**	**1 481**	**-10 453**	**7 546**	**1 813**
F.71	Crédits commerciaux et avances	41 702	-3 991	-8 608	-158	1 123	-11 561	5 296	1 766
F.79	Autres	-529	16	-1 948	377	358	1 108	2 250	47
	Accroissement net des passifs	**960 185**	**1 448 351**	**54 871**	**823 321**	**181 353**	**148 217**	**-151 780**	**-259 546**
F.2	**Numéraire et dépôts**	**460 486**	**801 234**	**-239 535**	**287 554**	**-28 788**	**65 386**	**152 048**	**-160 926**
F.21	Numéraire	1 891	1 784	2 664	5 523	1 646	3 077	3 030	2 465
F.22	Dépôts transférables	457 664	796 053	-250 321	275 911	-28 071	55 183	148 170	-174 090
F.29	Autres dépôts	931	3 397	8 122	6 120	-2 362	7 126	848	10 699
F.3	**Titres autres qu'actions**	**291 551**	**391 097**	**411 543**	**360 762**	**267 303**	**-116 745**	**-368 564**	**-135 606**
F.33	Titres autres qu'actions, non compris produits financiers dérivés	304 117	305 480	297 780	180 976	51 601	-12 997	-232 498	54 397
F.331	Titres à court terme	54 713	25 778	-28 813	66 247	-74 174	-84 454	5 103	-11 830
F.332	Titres à long terme	249 404	279 702	326 593	114 729	125 776	71 457	-237 601	66 227
F.34	Produits financiers dérivés	-12 566	85 617	113 763	179 786	215 702	-103 748	-136 066	-190 003
F.4	**Crédits**	**97 408**	**92 301**	**-269 401**	**84 835**	**-218 740**	**207 263**	**67 213**	**-17 874**
F.41	Crédits à court terme	70 401	164 770	-163 913	-10 553	194 316	96 616	80 114	67 544
F.42	Crédits à long terme	27 007	-72 469	-105 488	95 388	-413 056	110 647	-12 901	-85 418
F.5	**Actions et autres participations**	**16 304**	**123 244**	**131 046**	**87 450**	**153 507**	**-6 199**	**-28 596**	**54 883**
F.51	Actions et autres participations, non compris parts d'O.P.C.	2 829	121 247	116 615	54 697	109 338	-40 364	-57 710	33 826
F.511	Actions cotées	-47 395	81 332	99 010	26 585	102 491	-64 335	-23 308	38 443
F.512	Actions non cotées	50 224	39 915	17 605	28 112	6 847	23 971	-34 402	-4 617
F.513	Autres participations	0	0	0	0	0	0	0	0
F.52	Parts d'organismes de placement collectif	13 475	1 997	14 431	32 753	44 169	34 165	29 114	21 057
F.6	**Réserves techniques d'assurance**	**59 486**	**47 864**	**12 333**	**10 221**	**3 906**	**5 733**	**9 751**	**-9 194**
F.61	Droits nets des ménages sur les réserves techniques	53 443	53 886	10 575	12 131	16 364	6 675	5 528	-8 080
F.611	Sur les réserves d'assurance vie	21 738	14 107	-17 265	-14 373	-15 865	-30 082	-17 863	-48 079
F.612	Sur les fonds de pension	31 705	39 779	27 840	26 504	32 229	36 757	23 391	39 999
F.62	Réserves-primes et réserves-sinistres	6 043	-6 022	1 758	-1 910	-12 458	-942	4 223	-1 114
F.7	**Autres comptes à payer**	**34 950**	**-7 389**	**8 885**	**-7 501**	**4 165**	**-7 221**	**16 368**	**9 171**
F.71	Crédits commerciaux et avances	34 088	-9 042	-3 480	-6 464	959	-9 329	13 321	10 981
F.79	Autres	862	1 653	12 365	-1 037	3 206	2 108	3 047	-1 810
	Opérations financières nettes	**15 728**	**45 882**	**85 033**	**58 574**	**36 040**	**40 793**	**-15 269**	**-2 591**

Note : Les métadonnées détaillées sont disponibles sur :http://metalinks.oecd.org/faiiia/20150126/8dfb

Tableau 2.4.a. Flux consolidés, Secteur S13 - Administrations publiques
SCN 1993

Millions GBP

		2006	2007	2008	2009	2010	2011	2012	2013
	Acquisition nette d'actifs financiers	**10 529**	**5 378**	**62 148**	**50 452**	**14 577**	**34 404**	**26 136**	**-3 358**
F.1	**Or monétaire et DTS**	**47**	**-50**	**-24**	**-132**	**18**	**333**	**111**	**43**
F.2	**Numéraire et dépôts**	**6 244**	**9 464**	**29 596**	**7 650**	**-8 539**	**13 963**	**4 322**	**5 451**
F.21	Numéraire	0	0	0	0	0	0	0	0
F.22	Dépôts transférables	7 430	6 261	17 569	-359	-4 842	5 120	4 831	-506
F.29	Autres dépôts	-1 186	3 203	12 027	8 009	-3 697	8 843	-509	5 957
F.3	**Titres autres qu'actions**	**2 485**	**556**	**5 901**	**1 985**	**8 416**	**8 607**	**3 034**	**5 583**
F.33	Titres autres qu'actions, non compris produits financiers dérivés	2 904	840	5 363	1 049	8 143	8 212	2 600	4 934
F.331	Titres à court terme	4 493	-959	1 634	-1 362	2 547	3 467	-3 264	159
F.332	Titres à long terme	-1 589	1 799	3 729	2 411	5 596	4 745	5 864	4 775
F.34	Produits financiers dérivés	-419	-284	538	936	273	395	434	649
F.4	**Crédits**	**3 543**	**4 910**	**6 458**	**4 186**	**9 209**	**5 740**	**18 092**	**9 407**
F.41	Crédits à court terme	0	0	0	0	0	0	0	0
F.42	Crédits à long terme	3 543	4 910	6 458	4 186	9 209	5 740	18 092	9 407
F.5	**Actions et autres participations**	**-3 369**	**-6 929**	**9 627**	**36 007**	**-581**	**-330**	**-965**	**-27 121**
F.51	Actions et autres participations, non compris parts d'O.P.C.	-3 369	-6 929	9 627	36 007	-581	-330	-965	-27 121
F.511	Actions cotées	-598	-895	11 274	40 139	-1 043	-1 040	-1 029	-4 298
F.512	Actions non cotées	3	-2 230	-1 548	-279	-260	-260	-260	-22 229
F.513	Autres participations	-2 774	-3 804	-99	-3 853	722	970	324	-594
F.52	Parts d'organismes de placement collectif	0	0	0	0	0	0	0	0
F.6	**Réserves techniques d'assurance**	**-11**	**82**	**21**	**-144**	**-29**	**-12**	**51**	**-13**
F.61	Droits nets des ménages sur les réserves techniques	0	0	0	0	0	0	0	0
F.611	Sur les réserves d'assurance vie	..	..	..	..	..	..	..	..
F.612	Sur les fonds de pension	..	..	..	..	..	..	..	..
F.62	Réserves-primes et réserves-sinistres	-11	82	21	-144	-29	-12	51	-13
F.7	**Autres comptes à recevoir**	**1 590**	**-2 655**	**10 569**	**900**	**6 083**	**6 103**	**1 491**	**3 292**
F.71	Crédits commerciaux et avances	-12	-12	-8	0	0	0	0	0
F.79	Autres	1 602	-2 643	10 577	900	6 083	6 103	1 491	3 292
	Accroissement net des passifs	**49 272**	**47 382**	**136 146**	**210 122**	**162 342**	**155 180**	**124 165**	**92 168**
F.2	**Numéraire et dépôts**	**4 234**	**6 953**	**20 037**	**7 212**	**-8 394**	**9 207**	**-4 028**	**-7 191**
F.21	Numéraire	154	122	163	115	152	96	225	197
F.22	Dépôts transférables	0	0	0	0	0	0	0	0
F.29	Autres dépôts	4 080	6 831	19 874	7 097	-8 546	9 111	-4 253	-7 388
F.3	**Titres autres qu'actions**	**39 812**	**37 965**	**109 478**	**221 831**	**169 259**	**136 945**	**112 533**	**90 272**
F.33	Titres autres qu'actions, non compris produits financiers dérivés	39 812	37 965	109 478	221 831	169 259	136 764	112 081	89 623
F.331	Titres à court terme	-1 322	-937	13 924	26 405	-1 647	14 884	-18 299	-14 061
F.332	Titres à long terme	41 134	38 902	95 554	195 426	170 906	121 880	130 380	103 684
F.34	Produits financiers dérivés	0	0	0	0	0	181	452	649
F.4	**Crédits**	**154**	**1 597**	**10 495**	**-21 405**	**338**	**2 509**	**8 357**	**1 320**
F.41	Crédits à court terme	-2 107	886	7 605	-19 188	-974	3 781	-642	860
F.42	Crédits à long terme	2 261	711	2 890	-2 217	1 312	-1 272	8 999	460
F.5	**Actions et autres participations**	**0**	**0**	**0**	**0**	**0**	**0**	**0**	**0**
F.51	Actions et autres participations, non compris parts d'O.P.C.	..	..	..	..	..	..	..	..
F.511	Actions cotées	..	..	..	..	..	..	..	..
F.512	Actions non cotées	..	..	..	..	..	..	..	..
F.513	Autres participations	..	..	..	..	..	..	..	..
F.52	Parts d'organismes de placement collectif	..	..	..	..	..	..	..	..
F.6	**Réserves techniques d'assurance**	**0**	**0**	**0**	**0**	**0**	**0**	**0**	**0**
F.61	Droits nets des ménages sur les réserves techniques	..	..	..	..	..	..	..	..
F.611	Sur les réserves d'assurance vie	..	..	..	..	..	..	..	..
F.612	Sur les fonds de pension	..	..	..	..	..	..	..	..
F.62	Réserves-primes et réserves-sinistres	..	..	..	..	..	..	..	..
F.7	**Autres comptes à payer**	**5 072**	**867**	**-3 864**	**2 484**	**1 139**	**6 519**	**7 303**	**7 767**
F.71	Crédits commerciaux et avances	0	0	-8	0	0	0	0	0
F.79	Autres	5 072	867	-3 856	2 484	1 139	6 519	7 303	7 767
	Opérations financières nettes	**-38 743**	**-42 004**	**-73 998**	**-159 670**	**-147 765**	**-120 776**	**-98 029**	**-95 526**

Note : Les métadonnées détaillées sont disponibles sur :http://metalinks.oecd.org/faiiia/20150126/8dfb

ROYAUME-UNI

Tableau 2.5.a. Flux consolidés, Secteur S14-S15 - Ménages et ISBLSM

SCN 1993

Millions GBP

		2006	2007	2008	2009	2010	2011	2012	2013
	Acquisition nette d'actifs financiers	**122 230**	**50 413**	**4 803**	**41 800**	**48 411**	**27 105**	**48 636**	**33 920**
F.1	**Or monétaire et DTS**	**0**	**0**	**0**	**0**	**0**	..	..	..
F.2	**Numéraire et dépôts**	**79 040**	**84 043**	**56 047**	**11 869**	**33 616**	**40 071**	**44 563**	**54 434**
F.21	Numéraire	1 858	2 290	3 017	3 517	1 907	2 548	2 733	2 531
F.22	Dépôts transférables	71 081	75 901	41 025	6 673	28 747	33 827	43 382	48 476
F.29	Autres dépôts	6 101	5 852	12 005	1 679	2 962	3 696	-1 552	3 427
F.3	**Titres autres qu'actions**	**-25 121**	**-6 217**	**-2 853**	**594**	**-7 022**	**-9 854**	**-8 241**	**-12 523**
F.33	Titres autres qu'actions, non compris produits financiers dérivés	-25 431	-6 336	-1 931	605	-7 486	-9 184	-8 158	-13 497
F.331	Titres à court terme	1 492	1 132	942	591	-1 910	-1 112	-2 169	873
F.332	Titres à long terme	-26 923	-7 468	-2 873	14	-5 576	-8 072	-5 989	-14 370
F.34	Produits financiers dérivés	310	119	-922	-11	464	-670	-83	974
F.4	**Crédits**	**-3 662**	**-9 642**	**6 507**	**8 542**	**5 867**	**-7 451**	**-8 148**	**-9 406**
F.41	Crédits à court terme	0	0	0	0	0	0	0	0
F.42	Crédits à long terme	-3 662	-9 642	6 507	8 542	5 867	-7 451	-8 148	-9 406
F.5	**Actions et autres participations**	**-14 954**	**-64 398**	**-84 316**	**13 777**	**9 142**	**-3 196**	**755**	**1 886**
F.51	Actions et autres participations, non compris parts d'O.P.C.	-18 265	-50 443	-74 293	-2 977	-10 313	-10 557	-3 696	586
F.511	Actions cotées	-8 986	-37 848	-15 802	-16	1 022	235	234	1 298
F.512	Actions non cotées	-11 072	-15 975	-60 647	-5 241	-13 615	-13 072	-6 998	-3 626
F.513	Autres participations	1 793	3 380	2 156	2 280	2 280	2 280	3 068	2 914
F.52	Parts d'organismes de placement collectif	3 311	-13 955	-10 023	16 754	19 455	7 361	4 451	1 300
F.6	**Réserves techniques d'assurance**	**56 053**	**55 984**	**15 873**	**14 476**	**4 785**	**6 100**	**8 458**	**-8 701**
F.61	Droits nets des ménages sur les réserves techniques	53 452	53 923	10 577	12 172	16 373	6 708	5 733	-7 982
F.611	Sur les réserves d'assurance vie	21 738	14 107	-17 265	-14 373	-15 865	-30 082	-17 863	-48 079
F.612	Sur les fonds de pension	31 714	39 816	27 842	26 545	32 238	36 790	23 596	40 097
F.62	Réserves-primes et réserves-sinistres	2 601	2 061	5 296	2 304	-11 588	-608	2 725	-719
F.7	**Autres comptes à recevoir**	**30 874**	**-9 357**	**13 545**	**-7 458**	**2 023**	**1 435**	**11 249**	**8 230**
F.71	Crédits commerciaux et avances	30 538	-9 946	13 573	-4 364	2 198	1 172	11 424	8 690
F.79	Autres	336	589	-28	-3 094	-175	263	-175	-460
	Accroissement net des passifs	**161 693**	**116 958**	**58 446**	**18 661**	**29 250**	**27 006**	**30 166**	**27 665**
F.2	**Numéraire et dépôts**	**0**	**0**	**0**	**0**	**0**	**0**	**0**	**0**
F.21	Numéraire	..	..	..	..	..	..	..	..
F.22	Dépôts transférables	..	..	..	..	..	..	..	..
F.29	Autres dépôts	..	..	..	..	..	..	..	..
F.3	**Titres autres qu'actions**	**1 265**	**661**	**597**	**-408**	**197**	**542**	**-62**	**352**
F.33	Titres autres qu'actions, non compris produits financiers dérivés	1 265	661	597	-408	197	542	-62	352
F.331	Titres à court terme	707	631	597	-676	224	542	-82	308
F.332	Titres à long terme	558	30	0	268	-27	0	20	44
F.34	Produits financiers dérivés	0	0	0	0	0	0	0	0
F.4	**Crédits**	**123 758**	**122 800**	**48 458**	**15 704**	**26 458**	**30 061**	**27 236**	**27 008**
F.41	Crédits à court terme	14 200	11 782	7 267	-1 835	-2 111	6 691	-5 043	1 472
F.42	Crédits à long terme	109 558	111 018	41 191	17 539	28 569	23 370	32 279	25 536
F.5	**Actions et autres participations**	**0**	**0**	**0**	**0**	**0**	**0**	**0**	**0**
F.51	Actions et autres participations, non compris parts d'O.P.C.	..	..	..	..	..	..	..	..
F.511	Actions cotées	..	..	..	..	..	..	..	..
F.512	Actions non cotées	..	..	..	..	..	..	..	..
F.513	Autres participations	..	..	..	..	..	..	..	..
F.52	Parts d'organismes de placement collectif	..	..	..	..	..	..	..	..
F.6	**Réserves techniques d'assurance**	**0**	**0**	**0**	**0**	**0**	**0**	**0**	**0**
F.61	Droits nets des ménages sur les réserves techniques	..	..	..	..	..	..	..	..
F.611	Sur les réserves d'assurance vie	..	..	..	..	..	..	..	..
F.612	Sur les fonds de pension	..	..	..	..	..	..	..	..
F.62	Réserves-primes et réserves-sinistres	..	..	..	..	..	..	..	..
F.7	**Autres comptes à payer**	**36 670**	**-6 503**	**9 391**	**3 365**	**2 595**	**-3 597**	**2 992**	**305**
F.71	Crédits commerciaux et avances	36 509	-5 900	10 469	3 462	2 644	-2 395	3 528	411
F.79	Autres	161	-603	-1 078	-97	-49	-1 202	-536	-106
	Opérations financières nettes	**-39 463**	**-66 545**	**-53 643**	**23 139**	**19 161**	**99**	**18 470**	**6 255**

Note : Les métadonnées détaillées sont disponibles sur :http://metalinks.oecd.org/faiiia/20150126/8dfb

Tableau 2.6.b. Flux non consolidés, Secteur S2 - Reste du monde

SCN 1993

Millions GBP

		2006	2007	2008	2009	2010	2011	2012	2013
	Acquisition nette d'actifs financiers	**630 781**	**1 010 006**	**-441 391**	**-237 730**	**352 869**	**188 352**	**-52 505**	**-104 889**
F.1	**Or monétaire et DTS**	**-47**	**50**	**24**	**132**	**-18**	**-333**	**-111**	**-43**
F.2	**Numéraire et dépôts**	**334 462**	**680 795**	**-459 402**	**-373 951**	**62 497**	**75 543**	**-119 613**	**-278 098**
F.21	Numéraire	73	45	-25	-133	51	17	113	70
F.22	Dépôts transférables	333 915	681 049	-459 095	-374 019	62 153	74 960	-119 207	-277 333
F.29	Autres dépôts	474	-299	-282	201	293	566	-519	-835
F.3	**Titres autres qu'actions**	**210 646**	**218 702**	**95 098**	**162 129**	**101 816**	**-8 442**	**-69 659**	**10 753**
F.33	Titres autres qu'actions, non compris produits financiers dérivés	210 646	218 702	95 098	162 129	101 816	-8 442	-69 659	10 753
F.331	Titres à court terme	41 903	20 669	-18 848	81 157	-55 927	-70 650	-2 222	-16 169
F.332	Titres à long terme	168 743	198 033	113 946	80 972	157 743	62 208	-67 437	26 922
F.34	Produits financiers dérivés	0	0	0	0	0	0	0	0
F.4	**Crédits**	**14 185**	**19 232**	**-166 302**	**-110 666**	**150 338**	**103 762**	**114 316**	**113 442**
F.41	Crédits à court terme	-23 380	10 561	-253 464	-65 589	157 917	111 775	95 721	111 322
F.42	Crédits à long terme	37 565	8 671	87 162	-45 077	-7 579	-8 013	18 595	2 120
F.5	**Actions et autres participations**	**67 064**	**95 242**	**92 932**	**86 281**	**37 785**	**17 686**	**21 785**	**48 148**
F.51	Actions et autres participations, non compris parts d'O.P.C.	67 014	95 221	92 921	86 246	37 741	17 677	21 774	48 122
F.511	Actions cotées	25 418	26 858	54 935	40 422	16 230	-1 315	3 327	15 186
F.512	Actions non cotées	41 129	66 005	36 493	45 292	20 979	18 460	17 727	32 140
F.513	Autres participations	467	2 358	1 493	532	532	532	720	796
F.52	Parts d'organismes de placement collectif	50	21	11	35	44	9	11	26
F.6	**Réserves techniques d'assurance**	**4 414**	**-4 260**	**-3 916**	**-1 763**	**-363**	**-169**	**404**	**-259**
F.61	Droits nets des ménages sur les réserves techniques	-9	-37	-2	-41	-9	-33	-205	-98
F.611	Sur les réserves d'assurance vie	0	0	0	0	0	0	0	0
F.612	Sur les fonds de pension	-9	-37	-2	-41	-9	-33	-205	-98
F.62	Réserves-primes et réserves-sinistres	4 423	-4 223	-3 914	-1 722	-354	-136	609	-161
F.7	**Autres comptes à recevoir**	**57**	**245**	**175**	**108**	**814**	**305**	**373**	**1 168**
F.71	Crédits commerciaux et avances	0	0	0	0	0	0	0	0
F.79	Autres	57	245	175	108	814	305	373	1 168
	Accroissement net des passifs	**593 815**	**966 703**	**-451 534**	**-249 028**	**320 845**	**176 875**	**-117 087**	**-176 763**
F.2	**Numéraire et dépôts**	**278 713**	**438 429**	**-519 740**	**-239 824**	**224 233**	**93 400**	**-209 051**	**-172 826**
F.21	Numéraire	124	34	-81	-61	-139	-84	13	41
F.22	Dépôts transférables	278 589	438 395	-519 659	-239 763	224 372	93 484	-209 064	-172 867
F.29	Autres dépôts	0	0	0	0	0	0	0	0
F.3	**Titres autres qu'actions**	**96 261**	**92 417**	**55 215**	**132 852**	**45 890**	**36 824**	**58 433**	**34 613**
F.33	Titres autres qu'actions, non compris produits financiers dérivés	117 172	65 448	-66 276	162 046	78 785	34 049	88 468	19 759
F.331	Titres à court terme	14 806	-2 625	-22 891	14 204	-1 875	910	-4 124	-14 063
F.332	Titres à long terme	102 366	68 073	-43 385	147 842	80 660	33 139	92 592	33 822
F.34	Produits financiers dérivés	-20 911	26 969	121 491	-29 194	-32 895	2 775	-30 035	14 854
F.4	**Crédits**	**122 127**	**282 507**	**-4 454**	**-172 844**	**2 339**	**6 372**	**-21 294**	**1 101**
F.41	Crédits à court terme	119 836	226 527	-122 658	-117 400	17 089	14 055	-34 008	-14 960
F.42	Crédits à long terme	2 291	55 980	118 204	-55 444	-14 750	-7 683	12 714	16 061
F.5	**Actions et autres participations**	**95 074**	**152 844**	**16 913**	**30 333**	**48 267**	**39 575**	**55 006**	**-39 532**
F.51	Actions et autres participations, non compris parts d'O.P.C.	94 291	152 954	17 289	31 877	48 452	39 633	55 124	-39 509
F.511	Actions cotées	0	0	0	0	0	0	0	0
F.512	Actions non cotées	0	0	0	0	0	0	0	0
F.513	Autres participations	94 291	152 954	17 289	31 877	48 452	39 633	55 124	-39 509
F.52	Parts d'organismes de placement collectif	783	-110	-376	-1 544	-185	-58	-118	-23
F.6	**Réserves techniques d'assurance**	**0**	**0**	**0**	**0**	**0**	**0**	**0**	**0**
F.61	Droits nets des ménages sur les réserves techniques	..	..	..	..	..	..	..	..
F.611	Sur les réserves d'assurance vie	..	..	..	..	..	..	..	..
F.612	Sur les fonds de pension	..	..	..	..	..	..	..	..
F.62	Réserves-primes et réserves-sinistres	..	..	..	..	..	..	..	..
F.7	**Autres comptes à payer**	**1 640**	**506**	**532**	**455**	**116**	**704**	**-181**	**-119**
F.71	Crédits commerciaux et avances	1 361	120	40	-28	-78	235	-14	161
F.79	Autres	279	386	492	483	194	469	-167	-280
	Opérations financières nettes	**36 966**	**43 303**	**10 143**	**11 298**	**32 024**	**11 477**	**64 582**	**71 874**

Note : Les métadonnées détaillées sont disponibles sur :http://metalinks.oecd.org/faiiia/20150126/3d95

Tableau 1.b. Flux non consolidés, par instrument et par secteur, Année 2013
SCN 1993

Millions USD

		Sociétés financières					
		Total S12	Banque centrale S121	Autres institutions de dépôts S122	Autres intermédiaires financiers S123	Auxiliaires financiers S124	Sociétés d'assurance et fonds de pension S125
	Acquisition nette d'actifs financiers	**3 537 843**	**1 118 830**	**1 021 255**	**1 094 381**	**-298 099**	**601 476**
F.1	**Or monétaire et DTS**	**0**	**0**	**..**	**..**	**..**	**..**
F.2	**Numéraire et dépôts**	**828 063**	**425**	**804 030**	**48 540**	**-16 470**	**-8 462**
F.21	Numéraire	120	901	-658	31 970	-16 470	-15 623
F.22	Dépôts transférables	0	0	0	0	0	0
F.29	Autres dépôts	827 943	-476	804 688	16 570	0	7 161
F.3	**Titres autres qu'actions**	**1 523 889**	**1 086 568**	**77 203**	**248 114**	**-186 291**	**298 295**
F.33	Titres autres qu'actions, non compris produits financiers dérivés	1 523 889	1 086 568	77 203	248 114	-186 291	298 295
F.331	Titres à court terme	46 683	0	18 039	15 274	-1 280	14 650
F.332	Titres à long terme	1 477 206	1 086 568	59 164	232 840	-185 011	283 645
F.34	Produits financiers dérivés	0	0	0	0	0	0
F.4	**Crédits**	**144 501**	**-9 072**	**110 737**	**293 963**	**-270 887**	**19 760**
F.41	Crédits à court terme	41 714	-9 072	121 411	196 143	-270 887	4 119
F.42	Crédits à long terme	102 787	0	-10 674	97 820	0	15 641
F.5	**Actions et autres participations**	**221 051**	**0**	**7 129**	**292 383**	**30 454**	**-108 915**
F.51	Actions et autres participations, non compris parts d'O.P.C.	307 902	..	5 628	396 911	30 454	-125 091
F.511	Actions cotées	189 108	..	825	309 866	18 618	-140 201
F.512	Actions non cotées	0	..	0	0	0	0
F.513	Autres participations	118 794	..	4 803	87 045	11 836	15 110
F.52	Parts d'organismes de placement collectif	-86 851	..	1 501	-104 528	0	16 176
F.6	**Réserves techniques d'assurance**	**351 734**	**0**	**-3 697**	**5 057**	**0**	**350 374**
F.61	Droits nets des ménages sur les réserves techniques	342 095	..	-3 697	5 057	..	340 735
F.611	Sur les réserves d'assurance vie	1 360	..	-3 697	5 057	..	0
F.612	Sur les fonds de pension	340 735	..	0	0	..	340 735
F.62	Réserves-primes et réserves-sinistres	9 639	..	0	0	..	9 639
F.7	**Autres comptes à recevoir**	**468 605**	**40 909**	**25 853**	**206 324**	**145 095**	**50 424**
F.71	Crédits commerciaux et avances	91 802	0	0	-5 448	93 998	3 252
F.79	Autres	376 803	40 909	25 853	211 772	51 097	47 172
	Accroissement net des passifs	**3 371 426**	**1 118 683**	**953 074**	**1 070 083**	**-333 114**	**562 701**
F.2	**Numéraire et dépôts**	**1 845 613**	**900 104**	**948 675**	**-3 166**	**0**	**0**
F.21	Numéraire	265 164	72 069	193 095	0	..	..
F.22	Dépôts transférables	0	0	0	0	..	..
F.29	Autres dépôts	1 580 449	828 035	755 580	-3 166	..	..
F.3	**Titres autres qu'actions**	**104 009**	**0**	**-102 701**	**184 476**	**22 234**	**0**
F.33	Titres autres qu'actions, non compris produits financiers dérivés	104 009	0	-102 701	184 476	22 234	0
F.331	Titres à court terme	-48 925	..	-27 841	-21 084	0	..
F.332	Titres à long terme	152 934	..	-74 860	205 560	22 234	..
F.34	Produits financiers dérivés	0	0	0	0	0	0
F.4	**Crédits**	**-217 690**	**208 736**	**-25 853**	**-38 557**	**-370 424**	**8 408**
F.41	Crédits à court terme	-225 465	208 736	-25 853	-46 332	-370 424	8 408
F.42	Crédits à long terme	7 775	0	0	7 775	0	0
F.5	**Actions et autres participations**	**983 752**	**147**	**99 932**	**842 242**	**50 615**	**-9 184**
F.51	Actions et autres participations, non compris parts d'O.P.C.	319 514	147	71 270	206 666	50 615	-9 184
F.511	Actions cotées	161 850	0	2 248	207 322	-30 952	-16 768
F.512	Actions non cotées	0	0	0	0	0	0
F.513	Autres participations	157 664	147	69 022	-656	81 567	7 584
F.52	Parts d'organismes de placement collectif	664 238	0	28 662	635 576	0	0
F.6	**Réserves techniques d'assurance**	**551 021**	**0**	**0**	**0**	**0**	**551 021**
F.61	Droits nets des ménages sur les réserves techniques	537 292	..	..	..	..	537 292
F.611	Sur les réserves d'assurance vie	29 765	..	..	..	..	29 765
F.612	Sur les fonds de pension	507 527	..	..	..	..	507 527
F.62	Réserves-primes et réserves-sinistres	13 729	..	..	..	..	13 729
F.7	**Autres comptes à payer**	**104 721**	**9 696**	**33 021**	**85 087**	**-35 539**	**12 455**
F.71	Crédits commerciaux et avances	94 311	0	0	93 998	313	0
F.79	Autres	10 410	9 696	33 021	-8 911	-35 852	12 455
	Opérations financières nettes	**166 416**	**147**	**68 181**	**24 298**	**35 015**	**38 775**

Tableau 1.b. Flux non consolidés, par instrument et par secteur, Année 2013 (cont.)

SCN 1993

Millions USD

		Sociétés non financières	Administrations publiques		Ménages et ISBLSM	Economie totale	Reste du monde
		S11	Total S13	Administration centrale S1311	S14+S15	S1	S2
	Acquisition nette d'actifs financiers	**949 796**	**194 420**	**172 516**	**1 248 815**	**5 930 873**	**972 308**
F.1	**Or monétaire et DTS**	..	**22**	**22**	..	**22**	**0**
F.2	**Numéraire et dépôts**	**216 606**	**84 724**	**65 553**	**307 734**	**1 437 127**	**388 251**
F.21	Numéraire	104 229	75 937	69 459	106 938	287 224	37 722
F.22	Dépôts transférables	0	0	0	0	0	11 752
F.29	Autres dépôts	112 377	8 787	-3 906	200 796	1 149 903	338 777
F.3	**Titres autres qu'actions**	**-44 478**	**-31 851**	**-82**	**-233 488**	**1 214 071**	**555 140**
F.33	Titres autres qu'actions, non compris produits financiers dérivés	-44 478	-31 851	-82	-233 488	1 214 071	555 140
F.331	Titres à court terme	-29 541	-7 795	0	-3 800	5 547	24 732
F.332	Titres à long terme	-14 937	-24 056	-82	-229 688	1 208 524	530 408
F.34	Produits financiers dérivés	0	0	0	0	0	0
F.4	**Crédits**	**-6 292**	**134 242**	**125 501**	**50 428**	**322 879**	**47 612**
F.41	Crédits à court terme	-6 543	125 854	121 528	56 948	217 973	47 612
F.42	Crédits à long terme	251	8 388	3 973	-6 520	104 906	0
F.5	**Actions et autres participations**	**391 852**	**4 414**	**-2 628**	**564 017**	**1 181 334**	**103 156**
F.51	Actions et autres participations, non compris parts d'O.P.C.	348 537	-1 188	-2 628	-172 950	482 301	137 951
F.511	Actions cotées	0	0	0	0	189 108	0
F.512	Actions non cotées	0	0	0	0	0	0
F.513	Autres participations	348 537	-1 188	-2 628	-172 950	293 193	137 951
F.52	Parts d'organismes de placement collectif	43 315	5 602	0	736 967	699 033	-34 795
F.6	**Réserves techniques d'assurance**	**-5 647**	**0**	**0**	**560 124**	**906 211**	**0**
F.61	Droits nets des ménages sur les réserves techniques	0	..	..	536 190	878 285	..
F.611	Sur les réserves d'assurance vie	..	..	..	28 663	30 023	..
F.612	Sur les fonds de pension	..	..	..	507 527	848 262	..
F.62	Réserves-primes et réserves-sinistres	-5 647	..	..	23 934	27 926	..
F.7	**Autres comptes à recevoir**	**397 755**	**2 869**	**-15 850**	**0**	**869 229**	**-121 851**
F.71	Crédits commerciaux et avances	150 161	7 286	-1 514	..	249 249	9 822
F.79	Autres	247 594	-4 417	-14 336	..	619 980	-131 673
	Accroissement net des passifs	**1 225 267**	**1 175 504**	**879 256**	**229 570**	**6 001 768**	**621 487**
F.2	**Numéraire et dépôts**	**0**	**-350**	**-350**	**0**	**1 845 263**	**52 460**
F.21	Numéraire	..	-350	-350	..	264 814	39
F.22	Dépôts transférables	..	0	0	..	0	0
F.29	Autres dépôts	..	0	0	..	1 580 449	52 421
F.3	**Titres autres qu'actions**	**663 828**	**817 885**	**857 300**	**-13 140**	**1 572 582**	**196 629**
F.33	Titres autres qu'actions, non compris produits financiers dérivés	663 828	817 885	857 300	-13 140	1 572 582	196 629
F.331	Titres à court terme	14 181	-46 777	-35 917	0	-81 521	33 951
F.332	Titres à long terme	649 647	864 662	893 217	-13 140	1 654 103	162 678
F.34	Produits financiers dérivés	0	0	0	0	0	0
F.4	**Crédits**	**238 056**	**542**	**0**	**238 713**	**259 621**	**-75 711**
F.41	Crédits à court terme	138 381	542	..	241 257	154 715	-75 711
F.42	Crédits à long terme	99 675	0	..	-2 544	104 906	0
F.5	**Actions et autres participations**	**-258 298**	**0**	**0**	**0**	**725 454**	**559 036**
F.51	Actions et autres participations, non compris parts d'O.P.C.	-258 298	..	..	..	61 216	559 036
F.511	Actions cotées	0	..	..	..	161 850	0
F.512	Actions non cotées	0	..	..	..	0	0
F.513	Autres participations	-258 298	..	..	..	-100 634	559 036
F.52	Parts d'organismes de placement collectif	0	..	..	..	664 238	0
F.6	**Réserves techniques d'assurance**	**53 937**	**298 255**	**2 747**	**2 997**	**906 211**	**0**
F.61	Droits nets des ménages sur les réserves techniques	54 894	286 098	-9 410	0	878 285	..
F.611	Sur les réserves d'assurance vie	0	258	258	..	30 023	..
F.612	Sur les fonds de pension	54 894	285 840	-9 668	..	848 262	..
F.62	Réserves-primes et réserves-sinistres	-957	12 157	12 157	2 997	27 926	..
F.7	**Autres comptes à payer**	**527 743**	**59 172**	**19 559**	**1 000**	**692 636**	**-110 927**
F.71	Crédits commerciaux et avances	125 707	57 910	18 297	1 000	278 928	-8 561
F.79	Autres	402 036	1 262	1 262	0	413 708	-102 366
	Opérations financières nettes	**-275 471**	**-981 084**	**-706 740**	**1 019 245**	**-70 894**	**350 821**

Note : Les métadonnées détaillées sont disponibles sur :http://metalinks.oecd.org/faiiia/20150126/ed0f

ÉTATS-UNIS

Tableau 2.1.b. Flux non consolidés, Secteur S1 - Économie totale

SCN 1993

Millions USD

		2006	2007	2008	2009	2010	2011	2012	2013
	Acquisition nette d'actifs financiers	**7 045 686**	**8 513 463**	**4 964 083**	**15 617**	**2 087 743**	**3 693 829**	**4 113 239**	**5 930 873**
F.1	**Or monétaire et DTS**	**223**	**154**	**106**	**48 230**	**31**	**-1 752**	**37**	**22**
F.2	**Numéraire et dépôts**	**553 665**	**667 730**	**1 549 528**	**552 434**	**352 592**	**1 056 788**	**622 904**	**1 437 127**
F.21	Numéraire	-24 369	45 744	513 639	3 627	237 163	160 177	205 957	287 224
F.22	Dépôts transférables	0	0	0	0	0	0	0	0
F.29	Autres dépôts	578 034	621 986	1 035 889	548 807	115 429	896 611	416 947	1 149 903
F.3	**Titres autres qu'actions**	**1 309 113**	**1 670 800**	**1 418 241**	**1 101 472**	**928 429**	**1 082 825**	**1 054 560**	**1 214 071**
F.33	Titres autres qu'actions, non compris produits financiers dérivés	1 309 113	1 670 800	1 418 241	1 101 472	928 429	1 082 825	1 054 560	1 214 071
F.331	Titres à court terme	266 695	-157 166	1 302	-581 970	-169 427	-53 814	-15 257	5 547
F.332	Titres à long terme	1 042 418	1 827 966	1 416 939	1 683 442	1 097 856	1 136 639	1 069 817	1 208 524
F.34	Produits financiers dérivés	0	0	0	0	0	0	0	0
F.4	**Crédits**	**2 193 427**	**2 932 148**	**1 306 326**	**-2 828 019**	**-369 030**	**284 497**	**600 427**	**322 879**
F.41	Crédits à court terme	800 536	1 804 464	1 075 338	-2 776 144	-52 252	433 100	667 749	217 973
F.42	Crédits à long terme	1 392 891	1 127 684	230 988	-51 875	-316 778	-148 603	-67 322	104 906
F.5	**Actions et autres participations**	**604 458**	**964 809**	**1 112 973**	**261 157**	**135 708**	**234 090**	**735 089**	**1 181 334**
F.51	Actions et autres participations, non compris parts d'O.P.C.	13 752	-75 471	419 638	327 174	373 166	180 914	305 358	482 301
F.511	Actions cotées	184 799	422 140	225 837	166 141	86 072	-64 149	81 413	189 108
F.512	Actions non cotées	0	0	0	0	0	0	0	0
F.513	Autres participations	-171 046	-497 611	193 800	161 033	287 094	245 062	223 945	293 193
F.52	Parts d'organismes de placement collectif	590 706	1 040 280	693 335	-66 017	-237 458	53 176	429 731	699 033
F.6	**Réserves techniques d'assurance**	**951 928**	**898 270**	**982 553**	**929 552**	**950 475**	**972 164**	**905 536**	**906 211**
F.61	Droits nets des ménages sur les réserves techniques	924 942	794 542	909 056	842 882	893 494	883 470	882 459	878 285
F.611	Sur les réserves d'assurance vie	65 622	34 395	65 168	27 430	14 473	81 172	-11 865	30 023
F.612	Sur les fonds de pension	859 320	760 147	843 888	815 452	879 021	802 298	894 324	848 262
F.62	Réserves-primes et réserves-sinistres	26 986	103 728	73 497	86 670	56 981	88 694	23 077	27 926
F.7	**Autres comptes à recevoir**	**1 432 872**	**1 379 553**	**-1 405 643**	**-49 209**	**89 538**	**65 216**	**194 685**	**869 229**
F.71	Crédits commerciaux et avances	339 417	223 299	-551 826	-151 379	23 038	21 256	18 821	249 249
F.79	Autres	1 093 455	1 156 254	-853 817	102 170	66 500	43 960	175 864	619 980
	Accroissement net des passifs	**7 558 263**	**8 880 025**	**6 500 371**	**407 663**	**2 657 002**	**4 532 409**	**4 989 725**	**6 001 768**
F.2	**Numéraire et dépôts**	**621 230**	**547 985**	**2 145 260**	**261 991**	**333 790**	**1 457 323**	**594 964**	**1 845 263**
F.21	Numéraire	-16 729	26 989	200 291	147 691	135 533	449 727	298 950	264 814
F.22	Dépôts transférables	0	0	0	0	0	0	0	0
F.29	Autres dépôts	637 959	520 996	1 944 969	114 300	198 257	1 007 596	296 014	1 580 449
F.3	**Titres autres qu'actions**	**1 950 326**	**2 362 470**	**2 069 948**	**1 046 249**	**1 515 059**	**1 204 291**	**1 466 341**	**1 572 582**
F.33	Titres autres qu'actions, non compris produits financiers dérivés	1 950 326	2 362 470	2 069 948	1 046 249	1 515 059	1 204 291	1 466 341	1 572 582
F.331	Titres à court terme	190 706	-24 577	748 558	-586 614	-97 341	-294 874	66 050	-81 521
F.332	Titres à long terme	1 759 620	2 387 047	1 321 390	1 632 863	1 612 400	1 499 165	1 400 291	1 654 103
F.34	Produits financiers dérivés	0	0	0	0	0	0	0	0
F.4	**Crédits**	**2 488 042**	**2 723 586**	**218 556**	**-2 247 586**	**-463 489**	**239 161**	**547 295**	**259 621**
F.41	Crédits à court terme	1 095 151	1 595 902	-12 432	-2 195 711	-146 711	387 764	614 617	154 715
F.42	Crédits à long terme	1 392 891	1 127 684	230 988	-51 875	-316 778	-148 603	-67 322	104 906
F.5	**Actions et autres participations**	**567 530**	**855 936**	**1 267 024**	**231 651**	**127 363**	**149 788**	**711 791**	**725 454**
F.51	Actions et autres participations, non compris parts d'O.P.C.	-72 414	-242 372	552 679	233 265	260 471	-75 796	79 864	61 216
F.511	Actions cotées	59 977	179 561	639 216	316 362	191 389	164 064	168 111	161 850
F.512	Actions non cotées	0	0	0	0	0	0	0	0
F.513	Autres participations	-132 391	-421 933	-86 537	-83 097	69 082	-239 860	-88 247	-100 634
F.52	Parts d'organismes de placement collectif	639 944	1 098 308	714 345	-1 614	-133 108	225 584	631 927	664 238
F.6	**Réserves techniques d'assurance**	**951 928**	**898 270**	**982 553**	**929 552**	**950 475**	**972 164**	**905 536**	**906 211**
F.61	Droits nets des ménages sur les réserves techniques	924 942	794 542	909 056	842 882	893 494	883 470	882 459	878 285
F.611	Sur les réserves d'assurance vie	65 622	34 395	65 168	27 430	14 473	81 172	-11 865	30 023
F.612	Sur les fonds de pension	859 320	760 147	843 888	815 452	879 021	802 298	894 324	848 262
F.62	Réserves-primes et réserves-sinistres	26 986	103 728	73 497	86 670	56 981	88 694	23 077	27 926
F.7	**Autres comptes à payer**	**979 207**	**1 491 778**	**-182 970**	**185 806**	**193 803**	**509 682**	**763 797**	**692 636**
F.71	Crédits commerciaux et avances	485 273	187 306	-513 969	-22 882	26 473	3 701	63 650	278 928
F.79	Autres	493 934	1 304 472	330 999	208 688	167 330	505 981	700 147	413 708
	Opérations financières nettes	**-512 577**	**-366 562**	**-1 536 287**	**-392 046**	**-569 259**	**-838 581**	**-876 486**	**-70 894**

Note : Les métadonnées détaillées sont disponibles sur :http://metalinks.oecd.org/faiiia/20150126/ed0f

Tableau 2.2.b. Flux non consolidés, Secteur S11 - Sociétés non financières

SCN 1993

Millions USD

		2006	2007	2008	2009	2010	2011	2012	2013
	Acquisition nette d'actifs financiers	**1 220 466**	**1 553 992**	**-506 976**	**185 405**	**784 896**	**510 762**	**758 403**	**949 796**
F.1	**Or monétaire et DTS**	..	..	..	..	..	..	..	..
F.2	**Numéraire et dépôts**	**10 137**	**19 447**	**-211 423**	**264 605**	**148 775**	**38 641**	**72 656**	**216 606**
F.21	Numéraire	-42 548	59 273	-55 195	85 640	76 835	27 330	29 739	104 229
F.22	Dépôts transférables	0	0	0	0	0	0	0	0
F.29	Autres dépôts	52 685	-39 826	-156 228	178 965	71 940	11 311	42 917	112 377
F.3	**Titres autres qu'actions**	**313**	**-59 155**	**-33 570**	**10 817**	**18 032**	**-7 915**	**-10 133**	**-44 478**
F.33	Titres autres qu'actions, non compris produits financiers dérivés	313	-59 155	-33 570	10 817	18 032	-7 915	-10 133	-44 478
F.331	Titres à court terme	11 695	-53 207	-12 176	-1 299	11 991	-114	-8 045	-29 541
F.332	Titres à long terme	-11 382	-5 948	-21 394	12 116	6 041	-7 801	-2 088	-14 937
F.34	Produits financiers dérivés	0	0	0	0	0	0	0	0
F.4	**Crédits**	**-15 499**	**-14 203**	**-12 734**	**-6 715**	**-4 511**	**2 266**	**-1 315**	**-6 292**
F.41	Crédits à court terme	-5 522	-3 203	-2 037	-1 407	-7 116	2 368	-1 083	-6 543
F.42	Crédits à long terme	-9 977	-11 000	-10 697	-5 308	2 605	-102	-232	251
F.5	**Actions et autres participations**	**338 216**	**377 502**	**425 698**	**222 602**	**187 036**	**360 985**	**387 756**	**391 852**
F.51	Actions et autres participations, non compris parts d'O.P.C.	242 337	253 056	262 644	260 439	330 508	408 429	368 498	348 537
F.511	Actions cotées	0	0	0	0	0	0	0	0
F.512	Actions non cotées	0	0	0	0	0	0	0	0
F.513	Autres participations	242 337	253 056	262 644	260 439	330 508	408 429	368 498	348 537
F.52	Parts d'organismes de placement collectif	95 879	124 446	163 054	-37 837	-143 472	-47 444	19 258	43 315
F.6	**Réserves techniques d'assurance**	**12 024**	**12 000**	**14 360**	**-13 755**	**41 575**	**-1 556**	**22 507**	**-5 647**
F.61	Droits nets des ménages sur les réserves techniques	0	0	0	0	0	0	0	0
F.611	Sur les réserves d'assurance vie	..	..	..	..	..	..	..	..
F.612	Sur les fonds de pension	..	..	..	..	..	..	..	..
F.62	Réserves-primes et réserves-sinistres	12 024	12 000	14 360	-13 755	41 575	-1 556	22 507	-5 647
F.7	**Autres comptes à recevoir**	**875 275**	**1 218 401**	**-689 307**	**-292 149**	**393 989**	**118 341**	**286 932**	**397 755**
F.71	Crédits commerciaux et avances	26 152	214 557	-172 526	-57 484	142 767	89 602	91 240	150 161
F.79	Autres	849 123	1 003 844	-516 781	-234 665	251 222	28 739	195 692	247 594
	Accroissement net des passifs	**1 432 151**	**1 829 546**	**485 645**	**-384 358**	**620 836**	**908 545**	**1 274 594**	**1 225 267**
F.2	**Numéraire et dépôts**	**0**	**0**	**0**	**0**	**0**	**0**	**0**	**0**
F.21	Numéraire	..	..	..	..	..	..	..	..
F.22	Dépôts transférables	..	..	..	..	..	..	..	..
F.29	Autres dépôts	..	..	..	..	..	..	..	..
F.3	**Titres autres qu'actions**	**294 543**	**402 639**	**299 101**	**375 793**	**496 345**	**452 718**	**608 796**	**663 828**
F.33	Titres autres qu'actions, non compris produits financiers dérivés	294 543	402 639	299 101	375 793	496 345	452 718	608 796	663 828
F.331	Titres à court terme	22 447	11 296	7 664	-73 067	24 518	33 379	14 021	14 181
F.332	Titres à long terme	272 096	391 343	291 437	448 860	471 827	419 339	594 775	649 647
F.34	Produits financiers dérivés	0	0	0	0	0	0	0	0
F.4	**Crédits**	**653 118**	**916 148**	**397 490**	**-623 479**	**-326 510**	**92 992**	**143 217**	**238 056**
F.41	Crédits à court terme	282 042	538 353	263 973	-502 132	-189 547	186 381	141 751	138 381
F.42	Crédits à long terme	371 076	377 795	133 517	-121 347	-136 963	-93 389	1 466	99 675
F.5	**Actions et autres participations**	**-364 007**	**-613 081**	**-450 300**	**-39 365**	**53 597**	**-348 989**	**-268 511**	**-258 298**
F.51	Actions et autres participations, non compris parts d'O.P.C.	-364 007	-613 081	-450 300	-39 365	53 597	-348 989	-268 511	-258 298
F.511	Actions cotées	0	0	0	0	0	0	0	0
F.512	Actions non cotées	0	0	0	0	0	0	0	0
F.513	Autres participations	-364 007	-613 081	-450 300	-39 365	53 597	-348 989	-268 511	-258 298
F.52	Parts d'organismes de placement collectif	0	0	0	0	0	0	0	0
F.6	**Réserves techniques d'assurance**	**146 133**	**-1 037**	**137 777**	**74 257**	**564**	**-9 566**	**49 213**	**53 937**
F.61	Droits nets des ménages sur les réserves techniques	148 100	-5 578	123 037	82 671	-14 874	-12 528	50 074	54 894
F.611	Sur les réserves d'assurance vie	0	0	0	0	0	0	0	0
F.612	Sur les fonds de pension	148 100	-5 578	123 037	82 671	-14 874	-12 528	50 074	54 894
F.62	Réserves-primes et réserves-sinistres	-1 967	4 541	14 740	-8 414	15 438	2 962	-861	-957
F.7	**Autres comptes à payer**	**702 363**	**1 124 876**	**101 578**	**-171 565**	**396 841**	**721 390**	**741 879**	**527 743**
F.71	Crédits commerciaux et avances	123 390	111 116	-219 441	-65 761	186 577	33 064	84 548	125 707
F.79	Autres	578 973	1 013 760	321 019	-105 804	210 264	688 326	657 331	402 036
	Opérations financières nettes	**-211 684**	**-275 554**	**-992 621**	**569 763**	**164 060**	**-397 783**	**-516 191**	**-275 471**

Note : Les métadonnées détaillées sont disponibles sur :http://metalinks.oecd.org/faiiia/20150126/ed0f

ÉTATS-UNIS

Tableau 2.3.b. Flux non consolidés, Secteur S12 - Sociétés financières

SCN 1993

Millions USD

		2006	2007	2008	2009	2010	2011	2012	2013
	Acquisition nette d'actifs financiers	**4 600 282**	**5 517 482**	**4 254 270**	**-1 235 337**	**34 753**	**2 217 170**	**1 980 449**	**3 537 843**
F.1	**Or monétaire et DTS**	**-2**	**0**	**0**	**0**	**0**	**0**	**0**	**0**
F.2	**Numéraire et dépôts**	**74 794**	**170 453**	**1 009 267**	**228 493**	**-143 367**	**528 761**	**-37 305**	**828 063**
F.21	Numéraire	55 090	36 595	69 853	-28 632	-33 431	45 612	18 966	120
F.22	Dépôts transférables	0	0	0	0	0	0	0	0
F.29	Autres dépôts	19 704	133 858	939 414	257 124	-109 936	483 149	-56 270	827 943
F.3	**Titres autres qu'actions**	**1 109 446**	**1 051 956**	**1 240 747**	**791 793**	**834 055**	**1 362 609**	**1 088 970**	**1 523 889**
F.33	Titres autres qu'actions, non compris produits financiers dérivés	1 109 446	1 051 956	1 240 747	791 793	834 055	1 362 609	1 088 970	1 523 889
F.331	Titres à court terme	237 351	-91 479	136 848	-558 309	-192 906	-40 711	547	46 683
F.332	Titres à long terme	872 095	1 143 435	1 103 899	1 350 102	1 026 961	1 403 320	1 088 423	1 477 206
F.34	Produits financiers dérivés	0	0	0	0	0	0	0	0
F.4	**Crédits**	**2 110 499**	**2 694 096**	**1 455 660**	**-2 944 306**	**-508 295**	**151 823**	**437 960**	**144 501**
F.41	Crédits à court terme	710 274	1 563 414	1 224 311	-2 877 671	-192 938	306 942	498 856	41 714
F.42	Crédits à long terme	1 400 225	1 130 682	231 349	-66 635	-315 357	-155 119	-60 896	102 787
F.5	**Actions et autres participations**	**505 662**	**1 224 794**	**849 326**	**36 174**	**-134 948**	**-89 364**	**194 692**	**221 051**
F.51	Actions et autres participations, non compris parts d'O.P.C.	415 080	803 608	514 658	147 252	25 443	41 618	222 672	307 902
F.511	Actions cotées	184 799	422 140	225 837	166 141	86 072	-64 149	81 413	189 108
F.512	Actions non cotées	0	0	0	0	0	0	0	0
F.513	Autres participations	230 281	381 468	288 821	-18 889	-60 629	105 767	141 259	118 794
F.52	Parts d'organismes de placement collectif	90 582	421 186	334 668	-111 078	-160 391	-130 982	-27 980	-86 851
F.6	**Réserves techniques d'assurance**	**252 584**	**199 181**	**312 963**	**471 495**	**300 008**	**344 920**	**413 772**	**351 734**
F.61	Droits nets des ménages sur les réserves techniques	275 033	173 581	308 934	404 797	288 967	324 710	408 046	342 095
F.611	Sur les réserves d'assurance vie	7 855	16 189	5 288	2 819	8 242	7 277	14 685	1 360
F.612	Sur les fonds de pension	267 178	157 392	303 646	401 978	280 725	317 433	393 361	340 735
F.62	Réserves-primes et réserves-sinistres	-22 449	25 600	4 029	66 698	11 041	20 210	5 726	9 639
F.7	**Autres comptes à recevoir**	**547 298**	**177 003**	**-613 693**	**181 014**	**-312 700**	**-81 580**	**-117 640**	**468 605**
F.71	Crédits commerciaux et avances	315 995	-233	-368 094	-68 191	-132 084	-75 421	-80 811	91 802
F.79	Autres	231 303	177 236	-245 599	249 205	-180 616	-6 159	-36 829	376 803
	Accroissement net des passifs	**4 345 903**	**5 399 866**	**4 415 772**	**-1 263 287**	**62 036**	**2 186 061**	**1 873 734**	**3 371 426**
F.2	**Numéraire et dépôts**	**620 648**	**548 666**	**2 146 092**	**262 343**	**334 066**	**1 457 323**	**594 964**	**1 845 613**
F.21	Numéraire	-17 311	27 670	201 123	148 043	135 809	449 727	298 950	265 164
F.22	Dépôts transférables	0	0	0	0	0	0	0	0
F.29	Autres dépôts	637 959	520 996	1 944 969	114 300	198 257	1 007 596	296 014	1 580 449
F.3	**Titres autres qu'actions**	**1 319 916**	**1 522 316**	**441 962**	**-956 519**	**-693 668**	**-325 790**	**-302 896**	**104 009**
F.33	Titres autres qu'actions, non compris produits financiers dérivés	1 319 916	1 522 316	441 962	-956 519	-693 668	-325 790	-302 896	104 009
F.331	Titres à court terme	196 386	-111 482	-125 386	-448 093	-102 223	-68 159	-58 767	-48 925
F.332	Titres à long terme	1 123 530	1 633 798	567 348	-508 426	-591 445	-257 631	-244 129	152 934
F.34	Produits financiers dérivés	0	0	0	0	0	0	0	0
F.4	**Crédits**	**589 948**	**882 793**	**-155 516**	**-1 646 015**	**-59 628**	**197 725**	**130 679**	**-217 690**
F.41	Crédits à court terme	583 365	878 115	-162 295	-1 657 772	-60 455	184 271	125 837	-225 465
F.42	Crédits à long terme	6 583	4 678	6 779	11 757	827	13 454	4 842	7 775
F.5	**Actions et autres participations**	**931 537**	**1 469 017**	**1 717 324**	**271 016**	**73 766**	**498 777**	**980 302**	**983 752**
F.51	Actions et autres participations, non compris parts d'O.P.C.	291 593	370 709	1 002 979	272 630	206 874	273 193	348 375	319 514
F.511	Actions cotées	59 977	179 561	639 216	316 362	191 389	164 064	168 111	161 850
F.512	Actions non cotées	0	0	0	0	0	0	0	0
F.513	Autres participations	231 616	191 148	363 763	-43 732	15 485	109 129	180 264	157 664
F.52	Parts d'organismes de placement collectif	639 944	1 098 308	714 345	-1 614	-133 108	225 584	631 927	664 238
F.6	**Réserves techniques d'assurance**	**666 663**	**690 266**	**633 508**	**523 219**	**628 286**	**632 382**	**498 800**	**551 021**
F.61	Droits nets des ménages sur les réserves techniques	656 262	635 966	604 408	439 780	611 883	564 746	488 783	537 292
F.611	Sur les réserves d'assurance vie	64 120	33 211	64 166	26 306	13 587	79 881	-12 180	29 765
F.612	Sur les fonds de pension	592 142	602 755	540 242	413 474	598 296	484 865	500 963	507 527
F.62	Réserves-primes et réserves-sinistres	10 401	54 300	29 100	83 439	16 403	67 636	10 017	13 729
F.7	**Autres comptes à payer**	**217 191**	**286 808**	**-367 598**	**282 669**	**-220 786**	**-274 356**	**-28 115**	**104 721**
F.71	Crédits commerciaux et avances	307 791	-4 498	-377 906	18 708	-175 461	-78 419	-79 233	94 311
F.79	Autres	-90 600	291 306	10 308	263 961	-45 325	-195 937	51 118	10 410
	Opérations financières nettes	**254 378**	**117 616**	**-161 502**	**27 950**	**-27 283**	**31 109**	**106 715**	**166 416**

Note : Les métadonnées détaillées sont disponibles sur :http://metalinks.oecd.org/faiiia/20150126/ed0f

ÉTATS-UNIS

Tableau 2.4.a. Flux consolidés, Secteur S13 - Administrations publiques

SCN 1993

Millions USD

		2006	2007	2008	2009	2010	2011	2012	2013
	Acquisition nette d'actifs financiers	**131 757**	**161 137**	**522 779**	**268 838**	**343 500**	**-139 780**	**145 795**	**208 211**
F.1	**Or monétaire et DTS**	**225**	**154**	**106**	**48 230**	**31**	**-1 752**	**37**	**22**
F.2	**Numéraire et dépôts**	**16 805**	**58 491**	**342 975**	**-141 140**	**149 891**	**-207 939**	**21 248**	**84 724**
F.21	Numéraire	3 072	25 297	322 261	-154 519	154 884	-241 099	-2 179	75 937
F.22	Dépôts transférables	0	0	0	0	0	0	0	0
F.29	Autres dépôts	13 733	33 194	20 714	13 379	-4 993	33 160	23 427	8 787
F.3	**Titres autres qu'actions**	**51 616**	**58 209**	**8 736**	**117 465**	**-2 641**	**-137 730**	**-44 812**	**-17 518**
F.33	Titres autres qu'actions, non compris produits financiers dérivés	51 616	58 209	8 736	117 465	-2 641	-137 730	-44 812	-17 518
F.331	Titres à court terme	-1 396	-2 315	-22 042	-39 054	12 989	-11 225	-7 174	-7 795
F.332	Titres à long terme	53 012	60 524	30 778	156 519	-15 630	-126 505	-37 638	-9 723
F.34	Produits financiers dérivés	0	0	0	0	0	0	0	0
F.4	**Crédits**	**27 035**	**31 213**	**21 794**	**169 824**	**141 314**	**134 676**	**146 559**	**133 700**
F.41	Crédits à court terme	7 260	10 329	12 580	148 869	134 467	128 788	138 900	125 312
F.42	Crédits à long terme	19 775	20 884	9 214	20 955	6 847	5 888	7 659	8 388
F.5	**Actions et autres participations**	**25 778**	**28 921**	**251 811**	**12 533**	**46 656**	**44 510**	**-2 631**	**4 414**
F.51	Actions et autres participations, non compris parts d'O.P.C.	6 536	6 616	249 856	1 096	30 117	40 921	-8 935	-1 188
F.511	Actions cotées	0	0	0	0	0	0	0	0
F.512	Actions non cotées	0	0	0	0	0	0	0	0
F.513	Autres participations	6 536	6 616	249 856	1 096	30 117	40 921	-8 935	-1 188
F.52	Parts d'organismes de placement collectif	19 242	22 305	1 955	11 437	16 539	3 589	6 304	5 602
F.6	**Réserves techniques d'assurance**	**0**	**0**	**0**	**0**	**0**	**0**	**0**	**0**
F.61	Droits nets des ménages sur les réserves techniques	..	..	..	..	..	..	..	..
F.611	Sur les réserves d'assurance vie	..	..	..	..	..	..	..	..
F.612	Sur les fonds de pension	..	..	..	..	..	..	..	..
F.62	Réserves-primes et réserves-sinistres	..	..	..	..	..	..	..	..
F.7	**Autres comptes à recevoir**	**10 298**	**-15 851**	**-102 643**	**61 926**	**8 249**	**28 456**	**25 394**	**2 869**
F.71	Crédits commerciaux et avances	-2 730	8 975	-11 206	-25 704	12 355	7 075	8 392	7 286
F.79	Autres	13 028	-24 826	-91 437	87 630	-4 106	21 381	17 002	-4 417
	Accroissement net des passifs	**446 461**	**611 809**	**1 634 237**	**2 008 381**	**2 073 588**	**1 529 000**	**1 538 724**	**1 189 295**
F.2	**Numéraire et dépôts**	**582**	**-681**	**-832**	**-352**	**-276**	**0**	**0**	**-350**
F.21	Numéraire	582	-681	-832	-352	-276	0	0	-350
F.22	Dépôts transférables	0	0	0	0	0	..	..	0
F.29	Autres dépôts	0	0	0	0	0	0	0	0
F.3	**Titres autres qu'actions**	**261 194**	**338 993**	**1 366 109**	**1 638 457**	**1 707 755**	**1 117 791**	**1 135 742**	**832 218**
F.33	Titres autres qu'actions, non compris produits financiers dérivés	261 194	338 993	1 366 109	1 638 457	1 707 755	1 117 791	1 135 742	832 218
F.331	Titres à court terme	-28 127	75 609	866 280	-65 454	-19 636	-260 094	110 796	-46 777
F.332	Titres à long terme	289 321	263 384	499 829	1 703 911	1 727 391	1 377 885	1 024 946	878 995
F.34	Produits financiers dérivés	0	0	0	0	0	0	0	0
F.4	**Crédits**	**0**	**0**	**0**	**0**	**0**	**0**	**0**	**0**
F.41	Crédits à court terme	..	..	..	..	..	..	..	..
F.42	Crédits à long terme	..	..	..	..	..	..	..	..
F.5	**Actions et autres participations**	**0**	**0**	**0**	**0**	**0**	**0**	**0**	**0**
F.51	Actions et autres participations, non compris parts d'O.P.C.	..	..	..	..	..	..	..	..
F.511	Actions cotées	..	..	..	..	..	..	..	..
F.512	Actions non cotées	..	..	..	..	..	..	..	..
F.513	Autres participations	..	..	..	..	..	..	..	..
F.52	Parts d'organismes de placement collectif	..	..	..	..	..	..	..	..
F.6	**Réserves techniques d'assurance**	**138 661**	**208 028**	**208 114**	**336 998**	**318 969**	**349 783**	**356 949**	**298 255**
F.61	Droits nets des ménages sur les réserves techniques	120 580	164 153	181 612	320 431	296 485	331 252	343 603	286 098
F.611	Sur les réserves d'assurance vie	1 502	1 184	1 002	1 124	886	1 291	315	258
F.612	Sur les fonds de pension	119 078	162 969	180 610	319 307	295 599	329 961	343 288	285 840
F.62	Réserves-primes et réserves-sinistres	18 081	43 875	26 502	16 567	22 484	18 531	13 346	12 157
F.7	**Autres comptes à payer**	**46 024**	**65 469**	**60 846**	**33 278**	**47 140**	**61 426**	**46 033**	**59 172**
F.71	Crédits commerciaux et avances	40 464	66 063	61 174	-17 253	44 748	47 834	54 335	57 910
F.79	Autres	5 560	-594	-328	50 531	2 392	13 592	-8 302	1 262
	Opérations financières nettes	**-314 704**	**-450 672**	**-1 111 458**	**-1 739 543**	**-1 730 089**	**-1 668 780**	**-1 392 929**	**-981 084**

Note : Les métadonnées détaillées sont disponibles sur :http://metalinks.oecd.org/faiiia/20150126/7f52

ÉTATS-UNIS

Tableau 2.5.b. Flux non consolidés, Secteur S14-S15 - Ménages et ISBLSM

SCN 1993

Millions USD

		2006	2007	2008	2009	2010	2011	2012	2013
	Acquisition nette d'actifs financiers	**1 034 287**	**1 202 772**	**739 690**	**813 322**	**916 886**	**1 137 481**	**1 189 013**	**1 248 815**
F.1	**Or monétaire et DTS**	..	..	..	..	..	..	..	..
F.2	**Numéraire et dépôts**	**451 929**	**419 339**	**408 709**	**200 476**	**197 293**	**697 325**	**566 304**	**307 734**
F.21	Numéraire	-39 983	-75 421	176 720	101 137	38 875	328 334	159 431	106 938
F.22	Dépôts transférables	0	0	0	0	0	0	0	0
F.29	Autres dépôts	491 912	494 760	231 989	99 339	158 418	368 991	406 873	200 796
F.3	**Titres autres qu'actions**	**89 439**	**542 376**	**248 842**	**198 828**	**72 142**	**-101 466**	**-18 631**	**-233 488**
F.33	Titres autres qu'actions, non compris produits financiers dérivés	89 439	542 376	248 842	198 828	72 142	-101 466	-18 631	-233 488
F.331	Titres à court terme	19 045	-10 165	-101 328	16 692	-1 501	-1 764	-585	-3 800
F.332	Titres à long terme	70 394	552 541	350 170	182 136	73 643	-99 702	-18 046	-229 688
F.34	Produits financiers dérivés	0	0	0	0	0	0	0	0
F.4	**Crédits**	**70 797**	**220 376**	**-159 229**	**-47 642**	**1 595**	**-5 137**	**16 811**	**50 428**
F.41	Crédits à court terme	87 929	233 258	-160 351	-46 755	12 468	-5 867	30 664	56 948
F.42	Crédits à long terme	-17 132	-12 882	1 122	-887	-10 873	730	-13 853	-6 520
F.5	**Actions et autres participations**	**-265 197**	**-666 408**	**-413 863**	**-10 152**	**36 964**	**-82 042**	**155 272**	**564 017**
F.51	Actions et autres participations, non compris parts d'O.P.C.	-650 200	-1 138 751	-607 521	-81 613	-12 902	-310 055	-276 877	-172 950
F.511	Actions cotées	0	0	0	0	0	0	0	0
F.512	Actions non cotées	0	0	0	0	0	0	0	0
F.513	Autres participations	-650 200	-1 138 751	-607 521	-81 613	-12 902	-310 055	-276 877	-172 950
F.52	Parts d'organismes de placement collectif	385 003	472 343	193 658	71 461	49 866	228 013	432 149	736 967
F.6	**Réserves techniques d'assurance**	**687 320**	**687 089**	**655 230**	**471 812**	**608 892**	**628 801**	**469 258**	**560 124**
F.61	Droits nets des ménages sur les réserves techniques	649 909	620 961	600 122	438 085	604 527	558 761	474 414	536 190
F.611	Sur les réserves d'assurance vie	57 767	18 206	59 880	24 611	6 231	73 896	-26 550	28 663
F.612	Sur les fonds de pension	592 142	602 755	540 242	413 474	598 296	484 865	500 963	507 527
F.62	Réserves-primes et réserves-sinistres	37 411	66 128	55 108	33 727	4 365	70 040	-5 156	23 934
F.7	**Autres comptes à recevoir**	**0**	**0**	**0**	**0**	**0**	**0**	**0**	**0**
F.71	Crédits commerciaux et avances	..	..	..	..	..	..	..	..
F.79	Autres	..	..	..	..	..	..	..	..
	Accroissement net des passifs	**1 274 854**	**960 724**	**10 396**	**63 539**	**-107 167**	**-59 393**	**263 094**	**229 570**
F.2	**Numéraire et dépôts**	**0**	**0**	**0**	**0**	**0**	**0**	**0**	**0**
F.21	Numéraire	..	..	..	..	..	..	..	..
F.22	Dépôts transférables	..	..	..	..	..	..	..	..
F.29	Autres dépôts	..	..	..	..	..	..	..	..
F.3	**Titres autres qu'actions**	**16 374**	**21 108**	**9 290**	**5 949**	**-2 214**	**-7 755**	**-14 468**	**-13 140**
F.33	Titres autres qu'actions, non compris produits financiers dérivés	16 374	21 108	9 290	5 949	-2 214	-7 755	-14 468	-13 140
F.331	Titres à court terme	0	0	0	0	0	0	0	0
F.332	Titres à long terme	16 374	21 108	9 290	5 949	-2 214	-7 755	-14 468	-13 140
F.34	Produits financiers dérivés	0	0	0	0	0	0	0	0
F.4	**Crédits**	**1 244 381**	**923 979**	**-24 253**	**21 088**	**-78 218**	**-52 425**	**272 987**	**238 713**
F.41	Crédits à court terme	229 149	178 768	-114 945	-36 627	102 424	16 243	346 617	241 257
F.42	Crédits à long terme	1 015 232	745 211	90 692	57 715	-180 642	-68 668	-73 630	-2 544
F.5	**Actions et autres participations**	**0**	**0**	**0**	**0**	**0**	**0**	**0**	**0**
F.51	Actions et autres participations, non compris parts d'O.P.C.	..	..	..	..	..	..	..	..
F.511	Actions cotées	..	..	..	..	..	..	..	..
F.512	Actions non cotées	..	..	..	..	..	..	..	..
F.513	Autres participations	..	..	..	..	..	..	..	..
F.52	Parts d'organismes de placement collectif	..	..	..	..	..	..	..	..
F.6	**Réserves techniques d'assurance**	**471**	**1 012**	**3 155**	**-4 922**	**2 656**	**-435**	**575**	**2 997**
F.61	Droits nets des ménages sur les réserves techniques	0	0	0	0	0	0	0	0
F.611	Sur les réserves d'assurance vie	..	..	..	..	..	..	..	..
F.612	Sur les fonds de pension	..	..	..	..	..	..	..	..
F.62	Réserves-primes et réserves-sinistres	471	1 012	3 155	-4 922	2 656	-435	575	2 997
F.7	**Autres comptes à payer**	**13 628**	**14 625**	**22 204**	**41 424**	**-29 391**	**1 222**	**4 000**	**1 000**
F.71	Crédits commerciaux et avances	13 628	14 625	22 204	41 424	-29 391	1 222	4 000	1 000
F.79	Autres	0	0	0	0	0	0	0	0
	Opérations financières nettes	**-240 567**	**242 048**	**729 294**	**749 783**	**1 024 053**	**1 196 874**	**925 919**	**1 019 245**

Note : Les métadonnées détaillées sont disponibles sur :http://metalinks.oecd.org/faiiia/20150126/ed0f

Tableau 2.6.b. Flux non consolidés, Secteur S2 - Reste du monde
SCN 1993

Millions USD

		2006	2007	2008	2009	2010	2011	2012	2013
	Acquisition nette d'actifs financiers	**1 873 988**	**1 802 376**	**569 918**	**236 533**	**1 196 794**	**1 108 425**	**696 800**	**972 308**
F.1	**Or monétaire et DTS**	**0**	**0**	**0**	**47 598**	**0**	**0**	**0**	**0**
F.2	**Numéraire et dépôts**	**50 686**	**-74 211**	**497 907**	**-284 292**	**-23 301**	**342 997**	**-30 605**	**388 251**
F.21	Numéraire	2 227	-10 675	29 187	12 632	28 319	54 996	57 141	37 722
F.22	Dépôts transférables	9 186	5 240	34 819	-21 812	1 178	26 836	11 146	11 752
F.29	Autres dépôts	39 273	-68 776	433 901	-275 112	-52 798	261 165	-98 892	338 777
F.3	**Titres autres qu'actions**	**967 379**	**841 084**	**421 874**	**167 465**	**643 864**	**205 695**	**501 893**	**555 140**
F.33	Titres autres qu'actions, non compris produits financiers dérivés	967 379	841 084	421 874	167 465	643 864	205 695	501 893	555 140
F.331	Titres à court terme	35 316	41 092	410 167	-48 956	-40 705	-61 859	17 426	24 732
F.332	Titres à long terme	932 063	799 992	11 707	216 421	684 569	267 554	484 467	530 408
F.34	Produits financiers dérivés	0	0	0	0	0	0	0	0
F.4	**Crédits**	**60 886**	**182 453**	**-625 023**	**-86 677**	**54 020**	**157 139**	**-49 673**	**47 612**
F.41	Crédits à court terme	60 886	182 453	-625 023	-86 677	54 020	157 139	-49 673	47 612
F.42	Crédits à long terme	0	0	0	0	0	0	0	0
F.5	**Actions et autres participations**	**388 633**	**496 782**	**436 897**	**369 745**	**384 803**	**363 922**	**398 473**	**103 156**
F.51	Actions et autres participations, non compris parts d'O.P.C.	339 395	438 754	415 887	305 342	280 453	191 514	196 277	137 951
F.511	Actions cotées	0	0	0	0	0	0	0	0
F.512	Actions non cotées	0	0	0	0	0	0	0	0
F.513	Autres participations	339 395	438 754	415 887	305 342	280 453	191 514	196 277	137 951
F.52	Parts d'organismes de placement collectif	49 238	58 028	21 010	64 403	104 350	172 408	202 196	-34 795
F.6	**Réserves techniques d'assurance**	**0**	**0**	**0**	**0**	**0**	**0**	**0**	**0**
F.61	Droits nets des ménages sur les réserves techniques	..	..	..	..	..	..	..	..
F.611	Sur les réserves d'assurance vie	..	..	..	..	..	..	..	..
F.612	Sur les fonds de pension	..	..	..	..	..	..	..	..
F.62	Réserves-primes et réserves-sinistres	..	..	..	..	..	..	..	..
F.7	**Autres comptes à recevoir**	**406 404**	**356 268**	**-161 737**	**22 694**	**137 408**	**38 672**	**-123 288**	**-121 851**
F.71	Crédits commerciaux et avances	5 860	20 847	6 461	6 632	19 755	17 706	11 468	9 822
F.79	Autres	400 544	335 421	-168 198	16 062	117 653	20 966	-134 756	-131 673
	Accroissement net des passifs	**1 066 626**	**1 184 732**	**-166 660**	**5 654**	**758 908**	**557 929**	**250 491**	**621 487**
F.2	**Numéraire et dépôts**	**84 597**	**255 824**	**-389 494**	**-106 540**	**-7 432**	**-28 775**	**-25 801**	**52 460**
F.21	Numéraire	725	891	1 307	847	599	-506	338	39
F.22	Dépôts transférables	0	0	0	0	0	0	0	0
F.29	Autres dépôts	83 872	254 933	-390 801	-107 387	-8 031	-28 269	-26 139	52 421
F.3	**Titres autres qu'actions**	**326 166**	**149 414**	**-229 833**	**222 688**	**57 234**	**84 229**	**90 112**	**196 629**
F.33	Titres autres qu'actions, non compris produits financiers dérivés	326 166	149 414	-229 833	222 688	57 234	84 229	90 112	196 629
F.331	Titres à court terme	98 369	-69 314	-71 035	59 361	-2 701	-53 501	27 869	33 951
F.332	Titres à long terme	227 797	218 728	-158 798	163 327	59 935	137 730	62 243	162 678
F.34	Produits financiers dérivés	0	0	0	0	0	0	0	0
F.4	**Crédits**	**61 783**	**165 563**	**176 996**	**-502 365**	**214 313**	**215 946**	**-15 170**	**-75 711**
F.41	Crédits à court terme	61 783	165 563	176 996	-502 365	214 313	215 946	-15 170	-75 711
F.42	Crédits à long terme	0	0	0	0	0	0	0	0
F.5	**Actions et autres participations**	**425 561**	**605 655**	**282 846**	**399 251**	**393 148**	**448 224**	**421 771**	**559 036**
F.51	Actions et autres participations, non compris parts d'O.P.C.	425 561	605 655	282 846	399 251	393 148	448 224	421 771	559 036
F.511	Actions cotées	0	0	0	0	0	0	0	0
F.512	Actions non cotées	0	0	0	0	0	0	0	0
F.513	Autres participations	425 561	605 655	282 846	399 251	393 148	448 224	421 771	559 036
F.52	Parts d'organismes de placement collectif	0	0	0	0	0	0	0	0
F.6	**Réserves techniques d'assurance**	**0**	**0**	**0**	**0**	**0**	**0**	**0**	**0**
F.61	Droits nets des ménages sur les réserves techniques								
F.611	Sur les réserves d'assurance vie	..	..	..	..	..	..	..	..
F.612	Sur les fonds de pension	..	..	..	..	..	..	..	..
F.62	Réserves-primes et réserves-sinistres	..	..	..	..	..	..	..	..
F.7	**Autres comptes à payer**	**168 519**	**8 276**	**-7 175**	**-7 380**	**101 645**	**-161 695**	**-220 421**	**-110 927**
F.71	Crédits commerciaux et avances	6 217	12 389	-9 856	6 135	25 802	-32 155	6 296	-8 561
F.79	Autres	162 302	-4 113	2 681	-13 515	75 843	-129 540	-226 717	-102 366
	Opérations financières nettes	**807 362**	**617 644**	**736 578**	**230 879**	**437 886**	**550 496**	**446 309**	**350 821**

Note : Les métadonnées détaillées sont disponibles sur :http://metalinks.oecd.org/faiiia/20150126/ed0f

ORGANISATION DE COOPÉRATION ET DE DÉVELOPPEMENT ÉCONOMIQUES

L'OCDE est un forum unique en son genre où les gouvernements œuvrent ensemble pour relever les défis économiques, sociaux et environnementaux que pose la mondialisation. L'OCDE est aussi à l'avant-garde des efforts entrepris pour comprendre les évolutions du monde actuel et les préoccupations qu'elles font naître. Elle aide les gouvernements à faire face à des situations nouvelles en examinant des thèmes tels que le gouvernement d'entreprise, l'économie de l'information et les défis posés par le vieillissement de la population. L'Organisation offre aux gouvernements un cadre leur permettant de comparer leurs expériences en matière de politiques, de chercher des réponses à des problèmes communs, d'identifier les bonnes pratiques et de travailler à la coordination des politiques nationales et internationales.

Les pays membres de l'OCDE sont : l'Allemagne, l'Australie, l'Autriche, la Belgique, le Canada, le Chili, la Corée, le Danemark, l'Espagne, l'Estonie, les États-Unis, la Finlande, la France, la Grèce, la Hongrie, l'Irlande, l'Islande, Israël, l'Italie, le Japon, le Luxembourg, le Mexique, la Norvège, la Nouvelle-Zélande, les Pays-Bas, la Pologne, le Portugal, la République slovaque, la République tchèque, le Royaume-Uni, la Slovénie, la Suède, la Suisse et la Turquie. La Commission européenne participe aux travaux de l'OCDE.

Les Éditions OCDE assurent une large diffusion aux travaux de l'Organisation. Ces derniers comprennent les résultats de l'activité de collecte de statistiques, les travaux de recherche menés sur des questions économiques, sociales et environnementales, ainsi que les conventions, les principes directeurs et les modèles développés par les pays membres.

ÉDITIONS OCDE, 2, rue André-Pascal, 75775 PARIS CEDEX 16
(01 2015 01 2 P) ISBN 978-92-64-22833-7 – 2015-01

www.ingramcontent.com/pod-product-compliance
Lightning Source LLC
Chambersburg PA
CBHW061203240926
51846CB00006B/1102